《穀梁》政治伦理探微
——以"贤"的判断为讨论中心

The Political Ethics in Guliang Zhuan:
Some judgments of xian

上 册

黎汉基 著

图书在版编目（CIP）数据

《穀梁》政治伦理探微：以"贤"的判断为讨论中心/黎汉基著．
—北京：中华书局，2019.12
（国家社科基金后期资助项目）
ISBN 978-7-101-14232-7

Ⅰ.穀…　Ⅱ.黎…　Ⅲ.政治思想史-研究-中国-春秋时代
Ⅳ.D092.25

中国版本图书馆 CIP 数据核字（2019）第 247207 号

书　名	《穀梁》政治伦理探微——以"贤"的判断为讨论中心（全二册）
著　者	黎汉基
丛 书 名	国家社科基金后期资助项目
责任编辑	陈　乔
出版发行	中华书局 （北京市丰台区太平桥西里 38 号　100073） http://www.zhbc.com.cn E-mail:zhbc@zhbc.com.cn
印　刷	北京瑞古冠中印刷厂
版　次	2019 年 12 月北京第 1 版 2019 年 12 月北京第 1 次印刷
规　格	开本/710×1000 毫米　1/16 印张 56½　插页 4　字数 870 千字
国际书号	ISBN 978-7-101-14232-7
定　价	198.00 元

国家社科基金后期资助项目出版说明

后期资助项目是国家社科基金设立的一类重要项目,旨在鼓励广大社科研究者潜心治学,支持基础研究多出优秀成果。它是经过严格评审,从接近完成的科研成果中遴选立项的。为扩大后期资助项目的影响,更好地推动学术发展,促进成果转化,全国哲学社会科学工作办公室按照"统一设计、统一标识、统一版式、形成系列"的总体要求,组织出版国家社科基金后期资助项目成果。

全国哲学社会科学工作办公室

目 录

序 …………………………………………………… 邓国光	1
导 论 ………………………………………………………………	1
第一节　问题的提出 …………………………………………	1
第二节　研究思路简述 ………………………………………	10
第一章　让国与辞让 ………………………………………………	17
第一节　鲁隐让弟之误 ………………………………………	17
第二节　让国弗贤七例 ………………………………………	63
第三节　让国以外的辞让 ……………………………………	135
第四节　综合讨论 ……………………………………………	156
第二章　死难与灾卒 ………………………………………………	176
第一节　以及言杀六例 ………………………………………	176
第二节　宋伯姬灾卒之贤 ……………………………………	256
第三节　祭仲不死难之谬 ……………………………………	300
第四节　综合讨论 ……………………………………………	351
第三章　复仇与报耻 ………………………………………………	371
第一节　齐襄复仇灭纪之恶 …………………………………	371
第二节　鲁庄公与伍子胥 ……………………………………	418
第三节　报耻与报恶 …………………………………………	514
第四节　综合讨论 ……………………………………………	571
第四章　"贤"的指谓与条件 ……………………………………	595
第一节　贤与得众 ……………………………………………	595
第二节　贤与通恩 ……………………………………………	690
第三节　贤而不详其事 ………………………………………	803
第四节　综合讨论 ……………………………………………	848
结 语 ………………………………………………………………	867

主要参考文献 ………………………………………………… 871
  一、中文部分(按作者姓氏音序) ………………………… 871
  二、英文部分(按作者姓氏音序) ………………………… 887
后　记 ………………………………………………………… 893

序

夫知人则哲,能官人;安民则惠,黎民怀之。大禹之言尚矣,蔑以加矣,夫子无间然矣。三极彝训,《春秋》备焉。诚敬正心,以安天下,大同盼焉。政者正也,治者理也。理而正,是政之治,伦序美懿,人得其所,由是先圣垂典,继天立极,孰伟于是焉?

汉基之作是书也,题曰"探微",谦德也,君子之风也。君子知人,因微知著,圣道所以为大明。"言"之在《尚书》,"义"之寄《春秋》,因微言以知大义。诵圣人之文也,同道心以孚通,义存万古,长存天地。其苟虚述者,自困"成心",强不知为知,或歪曲失真,自误误人,足为寒心。是以通德之机,存乎一心,圣人纯德,存乎文辞,《春秋》之微,岂其微乎?仁义存心,成己成人,立己立人,岂徒口舌之辩哉?汉基正本清源,深体圣心,知本而立达,由微而之显,其义尚矣!蔑以加矣!

汉基之为是书也,立言必有据,说义必通方。其亮点,乃运"政治伦理"之高度,分析孔子《春秋》贤贤贱不肖之正义,此《春秋》褒贬之精义,非深探文辞之表,不足言其万一。以故汉基深讥向来泛泛类聚之虚说,成心有在,成见存焉。成见所在,见诸让辞、灾祲、报复、贤德四端,《春秋》大义之所寄,微乎其微,不可以成心说。拨乱反正,《春秋》正旨,四端见之矣。苟以成心说,则扑籔要渺,意随心解,辞越繁而义越晦,以乱说乱,何啻止沸扬汤,更乱经变常,名实相歪,世乱何所底止!《春秋》之传分途,而圣人之意越乱,经世之志,荡然不复。字说而虚构,形同说书演故事,徒悦俗夫庸子之耳目。夫子曰:"文胜质则史。"夷经为史,由来尚矣!汉基拨乱反正,治经所以取其正也,非敷衍虚文以谭陈事,故言必及义也。"政治伦理",经义之正旨也;四端者,经义之正脉也。此非虚词滥说所可得也,其必无成心,方能无成见,方足以探经旨。

汉基之治经也,大旨折中于孔子,而其四面堵截,维护经义,必综览传世诸家之说,实事求是,辨析毫釐,不假虚说。国光孤陋,窃以管见测之,其大纲,一曰明小学训诂。偌偌大者,若求《穀梁》"故"字正义,先统括全经用例，复分类以辨实旨，然后证引诸家，判断范宁之说为未得。本经说经，据经文归纳而得之正解，非漫说形音义以穿凿者也。夫"故"于孔门为大义，孟子说大禹治水，苟求其"故"，则治平之功是成。二曰明经传文例。偌偌大者，若求《穀梁》"贤"之意义指涉，据理为说，层层深究，步步推拓，商略诸家得失，皆不离《穀梁》经传文理，然后赅括大义，涵摄"得众""通恩""尊君""使贤"四脉，则贤人政理，悉非泛泛虚说好人好心之类陈腔滥调，而存"责任伦理"之实在大义，此所谓"经世"之治道，可得而知，亦可得而行。

更足以揭示者，汉基贞定"《穀梁》以鲁为本"，与马迁《孔子世家》之说，符合无间，疑团尽驱，则郑君言《穀梁》近经，其说不诬。汉基因《穀梁》以明孔子义理，统摄现代思维之优长，儒道干城，当之无愧。

余之知汉基有年，其学品之纯，为香港所罕见。汉基之毕业于中文大学，专注义理之学，博通中西，而器识非凡，皆于本书见之。如斯伟才，苟能大施于世，则时代运会，其如何哉！"知人"之义，为治其本也，汉基其知本者也。《古易》云："正其本，万事理。"世之读是书者，勿以为苟作也。

　　　　　　　　　　己亥端阳之时　邓国光　序于澳门氹仔

导　论

《穀梁》①作为一部解读《春秋》的作品,有许多讨论政治伦理的观点,尤其是对"贤"的判断有不少独到的见解,可惜甚少研究者对之进行深入的剖析。现在奉献给读者的这部著作,就是涉及"贤"与其相关的各种问题,爬梳相关典籍的各种记载,解读经传的内容,归纳和分析其中的观点,提出一隅之见。

第一节　问题的提出

基于以下三个问题的考虑,以"贤"的判断及其相关问题为主,研究《穀梁》政治伦理的内容,对相关文本进行全新的解读,是一个值得努力的尝试：

(一)为什么是政治伦理?

首先需要明确的是:《穀梁》不是一部独立的作品,它是为解释《春秋》而作。离开了经文,所有《穀梁》的内容也无从谈起。谁都知道,《春秋》是编年史的体例,鲁国十二公的统治年头下记载各种各样的事件,包括登位、出使、征伐、会盟、聘问、篡弑、灾异、卒葬等等,像隐元年②"及宋人盟于宿"、桓六年"纪侯来朝"之类,都是某些历史人物在具体的时空下做了某些行为。《太史公自序》记述《春秋》的写作宗旨时,引述孔子曰:"我欲载之空言,不如见之于行事之深切著明也。"③借用徐复观的解释,上述引文的"空

---

① 本书引用三传数量极多,为了简洁起见,仅以《穀梁》简称《春秋穀梁传》,以《公羊》简称《春秋公羊传》,以《左传》或《左》简称《春秋左氏传》。
② 本书引用《春秋》经传的纪年,除了特别注明外,皆是鲁国纪年,略公不言;例如"隐元年"就是鲁隐公元年的意思。
③ 这是《史记·太史公自序》(卷130,页3297)记载董仲舒之言所引录的话语。谨按:本书征引古籍和文献数量繁多,为了简洁起见,注脚只标作者(若是通用古籍,偶尔省略作者)、书名(或其简称)、卷数和页码,其出版资料(如出版社、年份等等)详录于"主要参考文献"。

言",就是"把自己的思想,诉之于概念性、抽象性的语言";而"行事",就是"通过具体的前言往行的重现,使读者由此种重现以反省其意义与是非得失"。① 因为《春秋》记载的都是"行事"而非"空言",故《榖梁》解释的也是"行事"而非"空言"。例如隐三年经:"八月庚辰,宋公和卒。"传:"诸侯日卒,正也。"②这是透过死亡日期而判断宋缪公是"正",没有政治合法性的问题。③ 宋缪公是在特定时间内统治宋国的君主,他的死是在特定的环境中发生的"具体的前言往行",就《榖梁》的见解而言,首先涉及的是独一无二的历史事件,而非纯粹的信念或价值。

补充说明一点:《春秋》描述的是东周时期的政治世界,周礼犹有余风,除了某些自然现象外,它记载的"行事"的主体包括天王、诸侯、后妃、大夫、军队、国人等等,都是在政治舞台上亮相的政治人物。换言之,"行事"是含有政治的属性(当然,什么算是"政治的",还可以进一步地澄清和辨识)。《春秋》不是泛论所有类型的行为,它记载的主要是政治行为,而《榖梁》讨论的就是经中的政治行为。这一点,决定了《榖梁》该算是政治伦理(political ethics)的作品。跟中国历史上的许多思想作品一样,它既不是专谈"空言"的政治思想(例如《老子》之类),也不是思考政治制度如何安排(例如《周礼》之类)。④ 即使经传有些叙述涉及政治制度,也是用来解释相关行为的所以然。硬要从中汲取政治制度的内容,所能涵盖的比例肯定远少于政治行为的部分。⑤ 分析到最后,关键还是经文的限制。刘敞完全洞悉这个关键:"夫《春秋》,褒贬本也,文质末也。车服、器械、封建、制度,皆《春

---

① 徐复观:《两汉思想史》卷3,页2。谨按:徐复观先生是笔者极其敬佩的学界前辈,本该尊称"徐复观先生"为是,但依循正常的学术行规,不特别以"先生"称之,其实是更合理的做法。基于这样的考虑,本书对所有古人、近人、今人皆直称其名,盼读者勿误会笔者不尊重相关人物。
② 杨士勋:《榖梁注疏》卷2,页30。谨按:本书屡引经传数量繁多,为了简洁起见,全书凡称"经"者,专指《春秋》,所据经文依《榖梁》所本,不载其出处;凡称"传"者,专指《榖梁》一书,注脚一般只标卷数和页码。
③ 有关宋缪公的问题,参阅本书第一章,页63—70。
④ 桑兵《治学的门径与取法》(页5)说:"中国历史文化,特重政治伦理,所谓思想学说,多有具体的时空人事因素,少有形而上的抽象,不能简单地直面文本,望文生义。"必须指出,这里批判的"直面文本"是指那些摘取文本任意演绎的恶劣学风,而是要尽量结合各种证据,追查文本内容的来龙去脉。无论如何,桑氏指出"政治伦理"作为中国历史文化的特色,是很有洞见的说法。
⑤ 以侯康《榖梁礼证》为例,他虽勉力分析《榖梁传》的礼制,但篇幅不过2卷52条,讨论的经传仅32条,在《榖梁》所发的718条传文中,所占比率仅4.46%而已。当然,《榖梁礼证》取材没有遍及《春秋》十二公,但不是所有《榖梁》的内容都可以用作政治制度的讨论,是毋庸置疑的。

秋》所后言也。"①《春秋》的内容主要是对各种行为加以记载,从中寓有褒贬之意。以"制度儒学"的标签来定性《春秋》经传,②或把"政治儒学"的核心内容概括为制度的建构,③或多或少是以偏概全的。

本书采用"政治伦理"一词,还有另一重考虑。政治伦理,作为政治理论研究的一个分支,它主要探讨:政治人物在特定情境下所做的行为是否正确?如何得以证成?有些时候,这些政治行为可能使人陷入道德两难(moral dilemmas)。④ 因此,政治伦理不是伦理学的简单延伸。某人要成为一个优秀的政治家,并不取决于他是否一个好人,甚至他也不必是一名好丈夫、好父亲、好学生或好朋友,哪管社会可能对政治家的道德水平有所期待。⑤ 许多时候,政治人物为了做某一种好事(good)而不得不有所牺牲,无法过分理想地追求"最好"(best)的东西,⑥甚至做一些不符合道德构想的坏事,甚至陷于"肮脏之手"(dirty hands)的指控。⑦ 因此,现在许多政治理论家都认为重点不在于政治人物的所有行为都符合道德的高标准,而是既要警惕各种不容异己的道德纯洁主义,又要防范单纯迁就现实的犬儒

---

① 刘敞:《春秋权衡》卷8,页255。

② 在大陆学术界的语境中,"制度儒家"主要是用来对比于"心性儒学"的总括性概念,参阅干春松:《制度儒学》,页9—12。

③ 由于《春秋》是一部政治书,又是历代儒者传诵的经典,所以在字面意义上,说它是"政治儒学"的作品,也无不可。但在大陆学术界的语境中,尤其是经过蒋庆等人的宣扬后,"政治儒学"讲究的是制定基本治国原则与建构国家典章制度等使命(例如蒋庆:《政治儒学》,页16)。因为本书不认为《春秋》经传主要内容都是制度的陈述,为免读者混淆,所以下文不会使用"政治儒学"或"制度儒学"这些词语来定性《春秋》经传。

④ 政治理论家帕里什指出:"在这种道德冲突中,为了做正确的事情,人们必须做错误的事情;为了是善的,或行善,人们必须是恶的,或行恶。在那些已实践政治交易或反思公共生活特征的人当中,长期以来有一种老生常谈,认为重要的道德两难在政治领域比在其他领域更频繁地出现。"参阅 Parrish, *Paradoxes of Political Ethics*, pp.1—2.

⑤ 正如沃尔泽(Michael Walzer)所说,正是"流行的智慧"都是认为"政治人物比我们大多数人更糟糕(而且在道德上更糟糕)得多。"参阅 Walzer, "Political Action: The Problems of Dirty Hands," p.162.

⑥ 政治理论家贝拉米这么描述政治家的现实考虑:"为了确保某一种善(the good),他们可能必须牺牲最善(the best)。他们这样做的时候,需要获得某一狡猾奸诈和麻木不仁。"参阅 Bellamy, "Dirty Hands and Clean Gloves: Liberal Ideals and Real Politics," p.414.

⑦ 艾查德这么形容政治家的"脏手"的可能性:"他们的'专业'给他们提供了惯常而又不必然可以预测的机会做这么重大的错事。"参阅 Archard, "Dirty Hands and the Complicity of the Democratic Public," p.780.

主义。① 总而言之,政治伦理的思考,要求的是正视政治的复杂性,不是单纯地按照某些先验的道德原则要求政治人物如何行动。《穀梁》对许多政治行为的判断,同样不是"伦理学优先"(ethics-first)的进路。② 传文不要求每一个人都是"善"的,像鲁隐公那样"善"而"不正"就是遭到传文严正批判的对象。能够符合主观的道德构想,不见得必可得到《穀梁》的认可。齐襄公复九世之仇而灭纪,便得到"小人"的评价。齐桓公既夺兄位又灭人之国,却是《穀梁》认可的贤者。诸如此类的例子,还有许多。这里只是强调,阅读《穀梁》,不必预先用理想道德人格的惯常想象来限定或约束传义的解读;比起纯粹的"伦理学",强调《穀梁》包含"政治伦理"的丰富内容,应该是比较符合事实的。

最后亟待指出的是,表明《穀梁》作为"政治伦理"的面貌,不等于以当代西方社会为取材背景的政治伦理学的每一个观点都可以不加拣选地直接挪用到经传上。③ 承认《穀梁》的观点是政治伦理的性质,犹如承认两宋士大夫有些思想言行可以划入"政治文化"的范围。④ 说后者是"政治文化",可以让人了解这跟纯粹的哲学理论分析没有直接的关系。同样的道理,本书强调研究的是《穀梁》政治伦理的内容,读者应该知道它的着眼点是具体的政治行为,与"空言"、政治制度、宏伟的理论体系或另有现实意图的宣言口号没有直接的关系。这是本书以"政治伦理"为题的初衷,不多也不少。

(二)为什么是文本解读?

要知道《穀梁》政治伦理有什么独到的见解,最直接和最合理的途径就是认真地解读文本,设法理解它:(1)说什么?(2)怎么说?(3)这样说好不好?(4)其他文献是否也这样说?为此,必须要观察(5)什么说法最符合传

---

① 像韦伯便是这样的思路,因此仅把韦伯理解为政治现实主义或价值中立的工具性推理的先锋,是有问题的。这方面的观点,参阅 Cherniss, "An Ethos of Politics between Realism and Idealism: Max Weber's Enigmatic Political Ethics," pp. 705—18.

② 有关这一进路的问题,参阅 Geuss, *Philosophy and Real Politics*, pp. 1—7.

③ 仅就"政治伦理"一名而言,目前在汉语学术界还未流行,跟本书课题距离最近的专著,只有李新霖《从左传论春秋时代之政治伦理》一书。但是,李书内容大多是引述《左传》书中的历史故事,然后略作点评;李先生并无政治哲学的训练背景,严格地说,他的写法很少涉及政治伦理的深度思考,基本上也谈不上挪用西方理论套用《左传》的问题。

④ 有关这个问题,参阅余英时:《朱熹的历史世界》,页 3—7。

义?(6)什么说法可以与文本兼容?什么说法不可以?(7)反对《穀梁》的说法能不能接受?(8)面对不同的观点,《穀梁》的说法是否能够自圆其说?(9)从文本中能不能找到足以回应驳难的理据?

这些问题的提出,已预设只有文本才是主要的研究对象,它的重要性高于文本以外的东西,其中包括:

①有关它的学术史书写。自晚清以降,重新书写中国各个类别的学术史的风气,蔚为奇观,但某些大谈今古文问题的观点,往往是申述论者的个人臆测,多于紧扣文本的论证。像崔适、张西堂、王树荣等人更因为尊奉《公羊》的门户偏见,刻意指控《穀梁》与《左传》皆非《春秋》之学,同属刘歆一党为了翊戴新室而炮制出来的"伪作"。① 此说不乏耳食者随声附和,② 但因其荒诞绝伦、破绽重重,对理解《穀梁》实无正面的贡献,在此不必费辞。③ 必须强调的是,一个文本的学术史,永远不能取代文本自身的研究。对此,金景芳已有深刻的洞见:"过去谈《尚书》的,都喜谈今古文。以为今古文谈清楚,其余可以不谈了。我不同意这种做法。我认为今古文问题要谈,但不宜谈得过多,应把主要的精力放在《尚书》的内容上。"④这个意见,虽是针对《尚书》行情而发,但也可以用来审理其他经部文献的学术研究。就《穀梁》而言,不论是"国学""经学""今文经学""春秋学""穀梁学"抑或其他范畴,只要研究的是这些范畴的历史,⑤而非《穀梁》自身,它们对文本解

---

① 崔适:《史记探源》卷1,页1—18;《春秋复始》卷1,页381—82;《五经释要》卷5,页70—72。张西堂:《穀梁真伪考》,页3—55。王树荣:《续穀梁废疾》,页145—50。

② 蒋庆《公羊学引论》(页56注1)是拥护崔、张二人的观点:"于此,《穀梁》非孔学真传,伪证昭昭,已成定谳矣。"这是盲目拥护而非严肃论证,不审崔、张的各种错失,不足为训。令人遗憾的是,现在惟一研究崔适的专著,即蔡长林《论崔适与晚清今文学》,书中对崔适的观点也欠缺具体而深入的分析,仅是(页123)说:"对于崔适而言,笔者认为其著作的主要意义,既是弥缝今文学派理论潜在性的缺陷,同时也是对今文学理论的完成做最后的努力。"这一说法不痛不痒,究竟崔适的"努力"算是怎么回事,始终没有透切的说法,对崔适各种诬蔑《穀梁》的说法,尚未作出全面的清理。

③ 指责刘歆一党伪造古文经,这种主张所存在的错谬,参阅钱穆:《两汉经学今古文平议》,页1—163。王汎森:《古史辨运动的兴起》,页61—208。梁韦弦:《古史辨伪学者的古史观与史学方法》,页31—44。陈恩林:《关于〈穀梁传〉的源流及真伪问题》,载《逸斋先秦史论文集》,页304—09。周何:《春秋穀梁传传授源流考》,页53—206。至于王树荣,因其书流通不广,尚未有学者对之作出驳斥,本书将有不少注脚反驳崔、王等人的错谬,于此不赘。

④ 金景芳:《孔子的这一份珍贵的遗产——六经》,载《金景芳全集》第9册,页4324—25。

⑤ 有关《穀梁》研究史的作品,虽不算多,但其实积累了一定的数量,仅以专著的出版而论,例如吴连ане《清代穀梁学》、文廷海《清代春秋穀梁学研究》、黄开国《清代今文经学的兴起》、赵伯雄《春秋学史》等书,都是行内专家熟知的作品。

读所能提供的帮助充其量仅是外部环境的说明。具体到经传某一句话的解释，基本上还是要回头看各种注疏和其他文献对它的诠释意见。一般"××学史"流行的观点，大多派不上用场。例如桓十二年经："丙戌，卫侯晋卒。"传："再称日，决日义也。"①这是解释经文为何出现异常的日期记载。要解答它为何有这样的观点，侈言今古文问题有什么用？诸如此类的例子，在《穀梁》中可谓俯拾皆是。因为学术史的各种争论对《穀梁》文本的认识没有直接的帮助，本书将之暂时搁置，直接从文本出发。

②诠释经传的注疏。研究《穀梁》，最重要的是传文。传文是所有观点的"最终仲裁"(final arbiter)。所有解读传文的注疏，其所提出的见解能否成立，端视它们能不能与传文兼容。假如这些见解不符合传义，不管它们说得多么头头是道，也是不能采信的。范宁《集解》就是一例。作为如今存世惟一的完整著作，它的重要性无可撼动，但不意味此书的所有观点都是正确的。范宁屡有误袭他传注解（如何休、杜预等注）以释《穀梁》的毛病，②往往无助于澄清传义，反而误导读者产生不必要的曲解。③类似范注的错失，也不是他个人独有的问题。诸如杨士勋的疏、柳兴恩的《大义述》、钟文烝的《补注》、王闿运《申义》、廖平《古义疏》、柯劭忞的《传注》、张慰祖《补阙》等作品，于《穀梁》虽能发其由栉，寻其堕绪，扶持千古之绝学，但在不同程度上都有一些偏离传义的观点，有待辨析和纠正。总而言之，正确的做法是以经传正注疏之舛误，不是反过来以注疏盖过经传的本义。④

③《穀梁》以外的其他文献。与注疏的次要性相同，其他文献的观点能不能用来解释《穀梁》，也要看它们是否符合传义。因为"今文说"的预设而援《公》解《穀》，拿《公羊》的观点强加《穀梁》之上，不问二传存在明显的分

---

① 杨士勋：《穀梁注疏》卷4，页50。有关这一则经传的解读，参阅本书第四章，页617—20。
② 范宁误用《左》《公》二传成说的弊端，早有识者指责。例如郑杲《春秋说》（载《郑东父遗书》卷2，页153）云："范武子说《穀梁》而用何氏，沮滞百出，宜矣。"又如王崇燕《纠谬》（卷9，页312）云："范解《穀梁》，心在《左氏》。"
③ 针对范注惹来世人误解传义的问题，柳兴恩《大义述》（卷9，页122）援引《毛诗》孔疏（卷1，页11）"火出于山，反焚其山"之语，并云："其范氏之谓乎？"
④ 针对这个问题，金景芳《经学概论》（页2795—96）已有深刻的建议："余谓学者须以经为主；经意不憭，乃求之注疏；得其解后，仍反证之经，无碍乃已。不得执末师之说，便谓经意如也。"这个观点，完全可以用作解读《穀梁》的指引性意见。

歧,是说不通的。① 同样的道理也适用于其他文献,包括《左传》《国语》《史记》《春秋繁露》《说苑》《新序》和各种各样的纬书等等。这不是说参考他书以证《穀梁》必然错误。在此仅是强调:真正尊重文本的做法,是不能弃文本以就他说。来自其他文献的各种说法,凡是符合文本原义的,便该老老实实地接受;凡是不合的,便该心安理得地抛弃,无所谓权威。

④意图影响政治的现实诉求。《穀梁》虽被列入经部文献之中,但不意味所有研究它的作品必须打着"通经致用"之类的旗帜方能获取研究的合法性。有些人企图在"经学"中寻找某种指引或影响政治的力量,能不能找到?找到的东西是什么?好不好?暂且不作深论。纯粹的学术研究,不必需要有这样的现实诉求。本书主要是关注《穀梁》说了什么,而非劝导人们在政治上选择什么。自我定位的目的是要透过文本带来新知,此外没有别的考虑。

⑤不能提供实质性认识的方法。《穀梁》虽被列入经部文献之中,但它跟其他早期中国的思想文献一样,没有什么独特的"经学问题"。刻意强调"经学体系""经学系统""经学眼光"或其他界限不明的浮泛论述,或悬空地另作方法论的阐明,其实对相关文本的认识不见得带来实质性的效益。对此,曹峰有一个很值得玩味的观点:"就诸子研究而言,使用方法的目的,是让诸子文本更好地把自身呈现出来,而不是喧宾夺主,使用方法强迫文本说话。所以'无法之法',就是尽可能地排除工具的干扰,不戴有色的眼镜,不设既定的立场,竭力回到文本自身去。"②此言虽是针对诸子而发,但对研究《穀梁》这种解经的作品,同样极有参考价值。回归文本自身,抛开一些有待验证的方法论主张,方是研究中国思想文献的正途,不论是经部、子部抑或其他性质的文献。本书研究《穀梁》,就有这样的研究预设。

(三)为什么是"贤"?

《穀梁》内容丰富,本书限于篇幅,不可能天南地北样样都谈。如副题所示,书中正文的讨论将是围绕"贤"的判断而展开。这样的考虑,是立足于以下三点认识:

---

① 援引《公羊》解读《穀梁》的错误,我已专文剖析,参阅《以〈公〉解〈穀〉之谬——近代学术史上一个被忽略的片断》,于此不赘。
② 曹峰:《中国古代"名"的政治思想研究》,页281。

①有待填补的学术空白点。《穀梁》不算热门课题,研究文献虽非汗牛充栋,但积累至今,已有一定数量,绝非"一穷二白"的状况。① 因为各种缘故,学术界尚未有太多人对传中的各个观念进行深度的解读。一些研究主题的设定,更是借自《穀梁》以外的文献,不合传义。② 假如贴近文本观察的话,便会发现《穀梁》有许多概念还未得到足够的重视。"贤"的问题就是一个显例。"贤"字在《穀梁》多达28例,如此多见,当然不是可有可无的东西。如果结合与"贤"相关的概念(例如"众""正""恶"等等),以及各种与贤者(还有其他文献称贤而《穀梁》不贤的人物)相关的记载,其分量就更厚实了。可以说,涉及"贤"的判断,《穀梁》有许多直接和间接的内容,值得深挖和分析。如今专门研究《穀梁》思想观点的作品,对之视若无睹,不知何故,令人纳罕。③ 关于"贤"的问题,肯定是学术界的一个空白点,尽管它不是唯一的一个。

②相对陌生的思想资源。无疑,不是所有的空白点都有填补的必要性。未被学者处理的课题,有可能是因为没有太大学术意义和现实意义。然而,"贤"的重要性却是长期得到学术界普遍的承认。自改革开放以来,贤能政治作为一种可能的重要选择,得到持续的讨论和认可。无论是把它理解为

---

① 有关《穀梁》的研究成果已有一些学者作出细致的综述,包括王熙元:《六十年来之穀梁学》,页431—66。林庆彰:《近十五年来经学史的研究》,页139—43、185—89。吴智雄:《穀梁传思想析论》,页2—20。周何:《春秋穀梁传传授源流考》,页23—52。文廷海:《清代春秋穀梁学研究》,页4—7。秦平:《〈春秋穀梁传〉与中国哲学史研究》,页3—17。王天然:《〈穀梁〉文献征》,页1—6。

② 例如,吴智雄《穀梁传思想析论》(页129—88)特辟一章,专门讨论《穀梁》的"居正观"。其中(页130)特别强调:"《穀梁传》的'居正'的观念,主要见于隐公四年的'《春秋》之义,诸侯与正而不与贤也。'"谨按:(1)如本书第四章(页615—16)所述,隐四年传"与正"与"与贤"的"与",都是给予的意思。"与正"与"居正"不是等价的词语,吴氏举证不当,一目了然。(2)僖二十四年传(卷9,页143)云:"居者,居其所也。"这一解说,可以通释《穀梁》全传"居"字之字。"居"就是停居在某个处所。有关"其所"的解释,参阅本书第一章页96—97。《穀梁》对"正"更惯常的用法,是用来形容一些合法性没有问题的状况。传中没有"居正"之说,"正"不是被"居"的东西。(3)说穿了,"居正"之说,根本是来自《公羊》隐三年传(参阅本书第一章页66),不合《穀梁》之义。吴书以此设定章节,非常错误。有必要强调的是,像吴氏那样援《公》解《穀》的错误,绝非个人的失误而已,而是某些《穀梁》研究者常见的问题。在此多举一例:简逸光《噶玛兰治经学记》(页311—31)有一专章题为《穀梁传》三科九旨说》,无视《穀梁》毫无"三科九旨"之说,其误一望即见。

③ 例如谢金良《穀梁传开讲》(页167—89)简介传文的思想倾向,就完全不提"贤"的问题。秦平《〈春秋穀梁传〉与中国哲学史研究》(页3—153)及简逸光《噶玛兰治经学记》(页1—331)各有12篇研究《穀梁》的文章,也是如此。吴智雄《穀梁传思想析论》(页130—36)只涉及"诸侯与正而不与贤"一语,其中大多谈"正"而未尝厘清"贤"的内涵。

杜绝任人唯亲的思路,①抑或相信它有助于弥补西方民主制的部分缺陷,②贤能政治一直是许多学者觉得有必要加以宏扬和阐述的好东西,甚至将之提炼为一种可备选取的政体模式,称之为"政治尚贤制"。③ 值得注意的是,现在对"贤"或"贤能"的惯常理解,通常认为这是形容才德兼备的精英分子,并且相信任用贤者是统治者应该做的事情,因此思考的重点都是放在如何教育这些精英分子。④ 然而,早期中国是否每一部思想文献都是这样的思路?有没有其他不一样的想法呢?本书将会指出,《穀梁》对"贤"的见解非常独特,传文较多的是从"得众"界定称贤的条件,而且贤者不见得都是道德水平优秀的人,也许是"恶",而且没有把贤者编排在治理体系中的诉求。这些见解,有别于贤能政治的惯常思路,在今人看来也许相对陌生。解读它和分析它,可以让人在流行的政治观念以外得到一些另类的思想资源。⑤

③ 被《公羊》掩盖的观点。在清代中叶以前,研究《春秋》经传的人很少独尊《公羊》,《穀梁》的学术地位殊不下于《公羊》,柳兴恩这样刻划当时的学术氛围:"今《公》《穀》二学,颁在学宫,并无轩轾。"⑥因为改革的政治诉求,《公羊》成为推动变法的思想武器,⑦而《穀梁》则遭到忽略或轻视。尤其是"今古文"这样宽泛的标签成为流行的学术分类,《公羊》往往被当作"今文"的代表作品,而《穀梁》的各种独特观点却被无视。⑧ 这种情形也直

---

① 把贤能政治理解为反对任人唯亲,是改革开放初期较常见的思路。例如杨桂生《论春秋战国时期的贤能政治》(页84)说:"古代创造的贤能政治思想和经验,是我们民族文化的宝贵财富。认真加以批判继承,对我们今天的政治经济体制改革,坚持任人唯贤,杜绝任人唯亲是很有借鉴作用的。"

② 赵冰冰《从贤能政治看中国政治话语表达》(页16)解释贤能政治得到重视的原因时,指出"西方民主是一种有缺陷的政治体制,而贤能政治有助于弥补其部分缺陷"。

③ 贝淡宁《贤能政治》就是一例。对此书的讨论和批判,参阅黄玉顺《"贤能政治"将走向何方?——与贝淡宁先生商榷》,页5—19。

④ 孔新峰《贤能政治视野下的"公仆"与"公民"》(页82)说:"要有好的教育,必先'教育"教育者"',就公民意识教育有步骤、有计划地开展而言,首先须得强化'政治贤能'的公民意识。"

⑤ 粗略地说,这也是研究历史思想文本的一个好处。政治理论家戈伊斯指出:"由于不能历史地解读文本,我们付出高额的机会成本(opportunity cost),使自己丧失解读中所能得到的最佳利益——亦即,在我们组织和思考政治、道德和社会的方式以外看到其他选项,得知我们大多数观念根源的偶然性。"参阅Skinner,"Political Philosophy: The View from Cambridge," p. 3.

⑥ 柳兴恩:《大义述》卷12,页164。

⑦ 有关这个问题,参阅朱维铮:《晚清的经今文学》,载《中国经学史十讲》,页164—89。

⑧ 周予同对今古文的区分,便是一个显例,参阅《经今古文学》,载《周予同经学史论著选集》,页9。

接影响了现代以来各种学术史的书写，从董仲舒到康有为，这些喜好《公羊》的思想家往往是一般学术史惯常记述的大人物；相比之下，没有哪一个《穀梁》学者享有这样的待遇。客观的效应是，许多外行的学者往往偏举《公羊》而忽略《穀梁》。例如在复仇问题上，几乎不理会二传的差别，直接把《公羊》歌颂复仇的观点当作最能代表《春秋》的意见。① 事实上，二传在许多问题上分歧明显，无法强合。就此，邓国光早已注意到偏重《公羊》而忽略《穀梁》的不足，呼吁"透过《穀梁传》以彰显孔子《春秋》义理"。② 这一主张别具慧眼，相当值得重视。"贤"作为一种对人的评价性措辞，对谁可称为贤者，谁不能称贤，基本上也就反映二传的各种差别。在《公羊》看来，能够让国、死义、复仇的人，往往就有称贤的条件；但《穀梁》却不那么认为，许多让国者、死难者、复仇者都不是传文认可的贤者。二传对"贤"的表达和指谓，存在许许多多的差别。因此，从"贤"的视角切入，可以比较充分地展示《穀梁》有什么独特的思想主张，过去被掩盖、被忽略的观点也就可以呈现出来。

第二节 研究思路简述

现把本书的研究思路略加分疏，以便于读者阅读：

（一）本书以"贤"的判断为主，正文合共四章：第一章讨论让国不贤的问题，另对"让"和"辞让"的涵义略加辨析；第二章讨论死难问题，除了六个随他人而死的案例外，还会处理臣子不死难的选择和灾卒称贤的问题；第三章讨论复仇问题，指出《穀梁》如何批评齐襄公、鲁庄公、伍子胥这三个不被传文称贤的人，另对宋襄公和齐孝公因"报"而战加以剖白；第四章讨论"贤"的指谓和条件，指出"得众""通恩""尊君""使贤"四个称贤的条件，说明某些人称贤和不称贤的缘故，进而讨论传中的"贤"是什么涵义。最后是简短的结语，整理和归纳全书的论点。

（二）为了剖析正文四方面的内容，本书四章的写作策略是先挑选相关的经传进行深入的解读，然后概括和综合先前解读的内容，指出《穀梁》的

---

① 有关这个问题，我已有专文讨论，参阅《复仇的限制——从〈穀梁传〉的政治观点看》，页67—72。

② 邓国光：《经学义理》，页183。

观点与流行的理论主张有何异同,使读者更清楚地理解传文的思想涵义。被讨论的经传之所以需要挑选,是因为《春秋》是一部编年史,因事件的时序规定,许多内容相关的经文受此限制而分别记载在不同的年份之下,若不将之挑选出来另作讨论,是无法凸显事件发展的来龙去脉。挑选的原则,主要有三:

①按照经文的笔法。不同的经文使用了相同的措辞,比较相同措辞的经文便可以探究其中的异同。这就是《春秋》研究的"属辞比事"原则。如孔父、仇牧、荀息、公子瑕、箕郑父、庆寅都是"A 杀(弑)B 及 C"的 C,所以这六人需要合起来比较观察。

②按照相关人物的出现。因为"贤"是对人的评价,所以本书的讨论也不能不围绕着相关的人排列其事,例如经文详载其事的宋伯姬,自成八年出场,至襄三十年卒葬,横跨 39 年,有关她的经文多达 12 则,要讨论她为何被《穀梁》称为贤者,就有必要将这些经文一一抽取出来加以解说。

③按照讨论课题的需要。经中记载的历史人物,很多都是周旋多年,在不同事件中有所表现,例如齐桓公,他自从庄九年夺位,至僖十七年逝世,这 45 年间的许多事件在不同程度上都与他相关,涉及他的经文多达 87 则,本书不得不有所割爱;例如第四章讨论他作为贤者的问题,只挑选 9 则经文而已。[①]

这三个挑选原则,主要是服务于本书对"贤"的讨论。在此,本书不敢承诺其中完全没有作者个人的主观想法在内,仅能说尽量努力把抽样工作做得较全面、较精细,不致断章取义而已。

(三)本书以"探微"为题,"微"意谓微细,不是"微言大义"的"微"。"探微",就是希望深入探寻《穀梁》的内容,触及各种微细之处,尽量做到每一句话、每一个字也不放过。[②] 以文献言,《穀梁》两汉或更早的古本早已失传,现存的完整著作仅有一部,即唐代修订的《春秋穀梁传注疏》。今日可见的《穀梁》版本仅有敦煌残卷、开成石经本、绍熙余仁仲万卷堂本、宋元十行刊本,内容差别不大,对这些版本的比较分析,王天然近年出版了优秀的

[①] 有关这三个挑选原则的例子,参阅本书第二章,页 176—256、257—300;第四章,页 621—76。
[②] 现在,学术著作以"探微"为题,大概也是这样的思路。例如田余庆《秦汉魏晋史探微》、范常喜《简帛探微》等书,都是对其研究课题尽量做到细致,不遗漏微小之处,无愧"探微"之名。

研究成果。① 立足于此，本书已不必再做这方面的校勘、版本等工作，可以放心把研究重点放在传文的解读上。

（四）与其他文献一样，要了解《穀梁》不同字词的意思，一方面需要借重基本的语言训诂，另一方面还需要结合文本的独特语境加以鉴识。虽然不像出土文献用字那么生僻，但《穀梁》的字义还是需要一定的语义训诂方能读懂。远的不说，本书所谈的"贤"字，就不是涉及道德水平的高低，有别于贤能政治的一般理解；假如不知"贤"有"多"义，就不可能理解《穀梁》为何以"得众"训"贤"。② 不过，语言训诂只是提供了厘定字义的各种可能性，要确切判断传中字词的表达和指谓，还要服从以下三个原则：

①句读的畅通性。《穀梁》所有字词，都是嵌在不同的句子之中，并非孤立的存在。要判断哪一种解释符合传义，仅知道该字词在训诂上有何涵义，是不够的。必须回到上下相关连的文句上再三审视，从句义审核字义，方能通释字句。③ 例如"治"字，就有惩治、演练、办理、验知、治理、管治诸义，但像昭四年传"用贵治贱，用贤治不肖，不以乱治乱"的"治"，究竟是指哪一个意思呢？假如孤立地仅看这一句话，似乎惩治、治理、管治三义皆可读通，但若结合昭四年传上下文可知，这是谈论楚灵王要处死庆封的问题，所以该传的"治"只可能是惩治义，而非其他。④

②传例的适用性。《穀梁》有各种各样的传例，包括：二事相比之例，释此事而证以彼事之例，比事则发其义于一传之例，因一事而通释数事之例；同一事有发传不发传之别，有前后发传之别，又有处处发传不嫌重复者。⑤ 传例之存在，意味着某些传文虽未明白解说，但适当的时候也该援引传例指示究竟。例如庄十三年经："冬，公会齐侯盟于柯。"《穀梁》只说"曹刿之

---

① 有关这些版本的背景和特征，参阅王天然：《〈穀梁〉文献征》，页8—34、45—86。
② 有关"贤"的训诂义，参阅本书第四章，页848—49。
③ 这一道理，徐复观看得最是清楚，《中国人性论史》（页11）说："治思想史，当然要从语言训诂开始；同时即使仅就语言训诂的本身来说，也应从上下相关连的文句，与其形其声，互相参证，始能确定其意义，而不能仅靠孤立地形与声，以致流于胡猜乱测。"
④ 有关"治"的涵义，参阅本书第四章，页797—98。
⑤ 这些义例的说明，参阅柯劭忞《传注》序文（页2）的说明。谨按：柯氏《春秋穀梁传注》一书，尚无完整的缮本，主要流通的是两个底本：一是1927年出版的北京大学研究院文史部版，另一是《山东文献集成》收录的济南刘晓东藏民间排印本；两个底本互有详略，不能偏废。本书主要采用北大本（简称《传注》），遇有北大本漏载，或两个版本文字歧义的问题，将会参考刘本（简称《传注〔刘本〕》）。

盟"和"桓盟",没有明言谁是主持盟会的人。但若参照"会者,外为主"的传例,便会知道齐桓公就是主盟之人,而"曹刿之盟"主要是交代他在会上胁迫齐桓公之事。①

③经文的规限性。说到底,《穀梁》是为了解释《春秋》而作,对传文的解读始终离不开经文。不合经义的说法,是应该遭到批评的。《穀梁》屡有"善救"之文,统计全经可知,言"救"共24例,全部都是褒义。明乎此,便可知道那些尝试逆反"善救"之论的不可靠。又如庄四年经:"纪侯大去其国。"《穀梁》理解为纪侯彻底离国,没有明显的破绽;而《公羊》却认为"大去"是"灭"的讳辞,这是漏了没有解释经文"纪侯"二字;两相比较,便能发现《穀》优《公》劣的所以然。②

(五)为了清楚辨析何种诠释意见符合传义,有必要尽量扩大搜证的范围,聚集各种正反意见,加以比较和驳难,从而整理出一些比较可信的观点。大体上来说,除了《穀梁》各种传注和研究作品外,至少有五类文献值得参考:

①《左》《公》二传及其注疏。研究《穀梁》,不等于只需要读《穀梁》的作品。三传立言不同,彼此攻诘驳难,异见繁多。对于任何专攻某一作品的研究者来说,这在客观上造成大量反证的存在。任何严肃的学术研究,不能只留意与自己意见相契合的证据,而忽略与自己意见相反的证据。③ 不考虑异同之见,自说自话地阐述个人的读书感想,绝非真正负责的态度。柯劭忞表示:"非兼通三传,不足以治《春秋》之学。"④此言实得要领。要真正辨析《穀梁》说的什么,尤其是它说了什么独特的东西,就不能不兼读《左》《公》考究异同。尤其是自范宁以降,很多《穀梁》注疏在不同程度上参考二传(包括何休、杜预等人的解经意见),要鉴别其中的是非得失,岂能将之摒弃不顾?还有,像何休、孔广森、刘逢禄、陈立等人因为尊奉《公羊》的立场而批判《穀梁》的意见,也是《穀梁》研究者需要认真对待的。

---

① 有关柯之盟的问题,参阅本书第四章,页633—38。
② 有关"救"的涵义和"纪侯大去其国"的解释,参阅本书第一章,页127—29;第三章,页389—407。
③ 这是借鉴于严耕望的治学见解,参阅《怎样学历史》,页33。他的观点是正常的学术要求,本书认为这也适用于思想文献(包括经部文献在内)的研究,不能因为严氏是历史学家的身份而轻率摒弃。
④ 柯劭忞:《传注》序,页2。

②先秦两汉的各种文献。与早期中国其他文献一样，《穀梁》有不少篇幅引录了其他作品的观点，例如隐元年传"成人之美"便是出自《论语》，也有不少观点与《孟子》《荀子》等作品相通。《史记》《国语》《新语》《说苑》《新序》《列女传》等书，也有不少叙事与《穀梁》相互印证。这些文献，当然是研究《穀梁》不能忽略的。

③唐宋以来各种袭用或批评《穀梁》的作品。唐宋以后，虽然有专门研治《穀梁》之风不再，但三传同在学官，许多《春秋》学者都是认真研读《穀梁》并有自己的心得，没有理由说他们的学术成果不该被采用。例如庄四年经"纪侯大去其国"的"大"，叶梦得训"大"为"尽"，早已得到钟文烝、柯劭忞、廖平等人的接受。又如胡安国对"救"的理解是"未有不善之也"，也是通释经传的正确观点，一些清儒也没有这样正确的理解。① 还有，这些作品对《穀梁》的各种误解和批评，也不能武断地加以剔除。

④文献训诂的研究成果。因为文献传抄的阙失，或先人误读的错谬，《穀梁》某些文句仍有费解的疑义。诸如王念孙、王引之、俞樾、于鬯等人虽无《穀梁》专著，但他们的研究成果往往是诂解传注的指路明灯。例如僖三十一年传："乃者，亡乎人之辞"，自范注以降不得其解，全靠王引之的训诂方才晦而复明。②

⑤西方政治理论的著作。《穀梁》和所有历史文本一样，它们的观念主张如果不能透过现代学者能够理解的"思想通货"加以说明，就很难有真正的生命力可言。这就要求研究者（不仅仅是研究《穀梁》的专家）在条件允许下参考相关理论著作，告诉读者相关文本的观点放在理论语境中观察究竟是什么东西。尤其是本书既以"政治伦理"为题，对相关理论是不该毫无认识。例如《穀梁》批判鲁隐公"不正"，显然不是指道德恶劣，而是认为他的做法欠缺政治合法性。这就要求研究者不得不对"正义"与"合法性"的差别有所认知。又如有研究者把复仇理解为一种权利，以此作为复仇者加害于仇人的理据。为了检讨这一观点是否合理，研究者便需要研读权利的理论学说。③ 这不是简单的"以西释中"，而是又为了弄清"中"是什么东西

---

① 有关叶梦得、胡安国的见解，参阅本书第一章，页129；第三章，页389。
② 王引之：《经义述闻》卷25，页1532—33。
③ 有关"不正"与复仇作为权利的问题，参阅本书第一章，页165—66；第三章，页590—91。

导致必须看清楚"西"的面貌如何。① 出于民族主义情绪而抗拒西方政治理论的学习,不是循序有常的学术态度。

(六)本书的写作,尚有以下三点补充说明:

①先解读,后讨论。以某一论题为核心的申论,是现在学术论文常见的做法,好处是纲领清晰,读者容易把握。② 但像《穀梁》这种文本内部存在许多费解之处的作品,假如不先解读文献的内容,直接按申论形式谈说其内容,往往导致一个极不可欲的结果:论者不必仔细考究相关文本的原意,径自以己意申述内容,若有不慎,就可能迁就论者的思想观念,多于文本原意的解读,最后就是蜻蜓点水,避难就易,回避了大量需要辨析、驳正的难点。本书之所以扩大阅读和参考的范围,目标是尽量准确地掌握《穀梁》文本的原意,不想操之过急,人云亦云,或以某些悬空想象的立场作为立言的根据。针对申论写作存在拈轻怕重的倾向,本书决定采用较笨拙的文献解读方式,先解读相关经传是什么意思,然后从解读结果中总结论说。一言以蔽之,先解读、后讨论! 期待这种写作方式具有更充实的文献根据。③

②讲究归纳和举证。文本研究不像自然科学。许多自然现象是无法做到全盘归纳数据后方才提出论断。但文本研究毕竟篇幅有限,研究者要厘定什么观点是正确的,其实在文本内对相关概念按用法进行统计,还是可以得知基本的趋向。尤其《穀梁》的篇幅不大,对其较有关键性的一词一语,归纳它在文中出现的例子的次数,进而辨析其涵义、指谓和用法,是完全可能做到的事情。因此,本书在解读文本的不少注脚中,援引和归纳了很多字词、用例的统计数字,以此作为支持论点的证据。④ 这样的做法,比起随便抽几句话(尤其是文本以外的话)来作演绎的前提,任凭己意的"以私智说经",⑤应该较有说服力。

---

① 无独有偶,秦平也有类似的观点,参阅《〈春秋穀梁传〉政治哲学研究》,页60。
② 例如,吴智雄《穀梁传思想析论》和秦平《〈春秋穀梁传〉政治哲学研究》二书都是这样的写法。
③ 放弃申论,先从文献解读着手,其实不是陌生的研究进路。现在对出土文献的处理,大多是这样的做法,像曹峰《近年出土黄老思想文献研究》之类的作品,便是范例。
④ 对于归纳在文本解读的效用,徐复观《中国人性论史》(页12)已有清晰的解说:"用归纳方法决定了内容以后,再由内容的涵盖性,以探索其思想的内在关连。由内容与内容的比较,以探索各思想相互间的同异。归纳的材料愈多,归纳得愈精密,我们所得出的结论的正确性愈大。"
⑤ 这是借用马一浮的话,参阅马一浮:《复性书院讲录》卷1,载《马一浮全集》第1册(上),页119。

③问疑辨难。要鉴别《穀梁》究竟说些什么？在本书以前，便有许许多多的传统说法，一些更因来自较早的时代，而享有权威的地位。但这些说法能不能证成某些观点，要看它们在相关论证中所能发挥的效用。古不古与真不真，绝对是两回事。其人学养深邃，也不保证他的每一句话都是正确的。虽然本书极其尊崇过去《穀梁》研究者的学术积累，也十分同意秦平的话，相信"不同时期、不同倾向的研究者们倾注心力所得出的'一隅之见'，仍旧是值得我们尊重和重视的"，①但不能由此推出墨守旧说（包括前人注疏）的必要性。一切端视乎其论证是否能够成立。其论证存在漏洞或没有认真承担举证责任的说法，都是不可信的。在本书写作中，遇到了许多这样的说法，针对它们的问题，将会尽力辨是非、覈同异。目标只有一个：寻找最符合文义的解释。所有论点的建立，力求建立在坚实的证据上，借用徐复观的话来说，"不是以态度对态度，而是以证据对证据"。② 检视证据的标准，以传为主。一切证据，与传合者为是，与传违者为非。

因为上述的考虑，本书将有许多考证和辩难，需要读者仔细阅读。《穀梁》是一部难读的书，许多内容对研究圈外的人来说，也许是比较陌生。本书期待正文所述的各种解读，可以扎实地解决一些疑难，对读者认识经传作出贡献。

---

① 秦平：《〈春秋穀梁传〉政治哲学研究》，页8。
② 徐复观：《中国思想史工作中的考据问题》，载《两汉思想史》卷3，页1。

第一章　让国与辞让

　　让国的见解，是《穀梁》政治伦理的重要内容。《穀梁》从不认为让国与贤是密不可分的共生关系。现在有关儒学的流行认识，似乎存在一种趋于刻板化的倾向：因为某些让国的君主是拥有最高美德的贤者，或辞让所带来的潜在好处，由此推论让国作为政治价值的崇高性。然而，能让国是否意味其人必贤？让国是否必然正确呢？是不是不必查问它所涉及的具体对象或它带来的现实结果，就能证成它的首要性或决定性呢？

　　对此，《穀梁》提供了不一样的思路：一方面，传文承认"让"或"辞让"可以是相当美好的，批判不让的各种做法；另一方面，并非凡言让者皆含褒义，其中鲁隐公准备让国的表现更是备受批判。让国的错误与辞让的美好，两者是并存的。因此，不能单看某一情境的某一说明，而径自下一种抽象的、企图概括全盘的定义或界说，必须各种材料汇集在一起，方能得到比较全面的认识。

　　以下四节，首先剖析鲁隐公让国的想法为何是错误的，然后讨论7个得不到传文褒扬的让国案例，接着概述"让"和"辞让"的正面义，最后综合和检讨《穀梁》让国的观点。

第一节　鲁隐让弟之误

　　任何翻阅《春秋》的读者，都会知道鲁隐公其人其事。他是经中的第一位鲁国君主，也是第一位被弑的鲁国君主。他的死，缘于他有让位之志。《穀梁》明确反对这个想法，且看以下6则经传：

　　（一）隐元年经："元年，春，王正月。"传："虽无事，必举正月，谨始也。公何以不言即位？成公志也。焉成之？言君之不取为公也。君之不取为公，何也？将以让桓也。让桓正乎？曰：不正。《春秋》成人之美，不成人之恶。隐不正而成之，何也？将以恶桓也。其恶桓，何也？隐将让而桓弑之，则桓恶矣。桓弑而隐让，则隐善矣。善则其不正焉，何也？《春秋》贵义而不贵惠,信道而不信邪。孝子扬父之美,不扬父之恶。先君之欲与桓,非正也,邪也。虽然,既胜其邪心以与隐矣,已探先君之邪志,而遂以与桓,则是成父之恶也。兄弟,天伦也。为子,受之父;为诸侯,受之君。已废天伦,而忘君父,以行小惠,曰小道也。若隐者,可谓轻千乘之国,蹈道则未也。"①

以上经传,是交代隐公意图让位一事的由来。

1. 事

"元年"是鲁隐公统治的第一年,照编年史的惯例,该有新君即位的记载。然而,经文没有"公即位"的惯常叙事,只有时间记录。"虽无事"的"无事",不是说当时什么事情也没有发生,而是说没有异事发生。"事"是指"恒事"以外的异常事件。庄二十四年经:"公如齐逆女",传:"亲迎,恒事也,不志。"②这跟《公羊》"常事不书"的主张相通。③ "恒事"比"常事"更合古语,钟文烝《补注》云:"以'恒'为'常'者,避汉讳也。"④因避讳汉文帝刘桓之名,遂改"恒"为"常",在古籍相当常见。钟注所见,靡所疑惑。

明白"恒事"是《春秋》"不志"的内容,便知廖平的解释不妥。《古义疏》云:"无事,谓不言即位。"⑤没有"即位"的记载,就是实有即位之事而《春秋》没有记录;这是有事不书,不等于"无事"。廖平把"事"理解为即位的记载,是错误的。除此传外,隐九年传解"秋,七月"和桓元年传解"冬,十月"同样说:"无事焉,何以书? 不遗时也。"⑥这两则经文与隐元年经"元年,春,王正月"的共同点是仅有时间记载,根本看不出有事不书的迹象,而《穀梁》解说的重点也相当平实,表示即使没有异事也得记录时间,如此而已。

2. 正月

"虽无事,必举正月",意谓新君首年首月即使没有异事,经文必定记载"正月"。这是褐粱全经叙事的通例。《春秋》十二公,除定公书"王三月"外,无论新君是正是篡,皆书"王正月"。惟一的特例是定公,因为前任君主昭公死在国外,迄至定元年六月从乾侯把昭公遗体运回鲁国,定公方才即位。

---

① 《穀梁注疏》卷1,页2—3。
② 《穀梁注疏》卷6,页89。
③ 《公羊注疏》卷4,页79;卷5,页91、104。
④ 钟文烝:《补注》卷1,页13。
⑤ 廖平:《古义疏》卷1,页4。
⑥ 《穀梁注疏》卷2,页28;卷3,页33。

3. 谨始

"谨始也"的"始",意谓开始。字义本身没有疑问。棘手的是:"始"指代的是什么? 范注:"谨君即位之始。"① 这里的"君",是泛指《春秋》记载的鲁国君主的即位。范宁认为经文慎重地对待鲁国君主即位之始,切中肯綮。

对此,柯劭忞提出异议:"谨隐不自正之始。"② 认为"始"是专指隐公让国,而非鲁君的即位,似乎改是为非。下文将会指出,隐十一年传虽有"隐不自正"的主张,③ 但该传已说"隐不自正"的证据是隐二年至十一年的十年间没有"正月"的记载,而非隐元年"正月"的记载。"元年有正",是为了"正隐"。"不自正"与"正隐"虽然关系密切,但不是同一回事。④ 由于"不自正"与隐元年"正月"的记载不直接相关,故此透过"不自正"解释传文的"始"字,就是把"虽无事,必举正月,谨始也"一句理解为专讲鲁隐让国之事。这个说法最大的弱点是漏释"必"字。《穀梁》凡言"必"字,皆示通则,如"妇人不专行,必有从也"(隐二年)、"夫尝,必有兼甸之事焉"(桓十四年)、"师出不必反,战不必胜"(僖二十六年)等等,⑤ 皆是概括说明某些通则。此句既言"必举",就是概括人君首年首月"无事"而录"正月"的通则,因此"始"字泛指所有鲁国新君即位之始,不仅隐公而已。同样是"谨始",桓元年传:"桓无王,其曰王,何也? 谨始也。"⑥ 这是回答桓公弑君为何有"即位"的记载,没有使用"必"字,其"始"专指桓公,性质有别于隐元年传的"谨始"。

另外,柯注所持的理据,仅有一条,即"凡曰谨,皆恶",意谓"始"带有贬义,而"恶"的对象就是隐公。然而,"谨"不一定示恶。文九年经:"九月癸酉,地震。"传:"震,故谨而日之也。"⑦ 此"谨"涉及地震,没有什么贬义。钟文烝《补注》云:"凡传言谨者,皆谓详其文以慎其事。凡传专释经之取义,

---

① 《穀梁注疏》卷1,页2。
② 柯劭忞:《传注》卷1,页1。
③ 《穀梁注疏》卷2,页30。
④ 参阅本章的讨论,页60—61。
⑤ 《穀梁注疏》卷1,页11;卷4,页54;卷9,页146。
⑥ 《穀梁注疏》卷3,页31。
⑦ 《穀梁注疏》卷11,页172。

如言谨，则明君子修经取义于谨也。"①这一解释比较尊重范注，似无疑窦。《穀梁》虽有以谨示恶之例，但不是凡谨必恶。柯注标新立异，反不如范注可取。

4. 谨始≠五始

此传只谈"正月"之书和"公即位"之不书，其言"谨始"亦无高深玄妙之论，更无"五始"的说法。"五始"是《公羊》家掺杂汉代谶纬之说，徐疏："五始者，元年、春、王、正月、公即位是也。"②这些主张对《穀梁》毫无帮助，钟文烝《补注》云："此皆俗师增益，夸饰经义，不可援以说传也。"③这里明确拒斥不相干的异说，免得传义诠释误入歧途，甚为可贵。

以"王"言"正月"，是周代流行的时间记述方式，同样不必深求。顾炎武参照《晋安鼎铭》"惟王十月乙亥"等证据，指出"王正月"不过是当时诸侯记录时间的常法："言王者，所以别于夏、殷，并无他义。"④李惇《群经识小》云："不知元日、元祀、月正、正月，其来已久，古器物亦多称王正月，非夫子所创之新义也。义本易明，而诸儒强为推衍，似失之凿矣。"⑤顾、李之言，与上述钟文烝对"五始"的批判意见，正可相互发明。

5. 四时具而后为年

假如说，"正月"还有彰显鲁隐公合法性的政治意义，那么"元年"和"春"就是比较中性的词汇。《说苑》另有他说，《君道篇》云："文王似'元年'，武王似'春王'，周公似'正月'。"《建本篇》云："《春秋》之义，有正春者无乱秋，有正君者无危国。"⑥《说苑》出自刘向之手，但上述主张于传无征，不可采信。曹金籀不明此理，反而据此说："通三统之说，《公羊》家尝言之，《穀梁》家亦尝言之，顾何以近儒乃谓穀梁子不传通三统大旨乎？"这是反驳刘逢禄的质问，又说："刘传《穀梁》者也，而谓穀梁子不传通三统之大旨，得乎？"⑦此问貌似振振有辞，实为无稽浮言，《说苑》绝非所有内容皆承《穀

---

① 钟文烝：《补注》卷1，页3。
② 《公羊注疏》卷1，页5。
③ 钟文烝：《补注》卷1，页3。
④ 顾炎武：《日知录》卷4，页190。
⑤ 李惇：《群经识小》卷5，页41。
⑥ 向宗鲁：《说苑校证》卷1，页31；卷3，页56。
⑦ 曹金籀：《春秋钻燧》卷3，页330—31。

梁》而写，刘向兼取百家，大量杂用《公羊》和其他家说，①故《说苑》《穀梁》不宜等同对待。王绍兰《经说》云："刘向受《穀梁春秋》而传无其谊"，②诚乃知言。以此，曹的误解亦可澄清。要之，王者奉元或通三统之类的主张，是《公羊》学者的构想，而非《穀梁》之义。刻意抬举"元年"等词的意义，实无必要。

有关《春秋》时间记载的说明，《穀梁》另有更平实可信的解释。桓元年经："冬，十月。"传："《春秋》编年，四时具而后为年。"③可见，《穀梁》认为四季和年份的记载不过是编年史的惯常措词，没有附加过多的政治涵义。

6. 王

《穀梁》所言的"王"，皆指当时在位的周王，有别于《公羊》所说的周文王，或何休所说的鲁隐公。④ 范宁显然知道《公羊》这方面的观点不能用作《穀梁》的解释，遂解"王正月"为"周王之正月也"；以"王"为"周王"，结论正确，可惜这是从杜注摘抄而来。⑤ 范宁努力拒斥《公羊》和何注的说法，用意可以理解，但杜注是根据《左》隐元年传"王周正月"而来，根据并非源自《穀梁》。范注援杜注传，论证有欠坚实。

要把握《穀梁》"王"的涵义，应该从"天王""王""天子"的讨论着眼。这三个词语都是《春秋》对周王的称呼：天王 24 例、王 4 例、天子 1 例。三者的区分和用法，涉及的问题极多，难以赘述，在此仅指出一点：不管是"天王""王"抑或"天子"，《穀梁》指代的皆是当时在位的周王。⑥ 因此，"王正月"的"王"亦是如此。隐公即位之时，在位的周王就是周平王，不宜理解为其他人。

无论如何，《穀梁》没有把"王"假托为其他人的主张。以"王"为孔子，是康有为提出的怪论，非《春秋》之旨。⑦ 至于黜周王鲁，亦是何休一脉的

---

① 有关这个问题，参阅王启敏：《刘向〈新序〉、〈说苑〉研究》，页 8—12。
② 王绍兰：《王氏经说》卷 6，页 538。
③ 《穀梁注疏》卷 3，页 33。
④ 以为"王正月"的"王"指文王，是《公羊》隐元年传（卷 1，页 8）的主张；以为"王"指隐公，则是何休的主张。有关何休这一主张，参阅吕绍纲：《何休〈公羊〉"三科九旨"浅议》，载《庚辰存稿》，页 320—31。
⑤ 《穀梁注疏》卷 1，页 1。《左传正义》卷 2，页 37。
⑥ "天王""王""天子"三称的要义，参阅郑杲：《春秋说》，载《郑东父遗书》卷 1，页 148—50。
⑦ 康有为认为孔子是经文的"王"和《公羊》的"文王"，参阅《孔子改制考》，载《康有为全集》第 3 集，页 105。干春松：《康有为与儒学的"新世"》，页 129。康有为这个主张，跟他的许多观点一样，都是经不起推敲的，参阅梁韦弦：《古史辨伪学者的古史观与史学方法》，页 31—44。

私见,并非《穀梁》所能承认的观点。把鲁隐公视为受命新王,无法令人深信不疑,诚如柳兴恩所言,"试问前乎隐、后乎隐何君无元?何元不可奉?而必托始于隐,何也?"①无论是把"王"托给谁,都是荒诞不经,问题极多,无法在此阐述,在此仅强调一点:这是一个无法通释经传而又富有争议性的主张,最低限度,不是《穀梁》研究所需要接受的前提。

《穀梁》跟《公羊》一样,它所讨论的是春秋时期列国分立的政局,跟秦汉以后的政体和政情,存在明显的距离。可是,吴涛却随意猜测,说道:"从《穀梁传》中,我们已经看到了一些大一统君主专制政治的因素。"②究竟什么是"大一统君主专制政治的因素"?言之宽泛,殊无明确的外延和内涵,无从细致讨论。

此外,《穀梁》也没有"一统"或"大一统"的概念,也不必透过什么"大一统君主专制政治"的标签来定性。江慎中说《穀梁》"以新王法统摄列国",③大概已意识到《穀梁》面对的是诸侯分治的政治格局,不过"新王法"却是江氏因应近代世变而发挥的政见,非《穀梁》本义,不必当真。

7. 不书"即位"

《春秋》十二公,桓、文、宣、成、襄、昭、定、哀八公皆有"即位"之文,隐、庄、闵、僖四公不言"即位",传文皆从是否有"正"来考虑这方面的笔法。"正"意谓端正,许桂林《释例》云:"正之为言,常也。言此常理也,常例也。"④这个解释不能说全错,却是片面的。细读《穀梁》的用辞,"正"与"常"未必并存。试看以下2例:

> [1]隐五年经:"公观鱼于棠",传:"非常曰观","公观之,非正也。"
> [2]襄二十九年经:"城杞",传:"相帅以城之,此变之正也。"⑤

例[1]的"非常"与"非正"见证"常"与"正"是可以相通的;但例[2]的"正"肯定不属于"常",因为大夫修筑城邑,肯定不是"常理"或"常例",但《穀梁》认为是"变之正"。审是,不能说"正"等于"常"。

在君主统治上谈"正"与"不正",涉及其人的统治或行为有没有合法

---

① 柳兴恩:《大义述》卷13,页176。
② 吴涛:《"术""学"纷争下的西汉〈春秋〉学》,页240。
③ 江慎中:《春秋穀梁传条指》,页7805。
④ 许桂林:《释例》卷1,页3017。
⑤ 《穀梁注疏》卷2,页19;卷16,页272。

性。换言之,《穀梁》正不正的答问,实已预设鲁国旧史中本来载有十二公即位之文。因此,隐公是鲁国正式的君主,跟王莽之流篡位前那种臣行君事的假代性质不同。根据《穀梁》的说明,不书"即位",是因为《春秋》藉以批判让桓之误。《左》隐元年传:"不书即位,摄也。"杜注:"不修即位之礼,故史不书于策。"①把"摄"理解为鲁隐公不曾举行"即位之礼",放在《左传》也不是毫无争议的观点。②

8. "让"与"不正"

传文4个"让"字,皆指让位。"成"意谓成全,"志"意谓心意。经文之所以不书"即位",是为了说明隐公不愿取得君位的心意。此传对"让"和"取"的用法有别于《穀梁》其他部分。一般而言,"让"有褒义,"取"有贬义,③但此传却批判隐公"让"而"不取"的错误。

隐公不愿取得君位,是因为他想让位予弟弟桓公。"成人之美,不成人之恶",典出《论语·颜渊篇》。④ 据《穀梁》的判断,让桓的心意"不正";之所以"不正"还要成全,就是要透过隐公之"善"而贬抑后来弑隐的桓公。隐之"善"对照桓之"恶",但不能因为隐之"善"而以为这是"正"的。"善"与"正"是两个不同的概念。"善"和"不正"并存于隐公身上。

为什么隐公怀有让位的善意仍是"不正"呢？因为他揣摩父亲惠公生前的想法,知道惠公曾有传位给桓公的打算,为了成全这份心意,准备将来传位予桓公。同样是想传位给桓公的"志",惠公是"邪",隐公是"善",但都不是"正"。

"胜",意谓克服。⑤"胜其邪心",意谓惠公本来思想混乱,但经过一番挣扎,终于抑制了本来意图传位给桓公的错误想法,遂传位给隐公。假如隐公没有让位予桓公的打算,那么立幼的"邪志"也就不致公诸于世,所以

---

① 《左传正义》卷2,页48。

② 这里涉及许多问题,难以详ров。初步的观点概览,参阅欧阳修:《春秋论》,载《文忠集》卷18,页49。戴震:《经考·不书即位》,载《戴震全书》第2册,页339。李源澄:《〈箴膏肓〉后评》,载《李源澄著作集》第2册,页828。

③ "让"的褒义,参阅本章第三节,页135—55。至于"取"的界说,隐四年传(卷2,页17)云:"传曰:言伐言取,所恶也。"

④ 《论语注疏》卷12,页192。

⑤ 像《左》隐二年传(卷2,页67)"司空无骇入极,费庈父胜之",《公羊》宣十二年传(卷16,页350)"庄王伐郑,胜乎皇门",《孟子·公孙丑篇》(卷4,页101)"三里之城,七里之郭,环而攻之而不胜"的"胜"字,皆为攻取、克服之义。有关的考证,参阅王引之:《经义述闻》卷24,页1480。

隐公是成全了不该成全的"邪志",传文批判这是"成父之恶"。廖平《古义疏》云:"惠公立幼之志,惮而未行,其恶尚未显著,隐追行其志,使其志恶暴于天下,非惟扬恶,直成恶耳。"①这个说法,很能掌握"成父之恶"由内心私意进而呈露在世人面前的转变,相当值得珍重。

9. 桓公没有继位的资格

除了惠公的"邪心"外,桓公不比隐公更有继位的资格。《穀梁》没有提及桓公之母,但有一点很清楚的是,桓公之母实不具备公认的高贵身份。

《公羊》隐元年传:"桓何以贵?母贵也。母贵则子何以贵?子以母贵,母以子贵。"又云:"仲子,微也。"②先说"贵",又说"微",背后其实大有文章。《鲁世家》云:"惠公适夫人无子,公贱妾声子生子息。息长,为娶于宋。宋女至而好,惠公夺而自妻之,生子允。"③鲁惠公的元配另有其人,即《左传》所谓"孟子"。隐公和桓公并非嫡子,同是庶子。"宋女"是桓公之母,"息"是隐公。宋女本是隐公从宋国迎娶的配偶,但被惠公横刀夺爱。因此《左传》宋女掌中"为鲁夫人"的手文,疑是惠公夺娶儿媳难以自解而故意缘饰的托辞,而"仲子归于我"不明说"我"是哪人。④

据于鬯推断,这是史官故作含糊之语:"仲子本归隐公而实归惠公,既不得曰归我隐公,又不便直曰归我惠公,故浑其辞而但曰'归于我'。"⑤这应该是目前所能想到的最合乎情理的解释。以上《史记》的叙述,有助于三传的正确认识。《公羊》隐元年传:"桓幼而贵,隐长而卑。其为尊卑也微,国人莫知。"又云:"且如桓立,则恐诸大夫之不能相幼君也。"⑥这跟《穀梁》"先君之欲与桓,非正也,邪也"的记述,两者实无矛盾。试想,如果桓母真的是夫人,而声子真的是妾媵,那么桓公就是夫人之子,隐公就是妾媵之子,为何还要说传位给桓公之志是"邪志"?隐公传位给桓公之志是"成父之恶"?假如桓母真的是高贵的出身,那么隐、桓二人尊卑明显,为何隐公"恐诸大夫之不能相幼君"?为何说桓母之母是"微"?为何"国人莫知"?

---

① 廖平:《古义疏》卷1,页6。
② 《公羊注疏》卷1,页13、22。
③ 《史记》卷33,页1848。
④ 《左传正义》卷2,页33、35。
⑤ 于鬯:《香草校书》卷37,页739。
⑥ 《公羊注疏》卷1,页11—12。

何诂:"莫知者,言惠公不早分别也。"① 为何需要惠公分别方才清楚?在这个问题上,于鬯的解释最为可信:"惟隐虽妾媵子而妾媵却正。桓虽夫人子,而夫人却不正,故其辞如此。是三家作传者皆明知有此事,特皆不明笔耳。"②

《公羊》不见得不知道桓母由儿媳变成人妻的尴尬经历;之所以因袭惠公自饰之辞而说桓母"贵",全是为了阐述"子以母贵"的主张。只有这样解释,才能准确地说明桓母何以"母贵"而又"国人莫知"。何休很可能参考过《左传》的叙事,方有隐公之母和桓公之母"俱媵也"的判断。③ 不管如何,即使按照《公羊》和何诂的解释,桓公之母也算不上光彩,至少不是一般理解的那种高贵身份。若不承认这一点,就无法充分解释"国人莫知"等疑团。对此,曹金籀早已指出隐母、桓母地位相若,"《公羊》《穀梁》两家并以隐、桓皆庶孽无异辞","知两家皆不适桓而庶隐明矣"。④ 其论证有别于鬯,但结论倒是可取的。

可以清楚的是,"子以母贵"是容易引起误会而又有争议性的主张。《穀梁》既无这个主张,也不像《公羊》那样歌颂隐公,而"邪志"之说与桓母这些不光彩的背景大体吻合。因此,《穀梁》觉得隐公比桓公更有继位的资格,持之有故,言之成理。

可是,崔适《复始》云:"此故立异说以叛礼经而破《春秋》也。母有贵贱,礼经也。'子以母贵',桓以母贵而当立,自是礼之正经,为得谓惠公之邪志乎?惠公尊礼而立桓,未尝立隐也,焉得谓既胜其邪志以与隐乎?隐之立,以诸大夫扳之,恐己不立,则桓终不得立,是固贵义而信道,非贵惠而信邪者,焉得诬以'废天伦''忘君父'乎?"⑤ 如上所述,"国人莫知"等记载,已反映桓公之母不具有鲁国内部认可的"贵"的资格。《穀梁》既无叙事涉及桓公之母,得出不该让桓的政治判断,是完全说得通的。崔氏所言,无非重申《公羊》的观点,没能真正紧扣《穀梁》立言,因此也没注意到《公羊》实无证据足以否证《穀梁》的观点。说到底,二传立言的根据,都是经文没有

---

① 《公羊注疏》卷1,页12。
② 于鬯:《香草校书》卷37,页740。
③ 《公羊注疏》卷1,页12。
④ 曹金籀:《春秋钻燧》卷1,页320。
⑤ 崔适:《春秋复始》卷3,页394。

"即位"的记载,因取材和理解不同,导致二传立言方向不同,是没有什么奇怪的。崔适"破《春秋》"之论,不过是拾康有为的余唾,重申刘歆制作伪经的谬说,不足信据。

10. 兄弟天伦

隐公所受和待让的君位,不是他个人自造、自占、自让的所有物。"兄弟,天伦也",是强调兄比弟更早出生,在伦理次序上占有更优先的位置。范注:"兄先弟后,天之伦次。"① 此解大致不谬。钟文烝《补注》云:"兄弟,兼适兄弟、庶兄弟言之。"② 如上所述,桓公之母宋女,实非嫡妻,而三传亦无桓为嫡子的证据,故钟注认为"兄弟"不仅限于适或庶言之,亦有见地。

相反,廖平的诠释却有些不准确的地方。《古义疏》云:"继立之道,以天伦、父命为重,二者失一,为不正。阳生得天伦而无父命,齐荼、晋奚齐有父命而无天伦。"③ 之所以有此认识,很有可能是从下文"已废天伦,而忘君父"而来。这两点,是解释鲁隐公不顾其父遗命为何错误的原因。《穀梁》不曾说过"天伦"和"父命"是"继立"的条件。严格地说,"天伦"的重要性远过于"父命"。哀六年传:"阳生正,荼不正。"④ 阳生长,荼幼,他们的兄弟关系已决定阳生的继立资格高于荼。阳生无父命而"正",廖平说他"二者失一"而"为不正",岂合传意?照《穀梁》之说,"父命"实不足以影响"天伦"的决定性作用。晋奚齐称"其君之子",就是得"父命"而"不正"的明证;⑤ 而桓公最初是惠公意图传位的对象,此"父命"却被《穀梁》视为"邪心"和"邪志"。这已说明,"父命"绝非能够影响"天伦"的条件。"父命"的"正",在于顺从"天伦"而行事;若是逆反"天伦",就是"不正"。廖平将"天伦"和"父命"等量齐观,理不得通,带有很大的误导性。

11. "受之父"和"受之君"

"受"是指受命,尤指君位的任命。"君""父",皆指鲁惠公,不是周王。然而,柯劭忞《传注》解"受之君"为"受命于周",又云:"《春秋》之诸侯,皆无天子之命而自立者。君子不书即位,以为《春秋》无诸侯也,故其事为隐之

---

① 《穀梁注疏》卷1,页3。
② 钟文烝:《补注》卷1,页6。
③ 廖平:《古义疏》卷1,页6—7。
④ 《穀梁注疏》卷20,页342。
⑤ 参阅本书第二章,页225—31。

让桓,其义则为无天子之命,不应即位也。"①把"君"理解为周王,此说殊可置疑。传文的"君"和"父"应该是同一个人,即鲁惠公。此传自始至终谈论的都是惠公、隐公、桓公三人的关系。传文先说"为诸侯受之君",接着说"忘君父",显然是隐公先受"君"之命,但后来"忘"了。"而"字显示"废天伦"是导致"忘君父"的原因。如果"君"是"父"以外的另一个人,另一个没有血缘关系的周王,那么"废天伦"只能说是忘父命,跟忘君命没有直接关连,因为周王给诸侯的册命,是封建制度下的政治关系,不能说兄让弟位必是"无天子之命"。——想想看,假设隐公让桓成功实现,而又上禀天子,得到周室册命,这就不能说是"忘君"。

值得注意的是,范宁已从另一方向提出类似的观点。范注:"为鲁君,已受之于天王矣。"②这跟柯注一样,皆把"君"理解为周王。柯注没有接受范注的解释,改而批判隐公"无天子之命"。究竟隐公是否受君之命?范说"已受",柯说"无",二者同是猜测,传文对此毫无说明。

如柯注之说,《穀梁》对隐公让桓的批判变得相对不重要,因为重点已转移到传文不明言的"义",即批判自立的诸侯。《穀梁》解经,讲究切实诂解,不是假托别事而虚说他义的做法,没有理由认为此传假托让桓之事而侈谈天子与诸侯的关系。

确切地说,柯注"无天子之命"的观点,并非个人的独创。胡传:"内不承国于先君,上不禀命于天子,诸大夫扳己以立而遂立焉,是与争乱造端。"③胡安国发挥程颐"隐公自立"和刘绚"不请命于天子"的观点,④同时杂取三传,复以个人丰富的想象力,编造此说。这是宋元以降著名的观点,沿袭其说者固然甚多。⑤ 然而,隐公自立之说,主要是根据《公羊》"诸大夫扳隐而立之"而来,⑥跟《穀梁》并无多大关系。跟胡传一样,郑杲也认为隐公自立不

---

① 柯劭忞:《传注》卷1,页1。
② 《穀梁注疏》卷1,页3。
③ 胡安国:《春秋胡氏传》卷1,页2。
④ 程颐:《春秋传》,页1086。刘绚《春秋传》已佚,引自吕本中:《春秋集解》卷1,页7。
⑤ 例如张洽《春秋集注》卷1,页9。王元杰《春秋谳义》卷1,页10。即使是论学不轻信旧说的王阳明,讨论隐公问题时,还是照样墨守胡传:"诸侯之立国也,承之先君而命之天子,隐无所承命也。"载《王阳明全集》第3册,页1025。
⑥ 《公羊注疏》卷1,页12。

当,遂提出"三正"之说,认为人君需要"有天、君、父之三命";①柯注熟谙郑杲的观点,但他似乎没有注意郑说与胡传的相似性。无论如何,柯注训君为周(或天子),求深而反凿,是说不通的。这不是说《穀梁》反对受命于周,而是此传仅谈隐公让桓之事,不必牵扯到诸侯"自立"或"无天子之命"等问题。

由柯注的谬误,可以进一步确认"受之父"和"受之君"谈的都是鲁隐公受命于鲁惠公的责任。隐公可以成为世子,由于承受父命;可以成为诸侯,由于承受先君之命。但是,他准备让位予桓公的打算,就是忘记了先君先父之命,废弃了长幼之序。没有可信的证据显示隐公是碍于现实政治条件而作出让弟的表现。

针对《穀梁》的观点,黄泽另有一个反对意见:"桓公内有国人归嚮之情,外有宋之援,使隐果不贤,亦未敢遽夺之也,而况隐之志本能让乎?《穀梁》以为让桓不正,此不知当时事情。若在当时,必导隐公为乱,非杀桓公母子不可得国,而隐亦终必不免。此《穀梁春秋》开卷第一义最谬者也。若从《左氏》《公羊》,则合事情,而隐之贤终可取。"②黄泽预设隐公让桓的表现,是碍于政治形势使然。然而,"国人归向"之说,毫无确据,前已述及,《公羊》也说"诸大夫扳隐而立之",哪有证据显示国人支持桓公?至于"宋之援",更是根据《左传》桓公母为宋女而滥用历史想象力的臆测,没有任何文献足以显示当时宋国支持桓公继立。黄泽声言从《左》《公》立言,其实不合二传,粗疏舛误如此,当然不能驳倒《穀梁》了。

12. "惠"和"邪"

"惠",《穀梁》2例,皆见于此传,同属负面涵义。"惠"指恩惠。"惠"有别于"仁",两者不能混为一谈。需要指出的是,一些宋儒倾向于强调二者的联系。蔡沈就有这样的主张:"惠,仁之爱也。"③以仁爱解惠,其实是宋儒修改和扩大"仁"的内涵的解释。"惠"与"仁"虽然相关,但《穀梁》跟其他先秦典籍一样,都是将之分为两个不同的概念。而且,"惠"在使用上往往带有贬义。例如《离娄篇》记载孟子批判子产以乘舆济人的做法,说是"惠而不知为政"。④《穀梁》反对"惠"和"小惠"的意见,可以跟《孟子》相互

---

① 郑杲:《〈春秋〉主字义》,载《郑东父遗书》卷4,页195—96。
② 赵汸:《春秋师说》卷上,页263。
③ 这是解释《皋陶谟》"安民则惠"的观点,参阅蔡沈:《书集传》卷1,页28。
④ 《孟子注疏》卷8,页215。类似的例子还有许多,例如《左》庄十年传(卷8,页240)云:"小惠未徧,民弗从也。"意谓民众在乎实际的好处,没有小惠就不会跟从统治者。

印证。

"邪",《穀梁》4 例,皆见于此传,亦属负面涵义。此传的"邪",不是指人格的不正派,《大禹谟》:"去邪勿疑",孔疏:"果于去邪",①此"邪"是指不好的坏人。《穀梁》明言隐公"善",不宜解"邪"为人格不佳。"邪"另有两种涵义:一是指思想上的错误,《鲁颂·駉》云:"思无邪",郑笺:"专心无复邪意也。"②另一是指私心,《审分览》云:"主亦有地,臣主同地,则臣有所匿其邪矣。高注:"邪,私也。"③在此传 4 例"邪"字中,"信道而不信邪"的"邪",是指隐公。隐公是无私的,其"邪"自非私心,且与"惠"相通,宜解作思想错误。至于"邪也""邪心""邪志",皆指鲁惠公欲传桓公之心思,这固然是偏私的表现,但解作思想错误亦通。鉴于此,此传的"邪",若作错误义,而非私心义,当是比较顺遂的解释。

13. "义"与"道"

"邪"与"惠"相对为文,与"义""道"相反。"义"与"道"是《穀梁》的重要概念,难以简单概括其涵义;这里仅举一例,僖二年传:"虽通其仁,以义而不与也。故曰:仁不胜道。"④这是批评齐桓公因同情被狄灭亡的卫国,未经周王命令而私自修建楚丘。"道"与"义"在概念上与"仁"背反,但同样无涉于当事人的同情心。

对他人如何抱有良好的意愿,不是《穀梁》强调的重点。"惠"和"邪"都是指隐公所犯的错误,纵然他是"善"的。"贵"意谓重视,"信"意谓申张。范注:"信,申字,古今所共享。"⑤惠栋《九经古义》指出,《国语》韦注和《士相见礼》郑注亦有"伸"作"信"的旁证。⑥"义"和"道"是《穀梁》重视和申张的,而"惠"与"邪"则否。

14. "小惠"与"小道"

"轻千乘之国"是指隐公能够让位予弟弟的决定。传文屡以"千乘"之辞形容像鲁国这种规模的大国。除本传外,《穀梁》言"千乘"还有 2 例,即

---

① 《尚书正义》卷 4,页 88。
② 《毛诗注疏》卷 20,页 2055。
③ 许维遹:《吕氏春秋集释》卷 17,页 431。
④ 《穀梁注疏》卷 7,页 108。
⑤ 《穀梁注疏》卷 1,页 2。
⑥ 惠栋:《九经古义》卷 15,页 489。

"以千乘之鲁而不能存子纠"(庄九年)、"复入千乘之国"(文十四年)。① 能够放弃鲁国君位,在《穀梁》看来,仅是"小惠""小道"。"小惠""小道"不等于"道"。

"道",是《穀梁》最常见的概念,通常指某一种行为或活动的运作方式。此传批判鲁隐公让位的打算,说这不是"蹈道"的表现,其中没有剖析隐公内心是否夹杂着好名或什么动机。柯劭忞《传注》引孟子曰:"好名之人,能让千乘之国。"另加按语:"隐其近名者欤?"② 在此之前,早有其他《春秋》学者提出类似的观点。汪绂《春秋集传》云:"隐固不必让,而好名为让。好名为让,而实不能让。"③ 同样觉得隐公让国之举,出于好名的动机,柯、汪这样的论点,可以说是合乎情理的推测,但毕竟《穀梁》只说隐公不在乎国君之位,没有他的心理深描。在这个问题上,《孟子》对好名的批评,虽然或可印证《穀梁》传义,但就传言传,即使不牵扯到隐公的动机问题,同样说得通。

15.《穀梁》不是主张立贤

《穀梁》反对让位予弟,不是因为隐公和桓公是不是贤者。蒋庆《公羊学引论》说:"二传于隐之让态度不同,实对君位继承之立场不同。《公羊》主立子不立贤,《穀梁》主立贤不立子。主立子不立贤故贤隐让,主立贤不立子故非隐让。"④ 以上观点,对二传的辨析,误差极大。《公羊》隐元年传:"立适以长不以贤,立子以贵不以长",⑤ 不是"立子不立贤"。《穀梁》没有"立贤不立子"的主张,反对隐让不是因为这个缘故。而且,全传对"贤"的理解也不是这样的。以"主立贤不立子"定性《穀梁》,绝不符合传义。这里,不禁令人怀疑蒋庆究竟有什么阅读体验而得出这样错误的认知。

16. 小结

鲁隐公意图让国,但得不到《穀梁》的认可。传文主要是围绕惠公、隐公、桓公三者讨论隐公为何做错了,认为应该有其他更正确的做法。为了简洁起见,以下采用简表罗列《穀梁》对他们三人行为的评价:

---

① 《穀梁注疏》卷5,页74;卷11,页179。
② 柯劭忞:《传注〔刘本〕》卷1,页3。孟子之语,载《孟子注疏》卷14,页386。
③ 汪绂:《春秋集传》卷1,页285。
④ 蒋庆:《公羊学引论》,页302。
⑤ 《公羊注疏》卷1,页13。

	行为	道德评价	行为的动因	行为的可允许性
惠公	本来想传位桓公	恶	邪志/邪心	非正
	后来传位隐公	美	胜其邪心	正
桓公	弑隐夺位	恶		不正
隐公	让国予桓	善	惠	不正、邪、小道
	应该做的行为		义	正、道

透过以上表格，可以比较清晰地看见《穀梁》没有把行为的道德评价、行为的动因、行为的可允许性混为一谈。鲁隐公让桓之所以遭到批判，不是因为他具有不良的动机或在道德上是错误的。恰恰相反，《穀梁》认为鲁隐公是"善"，是"惠"，貌似为了他人多于为了自己，但他的行为是否可被允许？显然不是，遂有"不正"/"邪"/"小道"的负面评价。

鲁隐公不是贤者。就"贤"的讨论而言，《穀梁》对他的批判为读者留下了一些有意义的信息：

A_1　让国者的良好意图不能使让国得到允许。

B_1　让国者的道德评价不能使让国得到允许。

真正决定继位地位的"正"或"不正"，是"天伦"，而非任何人的主动意愿。无论鲁隐公是否贤者，他的选择也不该违逆"天伦"。"天伦"是周礼虚拟血缘的一个主导性原则，据《穀梁》的意见，至少在当时鲁国内部，是看不见任何高于"天伦"的标准。这意味着：

C_1　让国者没有自主支配君位归属的资格。

上述的"资格"可以包含 A_1 和 B_1。更全面地说，不仅是让国者的个人品性的内在限制，而且其他相关的人也没能影响这方面的资格。因此，桓公弑隐的"恶"，也不过是反衬隐公的"善"，无法提高他试图让位的"正"。惠公初欲传桓的想法，同样不会增加让位的"正"。在《穀梁》看来，隐公应该"扬父之美，不扬父之恶"，他为了顾全惠公原来的想法而表示将要传位给桓公，仅是"成父之恶"。由此可见，让国者笃信自己的判断，不能使让国变得更正确。

D_1　让国者的自主判断没能增加让国的可允许性。

鲁隐让国之所以错误，是因为他过分相信自己的做法是符合父亲的心意，却不问及这是否真的正确。他首先是一个受国者，不是让国者。受国者（即鲁让公）所得到的国，原本不是他自己的东西，是受之于另一个传国者（即鲁惠公）。由此可知，《穀梁》已预设：

E_1　受国者的想法不应高于传国者。

鲁隐公作为受国者，他的想法不应凌驾在鲁惠公的想法之上。这是整个问题的关键所在。尽是歌颂他的让国的正确，是很难看得见这一点。

（二）隐二年经："秋，七月，天王使宰咺来归惠公仲子之赗。"传："母以子氏，仲子者何？惠公之母，孝公之妾也。礼，赗人之母则可，赗人之妾则不可。君子以其可辞受之。其志，不及事也。赗者何也？乘马曰赗，衣衾曰襚，贝玉曰含，钱财曰赙。"①

此经与隐公让位之事无关，但涉及惠公仲子的身份，必须予以辨析。

1. 母以子氏

"母以子氏"意谓母亲拿儿子的名号为姓氏。范注："妾不得体君，故以子为氏。"②因为妾的地位卑贱，名字不能与国君联在一起，只好系在儿子的名号之下。"惠公仲子"也该按照"母以子氏"之例来解读，将之理解为惠公之母、孝公之妾。

此传没有交代"母以子氏"的所以然。曹金籀尝试作出解说："妇人系乎男子，犹阴之系乎阳也。故'在家制于父，既嫁制于夫，夫死从长子'，天下之通义也。礼，妾不得体君，贱不敌贵也。圣人严适庶之分，通母子之情，而于妾子为君，若不称夫人，则恐难乎子；若称夫人，则又恐嫌乎适。乃熟思审虑，但书其姓与其字，使不系诸夫而系诸子，故以'惠公'冠'仲子'之上，若曰'惠公之母仲子'云尔，可谓充类至义之尽者矣。"③其中，"在家制于父"三语，典出隐二年传。④曹金籀以此申述人君妾母非夫人而不得不从属儿子，其解清新可喜，有助于发明传义，不妨备存。

---

① 《穀梁注疏》卷1，页5—6。
② 《穀梁注疏》卷1，页6。顾炎武《日知录》（卷4，页198）指出后代也有类似的用例，例如晋简文帝母亲称为"简文宣太后"。
③ 曹金籀：《春秋钻燧》卷3，页327。
④ 《穀梁注疏》卷1，页11。

2. 宰咺

传文没有深究宰咺的身份和地位。认为"宰"是官名,"咺"是人名,大概是三家经师的共识。① 三传学者诠释的分歧,仅在于宰究竟是宰夫抑或宰士,宰咺是什么等级,为什么以名称之。②

3. "来"与"来归"

《春秋》单言"来"字,一般是说其人来到鲁国;至于"来归",在经文主要有三种用法:

> ①出奔者离开后回到其国;
> ②女子出嫁后回娘家;
> ③访客到来赠送某些东西。③

此经"来归"的是赗,其义是③。赗、襚、含、赙,皆是助丧之物。对这四者的礼制规定,刘向已有细说,《说苑·修文》云:"赗者何?丧事有赗。盖以乘马束。帛舆曰赗,货财曰赙,衣被曰襚,口实曰含,玩好曰赠。知生者赙、赗,知死者赠襚、舆。……舆马、束帛、货财、衣被、玩好,其数奈何?曰:天子乘马六匹,诸侯四匹,大夫三匹,元士二匹,下士一匹。天子束帛五匹,玄三、纁二,各五十尺;诸侯玄三、纁二,各三十尺;大夫玄一、纁二,各三十尺;元士玄一、纁一,各二丈;下士彩缦各一匹;庶士布帛各一匹。天子之赗,乘马六匹,乘车;诸侯四匹,乘舆;大夫参舆;元士、下士不用舆。天子文绣衣各一袭,到地;诸侯覆跗;大夫到踝;士到骭。天子含实以珠;诸侯以玉;大夫以矶;士以贝;庶人以谷实。位尊德厚及亲者,赙、赠含、襚厚。贫富亦有差,二、三、四、五之数,取之天地,而制奇偶,度之人情而出节文,谓之有因。礼之大宗也。"④ 章太炎已指出,此条内容与《左传》《公羊》亦有可通之处:"此乃三家说《春秋》制礼之通义。"⑤ 依礼,赗、襚、含、赙送给"人之母"是可以的,送给"人之妾"则不可以。"惠公仲子"是把"仲子"系于"惠公"之下,显示"人之母"而非"人之妾"的身份。

---

① 《穀梁注疏》卷1,页5。《左传正义》卷2,页44。《公羊注疏》卷1,页18。
② 这些问题的考证,参阅孔广森:《公羊通义》卷1,页5。钟文烝:《补注》卷1,页11—12。
③ 第一种和第二种的"来归",参阅本书第二章,页265、315—17;第四章,页739—48。至于"归"的赠送义,古籍例证甚多,例如《诗·邶风·静女》(卷2,页239)"自牧归荑"的"归"便是赠送义。
④ 向宗鲁:《说苑校证》卷19,页492—93。
⑤ 章太炎:《春秋左传读》,载《章太炎全集》第2册,页71。

4."君子"的涵义

除本例外,《穀梁》"君子"还有 14 例:

[1]隐二年传:"故君子进之也。"

[2]桓二年传:"于内之恶,而君子无遗焉尔。"

[3]庄四年传:"不使小人加乎君子。"

[4]庄二十八年传:"一年不艾,而百姓饥,君子非之。"

[5]庄三十一年传:"君子危之,故谨而志之也。"

[6]僖十二年传:"桓公不能救,故君子闵之也。"

[7]僖十六年传:"君子之于物,无所苟而已。"

[8]僖十七年传:"君子恶恶疾其始。"

[9]僖二十二年传:"君子不推人危,不攻人厄,须其出。"

[10]文二年传:"君子不以亲亲害尊尊。"

[11]宣十七年传:"君子以是为通恩也。"

[12]成二年传:"君子闻之曰"。

[13]昭七年传:"君子不夺人名。"

[14]昭十九年传:"故君子即止自责而责之也。"①

除例[3]和[9]的"君子"是品格意义的定性外,其余 13 例都是指《春秋》的作者。此传亦不例外,其"君子"也是如此。

5."可辞"与"其志"

传文以"君子"为说,就是要表明"受之"是没有问题的。"可辞"就是可以说得过去,意谓周王以馈赠给惠公之母(而非孝公之妾)为名,因此君子认为鲁国是可以接受的。在此,有些论者存在误解,需要辨析如下:

(1)王引之《经义述闻》认为"辞"是推辞义,怀疑"其志"的"其"当为"且","形相似而误也"。② 这个猜测,是因为他把"君子以其可辞受之"理解为"鲁人可以辞矣,今乃不辞而受之,故志以示讥",意谓明明可以推辞却接受了。言下之意,就是认为此语已含讥义,所以"不及事"就是讥后再讥。若维持"其"字,因"其"是代词,表示第三人称的领属关系,那就意味"其志"

---

① 《穀梁注疏》卷 1,页 10;卷 3,页 35;卷 5,页 68;卷 6,页 97、100;卷 8,页 129、134—35;卷 9,页 141;卷 10,页 161;卷 12,页 207;卷 13,页 213;卷 17,页 283;卷 18,页 299。

② 王引之:《经义述闻》卷 25,页 1503。

以下的话是交代整个事件因何记载的原委。因为这样，王引之不得不大胆地猜测"其"为"且"之讹，但这样改字训解，是有问题的。"志"指记载，"其志"是交代为何记载相关的事件。"其志"是《穀梁》的常用语，如：

[1]庄十一年传："其志，过我也。"
[2]庄二十年传："其志，以甚也。"
[3]文元年传："其志，重天子之礼也。"
[4]昭十八年传："其志，以同日也。"①

这4例都是表明相关事件的记述，用法与"此其志"大体相当。没有理由认为这些例子的"其志"都可以改为"且志"。王引之改字以附会己意，很不妥当。俞樾《群经平议》批判说："如其说，当云'君子以其可辞而受之'，于文方明，不当但云'以其可辞受之'也。盖'可'者，即所谓'赗人之母则可'也。礼可赗人之母，不可赗人之妾。周人之来归赗也，以其为惠公之母而归之，此辞之可者也。以其为孝公之妾而归之，此辞之不可者也。《春秋》书曰'惠公仲子'，系'仲子'于'惠公'，明周之归赗，以其为惠公之母也。此所谓'以其可辞受之'也。"②此言有理有据。"受之"没有错误，是"可辞"的。王引之审辨失当，不宜贸然采信。

（2）柳兴恩虽反对改"其"为"且"，但跟王引之一样，也以为"君子以其可辞受之"含有贬义，因此误解传文："君子以其可辞受之者，言其可辞。可受之，则不必志也。"③王、柳二人的共同盲点，都是认定鲁国不可受赗，没有认真看待"其志，不及事也"之语。问题是天王归之不及，而非鲁人之受。

（3）同样误解"君子以其可辞受之"的语义，还有廖平。不过，他的观点有别于王引之和柳兴恩，《古义疏》云："辞受之，谓心却之也。妾母在子世得赗，孙世则否，然其卒在于子、孙之间，则赗亦在可受、不可受之例。"④如其解，"辞受之"仅是表象，实际是"心却之"。不过，在归赗对象的问题上，《穀梁》仅是区分"人之母"与"人之妾"的差异，没有区分子、孙的差异。传

---

① 《穀梁注疏》卷5，页76；卷6，页84；卷10，页156；卷18，页298。
② 俞樾：《群经平议》卷24，页383。
③ 柳兴恩：《大义述》卷11，页145。
④ 廖平：《古义疏》卷1，页13。

文"可辞受之",不蕴涵"辞却"与"心却"之区别。只要不是故意误读的话,就可以发现此传不存在"可受"或"不可受"的模糊空间。廖平只凭主观臆测,草率欠精。

(4)相对于王、柳、廖三者,钟文烝的理解比较正确。《补注》云:"凡传言'其志'者,犹《公羊》言'何以书'。"①这个观点,准确把握二传的内容,值得遵奉。《榖梁》不志"恒事",此经之所以记载,不是因为归赗的行为及其对象。归赗给惠公之母,是可以的;问题在于归赗的时机。

6. 不及事

"不及事"是指赗没能赶上丧事之时。《荀子·大略篇》云:"吉行五十,奔丧百里,赗赠及事,礼之大也。"②这与《榖梁》此传可以相互印证。"及事",礼之大者;"不及事",是不合礼的错误。礼是否得到正确的实践,是此传主要的关怀重点。

宰咺"来归"的情形有别于其他言"归"的事件。文五年经:"王正月,王使荣叔归含且赗。"传:"其不言来,不周事之用也。赗以早,而含已晚。"③此经书"归",而隐元年经书"来归",何休据此质疑:"何以言来?"《杂记》孔疏引郑玄《释废疾》云:"平王新有幽王之乱,迁于成周,欲崇礼于诸侯,原情免之。"④这个观点没有太大的说服力。幽王之乱,是鲁惠公登位前的事情,诚如刘逢禄所诘,"平王即位,至此已四十九年,不得云'新有幽王之乱'。"⑤可见,郑玄不能有力驳斥质疑,反而愈辩愈糊涂,平添不必要的破绽。

究其实,何休也没能真正击中《榖梁》的要害。文五年传"不言来"之说,是针对荣叔同时把含和赗归鲁的做法。钟文烝《补注》云:"周,犹给也。"⑥据此,"不周事"意谓对事情没有帮助。"赗以早,而含已晚",指赗送得太早,而含送得太晚。《榖梁》对经文记载遣使来归物品,皆有专程赠送的意思。定十四年经:"天王使石尚来归脤。"传:"周之不行礼于鲁也,请行

---

① 钟文烝:《补注》卷1,页13。
② 王先谦:《荀子集解》卷19,页492。
③ 《榖梁注疏》卷10,页163。
④ 《礼记正义》卷41,页1189。
⑤ 刘逢禄:《公羊后录》卷5,页427。
⑥ 钟文烝:《补注》卷13,页375。

脉。'"①石尚这一谏言,便是讲究专程赠送的一个显例。以此例彼,可知文五年经不言"来",就是因为荣叔同归含和赗,没有专程赠送,而又时机不合。这跟隐元年经因"不及事"而言"来归",殊非相同类型的情况。何休以此批驳《穀梁》,怎也不算成功。

7. "不及事"的时间

传文没有记载仲子何时逝世和丧葬,所以归赗延误了多少时间,也无从稽考。范注:"仲子乃孝公时卒,故不称谥。"②范宁认为仲子在孝公时死亡,导致仲子"不称谥",这是没有理据的揣测。按《十二诸侯年表》记载,鲁孝公在周平王二年(前769年)逝世,鲁惠公继立,在位四十六年,迄至周平王四十八年(前723年)逝世。③ 如范宁所说,仲子在孝公时逝世,那么周平王竟然把归赗侯国妾母之事拖延了近五十年,等到隐公在位后方才追赠赗礼,揆情度理,过当太甚。究其实,《穀梁》对"晚"的判断,亦不支持范宁的理解。文四年经:"十有一月壬寅,夫人风氏薨。"文五年经:"王正月,王使荣叔归含且赗。"传:"含已晚。"④两者相隔不过三个月,而《穀梁》已批判归含之"晚"。就字面意义上看,隐元年传"不及事"不大可能意谓比"晚"更长得多的时间。如范宁之说,"不及事"是长达近半个世纪的事情,相比于"晚"的三个月,二者相较,伦次严重乖戾,岂有可信之理?

且非特此,仲子不称谥,很难说是她在孝公时逝世的确证。对此,齐召南已有完整的驳论:"大约春秋之初,犹近古朴,妾母之卒,或有不称谥者,亦未可知,如桓母仲子无谥,齐桓母卫姬、晋文母狐姬,后亦不闻追谥,岂必以仲子无谥即疑其卒在孝公时乎?"⑤无论如何,仲子究竟何时逝世,不得而知,但惠公末年的可能性,该比孝公末年的可能性更高。限于文献阙如,像范注那样推断得太过精细,反而不美。王闿运《申义》云:"仲子不卒不葬,自由在《春秋》之前,故传云'志不及事'。"⑥这个推测,虽然同属猜想,但因为没有把时间说死,反而比较平情可信。

---

① 《穀梁注疏》卷19,页331。
② 《穀梁注疏》卷1,页5。
③ 《史记》卷14,页671、686。
④ 《穀梁注疏》卷10,页163。
⑤ 齐召南:《穀梁考证》卷1,页560。
⑥ 王闿运:《申义》,页4。

8. "惠公仲子"是一个人

因为仲子不是桓公之母,此传不涉及让桓之事。在这个问题上,《穀梁》与《公羊》形成鲜明的对比。《公羊》隐元年传:"惠公者何?隐之考也。仲子者何?桓之母也。"又云:"其言惠公、仲子何?兼之。兼之,非礼也。"① 如其解,"惠公仲子"是指鲁惠公和桓公的母亲两个人,而周王派人同时赠送二人的助葬物品,不合礼制。之所以认定仲子是桓公之母,因为《公羊》强调一切都是为了成全隐公让位之心。

然而,"惠公"与"仲子"既非母子关系,为何把这两个人连属合称?有关"惠公仲子"的解释,《穀梁》一直被视为比较令人满意的解释。朱大韶虽觉得《穀梁》在礼制规定上不符合《丧服》的规定,但也认可《穀梁》对"惠公仲子"的诠释:"《穀梁》师以仲子为惠公母,律以僖公成风,诚得其实。"② 《公羊》学者也不见得能够提出更好的说法。③ 文九年经:"秦人来归僖公成风之襚。"此"僖公成风"与隐元年经的"仲子惠公"同一措辞,诚如刘敞《权衡》疑问,"成风岂僖公之妾乎?"④ 成风是鲁僖公之母,史实俱在,无可置喙。刘逢禄在这个问题上亦不敢强辩,《广膏肓》云:"'惠公仲子'与'僖公成风'同文,则《穀梁》谓'仲子,惠公之母'者是也。"⑤ 这是承认《穀梁》在语词的解释上比《公羊》更符合经义。

《公羊》上述的观点,与柳兴恩的另一个错误观点密切相关。因为没有透切认识范注之谬,柳兴恩尝试墨守仲子"孝公时卒"的主张,《大义述》辩护说:"其说未为无据。仲子卒在孝公时,妾礼不赴王,无由赗之至。惠公薨,王使来,于是母以子氏而追赗之。"⑥ 以为王使因惠公之丧而归赗仲子,非《穀梁》本义。如上所述,"兼之"是《公羊》的主张。《公羊》把"惠公仲子"理解为两个人;然而,《穀梁》分明是将之视为一个人。柳兴恩援《公》解《穀》,曲徇范注,没有必要。

---

① 《公羊注疏》卷1,页19,22。
② 朱大韶:《惠公仲子说》,载《实事求是斋经义》卷2,页322。
③ 《公羊注疏》卷1,页19。有关《公羊》这方面的问题,参阅武亿:《群经义证》卷6,页183。
④ 刘敞:《春秋权衡》卷8,页258。
⑤ 刘逢禄:《公羊后录》卷4,页380。
⑥ 柳兴恩:《大义述》卷10,页123。

9."两仲子"的判断

与《公羊》一样,《左传》也认为"仲子"是桓公之母,却断定她是未死得赗。《左》隐元年传:"缓,且子氏未薨,故名。"又云:"豫凶事,非礼也。"① 如其解,仲子就是桓公之母,而周王遣使归赗是为丧事预作准备。《左传》既认为仲子与隐二年经的"子氏"是同一个人,而子氏之薨是发生在隐二年十二月,这意味着周平王在一年半前为尚未逝世的仲子预备丧礼,不近人情,莫过于此!诚如汪克宽之疑,"安有其人未死而归赗?虽五尺童子固知其不可也。"②

当然,《左传》亦反对"豫凶事",但如何辩护《左传》的叙事,却成为一个需要认真思考的问题。其中,顾炎武提出了一个不成功的观点,《日知录》云:"盖鲁有两仲子,不得不称之曰'惠公仲子'也。"③ 此说是从郑玄《释废疾》"惠公之母,亦为仲子"④之说发挥而来,虽然这是出于《穀梁》的主张,但挪用在《左传》上,却不可通,因《左传》明言"子氏未薨",岂能适用于"惠公之母"身上?不过,顾炎武"两仲子"的判断,却导致王树荣以为这是攻击《穀梁》的一个机会,《续穀梁废疾》批驳说:"经书'僖公成风',鲁岂同时有两成风耶?"⑤ 这是相当离谱的指控。顾炎武援《穀》解《左》,其得失与《穀梁》本不相干。单看《春秋》经文的话,"仲子"仅 2 例,除此经外,只有隐五年经"考仲子之宫"的例子。此二例都是载于经中,《穀梁》皆指同一个人,即惠公之母。对同一时段内具有相同称呼的人(无论是"仲子"抑或"成风"),《穀梁》认为都是指代同一个人。王树荣拿"僖公成风"之例反诘"两仲子"之说,目的是针对《穀梁》以"仲子"为惠公之母,以"夫人子氏"为隐公之妻的说法。但"仲子"(或"惠公仲子")与"夫人子氏"明明是两种不同的称呼,为何要强同为一呢?这与文四年经"夫人风氏"和文五年经"成风"二者,岂能同日而语?把"夫人子氏"与"仲子"皆视为桓公之母,是《左传》而非《穀梁》的意见。王树荣不别二传之异,强以他所理解的顾炎武的谬误,挪作攻击《穀梁》的口实,所驳失当,殊无是处。

---

① 《左传正义》卷 2,页 57、61。
② 汪克宽:《春秋胡传附录纂疏》卷 1,页 44。
③ 顾炎武:《日知录》卷 4,页 198。
④ 《穀梁注疏》卷 1,页 5。
⑤ 王树荣:《续穀梁废疾》卷 1,页 155。

10. 诬指《榖梁》因袭或伪造的谬误

《左传》以"仲子"为桓公之母,虽然错误,但不代表它有意作伪。刘逢禄能够承认《榖梁》的观点,认为"惠公仲子"是惠公之母,固然不错,但他同时认为《左传》有关"仲子"的内容都是抄袭《公羊》而来,却是失实的指控。《广膏盲》云:"此言缓者,袭《公羊》不及事之说,因又造为豫凶事之谬,诬天王,诬《左氏》,实甚矣。"①这是欠缺任何凭据的说法,本不继续深究的价值,但可怪的是,陈澧居然遵循其说,进而扩大推论,《东塾读书记》说:"此《榖梁》之独得者,盖见《公羊》之不通而易其说,且以'僖公成风'比例而得之也。左氏为鲁史官,必无不知鲁君之母之理,盖此经《左氏》本无传,而附益者袭取《公羊》之说耳。附益者必在《榖梁》前,故不知有《榖梁》说也。"②这里,不仅说《左传》袭取《公羊》,而且明知《榖梁》与《公羊》持论不同,却硬要指《榖》据《公》而作,毫无切实的证据。说到底,刘、陈二人所说,无非是三传在相关经文的解经文上有些异同,但凭什么它们之间存在袭取或改易的关系?凭什么是《左》《榖》袭取或改易《公羊》,而不是《公羊》袭取或改易《左》《榖》?

确切地说,三传的写作或流传,还有太多不清楚的空白地带。除非出现三传作者的写作史证据,足以显示其传本有袭取或改易的证据,否则还是慎言其余比较妥当。遗憾的是,崔适无视自身的举证责任,反而变本加厉,《复始》云:"《榖梁氏》以桓母为惠母,以隐母为隐妻,《左氏》以隐母为桓母,改王朝世卿之尹氏为君氏,诬为隐母,诪张为幻,同工异曲,谲而虐矣。"③指控《左传》的错误观点源于存心改易《公羊》的阴谋,而且把《榖梁》也理解为从不同方向立论合谋侵害《公羊》的共犯。《左》《榖》二传,在"惠公仲子"的理解上,分明就是两套不同的说法。即使是刘逢禄和陈澧也不敢混为一谈,但在崔适的指控下,二传却变成沆瀣一气。这样炮制共同制造伪经的罪名,诬赖之甚,着实令人瞠目结舌。

11. 小结

《榖梁》认为"惠公仲子"是孝公之母,自有内在理路。《左》《公》以"仲子"为桓公之母,不见得比《榖梁》更可靠。从隐元年这则经文,不一定可以强加鲁隐公作为让国者的良好意图或道德评价。解读者从中得不出《春

---

① 刘逢禄:《公羊后录》卷4,页381。
② 陈澧:《东塾读书记》卷10,页205—06。
③ 崔适:《春秋复始》卷3,页395。

秋》藉以褒扬隐公之意,没有什么不可以(参照 A_1 和 B_1)。

(三)隐二年经:"十有二月乙卯,夫人子氏薨。"传:"夫人薨,不地。夫人者,隐之妻也。卒而不书葬,夫人之义,从君者也。"①

此经同样与让位无关,但涉及子氏的身份,必须予以说明。

1. 鲁国夫人死亡的笔法

凡诸侯及诸侯夫人死,皆称为"薨"。《春秋》以鲁史为蓝本,用辞内外有别,"薨"只限用于鲁公及其夫人,迥异于别国诸侯称"卒"。除本例外,《春秋》还有11则经文记载夫人之死:

[1]隐二年经:"十有二月乙卯,夫人子氏薨。"
[2]庄二十一年经:"秋,七月戊戌,夫人姜氏薨。"
[3]僖元年经:"秋,七月戊辰,夫人姜氏薨于夷。"
[4]文四年经:"冬,十有一月壬寅,夫人风氏薨。"
[5]文十六年经:"秋,八月辛未,夫人姜氏薨。"
[6]宣八年经:"戊子,夫人熊氏薨。"
[7]襄二年经:"夏,五月庚寅,夫人姜氏薨。"
[8]襄四年经:"秋,七月戊子,夫人姒氏薨。"
[9]襄九年经:"五月辛酉,夫人姜氏薨。"
[10]昭十一年经:"五月甲申,夫人归氏薨。"
[11]哀十二年经:"夏,五月甲辰,孟子卒。"

归纳可知:上述11例,其中10则称"薨",惟一的特例是例[11]"讳取同姓"的孟子。② 这些夫人的卒文,同样载有死亡日期。范注"夫人薨,例日"之说,③实乃确切的描述。此外,夫人薨逝自有惯常之处,所以经文大多不记载她们的死亡地点,仅例[3]的哀姜算是例外。此经记述子氏的死亡日期,而不载地点,表示这是正常情况下的死亡。

2. 鲁国夫人安葬的笔法

此经不寻常之处,在于仅有子氏之死,却不记载她的葬礼。《春秋》11个记载死亡的鲁国夫人,其中9人薨葬俱书:

---

① 《穀梁注疏》卷1,页11—12。
② 《穀梁注疏》卷20,页348。
③ 《穀梁注疏》卷1,页11。

[1]庄二十二年经:"癸丑,葬我小君文姜。"
[2]僖二年经:"夏,五月辛巳,葬我小君哀姜。"
[3]文五年经:"三月辛亥,葬我小君成风。"
[4]文十七年经:"夏,四月癸亥,葬我小君声姜。"
[5]宣八年经:"冬,十月己丑,葬我小君顷熊。"
[6]襄二年经:"己丑,葬我小君齐姜。"
[7]襄四年经:"八月辛亥,葬我小君定姒。"
[8]襄九年经:"秋,八月癸未,葬我小君穆姜。"
[9]昭十一年经:"九月己亥,葬我小君齐归。"

比较上述卒文可知,11个死亡的鲁国夫人中,死后没有葬文的,仅有子氏和孟子二人。顾炎武《日知录》说"葬妻则不书",[①]是不准确的概括。

3. 子氏不葬的异常性

孟子因是同姓,连死亡也讳言身份,自无书葬之理。相反,"子氏"的"子",是殷商公族之姓,显示子氏来自宋国。《左》哀二十四年传:"周公及武公娶于薛,孝、惠娶于商,自桓以下娶于齐。"[②]这是追述鲁国三个时期君主娶妻的来源国。柯劭忞《传注》说"此夫人子氏为隐妻之确证",[③]是不失情理的判断。鉴于桓公是"娶于齐"的开端,在此之前的隐公极有可能娶妻于宋。如上所述,《鲁世家》"为娶于宋"的记载,正是鲁隐公与宋国存在通婚关系的旁证。虽然仲子后来被惠公夺去,但不能抹煞事后隐公仍娶宋女的可能性。限于文献不足,子氏背景难言其详,但可以肯定的是,子氏绝非"同姓",有别于孟子,因此经文不载其葬,实非寻常。

4. 子氏是谁?

关键在于子氏是谁。《穀梁》认为她是隐公的妻子,这个解释紧扣"夫人"二字,平实可信。《公羊》有别于此,既说子氏是"隐公之母",又说"不书葬"是为了"成公意","子将不终为君,故母亦不终为夫人也。"[④]这个解释存在不少争议。"不终为君"就是最终不做国君,下文将会指出,隐公最终

---

① 顾炎武:《日知录》卷4,页199。
② 《左传正义》卷60,页1707。
③ 柯劭忞:《传注》卷1,页6。
④ 《公羊注疏》卷2,页34。

被弑之时，二传同样讲究"君弑贼不讨，不书葬"的叙事通则，①《穀梁》一直视鲁隐公为正式国君也还罢了，《公羊》却因"不终为君"的主张，显得自相违戾：隐公既然"不终为君"，何必以贼讨书葬的标准准绳之？为何不"如其意"？桓元年经："王正月，公即位。"《公羊》云："此其言即位何？如其意也。"②如果说，连逆贼也可"如其意"，为何可褒如隐公也不"如其意"？真要成全隐公的话，径自削去"夫人"，或如"孟子"之例，甚至以其他措辞记载，不是更合理的笔法么？杨疏："若以让不书葬，何为书'夫人子氏薨'？"③这一诘问甚为有理。为什么经文还有"夫人"这个跟其他国君夫人相同的称号？《公羊》没有解释，始终不正面处理"夫人子氏"之称，反映《公羊》释义不如《穀梁》完备。为了辩护《公羊》之说，何休尝试从葬礼的性质立言："时隐公卑屈其母，不以夫人礼葬之，以妾礼葬之。"④此说纯属臆测。包括《公羊》在内，没有文献可以说明葬子氏的是夫人礼抑或妾礼。何诂言之无据，不宜轻易采信。

因为这样，王闿运也不尽墨守何诂，《公羊传笺》云："隐摄位而私尊其母，备成君母之仪，故称夫人薨且日，本无不葬之说也。然果将终为君，则不发仲子之丧矣，于丧仲子见隐之意，但志善而行乱，辟嫌之不审，若不成之，而据实书葬。"⑤如其解，子氏之葬已有君母的规格，有别于何休妾礼之说。但这个说法若果成立的话，隐公就是言行错乱的人，一面说要让位，一面又把自己的母亲当作君母，而"志善而行乱"之说，显然夹杂了许多主观的猜想，虽然解释了经文"夫人"之称，但鉴于《公羊》一直是歌颂隐公的基调，"成公意"之说不可能蕴涵"志善而行乱"的意思。王闿运用来诠释《公羊》，也不可信。归根究底，何、王辩护之所以不见圆满，因为《公羊》从隐公让国可褒的预设出发，难以正面解释已有"夫人"之称的子氏为何"不终为夫人"。相反，《穀梁》完全没有这方面的疑难。

5. 桓母不得称夫人

在"夫人子氏"的解释上，《穀梁》解作隐公夫人，始终是最合经义的说

---

① 《公羊注疏》卷3，页65。《穀梁注疏》卷2，页30。
② 《公羊注疏》卷4，页67。
③ 《穀梁注疏》卷1，页12。
④ 《公羊注疏》卷2，页34。
⑤ 王闿运：《春秋公羊传笺》卷1，页153。

法。因为歌颂让国者的需要而将之理解为桓公之母,总会遇到各种难以化解的阻挡。《左传》没有发传说明"夫人子氏薨",但因以"仲子"解"子氏",同样是误入歧途,因为如上所述,这个解释的前提是周王在子氏死前送上助丧之物,而子氏最终逝世就是这个荒谬做法的一个结局。不知是否意识到这样的叙事有违情理,杜预有限度地接受《公羊》的说法,既说鲁隐公是"让国之贤君也",又云:"隐让桓以为大子,成其母丧以赴诸侯,故经于此称夫人也。"①这一解释来自郑众、贾逵等人,但立桓公为太子之说,纯属子虚乌有。《左传》仅云:"是以隐公立而奉之。"杜注:"为桓尚少,是以立为大子,帅国人奉之。"②此"立"是指隐公继立为君;"奉之"的对象是指仲子,即奉仲子为母,而杜预添字解传,殊不可取。这是因为割传附经以致有此误读。③ 当时桓公尚未登位为君,其母不应称为夫人。杨疏:"其母称夫人,是乱嫡庶也。"④这一讥评,实非无理。鉴于《左传》没有未成君的妾母称夫人的明确主张,杜预也有杂用《公羊》传义之嫌,其说属误导且无依据。

6. 夫人之义

子氏就是隐公妻子,并非别人。之所以没有葬文,《穀梁》是从"夫人之义"说起。传文言"义",随不同对象和词性而有所变化。通常,以某种群体为言,都是专指该群体的行为规范或规范性安排,如"妇人之义"(成五年、襄三十年)、"臣子之义"(成十七年),⑤便是描述"妇人"和臣子该如何行事或经文对之有何安排。此传的"夫人之义",说是"从君"。

7. "从君"的两种解释

然则,"从君"意指什么呢?现有两个比较可取的解释,分别是范宁和程颐提出来:

(1)范注:"隐弑贼未讨,故不书葬。"⑥如其解,"从君"就是跟随其夫比照其做法。隐公遭弑,按照"君弑,贼不讨,不书葬"的传例,只记其薨而不记其葬,所以子氏也只记其薨而不记其葬。

遗憾的是,范宁的解释本已完备,但杨士勋没有认真领会其义,反而另

---

① 《左传正义》卷1,页28;卷2,页66。
② 《左传正义》卷2,页36。
③ 于鬯:《香草校书》卷37,页740—41。
④ 《穀梁注疏》卷1,页12。
⑤ 《穀梁注疏》卷13,页218;卷14,页240;卷16,页273。
⑥ 《穀梁注疏》卷1,页12。

添他解。杨疏"隐公夫人从夫之让"之说,①很有问题。《春秋》十二公,撇除最后的哀公未死不论,其余 11 人仅隐公、闵公记其薨而不记其葬,其余九人是既书薨又书葬,而经文没有闵公妻子的记载,有可能在位不满两年的闵公还未迎娶正妻。无论闵公有没有妻子,范注对"从君"的解释,基本符合传义;而杨疏"从夫之让"之解,就是把"从君"的"君"推衍为"夫之让",而《穀梁》却从未认可鲁隐公的让国。杨疏有违范注,亦有暗袭《公羊》之嫌,实是弄巧成拙。

(2)程颐《春秋传》云:"妇人在夫者也。公在,故不书葬。"②如其解,妻有从夫之义,《春秋》记载葬妻之前不能没有葬夫的记载,因为隐公还健在,所以子氏不记其葬。此说得到胡安国进一步的发挥。胡传:"先卒则不书葬,以明顺也。"③与程颐相同,这是认为子氏比隐公先死,因此不记载葬文。

针对这个说法,还有另一种类似的意见,叶梦得《春秋传》云:"先薨则不葬,待君而后葬,周道也。"④张洽《集注》云:"妇人从君,故君存则葬礼未备,待君薨而合祔也。"⑤如其解,之所以不见葬文,因为葬礼尚未完成。同样强调原因在于子氏先死,程、胡的着眼点是葬文,而叶、张则是葬礼。子氏的葬礼实情如何,文献无征,且就《穀梁》而言,葬文之说更有根据,成十五年传:"葬共姬,则其不可不葬共公,何也?夫人之义,不逾君也。"⑥这是解释"葬共姬"之前必须有"葬宋共公"的缘故,因此程、胡比叶、张更有根据。

比照范宁和程颐这两套说法,同样言之成理,同样有传义为据,在此不必强分高下。反正无论是哪一种解释,皆认为"从君"是讨论经文为何没有下葬的记载。然而,秦平却认为:"君夫人去世没有自己独立的安葬之地:她的葬地应该跟随国君。倘若国君健在,君夫人先去世,则夫人应该殡而不葬,一直要等到国君去世并安葬于国君墓地之侧。"⑦这是接近叶、张之说,而叶、张却不见得胜于范、程。更重要的是,此传实未触及葬地的问题,

---

① 《穀梁注疏》卷 20,页 349。
② 程颐:《春秋传》,页 1090。
③ 胡安国:《春秋胡氏传》卷 1,页 8。
④ 叶梦得:《叶氏春秋传》卷 1,页 12。
⑤ 张洽:《春秋集注》卷 1,页 11。
⑥ 《穀梁注疏》卷 14,页 234。
⑦ 秦平:《〈春秋穀梁传〉政治哲学研究》,页 368。

没有理由把"从君"理解为夫人死了碍于葬地而致此。葬地之解,实不如葬文之解可信,还是信从旧解为宜。

8. 小结

与隐元年"惠公仲子"一样,此经"夫人子氏"应该解作隐公夫人,而非桓公之母。根据《穀梁》的观点,它与隐公让国没有什么关系。隐公没有作为让国者的良好意图或道德评价而得到认可(参照 A_1 和 B_1)。惠公仲子和夫人子氏二人,与鲁隐公让桓之事毫无关系,没有理由以此断言经文暗寓褒意。

(四)隐四年经:"秋,翚帅师会宋公、陈侯、蔡人、卫人伐郑。"传:"翚者何也? 公子翚也。其不称公子,何也? 贬之也。何为贬之也? 与于弑公,故贬也。"①

隐公后来因君位待让所造成的矛盾而被弑,此经是交代弑隐公的凶手公子翚。

1. 公子翚不称"公子"的原因

春秋时期,鲁国执政之卿都出身于公族;②而任职大夫的公族,《春秋》通常称为"公子"或"公孙"。照《穀梁》的解释,经文不称"公子"的鲁国公子,往往负有某些罪恶而需要示贬。庄三年经:"溺会齐侯伐卫",传:"溺者何也? 公子溺也。其不称公子,何也? 恶其会仇雠而伐同姓,故贬而名之也。"③言"溺"而非"公子溺",就是以不称公子为贬。此经的"翚",同样该称为"公子翚",此经剥夺了"公子"的称号,是为了彰显公子翚是弑隐公的凶手。《公羊》隐四年传:"翚者何? 公子翚也。何以不称公子? 贬。曷为贬? 与弑公也。"④《公羊》同样认为不称公子带有贬义,与《穀梁》持论一致。

2. 与于弑公

"与于弑公"是什么回事?《左》隐十一年传:"羽父请杀桓公,将以求大宰。公曰:'为其少故也,吾将授之矣。使营菟裘,吾将老焉。'羽父惧,反谮

---

① 《穀梁注疏》卷2,页18。
② 这是春秋时期鲁国政治有别于其他国家(例如齐、晋等大国)的一个显著特点。非公族不得像鲁政,这似乎是鲁国的不成文规定。参阅吕文郁:《周代的采邑制度》,页200。
③ 《穀梁注疏》卷5,页65。
④ 《公羊注疏》卷2,页42—43。

公于桓公，而请弑之。"①《公羊》隐四年传："公子翚谄乎隐公，谓隐公曰：'百姓安子，诸侯说子，盍终为君矣。'隐曰：'吾？否！吾使修涂裘，吾将老焉。'公子翚恐若其言闻乎桓，于是谓桓曰：'吾为子口隐矣，隐曰吾不反也。'桓曰：'然则奈何？'曰：'请作难，弑隐公。'于钟巫之祭焉，弑隐公也。"②

二传记载同多于异，同样指出公子翚曾请求隐公诛杀桓公，以绝后患，但隐公却表示日后将会把君位让予桓公。公子翚害怕桓公可能得悉自己的献策，反过来向桓公进谗请杀隐公，终致隐公被害的惨剧。《穀梁》没有缕述这些情节，但此传"与于弑公"，而桓元年传又说"弟弑兄，臣弑君"和"与闻乎弑"，③足见《穀梁》也认为公子翚是弑谋的实际执行者，而桓公则是允许弑谋的背后主脑。因此，二传叙事与《穀梁》基本上可以兼容，没有矛盾。

3. 公子翚称谓的变化

公子翚在《春秋》的记载共 3 例。除此经外，还有 2 例：

［1］隐十年经："翚帅师会齐人、郑人伐宋。"
［2］桓三年经："公子翚如齐逆女。"

综合 3 例可见，公子翚在隐公时不称"公子"，在桓公时却称"公子"。《穀梁》没有明言究竟，隐五年经："公子彄卒"，传："隐不爵命大夫，其曰公子彄，何也？先君之大夫也。"④隐公以让国自居而不爵命大夫，公子彄之所以称为"公子"，因为他是鲁惠公的大夫。由此类推，公子翚既非隐公的大夫，又是弑君的凶手，本无称"公子"之理；可以判断，公子翚是桓公的爵命大夫。范注："翚称公子者，桓不以为罪人也。"⑤此言合乎传义。程颐《春秋传》云："翚于隐世，不称公子，隐之贼也；于桓世，称公子，桓之党也。"⑥程颐之说，从范注转手而来，指出公子翚之所以得到爵命，是桓公的容许；对于弑君主谋的桓公来说，他不是罪人。

对于程颐的说法，张自超有所批驳，以为"太曲"，《宗朱辨义》这样推敲

---

① 《左传正义》卷 4，页 129—30。
② 《公羊注疏》卷 2，页 43。
③ 《穀梁注疏》卷 3，页 31—32。
④ 《穀梁注疏》卷 2，页 21。
⑤ 《穀梁注疏》卷 3，页 38。
⑥ 程颐：《春秋传》，页 1103。

"公子"的笔法:"盖翚在隐时,虽主军政,隐尚能制之,君眷未深,己威未立,未尝命之为公子也。至桓之时,桓感其戴己之恩,翚恃有立君之绩,眷深于主,威加于人,桓以公子命之,史臣亦以公子书之矣,于是夫子因之而义自立也。"①这个判断,不过是从宫廷政治的逻辑出发,猜想多于征实,没有史料可以证明"公子"之书否与公子翚权力之升降相关。张自超别出心裁,其实恐怕比宫廷传闻可靠不了多少,反不如程传切实,尽可置而不论。

对翚在隐公时不称"公子",曹金籀另有一个说法需要辨析。《春秋钻燧》云:"若无骇与柔、侠去族者,此吾大夫之未命于天子耳。翚为命大夫与未命者同去族,是削王命以诛之也。"②此"削王命以诛之",是从《穀梁》转手而来,因为三传之中,惟《穀梁》以"天子不能定"和"无王之道"检讨桓弑隐的问题。③但曹的举证却有漏洞,以看以下 3 例:

> [1]隐八年经:"无骇卒";传:"无骇之名,未有闻焉。或曰:隐不爵大夫也。或说曰:故贬之也。"
>
> [2]隐九年经:"侠卒";传:"弗大夫者,隐不爵大夫也。"
>
> [3]桓十一年经:"柔会宋公、陈侯、蔡叔盟于折";传:"柔者何?吾大夫之未命者也。"④

无骇、侠、柔之所以书名,其中一种共同点是认为隐公让弟而不爵名大夫,故三人虽是鲁国公族而无"公子"或"大夫"之称。曹金籀以"未命"理解为"未命于天子",实非《穀梁》之意。此传仅言"贬之",但不是从"削王命"来"贬之"。

4. "帅师"的解释

此传尚未解释"帅师"二字。"帅师",字面意思是率领军队。文十二年传:"称帅师,言有难也。"⑤经文"帅师"二字,表示用兵是针对若干军事危急的患难。综观《春秋》112 例"帅师",都涉及"有难"的情境,而"帅师"的主体皆非国君,全是大夫,大多集中在成、襄以后,即《春秋》最后五公的晚期。帅师者有忠臣,有奸贼。界定"帅师"的好坏,不在于它的行为自身,端

---

① 张自超:《春秋宗朱辨义》卷 2,页 36。
② 曹金籀:《春秋钻燧》卷 1,页 316。
③ 《穀梁注疏》卷 3,页 31。
④ 《穀梁注疏》卷 2,页 27—28;卷 4,页 50。
⑤ 《穀梁注疏》卷 11,页 176。

视"帅师"之后是什么动词：若是"救"，自是褒义；若是"伐""侵""入""灭"等辞，则是贬义。①"帅师"本是一个中性词汇，专指大夫率军的行为，但没有固定的褒贬意向。有了它，不意味其人必善或必恶；没有它，在某些情况下则可能带有贬意。②

这次公子翚帅师伐郑，真要说是带有贬意的词语，该是"伐"而非"帅师"。隐四年传："传曰：言伐言取，所恶也。"③这一观点，可以通释经文所有"伐"和"取"的解释。相反，"帅师"则不一定是贬义。基于《春秋》在隐公遇弑时没有记载公子翚的文本限制，《穀梁》不得不在此处交代公子翚作为逆贼的身份，因此公子翚率军伐郑，与弑隐逆谋没有明显的关系。《左》隐四年传："羽父请以师会之，公弗许。固请而行，故书曰'翚帅师'，疾之也。"④公子翚支持诸侯伐郑，与隐公意见不合，但《穀梁》没有这样的观点，也没有说过"帅师"寓有贬意。

顺便指出，《左传》对"帅师"的解释虽然不能接受，但也不宜将之彻底唾弃。崔适《复始》云："数其请师之小过，讳其弑君之大恶，为新莽弑平帝掩饰也，自非刘歆解经，何至于此？"⑤比较二传所述，大同小异，《左传》同样披露公子翚叛君的情节，不能说仅有《公羊》披露此事底蕴。《左传》记述公子翚支持诸侯伐郑，与隐公意见不合，只能说明它的叙事比《公羊》充实和丰满，不能以此断言《左传》暗藏讳王莽弑君之意。崔适恶意诋毁，都是徒劳的。

公子翚伐郑与后来鲁隐公遇害二事，《左传》从未扣上直接的因果关

---

① 限于篇幅，在此不烦备录，这112例载于隐二年、隐四年、隐十年、庄二年、僖元年、僖四年、僖十五年、僖二十七年、僖三十三年、文三年、文十二年、文十四年、文十五年、宣元年(3例)、宣二年、宣九年(2例)、宣十年、宣十二年、成二年(2例)、成三年(2例)、成六年(3例)、成七年、成八年、成九年、成十年、成十四年、成十六年、成十七年、襄元年(2例)、襄三年(2例)、襄五年、襄七年、襄八年、襄十年、襄十一年、襄十二年(2例)、襄十四年、襄十五年、襄十七年(2例)、襄十八年、襄十九年(2例)、襄二十年、襄二十三年、襄二十四年(2例)、襄二十五年(4例)、昭元年(2例)、昭五年、昭六年、昭十年、昭十二年、昭十三年、昭十五年、昭十七年、昭十九年、定四年(2例)、定五年、定六年(2例)、定七年、定八年(3例)、定十年(3例)、定十二年(2例)、定十三年、定十四年、定十五年、哀元年、哀二年(3例)、哀三年(4例)、哀五年、哀六年(3例)、哀七年(3例)、哀九年、哀十年(2例)、哀十一年(2例)、哀十二年、哀十三年(3例)。
② 宣六年传(卷12，页193)解"晋赵盾、卫孙免侵陈"云："此帅师也；其不言帅师，何也？不正其败前事，故不与帅师也。"这是从经文不书"帅师"而发现其中带有贬义。
③ 《穀梁注疏》卷2，页17。
④ 《左传正义》卷3，页87。
⑤ 崔适：《春秋复始》卷3，页395。

系。这一点，倒是与《穀梁》意见相同。很可惜，忘记这个要点，反而猛烈批判公子翚专兵的声音，时而有之。胡传："去其公子，以戒兵柄下移，制之于未乱也。"①胡安国援《左》说经，但《左传》仅说"固请而行"，不一定等于"兵柄下移"。应该说，这在某程度上反映了儒者恐惧臣子将兵而动摇君位的政治心理。廖平或多或少也共享这一想法，《古义疏》云："书'帅师'，起其专兵能弑。"②然而，《穀梁》却无此义。没有理由以为"帅师"二字已反映兵权下移，因而酿成日后隐公被弑之祸。

5. "贬"是预作贬抑

《穀梁》释经的重点是翚的名字，而非"帅师"的行动。此传之"贬"，是预先贬抑的性质。《韩非子·外储说右上》引子夏曰："凡奸者行久而成积，积成而力多，力多而能杀，故明主蚤绝之。"③以是为据，柯劭忞《传注》云："子夏所说，为翚帅师发也。"④子夏之言是否为公子翚而发？难言确证。柯注虽无凭据，但此传的"贬"与子夏的"蚤绝之"确有相互印证之处，在此不妨聊备一格。

6. 小结

因为经文没有直接交代公子翚杀害隐公，所以《穀梁》不得不在隐四年经发传预作贬抑。传文对这名逆贼，是毫不保留地批判，但要注意：他和鲁桓公一样，虽然同是弑君逆贼，但他们的恶行没有使隐公让桓变得可允许的：

F_1　加害让国者的恶行没能增加让国的可允许性。

《穀梁》对公子翚的贬抑，是一回事；对隐公不正的批评，又是另一回事。二者彼此独立。公子翚弑君是错误的，不是因为他作为让国贤者而被弑方才错误。

（五）隐五年经："九月，考仲子之宫。"传："考者何也？考者成之也，成之为夫人也。礼，庶子为君，为其母筑宫，使公子主其祭也。于子祭，于孙

---

① 胡安国：《春秋胡氏传》卷3，页34。陈傅良《春秋后传》(卷1，页602)也有类似的观点："特言帅师，翚弑隐者也。诸侯专征，而后千乘之国有弑其君者矣；大夫专将，而后百乘之家有弑其君者矣。"
② 廖平：《古义疏》卷1，页34。
③ 王先慎：《韩非子集解》卷13，页314。
④ 柯劭忞：《传注》卷1，页9。

止。仲子者，惠公之母，隐孙而修之，非隐也。"①

此经与让位无关，但因再次涉及仲子的问题，必须予以说明。

1. 成全仲子为夫人

"考"意谓完成，"成"意谓成全。前已述及，仲子是惠公之母、孝公之妾。范注："立其庙，世祭之，成夫人之礼。"②仲子之宫落成，举行祭礼，藉以成全仲子为夫人的心意。

夫人与国君一体，其宫必系国君；"仲子之宫"一词，已暗讥独占一宫的仲子是妾，不是夫人。钟文烝《补注》云："孝公之夫人自在孝宫，仲子以妾母之宫不系惠公。直言仲子，则夫人之宫矣。"③这个观点别具只眼，把握经义至确。

2. 之

"考仲子之宫"的"之"，作为结构助词，不过是表示连属关系，如"天王使宰咺来归惠公仲子之赗"（隐元年）、"公之丧至自齐"（桓十八年）、"筑王姬之馆于外"（庄元年）的"之"，都是指相关人物领有某些东西，对之不必深求，《穀梁》亦无发传特解。然而，何休却认定"考仲子之宫"的"之"别有深意，何诂："加'之'者，宫庙尊卑共名，非配号称之辞，故加'之'以绝也。"徐疏："仲子是妾，不宜与宫庙连文，故加'之'以绝之矣。"④认为"之"含有"绝"意，实是过度诠释。下文随后将会说明，《公羊》本是赞美隐公为桓公祭其母，绝无在"宫"上加"之"以"绝之"的意图。陈澧以此为例，批判何休对经文语助词穿凿过当的弊端，说是"殊可怪笑"，⑤倒是合乎情理的批评。

3. 建筑仲子之宫的时间

惠公有没有开始建筑仲子之宫？不清楚。杨疏："为庶母筑宫，得礼之变，但不合于隐之世祭之，故止讥其考，不讥立也。"⑥若所云，仲子之宫的建筑全是惠公负责，隐公错在行祭而已。然而，《穀梁》"主其祭"是泛指"公子"，不是专指鲁隐公。阅读传文，"止讥其考"与"不讥立"不是两个摆在眼

---

① 《穀梁注疏》卷2，页20。
② 《穀梁注疏》卷2，页20。
③ 钟文烝：《补注》卷2，页43。
④ 《公羊注疏》卷3，页48。
⑤ 陈澧：《东塾读书记》卷10，页203。
⑥ 《穀梁注疏》卷2，页20。

前的诠释选项。杨士勋的观点经不起琢磨,不当以此解传。

因为杨疏不能令人满意,后来论者不得不自觅新解。钟文烝《补注》云:"仲子之宫,惠公时所筑也。隐探父志,修而考之。"①据其说,此宫虽由惠公建筑,但隐公也进行修缮。廖平《古义疏》云:"隐以礼得筑宫,探先君之志而为之筑宫。"②与钟注相比,廖疏同样认为这是源于鲁隐公窥探鲁惠公的心意,差别在于钟言"修",廖言"筑",仲子之宫全由隐公建筑,惠公没有参与。究其实,钟、廖二说,貌似有理,查实难有确证。传文不曾交代鲁惠公的"志"如何被"探"。惠公有没有建筑仲子之宫?隐公负责的部分有多少?限于文献不足,这些问题已无法强解,也不必强解。

4. 非隐

"非"意谓责备,并非"不是"的意思。隐公之所以被怪责,重点在于他作为孙子的身份。礼制规定,妾母所生之子继位为君,可以为生母建筑特庙,派遣本国公子主持祭礼。不过,这只限于其子,不能沿用到孙辈。《丧服小记》云:"慈母与妾母不世祭也",郑玄引"于子祭,于孙止"之语,并说"以其非正"。③妾母不是世祭的对象,是普遍儒者的诠释意见。④隐公既是仲子之孙,还要举行这种祭礼,自然不对。

在此,不涉及"尊者"的隐讳问题。柯劭忞《传注》云:"凡失礼宗庙,不为尊者讳。"⑤包括鲁国君主在内的政治人物,都不是《穀梁》所指代的"尊者"。《穀梁》虽有"为尊者讳耻"的主张,但这跟鲁隐公如何被责备,实无直接关系。⑥

5. 时月之别的不必要

《穀梁》认为这次失礼宗庙,需要责备,其中不触及时间的记载。范注:"失礼宗庙,功重者月,功轻者时。"⑦如其解,此传与庄二十三年"秋,丹桓宫楹"形成强烈的对比:前者涉及嫡妾之分,问题严重,故书月;后者不过是

---

① 钟文烝:《补注》卷2,页43。
② 廖平:《古义疏》卷1,页38。
③ 《礼记正义》卷33,页982。
④ 《汉书·韦贤传》(卷10,页3122)记载匡衡告谢毁庙之言,亦用《穀梁》之义:"父之所尊子不敢不承,父之所异子不敢同。礼,公子不得为母信,为后则子祭,于孙止,尊祖严父之义也。"后世其他袭用此传的事例,参阅柳兴恩:《大义述》卷6,页83。
⑤ 柯劭忞:《传注》卷1,页11。
⑥ 有关"尊者"及其隐讳的问题,参阅本章(页121—23)和第四章(页714—15)的讨论。
⑦ 《穀梁注疏》卷2,页20。

桓公庙漆错了颜色,问题相对轻微,故书时。这一见解,似是过度诠释。在礼的实践上,《穀梁》不曾谈及月份与季节的差别。

6. 成全妾母的争议性

从鲁隐公以孙成宫检视其中的失礼问题,是最贴合经义的说法,在近代以前得到极大的认受性。《公羊》认定仲子是桓公之母,它的解释也出现窒碍。《公羊》隐五年传:"隐为桓立,故为桓祭其母也。然则何言尔？成公意也。"何诂:"尊桓之母为立庙,所以彰桓当立,得事之宜,故善而书之,所以起其意,成其贤也。"①在《公羊》看来,隐公为桓公祭其母,而经文藉以成全隐公让国之心。桓母是妾,因为主张"子以母贵",《公羊》无视隐公失礼的问题,反而因为褒扬隐公让国的需要,片面地肯定祭桓母的做法②,引起后代儒者的质疑。

因为嫡庶之分,被视为维护家庭和谐的最基本底线,容不得逾越的风险,所以一些偏爱《公羊》的学者也不敢辩护其说。家铉翁虽接受《公羊》仲子为桓母之说,但在仲子之宫的问题上,宁取《穀梁》失礼之说,《集传详说》云:"今也桓未为君,而隐为之筑宫,以祭其母,此召乱之道也。"③刘逢禄也是这么想法,《申墨守》云:"《穀梁》得之",又云:"以妾抗君,曾是为圣人之常辞乎？"又云:"何君以为善而书之,以成其贤,疏于礼矣。"④皮锡瑞亦因《穀梁》"辞严义正,可为后世立并后匹适之防",虽不满刘逢禄"不免乱家法",但亦承认其说"持论甚正"。⑤

7. 龚自珍驳议的错误

对《穀梁》的解释,龚自珍有所驳议:"己问《穀梁氏》之大失。答:以仲子为惠母,以夫人子氏为隐妻,皆失事实,于大科为不史。妾母别立宫,礼文无征说。'考仲子之宫',失事实,又失义,于大科为不经。妾母别立宫矣,又'于子祭,于孙止',是生则缓带,死则馁也。失义,于大科为不孝。以

---

① 《公羊注疏》卷3,页48。
② 《通典》(卷72,页1975)引许慎《五经异义》云:"妾母之子为君,子得尊其母为夫人。按《春秋公羊》说,妾子立为君,母得称夫人,故上堂称妾,屈于嫡；下堂称夫人,尊行国家。则士庶起为人君,母亦不得称夫人。父母者,子之天也。子不得爵命父母。至于妾子为君爵其母者,以妾本接事尊者,有所因也。"
③ 家铉翁:《春秋集传详说》卷2,页56。
④ 刘逢禄:《公羊后录》卷1,页297—98。
⑤ 皮锡瑞:《释废疾疏证》,载《皮锡瑞全集》第4册,页435。

惠公、仲子为一,以僖公、成风为一,失事实,于大科为不辞。"①

如上所述,《穀梁》之所以认为"惠公仲子"是惠公之母、孝公之妾,是根据"母以子氏"的原则来鉴别(文九年经的"僖公成风"也可以据此得到解释)。至于"夫人子氏",《穀梁》认为是隐公的妻子,则是紧扣"夫人"二字所作出的解释。相反,《公羊》对"仲子""惠公仲子""夫人子氏"三称,则认定其人是"桓之母"或"隐公之母",没有说明三者在经文的笔法上有何凭据。基本上,《公羊》是以其对当时历史事件的认知而有此判断。这是典型的"以事解经",②而又不详其事的所以然,实不见得比《穀梁》更可信。龚氏"皆失事实"的判断,不过是偏信《公羊》而又没有进一步的论述和佐证,不足服人。

至于"妾母别立宫",不仅是《穀梁》的观点,也是《公羊》学者认可的说法。何诂:"妾母卑,故虽为夫人,犹特庙而祭之。礼,妾庙子死则废矣。"③由于《公羊》认为仲子是桓公之母,而桓母又是妾的身份,因此何休特意解释建立"仲子之宫"的所以然,而"子死则废"之说,更与"于子祭,于孙止"相通。也就是说,尽管二传对"仲子"的身份理解有别,但对立妾母之宫,都是认可的。后来,许多人也都是这样的理解。例如《新唐书·韦公肃传》载公肃议:"或曰:《春秋》,鲁惠公元妃孟子卒,继室以声子。声子,孟侄娣也,不入惠庙。宋武公生仲子,归于鲁,生桓公而惠薨,立宫而奉之,不合于惠公,而别宫者何?追父志也。"④这是立足于《公羊》何诂而自行发挥的观点。又如徐乾学《读礼通考》云:"至于妾母无庙,'于子祭,于孙止',安所得祖妾之庙而祔之?祖妾且无庙,况高祖之妾乎?凡若此者,寄主之说固不可通。"⑤可见,"于子祭,于孙止"正是否证"寄主之说"的重要凭据。类似的观点不暇枚举。龚氏"失义"的批判,是过当和经不起检验的。

此外,"缓带"之说,需要再次检阅《穀梁》的解说。文十八年传:"一人有子,三人缓带。"杨疏:"缓带者,优游之称也。"⑥全句是说,嫡妻有了孩

---

① 龚自珍:《春秋决事比答问第五》,载《龚自珍全集》,页64。
② 认为《公羊》"以义解经"和《左传》"以事解经",是现在学术界流行的论调,参阅平飞:《经典解释与文化创新:〈公羊传〉"以义解经"探微》,页1—239、273—87。
③ 《公羊注疏》卷3,页48。
④ 《新唐书》卷200,页5721。
⑤ 徐乾学:《读礼通考》卷49,页233。
⑥ 《穀梁注疏》卷11,页185。

子,嫡妻和左媵、右媵三人共同抚养,故此优游从容。"馁",意谓饥饿。①龚氏"生则缓带,死则馁也"的说法,大概认为国君之妾养育孩子有功,不宜使她们死后挨饿,因此批评"于子祭,于孙止"是"不孝"的,但《穀梁》该传"缓带"之论,就是批判鲁宣公让夫人姜氏回齐的不孝,明言"恶宣公也"。龚自珍从应用在夫人姜氏的"缓带",套用在仲子的案例,是错位的,因为夫人姜氏本非鲁宣公的生母,而仲子却是鲁隐公的祖母。前者是针对国君的不孝,后者则批判国君孝其祖的非礼。二者本无可比之处,拿前者诘问后者,莫名其妙。况且,主张"于孙止"的也不仅是《穀梁》,何休也这么主张,龚自珍不先驳何而责《穀》,标准不一。

龚氏上述观点,不过是文人说经,错漏百出,后来研究《穀梁》的学者鲜有认真对待。可怪的是,曾亦《公羊学史》说:"刘逢禄治《公羊》,颇采《穀梁》说,至自珍始驳其议,晚清《公羊》《穀梁》之争,实肇于此矣。"②无疑,龚自珍的立论与刘不同,但绝不是他有什么批刘乃至批《穀》的观点,而引起什么争端。恰恰相反,龚自珍从来不是《穀梁》学者重视的批判对象。至少在仲子为惠母的观点上,像钟文烝、廖平、柯劭忞等人对其说皆未谈及。从整个学术环境上看,晚清是否出现"《公羊》《穀梁》之争",首先需要明确所谓的"争"是什么涵义。假如说,对二传各有偏好的经师对彼此的论点作出批评,那是经师常见之事,在晚清以前早已存在,不足为奇。真要说惹起反感的《公羊》学者,恐怕也应该从刘逢禄开始算起。柳兴恩《大义述》这么批判说:"武进刘川受乃申何难郑,不过自形其党伐之私,于《穀梁》何加损焉?"③相反,类似这样的驳斥,却未尝用在龚自珍身上。不能说龚自珍是争论肇始的关键人物。不管从哪个角度看,过度夸大龚自珍的学术影响,是昧于事实的判断。

8. "没其让国之高"的诬控

再次重申,传文不涉及让国的问题。照《穀梁》来看,隐公失礼,可贬而非可褒,如此而已。崔适异常讨厌这个观点,《复始》云:"噫!《穀梁氏》改桓母为惠母,责隐公不当祭,所以没其让国之高,于让者讥之,以起其为篡

---

① 《左》宣四年传(卷21,页608)云:"若敖氏之鬼,不其馁而?"此"馁"便是饥饿义。
② 曾亦、郭晓东:《春秋公羊学史》下册,页1188。
③ 柳兴恩:《穀梁大义述》卷12,页164。

者讳之例。"①《穀梁》从"礼"的视角剖析"考仲子之宫",自有前后一贯的理路。它没有谈及让国的内容,不等于它故意删除《公羊》隐公让国的叙事。崔适"为篡者讳"的指责,全是立足于刘歆一党伪造《穀梁》的虚假前提。这种莫须有的入罪手法,令人诧异。

9. 小结

此经的"仲子",与"惠公仲子"和"夫人子氏"一样,不必解作桓公之母。《穀梁》释之为惠公之母,仅从失礼的角度责难隐公,是完全说得通的。"仲子"不是确证贤者让国可褒的证据,于此又得一例。

(六) 隐十一年经:"冬,十有一月壬辰,公薨。"传:"公薨不地,故也。隐之,不忍地也。其不言葬,何也?君弑,贼不讨,不书葬,以罪下也。隐十年无正,隐不自正也。元年有正,所以正隐也。"②

此经交代鲁隐公被弑的结局,《穀梁》对此事具有一些深刻的观点。

1. 故

"故",作动词义,意谓怀念故旧;作副词义,意谓因此;③作名词义,除本例外,《穀梁》还有 17 例:

[1] 隐三年传:"日葬,<u>故</u>也。"

[2] 隐五年传:"月葬,<u>故</u>也。"

[3] 隐八年传:"月葬,<u>故</u>也。"

[4] 桓元年传:"继<u>故</u>不言即位,正也。继<u>故</u>不言即位之为正,何也?……继<u>故</u>而言即位,则是与闻乎弑也。继<u>故</u>而言即位……"

[5] 庄三年传:"月葬,<u>故</u>也。"

[6] 庄三年传:"志葬,<u>故</u>也。"

[7] 庄二十二年传:"失,<u>故</u>也。"

[8] 庄二十三年传:"致月,<u>故</u>也。"

[9] 庄二十九年传:"其言新,有<u>故</u>也。有<u>故</u>,则何为书也?"

[10] 庄三十二年传:"不日,<u>故</u>也。"

---

① 崔适:《春秋复始》卷 3,页 395。
② 《穀梁注疏》卷 2,页 30。
③ "故"的动词义,如桓二年传"孔子故宋也"。副词义,如隐二年传"年同爵同,故纪子以伯先也"。参阅《穀梁注疏》卷 1,页 11;卷 3,页 34。

[11]闵二年传:"不地,故也。"

[12]僖元年传:"地,故也。"

[13]僖二十年传:"言新,有故也,非作也。"

[14]文十八年传:"子卒不日,故也。"

[15]宣元年传:"继故而言即位,与闻乎故也。"

[16]襄三十年传:"其日宋灾故,何也?不言灾故,则无以见其善也。"

[17]昭三十年传:"中国不存公,存公故也。"①

综观上述,例[9]和[13]的"故",意指旧的东西,相对于"新"而言。例[16]和[17]的"故",意谓缘故,以"宋灾"和"存公"解释相关经文的笔法。除这4例外,其余13例的"故"皆作变故。此传的"故",同样解作变故。

在此,范宁却偏离了"故"的变故义。范注:"故,杀也。"②范宁因子卒遇害而有此解,③但不是凡故必有杀。《荀子·王霸篇》云:"不敬旧法,而好诈故",杨注:"故,事变也。"④俞樾据以指出"故者,变也",批判范注"未可为达诂",⑤十分正确。

2. 地点的阙如

《春秋》12个鲁国君主,除最后的哀公(因经文截至哀十四年而止,未及其死),其余11公都记载了死亡日期;其中,在鲁国内自然死亡7人,不论死亡地点是否得正,都有死于何地的记载;在国外或被谋害的4人,其中桓公和昭公死于国外,隐公和闵公则在国内被奸臣暗杀,而经文都是记载"公薨"而不提及地点。⑥

鲁国旧史如何记载?不清楚。由于文献阙如,鲁国旧史如何记载隐公见弑之事,其中是否据实而书,不得而知。一些儒者认为不该批判孔子有心隐瞒史实,而是旧史未必实录。例如方苞《直解》云:"或旧史为国讳恶,

---

① 《穀梁注疏》卷1,页15;卷2,页19、26;卷3,页32;卷5,页65—66;卷6,页85、87、97、101、103;卷7,页106;卷9,页139;卷11,页184;卷12,页186;卷16,页274—75;卷18,页310。

② 《穀梁注疏》卷11,页184。

③ 子卒遇害的问题,参阅本书第四章,页691—98。

④ 王先谦:《荀子集解》卷7,页227。

⑤ 俞樾:《群经平议》卷24,页384。

⑥ 有关桓公、闵公及其他鲁国君主的死亡状况,参阅本书第三章,页419—23;第四章,页726—29。

则竟书'公薨于寪氏'矣。孔子因之,是释贼而诛无罪也。欲正之,当书公子轨使羁弑公于寪氏,则未敢然,故微文志痛,使后人有考焉。"①这个说法,完全出于个人的想象。究竟鲁国旧史是否像他们所说的这般记录？这是现时无法确证的问题。就《穀梁》而论,传文既然只谈"不地"而没有提及旧史的细节,也没有必要追问旧史与经文究有多大距离,只须指出"不地"隐含经文的政治观点便够了。

3. 隐

此经之所以不记下隐公逝世之处,不是因为旧史如此,而是君子不忍心记录。撇开作名字之用(主要是指鲁隐公),除本例外,《穀梁》言"隐"还有5例：

[1]隐三年传："于天子之崩为鲁主,故<u>隐</u>而卒之。"

[2]庄四年传："失国,故<u>隐</u>而葬之。"

[3]庄九年传："百室之邑,可以<u>隐</u>死。"

[4]庄三十二年传："讳莫如深,深则<u>隐</u>。"

[5]襄三十年传："卒灾,故<u>隐</u>而葬之也。"②

在这5例中,例[3]、[4]是隐藏义,作单独的动词用；例[1]、[2]、[5]是隐痛义,配上其他动词("葬""卒")来使用。此传的"隐",就是隐藏义,"隐之"指代的是隐公的死亡地点。

4. 不忍

除本例外,《穀梁》"不忍"还有4例：

[1]桓元年传："先君不以其道终,则子弟<u>不忍</u>即位也。"

[2]桓二年传："子既死,父<u>不忍</u>称其名。臣既死,君<u>不忍</u>称其名。"

[3]庄元年传："先君不以其道终,则子<u>不忍</u>即位也。"

[4]襄三十年传："卒而葬之,<u>不忍</u>使公失民于子也。"③

这4例的"不忍"皆是针对某一种特定情况(主要是君父之死)的情感流露,表示在感情上觉得过意不去。此传的"不忍",也是如此。

---

① 方苞：《春秋直解》卷1,页18。张自超《春秋宗朱辨义》(卷1,页28)也有类似的观点。
② 《穀梁注疏》卷1,页14；卷5,页68、74；卷6,页101；卷16,页274。
③ 《穀梁注疏》卷3,页32、34；卷5,页60；卷16,页274。

"不忍"不等于"仁"。姚鼐《九经说》云:"不忍言君之被弑,仁也。"①其实,《穀梁》的"不忍"都是涉及《春秋》揣摩当事人的行为情境而作出的点评。在概念上,"不忍"指涉的是情感;它可能与"仁"相关,但并非同一回事。《孟子·尽心下》云:"人皆有所不忍,达之于其所忍,仁也。"②"不忍"与"仁"的关连和差别,一目了然。姚氏以"仁"解"不忍",言之不准。

5. "隐之"≠"隐讳之深"

此传的重点是以"不忍地"释"隐之",不是"隐之"的程度。廖平《古义疏》云:"深,则隐讳之深无所见,故不地。"③这是参照庄三十二年传"讳莫如深"④之说解读"不忍地"。如其解,隐十一年传是着眼于"隐之",而非"不忍"之义。"讳莫如深"是显示隐讳的程度,不涉及"不忍"的情感,像弑二君的公子庆父亦是"讳莫如深",对其事的隐讳是内讳的考虑,对之不涉及"不忍"。⑤ 此外,《公羊》隐十一年传:"公薨何以不地?不忍言也。"这与《穀梁》传义相通,重点都是强调"不忍"。在某程度上说,《公羊》作为一个旁证,可以印证《穀梁》隐十一年传的重点不是"隐之"的程度,而是"不忍地"。廖疏背离传义,经不起反复琢磨,似宜扬弃。

6. 贼不讨,不书葬

鲁国君主逝世,正常情况下皆有葬事的记载,在国内被弑的隐公和闵公却不见下葬之文。"君弑,贼不讨,不书葬",适用于鲁国及其他国家,钟文烝《补注》云:"此内外所同,亦经之新例",⑥很好地概括这一叙事原则的应用范围。以此断之,凡国君被弑之后,臣子还未讨伐或诛灭逆贼,经文就会略去葬文。

"不书葬"意味没有下葬的记载,不是实际上没有葬礼或葬礼规格有变。强调葬礼之阙,是《左传》的观点。《左》隐十一年传:"不书葬,不成丧也。"⑦孙复《尊王发微》强调葬礼规格变化:"不言葬者,以侯礼而葬也。"⑧

---

① 姚鼐:《惜抱轩九经说》卷15,页691。
② 《孟子注疏》卷14,页399。
③ 廖平:《古义疏》卷1,页68。
④ 《穀梁注疏》卷6,页101。
⑤ 这方面的问题,参阅本书第四章,页729—35。
⑥ 钟文烝:《补注》卷2,页70。
⑦ 《左传正义》卷4,页130。
⑧ 孙复:《春秋尊王发微》卷1,页13。

凡此之类，都是《穀梁》以外的主张，不必与传义强通。

7. 罪下

"下"，在《穀梁》有各种不同的指涉对象。此传"罪下"之"下"，指臣子。廖平《古义疏》云："下，谓臣子。"①这是援引庄三年传"举下"②解读此传的"罪下"。无疑，"罪下"之"下"是指臣子，但"举下"之"下"指最轻的丧服。廖平结论正确，论证却是错误的。审《穀梁》对"下"的各项界定，不是必指臣子，也可以指涉民众、军队、地上等不同意思，端视语脉而定。

8. 正

传中4个"正"字，涵义不尽相同。"不自正"和"正隐"的"正"，皆作动词用，都是涉及政治合法性。"正"当作动词使用，是要指示其人具有足够的政治合法性。③"隐不自正"，意谓隐公自己的行为欠缺合法性，尤指没有做好自己作为一名君主的事情。"正隐"，就是端正隐公作为君主的合法性。钟文烝《补注》云："不自正，谓不自正为君。"又云："正隐，谓正隐之为君也。"④这两个解说，都符合《穀梁》语意。

不过，廖平别具一格，《古义疏》云："元年有正，所以张大法，黜邪命。以朝廷之正义，绝闱门之私恩，所以治惠公也。"⑤传文明言"正隐"，但廖平却说"治惠公"，错谬显然。"正"的对象是隐公，不能改为惠公。退一步说，暂且假设"惠"是"隐"之讹，将"治惠公"改作"治隐公"也同样不通，因为训"正"为"治"，不合全传的通例。《穀梁》针对错误的现象而欲纠正，通常采用"不正"之辞，例如隐十年传"不正其乘败人而深为利"和"不正其因人之力而易取之"⑥，就是显例。以"治"解"正"，犹如把"正"等同于上述"不正"之义。然则，上述的"不正"难道可以理解为"不治"么？因此，《穀梁》书中"正"的动词义，只该理解为端正，尤指政治合法性的事情，不能像廖平那样解"正"为"治"。对"治"与"正"的区别，柳兴恩《大义述》早有解说："治者，治其不正。正者，不待治也。此《春秋》所以一字不容假也。"⑦可惜廖平没

---

① 廖平：《古义疏》卷1，页68。
② 《穀梁注疏》卷5，页65。
③ 有关"正"的动词义，参阅本书第二章，页183—85。
④ 钟文烝：《补注》卷2，页70。
⑤ 廖平：《古义疏》卷1，页68—69。
⑥ 《穀梁注疏》卷2，页29。
⑦ 柳兴恩：《大义述》卷13，页181。

有充分参考前人的经说,遂有不正确的解读。

除了动词义的"正"外,僖十一年传还有2个"正"字。"有正"和"无正"的"正"字,指正月。如前所述,《穀梁》认为"正月"是反映鲁国君主即位的一个标志。《春秋》十二公,其余诸公都是随文载有"正月",仅隐公一人除元年外,以下十年皆没有"正月"的记载。

9. "十年无正"≠"不有其正月"

在"正月"缺载的问题上,《公羊》讨论的观点略有不同。《公羊》隐十一年传:"隐何以无正月?隐将让乎桓,故不有其正月也。"何诂:"嫌上诸成公意,适可见始让,不能见终,故复为终篇去正月,明隐终无有国之心。"①此"隐将让乎桓"的"将"是预期发生在隐十一年以后的时间,以此推知"不有其正月"的"其"当指隐十一年经而言。何休"终篇去正月"之言,也是这样的理解。换言之,同样是解释为何没有"正月"的记载,《公羊》只关注隐十一年这一年,却没有解释其余年份为何没有"正月"。

相比之下,《穀梁》的考虑比较周全。此传总论隐公十一年的经文叙述,指出表示连续十年没有"正月",因为他没有居于正位;而隐元年开篇"正月"的记载,则表示隐公理应继位,带有端正他作为合法继承人的意思。顾炎武不同意这个说法,《日知录》云:"隐十年无正者,以无其月之事而不书,非有意削之也。"②由于鲁国旧史没有传世,像顾炎武这样归因于旧史而否定笔削的说法,不过是一种猜测而已,背后没有佐证,"无其月之事"如何得以确证,却依然没有着落,对《穀梁》并不构成有力的冲击。

10. 王命的不相干

"自正"和"正隐"的"正",都是围绕隐公让位的决定而言,不涉及他与周王的政治关系。在胡宏看来,经文批判隐公即位没有王命:"传谓隐无正者,正谓不请王命耳。"③前已述及,这是沿用胡传的故智,漏洞明显,于此不赘。

另有一种意见,认为经文批判隐公即位后不朝周王。李光地《榕村语录》云:"正者,诸侯所禀于王",又云:"隐终其位,王命四至,而朝聘奔会无

---

① 《公羊注疏》卷3,页65。
② 顾炎武:《日知录》卷4,页267。
③ 胡宏:《与彪德美》,载《胡宏集》,页144。

一者,是之谓不禀而无正。"①这是从隐公时期的经文没有亲自(或派出使者)向周室禀报的记载,质疑鲁隐公不敬周王,但照《穀梁》不记载"恒事"的解经原则来看,这一批判毫无道理,因为不能抹煞隐公如常禀报而《春秋》视为"恒事"不予记录的可能性。况且,隐元年传和隐十一年传谈的都是隐公让位的问题,没有理由牵扯到周、鲁之间的关系。

11. 弑隐与隐让的关连性

此传总结隐公被弑一事,申述"隐不自正"和"正隐"的问题,明确了准备让国的决定与隐公被弑的密切关系。廖平说"弑逆之祸全酿于让也"②,符合传义。

这一点,不是所有《春秋》研究者都有清晰的认识。如上所述,按照《公羊》的思路,让国是正确的,所以其传不能将"正月"之缺载理解为统治资格遭受质疑或冲击,于是何休诠释传文也仅能在"无有国之心"的动机上着眼,把弑君的结果完全归因于桓公(还有公子翚)身上,不能像《穀梁》那样直接指出让国与弑君的因果关系。总而言之,对隐公让国极其歌颂之能事,仅把批判的刀锋指向公子翚和桓公,却不探究让国如何造成君位待让的争端,是《公羊》而非《穀梁》的观点。

12. 小结

在让桓事件上,鲁隐公的善良意图和后来得到的加害,完全是不成比例的。《穀梁》除了批判鲁国臣子不讨贼,同时指出"隐不自正"和"正隐"的关键。一方面,鲁隐公是合法的统治者,故曰"正隐";另一方面,鲁隐公让桓的决定又造成合法性的争议,故曰"不自正"。可以说,他的被弑,与他的让国,绝非毫无关系的两件事。在此一案例中,《穀梁》已洞悉:

G_1　让国与合法性争议的潜在关连性。

之所以强调这是"潜在关连性",是因为《穀梁》并非凡让国皆予反对。下文将会指出,像宋宣公的让位,就是可以允许的。鲁隐公表态准备让位予弟的做法,从一开始便错了,而他的死也跟这一做法密切相关。《穀梁》明确反对鲁隐公的做法,不像《公羊》那样褒扬备至。

---

① 李光地:《榕村语录》卷 15,页 13。
② 廖平:《古义疏》卷 1,页 68。

第二节　让国弗贤七例

虽然鲁隐公不因让国的打算而被视为贤者,但不能据此简单地下结论说《穀梁》反对所有让国的做法。要充分理解《穀梁》对让国问题的观点,仅是研究鲁隐公并不足够。比较《左》《公》二传可知,《穀梁》对其他让国者也有保留态度,没有因让国而认可这些人为贤者。有关这一点,郑杲已有基本的认识:"子鱼、子臧、季札、叔武、叔术,《公羊》谓让国五贤,《穀梁》皆弗贤焉。"①此语是比较二传的论说,没有提及宣缪二公和蔡季的问题,寡闻所及,现代学者似乎也没有综合剖析《穀梁》对这些人的评述意见。为了使问题得到全面的检讨,以下将会列举宣缪二公、蔡季、子反、叔武、子臧、季札、叔术 7 个例子,说明《穀梁》有何独特的观点。

一、宣缪二公

与宋宣公和宋缪公二人让国相关的经传,共有 2 则:

(一)隐三年经:"八月庚辰,宋公和卒。"传:"诸侯曰卒,正也。"②

宋缪公的君位得自兄长宣公之让,他的死重新把这方面的问题展示出来。

1. 诸侯之卒

"和"是宋缪公的名。"卒"意谓死亡。在周礼中,不同身份的人死亡原该有不同的措辞。《曲礼下》云:"天子死曰崩,诸侯曰薨,大夫曰卒,士曰不禄,庶人曰死。"③但《春秋》的用辞,显然没有这么细致的区分。经中除周王称"崩"外,其他人如诸侯、大夫、夫人死皆称"卒"。

《春秋》以鲁史为本,详亲略疏,内外有别。鲁国君主死亡称"薨",其他国家君主称"卒",此乃国史常例,诚如刘士毅的概括,"《春秋》详内略外,故于鲁君,则以国君之辞言之;于他国之君,则以上下通称言之。"④因此,《穀梁》也没有深求"薨"与"卒"的区别。没有必要看见他国君主和大夫称卒而另作深求。廖平《古义疏》云:"诸侯曰薨,以卒言者,内君夫人称薨,辟其

---

① 郑杲:《鲁大夫正恶考》,载《诸经札记》,页 823。
② 《穀梁注疏》卷 1,页 15。
③ 《礼记正义》卷 5,页 159。
④ 刘士毅:《春秋疑义录》卷上,页 727。

名,从史文也。如大夫例者,内辞,内大夫可以会诸侯,故卒亦得同文也。"①此言庶几近之。称卒不意味贬诸侯,两者没有必然关连。不能因为宋缪公死时称"卒",便预设鲁国君主成为新王。②

2. 日卒

经文的重点是"卒"的日期,而非"卒"的用法。"正"一般是指某种事情状况的正确性。若是评定的是国君的死亡,通常涉及他的政治合法性。"日卒时葬,正也"③是《穀梁》处理诸侯和大夫(不论是鲁国抑或其他国家)的通则。除非特殊的情况,否则经文记载诸侯的死亡日期,通常都是"正"的情况。据柳兴恩的统计,《春秋》记载死亡日期而可以确定是"正"的诸侯,共54人,④显示"日卒正也"的传例绝非无的放矢,对解读经文确有明显的指导作用。

3. "正" ≠ "承嫡"

此经明言宋缪公的逝世日期,《穀梁》申述"日卒正也"的传例,没有另作他解,显示他的执政资格没有问题。范注:"正谓承嫡。"⑤宋缪公不是嫡子,他的君位来自其兄宋宣公所授。范宁的理解完全是言不及义。许桂林《释例》云:"缪公乃宣公之弟,卒而殇公以兄子嗣立,孰为承嫡乎?"⑥此言一语破的,正好指出范注的破绽所在。此外,刘逢禄《广废疾》云:"范以正为承嫡,并失《穀梁》之意。"⑦范宁没能正确解释传义,反而添加不必要的漏洞,连论敌也看得一清二楚。

溯本追源,范宁的附会误解,来自后世嫡子继承制的历史积累。《穀梁》的"正"若是用来描述君主的合法性,适用于各种正常继位的状况。钟文烝《补注》云:"凡自世子適子外,或立长庶,或以贤,或以卜,或以弟及,或

---

① 廖平:《古义疏》卷1,页29。
② 这些都是《公羊》学者的观点,参阅《公羊注疏》卷2,页39。陈立:《公羊义疏》卷5,页194—96。崔适:《春秋复始》卷9,页438。因为《公羊》学者的鼓吹,后来鼓吹尊王的解释也在暗袭其说,参阅胡安国:《春秋胡氏传》卷1,页12。卓尔康:《春秋辩义》卷1,页354。有关王鲁说的批驳,参阅齐召南:《公羊考证》卷2,页50。
③ 《穀梁注疏》卷15,页250。
④ 柳兴恩:《大义述》卷3,页44。
⑤ 《穀梁注疏》卷1,页15。
⑥ 许桂林:《释例》卷1,页3017。
⑦ 刘逢禄:《公羊后录》卷6,页452。

以孙继,诸宜为君者,皆谓之正。天子诸侯,其制悉同,传之言正者如此。"①绝不是只有嫡子继位才可以。

4. 宋宣公让国之"正"

《穀梁》没有交代宋缪公"正"的缘故。《左》隐三年传:"宋穆公疾,召大司马孔父而属殇公焉,曰:'先君舍与夷而立寡人,寡人弗敢忘。若以大夫之灵,得保首领以没,先君若问与夷,其将何辞以对?请子奉之,以主社稷,寡人虽死,亦无悔焉。'对曰:'群臣愿奉冯也。'公曰:'不可。先君以寡人为贤,使主社稷,若弃德不让,是废先君之举也。岂曰能贤?光昭先君之令德,可不务乎?吾子其无废先君之功。'使公子冯出居于郑。八月庚辰,宋穆公卒,殇公即位。"②《公羊》隐三年传:"宣公谓缪公曰:'以吾爱与夷,则不若爱女。以为社稷宗庙主,则与夷不若女,盍终为君矣。'宣公死,缪公立。缪公逐其二子庄公冯与左师勃。曰:'尔为吾子,生毋相见,死毋相哭。'与夷复曰:'先君之所为不与臣国,而纳国乎君者,以君可以为社稷宗庙主也。今君逐君之二子,而将致国乎与夷,此非先君之意也。且使子而可逐,则先君其逐臣矣。'缪公曰:'先臣之不尔逐,可知矣。吾立乎此,摄也。'终致国乎与夷。"③

二传大同小异,同样记载宣公让位给弟弟缪公,没有传位给儿子与夷。缪公得位,感念兄长,死前放逐了自己的儿子公子冯,让与夷继立。这方面的叙事,《穀梁》基本上都可以接受。理由很简单,"日卒"的笔法已清楚显示宋缪公跟其他国家受命于父的嗣子一样,都是具有足够合法性的君主。④ 比较可知,鲁隐公与宣缪二公同是让国,但存在明显的差别:鲁隐公有让国之心,还未真正地行动;而宋宣公和宋缪公既有心又有行动,终于成功地让位给自己的目标对象。宋国是商人后裔,兄终弟及,不能算是"不正",不能用周室立嫡的常规来批判缪公的得位。陈埴说:"兄弟相继,自是殷法,未为失正。"⑤而且,宋国之动乱,是与夷(即宋殇公)在位时的事情,

---

① 钟文烝:《补注》卷1,页33。
② 《左传正义》卷3,页77。
③ 《公羊注疏》卷2,页40。
④ 有关这则经文,还可以参阅隐八年传对蔡侯考父卒葬的评论意见,参阅本章(页70—73)的讨论。
⑤ 陈埴:《木钟集》卷9,页699。张方平也有类似的观点,参阅《君子大居正论》,载《乐全集》卷17,页142。

与宣公让弟没有直接关系。黄震《日抄》云："宣之逊穆,初未尝乱,穆逊殇公,而冯始为乱耳。"①这一解释符合《穀梁》缪公日卒得正的传义。

5. "正"≠"大居正"

《公羊》书中屡见褒扬让国之例,但在宣缪让位的问题上,却批判宣公让弟埋下日后宋国内乱的祸根。《公羊》隐三年传："故君子大居正。宋之祸,宣公为之也。"②"大居正",就是要申张嫡子继嗣的正当性。唐文明将之理解为"论述一种王道理想",又说它是"大一统的前提",③不过是个人主观的申论,跟《公羊》没有多大关系。

相反,《穀梁》不歌颂让国之义,却肯定宋缪公日卒得"正",承认宋人立弟为常的政治现实。钟文烝《补注》云："宣公之立缪公,盖时事宜然,所以为正",④所说很有道理。

6. 小结

宋宣公不传君位与儿子庄公冯,将之传给与夷,这是兄长把君位授与弟弟的让国行为,放在鲁国是"不正",但宋国却有"正"的结果。关键在于,界定"正"的原则存在差别:鲁国是嫡长子的继承原则,而宋国则是兄终弟及。由此可见,让国之"正",不在于下让国者是否具有善良的心意或高尚的道德水平,而是相关的做法是否符合既定的继位原则。由此推之,可以得出:

H_1　符合既定继位原则的让国没有合法性争议。

这一点,是可以作为 G_1 的补充原则而存在。让国之所以可能出现合法性争议,是因为原来的继位方式不允许。假若是符合既定的继位原则,就不存在这方面的疑难和争议。《穀梁》从宋缪公的死亡日期,看出他的"正",是充分考虑到宋国的独特情形,而承认缪公的合法性,不像《公羊》简单的否定和批判。在特定的政治环境下,让国不是不可接受的。

(二)隐三年经："癸未,葬宋缪公。"传："日葬,故也,危不得葬也。"⑤

宋缪公葬文的日期,显示宋国在他死后即将出现的变故。

---

① 黄震:《黄氏日抄》卷7,页113。
② 《公羊注疏》卷2,页41。
③ 唐文明:《夷夏之辨与现代中国国家建构中的正当性问题》,载《近忧:文化政治与中国的未来》,页9。
④ 钟文烝:《补注》卷1,页33。柯劭忞《传注》(卷1,页8)也有类似的观点。
⑤ 《穀梁注疏》卷1,页15。

1. 不葬、不得

《春秋》记载死者,继死亡记录后,再添下葬记录,是正常不过的笔法。问题是葬事的日期。"故",如上所述,意谓变故。时葬为正,日葬不正。"不得葬",不宜理解为实际上的不葬。昭十三年传:"变之不葬有三:失德不葬,弑君不葬,灭国不葬。"① 宋缪公不是失德、弑君、灭国之列,也没有证据说明他因为这些原因被剥夺了葬文。在《穀梁》的措词中,"不葬"不一定等于实际上的不葬,有时是等于"不得葬";② 而"不得葬"亦不一定是意味实际上的不葬,因为"危不得葬"的"不得"是规范义而非描述义。像"不得出会诸侯"(隐元年)、"阍不得齐于人"(襄二十九年)、"弟兄不得以属通"(昭元年)的"不得",③ 同样意谓不能够,甚至事实发生了也不可以。

2. 危不得葬

"危不得葬"的正确解释,不是发生了危难导致葬事得不到进行,而是几乎得不到安葬,因为危难使得君主(周王或诸侯)可能得不到安葬。

由于对"危不得葬"的理解出现偏差,周何的译法并不相同,或是"不得备礼而葬",或是"几乎不能下葬"。④ "不得备礼而葬"的"备礼"是增字训读,而且没有证据说明这些葬事礼不备,还容易令人误会葬事没有进行,应该划一译作"几乎不能下葬"为宜。

日葬的责难,因"危"而发。葬是臣子之事,"危"不见得必是死者的错误,也可以是责备臣子之辞,预示臣子所面对的危难。例如僖三十三年传:"癸巳,葬晋文公。"钟文烝《补注》云:"危者,危晋襄背殡用兵。"⑤ 这是从继位者身上找答案,不认为"危"是源于死者。这个例子,可以与宋缪公之葬相互印证。

3. "危不得葬"的原因

宋缪公为什么"危不得葬"?问题在于与夷无法稳定国内政局,最终被逆贼华督杀害。⑥ 钟文烝《补注》云:"此所以为危文者,缪公逐其子冯而立

---

① 《穀梁注疏》卷17,页294。
② 参阅本书第二章,页277—82。
③ 《穀梁注疏》卷1,页7;卷16,页271;卷17,页277。
④ 周何:《新译》上册,页28、170、483。
⑤ 钟文烝:《补注》卷12,页356。
⑥ 有关与夷的问题,参阅本书第二章,页183—85。

其兄子与夷,卒致弑逆,其理危也。"①认为追溯祸事的根源,宋缪公责无旁贷,这是《穀梁》学者普遍的共识。

这一观点,有别于《左传》歌颂赞美的主调。《左》隐三年传:"宋宣公可谓知人矣。立穆公,其子飨之,命以义夫。《商颂》曰:'殷受命咸宜,百禄是荷。'其是之谓乎!"②这是"君子曰"的评语,认为宋缪公传位给与夷做得正确,其中引用的诗句出自《玄鸟》,③这是祭祀殷王武丁的诗,本意是认为受命者担负天之多福,跟后来与夷被弑的惨剧毫无对应之处。

4. 宋国祸乱的解释

缪公自宣公受国,没有"不正"的问题。更准确地说,他的问题是,传位给与夷(而非公子冯)引起了君位纷争。附带一提,相对于《穀梁》平正的解释,《公羊》虽然一贯支持让国,却因"大居正"的立场,特别批判宣公让弟的做法,因此也引起许多异议。同样是存心让国的决定,为什么《公羊》歌颂其他让国者,却对宋宣公让弟大施斤斧呢?这是后来许多学者感觉棘手的难题。董仲舒一方面反对宣公传位缪公的做法,《玉英篇》云:"非其位而即之,虽受之先君,《春秋》危之,宋缪公是也。"另一方面,他心中显然认可缪公让国的意义,断言《春秋》不直接记载庄公冯弑君,就是隐晦地肯定宣缪二公让国的"善志":"是故让者,《春秋》之所善,宣公不与其子,而与其弟,其弟亦不与子,而反之兄子,虽不中法,皆有让高,不可弃也,故君子为之讳。"④这是董氏的个人心得,不是《公羊》之义。司马迁撰写《宋微子世家》时,也有类似的矛盾陈述,一方面说"《春秋》讥宋之乱自宣公废太子而立弟",另一方面大量援引《左传》的叙述,包括君子的颂辞。⑤

之所以有上述的观点,很大程度上是因为董、马二人认为即使存在祸患,宋宣公让弟仍有可善之处。然而,《公羊》明确反对二公让国,还认为祸首就是宣公。为了贯彻《公羊》责备宣公的立场,何诂:"言死而让,开争原也。缪公亦死而让得为功者,反正也。"⑥孔广森《通义》云:"不责缪公者,

---

① 钟文烝:《补注》卷1,页34。廖平《古义疏》(卷1,页31)和柯劭忞《传注》(卷1,页8)也有类似的观点。
② 《左传正义》卷3,页77。
③ 《毛诗注疏》卷20,页2126。
④ 苏舆:《春秋繁露义证》卷3,页71、78。
⑤ 《史记》卷38,页1960—61、1971。
⑥ 《公羊注疏》卷2,页41。

善反正也。假令缪公遂立冯，与夷或弑冯，则堕其父之让，成其子之恶，虽与夷贤，终无祸，犹为私其子。故君子以缪之让为义，以宣之让为失正。"①何、孔"反正"之说，同样没有凭据，《公羊》虽不明白指责缪公，但从传位与夷而酿成宋祸的叙事，很难说传文善缪公的"反正"。此外，抑宣扬缪的思路也是可疑的：同样是让国，怎能单说缪公正确而咬定宣公错误呢？如果问题出于宣公一开始做错了，那么缪公岂不是一错再错，继续错下去吗？②

无论如何，《公羊》把批判的火力集中在宋宣公身上，而非其他让国者或相关责任人（例如与夷），是一个充满争议性、不容易使人信服的观点。相比之下，《穀梁》因无褒扬让国的主张，也不存在以上的疑难。

5. 小结

宣缪二公与鲁隐公一样，都是同样具有让国的意图，而且比鲁隐公做得更成功，二人同样把君位让渡给自己指定的继位者。宋缪公和与夷，都是宋国的合法君主。后来弑害与夷之国，原则上独立于宋缪公的让国。《穀梁》不曾批判与夷为"不正"。总而言之，宣缪二公让国之所以可被允许，不是因为他们作为让国的良好意图、道德评价（参照 A_1 和 B_1），也不是因为他们的自主判断正确，或他们可以随意支配君位归属（参照 C_1 和 D_1）。"正"的归属，在于相关国家继立原则的惯例（参照 H_1）。这一案例的存在，若是对照于鲁隐让桓的案例，便可以发现鲁隐公与宋宣公同样是已占有君位的让国者，但在受国者一方，鲁桓公与宋缪公却不是相同性质的受国者，仔细辨析的话，他们各自是：

Y_a　符合既定继位原则的受国者。

Y_b　不符合既定继位原则的受国者。

受国者不是铁板一块的存在，《公羊》没有区分上述两者，但只要结合《穀梁》的解经意见，其实可以发现 Y_a 和 Y_b 二者不宜同等对待。当然，承认

---

① 孔广森：《公羊通义》卷1，页14。
② 赵鹏飞就是这样反驳何休，《春秋经筌》（卷1，页16）云："宋之乱，宣公启之，而穆公成之也。宣公舍其子而立其弟，是以小廉乱大分也。穆公又舍其嗣而归其侄，是以小谦废大义也。故宋之乱者二世，宣、穆之罪也。"李廉《春秋会通》（卷1，页190）同样不赞成抑宣之论，认为真要厘清责任，应该先追究与夷，而非宣公："《公羊》不责殇公之克克，而反责宣公之推让，非矣。"姑勿论赵、李之说是否完备，他们的质疑意见反映了《公羊》的解释是一个富争议性的观点，绝非不证自明的天经地义。

宋缪公的受国是"正",也不意味宣缪二公是贤者。"正"与"贤"不是相互蕴涵的关系。

二、蔡季

蔡季是蔡宣公之子,蔡桓侯之弟,也是后来被楚军虏获的蔡哀侯献武。尽管三传没有说他的让国,但因为何休称贤的叙事,使人误以为他是让国者。有关何诂的影响,张自超《宗朱辨义》已有简述:"蔡季让国,三传未言其详。说经者皆以《春秋》称字为贤之。"①故有分析厘清的必要。有关他的经传共5则:

(一)隐八年经:"夏,六月己亥,蔡侯考父卒。"传:"诸侯日卒,正也。"②

蔡宣公死亡,是探究蔡季事迹的起点。

1. 诸侯

"诸侯"是泛指周代分封的各国君主,本是先秦文献的常语。③廖平《古义疏》云:"传言大国、次国、小国,又言诸公、诸侯,统以诸侯为言,何也?鲁,侯;从我言,皆举侯。或曰:举其中,可以包上下也。"④这个说法,是廖平以其对礼制的认识强加在传文之上。《穀梁》没有"从我言"或"举其中"的主张,"诸侯"不过是经传常语。例如宣元年经:"宋公、陈侯、卫侯、曹伯会晋师于斐林",传:"列数诸侯而会晋赵盾。"⑤以"诸侯"指代"宋公、陈侯、卫侯、曹伯",这个例子很能反映一个基本事实:《穀梁》对公、伯、侯等爵制之异,没有太多讲究,至少在传文的称谓上如此。廖疏深求其意,不符传义。

2. "正"≠"合乎正礼"

"考父"是蔡宣公的名。根据"日卒正也"的传例,经文记载他的死亡日期,意味他的"正",没有合法性的疑问。周何译"正"为"这是合乎正礼的常例",⑥思虑欠周。"正"不等于"合乎正礼"。相比之下,徐正英、邹皓译之

---

① 张自超:《春秋宗朱辨义》卷2,页48。
② 《穀梁注疏》卷2,页25。
③ 《周易·比卦》(卷2,页55)云:"先王以建万国,亲诸侯。"类似的例子不胜枚举,《左传》言"诸侯"更多达524例,《穀梁》亦是沿用这一惯常习语。
④ 廖平:《古义疏》卷1,页51。
⑤ 《穀梁注疏》卷12,页188。
⑥ 周何:《新译》上册,页53。

为"嫡系正传",①是比较能够把握"正"在合法性上的涵义,但鉴于宋国兄终弟及亦称"正",所以"嫡系正传"仍不能通释全传的"正",真要语译的话,倒不如武断些采用今语的"合法",反而更加达意。

3. 不同情况下的"正"

《穀梁》再次发传,是因为先前宋缪公从其兄宋宣公手中得位,与其他中原国家(包括蔡国在内)父死子继的情况不同。柯劭忞《传注》云:"复发传者,和弟受于兄,考父子受于父,皆正也,故发传以明之。"②父死子继,跟兄终弟及,《穀梁》皆认为具有相同的合法性。为免读者误会有别,所以《穀梁》重申传例澄清究竟。

明乎此,也可以清楚此传不是为了爵称之异而发。杨疏:"重发之者,宋公起例之始,蔡侯嫌爵异,故重发以明之。"③这是从宋称公、蔡称侯的差别上立言,但在理解上却有疑问。如上所述,《穀梁》不论其人称伯、称公、称侯,都是称之为"诸侯",似无因"爵异"而辨正的需要。

(二)隐八年经:"八月,葬蔡宣公。"传:"月葬,故也。"④

跟《春秋》笔下的其他诸侯一样,继蔡宣公的卒文后又有他的葬文。

1. 故

根据"月葬故也"的传例,经文记载国君的下葬时间若是季节,是正常的情况;若是月份,意味有变故发生。⑤ 跟卫桓公遇弑后过了十五个月安葬不同,蔡宣公由死亡至下葬不过三个月,表面上看,似乎安葬得太快了,钟文烝《补注》云:"重发传者,卫桓葬缓,此三月而葬速,嫌异故也。"⑥《穀梁》重申传例,显示他和卫桓公都有变故,二者不因卒葬的时间距离不同而有所异变。

2. 非"故"之疑

至于是什么变故,《穀梁》没有详说。不能因为传文没有解释,就以为此葬是"正"非"故"。刘逢禄《广废疾》云:"非故也,正也。以为故,经当有起文。《穀梁传》卒葬例时、月、日,不别大国小国,亦不察经文前后事实,于

---

① 徐正英、邹皓:《全译》,页41。
② 柯劭忞:《传注》卷1,页14。
③ 《穀梁注疏》卷2,页25。
④ 《穀梁注疏》卷2,页26。
⑤ 有关月葬的传例,参阅本书第二章,页207—08、291—92。
⑥ 钟文烝:《补注》卷2,页58。有关卫桓公的问题,参阅本书第四章,页616—17。

例大乱,于辞多不可知,安得为'善于经'乎？"①这个批判很不妥当。"正"而"非故"之说,实无确据。《公羊》隐三年传："不及时而不日,慢葬也。"何诂："慢葬,不能以礼葬也,'八月,葬蔡宣公'是也。"②可见,何休也不认为这则葬文是"正",刘氏言"正"不通。

刘逢禄指责《穀梁》卒葬"于例大乱",溯源究因,无非是因为此传没有解释"故"是什么。然而,这方面内容的阙失,是否真的妨碍经义的解释？似又未必。至少,刘逢禄对时葬之正,亦没有什么有力的反证。至于"不别大国小国"的批判意见,也不合理。柳兴恩就反驳说："何氏之例,即别大国小国,亦未尝不乱,亦多不可知。"③可见,刘逢禄据何驳传,只责人而不自责,难言公允。

3. "故"不宜强解

继续找寻"故"确指何事,对"故"硬作具体的解释,反而不美。承认有"故"而不知"故"是什么,方才不致歪曲传义。柯劭忞却在传无明据的情况下强作解释,《传注》云："宣公子桓侯无子,季贤当立。桓侯立,献武卒为楚所执,国以危乱。献武子肸遂背夏从楚。宣公月葬,桓侯日葬,献武不书卒葬,见危乱之有渐也。宣公月葬,见桓侯失子道,堕先君之绪业。子之继文,自葬父始,故于其始事谨之。"④

这是把问题追溯至继位者蔡桓侯虽贤而没有登位,导致日后蔡国败楚的悲剧。然而,柯注这一见解,实非精义。如下文所述,认为蔡季是贤者,全是何休裁诸己意的僻说。柯劭忞援何解《穀》,不合传义。《穀梁》所理解的"故",不是死者安葬前出现变故（如齐桓公、卫桓公）,就是继嗣者发生危难（如宋缪公、宋庄公）。如果柯注得以成立的话,就意味"故"发生在蔡哀侯身上,而蔡哀侯是蔡宣公的儿子蔡桓侯的弟弟,那不是继嗣者的问题,而是继嗣者的继嗣者的问题。柯注没能列举其他旁证,是不妥当的。《穀梁》没有"月葬"→"日葬"→"不书卒葬"的排序性主张,也不曾借月葬作为"危乱"的"始事"。柯注言似有理,实乃曲说费辞,于传无稽。

---

① 刘逢禄：《公羊后录》卷6,页454。
② 《公羊注疏》卷2,页39。
③ 柳兴恩：《大义述》卷13,页179。
④ 柯劭忞：《传注》卷1,页15。

4. 小结

综合上述两则经传的讨论,蔡宣公的合法性毫无疑问,但他死后有什么变故,却是无从稽考。没有理据显示《穀梁》的"故"是与蔡季有关。撇开让国贤者的预想来解读这两则经传,是完全可以的。

(三)桓十七年经:"六月丁丑,蔡侯封人卒。"

《穀梁》无传。

封人,即继蔡宣公位的蔡桓侯,蔡季之兄。根据"日卒正也"的传例,蔡桓侯的死亡日期已说明他绝非"不正"的君主。

假如"季贤当立"的观点成立,那么蔡桓侯的继立自然不妥。因此,他的死亡日期正是拒斥蔡季为贤的有力反证。误认蔡季为贤而质疑蔡桓侯的合法性,肯定是失当的。大概因为这个缘故,柯劭忞《传注》没有讨论封人日卒的问题。① 这是回避了对己不利的证据,未必妥当。

(四)桓十七年经:"秋,八月,蔡季自陈归于蔡。"传:"蔡季,蔡之贵者也。自陈,陈有奉焉尔。"②

蔡桓侯死后不过两个月,出奔在陈国的蔡季回到蔡国继位。

1. 称字为贵

"蔡季"的"季",是字非名。隐九年经:"天王使南季来聘。"传:"季,字也。"③以此例彼,"蔡季"的"季",当然也是"字"。一般相信,蔡季以国氏而又称字,该是国君之弟,与纪季一样。除了下文所述的何休外,杜注:"季,蔡侯弟也。"④钟文烝《补注》亦认为"季"是"桓侯之弟"。⑤ 除了桓侯之弟外,基本上也没有其他可信的选项足供拣选。春秋时期国君之弟以字系国为其称呼,例子不胜枚举。俞樾《群经平议》云:"当时国君之弟,每以伯仲系国称之,若桓十七年蔡季,庄三年纪季皆是也。"⑥这一观点是正确的,与《穀梁》亦无抵触。

---

① 柯劭忞:《传注》卷2,页18。
② 《穀梁注疏》卷4,页57。
③ 《穀梁注疏》卷2,页27。
④ 《左传正义》卷7,页209。
⑤ 钟文烝:《补注》卷4,页127。
⑥ 俞樾:《群经平议》卷31,页513。引文中"三"字,原为"二"字之讹,今予改正。纪季的称呼,参阅本书第三章,页381—87。

2. "贵"≠"贤"

此传认为蔡季是蔡国的"贵者"。"贵"不等于"贤"。仅凭称字,不足以确定他是《穀梁》认可的贤者。审《穀梁》传义,是否称字与其人贤不贤,没有必然关系。不能据此断言其人因贤而字。然而,何休却判断其人必贤,其所使用的一个重要基点,主要是"季"是字,而非名。何诂:"称字者,蔡侯封人无子,季次当立,封人欲立献舞而疾害季,季辟之陈。封人死,归反奔丧,思慕三年,卒无怨心,故贤而字之。出奔不书者,方以起季奔丧归,故使若非出奔归。"①在此,提出了蔡桓侯逼害而导致蔡季出奔陈国的让国叙事,然推情度理,却未见莫得而非之。《公羊》对桓十七年经实未发传,而《左》《穀》和其他先秦文献也没有证据支持何诂的叙事。如果真有封人"疾害"而导致蔡季奔陈之事,那么《春秋》应该有所叙述,如庄二十七年"公子友如陈,葬原仲"之类,但经文没有记载蔡季出奔之事。其实,何休也自知这是一个明显的漏洞,故特作解释,说经文"起季奔丧归",所以"使若非出奔归"。此说于经无据,桓十七年经"蔡季自陈归于蔡",字面意思无非是他从陈国回来,凭什么说这是要掩饰不让读者知道他从出奔回来?何所据依而知此?被《公羊》视为贤者的公子友,就是奔后回国,哪里需要掩饰?哪有"使若非出奔归"的需要?②《公羊》既无明确的解释,何诂立论无据,难以服人。如何诂之意,蔡季比后来登位的蔡哀侯献舞更有继立的资格,如果真有"归反奔丧"之事,蔡国内部难免政争,但没有证据支持这方面的叙事。张自超《宗朱辨义》云:"蔡季之始末不可详,季之复归于国亦不见有内乱,而究不得其所以让之道也,顾谓《春秋》贤之哉?"③这是批判何休自我作古,毫无史料可依,别具只眼。

3. 不称弟

除了以国称字外,经文对国君之弟还有另一种称呼,即"A 侯(伯)之弟 B",A 为国名,B 为其人之名,如襄二十年经的"陈侯之弟光"。为何经文不称"蔡侯之弟 B"而称"蔡季"呢?钟文烝《补注》云:"桓侯之弟,故为贵。桓已卒,不得以弟为文,故称'季'也。前十一年之蔡叔当为季兄。"④这是结

---

① 《公羊注疏》卷 5,页 108。
② 参阅本书第四章,页 710—16,739—48。
③ 张自超:《春秋宗朱辨义》卷 2,页 48。
④ 钟文烝:《补注》卷 4,页 127。

合"蔡侯封人卒"发生在这年六月的记载而发,基本可信。"A 侯之弟 B"通常 A 侯皆未逝世,但不代表"蔡侯"这种措辞都是用在国君已死的情况下。例如"纪季",与"蔡季"同一措辞,庄三年经:"纪季以酅入于齐",当时纪侯尚未逝世。① 经文国氏称字,不意味其君已死。钟文烝既认为桓十一年经"柔会宋公、陈侯、蔡叔盟于折"的"蔡叔"为蔡季之兄,当时蔡桓侯未死,可见"不得以弟为文"的论点也有限制,不够准确。正确的理解是,承认"蔡季"为蔡桓侯之弟,但因何如此称呼,却没有足够线索可供解说,不宜深求。

4. "宜为天子大夫"之谬

在"不称弟"的问题上,何休另有发挥,坚持因贤而字的观点,遂断言"不称弟"是因为蔡季宜为天子大夫。何诂:"不称弟者,见季不受父兄之尊,起宜为天子大夫。天子大夫不得与诸侯亲通,故鲁季子、纪季皆去其氏;唯卒以恩录亲,季友、叔肸卒是也。"② 这不仅是《穀梁》不能兼容的观点,也是不符合《公羊》的内容:

(1)《公羊》没有"宜为天子大夫"而不称弟的观点,何诂于传无据。

(2)《公羊》庄三年传对"纪季以酅入于齐"和闵元年传对"季子来归"的解释,仅说纪季和季子是"贤",③也没有说过"天子大夫不得与诸侯亲通",何诂对这两则经传的解释也没有贯彻天子大夫的观点。

(3)《公羊》僖十六年传解"公子季友卒"仅说"贤也",对宣十七年经"公弟叔肸卒"不曾发传解释,④何诂"卒以恩录亲"的观点,同样不合经传。

因为举证失败,何诂对"不称弟"的解释欠缺说服力。刘敞《春秋权衡》云:"诸休所称者,皆非也。"⑤ 此言甚确。其实,一些《公羊》研究者也知悉何诂的不可信,例如孔广森《通义》云:"无恶,故言归也。"⑥ 显然,是对何诂抱有疑虑,不敢墨守其说。从这一角度看,柯劭忞接受何休贤蔡季的说法,是多么令人诧异和费解。

5. 援《穀》证何的失败

不仅何诂求其解而不得,陈立从而为之辞,似也不能有效辩护,《义疏》

---

① 纪季的问题,参阅本书第三章(页380—86)的讨论。
② 《公羊注疏》卷5,页108。
③ 《公羊注疏》卷6,页120;卷9,页191。
④ 《公羊注疏》卷11,页235;卷16,页365。
⑤ 刘敞:《春秋权衡》卷10,页275。
⑥ 孔广森:《公羊通义》卷2,页52。

云:"若然,《礼记·大传》云:'族人不得以其戚戚君',故《榖梁》隐七年、桓十四年传并云:'诸侯之尊,弟兄不得以属通。'如此注,则非天子大夫得称弟矣。"① 这是辩护何休"不称弟"的观点,但《大传》的原文是:"君有合族之道,族人不得以其戚戚君,位也。"② 这是讨论国君与族人的关系,其中强调君臣共事,君主要保障和照顾全民,国家为宗族内部共有,但族人也不能因亲戚关系亲近其君。③ 可以说,《大传》没有涉及天子大夫的问题,对蔡季之事更无多少参照意义。

此外,陈立企图援引《榖梁》为之解说,但"弟兄不得以属通"虽然涉及"不称弟"的问题,但指代的对象都是诸侯之弟。综合归纳"A侯(伯)之弟B"的四例,齐侯之弟年(隐七年)、郑伯之弟御(桓十四年)、陈侯之弟光(襄二十年)、秦伯之弟鍼(昭元年),都与天子大夫无关。陈立没有提及后二例,已欠周全。更重要的是,二传同样没有说过蔡季宜为天子大夫。"弟兄不得以属通"虽与"族人不得以其戚戚君"相关,但对于证成何诂却毫无帮助。陈立试图援《榖》证何,显然是不成功的。不管如何,《榖梁》没有因让国而贤其人的主张,也不认为所有称字的人都是贤者,更不认为蔡季称贤宜为天子大夫。何休的观点毫无旁证,研究《榖梁》不必借用其说。

6. 归

"归"意谓"归其所",蔡季回到自己的场所,亦即蔡国君位。经文记述蔡季回到蔡国之事,使用"归"而非"入",根据"反,以好曰归,以恶曰入"和"归者归其所"的传例,④ 出奔到外国的大夫回归本国(而非本国的城邑),言"归"便是好的,言"入"便是恶的。同样被称为"贵者",言"归"的蔡季,有别于言"入"的许叔。桓十五年经:"许叔入于许",传:"许叔,许之贵者也,莫宜乎许叔。其曰入,何也?其归之道,非所以归也。"⑤ 许叔与蔡季都是"贵者",但因"入""归"之异导致许叔得到更明确的批判。从《榖梁》对"归"的理解,可以推论传文是把蔡季视为继蔡桓侯登位的下任君主,因此他就是后来楚军房归的蔡哀侯。钟文烝《补注》云:"叔盖先桓侯卒,故是时季立

---

① 陈立:《公羊义疏》卷16,页609。
② 《礼记正义》卷34,页1007。
③ 有关《大传》的要旨,参阅李若晖:《久旷大仪:汉代儒学政制研究》,页21。
④ 有关这两则传例,参阅本章(页96—97、144—47)的讨论。
⑤ 《榖梁注疏》卷4,页55。

得为正。"①经传没有交代蔡国君主有所改易,故蔡季就是蔡桓侯死后的继位者。

7. 蔡季是蔡侯献武

庄十年经:"荆败蔡师于莘,以蔡侯献武归。"结合此经与《穀梁》对"归其所"的解释,结论只有一个,蔡季与蔡侯献武是同一个人。廖平就是这样的理解,《古义疏》云:"季者,献武称季,明贵得立。"②这个结论,算得上称情以立文,大体不误。以此反观上述柯注"季贤当立"的观点,因误信何诂,柯劭忞以为蔡季未尝得位,遂把蔡侯献武视为另一个人,舛错显然,固不如廖疏为得其实。

《左传》记载蔡季得到拥护而回国继位,这个叙事与《穀梁》虽不尽合,但也不无兼容之处。《左》桓十七年传:"蔡桓侯卒,蔡人召蔡季于陈。秋,蔡季自陈归于蔡,蔡人嘉之也。"杜注:"桓侯无子,故召季而立之。季内得国人之望,外有诸侯之助,故书字,以善得众。"③杜预以"得众"释《左传》蔡人之召,不知是否因袭《穀梁》"得众"之说?④ 就《穀梁》而言,蔡季言"归"不言"入",可以说他回国登位,没有重大阻力,但因为传文未尝说他"得众",经文又不以"人"召之或立之,杜注充其量是他个人的观点,与《穀梁》不能尽合。不过,仅蔡季得位的事实认知而言,《左》《穀》二传倒是相同的。

8. 贤蔡季之谬

为了迁就蔡季为贤的论点,崔适有意去除与此相抵牾的史事,针对《左传》"蔡人召蔡季于陈"之说,他认为这与《左》成十八年传"诸侯纳之,曰'归'"的观点⑤不一致,《复始》云:"则是以国人所欲之事,而托诸侯胁之之文,南辕而北其辙矣。然亦不言立季为君也。"又云:"宁有侮姨致寇、兵败被执之君,经于其归国时,贤而字之者乎?"⑥这个说法不甚可信。尽管《左传》对"归"的解释存在歧义,但要注意,该传言"召",意味被召之人将要被立为君,不难找到例证,例如《左》哀六年传"陈僖子使召公子阳生",⑦阳生

---

① 钟文烝:《补注》卷4,页127。
② 廖平:《古义疏》卷2,页114。
③ 《左传正义》卷7,页210。
④ "得众"作为其人称贤的一个条件,参阅本书第四章,页595—690。
⑤ 《左传正义》卷28,页807。
⑥ 崔适《春秋复始》卷26,页565。
⑦ 《左传正义》卷58,页1637。

在陈乞逆谋后得立为君。因此，不能因蔡季言"召"而断言没有"立季为君"之事。其实，相信蔡季承位，是许多学者的共同观点。洪亮吉《左传诂》引刘、贾、许之说："桓卒而季归，无臣子之辞也。蔡侯无子，以弟承位。"①尽管刘、贾、许三人对蔡季是批判的立场，有别于杜注，但他们与杜预一样，都认为蔡季之召是被立为蔡国之君。

此外，公子归于本国，意味着回国即位，在《春秋》同样不乏例证，例如桓十一年经"突归于郑"，表示厉公突因祭仲之助而得位。② 崔适抗拒蔡季为君，无非是为了捍卫蔡季出奔后回国奔丧的叙事。前已述及，何休这方面的叙事，全无确据，实无可信之理。

分析到最后，崔适能拿得出手的凭据，仅有一条，就是"蔡季"称字为贤的预设，这是存在许多反证的主张，绝难证成蔡季必贤的结论。③ 明乎"贤而字之"之说的不可靠，在某种程度上已反证蔡季与"侮姨致寇、兵败被执"的蔡哀侯是同一个人，绝非不可思议的观点。最低限度，《穀梁》比较接近《左传》的历史叙事，远于何诘的虚构。

9. 有奉焉尔

"奉"意指帮助。除本例外，《穀梁》以"有奉"释"自"文（即"自 X 归/复归/入于 Y"）还有 5 例：

> [1]桓十七年："蔡季自陈归于蔡。"
> [2]僖二十八年："卫元咺自晋复归于卫。"
> [3]昭十三年："楚公子比自晋归于楚。"
> [4]昭二十一年："宋华亥、向宁、华定自陈入于宋南里以畔。"
> [5]定十一年："宋公之弟辰，及仲佗、石彄、公子地，自陈入于萧以叛。"

从上述 5 例可见，"有奉"都是指其人从 X 回 Y，而 X 提供了一些帮助。

"焉尔"相当于"焉耳"，用今语翻译，就是"而已"或"罢了"。④ 蔡季这次从陈国回到蔡国，得到陈国提供的一些帮助而已。在此，范宁的理解略

---

① 洪亮吉：《春秋左传诂》卷 1，页 21。
② 参阅本书第二章，页 311—24。
③ 参阅本书第二章，页 303—06。
④ 焦循《孟子正义》(卷 2，页 51)云："'焉耳'，当作'焉尔'。"又解"尽心焉耳"云："此言尽心焉尔者，犹云尽心于是矣。"这是把"焉耳"理解为仅止于此，相当于于今语的"而已"或"罢了"。

有误差。范注:"陈以力助。"①这是援《公》解《穀》。《公羊》僖二十九年传:"自者何? 有力焉者也。"②尽管《公羊》的"有力"与《穀梁》的"有奉"指代的都是某个国家的帮助,但鉴于"力"在《穀梁》中另有涵义,故范宁"以力助"的解释不合传义。"奉"意谓帮助,不宜解作"以力助"。

10. 小结

要认识《穀梁》"贤"的判断,必须清算各种来自《公羊》或其经师的意见。以字为贤,不是《穀梁》的主张。"蔡季"的"季"只能说明他是"贵者",从《穀梁》的视角来看,这意味着:

  I₁ 称字不是判断其人为贤的决定性证据。

因为字不蕴涵经文贤其人,所以像何休、陈立、柯劭忞那样相信蔡季必有可贤之事,实属多余。没有证据显示蔡季曾经让国。认定蔡季是贤者,而不相信他就是蔡侯献武,更是不合经传。

从《穀梁》的观点出发,若是找到蔡季得到蔡人拥立为君的证据,倒是可以从"得众"这一点上判断他是贤者,因为据《穀梁》的主张:

  J₁ 得众是判断其人为贤的决定性证据。

问题是,《穀梁》没有《左传》召蔡季回国的叙事,除了杜预以外,也没有其他人说蔡季得众,所以解读《穀梁》上述经传,是完全不必将之视作贤者。无论如何,让国不是贤蔡季的理由,也没有可信的证据显示他曾经让国或成为贤者。

(五)桓十七年经:"癸巳,葬蔡桓侯。"

《穀梁》无传。

1. 日葬

根据"日葬,故也,危不得葬也"的传例,经文记载蔡桓侯的下葬日期,意味着将有变故,《穀梁》没有详说是什么事,或有可能因为其继位者蔡哀侯被楚军虏获的缘故,但不见得因此批判蔡哀侯的"恶"。柯劭忞《传注》云:"日葬,哀侯献武恶,危之。"③其言似有错失。庄十年传:"蔡侯何以名

---

① 《穀梁注疏》卷4,页57。
② 《公羊注疏》卷12,页262。
③ 柯劭忞:《传注》卷2,页18。

也？绝之也。何为绝之？获也。"①这里主要是批判楚军擒获蔡哀公的不是，没有对之明白示恶。因献武被虏而释曰葬之故，是可以的；但从《穀梁》的观点出发，其实不必贬抑蔡哀侯之恶。

2. 称"侯"的猜想

《春秋》记载诸侯下葬，无论其人良窳，一律称之为"公"。此经"葬蔡桓侯"称"侯"，全经惟此一例，不知何故？三传皆未发传解释，后人有很多说法猜测其中原因，归纳起来，计有以下四种观点：

①认定蔡桓侯无子。洪亮吉《左传诂》引刘、贾、许之说："蔡侯无子，以弟承位，群臣无废主，社稷不乏祀，故传称'蔡人嘉之'，非贬所也。"②这个观点很有问题。说蔡桓公死而无子，但经中不乏国君无子而由弟继立之例，齐襄公死后由齐桓公登位，便是显例。庄九年经："秋，七月丁酉，葬齐襄公。"仍是惯常的称"公"而非称"侯"，可见刘、贾、许之说是经不起反例的检验，不宜信从。

②批判蔡国臣子失礼。范注引徐邈曰："葬者臣子之事，故书葬皆以公配谥。此称侯，盖蔡臣子失礼，故即其所称以示过。"③然而，没有证据可以显示蔡臣子如何"失礼"，徐邈以想象取代征实，殊不可信。此外，陆淳《纂例》引啖助曰："按《史记》《世本》《左氏传》，蔡之诸君皆谥为侯，经则皆称公者，以其私谥与僭同也，唯蔡桓称侯。"④啖助断言蔡国因知礼曾有请谥于王之事，故此断言蔡桓侯称本爵为侯做得正确。啖助同样滥用想象力的观点，但有一点是可取的，就是他参照其他史料，指出"侯"为蔡国君主的本谥；这一点，正能驳斥徐氏"失礼"之说。钟文烝《补注》据此说"知徐为不然矣"，⑤应无疑窦。话虽如此，啖助与徐邈一样，拿不出有力的论证，以确定臣子失国是导致称侯的原因。

③猜测经文错讹。杜注："称侯，盖谬误。"⑥这是怀疑经文讹"公"为"侯"，鉴于经文仅此一个孤证，杜预所言不能说毫无理据。但因没有文本证据支持，充其量也不过是一个合理的猜测而已。不过，这也没有必要过

---

① 《穀梁注疏》卷5，页75—76。
② 洪亮吉：《春秋左传诂》卷1，页21。
③ 《穀梁注疏》卷4，页57。
④ 陆淳：《春秋集传纂例》卷3，页420。
⑤ 钟文烝：《补注》卷4，页128。
⑥ 《左传正义》卷7，页209。

分怪责他的观点。崔适《复始》云:"此伪《左》所不敢道者,变本加厉至此。"①这是从《左传》伪造的谬误前提出发,进一步批判杜预破坏《春秋》,但从杜预以"盖"言之,足见他也不敢坚信"谬误"之论。合理的处理态度,该是慎言其余,钟文烝《补注》云:"此葬蔡桓侯,若是史文,当如杜说",又云:"今未敢定焉。"②这是承认杜预立言尚有一定的理据,远比崔适谩骂来得宽容可取。

④指责蔡桓侯不用贤弟。何诂:"称侯者,亦夺臣子辞也。有贤弟而不能任用,反疾害之而立献舞,国几并于蛮荆,故贤季抑桓称侯,所以起其事。"③《公羊》没有不用贤弟而贬"公"为"侯"的主张,何诂纯属臆测附会。称侯之说,是立足于蔡季为贤的主张;但《公羊》对之毫无说明,如上所述,何诂贤蔡季的叙事也不可信,以此解说蔡桓侯为何称"侯"而不称"公",实非的当。

这四个说法似乎都不够允当,或曲而难通,或泛而不切,略微比较合理的该是经文错讹的解释,但因无决定性证据,距离一锤定音还有漫长的路径,现在还是只能兼存诸说,莫衷一是。

3. 小结

这则经文跟上述经传一样,都是无法证成蔡季为让国的贤者。蔡季在经中的出现,是因为他在蔡宣公死后登上君位。只要撤除称字为贤的说法,就不可能找到他是贤者的迹象,更不要说从中找到让国可褒的事迹了。蔡桓侯的日葬和称侯,仍是令人费解的疑窦,但不意味蔡季因让国而贤是可信的说法。

三、司马子反

司马子反,亦称子鱼、目夷,宋国大夫。虽然《穀梁》对此人评述不多,但他有些传奇事迹却被后人视为让国的贤者。有关他的经传共3则:

(一)僖九年经:"春,王三月丁丑,宋公御说卒。"

《穀梁》无传。

1. 以《穀》解《公》之谬

御说,就是宋桓公,宋闵公之弟,在闵公被宋万弑后继立。按照"日卒

---

① 崔适:《春秋复始》卷20,页522。
② 钟文烝:《补注》卷4,页128。
③ 《公羊注疏》卷5,页109。

时葬"的传义,此经的死亡日期显示他的合法性没有问题。经中没有葬文,原因该是其子宋襄公背殡不葬,不是为了为宋襄公讳。《公羊》僖九年传:"何以不书葬?为襄公讳也。"何诂:"襄公背殡出会宰周公,有不子之恶,后有征齐忧中国尊周室之心,功足以除恶,故讳不书葬,使若非背殡也。"① 这个观点不能成立。《公羊》只说讳宋襄而没有葬文,其中是什么考虑,倒是没有明说。

何休所说的"背殡",其实是《穀梁》而非《公羊》的观点。僖九年经:"夏,公会宰周公、齐侯、宋子、卫侯、郑伯、许男、曹伯于葵丘。"经文书时意味事件实际上发生在该季的第一个月,② 僖九年的"夏"就是四月,上距宋桓公不过一个月,宋桓公显然还未安葬,而"宋子"出现在葵丘之会,已显示经文不讳宋襄之意。因此,何休不得不强调"功足以除恶"。但如其解,宋襄公之赴会,就是透过"功"与"恶"的衡量而得到辩护,其中实无讳言之意。然而《公羊》讲的是"为襄公讳",根本没有讨论宋襄公参与葵丘的是非得失,所以何休不过是结合《穀梁》"背殡"之说,而另作发挥。仅就《公羊》而言,"不书葬"的原因就是"为襄公讳",如此而已,其中没有触及葵丘之会;就《穀梁》而言,经文既已提及宋襄"背殡",又何必申述"不书葬"的缘由?何休援《穀》解《公》,似非通论。

2. "鲁不会"的不相干

另外需要指出,《春秋》没有葬文,与鲁国没有参加无关。杨疏:"《穀梁》既讥宋子,即不是为讳,盖鲁不会故也。"③ 杨士勋反对"为讳"之说,是针对《公羊》上述的错误观点。然而,猜测"鲁不会"是宋桓公不葬的理由,则是毫无凭据的臆测。《穀梁》不葬有各种各样的理由,④ 不必说得太死。僖九年传既已直文批判宋襄公"背殡",已反映宋桓公得不到正常的安葬,所以没有葬文也该据此理解,不必触及"鲁不会"的缘故。

3. 宋襄公和子鱼相互让国之事

《左传》记载司马子反(即子鱼)在宋桓公病逝前拒绝当时太子兹父(即后来的宋襄公)让国的请求。《左》僖八年传:"宋公疾,大子兹父固请曰:

---

① 《公羊注疏》卷11,页221。
② 参阅本章(页151—52)的讨论。
③ 《穀梁注疏》卷8,页125。
④ 参阅本书第二章(页277—79)的讨论。

'目夷长且仁,君其立之。'公命子鱼。子鱼辞曰:'能以国让,仁孰大焉?臣不及也,且又不顺。'遂走而退。"①《说苑·立节篇》也有类似的叙事,甚至提到兹父和目夷为了让国而相继逃到国外的情节,但它说目夷是"后妻子",②却未必可信,因为《左传》已说兹父为"大子",而目夷"长"。高士奇说目夷"非后妻子",③是正确的判断。无论如何,上述叙事在经中没有记载,而《穀梁》没有触及其中的是非,也没有颂扬或肯定司马子反让国的行为。

4. 小结

僖九经记载宋桓公的死亡日期,主要是揭示他的统治具有足够的政治合法性,也为批判宋襄公"背殡"预作背景铺设,基本上不谈及司马子反,更遑论他是否可嘉的让国贤者。

(二)僖二十一年经:"秋,宋公、楚子、陈侯、蔡侯、郑伯、许男、曹伯会于雩,执宋公以伐宋。"传:"以,重辞也。"④

宋襄公为了实现继齐桓公后领导诸侯的梦想,在雩与楚国盟会反遭被执。由于《公羊》据此经颂扬司马子反让国之事,故有必要细加剖析。

1. 以

《穀梁》对"以"有三种解释:

①"以者,不以者也","不以"是对"以"的否定,认为经文用"以"字,表示不应该如此的态度;

②"以者,内为志焉尔",是指"以"前的主体(即"内")是有意实践相关行动的一方;⑤

③"以,重辞也",是强调当事人非常重视相关事件发展的措词。经文一字多义,于此三解,皆不足为奇。对《穀梁》的解释,王树荣批判说:"范亦知传之自乱其例,而以'以有二义'回护之,矛盾之迹,终不可掩也。"⑥范宁解此传"重辞",举"不以者也"和"重辞也"而说"以有二义矣",

---

① 《左传正义》卷13,页353—54。
② 向宗鲁:《说苑校证》卷4,页80—81。
③ 高士奇:《左传纪事本末》卷35,页537。
④ 《穀梁注疏》卷9,页140。
⑤ 对"以"的这两种解释,参阅本书第三章,页451—52;第四章,页677—78。
⑥ 王树荣:《续穀梁废疾》卷1,页216。

这是漏举"内为志"一义。① 王氏不知范注之阙漏,刻意指控《穀梁》矛盾,其立足的前提却完全错误:为何对同一个字不能有超过一个涵义的解释?为何"二义"便是"矛盾"? 远的不说,《公羊》经师一字多解,屡见不鲜。何休解"以成宋乱"云:"加'以'者,辟直成乱也";解"以俟陈人、蔡人"云:"加'以'者,辟实俟";解"公以楚师伐齐,取穀"云:"言'以'者,行公意,别鲁兵也。"② 姑勿论何诂对"以"字的各种解释是否正确,但对"以"有不同的释义,却是清楚不过的事实。王树荣先不追究何诂,反以此漫骂《穀梁》,厚于责人而薄于责己,近怨显明。

2. 重辞

因为《穀梁》对此盟的批判是宋襄公而非"楚人",此传不采用"不以"之义;因为"宋公"既是内辞又是被执者,此传也用不上"内为志焉尔"的解释。据《穀梁》的解释,经文有两种"重辞":

① "乞"。《穀梁》以"乞者,重辞也"解释的经文,如"郑伯乞盟"(僖八年)、"公子遂如楚乞师"(僖二十六年)、"春,晋侯使郤锜来乞师"(成十三年)。

② "以"。"重辞"的"重",意谓当事人非常重视相关事件的发展,而非表明事情状况非常严重。"重"的主体,该是指宋人。也就是说,"重"是指"宋人重宋君",被伐的宋人重视被执的宋襄公,所以使用"重辞"。

3. 重≠这件事情非常严重

有关"重辞",周何译之为"表示这件事情非常严重的用语",③是不对的。为了理解"重"的涵义,试看以下二例:

> [1]昭五年经:"莒牟夷以牟娄及防兹来奔",传:"以地来,则何以书也?重地也。"
>
> [2]定七年经:"齐人执卫行人北宫结以侵卫",传:"以,重辞也。卫人重北宫结。"④

例[1]的"重",不是泛指情况严重,而是指跟事情相关的某些人重视它。像

---

① 《穀梁注疏》卷9,页140。
② 《公羊注疏》卷4,页73;卷7,页134;卷12,页254。
③ 周何:《新译》上册,页421。
④ 《穀梁注疏》卷17,页281;卷19,页325。

"重地",就是指鲁国重视牟夷带来的城邑。例[2]对"重辞"的解释,是认为有一些人对事件予以重视。"执宋公以伐宋"显然也是这样的情况。《穀梁》没有明言"重"的主体是谁,但以"卫人重北宫结"比拟,可以估计应是宋国内部的人;也就是说,大概是"宋人重宋公"的情况。尽管《穀梁》没有涉及司马子反摄立之事,但《公羊》的叙事在某程度上是印证了"重"为"重宋公"的解释。无论如何,"重"不能理解为"事情非常严重",其实周何对例[2]的解释也有问题:"用北宫结来侵伐卫国,使卫国无从抵抗,对人国家的羞辱可谓至极",①就是不准确的说法。定七年经随后记载"齐侯、卫侯盟于沙",这是北宫结伐卫的结果,算不上"至极"的"羞辱"。此外,这个解释与"事情非常严重"也不一致,由此可见周何对"重"的释义不够完备。

4. 危难时期的让国故事

《公羊》僖二十一年传:"宋公谓公子目夷曰:'子归守国矣。国,子之国也。吾不从子之言,以至乎此。'公子目夷复曰:'君虽不言国,国固臣之国也。'于是归,设守械而守国。"②

因为目夷(即司马子反)暂代君职,抵抗楚人来犯,事后迎宋襄公顺利归国。其中,宋襄公"子之国"的话语,尤其可以与《左》僖八年传兼容。陈立《义疏》云:"是目夷,襄公庶兄,本有让国之意,故公云尔。"③如果不是登位前曾有兄弟让国之事,宋襄公也不会这么吩咐目夷。

不管如何,上述叙事是《左传》与《穀梁》都没有记载的。崔适就此再次对《左传》发难,《复始》云:"《左氏》尽没目夷让国之高,窜入讥贬宋公之辞,两贤之誉,剥蚀殆尽,不成人之美也。"④这个指控不能成立。《左传》没有记载目夷守国的记载,不等于它有意抹煞目夷让国的事迹。《公羊》就没有记载子鱼推拒宋襄公让位的事情,若《左传》学者以相同的标准责问《公羊》为何没有这方面的叙事,那又如何?平情而言,二传各有取材,记述有异,没有什么奇怪,但像崔适那样断定《左传》没有《公羊》记载的叙事就等于存心毁经(他对《穀梁》亦是这样的持论),是绝对不能接受的。"贬宋公之辞"

---

① 周何:《新译》下册,页1094。
② 《公羊注疏》卷11,页243—44。
③ 陈立:《公羊义疏》卷33,页1256。
④ 崔适:《春秋复始》卷3,页396。

之辞，是指《左传》对宋襄公的负面叙事。有关宋襄公的问题，容许再谈，①在此仅说一点：这些叙事没有对宋襄公的歌颂，不意味《左传》故意诋毁宋襄公。崔氏"不成人之美"的指责，是不能成立的。

5. 两"宋公"之义

从崔适指控的徒劳，可以印证一个简单的道理：不理会《公羊》的叙事而直接诠释经文，也是可以的。鉴于这则经文没有提及司马子反，而《穀梁》也没有提及他的暂代君职之事，所以没有理由兼容《公羊》的叙事。仅就经文而言，宋襄公既是主盟者，又是被执者。两书"宋公"，是显示他由主盟而沦为被执的发展。

在此，不能说《穀梁》寓有褒扬司马子反摄立以拒楚的意蕴。廖平《古义疏》云："主书者，善宋立君以拒楚。"②前已述及，认为司马子反暂立以拒楚，是《公羊》的叙事。《穀梁》没有这方面的观点，也看不见"主书"与此有何关系。"立君以拒楚"，完全不合传义。廖平以《公》易《穀》，岂理也哉？

6. 楚子

僖公时期对楚国君主的惯常称呼，是"楚人"而非"楚子"。此经是当时惟一称子的记载。王崇燕《纠谬》云："三国皆君，称人贬之也。"③此说有待检查。僖二十一年经："宋人、齐人、楚人盟于鹿上。"此称"楚人"，有别于盂之会称"楚子"。《春秋》自僖元年起，至文十年"楚子、蔡侯次于厥貉"止，经文皆称"楚人"，而盂之会称"楚子"实是惟一的孤例。"楚子"称爵，是要凸显折服宋襄公的人是楚成王而非其他人，是针对盂之盟的特别笔法。以此反证，鹿上之盟的"楚人"实是经文的常辞，难说其中特笔寄贬。《公羊》僖二十一年传："此楚子也，其称人何？贬。曷为贬？为执宋公贬。"④王崇燕称人为贬的观点，似有沿承《公羊》之嫌，不宜接受。

之所以称"楚子"而非"楚人"，是为了交代宋襄公邀请赴会的是楚成王，而非其他人。焦袁熹《春秋阙如编》云："书楚子者，欲见宋致其君，乃招执辱，自余即复以书人为平文，无关予夺之义也。"⑤此解是自《穀梁》僖二

---

① 参阅本书第三章，页 515—71。
② 廖平：《古义疏》卷 4，页 277。
③ 王崇燕：《纠谬》卷 5，页 295。
④ 《公羊注疏》卷 11，页 243。
⑤ 焦袁熹：《春秋阙如编》卷 5，页 844。

十二年传"致楚成王"①的记载转手发挥而来,言之成理。钟文烝采纳其说,②别具慧眼。

7. 执宋襄无贬

联系到僖二十一年下文记载"楚人使宜申来献捷",执宋襄公的人是楚成王,不言自喻;③如下所述,僖二十二年传亦明言"成王怒而执之",④可见《穀梁》亦知道楚成王是导致宋襄被执的主角。传文没有交代楚成王为何发怒,据《史记·楚世家》的叙述,宋襄公筹备盟会而召楚,惹恼了楚成王:"楚王怒曰:'召我,我将好往袭辱之。'遂行,至盂,遂执辱宋公。"⑤可见,召楚成王是激怒他的主因,其中没有交代进一步的细节,但大体上说,以上叙事可以与《穀梁》兼容。

楚成王的心理情绪,相对而言,不算是问题的关键。盟会涉及楚、陈、蔡、郑、许、曹六国之君,经文又不明说"执"的主体,既非以人称,亦非以爵称,实属诸侯同执之辞。这跟"楚子"与盟的称谓一样,实无明确的褒贬。庄十七年经:"齐人执郑詹",传:"以人执,与之辞也。"⑥不以人称执宋襄的主体,已意味《穀梁》不认为经文肯定执的做法。僖二十八年经:"晋侯执曹伯",传:"以晋侯而斥执曹伯,恶晋侯也。"⑦由此反证,不言"楚子"为"执"的主体,显示经文亦无明确贬恶楚成王之意。

8. "为贤讳"之谬

因此,不能说经文贬夷狄执中国。然而,廖平却有不一样的解释,《古义疏》云:"晋执伐,讳。以此不讳者晋伯,为贤讳。此夷狄,故著其恶,不讳。"⑧此说纰缪分明。晋文公不是《穀梁》认可的贤者,传文也没有因晋伯而为贤讳的主张。僖二十八年经:"晋人执卫侯归之于京师",经文明言其事,哪有"晋执伐"而"讳"?为晋文公讳,是《公羊》而非《穀梁》的主张。⑨

---

① 《穀梁注疏》卷9,页141。
② 钟文烝:《补注》卷11,页316。
③ 有关这则经文的解释,参阅本书第三章,页515—17。
④ 《穀梁注疏》卷9,页141。
⑤ 《史记》卷40,页2048—49。
⑥ 《穀梁注疏》卷5,页80。
⑦ 《穀梁注疏》卷9,页148。
⑧ 廖平:《古义疏》卷4,页277。
⑨ 参阅本书第二章,页244—45。

廖平援《公》解《穀》,是有毛病的。本书第三章将会指出,《穀梁》认为经文批判"致楚成王"的错误,没有著夷狄之恶。柯劭忞《传注》云:"经为诸侯同执之辞,故不发夷狄执中国之义。"①此解远胜廖疏,可以信从。

9. 鲁隐公与目夷的不可比

无论如何,在《左》《公》二传笔下的描述,子反是一个不贪图君位的人,始终以臣下自居。若以让国的行为而言,他是从未正式登位,迥异于已登君位而又谋求让渡的鲁隐公、宋宣公、宋缪公。杨树达说鲁隐公和目夷都是"权立",②只及其同而不及其异,很不准确。按《公羊》的说法,《春秋》不书隐公即位,是"成公意",不等于隐公没有即位为君;目夷仅是"设守械而守国",③怎样看也不像是正式的君主。

10. 小结

《穀梁》以"重辞"释"以",仅指出当时被楚军攻伐的宋人重视被执的宋襄公。这跟《公羊》有关目夷守国的叙事,在某程度上也不无兼容之处。须知道,《公羊》歌颂目夷的重点,是以目夷为首的宋人没有离弃宋襄公,一直努力让他从楚成王手中得以释放回国;而《公羊》所说的"让国",不外是《穀梁》的"重"的一种表现。二传的差别,在于《公羊》极力颂扬目夷的让国,而《穀梁》根本没有提及。司马子反从未在经文中出现,从释经的基本要求说,《穀梁》没有提及他的让国,绝不能说是错误。

(三)僖二十二年经:"冬,十有一月己巳,朔,宋公及楚人战于泓,宋师败绩。"传:"……司马子反曰:'楚众我少,鼓险而击之,胜无幸焉。'襄公曰:'君子不推人危,不攻人厄,须其出。'既出。旍乱于上,陈乱于下。子反曰:'楚众我少,击之,胜无幸焉。'襄公曰:'不鼓不成列,须其成列。'而后击之,则众败而身伤焉,七月而死。"④

这则经传涉及泓之战的开打,其中有关"道"和"势"等问题,相当复杂,非本书所能涵盖;另外有关宋襄公自取其辱的来龙去脉,将在第三章详述,于此不赘。

---

① 柯劭忞:《传注》卷7,页4。
② 杨树达:《春秋大义述》卷3,页120。
③ 《公羊注疏》卷1,页10;卷11,页244。
④ 《穀梁注疏》卷9,页141。

1. 尽忠献言的情节

上述摘录的引文,是《穀梁》全传惟一提及司马子反的地方,其中记录了子反在泓之战的反复献言,但宋襄公不纳其策,终致惨败。阅读传文,人们只知子反是敢于献言的臣子,其中没有触及他是否让国的问题。

在《穀梁》笔下,宋襄公是一个极度负面的政治人物,而司马子反对其错误的规谏,在很大程度上算是正面角色的存在。但要注意,泓之战和其他场合都没有展示司马子反作为贤者的条件。

2. 小结

自始至终,司马子反都没有正式占有过宋国的君位。如《左传》所说,他和宋襄公在宋桓公死前相互推让君位;如《公羊》所说,他在宋襄公被楚人捉拿后"守国"。真要把他纳入让国者之列,那就必须预先承认他和鲁隐公、宋宣公绝非相同类型的人。鲁隐、宋宣都是已经在位的现任君主,而司马子反则是有条件占有而尚未占有。也就是说,让国者至少有两种:

X_a　已占有君位的让国者。

X_b　尚未但有可能占有君位的让国者。

读者阅读《公羊》,大概只看见鲁隐公和目夷同样是让国者,却很难理会 X_a 和 X_b 的区别。相比之下,《穀梁》只谈鲁隐公的让国,没有把司马子反也算是让国者,仅是刻画他对宋襄公尽忠献言的情节,在很大程度上是把握他们二人的基本差别。无论如何,《穀梁》不曾认为司马子反是贤者,也没有提及让国与称贤有什么关系。

四、叔武

传文没有正面讨论此人,但有学者以为他是《穀梁》褒扬的让国者,有必要审视其中究竟。相关的经传共有 7 则:

(一)僖二十八年经:"卫侯出奔楚。"

《穀梁》无传。

"卫侯",即楚成公郑。《春秋》凡言"出奔",意谓外出流亡到投奔另一国家去。① 因为楚成公在城濮之战中支持楚国,随着晋文公在城濮一役击败楚军,他也随之失势,不得不出奔到楚国。这次出奔,也导致叔武继位的

---

① 有关"出奔"涵义的进一步剖析,参阅本书第二章,页 218—20、324—30;第四章,页 710—16、765—68、803—09。

变故。

（二）僖二十八年经："五月癸丑，公会晋侯、齐侯、宋公、蔡侯、郑伯、卫子、莒子，盟于践土。"传："讳会天王也。"①

践土之盟，是晋文公在城濮战后召开的胜利大会。此经记载盟会的召开，其中"卫子"的称呼尤其引人瞩目。

1. 卫君称子的惯常情况

《穀梁》此传，仅是强调经文带有讳义，避言周襄王参与的尴尬，没有解释"卫子"的称呼。

周代中原国家的诸侯，通常有两套称呼：一是"伯""子"等族内嫡长子或宗子的称呼，另一是"公""侯"等受命于周王的爵号。②《春秋》记载诸侯之名，大多是采用后者。卫国是姬姓大国，不比未爵命的小国，通常都是称侯或称公。与其他大国君主一样，卫国君主称子，一般是发生在先君初逝之时。例如，僖二十五年经先言"葬卫文公"，后言"冬，十有二月癸亥，公会卫子、莒庆盟于洮"。后者的"卫子"就是城濮战后出奔的卫成公，他在卫文公葬后仍称子，据钟文烝的解释，就是因为"未逾年故也"。③据"称子未葬"的传义，一般称公、称侯或称伯的诸侯遇有先君甫薨的状况，经文对继立的嗣君不爵称子。

2. 国人的拥护

在此经之前，《春秋》明言"卫侯出奔楚"，显示实情不是先君离世，而是在位的卫成公流亡出国。叔武称子，有别于其他服丧的新君。因此，必须从其他原因解释称子的所以然。按照"国人不子"的传义，《穀梁》相信国人若不承认其君的合法性，是可能采用其他笔法，如"其君之子"（僖九年）之例。④ 这是一个值得参考的意见。称子，在《穀梁》看来，除了宗子等待嗣位的意义外，还有国人子之涵义。叔武在卫成公流亡期间，得到国人拥护而即位，故称"卫人"；如果不是国人的支持，经文其实可以仿照"其君之子"的措辞，以"其君之弟"称叔武。由此推知，此经"卫子"已蕴涵叔武没有

---

① 《穀梁注疏》卷9，页148—49。
② 诸侯的二重称呼，现已被出土的青铜器铭所印证，参阅李若晖：《久旷大仪：汉代儒学政制研究》，页18。
③ 钟文烝：《补注》卷11，页327。
④ "国人不子"的主张，参阅本书第二章，页225—31。

"国人不子"的问题。当然,叔武作为"卫人",只能说明它不是"国人不子",不等于他具有取代卫成公的合法性。对此,下文将有进一步的说明。

3. "非王命所加"之谬

因为不从"国人不子"反向推理,范宁找不到"卫子"的缘故,故强作解释,认为原因在于叔武没有王命。范注:"卫称子者,时卫侯出奔,国更立君,非王命所加,未成君,故曰子。"① 这是暗袭杜预"非王命所加,从未成君之礼,故称子"的主张,② 非《穀梁》本义。杜、范所言,实不可取,诚如王崇燕所诘,"使王命所加,则可曰侯乎?"③ 范宁以王命之有无,作为称子抑或称侯的根据,殊非确诂。

4. 以《公》解《穀》之谬

另须澄清的是,称子也不是因为显示叔武不想即位的想法。《公羊》没有解说"卫子"的笔法,何诂:"卫称子者,起叔武本无即位之意。"④ 这一见解,直接影响许多《穀梁》学者的判断。廖平《古义疏》云:"称子者,明君有绝道,已无立志也。"⑤ 柯劭忞《传注》:"践土之盟称子,以著其贤。"⑥ 王崇燕《纠谬》云:"子者,起武无主志。"⑦

廖、柯、王三人的观点,皆不可信。《公羊》自身也没有透过称子而暗示其人不想即位的主张。在新君称子的用辞上,《公羊》主要是围绕先君葬礼而立言,例如《公羊》庄三十二年传"既葬称子"之类。⑧ 因此,何休之说,放在《公羊》也不见得必无疑问;以此解读《穀梁》,自然不通,毋待赘述。

5. 小结

《穀梁》不曾因叔武让国而视之为贤者,这是《公羊》的主张。从《穀梁》的进路上看,叔武若要算是贤者,应该要从"国人不子"的传义反向推理。奚齐称"其君之子"是"国人不子"的缘故,而叔武则有"卫子"之称,在某种程度上似乎可以视作国人不是"不子"的证据。但要注意,这一诠释结论即

---

① 《穀梁注疏》卷9,页148—49。
② 《左传正义》卷16,页440。
③ 王崇燕:《纠谬》卷5,页296。
④ 《公羊注疏》卷12,页258。
⑤ 廖平:《古义疏》卷4,页297。
⑥ 柯劭忞:《传注》卷7,页12。
⑦ 王崇燕:《纠谬》卷5,页296。
⑧ 《公羊注疏》卷9,页188。

使成立,也意味叔武的"贤"是因为他能够"得众"(参阅 J_1),不是因为让国。

(三)僖二十八年经:"六月,卫侯郑自楚复归于卫。"传:"自楚,楚有奉焉尔。复者,复中国也。归者,归其所也。郑之名,失国也。"①

这是交代卫成公复辟之事,其中涉及他的统治合法性和叔武的定位。

1. 楚有奉

如上所述,根据《穀梁》对"有奉"的解释,在"自 X 复归于 Y"的句式中,"自 X"是回到自己国家,并且得到 X 的一些帮助。卫成公自楚国回到卫国,此传认为他得到楚国提供的援助。

对此,柯劭忞另有他解,《传注》云:"楚有奉,谓卫侯有奉楚之心,犹言倚楚也,非楚奉之。卫侯奉楚,元咺奉晋。其实晋执卫侯,楚不问;卫杀元咺,晋亦不问也。然经必言其自某者,著其倚夷狄、背中国,倚伯主、抗君之罪。"②这是把"有奉"的主辞由楚变成卫成公,文法顺逆不相承,非属辞之宜。柯劭忞对这一问题虽是如此确信不移,但他所选择的案例,除本例外,仅有僖二十八年"卫元咺自晋复归于卫",《穀梁》对此解释说:"自晋,晋有奉焉尔。"③沿用帮助之义,同样可以解释"晋有奉"的传文。而且,柯劭忞把"有奉"概括为"倚夷狄、背中国,倚伯主、抗君"的意涵,也是不全面的。"自 X 归/复归/入于 Y"这一句式,共有 5 例,④柯劭忞还有 4 例没有处理,像桓十七年经"蔡季自陈归国",就不能说他倚夷狄或倚伯主。

此外,柯劭忞解"奉"为"倚",很可能因为他看见卫惠公被执和元咺被杀,皆没有得到楚、晋两国营救,所以不觉得"奉"意谓帮助。但这样的理解大可不必,因为"有奉"意谓的仅是流亡者顺利归国而得到的帮助,不意味其人在归国后继续得到该国可靠的政治助力,像楚公子比,昭十三年传:"自晋,晋有奉焉尔。"⑤公子比在回楚途中被公子弃疾胁制为王,逼死楚灵王后又被公子弃疾狡计害死,他绝不是倚仗晋国力量对付楚灵王,而他从晋国所获得的帮助也不能使他免于横死的厄运。由这一事例来作类推,卫成公自楚返卫,他从楚国所得的助力也不过是确保他顺利归国;不能反过

---

① 《穀梁注疏》卷 9,页 149。
② 柯劭忞:《传注》卷 7,页 13。
③ 《穀梁注疏》卷 9,页 150。
④ 这 5 例,参阅本章页 78。
⑤ 《穀梁注疏》卷 17,页 292。

来从他后来遭到晋国拘执而认定他未得到楚国的援助。

2."为天子讳"之谬

"楚有奉"意味楚国提供了援助,如此而已。是什么援助?援助力度有多大?不清楚。可以确定的是,"自楚"是实指楚国,不能说其他人或国家帮助卫成公。然而,何休认为帮助的人是周襄王。何诂:"言复归者,天子有命归之。名者,刺天子归有罪也。言自楚者,为天子讳也。……卫侯出奔当绝,叔武让国,不当复废,而反卫侯令杀叔武,故使若从楚归者。"①按照这个解释,"自楚"全是讳辞,使卫成公归国并且导致叔武被杀,真正的主导者当推周襄王,但经传并无相关叙事足以证明这一点。《公羊》未尝追究周襄王的罪责,仅说:"卫之祸,文公为之也。"②何诂的猜测,没有凭据。

3."晋文实复"之谬

此外,认为晋文公让卫成公回国,也不可信。陈傅良《春秋后传》云:"君归不言自,必大夫也而后言自。人臣无专归之道也,君而言自者,危不得归也。是故晋文实复卫侯而曰自楚,危自楚也。"③这个说法,尝试调和"自楚"的经文与《左传》的记载。《左》僖二十八年传:"六月,晋人复卫侯。"杜注:"晋人感叔武之贤而复卫侯。"④杜预"晋人"之说,未必可靠。《左传》的叙事与经文常有不合,纵然另有所本,也不能据此否定经文"自楚"的记载。更重要的是,杜预似有暗袭《公羊》贤叔武之嫌,想象多于征实,如刘敞《权衡》之疑,"传无晋人感叔武之语,杜氏何由知之乎?"⑤陈傅良没有正视杜注的漏洞而自行衍义,似乎不够谨慎。

4."中国"的涵义

《穀梁》言"中国"共31例:

[1] 桓二年传:"名从主人,物从<u>中国</u>。"

[2] 庄十年传:"<u>中国</u>不言败;此其言败,何也?<u>中国</u>不言败,蔡侯其见获乎。"

[3] 僖二年传:"<u>中国</u>称齐、宋,远国称江、黄。"

---

① 《公羊注疏》卷12,页259。
② 《公羊注疏》卷12,页261。
③ 陈傅良:《春秋后传》卷5,页647。
④ 《左传正义》卷16,页441。
⑤ 刘敞:《春秋权衡》卷4,页214。

[4]僖二十七年传:"不正其信夷狄而伐中国也。"
[5]僖二十八年传"卫侯郑自楚复归于卫"下:"复者,复中国也。"
[6]同年传:"卫元咺自晋复归于卫"下:"复者,复中国也。"
[7]同年传:"曹伯襄复归于曹"下:"复者,复中国也。"
[8]文十一年传:"弟兄三人,佚害中国。"
[9]宣十一年传:"不使夷狄为中国也。"
[10]宣十五年传:"中国谨日,卑国月,夷狄不日。"
[11]成九年传:"莒虽夷狄,犹中国也。"
[12]成十二年传:"中国与夷狄不言战,皆曰败之。"
[13]襄二年传:"若言中国焉,内郑也。"
[14]襄五年传:"号从中国,名从主人。"
[15]襄六年传:"中国日,卑国月,夷狄时。缯,中国也。"
[16]襄七年传:"郑伯将会中国,其臣欲从楚,……不使夷狄之民加乎中国之君也。"
[17]襄十年传:"不以中国从夷狄也。"
[18]同年传:"存中国也。中国有善事则并焉,……致柤之会,存中国也。"
[19]襄三十年传:"中国不侵伐夷狄,夷狄不入,中国无侵伐八年。"
[20]昭元年传:"中国曰大原,夷狄曰大卤。号从中国,名从主人。"
[21]昭五年传:"号从中国,名从主人。"
[22]昭十一年传:"夷狄之君,诱中国之君而杀之。"
[23]昭十二年传:"不正其与夷狄交伐中国,故狄称之也。"
[24]昭十七年传:"中国与夷狄亦曰败。"
[25]昭二十三年传:"中国不言败;此其言败,何也?中国不败。"
[26]昭二十五年传:"来者,来中国也。"
[27]昭三十年传:"中国不存公,存公故也。"
[28]定四年传:"吴信中国,而攘夷狄,吴进矣。其信中国而攘夷狄奈何?……君若有忧中国之心,则若此时可矣。"
[29]哀四年传:"辟中国之正道以袭利,谓之盗。"
[30]哀十三年传:"累累致小国以会诸侯,以合乎中国。"

[31]哀十四年传:"其不言来,不外麟于中国也。其不言有,不使麟不恒于中国也。"①

以上 31 例,仅有例[5]、[6]、[7]三则可以解作"国中",其余 28 则都可以解作中原国家。

为何[5]、[6]、[7]的"中国"不是意谓更常见的中原国家?对比可知,这 3 例都是涉及"复归"的释义,《榖梁》对 3 例的解释同样是"复者,复中国也";而其余 28 例不是。这一差别,导致这 3 例的"中国"该解作"国中",而非中原国家。范宁解"中国"为"国中",②非常正确。

5."中国"≠"中外异辞大例"

可是,王崇燕不予赞同,认为"中国为中外异辞大例",批判范注是"就易之法"。③ 这一批判实不可取。训"中国"为"国中"这样倒逆文辞的解读,古汉语有例可寻,④不能说"中国"必然意指中原国家,不能有别的解释。需要再三强调的是,不能孤立地观察例[5]、[6]、[7]的"中国",而是要将之一并考虑。如果"中国"意谓中原国家,那么所"自"之国必是夷狄。其中,只有例[5]所解的经文(即"自楚复归于卫")可以说是这样的情况,而例[6]的"自晋复归于卫"和例[7]的"曹伯襄复归于曹"都不能这样说。例[7]虽不言所"自"之地,但僖二十八年经:"晋侯入曹,执曹伯,畀宋人",足以证明曹伯归曹之前是落在宋人手中。晋国是姬姓国家,而宋国是王者之后,没有理由说它们是夷狄之国,所以元咺和曹伯的"复"都不能说是回到中原国家。要确定"中国"的涵义,必须紧扣经文"复归"的用例。例[5]、[6]、[7]所讨论的经文,皆言"复归",这是有别于其他"中国"用例的最大差别。经文"复归"之语,除此 3 例,亦有桓十五年"郑世子忽复归于郑"和襄二十六年"卫侯衎复归于卫"2 例。郑忽出奔之地是卫国,卫衎则是齐国,都不能将他们的复归理解为回到中原国家。除"复归"外,"复入"亦是如此。成十八年"宋鱼石复入于彭城"和襄二十三年"晋栾盈复入于晋"的"复入"亦

---

① 《榖梁注疏》卷 3,页 36;卷 5,页 76;卷 7,页 110;卷 9,页 147、149—50;卷 11,页 174;卷 12,页 201、203;卷 14,页 226、229—30;卷 15,页 244、246、248—49、252—53;卷 16,页 275;卷 17,页 277、281、288、291;卷 18,页 298、303、306、310;卷 19,页 321、323;卷 20,页 341、350、352。
② 《榖梁注疏》卷 9,页 149。
③ 王崇燕:《纠谬》卷 5,页 296。
④ 这方面的举例,参阅钟文烝:《补注》卷 12,页 339。

不能理解为回到中原国家。综合上述，以"复"言"中国"，"中国"实不能解为中原国家，应该按范注解作"国中"为宜。

6."与楚无异"之谬

与王崇燕一样，廖平同样尝试解"中国"为中原国家，但他另有不同的理据。《古义疏》云："晋入人国，执其君以助其臣，制人之上下，与楚无异。"①这是批判晋文公助元咺拘执卫成公，认为这些行为类似夷狄，与楚国没有差别，从而断言"中国"乃是对比于夷狄的中原国家的意思。不过，此说似又不通。"制人之上下"是宣十一年传解读"楚子入陈"之语，②而记载卫成公被执的经文是"晋人执卫侯"，这两则经文的用语不同：一称人，一称执，又有称子与称人的差别，两者不能等量齐观。下文将会指出，晋文公称人，是因为捉拿卫成公是禀承周王之命，迥异于楚庄王入陈的做法。此外，廖平对曹伯的问题没有正面解说，《古义疏》云："据以上二'复'字如此解。"③他对卫成公的解说既不成功，自也没有理由把曹伯的"复归"理解为由夷狄回到中原国家。廖平的漏洞可以反证例[5]、[6]、[7]的"中国"，都不可能从"中原国家"的解释得到达诂。

7. 复中国

"复"意谓回到，而非复辟。"复中国"就是说卫成公回到国中。周何虽接受范注"国中"之训，却译"复中国"为"恢复了在国中原有的权位"，④增字解读，实有不妥。"复"字在《穀梁》可以译作回归、报复、再次等意思，但没有复辟之义。此传下文已有"归其所"的主张，若"复中国"解作恢复原有权位之义，则"归其所"变成重复已说过的话，文理不顺。

8. 归其所

"其所"之"所"，带有"处"义，若作动作解，意谓处置；⑤若是名词解，意

---

① 廖平：《古义疏》卷4，页303。
② 《穀梁注疏》卷12，页201。
③ 廖平：《古义疏》卷4，页303。
④ 周何：《新译》上册，页457。
⑤ 郑注（卷16，页429—30）解《尚书·无逸篇》"君子所其无逸"和郑笺（卷20，页2151）解《诗·殷武篇》"有截其所"，同云："所，犹处也。"杜解（卷2，页53）不知"所"有"处"义，因此解《左》隐元年传"不如早为之所"为"使得其所宜"，实是增"宜"解"所"，不合古义，俞樾《群经平议》（卷25，页398）纠正甚是。

谓处所。① 除本节讨论的 2 例外，《穀梁》"其所"的名词义还有以下 6 例：

>[1]庄十二年传："失国，喜得其所。"
>[2]僖八年传："处其所而请与也。"
>[3]僖二十四年传："居者，居其所也。"
>[4]僖二十八年传："言所者，非其所也。"
>[5]成二年传："于是而后公得其所也。……以公得其所，申其事也。"
>[6]成八年传："以伯姬之不得其所，故尽其事也。"②

这些例子说明，"其所"或是指当事人所处的处所，或是指他该居而尚未居的处所，都是关乎其人的处所是否合适。此传的"归其所"，就是说卫成公回到自己的场所，亦即卫国的君位。

9. 郑之名

"郑"是卫成公的名字。有关"名"或"其名"，除本例外，《穀梁》还有 3 例：

>[1]桓七年经："穀伯绥来朝，邓侯吾离来朝"，传："其名，何也？失国也。"
>[2]桓十一年经："郑忽出奔卫"，传："其名，失国也。"
>[3]哀八年经："归邾子益于邾"，传："益之名，失国也。"③

据此可知，鲁国以外的诸侯生前流亡出国而记录其名，都是意味其人失国。此经记录卫成公的名字，说明他亦是失国。

10. 叔武即位是三传共同承认的事实

读上一则经文"卫子"的记载可知，参与践土盟会的叔武已经即位。这一点，不仅是《穀梁》所承认，而且三传的认识大抵也是相同的。然而，崔适《复始》云："名以国氏，八国同文，皆君称也，则是叔武立为卫君。"又云："以叔武未尝立也，不独违经，自为之说，亦不可通。"④

这个驳议，是针对《左传》而来。《左》僖二十八年传："或诉元咺于卫侯

---

① 《诗·魏风·硕鼠》（卷 5，页 525）云："乐土乐土，爰得我所。"《庄子·庚桑楚》（卷 8，页 780）引老子曰："子自楚之所来乎？"二文的"所"字，皆是解作处所。
② 《穀梁注疏》卷 5，页 76；卷 8，页 121；卷 9，页 144、149；卷 13，页 215、224。
③ 《穀梁注疏》卷 3，页 44；卷 4，页 50；卷 20，页 345。
④ 崔适：《春秋复始》卷 3，页 397。

曰:'立叔武矣。'"① 这里记载有人向卫成公所说的诬告之辞,不能说《左传》由此主张叔武不即位的观点。崔适以为《左传》故意抹煞让国贤者,以此批驳《左传》"以叔武未尝立",不过是出于偏见,不合实际。《左》定四年传:"晋文公为践土之盟,卫成公不在,夷叔,其母弟也,犹先蔡。其载书云:'王若曰,晋重、鲁申、卫武、蔡甲午、郑捷、齐潘、宋王臣、莒期。'"②崔适据此提出"叔武立为卫君"之说,结合他所引录的《左》僖二十八年传的叙事,无非是要证明《左传》自相矛盾。但如上所述,《左传》不曾否定叔武曾经暂代卫国君主的史实。崔氏上述驳议,全是捕风捉影。

11. 失国

三传皆认为叔武已经即位,所以卫国君主曾经易手,是不言而喻的事实。这也意味卫成公曾经丧失君位。对此,《穀梁》虽然没有提及叔武,但显然知悉叔武曾经即位,故导致卫成公"失国"。"失国"的"国",在字眼意思上,意谓国家,主要是指君位。"失国"是失去他的君位,不是失去国土或民心。

周何把失国分为两种情况:一是"失去国土",另一是"大失人心"。③这是有问题的。失国土之说,来自范注"诸侯不生名,失地则名"的主张。④其中,沿用《曲礼》之文。⑤ 失地与失国,在许多时候是同一回事,但《穀梁》对"国""地"二字的使用从不混淆,若以"失国"的"国"解作"国土",很容易以为失国者不是真的失去国家,尚未丧失君位。但如上所述,《穀梁》笔下的"失国",国君都是流亡在外,实无人仍在位,仅丧失国土的情况。周何对"大失人心"的举证是"卫侯毁灭邢"称名,以此证卫成公"失国"。⑥ 但僖二十五年传:"不正其伐本而灭同姓也。"⑦这跟"失国"毫无关系。有关丧失民心的问题,《穀梁》的用辞其实不是"失国",而是"失民",⑧这与"失国"是两个不同的概念。

---

① 《左传正义》卷16,页454。
② 《左传正义》卷54,页1551—52。
③ 周何:《新译》上册,页457。
④ 《穀梁注疏》卷3,页44。
⑤ 《礼记正义》卷5,页150。
⑥ 周何:《新译》上册,页457。
⑦ 《穀梁注疏》卷9,页144。
⑧ 例如批判宋襄公"失民"云云,参阅本书第二章,页245。

12. "失国"≠"以其杀叔武罪之"

《公羊》对叔武的褒扬,实非《穀梁》所能容受。《公羊》僖二十八年传:"叔武辞立而他人立,则恐卫侯之不得反也,故于是己立。"①据此,叔武是让国的贤者,完全是因为害怕卫成公不能返国而即位。《穀梁》既无相似的叙事,也没有查寻叔武心里有什么想法——或者说,这样的问题其实并不真正重要:"卫子"的存在,意味着君位已被他人占据!这一点,正是界定卫成公失国的充足条件。传文只是着眼于"失国"的判断,不涉及叔武有没有让国之心。

廖平《古义疏》解释"失国"云:"以其杀叔武罪之,与郑忽同。"②此说存在舛逆。桓十一年传:"其名,失国也。"③郑忽失国,是由于君位已被突所夺取,④情形犹如叔武在位而致使卫成公失国。此外,郑忽没有类似杀叔武的罪行,卫成公也不是杀叔武才失国。廖平认定经文因为卫成公杀叔武而罪之,暗袭《公羊》之说,《穀梁》实无此义。

13. 小结

卫成公回国复位,直接导致叔武遇害。叔武在位与卫成公失国,二者密切相关。从《穀梁》的思路出发,叔武即使是贤者,也可能是因为他的"得众",而"得众"不等于"正",像卫宣公同样也是得到国人拥立,是"贤"不是"正"。⑤ 这与《公羊》完全是不同的立论方向:依照《公羊》之说,叔武仍占君位而甘愿让给卫成公,是可以称道的让国贤者,但依照《穀梁》之说,仍有不一样的认识。不管叔武是否有继续占据君位的想法,他在君位的事实,已见证原来的在位者已经"失国"。因此,纵使承认《公羊》之说,叔武也许怀有让国的想法,但这一想法之存在,已先在地预设合法性争议的存在。因此,从《穀梁》"失国"的主张,可以反观《公羊》贤叔武而又未及申述的一些要点。更确切地说,把叔武算作让国者,而不问他和其他让国者的差别,是容易引起疑惑的思路。就这一点,只要比较司马子反(目夷)与叔武的不同,便即了然。同样是让国者,二人是否曾经即位却造成明显的差别,他们

---

① 《公羊注疏》卷12,页261。
② 廖平:《古义疏》卷4,页299。
③ 《穀梁注疏》卷4,页50。
④ 参阅本书第二章,页324—28。
⑤ 卫宣公的问题,参阅本书第四章,页610—18。

分别是：

    X_b　尚未但有可能占有君位的让国者。

    X_c　已占有但有可能放弃君位的让国者。

司马子反不曾即位，而叔武却是"卫子"，二者不能一视同仁。司马子反不会产生合法性的争议，而叔武成为"卫子"却是标志着卫成公的"失国"。可以说，这是再一次见证让国与合法性争议存在潜在的关连性（参阅 G_1）。

（四）僖二十八年经："晋人执卫侯归之于京师。"传："此入而执；其不言入，何也？不外王命于卫也。归之于京师，缓辞也；断在京师也。"①

这是交代回国后的卫成公被晋文公捉拿一事，而卫成公之所以被执，完全是因为叔武之死，故有必要了解其中的内情。

1."晋人"作为"执"的主体

"晋人"即晋文公。"人"是卑辞，但称人不一定寓有贬意。湛若水《春秋正传》云："执其君以归之于京师，使若断在京师，然则文公之谲亦可见矣。"②比照可知，这是把《穀梁》"断在京师"的观点，改易为"使若断在京师"。认定晋侯称人为"贬"，这个观点大概是受到《公羊》僖二十八年传的影响。③ 但经文对"人"的解释，多种多样。④ 从《穀梁》来说，没有理由认定晋文公的行动不符合王命，更没有理由断言凡称人者必贬。至少，根据"以人执，与之辞"的传义，⑤晋文公捉拿卫成公，是可以允许的，因为他是奉周襄王之命行事，所以经文没有"人"辞示恶。

2."执卫侯"不载地点

此传没有交代晋文公在哪儿捉拿卫成公。但结合上文"复归于卫"的记载，卫成公显然是在卫被执。经文没有交代捉拿的地点，《穀梁》对这种修辞已有解说。僖五年经："晋人执虞公"，传："执不言所于地，缊于晋也。"范注："时虞已包裹属于晋，故虽在虞，执而不书其处。"⑥晋国离间虢、虞二国，使虞公尽在晋人掌握之中，所以执不言地，实已蕴涵被执者所在之地受

---

① 《穀梁注疏》卷9，页150。
② 湛若水：《春秋正传》卷15，页243。
③ 《公羊注疏》卷12，页261。
④ 有关"人"的各种涵义，参阅本书第二章，页303。
⑤ 《穀梁注疏》卷5，页80。
⑥ 《穀梁注疏》卷7，页119。

到执者控制。以此例彼，僖二十八年经"执卫侯"不载地点，意味着执者控制了被执者所在之地。晋文公城濮战后领导中原诸国，虽是逾国而执，但实际上卫国被他宰制；而经文不言执之地，正是反映这一事实。

3. 缓辞

据《穀梁》解释，经文有四种"缓辞"：

①"归之于"，详见下述。

②"之口"，如宣三年经："郊牛之口伤"，传："之口，缓辞也，伤自牛作也。"

③"而"，如宣八年经："日中而克葬"，传："而，缓辞也。"

④"其"，如成七年经："蜮鼠又食其角"，传："其，缓辞也。"①

"缓辞"是相对于"急辞"而言。成十五年经："晋侯执曹伯，归于京师"，传："不言'之'，急辞也。"②这是剖析"归于"之辞，有别于僖二十八年经的"归之于"。前者措辞急迫，故称急辞；后者语气舒缓，故称缓辞。"之"的有无，是辨别"缓辞"和"急辞"的决定性条件。成八年经："归之于齐"，传："于齐，缓辞也，不使尽我也。"③这里的"于齐"，实是"归之于齐"的省略；经文若无"之"字，就变成"急辞"。由这一例可见，"缓辞"的关键是"之"的使用，不是"于"什么地方。之所以采用这两种不同措辞，是为了显示谁来裁断相关的事情。柯劭忞《传注》云："急辞，断在晋侯；缓辞，断在京师。"④这是简洁而正确的解释。此传认为"归之于"是一种"缓辞"，是因为晋文公没有自作主张，把卫成公送到京师，听任周襄王裁断。

4. 小结

叔武之死，引起晋文公再次干预卫国内政，而卫成公被捉拿到京师，只是再一次反映周王作为最高政治权威的存在。在此，叔武生死是否存在让国的想法，相对不重要了。无论叔武是否有可能因"得众"而算是《穀梁》认可的贤者，但卫成公仍是卫国的君主，这一点不因叔武而有所左右。

（四）僖二十八年经："卫元咺自晋复归于卫。"传："自晋，晋有奉焉尔。

---

① 《穀梁注疏》卷12，页190、196；卷13，页221。
② 《穀梁注疏》卷14，页233。
③ 《穀梁注疏》卷13，页223。
④ 柯劭忞：《传注》卷7，页14。

复者,复中国也;归者,归其所也。"①

这是交代元咺回国之事,经传的笔法与上述(二)极其相似。

1. 叔武被杀的情节

在此之前,《春秋》在成公归卫后已记载"卫元咺出奔晋";而元咺归卫,则系于成公被执之后;可见,元咺与成公誓不两立,敌我分明。二人之矛盾,源于卫成公复位时叔武被杀。《公羊》僖二十八年传:"卫侯得反,曰:'叔武篡我。'元咺争之曰:'叔武无罪。'终杀叔武。"②《左传》僖二十八年传:"公子歂犬、华仲前驱。叔孙将沐,闻君至,喜,捉发走出,前驱射而杀之。公知其无罪也,枕之股而哭之。"③可见,《公羊》认为卫成公刻忌而杀叔武,《左传》则说是误杀,两者扞格不入。若是从宫廷政争的政治想象出发,很容易倾向《公羊》。李廉说:"今之杀叔武,乃其本心,但诬罪于前驱,以告诸侯耳。"④这是兼读二传后判断《左传》的记载,认定卫成公仅是表面而虚伪的政治表演。因无进一步的旁证,究竟叔武之死内情如何,已难确言其详。

《左》《公》二传取材不同,叙事不同,本非可怪。可是,崔适认定《左传》为了抹煞《公羊》而伪造叔武被误杀的叙事。对此,《复始》批判说:"务与'叔武篡我'之言相反,而没其让国之高也。"⑤这又是从刘歆伪造的成见出发,随便控诉异己的妄说。《左传》的叙事可以有不同的理解,如上所述,像李廉那样理解为卫成公故作姿态的政治表演,未免不能与《公羊》兼容。

无论如何,经文没有这方面的叙事,不见得非要抬举叔武方才合理。《穀梁》不涉足于叔武之死是否冤枉等问题,从经义的诠释上说,完全没有问题。

2. "恶晋侯"之谬

此经与成公自楚复归笔法相同,所以传文对元咺复归也采用相同的解释。元咺、成公君臣同辞,仅是交代元咺得到晋国提供援助而回到卫国恢复大夫之位而已,没有明显的贬义。廖平有不同的看法,《古义疏》云:"大

---

① 《穀梁注疏》卷9,页150。
② 《公羊注疏》卷12,页261。
③ 《左传正义》卷16,页454。
④ 李廉:《春秋会通》卷11,页336。
⑤ 崔适:《春秋复始》卷3,页397。

夫不言复归,惟咺言之,辞同诸侯,所谓臣不臣也,所以恶晋侯也。"①在此,廖平看见元咺是《春秋》臣子称"复归"的唯一例子,确有心得。然而,"恶晋侯"的判断是不可信的。廖平似有曲信《公羊》之嫌。《公羊》僖三十年传:"元咺之事君也,君出则己入,君入则己出,以为不臣也。"②此"不臣"正是廖疏"臣不臣"的来源。《穀梁》主要是针对元咺讼君之罪,没有在元咺复归的经文中明确地批判卫成公。廖平这一错误,是误将二传记述混而为一体使然。

3. "为叔武讼无恶"之谬

因为叔武可贤而过度肯定元咺,同样不合传义。柯劭忞《补注》云:"与卫侯郑复归义同,见咺为叔武讼无恶,其归而立公子瑕则恶矣。"③跟廖疏一样,柯注也是援《公》解《穀》,画蛇添足。如下所述,僖三十年传明确批判元咺"讼君",不能说《穀梁》认为这是"无恶"。传文也没有明言元咺之恶在于"立公子瑕"。假设元咺与卫成公"复归义同"真是辨别善恶的前提,既说元咺讼叔武是"无恶",那么为什么不可以说卫成公杀叔武亦是"无恶"?

4. 小结

元咺作为叔武一党,他的"复归"没有显示让国的正确性,只是进一步显示他们对卫成公统治的威胁。由于他的"复归"与卫成公的"复卫"高度相似,只能说明他得到了晋国支持。阅读《穀梁》传文,实无因叔武作为贤者而提高其人或党羽的政治合法性的涵义。

(五)僖三十年经:"秋,卫杀其大夫元咺及公子瑕。"传:"称国以杀,罪累上也,以是为讼君也。卫侯在外,其以累上之辞言之,何也?待其杀而后入也。"④

这是交代元咺和公子瑕被杀的所以然,他们的死与卫成公复辟密切相关。

1. 称国以杀

《春秋》"杀其大夫"的记载共37例,⑤鉴别其杀是否正确的标准,主要

---

① 廖平:《古义疏》卷4,页302。
② 《公羊注疏》卷12,页264。
③ 柯劭忞:《传注》卷7,页14。
④ 《穀梁注疏》卷9,页151。
⑤ 参阅本书第二章,页235—36。

是看"杀"的主体是如何称呼。"称国以杀",《穀梁》有两种解释:一是"罪累上",意谓死者本人有罪,其国君也受牵连而遭到责备,其中计有 7 人,除元咺外,计有里克、罕郑父、阳处父、庆虎及庆寅、甯喜;①另一是"杀无罪",意谓死者本人无罪,其中计有申侯、泄冶、公子偃。

2. 元咺的罪

元咺的罪,是他为叔武向晋文公求助展开诉讼,《左》僖二十八年传:"卫侯与元咺讼,宁武子为辅,鍼庄子为坐,士荣为大士。卫侯不胜。杀士荣,刖鍼庄子,谓宁俞忠而免之。执卫侯,归之于京师,寘诸深室。宁子职纳橐饘焉。"②以上叙事,他的争讼则是导致卫成公被执的主因,其内容可以与《穀梁》"讼君"之说兼容。范宁也熟知上述内容,范注:"臣无讼君之道,元咺之罪亦已重矣。"③这个说法符合传义,没有太大问题。

3. 以《公》解《穀》之谬

以臣讼君,是《穀梁》认为不妥当的做法。然而,传文没有因叔武让国而贤其人的主张,不能因为元咺站在叔武一边而肯定他的讼君。柯劭忞不同意范注,《传注》云:"卫侯杀无罪之贤弟,咺讼其事于方伯,为叔武讼也。不当以君臣无讼之义讥之。"④这是暗袭《公羊》贤叔武之义。然而,《公羊》虽也批判元咺"不臣",但《公羊》僖二十八年传:"此执其君,其言自何?为叔武争也。"⑤其中,没有批判讼君之事。柯注强合二传,反而不美。

4. "大夫"指谁?

"杀其大夫"的"大夫"不仅是指元咺,还包括公子瑕在内。《左》僖二十八年传:"元咺归于卫,立公子瑕。"⑥这里虽记载公子瑕是元咺归卫后继立的新君,但不意味经文必对公子瑕冠以国君之名。《左传》与《春秋》记述略有歧异,相当常见。像昭十三年经"楚公子弃疾杀公子比"的公子比,据说在楚灵王死前被拥立为王,但经文仍沿用"公子"之称。"公子瑕"的称呼,说明他并非《春秋》认可的合法君主。

审视经文"大夫"和"公子"之语,《穀梁》没有"言公子而不言大夫"之

---

① 有关"累"字的进一步讨论,参阅本书第二章,页 235—43、253—56。
② 《左传正义》卷 16,页 455—56。
③ 《穀梁注疏》卷 9,页 151。
④ 柯劭忞:《传注》卷 7,页 15—16。
⑤ 《公羊注疏》卷 12,页 262。
⑥ 《左传正义》卷 16,页 456—57。

问,说明公子瑕不过是公子得到爵命的大夫而已,何以见得？与本例相比句式最接近的,是文九年"晋人杀其大夫士縠及箕郑父"和襄二十三年"陈杀其大夫庆虎及庆寅"两则经文。① 其中箕郑父和庆寅都是大夫,而经中"大夫"不仅是指士縠和庆虎而已。以此例彼,公子瑕和元咺同为"大夫",显而易见。因为卫国是中原大国,有别于曹、莒无大夫,②所以《穀梁》不提出"言公子而不言大夫"的问题,已蕴涵公子瑕已有爵命,是卫国大夫的身份。

5. "罪累上"不意味卫成公主谋行凶

当时卫成公尚在国外,经文之所以认为元咺之死牵连到他的身上,是因为他要等到元咺和公子瑕二人被杀之后才能进入卫国。《穀梁》仅是指出,二人之死在成公归卫之前发生,前者是后者的先决条件。

成公是不是杀二人的主谋？是否存心要杀？他的心理状况如何？这些疑问,传文都没有回答。强作解说,很难得到满意的答案。钟文烝《补注》云:"于此而专杀大夫,则其罪自在君上。"③然而,传文仅言"罪累上",没有明说卫成公是杀元咺二人的元凶;而"罪累上"却不意味杀当事人的必是"上",例如文六年经:"晋杀其大夫阳处父",传:"夜姑使人杀之"。④ 夜姑不是国君,这也反证经文以国为主体的措辞,不蕴涵其君为杀人凶手。况且,认为元咺二人死于成公的主谋,于传无据。钟注主要是根据《左传》。《左》僖三十年传:"卫侯使赂周歂、冶廑,曰：'苟能纳我,吾使尔为卿。'周、冶杀元咺及子适、子仪。公入,祀先君。"⑤先不问援《左》解《穀》是否有问题,即使承认以上叙事与《穀梁》兼容,也只能说周、冶起兵是出自成公的主意,《左传》尚未明说卫成公要杀元咺和公子瑕。所以,就算采纳《左传》的叙事也不能确证卫成公的杀意。总而言之,这与其他专杀大夫的事例不尽相同。

6. 小结

公子瑕与叔武一样,都是妨碍卫成公复位的障碍。《穀梁》"罪累上"的

---

① 这二例的进一步分析,参阅本书第二章,页 249—56。
② 这方面的问题,参阅本书第四章,页 814—15、841—42、847。
③ 钟文烝:《补注》卷 12,页 345。
④ 《穀梁注疏》卷 10,页 166。
⑤ 《左传正义》卷 17,页 462。

观点,说明卫成公夺回君位之余,也蒙受罪咎。这样的"罪",与叔武是否贤者,或他有没有让国的想法,基本上没有什么关系。

(六)僖三十年经:"卫侯郑归于卫。"

《榖梁》无传。

1."归"与"复归"

前已述及,流亡国君称名失国。此经再次记载卫成公之名,是因为君位再次被占而"失国"。经文先前已提及他被晋文公抓到京师,所以他是从京师归卫,故不言"复"。钟文烝《补注》引高澍然曰:"拘于京师而归,不书复,内京师也。"①此说有理,可以采信。

《榖梁》对"归"与"复归"二词的理解,并不认为它们是辨析归者是否有国的指标。先前卫成公的"复归",与此经的"归",皆是"失国"。然而,胡序另有歧说,《春秋简融》云:"郑之初归,得言复,以叔武在内,国固其国也。今之又归,杀叔武及公子瑕,国非其国矣,故不言复而又书其名,为后世戒。"②这个说法很有问题。"卫侯郑自楚复归于卫"和"卫侯郑归于卫"两则经文同样称名,胡序忽略前者之称名,论证存在漏洞。认为叔武在而"国固其国",纯属《公羊》私见。《榖梁》认为叔武和公子瑕在位而使卫成公失国,更符合当时的政治事实。公子瑕被杀正是卫成公复辟的先决条件,将之说成"国非其国",不免碰上的硬壁是经文未尝以爵称公子瑕,而"卫侯"则是不折不扣的国君称谓。《春秋》所理解的"国"仍是卫成公(而非公子瑕)的国。这次内乱,至少在经文措辞上,实未反映君位的改动。"国固其国"与"国非其国"之辨,导人于迷,远不如《榖梁》失国之说来得通达。

2."王之失刑"之谬

传文没有讨论周王为何释放他和释放是否正确。柯劭忞《传注》云:"郑之罪不当复者也,以为王之失刑。"③这同样是误用《公羊》贤叔武之义。至于批判周王失刑,疑是援引《左传》叙事所致。《左》僖三十年传:"公为之请,纳玉于王与晋侯,皆十毂。王许之。"④鲁僖公贿赂周襄王和晋文公,使卫成公得以释放。《榖梁》没有涉及周王是否"失刑"的问题,柯注于传

---

① 钟文烝:《补注》卷12,页346。
② 胡序:《春秋简融》卷2,页96。
③ 柯劭忞:《传注》卷7,页16。
④ 《左传正义》卷17,页462。

无据。

3. "易辞"与不月

"归",有"易辞"之义。元咺和公子瑕已死,所以卫成公归卫容易。王崇燕《纠谬》云:"卫侯言归不月者,易辞也。何易尔?元咺已杀也。"①这主要是针对范注而发。范注引徐邈曰:"归无犯害,故例不月。"②元咺和公子瑕已遭杀戮,徐氏不月之说肯定不通。然而,王崇燕认为不月是"易辞"的表述,也有问题。《春秋》执、归例必不月。不月,不等于易辞。《穀梁》其实另有"易辞"的传例,桓十一年传:"曰归,易辞也。"③可见,光是"归"字,已透露卫成公归卫之"易"。经文有没有月份,跟卫成公回国是否容易,没有直接的关系。

4. 小结

从《穀梁》对"归"的解释可知,卫成公回国复位的过程相当容易,政敌已被清除,而他仍是卫国的合法君主。

(七)宣九年经:"冬,十月癸酉,卫侯郑卒。"

《穀梁》无传。

1. 日卒无葬

诸侯日卒示正,卫成公执政虽两度失国,但他的统治资格没有因此被否定。此外,经文只载其卒,不载其葬。卫成公没有葬文,为什么?不知道。

2. "失德不葬"之谬

惟一清楚的是,光凭"失德不葬"的传例,不足以解答这个问题。钟文烝《补注》云:"不葬者,杀其母弟叔武失德。"④这一解释,似通非通。《穀梁》没有明言卫成公杀叔武,如上所述,传文仅是交代叔武和公子瑕死在他回国之前,没有交代叔武死亡的内情。说卫成公杀叔武,仅《公羊》一家之言。钟文烝已有援《公》解《穀》之嫌,而且尝试从"母弟"着眼,更是不可靠。隐元年传:"杀世子、母弟,目君。"⑤杀害世子和同母亲弟的国君,都会被经

---

① 王崇燕:《纠谬》卷5,页296。
② 《穀梁注疏》卷9,页152。
③ 《穀梁注疏》卷4,页49。
④ 钟文烝:《补注》卷15,页442。
⑤ 《穀梁注疏》卷1,页4。

文明白交代,彰彰可考,例如郑伯(隐元年)、晋侯(僖五年)、天王(襄三十年)。① 如果卫成公真的涉及杀母弟的恶行,经文应有相关的记载。上文罗列的6则经传,皆无"目君",这也反证《穀梁》不认为卫成公是杀母弟的元凶。事实上,《穀梁》解释"不葬"的原因,还有许多,"失德"仅是其中一项。② 没有理由认定卫成公必因"失德"而"不葬"。

3. "失国"之谬

卫成公葬文之阙,与"失国"亦无关系。廖平《古义疏》云:"不葬,杀叔武,又失国。"③这个说法,是在钟注的解释外,再多添"失国"一个原因。杀叔武不是解释葬文失载的原因,已如前述。这里主要讨论"失国"。《穀梁》实无因"失国"而"不葬"的主张。失国十七年的郑厉公也有葬文,④就是一个鲜明的反例。不能说卫成公没有葬文是因为他曾有失国的经历。就现存文本所知,根本找不到合理的解释足以说明经文为何不载卫成公之葬。必欲无疑之可阙而强求其解,易于穿凿,还是阙疑致慎为佳。

4. 小结

综合上述经传的讨论,《穀梁》主要是着眼于卫成公两度失国与卫国内部动乱的问题。由始至终,卫成公也是正式的卫国君主,其合法性不曾因叔武而有所动摇。也许,叔武称"卫子",可能是"得众"的一个表现。但要知道,《穀梁》没有正面提及叔武的摄立,让国不曾使叔武成为值得褒扬的贤者。

五、子臧

此人亦称公子喜时、公子欣时,虽从未在经传中出现,但一些学者却以为他是《穀梁》褒扬的让国者,故有必要审视其中究竟。相关的经传共有4则:

(一)成十三年经:"冬,葬曹宣公。"传:"葬时,正也。"⑤

讨论子臧的问题,需要从曹宣公的下葬说起。

1. 时葬

记载葬礼的季节,《穀梁》判断是正常的下葬情况,但传文没有详细的

---

① 有关这一传例的解释,参阅本书第二章,页221—24。
② 参阅本书第二章,页278—80。
③ 廖平:《古义疏》卷6,页396。
④ 参阅本书第二章(页350—51)的讨论。
⑤ 《穀梁注疏》卷14,页231。

叙事。

2. 并非"危不得葬"

二传的记载，具有一定的参考价值。《左》成十三年传："子臧将亡，国人皆将从之。成公乃惧，告罪，且请焉。乃反，而致其邑。"①子臧得到国人跟从，全赖子臧留在国内，方能隐定政局。《公羊》昭二十年传："公子喜时见公子负刍之当主也，逡巡而退。"②以上叙事比较片面，丝毫没有提及负刍自立的乱事，仅是说公子喜时（即子臧）看到负刍主持国政，便把君位退让给负刍。

按照"日卒时葬"的传例，《穀梁》此传更有可能兼容《左传》而非《公羊》。按照"恒事不志"的传例，假如是不引起变故的让国，就是情况正常，没有特笔示正的需要。之所以发传明例，就是为了避免读者误以为曹宣公"危不得葬"。

然而，柯劭忞另作发挥，《传注》云："有负刍之难，不至'危不得葬'，以公子喜时在焉。传曰'葬时正'，嫌于'危不得葬'而发此传。"③在很大程度上，这是强合二传的一种观点。在此之前，陈立已有类似的尝试，《义疏》云："小国君卒月葬时，故《穀梁传》：'葬时，正也。'"④强把二传扭合为一，难免舛谬。小国君卒月不是《穀梁》的主张，是何休的私见。⑤ 在诸侯卒葬的问题上，钟文烝《补注》已指出"曹、许从大国例"，⑥不能把曹国当作一般小国对待。如《公羊》贤喜时让国之说，负刍该不是弑逆之贼，不引起曹国内部的政治冲突，这跟重申时葬示正的《穀梁》传义扞格不入。

3. 小结

在曹宣时葬的判断上，读者不可能找到《穀梁》赞美子臧让国的证据；即使按照《左传》叙事解读传义，充其量只能窥见子臧顾全大局而非无私让国的事迹。

（二）成十六年经："曹伯归自京师。"传："不言所归，归之善者也。出入

---

① 《左传正义》卷27，页763。
② 《公羊注疏》卷23，页511。
③ 柯劭忞：《传注》卷10，页15。
④ 陈立：《公羊义疏》卷53，页2030。
⑤ 《公羊注疏》卷5，页95。
⑥ 钟文烝：《补注》卷1，页33。

不名,以为不失其国也。归为善,自某归次之。"①

这是交代曹成公从京师回国,因其事涉及子臧称贤的问题,不得不予以辨析。

1. 归之善

经文若只记载"归"字,那是最好的,故曰"善";若记载"自某地归",则是次好,故曰"次之"。此经记载被晋厉公捉拿的曹成公"归自京师"而不说归于何处,虽是"次之",但仍是仅次于"善",并无贬意,因为这蕴涵"归"是天子之命。

在此,孙复有一个值得思考的观点。《尊王发微》云:"此言曹伯归自京师者,天子赦之之辞也。"②成十三年经:"公自京师",传:"言受命不敢叛周也。"③可见《穀梁》对"自京师"的解释蕴涵诸侯受命于周之义。从这一视角来看,孙复的解释虽有一定的想象成分,但在某程度上也能印证《穀梁》的观点,可以备存。

2. 曹伯不名

此经的重点是"曹伯"之后没有记录名字。同样是被其他国家拘执,卫成公失国,曹成公为什么还没失国呢?差别在于,当时曹国没有像叔武这样一个已登君位的摄位者。《左》成十五年传:"诸侯将见子臧于王而立之。子臧辞曰:'前《志》有之曰:"圣达节,次守节,下失节。"为君非吾节也。虽不能圣,敢失守乎?'遂逃,奔宋。"又,《左》成十六年传:"曹人复请子晋。晋侯谓子臧:'反!吾归而君。'子臧反,曹伯归。子臧尽致其邑与卿而不出。"④这里叙述子臧拒绝诸仗扶助登位,恳请晋国归还曹成公的过程,跟《公羊》歌颂喜时的内容,没有太大出入。《公羊》成十六年传:"公子喜时在内,则何以易?公子喜时者,仁人也,内平其国而待之,外治诸京师而免之。"⑤可以看见,二传情节略异,但差距不大。

3. "故与让国之义相反"之谬

然而,崔适却据此批判《左传》作伪,《复始》云:"夫以子臧为君为失节,

---

① 《穀梁注疏》卷14,页236。
② 孙复:《春秋尊王发微》卷8,页85。
③ 《穀梁注疏》卷14,页230。
④ 《左传正义》卷27,页768;卷28,页789。
⑤ 《公羊注疏》卷18,页404。

则不为君不为让国矣,故与让国之义相反也。且诸侯请讨曹伯,即讨其杀大子之罪。夫杀大子,非不道于其君乎?……则是子臧亦不义曹君,务与内平其国、外治京师之言相反也。"①《左传》引述子臧"下失节",仅是显示子臧不想登位的心意,这一点其实与《公羊》对喜时的刻画不无相互印证之处。崔适硬要以此作为《左传》故意抹煞"让国之义"的证据,令人大惑不解。崔适没有证据足以否定曹成公杀太子自立的叙事,却因坚持《左传》伪造论的偏见,认定这些叙事都是为了逆反《公羊》而故意抹黑曹成公,在任何旁观者看来,恐怕很难不视为诬妄。

4. "不失其国"≠"喜时让国于负刍"

无论如何,《穀梁》强调曹成公没有失国的观点,很大程度上跟《左》《公》这方面的陈述兼容不悖。但同样必须强调,即使按照这些陈述来解读《穀梁》传义,也只能说子臧忠心耿耿,没有在曹宣公落难时趁火打劫,实难确言经传已有褒奖让国的寓意。然而,柯劭忞始终没有摆脱让国的预设,《传注》云:"负刍宜失国,以为不失国者,公子喜时让国于负刍。"②这是另一个不合传义的论断。《穀梁》没有喜时让国的叙事,也不见得必须从这一视角来解释"不失其国"的缘故。柯注把"不失其国"理解为让负刍的缘故,乃是牵合三传之义,《穀梁》实非如此。

5. 小结

《穀梁》认为曹成公"不失其国",与卫成公的"失国",形成鲜明的对比。传文也没有正面讨论子臧的政治角色,但需要注意的是,若把子臧算在让国者之列,就必须警惕让国者内部的巨大差歧。子臧的处境,充其量仅相当于司马子反。公子喜时仅是尚未但有可能占有君位的让国者(即 X_b),而非已占有君位的让国者(即 X_a)或已占有但有可能放弃君位的让国者(即 X_c)。因为子臧不像叔武那样占有了君位,始终还是臣子的身份,所以他对曹成公也不构成执政地位的威胁。可以说,重点不是臣子是否具有让国的动机,而是他们是否已占有君位。就这一视角看,《穀梁》区分"不失其国"与"失国"之别,正是切中肯綮,不宜轻忽看待。

---

① 崔适:《春秋复始》卷3,页397。
② 柯劭忞:《传注》卷10,页18。

(三)襄十八年经:"曹伯负刍卒于师。"传:"闵之也。"①

这是曹成公逝世的经文,据此可以进一步理解他的政治合法性。

1. 月卒

此经上承"冬,十月,公会晋侯、宋公、卫侯、郑伯、曹伯、莒子、邾子、滕子、薛伯、杞伯、小邾子同围齐"而来。合观二者,可知曹成公负刍是在参与围攻齐国的战争中逝世。"卒于师"上不载日期,意味这一经文上承"同围齐"的"十月"。传文"闵之",是同情曹成公死于军中的遭遇。

按照《穀梁》"日卒正也"的传例,负刍没有死亡日期,得位不正,一望而知。以此反观《公羊》让国而没有乱象的叙事,自然是不该接受的情节。柯劭忞《传注》云:"负刍篡立,滕继篡,故月卒。"②从篡立推出负刍没有日卒的答案,基本可信。

2. 以《穀》解《公》之谬

孔广森《通义》云:"射姑以后,遂月卒时葬,达于《春秋》者,盖贬之也。……负刍又最著有恶行,故《春秋》一切略其卒葬,言乎曹之君世济其无道以至于亡也。"③这是概括曹庄公以降诸君月卒时葬的笔法。然而,《公羊》既无月卒不正的主张,也不谈及负刍篡立的恶行。上述见解,似是暗袭《穀梁》再参照《左传》而来。

3. 小结

曹成公与卫成公不同:前者不正,后者正。曹成公不因子臧而失其国,而卫成公却因叔武而失国。这也说明一个简单的道理:是否曾经失国,不影响其人的正不正。

(四)昭二十年经:"夏,曹公孙会自梦出奔宋。"传:"自梦者,专乎梦也。曹无大夫,其曰公孙,何也?言其以贵取之,而不以叛也。"④

公孙会是子臧之孙,《穀梁》没有批判他的出奔,也没有藉此歌颂让国。

1. "出奔"上"自"的异常性

除此经外,《春秋》"出奔"还有 48 例:

[1]桓十一年:"郑忽出奔卫。"

---

① 《穀梁注疏》卷16,页261。
② 柯劭忞:《传注》卷4,页4。
③ 孔广森:《公羊通义》卷3,页77—78。
④ 《穀梁注疏》卷18,页300。

[2]桓十五年:"郑伯突出奔蔡。"

[3]桓十六年:"卫侯朔出奔齐。"

[4]庄十二年:"宋万出奔陈。"

[5]庄二十四年:"曹羁出奔陈。"

[6]闵二年:"公子庆父出奔莒。"

[7]僖二十八年:"卫侯出奔楚。"

[8]同年:"卫元咺出奔晋。"

[9]文六年:"晋狐夜姑出奔狄。"

[10]宣十年:"齐崔氏出奔卫。"

[11]成七年:"卫孙林父出奔晋。"

[12]成十二年:"周公出奔晋。"

[13]成十五年:"宋华元出奔晋。"

[14]同年:"宋鱼石出奔楚。"

[15]成十六年:"叔孙侨如出奔齐。"

[16]成十七年:"齐高无咎出奔莒。"

[17]襄十四年:"卫侯出奔齐。"

[18]襄十七年:"宋华臣出奔陈。"

[19]襄二十年:"蔡公子履出奔楚。"

[20]同年:"陈侯之弟光出奔楚。"

[21]襄二十一年:"晋栾盈出奔楚。"

[22]襄二十三年:"臧孙纥出奔邾。"

[23]襄二十四年:"陈鍼宜咎出奔楚。"

[24]襄二十七年:"卫侯之弟专出奔晋。"

[25]襄二十八年:"卫石恶出奔晋。"

[26]襄二十九年:"齐高止出奔北燕。"

[27]襄三十年:"郑良霄出奔许。"

[28]昭元年:"秦伯之弟鍼出奔晋。"

[29]同年:"莒展出奔吴。"

[30]同年:"楚公子比出奔晋。"

[31]昭三年:"北燕伯款出奔齐。"

[32]昭六年:"宋华合比出奔卫。"

［33］昭八年："陈公子留出奔郑。"

［34］昭十二年："公子憖出奔齐。"

［35］昭十五年："蔡朝吴出奔郑。"

［36］昭二十年："宋华亥、向宁、华定出奔陈。"

［37］昭二十一年："蔡侯东出奔楚。"

［38］昭二十二年："宋华亥、向宁、华定自宋南里出奔楚。"

［39］定四年："楚囊瓦出奔郑。"

［40］定十年："宋乐世心出奔曹。"

［41］同年："宋公子地出奔陈。"

［42］同年："齐公之弟辰暨宋仲佗、石䮾出奔陈。"

［43］定十四年："晋赵阳出奔宋。"

［44］同年："卫世子蒯聩出奔宋。"

［45］同年："卫公孟彄出奔郑。"

［46］哀四年："蔡公孙辰出奔吴。"

［47］哀十一年："陈辕颇出奔郑。"

［48］同年："卫世叔齐出奔宋"。

以上，［1］、［2］、［3］、［7］、［17］、［29］、［31］、［37］八例皆是国君出奔，其余40例（内有44人）皆是臣子出奔。除［38］一例外，其他47例仅言出奔所到达的地点，不提及自何地出奔。在句式上，前者是"A自B出奔C"，后者是"A出奔C"的句式。由于二者用例多寡悬殊，所以此经"出奔"之上记载"自"字，绝非常见的修辞方式。

2. 专

《穀梁》认为B是出奔者所"专"之地。"专"字在《穀梁》有三个不同的涵义：

①专注；如"未复而曰复，不专君命也"（文八年）。

②专断；如"不与齐侯专封也"（僖二年）。

③独占；如"臣不专大名"（襄十九年）。①

此传的"专"，指独占之义。这是描述义，而非规范义。范宁解"专乎梦"为

---

① 《穀梁注疏》卷7，页108；卷10，页169；卷16，页262。

"能专制梦"，①周何接受此说，译之为"有权力可以专断制裁于梦邑"，②却嫌不够确切。"以贵取之"的"取"，意谓取得、拥有，因此"专"当解作独占，而非专制。况且，周译因专制义而衍说"有权力"云云，亦属不必，因为《穀梁》全传对主宰事情的"权"另有解说，③没有相应概念说明取得和主宰领土的权力。

3. "长乱"之诬

某人"专"某地，不蕴涵他已拥有当地的所有权或合法的统治资格。逆贼不经认可而自取某地，也是"专"。试观察上述"1."的例[39]，即昭二十二年经："宋华亥、向宁、华定自宋南里出奔楚。"传："自宋南里者，专也。"④南里是华亥三人反叛占据的地方，可见"专"也可以运用在叛逆的事例。话说回头，不能说凡专地而出奔者必叛。刘逢禄《广废疾》云："专乎地而出奔，皆叛也"，又云："《穀梁》以长乱。"⑤这是毫无凭据的指控。《穀梁》已指出"公孙"示贵专地之义，所以"长乱"之论，不过是据《公》贬《穀》，宣示一己的偏颇立场而已。刘逢禄不明白《穀梁》没有凡专地必叛的主张，所以他对《穀梁》的批判，纯属系风捕影。柳兴恩批评他"不亦诬乎？"⑥实非过分偏激。

4. 以贵取之

曹是小国，没有受命于周室的大夫，所以经文出现曹国的"公子""公孙"都要特别解释，而《穀梁》皆是强调其人之"贵"。⑦ 全传言"其曰"共97例，⑧

---

① 《穀梁注疏》卷18，页300。
② 周何：《新译》下册，页1009。
③ 参阅本书第二章，页317—18，369。
④ 《穀梁注疏》卷18，页302。
⑤ 刘逢禄：《公羊后录》卷6，页480。
⑥ 柳兴恩：《大义述》卷13，页195。
⑦ 跟此传言贵一样，成二年传（卷13，页213）解"季孙行父、臧孙许、叔孙侨如、公孙婴齐师师会晋郤克、卫孙良夫、曹公子手"亦云："曹无大夫；其曰公子，何也？以吾之四大夫在焉，举其贵者也。"意谓鲁国有四位大夫在场，所以要采用比较尊贵的称呼。
⑧ 《穀梁》"其曰"97例，载于隐三年、隐四年、隐五年、桓元年（2例）、桓二年（2例）、桓六年、桓八年、桓十年、桓十一年、桓十三年、桓十五年、庄二年、庄三年、庄五年、庄八年、庄十二年、庄十三年、庄十四年、庄十六年、庄十九年（2例）、庄二十二年（2例）、庄二十三年、庄二十八年（2例）、庄三十年、庄三十二年、闵元年（3例）、闵二年（3例）、僖元年、僖二年（2例）、僖四年、僖五年、僖十四年、僖二十五年（2例）、僖二十六年、僖二十七年、僖二十八年（2例）、僖二十九年、僖三十三年、文四年、文五年、文七年（2例）、文九年、文十二年、文十四年（4例）、文十五年（2例）、宣元年（2例）、宣八年、宣十二年、宣十五年、宣十六年、宣十七年、成二年、成十二年、成十五年、襄二年、襄七年、襄十年（2例）、襄二十七年、襄二十九年、襄三十年（2例）、昭三年、昭五年、昭十一年、昭十二年、昭二十年（2例）、昭二十一年、昭二十二年（2例）、昭二十三年、昭二十六年、定元年（2例）、哀六年。

指代相关经文中的某些特别措辞。此经"公孙"之名,《穀梁》认为他不是叛贼,因为这是以"公孙"之"贵"而拥有梦邑的资格。

5. "曹君无道"之谬

公孙会为何出奔?不清楚。范注:"曹君无道,致令其奔,非会之罪。"①对此,王崇燕《纠谬》表示不同意:"君无道,本刘子说。"②这一批驳不尽正确。《新序·节士篇》批判曹君之论,都是针对曹成公而言。③ 公孙梦出奔之年,曹成公早已过世,那时在位的是曹平公,所以不能说"君无道"之说来自刘向。当然,王驳有误不等于范注必对。传世史料稀少,《十二诸侯年表》和《管蔡世家》仅记载曹平公在位四年,④他的施政如何,还有公孙会为何出奔,出奔是否因为"君无道"同样不得而知。因此,范注仍欠确证。

6. 能以而不以

既然梦本是公孙会的采邑,他拿着它献给曹国以外的其他国家,绝对是力所能及的事,所以他由此出奔却不将之献给其他国家,其实是有所不为的善举。钟文烝《补注》云:"书'自梦'者,著其能以而不以,传释'公孙'兼见此意。"⑤此"能以"与"不以"之解,在某程度上是借镜于孟子"不能"与"不为"之辨。⑥ 与公孙会形成强烈对比的是,庄三年经"纪季以酅入于齐"的记载,拿着本国土地献给其他国家的叛国事例。⑦ 钟注之解,符合传义。可以称道的是公孙会本人,而非公孙会之父子臧。

7. "自" ≠ "不言其畔"

《公羊》不像《穀梁》那样紧扣"公孙"二字解释,只是从让国者可褒的预设出发。《公羊》昭二十年传:"曷为不言其畔?为公子喜时之后讳也。"又云:"君子之善善也长,恶恶也短;恶恶止其身,善善及子孙。贤者子孙,故君子为之讳也。"⑧《公羊》的立足点,是预设"自某地出奔"必含讳言叛文之意;但光凭字面意义上看,实在看不出"自某地出奔"五字跟出奔者的"畔"

---

① 《穀梁注疏》卷18,页300。
② 王崇燕:《纠谬》卷10,页316。
③ 石光瑛:《新序校释》卷7,页848—52。
④ 《史记》卷14,页792—93;卷35,页1901。
⑤ 钟文烝:《补注》卷22,页644。
⑥ 《孟子注疏》卷1,页20。
⑦ 其中详情的讨论,参阅本书第三章,页380—86。
⑧ 《公羊注疏》卷23,页511。

相关。因此,《公羊》要确证经文内有讳义,必须指出它原有一种示畔的惯常笔法。针对这一需要,何诂:"言叛者,当言以,如邾娄庶期。"① 果如所言,经文本该写作"曹公孙会以梦出奔宋"。这是参照襄二十一年"邾娄庶其以漆闾丘来奔"的经文而作出的臆测,无形中假定《春秋》的"自"字包含一种字义本无的涵义,即"以"的代用辞。这一假定于经无据——例如,像桓十七年"蔡季自陈归于蔡"的"自",有可能是为了避用"以"而言"自"吗?事实上,何休自己也没有贯彻叛者言"以"的观点,最明显的反例是何诂对昭二十二年"宋华亥、向宁、华定自宋南里出奔楚"的解释就不触及"以"义:"言自者,别从国去。"② 因此,何诂很难不引起"果何所据"的疑惑。由于何休辩护的不成功,没有理由必须相信《公羊》"不言其畔"的解释。

没有叛文的诠释,其实可以更简捷一些。除昭二十年经外,昭二十二年经:"宋华亥、向宁、华定自宋南里出奔楚。"《春秋》"自某地出奔"的人,仅此 2 例,即公孙会和华亥、向宁、华定三人。二经措用辞相同;据《穀梁》意见,华亥、向宁、华定是明显的叛国者,理由很简单,《穀梁》昭二十一年经明言"宋华亥、向宁、华定自陈入于宋南里以叛"。若《公羊》所据的经文亦是如此,那么"不言其畔"便可以理解为公孙会没有"以叛"之语。然而,这个诠释还是有问题的,因为"以叛"二字原非《公羊》所有。《公羊》今本作"宋华亥、向宁、华定自陈入于宋南里以畔",据于鬯的考证,此句"以畔"二字,"必后人据《左》《穀》校《公羊》而衍",至少何休所据之经并无"以叛"二字。③ 明乎此,便能解释何休为什么不从昭二十一年经寻找"不言其畔"的解释。话说回头,"以叛"若在《公羊》昭二十一年经早已存在,虽然可以为"不言其畔"提供佐证,但这仍不是最可信的观点,因为更合理的解释反而像《穀梁》所言,"以叛"是确证华亥三人背叛的铁证,公孙会没有"以叛"就不该说他是叛臣。

8. "公孙"之义

从没有畔文找原因,或多或少是舍近求远,站在解经的基本要求上说,解经者应该先处理经文说了什么,然后再看经文未说什么,而《公羊》始终没有围绕"曹无大夫"对"公子""公孙"作出统一的解释。《公羊》成二年传:

---

① 《公羊注疏》卷 23,页 510。
② 《公羊注疏》卷 23,页 513。
③ 于鬯:《香草校书》卷 50,页 1011—12。

"曹无大夫,公子手何以书? 忧内也。"①这里不过是说,记录"公子手"之名是因为他为鲁国担忧。回头再看《公羊》昭二十年传,始终没有针对"公孙"二字作出明确的解说,也没有提及"曹无大夫"的问题。因为没有正面解释"公孙"之义,所以《公羊》整个推论过程其实存在明显的跳板——没有理会"公孙"二字可能是提示公孙会与华亥三人如何产生差异的线索,就把公孙会当作真正的叛贼,然后反过来断定经文讳贤者之后。对照之下,《榖梁》在"曹无大夫"的前提下指出"公子""公孙"示"贵"之义,是较直接地面对经文的诠释方向,至少它的见解比《公羊》更圆满和更可信。

9. "贵"≠"贤"

认定公孙会是真正的叛乱者,因其人是子臧的后裔而得以隐讳其恶,《公羊》这个观点不仅释经未见完满,而且背后的政治主张也不见得可欲——只要父祖可贤,其子孙便有讳恶的资格,哪怕是叛国大罪!针对这一点,刘敞猛烈批判《公羊》之失,《春秋权衡》云:"《春秋》之义,善恶各以其事进退之,何有贤其祖而遂讳其后子孙恶乎? 且所以讳贤者之过者,谓小不足以妨大,短不足以毁长,而可以成人之美者也。若乃大恶至叛君专地,反臣子之义,乱人伦之常矣,而犹为之讳乎? 如必贤者子孙则罪皆可讳,是蔡、管不诛于周也。"②这是很有见地的观点,值得再三玩味。没有理由认为经文曲折地褒扬子臧让国之贤。像《榖梁》只言"贵"不言"贤",根本不会产生像《公羊》所引起的流弊。

10. 小结

子臧与叔武一样,都是因让国而被《公羊》歌颂为贤者。然而,《榖梁》没有这样的主张。"贵"与"贤"这两个概念,是不能相互化约。承认公孙会的"贵",不等于褒扬子臧的"贤"。上述 4 则经传的讨论,同样看不见子臧是因让国而得到赞美,而公孙会也不是因为子臧的关系而得到讳言叛行的特笔。某个人是否贤者,是一回事;对其子孙的叛行是否隐讳,又是另一回事。由此可以推知:

K_1 贤者的判断与其子孙之恶的隐讳之间的不相干性。

《榖梁》对贤者的思考,始终没有触及其子孙的行为是非。

---

① 《公羊注疏》卷 17,页 370。
② 刘敞:《春秋权衡》卷 13,页 313。

六、季札

季札是吴王梦寿的少子，诸樊、馀祭、馀眛之弟。有关他的经文，计有2则：

（一）襄二十九年经："吴子使札来聘。"传："吴其称子，何也？善使延陵季子，故进之也。身贤，贤也。使贤，亦贤也。延陵季子之贤，尊君也。其名，成尊于上也。"①

这是《春秋》记载季札的惟一经文，其中明言季札之贤，但贤的原因却不是让国。

1. 由"吴"至"吴子"的异常性

《春秋》处理夷狄的称呼，是有一套递进的笔法。吴非中原国家，始称"吴"。自成七年"吴伐郯"起开始在《春秋》出现时，当时仅称国名。至襄五年"吴人、鄫人于戚"始称人，至襄十二年"吴子乘卒"始称子，但此后称子都是其君逝世的记载，即襄二十五年"吴子谒伐楚，门于巢，卒"和襄二十九年"阍弑吴子馀祭"。因属国君之死，不得不称子，避免读者误会死者是其他人。在"吴子使札来聘"以后，生前称"吴子"还有2例，即定四年"蔡侯以吴子及楚人战于伯举"和哀十三年"公会晋侯及吴子于黄池"，《穀梁》皆有发传解释称子的缘故。浏览上述的称谓变化史，可知吴国君主生前称子，自此经始。然则，为何"使札来聘"导致"吴子"之称呢？

2. "吴子"是谁？

"吴子"是谁？需要辨明。襄二十五年经："吴子谒伐楚，门于巢，卒。"此"吴子"是馀祭之兄诸樊。襄二十九年经："阍弑吴子馀祭。"馀祭继诸樊为君，在位四年，确凿显然。但《史记》对馀祭在位年份的记述，却是自相矛盾：《十二诸侯年表》明录四年，而《吴太伯世家》却说"十七年，王馀祭卒"。② 前者正确，后者错误。

派季札出使的"吴子"，不可能是在位甫四年被弑的馀祭，必是继位的新君馀眛。然而，范宁却认为是馀祭。范注引杜预曰："吴子馀祭既遣札聘上国而后死，札以六月到鲁，未闻丧也。"③这是值得商榷的。杜预认定派遣季札的不是馀眛，而是馀祭，其背后的逻辑是派遣季札之事，只能发生在

---

① 《穀梁注疏》卷16，页272。
② 《史记》卷14，页780、782；卷31，页1764。
③ 《穀梁注疏》卷16，页272。

馀祭被刺之前；而季札到达鲁国，则是被刺之后。这与贾逵和服虔的旧解不同，因为孔疏指出贾、服二人"皆以为夷末新即位，使来通聘"。①《左传》固然没有谈及是谁派季札出使，但也没有明言季札就在六月聘鲁。而且，《左》襄二十九年传："通嗣君"；②假如这个"嗣君"是馀祭的话，就意味他是即位第四年方才遣使，未免太晚。昭十二年经："宋公使华定来聘"，《左传》同样说是"通嗣君"，③但宋公成在昭十年十二月甲子逝世，葬礼在十一年二月举行，而华定出使则是十二年夏，由逝世到出使不过一年多而已。由此推断，杜预此说用在《左传》已成疑问，范注挪用其说解读《榖梁》更是大错。此外，《榖梁》明言遣札聘鲁的"吴子"亦"贤"，而馀祭却肯定不是传文认可的贤者。襄二十九年传："吴子近刑人也。"④馀祭被弑，是"近刑人"的错误，诚然应如柳兴恩所诘，"曾近刑人，以死非命者，得为身贤乎？"⑤另外，此传明言"进之"，是就在生（而非已死）的吴国君主而言，而"吴子"因为"善使延陵季子"得到嘉奖，经文开始给他更好的称呼；换言之，在此之前的吴国君主是"未进"。馀祭在"吴子"之前，同属"未进"之列。他之所以称为"吴子"，是因为他被刑人所弑，而"阍弑吴子馀祭"跟襄十二年经"吴子乘卒"一样，都是交代他的死亡状况。就《榖梁》而言，使札的"吴子"不可能是馀祭，只能是馀昧。

3. "善"和"贤"

"善"意谓褒扬。⑥ 派遣季札，不仅使馀昧得到赞美，也使他得以称贤。"贤"可以体现为各种不同的行为表现：自己具有"贤"的条件，固然是"贤"；能派遣像季札这样的贤者出使，同样是"贤"。

4. "身贤"与"使贤"指谁？

"身贤"与"使贤"是《榖梁》的基本概括。问题是，二者分别指谁？"使贤"之人是吴子，没有争议。"身贤"究竟指谁？却有不一样的认识。柯劭忞《传注》云："贤秦伯之悔过；身贤，贤也。"⑦这是引文十二年经"秦伯使术

---

① 《左传正义》卷39，页1087。
② 《左传正义》卷39，页1107。
③ 《左传正义》卷45，页1294。
④ 《榖梁注疏》卷16，页271。
⑤ 柳兴恩：《大义述》卷4，页56。
⑥ 有关"善"的涵义，参阅本书第三章，页534—35。
⑦ 柯劭忞：《传注》卷12，页9。

来聘"为说。不过,《穀梁》没有"贤秦伯"的主张。《穀梁》不认可秦缪公为贤者,僖三十三年传更有提出"狄秦"之说。① "贤秦伯之悔过"不是《穀梁》的主张,而是《公羊》文十二年传的说法。② 柯注援《公》解《穀》,又再犯错。"身贤"之例,其实不必远求。《穀梁》既以"使贤"进吴子,季札本身就是贤者,不待证而可知。

5. "许夷狄不一而足"之谬

既然传文认为季札是贤者,那么为什么只称其名?只名不氏,是微者的称呼。为什么呢?这要从《穀梁》自身找答案,不能援引《公羊》随意解释。范注:"《春秋》贤者不名,而札名者,许夷狄不一而足,唯成吴之尊称。"③《穀梁》没有这些主张。《公羊》襄二十九年传:"《春秋》贤者不名,此何以名?许夷狄者,不壹而足也。"④ 显然,范宁袭用《公羊》之说,有违传义。钟文烝《补注》云:"范用《公羊》,未得其解。"⑤ 这是公允的评论。

6. 尊

"尊"是传文常用的词语。撇开人名(指伯尊)和"诸侯之尊,弟兄不得以属通"的5次用例不论,《穀梁》言"尊"共58字,载于以下36例:

　　[1]隐元年传:"有至尊者不贰之也。"

　　[2]隐三年传:"尊曰崩。天子之崩,以尊也。"

　　[3]隐五年传:"礼,尊不亲小事。"

　　[4]隐十一年传:"考礼修德,所以尊天子也。"

　　[5]桓二年传:"书尊及卑,《春秋》之义也。"

　　[6]庄元年传:"于庙则已尊,于寝则已卑。"

　　[7]庄三年传:"尊者取尊称焉,卑者取卑称焉。"

　　[8]庄四年传:"适诸侯则尊同。"

　　[9]庄十二年传:"以尊及卑也。"

　　[10]庄十六年传:"同者,有同也,同尊周也。"

　　[11]庄十八年传:"故虽为天子,必有尊也。"

---

① 《穀梁注疏》卷9,页154。
② 《公羊注疏》卷14,页299—300。
③ 《穀梁注疏》卷16,页272。
④ 《公羊注疏》卷21,页466。
⑤ 钟文烝:《补注》卷20,页590。

[12]庄二十七年传:"同者,有同也,同尊周也。"

[13]闵元年传:"亲之非父也,尊之非君也。"

[14]僖五年传:"及以会,尊之也。何尊焉?……云可以重之存焉,尊之也。"

[15]僖五年传:"尊王世子而不敢与盟也。尊则其不敢与盟,何也?……不敢以所不信而加之尊者。……王世子,子也,块然受诸侯之尊己,……尊王世子于首戴,乃所以尊天王之命也。世子含王命会齐桓,亦所以尊天王之命也。……世子受诸侯之尊己,而天王尊矣……"

[16]僖十年传:"以尊及卑也。"

[17]僖十年传:"臣莫尊于世子。"

[18]僖二十二年传:"未有以尊败乎卑,以师败乎人者也。以尊败乎卑,以师败乎人,则骄其敌。"

[19]僖二十五年传:"其不称名姓,以其在祖之位尊之也。"

[20]僖二十八年传:"言曰公朝,逆辞也,而尊天子。"

[21]僖三十年传:"以尊及卑也。"

[22]僖三十年传:"以尊遂乎卑。"

[23]文二年传:"君子不以亲亲害尊尊。"

[24]文九年传:"卑以尊致,病文公也。"

[25]宣十年传:"其曰子,尊之也。"

[26]成元年传:"为尊者讳敌不讳败,为亲者讳败不讳敌,尊尊亲亲之义也。"

[27]成九年传:"为尊者讳耻。"

[28]襄二十九年传:"尊君也。其名,成尊于上也。"

[29]定元年传:"不正其执人于尊者之所也。"

[30]定元年传:"君,至尊也。"

[31]定二年传:"先言雉门,尊尊也。"

[32]同年传:"此不正,其以尊者亲之。"

[33]定十一年传:"以尊及卑也。"

[34]哀二年传:"信父而辞王父,则是不尊王父也。其弗受,以尊王父也。"

[35]哀三年传:"言及,则祖有尊卑。"

[36]哀十三年传:"以尊天王,吴进矣。……王,尊称也。子,卑称也。辞尊称而居卑称,以会乎诸侯,以尊天王。"①

上述36则传文,可以发现:[1]、[7]、[15]、[26]、[27]、[29]、[32]的"尊者"(也包括"至尊者"),除[7]、[32]外,其余皆指周王,共5例。[3]、[4]、[10]、[12]、[13]、[14]、[15]、[19]、[20]、[25]、[28]、[35]、[36]是尊重义,共13例;其中[4]、[10]、[12]、[14]、[15]、[20]、[25]、[36]是指对周王及其相关者的尊重,占8例。[2]、[5]、[6]、[7]、[8]、[9]、[11]、[16]、[17]、[18]、[21]、[22]、[24]、[30]、[35]、[36]是指地位的高贵,尤其是相对于卑贱而言,共16例;其中[2]、[6]、[7]、[11]、[22]、[30]、[33]、[36]是涉及对周王及其相关者的高贵地位,占8例;[23]、[26]、[31]的"尊尊"是尊重拥有尊贵地位的客体,其中涉及周王有1例。此传的"尊"就是尊重义,但既不触及至尊的周王,也未谈到尊与卑的对比定位。季札之贤,就在他的"尊君",没有别的。

7. 尊君

"尊君"涉及的是季札与馀眜二人的君臣关系;其中,不直接涉及中原诸侯观感如何。周何译"尊君"为"使得中原诸侯对吴国刮目相看,无形中等于使吴君受到各国的尊敬",②这是脱离文义的说法。此经仅言聘鲁,从未提及中原诸侯。记述季札周游列国的经过,是《左》襄二十九年传的重要内容。③ 周何上述的译文,显然是受到《左传》叙事的影响。然而,这些叙事不曾得到《穀梁》直接或间接的讨论,因此也没有必要透过它来解释季札的"尊君"。

8. 成尊于上

经文直称季札之名,是为了成就经文"吴子"的尊称。襄十九年传:"君不尸小事,臣不专大名。"④这是《穀梁》规定君臣行为的重要主张。自居美

---

① 《穀梁注疏》卷1,页7、14;卷2,页19、30;卷3,页33;卷5,页62、66—67、77、79、81;卷6,页93、102;卷7,页117;卷8,页126;卷9,页141、144、150、152;卷10,页161;卷11,页171;卷12,页200;卷13,页211—12;卷14,页226;卷16,页272;卷19,页315—16、319、329;卷20,页338、340、350。

② 周何:《新译》下册,页912。

③ 《左传正义》卷39,页1095—1109。

④ 《穀梁注疏》卷16,页262。

名而不顾君上,非《穀梁》认可的做法。王崇燕《纠谬》云:"贤者宜责之言氏;今但言札不氏,是微之也。成尊于上者,子国大夫不氏。名之,是吴子得君之也。"①季札名而不氏,就是让他处于卑微之位,如此而已。

9. 二传叙事的相似性

《公羊》襄二十九年传:"谒也、馀祭也、夷昧也,与季子同母者四。季子弱而才,兄弟皆爱之,同欲立之以为君,谒曰:'今若是迮而与季子国,季子犹不受也,请无与子而与弟,弟兄迭为君,而致国乎季子。'皆曰:'诺。'故诸为君者,皆轻死为勇,饮食必祝,曰:'天苟有吴国,尚速有悔于予身。'故谒也死,馀祭也立。馀祭也死,夷昧也立。夷昧也死,则国宜之季子者也。季子使而亡焉。僚者,长庶也,即之。季子使而反,至而君之尔。阖庐曰:'先君之所以不与子国,而与弟者,凡为季子故也。将从先君之命与?则国宜之季子者也。如不从先君之命与?则我宜立者也。僚恶得为君乎?'于是使专诸刺僚。而致国乎季子,季子不受,曰:'尔弑吾君,吾受尔国,是吾与尔为篡也。尔杀吾兄,吾又杀尔,是父子兄弟相杀,终身无已也。'去之延陵,终身不入吴国。故君子以其不受为义,以其不杀为仁。"②这是记载季札的三位兄长共同宣誓,兄终弟及,把王位留给季札,但季札一直推让没有登基,后来君位由公子僚继立。③ 后来,阖庐派专诸杀僚而致国季札的悲剧,最后季札推拒不受,毅然离开吴国。

《左传》也有类似的叙事。《左》襄十四年传:"吴子诸樊既除丧,将立季札。季札辞曰:'曹宣公之卒也,诸侯与曹人不义曹君,将立子臧。子臧去之,遂弗为也,以成曹君。君子曰:"能守节"。君,义嗣也,谁敢奸君?有国,非吾节也。札虽不才,原附于子臧,以无失节。'固立之。弃其室而耕,乃舍之。"又,《左》昭二十七年传:"夏四月,光伏甲于堀室而享王。……鱄设诸寘剑于鱼中以进,抽剑刺王,铍交于胸,遂弑王。……季子至,曰:'苟先君无废祀,民人无废主,社稷有奉,国家无倾,乃吾君也。吾谁敢怨?哀死事生,以待天命。非我生乱,立者从之,先人之道也。'复命哭墓,复位而

---

① 王崇燕:《纠谬》卷9,页313。
② 《公羊注疏》卷21,页464—66。
③ 吴王僚是谁的儿子?始终没有定论。武亿《群经义证》(卷5,页179)沿用《史记》及《吴越春秋》认为僚是夷昧之子,并以此推敲掩馀的身份。臧琳《经义杂记》(卷4,页68)则认为吴王僚是季札庶兄:"谒等四人为同嫡母所生,僚年长于四人,但庶妾所生耳。"

待。"①比较二传,可以发现大同小异,《左传》强调季札当初没有登基做的正确,而《公羊》则偏重于赞扬季札在吴王僚后被弑"不受"和"不杀"的表现。

10. 崔适驳论之谬

由季札最初没有继位,到最后不受僚的致国,是否做的正确?他与吴王僚之死有没有关系?可以深究的问题很多,无法三言两语说清楚。在此,仅是强调一点:不能因贤季札而断定只有《公羊》叙事可信,进而诬指其他作品都不可靠。崔适《复始》云:"《春秋》贤季子,非谓其让谒,让夷昧也,以不受国于阖庐也。阖庐弑僚,而致国乎季子,正与《左氏》所谓负刍杀曹大子,诸侯欲立子臧,其事相似。季子若引子臧之事,宜以告阖庐,乃以对诸樊,岂以诸樊比负刍乎?斯僸不于伦矣。不义阖庐所为,故去之延陵,终身不入吴国,即《左氏》所谓'弃其室而耕'者。若以此对诸樊,岂以诸樊所为为不义乎?谒以迮而与季子国,知其不受,故立兄弟迭为君之约。然则夷昧死,札如在国,依次当立,以称先君之意,而安吴国,不幸使而未反。僚以长庶即位,阖庐得所藉口,此天之祸吴国也。若夷昧授国于季子而不受,则是吴之祸季子为之。《春秋》不贤宋宣,何以贤季子?且使夷昧死而季子立,正是守节,不为失节。《左氏》谓季子守节者也,虽有国不立,然则有国而立者,皆失节乎?季子为先君所欲立,通国归心,其势力足以杀阖庐不杀者,亲亲之道,非仁而不武者比。……不畏强御之季子,诬以如脂如韦,阿阖庐而谤先君。果尔,则岂得为贤?"②

上述观点,虽然主要是针对《左传》,但其背后的逻辑,是认定所有不合《公羊》的叙事皆属伪作。有关季札放弃君位一事,《左》襄十四年传是现行文献最完整的叙事,而《公羊》记载季札在兄亡后拒绝继位,仅说"季子使而亡焉",其中没有述及季札当时有什么理由推辞和流亡,实难以此否证《左传》的真实性。崔适因子臧典故的不恰当而怀疑季札不可能对诸樊这么说,实是臆测而已,始终拿不出任何具体的证据。阅读《左》襄十四年传,其中不过是说季札以子臧之事自期,古人引用时事见闻作为谈助,不见得每个细节都需要完整妥贴方可援引。退一步说,即使崔适所言有理,也不过

---

① 《左传正义》卷32,页919;卷52,页1483—84。
② 崔适:《春秋复始》卷3,页398。

是说明季札引喻不当,如此而已。说穿了,崔适之所以断定季札不能引用子臧之事,很大程度上因为他为了回护《公羊》的需要,断然否定曹成公杀太子自立的真实性。但是,这个说法依据不足,未能服人。①

此外,崔氏"天之祸吴国"之说,是因为后世学者在阅读三传后,普遍认为吴国内部的政治斗争,源于季札没有继位。② 如崔适之解,季札之所以不继位,不是他不想,而是"使而未反"。吴王僚趁"使而未反"的空隙乘机夺位,可是没有可靠的证据说明这一点。崔适既说"通国归心",季札真有继位的意愿,君位岂有旁落之理？更重要的是,《公羊》"季子使而亡焉"和"至而君之尔"二语,已说明季札出使流亡是他自己选择的行为,迄至吴王僚坐稳了君位方才回到吴国,可见他绝非有意继位为君。这一点,《左》《公》大同小异。崔适强生是非,遂失传义。

至于"阿阖庐而谤先君"的批评,是针对季札自辩"非吾生乱"之言,它与《公羊》的叙事不同,仅能说明二传取材不同,但也不见得必不可同出一人之口。即使认为二传不可强合,也不能以此断言《公羊》必可压倒《左传》。崔适必以《左传》所述为伪,不过是出于刘歆伪经的虚拟前提,算不上严肃的学术结论。

总结上述的讨论,崔适试图抹煞《公羊》以外的其他叙事,态度专横,谬戾为多。假如它的结论能够成立,不仅《左传》遭到否定,恐怕连《穀梁》也要遭殃,因为《穀梁》始终不提及季札让国之事,极有可能被冠上隐默和应伪经之罪。于是,要证成《穀梁》贤季札的观点,就有必要严肃拒斥崔适的谬论。

11. 贤与让国无关

《穀梁》明确肯定季札的"贤",但没有明说他与让国之间的关系。勉强要在传文中寻找季札让国的线索,大概只有"延陵季子"四字而已。延陵是季札的封地,也是他离开吴国后退隐之地。③ 熟悉季札故事的人读了很难不想起他的让国经历和流亡厄运。《穀梁》用字简洁,惜墨如金,却再三点出"延陵"之名,为什么？不清楚。惟一可以确定的是,《穀梁》没有认可他的让国。传文承认他因"尊君"而"贤",没有正面交代季札让国退隐延陵的情节。

---

① 参阅本章页110—11。
② 有关这个问题,参阅拙著:《让国的争议》,页115—19。
③ 《史记·吴太伯世家》(卷31,页1451)云:"季札封于延陵,故号曰延陵季子"。

12. 廖平改写文本之谬

廖平《古义疏》大量引录《新序·节士》有关季札让国的叙事（基本上取材于《公羊》的内容），最后说："……君子以其不受国为义，以其不杀为仁，是以《春秋》贤季子而尊贵其君也。"①最后一句，其实暗藏对《新序》的改写。《节士篇》原文是"是以《春秋》贤季子而尊贵之也"，②廖平改"之"为"其君"。改动甚微，但因为这一改动，不小心的读者就很容易错过其中的变化：经过改写后，"尊贵"的对象由"季子"变为"其君"。为什么要这样做呢？理由很简单，《新序》有关季札的叙事，本是以《公羊》为蓝本。《公羊》仅说"许夷狄者，不壹而足也"，③"贤"的所指仅季札，不及吴子。以吴子为贤，则是《穀梁》的重要主张。廖平的改动，正是牵合二传的产物。不细心查核文献出处的读者，也许可能被误导，以为《新序》与《穀梁》一样，因贤季札而贤其君。从《古义疏》改动文献的做法，可以反映一个简单的事实：《新序》有关季札的叙事，是参考《公羊》而写成，跟《穀梁》没有什么关系。廖平以此证《穀梁》，不是简单的改编重写，而是大胆放手改写行世著述，罔顾文本，恐为识者所哂。

13. 小结

季札因吴国内乱的传奇故事而享誉千古，但很少人注意他和馀眛同样被誉为贤者，而判断他们为"贤"的标准，不是让国，而是"尊君"和"使贤"。

L_1　尊君是判断其人为贤的决定性证据。

M_1　使贤是判断其人为贤的决定性证据。

按照《穀梁》的判断，季札的贤不仅是他个人的事情，而且他因尊君而贤，也惠及其君馀眛。

（二）哀十一年经："冬，楚公子结帅师伐陈。吴救陈。"

《穀梁》无传。此经没有直接提及季札，但因《左传》叙事提及季札，故不得不予以说明。

1."救"与"善救"

"救"意谓军事意义上的援救。《春秋》言"救"24例：

---

① 廖平：《古义疏》卷8，页555。
② 石光瑛：《新序校释》卷7，页866。
③ 《公羊注疏》卷21，页466。

[1] 庄六年:"王人子突救卫";传:"善救卫也。"

[2] 庄二十八年:"公会齐人、宋人救郑";传:"善救郑也。"

[3] 闵元年:"齐人救邢";传:"善救邢也。"

[4] 僖元年:"齐师、宋师、曹师次于聂北救邢。"

[5] 僖六年:"楚人围许,诸侯遂救许";传:"善救许也。"

[6] 僖十五年:"公孙敖帅师及诸侯之大夫救徐";传:"善救徐也。"

[7] 僖十八年:"师救齐";传:"善救齐也。"

[8] 同年:"狄救齐";传:"善救齐也。"

[9] 僖二十八年:"楚人救卫。"

[10] 文三年:"晋阳处父帅师伐楚救江。"

[11] 文九年:"公子遂会晋人、宋人、卫人、许人救郑。"

[12] 宣元年:"晋赵盾帅师救陈";传:"善救陈也。"

[13] 宣九年:"晋郤缺帅师救郑。"

[14] 宣十二年:"卫人救陈。"

[15] 成六年:"晋栾书帅师救郑。"

[16] 成七年:"公会晋侯、齐侯、宋公、卫侯、曹伯、莒子、邾子、杞伯救郑。"

[17] 襄五年:"公会晋侯、宋公、卫侯、郑伯、曹伯、莒子、邾子、滕子、薛伯、齐世子光救陈。"

[18] 同年:"公至自救陈";传:"善救陈也。"①

[19] 襄十年:"楚公子贞帅帅救郑。"

[20] 襄十二年:"季孙宿帅师救邰,遂入郓。"

[21] 襄十五年:"公救成,至遇。"

[22] 襄二十三年:"叔孙豹帅师救晋,次于雍渝。"

[23] 哀七年:"郑驷弘帅师救曹。"

[24] 哀十年:"吴救陈。"

通观这 24 例的"救",全部是正面的褒义。其中,《穀梁》对其中 9 例发传褒扬。"善救"表明救者一般都是可褒的对象。这 9 例"善救"之义,基本上也适用于其他单言救而不发传的经文,即例[11]、[13]、[14]、[15]、[19]、

---

① 《穀梁注疏》卷 5,页 69;卷 6,页 95、102;卷 8,页 120、131、136;卷 12,页 187;卷 15,页 247。

[23]、[24]。

当然，也有一些施救的人是可以批判的，但经文对此将会添加其他措辞展示贬义，如"次""遂""入"等等。对此，《穀梁》往往发传澄清，比如对例[4]和[22]云："非救也。"对例[20]云："受命而救鄫，不受命而入郓，恶季孙宿也。"[1]这是因为经文使用"次""遂""入"诸字而贬其事，就"救"而言，却无贬义可寻。

也就是说，单言"救"而没有其他措辞的笔法，由此已足以推论出"救"的主体（无论称人、称子、称爵、称国抑或师，也无论人数多少）都是可以赞美的。胡传："凡书救者，未有不善之也。"[2]胡安国这个概述，是从《穀梁》转手发挥，既全面又准确，为读者正确认识"救"的涵义，提供了重要指引，非常值得嘉许。

2. 救者善，伐者不正

经文言"救"之前，皆有被救之国遭到军事攻击的记载。在前一页的24例中，除例[4]因"非救"而不记载邢有何军事危难外，其余23例的被救国皆有这方面的用辞，其中书"伐"18例，书"围"4例，书"侵"1例。"伐"为贬辞，"救"为褒贬。庄六年传："救者善，则伐者不正矣。"[3]此言可以适用《春秋》全经"救"与"伐"的记载。

3. 季子救陈

陈国一度被楚灵王灭亡，乘楚昭王流亡时复国，自此一直成为楚、吴两大国争斗的磨心。[4]《左》哀十年传："冬，楚子期伐陈。吴延州来季子救陈，谓子期曰：'二君不务德，而力争诸侯，民何罪焉？我请退，以为子名，务德而安民。'乃还。"[5]如其记述，吴国季札主持救陈之事，顺利劝退楚子期的军队。

这个叙事与《公羊》叙事不合，又引起崔适的驳难。《复始》云："《左氏》以救陈者为吴延陵季子，此又诬也。《春秋》之义，吴无君，无大夫，至襄二十九年'吴子使札来聘'，'贤季子'，故'有大夫'；'有大夫'，故'有君'。所

---

[1] 《穀梁注疏》卷7，页105；卷15，页256；卷16，页265。
[2] 胡安国：《春秋胡氏传》卷12，页174。
[3] 《穀梁注疏》卷5，页70。
[4] 楚、吴争陈的背景，参阅《史记·陈杞世家》（卷36，页1913—14）的叙述。
[5] 《左传正义》卷58，页1654。

谓以季子为臣,则宜有君者也。今岂贬之于'反夷狄'之例乎？且季子于阖庐时去之延陵,终身不入吴国,焉肯为夫差将乎？"①一如既往,崔适这种惟《公羊》独尊的解经手法,同样是不可信的。"有君有大夫"是《公羊》的主张,崔氏以此准绳《左传》,已有问题。况且,《公羊》定四年传解"吴入楚"为何"不称子"时,已明言"反夷狄也"。② 从《公羊》的立场出发,哀十年经称"吴"而从"反夷狄"之例,是理所当然的。崔氏所言不合《公羊》之义,显而易见。此外,《公羊》"有君"和"有大夫"的判断,是针对"吴子使札来聘";这是诸侯遣使赴鲁的典型句式,与"A 救 B"的救文,完全不可同日而语。《左传》"季子救陈"的记载,在某程度上看,也是符合"救"文的正常解释,反被崔适诘难为何得不出"有君"和"有大夫"等结论,这是要求的不合理,不足服人。崔适最不能接受的是,哀十年经"吴救陈"若由季札率领,显示在《公羊》退隐延陵的叙事以外,存在不一样的记载。问题是,《左》哀十年传有关季札的叙事是现存文献惟一的孤证,《公羊》对"吴救陈"既未发传解释,对"救"的涵义也没有统一的说法,③实难仅以《公羊》襄二十九年传的叙事确证《左传》之伪。说到底,崔适认定季札救陈必不可能,只是刘歆伪经说所推衍的虚假结论,不足为凭。

4.《穀梁》不必容受《左传》

《穀梁》既未发传说明救陈的是否季札,所以也无从判断它是否与《左传》的叙事兼容。站在《穀梁》的立场上看,因其对"救"的正面解释,《左传》"季子救陈"不是不能接受的说法。不过,鉴于《穀梁》文本的内在限制,季札之贤,仅见于襄二十九年传,此经救陈虽"善"可褒,但它与季札没有直接关连。因此,不容受《左传》的观点,可能是较正确的做法。

5. 小结

本章讨论诸例,仅季札和徐眛二人是《穀梁》明确发传认可的贤者,其余被列为让国者的人,像叔武被称为"卫子",也仅能从相对间接的证据作出推敲。本书第四章总结"贤"的条件时,将会继续审视二人称贤的问题；在此必须再次重申的是,季札称贤与让国毫无关系,这是阅读《穀梁》应有的基本认识。季札充其量只具备占有君位的可能性,但从未占有君位,他

---

① 崔适:《春秋复始》卷29,页593。
② 《公羊注疏》卷26,页564。
③ 参阅本书第三章,页534—36、545—47。

的处境与司马子反、子臧相同(参阅 X_b)。

七、叔术

与子臧一样,《穀梁》同样不曾提及叔术,将之相关的经文仅以下一例:

昭三十一年经:"冬,黑肱以滥来奔。"传:"其不言邾黑肱,何也？别乎邾也。其不言滥子,何也？非天子所封也。来奔,内不言叛也。"①

此经虽未提及叔术,但因《公羊》认为此经寓有贤叔术让国之义,必须略作辨析。

1. 黑肱

黑肱,《左传》同,《公羊》则作"黑弓",于鬯指出"肱""弓"二字古音同部,推测"弓"字是"肱"的古文,"初非借弓孤之弓为股肱之肱也",②可以信从。

2. 别乎邾

黑肱是邾国的人。《春秋》记录其他国家的大夫投奔鲁国,一般都在名字前提及其国。例如襄二十一年"邾庶其以漆闾丘来奔"、昭五年"夏,莒牟夷以牟娄及防兹来奔",皆是明言来奔者属于何国。

"乎"有"于"义,③"别乎邾"表示有别于邾。经文不称之为"邾黑肱",因为滥邑有别于邾国。然而,经文又不称之为"滥子",可见黑肱不是周王所册封的国君。推敲传文,册封者显然就是邾国。范注:"邾以滥邑封黑肱,故别之若国。"④由于滥邑相对独立的政治地位,不能把黑肱等同为邾国其他大夫,故此剔除"邾"字。

3. 因"贤者子孙宜有地"的指控

承认黑肱当时独特的政治身份,不表示其祖叔术可褒。《穀梁》和《左传》一样,都没有"贤者子孙宜有地"的主张。崔适《复始》批判《穀梁》和《左传》云:"皆不及'贤者子孙宜有地'之义,比而叛《春秋》也。"⑤这是荒唐的指责。二传没有"贤者子孙宜有地"的观点,不等于二传勾结伪造背叛《春秋》。为什么二传没有提及《公羊》的某一观点,便算是叛经的表现？与那

---

① 《穀梁注疏》卷 18,页 312。
② 于鬯:《香草校书》卷 50,页 1014。
③ 《尚书·皋陶谟》(卷 4,页 103)云:"何忧乎骧兜？"此"乎"即是"于"义。
④ 《穀梁注疏》卷 18,页 312。
⑤ 崔适:《春秋复始》卷 3,页 400。

些要求紧跟到底,凡有异议即指为不忠的政治迫害有何差别？崔适以此为据诬陷二传,其态度的专断和蛮横,令人瞠目结舌,无话可说。

4.《公羊》让国的叙事

《公羊》同样着眼于"邾"字之缺,并且缕述了一个离奇的让国故事：鲁孝公年幼之时,邾娄颜因淫乱而招纳反贼作乱,幸得臧氏之母营救方才幸免,事后孝公之臣向周室控诉。周王杀颜而立叔术为邾娄国君。据说,叔术登位为颜报仇和娶了颜妻（即叔术之嫂）,后来醒悟而把君位还给颜子夏父,而且当夏父封赏国土时,只接受五分之一。这样的故事,主要是据后来流传于世的传闻整理而成。其中的真伪,《公羊》也没有确言其必,反而是交代传闻的源头。《公羊》昭三十一年传："公扈子者,邾娄之父兄也。习乎邾娄之故,其言曰：'恶有言人之国贤若此者乎？'"①据于鬯的考证,颜淫九公子之时,鲁孝公已立,欲弑之人亦是孝公,不是懿公。而且,杀"杀颜者"和娶颜妻之事,最好该理解为备存的异闻,供读者参阅而已。②

必须指出的是,《公羊》这样记载叔术的行为,不见得得到后世儒者的真心欣赏。齐召南便质疑说："即如其说,贪色杀仇,何成贤者？"③而且年份久远,相隔至少二百多年,④但因叔术已被定位为让国贤者,居然也能庇佑后世子孙,哪怕是这个子孙是叛君罪人也无所谓,难以取信于世人,亦不奇怪。对此,刘敞便批判说："悬隔数十世之外,而通叛君之黑弓,使当有国,谁能信之乎？"⑤

5. 强合二传之误

无论如何,这些都是《公羊》一家之说,《穀梁》没有这方面的叙事,而且传文明言不言滥子的原因是"非天子所封",这跟《公羊》认为叔术曾有周土册立之事未能吻合。因此,强合二传反而不美。廖平《古义疏》解释"不言滥子"时,特别引录所谓"《公羊》言叔术让国事",⑥以《公》解《穀》,显然不

---

① 《公羊注疏》卷24,页540。
② 于鬯:《香草校书》卷50,页1014—16。
③ 齐召南:《公羊考证》卷24,页465。
④ 虽然《史记》没有采信《公羊》有关叔术的叙事,但据《十二诸侯年表》(卷14,页664—65、800—01)记载,鲁孝公在公元前796年登位,而黑肱则在前511元出奔。假定真的存在邾娄颜谋弑鲁孝公的事件,大概也是前796年不久后的事情,两者相距至少二百八十多年。
⑤ 刘敞:《春秋权衡》卷13,页316。
⑥ 廖平:《古义疏》卷9,页629。

当。此外，杨树达《春秋大义述》在讨论叔术让国时，也有强合二传的类似倾向。①《穀梁》没有容纳《公羊》的空间，像廖、杨这样不分二传之别，很容易改是为非，为认识传义增添不必要的障碍。

6. 以

"以"，意谓拿着，也可以引申为"使"或"用"义。前已述及，《穀梁》对"以"有三种解释，分别是"不以""内为志焉尔"和"重辞"。此经不涉及盟会的主客双方，当然用不上"内为志焉尔"的说法。其余两个解释，在不同程度上也是适用于此经："不以"是批判黑肱，滥邑本是邾国封给黑肱的，而他却拿着滥邑投奔他国，当然是不应该做的事情。至于"重辞"，是指鲁国看重黑肱带来的土地。②

7. 其来奔内

凡是经文出现"来奔"的记载，《穀梁》比较常见的解释是重申"来奔者不言出"的传例。文八年经："宋司城来奔"，传："来奔者不言出，举其接我也。"③其余以"来奔者不言出"作解释的经文，还有2例，即襄二十一年"邾庶其以漆、闾丘来奔"和昭五年"莒牟夷以牟娄及防兹来奔"，都是显示来奔涉及鲁国，所以不言"出"。此经有别于普通的来奔，在于黑肱以滥来奔，叛逆邾国之迹，昭然若揭。因此，《穀梁》澄清经文为何没有叛文（如"以叛"之类），认为关键是黑肱出奔的目的地是鲁国，《春秋》以鲁为内，不言叛也是讳言鲁罪。钟文烝《补注》云："今有'以'文、无'叛'文者，为其来奔内，书其以地接我为重，兼为内讳也。"④《春秋》没有记载鲁国接受拿着城邑来投奔的叛臣，钟氏内讳之说，有理有据。

可惜，王树荣不明传义，反而提出不合理的质疑，《续穀梁废疾》云："明明从外来，何得云'内不言叛'乎？"⑤此驳不通。"内不言叛"之"内"显然指黑肱奔内，而非鲁国内部有人出奔。钟注"其来奔内"已展示这一点，可惜王树荣没有耐心理解。

---

① 杨树达：《春秋大义述》卷3，页92。
② "以"的三个传例，参阅本章（页83—85）的说明。黑肱献邑的做法，与纪季非常类似，二人同属"不以"之列（参阅本书第三章，页380—86）。至于说鲁国看重黑肱的土地，主要是参阅昭五年传"重地"的解释（参阅页84—85）。
③ 《穀梁注疏》卷10，页170。
④ 钟文烝：《补注》卷22，页668。
⑤ 王树荣：《续穀梁废疾》卷3，页272。

8. "以类相从"之谬

传文没有具体地指责鲁国哪些臣子犯错。罗典《读春秋管见》引许翰"邾快、黑肱相继来奔,季孙当国,以类相从也"之说,认为"最得经旨"。①此说臆测居多,当时鲁昭公出奔,季孙当国,但经文未特指鲁国哪一个人负责黑肱来奔之事。这样把批判火力集中在季孙身上,貌似有理,反不如《穀梁》"内不言叛"更贴近经旨。

9. 黑肱之叛

总而言之,黑肱跟其他献地出奔的叛国者犯了一样的错误。襄二十一年"邾庶其以漆闾丘来奔",昭五年"莒牟夷以牟娄及防兹来奔",皆是以地奔鲁,其行径与黑肱没有差别。因此,论者往往把这三人并举。《左》昭三十一年传:"邾庶其、莒牟夷、邾黑肱以土地出,求食而已,不求其名,贱而必书。"②这是"君子"对这三人的综合评价。《穀梁》虽未触及"求食"与"求名"之辨,但与地称名示贬,是传中重要的主张,隐八年经:"郑伯使宛来归邴",传:"名宛,所以贬郑伯,恶与地也。"③像宛作为郑伯的使者献地予鲁也须示恶,黑肱称名为恶自是毋庸置疑的事情。因此《左传》君子之言,与《穀梁》实有相互印证之处。

10. 小结

无论从哪一角度看,经文上没有"邾"字,不意味黑肱的叛行得到任何辩护,因为《穀梁》此传不涉足于叔术是否贤大夫或让国是否可贤这些远离经文的问题。《公羊》曾有叔术致国而中分五分之一的叙事,④大概算是已占有君位的让国者(参照 X_a),类似鲁隐公、宋宣公的情况。不过,他与公孙会一样,都是因《公羊》视其先人为贤而对之予以特笔。然而,经文从未提及叔术之名,《穀梁》不认为他因让国而称贤,更不认为《春秋》为此不欲绝之(参阅 K_1)。叔术不是《穀梁》认可的贤者,而让国不仅不足以贤其人,也不足以让其子孙得到特殊庇护或讳言其罪的资格。

---

① 罗典:《读春秋管见》卷 12,页 542。
② 《左传正义》卷 53,页 1521。
③ 《穀梁注疏》卷 2,页 25。
④ 《公羊注疏》卷 24,页 540。

第三节　让国以外的辞让

《穀梁》反对鲁隐公让国，不像《公羊》那样大肆歌颂让国者，但不等于它认为"让"必然舛错的。最明确的反例就是宣缪二公的案例。同样是让渡君位的做法，《穀梁》虽未发传称贤，但也可知缪公和与夷的得位毫无问题。在让国的问题上，认为《穀梁》反对让国，肯定是以偏概全的论断。更进一步地说，《穀梁》不仅没有简单的反对让国，而且对"让"的运用还是褒义的运用居多。

就字义而言，"让"通作"攘"，①可解作责备、批评，亦可解作推辞、退让。②《穀梁》与《公羊》一样，"让"字都是专指推辞、退让之义，没有责备、批评的意思。作为推辞、退让的"让"，自身不具备固定的褒贬意指。这个概念孰扬孰抑，端视使用者的意向而定。二传的差别在于，《公羊》11个"让"字，除了2字涉及齐襄公让渡"卫宝"外，其余9字都是对让国者的颂赞，而"让"的主体都是可褒的贤者。③ 相比之下，《穀梁》不是毫无保留地肯定"让"及其主体，涉及让国的4字是对鲁隐公的批评，另外5字载于4则传文，都是把"让"字用作褒义，或把"不让"视为可贬的：

（一）桓十五年经："二月，天王使家父来求车。"传："古者诸侯时献于天子，以其国之所有，故有辞让而无求焉。求车，非礼也；求金，甚矣。"④

这里讨论天子向诸侯征求的问题，其中对"辞让"的讨论极其重要。

1. 时献

"时献"的"时"，指每年春季。⑤ 诸侯遣使朝王纳贡是不可推卸的基本义务，但贡献什么东西，主要由诸侯国自己决定，通常都是其国拥有的

---

① 王念孙《广雅疏证》（卷2，页297—98）云："古者'让''攘'同声，字亦通用。"
② 《左传》"让"的记载，兼及这两种截然不同的含义。《左》桓八年传："使蒍章让黄。"杜注："责其不会。"黄国不参与楚子所召集的盟会，所以楚子命蒍章予以责备。《左》文元年传："卑让，德之基也。"这是公孙敖的话，其中"让"字作退让、辞让解。参阅《左传正义》卷7，页188；卷18，页488。
③ 《公羊》有9个"让"字，涉及鲁隐公、叔武、季札、公子喜时、叔术五名让国者；他们的问题已在上文阐述。至于卫宝之让，见于《公羊》庄六年传（卷7，页130）的讨论，于此不赘。
④ 《穀梁注疏》卷4，页55。
⑤ 钟文烝：《补注》卷4，页122。

特产。①

2. 辞让

家父是周桓王的大夫,②出使鲁国的目的是为了求车。犹如定元年传的"让"与"求","辞让"与"征求"两者于义相反。"辞让"乃是谦逊推让之意。然而,钟文烝却有不同的意见。《补注》云:"辞,以文辞告晓之。让,谴责也。此《国语》所谓威让之令、文告之辞,所以惩不贡献者。"③这个主张值得斟酌。《周语》"威让之令"的说明,未尝将之等同为"辞让"。④ "有辞让"与"无征求"对举,义宜相反。若作谦逊推让之解,自无问题,一来《穀梁》定元年传已有"让""求"对举的说法,二来这是先秦两汉文献最常见的解释,除了《孟子》对"辞让"的论述外,《曲礼》"长者问,不辞让而对,非礼也"是另一显例。⑤ 按照钟文烝的解释,"辞让"不啻是以文书向诸侯索取贡物,如柯劭忞的诘问,"与'征求'何异乎?"⑥

单纯看以"让"为"谴责"的解释,不完全是由钟文烝首创。这该是源自惠士奇《春秋说》以"威让之令"训"辞让"的观点,而这一观点主要是回应赵匡对《穀梁》的驳难:"天子受贡,常礼也,亦何所让?"⑦这里是预设天子不用辞让行事,很大程度上是受累于后世专制政治以天子为绝对权威的构想所致。根据《穀梁》的主张,"让"或"辞让"是每一个人都应该做的行为。定元年传:"人之所以为人者,让也。"⑧有关这方面的内容,下文将有详解。这里只强调一点:"人"是泛指所有的人,没有什么人有特权豁免在外。如果惠士奇和钟文烝的解释成立的话,那就意味天子不用"辞让",这跟"人之所以为人"的全称范围,形成尖锐的矛盾。因为上述的考虑,对此传"辞让"的解释,还是应该按一般的推让义来解释。廖平《古义疏》云:"诸侯时献天

---

① 诸侯纳贡是周代畿服制的基本制度规定,参阅葛志毅:《周代分封制度研究》,页134—56。
② 武亿《群经义证》(卷3,页164)根据《仪礼·士冠礼》郑注"周大夫有嘉甫"(卷3,页73)一语,证以此传"家父",认为"'嘉'与'家'字异音同,或郑氏所据古本如是",这个猜测虽无进一步的佐证,但言之有理,可备一说。
③ 钟文烝:《补注》卷4,页122。
④ 徐元诰:《国语集解》卷1,页8。
⑤ 《礼记正义》卷1,页23。
⑥ 柯劭忞:《传注》卷2,页16。
⑦ 惠士奇:《春秋说》卷1,页651。陆淳:《春秋集传辨疑》卷2,页617。
⑧ 《穀梁注疏》卷19,页317。

子，于献时礼辞之。"① 这是完全说得通的解释。不能说周王受贡必无推让的表现。

3. 求

《春秋》"求"字共 4 例，除本例外，其他 3 例是隐三年"武氏子来求赙"、僖三十一年"杞伯姬来求妇"、文九年"毛伯来求金"。可见，求者可以派人，也可以亲自前来。胡传："遣使需索之谓求。"② 胡安国此说有误。杞伯姬就是来鲁亲自求索，并非遣使。

"求"，据《穀梁》解释，基本上是负面的涵义。隐三年经："武氏子来求赙。"传："曰归之者，正也；求之者，非正也。……求之为言，得不得，未可知之辞也。"③ 赙是丧事所需用的钱财。定元年行零，是下求上；隐三年求赙和桓十五年求金，是上求下。无论下求上抑或上求下，向他者请求不能确定是否可获得的东西，若是不必求而求的情况（包括七月零、天子征求），就是不正当。柯劭忞《传注》云："凡可以不必求而求，皆不正。上下之辞，一也"，④ 所见合于情理而毫无窒碍。一般而言，周王可以推让诸侯的贡物，不应主动派人要求缴纳什么东西。《穀梁》据此批判"求"的"非正"。

4. "求车"与"求金"

同是"非正"的求，又有"求车"与"求金"的区别。"求金"，非桓十五年经的内容。文九年经："毛伯来求金。"并举二事，比见其义，是《穀梁》常见的论述手法。此传"求车，非礼也；求金，甚矣"，与文九年传"求车，犹可；求金，甚矣"相通。⑤

比较二传所释的经文，其中笔法有一个明显的差异：桓十五年经"天王使家父来求车"，明言家父是天王的使者；文九经"毛伯来求金"，只说毛伯来，彷佛是他自己的决定，来鲁没有授意者。之所以有这些差异，范宁有一个很好的解释。他比较隐三年"武氏子来求赙"与文九年"毛伯来求金"，发现二者都是发生在丧期的事情。范注："天王使不正者月，今无君，不称使，故亦略而书时。"⑥ 这样归纳符合《穀梁》的内容，因为隐三年传："其不言

---

① 廖平：《古义疏》卷 2，页 110。
② 胡安国：《春秋胡氏传》卷 6，页 75。
③ 《穀梁注疏》卷 1，页 14—15。
④ 柯劭忞：《传注》卷 14，页 3。
⑤ 《穀梁注疏》卷 11，页 171。
⑥ 《穀梁注疏》卷 1，页 14。

使,何也？无君也。"①此"无君"是因为王丧。这主要是交代周室使者为何自来。

5. 甚矣

明乎此,可以推断丧期主要是涉及使者有没有派遣的君主。不能说丧期触及《穀梁》贬抑的程度。范注引范凯曰："求俱不可,在丧尤甚。"②这个解释略有偏差。桓十五年传和文九年传的"甚矣",皆未提及"在丧"的问题。范凯"在丧"之说,不合传义。王崇燕《纠谬》说得好："以丧甚之,非传意也。"③

文九年传"求车,犹可"的"犹可",意谓还可以。周何把"犹可"译为"尚有可说",④稍嫌不准。"犹可"没有"可说"的涵义,譬如《万章下》"猎较犹可"⑤就不宜说是"尚有可说",而杨伯峻亦将之译为"争夺猎物都可以"。⑥《穀梁》仅是比较求车与求金：求车虽不合礼但还可以；求金不仅"非正",而且"甚矣",意味这是更为过分的严重问题。庄二年传："言会,非正也；飨,甚矣。"⑦以"非正"与"甚矣"对举,显而易见。隐三年传："求之者,非正也。"所以求金的"甚矣"不仅是相对于"非礼"和"犹可"而言,也是相对于"非正"而言。

6. "材用不足"之谬

周桓王为何求车？《穀梁》没有交代。秦平说："尽管天子在经济上出现困厄,但《穀梁传》认为天子并不能以此为借口向诸侯索要财物,因为这实质上等于承认天子并不能拥有整个天下。"⑧这是借取春秋史教科书的常识自作推衍。传中从未提及当时周室的财经状况,也不明确批判这是"索要财物"的"借口",更未触及"承认天子并不能拥有整个天下"的问题。就《穀梁》而言,"求"是不对的,不论是否"困厄"。以"困厄"为说,反而迷糊了传义的重点。

---

① 《穀梁注疏》卷1,页14。
② 《穀梁注疏》卷11,页171。
③ 王崇燕：《纠谬》卷6,页299。
④ 周何：《新译》上册,页534。
⑤ 《孟子注疏》卷10,页280。
⑥ 杨伯峻：《孟子译注》,页223。
⑦ 《穀梁注疏》卷5,页64。
⑧ **秦平**：《〈春秋穀梁传〉政治哲学研究》,页190。

必须澄清，秦平"困厄"之说，前人早有类似的说法。孙复《尊王发微》云："诸侯贡赋不入，周室材用不足也。"①这个观点，完全是立足于尊王的需要，把批判的火力对准不纳贡的诸侯，可以反映宋儒尊王的政治心理，但实在找不到一丝一毫沾边儿的记载，足以说明周桓王是因为"材用不足"而有"求"。在这一点上，三传实无明显的分歧。《左传》云："天子不私求财。"②《公羊》云："王者无求，求车非礼也。"③周王不宜求，二传与《穀梁》并无分歧。三传批判的对象显然是周桓王，而非鲁国或其他诸侯。这是最符合经文的解说。相比之下，孙复是以猜想取代释诂，貌似有历史背景，其实远不如《穀梁》（也包括《左》《公》二传）紧扣经文"求"字立说来得可靠，不宜用作解经。

7. 义利之辨

义利之辨是《穀梁》的重要主张，宣四年传："伐莒，义兵也。取向，非也，乘义而为利也。"④因为这个观点，读者不妨这样理解：求车与求金之所以不对，因为这是好利的表现。《说苑·贵德篇》云："周天子使家父、毛伯求金于诸侯，《春秋》讥之。故天子好利则诸侯贪，诸侯贪则大夫鄙，大夫鄙则庶人盗。上之变下，犹风之靡草也。"⑤刘向此说有助于传义的阐述。征求与好利、贪、鄙、盗相关，有违辞让之义。天王作为最高的统治者，不该带头这样做法。

8. 小结

"辞让"的"让"，与"让桓"的"让"一样，都是要把某个东西让渡给其他人。但《穀梁》明确反对"让桓"而主张"辞让"，如何看待二者的区别呢？关键在于"让"的东西不同："让桓"准备辞让的是鲁国君主之位；而周桓王所辞让的是像车之类的贡物。

严格地说，鲁隐公已占有君位，但这个君位（参照 X_a）不是他自己全权支配的私有物，《穀梁》以"受之父"和"受之君"批判他的"让桓"，就是因为君位来自"父"和"君"，不是他自己产生的东西。既然这个君位已传给鲁隐

---

① 孙复：《春秋尊王发微》卷2，页22。
② 《左传正义》卷7，页206。
③ 《公羊注疏》卷5，页104。
④ 《穀梁注疏》卷12，页192。
⑤ 向宗鲁：《说苑校证》卷5，页110—11。《盐铁论·本议篇》亦有类似的观点："诸侯好利则大夫鄙，大夫鄙则士贪，士贪则庶人盗。"参阅王利器：《盐铁论校注》卷1，页4。

公,就没有理由背离"父"和"君"的心意,把它让渡给其他人,包括原来鲁惠公属意的鲁桓公。

相反,周桓王求车的错误,是他在自己应得的贡物以外,还想征求更多的东西,而这些东西是他个人将要占有的东西。这些东西的来源是诸侯,是周桓王不该占有的东西,故曰"有辞让而无征求"。

由君位与车的对比,可以区分两种物品:

Z_a　应该接受和占有、不应让渡的东西

Z_b　不应接受和占有、应该让渡的东西

以下是 Z_a 和 Z_b 两者特征的列表:

	相关物品	相关主体	来源	应否接受	应否占有	应否让渡
Z_a	君位	鲁隐公	先君(先父)	应该	应该(在位期间)	不应该
Z_b	车	周桓王	诸侯	不应该	不应该	应该

因为主体和物品的变异,所以是否接受、占有或让渡相关物品也有相应的变异。Z_a 和 Z_b 是完全不同性质的东西,必须严格区分。由 Z_a 和 Z_b 的区分可以得出以下一点:

N_1　不是所有东西都应该让。

O_1　某一物品应否接受、占有、让渡,是有条件性的。

因为 N_1,不能说凡让必善,凡不让必不善。因为 O_1,鲁隐公不应让国与周桓王应该辞让放弃求车,都可以说是条件的限制而导致二人相关行为的实践遭到批判。

(二)庄九年经:"齐小白入于齐。"传:"大夫出奔;反,以好曰归,以恶曰入。齐公孙无知弑襄公,公子纠、公子小白不能存,出亡。齐人杀无知,而迎公子纠于鲁。公子小白不让公子纠,先入,又杀之于鲁,故曰'齐小白入于齐',恶之也。"①

有关鲁庄公伐齐之事因涉及复仇的讨论,将在本书第三章细谈,②这里只讨论齐国二公子争位的问题。

---

① 《穀梁注疏》卷5,页74。
② 鲁庄公伐齐的问题,参阅本书第三章,页453—81。

1. 齐国内乱的背景

齐国内乱前后历时十个月，导火线是齐襄公被公孙无知所弑。无知弑君自立不成，旋即被杀。《左》庄八年传："初，公孙无知虐于雍廪。"杜预将之理解为人名："齐大夫。"①"雍廪"，《史记》作"雍林"，司马迁视之为地名，《齐太公世家》云："齐君无知游于雍林。雍林人尝有怨无知，及其往游，雍林人袭杀无知。"②不知司马迁是否另有所本，梁玉绳倒是更倾向人名之说："雍廪乃人名，贾逵以为渠丘大夫者，因昭十一年《左传》及《楚语上》并有'齐渠丘实杀无知'之语，……渠丘为雍廪邑，则雍廪为人名益信。"③此论比较可信。但不管杀无知的是什么人，跟《穀梁》传义也没有太大的关系。庄九年传："称人以杀大夫，杀有罪也。"④没有明言杀无知的"人"是谁，于《左》《史》皆可兼容。

2. 二公子的"出亡"

齐国没有国君，谁人继位还是未知之数。后来的两个君位争夺者公子纠和公子小白（即后来的齐桓公），在动乱期间流亡国外，皆不在国内。《左》庄八年传："初，襄公立，无常。"又说鲍叔牙"奉公子小白出奔莒。乱作，管夷吾、召忽奉公子纠来奔"。⑤此"乱"，是指齐襄公被弑之乱。看起来，小白出奔早于纠，而且在乱事发生之后才逃亡。《齐太公世家》追溯纠和小白逃亡的背景："初，襄公之醉杀鲁庄公，通其夫人，杀诛数不当，淫于妇人，数欺大臣，群弟恐祸及……"⑥这是把二公子逃亡皆系于襄公在生之时，而非被弑之后，有别于《左传》，不知司马迁是否另有所据。玩味《穀梁》传文，二公子"出亡"之语，系在"弑襄公"之下，似乎认为二公子流亡是襄公被弑后的事情，无涉于齐襄公施政之良窳，与《左》《史》略有不同。这个问题暂时没有进一步的史料可以确证，在此仅以传文立说，不求强解。

3. "仇子"之误

前已述及，纠和小白皆是襄公庶弟，不是襄公之子。然而，范宁却有错

---

① 《左传正义》卷8，页234。
② 《史记》卷32，页1798。
③ 梁玉绳：《史记志疑》卷17，页854。
④ 《穀梁注疏》卷5，页73。此传衍"大夫"二字，参阅本书第四章，页602—04。
⑤ 《左传正义》卷8，页234。
⑥ 《史记》卷32，页1798。

误的认识。范注:"又不能全保仇子",①把公子纠视为襄公之子,是沿袭何休《废疾》"亲纳仇子"的故智。《穀梁》未尝说过公子纠是襄公之子。"仇子"之说,对《公羊》来说,也不够准确,岂能以此为证?《左传》和《史记》皆认为公子纠是襄公之弟,没有理由不信《左》《史》而信何诂。范宁援何解《穀》,显有不尽然者。

柳兴恩显然知道公子纠不是襄公之弟,但为了回护范注的需要,竟然认为公子纠作为弟弟的身份称之为"子"也可以。《大义述》云:"非以二人为襄公子也。欲纳之于齐,以嗣襄公之位,即谓之雠子可矣。"②然而,《穀梁》最是重视昭穆之序,文二年传:"无昭穆,则是无祖也。"③鲁文公逆乱庙次,便遭到如此严厉的批判。从《穀梁》的立场出发,绝不可能接受称弟为子的做法。柳兴恩强作诡辩,语不当辞。

4. 白兄纠弟之谬(上)

传文先"公子纠"、后"公子小白"的叙述,就长幼顺序的惯常写法而言,已显示纠为兄,小白为弟。这是《穀梁》学者的集体意见。④ 然而,宋明以来,白兄纠弟之论,风行一时。朱熹《四书章句集注》引程颐解《论语》"管仲相桓公"云:"桓公,兄也。子纠,弟也。……若使桓弟而纠兄,管仲所辅者正,桓夺其国而杀之,则管仲之与桓,不可同世之雠也。若计其后功而与其事桓,圣人之言,无乃害义之甚,启万世反复不忠之乱乎?"⑤因为朱注的权威,程颐这个观点对后代影响极大,不仅《论语》诠释而已,还涉及《春秋》经传的理解。例如郑玉《春秋阙疑》说:"程子之说,千古不易之论",理由是:"若使桓公之立非义,虽有及人之功,夫子之言不以过掩其功,而功过并论可也,许其功,掩其过,以成败论人,吾知夫子之言必不如是也。"⑥程颐是从《论语》中孔子推许管仲相齐功业的记载出发,断定管仲先辅公子纠、再助齐桓不可能是"害义"的表现(郑玉还强调孔子不可能许功掩过),然后推论齐桓登位之"正",最后得出白兄纠弟的结论。

然而程、朱此说,皆以臆测取代征实,毫无史实根据。《管子·大匡篇》

---

① 《穀梁注疏》卷5,页73。
② 柳兴恩:《大义述》卷10,页128。
③ 《穀梁注疏》卷10,页161。
④ 钟文烝:《补注》卷6,页169。柯劭忞:《传注》卷3,页11。廖平:《古义疏》卷3,页148。
⑤ 朱熹:《四书章句集注》,页153—54。
⑥ 郑玉:《春秋阙疑》卷7,页94。

云："齐僖公生公子诸儿、公子纠、公子小白。"《韩非子·说林下》云："齐国之诸公子其可辅者，非公子纠则小白也"，《史记·齐太公世家》先言齐襄公"次弟纠奔鲁"，后言"次弟小白奔莒"，①从这些引文的叙述次序来看，公子纠大概不可能是公子小白的弟弟。此外，《庄子·盗跖篇》云："昔者桓公小白杀兄入嫂"，《荀子·仲尼篇》云："齐桓，五伯之盛者也，前事则杀兄而争国"，《越绝书》云："管仲臣于桓公兄公子纠"，②皆是明言纠兄白弟。纠桓长幼，载在诸书，斑斑可考。程颐坚持白兄纠弟之说，只能说是反映了对道德纯洁的讲求，无论背后有多么美好的立场，因其欠缺可靠的证据，所以不得不予以扬弃。

5. 白兄纠弟之谬（下）

针对程颐在文献上缺乏佐证的漏洞，胡安国尝试为之寻找历史例证，却不成功。胡传："按史称'周公诛管、蔡以安周，齐桓杀其弟以反国'，是纠幼而小白长，其有齐宜矣。"③查考"齐桓杀其弟以反国"一语，典出《汉书·淮南厉公传》，其中载有薄昭予刘长一书，颜注引韦昭曰："子纠兄也，言弟者讳也。"④毛奇龄已指出，此书是为了化解汉文帝与淮南王长的兄弟矛盾而写，汉文是兄，淮南是弟，所以有所忌讳，改兄作弟。因此，《汉书》的记载绝对不能成为白兄纠弟的决定性证据。⑤

不过，毛奇龄的考证也有小错，《论语稽求篇》认为《公羊》跟《穀梁》一样，同样主张"纠兄白弟"。⑥ 其实，《公羊》的持论与《穀梁》略有不同。《公羊》庄九年传："其称子纠何？贵也。其贵奈何？宜为君者也。"⑦这是毛奇龄立足的主要文献。照"立子以贵不以长"的主张，⑧像贵而幼的桓公也比隐公更有继位的资格，所以《公羊》虽说公子纠"贵"和"宜为君"，但不能说它认为公子纠是公子小白的哥哥。当然，这不是说《公羊》可以成为白兄纠

---

① 黎翔凤：《管子校注》卷7，页331。王先慎：《韩非子集解》卷8，页192。《史记》卷32，页1798。
② 郭庆藩：《庄子集释》卷29，页1003。王先谦：《荀子集解》卷3，页106。李步嘉：《越绝书校释》卷3，页84。
③ 胡安国：《春秋胡氏传》卷8，页101。
④ 《汉书》卷44，页2139。
⑤ 毛奇龄：《春秋毛氏传》卷10，页101。
⑥ 毛奇龄：《论语稽求篇》卷6，页190。
⑦ 《公羊注疏》卷7，页140。
⑧ 《公羊注疏》卷1，页13。

弟的证据,因为《公羊》庄九年传没有抹煞公子纠既贵又是兄长的可能性。更准确地说,《公羊》对这个问题没有直接或间接的解说。相比于《公羊》的含糊性,《穀梁》以行文顺序显示纠兄白弟,是比较显明的证据。无论如何,纠兄白弟,确凿无疑,像程颐、胡安国等人,纵想树立新说,也难以跨越文献的内在限制。

6. "入"与"入于"之别

大体上说,经文言"入"与"入于"是两种不同的措辞:"入"大多是指侵入他国,也有极少数是指灭亡;基本上是采用"P 入 B"的句式,B 不论是国或邑,本来不属于 P 所有。"入于"意谓指回到原来所属的地方,基本上是采用"P 入于 B"的句式。

7. 两种"入于"

细分的话,"入于"又可以分为两种用法:

(1)B 若是本国之名,就是意味 P 回到 B 夺取君位。除此经外,《春秋》还有 4 例:

  [1]桓十五年:"许叔入于许。"

  [2]庄六年:"卫侯朔入于卫。"

  [3]昭元年:"莒去疾自齐入于莒。"

  [4]哀六年:"齐阳生入于齐"。

以上 4 例的主体最终都能取得其国。

(2)B 若是本国的地名,就意味着 P 是入侵者,占据某个地方 B 对抗君国的背叛行为。除本例外,《春秋》还有 11 例:

  [5]桓十五年:"郑伯突入于栎。"

  [6]成十八年:"宋鱼石复入于彭城。"

  [7]襄二十三年:"晋栾盈复入于晋,入于曲沃。"

  [8]襄二十五年:"卫侯入于夷仪。"

  [9]昭二十一年:"宋华亥、向宁、华定自陈入于宋南里以叛。"

  [10]昭二十二年:"刘子、单子以王猛入于王城。"

  [11]昭二十六年:"天王入于成周。"

  [12]定十一年:"宋公之弟辰及仲佗、石彄、公子地自陈入于萧以叛。"

  [13]同年:"宋乐大心自曹入于萧。"

[14]定十三年:"晋赵鞅入于晋阳以叛。"

[15]同年:"晋荀寅及士吉射入于朝歌以叛"。

以上 11 例除例[11]涉及周王回到成周的特殊情况外,其余都是据地以叛,并非意谓夺取君位。像例[8]的"入于曲沃",《公羊》云:"栾盈将入晋,晋人不纳,由乎曲沃而入也。"① 可见,"入于曲沃"正是显示栾盈占据曲沃叛乱,但无法撼动晋都。例[9]的"卫侯"虽然最终回国夺位,但襄二十六年经明载"王二月辛卯,卫宁喜弒其君剽;甲午,卫侯衎复归于卫",这可以反证例[9]的"入于夷仪"仅是占地叛乱的涵义。

透过上述 15 例的印证,可以推知此经既是"P 入于 B"的句式,而 B 又是国名,就意味小白回国夺位。

8. 入者,内弗受也

除了周王"入于成周"这样情况异常的特例外,② 无论是"入"抑或"入于",通常都有不宜入之义。《穀梁》以"入者,内弗受也"释经共 14 例:

[1]隐二年:"夏,五月,莒人入向。"

[2]同年五月:"无侅帅师入极。"

[3]隐五年:"秋,卫师入郕。"

[4]隐八年:"庚寅,我入邴。"

[5]隐十年:"十月壬午,齐人、郑人入郕。"

[6]庄三年:"秋,纪季以酅入于齐。"

[7]庄六年:"夏,六月,卫侯朔入于卫。"

[8]庄二十四年:"八月丁丑,夫人姜氏入。"

[9]僖二十八年:"三月丙午,晋侯入曹,执曹伯,畀宋人。"

[10]宣十一年:"丁亥,楚子入陈。"

[11]昭二十一年夏:"宋华亥、向宁、华定自陈入于宋南里以叛。"

[12]昭二十二年:"秋,刘子、单子以王猛入于王城。"

[13]定十一年:"春,宋公之弟辰及仲佗、石彄、公子地自陈入于萧以叛。"

[14]哀六年秋:"齐阳生入于齐,齐陈乞弒其君荼。"

---

① 《公羊注疏》卷 20,页 451。
② 《穀梁注疏》卷 18,页 308。

以上,记载日期 5 例,即例[4]、[5]、[8]、[9]、[10];记载月份 2 例,即[1]、[2];记载季节 7 例。仅言"入"者 8 例,"入于"6 例;其中,属于军事占领的"入",计有 9 例,即[1]、[2]、[3]、[4]、[5]、[9]、[10]、[11]、[13];属于篡夺政权的 3 例,即[7]、[12]、[14];属于婚姻错误的 1 例,即[8];属于献地投降的 1 例,即[6]。上述用例已经说明,按照"入者,内弗受"的传例,无论是进入、入侵抑或进占,并非所在地的人愿意或可以接纳。此传特别交代大夫出奔回国的用辞,视乎情况而有不同的用语:良好的称为"归",恶劣的称为"入"。

9. 以好曰归

周何解"以好曰归"为"如果依正当的方式回来,经文就称为'归'",①略有偏差。"归"不意谓归国者必是正当的方式,例如郑厉公得到祭仲的帮忙而回国夺位,在政治合法性上很有问题,《榖梁》说是"曰归,易辞也",可见"归"仅是描述没有阻力,不像"入"或"纳"那样"内弗受",不能说是"正当"。② 此外,周何把"好"理解为正当,似乎预设"归"是可以褒扬或称道的东西,但征诸《榖梁》对"好"字的使用,未必义亦如是。除本例外,《榖梁》言"好"还有 4 例,即"合二姓之好"(桓三年)、"且夫玩好在耳目之前"(僖二年)、"两君合好"(定十年)、"好冠来"(哀十三年),③都是描述义而非规范义,是形容某一事情状况的良好,所以"以好曰归"的"好"应理解为过程良好,这样才能与"曰归,易辞也"的主张相互印证,不该像周何那样认定为"正当"。

10. "入"与"篡"

公子纠本该继立,公子小白抢先一步回齐夺位。《榖梁》虽无"篡辞"之说,但显然不认可齐桓公的"入"。这一点有别于《公羊》的观点。《公羊》庄九年传:"其言入何?篡辞也。"④对此,崔适借题发挥,《复始》云:"传凡言篡辞三,是年及庄六年、九年也。《左氏》始终不见一'篡'字,刘歆为新莽讳也。"⑤这又是一个离谱的指控。《左传》没有"入"为"篡辞"的主张。一部

---

① 周何《新译》上册,页 195。
② 参阅本书第二章,页 315—17。
③ 《榖梁注疏》卷 3,页 38—39;卷 7,页 109;卷 19,页 327;卷 20,页 350。
④ 《公羊注疏》卷 7,页 138。
⑤ 崔适:《春秋复始》卷 26,页 568。

著作是否支持篡夺,要看它对篡夺者是否支持的态度。《公羊》"篡辞"的传例,针对的是卫侯朔、齐桓公小白、王猛三人之"入"。没有可靠的证据显示《左传》支持这三人的篡夺行为。不能说《左传》没有"篡辞"是为了助篡。崔氏"刘歆为新莽讳"之说,纯属偏见。简括地说,崔适对《左传》的举证要求,无非是批判《左传》没有"篡"字。然而,没有"篡"字是否意味其书支持篡夺?如其推理,像《论语》《孝经》等儒家著作,同样没有"篡"字,是否也有助篡之嫌呢?《穀梁》也没有"篡"字,但它对"入"字的解释却寓有反对篡夺的立场。由此可见,崔氏从"篡"字的有无上做文章,不仅对《左传》不公允,而且整个观点也是荒谬的。

传文对"入"的讨论,不仅只是解释了"齐小白入于齐"的句义,也通释了后来"齐人取子纠杀之"的结果。这两件事,前是因,后是果,不能分,二者密不可分。

11. "行舅权"之谬

小白抢先夺位,其"入"是"内弗受",而纠在"齐变"后"纳"亦是"内弗受"。纠为兄,小白为弟,"内弗受"小白是理所当然,而纠本该不致陷入"内弗受"的困境,这一切都是错在鲁庄公的拖沓。其中的源起和过程,牟润孙另有一个奇特的说法:"桓公十一年,宋人执郑祭仲,为立宋人之甥突。庄公九年,公伐齐纳纠,……虽有成不成,皆为行其舅权。"①行舅权是牟润孙解经的独特心得,其中涉及《公羊》各种对礼的见解。这里不深究其中细节,只说一点:公子纠是齐僖公的庶子,齐襄公的庶弟,份属鲁庄公的舅父,他出兵齐国是外甥代舅父争位,跟宋庄公捉拿祭仲要求改立外甥公子突完全不同,所以算不上行舅权。

12. 小结

此传批判的"不让",主要是专就公子纠与公子小白兄弟争位一事而发。《穀梁》批判公子小白"不让",是因为公子纠在继嗣的排序上优先于公子小白。在这场内斗之中,对公子小白来说,他抢夺君位,犹如周桓王求车,都是意图取得自己不该接受、不该占有的东西。这些东西,应该让渡给更有资格接受和占有的人(参照 Z_b)。齐国君位的接受和占有都是有条件的(参阅 O_1),不是他想占有便具有应该占有的理由。

---

① 牟润孙:《春秋时代母系遗俗〈公羊〉证义》,载《注史斋丛稿》上册,页24。

(三) 襄十九年传:"……善则称君,过则称已,则民作让矣。"

此传有关士匄擅自还国之事因涉及复还之辨,这个问题超出本书讨论范围以外,于此不赘。

1. 引用《坊记》

在此仅指出一点:这里的引文是《穀梁》对《礼记·坊记》的隐性征引,《坊记》原文是接连四引"子云"印证《诗》《书》之义:

[1]"善则称人,过则称己,则民不争。"
[2]"善则称人,过则称己,则怨益亡。"
[3]"善则称人,过则称己,则民让善。"
[4]"善则称君,过则称己,则民作忠。"①

引文[4]与传文最接近,差别在于"民作忠"与"民作让"的差异。不能因为这个差异,以为《穀梁》只谈"作让",否定"作忠""不争"和"怨益亡"的重要性。必须把这四者相合,才能领略完整的意思。周何只谈引文[4]"子曰"与《穀梁》"两者相合"的读法,②稍嫌片面。上述第1、2、3则"子曰"因涉及"不争""怨益亡""民让善",跟《穀梁》"民作让"也有意义相通之处。

2. 小结

玩味《坊记》的说法,对善与过的归属,重点是不把自己置于首要位置上。事事自主,必争必怨,善称己而过称人,是不可能算是"忠"和"让"的。③《穀梁》"作让"之说,就是借《坊记》的话表明不自作主张的重要性,以此批判士匄不伐丧还齐的错误。有关士匄的问题,在此从略。但从以上援引《坊记》的做法,可以发现《穀梁》也认为:

P_1　广大民众实践"让"是好的。

Q_1　臣子善则称君,过则称已,有助于民众作让。

必须分辨的是,承认"民作让"不意味要求所有东国都应该让,P_1 与 M_1 是不矛盾的。至于臣子以善称君,以过称己,体现的同样是不以一己的想法。这一点,与《穀梁》先前批判鲁隐公的想法不应高于鲁惠公而妄自让国的观

---

① 《礼记正义》卷51,页1407。
② 周何:《新译》下册,页859。
③ "忠"与"让"两个概念在先秦思想中的关连,参阅佐藤将之:《中国古代的"忠"论研究》,页99、120、144、153—56。

点(参照 E_1),可以相互印证。

(四)定元年经:"九月,大雩。"传:"雩月,雩之正也。秋大雩,非正也。冬大雩,非正也。秋大雩,雩之为非正,何也?毛泽未尽,人力未竭,未可以雩也。雩月,雩之正也。月之为雩之正,何也?其时穷,人力尽,然后雩。雩之正也,何谓其时穷、人力尽?是月不雨,则无及矣;是年不艾,则无食矣;是谓其时穷、人力尽。雩之必待其时穷、人力尽,何也?雩者,为旱求者也。求者,请也。古之人重请。何重乎请?人之所以为人者,让也。请道,去让也,则是舍其所以为人也,是以重之。焉请哉?请乎应上公。古之神人有应上公者,通乎阴阳,君亲帅诸大夫道之,而以请焉。夫请者,非可诒托而往也,必亲之者也,是以重之。"①

这是《穀梁》概述全经言雩的总论,其中谈及"请"与"去让"的问题,需要深入地剖析。

1. 大雩

"雩",为祀雨而举行的祭祀。"大",不仅是形容祭祀规模之盛大,按照"大者,有顾之辞"②的传义,"顾"有回首之义,③所以"大"也有表示回顾事件来龙去脉的涵义。以大言雩,因为经文"雩"的记载非同寻常,不宜以常祭之事比而论之,《穀梁》"为旱求者"是谈论非常之灾,雩是为了旱情而祈雨的专称。

范宁对"雩"的解释,出现了问题。范注引郑玄曰:"雩者,夏祈谷实之礼也。"又云:"礼,龙见而雩。常祀不书,书者皆以旱也。"④周代有雩祭的常制,如《月令》云:"命有司为民祈祀山川百源。大雩帝,用盛乐。"⑤《左》桓五年传:"凡祀,启蛰而郊,龙见而雩。"杜注:"龙见,建巳之月。"即夏历四月。杜预《释例》云:"始夏而雩者,为纯阳用事,防有旱灾而祈之也。"⑥以上文献,谈的都是每岁必行的常祭,无涉于旱灾已否出现。就《左传》而言,当然不错;但挪用到《穀梁》却有问题。郑玄以常雩明旱雩,他和范宁二人明显受到《礼记》《左传》的影响。细读传文,《穀梁》仅认为雩是因旱而祈雨

---

① 《穀梁注疏》卷 19,页 316—18。
② 《穀梁注疏》卷 6,页 96。
③ 《诗·桧风·匪风》(卷 7,页 669)云:"顾瞻周道",毛传:"回首曰顾。"
④ 《穀梁注疏》卷 8,页 127。
⑤ 《礼记正义》卷 16,页 501。
⑥ 《左传正义》卷 6,页 168—70;卷 30,页 844。

的专称,不涉及常祀的安排。王崇燕没有提及郑玄,但他批判范注"引《左氏》《礼记》以证本传",①完全正确。

2. 雩与旱

雩因旱而起,却不等于旱。僖十一年传:"雩,得雨曰雩,不得雨曰旱。"在经文的书法上,二者的区分在于雩是否得雨,而非有没有雩。范注引何休质疑《穀梁》曰:"《公羊》书雩者,善人君应变求索","设本不雩,何以明之?如以不雨明之,设旱而不害物,何以别乎?"②这个说法,大有可商榷之处。《公羊》桓五年传:"言雩,则旱见。言旱,则雩不见。"③以雩之有无区分雩与旱,不是《穀梁》的主张。经文没有"不雩"的记载,从解经的基本要求而言,《穀梁》即使对不雩没有对应的说明,也不能说是失误。何休以此质疑《穀梁》,是以《公羊》准绳《穀梁》的过当要求,难怪王闿运忍不住批判说:"以本不雩为难,亦非也"。④

《穀梁》对"不雨"的解说,重在君主是否忧民。文二年传"无志乎民"的批判,便是直指忽视不雨的鲁文公。⑤ 经传没有明言文公是否行雩;即使有,也不可能期待"无志"的文公诚心行雩祈雨。因此,《穀梁》虽不讨论不雩的问题,但也顾及统治者关心旱情的需要,诚如柳兴恩所言,"法戒之义已显,此为言简意赅,何氏注《公羊》多设条例,亦不过显法戒之义耳,义岂有更大于法戒者?"⑥当然,何休也知道《穀梁》不雨示志的见解,但认定这是不能兼顾"旱而不害物"的情况。《公羊》庄三十一年传:"何以书?记异也。"⑦何休之所以把"不雨"理解为"不害物",主要据此而言。区分异与灾的差别,是《公羊》独有的主张;《穀梁》没有这方面的说法,认为"不雨"也是旱灾,对经文的解释自成一格。何休撇开《穀梁》而作出不相应的批判,其实没有太多继续讨论的意义。

3. 雩与君主失德无关

无论如何,雩讲究的是祈雨救灾的效果,《穀梁》没有追溯雩发生的缘

---

① 王崇燕:《纠谬》卷5,页293。
② 《穀梁注疏》卷8,页127。
③ 《公羊注疏》卷4,页84。
④ 王闿运:《申义》,页10。
⑤ 《穀梁注疏》卷10,页159。
⑥ 柳兴恩:《大义述》卷12,页169。
⑦ 《公羊注疏》卷9,页184。

故。那些硬要把雩的记载拉扯到君主失德致旱的说法,于传无征。可是,廖平在解释"大雩"和其他灾情时,大量摘抄《汉书·五行志》等记载,如《古义疏》疏解昭十七年"九月,大雩",不从《穀梁》"雩之正"的传义立说,反而引录刘向曰:"先是,昭公母夫人归氏薨,昭不戚,又大搜于比蒲。"①像刘向这样强解天象,是汉儒的流行做法。何休解释雩文,每条各有不同发生原因,大体上都是诉诸人君的失德,把经传的其他人事记载当作天象发生的原因。例如解释僖十一年"八月,大雩"云:"公与夫人出会,不恤民之应。"②是年《公羊》无传,何休这一说法毫无凭据可资援依凭借,而且说明的要点放在旱的由来,而非雩的正不正,不是紧扣"大雩"之义而发。刘向述灾异的意见,流于牵强失实,跟何休存在相同的谬误。廖平引述这些偏离经传的虚说,对解读《穀梁》实无帮助。

4. 雩的时间

雩祭的时间记载,说明它是否"正"。记载月份,就是"正";记载季度,就是"非正"。《春秋》雩的记录共 21 例:七月③雩 2 例,八月雩 4 例,九月雩 7 例,秋雩 7 例,冬雩 1 例。④ 冬不宜雩,容易理解;为何秋雩不正呢?这要从传文中找解释。"毛泽未尽,人力未竭",意谓草木仍未尽灭,还有人力挽救的余地。廖平《古义疏》云:"毛未尽,泽未尽,草木犹荣。"又云:"救旱之术未穷。"⑤这一诠释,相对平实,符合传义。

这与"是月不雨"的"其时穷,人力尽"完全不同,反映"秋"与"是月"不可能是相同时间的事情。此传"雩之正"就是"九月雩"的明证。至于八月雩,僖十一年传:"雩月,正也。"⑥这就说明,《穀梁》认为八月雩、九月雩皆是"正"。明乎此,"秋不雩"的"秋"不是泛指整个秋季,而是该季的首月,即七月。

既然"秋不雩"的"秋"专指七月,那么如何解释还有七月雩的 2 例呢?

---

① 廖平:《古义疏》卷 9,页 597。
② 《公羊注疏》卷 11,页 227。
③ 《春秋》所记的月份,皆按周历,比夏历晚两个月。这里的七月,即夏历的五月。
④ 七月雩 2 例,皆载于昭二十五年。八月雩 4 例,载于僖十一年、襄二十八年、昭三年、昭二十四年。九月雩 7 例,载于僖十三年、襄八年、十七年、昭六年、昭十六年、定元年、定七年。秋雩 7 例,载于成三年、襄五年、襄十六年、昭八年、定元年、定七年、定十二年。冬雩 1 例,载于成七年。
⑤ 廖平:《古义疏》卷 10,页 638。
⑥ 《穀梁注疏》卷 8,页 127。

昭二十五年经：七月"上辛，大雩；季辛，又雩"。正常情况下，七月雩书时，但是年七月却是一个月内举行了两次雩，状况异常。不记载月日，是无法叙述这一现象的。杨疏："以一月再雩，故月也。"①这一解释，依据坚实，可以信从。

　　同一道理，"冬不雩"的冬是指十月，不是泛指整个冬季。因为对"秋"和"冬"的指代对象搞不清楚，承载对《穀梁》提出很不合理的质疑，《译注》说："传说'非正'，指笼统地说'秋大雩''冬大雩'，又说："这是《穀梁》解说中的矛盾之处。"②承载不理解雩的季节记载仅指该季首月，而《穀梁》的"非正"也不是泛指"秋大雩"或"冬大雩"，因而侈言"矛盾之处"。对传文未尝精读细读，遇到疑点便怪责文本的不是，显然不通。

5. 艾

　　七月雩与九月雩的差别，在于两者跟冬季的时间距离。七月距冬仍远，所以雩为非正；九月还不下雨，问题严重得多。庄二十八年传："一年不艾"，范注引糜信曰："艾，穫也。"③这是比较符合传义的解释，钟文烝亦采信此说。④

　　对此，柯劭忞另有异说，《传注》云："艾，治也，谓田事不治。"⑤传文仅有"不艾"，以"治"训"艾"，是添字作解，强增"田事"二字。传文所论，是九月不雨致使全年得不到收成的后果，不是此年没有治理田事。相反，就是治理了还养不好农作物，才要行雩祈雨。其实，柯注解"一年不艾"亦采用糜信的解释，⑥却于"是年不艾"另作他释，言之不贯。

　　雩祭绝对不能轻率。"是年不艾，则无食矣"意谓九月不雨将导致全年没有收成，民众没有粮食吃了。因为后果严重，毫无其他办法，行雩才算是正确的；尚未山穷水尽，不到"其时穷，人力尽"的地步，不能行雩。在此，《穀梁》格外强调请求必须慎重，在正常情况下应有正常措施处理问题，不宜随便外求。庄二十八年传："古者税什一，丰年补败，不外求，而上下皆足

---

① 《穀梁注疏》卷8，页128。
② 承载：《译注》，页689。
③ 《穀梁注疏》卷6，页97。
④ 钟文烝：《补注》卷23，页676。
⑤ 柯劭忞：《传注》卷14，页3。
⑥ 柯劭忞：《传注》卷4，页10。

也。"①这一主张，与此传对雩求的慎重，基本上是异曲同工。

6. 人之所以为人

《穀梁》对"人之所以为人"的界说，还有 2 处。除本例外，僖二十二年传："人之所以为人者，言也。"②据《穀梁》解释，界定"人之所以为人"，计有两个条件：一是"让"，另一条件是"言"。

雩是"求"或"请"的性质，这种做法等于放弃了"让"，放弃了"人之所以为人"的东西。这一说法，可以与孟子"辞让之心，礼之端也""无辞让之心，非人也"，③彼此相互印证。钟文烝《补注》云："人无礼，无以立。礼之行，以辞让也。"④柯劭忞《传注》云："辞让之心，人皆有之。无辞让之心，非人也。"⑤钟、柯二人虽不明引，但其说显然参照《孟子》而来。

对"人之所以为人"的释义，廖平另有一说，《古义疏》云："欲绝乱原，务须明让。故《春秋》贵让，善隐公，贤卫武、曹臧、吴札三公子。"⑥此传没有涉及让国的是非。贵让不等于贵让国。廖平褒奖让国，其说来自《公羊》，不合《穀梁》传义。

7. 应上公

"应上公"三字连读，即兴云作雨的雷公应龙。王闿运《申义》云："应龙盖爵，为上公，或者祀以上公之礼，故谓之曰应上公。"⑦以应龙为雷公，是正确的解释。在此之前，杨疏："同祀上帝。帝，天也，而曰上公。"又云："请应乎上公。"⑧把"上公"解作"上帝"，又把"应"字作动词解，因"请"不等于"请应"，杨疏不合传义，一望而知。"应上公者"下言"通乎阴阳"，足见应上公是凡人与上天沟通的中介。明乎此，以"上天"训"上公"，显然不能成立。有别于王闿运的解释，柯劭忞《传注》云："大雩，即山林川泽能兴云雨而皆祈焉。"⑨以"山林川泽"训"上公"，亦误。

---

① 《穀梁注疏》卷 6，页 96—97。
② 《穀梁注疏》卷 9，页 142。
③ 《孟子注疏》卷 3，页 94。
④ 钟文烝：《补注》卷 23，页 677。
⑤ 柯劭忞：《传注》卷 14，页 3。
⑥ 廖平：《古义疏》卷 10，页 639。
⑦ 王闿运：《申义》，页 25。
⑧ 《穀梁注疏》卷 19，页 318。
⑨ 柯劭忞：《传注》卷 14，页 3。

说应上公是凡人与上天沟通的中介，不等于预设上天的意志。秦平说应上公"是上帝意志的具体执行者之一"，①似可斟酌。传文只说应上公是"通乎阴阳"的"古之神人"，没有提及它是"上帝意志的具体执行者"。此外，《榖梁》没有任何内容可以说明"天"是"有意志、有力量的宗教之'天'"，也没有任何概念类似上帝意志。昭十八年传："天者神，子恶知之。"②这是引录子产之语，明确反对人们以拟人的想法来臆测自然现象。《榖梁》不谈灾异和天人感应之说；要诠释《榖梁》的"天"，不必采用一神宗教的"上帝意志"的概念。

8. 行雩的慎重

行雩祈雨，兹事体大，所以君主庄重对待，不能假托他人，需要君主亲自牵领诸大夫进行。张自超《宗朱辨义》云："定公在丧，不应出雩，是必意如为之也。"③此一推测不无道理，但《榖梁》和其他文献没有明言雩祭的主持人是谁，而传文也没有讥贬鲁定公君臣之意，所以上述说法对传义的发明没有帮助。

周何把"君亲帅诸大夫道之"译为"国君帅领诸位大夫引导着人民"，④于传无据。首先，雩礼没有人民参与的过程。其次，《榖梁》全句没有提及人民，把"道之"理解为"引导着人民"，遂失其旨。周何的错误，在于对"道"的认识。"道"，除了引导以外，也可以解作讲述。《榖梁》强调道、言、信的关系，庄元年传："人之于天也，以道受命。"⑤旱雩是向应上公表达祈雨的心意，不能不把这些心意表现在具体的言说；因此，定元年传的"道之"应该理解为讲述。

9. 小结

总而言之，旱情、求雨、行雩都不能脱离"让"来理解。旱的危害性、求的急迫性、雩的严肃性、让的重要性，四者关系密切，不能孤立地对待。行雩，就是去让。行雩所求的雨，像其他物品一样，应该接受和拥有它，是有条件的（参照 O_1）。以雩求雨，就是向上天请求原来不属于自己的东西。

---

① 秦平：《〈春秋榖梁传〉"天论"初探》，载《〈春秋榖梁传〉与中国哲学史研究》，页 25。
② 《榖梁注疏》卷 18，页 298。
③ 张自超：《春秋宗朱辨义》卷 11，页 266。
④ 周何：《新译》下册，页 1067—68。
⑤ 《榖梁注疏》卷 5，页 60。

因此,必须极度慎重的对待。在《穀梁》的判断中,七月雩之所以不妥,就是因为时间尚早,仍有人力可以挽回的可能性。是否行雩,也就是决定是否去让或不让。这是一个时机和实践判断的问题:

  R_1 是否不让是一个时机和实践判断的问题。

尽管《穀梁》相信广大民众实践"让"是好事(参照 P_1),但不意味任何时候都只能让。在某些特殊情况下,不让是可以的,如鲁隐公不让桓,是比他决定让弟更为正确的。但不让不可能是什么时间都可以的。

  另要注意,行雩是经应上公请求降雨,而请求是相对柔性的,有别于周桓王的征求,或齐桓公的夺位。无论是夺位、征求、请求,做法虽然不同,但都是试图占有原来不该占有的东西。无缘无故或欠缺理据的夺位、征求,固然是《穀梁》明确予以反对的;而不涉及政治暴力或品位比对的请求,同样也是不应该的,故曰"去让"和"舍其所以为人"。当然,这不意味凡请求皆错误。七月雩虽不正,但到了八月、九月雩却是正,这意味时间和环境的变化可以改变请求的应然性,由不应该变为应该。

  S_1 请求的应然性可以在时间上发生变化。

但要注意,时间作为一个变项,在多大程度上影响请求的应然性,要视乎请求的物品及其环境。很难想象齐桓公请求上天批准他取得公子纠的嗣位是可以允许的。时间对行为的应然性,究竟具有何种作用或影响,必须回到实践情境方有相对具体的答案。最终人力不能解决,方才行雩。这也预设:

  T_1 让与不让的做法不影响人的能动性。

无论如何,对不让或请求的慎重,已反映《穀梁》强调人必须努力,除非人们单凭自己努力也没有解决办法,否则是不同意行雩。

  综合上述 4 例,可以发现《穀梁》对"让"或"辞让"是采用正面的用法,批判不让的错误;这跟它反对鲁隐公让国和不承认让国者为贤的观点,完全是两个不同层面上的事情。不能因"让"的褒义,而忘记《穀梁》对让国的猛烈批判。

第四节　综合讨论

　　上述三节的讨论，大致上已清理了《穀梁》对让国问题的各种见解，以及"让"字的各个定义。现在是时候进一步综合和剖析传文的思想涵义：

　　（一）《穀梁》有关让国的讨论，没有将之与"贤"的概念放在一起思考。《穀梁》反对鲁隐公让位予弟，考虑的重点并非他和鲁桓公是不是贤。对于宣缪二公、蔡季、子反、叔武、子臧、季札、叔术 7 个被其他传注捧为让国贤者的事例，传文始终保持缄默。明确称贤者仅有季札一人而已，但《穀梁》仅是解释季札的"尊君"和"成尊于上"（参照 L_1），没有正面提及他的让国史。叔武因有"卫子"之称，从"国人不子"而逆推，或有可能算是"得众"而被贤（参照 J_1），但《穀梁》未尝正面称之为贤者。无论如何，让不让国（让不让亦然）与贤不贤（无论在发生过程上或在逻辑上）并无必然的因果关系。这是阅读《穀梁》很容易获得但又不该忘记的认知。相反，《公羊》凡言让者必贤，包括背叛周王的齐襄公亦予赞美。让国没有带来美好的政治结果（例如鲁隐公让志召乱、叔武摄立被杀），也无所谓。而且，对让国者的褒奖不是及身而止，连让国者的后代子孙（公孙会和黑肱）叛乱了也可以讳言恶行或宜有土地。在《公羊》笔下，让国或多或少已变成判断政治人物的一张王牌——有了它，便可以不顾许许多多的缺点而使相关的政治人物得到好评。

　　凡让国必贤必褒的思路，不仅预设凡让国者皆可以成为贤者，而且预设他们的亲族即使犯了某种罪恶也能享有《春秋》曲笔讳言的资格。然而，为什么某人有让国的决定或行动就享有他得以称贤的充足条件呢？若是此人因为让国而带来灾难性的结果，为什么仍有称为贤者的条件？如果说，让国者不一定可贤可褒，那么即使讳言贤者之过失是《春秋》应有之义，但也不能由此推论说他们犯了罪恶的亲族也该曲笔讳言（参照 K_1）。从《穀梁》的立场上看，让国必贤必褒之论肯定是不可接受的，因为欲让弟而反招弑祸的鲁隐公肯定不是贤者，也不该予以褒扬。这跟燕王哙让位子之而导致国内大乱一样，① 都不该是可以褒扬的事例。传文只有"为贤者讳

---

① 有关此事的经过，参阅《史记・燕召公世家》（卷 34，页 1882—84）的记载。

过"的主张,却不认为贤者的亲族也有讳过的资格,因此不可能认为让国者的后裔能够因为其祖让国而免受(或减少)笔伐。当处理公孙会和黑肱的问题时,《穀梁》也不觉得二人跟子臧和叔术的让国有何关连。每逢让国必贤(或因让国者之贤而惠及其不肖子孙)是极具争议性的论断,《公羊》赞美让国者的观点不能使人信服,《穀梁》则没有这些缺陷。传文对鲁隐公、黑肱的批判,已说明让国不是不可批判的行为。

(二)据《穀梁》的界定,"让"与"求""请"和"取"对立。"请"和"求"蕴涵不让;不取也可能意味让。在概念的定义上,"让"不蕴涵"贤"。这是有别于先秦两汉典籍某些以"推贤"释"让"的诂解,而后者也是其他政治语境比较陌生的涵义。① 这一差别,实际上也反映《穀梁》与某些歌颂上古禅让政治的观点之间的思想距离。

在上古禅让政治的文化记忆中,尧、舜、禹等圣王彷佛见证着辞让与授贤两者的完美融合;②君位有条件地向贤者开放,是中国有别于某些东亚国家政治想象的一个特征。③ 然而,承认禅让理想的可贵,不表明《穀梁》让国弗贤的做法有问题。理由很简单,即使确认上古有些成功和伟大的禅让者,也不能证成凡让国必贤必褒的论断。没有理由因为过去有些成功的让国者可贤,而推论出其他让国者也必定是贤者。

现在有一种流行的论调,就是以为只有符合某一种脱离现实的道德理想主义的构想,才算是符合先秦儒家的政治宗旨。按照这一视角准绳不同的经典作品,自然很容易得出歌颂让国贤者的《公羊》比较符合先秦儒家的

---

① 《国语·晋语》(卷 10,页 359)云:"让,推贤也。义,广德也。德广贤至,又何患矣。"《尚书·尧典》郑注(卷 2,页 26)解"允恭克让"亦云:"推贤尚善曰让。"这些释义,在某程度上说明"让"是一个独特的政治概念。之所以说独特,是因为它的丰富内涵未必可以在其他语境中得到充足的体现。在英语上,言行举止谦和礼让,可以用 courtesy 来形容;对某些送上来的东西推辞不予接受,就是 decline 的表现;但是,似乎没有一个对应的英语概念可以彻底翻译"让"的"推贤"义。

② 三代圣王让位的故事,在许多儒生心目中,是君主制以外惟一具备历史根据而又可欲的政治叙事。有关禅让的政治叙事的分析,参阅艾兰:《世袭与禅让:古代中国的王朝更替传说》,页 87—100。现在也有些学者配合出土文献作出旁证,参阅梁涛:《郭店竹简与思孟学派》,页 158—83。谢耀亭:《从出土简帛看思孟学派的内圣外王思想》,页 104—19。

③ 这是中、日两国在政治思想上的一个重要差别,因为笃信天皇作为天照大神的继体万世一系的政治叙述,日本许多儒者对禅让和革命的问题保持谨慎而批判的态度,尤其孟子易姓革命的思想,更成为攻讦的对象,参阅黄俊杰:《德川日本〈论语〉诠释史论》,页 61—91。

进取精神,而《穀梁》则显得保守和逊色的结论。① 一些歌颂让国的论调背后已预设:

①一种"理想光明/现实黑暗"的二分法:当前的政治现实既不美好又不可取,不能跟禅让这样尚未得到实现的政治理想相提并论;②

②上古的禅让政治可以指导后世的政治实践;最低限度,《春秋》的政治理想就是遥指禅让之世,审理经中的人和事也得从唐虞的标准说起。③

准此,上古禅让的政治意义,不限于已逝的过去,它可以与其他时空的政治安排(例如共和制度)相通。④ 按照这个思路,《春秋》记载的许多让国者因为让国的行动或表现,也被视为类似唐虞圣君,而得到褒扬。这种观点背后已经预设两个不同时代的人,因为同样让国,得以等量齐观。但是,因为时间因素和主体的异变,唐虞圣王与鲁隐公等让国者所做的事情真的可以划上等号吗?

同样是让国,唐虞的禅让和春秋时代的让国,在实践上并非同一回事,没有理由断言两者的性质和效应完全相同。忽略时间因素是有问题的。⑤

---

① 例如,张端穗《西汉公羊学研究》(页87)虽然承认《公羊》"无条件地坚持嫡长子制",并相信这是《公羊》是为了迁就西汉帝王而不得不作出的让步,但因该传含有歌颂让国的观点,所以认为它"也还保持了几分儒家道德理想主义之精神"。姑勿论这种观点是否符合历史事实,但可以确定的是,因为《公羊》具有推崇让国的理想,而认为它比《穀梁》更符合先秦儒家宗旨的结论,不是罕见的观点。例如吴涛《"术""学"纷争下的西汉《春秋》学》(页183、192)云:"西汉的儒学,尤其是《公羊》学,在很大程度上继承了先秦儒学,尤其是孟子一系的理想主义色彩。"又云:"《公羊传》更多地继承了先秦儒学的进取精神,而《穀梁传》则要保守些。"这里"进取/保守"的抑扬显然是预设"理想主义"作为一个准绳的尺度,但对《穀梁》的评价是否公允,则是另一回事。

② 这一思路的构想,参阅欧阳祯人:《从简帛中挖掘出来的政治哲学》,页31。

③ 熊十力就是一个显例,他认定《礼运》"大同""小康"之义与《公羊》三世治法契合,故此相信太平世能够实现禅让政治的理想,《读经示要》(载《熊十力全集》第3卷,页1057)云:"任有定期,期满改选。决无有以少数人强奸民意,而委托事权于非类者,故曰选贤与能。"确切地说,中国古代的禅让政治,仍然是一种君主制度,而熊氏所描述的,则是近代中国人经过美化的民主选举制度的构想,两者其实不可等量齐观。跟何诂及其信徒一样,熊氏对三世说的申张其实欠缺经传(而非注疏或所谓"口说")的明确证据。

④ 刘师培《读书随笔》(载《仪征刘申叔遗书》第13册,页5599)云:"《尚书》始于唐、虞,以《尧典》居首,犹之《春秋》之首隐公也,皆贵其能让君位,不以天下一国自私。"刘师培本是《左传》家学的背景,但因清末追求共和革命的政治需要,却在让国问题上接受《公羊》之义,背后的信息实堪玩味。无论如何,近代中国知识分子以当时的政治思想衡量古人,是极其常见的现象。后来,梁启超《先秦政治思想史》(载《饮冰室合集》第9册,页13)这样检讨说:"尧舜禅让,即是共和;管子轨里连乡,便为自治。类此之论,人尽乐闻。"。

⑤ 沃尔顿相当讲究实践推理的时间因素的重要性,警告说:"除非考察这些时间因素,否则某一特定的实践推论将没有约束力可言。"载 Walton, *Practical Reasoning*, p.24。

在此恳请读者谅解,用"让国"的概念来涵盖本章所讨论的 8 个事例(鲁隐、宣缪二公、蔡季、子反、叔武、子臧、季札、叔术),其实并非用辞十分准确的做法,主要因为"让国"一词是《春秋》许多学者沿用相承,其来已久。放弃这一惯常措辞而改易其他概念,反而不美。实际上,这 8 个案例的让国者和受国者,存在莫大的差异:

X_a　已占有君位的让国者,如鲁隐公、宋宣公。

X_b　尚未但有可能占有君位的让国者,如司马子反、季札。

X_c　已占有但有可能放弃君位的让国者,如叔武、叔术。

Y_a　符合既定继位原则的受国者,如宋缪公、宋襄公、卫成公、曹成公、夏父。

Y_b　不符合既定继位原则的受国者,如鲁桓公、馀眜。

让国的前提,是先要有国。真正有资格把国让渡(或准备让渡)的只有 X_a。非正常情况的占有君位而后来又要让渡(或准备让渡)的 X_c 本非有国之人,尚未占有君位的 X_b 同样如此。将要或已经从让国者得到君位的受国者,也因为是否符合继位原则的差别(即 Y_a 与 Y_b 之别),难以划一看待。事实上,不同形态的让国者和受国者,有可能产生不同的政治结果,至少就合法性争议是否出现而言,就有不同的可能性。所以说,使用"让国"一词来概括这 8 例,其实掩盖了许多不宜忽略的差异。

审此可知,让国只是后来论者归纳和讨论不同现象的措辞。以此概述本章所讨论过的各个事例,本非良好的做法。在此,《穀梁》倒是没有这方面的问题。根据传文的用法,"让"字只有让渡和辞让二义,不包括摄立之义。它对让国的讨论,专就隐公而言,不认为许多被《公羊》或其他传注视为让国的经文真的跟让国有所关连。无论如何,《穀梁》已明确展示鲁隐公让弟以彻底失败告终,其事不足为训,而尧舜则是成功的让国者,君位的授受没有引起合法性的危机。两者判若云泥,不宜混为一谈。

明白这一点,便知道虽然唐虞圣王成功禅让,并不保证春秋时代的人也能成功让国。或者说,前者不可能成为证成后者的必要条件。站在《穀梁》的立场上看,唐虞的禅让是否可欲,是一个不相干的问题。不是说这些做法不好或不值得追求,而是它们对春秋时代的政治人物是否应该让国,没有太大的参考意义。禅让理想虽是可贵的美事,但不代表只有禅让制才有政治合法性。《孟子·万章上》引孔子云:"唐、虞禅,夏后、殷、周继,其义一也。"①君主世袭制是自夏商以来中国的历史常态,《春秋》也是世袭统治者主导的政治世界,充斥着各种"君不君,臣不臣,父不父,子不子"的乱象。

要清理和剖析这些乱象,需要的是政治地思考(think politically),紧贴经文审理各个政治事件的来龙去脉。拿一个现实不存在的理想政体来衡量当时的政治事件,好处是这个理想政体可以作为去熟悉化(defamiliarization)的策略,有效地质疑君主制下某些不合理的政治安排,②但这不见得是毫无异议的。理由很简单,过度推崇理想政体的结果,极有可能只是重申它的可欲性和高贵性,无助于理解各种政治事件的复杂性和吊诡性。鲁隐公和其他被誉让国贤者的人,毫不具备尧舜让国的充足条件。强把鲁隐公当作始受命王,是某些《公羊》学者的私见,不见得就是经文本义。③《穀梁》没有喧嚷托始于隐公之义,并且明确指出,以鲁隐公的现实条件,只要老老实实继位为君便已足够,没有必要另存让弟之志。很难说这样的做法比唐虞圣君更高明和更伟大,传文也没有这样说。——这样说,就是预设政治行为应该追求"最好"(best)。得不到实现的"最好",似乎未必是现实的政治人物念兹在兹的关怀。《穀梁》比《公羊》或其他传注更显著的优点,是它对政治现实的谨慎。《穀梁》只是区分"较好"(better)与"较差"(worse)。鲁隐公不让弟是较好的,公开让弟之志是较差的。三代圣君即使是"最好"的,那又如何? 借用阿玛蒂亚·森(Amarty Sen)生动的比喻,如果设定的目标是比较较低的山峰,我们就不必知道珠穆朗玛峰有多高。④ 不能说《穀梁》反对唐虞禅让,这里只是认为,传文剖析隐公或其他让国者的是非,是比较贴近政治现实的思考。在隐公让国的问题上,关键是他与先君、弟弟之间的政治关系如何处理的问题,这是一个有关政治伦理的问题,实无必要从三代禅让政治理想俯瞰而下。

(三)《穀梁》有关让国的讨论,不是从主观动机、道德成就或人格优劣

---

① 《孟子注疏》卷9,页262。
② 艾兰对《容成氏》乌托邦想象的讨论,便是倾向这样的解说,参阅《湮没的思想》,页186—282。
③ 王树民《〈春秋经〉何以批始于鲁隐公》(载《曙庵文史续录》,页120)云:"强把隐公当作'始受命王',这是汉人的主观设想,完全曲解了《春秋经》的本义。"又云:"让国之说虽有此意而未成事实,反被杀害,事原不足为训,何以当托始之义? 其为强牵附会,无待深辨。"这些主张都是可取的。
④ Sen, *The Idea of Justice*, p. 101.

上立言(参照 A_1、B_1)。鉴于鲁隐公或其他被让国可贤的人显然没有唐虞圣君的政治成功,一些相信让国必贤的人倾向于强调让国者即使政治失败,但原其本心,凭借让国所展现的善良意图,已足以成为贤者。这样一来,辨别让国之贤,就被化约为辨别让国者存心之善。借用董仲舒的话来说,关键是区别"贤之志"与"不肖之志"。① 这就是说,为了证成贤者必贤可褒的结论,整个思路变成两阶的论断:

① 凡是让国,都有善良的心志。
② 因为①,让国者是可贤的。

因为增加了心志的变项作为辅助性前提,所以像鲁隐公、叔武、季札等人,不管世人如何评价他们让国的政治效益,他们也肯定是贤者。

然而,这两个命题并非不证自明的。先看命题①。这个事实前提能否确证,有待经验证据的进一步验证。没有足够厚实的叙事,是无法确定让国者必有善良的意图。由于人的思想存在各种各样难以先验地决定的复杂性,很难说让国者总是思想善良,行为正确。即使承认让国的决定或行为可能带有善良的意图,但也很难抹煞这样一个可能性:让国者未必都是善良的,也许藏有一些不可告人的私心。

例证摆在眼前:隐公在位十一年,但没能使桓公真正放心,终致误听公子翚谗言而引发逆谋。为什么没能防范逆谋?说鲁隐公不够聪明②或让的行为过当③,固然是一些可信的解释,但似乎还未真正击中问题的要害。许多《公羊》学者没有注意到,若如其说,强调隐公是"为桓立",④已意味着隐公陷入了类似举报人(whistleblower)的尴尬处境。

一个人是否成为举报人,不是由他自己界定的,主要是看相关的忠诚对象(例如其服务的单位)如何界定:假如忠诚对象接受他的举报,他根本

---

① 董仲舒《春秋繁露·玉英篇》(卷3,页77)云:"从贤之志,以达其义;从不肖之志,以著其恶。"李明辉就指出董氏从存心意图立说的一面,《儒家视野下的政治思想》(页175)云:"依董仲舒的解释,孔子对于隐、桓二公的褒贬是根据他们的存心(志),而非其行为的后果。"
② 徐干在讨论"蹈善而少智"的问题时,便以鲁隐公为一个例子,《中论·智行篇》云:"鲁隐公怀让心而不知佞伪,终以致杀。"参阅孙启治:《中论解诂》,页156。
③ 李觏《复说》云:"鲁隐公摄位,过于让者也。"载《李觏集》,页347。
④ 《公羊注疏》卷1,页12。

不是举报人；假如得不到认可，那么他的举报就是背叛的表现。[1] 换言之，是否忠于忠诚对象，决定于忠诚对象，而非忠诚者自身。

如《公羊》之说，隐公即位既是"为桓立"，那么桓公就是他的忠诚对象。他究竟是否忠诚，就很难不问桓公的意见。重点不是隐公如何想，而是桓公如何想；或更准确地说，隐公如何做才能使桓公没有他想。这是《公羊》不能回避的举证责任(onus probandi)。然而，《公羊》没有洞悉这个关键，反而刻意强调隐公如何如何的真心想要让弟，有关宰咺归赗、子氏之薨、考仲子宫的记载，都说是为了成全鲁隐让国之志；这样的解释即使成功（如第一节所述，其实都存在相当大的疑义，至少《穀梁》对宰咺归赗、子氏之薨、考仲子宫三则经文，已提出另外一些更合理和更有说服力的解释），也不可能释除读者之惑："为桓立"的隐公，为什么没能作出符合这一目标的让国行为？[2] 因为这样，有些《公羊》学者也不敢坚守传义，反而批判隐公没有及早让位，或者索性宣布隐公"非真能让国"。[3]

---

[1] 在汉语中，举报人还有别的称呼，例如检举者、告发者等等；这些词基本上没有透露举报行为的动机，国人一般把那些出于自私动机者（如报复、借刀杀人、获取奖金等），也算作举报人的范畴之内。但是，英语whistleblower的原义却非如此，这词直译"吹哨者"。在很多球类运动中，吹哨是裁判员主持执法的手段，每当发现球员犯规，裁判员便要吹哨暂停比赛，指正及处罚球员的错误。由吹哨的意思可以知道，whistleblower具有维持公道的天职。当某一职员决定举报时，就是对同一机构内部的同事"吹哨"，要求他们对自己的行为承担责任，纠正过失。维护公众利益，申张正义，乃是作为一名whistleblower不可或缺的条件。然而，吹哨并非人人皆做的行为：在球赛中，只有裁判员才能吹哨执法。因此，英语whistleblower已包含举报者不惜违反现行的做事方式的前提在内。很多人以为举报是正义的行为，这固然无错；但这似乎忘记了一个人是否成为举报人，不是由他自己界定的。关键是：组织是否能够接纳检举这一越俎代庖的行为。试想想，一位雇员看到上司某些不道德或不合法的行为，于是提出告发（不管是内部检举抑或外部检举），这一报告竟得到组织高层的破格肯定，愿意改正错误，那么这个敢于提出诤言的人，不过是一个负责任的员工，算不上违规的举报人。举报人之所以成为问题，是因为他们不但没有成为组织许可的忠实成员，而且变成组织所厌恶、必须清除的死敌。政治理论家阿尔福为此作出了富有意味的警语："在理论上，任何人在组织内以公共利益之名公开讲话，都是举报人。在实践上，举报人往往是以当事人所得到的报复来界定。"参阅 Alford, *Whistleblowers: Broken Lives and Organizational Power*, p. 18.

[2] 为什么隐公始终没有致政桓公？是因为客观形势，抑或他个人判断有误？在当时鲁国的环境中，在位十一年究竟是否太长？《公羊》没有说。张自超《春秋宗朱辨义》（卷1，页12）尝试辩护说："十年君国，未为久也。"这完全是他个人的猜测，没有其他旁证。

[3] 陈立：《公羊义疏》卷9，页361。皮锡瑞：《左传浅说》和《师伏堂春秋讲义》，载《皮锡瑞全集》第5册，页302；第8册，页166。有关《公羊》学者这方面的问题，于此不赘。

隐公到底是否真心想要让国？现时的史料难以确答这个问题。但从这个案例可以印证一个浅显的道理：让国的意愿或行为必须接受时间的考验，而且不能存在反面证据，否则读者有理由质疑让国者的真实想法。命题①需要足够的经验证据方可成立。无论如何，《榖梁》处理让国的问题，不是把问题化约为主观意图的良窳，因此也不用负起这方面的举证责任。当然，这不是说《榖梁》反对命题①。更准确的说法是命题①没有对《榖梁》传义构成任何反证的作用。

（四）再看看命题②。它是离不开命题①作为它的一般前提。这里不妨退一步想，暂且不理会确证命题①的困难，假定命题①在经验上都有足够令人接受的佐证，但即使如此，要证成命题②还是有着极大的困难。说凡有善良心志的人都是贤者，还是需要足够厚实的经验证据，具有正常理智的人不可能无缘无故接受命题②。要寻找这方面的证据，歌颂让国的学者也许还是会从上古圣王中寻找典范，认为鲁隐公和其他让国者的思想或行为与上古圣王在道德上具有可比性，断定他们体现了"公天下之心"，人格高尚，符合"尧舜之道"。① 这里所讲的"尧舜之道"，重在主观意愿，而非实际政绩的比较。不过，以"尧舜之道"证明命题②的对确性，无形中仍然继续预设了鲁隐公（以及其他春秋时代的让国者）与上古圣王的可比性，但这不见得真的可以增加命题②的可信性，因为：

1. 以"公天下之心"界定"尧舜之道"，经传无据。②

2. 认定上古圣王与春秋时代的让国者具有相同的思想表现，是可疑的，因为这已预设两者皆因让国而有相同的善良心志。但如上所述，唐虞的政治环境有别于春秋时代，上古圣王也有别于《春秋》笔下的政治人物，没有理由以"让国"一词掩盖两者的政治差别，也没有理由相信两者的心志是同一回事。

---

① 林义正认为《公羊》"在个人的人格上更注重其品德，故让为《春秋》所贵"，又云："尧舜所垂之典范在公天下之心，尤在能让，《春秋》亦以隐公有让心，如其意，不书'即位'，即承'尧舜之道'处。"载《春秋公羊传伦理思维与特质》，页42、54。

② 这个见解很有问题，因为《公羊》全传仅有1例提及"尧舜之道"，就是哀十四年传（卷28，页628）的"其诸君子乐道尧舜之道与"，意谓还是孔子乐于称道尧舜之道。"尧舜之道"是什么？暂不深论。何诂和徐疏没有将之理解为"公天下之心"，所以林氏的观点用在《公羊》也不见得准确，更不要说用来诠释《春秋》了。

3. 要寻找一个人的"品性证据"(character evidence)，还是离不开他本人的思想行为；以他人的行为作出模拟或推敲，是非常薄弱的推论。[①] 要判断《春秋》的让国者是否值得因让国而成为贤者，拿唐虞让国的心志来模拟，没有太大的参考意义。除非经验上的描述可以佐证两者具有许许多多的相同特征，否则的话，拿后者比拟前者，迹近是多此一举。

4. 从文献材料而言，确实也说明这两者是大有不同的东西。鲁隐公与其他让国者待让的对象都是自己认可的亲人，纵非私相授受，也不见得有"公天下"的打算。本章第一、二节的 8 个事例，跟《春秋》所载的大多数叙事一样，其实皆有独特的君臣关系（或血缘关系）为其政治设定。之所以要强调关系的独特性，是因为相当的对象是其他人不能取代（或至少是不能轻易取代）的；而相关的行为只适用于拥有独特关系的人身上，不适用于没有这种关系的人身上。假如不是预先存在这样一种独特的关系，就很难解释为什么这样做而不那样做。假如惠公不是隐公的父亲，桓公不是他的弟弟，隐公让国之志是不可理解的。宋宣公传位给宋缪公和宋缪公传位给与夷，都是立足于宣缪二人的兄弟纽带。还有，像《公羊》笔下的子反、叔武、子臧、季札、叔术，也很难摆脱独特的血亲关系（或政治关系）而得到恰当的解释。借用伦理学的术语来说，这些独特的关系产生了"能动者相关"(agent-relative)而非"能动者中立"(agent-neutral)的规范，因此《春秋》那些被视为"让国"的行为体现的是着眼于独特关系的偏倚性(partiality)，从根本上有别于尧舜禅让讲究的无私推贤的不偏倚性(impartiality)。[②] 尧舜禅让的不偏倚性，与鲁隐公让弟（以及其他被列为"让国"的各种做法）的偏倚性，注定了他们是不同时空状况下的不同做法，两者没有太大的可比性，不宜相提并论。

5. 只要不是心存偏见的读者，都不会觉得鲁隐公等人与尧舜真有可比性。班固不是严格意义的《穀梁》信徒，但他撰写《古今人表》，却接受《穀

---

① 沃尔顿在讨论品性证据时，举了两个命题，一是[P1]"在戈尔之妹去世多年后，他的家人继续种植烟草"，另一是[P2]"戈尔继续接受烟草利润的资金"。在指控戈尔是否反烟的问题上，[P1]所提出的理据明显比[P2]薄弱得多，因为前者是与戈尔相关所做的行为，而后者是戈尔自己的行为。人们完全可以相信，即使戈尔的家人涉及烟草事业，亦与戈尔本人无关（参阅 Walton, *Character Evidence: An Abductive Theory*, p. 100）。因此，要检视一个人的品性，其理据若是立足于他人的行为而作出的模拟或推敲，是很有问题的。

② 有关偏倚性与"能动者相关"的规范的问题，参阅 Keller, *Partiality*, pp. 16—20.

梁》的观点,把隐公与桓公置于第九等"下下"愚人一级,跟第一等"上上"圣人一级的尧、舜,两者相差之远,犹如天壤。① 因此,说隐公让国算不上"尧舜之道",怎么看也不算是苛评。

(五)假如放弃唐虞圣王与《春秋》政治人物的可比拟性,仅看命题②的话,那么关键是看"贤者"是如何界定。把善良的意图视作让国者成为贤者的决定性因素,其实是一种道德决定论的思路。然而,这种思路若要得到证成,其实必须预设一个限制性更高的条件,即认为凡是让国者,不必对让国的负面效应负责。

为什么让国者不用对让国的负面效应负责呢？这是一个很奇怪的预设。假设让国者不知道让国可能出现的负面效应,这是不智的表现;假设他们知道了,那就意味他们认为善良的心志比灾难性的负面效应具有更重的份量,同样是不可取的。无论如何,至少《公羊》学者不该毫无保留地相信让国者可以对负面效应免责,因为《公羊》不认可宣缪二公的做法是可贤的让国,而以"大居正"的理由予以驳斥。话说回头,《公羊》对让国的现实效应确实考虑不全,因为它对鲁隐公、叔武、季札、公子喜时、叔术五人皆是颂赞有加,前三人的让国都没有带来可欲的政治结果。

站在《穀梁》的立场上看,让国者绝不可能对让国的负面效应免责。即使让国者具有善良的心志,也不能抵消他的错误行动的破坏性结果。传文没有质疑鲁隐公的道德水平,也不否定他可能是一个好人,只认为他是"善"而"不正"。"善"不等于"正"。这是两个不同的概念,不宜轻易放过。"善"是道德优秀的评价,而"正"则是政治正确的评价。"正"不是指伟大的人格,不是高尚的意图,不是良好的正义构想。② 借用西方政治理论的术语来说,"正"不是正义(justice)的问题,而是合法性(legitimacy)

---

① 班固:《汉书》卷20,页875、878、904—05。班固这一见解与《穀梁》的关系,柳兴恩《大义述》的《叙例》(页22)已有扼要说明。

② 谢金良《穀梁传开讲》(页182)云:"在《穀梁》一书中,只云'义'或'正'者,大概相近于我们今天所说的'正义。'"这个说法很有问题,僖二十三年经:"五月庚寅,宋公兹父卒。"从宋襄公的死亡日期,可以知道他是宋国合法的君主,但如本书第一章(页81—88)和第三章(页515—71)所述,他不能说他是正义的君主,因为《穀梁》全传对之屡见批判之语,还特笔强调他之所以"不葬"因为"失民",实无正义可言。

的问题。① 鲁隐公的问题不是并非正义不正义的问题,即使他的构想符合正义的价值,但他的做法却带来合法性的争拗。"善"与"正",犹如合法性与正义,绝非同一回事。② 现代自由主义政治哲学其中一个最大的思想短板,就是经常要求合法的政治结构必须符合正义的道德要求,亦即必须拿出"所有人都能接受的理由",③有意无间否定正义与合法性之间存在任何有意义的区别。于是,对一个国家的合法性之判断,已被化约为它是否足够正义之判断,或者除后者以外再无其他东西。④ 在现实政治中,极难找到有什么理由是所有人都接受的,所以合法的不一定是正义的,反之亦然。《榖梁》首要关心的是正不正,而非善不善。

没有"善"与"正"的区分,正是《公羊》的一个盲点。它之所以褒扬隐公的人格,或多或少是因为该传把隐让之志与弑兄结局当成两件不同的事件看待,看不见两者的因果关系,彷佛隐公被弑都是桓公和公子翚的错,隐公没有责任似的。这是有问题的。确切地说,即使能够确定鲁隐公是真正存心让国的好人,也没有太大意义。因为,仅是知道鲁隐公施善的心意与鲁桓公作恶的动机,读者只是记得黑白二分的忠奸定性,再也谈不上更深刻的政治认识。明白地说,导致自己遭到猜疑的始作俑者,正是鲁隐公自己;

---

① 在此必要承认,本书采用"合法性"的译法,是一个绝不完美的考虑。诚然,legitimacy 不等于 legality,不仅是符合法规的意思,还有正确、正统等涵义。况且,《榖梁传》通常以"正"或"不正"来裁断某一政治人物或政治行为是否恰当;若以这一语脉而言,本书自当采用"正当性"而非"合法性"翻译 legitimacy 一词。然而,现在不少汉语学界的政治哲学研究者倾向于使用"正当性",理由无非是害怕后者可能使人误以为只有符合现存政治安排才算是"合法",借用周濂《现代政治的正当性基础》(页 7)的说法,就是认为"合法性"的译法可能"沦为法律实证主义的工具,为一些威权政治作辩护,从而丧失 legitimacy 原有的超越的道德维度"。首先,以上这种关怀,跟本书内容毫不相干,因为《榖梁》所谈的"正"和"不正"就不见得有什么"超越的道德维度"。此外,"正当性"的译法也有容易使人混淆的问题,因为译 just 和 right 为"正当",也不是不可以的;因此,不能说"正当性"一词引起的混淆更少。本书之所以继续沿用"合法性"的译法,主要考虑到这是沿用已久的流行概念,即使不专门研究政治理论的人读了也知道它与正义(justice)是两个不同的概念,不致混为一谈。

② 秦平受到本田成之的影响,认为《榖梁》遵循着"正义"与"道义"原则(参阅《〈春秋榖梁传〉政治哲学研究》,页 147),但本田的"正义"涉及其他更复杂的理论问题,于此暂不深论。本书对鲁隐公的问题,仅谈正义与合法性之别,但从政治理论而言,《榖梁》究竟算是什么形态的正义构想,也许问题比想象中复杂。

③ Bohman and Richardson, "Liberalism, Deliberative Democracy, and 'Reason that All Can Accept'," pp. 253-74.

④ 有关自由主义政治哲学这方面的问题,参阅 Sleat, "Justice and Legitimacy in Contemporary Liberal Thought: A Critique," pp. 230-52.

像《公羊》这样片面地歌颂让国贤者的论调,是无法理解鲁隐公自陷死地的缘故。相较之下,《穀梁》指出鲁隐公"善"而"不正"的问题,批判他没有居于正位的错误,是比较能够掌握问题的本质。未能意识到"善"与"正"之间的区分,显示《公羊》与那些混淆正义与合法性的自由主义哲学进路一样,都是低估了政治现实固有的分歧和矛盾。相反,《穀梁》的政治深度,在于它洞悉到让国使隐公自陷"不正",不必要地带来合法性的争议。意图是否善良,跟行为是否正确,属于两个不同层面的判断,前者涉及正义的考虑,后者涉及合法性的考虑,两者不容混淆。鲁隐公确实是一个"轻千乘之国"的好人,但想落实父亲惠公的"邪志",这是好人做坏事,再慷慨的"小惠"也不过是"邪道",再正义也不能解决合法性的僭差(参照 G_1)。

鲁隐不正的例子说明,让国对象之存在可能影响在位者的合法性;但反过来说,让国者是否存在,却不会影响在位者的合法性。两者的政治效应是不同的。换言之,某些让国者是否具有善良的意图,未必是问题的关键。这一点是《公羊》未尝正面指出的,但透过《穀梁》"日卒正也"和"失国"的传例,却能得到一些值得深思的发现。即使《公羊》所说是真的,司马子反有让国的想法和做法,但真正合法的君主仍是宋襄正。曾因叔武摄立而失国的卫成公,始终是合法的君主。曹成公本是篡夺君位而得位而月葬,显示他虽因子臧不即位而未失国,但仍是不合法的君主。以下,是就本章讨论过的事例,对不同的让国者与受国者之间,询问已发生或潜在的让国行为是否可能导致合法性争议:

状况	让国者	受国者	有没有合法性争议?
1	X_a	Y_a	没有
2	X_b	Y_a	没有
3	X_c	Y_a	有
4	X_a	Y_b	有
5	X_b	Y_b	有
6	X_c	Y_b	尚无事例

必须强调,以上这六种状况,只是就本章所谈的少数案例而罗列的一些结果,若要将之扩大至其他时空处境的让国状况,则需要更复杂的变项

检视和推演分析。无论如何,仅就上表而言,已很清晰地显示合法性争议的容易出现(参照 G_1)。忽略合法性争议的可能性,仅是歌颂让国者之善,极有可能是过分简单的处理;至少,对于在位者正不正的判断而言,需要更深刻的盘查和审理。《穀梁》不是简单地美化让国而又注意政治人物的合法性,应该是比较妥当的进路。

(六)在让国问题上,《穀梁》的另一重要启发是指出过度强调自主意愿的不可取(参照 D_1)。传文没有把鲁隐公视为贤者,是值得再三玩味的观点。当然,光是批判鲁隐公的想法错误是不够准确的,更准确的描述是他太过相信自己错误的想法。

必须明确一点:《穀梁》虽反对自招失败的鲁隐让国,不意味"让"没有褒义。传文对各种不让的批判,就是预设让在某些情况下是可取的。不让所反映的求、请、取,都不是《穀梁》先验地认可的行为(参照 N_1、O_1)。明乎此,就不能用私人所有权之类的概念来理解春秋时代君位的授与受。商品转让和君位继承,表面上看,似乎都是某物从一人到另一人的转移,其实两者大有差别:前者是所有者具有绝对支配的权利,只要市场规则足够的自由,如何转让和转让给什么人,基本上是随所有者说了算;后者却没有这么大的自由度,理由很简单,因为一个因君父(还可以上溯至祖先)之命继位的嗣君,大概不可能像现代人转让金钱或其他商品那样随意让国——至少,他不能让给血缘无关的外人,也不能轻易违反既定的继承规则。① 片面地歌颂让者或让国者之贤,再三肯定让或让国的正确,却不剖析获得君位必得受命的关键环节,很容易使人觉得让国全靠当事人主观上的心意,彷佛政治条件对他们没有太多限制似的,可能是一种非政治的思考。

---

① 许景昭《禅让、世袭及革命》(页 32—33)剖析"转"的概念时,特别强调"转让行动"的涵义,说:"……物质上或名义上的转让,如将某某物件、某种权利或职位让与他人,改变了其原来的所有者,我们不妨称之为'转让行动'。"这一说明,若用在鲁隐公之类的让位案例上,可能容易产生一些误会,因为鲁国跟春秋时代其他父系政体一样,都是立足于父子一体的宗法观念。职是之故,君位的继承,不是把君父的东西转渡为儿子的东西。一个国君即位,与其说他个人有权利拥有它,不如说他是作为君父的继体而代替君父持续居于此位(有关宗法制的规定,参阅金景芳:《论宗法制度》,载《金景芳全集》第 7 册,页 3491—3517)。换言之,他拥有君位的资格,不是作为一个具有现代意义的权利的拥有者,而是作为另一主体(君父及其祖先)的继承者。相反,现代社会对所有权的理解,完全不是这一回事,因为自由主义关注公私区分,努力辩护"私人领域"或"私人范围"的权利,这不仅为了免受宗教审问,也为了所有类型的侵犯(参阅 Geuss, *Public Goods, Private Goods*, p.76)。因此,中国君主得到受命而继位的政治资格,跟现代自由主义所界定的所有权,性质明显不同,许氏"转让行动"之说虽非无见,但在阐述上还有不少需要深化的地方。

相反，《穀梁》不认为让国是政治人物能够自我决定的事情，从"为子，受之父；为诸侯，受之君"原则已清晰地显示，像鲁隐公这种守业而立国的君主，绝对不具有任意支配君位转让的方式和对象的权利。真正限制他不该任意让国的关键，是因为他所受的命不允许他任意诠释，以致作出偏离或违反命的事情（参照 C_1）。

命，是以授予一方为主。受命者不是拥有决定权的主体。受命，首要的重点不在受命者如何想法。在大多数情形下，受命者不是需要自主的行动，该是被动的接受——尽管在特别情境下也有允许不受命的条件。① 现在有些研究者把受命理解为接受一方自身如何确认（或担当）所受之命，于是命就由外来的东西变成自己所要的东西。这无疑是现代人自我意识伸张下的想象，很难说是古人受命的常态。② 《穀梁》对受命的理解不是采用这一进路。传文批判鲁隐公"行小惠"，就是因为他误以一己的私心猜度，成全了鲁惠公不该成全的"邪志"。也就是说，如果他不是坚持私忖正确的道德主张，而是认真地听从君父遗命，就不会自陷不正因让召乱。

当然，隐公在主观上不认为让国之志是自作主张，而是真正符合惠公原来的心意。这样的打算可能出现令人迷惑的矛盾，因为这意味着虽然惠公要求他继位，但他却认为不继位才是惠公真正的心意。关键不是隐公如何想法，而是他凭什么这样理解惠公的想法。如果没有经验证据否证惠公的遗命，是无法证成他让位予弟的合法性。鲁隐公不依惠公之命而欲传位予桓公，问题正是他不能证明这样做法没有背弃惠公之命。因为，惠公已死，有什么可靠的凭据足以鉴别哪一套想法才是惠公的本意？说穿了，这是隐公把自己的想法凌驾在君父遗命之上。借用现代政治理论的术语来说，《穀梁》强调君父之命不能违背，是因为这些遗命带有必须尊重的权威（authority）。尊重权威，就是承认它的指令应该以某一方式塑造当事人对

---

① 不受命的问题，参阅本书第三章，页 434—35。
② 方朝晖《为"三纲"正名》（页 25—27）讨论"尊天受命"和"屈民伸居"，说："'天命'只是在讲下级服从上级合乎天经地义而已"，又云："'天'代表的是'天理''道义'，任何一个有良知的臣民都可以凭自己的良知来确认它，因而都有资格和理由在君王和权威面前站立起来。"此外，柯小刚《道学导论（外篇）》（页 7）也说："天命并不是什么'规律'或'客观必然性'，也不是外来强加的什么命定运程、预先规定的事件序列。天命就是道义的担当。"这里所说的"天经地义""天理""道义""天命"，都是受命者自己认可或担当的东西，而受命者彷佛都是一个个具有独立人格和自主性的主体，古人一般所受的受命是否都是这样的预设？很值得怀疑，至少方氏自己的举证（如董仲舒所说的"以人随君"等等）就不蕴涵这一预设。

做什么事情的思考,不管这个人有什么别的想法。① 也就是说,隐公个人有什么想法,也不应高于惠公的遗命。传隐弃桓,是惠公邪正交战后所作出的遗命;而隐公没有遵守遗命的安排,或多或少是拿自以为正确的想法践踏了遗命的权威。从这一视角观察的话,即使最后没有发生桓公弑兄的惨剧,隐公也是不可接受的(参照 E_1)。分析到最后,隐公所恃的理由,无非是自我评估的理由,以为这样做法是善的。如果《穀梁》是康德哲学的进路,或许还能勉强说这是一个说得通的理由,②但《穀梁》不是。传文没有自我立法的进路,所以隐公自作主张的让国是"不正"的,得不到足够的辩护。

(七)从鲁隐公的案例可见,《穀梁》强调受命对政治合法性的决定性作用,不是先验地判断某一做法为绝对正确与否。换个角度看,这其实是承认相关的制度和政治实践的传统对政治选择的制约。

《穀梁》有关正不正的考虑,都是针对各国不同的制度情形而发。同样是让弟,贬鲁隐之邪而褒宋宣之正(曰卒示正),都是符合鲁、宋不同国情的判断:鲁国实行父子继承制,并无兄终弟及的传统,国情有别于殷商之后的宋国。③ 没有理由认为得到正式传位的缪公不合法(参照 H_1)。《公羊》因让志而崇隐,固然不易使人释惑;因"大居正"而斥宣,更是不问宋国传弟亦有合法性的特殊国情。④ 这种思路是不是跟那些以己度人的"普世价值"有些相似呢?这里难以细述,但有一点是清楚的,《穀梁》讲究受命之义,在政治判断上较有灵性,比《公羊》更符合不同国情的实际,对政治合法性的

---

① 正如法哲学家拉兹的分析,拥有权威就是拥有预先扼制人们在相关事项上的个人判断的能力。参阅 Raz, *The Morality of Freedom*, pp.57—62. 预先个人判断的能力,并非什么神秘的东西;想想指挥汽车行驶的交通警,开车的司机就是觉得按照自己想法驾驶也无问题,但正常情况下,都会服从交通警的指示,这就是交通警的权威。

② 有关康德哲学对自我评估的重要性,伦理学家赫尔曼已有明确的解说:"理由是评估的(evaluative)。因此,一个能动者当处于判断(以某一特殊方式)行动在某种意义而言是善的,她就有一个理由。当她的活动是被这样一个判断所管治,她就是为理由而行动。"载 Herman, *Moral Literacy*, p.7.

③ 有人根据公子牙"一继一及,鲁之常也"之语,误以为鲁亦以兄终弟及为常情,这是严重的误解。相关问题的辨析,参阅李衡眉:《先秦史论集(续)》,页 77—86。

④ 《公羊》处理鲁隐公和宣缪二公失衡的问题,家铉翁已有明确的批判,《春秋集传详说》(卷1,页 48—49)云:"不当让而让,以让召乱,鲁隐公是也。若宣公之让穆公,穆公之让殇公,兄以传弟,弟复以归兄之子,此盛德也。"这是按照《公羊》的逻辑批判《公羊》否定宣缪二公的错误的

考虑更具备"事实敏感性"(fact-sensitivity)。①

让不是独立于现实政治的考虑，如何受到制度的影响，也表现在其他问题的考虑上。《穀梁》重礼，各种行为是否具备合法性往往要看礼制的安排而定；这从宰咺归赗、子氏之薨、考仲子宫等评论可见一斑。春秋时代大多数国家都是父子世袭的继承制度。从小白不让公子纠而遭到经传的贬抑，可见长幼有序已是惯常的政制预设。小白是弟，却私夺兄纠的君位。他的不让显然是不正的。离开了当时的制度环境，是不可能理解小白的不正（参照 G_1、O_1）。肯定让的做法，与接受礼的安排，两者是可以兼容的。没有必要因为推崇禅让思想而否定礼学思想。②

（八）承认制度对行为的约束性作用，不意味人们行事不需要自己努力。按《穀梁》的主张，并非主张所有事情都要拒斥人的能动性（agency）。鲁隐公之所以不该让弟，是因为君父遗命的权威性已预先扼制了自作主张的可允许性。然而，不是每一件事都是这样的性质。像雩月的讨论，就没有这样权威性的指引限制着人的主观努力（参照 T_1）。

《穀梁》把"让"定性为"人之所以为人"的一项条件，就是为了说明请求必须慎重，可以话，人们即使遇到重大困难，也不该立即向外请求，应该反求诸己，自己尝试找到解决问题的办法。借用政治哲学的术语来说，让不仅是一项行动。界定"人之所以为人"的让，是一种门坎甚低，人人皆应该可以做到的事情。不然的话，"民作让"也就无从谈起（参照 P_1）。

这里强调自己面对困难的必要性和人人皆可以让的普遍性，不意味它是鼓吹以人类为中心的自主性（autonomy），因为《穀梁》对雩祭的说明，显示它不认为人类是支配世界的主人。或者，借用政治生态学的术语更准确地说，能动性不是人类独有的，其他非人类的东西（例如"通乎阴阳"的应上

---

① 这是借镜于政治哲学家霍尔的观点。他批判柯亨（G. A. Cohen）对社会主义的辩护欠缺"事实敏感性"，其中有些观点对本书反思《穀梁》观点颇有启发性："我们应该总结说，这些外部性（externalities）对于原则层面上反对奉行社会主义是决定性的，而且不仅是一项监管的规则。这令我们有理由相信政治原则的辩护是依赖于其政治实例化（instantiation）所需的东西，这是一项敏感于事实的判断。"载 Hall, "Political Realism and Fact-Sensitivity," p. 177.

② 欧阳祯人《从简帛中挖掘出来的政治哲学》（页27）云："根据《论语》和《易传》的文本，我们确凿地发现孔子思想体系中'礼'学思想与'禅让'思想之间的内在矛盾，说明了先秦原始儒学中存在着这样两种思想的发展向度。"其实，这样刻意强调两种思想的发展向度，似是有一个有争议性的论断；这里只指出一点：禅让制所体现的辞让作风，未必与礼学对立矛盾；正文所提及的《穀梁》例子，绝非罕见的孤证。

公)即使没有意志也有能动性,而且不是人类能够单方面决定或左右的。《穀梁》没有现代世界常见的"生命/物质"二分法,①也不认为非人类的能动者必会顺应人类的意愿而回应(这也是雩祭重请的根本原因)。

因此,雩祭重请虽然强调人的能动性,但跟反对鲁隐私惠让国的传义一样,讲的都是强调慎重地对待其他影响自己的东西,不认为自主意愿享有高于其他能动者的绝对地位(参照 R_1、S_1)。无论如何,从《穀梁》雩祭重请的见解,可见"让"的内涵实已不限于辞让可得之物的描述义,而且蕴涵人不宜轻易外求的规范义。这是《公羊》和许多讨论"让"的作品尚未谈及的。

(九)《穀梁》并不否定让的好处。襄十九年传"民作让"的主张,便是显例。这里的重点,是表示谦逊可以带来让的效益(参照 P_1),没有先验地高估让(包括让国在内)的政治作用。然而,有些《公羊》学者却相信崇让有助于息争,使众人不致为物欲所蔽,而促进群治的稳定。② 这种观点是有问题的,因为:

1.《公羊》不见得完全拥护让国,也不见得完全反对争执。吊诡的是,它所反对的让国事例(宋宣让缪不被《公羊》视为让国之例)是《穀梁》所认可的,而它所支持的争执事例(元咺为叔武之死而争)是《穀梁》所反对的。

2.该让而不让(例如周王遣使求金),无疑是错误的。然而,承认不让的错误,不蕴涵让的必对。强调崇让导致息争的因果关系,这一思路背后已预设人人崇让必可带来良好的政治结果,这一推论是值得推敲的。站在

---

① 政治生态学家班尼特批判这一种世界观,说:"物质已死或彻底工具性的形象滋长了人类的傲慢和我们摧毁地球的征服和消费的幻想。这样做法,使我们不能察觉(看到、听到、闻到、尝到、感到)更全面的非人类力量在人类形体内外流转。"载 Bennett, *Vibrant Matter: A Political Ecology of Things*, p. ix.

② 孔广森《通义》(卷10,页239—40)云:"《春秋》拨乱之教,以让为首。君兴让而息兵,臣兴让而息贪,庶民兴让则息讼,故天下莫不乱于争而治于让。"陈柱完全接受孔氏之说,认为这是符合《公羊》真义,《公羊学哲学》(页50)云:"今世盛称天演竞争之说,学者一闻及'让'字,几何其不笑为迂阔乎?然一争一让,诚当别论。今试就一国之人而论之,倘人人崇让,则其极也,可以路不拾遗;人人好争,则其极也,父子兄弟亦不能相容,而出于相杀,则其得有不足以偿其失者矣。此其理岂不至易明乎?惟众人为物欲所蔽,故知进而不退,知得而不丧,故终不免于相争相杀,欲遂其小利,而不免争大害。至圣人则不然,不为外物所惑,能灼知利害之辨,知有得之于此,而于彼有不胜其失者;有丧之于今,而于后有大乎此之得者,故礼让之事兴焉。此非专为私人利害计也,为众群之利害,亦不能不出乎此。此古之言群治所以多贵乎让德也。《公羊》家之说《春秋》,盖深有见乎此矣。"必须指出,尽管二人的观点相同,但语境有别,其针对的论敌也有不同:孔氏是意图借让来挽救争夺放弒之乱,而陈氏是针对社会达尔文主义所带来的竞争思潮,二者不能等量齐观。

《穀梁》的立场上看,问题不在让是否值得推崇,因为接受传义的人也可以承认"民作让"是可欲的。问题是,当假定人人崇让可以带来良好的政治结果时,背后已预设了个人的主观意向与群体福祉的实际结果可以匹配(或成正比的发展),没有看见个人主观觉得美好的想法和行为导致群体不美好的可能性。① 对这个大前提的反证,不胜枚举。从《穀梁》对鲁隐公"十年无正"的批评可知,在不恰当的环境下让国,不仅不能产生"人人崇让"的理想结果,反而惹起祸端,催生了不应该出现的贪婪和矛盾。

3. 因此,重点是看清楚什么东西该占有和不该占有,什么东西下该接受和不该接受,什么东西该让渡和不该让渡(参照 Z_a 和 Z_b 的区别)。宽泛地夸大让的作用,操作意义其实不大,反而导人于迷。

(十)《穀梁》不把让国者视为贤者,它对"贤"的判断有一些迥异于流行认识的观点。以下,将提出三个问题,考察传文对之可能提出的回答:

1. 让国是一项行动(action)吗? 是的。更明确地说,这是一种有意识的、经过选择的行动。鲁隐公准备让弟的表现,就是实际的行动,是政治舞台上其他人看得见,知道他有这样的选择和决定。不仅是让国,其他涉及辞让的行为,甚至包括不让(例如齐桓公夺位不让)在内的各种做法,亦是一种行动。《穀梁》认为让是"人之所以为人"的一项条件(另一项是"言"),之所以把"让"作为界定人的一个条件,重点在于让渡和辞让是人可以做到的事情。当然,这不意味相关的人完全自主,免受各种制度条件的限制。

2. 让国是一项美德(virtue)吗? 不是。在传中,"让"意谓让渡和辞让。让是形容行动,而非形容人的词汇。《公羊》因让国之行而誉其人之贤,《穀梁》没有这方面的传义。能够这样做的,可以是好人,也可以是坏人。② 虽然

---

① 这也是许多法家研究者质疑儒家学说的一个理由,例如宋洪兵《循法成德:韩非子真精神的当代诠释》的《自序》(页3)云:"为什么越是强调道德觉悟,社会道德水平反而越是低下? 个人道德与社会整体水平之间,真的存在一种正向的内在关联吗?"公平地说,《公羊》没有明确提出由让而息争的政治纲领,但像孔广森、陈柱等人立足于《公羊》所建构的政治愿景,却是很难逃过宋氏的质疑。

② 照《穀梁》记载,欲让国的鲁隐公肯定是善人,但没有明言恶人行让。但是,传文不言行让必是善人。庄六年传(卷5,页70)解"齐人来归卫宝"云:"以齐首之,分恶于齐也。"尽管传文没有提及"让"字,但"归卫宝"实是一种让渡行为(因此,《公羊》以让贤齐襄公而惹来非讥)。卫宝是卫朔所给的贿赂,由于卫朔背叛周王,鲁从齐国收受贿赂还要"分恶于齐",所以齐襄公让卫宝之恶也就不问可知。无论如何,让不仅是善人,也可以是恶人所做的行为。这是《穀梁》学者能够认可的观点。钟文烝《补注》(卷5,页158)云:"鲁尤多战功,故让鲁也。卫赂齐而齐让鲁,是受赂者鲁也。"钟注以让赂解读经传,是可取的。

儒家典籍存在称誉让国者至德的记载,①也有各式各样的历史人物因让而被褒,②因此不乏研究者企图以美德伦理学诠释儒学。不仅让国不见得是美德,而且也不能简单地说让(或辞让)就是一种美德。《穀梁》既未按照美德来解释正当行动的进路,也没有呼吁读者像美德的能动者而行动。③ 传文没有任何事例展示让或不让之人正在仿效某一种让的德性典范而行事。尽管《穀梁》承认鲁隐公让国的"善",但根据"成父之恶""行小惠"等批判意见,很难说《穀梁》把它当作有意义(无论是正面意义抑或负面意义)的美德典范。

3. 让国是一项理想性价值(ideal value)吗?不是。《穀梁》没有谈及任何类似"无知之幕"(veil of ignorance)的理想性情境,也没有任何段落前政治地(pre-politically)确言让的价值。可以肯定的是,像鲁隐公那样的让国,是有问题的,而《穀梁》也不认为他是贤者。阅读传文,读者仅知道在某些特殊的情境下,让是可欲的,不让是不可欲的。同样遭到批判,周桓王派遣家父求车,齐桓公夺公子纠之位,二人是该让而不让;而鲁隐公欲让弟而自陷不正,是不该让而让。该不该让?涉及行动层面上的考虑,不能一概而论。认为"让"可以是良好的行为,这还可以;但若先于政治过程的考虑而把"让"定位为一种理想性价值,就有问题。政治人物只该追求这些高贵(甚至脱离现实)的政治理想(或道德理想)。

由于让是行动,不是品格、理想性价值或美德,没有理由相信让是自足的(self-sufficient),也没有理由把它悬挂在高高在上的位置——彷佛有了它就能绕过(或不理会)世上其他不可欲的东西,而直奔理想的政治目标。确切地说,《穀梁》有关让和让国的思考,与其对"贤"的判断,始终没有离开周礼体制的政治格局。鲁隐公让国的是非,固然离不开鲁国继嗣制度及其对父、对弟的伦理关系。其他被划为让国者的案例,同样如此。至于周王求车、小白夺位、鲁哀行零等事,皆非统治者单方面说了算的,而是需要考虑到相关的人和涉及的物品是什么。是否让渡某物?为何让或不让?都

---

① 例如《论语·泰伯》(卷8,页114)引述孔子云:"泰伯,其可谓至德也已矣!三以天下让,民无得而称焉。"
② 诚如孙绪《沙溪集》(卷14,页629)所述:"《书》首尧舜,《诗》首文王,《春秋》首鲁隐公,《史记·世家》首太伯,《列传》首伯夷,皆让之大者也。"
③ 有关美德伦理学的基本思路,参阅 Stocker, "How Emotions Reveal Value and Help Cure the Schizophrenia of Modern Ethical Theories," p.173.

是相对条件的考虑,而非只讲尊卑的绝对化伦理。跟其他"能动者相关"的行为实践(例如忠诚等)一样,让的思考系于人们(以及非人类的东西)在特殊环境下偶然的想法、需要或利益,①很难不受到其他条件性价值(conditional value)所左右。把让国奉为实行不了也无所谓的最高理想,也许不过是一人专制的帝国格局下无可奈何的政治幻想。《穀梁》的各种实践判断,说明包括让国在内的政治行为需要回到具体的行动情境中鉴别和审定,不是单方面申张某一套绝对化的政治关系便即找到令人信服的答案。

---

① 伦理学家凯勒已指出,很难有一个如果除了忠诚以外,不包含其他东西的世界,所以忠诚不可能不问它对的效应,而给世界添加价值;参阅 Keller, *The Limits of Loyalty*, p. 146. 鉴于鲁隐公或其他人的让国或多或少也涉及忠诚的考虑,所以凯勒的观点在很大程度上也适用于让国问题的思考。

第二章　死难与灾卒

　　让国不意味其人必贤；同样，死难也不意味其人必贤。《春秋》叙述的是一个纲纪紊乱的乱世，下陵上替，死于各种患难的人不知凡几，屡见于经。一些可能导致丧命的厄难，往往也是考察政治人物的思想行为的绝佳机会。不能轻率地根据死难的结果皆视为其人必有勇气、畏怯或忠诚等品格。经传对某些死难者和不死难者的裁断，绝非这么简单的，而是值得读者再三思考。如何判断某人的死与不死？死，对不对？不死，对不对？为何死？为何不死？为什么该死？为什么不该死？死是否可贤？不死是否可贤？《春秋》记载的人与事，都是发生在复杂而极具约束性的政治世界之中，所以对死难问题的理解，必须回到具体情境中找答案，不宜将之化约为个人意愿或道德意志是否得到伸张的自主性判断。阅读《穀梁》有关死难的思想观点，是另一个良好的途径，让人深化对"贤"的认识。

　　以下四节，首先会讨论孔父、仇牧、荀息、公子瑕、箕郑父、庆寅六个及死的案例，然后观察宋伯姬在火灾中逝世而又称贤的问题，接着剖析祭仲不死难为何是错误的，最后检讨《穀梁》有关死难的观点有何理论意义。

第一节　以及言杀六例

　　思考死难与称贤的关系，始终离不开经传的诠释。《春秋》特重上下之别，对君臣被害的乱象着墨尤多。想辨别这方面的笔法，首先要注意两点：

　　1.《穀梁》古经仅用"杀"字，并无"弑""杀"之别。今本"弑"字，乃是后人所改。段玉裁《春秋经杀弑二字辩别考》云："凡三经三传之用'杀'为'弑'者，皆讹字也。"① 钟文烝批判地接受这方面的考证成果，认为三传古本只有"杀"字，"杀""弑"之分仅在于读音的差别。《补注》云："窃意古只有'杀'字，而上杀下及敌者相杀，读杀，短言之；下杀上，读杀，长言之。其字

---

① 段玉裁：《经韵楼集》卷4，页65。

第二章　死难与灾卒

则皆从殳杀声之字，《穀梁》《左氏》经传所用也。'弒'者，后出之字，从杀省式声，或又假借'试'字，亦式声，《公羊》经传所用也。凡六艺群书在《公羊》前者，皆有'杀'无'弒'也，其参差混乱并《公羊》中字亦不画一者，皆写本、刊本之失也。"①据此可知，《穀梁》古本无论被害者是君或臣，一律言"杀"。

2. 通常而言，若不涉及其他情节，只叙述某个主体行凶的单一事件，而被害者多于一人，经文有两种不同的笔法：

①"P 杀（弒）Q、R……"Q、R 同遭杀害，但其中没有牵连关系，所以 Q、R 之间没有系词；如成十七年"晋杀其大夫郤锜、郤犨、郤至"、襄十年"盗杀郑公子斐、公子发、公孙辄"，哀四年"蔡杀其大夫公孙姓、公孙霍"，皆属于这类句式。

②"P 杀（弒）Q 及 R"，Q、R 之间有"及"字连接，显示 R 受 Q 连累而死。这两种笔法存在明显的差别，不能混为一谈。当然，也有人对上述笔法重视不足。杜注："言及，使异辞，无义例。"② 如其说，"P 杀（弒）Q、R……"与"P 杀（弒）Q 及 R"并无任何实质性的差别，那么为何《春秋》要区别这两种不同笔法呢？杜预没有进一步的解答。③ 这对理解《左传》也许影响不大，但对《穀梁》来说，若看不见"及"在杀（弒）问题上的关键作用，是不妥当的。

以下，将举孔父、仇牧、荀息、公子瑕、箕郑父、庆寅六个例子，剖析《穀梁》有什么政治观点。他们都是"及"后被杀，亦即"P 杀（弒）Q 及 R"的 R，《穀梁》对之有一些独特的评论见解，值得深入考究。大体上说，《穀梁》不认为 R 随 Q 而死，就是 R 能够成为贤者的决定性条件。

一、孔父

孔父，孔子的六世祖。他的死难事件源于宣缪二公的让国，有关他的记载，计有两则经文：

（一）桓二年经："春，王正月戊申，宋督弒其君与夷及其大夫孔父。"传："桓无王，其曰王，何也？正与夷之卒也。孔父先死，其曰及，何也？书尊及

---

① 钟文烝：《补注》卷1，页36。
② 《左传正义》卷35，页984。
③ 对此，刘敞批判杜预把《春秋》理解为毫无"义例"之书，"则是《春秋》非复仲尼之法也，专用史而已，岂其然哉？"参阅《春秋权衡》卷6，页236。刘敞强调经与史之别是否正确，相对不重要，相关问题暂不深论。关键在于，杜预认定"及"的"无义例"，无形中把大量对"及"的解释置之不顾。从这一角度看，刘敞的批评意见是可以有条件地接受的。

卑,《春秋》之义也。孔父之先死,何也?督欲弑君,而恐不立,于是乎先杀孔父。孔父闲也。何以知其先杀孔父也?曰:子既死,父不忍称其名;臣既死,君不忍称其名,以是知君之累之也。孔(氏)父,字(谥)也。或曰:其不称名,盖为祖讳也。孔子故宋也。"①

这里交代孔父死君难的由来,对"P 杀 Q 及 R"的认识至为重要,内有许多疑难点有待细致的清理。

1. 弑其君

"宋"为国名,"督"为人名。"完"是宋殇公之名。经文记载臣子杀害君主,一般都在君主前记以"其君"二字。除本例外,今本经文采用"弑其君"的措辞,还有 22 例:

[1]隐四年:"戊申,卫祝吁弑其君完。"

[2]庄八年:"十有一月癸未,齐无知弑其君诸兒。"

[3]庄十二年:"八月甲午,宋万弑其君捷及其大夫仇牧。"

[4]僖十年:"晋里克弑其君卓及其大夫荀息。"

[5]文元年:"十月丁未,楚世子商臣弑其君髡。"

[6]文十四年:"齐公子商人弑其君舍。"

[7]文十六年:"十有一月,宋人弑其君杵臼。"

[8]文十八年:"五月戊戌,齐人弑其君商人。"

[9]同年:"莒弑其君庶其。"

[10]宣二年:"九月乙丑,晋赵盾弑其君夷皋。"

[11]宣四年:"六月乙酉,郑公子归生弑其君夷。"

[12]宣十年:"癸巳,陈夏徵舒弑其君平国。"

[13]成十八年:"庚申,晋弑其君州蒲。"

[14]襄二十五年:"五月乙亥,齐崔杼弑其君光。"

[15]襄二十六年:"王二月辛卯,卫甯喜弑其君剽。"

[16]襄三十年:"四月,蔡世子般弑其君固。"

[17]襄三十一年:"十有一月,莒人弑其君密州。"

[18]昭十三年:"四月,楚公子比自晋归于楚,弑其君虔于乾溪。"

[19]昭十九年:"五月戊辰,许世子止弑其君买。"

---

① 《榖梁注疏》卷3,页33—34。

[20] 昭二十七年:"四月,吴弑其君僚。"
[21] 定十三年:"薛弑其君比。"
[22] 哀六年:"齐陈乞弑其君荼"。

《春秋繁露·灭国上》云:"弑君三十六",①《淮南子·主术训》和《说苑·建本篇》也有相同的说法。② 究竟如何计算而得出 36 例? 不清楚。连同此传,上述"弑其君"仅 23 例,距离"三十六"颇多。对此,段玉裁另提新说,认为"三十六"的说法不合经文之数,以"三十六"为"二十六"之讹,将之修订为 26 例,貌似有理,③导致钟文烝亦袭用其说。④ 然而,细看段玉裁的 26 例,其实是在"弑其君"的 22 例以外,再增加了以下 3 例:

[23] 僖九年:"冬,晋里克杀其君之子奚齐。"
[24] 襄二十九年:"阍弑吴子馀祭。"
[25] 哀四年:"王二月庚戌,盗弑蔡侯申"。

本章下文将会指出,奚齐之所以称"其君之子",笔法独特,在《穀梁》看来,是有别于一般弑君。杀馀祭的阍和杀申的盗,同样身份特殊,经文不是从君臣关系上叙述,故称"吴子"和"蔡侯"之爵,不书"其君"。段玉裁把这 3 例与"弑其君"的 23 例混为一谈,从而凑合为 26 例之数,很有问题。鉴于段氏 26 例是从"弑君三十六"修改而来,读者不免质疑:有没有可能错的不仅是"三"字,而且连"六"字也错了呢? 凭什么相信"二十六"是绝对可靠的数字? 反正董仲舒等人如何理解"三十六"之数,已无从稽考,而段玉裁的解释也不见得毫无疑义,没有必要拘泥其说。⑤

因此,与其继续考究"三十六"的指代对象,倒不如退一步看,只看"弑其君"的措辞。这是《春秋》记载其君被杀最常见和最能交代臣弑君的修辞。尤其是考虑古本言"杀"不言"弑",因《春秋》已有"其君"之称,纵无"杀""弑"之别,读者也不致误会是其他情况的谋杀。由此可知,与夷因"杀其君"三字,已足够说明他被宋督所杀,是属于臣弑君的情况。

---

① 苏舆:《春秋繁露义证》卷 5,页 133。
② 何宁:《淮南子集释》卷 9,页 697。向宗鲁:《说苑校证》卷 3,页 69。
③ 段玉裁:《春秋经杀弑二字辩别考》,载《经韵楼集》卷 4,页 67—68。
④ 钟文烝:《补注》卷 10,页 284。
⑤ 据梁玉绳计算,亦得"三十四"之数,"通传数之"则是"当有三十七"(参阅《史记志疑》卷 36,页 1469),同样难合"三十六"之说。

2. 国氏

"宋督"以国为氏。此传没有解说其中的缘故,但《穀梁》讨论弑君者国氏的措辞,只有两种说法:

①"卑者以国氏",意谓弑君者是卑者,以国为氏;如宋万之例。

②"以国氏者,嫌也,弑而代之也",如祝吁、无知之例。其中"嫌"意谓嫌疑,主要是指那些以国为氏的称呼,存在夺位自立的嫌疑,容易使读者误会其人(尤指弑君代立的逆贼)可能像同样国氏的君主或世子(如郑忽之类)。

这两套说法,一彼一此,不容混同,但刘敞疏忽,没有注意到它们的差别,不知道"弑而代之"不是《穀梁》解释国氏的惟一说法,《权衡》提出了不必要的疑问:"宋督、宋万亦可云弑而代之乎? 公子商人岂非弑而代之乎? 而督、万氏国,商人不氏国,何也?"①按照《穀梁》的理解,宋万是卑者,而宋督也是卑者,这是氏国的关键。至于商人的"不氏国",是因为"不以嫌代嫌"。②刘敞没有吃透《穀梁》对"嫌"的解说,也不注意传中对"国氏"两种不同的主张,他的质疑都建立在误解之上。

柯劭忞不是不知道《穀梁》对"国氏"的两个判断,但添加了不必要的解说。《传注》云:"凡弑而代之者,则以国氏。弑而立君者,则书弑君者之名氏。"③这里宣示的通则,存在反例。宋督和宋万一样,皆是国氏,却未"弑而代之"。据《左传》记载,宋督弑宋殇公后,"召庄公于郑而立之以亲郑",④肯定是"弑而立君"。下文将会指出,宋万弑宋闵公后"出奔陈",不是"弑而立君"。宋督与宋万二人都是国氏,而非名氏。柯注别立"弑而立君"而"名氏"之例,不合传义。

3. 宋督国氏的解释

宋督之所以国氏,在《穀梁》看来,原因在于他是卑者。范宁说宋督是"宋之卑者",⑤符合传义。在此之外,对宋督"国氏"的缘故,还有其他解答尚待酌量:

---

① 刘敞:《春秋权衡》卷14,页321。
② 参阅本章(页214)和第四章(页596—99)的讨论。
③ 柯劭忞:《传注》卷1,页9。
④ 《左传正义》卷5,页137。
⑤ 《穀梁注疏》卷3,页33。钟文烝《补注》(卷3,页76)亦信从其说。

(1)何诂："督，未命之大夫，故国氏之。"①大夫未命而去氏，《公羊》仅2例，都是都是解释鲁国的未命大夫，即侠、柔二人。他们都是去氏，而非国氏，是否可以延伸至宋国未命大夫的国氏？《公羊》对这二人的解释皆是："吾大夫之未命者也。"②何休的观点是否符合《公羊》，殊可置疑。无论如何，它对深化《穀梁》认识没有多少作用，因为《穀梁》没有透过国氏而显示大夫未命的主张。

(2)有别于何诂，柯劭忞认为宋督国氏的原因在于为亲者讳疾，《传注》云："督不称公孙，宣十二年杀大夫不称族，皆隐之，为亲者讳疾也。"又云："范武子以督为卑者，公孙不为卑，明矣。"③这个主张充满纰漏。《穀梁》没有"为亲者讳疾"的说法，鉴于内鲁的考虑，"亲者"是指鲁国而言，宋国不是"亲者"。为"祖讳"是"或曰"所提出的另一说法，涉及孔父与孔子的关系，与宋督无关。此外，柯注"宣十二年"一语，该是"宣十年"之讹。宣十年经："齐崔氏出奔卫"，传："氏者，举族而出之之辞也。"④此传不涉及杀君及臣的内容，也很难说是"为亲者讳疾"，以此解说宋督国氏，于义失当。认为宋督是公孙，非《穀梁》之义。《左传》孔疏："案《世本》宋督是戴公之孙、好父说之子，华父是督之字，计督是公孙耳。"⑤《左传》学者因为桓二年传"督为大宰"的记载，⑥故此相信宋督出身高贵，无可厚非，但《穀梁》并无证据明示或暗示宋督之贵，柯劭忞强通《左》《穀》二传，非常不妥。

(3)廖平认为原因在于华氏日后是宋国的世卿，《古义疏》云："督以国氏者，辟下华氏为世卿也。"⑦此说于传无据。隐三年经："尹氏卒。"《公羊》说："曷为贬？讥世卿。"⑧《穀梁》没有"讥世卿"之说，也没有因"国氏"而辟华氏为世卿的观点。廖平援《公》解《穀》，本已错误。他的整个思路，无非是参考历史后来的发展，从华氏在宋国掌权的发展，作出事后孔明的猜测，而《穀梁》实无这样的分析。

---

① 《公羊注疏》卷4，页70。
② 《公羊注疏》卷3，页62；卷5，页100。
③ 柯劭忞：《传注》卷13，页212。
④ 《穀梁注疏》卷12，页199。
⑤ 《左传正义》卷4，页115。
⑥ 《左传正义》卷5，页137。
⑦ 廖平：《古义疏》卷2，页75。
⑧ 《公羊注疏》卷2，页37。

4. 春，王正月

《春秋》的叙述通例，为了宣示周王正朔，每年开始之时，纵使无事可记，亦有"春，王正月"的记载。周何说："无史事可记，只书'春'"，①这一概括并不准确。撇除隐、桓二公和春季没有事情系年的闵、成、襄、哀四公以外，庄公（五年、十一年、十六年、十九年、二十一年、三十年）、僖公（六年、二十四年、三十年）、文公（八年、十三年）、宣公（十一年）、昭公（十年、二十年）、定公（二年、七年、九年）春季无事之年皆记以"春，王正月"，而非只书"春"。此外，《穀梁》对"无事"的时间性解释，主要是隐九年传和桓元年传"不遗时"之说，其中指代的是"秋，七月"和"冬，十月"。② 由此可见，《穀梁》理解的"时"，往往包括季节和月份二者，不仅季节而已。

5. 桓无王

在"春，王正月"的记载上，隐、桓二公是特别的例外：隐公因不自正，十年不书"正月"；桓公在位十八年仅四年（元年、二年、十年、十八年）"月"前有"王"另作他解，其余十四年不管有事无事，或书时，或书某月，皆无"王"字。

有鉴于此，此经"正月"前称"王"，殊非寻常。"正与夷之卒"之"正"，与"日卒正也"相通，都是涉及政治合法性。二者之别，在于前者是动词，后者是名词。作为名词的"正"是指示其人具有政治合法性，如宋公和、蔡侯考父等人便是。作为动词的"正"，展现了"实字活用"的手法，③把原来形容政治人物的合法性的"正"当作动词使用，从而指示经文透过"王"的使用来赋予这些人合法性的做法。然则，为什么要使用"王"来显示"正"呢？在此，必须预先解决一个先在的预设。正常的情况下，本来只需要死亡日期的记载，便足以显示其人的"正"。《穀梁》认为弑君是否记载日期，是鉴别被杀的君主正与不正的重要指标。昭十九年经："五月戊辰，许世子止弑其君买。"传："日弑，正卒也。"④可见被弑君主出现死亡日期，被视为"正卒"。这个说法可以通释全传"日弑"之文。范注："弑君日与不日，从其君正与不

---

① 周何：《新译》上册，页74。
② 参阅本书第一章，页18。
③ 有关实字活用之例，参阅俞樾：《古书疑义举例》卷3，页51。
④ 《穀梁注疏》卷18，页299。

正之例也。"①对此，普遍没有异议。

再看178页"弑其君"的22例，其中载有日期12例，即[1]、[2]、[3]、[5]、[8]、[10]、[11]、[12]、[13]、[14]、[15]、[19]，大多是"正"，没有合法性问题；不日10例，即[4]、[6]、[7]、[9]、[16]、[17]、[18]、[20]、[21]、[22]，大多"不正"，可能出现合法性争议的异常状况。遇有例外情况，《穀梁》必定发传澄清究竟。例如：

> [15]襄二十六年经："王二月辛卯，卫甯喜弑其君剽。"传："此不正，其日何也？殖也立之，喜也君之，正也。"
>
> [16]襄三十年经："四月，蔡世子般弑其君固。"传："其不日，子夺父政，是谓夷之。"②

从上述二例可知，日即正，不日即不正，是《穀梁》坚持的解经原则。然则，为何不仅用"日弑"的笔法，而另外书"王"呢？

答案在于鲁桓公。桓元年传："桓弟弑兄，臣弑君，天子不能定，诸侯不能救，百姓不能去，以为无王之道，遂可以至焉尔。"③桓公以弟弑兄，安然登位，周王、诸侯、百姓皆不能诛杀逆贼，《穀梁》认为经文没有"王"的记载，寓有这方面的深意。因为他的弑兄在位，导致他的十八年经文都该体现"无王之道"。

但完全抹煞这段时间内其他显示"正"的事件，又不是经文想要表明的意旨，遂不得不偶尔书"王"以示其人之"正"。桓二年经载有日期，本已显示与夷是宋国合法的继承人。为免读者因桓公"无王"而不能理解与夷的"正"，所以《穀梁》发传解说。

6. 与夷与终生

这跟终生之卒，大抵是相同的情况。桓十年经："王正月庚申，曹伯终生卒。"传："桓无王；其曰王，何也？正终生之卒也。"终生和与夷一样，其卒都得到经文冠"王"示"正"。特笔加"王"，说明二人的"卒"是"正"。也就是说，"王"与"日卒"，二者缺一不可。廖平《古义疏》云："与夷受命于缪公，又

---

① 《穀梁注疏》卷2，页17。
② 《穀梁注疏》卷16，页267—68、273。
③ 《穀梁注疏》卷3，页31。

宣公之嫡子,明得正、有王。"①柯劭忞《传注》云:"宋与夷、曹终生,皆为子受之父者,日卒正也。"②廖疏言"有王"而不言"日卒",柯注言"日卒"而"有王",各有偏废,合之更佳。

因为这里涉及终生之卒,顺便指出:范宁对"正终生之卒"作出两个矛盾的解释。一是范注引徐乾曰:"与夷见弑,恐正卒不明,故复明之。"另一是杨疏引范答薄氏之驳:"曹伯亢诸侯之礼,使世子行朝,故于卒示讥,则传云正者,谓正治其罪。"③前者表明"正卒",后者旨在"正治",两者扞格不入。《穀梁》"正"的动词义,如上所述,就是针对终生之日卒肯定他的合法性。基于前述认识,"正终生之卒"之"正",不该解作"正治其罪"。范宁之所以认为终生有罪,是因为桓九年传批判终生使世子射姑朝鲁"失正"之罪。④然而,使世子朝鲁的"失正",不等于终生已是不正之君。"失正"是指朝鲁一事的行动合法性,而"正终生之卒"则涉及他的统治合法性,二者不能混为一谈;其情况犹如隐公欲让弟是"不自正",但他仍是鲁国正式的君主,故曰"正隐"。曹伯终生"失正"而"正"其"卒",犹如隐公"不自正"而"正隐"。以此例彼,宋缪公"危不得葬"的传文虽反映与夷不能隐定政局的问题,⑤但不能说与夷得位不正。

有关"正终生之卒"的解释,还有一个意见需要辨正。胡传:"此年书王,而曹伯适薨,遂附益之,以为'正终生之卒',误矣。果正诸侯之卒,不缘篡弑者,陈侯鲍在五年之正月,曷不书王以正其卒乎?"⑥胡安国质疑《穀梁》的观点,源自他坚持十年书王"宜见诛于天人"的观点,所以不认为隐二年与夷和桓十年终生之间的可比性,因而批判《穀梁》"不得其传"。这是个人的想象和猜测,既无视这两则经文皆有"王正月"的相同记载,而且硬生生将桓十年经劈为两截,彷佛"十年春,王正月"与"曹伯终生卒"毫无关连似的,仅是解读"王正月"三字,而撇开"曹伯终生卒"不顾,就文理的周延性而言,其实远不如《穀梁》之说可信。胡传的错失,也提醒读者不能把桓二年经的"王正月"与弑文分开观察。

---

① 廖平:《古义疏》卷2,页75。
② 柯劭忞:《传注》卷2,页2。
③ 《穀梁注疏》卷4,页48。
④ 《穀梁注疏》卷4,页47。
⑤ 参阅本书第一章,页67—70。
⑥ 胡安国:《春秋胡氏传》卷5,页64—65。

7. "正与夷之卒"的"正"

回到与夷的正卒。因为"正"是表明他的政治合法性,所以对"正月"前有"王"的其他解释,都是有问题的。范注:"诸侯之卒,天子所隐痛。奸逆之人,王法所宜诛,故书王以正之。"① 传文是"正与夷之卒",范宁却把"正"的对象由与夷变为宋督,本属无稽而不足听,但令人讶异的是,这一说法却得到不同程度的拥护。程颐明显赞同范宁诛奸逆的观点,所以说:"弑逆之罪,不以王法正之,天理灭矣。督虽无王,而天理未尝亡也。"② 胡传一方面不赞同范宁书王之说,另一方面又赞同程传,认为书王是"以天道王法正宋督之罪也",③ 似乎没能看见程颐之说从范注转手而来,莫名其妙。范注本无典据,没有理由相信经文的"正"是正奸逆之罪。程、胡二人据此引申,只是算是个人畅论,俱非妙解。

还有一种说法,认为与夷书王正卒,是为了治桓公之罪。刘逢禄《广废疾》云:"与夷之卒,不待正也。桓之弑不著,正督以例桓也。"④ 变"正与夷之卒"为"正督",实际上混淆了"正"与"治"的用法,显示刘逢禄没有细考《穀梁》用辞微妙之处。"与夷之卒"是"正"而非"治",诚如柳兴恩《大义述》所云:"惟与夷非以不正见弑,故此年书王以正之。"⑤ 正督例桓之说,不仅与《穀梁》不对应,于《公羊》亦无确据,纯属刘逢禄个人的意见;或更准确地说,这是沿袭宋儒的流行见解,像胡宁、家铉翁早有类似的说法。⑥ 然而,把"王正月"理解为带有贬桓之意,于经无据,想象和发挥多于一切。不管如何,离开了与夷正卒的解释,都是不可信的。刘逢禄偏离这一认识,既无自己的创意,也不能真正驳倒《穀梁》。

8. 及

经文引人瞩目之处,是"及"字的用法。孔父本是大夫,不当蒙弑;他死于宋督之手,本属大夫相杀;而且,他的死先于与夷,经文大可以这样记述:

---

① 《穀梁注疏》卷2,页33。
② 程颐:《春秋传》,页1101。
③ 胡安国:《春秋胡氏传》卷4,页45。
④ 刘逢禄:《公羊后录》卷6,页456。
⑤ 柳兴恩:《大义述》卷13,页181。
⑥ 认为书王是为了刺桓,胡宁早有此义,汪克宽《春秋胡传附录纂疏》(卷4,页101)引《春秋通旨》云:"桓无王而二年书王,所以治桓会于稷以成宋乱也。"家铉翁《春秋集传详说》(卷3,页74)进一步发挥胡宁之说,认为书王是因为圣人"深有望于天王赫然发愤,正二贼之戮"。

"宋督杀大夫孔父,遂杀(弑)其君与夷"。然而,桓八年传:"遂,继事之辞也。"①除了"遂"的笔法外,还有其他笔法显示君臣被杀先后发生的经过,如成十八年经:"春,王正月,晋杀其大夫胥童;庚申,晋弑其君州蒲。"这是透过书月和书日把胥童与州蒲之死分列为两个事件。要之,其他选项是存在的,但可能让读者较容易将之理解为两件先后发生的事件,不知道孔父因与夷而死的事实。桓二年经采用"P 杀(弑)Q 及 R"这样的句式,就是把孔父之死与与夷被弑合起来说。

刘知几不明白这一点,《史通·惑经》云:"夫臣当为杀而称及,与君弑同科。苟弑、杀不分,则君臣靡别者矣。"②刘知几对"P 杀(弑)Q 及 R"感到非常不能理解,没有看见"及"字显示孔父为君而死,也没有注意古字"杀""弑"不分,对《穀梁》而言,实非公允之论。因此,钟文烝《补注》痛斥"刘氏妄矣",③言虽激烈,却非过分。

《春秋》"弑其君"的记载共 23 例,其中只有孔父、仇牧、荀息 3 例因弑君而及死(除本例外,即"1."的[3]、[4]二例)。"及"作为连词,不能简单地认为尊卑不嫌同名。孔广森《通义》云:"加'及'者贤之,欲著其因君而死。若两书之,则不显与君弑为一事,故不以尊卑同名弑为嫌矣。"④这一说法,仅能解释二人之死为何合书,而"不以尊卑同名弑为嫌"意味孔广森承认和默许刘知几"与君弑同科"的指责。问题在于,《公羊》没有前尊后卑的解释,所以孔广森也不正面承认这一点。而且,他没有正面回应刘知几"君臣靡别"的批评,算不上完满的解释。

9. 书尊及卑

如果没有"及"字,句式就变成"P 杀(弑)Q、R……"单以句式而言,既看不见 R 因 Q 而死,也未必看到 Q、R 的地位差别。例如,成十七年"晋杀其大夫郤锜、郤犨、郤至",三郤皆是大夫;哀四年"蔡杀其大夫公孙姓、公孙霍",姓、霍皆是公孙,同样看不到其中地位有何明显的差别。大体上说,"及"的使用,跟"尊"所反映的地位高下,是密切相关的。⑤ 经文"及"字前

---

① 《穀梁注疏》卷 4,页 47。
② 《史通通释》卷 14,页 376。
③ 钟文烝:《补注》卷 3,页 77。
④ 孔广森:《公羊通义》卷 2,页 31。
⑤ 参阅本书第一章,页 121—23。

后的次序是非常讲究的,照传文解释,无论是人或物,必是前尊后卑。钟文烝《补注》云:"凡及,皆以尊及卑,君臣也,夫妇也,内外也,主客也,华夷也,一也。"①除桓二年经外,《春秋》这样的书法很多,经中记述累累,开卷自见。如僖十一年"夏,公及夫人姜氏会齐侯于阳穀"和哀六年"夏,齐国夏及高张来奔",僖公和国夏的地位就比姜氏和高张更高。进而言之,书尊及卑不限于夫妇和君臣而已,而钟注的解说基本上是正确的。真要说钟注有何不足,大概只有一点,就是它没有看见前尊后卑的书法,还可以延伸至非人以外的物体:

  [1]庄二十九年经:"城诸及防",传:"可城也,以大及小也。"
  [2]昭五年经:"莒牟夷以牟娄及防兹来奔",传:"及防兹,以大及小也。"
  [3]定二年经:"雉门及两观灾",传:"先言雉门,尊尊也。"②

读上述三例,可知经文凡言及者,包括城邑抑或建筑物,《穀梁》都是强调前尊后卑,认为前者重于后者。

  附带一问:若"及"后不仅一人,那又如何?换言之,不仅 R,还有 S、T 或以上的人,是否也有必要坚持尊卑悬殊的记述原则呢?《穀梁》没有说。当然,《春秋》记载的 R 都是一人(孔父、仇牧、荀息、公子瑕、箕郑父、庆寅)而已,就释经的基本要求而言,这是毫无问题的。真正产生这方面的疑惑,是朱熹《通鉴纲目》。该书尝试模仿《春秋》书弑言及的笔法,如书"宋太子邵弑其君义隆,及其左卫率袁淑、仆射徐湛之、尚书江湛而自立"等。③书义隆于"及"之前,而把袁、徐、江三人置于其后,显然是根据"书尊及卑"之例而写。但是,袁淑不过是宋劭东宫小臣,官位远不如徐湛之和江湛,位列二人之前,这是可以商榷的。襄十年经:"盗杀郑公子斐、公子发、公孙辄",公孙辄因为尊卑地位低于公子斐和公子发置于其后,可见《通鉴纲目》对袁淑、徐湛之、江湛三人的排序,未必真正符合《春秋》笔法。

---

① 钟文烝:《补注》卷3,页76—77。
② 《穀梁注疏》卷6,页98;卷17,页281;卷19,页319。
③ 朱熹:《资治通鉴纲目》,载《朱子全书》第9册,页1515。

10.《春秋》之义

因为"及"的这一涵义，Q 的地位必高于 R。《穀梁》将之概括为"书尊及卑"，并且以"《春秋》之义"来凸显它的重要性。除本例外，《穀梁》言"《春秋》之义"还有 5 例：

> [1]隐四年传："《春秋》之义，诸侯与正而不与贤也。"
>
> [2]桓五年传："《春秋》之义，信以传信，疑以传疑。"
>
> [3]文二年传："君子不以亲亲害尊尊，此《春秋》之义也。"
>
> [4]襄十九年传："《春秋》之义，已伐而盟；复伐者，则以伐致；盟不复伐者，则以会致。"
>
> [5]昭四年传："《春秋》之义，用贵治贱，用贤治不肖，不以乱治乱也。"①

上述"《春秋》之义"，都是涉及一些具有高度的概括性，放在全经上看也有足够代表性的重要观点。

对此，柯劭忞有些认识含糊之处。《传注》云："凡经之大义，传必曰'《春秋》之义'以崇之。"②这一概括有些可商榷之处。"《春秋》之义"虽是《穀梁》解经的重要说法，但并非所有重要的通则都是这样提出，例如隐元年传："《春秋》贵义而不贵惠，信道而不信邪"；③又如成九年传："为尊者讳耻，为贤者讳过，为亲者讳疾。"④前者仅以"春秋"为主体申述观点，后者连"春秋"二字也不提了，但这两者肯定都是《穀梁》解经的重要主张。《穀梁》用辞灵活，除了"《春秋》之义"外，还不乏其他申述经义的修辞方式。此外，"《春秋》之义"的阐述，主要是陈述经文的通义，不见得都有推崇之意。如"诸侯与正而不与贤也"一语，虽是"《春秋》之义"，但却谈不上"崇"。柯注"崇之"之语，倒不如改作"志之"，更合传义的面貌。

11. 对"及"的另一种诠释

明白"书尊及卑"之义，就可以知道"及"之使用，无涉于 Q 先死抑或 R 先死。孔父先死，有别于仇牧、荀息后死；但三人皆系于"及"后。因为"及"

---

① 《穀梁注疏》卷 2，页 19；卷 3，页 40；卷 10，页 161；卷 16，页 261；卷 17，页 280。
② 柯劭忞：《传注》卷 1，页 10。
③ 《穀梁注疏》卷 1，页 2。
④ 《穀梁注疏》卷 14，页 226。

蕴涵地位之别,所以孔父纵使先死,但排序也不能先于与夷;不如此,便不能显示君臣地位的高下。这一点,是《穀梁》有别于《公羊》之处。《公羊》桓二年传:"及者何?累也。"①这是解释孔父因君之累而死。以"累"释"及",只能显示君臣死于同一祸事的情节,但没有指出排序所反映的地位高低。基本上,受《公羊》影响的经师,对"及"的解释,都是着眼于死义,而非尊卑之别。例如吕大圭《春秋或问》云:"其所以书及者,正以其与君存亡者尔。"②若是从《穀梁》观点出发,大概不会这样说。

12. 恐不立

"恐不立"之"立",意谓成功,而非拥立。廖平《古义疏》云:"督之弑君,为冯也。恐弑君而孔父执政,是冯终不得立,故先杀之也。"③这是把"恐不立"理解为"恐冯不立";鉴于《穀梁》没有明言"立"是对公子冯而言,廖平实有增字解传之弊,不宜曲信。对"立"的释义,其实还有更可取的解说。《冠义》云:"君臣正,父子亲,长幼和,而后礼义立。"郑注:"立,犹成也。"④可见,"立"有"成"义,只是廖疏没有注意而已。钟文烝解"不立"为"事不成",⑤释义比较正确。

13. 于是

"于是乎先杀孔父"的"乎"是缓和语气的助词,无义。除本例外,《穀梁》言"于是"还有 11 例:

[1]隐四年传:"诸侯相伐取地于是始。"

[2]隐八年传:"诸侯之参盟于是始。"

[3]桓二年传:"于是为齐侯、陈侯、郑伯讨。"

[4]桓五年传:"于是不服,为天子病矣。"

[5]桓十八年传:"不责逾国而讨于是也。"

[6]僖四年传:"于是哆然外齐侯也。"

[7]僖三十三年传:"我将尸女于是。"

[8]成二年传:"于是而与之盟。"

---

① 《公羊注疏》卷4,页70。
② 吕大圭:《春秋或问》卷5,页520。
③ 廖平:《古义疏》卷2,页75。
④ 《礼记正义》卷61,页1614。
⑤ 钟文烝:《补注》卷3,页77。

[9]成二年传:"于是而后公得其所也。"

[10]成十七年传:"自祸于是起矣。"

[11]定四年传:"于是止。"①

综合上述,例[1]、[2]、[5]、[6]、[7]、[9]、[10]皆是意谓在此;例[3]、[4]、[8]、[11]意谓所以。此传的"于是"意谓所以,显示"恐不立"导致"先杀孔父"的因果关系。传文交代孔父先死的情由,指出宋督想弑君,又怕有孔父在,事情不能成功,于是先下手为强杀了孔父。

14.《公羊》叙事的可兼容性

关于杀孔父的过程,《公羊》的叙事值得审理。《公羊》桓二年传:"督将弑殇公,孔父生而存,则殇公不可得而弑也,故于是先攻孔父之家。殇公知孔父死,己必死,趋而救之,皆死焉。孔父正色而立于朝,则人莫敢过而致难于其君者,孔父可谓义形于色矣。"②宋督先攻孔父之家,与夷知道孔父死了自己也不能幸存,就赶去援救,结果君臣二人同遭杀害。这一叙事大体上与《穀梁》兼容。二传的差别,在于《公羊》刻划与夷趋救的情节,但《穀梁》没有,这也无关宏旨。或者说,《公羊》因为多了这一叙事,反而容易让不谨慎的读者觉得与夷之死,趋救孔父是其导火线,甚至产生一个想入非非的错觉:若不救便不用死,或至少不用死在孔父之家。因此,柯劭忞《传注》云:"督先有弑君之志,不缘趋救也。似传义为长。"③这一评断,未尝无理。

15. 闲

跟《公羊》"义形于色"的褒扬不同,《穀梁》没有近乎夸饰的颂词,也没有刻划孔父的心理世界,更没有认为孔父是贤者,只说孔父"闲也"。有关"贤"与"闲"之别,胡安国的观点颇堪玩味,胡传:"凡乱臣贼子畜无君之心者,必先蕲其所忌而后动于恶,不能蕲其所忌,则有终其身而不敢动也。华督欲弑君而惮孔父,刘安欲叛汉而惮汲直,曹操欲禅位而惮孔融,此数君子者义形于色皆足以卫宗社而怵邪心,奸臣之所以惮也。不有君子,其能国

---

① 《穀梁注疏》卷2,页17、26;卷3,页36、42;卷4,页58;卷7,页115;卷9,页155;卷13,页214—15;卷14,页240;卷19,页322。

② 《公羊注疏》卷4,页70—71。

③ 柯劭忞:《传注》卷2,页3。

乎？《春秋》贤孔父示后世人主崇奖节义之臣,乃天下之大闲,有国之急务也。"①示闲不等于称贤,这是必须辨正的分寸。胡安国拿汲黯、孔融二人与孔父相提并论,是正确把握《穀梁》"闲"的观点。然而,"义形于色"之说却是袭自《公羊》,将之结合到"闲"的解说,纯属胡氏的个人心得,非《穀梁》本义。

"闲",繁体字作"閑",其涵义有别于"間"和"閒",②意谓屏障。《周礼·夏官·虎贲氏》云:"舍则守王闲。"郑注:"闲,梐枑。"贾疏:"闲与梐枑皆禁卫之物。"③孙诒让《正义》云:"盖所以遮阑行人,故亦谓之闲。"④可见,"闲"的本义是遮拦阻隔的栅栏,也引申为防范侵犯的屏障。

范宁解"闲"为"扞御",⑤颇有误差。问题在于,他把"闲"作动词解,略异于它的名词义。这不是说"闲"没有动词义,"闲"是可以引申使用,解作防卫,如《孟子·滕文公下》"闲先圣之道"的"闲"便是一例。⑥ 在文法上,"扞御"作为动词之用,都是指涉相关的对象和行动的意向,如《左》僖二十四年传:"扞御侮者,莫如亲亲。"⑦意谓周室宗亲遇有外侮以亲扞御。然而,孔父死于与夷之前,《穀梁》桓二年传没有叙述孔父扞御的意向,而传文亦未提及"闲"的对象,像范宁那样作动词之义,很难不增字解读,如周何受其影响,译"孔父闲也"为"孔父是国君的扞御之臣",⑧便算不上是贴切简洁的译法。

16.《左传》叙事的可兼容性

说孔父是屏障,显示他不仅是逆贼眼中的障碍,而且是真正保卫与夷的臣子。《左传》记述祸事之源由,指出宋督在路上目睹孔父妻子的艳色,

---

① 胡安国:《春秋胡氏传》卷4,页45—46。
② "間""閒"二字在简体字上皆作"闲",但"閒"有"干"义,如《左》昭二十六年传"以閒先王",就是意谓"干犯先王之命也","閒"与"干"声近,字亦相通。至于"间",则是后起字,本字作"閒"。在用法上,"間"也有别于"閑"。"閒"有"与"义,亦有"近"义;参阅王引之:《经义述闻》卷18,页1047;卷19,页1137。
③ 《周礼注疏》卷31,页823—24。
④ 孙诒让:《周礼正义》卷59,页2485。
⑤ 《穀梁注疏》卷3,页34。
⑥ "闲先圣之道"的"闲",赵歧训之为"习",不如孙疏"防闲"之解。载《孟子注疏》卷6,页178、180。另参阅赵佑:《四书温故录》卷9,页593。
⑦ 《左传正义》卷15,页422。
⑧ 周何:《新译》上册,页81。

"目逆而送之,曰:'美而艳。'"①说宋督"杀孔父而取其妻","公怒,督惧,遂弑殇公。君子以督为有无君之心,而后动于恶,故先书'弑其君'。"又云:"宋殇公立,十年十一战,民不堪命。孔父嘉为司马,督为大宰,故因民之不堪命,先宣言曰:'司马则然。'已杀孔父而弑殇公。"②就传文所示,《左传》对孔父的评价不高,但也没有过分谴责孔父,因为君子明言华督"有无君之心"。

没有理由因为《左传》的负面记载而彻底否定孔父的品格。章太炎《春秋左传读》云:"孔父为詹事,其能整饬宫闱必矣。其妻偶一失礼,未足为孔父病也。"③这是比较通达的观点。见美色而起杀心,完全是宋督之过,孔父自己也很无辜。孔父之妻纵使犯错,也是偶发性的失礼,不能因此问罪孔父。此外,与夷好战疲民的问题,《左传》强调华督的"先宣言",其中存在很大的诠释空间,因为比较宽容的话,大可不必认定孔父是导致殇公施政失当的推手。陈立《义疏》云:"督弑君之志,必非一朝一夕之故,所以'先宣言曰:司马则然',必非前年冬间甫萌夺妻之志,次春即动于恶。传明云'先宣言曰',则为华督诬蔑孔父明甚。"④此言虽为回护《公羊》而发,但换个角度看,也可以佐证《穀梁》"督欲弑君,而恐不立"的主张。可见,揭发宋督之逆,与叙述孔父身上的各种是非,不见得不可以兼容。

无论如何,没有理由因《左传》彻底否定孔父,也没有理由因孔父不该被彻底否定而摒弃《左传》的叙事。崔适批判《左传》"毁殇公而讳庄公之篡,为莽也",⑤这是再次发出伪作诬经的瞎说,毫无根据,不必深辩。

17. "闲"与"危不得葬"

《穀梁》既说宋缪公"危不得葬",传文与夷和孔父的政绩亦无正面的评价。换言之,即使《左传》上述叙事属实,与夷、孔父君臣执政欠佳,而且宋督欲占有孔父之妻而起事,也动摇不了《穀梁》"闲也"的评价。毛奇龄显然接受了《穀梁》这个观点,《毛氏传》云:"夫但能闲卫君,则彼弑君者欲不先去其闲卫,得乎?"⑥批判孔父"义不能匡君,以正其家",不同意《公羊》"义形于色"的主张,持论略嫌苛刻,似受杜注影响。不过,毛奇龄能承认孔父

---

① 《左传正义》卷5,页133。
② 《左传正义》卷5,页136—37。
③ 章太炎:《春秋左传读》,载《章太炎全集》第2册,页116。
④ 陈立:《公羊义疏》卷11,页389。
⑤ 崔适:《春秋复始》卷3,页396。
⑥ 毛奇龄:《春秋毛氏传》卷6,页58。

保卫与夷的正面角色,立言源自《穀梁》"闲也"之说,仍有可取之处。

18. 孔父,字也

传文对"孔父"之称作出辨识。"孔氏父字谥也"的"氏"和"谥"都是衍文,应该将之剔除。补苴之后的文字,再作点读,就是"孔父,字也"。

先看"氏"的问题。段玉裁和侯康主张剔除"氏"字,是正确的;① 但他们认为"字谥"的"谥"非衍,则是错误的。为什么不保留"氏"字,读作"孔,氏;父,字谥也"呢?因为孔父是孔子的六世祖,全称是"孔父嘉","孔"是字,"父"是美称,"嘉"是名,合起来"孔父"都是"字"。这意味着不能把"孔父"理解为名。《左传》桓二年传明载"孔父嘉"之称,杜预却认为"孔父"是名而"嘉"是字。② 这样说,无非是为了贬抑孔父而发,业已非理。事实上,很少《春秋》学者盲从杜注,更多的是认为"孔父"是字而"嘉"是名。李惇《群经识小》这么批判杜注:"杜氏因书名而定其为贬,此说经一大障蔽,又从为之说,所谓欲加之罪,何患无辞者矣。"③ 这是可信的论点。

若以"孔"为氏,就难以符合孔子先世以字连父的惯例。而且,古人配字,极少专以"父"为字。隐元年经:"公及邾仪父盟于眛",传:"仪,字也。父犹傅也,男子之美称也。"④ 陆淳《辨疑》引啖助曰:"孔,字;父,美称也。孔氏之先,皆以字连父,故有弗父、金父。"⑤ 这个观点,尤其是以"父"为"美称",大概是从《穀梁》转手而来,值得备存。仅把"父"当作字,不合传义。武亿《群经义证》云:"以配字而言,少有专字父者,《穀梁》之训疑无所据。"⑥ 这是以为《穀梁》主张以"父"为字,显然不知道《穀梁》此传内有衍文,而又没有查找"男子之美称"的传义。

19. "孔"不是氏

若以"孔父"为字,为免首鼠两端之讥,就不宜继续认为"孔"是氏。若不认为"氏"字是衍文,就剩下两条出路:一是不接受"孔父"是字的说法,继续认为"孔"是氏,"父"是字,这不合传义。另一是接受"孔父"是字的说法,认为"孔氏"之"氏"既是氏,又是字。钟文烝《补注》云:"此合下句'字'字为

---

① 段玉裁:《且字考》,载《经韵楼集》卷2,页32—33。侯康:《穀梁礼证》卷2,页695。
② 《左传正义》卷5,页137。
③ 李惇:《群经识小》卷5,页42。
④ 《穀梁注疏》卷1,页3。
⑤ 陆淳:《春秋集传辨疑》卷2,页609。
⑥ 武亿:《群经义证》卷6,页187。

义,言以字为氏也。"① 廖平《古义疏》云:"此以字为氏耳。"② 显然,钟、廖二人皆接受唊助之说,为了兼顾本属多余的"氏"字,遂解"氏"为"以字为氏"。问题不在于"以字为氏",而是仅有"氏"字无法蕴涵"以字为氏"的涵义。细按《穀梁》句例,像本传"字谥",可以说是以字为谥;像隐九年传"南,氏姓也",③可以说是以氏为姓;若"孔"真是"以字为氏"的涵义,该作"孔,字氏",而非"孔,氏"。当然,钟文烝对此该有两个辩解:

(1)他可能强调"孔氏"之"氏"与"父"之"字谥"合义,但这是有问题的,因为"字谥"意谓以字为谥,而《补注》亦说"没则为谥,故曰字谥"。④ 若说"字谥"之"字"除以字为谥外,还蕴涵以字为氏;那就是一字两指,文理不通。

(2)钟文烝回顾孔氏先世,曾经这么说:"五世至孔父,君命以其字为氏。"⑤ 这是尝试援《左》解《穀》,但"宋督攻孔氏"⑥的叙事,却非《穀梁》明载的内容,以此立言,说服力显然不够,不过是拒绝承认传文带有明显讹误而不得不由之弥缝的结果。由此可知,钟文烝把"氏"解为"以字为氏",仅是一种权宜性的处理方式,用心良苦,却并不能真正解决问题。他之所以对此左支右绌,主要还是受今本所累,没能看到"氏"的存在有违传义。转换角度放弃"以字为氏"之说,就完全有理由怀疑"氏"的存在。要之,以"氏"字为衍文,方是最符合传义的读法。

20. "谥"是衍文

再看"谥"的问题。为什么"字谥"的"谥"是衍文呢?《公羊》何诂:"父者,字也。"徐疏:"《穀梁传》文。"⑦ 何休暗袭《穀梁》以注《公羊》,而他所引录的版本正无"谥"字,这是最有力的证据,足证今本"谥"字实衍。朱大韶《以字为谥辨》云:"是何取《穀梁》义以注《公羊》。今本作'字谥'者,'谥'衍字耳。"⑧ 在此先后,顾炎武、齐召南和刘逢禄也有相同的观点。⑨

---

① 钟文烝:《补注》卷3,页78。
② 廖平:《古义疏》卷2,页76。
③ 《穀梁注疏》卷2,页27。
④ 钟文烝:《补注》卷3,页78。
⑤ 钟文烝:《补注》卷1,页5。
⑥ 《左传正义》卷5,页136。
⑦ 徐彦:《公羊注疏》卷4,页70—71。
⑧ 朱大韶:《以字为谥辨》,载《实事求是斋经义》卷2,页304。
⑨ 顾炎武:《日知录》卷27,页1495。齐召南:《公羊考证》卷4,页86。刘逢禄:《公羊后录》卷6,页456。

可惜，因为意气和门户的关系，柳兴恩坚决不信刘逢禄的说法，《大义述》云："刘墨守何注，未及博攷三传，师说，故云然。"①这里的"博考"，无非是信从《左传》"以字为谥"这个富有争议性的观点，很有问题。《左》隐八年传："诸侯以字为谥，因以为族。"②《檀弓》云："呜呼哀哉！尼父！"郑注："因其字以为之谥。"③郑玄此说不妥，影响却大。孔广森声张其说，《经学卮言》云："凡言某父者，悉以字谥者也，足征宋君虽请谥于周，而于其国中自秉殷礼，穀梁、后郑之言，益可信矣。"④侯康基本上接受这一主张："盖此正是殷尚质处，然则孔父字谥亦沿宋国旧章。"⑤以字谥为殷礼，是想象多于征实，毫无凭据。朱大韶据陆粲《左传》附注指出《左传》"以字为谥"实为"以字为氏"之讹，又云："《春秋》大夫得谥者，俱本谥法。《逸周书·谥法》凡二百九十四字，不闻有孔有尼。"⑥这可以说明，以字为谥，实是因为错误文本而衍生的观点，而没有其他旁证显示《穀梁》主张"以字为谥"。由此可见，柳兴恩援引"以字为谥"为说，是不必要的错失。此外，他又没有对何诂的异文作出有力的反驳，在文献考证上没有多大的说服力。因此，没有理由继续保留"谥"字。

21."孔父"非名

不管如何，"孔父"是字非名，不能硬说"孔父"称名示贬。《左传》杜注："孔父称名者，内不能治其闺门，外取怨于民，身死而祸及其君。"又《释例》云："仲尼、丘明唯以先后见义，无善孔父之文。"⑦杜预反对《穀梁》对"孔父"的解释，断定"孔父"是名，带有责备之意。这个观点，在后世影响甚大，也不乏信徒。⑧ 惠栋《左传补注》云："古人称名字，皆先字而后名，蔡仲足是也。"又云："先儒皆谓善孔父而书字，杜辄为异说，不可从也。"⑨这里虽

---

① 柳兴恩：《大义述》卷13，页181。
② 《左传正义》卷4，页114。
③ 《礼记正义》卷8，页250。
④ 孔广森：《经学卮言》卷6，页153—54。
⑤ 侯康：《穀梁礼证》卷2，页694—95。
⑥ 朱大韶：《以字为谥辨》，载《实事求是斋经义》卷2，页303—04。
⑦ 《左传正义》卷5，页133—34。
⑧ 黄仲炎大概是持论最激烈的一人，《春秋通说》（卷2，页311）云："孔父，与夷之傅也，位为大臣，职主兵事，当亟战疲民之日，不能谏正其君，遂使督借以声众归罪于己而杀之，以及其君。故以不能谏正其君，则不忠；以不能先觉其乱，则不智。不忠不智，其杀身祸君宜也。"这主要是针对《春秋胡氏传》援引《公羊》而发，但其中几乎每一句话都是借镜于杜预。
⑨ 惠栋：《春秋左传补注》卷1，页125。

有据《公》驳杜之意，但总的来说，惠栋的论点还是有一定的可信性，因为《左传》根本没有借名弃字以寓贬的主张。确定"孔父"是字，而非其名，有助于辨析孔父先死的事实。这一点，容后再议。

22. 累

"不忍"，意谓在感情上不忍心、舍不得做某些事情。① 除本例外，"累"在《穀梁》还有 15 例，内有 4 种涵义：

①重迭、接连成串，如"累数，皆至也"（隐十一年）。

②积聚、堆集，如"善累而后进之"（庄二十三年、僖十八年）、"虽累凶年"（庄二十八年）。

③屡次、连续，如"累累致小国以会诸侯"（哀十三年）。

④连累，这是《穀梁》最常见的用法，如"以累桓也"（闵元年）；"称国以杀，罪累上也"（僖十年、僖十一年、僖三十年、文六年、襄二十三年、襄二十七年）；"郑父，累也"（文九年）；"庆寅，累也"（襄二十三年）；"累及许君也"（昭十九年）；"卫侯累也"（昭二十年）。②

钟文烝《补注》云："此言'累之'，明凡杀大夫言'及'者，又为延及、坐及之及。"③可见"累"有缘坐延及之义，用现代语言来说，就是牵连。

在此，范宁的解释出现差错。范注解"累"为"从"，杨疏亦引糜信曰："累者，从也。谓孔父先死，殇公从后被弑。"④二说皆谬，因为以"从"训"累"，就是把"从"的指涉对象由孔父变为与夷，文理不通。何诂："累，累从君而死，齐人语也。"⑤范、糜之说其实暗袭何休，反戾传义。孔父先死，不可能说孔父"从"与夷而死。何休的解释即使放在《公羊》也不可通，所以孔广森没有墨守何诂："累者，相连及于死之名。"陈立也不再强调"从"义："累，即连累之义。"⑥这从另一角度反映以"从"训"累"之误。有鉴于此，《穀梁》的"累"还是按照钟注解作牵连为宜，不宜解作跟从。

照此传所说，儿子逝世，父亲不忍心直称其名；臣子逝世，国君同样不

---

① "不忍"的涵义及其用例，参阅本书第一章，页 58—59。
② 《穀梁注疏》卷 2，页 30；卷 6，页 87、97、103；卷 8，页 126—27、137；卷 9，页 151；卷 10，页 165；卷 11，页 172；卷 16，页 264、269；卷 18，页 300；卷 20，页 350。
③ 钟文烝：《补注》卷 3，页 78。
④ 《穀梁注疏》卷 3，页 34。
⑤ 《公羊注疏》卷 4，页 70。
⑥ 孔广森：《公羊通义》卷 4，页 31。陈立：《公羊义疏》卷 11，页 386。

忍心直称其名。经文"孔父"之称,是刻意不记载其名,说明孔父因与夷牵连而先死。《穀梁》此义与《左传》相通,但与《公羊》"臣子先死,君父犹名之"不同。①

23. 孔父不名的其他解释

孔父为何不名的缘故,其他一些说法都经不起剖析。譬如说,孙觉《春秋经解》云:"孔父字者,天子命大夫也。"②这是个人主观的心得,根本没有证据说明孔父是周王任命的大夫。又譬如,崔子方《春秋经解》云:"孔父,字也。何以不名?当时之辞也。盖孔父擅贵而专国,国人称之不敢以名而以字云尔,故《春秋》因之以见其事焉。"③如其解,孔父称字意味其人专国,但《穀梁》实无此解,像公弟叔肸那样"织屦而食"亦是称字,④岂能说这是专国的证据?认为孔父专国、国人不敢称名的说法,于《左传》亦无确据,其他文献也找不到材料可以说明这一点。

24. 或曰

"一",相当于"或"。⑤"或曰",犹如"其一曰""一曰",意近今语的"或者说"。跟"孔子曰""穀梁子曰""尸子曰""沈子曰"明指论者是谁不同,"或曰"没有名氏,廖平解之为"先师一家之说":"无名氏者,晚师也。"⑥这里"一家之说",固然言之成理,但究竟作出"或曰"之论是谁,是否真是"晚师",实难分晓。倒不如宽泛一些,把"或曰"理解为过去经师(而非"晚师")的见解,更为妥当些。

25. 盖

除了"孔父先死"的解释外,经文不称其名,也可能是"盖为祖讳"。"盖"是副词,意谓大概。除本例外,《穀梁》言"盖"还有 8 例:

[1]桓六年传:"盖以观妇人也。"

[2]庄二十四年传:"盖郭公也。"

[3]僖八年传:"盖沟之也。"

---

① 陈寿祺:《五经异义疏证》卷下,页 201—02。
② 孙觉:《春秋经解》卷 2,页 568。
③ 崔子方:《春秋经解》卷 2,页 190。
④ 参阅本书第四章,页 698—707。
⑤ 王引之:《经传释词》卷 3,页 68。
⑥ 廖平:《古义疏》卷 1,页 23。

[4]僖二十五年传:"盖纳顿子者陈也。"

[5]成十七年传:"以秋之末承春之始,盖不可矣。"

[6]定四年传:"盖有欲妻楚王之母者。"

[7]定十年传:"齐人来归郓、讙、龟阴之田者,盖为此也。"①

[8]哀元年传:"以秋之末承春之始,盖不可矣。"

在这8例中,除例[3]猜测人物的身份(庄二十四年)外,其余都是对某一种难以确定的事件状况进行推断。

《穀梁》以"盖"言"为祖讳",显示它对这个论断不十分确定。"孔父先死"与"盖为祖讳"是两套不同的解释,《穀梁》并存异说,二者不宜强合。

然而,还是有些强合而又不成功的尝试。钟文烝《补注》云:"孔父即不先君死,夫子亦必不称祖名。"②如其说,即使孔父死在君弑之后,经文也"不称名",但《穀梁》实无这样的观点。钟注最大的缺点,是没有紧扣"或曰"之义。"或曰"意味"孔父先死"与"盖为祖讳"是两套不同的说法,两者没有内在的关连,也不能合二为一。

26. 为祖讳

《穀梁》凡言"为D讳"者,D必有不光采之事需要隐瞒。例如:

[1]僖二十八年传:"为天王讳也。"

[2]文二年传:"为公讳也。"

[3]文十一年传:"为内讳也。"③

例[1]是就"天王守于河阳"的"守"而言;例[2]指的是"不言公";例[3]指的是"不言获"。这些,皆有可讳之事,而非讳言其人的名姓。因此,"为D讳"不等于讳言D的名姓。此传"为祖讳"的"祖",据"孔子故宋也"可知此指孔子之"祖"。范注:"孔子旧是宋人,孔父之玄孙。"④大致不误。按照"为亲者讳疾"的传例,⑤"为祖讳"并非因其人是"祖"而讳其名,⑥而是因为孔父

---

① 《穀梁注疏》卷3,页43;卷6,页90;卷8,页121;卷9,页145;卷14,页239;卷19,页323—24;卷20,页335。

② 钟文烝:《补注》卷3,页79。

③ 《穀梁注疏》卷9,页149;卷10,页159;卷11,页174。

④ 《穀梁注疏》卷3,页34。

⑤ 参阅本书第四章,页714—15。

⑥ 这是流传甚广的说法,如向熹《汉语避讳研究》(页165)亦以此作为"避讳称字"的一例。

的死君难都是有些易招物议的毛病,但究竟指的是什么事,传文没有提及,很难说《穀梁》针对的究竟是什么事情。

因为这样,一些强作解人的猜测,很难避免错误解释的结果。柯劭忞《传注》云:"孔父实受命于穆公,与荀息同,故讳而字之,不称名。不称名为讳者,荀息从君之命,立庶子,虽能死君难,不为贤,故书曰'及其大夫荀息',从大夫书名之常例。以荀息例之,孔父死,亦应称名。今称字,使若贤而被杀,是为亲者讳之义也。或义尤峻,读者详之。"①《穀梁》没有称字而贤其人的主张,柯注"使若贤"与传义乖反。认为孔父受命于宋穆公,是出自《左》隐三年传。②《穀梁》没有提及孔父受命的叙事,读者只能凭"为祖讳"而估计孔父有些毛病需要隐讳,但究竟是什么? 却没有说,很难确言就是因为受命拥立与夷所致。

周何译"为祖讳"为"为其先祖的事有所隐讳",③同样也犯了类似柯注的错误。周何知道"为祖讳"意味"祖"有毛病需要避讳,无疑是正确的,但严格地说,《穀梁》是为人而讳,不是为事而讳。明乎此,便会知道徐正英、邹皓译之为"为先祖避讳",④是比较符合原意的。据周何的注释,"先祖的事"就是指《左传》华督抢夺孔父之妻和与夷好战二事,⑤这跟柯注一样,都是援《左》解《穀》。《穀梁》没有涉及这两方面的叙事,断定此传指代的"疾"是《左传》之事,无凭无据,反倒不美。

27. 不称名

孔父死难是有毛病的,但不必深求。孔子作为子孙,不便直言先祖的毛病,所以"不称名"。仅是孔父作为"祖"的身份,不足以充分解释"不称名"的原因。崔适却不明白这一点,反而大施斥斧。《复始》云:"孔子何由为六世祖讳乎? 虽为父母讳,犹临文不讳,故襄二十三年书'臧孙纥出奔',犹不为与叔梁纥同名而讳也,又何为孔父讳乎?"⑥臧孙纥与孔子之父叔梁纥同名而载于经,但《穀梁》没有触及"为父母讳"的问题,对"臧孙纥出奔邾"的解说也不涉及讳名的考虑。"为祖讳"不是单纯因尊祖而讳名,崔适

---

① 柯劭忞:《传注》卷2,页3。
② 《左传正义》卷3,页77。
③ 周何:《新译》上册,页82。
④ 徐正英、邹皓:《全译》,页61。
⑤ 周何:《新译》上册,页81。
⑥ 崔适:《春秋复始》卷23,页543。

以同父名的记载作为反证驳斥《穀梁》,显然认识出现问题。

"不称名"与称字是同一回事。庄十四年传:"州不如国,国不如名,名不如字。"①据此,孔父称字,是比称名更佳的称谓。这里,除了"祖"的身份,还因为孔父作为"亲者"而有"疾"。这也意味着"盖为祖讳"并非因为孔父是贤者。因孔父称字而贤其人,是何休而非《穀梁》的主张。何诂:"贤者不名,故孔父称字。"又云:"以称字见先君死。"②认为孔父称字示贤,是何休的个人想法。《公羊》虽贤孔父,但其理据仅是书弑言"及"的笔法,既不讨论"及"后遇害的人称字不称字的问题,也没有"称字见先君死"的主张。何休以称字为说,义近《穀梁》,但持论却不尽同于《穀梁》原义,因为从《穀梁》"孔父先死"与"为祖讳"的两个解释,皆不能推论出孔父是贤者的结论。不管如何,在及死问题上辨别称字与称名的差别,是《穀梁》而非《公羊》的主张。何休之说,从二传的视角来看,皆有一定的距离。

28. 称字非褒

《穀梁》不曾认为孔父称字是褒词,也不认为孔父、仇牧、荀息三者书法完全相同。皮锡瑞批判《穀梁》云:"必以孔父书字为褒词,则亦不然。孔父、仇牧、荀息三人,书法相同,《春秋》据事直书,即知其殉君难,不必以书字而后为褒。若以孔父书字为褒,荀息、仇牧何独不书字乎?"他怀疑何诂"贤者不名,故孔父称字"一语是衍文,同时驳斥《穀梁》"以称字为褒者,非也",又称赞何诂云:"以称字为孔父先死之证,最为得之。"③这些说法,未必经得起推敲。孔父书字,仇牧、荀息书名,两者的书法实有差别,岂能说是"书法相同"? 当然,皮氏"书法相同"的着眼点是"及"字的解释,但没有理由以"及"之同掩盖书名、书字之异。《公羊》只谈"及"字,不谈字、名之异;而《穀梁》既谈"及",亦谈字、名之异。于释经的完整性而言,显然《穀梁》比《公羊》更圆满。此外,《穀梁》不曾认为孔父书字为褒词,皮锡瑞想当然矣,盖于传义之了解过于皮相。据称字而判断孔父先死,何诂显然义近《穀梁》,而《公羊》对此又无明说,皮锡瑞以此褒何贬《穀》,不知所云。至于怀疑何诂"贤者不名,故孔父称字"一语是衍文,也是有断无证。但此说即使成立,也还是不能动摇《穀梁》的主张。理由很简单,《穀梁》只是认为"名

---

① 《穀梁注疏》卷5,页78。
② 《公羊注疏》卷4,页70。
③ 皮锡瑞:《左传浅说》卷上,页314。

不如字",没有"书字为褒"的主张,更不认为孔父因书字为贤者。反倒是"贤者不名",才是《公羊》的主张。① 应该说,即使"贤者不名,故孔父称字"不是出自何休之手,恐怕也是其他《公羊》认可的观点。换言之,真正引起"书字为褒"的错误结论,是《公羊》而非《穀梁》。皮锡瑞从根本上找错了问罪的对象。

29. 孔父非贤

亟待指出的是,《穀梁》没有批判宋殇公不及早晋用贤臣之意。这是董仲舒提出的问题,因为涉及"贤"的见解,值得稍作剖析。《繁露·精华》云:"以庄公不知季子贤邪?安知病将死,召而授以国政。以殇公为不知孔父贤邪?安知孔父死,己必死,趋而救之。二主知皆足以知贤,而不决不能任,故鲁庄以危,宋殇以弑,使庄公早用季子,而宋殇素任孔父,尚将兴邻国,岂直免弑哉!"②因为董仲舒的影响力,这个观点得到不少汉儒的接受。③ 但仔细比较可知,它与《公羊》其实存在一定的思想距离。《公羊》仅说"季子至而授之以国政",④不曾批判鲁庄公没有及早晋用公子友之意;而《公羊》"立于朝"和"人莫敢过而致难于其君"的记载,⑤则反映孔父其实是宋殇公重用的臣子。此外,《公羊》也没有比较二人仕途的观点。董仲舒认定二君任贤不早,不过是发挥个人的政治思考,不能说是《公羊》传义的确解。就《穀梁》而言,不曾鼓吹君主及早重用贤臣,也不曾以"贤"的概念来界定孔父的品性。董仲舒的观点,在后世鼓吹尊贤、任贤、求贤的政治舆论中,毫不陌生;相反,很少人注意到《穀梁》完全没有这样的论述。

30. "家乘传习"之诬

可以说"盖为祖讳"反映孔子偏重亲者的思想态度,但不能说这是简单地把《春秋》当作孔子的"家乘传习"。刘逢禄《广废疾》云:"礼无讳远祖之

---

① 《公羊注疏》卷21,页466。
② 苏舆:《春秋繁露义证》卷5,页98。
③ 例如《盐铁论·殊路》云:"宋殇公知孔父之贤而不早任,故身死。鲁庄知季有之贤,授之政晚而国乱。"又如《说苑·尊贤》云:"以宋殇公不知孔父之贤乎?安知孔父死,己必死,趋而救之?趋而救之者,是知其贤也。以鲁庄公不知季子之贤乎?安知疾将死,召季子而授之国政?授之国政者,是知其贤也。此二君知能见贤而皆不能用,故宋殇公以杀死,鲁庄公以贼嗣,使宋殇蚤任孔父,鲁庄素用季子,乃将靖邻国,而况自存乎!"参阅王利器:《盐铁论校注》卷5,页271。向宗鲁:《说苑校证》卷8,页177。
④ 《公羊注疏》卷9,页185。
⑤ 《公羊注疏》卷4,页71。

事,且《春秋》非孔子家乘传习,'故宋'之文,而不考其义尔。"①然而,《榖梁》不是仅因孔父作为孔子之"祖"而讳其名,而是因为孔父作为"亲者"有可讳之疾。刘逢禄因误解"为祖讳"为讳言远祖之名,遂以"礼无讳远祖"为由,而有"家乘传习"之驳。柯劭忞《传注》云:"《春秋》国史,岂有为孔氏讳其祖名之义?旧说失之远矣。"②这是正论,足征刘说之误。必须指出,"为亲者讳"是《公羊》闵元年传的主张;③在这一点上,二传实有相同之处,差别仅在于《榖梁》认为孔子"故宋"不忘祖先,又把孔父视若"亲者"而讳其疾,而《公羊》并无"故宋"的解释,开卷自见,不烦深辩。此外,《榖梁》"盖为祖讳"主要是针对经文"孔父"称字而发,这也是《公羊》没有解释的漏洞,而何休因字而贤的解释反倒是接近《榖梁》多于《公羊》,刘逢禄对此忽略不提,难怪柳兴恩抗议说:"何注以孔父不名为贤。夫仇牧、荀息皆贤也,又何以名乎?恐刘亦不能为之说也,违非《榖梁》乎?"④刘逢禄严于《榖》而宽于何,无视《公羊》及何诂义近《榖梁》之处,是说不通的。

　　曹金籀大概知道刘逢禄以上的批评,故此特作辩解:"孔父,圣人之祖也,亦贤者也,是圣人之所尊所亲者也,宜在当讳之例。"又说:"《春秋》为天下万世法,非一人一家之事也,圣人何敢以私意行乎其间哉?惟于荀息、仇牧称名,孔父称字,用见圣人尊尊亲亲之微意,盖即因史记之旧文而缘情义以损益之,故圣人亦尝自言'述而不作'也。"⑤以孔父之字,别于仇、荀之名,曹金籀显然尝试辩护《榖梁》"不称名"的观点,但把问题扯到"尊尊亲亲"之上,却嫌失之迂远。此传未尝触及于此,"尊"与"贤"皆非其义,孔父不是贤者或尊者。事实上,"盖为祖讳"不过是《榖梁》备存的另一种说法,不能说这是把《春秋》贬为"一人一家之事"。刻意否定孔子与孔父的关系,更多的是反映后世儒者对圣人大公无私的美好想象,对传义的理解,倒是没有什么帮助。

31. 故宋

　　根据司马迁的说法,"据鲁,亲周,故殷"是《春秋》写作的基本原则。⑥

---

① 刘逢禄:《公羊后录》卷6,页456。
② 柯劭忞:《传注》卷2,页3。
③ 《公羊注疏》卷9,页192。
④ 柳兴恩:《大义述》卷13,页181。
⑤ 曹金籀:《春秋钻燧》卷3,页329。
⑥ 《史记》卷47,页2352。

但《公羊》和《左传》皆无"故殷"或"故宋"之语；在三传之中，仅《穀梁》谈及"故宋"。孔广森《通义》云："故宋，传绝无文，唯《穀梁》有之，然意尤不相涉。"① 这是坦白地承认《公羊》内找不到被后人视作"张三世"的那种"故宋"主张。令人遗憾的是，王树荣竟然反过来批判《穀梁》"故宋"之见是从《公羊》抄袭所得："'孔子故宋也'句正足见嘉新公颠倒《五经》之伎俩尔。"② 为什么《穀梁》的"故宋"是从未尝言及"故宋"的《公羊》抄袭而来？《公羊》与《左传》一样，本无"故宋"之语，王树荣反指《穀梁》抄袭《公羊》，毫无文本证据，忽略了自己的举证责任，完全是污口横蔑。

"故"，是谓语动词，而非形容词的性质，吕绍纲说："'故宋'的'故'肯定是动词无疑。'新周'与'故宋'，句式当为一例，都是谓宾结构。若'新'训为新旧之新，则'新周'将不知所云为何。"③ 这是检讨"新周"之说，牵涉甚多，暂不深论；在此仅强调一点，吕绍纲对"故宋"谓宾结构的认识，确凿可从。可是，范宁不了解这一点，导致释义舛错。范注："故，犹先也。"④ 把"故宋"训为先后之后，跟何休训"新周"的"新"为新旧之新，谬误正同。而且，"故"似无"先"义，范宁之训实不可取。王引之《经传释词》已指出，"故""顾"二字可通。⑤ "故宋"之"故"，该解作"顾"，即回视之义，不宜训作"先"。

32. "故宋"的用法

"故宋"意谓回顾宋国的东西，在传中的应用情境，主要是有两种：一是天灾，另一是大夫被杀。柯劭忞《传注》云："故宋之义凡二：一于杀大夫见其无君，一志其灾异。经之大义，天事与君事而已。"⑥ 根据《穀梁》所述，宋国之事之所以值得写入经文中，实有两重涵义：

①孔子祖先之国，这是"故宋"的原因；诚如钟文烝所说："上言'祖'，下言'故宋'，谓孔子以故国视宋，不忘祖也。"⑦

②"王者之后"，这是接受宋为殷后的历史事实。庄十一年经："宋大水"，传："此何以书？<u>王者之后</u>也。"襄九年经："宋灾"，传："此其志何也？

---

① 孔广森：《公羊通义》卷7，页180。
② 王树荣：《续穀梁废疾》卷1，页174。
③ 吕绍纲：《董仲舒与春秋公羊学》，载《庚辰存稿》，页318。
④ 《穀梁注疏》卷15，页251。
⑤ 王引之：《经传释词》卷5，页115。
⑥ 柯劭忞：《传注〔刘本〕》卷11，页88。
⑦ 钟文烝：《补注》卷3，页79。

故宋也。"①

由此比较,可知"故宋"与"王者之后"是一个铜币的两面,二者密不可分。桓二年经的"故宋",主要是从孔子祖先之国来理解。

可是,崔适对《穀梁》"故宋"的两重涵义,没有深入的了解,反而提出了不必要的质疑。《复始》云:"孔子之先宋人,则是孔子为其先世记灾异,非为王者之后矣。'故宋'者,宋为王者之后,非自《春秋》始也。上承黜杞,下起新周而言。谓杞不复为王者之后,周新为王者之后,则故为王者之后者宋耳。"②这一批判是站不住脚的。《穀梁》亦以宋国为"王者之后",这不是《公羊》学者的专利。《穀梁》与何休的差别在于,何休只言王者之后,而不问孔子先世为宋人的背景,而《穀梁》认为宋国既是孔子祖先之国,又是王者之后,二者是可以兼容的。对此,廖平《今古学考》已有明说:"《春秋》有故宋之说,《穀梁》主王后、其先殷人二义。"③仅就这一点而言,廖平的概括还是符合《穀梁》的本义。崔适"非为王者之后"之说,是不认真阅读《穀梁》的表现,不足为凭。此外,《公羊》对"故宋"毫无明确的主张,崔氏黜周、宋、杞之论,不过是重申何休"三科九旨"的主张,并以何诂凌驾在《公羊》之上,就《公羊》而言已不见得忠于其传,④以此准绳《穀梁》更无说服力可言。

33. 托王之谬

承认宋国是王者之后,不意味《春秋》托鲁为新王。廖平《古义疏》云:"孔子修《春秋》,托王,有继周之意,故得顾其私亲,故宋也。"⑤杨疏引徐邈曰:"《春秋》王鲁,以周公为王后,以宋为故也。"⑥比较二说可见,徐、廖同样托王,但廖平似乎更多地以孔子为王,把宋国视为王者的"私亲",而徐邈更多地是沿用何诂"三科九旨"之说。无论是把王视为鲁国抑或孔子,同样失凿,因为《穀梁》未尝有王鲁、托王或王后其先殷人之类的主张。

34. 小结

《穀梁》有关孔父的讨论,未尝得出其人称贤的结论。孔父虽称字,却

---

① 《穀梁注疏》卷5,页76;卷15,页251。
② 崔适:《春秋复始》卷9,页437。
③ 廖平:《今古学考》卷下,页63。
④ 吕绍纲:《何休〈公羊〉"三科九旨"浅议》,载《庚辰存稿》,页323—26。
⑤ 廖平:《古义疏》卷2,页77。
⑥ 《穀梁注疏》卷15,页251。

非贤者(参照 I_1)。无论是"不忍称其名"抑或"为祖讳"等解释,都不蕴涵孔父之贤。"P 杀 Q 及 R"的句式不保证孔父是被歌颂的对象。"孔父"系于"及"后,只说明与夷比孔父尊贵,以及二人一起被杀。在此,已预设:

  A_2 死难者随别人一起被杀不能使之得到颂扬。

《穀梁》未尝称孔子为"忠臣",没有歌颂孔父的死难,与《公羊》的赞美完全不同。Q 和 R 同样被 P 所杀,只能说明 Q 和 R 同属一伙,而《穀梁》所说的"闲",也说明 R 是 P 的眼中钉。据此,《穀梁》对"及"的理解已预设:

  B_2 死难者与其他一起被杀的人属于同伙的关系。

《穀梁》没有批判孔父的死君难,但也没有特别的褒奖。下文将会说明,孔父与其他死难者一样,之所以被系于"及"后,都是因为经文认为 Q 和 R 的政治联系,而非 R 必有什么可敬的品格。

(二) 庄二年经:"乙酉,宋公冯卒。"

《穀梁》无传。这是记载继与夷登位的宋庄公之死,据此可以进一步明确与夷被杀的性质。

1. 日卒正也

按照"日卒正也"的传例,宋庄公的死亡日期显示他是合法的君主。这意味着,原来被缪公放逐、后来继与夷而立的公子冯(即宋庄公),没有参与逆谋。与夷之正,不意味公子冯不正。同样,公子冯之正,不意味与夷不正。反过来说,公子冯虽因与夷之死而得位,但不意味他是不合法的。经文没有显示他与弑谋有任何关系。除了直言弑君外,《春秋》已有笔法显示先前流亡国外而继位的人参与弑谋的问题,例如哀六年经:"齐阳生入于齐,齐陈乞弑其君荼。"按照"入者内弗受"的传例,①书"入"就是显示阳生不正的明证。以此例彼,公子冯不书"入",不是不正。

2. "冯当国"之谬

前已述及,桓二年经没有明言公子冯参与弑君之事。《穀梁》忠于经文,始终把祸首指向宋督,不是别人。相反,《公羊》隐三年传:"庄公冯弑与夷",何诂:"督不氏者,起冯当国。不举冯弑为重者,缪公废子而反国,得

---

① 参阅本书第一章,页 145—46。

正，故为之讳也。不得为让者，死乃反之，非所以全其让意也。"①《公羊》认为公子冯弑与夷，但没有解释经文为何没有这方面的记载，也没有解释他是否"当国"。何休另作申述，但观《公羊》全传，提出"当国"的讨论，只有5个人：

①段，"何以不称弟？当国也"（隐元年）。

②州吁，"曷为以国氏？当国也"（隐四年）。

③小白，"曷为以国氏？当国也"（庄九年）。

④王猛，"其称王猛何？当国也"（昭二十二年）。

⑤陈乞，"弑而立者，不以当国之辞言之"（哀六年）。②

这五则答问都不涉及公子冯。何休说公子冯当国弑君是原来经文该记载的内容，是有问题的。据《公羊》的意见，可以判断为"当国"的笔法有三种："不称弟""国氏"和"称王猛"，像"卫祝吁"和"齐小白"之所以被视为"当国"，关键是这两个称呼都是"国氏"，而非何休所说的"不氏"。"无骇""晋处父""椒"可以算是不氏。③ 也就是说，"不氏"与"国氏"无论在内涵或指谓上绝非相同的东西。何休以"不氏"解"宋督"，已嫌不准。更重要的是，《公羊》没有以逆贼不氏起其拥立之君当国的主张。何诘"起冯当国"，毫无确据。何休之所以需要解释讳冯的原因，主要是碍于文本的限制。《公羊》已明言公子冯是弑君的元凶，所以他不得不沿承其说。但问题是，桓二年经只说"宋督弑"，不曾提及庄公冯；而《公羊》也不发传解释为何没有这方面的记载。《公羊》只是怪责宋宣公的错误，既未提到宋缪公因"反国"而讳冯，更未说过"死乃反之"导致"不得为让"。④ 说穿了，上述解释的缺失，是《公羊》解经不周全的地方。何休之辩，只能说是私人心得，不等于《公羊》亦是如此主张。

对何诘之失，崔适没有透切的了解，《复始》云："于文当书'宋冯弑其君与夷'，以缪公让国之功，故为冯讳当国之罪，乃移之督以起其事也。"⑤然而，《公羊》本无"当书'宋冯弑其君与夷'"之预设，何诘只言"当国"，但"当

---

① 《公羊注疏》卷2，页40；卷4，页71。

② 《公羊注疏》卷1，页17；卷2，页42；卷7，页138；卷23，页514；卷27，页602。

③ 《公羊注疏》卷2，页30；卷13，页278、294。

④ 参阅本书第一章（页66—69）的讨论。

⑤ 崔适：《春秋复始》卷26，页571。

国"却不一定弑君,郑公子段、王猛便是明显的反证。崔适既未触及"不氏"之解,而"让国之功"之说,也跟何诂"不得为让"略有差异。何、崔之论,因为《公羊》没有相关传义足以支撑其说,其实不见得《穀梁》更圆满和更合理。

3. 小结

宋庄公的日卒,显示他的统治仍有足够的合法性。他的前任宋殇公与夷被弑,不因孔父的共同遇害而影响宋庄公的"正"。孔父的死君难,不是《穀梁》特笔颂扬的事件,也不因此影响到其他政治人物的政治合法性。在此,可以看见:

C_2　随同他人死难,不是影响别人的政治合法性的因素。

后世褒扬忠臣,屡以随君死难者为说,甚至因死难者之忠而针砭其他政治人物的正,但这些都不是《穀梁》所能容受的观点。衡量政治人物的正不正,自有其他标准或考虑,因别人而死难不见得必是可褒的。

二、仇牧

他是继宋闵公而死的臣子,相关的经传共有四则:

(一)庄三年经:"夏,四月,葬宋庄公。"传:"月葬,故也。"①

承接上文所述,继与夷即位的宋庄公,死时得正,但不寻常的是,他下葬的月份却预示另一场祸事的来临。

1. 月葬故也

此传的"故",意谓变故。诸侯以时葬为正,庄公月葬显示将有变故发生。同样得不到时葬,宋缪公之"故"预示与夷被弑,而宋庄公之"故"预示其子闵公被弑。廖平《古义疏》云:"为捷与弑",②所论甚谛。

2. 宋庄未尝绝嗣

闵公被弑,对庄公而言,应该仅是一个儿子的遇难,不涉及后嗣无人。柯劭忞《传注》云:"子捷弑,庄公之嗣遂绝。"③"捷弑"之义,与廖疏相同。但据《宋微子世家》记载,继闵公位的是其弟御说(即宋桓公),④庄公实未

---

① 《穀梁注疏》卷5,页65。
② 廖平:《古义疏》卷3,页128。
③ 柯劭忞:《传注》卷3,页4。
④ 《史记》卷38,页1962。

绝嗣。

3. "篡以计除"之谬

宋庄公的葬文，跟他因与夷被弑而得位，没有直接的关连。对此，何休却有不一样的认识。何诂："庄公冯篡不见，书葬者，篡以计除，非以起他事不见也。"①崔适试图深化阐述，《复始》云："宋庄公篡不明而书葬，为宣、缪之让讳也。此何氏所谓以计除也。"在讨论晋侯重耳之卒葬，又云："篡不明而书葬，惟宋庄公及此耳。宋庄公以父让国之高除其罪，善善及子孙也。"②《公羊》本无因讳其先君让国而葬逆贼的主张，"计除"纯属何休私说，崔适以此为说，于《公羊》言，义亦不安。确切地说，《公羊》没有发传解释"葬宋庄公"的缘故，虽批判宋宣公让弟埋下内乱的祸根，但对宋穆公没有明确的褒奖。③何诂"计除"没有明言如何计法，崔适进一步明确为"为宣、缪之让讳"，但对宋穆公的赞扬，是《左传》而非《公羊》的说法。崔适在此有没有暗袭其说以为己得？不妨交由读者自行判断。

4. 小结

何休认定宋庄公是导致弑与夷的元凶，而又不能恰当地解释葬文的所以然，是说不通的。相比之下，《穀梁》日卒月葬的解释，反而更圆满和更符合经义。宋庄公的得位，是因为与夷和孔父遇害。宋庄公的卒和葬，重点是死难而非让国。

（二）庄十一年经："夏，五月戊寅，公败宋师于鄑。"传："内事不言战，举其大者。其日，成败之也，宋万之获也。"④

这是交代杀害宋庄公凶手宋万的出现，《公羊》对此经没有解说，而《穀梁》却有讨论。

1. "败"与"战"

《春秋》以鲁为内，成元年传："为尊者讳敌不讳败，为亲者讳败不讳敌，尊尊亲亲之义也。"⑤鲁国是亲者之国，因此经文记载鲁国与别国的战争，一般不用表示势均力敌的"战"字。桓十年经："齐侯、卫侯、郑伯来战

---

① 《公羊注疏》卷6，页119。
② 崔适：《春秋复始》卷3，页396；卷20，页524。
③ 参阅本书第一章（页66—70）的讨论。
④ 《穀梁注疏》卷5，页76。
⑤ 《穀梁注疏》卷13，页211—12。

于郎",传:"内不言战,言战则败也。"①钟文烝《补注》云:"史本言'我师败绩',经改立例。"②这个指引非常有启发性。经文之所以作出这样的改动,是因为书败太过难堪,为亲者讳实在说不出口。桓十二年经:"战于宋",传:"内讳败,举其可道者也。"范注:"战轻于败,战可道而败不可道。"③如其解,经文若书"战"字,就意味鲁师败绩,因为站在鲁国的立场上说,书"战"比书"败"更能说得出口。

根据上述的叙事原则,遇有战败的情况,经文是举轻者而书。相反,若是战胜的情况,经文将举重者而书。"举其大者"的"大",相当于"重"的意思。"举其大者"就是使用份量更重的措词;书"败"是比书"战"更简洁和更光采的笔法,哪怕书"败"之前有其他像"伐"之类不名誉的词汇。钟文烝《补注》云:"大,犹重也。败重于战,言败则战可知,故举重而书,可损去旧文也。"④这个说法,在《穀梁》是有根据的。像隐十年经:"夏,翚帅师会齐人、郑人伐宋;六月壬戌,公败宋师于菅。"传:"内不言战,举其大者也。"⑤比较它和庄十一年经,前者在"败宋师"前有"伐宋"的记载,后者仅言"败宋师",貌似有些差别,不得不另作解释。钟文烝《补注》云:"重发传者,败菅前有'伐宋'文,嫌此与异也。"⑥《穀梁》之所以重申"内不言战,举其大者"的传例,是避免读者误会它与隐十年经两者有别。

2. 成败之

此传不书"战"而书"败",是因为鲁庄公率领的军队打败了宋师。庄十年经:"王正月,公败齐师于长勺。"传:"不日,疑战也。"⑦据此,凡是未经事先约期的遭遇战,皆称为"疑战",而疑战并不记载日期。鄑之战,本属"疑战"。经文记载此战的日期,是成全"败之"的笔法,因为此战俘虏了宋万。范注:"结日列陈,不以诈相袭,得败师之道,故曰成也。"⑧这个解释值得深

---

① 《穀梁注疏》卷4,页48。
② 钟文烝:《补注》卷4,页110。
③ 《穀梁注疏》卷4,页51。
④ 钟文烝:《补注》卷2,页65。
⑤ 《穀梁注疏》卷2,页29。
⑥ 钟文烝:《补注》卷6,页175。
⑦ 《穀梁注疏》卷5,页75。
⑧ 《穀梁注疏》卷5,页76。

入考究。桓二年传:"此成矣,取不成事之辞而加之焉。"①这已表明,《穀梁》对"成"字的理解,大体上是事情还未完成予以成全的意思。因此,庄十一年传"成败之",不是实指"败之",而是成全"败之"之辞。换言之,"成"之一语,已显示鄑之战实属"疑战"。钟文烝《补注》接受范宁的解释,还说这是相当于《公羊》的"偏战",②基本正确。柯劭忞《传注》云:"此疑战,宜不日。日者,以获宋万,成其败也。"③大体上符合范注,没有纰漏。

3. 战争叙述的歧异

有关这场战争,还有其他叙事需要辨正。《公羊》庄十二年传:"万尝与庄公战,获乎庄公。"④《左》庄十一年传:"宋为乘丘之役故,侵我。公御之。宋师未陈而薄之,败诸鄑。"又云:"乘丘之役,公以金仆姑射南宫长万,公右歂孙生搏之。"⑤二传同样认为宋万在战争中曾被鲁庄公擒获,但《公羊》没有交代战斗过程,也没有明言是在哪一场战役。《左传》则认为宋万被擒是发生在庄十年乘丘之役,而非鄑之役。也许《穀梁》另有所本,在这个问题上难与《左传》强合,在新证据面世前,不妨兼存二说。

《左传》"宋师未陈而薄之",基本上符合《穀梁》"疑战"的理解。但要注意,承认鄑之役是疑战,不等于它该被贬抑。崔适不满意《左传》的叙事,《复始》云:"果尔,则是诈战,与经义相反。"⑥然而,把"偏战"与"诈战"对立二分,是《公羊》的主张。没有理由认为《春秋》仅接受"偏战",而否定其他战斗方式。认为只有光明磊落的对决方可称道,不过是后世儒者的道德想象。崔适之驳,也没有什么有力的证据支持其说。无论如何,《穀梁》没有褒扬"偏战"的说法;相反,它猛烈批判宋襄公在泓之战昧于形势而坚持与楚军正面对决的做法,其中涉及司马子反向宋襄公进谏而遭拒之事。⑦《穀梁》认为鄑之役是疑战,同时成全鲁庄公的"败之",自有言之成理的逻辑。

4. 宋万之获

"宋万之获也"该理解为一件事件而非一个行动,因此"获"是名词而非

---

① 《穀梁注疏》卷3,页35。
② 钟文烝:《补注》卷6,页175。
③ 柯劭忞:《传注》卷3,页13。
④ 《公羊注疏》卷7,页148。
⑤ 《左传正义》卷9,页243,246。
⑥ 崔适:《春秋复始》卷13,页471。
⑦ 参阅本章第一章,页88—89。

动词。王引之对此提出错误的解释,《经义述闻》云:"'获'上不当有'之'字,盖涉上文'释蔡侯之获也'而衍。"①认为"宋万之获也"的"之"是衍字,是删字解传,不宜接受。针对这个说法,柳兴恩尝试辩护《穀梁》说:"即衍一'之'字,亦于词意无害也。"②虽说是不影响"词意",但实际上已默许王引之的说法,柳兴恩辩解并不成功。由于王、柳二人皆错认"获"是动词而非名词,因此无论是否把"宋万之获也"的"之"剔除,都是想把这一句理解为一个行动,而非一个事件。这是忽略了《穀梁》评说事件的解经手法。庄十三年经:"公会齐侯盟于柯。"传:"曹刿之盟也。"③这一句话,与"宋万之获也"句式相同,二事皆是当时习闻的事件,不烦赘述,所以传文用一句话来总结。明白这一点,便可发现"曹刿之盟也"和"宋万之获也"的两个"之"字必不可少,删除了便会影响文意,诚如于鬯的提醒,"今试曰'曹刿盟也',去'之'字不语意不足乎!"④柯之盟是曹刿促成的盟会,曹刿不是结盟者,把"曹刿之盟"改为"曹刿盟",是说不通的。同样道理,"宋万之获"意谓俘获宋万一事,将之改为"宋万获"就可能使读者误会,以为宋万是"获"的主体,歪曲传文原义。

5. 不言"获宋万"的缘故

为什么经文不直接记录"获宋万",反而透过记载日期而暗示宋万被俘一事呢?照《穀梁》的解释,"获宋万"是不应该记载的内容。试看以下二例:

> [1] 庄十七年经:"齐人执郑詹。"传:"卑者不志。此其志,何也?以其逃来,志之也。"
>
> [2] 僖元年经:"公子友帅师败莒师于郦,获莒挐。"传:"内不言获。此其言获,何也?恶公子之绐。"⑤

例[1]指出"卑者不志",宋万是宋之卑者,本无记载的需要。例[2]申述"内不言获"的传例,宋万被鲁国俘虏,也不是经文应该记述的内容。

---

① 王引之:《经义述闻》卷 25,页 1520。
② 柳兴恩:《大义述》卷 11,页 151。
③ 《穀梁注疏》卷 5,页 78。
④ 于鬯:《香草校书》卷 47,页 947。
⑤ 《穀梁注疏》卷 5,页 80;卷 7,页 107。

柯劭忞《传注》云："宜书'获宋万'，如'获莒挐'之例。"① 这个解释出现失误。如例[2]所述，莒挐该是大夫的身份，仅因莒国是小国，没有受命于天子的大夫，所以经文一般不记载莒国大夫。但实际上，莒挐虽然同样以国为氏，但与大国卑者（例如宋万）并非相同的情况。因此，《穀梁》"莒无大夫"之问，已预设莒挐与莒庆、莒牟夷等人一样，都是莒国大夫的身份，绝非卑者。② 莒挐被公子友俘获，经文本不应记录，但为了贬抑公子友的做法，方才予以记录。由"获莒挐"的记载，是推不出应该记载"获宋万"的理由。柯注以"获莒挐"与宋万不书获作对比，是不必要的，甚至误导读者以为宋万与莒挐是同一类型的人物。

附带一提，杜预对经文没有"获宋万"的记载，另有不同说法。杜注："不书获，万时未为卿。"③ 杜预不从《穀梁》之说，但宋万何时为卿？获时是什么官位？其实无法查证。事实上，以是否为卿来判断书获不书获，也不见得是《左传》的主张。因此，不能说宋万当时不是卿，所以不该书获。杜预的说法，反不如《穀梁》"内不言获"和"卑者不志"的解释来得可信。

6."嫌鲁纵宋之贼臣"之谬

"成"意谓成全。"成败之"就是指经文"败宋师于鄑"一事。在这场胜利战争中，俘获宋万，经文为了成全这次对战宋师，所以记载日期。柯劭忞《传注》云："不书者，十有二年'宋万弑其君捷'，嫌鲁纵宋之贼臣，故书日，以成其败而已。"④ 此"不书"是指不书"获宋万"。在柯劭忞看来，假如直书"获宋万"之事，可能被人误会鲁国把弑君逆贼送回宋国引起祸乱。他之所以有这样的担心，可能是参照《公羊》后的结果。《公羊》庄十二年传："归反为大夫于宋，与闵公博，妇人皆在侧，万曰：'甚矣！鲁侯之淑，鲁侯之美也！天下诸侯宜为君者，唯鲁侯尔！'闵公矜此妇人，妒其言……"⑤ 照此叙述，宋万被鲁庄公送归宋国，后来他与宋闵公二人博奕谈话，因宋万的称赞鲁庄公，反遭到宋闵公及妇人的嘲讽，而刺激了宋万的杀心。把宋万被俘、由鲁国送回到宋国、博奕时弑君三事串连起来，是《公羊》叙事的主线，也很有

---

① 柯劭忞：《传注》卷3，页13。
② 参阅本书第四章（页841—42）的讨论。
③ 《左传正义》卷9，页246。
④ 柯劭忞：《传注》卷3，页13。
⑤ 《公羊注疏》卷7，页148—49。

可能是导致柯注产生"嫌鲁纵宋之贼臣"担心的原因。

这不是说《公羊》的叙事不可信或不能与《穀梁》兼容。恰恰相反，"宋万之获也"一语，显示《穀梁》理解宋万被俘虏的情节，大概与流行公认的说法没有什么出入，方才不烦缕述。于是，《穀梁》对"宋万之获"的理解，应该不致有太大的出入才对。确切地说，《公羊》交代宋万弑君之事，虽从他被鲁庄公俘虏谈起，但对鲁庄公也没有任何明显或隐晦的怪责。即使承认《公羊》的叙事，承认宋万在战败中被鲁庄公打败而对之有所钦佩，进而酿成弑君悲剧，也不意味《穀梁》已预设"宋万之获"与闵公被弑有什么关系，因为传文没有任何说法接近柯注所说的"嫌鲁纵宋之贼臣"。前已述及，在《穀梁》看来，"宋万之获"本非经文应该记载的内容。明乎此，根本不用顾忌因为记录了这件事而被人误会什么。

问题不在"获宋万"是否蕴涵被人知悉鲁国纵贼。没有证据显示《穀梁》有这方面的顾忌。"宋万之获也"一语，上承"其日，成败之也"而言，是要交代鲁庄公在战争中的胜利果实。照《穀梁》的意见，经文分明不用提及"宋万之获"一事，但又不想将之隐没，方才刻意记载战争的日期。如柯注之解，却是为了避免鲁国被误会纵贼的需要，而不用"获宋万"的笔法，遂改而书日。这样一来，就完全改变了此传的基本论调。此外，《穀梁》原作"成败之"，指的是宋师；柯注将改作"成其败"，因上承"宋万"和"宋之贼臣"而言，所以"其"只能解作宋万。无形中，把"败"由宋师转为宋万，亦是不通。

7. 小结

宋万是后来杀害宋闵公的元凶。《穀梁》注意到鄑之役与宋万的关系，是忠于解经的解说。宋万虽有鲁庄公擒获的经历，但不意味经文批判鲁国纵贼。宋万是惟一需要被批判的凶手，再没有其他人。

（三）庄十二年经："秋，八月甲午，宋万弑其君捷及其大夫仇牧。"传："宋万，宋之卑者也。卑者以国氏。以尊及卑也。仇牧，闲也。"①

此传交代仇牧死于君难一事，《穀梁》的解释同样值得深入考察。

1. 卑者以国氏

宋万以国为氏，显示他是卑者，跟宋督一样。"卑者以国氏"，钟文烝说

---

① 《穀梁注疏》卷5，页77。

"此发通例",①所说裁断甚正。

2. 闵公卒日

捷,是庄公之子闵公。此经记载日期,蕴涵宋闵公之"正"。他与其父宋庄公一样,毫无合法性的问题。

3. 仇牧书名

"仇牧"的"仇"是氏,"牧"是名。范注:"桓二年传曰:'既死君,不忍称其名。'今仇牧书名,则知宋君先弑。"②据此,仇牧书名,意味闵公捷比仇牧先死,有别于孔父比殇公与夷先死。书名,不一定带有贬义。据《穀梁》的判断,称名者是君是臣,往往涉及褒贬意向的表述。称名示恶的对象,基本上都是君主;③至于臣下,称名往往不示恶,如"无侅之<u>名</u>,未有闻焉"(隐八年)、"称<u>名</u>,贵之也"(庄六年)、"其<u>名</u>,成尊于上也"(襄二十九年),④皆无贬义。

"仇牧"之名,虽不一定示恶,但也不等于"无善事可褒"。《左》庄十一年传:"遇仇牧于门,批而杀之。"杜注:"仇牧称名,不警而遇贼,无善事可褒。"⑤《左传》有关宋闵君和仇牧二人被杀的记载,极其简略。单凭传文,丝毫看不出其中有什么态度。杜预采用了贬抑孔父的策略,在名称问题上做文章;认为"仇牧"一名已蕴涵无善可褒,但《左传》在称名问题上实无杜预的观点。

4. 以尊及卑

经文同样采用"P 杀(弑)Q 及 R"的句式,把闵公捷与仇牧二人之死合起来说。仇牧不知何官,叶梦得认为孔父称字与仇、荀称名,不意味他们地位高下有别,《春秋考》云:"仇牧、荀息以名氏见,皆御而执政者也。"⑥仇牧职官难以细考,但叶梦得猜测仇牧同属执政的卿,有待确证。

捷君牧臣,以"及"言之,显示尊卑有别。杨疏:"复发传者,孔父先君死,发传以明闲。此则后君死,故又发传。"⑦《穀梁》再次发传,是因为仇牧

---

① 钟文烝:《补注》卷6,页176。
② 《穀梁注疏》卷5,页77。
③ 君主称名示贬,参阅本章(页329)的讨论。
④ 《穀梁注疏》卷2,页27;卷5,页69;卷16,页272。
⑤ 《左传正义》卷9,页247—48。
⑥ 叶梦得:《春秋考》卷6,页348。
⑦ 《穀梁注疏》卷5,页77。

后死，有别于孔父先死，为免读者误会而重申传例。

5.《公羊》的叙事

《公羊》庄十二年传："万怒，搏闵公，绝其脰。仇牧闻君弑，趋而至，遇之于门，手剑而叱之。万臂搣杀仇牧，碎其首，齿著乎门阖。仇牧可谓不畏强御矣。"①这里记述宋万杀死宋闵公后，旋即遇上仇牧将之格杀。旧说宋万以臂击仇牧而杀之，但单凭一臂之力，如何就能打得仇牧碎首脱牙呢？王引之指出，"臂"当作"辟"解，指椎击之意，此说可从。②

《公羊》以上的记载是现存文献最详尽而又没有明确反证的叙述。后人普遍接受其说，赞美仇牧勇敢卫君的颂声，所在皆有。③

仇牧勇敢抗贼的做法，有别于精心谋算的做法。焦循《左传补疏》赞扬仇牧说："观其'趋而至，手剑而叱'，千古之下，英气犹存，其不胜而死，即李丰恨力劣不能禽灭也。将以不能执贼，遂避匿观望不出乎？牧之搣而死，亦丰之筑于刀环也。"④这是根据《公羊》而发挥的史论。魏晋易代前夕，李丰与张缉密谋以夏侯玄代替司马师为大将军，事泄被擒，李丰临死前正色对司马师曰："惜吾力劣，不能相禽灭耳！"⑤李丰与仇牧同样死于逆贼之手，但两者情节不同，李丰是密谋失败，而仇牧与宋万对决就不一定事先经过什么理智的盘算。焦循以李丰比拟仇牧，实不准确。

因此，人们完全可以既承认仇牧的忠心，同时不觉得他的做法足够精明。刘敞《春秋传》云："仇牧之智则未，仇牧之忠则尽矣。"⑥这是既接受《公羊》"不畏强御"的观点，但又认为仇牧算不上明智。这很难说是无理的判断。承认仇牧忠心卫君，与觉得他的做法失效，是可以兼容的。

6.《公羊》叙事的可兼容性

《公羊》有关宋万被杀的叙事，是可以接受的，因为它在很大程度上可

---

① 《公羊注疏》卷7，页149。
② 王引之：《经义述闻》卷24，页1467—68。
③ 例如《新序·义勇》（卷8，页1020）云："仇牧可谓不畏强御矣，趋君之难，顾不旋踵。"又如《韩诗外传》（卷8，页276）也云："仇牧可谓不畏强御矣。《诗》曰：'惟仲山甫，柔亦不茹，刚亦不吐。'"此诗出自《大雅·烝民》，意思是歌颂贤臣仲山甫为人正直不阿，不怕硬欺软。又如《汉书·游侠传》（卷92，页3698）云："虽其陷于刑辟，自与杀身成名，若季路、仇牧，死而不悔。"子路是因救孔悝而赴难，班固把游侠视死如归的作风比拟于子路和仇牧，在某程度上也表现了肯定仇牧的态度。
④ 焦循：《春秋左传补疏》卷2，页22。
⑤ 这是《三国志》裴注（卷9，页300）引孙盛《魏氏春秋》的内容。
⑥ 刘敞：《刘氏春秋传》卷3，页387。

以与《穀梁》兼容。钟文烝《补注》云:"仇牧所以为闲者,《公羊》所谓'不畏强御'也。"①这个说法,稍嫌含糊。《穀梁》只说"闲也",意谓仇牧是宋万眼中的障碍;而《公羊》说的"不畏强御"则是认定仇牧为贤者的重要条件。二传的思想方向,是不同的。"闲"的观点,不蕴涵因仇牧忠心卫君而全面认可他的做法。限于文献不足,读者无法了解《穀梁》是否能兼容像刘敞区分"忠"与"智"的观点。但"闲"不等于"贤",决然无疑。传文没有明确称仇牧为贤。

附带一提,此经记述的受害者仅闵公捷与仇牧二人,但"及"的用辞,不蕴涵当时宋国死于君难的臣子,仅有仇牧而已。陈深《读春秋编》云:"圣笔牵联书及,见《春秋》重死节之士。当时卿大夫岂无操国柄任事者,皆缩首畏懦,坐视逆贼弑君立君,而莫敢图之,见宋之无人也。"②包括《穀梁》在内,没有经传可以显示"及"谴责臣子坐视弑君之恶。书"及",不意味死难之臣仅有仇牧。陈深"无人"之说,是根据《公羊》叙事加上个人想象的臆断,不可轻信。

7. 仇牧与宋督

据悉,杀害殇公与夷和孔父的元凶宋督,亦在这场祸事中遇害。《左》庄十二年传:"遇大宰督于东宫之西,又杀之。"③宋万杀害闵公和仇牧后,又杀了宋督。经文为什么没有宋督被杀之文,不像仇牧那样记以及死之文呢?杜预曾经尝试解释。杜注:"杀督不书,宋不以告。"④把经文没有记载的原因归诸没人赴告,但又毫无文本证据,不容易取信于人。因此,胡安国尝试作出挑战,胡传:"削而不书者,身有罪也",⑤认为宋督是弑君罪人,因而被剥夺在经文中记载的资格。这是暗袭《公羊》以仇牧为贤而作出的推论。有趣的是,后来一些挑战胡传的人,都有回归杜预的倾向。如徐学谟《春秋亿》云:"书仇牧,宋告也;不书太宰督,宋未告也。"⑥毛奇龄《毛氏传》云:"此皆因来告之文,告牧则书,不告督则不书,此是书例。"⑦这是以杜反

---

① 钟文烝:《补注》卷6,页177。
② 陈深:《读春秋编》卷3,页540。
③ 《左传正义》卷9,页248。
④ 《左传正义》卷9,页248。
⑤ 胡安国:《春秋胡氏传》卷8,页106。
⑥ 徐学谟:《春秋亿》卷2,页19。
⑦ 毛奇龄:《春秋毛氏传》卷10,页342。

胡,得到不少责骂。顾栋高对之猛烈批判:"此论殊谬。夫弑君大恶,岂有可改过自新之理?"①惠栋《左传补注》引录其父惠士奇的意见,不赞同回归杜注的做法:"督乃弑君之贼,岂可与仇牧同书?杜氏之谬也。"②

确切地说,杜、胡二人对宋督不载于经的解释,都有问题,因为他们在经传都找不出什么明确的证据。《穀梁》其实已有一些主张,可以提供解决这个问题的线索,只是杜、胡和其他儒者没有注意而已。隐四年传:"称人以杀,杀有罪也。"宣十五年传:"两下相杀,不志乎《春秋》。"③按照"称人以杀"之说,宋督因是弑君逆贼,本可采用"宋人杀督"之类的笔法,但麻烦在于,宋万亦是弑君之人,行凶者和受害者双方都是不对的,按照"两下相杀"的传例,这种狗咬狗的事情不该在《春秋》记载。由此可见,从《穀梁》传义出发,完全可以找到不记载宋督的原因。

与《穀梁》观点有些相似,竹添光鸿提出了另一套解释,《左氏会笺》云:"督固弑君之贼,然能以死卫君,则亦为今君之忠臣。《春秋》因事示教,必不以旧恶没其善,而经不书者,其死不为君也,故传因事实而释之,曰'遇大宰督于东宫之西,又杀之',明偶然相遇以杀之,是为两下相杀,《春秋》不必书之。"④这是吸收了《穀梁》"两下相杀"的观点,改以己意诠释。竹添的前提是,《春秋》有善必录,即使像华督这种曾有弑君之罪的人亦不会遗漏不记。但综合各方面的文献,任何人也找不到证据说明《春秋》表彰弑君者有护君之心的书例。况且,比较《左传》的传文,"遇仇牧于门,批而杀之"和"遇大宰督于东宫之西,又杀之"二者,句式基本相同,若无《公羊》和其他叙事补充,论者绝不可能由此推论仇牧以死卫君;偏偏有关华督之死,别无旁证可依。于是,究竟华督是像仇牧一样曾有护君义举,抑或仅是因为偶然意外被杀,也变得无法判断。也许,放弃确言仇牧与华督二人被杀情境有何异同,是更加慎重的解经方向;像竹添这样推论宋督、宋万"偶然相遇",充其量只是大胆的猜测,不见得比《穀梁》更有说服力。

8. 小结

与孔父一样,仇牧与其君一同遇害,虽然《公羊》有关孔父的叙事与《穀

---

① 顾栋高:《读〈春秋〉随笔》,载《春秋大事表》,页38。
② 惠栋:《春秋左传补注》卷1,页129。
③ 《穀梁注疏》卷2,页18;卷12,页204。
④ 竹添光鸿:《左氏会笺》卷3,页272。

梁》不无相通之处，但《穀梁》始终审慎地对待其事，只承认仇牧的死君难是"闲"，但没有认可他是贤者。他的死难，重点在于他是凶手宋万的眼中钉，不是别的原因。《穀梁》没有襃扬他或认可他（参照 A_2）。从"及"的用辞，读者只知他与宋闵公是属于同伙（参照 B_2），而他和当时同样被杀的宋督有何异同，则非经传要旨所在。

（四）庄十二年经："冬，十月，宋万出奔陈。"

《穀梁》无传。这是交代宋万出奔他国的下场，有些内容尚待厘清。

1. 出奔书月

《穀梁》没有出奔书月示贬的传义。范注："宋久不讨贼，致令得奔，故谨而月之。"① 廖平也有类似的观点，《古义疏》云："月者，谨贼出。"② 范、廖二人，皆是以月谨恶，但想象居多，没有举证。像定十年"宋公之弟辰，暨宋仲佗、石彄出奔陈"、定十四年"卫世子蒯聩出奔宋"，前者叛国，后者逆父，皆是罪人，皆是书时，而非书月。《穀梁》对出奔时、月没有解说，没有理由认定宋万出奔书月寓有特别的深意。

认为宋万出奔之月，寓有深意，大概是援引何休的结果。何诂："万弑君所以复见者，重录强御之贼，明当急诛之也。月者，使与大国君奔同例，明强御也。"③ 在语义上，"出奔"实不蕴涵"当急诛之"，《公羊》对此亦无明说。同样是弑君后出奔，哀姜、庆父奔书"九月"，④ 难道可以说他们二人的月"明强御"吗？何休以猜想代征实，用以解释《公羊》已有疑问，范、廖二人同样想在月份上寻解释，亦失之无稽。

审核全传，仅是谈论出奔书日问题。襄二十三年经："十月乙亥，臧孙纥出奔邾。"传："其日，正臧孙纥之出也。"⑤ 这是传文惟一讨论出奔时间的记载，其余对出奔书时、书月皆无评论意见。钟文烝考察《左传》在《春秋》哀十四年以后的出奔记录，猜测奔月、奔时可能是因袭史文，未必寓有深意，《补注》云："旧史外大夫奔多以月为例，君子悉改从时例，而间以仍旧文存月者为变例也。"⑥ 此说合乎情理，但有待验证。

---

① 《穀梁注疏》卷5，页77。
② 廖平：《古义疏》卷3，页157。
③ 《公羊注疏》卷7，页150。
④ 参阅本书第四章（页765—74）的讨论。
⑤ 《穀梁注疏》卷16，页265。
⑥ 钟文烝：《补注》卷6，页177。

第二章　死难与灾卒

2. 失贼之证

庄十二年经先书宋万弑君，后书出奔，足见宋国失贼，不必牵扯到月不月的问题。柯劭忞《传注》云："不发传者，卫人杀州吁于濮，犹讥之，况出奔乎？不俟发传，义已著明。"① 有关祝吁的问题，暂不深谈，② 但柯氏不涉及月不月的问题，应该是明智的。

3. 难以驳倒的《左传》叙事

《左》庄十二年传："亦请南宫万于陈，以赂。陈人使妇人饮之酒，而以犀革裹之。比及宋，手足皆见。宋人皆醢之。"③ 宋万逃到陈国后，陈人接受贿赂，设计捉拿宋万予宋人格杀。这方面的叙事，据现存文献是无法推翻的。

可是，崔适对《左传》以上叙事表示质疑，《复始》云："若然，则贼讨矣，何以不书葬？事与古《春秋》异也。"④ 这是驳斥《左传》宋万伏诛的叙事，崔适据"君弑贼不讨，不书葬"之说予以质疑。然而，弑君逆贼在出奔后被讨，《春秋》仍不书葬，不乏例证。例如，哀姜和庆父弑闵公后同样伏诛，但经文不葬闵公。⑤ 对宋万奔后闵公不葬的问题，《公羊》本无具体解说，何休的解释也有问题，崔适不审其阙，反而在毫无证据的情形下诘问《左传》，出奴入主，莫过于此。

4. 出奔后不复见

此经没有交代宋万伏诛一事。经中所举的"出奔"49例，其中有41例是臣子出奔，而出奔者共44人。⑥ 这44人当中，宋万、曹羁、公子庆父、晋狐射姑、齐崔氏、周公、叔孙侨如、齐高无咎、宋华臣、蔡公子履、臧孙纥、陈鍼宜咎、卫侯之弟专、卫石恶、齐高止、秦伯之弟鍼、宋华合比、陈公子留、公子憖、蔡朝吴、曹公孙会、楚囊瓦、宋乐世心、宋公子池、晋赵阳、卫公孟彄、蔡公孙辰、陈辕颇、卫世叔齐29人，皆是出奔后不再出现在《春秋》的记载。至于卫元咺、卫孙林父、宋华元、宋鱼石、陈侯之弟光、晋栾盈、郑良霄、楚公子比、宋公之弟辰、宋仲佗、石彄、卫世子蒯聩12人，皆是"出奔"后另书"复归""归""复入""入""纳"等措词表示他们回国。还有宋华亥、向宁、华定3

---

① 柯劭忞：《传注》卷3，页14。
② 参阅本书第四章，页595—609。
③ 《左传正义》卷9，页248—49。
④ 崔适：《春秋复始》卷22，页533。
⑤ 参阅本书第四章，页760—65。
⑥ 参阅本书第一章（页112—14）的举证。

人,先是奔陈,后自陈入于宋南里,再奔楚,从此不复见。

按照《穀梁》的理解,经中许多大夫出奔后与宗国断绝关系,如无另笔示归,《春秋》没有记载以后的发展,是正常不过的事情,犹如公子庆父奔莒后不再出现于经文。① 由此可知,即使接受《左传》叙事,承认宋万奔后伏诛,但从《穀梁》的解经思路观察,他也不该继续被经文叙述。在这一点上,二传实有契合之处,并不矛盾。

5. 小结

宋万杀害宋闵公和仇牧后出奔到陈国,《穀梁》虽未发传阐述,但从"不复见"的传例推敲,也能兼容《左传》的记载。无论如何,宋万服诛与否,与仇牧被杀的评说,没有直接关系。这也意味:

D_2　死难者的评价独立于加害者的评价。

在《穀梁》看来,死君难乃是"臣道"。这一点,下文将会讨论。仇牧死君难,虽然做的正确,但他不是《穀梁》认可的贤者。与宋督一样,《穀梁》没有进一步交代宋万的下场。这些逆贼究竟有什么评价,原则上是独立于被他们残害的死者。不能由他们可恶而推出死难者可嘉。

三、荀息

他是随奚齐和卓而死的臣子,相关的经文共有 8 则:

(一) 僖五年经:"春,晋侯杀其世子申生。"传:"目晋侯,斥杀,恶晋侯也。"②

这里记述晋国内乱的源起。因为晋献公偏听房帷,对世子申生辄加显戮,导致日后奚齐和卓相继遇害。

1. 目

"目",作动词义。撇除名词之义,《穀梁》除本例外,还有 12 例:

[1] 隐元年传:"杀世子、母弟,目君。以其目君,知其为弟也。"

[2] 庄二十一年传:"妇人弗目也。"

[3] 闵元年传:"其不目而曰仲孙,疏之也。"

[4] 僖元年传:"以吾获之,目之也。"

---

① 参阅本书第四章,页 765—74。
② 《穀梁注疏》卷 7,页 116。

[5]僖二十一年传:"此其志,何也?以公之与之盟目之也。"

[6]僖二十五年传:"其曰莒庆,何也?以公之会目之也。"

[7]僖二十六年传:"以吾用其师,目其事也,非道用师也。"

[8]僖二十八年传:"主善以内,目恶以外。"

[9]宣十六年传:"其曰宣榭,何也?以乐器之所藏目之也。"

[10]成十六年传:"四体偏断,曰败;此其败则目也。"

[11]昭二十年传:"目卫侯,卫侯累也。"

[12]定九年传:"宝玉大弓,在家则羞,不目羞也。"①

周何译"目"为"明白交代",②甚为可取,可惜书中没有从先秦文献中举证。以下试作补述:"目"既有注视之义,亦有用眼神示意之义。《左》宣十二年传:"目于眢井而拯之",杜注:"使叔展视虚废井而求拯己。"③叔展的"视"不是一般的观看,而是注视废井,可见"目"可以解作注视。此外,《周语》云:"国人莫敢言,道路以目。"韦注:"不敢发言,以目相眄而已。"④这是说国人不能用语言,而用眼光来表态示意。注视就是为了搞清楚所见的是什么,不看清楚就不能用眼神示意。注视和示意二义,彼此相辅,晓然可见。周何"明白交代"之说,亦能通释《穀梁》诸例,可以信从。

2. 对"目"的两种误解

因为不了解"目"的涵义,存在以下三种误解:

(1)范宁解隐元年传"目君"为"称郑伯",⑤这是把"目"理解为称呼。受范注的影响,承载亦认为"目"是"称的意思",⑥同谬。如前一页的例[1],其所解读的经文是:"郑伯克段于鄢",但若训"目"为"称",那么传文所说"目君"就变成"称君",经文明明是称"郑伯",哪能说是称"君"呢?《穀梁》屡言"称"字,凡举"称氏""称名""称日""称人""称师""称国""称公子"等等,都是对某一对象命名的意思。"目"的运用却不限于客体的命名,《穀

---

① 《穀梁注疏》卷1,页4;卷6,页84、103;卷7,页107;卷9,页140、145—46、149;卷12,页206;卷14,页235;卷18,页300;卷19,页326。

② 周何:《新译》上册,页8。

③ 《左传正义》卷23,页657。

④ 徐元诰:《国语集解》卷1,页11。

⑤ 《穀梁注疏》卷1,页4。

⑥ 承载:《译注》,页5。

梁》有些用例都是指涉某些特别的事情状况，①不宜解作"称"。

(2)柯劭忞《传注》云："凡曰目，皆恶事，犹斥言之。"②无疑，《穀梁》言"目"不少寓有贬恶之意，但不是凡目皆恶事。仅有"目"字，不一定蕴涵斥责之意。如前一页的例[9]，谈的是"宣榭"，其"目"便没有"斥言"之义。对此，柯注："宫庙重于乐器，不当以轻目重。"③可见，柯劭忞也没有对此贯彻"凡曰目，皆恶事"的主张。此外，僖五年传"目晋侯，斥杀"之说，既言"目"又言"斥"，若认为"目"已寓有"斥言"之义，那么"斥杀"之"斥"便属多余，文义不通。认为"目"有"斥"义，是源自钟文烝的观点。《补注》云："目，见也，谓斥见之。"④此解参照何休之训。桓二年经："以成宋乱"，何诂："目，见也。斥见其恶，言成宋乱。"⑤"斥见"之解，是专就经文"宋乱"之事而发，不是通释"目"字的达诂，不宜以此诠释《穀梁》之义。

(3)秦平解"目君"为"都要直称国君以贬斥之"，⑥既含"称"义，亦有"斥"义，其中没有交代其据如何。由于"称""斥"皆不合"目"义，秦解似亦不通。

3. 杀世子、母弟，目君

隐元年传："杀世子、母弟，目君。"⑦据此，凡是杀害世子和同母亲弟，经文将明白指出这是当时国君所做的恶行。这与《公羊》"杀世子母弟直称君者，甚之也"⑧之说相当接近，皆是适用于全经国君杀世子、母弟的通例。可是，程端学对《穀梁》这个传例很不理解，《三传辨疑》云："晋侯杀则称晋侯，晋人杀则称晋人，皆随事立言自然之法，非独母弟称君而已。"⑨这是没有根据的质疑。《穀梁》说的是"世子、母弟"，不仅是"母弟"而已。《春秋》涉及世子、母弟之被杀，如隐元年"郑伯克段于鄢"、襄二十六年"宋公杀其世子座"、襄三十年"天王杀其弟佞夫"诸例，皆是明白交代国君是"杀"的主体，所以《穀梁》传例之概括相当确切。程端学把称人以杀的事例也掺合到"目君"

---

① 如本章(页220—21)所示，像[2]、[7]、[8]等例的"目"，都是如此。
② 《穀梁注疏》卷1，页2。
③ 柯劭忞《传注》卷9，页17。
④ 钟文烝：《补注》卷1，页10。
⑤ 《公羊注疏》卷4，页71。
⑥ 秦平：《〈春秋穀梁传〉政治哲学研究》，页298。
⑦ 《穀梁注疏》卷1，页4。
⑧ 《公羊注疏》卷10，页216。
⑨ 程端学：《三传辨疑》卷8，页158。

之中,然后推导出"立言自然"的结论,立论对象飘浮不定,欠缺说服力。

4. "斥杀"≠"甚其恶"

贬恶之意,不在"目"字自身。要鉴别"目"所指涉的人和事是否该被斥责,要看相关经文的主辞和客辞如何写法,单看"目"字是不够的。此经记载"杀"的主体和客体为"晋侯"和"世子申生",就是交代晋侯(即晋献公)杀世子该被斥责之意。柯劭忞《传注》云:"外杀,独晋侯杀世子传曰'斥杀',所以甚其恶。"①若所云,此传"斥杀"之言,是为了"甚"晋侯之"恶"。不难看见,这是立足于以"斥言"解"目"的错误观点。"目"不一定包含"斥言"之义,传文"目晋侯,斥杀"之"斥"该理解为针对经文"晋侯"的主语而发。柯劭忞错误地预设"目"已有"斥言"之义,所以诠释"目晋侯"时误以为晋献公情况独特。这一判断大谬不然。"斥杀"仅是提醒读者"恶"的重点在于"晋侯"二字,不能以为"目晋侯"之"目"已有"斥言"之义,而"晋侯"则是因为情况独特而"甚其恶"。晋献公杀申生,固然情节恶劣,但不代表惟有他的"恶"格外独特。不独晋献公,诸如郑伯克段、宋公杀世子座、天王杀弟佞夫,皆属可"甚"之列;《穀梁》对郑伯、天王之杀,亦有"甚"的解说。② 总言之,柯注之谬,源于他对"目"字的误解。单看"目"字不能确言斥言与否。此传"目晋侯"是"目君"传例的具体表现,不意味晋献公杀申生跟其他杀世子、母弟的情况最是独特。

5. 君无忍亲之义

襄三十年传:"君无忍亲之义,天子、诸侯所亲者,唯长子、母弟耳。"③就《穀梁》而言,这一主张适用于全经。因为世子、母弟皆是天子、诸侯的至亲,凡是忍心杀害亲人的,合该遭到贬抑。晋献公虽是申生之父,也不能免于批判。昭八年经:"陈侯之弟招杀陈世子偃师",传:"其弟云者,亲之也;亲而杀之,恶也。"④公子招作为陈侯之弟也因杀世子而遭贬,晋献公作为生父而杀申生,其恶比公子招更为严重。李明复《春秋集义》引谢湜曰:"世子,君之贰、国之本也。信谗邪而杀世子,则是为人之君而灭国本也。君道

---

① 柯劭忞:《传注》卷6,页7。
② 《穀梁注疏》卷1,页4;卷16,页274。
③ 《穀梁注疏》卷16,页274。
④ 《穀梁注疏》卷17,页284。

于此绝矣。"①谢湜认为献公杀申生动摇国本,此说有助于发明《穀梁》传义,可以备存。

6. 申生非贬

照此传之意,经文批判的是加害者,而非受害者。此传仅是批判晋献公,申生不是贬抑的对象。隐元年经:"郑伯克段于鄢",传:"段,弟也,而弗谓弟;公子也,而弗谓公子,贬之也。"②经文不称段为"弟",寓有贬义。以此推论,隐五年经既称"世子",自无贬意可言。没有理由认为被杀的申生也是经文的批判对象。

7. 小结

世子申生被杀,是晋国内乱的主因。他的死,直接影响后来继位者的统治资格。奚齐、卓、晋惠公三人的合法性不足,皆是渊源于此。荀息的死君难,与他们的合法性,原则上没有太大关系(参照 C_2)。

(二)僖九年经:"甲戌,晋侯诡诸卒。"

《穀梁》无传。

1. 失德不葬

诡诸,就是晋献公。根据"日卒正也"的传例,晋献公的政治合法性没有问题。问题是,经文接下来没有记载他的葬礼。昭十三年传:"变之不葬有三:失德不葬,弑君不葬,灭国不葬。"③这是《穀梁》解释诸侯没有葬文的三种特殊情况,而晋献公既未弑君,晋国亦未灭亡,所以他应该是因为失德而没有葬文。范注:"枉杀世子申生,失德不葬",④大概没有失误。

2. 与申生贤孝无关

晋献公杀世子失德,所以不葬。这跟申生是否"贤孝",没有什么关系。杨疏:"申生贤孝,遇谗而死,故黜献公之葬。"⑤《穀梁》认为"杀世子、母弟"可以贬恶,但没有提及世子的个人品德是否葬不葬的变项。换言之,传文未曾考虑若申生非贤孝而死,是否该黜献公葬文的问题。就"失德不葬"而言,无论世子是否贤孝,杀之已属失德,杨疏刻意强调申生之"贤孝",实是

---

① 李明复:《春秋集义》卷19,页428。
② 《穀梁注疏》卷1,页4。
③ 《穀梁注疏》卷17,页294。
④ 《穀梁注疏》卷8,页125。
⑤ 《穀梁注疏》卷17,页288。

过度诠释，殊不必要。

3. 小结

晋献公没有葬文，说明他杀申生的彻底错误。《穀梁》未尝说过申生是贤者，杨疏"贤孝"之论，有违传义。这不是说，对待亲人是不重要的。叔肸因"通恩"而贤，便是一个反例。① 无论如何，申生不是《穀梁》认可的贤者。这也说明：

E_2 仅是孝顺父母不足以称贤。

如下文所述，申生确是一名孝子，但《穀梁》对贤的规定却使得他不足以成为贤者。

（三）僖九年经："冬，晋里克杀其君之子奚齐。"传："其君之子云者，国人不子也。国人不子，何也？不正其杀世子申生而立之也。"②

里克弑君前后共 2 人，此经先是交代奚齐之死。

1. 里克称名

里克是申生的太傅。僖十年传明言里克是"世子之傅"，③敦煌残卷《春秋穀梁经传解释》训"傅"为"师傅"，又云："里克，太子之太傅。"此说取自何诂，④但亦不误。

里克称名，无关褒贬。认为"里克"这个名字透露经文抑恶之意，是杜预的意思。杜注："里克亲为三怨之主，累弑二君，故称名以罪之。"⑤杜预推论的根据，主要是《左》宣四年传："凡弑君，称君，君无道也；称臣，臣之罪也。"⑥但"称臣"不等于称臣之名，《春秋》记载"杀（弑）其君"的凶手，贵如蔡世子般、许世子止，卑如宋督、宋万，称呼并不统一。应该说，称臣之所以显示"臣之罪"，在于读者得知谁是确定的凶手，不像称人、称国那么模糊。杜预"称名以罪之"，实嫌求之过深。

2. 其君之子

奚齐是晋献公与丽姬所生的长子，也是继献公而立的新君。《春秋》以

---

① 参阅本书第四章，页 690—707。
② 《穀梁注疏》卷 8，页 125。
③ 《穀梁注疏》卷 8，页 127。
④ 王天然：《〈穀梁〉文献征》，页 66。
⑤ 《左传正义》卷 13，页 361。
⑥ 《左传正义》卷 21，页 606。

"P之子"记事,除本例外,还有一例。桓五年经:"天王使任叔之子来聘",传:"微其君臣,而著其父子,不正父在子代仕之辞也。"①任叔派遣儿子代行聘鲁之事,是错误的,所以经文标明父子关系,而隐藏君臣关系不言。任叔之子来聘,跟奚齐被弑,虽有不同,但因为二经同样采用"之子"一语,以此例彼,桓五年传微君臣而著父子的观点,同样可以用在僖九年经的解释。"之子"一语,标明P与其子的父子关系,同时淡化了君臣关系,从而批判其中的"不正"。

"P之子"之所以特异,是因为它对父子关系的凸显。仅看"之"的使用与否,不能说明什么问题。何诂:"加'之'者,起先君之子。"②何休认为"之"显示奚齐是晋献公之子,说得过分浮泛。试想,若"其君之子"剔除"之"字,作"其君子",当作何解?要表达奚齐是晋献公之子,称之为"晋子""世子"之类,亦无不可。《公羊》没有讨论此经的"之",何休这样凸显"之"的用法,实无多少凭据,无非是贯彻他对经文诸"之"字别求深解的做法,③但放在此经的语脉上,显然是没有太大的说服力。

按照"称子未葬"的传例,④经文对刚继位的嗣君不爵称子,所以正常情况下,奚齐该称为"晋子"。范注:"诸侯在丧称子,言国人不君之。"⑤此言符合"称子未葬"的传例,难言谬误。对此,刘少虎却有另一种解释:"孔子为何不书作'国(晋)之子'?《榖梁》认为其所以书为'君之子',是因为晋国人并不承认奚齐是嗣君之子。"⑥然而,《春秋》全经没有"国之子"的措辞,全经称"之子"仅桓五年的"任叔之子"和僖九年的"其君之子"2例,可见系于"之子"之上的都是人,而非国。此外,"不子"不能理解为"嗣君之子",谁能说奚齐不是晋献公的儿子?谁能说晋献公不是合法的嗣君?刘少虎的提问,反映他既不了解"不子"意谓不称为"晋子",也不知道"之子"是以父子关系淡化君臣关系的笔法。

3. "晋不言子"之疑

奚齐称"其君之子",就是不以君臣之辞说明里克与奚齐的关系,不是

---

① 《榖梁注疏》卷3,页41。
② 《公羊注疏》卷11,页224。
③ 何休对"之"别求深解的做法,参阅本书第一章,页51。
④ 参阅本书第一章,页90。
⑤ 《榖梁注疏》卷8,页125。
⑥ 刘少虎:《经学以自治》,页130。

为了辨明奚齐不是谁人之子。王崇燕《纠谬》云："晋不言子,此本义也。"其中的理据是："言子,当云'晋里克弑其子',或云'弑晋子',或云'弑其君子',皆不可。"①范注实无错谬,王崇燕对之批驳,让人感觉颇为怪异。"弑晋子"完全是说得通的选项,有何"不可"之理？"晋里克弑其子"和"弑其君子"二句,是说不通的。"其子"和"其君子"不能相当于"晋子"。王崇燕为反范而反范,反不如范宁之说为得之。

质疑"晋子"之说,不是王崇燕的独家发明。在此之前,刘敞就遵从差相近似的思路,对"晋子"亦不表赞同："欲云晋里克杀晋子,则子当系先君而言,且不当殊晋子于里克也。"②僖九年的"宋子"和僖二十八年的"卫子",亦是称子不系先君,足见刘敞同样没有吃透《穀梁》传义而妄作谬评。刘敞有此驳议,反映他没有注意到"P之子"是独特的措辞,不宜泛泛地以"子当系先君"这种不痛不痒的理由得到充分解释。

4. 经无"弑""杀"之异

《穀梁》经文"晋里克杀其君之子奚齐"之"杀",与《左传》同,有别《公羊》作"弑"。受害的是君上抑或臣下,《穀梁》古本皆是言"杀",并无"弑""杀"之异。要鉴别是弑君抑或杀臣,关键是看受害者如何称呼,而非"弑""杀"二字之选择。要之,称"其君之子"而不称"晋子",是以父子关系淡化君臣关系的笔法,不是因为先君未葬。陈岳不理解也不赞同《穀梁》"国人不子"的主张,反驳说："齐之弑,先君未葬也,故称'其君之子'。"③这是尝试根据《公羊》立说。然而,《公羊》庄三十二年传："君存称世子,君薨称子某,既葬称子,逾年称公。"④又,《公羊》僖九年传："其言弑其君之子奚齐何？杀未逾年君之号也。"⑤从《公羊》的视角出发,奚齐称"其君之子"是因为"杀未逾年君"的特殊情况；若是"先君未葬",他是该"称子"而非"其君之子"。陈岳袭《公羊》而未得其义,一望而知。《穀梁》认为称子是未逾年君的正常称呼,在举证上是圆满的。按照"称子未葬"的传例,可以通释"宋子""卫子"二者,而《公羊》对此皆未正面解说。因此,《公羊》以"未逾年之

---

① 王崇燕：《纠谬》卷5,页293。
② 刘敞：《春秋权衡》卷16,页341。
③ 陈岳：《春秋折衷论》,引自朱彝尊：《经义考》卷178,页3267。
④ 《公羊注疏》卷9,页188—89。
⑤ 《公羊注疏》卷11,页224。

君"解释"其君之子",不见得比《穀梁》可信。陈岳借此驳斥《穀梁》,显属谬误,难怪张慰祖反驳说:"陈氏以为误,直自误耳。"①

假如不在称呼上有所指示,单看经文的"杀"字,极有可能以为里克杀奚齐是"两下相杀"的情况。廖平对此有不同的认识,《古义疏》云:"不言弑,不以弑道道也。"②这是以为《春秋》刻意不言"弑"而言"杀",却没有看见古本《穀梁》仅有"杀"字,根本不存在言弑、不言弑之间的选择。如廖疏之言,传文应该发传解释言弑与言杀之别,全传并无这方面的主张。哀四年经:"盗弑蔡侯申",传:"内其君而外弑者,不以弑道道也。"③这是《穀梁》讨论"弑道"笔法的惟一记载,但传文是着眼于"盗"的称呼,实非立足于弑、杀之异。

5. 国人不子

"国人不子"就是国人不把奚齐当作"晋子",不是说他们不爱奚齐。杨疏引徐邈曰:"不子者,谓不子爱之也。"④此"不子"不蕴涵"爱"义,徐说不确。同样,承载译"晋人不子"为"晋国人不认为奚齐是国君的太子",⑤就是不理解"晋子"才是奚齐原该拥有的称号,甚谬。相比之下,王闿运的解释比较正确,《申义》云:"今云'国人不子'者,未葬称子,自可如宋子之比,云'杀晋子奚齐'。今云'其君之子',比之'杀世子母弟,目君'恶之之例,知是国人不子,故不称'晋子'也。"⑥关键在于,"晋子"得不到承认,国人不觉得奚齐具有继位的合法性。

"不子"的主体是"国人",不是孔子。不能说"其君之子"寓有责备奚齐夺兄位的训诫。《繁露·精华》云:"难晋事者曰:《春秋》之法,未逾年之君称子,盖人心之正也,至里克杀奚齐,避此正辞,而称君之子,何也?曰:……晋,《春秋》之同姓也。骊姬一谋,而三君死之,天下之所共痛也,本其所为为之者,蔽于所欲得位,而不见其难也;《春秋》疾其所蔽,故去其正辞,徒言'君之子'而已。若谓奚齐曰:'嘻嘻!为大国君之子,富贵足矣,何必以兄之位为欲居之,以至此乎云尔!'……《春秋》伤痛而敦重,是以夺晋

---

① 张慰祖:《补阙》,页52。
② 廖平:《古义疏》卷4,页247—48。
③ 《穀梁注疏》卷20,页340。
④ 《穀梁注疏》卷8,页125。
⑤ 承载:《译注》,页236。
⑥ 王闿运:《申义》,页9—10。

子继位之辞……"①"三君"之说,就是除了里克所杀的奚齐和卓外,连申生也包括在内。苏舆解释说:"申生虽未即位,有为君之资,故亦称君。"②董仲舒是否这样认为,不得而知。但僖五年经明言"世子申生",没有理由也把申生算作"君"。尽管董仲舒"夺晋子继位之辞"之说,显示他是知道"晋子"才是正常的措辞,但如《繁露》之解,"君之子"的措辞就是为了"录其同姓之祸"而写的。其中,虚拟"其君之子"寓有经文对奚齐的训戒,实非经义的达诂,因为仅凭"其君之子"四字,读者只知奚齐是晋献公之子,像董仲舒那样扯上奚齐夺兄位的图谋,不能不说是想象力过度的联想。对于不称"晋子"的原因,董仲舒认为是孔子的不允许,《穀梁》则说是"国人"的不接受。《公羊》没有因"伤痛"而训戒奚齐的主张,对此崔适也觉得不能接受:"此言陈义虽高,于弑未逾年君之号之辞,则越其次矣。"③可见,董仲舒的解释放在《公羊》也不能没有疑问,自然不比《穀梁》更可取了。

6."称子"≠"称君之子"

因为这样,把"称子"与"称君之子"等量齐观,是过分简单的处理。崔适《复始》云:"若言'晋里克弑其子奚齐',何氏谓'嫌无君文'。若言'晋里克弑晋子',则一语两出'晋'字为不辞。若'里克'上去'晋',又嫌非晋大夫。然则'子'上不可去'君之',称子与称君之子,无正辞诡辞之别也。"④如其解,僖九年经称"其君之子"与"晋子"实无差别,仅是因为奚齐被杀的特例,遂称"其君之子"而非"晋子"。但不得不明辨的是,未逾年之君不仅奚齐而已,经中还有其他例子,包括背殡不葬的"宋子"宋襄公(僖九年)、继卫成公而立的"卫子"叔武(僖二十八年)、被商人所弑的"其君舍"公子舍(文十四年经)、被楚师所执的"蔡世子友"(昭十一年)、招致王室乱的"王子猛"(昭二十二年)等人,为什么这些人都不称为"其君之子"呢?从《公羊》的视角出发,称子实是正常的笔法,"其君之子"因奚齐被杀而发的特殊措辞。崔氏"无正辞诡辞之别",是不准确的说法。崔适主要是发挥何休的观点,何诂:"欲言弑其子奚齐,嫌无君文,与杀大夫同;欲言弑其君,又嫌与弑

---

① 苏舆:《春秋繁露义证》卷3,页94—96。
② 苏舆:《春秋繁露义证》卷3,页95。
③ 崔适:《春秋复始》卷22,页539—40。
④ 崔适:《春秋复始》卷22,页539。

成君同,故引先君冠子之上,则弑未逾年君之号定,而坐之轻重见矣。"①比较何、崔二人的观点,可以看见崔氏多了对"晋里克弑晋子"的驳语。然而,经文一句之中屡言国名,绝非不能逾越的禁忌,例如:

[1]昭二十一年经:"宋华亥、向宁、华定自陈入于宋南里以叛。"
[2]哀六年经:"齐阳生入于齐,齐陈乞弑其君荼。"

例[1]是在"华亥"和"南里"加"宋"以示其人和地所属之国,例[2]更是两句中三言"齐"字。因此,僖九年经若是两言"晋里克"和"晋子",也不见得不可以的。最低限度,《公羊》没有因"不辞"而禁绝屡言国名之例,而何休也没有这样说过。况且《公羊》也不认为弑君之贼必须记于经中,例如桓二年经"宋督弑其君与夷及其大夫孔父",《公羊》便认为庄公冯也是弑与夷的凶手。从《公羊》的视角出发,不见得没有可以取代"其君之子"的笔法。没有理由认定"其君之子"是惟一的选择。说到底,《公羊》、何诂和崔适都没有直接面对"其君之子"的涵义。相比之下,《繁露》"夺晋子继位之辞"的解释,虽不合《公羊》之义,却比"无正辞诡辞之别"更能正视"其君之子"的独特性。

7. 奚齐不是"杀世子而立"

国人之所以"不子",缘故在于晋献公杀世子申生而改立奚齐之恶,得不到国人的认可和接受。柯劭忞《传注》云:"杀嫡立庶,见恶于通国,故国人不子奚齐。"②这是认为问题在于晋献公,所说尤能清楚显示"不子"的内在因缘。相反,廖平却把矛头指向奚齐,《古义疏》云:"奚齐杀世子而立,与杀君同。"③这是错误的说法。僖五年经明言"晋侯杀其世子申生",所以僖九年传"不正其杀世子申生"的"其",指的是晋献公,不可能是奚齐。此传明言杀申生的凶手"立之","之"是代词,指的是他,即继位的奚齐。廖平"奚齐杀世子而立"的"立",是把"立之"理解为自立,这等于略"之"不予解读,不合文理。

8. 奚齐不正

奚齐"不正"的另一证据是,此经记载季节,而非日期,所以奚齐有别于

---

① 《公羊注疏》卷11,页224。
② 柯劭忞:《传注》卷6,页14。
③ 廖平:《古义疏》卷4,页247。

宋殇公和宋闵公，他的继位存在合法性的争议。

奚齐不正，不能构成里克杀害嗣君的充足理由。传文无意宽恕里克的罪行。对此，孙觉提出了精辟的解说，《春秋经解》云："奚齐虽庶，里克不得杀之，里克有罪矣。里克虽不得杀，而奚齐不得为君。里克杀其君之子，罪不减于杀君。……圣人恶其杀嫡而立，斥曰'其君之子'，而里克之罪不减，此《春秋》所以断疑似之邪正而曲尽人情之难也。《穀梁》曰：'国人不子'，其最精者欤！"① 可以看见，"其君之子"虽对奚齐的政治合法性打了大大的问号，但里克始终不具有杀奚齐的足够理据。

9. 小结

《春秋》以"其君之子"而非"晋子"称奚齐，反映奚齐得不到国人的支持。从《穀梁》称贤的条件上说，这就是奚齐不能得众的表现（参照 J_1）。当然，奚齐不能算是贤者，倒不重要。重要的是，奚齐继位的合法性争议是导致他不能得众的主要原因。晋献公杀世子申生，已成为其后继位者挥之不去的政治包袱。这也说明：

F_2　合法性争议是影响其人得众的重要条件。

当然，这不是说具有合法性争议的人必不能得众。像齐桓公，便能透过自己的信用，赢得诸侯的广泛支持。② 得众，作为贤者的一种能力，可以由于外在的政治条件，也可以是个人努力的成果。

（四）僖十年经："晋里克弑其君卓及其大夫荀息。"传："以尊及卑也。荀息闲也。"③

这里叙述里克杀害卓和荀息君臣一事，而荀息则是另一位死君难的臣子。

1. 卓死不日

卓，是晋献公与丽姬的幼子，奚齐之弟。经文称卓为"其君"，而非"其君之子"，显示卓已成为正式的国君。但是，这不意味他的统治合法性比奚齐更高。以"其君"称被弑的国君，只说明先君已葬，不意味其人的合法性毫无问题。文十八年经："五月戊戌，齐人弑其君商人。"从文十四年"齐公

---

① 孙觉：《春秋经解》卷6，页665。
② 参阅本书第四章，页621—76。
③ 《穀梁注疏》卷8，页126。

子商人弑其君舍"的经文可知,商人本是弑君逆贼,所以"其君"之称,绝不意味他的合法性没有疑问。

此经系于"王正月,公如齐"之下,没有记载日期。由此可见,卓之被弑,与奚齐一样,都是"不日",说明卓也在"不正"之列。柯劭忞《传注》云:"奚齐国人不子,卓亦国人不子者,故不日以略之。"① 这个解释是不正确的。显示奚齐不子,主要是透过"P之子"的句式。不日意味不正,不蕴涵不子。弑卓不日,只能说是不正,而非不子。

2. 以尊及卑

此经同样采用"P弑Q及R"的句式。卓君息臣,符合"以尊及卑"的传例。"荀息"的"息"是名非字,可见他和仇牧一样,皆是死于君后。书名,实无示贬之意。然而,杜预却相信这寓有贬意。杜注:"荀息称名者,虽欲复言,本无远谋,从君于昏。"孔疏:"献公惑于骊姬,杀适立庶,荀息知其事,而为之傅奚齐,是其'从君于昏'也。"② 杜、孔"从君于昏"之说,《左传》仅有一证。襄十九年传:"秋,八月,齐崔杼杀高厚于洒蓝,而兼其室。书曰'齐杀其大夫',从君于昏也。"③ 齐灵公废太子光而改立公子牙,高厚为之傅牙,使为太子,但《左传》所解读的经文是"齐杀其大夫高厚",上述传文略"高厚"之名不言,实难说高厚称名带有贬义。虽然荀息与高厚同是继任者的太傅,但襄十九年经的句法与僖十年经"晋里克弑其君卓子及其大夫荀息"并无可比性。杜、孔称名示贬之说,充其量只是读史的感想,无法通释经义。

3. 荀息叙事的可兼容性

《左》僖九年传:"初,献公使荀息傅奚齐。公疾,召之,曰:'以是藐诸孤,辱在大夫,其若之何?'稽首而对曰:'臣竭其股肱之力,加之以忠贞。其济,君之灵也;不济,则以死继之。'公曰:'何谓忠贞?'对曰:'公家之利,知无不为,忠也;送往事居,耦俱无猜,贞也。'及里克将杀奚齐,先告荀息曰:'三怨将作,秦、晋辅之,子将何如?'荀息曰:'将死之。'里克曰:'无益也。'荀叔曰:'吾与先君言矣,不可以贰。能欲复言而爱身乎?虽无益也,将焉辟之?且人之欲善,谁不如我?我欲无贰,而能谓人已乎?'冬,十月,里克

---

① 柯劭忞:《传注》卷6,页14。
② 《左传正义》卷13,页361。
③ 《左传正义》卷34,页961。

杀奚齐于次。……荀息将死之,人曰:'不如立卓子而辅之。'荀息立公子卓以葬。十一月,里克杀公子卓于朝。荀息死之。"①《公羊》和《国语》亦有类似记载。

当里克弑奚齐后,原来辅助奚齐的荀息立卓为君,里克旋又弑卓,荀息随之受难。这方面的叙事,重点是披露荀息不辜负晋献公遗命的坚定不二,没有提及荀息如何反制意图作乱的里克,不涉及他反抗逆贼的成效。焦循《左传补疏》云:"荀息之不能杀里克,犹毌丘俭之不能杀司马师也。"②西晋立国前的"淮南三叛",除了王凌、诸葛诞以外,毌丘俭试图发动兵变,事败身亡。裴注引习凿齿曰:"古人有言:'死者复生,生者不愧。'若毌丘俭可谓不愧也。"③这是援引荀息之语来喻毌丘俭,但没有什么证据显示荀息有诛杀里克一党的行动和动机,这跟毌丘俭的筹谋和作为,其实存在很大的差别。但无论如何,《左》《公》《国》三者的叙事,与《穀梁》"闲也"的观点,并无明显的抵触。

4. "闲"≠"贤"

荀息与孔父、仇牧二人一样,同样保卫君上的臣子,逆贼逞凶时的眼中钉。荀息死君之难,符合"臣道",这是《穀梁》认可(而非否定)的行为。柯劭忞《传注》云:"今里克弑卓,荀息死之,传亦谓之闲者,原其卫上之心无先后,一也。"④这个解释符合桓十一年传"死君难,臣道也"的主张。⑤

"闲"不蕴涵"贤"。像《公羊》那样歌颂荀息"不食其言",是存在争议的。晁补之有一个很有意思的观点:"孔子曰:'信近于义,言可复也。'然则,不义以为信,虽孔子犹不复也。陈平亦尝许吕后以王诸吕无不可者。王陵骇怒而诘之,而平不尽语以其心也。及产、禄已王,乃与周勃举兵而诛之,后世不曰陈平无信,以谓信不近于义也。夫必以安刘氏为忠,则不以不忠于吕氏为不信也。忠所在义也,义所在信也。虽然,陈平何足言哉!智足以及之而已。"⑥这是认为荀息之守信,比不上不顾信诺毅然反吕的陈平。陈平是否真比荀息更可贤,暂且不论,但站在《穀梁》立场上看,晁氏之

---

① 《左传正义》卷13,页359。《公羊注疏》卷1,页226。徐元诰:《国语集解》卷8,页289—91。
② 焦循:《春秋左传补疏》卷2,页29。
③ 《三国志》卷28,页768。
④ 柯劭忞:《传注》卷6,页14。
⑤ 《穀梁注疏》卷4,页49。
⑥ 晁补之:《春秋左氏传杂论》,载《鸡肋集》卷40,页768。

论是有备存的需要,因为僖二十二年传:"信之所以为信者,道也。信而不道,何以为道?"①《穀梁》对于不问是非的守信,绝非全盘接受的。

5. 荀息拥护非正的争议性

站在《穀梁》立场上看,关键不是荀息信不信,而是他的奚齐和卓非正,荀息拥戴非正之君,纵无贬恶,也不见得可贤。柳宗元批判荀息"闇君之惑,排长嗣而拥非正,其于中正也远矣。"②这个观点,后来得到司马光的拥护,《荀息论》云:"荀息为国正卿,君所倚信,不能明白礼义,以格君心之非而遽以死许之,是则荀息之言,玷于献公未没之前,而不可救于已没之后也。"③《大雅·抑》"斯言之玷,不可为也"是《左传》讨论的内容,④司马光认为此诗含有贬义而非褒义,是正确的。这一点也是《左》《穀》二传相通之处。钟文烝《补注》节引柳宗元之言,没有进一步的解释,⑤显然他也发现《穀梁》对荀息的评价绝非全盘肯定的。

不认为荀息是贤者,不等于他的"闲"是毫无意义的错误做法。姚勉《荀息论》云:"荀息之死,太山之死欤?抑鸿毛之死欤?吾见其为鸿毛也,死所以成其信,而息之信则非近于义也,可以无死者也。"⑥这是略嫌有些苛刻的说法。因为奚齐和卓非正而否定荀息的死难,站在《穀梁》传义上看,是有问题的。承认嗣君非正与肯定臣子死难,二者不必是冰炭不容的关系。

6. 小结

荀息与孔父、仇牧一样,同样是死君难的臣子。经文以"及"言之,只意味他和卓是同伙的政治关系,而且卓具有比他更尊贵的地位(参照 B_2)。荀息不是《穀梁》歌颂的人(参照 A_2),也不具有贤者的条件。按理说,他所拥护的奚齐也得不到国人的拥戴,同样存在合理性争议的卓也该如此。等而下之,拥护奚齐和卓的荀息,因其拥护对象欠缺支持,也不可能得众(参照 E_2)。对孔、仇、荀这三个死君难的臣子,《穀梁》的评价上都是"闲"而非"贤",这也意味:

$\quad G_2 \quad$ 忠诚不是其人称贤的重要条件。

---

① 《穀梁注疏》卷 9,页 142。
② 柳宗元:《非国语》,载《柳宗元集》卷 44,页 1296。
③ 司马光:《荀息论》,载《传家集》卷 65,页 599。
④ 《左传正义》卷 13,页 359。
⑤ 钟文烝:《补注》卷 10,页 285。
⑥ 姚勉:《荀息论》,载《雪坡集》卷 39,页 276。

《公羊》因其忠而许其贤，而《穀梁》绝不这样认为。对君主尽忠而死难，不是保证其人成为贤者的决定性条件。

（五）僖十年经："晋杀其大夫里克。"传："称国以杀，罪累上也。里克弑二君与一大夫，其以累上之辞言之，何也？其杀之不以其罪也。其杀之不以其罪，奈何？里克所为杀者，为重耳也。夷吾曰：'是又将杀我乎？'故杀之不以其罪也。其为重耳弑奈何？晋献公伐虢，得丽姬，献公私之。有二子，长曰奚齐，稚曰卓子。丽姬欲为乱，故谓君曰：'吾夜者梦夫人趋而来曰："吾苦畏！"胡不使大夫将卫士而卫冢乎？'公曰：'孰可使？'曰：'臣莫尊于世子，则世子可。'故君谓世子曰：'丽姬梦夫人趋而来曰："吾苦畏！"女其将卫士而往卫冢乎！'世子曰：'敬诺！'筑宫，宫成。丽姬又曰：'吾夜者梦夫人趋而来曰："吾苦饥！"世子之宫已成，则何为不使祠也？'故献公谓世子曰：'其祠！'世子祠。已祠，致福于君。君田而不在。丽姬以酖为酒，药脯以毒。献公田来，丽姬曰：'世子已祠，故致福于君。'君将食，丽姬跪曰：'食自外来者，不可不试也。'覆酒于地，而地贲。以脯与犬，犬死。丽姬下堂而啼呼曰：'天乎，天乎！国，子之国也，子何迟于为君？'君喟然叹曰：'吾与女未有过切，是何与我之深也？'使人谓世子曰：'尔其图之！'世子之傅里克谓世子曰：'入自明！入自明则可以生，不入自明则不可以生。'世子曰：'吾君已老矣，已昏矣。吾若此而入自明，则丽姬必死；丽姬死，则吾君不安。所以使吾君不安者，吾不若自死，吾宁自杀以安吾君，以重耳为寄矣。'刎脰而死。故里克所为弑者，为重耳也。夷吾曰：'是又将杀我也。'"①

这是《穀梁》罕见的长篇叙事，缕述申生之死如何导致晋国内乱的发生。

1. 杀其大夫

除本例外，《春秋》"P 杀其大夫 Q"还有 36 例：

[1]庄二十六年："曹杀其大夫。"

[2]僖七年："郑杀其大夫申侯。"

[3]僖十一年："晋杀其大夫丕郑父。"

[4]僖二十五年："宋杀其大夫。"

[5]僖二十八年："楚杀其大夫得臣。"

---

① 《穀梁注疏》卷 8，页 126—27。

[6]僖三十年:"卫杀其大夫元咺及公子瑕。"
[7]文六年:"晋杀其大夫阳处父。"
[8]文七年:"宋人杀其大夫。"
[9]文八年:"宋人杀其大夫司马。"
[10]文九年:"晋人杀其大夫先都。"
[11]同年:"晋人杀其大夫士縠及箕郑父。"
[12]文十年:"楚杀其大夫宜申。"
[13]宣九年:"陈杀其大夫泄冶。"
[14]宣十三年:"晋杀其大夫先縠。"
[15]宣十四年:"卫杀其大夫孔达。"
[16]成八年:"晋杀其大夫赵同、赵括。"
[17]成十五年:"宋杀其大夫山。"
[18]成十六年:"楚杀其大夫公子侧。"
[19]成十七年:"晋杀其大夫郤锜、郤犫、郤至。"
[20]成十八年:"晋杀其大夫胥童。"
[21]同年:"齐杀其大夫国佐。"
[22]襄二年:"楚杀其大夫公子申。"
[23]襄五年:"楚杀其大夫公子壬夫。"
[24]襄十九年:"齐杀其大夫高厚。"
[25]同年:"郑杀其大夫公子嘉。"
[26]襄二十年:"蔡杀其大夫公子湿。"
[27]襄二十二年:"楚杀其大夫公子追舒。"
[28]襄二十三年:"陈杀其大夫庆虎及庆寅。"
[29]襄二十七年:"卫杀其大夫甯喜。"
[30]昭二年:"郑杀其大夫公孙黑。"
[31]昭五年:"楚杀其大夫屈申。"
[32]昭八年:"陈人杀其大夫公子过。"
[33]昭十二年:"楚杀其大夫成虎。"
[34]昭二十七年:"楚杀其大夫郤宛。"
[35]哀二年:"蔡杀其大夫公子驷。"
[36]哀四年:"蔡杀其大夫公孙姓、公孙霍。"

其中,例[6]、[11]、[27]三者,都是属于"P杀Q及R",下文将有详述,于此不赘。这里要注意的是,"杀"的主体P是国人,计5例,即例[8]、[9]、[10]、[11]、[32]。其余31例的P皆指国。此经杀里克的主体同样也是晋国,符合经文的惯常措辞。

2. 称国以杀

"里克弑二君与一大夫"的"弑",该作"杀"。① 由于奚齐、卓、荀息三人皆是被他所杀,所以"称国以杀"的合理解释,不可能是"杀无罪",只能是"罪累上"。② 使用这种牵连君上的笔法,言其所以,里克不是由于他真正所犯的罪行而被杀。

3. 杀之不以其罪

周何译"杀之不以其罪"为"杀他没有用其应得的罪名",③ 是把"罪"理解为罪名,而非罪行,略嫌草率。明确地认为夷吾以里克可能害己作为杀里克的理由,其实是《公羊》的主张。《公羊》僖十年传引录夷吾曰:"尔既杀夫二孺子矣,又将图寡人。为尔君者,不亦病乎?"④《穀梁》仅是记载夷吾"是又将杀我乎"之语,此话完全有可能是夷吾私下猜疑的话,廖平《古义疏》释之云:"疑又将杀己。"⑤ 就是认为这是夷吾忖度里克有害己之意,不能说他杀里克必是公开拿出这个说法。

此外,《左传》的叙事也有参证的作用。《左》僖十年传:"公使谓之曰:'微子,则不及此。虽然,子杀二君与一大夫,为子君者,不亦难乎?'对曰:'不有废也,君何以兴?欲加之罪,其无辞乎?'"⑥ 可见,夷吾杀里克的罪名,正是里克杀害奚齐、卓、荀息三人,而里克则是认为自己有功无罪,上述对答不涉及夷吾可能被杀的可能性。因此,《穀梁》"杀之不以其罪"的"罪",不一定需要解作罪名,解作罪行比较可取。

4. 是何与我之深也

除本例外,《穀梁》言"深"还有5例,其中有3种涵义:

①严重,如"不正其乘败人而深为利"(隐十年)、"不正乘败人之绩而深

---

① 这方面的训诂问题,参阅钟文烝:《补注》卷1,页36;卷10,页286。
② 参阅本书第一章,页103—06。
③ 周何:《新译》上册,页375。
④ 《公羊注疏》卷11,页226。
⑤ 廖平:《古义疏》卷4,页250。
⑥ 《左传正义》卷13,页362。

为利"(定四年)。

②深入、加深,如"浚洙者,深洙也"(庄九年)、"乃深其怨于齐"(庄十年)、"讳莫如深,深则隐""莫如深也"(庄三十二年)。①

③苛刻,本例就是一证。

"是何与我之深也"之"与",意谓对待,而非仇恨;而"深"则意谓苛刻。据王引之《经义述闻》记载,王念孙援引《方言》"予,雠也"之说,对"与"字另有新解:"予、与,古字通。'与我之深',雠我之深也。言我与女为父子以来,未有过切,何雠我一至于此也。"②此说太过牵强。"是何与我之深也"一句,是承接前句"吾与女未有过切"而来。如王引之之解,前句之"与"作连词解为"和",后句之"与"作动词解为"雠";两个"与"字,都是同一个人(即晋献公)所说,竟在短短的两句话中,呈现如此急遽的语义变化,迂曲难通。"与"有"待"义,柳兴恩《大义述》指出,若此传的两个"与"字解为对待之义,是更平易的解释,"言我待女未有过切,是待我何其深也。"③这是比较妥当的说法。"深"作严重义,亦可意谓非常,承上"过切"而言。"切"意谓严厉、苛刻。晋献公这两句话,就是自忖对待申生并不过分苛刻,为何他对待我非常苛刻呢?周何因为接受王引之以"雠"训"与"之说,把"过切"译为"不愉快的过节",④并不正确。

5. 申生自杀的叙事

事缘晋献公的宠姬丽姬为了立其子而谋害申生,两度向晋献公说自己梦见夫人(即申生之母齐姜)表示害怕和饥饿,先后建议派申生守卫坟冢和安排祭祀。祭祀结束后,丽姬在酒肉里下毒,然后在晋献公面前显示酒肉有毒。晋献公误信丽姬的谗言,自忖对申生并无不妥,难以接受申生这样对待自己的手段,于是派人通知申生责问事情的由来。里克建议申生进宫自我表白,但申生却认为晋献公年事已高离不开丽姬,若自己进宫申辩揭发丽姬之罪,则丽姬必死无疑,但这样一来,晋献公必难安乐,所以申生放弃进宫辩白的机会,自吻而死。

对此,秦平解释说:"申生的言行反映出在当时人们对于子女孝敬行为

---

① 《穀梁注疏》卷2,页29;卷5,页74—75;卷6,页101;卷19,页324。
② 王引之:《经义述闻》卷25,页1529。
③ 柳兴恩:《大义述》卷11,页155。
④ 周何:《新译》上册,页375。

第二章 死难与灾卒

的一些规定,即子女必须尽一切努力使父母安乐;为此目的,哪怕牺牲生命也在所不惜。"又说:"《穀梁传》作者对申生的行为却不是很欣赏。"随后援引《穀梁》反对鲁隐让弟之事为说,然后说:"反观申生之死,他是为了满足父亲晋献公欲除掉申生的心愿;但献公此时的心愿是由于受了丽姬欺骗、蒙蔽而产生的,因而是'不正'的,是'邪志'。从'孝子扬父之美,不扬父之恶'的原则出发,申生应该采取的正确行为是向父亲说清楚事情的真相,揭穿丽姬的阴谋。只有这样,才能促使父亲了解真相,不犯错误,即扬其美而抑其恶。这才是《穀梁传》所嘉许的真正的孝子之行。"①

这一解释,可以商酌之处有三:

(1)申生决定自杀前的表白,重点是"吾君不安"与"吾宁自杀"之间的选择,话中不曾援引其他典据,传中也没有这么说过,足证一切都是申生自己的构想,而申生要满足的是不让"吾君不安",而非"满足父亲晋献公欲除掉申生的心愿"。没有证据显示当时有"使父母安乐"而必须"牺牲生命"的"规定"。

(2)鲁惠公与晋献公二人,前者有"邪志"而未行,若非鲁隐让弟,则无人可知;后者不仅有欲杀子的"邪志",而且"邪志"早已化为实际压迫申生的行为。前者"父之恶"未扬,后者"父之恶"已扬。《穀梁》不曾将之混同,秦平以鲁惠比拟晋献,颇不恰当。

(3)"父亲说清楚事情的真相"云云,就是里克建议的"入自明",而里克和申生都知道"入自明"有成功机会,故曰"可以生",但《穀梁》从未明示或暗示这是"真正的孝子之行"。申生应该做什么"正确行为",不是着墨的重点。此传回顾申生被害的经过,不是评论申生自杀是否应该,而交代里克杀奚齐、卓、荀息的所以然。

应该说,秦平申述了他对家庭秩序的关注,多于传义的确解。这是一个久被关注的问题。《左传》《晋语》《檀弓》和《列女传》也有大同小异的叙事,②故后代许多读者都在讨论申生为了体贴老父感受而决定自杀的做法,甚至引起一些批判申生的声音。陆淳《集传微旨》引师曰:"申生进不能自明,退不能违难。虽有爱父之心,而乃陷之于不义,俾谗人得志,国以乱

---

① 秦平:《〈春秋穀梁传〉政治哲学研究》,页351—52。
② 《左传正义》卷12,页336。徐元诰:《国语集解》卷8,页280。《礼记正义》卷6,页182—83。王照圆:《列女传补注》卷7,页299。

离。古人云：'小仁，大仁之贼也。'其斯谓与！"①两宋以降儒学的历史教育，屡以奸臣、宠妾危害国本、鸩毒深远为鉴，所以上述观点得到拥护之声甚多。例如孙觉说"申生未免有罪也"，②胡安国批判申生导致"谗人得志，几至亡国"，③吕大圭说"此所以陷父于不义"，④这些怪责申生以死顺亲的观点，都反映了陆淳的强大影响。然而，三传皆无贬抑申生之意；在《穀梁》笔下，申生以一妇之私，遽受大难，是可怜而非可恶的角色。陆、孙、胡、吕之说，充其量仅是个人对史事的政治判断，于经传并无实据。

6. 两言夷吾

传文以罕见厚重的篇幅，记述晋国内乱的经过，绝非史文偶详随意为之，其重点乃是交代里克因申生所托而杀奚齐、卓、荀息三人。如果里克不是为了重耳，可能就没有后来的宫廷剧变。夷吾，重耳之弟，即继卓而立的晋惠公。夷吾的政治实力不容低估。《左》僖五年传引士蒍之赋："一国三公，吾谁适从？"杜注："公与二公子为三。"⑤三公，就是指世子申生、公子重耳、公子夷吾。杜预的解释甚谬。⑥ 从"一国三公"之语，足见夷吾在申生生前已是继位的有力竞争者。

此传回顾往事，故顺文称"夷吾"而不称惠公。《穀梁》有关夷吾的记载，是即位以后谋杀里克的事情。之所以不称惠公而称夷吾，是因为此传叙事由申生被杀开始谈起，而重耳（即后来的晋文公）也未即位，所以顺文以公子之名称呼。钟文烝《补注》云："传两言夷吾，不言惠公者，因称重耳，故顺文称之。"⑦这一说法合乎情理，无可厚非。可是，王树荣《续穀梁废疾》却批判说："此传叙事两言而不称惠公，显系剿袭他传记之文以充数。"⑧为何不称惠公便算是抄袭他书的证据？说《穀梁》抄袭却没有列举"他传记"的那一部分是被抄袭的源头，合理吗？《穀梁》有别于二传和其他典籍的记录，硬要说它是剿袭充数，实是无理取闹的恶意指控。

---

① 陆淳：《春秋集传微旨》卷中，页562。
② 孙觉：《春秋经解》卷6，页660。
③ 胡安国：《春秋胡氏传》卷11，页153。
④ 吕大圭：《春秋或问》卷11，页590。
⑤ 《左传正义》卷12，页341。
⑥ 相关的考证，参阅于鬯：《香草校书》卷38，页766。
⑦ 钟文烝：《补注》卷10，页288。
⑧ 王树荣：《续穀梁废疾》卷1，页210—11。

第二章 死难与灾卒

7. 夷吾杀里克的原因

夷吾顾忌里克可能杀害自己,所以先行诛杀里克以图自保。因此,申生死前之托,正是引发日后变故的滥觞,也是里克无法取信于夷吾的主因;指出这一点,是《穀梁》独具只眼的主张,《左》《公》二传皆无此义。《左》僖十年传:"周公忌父、王子党会齐隰朋立晋侯,晋侯杀里克以说。"又载夷吾说:"子杀二君与一大夫,为子君者不亦难乎?"① 夷吾因为周、齐的支持而得位,而他是为了表示讨好而杀里克,其中没有提及夷吾为何顾忌里克的缘故。

此外,《公羊》僖十年传:"然则孰立惠公?里克也。里克弑奚齐、卓子,逆惠公而入。"又载惠公之言:"尔既杀夫二孺子矣,又将图寡人。为尔君者,不亦病乎?"② 里克是立惠公的恩人,但据《公羊》的解释,读者只知道夷吾忘恩负义,害死拥立自己的里克。当然,"将图寡人"之语,与《穀梁》"是又将杀我也"的记载,两者的叙事有所互通,但《公羊》因为没有触及申生遗命托付重耳的情节,所以读者实不知道"将图寡人"的所以然。

8. "君杀大夫"之谬

不能因为经文"大夫"之辞而认定这是"君杀大夫"而非"罪累上"。对此,刘逢禄提出驳议,《广废疾》云:"著夷吾之篡,故不去大夫,不从讨贼言之,非恶夷吾以私杀也。"③ 如其解,僖十年"晋杀其大夫里克"的"大夫"意味此经不是"讨贼之辞"。然而,隐四年经:"卫人杀祝吁于濮。"《公羊》云:"其称人何?讨贼之辞也。"④《公羊》认为界定"讨贼之辞"的主要条件是杀逆贼的主体为"人",与"大夫"的去不去无关。《穀梁》对"称国以杀"的解释,不仅是"罪累上",还有"杀无罪"。刘逢禄试图以"君杀大夫之辞"拒斥"罪累上"之说,其实是错位的批判。《公羊》僖十年传:"里克弑二君,则曷为不以讨贼之辞言之?惠公之大夫也。"⑤ 这一答问,是围绕经文不以"晋人"而以"晋"为"杀"的主体而言。刘逢禄之所以强调"大夫"之辞,主要是想回护"称国以杀"的解释。《公羊》僖七年传:"称国以杀者,君杀大夫之辞

---

① 《左传正义》卷13,页362。
② 《公羊注疏》卷11,页226。
③ 刘逢禄:《公羊后录》卷6,页465。
④ 《公羊注疏》卷2,页44。
⑤ 《公羊注疏》卷11,页226。

也",①是解释"郑杀其大夫申侯",而这一经文与僖十年经"晋杀其大夫里克"大体相同。若以申侯被杀而言,《穀梁》僖七年传亦以"杀无罪"解之,②与《公羊》没有矛盾。刘逢禄没有注意《穀梁》两套解释的差别,执一而惘顾其他,所以柳兴恩也驳斥其说,强调"此与里克同","未尝乱也"。③ 承认"君杀大夫之辞"实未排除"私杀"的可能性。《公羊》记述里克拥立惠公,又说里克流露出"将图寡人"的担忧。④ 因此晋惠公害怕里克弑己而导致里克之死,不仅是《穀梁》的观点,而《公羊》也是这般理解。至少,就里克之死而言,这既是"君杀大夫",又是"私杀"。因此,刘逢禄以为里克并非"私杀"而死,既违背《公羊》的原义,也无法动摇《穀梁》"罪累上"的解释。

9. 对"为重耳"的质疑

就现有文献所见,现在找不到什么具体证据可以说明里克与夷吾的政治关系如何,没有理由认定里克是夷吾一党而否定《穀梁》"为重耳"的说法。崔适却有不一样的想法,《复始》云:"里克果为重耳,何不立重耳而逆夷吾?里克党夷吾,犹赵衰党重耳也。称国以杀者,以专杀大夫坐夷吾,岂谓'杀之不以其罪'耶?"⑤这一诘问,是建立在误解之上。据《公羊》僖十年传,里克对荀息曰:"君杀正而立不正,废长而立幼",何诂:"长谓重耳。"⑥从《公羊》的叙事出发,里克杀二君的理据在于重耳不能继位的不公正。因此,《穀梁》说里克弑君"为重耳",其实与《公羊》不无兼容之处。

里克为何不立重耳而立夷吾?不清楚。《左》僖九年传:"晋郤芮使夷吾重赂秦以求入",⑦似乎晋国内部另有拥立惠公的政治势力,但无论如何,《公羊》只说里克"立惠公",究竟里克的态度和考虑是什么,却没有深入考究。崔适说"里克党夷吾",以此反对"为重耳",可能是过分简单的理解。没有文献能说清楚"党夷吾"是什么回事,至少从最后里克被杀的结果可证,惠公不真正信任里克。跟刘逢禄一样,崔适因申张《公羊》"君杀大夫之辞"而拒绝《穀梁》"罪累上"之说,却看不见二传相同之处。诸如"将图寡

---

① 《公羊注疏》卷10,页219。
② 《穀梁注疏》卷8,页120。
③ 柳兴恩:《大义述》卷13,页186。
④ 《公羊注疏》卷11,页226。
⑤ 崔适:《春秋复始》卷24,页548。
⑥ 《公羊注疏》卷11,页226。
⑦ 《左传正义》卷13,页360。

人"的担忧,加上"讨贼之辞"之问,显示《公羊》认为晋惠公害怕里克加害于己,这跟《穀梁》"杀之不以其罪"未尝不能兼容。崔适仅以"专杀大夫"理解里克之死,不能说是忠于《公羊》的解说。

10. 小结

《春秋》记载夷吾杀里克,不仅是交代逆贼的下场。夷吾因里克弑奚齐和卓而得以继位,本是整个乱事的获利者,但他反而急于诛杀里克,只能说明申生托付重耳的往事,已构成晋国政治纷争的重要源头。为免自己成为下一个奚齐或卓,夷吾杀里克是完全可以理解的。由于里克不是因为弑二君而被杀,所以《穀梁》"罪累上"之论,实是揭示问题的关键所在。这不是简单地把人划为忠奸二分的定性便即了事。荀息之死,在晋国内乱的整个过程中,都没有带来合法性增减的作用(参照 C_2)。

(六)僖十一年经:"春,晋杀其大夫㔻郑父。"传:"称国以杀,罪累上也。"①

㔻郑父是这次晋国内乱的另一被害者。他与里克同样被杀,二者可以相互印证。

1. 称国以杀

如上所述,在"P 杀其大夫 Q"37 例中,有 32 例是称国。此经同样以国为"杀"的主体,《穀梁》认为㔻郑父是"罪累上"。

2. 罪累上

《左》僖十年传:"㔻郑之如秦也,言于秦伯曰:'吕甥、郤称、冀芮实为不从,若重问以召之,臣出晋君,君纳重耳,蔑不济矣。'冬,秦伯使泠至报、问,且召三子。郤芮曰:'币重而言甘,诱我也。'遂杀㔻郑、祁举及七舆大夫:左行共华、右行贾华、叔坚、骓歂、累虎、特宫、山祁,皆里、㔻之党也。"②

㔻郑父为了让重耳回晋而向秦伯进言,最终他及其同党被郤芮诛杀。这一叙事说明㔻郑父和里克实属一党,而经文亦是相同的笔法,故此《穀梁》以同一传例解释二人之死,说明夷吾杀㔻郑父的考虑,跟杀里克一样,都不是因为其人所犯之罪而杀,而二人之死同样使夷吾遭到牵连。杨疏:"重发传者,此里克同党,恐异,故发之。"③《穀梁》重新发传明义,是要避免

---

① 《穀梁注疏》卷 8,页 127。
② 《左传正义》卷 13,页 363—64。
③ 《穀梁注疏》卷 8,页 127。

读者误会二者有异。

3. 小结

丕郑父与里克一样，都是"罪累上"而死。他们是属于同伙的关系，故经文以相同的笔法记载其卒。《穀梁》关注晋国内乱导致的政治矛盾，不是谁忠谁奸的道德定性。

（七）僖二十四年经："晋侯夷吾卒。"

《穀梁》无传。当年晋国二嗣君被杀的得益者夷吾逝世，他的死亡记载反映先前合法性争议的余波。

1. 时卒恶之

它的前一句经文是"冬，天王出居于郑"，此经没有另载其他时间。僖十四年经："冬，蔡侯肸卒。"传："诸侯时卒，恶之也。"①据此，经文记录晋惠公的死亡时间为冬季，表示经文对他怀有贬恶之意。

2. "讳本恶"之谬

《穀梁》没有正面提及晋文公如何回国得位，但肯定没有豫讳晋文公之恶。这是《公羊》的主张。《公羊》僖十年传："曷为不言惠公之入？晋之不言出入者，踊为文公讳也。齐小白入于齐，则曷为不为桓公讳？桓公之享国也长，美见乎天下，故不为之讳本恶也。文公之享国也短，美未见乎天下，故为之讳本恶也。"②按照《公羊》的解释，"入"是篡辞，不言"入"就是不加篡辞；但晋惠公没有值得隐讳的条件，所以认定经文不言"入"是为了预先讳文公之恶。这是一个极有争议的观点，后世读者普遍不信《公羊》。齐召南便批判道："此曲说也。为文公讳，已非。况豫为讳乎？传又以齐桓相较，尤曲之曲者也。"③有别于此，从《穀梁》的视角出发，夷吾时葬，是比较明确地显示其人得位不正的证据。《公羊》对此没有解释，反而把焦点放在夷吾为何没有"入"辞，不见得比《穀梁》更合理和更可信。

3. "从赴"之疑

《左传》记载晋惠公的死亡日期，与经文分歧明显。《左》僖二十三年传："九月，晋惠公卒。"杜注："经在明年。从赴。"《左》襄二十四年传："二月

---

① 《穀梁注疏》卷8，页130。
② 《公羊注疏》卷11，页226—27。
③ 齐召南：《公羊考证》卷11，页223。

丙午,入于曲沃;丁未,朝于武宫",①这是晋文公回国夺位的记载,相距晋惠公之死,已逾半年,因此即使采用较宽松的解释,说晋惠公是在僖二十三年冬薨赴,那时晋文公尚未继位,即使晚至僖二十四年春回国得位,也是难以解释为何经文迟了一年方才有惠公的死亡记录,诚如崔适之问,"其可通乎?"②杜预以从告为解,但《左传》与《春秋》相距逾一年之久,在史册散落、莫得究其本来的情况下,很难说赴告之说毫无争议。

4. 失民不葬

其后,晋惠公不书葬,大概是因为他的"失民"。僖二十三年传:"兹父之不葬,何也?失民也。"③在《穀梁》的理解中,"失民"是导致诸侯不葬的一个原因,而晋惠公正是"失民"的显例。僖十五年传:"韩之战,晋侯失民矣,以其民未败,而君获也。"④晋惠公有没有葬文,与他得位的合法性没有直接的因果关系。

因此,没有理由认为晋惠公"篡不明"而没有葬文。何诂:"篡故不书葬,明当绝也。不日月者,失众身死,子见篡逐,故略之。"⑤对此,崔适作出进一步的发挥,《复始》云:"《春秋》之义,篡明者书葬,齐桓公是也。篡不明者不书葬,晋侯夷吾是也。"⑥然而,《公羊》没有以"篡"的明不明作为区分书葬与否的标准。徐疏:"《春秋》之义,篡明者例书其葬,即卫晋、郑突、齐小白、阳生之徒是。"⑦《公羊》对这些人的葬文皆未发传解释其故,崔、何所言俱不可以为义例。如上所述,夷吾入晋之事,本是《公羊》认为有需要避讳的,如何、崔二说成立的话,就是透过不书葬以示绝意,但《公羊》实无此义。尤其是何诂以"失众身死"解释晋惠公没有死亡日期和月份,更是不合《公羊》;而"失众"之说,更是义近《穀梁》而非《公羊》。说实在的,书葬的涵义本非《公羊》深究的内容,何休强为之说,放在《公羊》固然不见得妥当,与《穀梁》相比也没有更多的说服力。

---

① 《左传正义》卷15,页407、415。
② 崔适:《春秋复始》卷20,页526。
③ 《穀梁注疏》卷9,页142。
④ 《穀梁注疏》卷8,页133。
⑤ 《公羊注疏》卷12,页249。
⑥ 崔适:《春秋复始》卷3,页396。
⑦ 《公羊注疏》卷23,页503。

5. 小结

晋惠公时卒无葬，反映他本具备世子申生死后合法继位的统治资格。在晋献公以后，因申生之死而欠缺政治合法性的继位者，晋惠公是最后一人。

（八）僖三十二年经："冬，十有二月己卯，晋侯重耳卒。"

《穀梁》无传。重耳在夷吾死后成功夺位，但他却是晋国合法的君主。

1. 重耳无篡文

虽然《左》《公》二传皆记录重耳（即晋文公）有夺位的不光采经历，[①]但经文没有叙述他回国的记载，《穀梁》依经释义，不触及这方面的问题。

2. 日卒正也

按照"日卒正也"的传例，晋文公本是申生之弟，他是继晋献公、申生之后最有资格登位的人，不能将之与齐桓公夺兄位之类的事例相比。柯劭忞《传注》云："文公视桓公之篡纠，事自差别，不能以一例施之也。"[②]这是合乎情理的说法。《穀梁》从继正之例记载他的死亡日期，是首尾一贯的。

3. 小结

由于世子申生被杀的变故，重耳比奚齐、卓、夷吾三人更有继位的合法性。这一点，也说明荀息拥立奚齐和卓的不是。在《穀梁》看来，申生以后，惟有重耳是合法的继位者，其他人都不是。

四、公子瑕

公子瑕是卫国公子，城濮之战导致卫成公一度失国，如本书第一章的说明，当时卫成公与元咺君臣斗争，其中发生了卫成公两度复辟之事，而元咺和公子瑕先后被杀。这里继续交代公子瑕的问题，相关的经文有一则。

僖三十年经："秋，卫杀其大夫元咺及公子瑕。"传："公子瑕，累也，以尊及卑也。"[③]

这则经文曾在本书第一章略作交代，其中只提及卫成公重新登位之前元咺和公子瑕二人遇害，但尚未讨论此经"及"字的笔法。

[①] 《左》僖二十三年、二十四年传（卷15，页409—15）记载重耳流亡诸国，最后得到秦穆公的援助，回国杀晋怀公夺位的过程。《公羊》的观点，参阅本章，页244—45。

[②] 柯劭忞：《传注》卷6，页15。

[③] 《穀梁注疏》卷9，页152。

1."弑"原作"杀"

思考"及"死的经文,不宜只看"P 弑 Q 及 R"的句式,也该参阅"P 杀 Q 及 R"的句式,因为《穀梁》古本经传并无"弑""杀"之别。单看"弑"字,不意味其事必是臣弑君的性质。即使在现今传世的《公羊》中,也不是凡"弑"必属臣弑君之事。《公羊》昭二十五年传:"昭公将弑季氏",①此"弑"就不是臣弑君。鲁昭公为君,季氏为臣,此"弑"实是"杀"义。不过,以"弑"为"杀",《公羊》仅此一例。仅就"P 弑 Q 及 R"的句式而言,《公羊》只谈孔父、仇牧、荀息三人,却不讨论公子瑕、箕郑父、庆寅三人系于"及"后的问题,显然是因为"弑"与"杀"在字形上所带来的区别。

没有看见"P 杀 Q 及 R"与"P 弑 Q 及 R"并无实质的区别,肯定是不全面的。因为《公羊》对公子瑕、箕郑父和庆寅三人被杀言及毫无解说,这也给后世学者留下难题。《公羊》仅解释了弑君言及,并未触到杀臣称及的问题,更没有不称及而同罪的观点。孔广森《通义》云:"杀称及者,相累连及之辞。其不称及者,同罪也。"②认为"及"是同罪之辞,没有《公羊》文本为据,没有多少说服力。

2. 累

以"累"解"及",在《公羊》是最终判断其人为贤的重要依据。为何同样是系于"及"后的公子瑕、箕郑父、庆寅不能也成为贤者呢? 在孔广森之前,程端学已认真思考过这个问题。《三传辨疑》云:"称人以杀,惟杀君者可以言,其余则否,如'齐人杀无知''卫人杀州吁'之类是也。'累也'之说,惟君被弑者可以言之,其余则否,如'及其大夫'荀息、仇牧、孔父之类是也。是不可以执一论矣。"③这是受到《公羊》言及称贤的观点误导,看不见"杀""弑"本无差别。但是,为什么君被弑以累训及,而臣被杀不能以累训及? 程氏"不可以执一论",是遁辞多于一切。

3. 罪累上

此经与上述里克被杀的经文一样,主词皆是被害者的国家;正如第一章所述,《穀梁》以"称国以杀,罪累上也"的传例,剖析元咺讼君之罪,并指

---

① 《公羊注疏》卷 24,页 523。
② 孔广森:《公羊通义》卷 6,页 147。陈立《公羊义疏》(卷 41,页 1527)也有类似的观点:"《左传》所载,皆作乱当诛。书及皆累者,盖同罪之辞。"
③ 程端学:《三传辨疑》卷 11,页 244—45。

出杀了他亦牵连到楚成公的问题。同是"P 杀(弑)Q 及 R"的 Q,与夷、捷、卓三君与元咺不同,三君纵非可贤之君,但传文没有记载他们的罪恶(仅是指出卓和奚齐因献公杀申生而非正),但元咺却是导致卫成公失国的罪人。因此,同样是"罪累上"的情况,元咺和公子瑕之死,有别于里克和丕郑父二人。

前已述及,"累"有缘坐延及之义。以"累"解释公子瑕之"及",不是说公子瑕连累公子瑕,而是说公子瑕受到牵连。孙觉《春秋经解》云:"公子瑕之死,乃元咺累之,先咺后瑕,又非以尊及卑之义。《穀梁》之说非。"①公子瑕、箕郑父、庆寅,经文皆言杀及,《穀梁》皆言"累也",孙觉为了驳斥《穀梁》,认为公子瑕的"累也"指公子瑕连累元咺,箕郑父"累也"指箕郑父连累士穀。令人纳罕的是,孙觉对同称"累也"的庆寅却是支持《穀梁》的态度,既说"考经之所书,乃是庆虎累庆寅",又说"此当据经为定也,《穀梁》曰'庆寅累'是也",②其言自相水火如此,莫名其妙。即使撇开庆寅不谈,孙觉对公子瑕和箕郑父的"累也"亦是理解不当。《穀梁》并非说公子瑕连累元咺,传文"累也"是延及之义。孔父传的"君之累之"与此传的"累也",并无基本上的差别,同样说"及"后的人有所牵连。钟文烝《补注》云:"凡杀言及,皆为累,而孔父之累则为先死。公子瑕、箕郑父、庆寅皆言累,并无先死之事,其为延坐一也。"③此言足以澄清孙觉的误解。确切地说,孙觉反对《穀梁》"以尊及卑"的主张,其预设不外是认为公子瑕已即位,尽管他是元咺所立,但《春秋》不是凡即位者皆尊,言公子者曾即位之例,比比皆是,无知、州吁、公子比都是显例。

4. 以尊及卑

同是"及"后的 R,公子瑕与孔父、仇牧、荀息三人大有不同:即使孔、仇、荀三人不见得可贤,他们至少还有死君难的表现是符合"臣道"的;相反,因元咺而登位的公子瑕,与元咺同遭杀害,绝非死君难的情形。经文对元咺与公子瑕同样是臣子的称呼,《穀梁》强调"以尊及卑",是要指出元咺的地位比公子瑕更高,钟文烝《补注》云:"重发传者,非以君及臣。"④二人

---

① 孙觉:《春秋经解》卷 6,页 688。
② 孙觉:《春秋经解》卷 7,页 703;卷 10,页 746。
③ 钟文烝:《补注》卷 3,页 78。
④ 钟文烝:《补注》卷 12,页 345。

之死不是"以君及臣"的死难情形,透过"以尊及卑"之义得到明确的交代。

5. 公子

需要明确的是,说公子瑕受到牵连,不意味他是无罪的。在此,胡安国有一些发挥和引申,值得讨论。胡传:"公子瑕未闻有罪,而杀之,何也？元咺立以为君,故卫侯忌而杀之也。然不与卫剽同者,是瑕能拒咺,辞其位而不立也；不与陈佗同者,是瑕能守节,不为国人之所恶也。故经以'公子'冠瑕而称'及',见瑕无罪,事起元咺。"①

胡安国大体上接受了《穀梁》以累训及的观点,但问题是累,不等于无罪；像参与叛乱的箕郑父,同样言累,就很难说是无罪。单凭"公子"之名,亦无法确定公子瑕未尝即位,像公子比就是一个鲜明的反例。说公子瑕守节和不为国人所恶,其事于史无征,胡安国这一说法,在举证上遭遇很大困难,难言允当。其实,胡安国虽然接受《穀梁》以累训及的传义,但忘记了《穀梁》还有"杀无罪"的传例；而"杀无罪"主要是两种情况：

①国为杀大夫的主辞,如僖七年经:"郑杀其大夫申侯",传:"称国以杀大夫,杀无罪也。"②

②先刺后名,如成十六年经:"刺公子偃",传:"先刺后名,杀无罪也。"③

经文既没有说公子瑕是"大夫",也不说是"刺",按照《穀梁》传义而言,公子瑕不可能无罪。由此可见,要判断公子瑕是罪人,根本不用涉及"公子"之名。

6. 小结

透过公子瑕的案例,可以发现经文系于"及"后而被杀的人,不都是护君而死的忠臣,公子瑕和元咺一同被杀,只能说明二人的政治关系密切(参照 A_2、B_2),不意味公子瑕有什么骄人的行为。他和孔父、仇牧、荀息三人一样,都不是《穀梁》推许的贤者。

五、箕郑父

箕郑父是晋国大夫,在春秋中叶晋国内部政争,他是随同士穀被杀的

---

① 胡安国:《春秋胡氏传》卷13,页200。后来支持胡传的人不少,例如张洽《春秋集注》(卷4,页62)云:"然书公子瑕,不与卫剽同,盖瑕不居其位也。"又如季本《春秋私考》(卷15,页190)云:"卫侯见执,咺使瑕摄国事焉,初实未尝党咺为恶,岂得与咺同罪哉？而概施以杀,是因恶咺而连及于瑕矣,故书曰及。"

② 《穀梁注疏》卷8,页120。

③ 《穀梁注疏》卷14,页238。

受害者。相关的经文只有一则。

文九年经:"晋人杀其大夫士穀及箕郑父。"传:"称人以杀,诛有罪也。郑父,累也。"①

这是交代箕郑父因罪被杀的由来,但笔法有别于公子瑕之死。

1. 称人以杀

除此经外,《春秋》"称人以杀"还有 11 例:

[1]隐四年:"卫人杀祝吁于濮。"

[2]桓六年:"蔡人杀陈佗。"

[3]庄九年:"齐人杀无知。"

[4]庄二十二年:"陈人杀其公子御寇。"

[5]文七年:"宋人杀其大夫。"

[6]文八年:"宋人杀其大夫司马。"

[7]文九年:"晋人杀其大夫先都。"

[8]宣十一年:"楚人杀陈夏徵舒。"

[9]襄二十三年:"晋人杀栾盈。"

[10]襄三十年:"郑人杀良霄。"

[11]昭八年:"陈人杀其大夫公子过。"

例[1]、[2]、[3]的被害者不是僭夺君位的逆贼,就是死不足惜的君主。其他 8 例的死者,都是臣下。其中,例[5]、[6]、[7]、[11]连同本例,合共 5 例,被杀者皆明言是"大夫"。这 5 例,若放在"P 杀其大夫 Q"的 37 例上观察,就会知道这是相对罕见的措辞,因为 P 作为其国人而非其国,仅有这 5 例,没有其他。

2. 诛有罪

此经以"晋人"而非"晋"作为杀士穀及箕郑父的主体,是为了批判士穀及箕郑父。文七年传:"称人以杀,诛有罪也。"②这是适用于全传的通例。它批判的对象不是称人的主体,而是被杀的客体。

征诸《穀梁》"称人以杀"的 11 例,诸如祝吁、无知等弑君逆贼被杀,都是死有余辜。在此,胡安国却以为经文这样的笔法,是批判众人擅杀。胡

---

① 《穀梁注疏》卷 11,页 172。

② 《穀梁注疏》卷 10,页 168。

传:"其称人以杀者,国乱无政,众人擅杀之称也。"又云:"是大夫专生杀,而政不自人主出也,故不称国讨,不去其官。"①胡安国认为"晋人"含有批判以赵盾为首的诸卿之意;之所以出现这样的观点,或多或少是立足于《左传》叙事而又不愿接受该传贤赵盾的观点。胡传不信《穀梁》,把批判的焦点由箕郑父转移至赵盾等人,这样的解释不见得更有依据和更可信。

3. 众作为"杀"的主体

"人"是众辞,以"人"作为"杀"的主辞,意味被杀者都是众人都想杀掉的对象,杀了他是举国上下都支持的事情。范注:"有弑君之罪者,则举国之人皆欲杀之。"②这个说法没有问题。后来,廖平进一步作出解说,《古义疏》云:"'人',众词。以众讨,明有罪。"③廖平对"人"作为"杀"的主体的理解,基本上符合"杀有罪"的传义,但他是偏重解释"人"的涵义,没有查核范注"举国之人"的"举国"缘何而来。在此,尝试提出补证。宣十五年经:"宋人及楚人平",传:"平称众,上下欲之也。"④以"众"言"平",《穀梁》认为是"上下欲之",而"平"与"杀"皆是可欲之事,所以不妨认为"杀"也是"上下欲之"。由此可见,范宁"举国之人"之论,也符合"上下欲之"的传义。因此,认为凡"杀"的主体是人,被杀者也是举国上下希望杀死的人,大致上是符合《穀梁》的解释。

"国人杀之"本是周人传习的古语。《孟子·梁惠王下》云:"左右皆曰可杀,勿听;诸大夫皆曰可杀,勿听;国人皆曰可杀,然后察之;见可杀焉,然后杀之。故曰:国人杀之也。"⑤钟文烝《补注》云:"孟子言用舍杀三事,于杀独多一句,又有'故曰'之文,知'国杀之'为古语,而传义不可易矣。"⑥此"国杀之"的"国"下,显脱"人"字,宜据《孟子》补。从"故曰"一语可知,当考虑某人是否可杀时,认真聆听"国人"的心声,是周人传承的流行意见。《穀梁》传承这方面的智慧,以此判断经中称杀之人是否有罪。

4. 先都、士縠、箕郑父的共同点

在此之前,文九年经已有"晋人杀其大夫先都"的记载。这里"诛有罪"

---

① 胡安国:《春秋胡氏传》卷15,页228。
② 《穀梁注疏》卷2,页18。
③ 廖平:《古义疏》卷1,页34。
④ 《穀梁注疏》卷12,页203。
⑤ 《孟子注疏》卷2,页51。
⑥ 钟文烝:《补注》卷1,页38。

指涉的对象,不仅是士縠和箕郑父而已,还兼指先都。《左》文八年传:"先克夺蒯得田于堇阴,故箕郑父、先都、士縠、梁益耳、蒯得作乱。"①士縠,即士縠。《左传》记载三人挟私作乱,大干国纪之事,基本上与传文"有罪"之辞兼容,因为文七年传:"称人以杀,诛有罪也。"②文九年传是因为经文言"及",为免读者误会先都、士縠、箕郑父三人有别于其他被诛的罪人,所以重申传例。钟文烝《补注》云:"重发者,此有'及'文,嫌异故也。"③换言之,士縠及箕郑父,跟元咺及公子瑕一样,都不能因为"及"而无罪。

5. 对"及"的几种误解

有关此经的"及",有几点误解需要澄清:

(1)"及"不是为了显示箕郑父是他族。罗典《读春秋管见》云:"箕郑父非如士縠之与先都异氏而同宗,故别其为他族,而曰及。"④此解不确。箕郑父虽是异氏,但因"箕"字为氏,"箕郑父"一名已够显示他实非本族之人。也就是说,罗典硬把"及"字理解为"别其为他族",实是想象而非确诂。

(2)"及"不意味箕郑父死于士縠之前。毛奇龄不信《穀梁》传例,《毛氏传》云:"及者,次及之也。"⑤毛奇龄专主《左传》,但《左》文九年传:"三月甲戌,晋人杀箕郑父、士縠、蒯得。"⑥仅是记载三人被杀的次序,迥异经文先士縠、后箕郑父的次序。同样道理,《左传》亦承认孔父先死,若以"及"为"次及之",就必须先放弃《左传》的叙述。毛奇龄自陷矛盾而不知,反不如《穀梁》之义可信。

(3)"及"也不是因为箕郑父叛乱的首脑。《左传》孔疏引贾逵曰:"箕郑称'及',非首谋。"⑦虽然贾逵熟知《穀梁》传义,但难以判断此言何据。前已述及,《左传》记述"作乱"书箕郑父为首,士縠序于其后。当然,书首不一定意味他就是"首谋"。无论如何,《左传》没有仔细交代叛乱的组织情形,仅以现存史料而言,亦也无法辨别谁是"首谋"。然而,即使能够搞清楚这个问题,也不等于因何书"及"得到解答,因为贾逵根本没有解释士縠系于

---

① 《左传正义》卷19,页525。
② 《穀梁注疏》卷10,页168。
③ 钟文烝:《补注》卷14,页391。
④ 罗典:《读春秋管见》卷6,页305。
⑤ 毛奇龄:《春秋毛氏传》卷19,页203。
⑥ 《左传正义》卷19,页527。
⑦ 《左传正义》卷19,页528。

"及"前的笔法。

(4)《穀梁》以"累"训"及",显示箕郑父因士穀牵连而死,但没有叙述其中的细节。吴澄《春秋纂言》云:"盖箕郑之死,由士穀之失职;士穀之死,由赵盾之代其位也。然士穀之徒,以失职而谋作乱,其罪大矣。时晋侯年幼,政在宣子,故皆不以累上书之,而称人以杀,其言及箕郑父者,《穀梁》所谓累者是也。先儒多不解所以称人书及之旨,故原而释之也。"①这是结合《左传》等叙事,对《穀梁》另作新解。虽然《穀梁》没有明言赵盾在诛杀士穀、箕郑父等人之事中的角色,但吴澄此解甚有新意,不妨聊备一格。

6. 以尊及卑

根据"以尊及卑"的传例,士穀的地位应该高于箕郑父。柯劭忞《传注》云:"士穀是卿,箕郑父是大夫,故言累以尊及卑也。"②《左传》孔疏:"士穀书经,则是卿也。"又云:"箕郑,上军将也。"柯注之说大概参照孔疏的说法,但《穀梁》本无这方面的内容。尽管如此,柯注此说因无碍于"书尊及卑"的传例,虽不必信其是,也不妨备存。

7. 小结

箕郑父和士穀一同被杀,犹如公子瑕和元咺一样,都是显示二人紧密的政治关系,不显示其人具有称贤的条件。尤其是,此经记载杀箕郑父和士穀的是"晋人",这是一种"众辞",而"得众"是《穀梁》称贤的一个条件,因此"称人以杀"的笔法已足以排除箕郑父作为贤者的任何可能性。

六、庆寅

庆寅的情况与箕郑父有些相似,同样都是国内政争的牺牲者,相关的经文仅一则。

襄二十三年经:"陈杀其大夫庆虎及庆寅。"传:"称国以杀,罪累上也。及庆寅,庆寅累也。"③

这是讨论二庆因罪被杀之事,与公子瑕、箕郑父两个案例可以相互印证。

1. 罪累上

跟元咺及公子瑕一样,此经以国为杀的主词,故《穀梁》沿用"称国以

---

① 吴澄:《春秋纂言》卷6,页557。
② 柯劭忞:《传注》卷8,页12。
③ 《穀梁注疏》卷16,页264。

杀,罪累上也"的传例,说明了二庆的罪牵连当时的君主陈哀公。周何译"称国以杀,罪累上也"为"称其国名而杀大夫,《春秋》这样的记载方式,是表示无论此人本身有罪与否,重点在其国君因牵连所及而受到责备"。①这样的译法,对被杀者有罪与否模棱两可,实非确解。需要注意,周何在译解元咺的"罪累上"说:"《春秋》这样的记载固然表示这个人有罪,而其国君也因牵连所及受到责备。"②已明言"有罪",与"有罪与否"相矛盾。在此,说"有罪"是对的。"称国以杀,罪累上也"的"罪"已表示被杀者有罪,不能继续说"有罪与否"。

2. 二庆叛陈的叙事

《左》襄二十年传:"陈庆虎、庆寅畏公子黄之偪,诉诸楚曰:'与蔡司马同谋。'公子黄出奔楚。"又,《左》襄二十三年传:"陈侯如楚。公子黄愬二庆于楚,楚人召之。使庆乐往,杀之。庆氏以陈叛。夏,屈建从陈侯围陈。陈人城,板队而杀人。役人相命,各杀其长。遂杀庆虎、庆寅。楚人纳公子黄。"③《左传》"公子黄"的"黄",即《穀梁》的"光"。以上记载,显示庆虎、庆寅设计迫使公子黄出奔楚国,后来公子黄趁陈哀公赴楚期间,向二庆问罪,导致二庆叛变,楚出兵围陈,逼使陈人杀二庆。这是现存文献最完整的史料记载,也不存在其他明显的反证。何诂:"前为二庆所谮,出奔楚,楚人治其罪,陈人诛二庆,反光,故言归。"④这一叙述于《公羊》无据,但与《左传》大体相同,不知何休暗袭《左传》抑或另有所本,即使是后者,也只能加强而非摧毁《左传》的记载。

《春秋》没有叙述二庆叛陈和楚国干涉的经过,为什么《春秋》没有这方面的记载?《左传》杜注:"不书叛,不以告。"⑤此说似欠缺文本证据,属于个人猜想。竹添光鸿《会笺》云:"陈以杀二卿告,其所以杀之,亦必告之。"又云:"《春秋》以国讨书,大义既举,何必烦书其本末乎?"⑥这里根据宣十四年传的记载,指出杜预之谬,比较可信。除非真有确切证据,否则不宜轻

---

① 周何:《新译》下册,页874。
② 周何:《新译》上册,页470。
③ 《左传正义》卷34,页965;卷35,页986—87。
④ 《公羊注疏》卷20,页451。
⑤ 《左传正义》卷35,页986。方苞《春秋直解》(卷9,页167)也有类似的看法:"经皆不书,盖陈但以国杀告,或陈久从楚,赴告不及,旧史以传闻书,而未得其详也。"
⑥ 竹添光鸿:《左氏会笺》卷17,页1381。

率地假定鲁史旧文没有这方面的记载。

3. 罪累上

为什么经文不谈及楚国的角色？缘故不明。家铉翁《集传详说》尝试解释说："《春秋》书法如此，若陈人之自杀之、自复之，不与楚人以专制中国也。"①此说纰漏甚大。后来楚灵王灭陈，便缕述细节，而《春秋》也具载其事。昭八年经："冬，十月壬午，楚师灭陈，执陈公子招，放之于越。杀陈孔奂。"因此，家铉翁不与楚人专制中国，理无可通，诚如张自超所讥，"放陈招、杀陈奂，何独与楚之专制中国乎？"②

相比于上述的错误说法，单就字面意义上说，《春秋》仅从陈国君臣关系立言，而《穀梁》"罪累上"的观点实是贴近经义的解释，而且未尝不可与《左传》叙述兼容。在此，胡安国的见解比较值得讨论。胡传："二庆之死，称国以杀，公子黄之出，特以弟书者，讥归陈侯也。"③之所以这样说，是因为他已接受《穀梁》对"陈侯之弟"的解释。襄二十年经："陈侯之弟光出奔楚。"传："亲而奔之，恶也。"④这是把批判的火力集中在陈哀公身上，但联系到襄二十三年传"称国以杀，罪累上也"的传例，完全可以说陈哀公之所以迫使公子光出奔，是由于二庆的进谗。胡安国就是觉得《左》《穀》二传彼此互通。他的观点虽是援《左》解《穀》，也有一定的参考价值。

4. 累

跟公子瑕一样，庆寅亦是系于"及"后，但他与庆虎是同族，为免读者误会二庆与别不同，所以重申"累也"的传例，显示庆寅因庆虎牵连而死。再次需要强调的是，说庆寅受到牵连，不意味只是庆虎有罪而庆寅无罪。牛运震《春秋传》云："其言及庆寅何？罪在虎而及寅也。"⑤如其解，就是认为只有庆虎有罪，而庆寅是被拖累的，但"累"不蕴涵无罪。认为"及"后无罪，大概是《公羊》的主张，但《公羊》也没能辨析二臣同时被杀而谁有罪无罪的问题。牛运震所言欠缺证据，殊不可靠。大概是参照《穀梁》传义，汪绂《春秋集传》所提出的观点显得更加可信："及者，同罪以相及，盖首从之谓

---

① 家铉翁：《春秋集传详说》卷21，页385。
② 张自超：《春秋宗朱辨义》卷9，页222。
③ 胡安国：《春秋胡氏传》卷22，页367。
④ 《穀梁注疏》卷16，页263。
⑤ 牛运震：《春秋传》卷9，页640。

也。"① 换言之，庆虎为罪首，而庆寅因牵连而死，但不能说是无罪。

5. 小结

庆寅与庆虎的死，是另一个明显的例子，说明"P 杀 Q 及 R"的 R 不是明显的可褒对象（参照 A_2）。跟本节的其他五例一样，庆寅同样不是贤者，他的死难没有什么值得肯定的地方。以此反证，把 R 视为可褒的贤者，不是可靠的论断。

进一步说，了解孔父、仇牧、荀息、公子瑕、箕郑父、庆寅六例，便可以发现这些系于"及"后而死的人，不是每一个都是值得褒扬备至的忠臣，导致他们牵连被杀的君主或臣子也不一定具有足够的政治合法性。换言之，由"P 杀（弑）Q 及 R"的句式既推论不出 R 是贤者，也推论不出 Q 是值得效忠的对象。P 杀 Q、R 是否正确，端赖三者的措词和时间记载。死亡是否书日？称人、称名、称国抑或称其君之子？可以带来完全不同的结论。按照《穀梁》的主张，系于"及"后而死，不蕴涵其人必贤。

第二节　宋伯姬灾卒之贤

及死的人不属贤者之列，不意味所有赴死之人必不可贤。依《穀梁》之见，死难之人有可能成为贤者。综观全传，因死难而得到传文推崇的贤者，只有一人，就是克尽妇道而又得众的宋伯姬。《春秋》有关她的叙事甚多，且看以下 12 则经传：

（一）成八年经："宋公使华元来聘。"

《穀梁》无传。"宋公"即宋共公。华元，宋督之曾孙，春秋中期宋国的名臣。"来聘"就是到鲁国聘问。这是宋共公与宋伯姬结婚的第一步。

（二）成八年经："夏，宋公使公孙寿来纳币。"

《穀梁》无传。由于这是宋伯姬成为宋国夫人的重要环节，故有探讨的必要。

1. 纳币

"纳币"是向女家送礼以决定采择对象之意。此乃婚礼必备的一个步骤。庄二十二年传："纳币，大夫之事也。礼有纳采，有问名，有纳徵，

---

① 汪绂：《春秋集传》卷 12，页 364—65。

有告期。四者备而后娶,礼也。"①为诸侯迎娶夫人而纳币,通常是大夫的工作。

《穀梁》没有"婚礼不称主人"的主张。经文记载宋共公遣使到鲁国纳币,属于正常的用辞,不是为了批判他没有主婚者。范注:"婚礼不称主人,宋公无主婚者,自命之,故称使。"②在此,范宁暗袭杜预的观点,杜注:"宋公无主昏者,自命之,故称使也。"③再明确地说,杜预这一说法其实可能参考《公羊》而来。《公羊》隐二年传:"婚礼不称主人……宋公使公孙寿来纳币,则其称主人何?辞穷也。辞穷者何?无母也。"④相反,《穀梁》并无以上主张,也没有讨论宋共公无母的问题。因此,王崇燕批判范宁"袭《公羊》说,非也",⑤是正确的。

2. 公孙寿、荡意诸非贤

公孙寿是公子荡之子、荡意诸之父。⑥ 此经"公孙"之称,表示公孙寿与公室的血缘关系,并无疏远之意,不是为了彰显公孙寿、荡意诸父子之贤。可是,廖平《古义疏》云:"宋不见公子、公孙,此何以独见寿者?以见公孙寿之父子之贤也。寿让位于其子以存宗,荡意诸能死事,父子皆贤,寿让尤美,故贤之。"⑦这又是从让国可贤的预设推衍出来的一个错误观点。

僖十六年传:"大夫不言公子、公孙,疏之也。"⑧这是通论鲁国公子、公孙的笔法,认为经文若没有这方面的称呼,意味着经文表示疏远之意。反过来说,若有"公子""公孙"之称的大夫,不过意味他与国君(或先君)具有血缘关系,不代表其人特别值得尊崇。《穀梁》没有传例针对宋国公子、公孙的书法而发。但从《穀梁》对鲁国公子、公孙的理解,可以估计宋国公子、公孙也不见得比有更高的条件因"公子""公孙"而获得称贤的特别阶梯。试看《春秋》记录其他国家的"公孙",包括卫公孙剽(襄元年)、郑公孙辄(襄

---

① 《穀梁注疏》卷6,页86。
② 《穀梁注疏》卷13,页223。
③ 《左传正义》卷26,页729。
④ 《公羊注疏》卷2,页32。
⑤ 王崇燕:《纠谬》卷8,页307。
⑥ 《左》文八年传:"司城荡意诸来奔",杜注:"意诸,公子荡之孙。"《左》文十六年传:"司城荡卒,公孙寿辞司城",杜注:"寿,荡之子。"参阅《左传正义》卷19,页524;卷20,页567。
⑦ 廖平:《古义疏》卷7,页450—51。
⑧ 《穀梁注疏》卷8,页134。

十年)、郑公孙舍之(襄十一年、襄二十五年)、郑公孙虿(襄十四年)、郑公孙夏(襄二十五年)、蔡公孙归生(襄二十七年、昭元年)、郑公孙段(襄二十九年)、郑公孙黑(昭二年)、蔡公孙姓(定四年、哀四年)、楚公孙佗人(定十四年)、蔡公孙猎(哀三年)、蔡公孙辰、公孙霍(哀四年)诸人，《穀梁》皆无发传讨论他们"公孙"之称，难说其中皆有褒义。经文有关宋国公孙的记载，其实仅公孙寿1例，不能据此推论凡宋国大夫有"公孙"之称必含褒贤之意，事实摆在眼前，廖平自己也不能从传文中举出确证。

公孙寿让位于其子，以及荡意诸随宋昭公死难，都是来自《左》文十六年传的记载，①《穀梁》没有这方面的叙事。事实上，单凭《左传》叙事是无法证成公孙寿父子之贤。公孙寿除了让位一事，也没有什么可嘉的行为。至于荡意诸的赴死，更有问题。文十六年经："十有一月，宋人弑其君杵臼。"并无提及公孙寿和荡意诸之事，也没有暗示二人可贤的证据。相反，此经以"宋人"为主辞，根据《穀梁》之义，"人"是"众辞"，以众辞称弑君之人，意味被杀者是众人都想杀死的对象。② 宋昭公是行为恶劣的暴君，《左传》亦批判曰："君无道也。"③荡意诸为宋昭公而死，是不值得称道的。荡意诸即使死于君难，也谈不上有何可嘉之处，后世儒者对之普遍没有好评。④ 仅从《左传》叙事而言，荡意诸也没有可贤之理。《穀梁》虽认为死君难是臣道，但不曾歌颂死君难之臣(包括孔父、仇牧、荀息三人)为贤，没有理由相信未被传文明言的公孙寿父子乃是贤者。廖平贤之，于传不得所据之实而悬决之，其说殊陋。

3. 尽其事

纳币本无缕述的需要。《春秋》记载纳币之事，除此经的公孙寿外，还有2人：

①鲁庄公，越俎代庖、不派大夫出使而亲自纳币(庄二十二年)；

②公子遂，丧期纳币(文二年)。

---

① 《左传正义》卷20，页567—68。
② 这方面的笔法，参阅本书第四章，页601—02。
③ 《左传正义》卷20，页568。
④ 例如陈傅良《春秋后传》(卷3，页624)云："已为大臣而君无道，徒死焉耳，不足录也。"又如汪克宽《春秋胡传附录纂疏》(卷15，页406)更质疑荡意诸由奔鲁、返国至守位等行径，批评云："诸违乱出奔，未几而复反，既不能引其君当道，使免于难，又梏于利害之私而守位不去，其亦不仁矣。"

这两人皆因非礼而经载其事,而公孙寿则不涉及非礼之事。如前所述,《穀梁》认为纳币是"大夫之事",没有认为公孙寿在礼制上犯了什么错误,这与《左传》"礼也"的评断,[1]似乎可以兼容。不过,胡传:"纳币使卿,非礼也。"[2]胡安国越礼逾制的批评,毫无凭据,不宜相信。

《春秋》不记载"恒事",公孙寿既然合礼,为何还要记载公孙寿纳币之事?下面将会指出,这是因为宋共公的结婚对象宋伯姬"不得其所"而"尽其事",不能遽说这是表示伯姬为贤者。范宁不察,遂失其解。范注:"纳币不书。书者,贤伯姬,故尽其事。"[3]这个说法略嫌不准。不是说宋伯姬不贤,但不能说经传凡涉伯姬皆颂贤。以下将会指出,《穀梁》对"卫人来媵"和"晋人来媵"同样说:"以伯姬之不得其所,故尽其事也",而纳币与来媵同属婚礼的环节,所以对此经更合理的解释,与其说是"贤伯姬",不如说是"尽其事"——尽管"尽其事"是因为"贤伯姬"。对这一经文的解读,《公羊》成八年传:"录伯姬也。"[4]在某程度上,这是"尽其事"而非"贤伯姬"的一个旁证。不管如何,"尽其事"不等于"贤伯姬",不宜将二者混为一谈。钟文烝《补注》指出范注"其言贤伯姬,亦似是而非",[5]可谓法眼无讹。

4. 小结

《春秋》用辞简约,很少人像宋伯姬一样得到这么多的记载。尤其是记载的仅是一件相对琐碎的小事,诸如婚礼的各种安排,包括公孙寿纳币这样的情节在内。根据《穀梁》的解释,这完全是"尽其事"的表现。宋伯姬是贤者,但不等于"贤伯姬"是导致"尽其事"的决定性因素。

(三)成八年经:"卫人来媵。"传:"媵,浅事也,不志;此其志,何也?以伯姬之不得其所,故尽其事也。"[6]

这里同样记述宋伯姬婚姻之事,来媵本非经文应该记述的内容,所以《穀梁》发传交代其中的所以然。

---

[1] 《左传正义》卷26,页733。
[2] 胡安国:《春秋胡氏传》卷20,页317。
[3] 《穀梁注疏》卷13,页223。柯劭忞《传注》(卷10,页10)亦采信范注,云:"此为贤伯姬。"
[4] 《公羊注疏》卷17,页386。
[5] 钟文烝:《补注》卷17,页490。
[6] 《穀梁注疏》卷13,页224。

1. 媵

"媵"有"送"义。① 送什么呢？就是卫国派人致送陪嫁的媵女。卫人和所媵之女是谁？不得而知。鲁、卫同属姬姓，但《穀梁》不认为媵女必须来自同姓国家。范注引杜预曰："古者诸侯娶嫡夫人，及左右媵，各有侄娣，皆同姓之国。"② 此非《穀梁》本义，杜预同姓媵女之说是立足于《左传》。《左》成八年传："凡诸侯嫁女，同姓媵之，异姓则否。"③ 然而，《左传》同姓媵之说，实有疑问。媵不必同姓，至少《穀梁》没有这种要求，王崇燕批判范注"用《左氏》说，非也"，④ 是正确的。

2. 浅事

"浅事"，意谓小事。传文讨论的"浅事"有两种：

①"侵"。僖四年"侵蔡"、僖二十六年"齐人侵我西鄙"、襄八年"郑人侵蔡"，《穀梁》对这三则经文的解释俱是："侵，浅事也。"⑤ 隐五年传："苞人民、殴牛马，曰侵。"⑥ 在《穀梁》看来，"侵"所带来的战争伤害较轻，本来微不足道，往往是因为其他原因，经文方予记载。

②"媵"。除本节所引两则"来媵"的经文外，《穀梁》还有一例以"浅事"言"媵"，庄十九年经："公子结媵陈人之妇于鄄，遂及齐侯、宋公盟。"传："媵，浅事也，不志。"⑦ 用语完全相同。媵女是婚礼常事，微不足道，皆无记录的必要性。相关经文都是为了媵以外的原因而记载来媵之事。

3. 不得其所

"所"，意谓处所。⑧ 此经之所以缕述媵女之事，是因为宋伯姬"不得其所"。这是指她后来因所居之房屋失火而死，不是因为宋共公失德而哀伤伯姬所嫁非人。范注引江熙曰："共公之葬由伯姬，则共公是失德者也。伤伯姬贤而嫁不得其所。"⑨ 江熙这个说法，相当荒谬。传文实无因共公可贬

---

① 《燕礼》云："主人盥洗，升，媵觚于宾"，郑注："媵，送也。"参阅《仪礼注疏》卷14，页407。
② 《穀梁注疏》卷13，页224。
③ 《左传正义》卷26，页735。
④ 王崇燕：《纠谬》卷8，页307。
⑤ 《穀梁注疏》卷7，页112；卷9，页145；卷15，页250。
⑥ 《穀梁注疏》卷2，页22。
⑦ 《穀梁注疏》卷6，页83。
⑧ "所"的涵义，参阅本书第一章，页96—97。
⑨ 《穀梁注疏》卷13，页224。

而哀伯姬之义,钟文烝《补注》云:"传于此无是意也",①实为洞若观火。认为宋共公失德,于传本无实据,"不得其所"不等于所嫁的夫婿不好。事实上,范宁亦不信从江熙的观点。范注:"不得其所,谓灾死也。"②这是正确的解释。以下将会指出,《穀梁》明言"伯姬之舍失火",此舍就是伯姬之"所",故此"不得其所"说的就是其舍失火致死一事。王崇燕说伯姬"嫁时有礼,后又卒于灾,故录之详,非因嫁不得人遂详录之",③与范注持论相同。

还要澄清的是,"不得其所"并非源于伯姬是惟一嫁给大国的鲁国公主。廖平《古义疏》云:"女惟伯姬适大国王后,故详录之。"④宋伯姬是否春秋时代唯一嫁到大国的鲁国公主,限于史文阙如,不得而知。无论如何,此传仅说"不得其所",没有谈及大国、小国之别。廖平此论,实是凿空臆断,无凭无据。

4. 其事与其志/此其志

除本例外,《穀梁》有关"其事"的讨论,还有 8 例:

[1] 隐十年经:"宋人、蔡人、卫人伐戴,郑伯伐取之",传:"不正其因人之力而易取之,故主其事也。"

[2] 桓十一年经:"突归于郑",传:"祭仲易其事,权在祭仲也。"

[3] 僖二十六年经:"楚人伐宋,围闵",传:"以吾用其师,目其事也。"

[4] 宣十二年经:"六月乙卯,晋荀林父帅师及楚子战于邲,晋师败绩",传:"其事败也。"

[5] 成二年经:"公及楚人、秦人、宋人、陈人、卫人、郑人、齐人、曹人、邾人、薛人、缯人盟于蜀",传:"以公得其所,申其事也。"

[6] 成九年经:"季孙行父如宋致女",传:"详其事,贤伯姬也。"

[7] 成九年经:"晋人来媵",传:"以伯姬之不得其所,故尽其事也。"

---

① 钟文烝:《补注》卷17,页492。
② 《穀梁注疏》13,页224。
③ 王崇燕:《纠谬》卷8,页307。
④ 柯劭忞:《传注》卷7,页453。

　　　　[8] 昭十三年经:"楚公子弃疾杀公子比",传:"弃疾主其事,故
　　　　嫌也。"①

综述以上,例[1]不仅是针对"伐取之",而是指郑伯联合诸国开战的整个战事过程。例[2]涉及祭仲专权主导废立君主的整个过程,不仅是讨论突归郑一事。例[3]是针对鲁国用楚师整件事的错误,不是专指伐围。例[4]是指晋、楚在邲交锋的整场战役,不是专谈晋师之败。例[5]是借蜀之盟而剖析鲁成公的事迹,以此解释地会、地盟的由来。例[6]是指伯姬之事,不是专指"致女"。例[7]也是指伯姬之事,不是专指"来媵"。例[8]是涉及楚国内乱公子弃疾杀害政敌并夺位的整个阴谋,不是特指公子比如何被杀。上述8例,"其事"都是专指某一主体所做的事情或发生在他身上的事件,而非相关经文所述的某一记载。由此类推,此传的"其事",意谓伯姬的事迹。

《穀梁》若是专门讨论某一事件的书写,通常是采用"其志"或"此其志"等词,而非"其事"。如:

　　　　[9] 隐元年经:"天王使宰咺来归惠公仲子之赗",传:"其志,不及
　　　　事也。"

　　　　[10] 隐六年经:"宋人取长葛",传:"此其志,何也?久之也。"②

例[9]"其志"是指归赗一事,而例[10]的"此其志"是指取长葛一事,二者都是指相关经文事件的记载,有别于"其事"的用法。由此反观,"尽其事"就是尽量详备地记载她的事迹,不仅卫人来媵一事而已。柯劭忞《传注》云:"尽者,备其事而尽书之。"③这是正确掌握"尽其事"的涵义。

5. 尽其事

"尽其事"的解释重点,是指示《春秋》叙事的厚度,不是为了贤伯姬而及其媵。刘敞《春秋权衡》质疑《穀梁》曰:"伯姬虽贤,《春秋》一褒身已足矣,又何为及其媵哉?"④刘敞"及其媵"的"及"有些含糊,不清楚是指兼及记载来媵,还是把伯姬的"贤"和"褒"推及其媵。若是前者,"卫人来媵"和

---

① 《穀梁注疏》卷2,页29;卷4,页49;卷9,页146;卷12,页202;卷13,页215;卷14,页226;卷17,页293。
② 《穀梁注疏》卷1,页6;卷2,页23。
③ 柯劭忞:《传注》卷10,页11。
④ 刘敞:《春秋权衡》卷17,页353。

"晋人来媵"两则经文，在《穀梁》看来，都是"尽其事"，而非"贤伯姬"或"褒伯姬"。若是后者，此传没有言贤言褒，刘敞的指责同样是不对的。

6. "示法"之谬

鲁国出嫁的公主，惟宋伯姬叙事最详，不仅来聘、纳币、来媵、于归一一记述，而且来媵者亦不嫌辞费地予以备载；如本节的说明，全经记载卫人、晋人、齐人三国来媵。鉴于经文用字极简，这样的笔法当然极不寻常。言其理由，皆是因为伯姬受灾死而可贤。

在《穀梁》以外，一些解释都是不可靠的：

(1) 顾炎武大胆猜测："十二公之世，鲁女嫁于诸侯多矣，独宋伯姬书三国来媵，盖宣公元妃所生。"①现存文献根本没有提及因为伯姬是鲁宣公元妃所生之女，导致三国来媵之事得到《春秋》记载，三传也不这么主张。顾炎武所说论据极其薄弱，不足以成立，实无可信之理。

(2) 王闿运《公羊传笺》云："录来媵，以起中兴也。贤者人所归，故假三国示法。"②包括《公羊》在内，也没有什么"起中兴"的说法。没有证据显示贤伯姬的经传暗含贤者的指涉可以扩大到伯姬以外的其他人。贤伯姬就是贤伯姬，没有理由说其中必寓他义。

7. 两个误解

对"卫人来媵"的解释，还有两个说法需要评议。

(1) 程颐《春秋传》云："媵，小事，不书。伯姬之嫁，诸侯皆来媵之，故书，以见其贤。女子之贤，尚闻于诸侯，况君子乎？"③此说在后代甚有影响，像齐召南便这么说："伯姬贤名远著，至于三国来媵。"④程颐所说，或有可能是从何休转手而来。何诂："伯姬以贤闻诸侯，诸侯争欲媵之，故善而详录之。"⑤但没有任何文献可以证明宋伯姬在嫁已有闻名传于诸侯，导致诸国媵女。"闻于诸侯"云云，犹如随意漫书之小说家言，殊不足凭信。预设三国来媵，因实有其事予以备载，这意味其他鲁国公主这方面的记载是因为没有诸侯来媵，但同样没有证据的想象。至于"故书，以见其贤"，可能

---

① 顾炎武：《日知录》卷4，页221。
② 王闿运：《春秋公羊传笺》卷7，页399。
③ 程颐：《春秋传》，页1118。
④ 齐召南：《穀梁考证》卷14，页767。
⑤ 《公羊注疏》卷17，页388。

是误读《穀梁》的结果。此传"尽其事"是指宋伯姬的各种事迹,而非特指媵女一事,程颐似乎不理解《穀梁》"其事"有别于"其志"的区别。

(2)同样把原因归之于"闻于诸侯",俞樾所提出的见解有别于程颐,《经义杂说》云:"伯姬归宋,三国媵之,盖前此鲁女适诸侯皆小国,如纪、如鄫、如杞、如郯,大国固不屑来媵,即鲁亦未必闻于诸侯,独伯姬归宋,宋大国也,诸侯所以来媵耳。谓因伯姬之贤而录之,非也。"①这种观点,粗看起来有一定道理,但核诸经文,实是自以为是的臆测。把原因归之于宋是大国,这样推论下来,就必须预设当时只有宋伯姬一人嫁给大国君主,其他鲁国公主的夫婿都是小国,所以得不到大国来媵。这一点,基本上无从确证,因为鲁史旧文没有传世,巧妇难为无米之炊,谁能确证宋伯姬以外没有鲁国公主嫁给大国君主?

说实在的,俞樾质疑经文不是因为"伯姬之贤"而记录其事,实际上是毫无胜利希望地挑战一个公认的解经原则。《春秋》不记载"恒事",不仅是《穀梁》的主张,《左》《公》二传也有类似的说法。根本没有理由认为当时婚事的记录皆因国之大小。想想看,像王姬或王后之嫁,《春秋》未尝一一记录,便够说明这一点。宋国再大,也大不过周王室,凭什么认为大国是决定经文记载三国来媵的条件?据此可知,不承认"恒事"不载的决定性作用,绝对说不通。这样一来,便需要追问是什么因素导致三国来媵不是"恒事"。在这里,《穀梁》强调原因在于宋伯姬之贤,至少能带给读者一以贯之的融贯认识。相反,俞樾除了强调宋是大国的原因外,支持其说的前提是预设三国来媵的经文,因其是历史的真实发生,这跟程颐上述观点没有本质上的区别。程颐之论本不成立,俞樾茫然不知早有覆辙在先,殊不宜恃此虚拟预想而贸然立论。在宋伯姬的问题上,《穀梁》"尽其事"的主张不因此而被推翻,是相当明确的结果。

8. 小结

《春秋》详载宋伯姬之事。在经中,除鲁国君主外,比她还要多记载的,大概只有齐桓公而已。但齐桓公是大国君主,在位长达四十三年,记录繁多,完全可以理解。相反,宋伯姬不过是大国夫人,若非鲁国公主的出身,本无载于经文的资格。像她这样"尽其事",自非寻常的笔法。贤者不一定

---

① 俞樾:《宾萌集》卷2,页813。

"尽其事",但像宋伯姬那样"尽其事",分析起来,原因有二:

① 她是贤者。
② 不得其所。

假如宋伯姬不是贤者,她根本不可能是经文重点记述的对象,失其所而又得不到《春秋》记载的人甚多,像卫成公这样两度归卫方才得到记述,就是一个明显的例证。同样,仅是贤者也不保证经文详载其事。在许多时候,《春秋》对贤者的记载极少,以致《穀梁》无法深入探究其事。[①] 由此可以推知,

H_2 贤其人不一定导致《春秋》详载其人的事迹。

鉴于此,上述①和②两点,缺一不可。不正确把握这两点,是无法理解"卫人来媵"这样的"浅事"为何也得到记载的缘故。

(四)成九年经:"二月,伯姬归于宋。"

《穀梁》无传。这也是宋伯姬"尽其事"的一个记载。

1. 伯姬之归

经文以"伯姬"为主语,值得深思。按照当时的礼制,妇人并非独立的主体。"归"是妇人出嫁之辞,"来归"是妇人回娘家之辞。无论"归"抑或"来归",妇人必须归从于人,不宜独自行动。隐二年经:"伯姬归于纪",传:"礼,妇人谓嫁曰归,反曰来归,从人者也。……伯姬归于纪,此其如专行之辞,何也?曰:非专行也,吾伯姬归于纪,故志之也。"[②]这是《穀梁》有关鲁国公主出嫁的通例,除纪伯姬、宋伯姬外,也适用于纪叔姬(隐七年)、杞伯姬(庄二十五年)二人身上。宋伯姬跟其他出嫁的鲁国公主一样,都是"归"的主体,貌似"专行之辞",但实际上并非专行。此传之所以如此记载,是因为出嫁的是鲁国君主之女,不独宋伯姬如此。

之所以说伯姬归宋并非真的专行,是因为诸侯亲迎是礼制的明确规定。《说苑·修文》云:"亲迎,礼也。其礼奈何?曰:诸侯以屦二两加琮,大夫、庶人以屦二两加束修二。曰:'某国寡小君,使寡人奉不珍之琮,不珍之屦,礼夫人贞女。'夫人曰:'有幽室数辱之产,未谕于傅母之教,得承执衣裳

---

① 参阅本书第四章,页803—48。
② 《穀梁注疏》卷1,页11。

之事,敢不敬拜祝?'祝答拜。夫人受琮,取一两屦以履女,正笄,衣裳,而命之曰:'往矣,善事尔舅姑,以顺为宫室,无二尔心,无敢回也。'女拜,乃亲引其手,授夫于户。夫引手出户。夫行,女从。拜辞父于堂,拜诸母于大门。夫先升舆执辔,女乃升舆。毂三转,然后夫下,先行。"① 柯劭忞猜测这一段话"当出于《穀梁外传》",② 尽管别无旁证,但也不妨备存。

2. 不称使不必深求

诸侯之女出嫁必有迎娶之人。隐二年传和桓三年传:"逆女,亲者也。使大夫,非正也。"③ 此乃全传通例,除王后或天子之女外,无论嫁娶对象是鲁国抑或他国之人,皆可适用。据此,诸侯亲迎为"正",派遣大夫"非正"。没有理由认为传文因经不称使而示不正。王闿运《申义》云:"以不称使,故知不正也。"④ 纯属臆测,不合传义。

此经为何没有迎婚者之名,范宁另有解释。范注:"逆者非卿,故不书。"⑤ 柳兴恩墨守范注,《大义述》云:"范注本传为说也。"⑥ 三传皆未明言迎婚之人是谁,根本没有任何史料可以确言卿不卿的问题,故此非卿之说,纯属猜想,而且猜想得毫无根据。杜注:"宋不使卿逆,非礼。"⑦ 范宁显然暗袭杜预的观点。以卿逆为礼,是《左传》的主张。《穀梁》其实以诸侯亲迎为礼,柳兴恩"本传为说"之语,隔靴搔痒,迹近瞎捧。王崇燕《纠谬》云:"虽卿逆可曰微,不必士也。范氏不得传意。"⑧ 此言鞭辟入里,把范注与传义的差距很好地指示出来,诚为考校得失之论。

3. 逆之道微,无足道焉尔

《穀梁》解释纪伯姬、纪叔姬、杞伯姬三女之归为何没有"使"或"逆"之辞,皆说是"逆之道微,无足道焉尔"。⑨ 这一传例亦适用于宋伯姬身上。"逆之道"是指迎婚的做法,不能解作迎接的人或其名称。因此,虽然下文提及"逆者微",但其涵义不等于"逆之道微"。柳兴恩墨守范宁之说,《大义

---

① 向宗鲁:《说苑校证》卷19,页483—84。
② 柯劭忞:《传注〔刘本〕》卷1,页5。
③ 《穀梁注疏》卷1,页10;卷3,页38。
④ 王闿运:《申义》,页18。
⑤ 《穀梁注疏》卷14,页225。
⑥ 柳兴恩:《大义述》卷10,页135。
⑦ 《左传正义》卷26,页735。
⑧ 王崇燕:《纠谬》卷8,页307。
⑨ 《穀梁注疏》卷1,页11;卷2,页23;卷6,页92。

述》云:"范注本传为说也。"① 其中,据以佐证的不过是下述"逆者微"一语。"逆者非卿"本非《穀梁》传义,柳兴恩的辩护殊难证成。当然,人们可以不接受范注,从"逆者微"之语出发,认为"逆之道微"指的是逆者之微。然而,这仍不可通。"逆之道"绝不可能理解为"逆者",如周何将"逆之道微"译为"来迎接的使者身分低微",② 远离传文原义,并不可取。

"逆之道微,无足道焉尔"是鲁国公主嫁给外国诸侯的通则。"焉尔"意谓而已,反映所谈之事仅止于此。③ 虽然迎接宋伯姬的是微者,但不等于"逆之道微"因此而发。因此,形容"逆之道"的"微",不能解作卑微,也不能解作细小。如解作卑微,等于"逆之道"就变成"逆之人";如解作细小,等于说迎婚的做法仅是小事,这跟经文记述伯姬婚礼极其详尽的语脉并不吻合。正确的解释是把"微"解作衰微:诸侯亲迎本是常礼,遣使意味着迎婚之道已经衰微,故不值得经文特笔讲述。钟文烝《补注》云:"逆女本无使道,使则逆之道微矣,故不足道。"④ 这一解说,甚得传义。

4. 月非示贤

此经记载月份,似无奥意,不必求之过深。廖平以为其中必寓贤伯姬之意,《古义疏》云:"月者,详录伯姬。伯姬贤而不得其所,故详录之。"⑤ 这个说法有待商榷。宋伯姬无疑是经文详录的对象,但廖平重申"贤而不得其所"之旨,却容易使读者误会。隐二年"十月,伯姬归于纪"、隐七年"王三月,叔姬归于纪"两则经文亦载月份,而纪伯姬、纪叔姬是因为纪亡而详录,因此月份实无示贤之意。

5. 小结

宋伯姬归于宋,是整场婚礼不可或缺的环节。按照"尽其事"的原则,经文自当记述。其他疑问,如诸侯亲迎为何没有记载,本非宏旨,故《穀梁》不发传详解。

(五) 成九年经:"夏,季孙行父如宋致女。"传:"致者,不致者也。妇人在家制于父,既嫁制于夫。如宋致女,是以我尽之也。不正,故不与内称

---

① 柳兴恩:《大义述》卷10,页135。
② 周何:《新译》上册,页19。
③ "焉尔"语义的辨析,参阅本书第一章,页78—79。
④ 钟文烝:《补注》卷1,页23。
⑤ 廖平:《古义疏》卷7,页454。

也。逆者微,故致女。详其事,贤伯姬也。"①

此传交代宋伯姬婚事的一场小风波,其中有些内容需要详加辨析。

1. 如宋致女

季孙行父属于鲁国著名"三桓"之一季孙氏一脉,也是春秋中叶鲁国的重臣。"如"有"往"义,②季孙行父往赴宋国,就是为了"致女"。"致",传文主要有三种涵义:

①到达,这涉及《穀梁》以"致"解"至"的传义,容待下文详谈。③

②招致,如"致楚成王"(僖二十二年)、"以其再致天子"(僖二十八年)之例。

③致送,如"致福于君"(僖十年)、"致其志也"(襄七年)、"累累致小国以会诸侯"(哀十三年)之例。④ 除本例外,《春秋》还有一例言"致",即僖八年经:"禘于太庙,用致夫人",亦是致送之义。范宁释"致女"为"致敕戒之言于女",⑤大体正确。

2. 致者,不致者也

传文屡见"X者,不X者也"或"X者,不宜X者也"的句式,除"致者,不致者也"外,还有"立者,不宜立者也"(隐四年)、"以者,不以者也"(桓十四年)、"用者,不宜用者也"(庄二十四年)、"得志者,不得志也"(僖四年)⑥皆是采用这一句式。基本上,《穀梁》对X皆是视之为错误而予以贬抑,无论X是"致""立""以""用"抑或"得志"。由此确定,"致者,不致者也",就是明确反对这次致女的做法。

3. 在家制于父,既嫁制于夫

"妇人在家制于父,既嫁制于夫"的两个"制"字,意谓宰制,表示妇人未嫁和已嫁皆非独立的主体,先后被父和夫所宰制。这是全传的通例。钟文烝《补注》云:"尽者,唯其所命也。"⑦"我尽之"的"尽",意谓任凭,剖析谁是

---

① 《穀梁注疏》卷14,页225—26。
② 《左》隐六年传(卷4,页104)"郑伯如周"和《左》文九年传(卷19,页527)"庄叔如周"的"如周",同样意谓往周。类似的事例,在经传可谓不胜枚举。
③ 参阅本章下文(页342—46)的举证。
④ 《穀梁注疏》卷8,页126;卷9,页141、149;卷15,页249;卷20,页350。
⑤ 《穀梁注疏》卷14,页225—26。
⑥ 《穀梁注疏》卷2,页19;卷4,页55;卷6,页90;卷7,页114。
⑦ 钟文烝:《补注》卷17,页489。

第二章　死难与灾卒

主导事情的人。"我尽之",意谓季孙行父往宋国致女,是由鲁国决定的事情。这是不妥当的,因为伯姬已嫁到宋国,主导她的该是她的丈夫,而非她的父亲。致女不是致之使成夫妇的正确安排,而是致之使孝的错误做法。

4. 致女之礼

致女的礼制安排是儒者聚讼的大问题。杜注:"女嫁三月,又使大夫随加聘问,谓之致女。所以致成妇礼,笃昏姻之好。"①周何说:"古诸侯昏礼早已亡佚,致女之行,亦唯见于此。"②这一说法有待深究。早在杜预以前,何休已有类似的观点:"古者妇人三月而后庙见,称妇,择日而祭于祢,成妇之义也。父母使大夫操礼而致之。必三月者,取一时足以别贞信。贞信著,然后成妇礼。"③三月致女之义,《公羊》似无典据,而《左》桓三年经:"冬,齐仲年来聘",传:"致夫人也",④则是致女礼的文献根据。因此,何休的见解实与《左传》相通。无论如何,何、杜二人皆把致女视为婚礼的正常做法。对此,郑玄另有他解。《坊记》云:"子云:'昏礼,婿亲迎,见于舅姑,舅姑承子以授婿,恐事之违也。'"⑤郑玄引成九经传而解读曰:"是时宋共公不亲迎,恐其有违而致之。"《曾子问》孔疏:"如郑义,则从天子以下至于士,皆当夕成昏。舅姑没者,三月庙见,故成九年季文子如宋致女,郑云致之使孝,非是始致于夫妇也。又隐八年郑公子忽先配而后祖,郑以祖为祖道之祭,应先为祖道然后配合。今乃先为配合,而后乃为祖道之祭。如郑此言,是皆当夕成昏也。若贾、服之义,大夫以上,无问舅姑在否,皆三月见祖庙之后,乃始成昏,故讥郑公子忽先为配匹,乃见祖庙,故服虔注云'季文子如宋致女',谓成昏。"⑥

综合以上注疏,贾、服、何、杜四人都是认为致女是使之成为夫妇,而郑玄则认为致女是使之致孝,因为大夫以上之礼,并无致女之事。因此,郑玄之说比较符合传义,钟文烝《补注》云:"《左传》及贾、服、何、杜说皆未可用。"⑦相反,柯劭忞虽也接受郑义,但《传注》云:"致女,非不正。使致为夫

---

① 《左传正义》卷26,页736。
② 周何:《新译》下册,页721。
③ 《公羊注疏》卷17,页389。
④ 《左传正义》卷6,页160。
⑤ 《礼记正义》卷51,页1421。
⑥ 《礼记正义》卷18,页585。
⑦ 钟文烝:《补注》卷17,页494。

妇,则不正。"① 这是过度诠释,因为《穀梁》只是批判"致女"是"以我尽之",没有把"致女"与"使致为夫妇"作为区分正与不正的缘故。

5. "不正"与"故"

《曲礼》孔疏:"故,承上起下之辞。"②"不正"与"故"二者,是因与果的关系。这是《穀梁》常用的句式,除本例外,还有14例:

[1] 隐元年传:"<u>不正</u>其外交,<u>故</u>弗与朝也。"

[2] 隐十年传:"<u>不正</u>其乘败人而深为利,取二邑,<u>故</u>谨而日之也。"

[3] 桓八年传:"<u>不正</u>其以宗庙之大事即谋于我,<u>故</u>弗与使也。"

[4] 庄二十三年传:"<u>不正</u>其外交,<u>故</u>不与使也。"

[5] 庄二十四年传:"<u>不正</u>其行妇道,<u>故</u>列数之也。"

[6] 庄二十七年传:"<u>不正</u>其接内,<u>故</u>不与夫妇之称也。"

[7] 庄二十八年传:"<u>不正</u>,<u>故</u>举臧孙辰以为私行也。"

[8] 庄三十一年传:"<u>不正</u>罢民三时,虞山林薮泽之利,且财尽则怨,力尽则怼,君子危之,<u>故</u>谨而志之也。"

[9] 文七年传:"<u>不正</u>其再取,<u>故</u>谨而日之也。"

[10] 文十八年传:"<u>不正</u>其同伦而相介,<u>故</u>列而数之也。"

[11] 宣五年传:"<u>不正</u>其接内,<u>故</u>不与夫妇之称也。"

[12] 宣六年传:"<u>不正</u>其败前事,<u>故</u>不与帅师也。"

[13] 昭十二年传:"<u>不正</u>其与夷狄交伐中国,<u>故</u>狄称之也。"

[14] 定四年传:"<u>不正</u>乘败人之绩而深为利,居人之国,<u>故</u>反其狄道也。"③

综观这些例子,"不正"的"不"皆是否定副词,否定动词义的"正"。按照这样的用法,"不正"是因,谈的是某一历史事件或行动的错误;"故"是果,谈的是相关经文的笔法,无一例外。由此推断,此传因"致女"的"不正",所以不给予"内称"。

---

① 柯劭忞:《传注》卷10,页11。
② 《礼记正义》卷3,页79。
③ 《穀梁注疏》卷1,页7;卷2,页29;卷4,页46;卷6,页87、90、95—96、100;卷10,页167;卷11,页184;卷12,页192—93;卷17,页291;卷19,页324。

6. 不与

"不与",意谓不给予,不宜解作不赞成。柯劭忞《传注》云:"女是内称,夫人是外称。使大夫致吾女,不应称夫人。然女已嫁,犹以父制尽之,故不与其内称也。"①此说是为了批驳钟文烝"伯姬"为内称的主张而发,但有待斟酌。以女为内称,于经不合。桓三年"公子翚如齐逆女"、庄二十四年"公如齐逆女"、宣元年"公子遂如齐逆女"、成十四年"叔孙侨如如齐逆女"的"女",皆是鲁国君主所娶的外国公主,可见"女"不是专指鲁国的内称。

此外,以夫人为外称,于经无据,因为经中凡称夫人,一律是鲁国君主的配偶,没有例外;换言之,根本不存在夫人为外称的情形。没有理由预设"女"与"夫人"分别是内称与外称。如柯注之解,就是认为"女"是正常的内称,而把"不与"理解为不赞同。问题是,为何不赞同内称?"与"虽有赞扬、允许之意,但征诸《穀梁》传中的用例,其指代的对象皆是传文明确反对的恶事,如"诸侯与正而不与贤也"(隐四年传)、"不与楚捷于宋也"和"不与楚专释也"(僖二十一年)、"不与楚灭"(昭八年传)、"不与楚杀也"(昭十一年)、"不与楚灭"(昭十三年)、"不与大夫之伯讨也"的"不与"。② 与之相反,成九年传的"内称"(即"女")殊非贬义清晰,而《穀梁》亦无言内示贬之说。柯注把"不与内称"理解为不赞同内称,不合传文的惯常的修辞用例,举证欠妥。

7. 内称

一般情况下,鲁国嫁到国外的公主,皆称姬姓。从其他经文可知,这个嫁给宋共公的鲁国公主,应称为"伯姬"或"共姬"。此经称女,不是正常的内称。钟文烝《补注》云:"内称,谓称伯姬,不称伯姬而称女,是不与内称。"③

"内称"针对的是经文的"女"字,不是称使。然而,范宁却持相反的论点。范注:"内称,谓称使。"④此说不当。经文"季孙行父如宋"的"如",意谓往、去之义。这是以鲁为内的典型用辞。针对范注的错误,孙觉《春秋经

---

① 柯劭忞:《传注》卷10,页11。
② 《穀梁注疏》卷2,页19;卷9,页140;卷17,页286、290、294;卷19,页315。
③ 钟文烝:《补注》卷17,页493。
④ 《穀梁注疏》卷14,页225。

解》云:"《春秋》内大夫行事皆不书使,何独行父致女独不与内称乎?"①又,王崇燕《纠谬》云:"言如,即使文。岂内臣别有言使之例耶?"②这些都是恰当的批评。把"内称"理解为"称使",推之以理而实不可通。

对范宁称使之说,杨士勋尝试解释。杨疏:"今行父称君之命,以在家之道制出嫁之女,虽言如以为内称,言致女是见其不与也。"③这跟柯劭忞之说有些相似,以"不与"为不赞同,所差者是杨疏认为内称是称使,而柯注认为是称女。但是,柯注对"不与"的理解既然错误,杨疏亦无可信之理。考之于传,范注、杨疏与柯注一样,于义皆无可取。钟文烝《补注》云:"注甚谬。疏强为之说,不可通也。"④这里洞悉注疏的共同失误,所说很有道理。

8. 逆者微,故致女

"逆者微,故致女"是交代致女的由来。《穀梁》没有说谁是迎婚者,但不能望文生义地以为迎婚者真的地位低微。例如:

[1]庄二十八年经:"齐人伐卫",传:"其曰人,何也? 微之也。"

[2]文十四年经:"晋人纳捷菑于邾,弗克纳",传:"是郤克也。"

[3]定元年经:"晋人执宋仲幾于京师",传:"其曰人,何也? 微之也。"⑤

例[1]的"微之",是考虑到齐桓公的因素而不称名称军。例[2]的郤克称人,是因为入千乘之国的错误。例[3]是批判大夫行伯讨之事。这些例子,显示传文示微之人不一定是微者,或因其行可贬(或其他考虑)而遭贬。考虑到《穀梁》以诸侯亲迎为"正",派遣大夫为"非正"的立场,宋国即使派出大夫迎婚,亦属非正而可以示贬的微者。在这个问题上,齐召南或多或少因为范注的误导,因此质疑说:"宋初图婚,即使华元来聘,其纳币也使公孙寿,鲁之致女使季孙行父,甚重其事而备其礼,岂有逆女之时反使微者将命乎?"⑥这一说法虽合情理,但因没有考察《穀梁》大夫亦可示微等用辞,充其量只算是对范注的辨正,从传义出发,实在不必像范宁那样以为《穀梁》

---

① 孙觉:《春秋经解》卷9,页730。
② 王崇燕:《纠谬》卷8,页307。
③ 《穀梁注疏》卷14,页225。
④ 钟文烝:《补注》卷17,页493。
⑤ 《穀梁注疏》卷6,页95;卷11,页179;卷19,页315。
⑥ 齐召南:《穀梁考证》卷14,页767。

主张迎婚之人是地位低下的微者。

9. 伯姬不肯听命

"逆者微"的关键是宋共公不亲迎,究竟当时迎婚者实际地位如何,倒是其次。《列女传》云:"恭公不亲迎,伯姬迫于父母之命而行。既入宋,三月庙见,当行夫妇之道。伯姬以恭公不亲迎,故不肯听命。宋人告鲁,鲁使大夫季文子于宋,致命于伯姬。"① 这里记载伯姬入宋后拒绝听命庙见,致使季孙行父赴宋致命的始末,与《穀梁》"逆者微"之言可以兼容。

在此,徐邈有一个观点很值得重视。杨疏引徐邈曰:"宋公不亲迎,故伯姬未顺为夫妇,故父母使卿致伯姬,使成夫妇之礼,以其责小礼、违大节,故传曰:'不与内称',谓不称夫人而称女。"② 徐邈对伯姬的批评,显然是结合《列女传》而立言。杨疏因此传有"贤伯姬"之语,而斥责徐邈"是背传而解之"。无疑,《穀梁》对伯姬并无明显的责言,但考虑到季孙行父之错,则有一部分是源于伯姬对宋共公不亲迎的抗议。成九年传:"为贤者讳过",③ 这是适用于所有贤者的观点。玩味此传致女不正的意见,也很难说传文背后不无默认伯姬有过的预设。因此,不能因为"贤伯姬"之语,就断言伯姬必无过失。徐邈以《列女传》解传的做法,是可以接受的。钟文烝《补注》云:"刘子政用《穀梁》家旧说,而徐注因之,大意皆是。"④ 徐邈说伯姬"责小礼、违大节",符合传义,无可厚非。

10. "详不正之事"之谬

致女非正,虽未明贬伯姬,但怎么看也不可能是因致女而贤伯姬。此传的"详其事"与前述的"尽其事"大抵同义。"其事",指伯姬的事迹,不能理解为致女这个事件。"详其事"是详尽记载伯姬的事迹,不是专指致女一事。不理解这一点,便会出现不必要的误解。伯姬是贤者,经文详述她的各种事迹。传文的"贤伯姬"不蕴涵伯姬在致女一事做得正确。《穀梁》有"为贤者讳过"的传例,宋伯姬既是贤者,她的过失也属隐讳之列。承认致女非正而又讳言伯姬的过失,跟承认伯姬可贤,两者是可以兼容的。

可是,刘逢禄不明白这一点,遂批驳《穀梁》说:"为'逆者微,故致女',

---

① 王照圆:《列女传补注》卷4,页142。
② 《穀梁注疏》卷14,页225。
③ 《穀梁注疏》卷14,页226。
④ 钟文烝:《补注》卷17,页494。

不知宋公来逆,从常事不书也。详不正之事,以贤伯姬,其词穷矣。"①解"详其事"为"详不正之事",可见刘逢禄误读"其事"为特指致女一事。他跟程颐一样,之所以有此失误,正于不曾细读《穀梁》之故,未憯"其志"与"其事"等措词之间的区别。因为不理解"其事"的涵义,故此刘逢禄把"贤伯姬"解作"以贤伯姬"。添一"以"字,实是歪曲传义的错误解读。传文"详其事,贤伯姬也"一语,该是把"贤伯姬"视作"详其事"的原因,没有理由添一"以"字,反过来把"详其事"视作"贤伯姬"的原因。刘逢禄的误区在于隐然预设贤者不该有过,因此断言宋公来逆"常事不书",但这一论断完全不着边际,正如柳兴恩所言:"如宋公亲迎,尤当以贤伯姬故备书之。夫纳币、致女,如刘说,皆常事也,且为伯姬特著之,岂有亲迎大礼,反从常事不书者?此刘说之自相矛盾也。"②新郎亲迎,若是不该记载的"常事",那么纳币、致女等婚礼细节同是"常事",自也不该记载,所以刘逢禄所提出的诘责不足以通释经义,难以动摇《穀梁》致女非正的论点。

11. 小结

宋伯姬入宋后不肯听命,使得季孙行父赴宋致女,这个事件在《穀梁》很难说是正确无误。贤者不是无过之人,不然《穀梁》也不会提出"为贤者讳过"的传例。这也意味:

$\quad$ I_2 $\quad$ 贤者犯了过失还是贤者。

宋伯姬犯了过失,不因此而丧失贤者的资格。尽管"致女"一事是"不正"的,因而导致经文不以"伯姬"称之,但她仍是《穀梁》认可的贤者,故"详其事"。

(六)成九年经:"晋人来媵。"传:"媵,浅事也,不志;此其志,何也?以伯姬之不得其所,故尽其事也。"③

此经与上述"卫人来媵"句式相同,《穀梁》解经的观点亦复相同。

1. 再次发传的缘故

此经与上述"卫人来媵"句式相同,而传文亦复相同。换言之,《穀梁》认为"晋人来媵"与"卫人来媵"性质相同,同属小事,本来不用记录,因伯姬房舍失火惨死而"不得其所",所以详尽记载她的事迹。然而,二媵既然相

---

① 刘逢禄:《公羊后录》卷6,页474。
② 柳兴恩:《大义述》卷13,页192。
③ 《穀梁注疏》卷14,页226。

同,为何重复发传呢? 大概是因为晋人来媵发生在伯姬已嫁之后,有别于卫人来媵在未嫁之前,为免读者误会二媵有别而再次申述,钟文烝《补注》云:"重发传者,此在归后,嫌有异也",①切中肯綮。

2."同姓之大国"之谬

然而,廖平却认为原因在于晋国是同姓之大国,所以经文记载来媵之事。《古义疏》云:"晋者,同姓之大国",又云:"再发传者,时在嫁后,嫌义异,又以同姓故。"②这里的"嫌义异"是因袭钟注,而"同姓之大国"和"以同姓故"则是廖平自添的新义。《穀梁》在来媵问题上既无同姓、异姓之别,亦无大国、小国之异;下文将会指出,它对"齐人来媵"亦不发传,因此廖平断定"同姓之大国"是发传的一个原因,想象毫无依据,不宜贸然采信。

(七)成十年经:"齐人来媵。"

《穀梁》无传。

1. 三"来媵"意旨相同

鉴于此经的句式与"卫人来媵"和"晋人来媵"完全相同,可以估计《穀梁》认为"齐人来媵"与"晋人来媵"情况相同,都是伯姬婚后之事,经文同样因为伯姬之贤而备载她的事迹,如此而已。因为这样,也就没有重发传例的必要。柯劭忞《传注》云:"义见九年'晋人来媵'下。"③这是看到三则"来媵"经文相同之处,别具心得。

2. 没有同姓、异姓之别

传文在媵女问题上,没有同姓、异姓之别,不能说此经寓有非礼之贬。范注:"异姓来媵,非礼。"④这是原封不动袭用《左传》杜注的旧文。⑤ 在此之前,有关异姓来媵,曾引起何休和郑玄的争辩。何休以为异姓亦得媵,而郑玄《箴膏肓》有所驳难:"天子云备百姓,博异气,诸侯直云备酒浆,何得有异姓在其中?"⑥杜预和范宁反对异姓来媵,与郑玄一脉相承。然而,郑、范认为异姓不合媵,皆非传义。《穀梁》既无异姓来媵的讨论,也没有申张非

---

① 钟文烝:《补注》卷17,页494。
② 廖平:《古义疏》卷7,页455。
③ 柯劭忞:《传注》卷10,页13。
④ 《穀梁注疏》卷14,页228。
⑤ 《左传正义》卷26,页741。
⑥ 《穀梁注疏》卷14,页228。

礼之义。王崇燕《纠谬》云:"齐与卫同,无讥文。以齐为非礼,误据杜预也。"①这是洞悉范宁援杜注传之失,明察秋毫。

此外,说这则经文赞赏齐人,也是主观臆测。廖平《古义疏》云:"齐,大国,异姓来媵,夸美之辞。"然而,《穀梁》没有讨论"异姓来媵"的问题,以此为非礼是《左传》的主张。廖疏认为齐国作为大国而来媵,没有传义作为依据,不能成立。

3. "王后法"之谬

要解释"齐人来媵"的涵义,还是应该恪守经文,不宜过度发挥。刘逢禄说它暗寓王后法,《申膏肓》云:"'齐人来媵'无贬文者,以宋王者之后,托共姬之贤为王后法也。"②承认宋国为王者之后,不等于共姬之嫁树立"王后法"。《公羊》成十年传:"三国来媵,非礼也。曷为皆以录伯姬之辞言之?妇人以众多为侈也。"③这里没有明文鼓吹"王后法"的主张,更批判"来媵"是"非礼"。《公羊》实非"无贬文",刘氏"王后法"的说法与经传出入之大,实不止道里计,可以说已到了随心所欲的地步。

4. 小结

"卫人来媵""晋人来媵""齐人来媵"三则经文句式相同,一般《春秋》没有媵的记载,却因宋伯姬的婚事而有三则记载,不仅因为她是贤者(参照H_2),还因为后来"不得其所"的悲剧。

(八)成十五年经:"夏,六月,宋公固卒。"

《穀梁》无传。

1. 月卒不正

"固"是宋共公的名字。宋共公仅有死亡月份,没有记载死亡日期,按照"日卒正也"的传例,不是"正"的笔法。传文和其他文献皆没有缕述这方面的问题。钟文烝《补注》云:"中国诸侯,若立非正嗣而葬则甚危,又不如齐小白之不正前见,则亦月卒日葬矣。"④认为宋共公因不是正嗣而导致卒月,大概是比较符合传义的解释。

《穀梁》没有细述月卒的通则,但无论如何,宋共公仅是月卒而非时卒,

---

① 王崇燕:《纠谬》卷8,页308。
② 刘逢禄:《公羊后录》卷3,页370。
③ 《公羊注疏》卷17,页391。
④ 钟文烝:《补注》卷18,页509。

说明他还不是传文示恶的对象。月卒之义,显示其人既是非正,却不恶之。至于他是否因变故而死,单凭月卒是无从判断的。柳兴恩《大义述》云:"月卒,非故也。"① 这一概括并不可靠,像昭二十三年"六月,蔡侯东国卒于楚"的经文,便是一个明显的反例,因为蔡侯东国是死在国外,不能说是无故。

2. "多取三国媵"之谬

何休认为宋共公没有死亡日期,是因为三国来媵。何诂:"不日者,多取三国媵,非礼,故略之。"② 如上所述,《公羊》虽然批评三国来媵的"非礼",但没有证据显示《公羊》认为宋共公因此被经文剥夺了死亡日期。事实上,《公羊》有关日卒不日卒的笔法,本无统一的考虑。何休这样的判断,自然不比《穀梁》更有说服力。事实上,陈澧早已批判何诂望文生义,《东塾读书记》说:"此以不书日而求其罪不可得,但有三国媵之事,遂以坐之耳。"③ 这一批判,比较准确地揭示何诂欠缺依据的毛病,值得肯定。

(九)成十五年经:"秋,八月庚辰,葬宋共公。"传:"月卒日葬,非葬者也;此其言葬,何也?以其葬共姬,不可不葬共公也。葬共姬,则其不可不葬共公,何也?夫人之义不逾君也,为贤者崇也。"④

这里解释宋共公卒葬的记载,皆是源自宋伯姬之贤。

1. 月卒日葬

"非葬"之"非",意谓不是,而非责难。"非葬"与"不葬"同义。"非葬者也"跟"不葬者也"一样,二句的"者"皆是代词,其指代的是经文"月卒日葬"的笔法。日卒时葬,方是正常的笔法。宋共公卒宜日却月,葬宜时却日。范注:"葬无甚危,则当录月。"⑤ 这个说法,不合传义。《穀梁》虽不明言"危不得葬",但鉴于"危不得葬"是解释日葬的通例,没有理由认为"葬无甚危"。《穀梁》明以时葬为正,当录的该是时而非月,王崇燕批判范注:"乃以为'当录月',与传违反",⑥ 实是眼光锐利。

卒、葬皆不正常,故此《穀梁》认为"月卒日葬"是不正常的葬文。"非葬者",义同"不葬者"。要理解此传的"非葬者",先要知道"不葬者"的涵义。

---

① 柳兴恩:《大义述》卷3,页45。
② 《公羊注疏》卷18,页399。
③ 陈澧:《东塾读书记》卷10,页202。
④ 《穀梁注疏》卷14,页234。
⑤ 《穀梁注疏》卷14,页234。
⑥ 王崇燕:《纠谬》卷8,页309。

[1] 庄二十七年经:"公子友如陈,葬原仲。"传:"言葬不言卒,<u>不葬者</u>也。"

　　[2] 襄三十年经:"十月,葬蔡景公。"传:"不日卒而月葬,<u>不葬者</u>也。"①

例[1]和例[2]的"不葬者",都是说明相关的措辞不是正常的葬文:前者是因讳公子友出奔而书葬;后者因回护被子所弑的蔡景公,不让他失民于子而书葬。明乎此,可知成十五年经明言宋共公月卒日葬,实非正常的葬文。

2. 非葬者＝不葬者

《穀梁》的"非葬者"和"不葬者",在性质上就是一种"不葬之辞";其中所说的"非葬"或"不葬",可能是规范义而非描述义。某一"非葬"或"不葬"的死者,不一定是实际上得不到安葬,而是涉及很可能(或不应该)得不到安葬的情况。按照"日葬故也,危不得葬"的传例,诸侯若是记载下葬的日期,意味发生变故,有危难导致几乎不能予以安葬。②

宋共公乃是日葬,而"非葬者"又是"不葬之辞",所以真要解释"非葬者"的原因,也该从"危不得葬"的传义着眼。这里需要比较一下周襄王之葬。文九年经:"辛丑,葬襄王。"传:"志葬,危不得葬也。日之,甚矣,其不葬之辞也。"③这是因为襄王不该志葬而志葬,而又记载下葬日期,显示情况尤其严重。尽管此传针对天王之葬而发,但传文显示"危不得葬"与"不葬之辞"存在相通之处。这一点,对于理解《穀梁》"非葬者"或"不葬者"很有帮助。天王志葬书日,属于"危不得葬"的"不葬之辞",那么诸侯志葬书日,也该属于"危不得葬"的"不葬之辞"。两者之差别,仅在于天王本不志葬,志葬而又书日,显示"甚之"之义;而诸侯志葬本属恒事,书日不带"甚之"之义。总言之,透过周襄王日葬与宋共公日葬的比较,可以进一步佐证宋共公亦是"危不得葬"。或者说,"危不得葬"是解释宋共公日葬的"非葬者"较合理的解释,至少比"失德"之说更合传义。

3. 危不得葬

《左》成十五年传:"荡泽弱公室,杀公子肥。华元曰:'我为右师,君臣

---

① 《穀梁注疏》卷6,页94;卷16,页274。
② 参阅本书第一章,页67—70。
③ 《穀梁注疏》卷11,页171。

之训,师所司也。今公室卑,而不能正,吾罪大矣。不能治官,敢赖宠乎?'乃出奔晋。……鱼石自止华元于河上。请讨,许之,乃反。使华喜、公孙师帅国人攻荡氏,杀子山。"①宋共公葬时荡泽意图削弱公室,杀死公子肥,导致华元出奔并被鱼石劝阻,进而讨伐荡泽。可以看见,宋共公与其他因"日葬"而"危不得葬"的诸侯(例如宋缪公、晋文公)一样,都是死后面临危难,几乎无法顺利安葬。因此,《左传》叙事与《榖梁》"日葬故也"的传例实可兼容。

黄道周质疑《榖梁》说:"姬从公者也,公非从姬者也。且共姬未卒,是为荡泽之乱也。桓族将有事,而先葬共公,犹突、忽将有事而先葬庄公也。"②这是忽略《榖梁》"日葬故也,危不得葬"的传例。以荡泽之乱驳传,却看不见《左》《榖》二传实可兼容,是说不通的。确切地说,黄道周断言先葬共公预言有事,出于主观想象,也不见得太过可信。下文将会说明,郑庄公之葬也不见得与突、忽之变相关,这也不能作为姬从公的确证。思考"非葬者"的问题,不宜离开日葬之义。在此,黄道周算不上真正掌握《榖梁》的内容。

4. 宋共公未有失德

"此其言葬",是询问为何出现葬文。必须强调的是,此传的"非葬者"仅是一种"不葬之辞",没有明言这是"变之不葬"。昭十三年传:"变之不葬有三:失德不葬,弑君不葬,灭国不葬。"③这只是罗列三种"变之不葬"的情形,其实经文不载君主的葬文,原因各式各样,不仅是"变之不葬"的三个条件,柯劭忞《传注》云:"正之不葬,亦有三:天王不葬,夷狄不葬,小国之君不葬。"④这是在"变之不葬"以外另外提出的三种不葬情况,但"正之不葬"实非《榖梁》固有的说法,它和"变之不葬"也没有穷尽所有"不葬"的解释。例如桓十八年经:"葬我君桓公",传:"君弑,贼不讨,不书葬。"又如僖二十三年经:"宋公兹父卒",传:"兹父之不葬,何也?失民也。"⑤归纳上述,诸如天王、夷狄、小国之君、失民、君弑贼不讨等等,都是导致没有葬文的原因。

---

① 《左传正义》卷27,页769。《史记·宋微子世家》(卷38,页1968)亦有类似的叙事。
② 黄道周:《坊记集传》卷2,页989。
③ 《榖梁注疏》卷17,页294。
④ 柯劭忞:《传注》卷13,页12。
⑤ 《榖梁注疏》卷4,页58;卷13,页142。

此传"言葬"之问，是因"月卒日葬"而言"非葬者"的记载而发，不曾说过"变之不葬"，因此没有理由断定宋共公必属失德。从日葬的传例理解"非葬者"之义，便已足够。"变之不葬"的三个条件，是失德、弑君、灭国。宋共公既非弑君，也非灭国，很多人为了解释他的不葬，总是强调他的"失德"。然而，宋共公在什么方面"失德"呢？征诸传文和相关的文献，实无这方面的证据；下文将会指出，许多试图在"失德不葬"找解释的说法，都是难以取信于人。

5. 对"失德"的错误解释

以"失德"解释宋共公的"不葬"，诸说聚讼纷纭，以下将清理五种错误的解释：

①昏乱。范注："共公之不宜书葬，昏乱故。"①但有什么证据说共公"昏乱"？范宁没有说明，有论无据。

②取三国之媵。柳兴恩《大义述》云："共公之失德，在三媵；伯姬之失所，亦在三媵。"②前已述及，《公羊》批判三国来媵的"非礼"。何休认为宋共公的日卒，正在于此。何诂："不日者，多取三国媵，非礼，故略之。"③宋共公月卒日葬，《穀梁》对之皆无"非礼"或"不德"之讥，柳兴恩援何解传，疏误显然。在这方面，刘逢禄说"共、平皆无失德"，④反倒是比柳氏"失德在三媵"之说，更接近《穀梁》，而非他所坚守的《公羊》。

③不亲逆女。范注引述徐邈曰："共公不能弘家人之礼。"⑤这里只谈共公"非葬"的原因，没有明言徐邈如何举证。钟文烝认为平公非共姬所生，指出导致共公失德的是"共公不亲逆女，又不使卿"，所以认可徐邈的观点："徐氏之言，当本《穀梁》家旧说，极合事情。"⑥然而，无论平公是否宋伯姬所生，跟共公"非葬者"没有直接的关系。隐二年传虽有"逆女，亲者也"的主张，⑦但不能说达不到这个要求的君主就负上失德之罪。最明显的反例就是纪侯。隐二年经："九月，纪履𫄧来逆女。"纪伯姬非亲迎，显而易见；

---

① 《穀梁注疏》卷14，页234。
② 柳兴恩：《大义述》卷13，页192。
③ 《公羊注疏》卷18，页399。
④ 刘逢禄：《公羊后录》卷6，页474。
⑤ 《穀梁注疏》卷1，页16。
⑥ 钟文烝：《补注》卷18，页509。
⑦ 《穀梁注疏》卷1，页10。

但庄四年传"纪侯贤而齐侯灭之","不使小人加乎君子",已说明纪侯既"贤"又是"君子",①很难说他是"失德"之人。《穀梁》没有"逆者非卿"的要求,不能说没有派卿迎娶伯姬,就成为共姬失德的罪状。徐邈、钟文烝二人言无实据,不宜采信。

④背殡私会诸侯。柯劭忞《传注》云:"以背殡会诸侯,不葬。"②这里的凭据是,宋共公在其父宋文公下葬前,曾有背殡会盟之事。成三年经:"王正月,公会晋侯、宋公、卫侯、曹伯伐郑",便是一证。但是,这不代表背殡是导致"失德不葬"的原因。须知道,宋襄公同样背殡私会诸侯,僖九年经:"公会宰周公、齐侯、宋子、卫侯、郑伯、许男、曹伯于葵丘。"传:"宋其称子,何也?未葬之辞也。……今背殡而出会,以宋子为无哀矣。"③显然,《穀梁》认为宋襄公背殡会诸侯(哪怕是备受颂扬的齐桓公),是绝对错误的。但要注意,成三年经称"宋公"与僖九年经称"宋子",两者并不相同;即使承认两者存在一定的可比性,但也不能说背殡是解释宋共公非葬的原因,因为僖二十三年经:"五月庚寅,宋公兹父卒。"传:"兹父之不葬,何也?失民也。"④宋襄公曰葬示正,而他的不葬是因为泓之战的惨败,从而显示他的"失民",跟背殡没有直接的关系。柯劭忞认为宋共公背殡错误,是可以的;但以此解释他的"非葬者",却属讹谬。

⑤错杀太子肥。廖平《古义疏》云:"宋公杀太子肥,立少子成,经讳其事,不书,故不葬以起其为无臣子也。"⑤这个观点,于传无据。《五行志》云:"刘向以为先是宋公听谗而杀大子痤,应火不炎上之罚也。"⑥《春秋》和《穀梁》皆未提及杀宋共公杀太子之事,而刘向之说实乃孤证,廖平以此证成"宋灾"的由来,自然难言稳妥。据《左传》和《史记》的记载,杀太子肥的是荡泽,不是宋共公。⑦ 杀太子之说,别无旁证,难以推翻《左》《史》的叙事。廖平仅信刘向而不信《左》《史》,理据不明,而且以杀太子肥为"不葬"的缘由,更是发前人所未发,理应作出更为切实和周详的论证,不是出自臆

---

① 《穀梁注疏》卷5,页68。另参阅本书第三章,页389—407。
② 柯劭忞:《传注》卷10,页16。
③ 《穀梁注疏》卷8,页123。
④ 《穀梁注疏》卷9,页142。
⑤ 廖平:《古义疏》卷7,页468。
⑥ 《汉书》卷27,页1326。
⑦ 《左传正义》卷27,页769。《史记》卷38,页1968。

想,可惜他始终没能这么做,令人难以相信其说的对确性。

总而言之,由于《穀梁》没有记载的文本限制,硬要说宋共公的某些行为"失德"而致使"非葬",都是站不住脚的论断①。有关这个问题,叶梦得具有异常的洞悉,他认真审视关于《穀梁》的各种解释,这么批判"拘'失德不葬'之例"的错误:"宋共公以《左氏》考之,未有失德者。用华元合晋、楚之好,国以小息,虽谓之贤可也。"②以华元合晋、楚的贡献,称之为贤,仅是叶梦得个人的政治见解,无涉及经传。但他因"失德不葬"之误而作出质疑,显然是因为他看见以"失德"为由无法通释"不葬"之义,不能不说是很有眼光。

6. "夫人与有贬"之谬

《穀梁》认为,宋共公卒葬的记载皆不正常;之所以如此叙述,是因为日后记载了宋伯姬的葬文,故此不能不记载宋共公的葬文。妻有从夫之义,夫人的名位礼数不能超越国君。③ 到最后,关键还是为了推崇作为贤者的宋伯姬,不是因为宋共公失德而让宋伯姬同受贬绝。廖平《古义疏》云:"夫有贬绝,则耻辱及于妇,夫妇一体,荣辱所同,故传曰:'夫人与有贬也。'"④认为宋共公"有贬绝",是立足于"失德不葬"的虚假前提。前已述及,廖平以杀太子肥为失德的举证,已不可信,哪能以此进而推断"耻辱及于妇"?此外,文四年经:"逆妇姜于齐。"传:"其不言氏何也?贬之也。何为贬之也?夫人与有贬也。"⑤这是批评鲁文公逆娶妇姜之失,同时也在指责妇姜,与宋共公、伯姬夫妇绝无关连。而且,成十五年传明言"为贤者崇",哪有贬宋伯姬之意?廖平刻意拿毫无关连的传文强作解释,移花接木,此之谓也。

7. 为贤者崇

《春秋》以鲁为本,其他国家的夫人下葬例不叙述,经中惟有3名鲁国公主(包括宋伯姬在内)记载葬文,皆有特殊的缘故而发。换言之,像宋伯姬这样因其贤而有葬文,由贤妇而录其夫,是针对特殊情况的特殊笔法;不

---

① 现在仍有学者误信这一论断,如秦平《〈春秋穀梁传〉政治哲学研究》(页368)说:"宋共公无道失德,按照礼法死后应该没有资格书'葬'。"
② 叶梦得:《春秋穀梁传谳》卷5,页814。
③ 这跟子氏不葬是相同的道理,参阅本书第一章,页41—46。
④ 廖平:《古义疏》卷7,页468。
⑤ 《穀梁注疏》卷10,页162。

能说其他记载诸侯的葬文也是因为葬夫人的缘故。程端学《三传辨疑》质疑《穀梁》说："愚谓《春秋》书诸侯葬者多矣,岂皆以葬夫人乎？不可通矣。"①上述批评,来自误解。此传既说"为贤者崇",就是专就宋伯姬而言,根本没有"皆以葬夫人"的诉求,《穀梁》也未尝将之概括为凡诸侯之葬皆因葬夫人的通则。除宋伯姬外,纪伯姬和纪叔姬亦有葬文,《穀梁》认为这是因为纪国灭亡而设的特笔；②她们的葬文与宋伯姬一样,《穀梁》皆有特殊的说明。可是,程端学错认特指为通则,真正"不可通"的是他自己的疑问。

8. 小结

宋共公为何不葬？只据经传现有的记载,找不到确切的答案。与其毫无根据地推测宋共公有什么"失德"的表现,倒不如直面传文。根据《穀梁》的意见,《春秋》对夫人的记载,是不能逾越丈夫而独立行之。因此,为后来宋伯姬之事张本,这里不得不记载宋共公的卒葬。此传"夫人之义",与上述责难季孙行父致女之事一样,都认为夫人不宜自作主张,需要受制于人。《穀梁》认可的贤者,不一定需要事事作主,即使顺从他人也是可以的。这已预设：

> J_2 贤者不必是伸张自主意志的主体。

以妇从夫,乃是周礼的伦理规定。宋伯姬是能够体现"妇道"的贤者,而《春秋》也不要求宋伯姬作为夫人具有像男人一样的自主性。

（十）襄三十年经："五月甲午,宋灾,伯姬卒。"传："取卒之日,加之灾上者,见以灾卒也。其见以灾卒奈何？伯姬之舍失火,左右曰：'夫人少辟火乎？'伯姬曰：'妇人之义,傅母不在,宵不下堂。'左右又曰：'夫人少辟火乎？'伯姬曰：'妇人之义,保母不在,宵不下堂。'遂逮乎火而死。妇人以贞为行者也,伯姬之妇道尽矣。详其事,贤伯姬也。"③

这是说明宋伯姬如何死难,同时也交代"不得其所"究竟是什么回事。

1. 灾

灾,即火灾。经文言灾,内外有别。《春秋》言鲁国之"灾"共 6 例：

[1]桓十四年："八月壬申,御廪灾。"

---

① 程端学:《三传辨疑》卷 14,页 336。
② 参阅本书第三章,页 407—11、415—18。
③ 《穀梁注疏》卷 16,页 273。

[2]僖二十年:"五月己巳,西宫灾。"
[3]成三年:"甲子,新宫灾。"
[4]定二年:"五月壬辰,雉门及两观灾。"
[5]哀三年:"五月辛卯,桓宫、僖宫灾。"
[6]哀四年:"六月辛丑,亳社灾。"

归纳上述,这6例皆是书日。柳兴恩在讨论"内灾异"时,据僖二十一年传"旱时,正也"之说,推衍出"凡灾异俱例时"之例。① 这是把"灾"和"旱""地震""震电""雨雪"混为一谈,而传文实未将"灾异"视作一个完整的范畴。这样浑言灾异不予细分的做法,②殊非传义。

2. 灾日

其他国家之灾一般记载季节,《春秋》计有3例:

[1]庄二十年:"夏,齐大灾。"
[2]宣十六年:"夏,成周宣榭灾。"
[3]襄九年:"春,宋灾。"

书时是正常的措辞,书日则有特殊用意。除本例外,《春秋》还有一例书日。昭十八年经:"五月壬午,宋、卫、陈、郑灾",传:"其日,亦以同日也。"③四国同日有灾,极其罕见,不书日不能确切说明。由此对比,宋伯姬灾卒书日,是不寻常的笔法。

3. 内女卒日

经文记载鲁国公主之死,一般皆记载日期。除宋伯姬外,还有4例:

[1]僖九年:"七月乙酉,伯姬卒。"
[2]僖十六年:"四月丙申,鄫季姬卒。"
[3]文十二年:"二月庚子,子叔姬卒。"
[4]成八年:"十月癸卯,杞叔姬卒。"

不日卒仅2例,即纪伯姬和纪叔姬,她们月卒是因为纪国灭亡的缘故。因此,书日是内女卒的通例。此经在"宋灾"前书日,显示内女卒日之例压倒

---

① 柳兴恩:《大义述》卷4,页57—58。《穀梁注疏》卷9,页140。
② 不仅内灾异,对外灾异亦是如此,参阅柳兴恩:《大义述》卷5,页73。
③ 《穀梁注疏》卷18,页298。

了外灾书时之例。

4. "见以"之问

"见以",相当于"看得出因为……"的意思。先发"见以 W"之判断,再提"其见以 W"之问题,是《穀梁》解释经中某些特殊笔法的措辞。除本例外,《穀梁》还有2例使用这种措辞:

> [1]襄七年经:"郑伯髡原如会,未见诸侯;丙戌,卒于操",云:"卒之名,则何为加之如会之上?见以如会卒也。其见以如会卒,何也?"

> [2]襄二十五年经:"吴子谒伐楚,门于巢,卒",传:"取卒之名,加之伐楚之上者,见以伐楚卒也。其见以伐楚卒,何也?"①

可以看见,"见以 W"的答问,是要解释异常笔法的所以然。此经之日指涉伯姬之死,而非宋灾;之所以在"宋灾"前加上日期,看得出这样的笔法是因为要表明伯姬死于火灾。

5. 没有"灾"与"大灾"之辨

这是经文显示伯姬死难的主要关键,而非"灾"与"大灾"之别,有别于《左传》学者的看法。《左》襄三十年传:"宋大灾";孔疏引服虔曰:"不书大,非灾火及人,伯姬坐而待之耳。"②确切地说,"灾"与"大灾"之辨,与经文"宋灾"的措辞,存在明显的差别。服虔认定这场火灾本不严重,不足以使人致死,只是伯姬坐待方才死难,因此认为经文书"宋灾"而非"宋大灾"更加正确。这个想法纯属想象。现存文献只说宋伯姬赴死,但没有详述灾情的细节。如下文所述,襄三十年传"宋之所丧财"之语,宋国肯定失去了财产,但很难说仅有宋伯姬和财产的损失,而没有别的破坏和伤害。服氏"非灾"之说,有悖情理,强把"宋灾"说成"非灾",实不可信。

对此,钟文烝《补注》批驳说:"经不书'大'者,下有'伯姬卒',则'大'可知,故省文也。"③此论为驳服而发,但服虔之误不意味钟注必对。庄二十年经:"齐大灾",传:"其志,以甚也。"昭九年经:"陈火",传:"国曰灾,邑曰火。"④

---

① 《穀梁注疏》卷15,页249;卷16,页267。
② 《左传正义》卷40,页1117。
③ 钟文烝:《补注》卷20,页592。
④ 《穀梁注疏》卷6,页84;卷17,页287。

在鲁、周以外的其他国家中，①"灾"是相对"火"和"大灾"而言；灾以邑称为"火"，以国称则为"灾"，比"灾"更严重的是"大灾"。《穀梁》实无因死人而言"大灾"和因省文而言"灾"不言"大灾"之说。经言"宋灾"而《左传》言"宋大灾"，两者难以强合。钟注驳服之说，于传无据。"火"和"灾"不意味必无死亡；"宋灾"导致伯姬之死，传文说的明白，不必因《左传》"大灾"一语而多生枝节。

6. 左右

传文叙述伯姬所居之房屋失火时，侍从两度劝伯姬稍作躲避，却遭伯姬拒绝。传中"左右"，意谓侍从。周何译之为"左右的人"，②已嫌呆拙。徐正英、邹皓译之为"侍奉之人"，③亦属弱足蹩脚之辞。僖元年传："屏左右而相搏"，又云："左右曰：'孟劳！'"④此"左右"，皆是季友的侍从。《穀梁》的"左右"，当作如是解，更简单地译为"侍从"该是更好的选择。

7. 二问二答的两种解释

二问二答，叙述呆衍。现有两种解释：

(1) 钟文烝《补注》云："傅母、保母皆女未嫁时所置，女嫁随女同行。伯姬时年六十左右，傅母、保母当已九十左右，皆未必存。……伯姬言此者，盖自以身为寡妇，昏夜之时，不欲下堂出门，又不欲明言其故，因时傅母、保母皆已前没，故假庙中之礼以拒左右。"⑤如其解，传文"傅""保"二字属于互文，而伯姬妇人宵出、必得傅保之答，不过是假托之辞，借此为由拒绝逃难的做法。也就是说，伯姬在回答时已有死志，不存在等待傅母、保母的情节。这个说法的最大优点，是不必像于鬯那样增字解读。不过，钟文烝判断伯姬的傅母、保母未必存，充其量只是合理的猜想，没有确证可以说傅母、保母是否已死。

(2) 于鬯猜测"左右又曰"之上有所阙失，《香草校书》云："此合应有'傅母至矣，保母未至也'二语。'傅母至'，承上'傅母不在，宵不下堂'之语；'保母未至'，起下'保母不在，宵不下堂'之语。如此变言傅母、保母，方有

---

① 如本章(页284)的举证，鲁、周之灾皆是发生在某一建筑物内。
② 周何：《新译》下册，页916。
③ 徐正英、邹皓：《全译》，页629。
④ 《穀梁注疏》卷7，页107。
⑤ 钟文烝：《补注》卷20，页593。

义贯。"①这个解读的最大好处,是它能够与其他文献的叙事吻合。《公羊》襄三十年传:"傅至矣,母未至也。"②这里的"傅",就是《穀梁》的"傅母";"母",就是《穀梁》的保母。此外,《列女传》云:"伯姬尝遇夜失火,左右曰:'夫人少避火。'伯姬曰:'妇人之义,傅母不至,夜不下堂,待保傅来也。'保母至矣,傅母未至也。左右又曰:'夫人少避火。'伯姬曰:'妇人之义,傅母不至,夜不可下堂……'"③这一叙事,与于鬯增文解读的叙事,若合符节,惟一的差异是《穀梁》先言傅母,后言保母,而《列女传》先兼言"保傅",后言"保母至矣,傅母未至"。究竟当时伯姬确实如何说法?《穀》《公》《列》三者哪一个符合事实?现已无从稽核。但无论如何,若不是先有傅母(或《列女传》的"保母")已至,是很难说明左右为何又再催促,而伯姬则以保母(或《列女传》的"傅母")为由推拒。于鬯增字解传,容易招来质疑,但也不能不承认,他的解读显然比传文原来的记述更合理和更可读。按照他的观点,伯姬先是以傅母不在,晚上不能下堂为由,拒绝避难。等到傅母到来,伯姬又以保母不在为由再次拒绝。

以上二说同样有若干理据,在此不必强分高下;反正是否接纳哪一套说法,传文已明确表示伯姬决定不离开火场。"逮乎火而死"的"逮",含有"及"义,④意谓烈火烧至伯姬的居所而使她丧命。

8. 以贞为行

"以贞为行"的"贞",不是指对某个外在的对象的忠诚,钟文烝引刘向"妇人以专一为贞"为说,另有班固《女诫》佐证。⑤ 这里必须提请注意,若是"专一"理解为妇人守一不二的节操,是可以的;若是解作对待某个忠诚对象的涵义,则不妥。《穀梁》讨论宋伯姬之贞,并未触及她对哪个外在对象的忠诚态度。对钟注的说法,王天然有不同的意见:"钟氏引西汉晚期、东汉早期时人观念解此传之'贞',未必准确。贞者,正也。"接着王氏以《易·乾卦》"元亨利贞"孔疏训"贞"为"正"为证,说:"此传之'贞',当训'正'。"⑥然而,钟文烝虽举《列女传》和《女诫》之说,但要注意,他也同时说:"伯姬遇

---

① 于鬯:《香草校书》卷48,页966。
② 《公羊注疏》卷21,页469。
③ 王照圆:《列女传补注》卷4,页142。
④ 《公羊》成二年传(卷17,375)云:"逮于袁娄而与之盟",何诂:"逮,及也。"
⑤ 钟文烝:《补注》卷20,页593。
⑥ 王天然:《〈穀梁〉文献征》,页42。

灾,犹能守义,平时有贞行可知矣。行贞则妇道尽。"①可见,钟文烝完全知道以"贞"解"正"的训诂。问题是,若以"贞"为"正",那么它与传中诸"正"有何异同?为何其他地方言"正",独宋伯姬一人言"贞"?事实上,先秦文献中"贞"字带有"定"义,不难举例。② 即使"贞"可训作"正",但在许多语境中,"正"往往指涉的是一种专注守正的表现。③ 因此,尽管"贞"可训"正",但不能说所有先秦文献的"贞"必作如此解释方可。钟文烝《补注》强调宋伯姬的"贞行",配合她的灾卒表现,其实同样可通。如王天然的解释,"贞"与"正"实可互解,在语义上虽然可以这样训诂,但《穀梁》屡言"正"字,多以此指涉某人某事的合法性,与宋伯姬的"贞"似乎不尽相同。宋伯姬不离火场而死,得到"贞"和"妇道尽"的好评。有鉴于此,这里还是保留钟注的解释,暂不采用王天然的说法。

9. "详其事"的两种误解

灾卒是贤伯姬的关键,但如上所述,"其事"有别于"其志","详其事,贤伯姬也"的"其事",意谓伯姬的各种事迹,不是单指这次死于火灾一事。现有两种解释:

(1)钟文烝《补注》云:"详者,谓以卒日加灾上也。"④从"灾"上加死亡日期的讨论,可知钟注把"详其事"理解为伯姬灾卒之事,显然背离传义。

(2)廖平《古义疏》云:"据宋灾不志灾,内女有主不志卒。"⑤相比于钟注,上述说法的论据更加薄弱。襄九年经:"宋灾。"传:"外灾不志;此其志何也?故宋也。"⑥这是为了"故宋"而记载"外灾";也就是说,"宋灾"是需要"志",实非"宋灾不志灾"。还有,庄三十年经:"葬纪叔姬。"传:"不日卒而日葬,闵纪之亡也。"⑦因为怜悯纪国灭亡,经文记载纪叔姬的卒葬,死前

---

① 钟文烝:《补注》卷20,页593。
② 如《周易·蛊卦·九二》(卷3,页93)云:"干母之蛊,不可贞",尚秉和《周易尚氏学》(卷6,页103)云:"贞,定也。"
③ 《檀弓下》云:"昔者卫国有难,夫子以其死卫寡人,不亦贞乎?"此"贞"就是操守坚定不移的涵义。《旅獒》云:"不役耳目,百度惟贞。"又《屯卦·六二》云:"女子贞不字,十年乃字。"以上二"贞",是针对其人不受外来干预而言。参阅《礼记正义》卷10,页291。《尚书正义》卷13,页328。《周易正义》卷1,页35—36。
④ 钟文烝:《补注》卷20,页593。
⑤ 廖平:《古义疏》卷8,页559。
⑥ 《穀梁注疏》卷15,页251。
⑦ 《穀梁注疏》卷6,页98。

纪叔姬已回归酅邑,这不是"有主"与否的考虑。无论"宋灾"或内女的特殊情形,《穀梁》都认为经文需要记载其灾其卒。廖平为了凸显宋伯姬的特殊性和重要性,另言"不志灾"和"不志卒",皆不符合《穀梁》内容。与钟文烝一样,这是因为他把"其事"误解为伯姬灾卒一事。宋伯姬灾卒之所以独特,之所以有别于其他宋灾和内女之卒,是因为她的各种事迹都被记载在经中,不是单指襄三十年灾卒书日的经文。

10. 小结

宋伯姬留在火场而死,与其说是她自己决定这样做,不如说是她选择做了她觉得"妇人之义"的应有行为(参照 J_2)。《穀梁》的叙事展现她对"妇人之义"的理解和信念,而经文之所以详载其事迹,就是因为她是可敬的贤者而又获得"不得其所"的悲惨结局。

在这里,必须要略为澄清一点:无论如何理解二问二答,宋伯姬不曾说过自己的行事标准是"礼"。她所说的"妇人之义"也许是春秋时期对礼仪的认识,但不能说"礼"已规定所有行为的应然性。《穀梁》不曾认为宋伯姬因礼而死,并且应该承认"礼"不是行为实践的惟一考虑,也不是它的最高考虑:

K_2 "礼"不是应该采用什么行为的决定性条件。

在《穀梁》书中,"非礼"或"礼"以外的其他实践考虑也是存在的。宋伯姬"以贞为行",能尽"妇道",但在概念上,这些都不等于"礼"。不能说"礼"是宋伯姬行为意识中实践标准。

(十一)襄三十年经:"秋,七月,叔弓如宋,葬共姬。"传:"外夫人不书葬,此其言葬,何也?吾女也。卒灾,故隐而葬之也。"①

这是叙述宋伯姬的葬礼,内容要求如下:

1. 共姬

此经称"共姬"而非"伯姬",《春秋》仅此一例。《公羊》襄三十年传:"其称谥何?贤也。"②称谥示贤,是《公羊》的独特观点,《穀梁》没有这方面的主张。

为何其他经传皆称"伯姬",而此传称"共姬"呢?《穀梁》没有解释。范

---

① 《穀梁注疏》卷16,页274。
② 《公羊注疏》卷21,页469。

注:"共姬,从夫谥也。"①此说全抄《左传》杜注。② 以杜注传,本非正途,但有别于其他,范宁这次援引杜预之说,却是正确的。"共姬"和"宋共公"一样,都是葬礼中所评给的谥号。隐二年传"夫人之义,从君者也"和成十五年传"夫人之义不逾君",③已明言夫人跟随丈夫的通则。据此,范宁沿用杜预的观点,认为"共姬"之名,跟从其夫"共公"之谥,倒是符合《穀梁》的主张。因此,不能因为"从夫谥"是来自杜注而摒弃不用。

2. 叔弓

叔弓,春秋后期鲁国名臣,其祖是鲁宣公弟叔肸。《檀弓》郑注:"子叔敬叔,鲁宣公弟叔肸之曾孙叔弓也。"④此说可从。

3. 如

"如"意谓往赴。经文以鲁为内,对鲁国大夫的聘问,一般仅用"如"言之。柯劭忞《传注》云:"如者,内称使之文。内大夫朝聘,皆书如。"⑤这一概述大体上正确。他国大夫出使,往往记载指使的君主是谁,并且用"使"言之,如襄二十九年经"吴子使札来聘"、昭十二年"宋公使华定来聘"等等,这跟鲁国大夫的"如"是完全不同的修辞手法。⑥

此经在葬文前交代叔弓赴宋参与会葬,采用"A 如 X 葬 B"的句式,是正常的笔法。牛运震认为其中寓有尊内之意,《春秋传》云:"内聘言如者,尊内也。"⑦这是暗袭何休的说法。何诂:"内朝聘言如者,尊内也。"⑧然而,鲁国大夫朝聘言"如",可以说是有别于外国大夫的措辞,但为何这就等于"尊内"?说到底,何休尊内之论,都是立足于黜周王鲁的预设。对这一说法,钟文烝《补注》已批判说:"诸鲁出朝聘,皆直书如。不称朝聘者,何休以为尊内。夫言如不言朝聘,安见其尊?且何以有变文言朝者?何以外相朝亦言如乎?"⑨"如"不蕴涵尊内。在"如"字上刻意深求,不是平实的释义。

---

① 《穀梁注疏》卷16,页274。
② 《左传正义》卷40,页1111。
③ 《穀梁注疏》卷1,页12;卷14,页234。
④ 《礼记正义》卷10,页303。有关叔肸的事迹,参阅本书第四章,页698—707。
⑤ 柯劭忞:《传注》卷4,页7。
⑥ 有关"如"的涵义,参阅本章(页268)的解释。
⑦ 牛运震:《春秋传》卷3,页565。
⑧ 《公羊注疏》卷8,页172。
⑨ 钟文烝:《补注》卷7,页209。

第二章　死难与灾卒

4. 吾女

《春秋》一般不记载鲁国以外的夫人下葬,为何载有宋伯姬的葬事?此传的解释是"吾女"。读者不宜望文生义以为出嫁到外地的鲁国公主皆有葬文,因为言葬不过纪伯姬、纪叔姬、宋伯姬三人:前二女之葬文是因为纪国灭亡,①宋伯姬则因为卒灾。换言之,只有遭到异常变故、非常值得同情的鲁国公主才会特笔言葬。

5. 隐而葬之

"隐而葬之"的"隐",意谓隐痛,不是隐没。② 伯姬在火灾中死难,所以君子因哀伤而记录她的葬事。

6. 月葬不必因故

内女之葬以月为正。经文记载宋伯姬在七月下葬,表示情况正常。钟文烝《补注》云:"内君夫人葬例日,外诸侯葬以时为正,以此差之,则内女为外夫人书葬者宜以月为正。"③对此,柯劭忞另有异说,《传注》云:"葬例时,月葬故也。"④这一说法依据成疑。"月葬,故也"不是应用在内女葬文的传例,包括隐五年"四月,葬卫桓公"、隐八年"八月,葬蔡宣公"、庄三年"四月,葬宋庄公",《穀梁》的解释俱是"月葬,故也",⑤皆对诸侯之葬而发,似乎不涉及内女的考虑。

7. 小结

《春秋》内鲁,除非是鲁国公主出身,否则一般不记载其他国家的夫人。宋伯姬不寻常之处,不仅在于它的婚礼、其夫卒葬、其人灾卒的整个过程皆予详录,而且连鲁国派出参加葬礼的使者也不遗漏,真真正正地做到"尽其事"的地步。当然,不是每一个鲁国公主也受到这么高度的重视。全经特笔记载灾卒,仅宋伯姬一例。同样是死于非命,但对她的褒扬肯定高于孔父、仇牧、荀息、公子瑕、箕郑父、庆寅六人。

(十二)襄三十年经:"晋人、齐人、宋人、卫人、郑人、曹人、莒人、邾人、滕人、薛人、杞人、小邾人会于澶渊,宋灾故。"传:"会不言其所为,其曰宋灾

---

① 参阅本书第三章,页407—11、415—18。
② 参阅本书第一章,页58。
③ 钟文烝:《补注》卷20,页594。
④ 柯劭忞:《传注》卷12,页11。
⑤ 《穀梁注疏》卷2,页19、26;卷5,页65。

故,何也? 不言灾故,则无以见其善也。其曰人,何也? 救灾以众。何救焉? 更宋之所丧财也。澶渊之会,中国不侵伐夷狄,夷狄不入,中国无侵伐八年,善之也。晋赵武、楚屈建之力也。"①

澶渊之会是宋伯姬死难的后续发展,如何救助宋灾是当时商议的焦点。

1. 宋灾故

《春秋》有关"会"的叙述,一般只载参与者、地点,有时也会涉及后续的发展,绝少涉及集会召开的目的。除襄三十年经外,仅有桓二年"公会齐侯、陈侯、郑伯于稷,以成宋乱"一则经文如此。"宋灾故",表明澶渊之会是为了伯姬死于火灾的缘故。《穀梁》认为不这样叙述的话,就无法使读者看见此会之"善"。换个角度看,经文特笔书此,也是"详其事"和"尽其事"的表现。《公羊》襄三十年传:"会未有言其所为者,此言所为何? 录伯姬也。"②此言可以与《穀梁》相互印证。

2. 十二国人

自"晋人"至"小邾人"12 个参会的主体,皆称人。对照《左传》的叙述,可以猜测这些参会者都是大夫,《左传》罗列的参会者计有鲁叔孙豹、晋赵武、齐公孙虿、宋向戌、卫北宫佗、郑罕虎及小邾之大夫,③估计该传未提及的"曹人、莒人、邾人、滕人、薛人、杞人",亦是该国的大夫。比照《春秋》和《左传》的叙述,可以看见经文没有记载"鲁人",为什么呢? 钟文烝尝试解释说:"以情事度之,鲁必有大夫听命,经不书者,方欲以众辞一切称人,而于文不得言鲁人,又不得言叔孙豹会某人某人,同于人诸侯以人公之例。"④《春秋》内鲁的写法,限制于经文不可能使用"鲁人"之称,若说叔孙豹会见诸国的"人",容易令读者误会经文借"人"贬恶叔孙豹,有违褒扬十二国大夫救灾之义,所以略之不书。钟文烝这一解释,是现有传注比较合乎情理的解释。

3. "大夫贬称人"之谬

同样称人,不名、不官、不爵,为什么呢? 柯劭忞《传注》云:"大夫贬称

---

① 《穀梁注疏》卷 16,页 274—75。
② 《公羊注疏》卷 21,页 470。
③ 《左传正义》卷 40,页 1121。
④ 钟文烝:《补注》卷 20,页 596。

人。"①这是暗袭《公羊》，非传本义。《公羊》襄三十年传："卿则其称人何？贬。曷为贬？卿不得忧诸侯也。"何诂："明大夫之义，得忧内，不得忧外，所以抑臣道也。"②值得注意的是，《公羊》本无"忧内"与"忧外"之分，在政治实际条件允许下，也不是完全不允许大夫插手到国外的事务。《公羊》定元年经："晋人执宋仲幾于京师"，传："伯讨则其称人何？贬。曷为贬？不与大夫专执也。曷为不与？实与而文不与。文曷为不与？大夫之义，不得专执也。"③从晋大夫"专执"亦得"实与"和"伯讨"（虽是"文不与"）的评价，可见"不得忧外"实有可议之处。除襄三十年经外，《春秋》还有其他大夫参与外务而得到好处的例子，襄二十九年"仲孙羯会晋荀盈、齐高止、宋华定、卫世叔仪、郑公孙段、曹人、莒人、邾人、滕人、薛人、小邾人城杞"和昭三十二年"仲孙何忌会晋韩不信、齐高张、宋仲幾、卫太叔申、郑国参、曹人、莒人、邾人、薛人、杞人、小邾人城成周"，都有大夫参与修建城邑之事，《公羊》对此皆未发传，而何休对后一经文的评论是："其修废职，有尊尊之意也。"④二经的大夫做得正确，至少是何休也承认的。不过，澶渊之会却因"卿不得忧诸侯"而被贬，其中歧异《公羊》没有详谈。《穀梁》同时对这三次参会的大夫予以肯定，相比之下，《公羊》和何诂相对片面的解释显得不大圆满。

4.《左传》"不信"之论

《左传》断定此经称人，"尤之也"，并引君子曰："信其不可不慎乎！澶渊之会，卿不书，不信也夫。诸侯之上卿，会而不信，宠名皆弃，不信之不可也如是。《诗》曰：'文王陟降，在帝左右。'信之谓也。"⑤如其解，《春秋》没有记载与会者之名是为了责备他们不守信用，这个观点与《穀梁》扞格不入，无从强合。但从解经的角度上看，《左传》不见得压倒《穀梁》，因为书会称人和"宋灾故"为什么意味"不信"，《左传》没有明确的解说，至少在字面意义上很难如此诠释，因此《左传》"不信"之论，主要是依赖它所参照的历史叙事，而非经文确诂。

当然，不接受"不信"之论，不必意味《左传》虚构史实。崔适《复始》云：

---

① 柯劭忞：《传注》卷 12，页 11。
② 《公羊注疏》卷 21，页 470。
③ 《公羊注疏》卷 25，页 547—48。
④ 《公羊注疏》卷 24，页 542。
⑤ 《左传正义》卷 40，页 1121。

"此真所谓以小人之心,度君子之腹者矣,宁有大国执政,而效市井无赖所为者乎?既背卿忧诸侯之义,且宋大夫乃欲受人财而不得者,岂亦以不信而不书乎?"①这个批判是立足于思想揣摩,而非史事辩析。毕竟,当时与会者的实际想法是什么,没有什么具体的心理叙事保留下来。崔适"小人之心"与"君子之腹"的定性,无非是为了回护《公羊》襄三十年传"卿不得忧诸侯"的观点,②但也是想象发挥多于举证征实。分析到最后,崔适以《左传》伪作论作为立言的前提,也没有太多的说服力。

5. 遍刺大夫之谬

胡安国声称称人是要"遍刺天下之大夫",同样有问题。胡传:"二百四十二年之间,列会亦众,而未有言其所为者,此独言其所为何?遍刺天下之大夫也。……夫蔡之乱,其犹人身有腹心之疾,而宋之灾譬诸桐梓与鸡犬也。谋宋灾而不恤蔡之乱,奚啻于养桐梓求鸡犬,不顾其身有腹心危疾而不知疗者哉?以为未之察也,可谓不智。"③这一说法,无非是把襄三十年经前一句"十月,葬蔡景公"结合到此经来解释,认定当时蔡世子般杀父,诸侯不知讨贼,有违天理人伦。但因经文已明言澶渊之会是"宋灾故",胡安国硬要以"葬蔡景公"之事作为释经的首要条件,是以私见凌驾于文本之上,至少不如《穀梁》紧扣"宋灾故"立言来得可靠。因为尊君抑臣的政治心理,胡传却得到许多儒者的拥护,刘逢禄声言此经"讳内而尽贬天下之大夫",并云:"此义本胡氏,实胜传、《解诂》。"④刘逢禄素以捍卫《公羊》门户自居,却不顾自相矛盾之嫌,戮力拥护胡传,其中的玄机耐人寻味。

6. 人＝众辞

"人"是"众辞"。周何译"众"为"群众",⑤甚谬。澶渊之会,显然是大夫们的集会,与群众无关。"众"意谓多,不是指群众。⑥因此,"众辞"也该理解为多数之辞。

此传解释经文之所以称人,是为了补偿宋国因灾丧失的财物,需要多

---

① 崔适:《春秋复始》卷29,页591。
② 《公羊注疏》卷21,页470。
③ 胡安国:《春秋胡氏传》卷23,页385。
④ 刘逢禄:《公羊后录》卷1,页323。
⑤ 周何:《新译》下册,页922。
⑥ 《左》哀十一年传"鲁之群室,众于齐之兵车",《墨子·法仪》"天下之为父母众,而仁者寡"的"众",皆有"多"义。参阅《左传正义》卷58,页1655。孙诒让:《墨子校注》卷1,页21。

方集资帮助救灾。这样的做法,于《周礼》亦有制度上的典据,《大宗伯》云:"以襘礼哀围败",郑注:"同盟者合会财货,以更其所丧。《春秋》襄三十年冬'会于澶渊,宋灾故',是其类。"① 郑玄以《穀梁》义证《周礼》,颇有洞见。无论如何,12 国的"人"在澶渊集会,都是为了宋伯姬的灾卒,反映她与齐桓公一样,都是典型的"得众",而"得众"正是《穀梁》鉴别贤者的重要条件。②

7. "不及伯姬之贤"之谬

没有理由认为《穀梁》否定澶渊盟会与贤伯姬的关系。崔适《复始》云:"《春秋》于内女之始终,未有详备如此者,所谓'书之重,辞之复',其中必有美者焉。《左》《穀》于此会皆有传,而不及伯姬之贤,可谓与圣人同好恶乎?"在本节所讨论的 12 则经文中,《穀梁》屡言"详其事""尽其事",发传讨论计有 7 则,数量与《公羊》相同。因伯姬贤而详载其事,同样是《穀梁》的观点,非《公羊》独有的专利。《穀梁》充分肯定澶盟之会救灾的贡献,立论与《公羊》贬人的观点虽然不同,但二传同样肯定伯姬之贤。至于《左传》,虽对伯姬另有说法,但三传观点不同,是相当正常的事情。崔适以《左》《穀》不能"与圣人同好恶"为由而大施斥斧,不过是偏好《公羊》的情绪流露,没有什么学术意义。

8. "夷狄不入中国无侵伐八年"的点读

"无侵伐"的指涉对象,存在歧异:究竟这是兼指中国、夷狄,抑或专指中国?这涉及"夷狄不入中国无侵伐八年"十字如何点读:

(1)若是"中国"后读断,读作"中国不侵伐夷狄,夷狄不入中国,无侵伐八年",前两句互为主客,最后一句"无侵伐八年"兼指中国、夷狄,语意似有不尽。

(2)若是"中国"前读断,读作"中国不侵伐夷狄,夷狄不入,中国无侵伐八年",第二句略客语不言,第三句因有"中国"为主语,变成专指中国。绝大多数的《穀梁》学者是采用前一种点读方式,仅有于邠采用后一种点读方式:"'中国不侵伐夷狄'者,指中国之于夷狄;'夷狄不入'者,指夷狄之于中国也;'中国无侵伐'者,指中国之于中国也。'八年'二字,总承上三句而

---

① 《周礼注疏》卷 18,页 463。
② 参阅本书第四章,页 595—690。

言,则似较旧读为协。且中国诸侯无侵伐,实为最要之义。舍中国之于中国,而专举中国夷狄,不失轻重之义乎?"①鉴于此传肯定中原诸国同心助宋救灾之举,"救灾"正是"无侵伐"的优良表现,实是专就中国而言。若如前一方式点读,"无侵伐"兼及夷狄,指涉对象歧出,不专指中国。因此,该采用后一方式点读。

9. "八年"的计算

"八年"指的是"中国不侵伐夷狄,夷狄不入,中国无侵伐"的时间。问题是:八年如何算法?现有三个说法:

①从襄二十五年至昭元年。杨疏:"《左氏》云相晋国于今八年,亦从二十五年数至昭元年也。"②这是牵合《左传》之说。《左传》记录赵武在襄二十五年开始掌政,故有此论。鉴于《穀梁》此传明言"晋赵武、楚屈建之力",这是专指他们弭兵的贡献,若"八年"是从赵武执政的时间算起,不合传义。钟文烝《补注》云:"从二十五年为始,亦非也",③能敏锐辨别杨疏之失。

②从襄三十年至昭七年。廖平《古义疏》云:"自此至昭七年,楚与中国无兵事。至八年,乃灭陈。"④古人算数,皆以首尾之数兼算在内。襄二十五年至昭元年和襄二十七年至昭三年,皆作八年,即是显例。如廖疏之说,自襄三十年至昭七年,若是兼计首尾之数,就是九年,而非八年。此外,昭四年经:"楚人执徐子",又云:"楚子、蔡侯、陈侯、许男、顿子、胡子、沈子、淮夷伐吴,执齐庆封,杀之",岂能说是"无侵伐"?廖平认为,"八年无侵伐"算是澶渊之会所带来的影响,但此经12国的"人",其中并无"楚人",征诸《左传》,亦无屈建或其他楚人与会。由于《穀梁》没有明言"八年无侵伐"从澶渊此会算起,说是"晋赵武、楚屈建之力",可见更合理的解读,是不把此会作为"八年"的开端。廖平推理失当,从一开始便错置了前提。

③从襄二十七年至昭三年。这是齐召南的主张:"自二十七年后至昭三年,推检经文,并无侵伐,至昭四年书楚子会申、执徐子,书伐吴灭厉,而楚复横,此传之所谓'无侵伐八年'也。"⑤

---

① 于鬯:《香草校书》卷48,页968。
② 《穀梁注疏》卷16,页275。
③ 钟文烝:《补注》卷20,页596。
④ 廖平:《古义疏》卷8,页562。
⑤ 齐召南:《穀梁考证》卷16,页798。

说法③是正确的,得到钟文烝、王闿运、柯劭忞、于鬯诸人的支持。①之所以从襄二十七年算起,很大程度上是鉴于襄二十六年经:"冬,楚子、蔡侯、陈侯伐郑。"可见,"无侵伐"是从"伐郑"之后算起。崔适《复始》云:"自此伐以后,终春秋之世,无复晋、楚争郑之事,二十七年晋赵武、楚屈建'盟于宋'之力。"②此言不是为《穀梁》而发,但符合经文的记载,可以备存。

之所以把功劳算在赵武、屈建头上,是因为他们主持的会议带来了实质的和平。襄二十七年经:"夏,叔孙豹会晋赵武、楚屈建、蔡公孙归生、卫石恶、陈孔奂、郑良霄、许人、曹人于宋。"这次弭兵之会,是导致"中国不侵伐夷狄,夷狄不入"的主因。柯劭忞就看见二者的因果关系,故《传注》云:"此弭兵之会,义在会澶渊下。"③其后八年,《春秋》没有"侵""伐",也没有"灭""入""围""战"等记载。

必须强调,此传的"无侵伐",不是说什么战事也没有。昭元年经:"三月,取郓",又云:"晋荀吴帅师败狄于大原",便是记载鲁、晋与邻近国家的军事冲突。这些冲突不涉及以晋、楚为首的"中国"与"夷狄"对决,所以不算是"无侵伐"的反证。对此,钟文烝已解释说:"昭元年虽有取郓、败狄二事,而邻近之争,旷远之役,固与诸灭、入、围、战、侵、伐者异例。"④据此,"无侵伐"就是形容这八年不复出现晋、楚二大国为首争霸的大规模战争。

因为"八年"是由襄二十七年宋之会算起,此传所说的"澶渊之会"实非"中国无侵伐八年"的起点或原因。周何把"澶渊之会"译为"自有这次澶渊之会",⑤这是添加"自"字解读此传,无形中把澶渊之会理解为"中国无侵伐八年"的起点,自相矛盾。周何同时接受了钟文烝《补注》之说,相信"八年"是指襄二十七年至昭三年,似乎不知这个说法与其译不能吻合,令人费解。

10. "中国无侵伐八年"的正确理解

要言之,"澶渊之会"是"中国无侵伐八年"这样的和平局势下的一个结果;或者说,"澶渊之会"以"中国无侵伐八年"为其背景。真正导致"中国无

---

① 支持襄二十七年至昭三年之说,计有钟文烝:《补注》卷20,页597。王闿运:《申义》,页21。柯劭忞:《传注》卷12,页12。于鬯:《香草校书》卷48,页968。
② 崔适:《春秋复始》卷12,页467。
③ 柯劭忞:《传注》卷12,页6。
④ 钟文烝:《补注》卷20,页597。
⑤ 周何:《新译》下册,页921—22。

侵伐八年"的是襄二十七年宋之会。为什么不在襄二十七年经下评述,反而在此年发传呢？传文没有明说。《穀梁》释经,往往比事而发其义于另一传,要通释某一经文之义,必须通释其他经文。钟文烝《补注》云:"传特发此数语者,以明君子书经,用意深远,有文中之义,又有文外之文,前后相属,彼此相明者也。"①

可惜,王树荣对此视而不见,哓哓焉复为之辨,批评《补注》说:"良由不悟《穀梁传》全由众手杂凑而成,是以众说纷纭,终于莫衷一是耳。"②上述指控,是以刘歆制作伪经之说作为重要的论证前提,但这只是康有为、崔适等人自以为是的猜想,绝非稳固可靠的预设;而王树荣"众手杂凑"的观点,也没有相关的史料记载和史事依据,又是一项缺乏举证的诬蔑。

11. 赵武、屈建之力

"晋赵武、楚屈建之力"的"力",与"功"相通,意谓功绩。承载译"力"为"努力",③是错误的。"力"有"功"义,不见得都可以解作力量或努力。④此传的"力",宜解作"功"。杨疏:"屈建虽一会于宋,外宁夷狄,是屈建之功。"⑤杨士勋大概已看到"力""功"相通之处。《穀梁》不仅褒扬十二国人救患分灾的做法,也认为赵、屈二人促成"中国无侵伐八年"的功绩可以赞美。柯劭忞指出,促进宋之会的其中一名推手屈建早已逝世,而该年又无屈建下葬的经文,"屈建已卒于二十八年,此由澶渊之会追溯其功尔。"⑥言之平实,可以信从。

12. 变之正

在此,有必要结合"变之正"之义加以理解。襄二十九年"仲孙羯会晋荀盈、齐高止、宋华定、卫世叔仪、郑公孙段、曹人、莒人、邾人、滕人、薛人、小邾人城杞"和昭三十二年"仲孙何忌会晋韩不信、齐高张、宋仲幾、卫太叔

---

① 钟文烝:《补注》卷20,页597。
② 王树荣:《续穀梁废疾》卷2,页259—60。
③ 承载:《译注》,页598。
④ 例如《左》襄二十三年传:"孺子秩固其所也。若羯立,则季氏信有力于臧氏矣。"杜注:"臧氏因季孙之欲而为定之,犹为有力。今若专立孟氏之少,则季氏有力过于臧氏。"这是错解为"力"为努力,如王引之所说,此句"言秩本当立,立之不足以为功。羯不当立而季氏立之,则信有功于孟氏矣。谓羯必感其恩,杜不能厘正而曲为之说,非是。"参阅《左传正义》卷35,页995。王引之:《经义述闻》卷18,页1063—64。
⑤ 《穀梁注疏》卷16,页275。
⑥ 柯劭忞:《传注》卷12,页12。

申、郑国参、曹人、莒人、邾人、薛人、杞人、小邾人城成周"两则经文，《穀梁》的解释皆是："诸侯之大夫，相帅以城之，此变之正也。"①在某些异常的情况下，卿大夫取代诸侯做了一些正确的事情，是可以的。春秋末年，世乱已久，难得诸国大夫还能做出救灾、弭兵等善事，如此骏功伟烈，正是《穀梁》特别致意之所在。钟文烝《补注》云："君子作《春秋》，爱民重众而恶战，习乱既久，则好始治，故于澶渊特见善者，乃善其不事兵戎，同恤灾患，其事其时，前后仅见也，要之皆赵武、屈建弭兵通好之力。"②救灾、弭兵诸事本应是诸侯负责，轮不到大夫越俎代庖，但因政局动荡，能有如此成就已不容易，《穀梁》在此也不予苛求。

这次救灾述及十二国人，重点是他们不论与宋国的亲疏远近如何，都愿意出力救灾。秦平说："'救灾以众'成为当时各国团结起来抵御灾害的重要手段，这也反映出各诸侯国在彼此交往中所珍视的'亲亲'宗法情谊。"③十二国人皆非同姓，以"亲亲"言之，颇可怪也。尤其是其中的"莒人"，据《穀梁》理解，本属夷狄，绝非宋国的亲者。成九年传："莒虽夷狄，犹中国也。"④尽管同心协力不让其他国人，但不能说莒人救灾展现了"'亲亲'宗法情谊"。救灾就是救灾，"亲亲"或"宗法情谊"不是此传之义。

前已述及，《左》《公》二传对大夫代理诸侯之事，都是批判的立场，其持论远不如《穀梁》"变之正"之说来得通达和灵活。如柯劭忞所言，"《左》义，临一家之辞；《公羊》义，临一国之辞；《穀梁》义，临天下之辞也。"⑤《穀梁》着眼的视角比《左》《公》更为广阔，这是阅读传文必须吃紧之所在。

13. 小结

由此可见，虽然同样是横死于难，宋伯姬所得到的好评，远高于孔父、仇牧、荀息、公子瑕、箕郑父、庆寅。宋伯姬与这六人最大的差别，在于：

①她不是因为某个外在的效忠对象而死。她没有受到身边的侍从影响，一直贯彻自己所重视的想法而死。

②她死后得到诸侯共同救灾，这是"得众"的一个表现；按照"得众"而

---

① 《穀梁注疏》卷16，页272；卷18，页312。
② 钟文烝：《补注》卷20，页597。
③ 秦平：《〈春秋穀梁传〉政治哲学研究》，页241。
④ 《穀梁注疏》卷14，页226。
⑤ 柯劭忞：《传注》卷12，页12。

"贤"的推论,可以理解为何她是传文认可的一名贤者(参照 J_1)。

当然,歌颂宋伯姬之贤,不意味她的所有行为都是完美无瑕的,其中的思想信息,需要再三玩味。

第三节 祭仲不死难之谬

并非只有死难才能称贤。但该死难而不死难,肯定不是正确的表现。以下,将以一个反面事例说明不死难的错谬。郑国的权臣祭仲在危难时不肯赴死,反而废立君主。他被《公羊》誉为"知权""行权"的贤者,但在《穀梁》看来绝不是这么一回事。因此,祭仲的案例值得深入剖析。且看以下13则经传:

(一)桓十一年经:"夏,五月癸未,郑伯寤生卒。"

《穀梁》无传。"寤生"是郑庄公之名。郑庄公在春秋初期叱咤风云,按照"日卒正也"的传例,这则经文的死亡日期已显示郑庄公在位的合法性没有疑问;这也符合他作为其父郑庄公的嫡长子的身份——尽管他曾有逼害亲弟、与天王对阵、党于宋鲁篡贼等恶劣记录。① 杀了"有徒众"的公子段,于郑庄公的"正"似无影响。无论如何,郑庄公的死,是日后郑国君位屡见变故的一个开端。

(二)桓十一年经:"秋,七月,葬郑庄公。"

《穀梁》无传。郑庄公的逝世和安葬,是随后郑国内乱的序幕。

1. 书葬的原因

郑庄公有杀母弟之恶,应该跟晋献公一样,属于"失德不葬"之列。然而,此经记载了郑庄公的葬文及其月份。为何有葬文呢?现有三种错误解释:

(1)范注:"庄公杀段,失德不葬,而书葬者,段不弟,于王法当讨,故不以杀亲亲贬之。"② 对此,吴涛既说"无疑此注深得《穀梁传》之义",又说"我们不知道范宁此注所本",③令人纳罕。虽然"失德不葬"是《穀梁》的重要

---

① 有关郑庄公的各种事迹,参阅《史记·郑世家》(卷42,页2124—26)的记载。郑庄公在春秋初期的历史地位,徐中舒《先秦史论稿》(页198)已有扼要的论述。
② 《穀梁注疏》卷4,页49。
③ 吴涛:《"术""学"纷争下的西汉〈春秋〉学》,页151。

第二章 死难与灾卒

主张,但传文没有明言杀母弟、世子的凶手是否该有葬文,因为被害者是否不弟或不子。细读诸注可知,范宁从段不弟找庄公书葬的解释,或多或少是暗袭何休的主张。何诂:"庄公杀段,所以书葬者,段当国,本当从讨贼辞,不得与杀大夫同例。"①此说实有疑问。如上所述,《公羊》以"当国"作为"不称弟"或"国氏"的一种解释,跟当事人是否书葬,一点关系也没有。因此,何休从段当国来推论庄公书葬的主张,即使放在《公羊》也难说是圆满的解释。范宁略变其说,不言"当国"而改言"不弟",以此解读《榖梁》传义,不见得更有说服力。

(2) 因为何诂以叔段当国之说不能有力解释郑庄公书葬的缘故,孔广森改而拿卫朔与之比观,《通义》云:"郑庄、卫惠皆犯王命,但天子于郑伐之而已,与朔为王命所废者异,故惠公不书葬,庄公书葬。"②此说同样不通。同样是废王命,卫惠书葬,郑庄不书葬,孔广森仅说二人有"异",似乎不妥,郑庄冒犯天王的情节绝不低于卫惠公,桓五年经:"秋,蔡人、卫人、陈人从王伐郑。"周桓王率领诸侯讨伐郑庄公,结果兵败丧师,据《左传》记载,郑庄公的臣子祝聃更在战场上射中周桓王肩膀。③ 不臣之举,孰过于此?齐召南批判说:"郑寤生拒抗天王,罪大恶极,岂宜不见贬绝而且举其谥乎哉?"④这是针对范注据段不弟而庄有葬文之论而发,并非针对孔氏,但也说明根据郑庄对周王的做法,是推论不出葬文的有力理由。

(3) 与孔广森持论相近,柳兴恩为了回护范注,尝试辨解说:"乃经但书'伐郑',郑之所以免者,或饰诚请罪,天子宥之耳。"⑤此说曲为弥缝的痕迹十分明显。桓五年传:"为天王讳伐郑",又云:"为天子病矣。"⑥《榖梁》显然认为郑庄公不服从周王,是不得不为周王隐讳的奇耻大辱,一点也看不出"天子宥之"的涵义。柳兴恩援《左》解《榖》,绝不可信。当然,柳之误不证成齐之对。《榖梁》只说"失德不葬",没有说犯王命不葬。总而言之,何、范、齐、孔诸人有关克段和伐郑的观点,对于郑庄公不葬的解释,同样是蠡测悬想,不可信从。

---

① 《公羊注疏》卷5,页96。
② 孔广森:《公羊通义》卷2,页44。
③ 《左传正义》卷6,页165—67。
④ 齐召南:《榖梁考证》卷4,页599。
⑤ 柳兴恩:《大义述》卷10,页125。
⑥ 《榖梁注疏》卷3,页41—42。

2. 不正前见

更合理的解释，是因为郑庄公杀母弟之"失德"已经"前见"。僖十七年经："十有二月乙亥，齐侯小白卒。"传："此不正；其日之，何也？其不正，前见矣。"①据此，其人"不正"若在经中"前见"，其卒葬之文是不须另笔交代。隐元年经："五月，郑伯克段于鄢。"传："甚郑伯之处心积虑成于杀也。"②即使有了葬文，读者也知道他的"失德"。这跟齐桓公不让公子纠之不正因"前见"而书日，是相同的道理。

3. 月葬危之

既然郑庄公"失德"早已"前见"，就没有必要刻意找原因来解释他的葬文，反而应从《穀梁》时月日之例找答案。前已述及，根据"月葬故也"的传例，凡诸侯下葬记载月份，意味着出现了非比寻常的事故。郑庄公死后祭仲主导废立，政局动荡。柯劭忞《传注》云："庄公卒，忽、突相争，月葬危之。"③经文葬月，预示郑国即将爆发的危机。

郑庄公下葬的月份，不是为了说明他是未及时而葬。廖平《古义疏》云："未及时而葬。"又云："不及时者，嗣子弱。"④认为五月卒、七月葬的郑庄公"不及时"，廖疏又是援《公》解《穀》。《公羊》隐三年传："不及时而日，渴葬也。不及时而不日，慢葬也。"⑤这是以五月为正当的下葬时间，若是不够五月而葬，就看日不日而另作辨析。姑勿论这个主张是否可信，但可以肯定的是，《穀梁》言葬没有及时与不及时之辨。廖平为了佐证"不及时"之说，补充解释说是"嗣子弱"。这是从后来祭仲废忽的发展而作出的推断，但《穀梁》并无忽弱之议，遑论以此解释"不及时"的原因了。廖平不从"月葬故也"的传例立言，反而侈言"不及时"之论，又再违离传义。

4. 小结

郑庄公日卒月葬，反映他的政治合法性，也预示以后郑国内乱的即将出现。祸乱的源头，就是郑庄公生前信任的重臣祭仲。

（三）桓十一年经："九月，宋人执郑祭仲。"传："宋人者，宋公也。其曰

---

① 《穀梁注疏》卷8，页135。
② 《穀梁注疏》卷1，页5。
③ 柯劭忞：《传注》卷2，页12。
④ 廖平：《古义疏》卷2，页100。
⑤ 《公羊注疏》卷2，页39。

人,何也？贬之也。"①

祭仲是引起郑国君主变动的主要罪人,而他之所以废立君主,是因为宋庄公的胁迫。

1. "宋人"寓贬

"宋人"就是宋庄公。"人",既是众辞,也是卑辞,经传中各有不同的涵义:有时示众,有时示卑,有时示微,有时示贬。②《春秋》示贬的笔法很多,其人若是公子却不称公子,可能仅称其名便有贬义。襄七年传:"礼,诸侯不生名,此其生名,何也？卒之名也。"③郑伯髡因如会而死,经文特别记载其名,一般不这样做法。除了这种极其罕见的变故,否则称名的君主要么失国,要么示贬。若不生名而贬抑在世的诸侯,就可以不爵称人。庄三年传:"尊者取尊称焉,卑者取卑称焉。"④据此,宋庄公称人,就是尊者取卑称,寓有贬义,一望而知。相比之下,《公羊》没有解释"宋人",也无法说明经文贬抑宋庄公之意。

2. "祭仲"非名

"祭仲"孰字孰名,传文没有发传解释。有别于此,《公羊》桓十一年传:"何以不名？贤也。何贤乎祭仲？以为知权也。"⑤这是称字不名,寓有贤祭仲知权之义。一些厌恶祭仲的人都没有真正超越不名示贤的前提,反过来断定"仲"是名非字。范注:"祭,氏；仲,名。"⑥这是照抄杜预之说,⑦非传之义。柳兴恩因为回护范注的需要,便采取了一种很含糊的调和办法,既说"似名足、氏仲",又说"又似祭氏、仲足名",⑧两可依违,殊欠裁断,既不肯承认范宁暗袭《左传》杜注之失,又不正视"仲"之为字的可能性。事实上,杜注毫不足信。杜预解《左传》"祭仲足"和"祭足"云:"祭足即祭仲之字,盖名仲,字仲足也。"⑨由于伯、仲、叔、季是中国人常用的字,杜预以

---

① 《穀梁注疏》卷4,页49。
② 《穀梁注疏》卷2,页19;卷5,页68—69;卷6,页95。
③ 《穀梁注疏》卷15,页249。
④ 《穀梁注疏》卷5,页66。
⑤ 《公羊注疏》卷5,页97。
⑥ 《穀梁注疏》卷4,页49。
⑦ 《左传正义》卷7,页193。
⑧ 柳兴恩:《大义述》卷10,页126。
⑨ 《左传正义》卷6,页165、167。

"仲"为名之说遭到许多质疑。惠栋《左传补注》批判杜预"专欲违旧法,以就其曲说","仲字足名,确然无疑。"①武亿《群经义证》云:"此称祭仲,则仲为字无疑,惠氏所据是也。"②可见,杜预的观点不能服人,连《左传》学者也不一定认可。范宁以此为说,无裨传义。

3. "天子之大夫不名"之谬

廖平猜测祭仲是天子的大夫,《古义疏》云:"仲者,字。"③其中的理据是定十四年传"天子之大夫不名"一语。④ 这是预设祭仲因是天子大夫,所以称字。此说渊源有自,不是廖平个人的创见。陆淳《纂例》云:"诸国大夫,王赐之畿内邑,为号令归国者,皆书族书字,同于王大夫,敬之也。"⑤如其解,祭仲称字,仅是为了基本的尊敬,不代表其人可贤。这一说法,因为满足了许多厌恶祭仲专擅的政治心理,普遍得到两宋以降许多儒者的接受。⑥ 问题是,它虽然驳斥了《公羊》以字贤祭仲的观点,但在很大程度上已默认了"除非有特殊情况,凡不名示贤"的预设。这里需要再三强调,《穀梁》没有这样一个预设。而且,祭仲是否天子之大夫,传文亦无明说。

4. 不名非贤

不名,不意味示贤。《白虎通·王者不臣篇》云:"盛德之士不名,尊贤也。"又云:"不名盛德之士者,不可屈爵禄也。"⑦这是因不名而贤其人的思想根据。问题是,《春秋》并非凡不名者皆是盛德之士。例如:

①女叔,周天子的命大夫,不名是要显示尊重。庄二十五年经:"陈侯使女叔来聘",传:"其不名,何也？天子之命大夫也。"⑧《公羊》无传,何诂:"称字者,敬老也。礼,七十,虽庶人,主字而礼之。"⑨可见,何休也承认女叔称字与贤不贤无关。

②单伯,他是哪一国的人,存在疑义。《左传》说他是周室大夫,《穀梁》和《公羊》一样,都说他单伯是鲁国大夫而被天子爵命。何休解"单伯"说

---

① 惠栋:《春秋左传补注》卷1,页127。
② 武亿:《群经义证》卷3,页164。
③ 廖平:《古义疏》卷2,页100。
④ 《穀梁注疏》卷19,页331。
⑤ 陆淳:《春秋集传纂例》卷8,页499。
⑥ 参阅拙著:《权变的论证》,页147—48。
⑦ 《白虎通疏证》卷7,页326。
⑧ 《穀梁注疏》卷6,页91。
⑨ 《公羊注疏》卷8,页171。

"以称字也"，①既以"伯"为字，此"单伯"却没有什么可以推许的品德。尤其是文王时期记载的"单伯"曾因淫于齐国而被捉拿。以这样的行径，当然也不可能指望经文称字是褒辞。②

③南季、王季子，二人皆是周天子的使者。隐九年经："天王使南季来聘"，传："南，氏姓也。季，字也。"③《公羊》和何诂对此皆无异议。宣十年经"天王使王季子来聘"，传："其曰王季，王子也。其曰子，尊之也。"④《公羊》云："其称王季子何？贵也。其贵奈何？母弟也。"⑤在称季的问题上，《公羊》和《穀梁》意见一致，同样认为"季"无非是表示尊重，无涉于其人贤否。

④蔡季，他是蔡桓侯之弟，因其身份尊贵而称字。何休称之为贤，其说存在各种漏洞，不宜信从。⑥

⑤邾仪父，隐元年经："公及邾仪父盟于昧"，传："仪，字也。父犹傅也，男子之美称也。"⑦此"字"与其"美称"一样，都是普通的称呼，非有他义，难以深求。《公羊》云："曷为称字？褒之也。曷为褒之？为其与公盟也。"⑧此"褒"的由来，因为邾仪父与鲁隐公结盟，没有说过他是贤者。

⑥庆父、公子遂，二人都是弑君逆贼，各以"仲孙""仲遂"称之，亦以字称。⑨

读上述诸例可见，字不字与贤不贤实无必然的关系。既然称字不意味必贤，凭什么因为"祭仲"不名而认定经文必有示贤之意？由此可见，《公羊》以不名称字而判断祭仲是贤者，这一说法实是立足在已有反例的前提之上。孔广森《通义》云："外大夫例恒书名，独祭仲书字，灼然见贤，必不信传，将不信经乎？"⑩此说立足于书字必贤的大前提，却无视经文也记载了称字非贤的外大夫，欠缺说服力。"恒书名"与祭仲之贤，完全是错置的推

---

① 《公羊注疏》卷6，页114。
② 参阅本书第三章，页423—36。
③ 《穀梁注疏》卷2，页27。
④ 《穀梁注疏》卷12，页200。
⑤ 《公羊注疏》卷16，页345—46。
⑥ 参阅本书第一章，页70—79。
⑦ 《穀梁注疏》卷1，页3。
⑧ 《公羊注疏》卷1，页14。
⑨ 参阅本书第四章（页748—59）的讨论。
⑩ 孔广森：《公羊通义》卷2，页45—46。

论,分析到最后,《公羊》贤祭仲的理据,主要是靠它的心理叙事,就经文的解读而言,实不圆满。

相反,《穀梁》虽然说过"名不如字",① 也承认某些称字的人是贤者;② 但全传没有"称字褒之"的主张,所以不名称字实非传文判断贤不贤的惟一条件、充分条件或必要条件。称字可能不贤,不称字也可能是贤者。这是比《公羊》更有弹性的解经进路。无论"祭仲"是否不名,也是无关宏旨。诚如曹金籀所言:"以仲为名,固无害其贬;以仲为字,亦无害其为贬。"③ 称字不是确证贤祭仲的决定性条件。即使承认"祭仲"称字不名,也不意味可贤。

5. 祭仲官职

祭仲是什么官职,不清楚。《公羊》称他为"郑相",《左传》称他为"祭封人"和"卿",④ 二者皆与《穀梁》兼容。下文将会指出,桓十一年经"权在祭仲",显示祭仲是执掌郑国朝政的重臣。

6. 执有罪

祭仲既是大夫而被执,自在"有罪"之列。昭八年经:"楚人执陈行人于征师",传:"称人以执大夫,执有罪也。"⑤ 由此反证,祭仲作为被执的客体,已是有罪。

7. 执不言所于地

传文没有交代宋庄公在哪儿捉拿祭仲。按照"执不言所于地"的传义,经文这样的笔法,显示祭仲所在之地是被宋庄公控制。⑥《公羊》桓十一年传:"古者郑国处于留,先郑伯有善于邻公者,通乎夫人,以取其国,而迁郑焉,而野留。庄公死,已葬,祭仲将往省于留,涂出于宋,宋人执之。"⑦ 在此,交代了郑国由留迁郑的历史,说祭仲在庄公葬后往留视察,途经宋国而被宋庄公擒获。但有关"留"的记载,尚有余义可说。武亿据晋太康《地

---

① 《穀梁注疏》卷5,页79。
② 宣十七年经称"公弟叔肸","叔"是字,而叔肸又是《穀梁》认可的贤者,可见《穀梁》不抹煞称字的人作为贤者的可能性,但要强调,《穀梁》认为叔肸称贤的决定性条件,不是称字,而是"公弟"的独特称呼。参阅本书第四章,页698—707。
③ 曹金籀:《春秋钻燧》卷2,页324—25。
④ 《左传正义》卷7,页196。《公羊注疏》卷5,页96。
⑤ 《穀梁注疏》卷3,页72。
⑥ 参阅本章第一章,页100—01。
⑦ 《公羊注疏》卷5,页97。

志》,推断留位于郑国东鄙,其他与宋壤相邻,相当于古莘国的位置。① 此说可以备存。留是郑国旧居之地,毫无疑问,但在祭仲视察时是否都城,却是存在疑问。孔广森据《周礼·大司徒》郑注,改传文"野留"之"野"为"鄙",断言留是下都,②似乎是错误的,因为传文既说"庄公死,已葬,祭仲将往省于留",庄公应该在留安葬。对此,于鬯诘难说:"以留为下都,亦都也,何以葬乎?"③因此,留实非都邑,孔氏之说有误。无论如何,《公羊》有关祭仲省留期间被俘获的叙事,与《穀梁》兼容。

8. 执的时间记载

此传记载执祭仲的月份,似有贬抑宋庄公之意。范宁却认为月份意味"无罪",范注:"执大夫有罪者例时,无罪者月。此月者,为下盟。"④杨疏虽然尝试举证,说罪时之例有郑詹,无罪月之例有季孙行父。但这仍有漏洞,像昭四年"七月,楚子、蔡侯、陈侯、许男、顿子、胡子、沈子、淮夷伐吴,执齐庆封,杀之"的庆封,便是弑君乱贼,难说无罪。范宁其实也知道系于月下的被执者,有些是有罪的,像祭仲便是一个明显的反证,所以强调祭仲书月,是为了桓十一年经下"柔会宋公、陈侯、蔡叔盟于折"而写。传文没有明确以时、月之书区分有罪、无罪,"九月"明明就在"宋人执郑祭仲"之上,凭什么说二者没有关连?范宁之论,不能自圆其说。为了回护范注,柳兴恩认定"此自'诸侯卒葬时,正也;月,故也'例来",⑤同样与传无据。"月故"如何可以推论出"无罪者月"?诸侯卒葬与大夫被执,明是二事;柳兴恩愈辩愈糊涂,莫名其妙。

柯劭忞《传注》云:"外大夫执,例时。"⑥全经执大夫共 18 例,无疑记载季节比记载日期或月份都要多,⑦柯注"例时"的概括,大抵不错。但对"执"的时间,《穀梁》没有过度细致的讨论。仅有一例传文讨论及此。僖十

---

① 武亿:《群经义证》卷 6,页 184。
② 孔广森:《公羊通义》卷 2,页 44。
③ 于鬯:《香草校书》卷 49,页 984。
④ 《穀梁注疏》卷 4,页 49。
⑤ 柳兴恩:《大义述》卷 4,页 66。
⑥ 柯劭忞:《传注》卷 2,页 12。
⑦ 《春秋》执大夫 18 例载于桓十一年(月)、庄十七年、僖四年、文十四年、成十六年(月)、襄十一年、襄十八年、襄二十六年、昭四年(月)、昭八年(2 例,时、日)、昭十一年(日)、昭十三年、昭二十三年、定元年(月)、定六年、定七年、哀四年。其中,执日 2 例,执月 4 例,执时 12 例。

九年经:"己酉,邾人执缯子",传:"恶之,故谨而日之也。"① 从这条传文是推论不出"无罪者月"的结论。《穀梁》载有"谨而日之"共12例:

[1]隐八年经:"七月庚午,宋公、齐侯、卫侯盟于瓦屋";传:"诸侯之参盟于是始,故谨而日之也。"

[2]隐九年经:"庚辰,大雨雪";传:"八日之间,再有大变,阴阳错行,故谨而日之也。"

[3]隐十年经:"六月壬戌,公败宋师于菅""辛未,取郜;辛巳,取防";传:"不正其乘败人而深为利,取二邑,故谨而日之也。"

[4]桓六年经:"八月壬午,大阅";传:"其日,以为崇武,故谨而日之。"

[5]庄二十四年经:"戊寅,大夫、宗妇觌,用币";传:"大夫,国体也,而行妇道,恶之,故谨而日之也。"

[6]僖九年经:"己酉,邾人执缯子,用之";传:"恶之,故谨而日之也。"

[7]僖二十八年经:"壬申,公朝于王所";传:"其日,以其再致天子,故谨而日之。"

[8]文七年经:"三月甲戌,取须句";传:"不正其再取,故谨而日之也。"

[9]文八年经:"丙戌,奔莒";传:"唯奔莒之为信,故谨而日之也。"

[10]文九年经:"九月癸酉,地震";传:"震,故谨而日之也。"

[11]成九年经:"庚申,莒溃";传:"恶之,故谨而日之也。"

[12]昭十三年经:"蔡侯庐归于蔡,陈侯吴归于陈";传:"善其成之会而归之,故谨而日之。"②

以上12例,皆是某些极不正常的事件,或者需要贬抑的坏事,故此需要慎重地记载日期。以此逆反,执之所以书时,未必示恶;而书月,则介乎时、日之间。按照这一思路,钟文烝《补注》云:"此月者,为突归郑夺正,郑伯出

---

① 《穀梁注疏》卷9,页138。
② 《穀梁注疏》卷2,页26、28—29;卷3,页43;卷6,页90;卷9,页138、149;卷10,页167、169;卷11,页171;卷14,页227;卷17,页294。

第二章　死难与灾卒

奔,与范异也。"①这一推理,似乎比比范、柳可取。

9. "君必死,国必亡"之谬

宋庄公之所以捉拿祭仲,目的是为了要挟祭仲废立君主。《穀梁》没有缕述这方面的故事情节,仅是透过称人而作出贬抑。《公羊》记载宋人威胁祭仲的情由:"宋人执之。谓之曰:'为我出忽而立突。'祭仲不从其言,则君必死,国必亡。从其言,则君可以生易死,国可以存易亡,少辽缓之。则突可故出,而忽可故反,是不可得则病,然后有郑国。"②如其解,祭仲废立是临变下的不得已,不按照宋庄公的要求出忽立突,就可以避免"君必死,国必亡"的悲剧。此外,《公羊》还推算只要等待时机到来,出现变故,就能逐突返忽,保全郑国。一言以蔽之,祭仲所做的一切,不仅值得原谅,而且可以褒扬。

就《穀梁》而言,其所能容受的叙事,仅限于宋人"出忽而立突"的胁迫而已。自"宋人"之言以下,都是《公羊》拟想祭仲当时的实践情境,殊非《穀梁》所能容受。经文只言祭仲被"执",由此推论不出郑国将有"君必死,国必亡"的潜在危险。就大夫被执的情况而言,除本例外,《春秋》还有16例:

[1] 庄十七年:"齐人执郑詹。"

[2] 僖四年:"齐人执陈袁涛涂。"

[3] 文十四年:"单伯如齐,齐人执单伯。"

[4] 成十六年:"晋人执季孙行父,舍之于苕丘。"

[5] 襄十一年:"楚人执郑行人良霄。"

[6] 襄十八年:"晋人执卫行人石买。"

[7] 襄二十六年:"晋人执卫甯喜。"

[8] 昭四年:"楚子、蔡侯、陈侯、许男、顿子、胡子、沈子、淮夷伐吴,执齐庆封,杀之。"

[9] 昭八年:"楚人执陈行人干徵师,杀之。"

[10] 同年:"楚师灭陈,执陈公子招,放之于越。"

---

① 钟文烝:《补注》卷4,页111。柯劭忞《传注》(卷2,页12)也有类似的观点:"月者,执郑之权臣,要以废主,恶甚,月以谨之。"

② 《公羊注疏》卷5,页97—98。相关传文的解读,参阅孔广森:《公羊通义》卷2,页45。王引之:《经义述闻》卷24,页1463。于鬯:《香草校书》卷49,页985。

[11] 昭十三年:"晋人执季孙意如以归。"

[12] 昭二十三年:"晋人执我行人叔孙婼。"

[13] 定元年:"晋人执宋仲幾于京师。"

[14] 定六年:"晋人执宋行人乐祁犁。"

[15] 定七年:"齐人执卫行人北宫结,以侵卫。"

[16] 哀四年:"晋人执戎蛮子赤归于楚。"

除例[10]涉及陈国灭亡外,其余15例都不是仅言"执"某大夫而意味其君国将有死亡的高度可能性;而例[10]显示国灭之语在于"灭陈"二字,与"执"没有直接的关系。上述诸例充分显示"君必死,国必亡"是在经文找不到确切证据的说法。

除了《公羊》对祭仲"行权"的心理描写外,今传十三经版本的《公羊注疏》并未提及有关祭仲行权的过程细节。读者仅凭传文只知道祭仲受到威胁,根本不知道所谓"君必死,国必亡"是怎么样的一个危亡处境。假如《公羊》曾经确切交代宋军如何临兵边境,宋庄公究竟用了什么手段逼得郑国绝境,或者郑国的国力如何逊于宋国,郑室内部又是如何纷乱不堪等等,以致惟有行权才能摆脱困境,那么"君必死,国必亡"还能算是有些经验依据,但《公羊》所描述的故事却连最起码的情节也没有记载。① 有别于此,《穀梁》从未主张过祭仲被执可能导致"君必死,国必亡"的结果,就经义的基本解释而论,乃是立言矜慎的表现。

10. 知权存国抑或贪生怕死?

宋庄公不是里克,不是已把屠刀架于昭公忽颈旁的即时威胁。《公羊》认为祭仲是在留(而非国都)被宋庄公所执,已说明"君必死,国必亡"不是当下发生的现实,不过是《公羊》站在他所理解的祭仲的立场拟想的结果。在现实中,宋庄公与昭公忽存在地理上的距离。宋庄公能立即杀死的人是祭仲,不是昭公忽;若要杀死昭公忽,必须起兵攻进郑国。然而,郑国是春秋初期的强国,桓十三年经:"二月,公会纪侯、郑伯;己巳,及齐侯、宋公、卫侯、燕人战,齐师、宋师、卫师、燕师败绩。"纪、燕皆是小国,不足齿数,合鲁、郑两国的力量,已足大败齐、宋、卫三大国,鲁国实力固然不弱,这也说明在

---

① 有关《公羊》叙事的问题,参阅拙著:《权变的论证》,页142—43。

庄公死后,郑国的军事实力非常厉害。① 取得如此辉煌的战迹,时距祭仲助突登位后不过一年半的时间,以此反向推理:单凭宋国,是否就有实力使郑国陷入"君必死,国必亡"的困境呢?假如有的话,何须阴谋劫持祭仲?假如没有,祭仲何须听从宋国盼咐?是否真的没有其他选项呢?事实证明,郑国不曾灭亡,即使后来厉公突复位,《公羊》以为是祭仲死亡导致昭公忽出奔,如下文所交代的,也不过说"祭仲存则存矣,祭仲亡则亡矣",没有出现君死国亡的结局。

同样是记载祭仲被执的情节,《左传》提出了一套更合情理的叙事。《左》桓十一年传:"故诱祭仲而执之,曰:'不立突,将死!'亦执厉公而求赂焉。祭仲与宋人盟,以厉公归而立之。"②祭仲切身感受到宋国的死亡威胁,因为这样的心理压力,遂与宋人结盟进行废忽立突之事。可以说,《左传》的存在,是对《公羊》最有力的反证,显示祭仲不像《公羊》所描述的那么忠贞可敬。后世许多儒者倾向于相信《左传》而非《公羊》,绝非不可理解的事情。③ 就《穀梁》而言,如下文所述,传中载有"死君难"和"恶祭仲"之语,所以真能与《穀梁》兼容的叙事,只能是《左传》而非《公羊》。

11. 小结

祭仲因不名而被《公羊》视为贤者,但《穀梁》不认为称字是辨别其人为贤的决定性证据(参照 I_1)。在郑国这场内乱中,第一个可贬的人是宋庄公。执祭仲,直接导致祭仲变成他的代理人,随后废忽立突,郑国的政局也按照宋庄公的心意而发展。仅是褒扬祭仲知权,无视当时的政治环境如何,是不足取信的。

(四)桓十一年经:"突归于郑。"传:"曰突,贱之也。曰归,易辞也。**祭仲易其事,权在祭仲也。死君难,臣道也。今立恶而黜正,恶祭仲也。**"④

"突"是郑厉公之名。因为祭仲的主导,原来没有资格继位的突归郑夺位。

---

① 童书业:《春秋时郑国之强》,载《童书业史籍考证论集》下册,页 442。即使经过内部政争,郑国在厉公突复位后还是令周室和诸侯不敢小觑的强国,在春秋初期仍然有相当的实力和影响,参阅晁福林:《论郑国的政治发展及其历史特征》,载《春秋战国史丛考》,页 55—56。
② 《左传正义》卷 7,页 196。
③ 参阅拙著:《权变的论证》,页 142—49。
④ 《穀梁注疏》卷 4,页 49。

1. 忽兄突弟

厉公突是郑庄公之庶子,传文未尝明言忽、突二人孰长孰幼,范宁说厉公是"昭公之弟"。①《郑世家》云:"公使娶邓女,生太子忽,故祭仲立之,是为昭公。庄公又娶宋雍氏女,生厉公突。"②在此虽未说忽、突谁长谁幼,但依行文的顺序而言,忽兄突弟的可能性甚大。

2. 忽正

此传明言忽是"正",郑国既是姬姓,忽作为嫡子,当然是合法的继承人。《左》桓十一年传:"祭封人仲足有宠于庄公,庄公使为卿。为公娶邓曼,生昭公,故祭仲立之。宋雍氏女于郑庄公,曰雍姞,生厉公。雍氏宗有宠于宋庄公,故诱祭仲而执之。"③据其记载,祭仲与忽关系密切,忽得到祭仲的拥立,也因此使他成为宋庄公捉拿的对象。相反,《公羊》没有触及这方面的背景,容易使人误会祭仲废立全是大公无私的表现。无论如何,《左传》的叙事意味着祭仲废立前后并非中立无私的角色,与《榖梁》倒是可以兼容,因为《榖梁》并不歌颂祭仲。

3. 强解不国氏之谬

经文仅称"突"而非"郑突",厉公突不是"嫌"的对象,而《榖梁》也没有以"嫌"解释没有国氏的笔法。在这个问题上,讨论观点歧异殊多,需要仔细斟酌:

(1)钟文烝《补注》云:"贱其不正,故直名,犹齐小白之国氏见嫌也,本亦当言'郑突'。今直名者,因下文郑世子忽出奔,方变文称'郑忽'以见义,若称'郑突',则上下文同,故不得也。"④在篡夺问题上,《榖梁》"国氏"指代的都是称"嫌"之人,对"嫌"的解释,要么是"弑而代之"的逆贼,如祝吁和无知;要么是"以不正入虚国",如小白。⑤ 突夺忽位,是"代"而未"弑",自然不是"弑而代之",而突之入郑,忽已在位,亦谈不上"以不正入虚国",《榖梁》不曾称之为"嫌"。钟注以齐小白比拟厉公突,是不当的。钟文烝注意到"郑忽"与"突"二者笔法不同,很有洞见,但承认忽、突二人需要不同的称

---

① 《榖梁注疏》卷4,页49。
② 《史记》卷42,页2126。
③ 《左传正义》卷7,页196。
④ 钟文烝:《补注》卷4,页111。
⑤ 参阅第四章,页596—98。

第二章　死难与灾卒

呼,不蕴涵突本应称"郑突"。称"公子突"也是一个可行的选项,《穀梁》不曾把称名与不国氏划上等号。此传既无"嫌"之答问,其实不必触及为何不国氏之问。钟注没有注意突与段同样称"贱"的可比性,反而举小白为比较对象,是错位的处理。

(2)为何突不国氏?廖平也有自己的看法,《古义疏》云:"据嫌犹当氏国。"又云:"《春秋》挈者至贱,无系属也。贱之谓贼,天下皆得讨之,无所容留也。"① 廖平的着眼点不是本应国氏,而是为什么不国氏。这样的答问,于传无征。《公羊》桓十一年传:"突何以名?挈乎祭仲也。"何诂:"突当国,本常言郑突,欲明祭仲从宋人命,提挈而纳之,故上系于祭仲。"② 以挈论突之名,全是《公羊》之义,与《穀梁》没有关系。廖平接受《公羊》"挈乎祭仲"的观点,其中的差异在于他觉得祭仲错误,所以略变《公羊》之说,认定《穀梁》因为讨贼的需要而不国氏以示贱,故有"挈者至贱"之说。但仔细审度《穀梁》,实无这方面的主张。隐四年传和庄九年传解祝吁和无知之挈,说是"失嫌";③ 宣元年传、成十四年传、昭二十四年传解遂、侨如、婼之"挈",说是"由上致之也",④ 皆无"至贱"之意。廖平援《公》解《穀》,舛误失宜。

(3)柯劭忞认为,不国氏是因为厉公突得到祭仲帮助而得位,不是"自能篡夺"。《传注》云:"突篡忽,宜以国氏。然突寔听命于祭仲,非自能篡夺,故贱之曰突。"⑤ 跟钟、廖二人一样,柯注同样预设厉公突本应国氏为"嫌",但如其解,"贱"的原因是"非自能篡夺",但传文仅说"曰突,贱之也",意味"突"之名已解释"贱"的原因,不涉及他是否"自能篡夺"。篡夺者是否听命于他人,或是否得到他人的帮助,不是导致其人示贱的重要原因。昭二十二年经:"刘子、单子以王猛居于皇"和"刘子、单子以王猛入于王城",显示王猛得到刘子、单子二人的引领方才居于皇邑和侵占王城,王猛就是国氏而"嫌"。⑥ 相反,厉公突既未国氏,又未称"嫌"。由此可知,篡位时曾经得到强援,不是国氏与否的重要条件。柯劭忞不管实际传义究竟如何,强自为说,难以得出令人满意的解释。

---

① 廖平:《古义疏》卷2,页101。
② 《公羊注疏》卷5,页98—99。
③ 《穀梁注疏》卷2,页17;卷5,页73。
④ 《穀梁注疏》卷12,页186;卷14,页232;卷18,页305。
⑤ 柯劭忞:《传注》卷2,页13。
⑥ 参阅本书第四章,页676—85。

4. 曰突示贱

理解"曰突"的笔法，没有必要扯到有没有国氏的问题。这是上述钟、廖、柯三人的共同的盲点。在用辞上，"曰突"意味着以下两点：

①直接称名。《穀梁》称名示贬，例证甚多，包括：

[1]隐四年传："晋之<u>名</u>，<u>恶</u>也。"

[2]桓十六年传、庄六年传："朔之<u>名</u>，<u>恶</u>也。"

[3]庄十年传："蔡侯何以<u>名</u>也？<u>绝</u>之也。"

[4]僖二十五年传："毁之<u>名</u>，何也？<u>不正</u>其伐本而灭同姓也。"

[5]哀七年传："益之<u>名</u>，<u>恶</u>也。"①

以上5例，不是"恶"，就是"绝"和"不正"，都是《穀梁》贬抑人物的惯常用辞。

②不称公子。突未登位，宜称"公子突"，经文却直称其名，显有贬意。换言之，此传"曰突"之问，不仅是称名，也是为了"公子"二字被削而发。"贱"意谓轻贱、鄙视。《穀梁》交代这是为了轻贱他。查看传文，另一个"弗谓公子"而称"贱"的国君之弟，就是郑公子段。隐元年经："郑伯克段于鄢"，传："段，弟也，而弗谓弟；公子也，而弗谓公子，贬之也。段失子弟之道矣，贱段而甚郑伯也。"又云："缓追逸贼。"②《穀梁》认为段之"贱"，在于他是"失子弟之道"的"贼"。以此例彼，可以推论厉公突因为同样的理由而言"贱"。③

5. 易辞 ≠ 废立在己

"易辞"之"易"，意谓容易，不是简略。范注："易辞，言废立在己。"④此非达解。"易"不蕴涵"废立在己"。此传"易辞"所指代的是"归于郑"的突，而非主持废立的祭仲。话说回头，范宁也不见得不知道"易"的容易义。哀九年传："取，易辞也。"范注："以师之重，而宋以易得之辞言之，则郑师将劣矣。"⑤显然，范宁也知道"易辞"可以解作容易之辞，只是没有把这一涵义贯彻到其他传文的解释而已。

---

① 《穀梁注疏》卷2，页19；卷4，页56；卷5，页70、75；卷9，页144；卷20，页344。
② 《穀梁注疏》卷1，页4—5。
③ 公子翚便是透过"不称公子"而"贬之"，参阅本书第一章，页46—48。
④ 《穀梁注疏》卷4，页49—50。
⑤ 《穀梁注疏》卷20，页345。

因为误信范注"归有二义"之说,承载译"易辞"为"简略的说法",又云:"《穀梁》认为经文中写到'归',一般都指好的事情,这里上文用贱称,下文再说'归',就是反语了。"①观其说"反语",明显与"简略的说法"不合,言之不贯。相比之下,徐正英、邹皓没有受范宁太多的误导,但他们译"易辞"为"轻视的说法",②不知何据。这与"简略的说法"一样违离"易辞"之义,亦不可从。

6. 两种"易辞"

《穀梁》有两种"易辞":

①"取"。庄九年"齐人取子纠杀之"、昭二十五年"齐侯取郓"、哀九年"宋皇瑗帅师取郑师于雍丘"三则经文,《穀梁》皆云:"取,易辞也。"③这些"取"之所以容易,都是被取者缺乏有力的反抗,故此取起来很容易。

②"归"。在经中,"归"主要有两种涵义:

(1)对客体的送归,例如隐元年"天王使宰咺来归惠公仲子之赗"、庄六年"齐人来归卫宝"的"归"都是送归义。有时候,送归的不一定是物,也可能是人。庄十年"荆败蔡师于莘,以蔡侯献武归"、僖二十六年"楚人灭夔,以夔子归"、成十五年"晋侯执曹伯归于京师"、哀四年"晋人执戎蛮子赤归于楚",被归之人都是送归于某地的俘虏。此外,僖元年"夫人姜氏薨于夷,齐人以归"、文十五年"齐人归公孙敖之丧"的"归"亦是送归义,归还的是尸体。

(2)主体的回归。"归"是"易辞"而非"善辞"。范注除"易辞"外,还举了成十六年传"归为善,自某归次之"为例,云:"归有二义,不皆善矣。"④这个说法,直接影响了钟文烝的理解,遂误以为本传与成十六年传"皆是易辞,非善辞"。⑤这一辨析略有不妥。成十六年传"归为善"之说,不过是"不言所归,归之善者"的省略。换言之,"归为善"不是说"归"是"善辞",而是说言"归"有多种笔法,最好的是只言"归",不言从哪儿归,其次是自某地归。⑥《穀梁》没有说凡归"皆善","归"不是"善辞"。

---

① 承载:《译注》,页82。
② 徐正英、邹皓:《全译》,页90。
③ 《穀梁注疏》卷5,页74;卷18,页306;卷20,页345。
④ 《穀梁注疏》卷4,页49;卷14,页236。
⑤ 钟文烝:《补注》卷4,页112。
⑥ 参阅本书第一章,页110。

7. 两种归情

作为"易辞"的"归"是回归义的"归",经文都是以"P 归于 B"的句式记载,意谓 P 回到 B 地没有遭到阻挠,大略区分的话,计有两种归情:

①外嫁女回到某个地方(包括出嫁到夫家,或因变故回到父家);例如隐二年"伯姬归于纪"、隐七年"叔姬归于纪"、庄元年"王姬归于齐"、僖十五年"季姬归于缯"、成九年"伯姬归于宋"等等,都是公主出嫁的记载。此外,庄十二年"纪叔姬归于酅"、文十八年"夫人姜氏归于齐",则是因变故而回到所属之地的记载。

②君主或卿大夫因为反对力量的消失而回到某国。例如桓十五年"郑世子忽复归于郑"、桓十七年"蔡季自陈归于蔡"等等。

以上两种归情,无论是"归""复归""来归""逃归",都是回归容易,当事人顺利回到某地,不存在所归之地抗拒其人回归的情况。

经文记载外来入侵者夺取原来君主之位,通常采用"入"字。突夺忽位,本宜言"入",但限于"入者,内弗受"的传例,言"入"容易使读者误以为郑国内部出现激烈反抗,看不见祭仲立突逐忽的关键。对于这一点,柯劭忞的解释最是透彻,《传注》云:"不曰'入','入'为难辞,祭仲受之,不得曰'内弗受'。"①由此可见,经文言"归"而非"入",就是要凸显祭仲主导废立的作用。

8. 易其事

如上所述,《穀梁》的"其事"是指某人的行为,而非专指经文所述之事。"祭仲易其事"的"其"指代的是突,不是祭仲。大概是受到范注误导的缘故,承载译"祭仲易其事"为"祭仲改变了一国的立君大事",②完全错误,无形中把"其事"理解为祭仲自己做的事情,误解"其"的主体。对"祭仲易其事",周何另有一译,即"祭仲使这件事成为这么顺利容易的"。③ 这是把"其事"理解为经文所述之事,基本上正确。当然,周何也知道"归于郑"不纯粹是回到郑国这么简单,所以他把"归于郑"译为"回到郑国为国君",却有不妥,因为"归于郑"与"为国君"是两回事。

"其事"不仅仅是"突归于郑"之事,还有突当时所做的其他事情。征诸

---

① 柯劭忞:《传注》卷 2,页 13。
② 承载:《译注》,页 82。
③ 周何:《新译》上册,页 122。

此传"立恶而黜正"和桓十五年传"夺正"二语,这肯定包括夺取忽的君位之事。突之所以容易行事,回国得到忽的君位,《穀梁》认为关键是祭仲,没有提及其他原因。胡传:"内则权臣许之立,外则大国为之援,而世子忽之才不能自固也,故穀梁子曰:'归,易辞也'。"①胡安国根据历史想象作出的评断,但《穀梁》主要是谈论祭仲的影响,从未提及世子忽"不能自固"的弱点。鉴于《穀梁》的"易辞"是指突的"归于郑",而非忽的"不能自固"。胡传的"易辞"有别于《穀梁》,二者实不相同。

9. 权

郑杲讨论祭仲行权的问题时,说:"《公羊》之言权,止此一处,经权之权也。《穀梁》言权四处,事权之权也。"②这个区分大体正确:《公羊》内有 11 个"权"字,其中 10 字意谓权变,而非权柄。③ 都是"经权之权",形容的是祭仲废立体现遭变应急的灵活性,余下的 1 个"权"字,是"竖刁、易牙争<u>权</u>不葬"(僖十八年),④此"权"是指权柄,《公羊》对之没有剖析。相反,《穀梁》除本传外,言"权"还有 3 例,即"<u>权</u>在屈完也"(僖四年)、"大夫执国<u>权</u>"(襄三年)、"因晋之<u>权</u>"(哀十三年),⑤俱指"事权之权"。

二传同样言"权",观点大有不同。钟文烝《补注》云:"传言'权在祭仲',是圣门相承说经语。《公羊》经师习闻其言,遂误以为祭仲行权,衍为侈大之论。"⑥这里说《公羊》学者误解,不免夹杂猜想在内,但《穀梁》不会认可《公羊》"行权"的主张,却是清楚不过的事实。而且,钟文烝这个说法也能提醒读者,"权"不是《公羊》独有的思想概念,对"权"的理解是多种多样,《穀梁》的解说也同样重要。

此传的"权",是指使突顺利回国登位的权力。废立君主,非人臣之操。承认祭仲之"权"是一回事,祭仲的行为是否值得称道则属另一回事。"权在祭仲",意味着臣子拥有君主的事权,太阿倒持。廖平《古义疏》云:"祭仲立突而国无难者,权下移也。"⑦本属不正的突夺位亦无重大阻力,当然是

---

① 胡安国:《春秋胡氏传》卷 6,页 70。
② 郑杲:《书张尚书之洞〈劝学篇〉后示滦源书院诸生》,载《郑东父遗书》卷 4,页 189。
③ 《公羊注疏》卷 5,页 97—98。
④ 《公羊注疏》卷 11,页 238。
⑤ 《穀梁注疏》卷 7,页 114;卷 15,页 245;卷 20,页 349。
⑥ 钟文烝:《补注》卷 4,页 112。
⑦ 廖平:《古义疏》卷 2,页 101。

不正常的状况。襄三年传:"诸侯始失正矣,大夫执国权。"① 这是《穀梁》讨论鸡泽之会的观点,亦可通释全传。即使不问祭仲废立君主的结果如何,因"大夫执国权"意味诸侯"失正",所以"权在祭仲"绝非《穀梁》所认可的事情。

10. 死君难,臣道也

祭仲由先前被宋庄公捉拿的阶下囚,变成左右本国君主变更的主导力量,一切都是源自他听从了宋庄公的威胁。前已述及,从《穀梁》的观察出发,肯定是《左传》比《公羊》可信。此传的"臣道"指涉的是人臣应该做的事情。祭仲要尽臣道,必须设法保护忽的周全,而不是听从宋昭公之胁废忽立突。《公羊》"君必死,国必亡"的预设,绝对错误。廖平《古义疏》云:"臣食君食,当死其事也。曰君难者,明无与国存亡之义也。许仲不死者,惟仲存则国存,仲亡则国亡。国重君轻,易君存国。传以二君争立,君难非国祸。仲即死,宋不能灭郑,有死君之道,非存国之比也。"② 这话说的极好。没有任何证据显示祭仲若死君难将导致郑国灭亡。廖平说是"君难"而非"国祸",言之锵铿。

《穀梁》批判祭仲不死君难,意味着《公羊》以"君必死,国必亡"证成废忽立突作为惟一可行的做法,绝非是可信的观点。誓死不遵从宋人废立之议,不惜为君死难,方是祭仲应该做的事情。在此,刘敞完全支持《穀梁》的主张,《权衡》云:"若祭仲知权者,宜效死勿听,使宋人知虽杀祭仲,犹不得郑国乃可矣。且祭仲谓宋诚能以力杀郑忽,而灭郑国乎?则必不待执祭仲而劫之矣。如力不能而夸为大言,何故听之?且祭仲死焉足矣。又不能,是则若强许焉,还至其国而背之,执突而杀之可矣,何故黜正而立不正?"③ 这一批驳非常合理,击中《公羊》"君必死,国必亡"的要害,尽管其中提及先假意答应宋人,事后反悔杀突护忽的想法,非《穀梁》所述的内容,但它承认"死君难"是其中一项可行的选项,可以与《穀梁》相互印证,因此钟文烝《补注》亦采信其义。④

祭仲不死君难,从《穀梁》视角出发,完全是理路一贯的主张。可惜,崔

---

① 《穀梁注疏》卷15,页245。
② 廖平:《古义疏》卷2,页101。
③ 刘敞:《春秋权衡》卷9,页271。
④ 钟文烝:《补注》卷4,页112。

适不接受《穀梁》"死君难,臣道也"的说法,反而提出非常情绪性的责难,《复始》云:"《穀梁氏》此言,正太史公所谓'遭变事而不知其权'者。仲死君难,则忽死而郑亡。《穀梁氏》乃不恶之乎?恶圣人之所好而已。"①认为祭仲死君难导致忽死郑亡,是违反现实的判断。祭仲死后,郑国仍然存在,是《春秋》明载的史实。崔适所理解的"忽死"和"郑亡",不过是根据《公羊》拟想祭仲"知权"时的内心活动,绝非事实的描述。《公羊》总结祭仲一事,也不过说:"祭仲存则存矣,祭仲亡则亡矣"。② 即使全盘接受《公羊》的叙事,最终也只能得出"忽之出奔"的结局,忽还未死,郑也未亡。以祭仲被执的情境观之,实不存在死君难导致忽死国亡的危险。误把"君难"当作"国祸",是导人于谜的错误进路。还有,《太史公自序》之言,本非为祭仲一事而发,亦带有批判《穀梁》之意。③ 至于批判《穀梁》"恶圣人之所好"云云,乃是漫无边际的放肆乱骂,而非严肃的学术说理,实在无须讨论,也无法讨论。

11. 恶

传文"恶"字有不同的意谓和用法:

①厌恶,作动词用,如"所恶也"(隐四年)。

②恶劣的,作形容词用,如"恶事不致"(僖二十六年)。

③恶行,作名词用,如"不正其以恶报恶也"(僖二十三年);可以意谓罪恶,如"分恶于齐也"(庄六年);也可以意谓恶人,如"朔之名,恶也"(桓十六年)。④

此传"立恶而黜正"的"恶",与"正"相对而言,意谓恶人。"恶"指代的对象就是本不该继嗣而回郑登位的突,"正"指代的对象是具有合法继承资格的忽。在君位继承问题上,《穀梁》讲究"正"而非"贤"。被卫人所立的公子晋,虽"得众"而"贤",亦非"宜立"的对象;⑤相比之下,公子突既不得众可贤,又是庶子不正,更无"宜立"之理。

---

① 崔适:《春秋复始》卷4,页401。
② 《公羊注疏》卷5,页106。
③ 《太史公自序》整段话的解读,参阅拙著:《〈经学通论〉论证》第二章。
④ 《穀梁注疏》卷2,页17;卷4,页56;卷9,页142、147。
⑤ 参阅本书第四章,页609—17。

12. 恶祭仲

《穀梁》没有刻划祭仲立突逐忽的心理状态。廖平认定他是为了保全自己性命的考虑,《古义疏》云:"贪生忘义,逐君求荣。言'归',所以归恶于仲。"① 这是合乎情理的推测,也很难说是毫无根据的判断,但必须承认,《穀梁》只是批判祭仲不死君难,没有提及他是如何的"贪生"和"求荣"。

此外,《穀梁》明言"恶祭仲",又说"归"是"易辞","归"不蕴涵"归恶",廖平把"恶"理解为"归恶",违反此传"归"与"恶"的涵义。撇开这些谬误,在立论的大方向上,廖疏倒是没有差错:无论祭仲有什么理由或主观动机,他的行为也是彻底错误的。

13. "知权"之谬

对祭仲的不同评价,展示了二传重大的分歧。因为《公羊》称赞祭仲"行权"和"知权",何休也对之多有佳誉。何诂:"汤孙大甲骄蹇乱德,诸侯有叛志,伊尹放之桐宫,令自思过,三年而复成汤之道。前虽有逐君之负,后有安天下之功,犹祭仲逐君存郑之权是也。"② 相传太甲悔过后,政局重新稳定。《殷本纪》云:"帝太甲修德,诸侯咸归殷,百姓以宁。"③ 相反,经过祭仲的操弄后,郑国内部纷乱,如下所述,统治者先后经历由昭公忽→厉公突→昭公忽→公子亹→公子仪→厉公突的变故。可见,何休所讲的"逐君存郑之权",缺乏最基本的证据,与伊尹"安天下之功"比照,未免太不相称,两者天悬地隔,相差之大,更不止道里计。伊尹是孟子所说的"圣之任者",④ 对太甲只放逐而未尝让其他人进占其君位,跟突、忽旋立旋废的做法,连表面的相同性也不具备。何休毫无条件的吹捧,与《穀梁》"恶祭仲"的贬抑,适成鲜明的对照。历史证明一切,许多儒者觉得《穀梁》的判断比《公羊》更可接受,而祭仲得到的唾骂和质疑,远多于像何休那样无条件的称赞。⑤

为了辩护何休这一说法,刘逢禄《广废疾》云:"恶祭仲,则何以不贬而反称字乎?子曰:'未与立,未可与权。唐棣之华,偏其反而。'"又云:"《春

---

① 廖平:《古义疏》卷2,页101。
② 《公羊注疏》卷5,页98。
③ 《史记》卷3,页129。
④ 《孟子注疏》卷10,页269。
⑤ 历代儒者不相信《公羊》贤祭仲的厌恶反应,参阅拙著:《权变的论证》,页145—48。

秋》之贤祭仲,孟子之述伊尹,岂易为守经者道哉!"①这是为了回应《穀梁》恶祭仲的观点而发。除了重申称字示贤这个存在反证而又欠缺说服力的大前提外,刘逢禄援引孔、孟作为旁证。孔子"与权"之语,出自《论语·子罕篇》。② 孟子歌颂伊尹放逐太甲之事,载于《孟子·万章上》。③ 二者充其量只能证明孔、孟认可"权"的做法,不意味祭仲与伊尹是相同性质的人物。《论》《孟》皆未提及祭仲,刘逢禄借二书为说,其实含糊了问题的焦点,没能有效证明祭仲真的如何休所说的那么光辉伟大。

事实摆在眼前,除了极少数的何休信徒以外,谁会觉得祭仲具有比拟于伊尹的条件?谁会觉得祭仲是像伊尹一样伟大的人物?按照尊君卑臣的政治道德标准,祭仲废立君主不是能得到认可的行为。《穀梁》"恶祭仲"的观点,得到更高的认受性,是相当容易理解的事情。这一点,柳兴恩说得非常明白,《大义述》云:"祭仲之恶,千秋自有公论,岂穀梁子一人之私恶哉?"④这一反诘非常中肯,揭露了刘逢禄避忌不予正面回应的难处所在。当然,刘逢禄不可能不知道祭仲犯忌的历史事实,但他反而怪责其他不认可祭仲的人为"守经者",彷佛"守经者"都是不懂"权"的要旨。这是极不妥当的反驳。凭什么说"恶祭仲"就是"守经"而不"与权"?"与权"与"恶祭仲",两者完全可以兼容。《穀梁》"恶祭仲",不等于反对"权"。刘逢禄以"守经者"标签《穀梁》"恶祭仲"的观点,可谓驴唇不对马嘴,疑团始终难以释除:祭仲不死君难,最大的利益既得者是他本人,而非其国或其君。

14. 祭仲之心

同样盲目信从何休以伊尹比拟祭仲的观点,还有阮芝生。他说:"伊尹为天下臣,故公天下以为心。祭仲为一国臣,故公一国以为心。伊尹废君犯不韪之名,卒以存殷,与祭仲逐君存郑,其行权正相类。"⑤审阅其语,除了泛泛罗列何诂已有成说,也没有更新的论据反驳各种质疑祭仲的观点。勉强算是他自己的个人看法,是从"公天下"和"公一国"立言,但何休没有这么说过。此外,阮芝生只谈"存殷"和"存郑"的结果,只谈国而不谈君,但

---

① 刘逢禄:《公羊后录》卷6,页458。
② 《论语注疏》卷9,页142。
③ 《孟子注疏》卷9,页259。
④ 柳兴恩:《大义述》卷13,页182。
⑤ 阮芝生:《从公羊学论〈春秋〉的性质》,页143。

根据《公羊》的说法,废立的理据在于这是保护郑国和昭公忽的最好办法,郑国和昭公忽都是祭仲的国家和君主,不是其他人的国家和君主,换言之,关键是"私",哪有"公"?

与阮芝生辩解乏力不同,陈柱对比《左》《公》二传之后,虽不致否定《公羊》有关祭仲的论述,似乎也不敢坚信祭仲之贤,所以犹犹豫豫地说:"祭仲之心难明也。"①这样的态度相当值得玩味:把祭仲说成伊尹相比拟的圣贤,对之作出过分的歌颂,因其极度的不靠谱,所以连偏向《公羊》的学者也觉心虚不安,承认真实的祭仲有可能是另一种面貌,不像《公羊》所说那样。

15. 考事实与借事明义

令人欣喜的是,曹金籀和廖平虽然屡有援《公》解《穀》之失,但在祭仲的评价上,却能不为所惑,认为《穀梁》比《公羊》可取。曹金籀《春秋钻燧》云:"噫!祭仲岂能逆料忽之必归郑哉?虽知复归之权固操之自己,然今日立突,明日立忽,是祭仲一人而蹈两易君之罪矣。祭仲必不敢出此也。《公羊》徒以忽有复归之事,而强为之说耳。"② 廖平同样清晰地看见《公羊》学者吹捧祭仲的不合理:"说《公羊》者不考事实,望文生训",③洞见过人,殊非死守《公羊》、对其他观点不闻不问之徒可比。

因为自知《公羊》的叙事不足信,也有些人提出另一种辩护策略,就是认为《公羊》某些篇章的叙事可能是伪造的,假托的,不符合历史也不相干,不把它当真就是了。孔广森《通义》云:"夫君子之行权,虽若反经,然要其后,必有善存焉。若仲者,未能善其后也。……《春秋》之于祭仲,取其诡辞,从宋以生忽而存郑,为近于知权耳。仲后逡巡畏难,不终其志,经于忽之弑,子亹、子仪之立,一切没而不书,所以醇顺其文,成仲之权,使可为后法,故假祭仲以见行权之道,犹齐襄公未必非利纪也,而假以立复雠之准,所谓《春秋》非纪事之书,明义之书也。苟明其义,其事可略也。"④显然,孔广森也深知《左传》有关祭仲的记载都是真实的,他所提出的"醇顺其文,成仲之权"之说,实际上等于承认历史现实上的祭仲并非行权,方才会强调

---

① 陈柱:《公羊学哲学》,页125。
② 曹金籀:《春秋钻燧》卷2,页325。
③ 廖平:《公羊验推补证》卷2,页914。
④ 孔广森:《公羊通义》卷2,页45。引文"经于忽之弑"下,原标点漏了逗号未加,谬甚,今改正。子亹死于齐人之手,不是世子忽所弑。

《春秋》是"明义之书",言下之意,就是承认事实叙述与义理发明之间存在无可弥补的鸿沟。

孔广森这样的观点,后来启发了皮锡瑞进一步提出"借事明义"的主张,认定《公羊》某些备受争议的叙事,是孔子有意假托的结果。真实的祭仲不必是像《公羊》刻划的那样。[①] 于是,行权归行权,祭仲归祭仲,好处是二者脱钩,彷佛《公羊》行权的主张不必因为祭仲的不堪行径而遭到牵连;坏处是它实非《公羊》本义。《公羊》也有重视史实的一面,[②]阅读其记载,是皆以为祭仲废立实有其事,初不以为孔子虚立其文,至少何休不这样主张。没有理由认为《公羊》预设祭仲之事本属假托的性质。"借事明义"的解释,漏洞明显,仅是皮锡瑞重新建构的新说法,不是《公羊》固有的内容,绝非有效辩护《公羊》的可靠进路。

无论如何,"借事明义"之提出,就是放弃了对祭仲其人其行的辩护;如其解,祭仲"行权"的各种正面描写,不过是《公羊》的假托。这么一来,《左传》各种负面的叙事,固然毫无问题;而《穀梁》"恶祭仲"的批判,更是完全可以成立,因为"借事明义"已默认祭仲"立恶而黜正"才是真实历史的发生。从"借事明义"不足以批驳《左》《穀》的论点,这愈加证明因祭仲的字而判定他是贤者,是绝不可信的见解。

16. 小结

从上述的讨论可见,祭仲的表现与宋伯姬形成鲜明的对比:宋伯姬为了遵守"妇人之义",不肯离开火场而死,而祭仲却贪生怕死,听从宋庄公废忽立突的指示。在《穀梁》看来,祭仲是不符合臣子的基本要求,故曰"死君难,臣道也"。这也说明:

L_2　　死君难是臣子应做的事情。

不是说为君殉难就能保证其人可贤。死君之难,是周礼政治伦理的基本要求。在周礼体制中,君臣之间是直接对应的关系,当君主遇到厄难,臣子没有理由放弃君主,甚至为了苟活而径行废立之事。不仅贤者,基本上所有臣子都没有这样做的条件:

---

① 皮锡瑞:《经学通论》卷5,页388—90;《师伏堂春秋讲义》,载《皮锡瑞全集》第8册,页169。
② "借事明义之旨"的谬误,参阅拙著:《〈经学通论〉论证》第三章,于此不赘。

M_2　臣子没有支配君位归属的资格。

祭仲不死君难,已是放弃了臣子应做的事情;而他作为臣子,更是没有决定谁是君主的资格。假如对比鲁隐公、宋伯姬的行为,便可以知道祭仲废长立幼为何是要不得的。

	君主	夫人	臣子
舍己让位	不应该	—	—
立长弃幼	应该	—	不应该
废长立幼	不应该	—	不应该
弃道保命	不应该	不应该	不应该

君位得自受命,本非君主随意授受之物,像鲁隐公那样公开表示放弃君主,准备让渡给弟弟鲁桓公,也是不应该的。身为臣子,无论其人是否贤者,皆无废立君主的条件,更何况祭仲是废长立幼,而非立长弃幼,这是做了君主也不应该做的事情。再对比宋伯姬的"以贞为行"而尽"妇道",祭仲不死君难而不尽"臣道",二者更是高下有别。与《公羊》刻画祭仲"知权"的美好形象不同,《穀梁》没有剖析祭仲是出于什么想法而擅自废立。应该说,无论祭仲内心有什么想法,也是相对的不重要,因为他的想法的良窳,也不能改变不死君难的不允许性。这也说明:

N_2　不死君难的不允许性独立于其人内心的构想。

祭仲废忽立突,是错误的,不能被允许的,无论他有什么想法。因此,《公羊》的心理叙事对《穀梁》的观点不能形成否证的作用。

(五)桓十一年经:"郑忽出奔卫。"传:"郑忽者,世子忽也。其名,失国也。"①

"忽"是郑昭公的名字。厉公突的归郑,导致本该继位的昭公忽失国出奔。

1. "郑忽"不称世子

"郑忽"不宜理解为国氏的笔法。此传既说"郑忽"是"世子忽",意味经

---

① 《穀梁注疏》卷4,页50。

文本可称作"郑世子忽"。范注:"其名,谓去世子而但称忽。"①注意到"世子"之阙,范宁观察犀利,释义明确。因此,柳兴恩也信从其说,《大义述》云:"传以下'忽复归于郑'称世子。此不称世子,故明之。"②这一解释符合传注,无可挑剔。

昭八年经:"陈侯之弟招杀陈世子偃师",传:"世子云者,唯君之贰也。"③这个观点可以通释全传。世子就是国君的副职,是准备成为国君的人。称"世子",意味其人有资格继承国君,但还不是正式的国君,如此而已。

2. 不称"郑子"的错误诠释

经文既未提及"郑子",没有理由认为《穀梁》预设经文原该称为"郑子"。杨疏:"嗣子未逾年,亦宜称子。"④柯劭忞发挥杨士勋的说法,《传注》云:"庄公已葬,宜称郑子。以忽不能守国,不与其为子。"又云:"郑忽为当国之辞,美恶不嫌。此郑子,非郑世子。"⑤杨疏"郑子"之说,于传不合。言其根据,主要是僖二十六年经秋"葬卫文公"和"冬,十有二月癸亥,公会卫子、莒庆盟于洮",卫子即卫成公,他在卫文公葬后称卫子,所以杨士勋提出了未逾年称子的说法。然而,"卫子"之例,与"郑忽"之例,二者在经文的笔法上并无可比之处。《穀梁》解释"郑忽"一名,只说其人是"世子忽",没有说它原该称为"郑子"。经传皆未涉及"郑子"之称,没有理由因为卫文公和郑庄公同样已葬,而断言郑忽也该像"卫子"那样称为"郑子"。必须强调,《穀梁》只说称子是"未葬之辞",先君下葬不是其人称子的决定性条件,宋襄公和卫叔武的前任君主皆未下葬而分别称为"宋子"和"卫子"。⑥先君葬不葬,与继位者是否称子,没有必然关系。至少,《穀梁》没有这样说过。不能因为郑庄公已葬,而认定郑忽必须称为"郑子"。说郑忽是"当国之辞",实是以《公》解《穀》。《公羊》隐四年传:"曷为以国氏?当国也。"⑦《穀梁》没有"当国"之说。传文只说称名以示失国,没有说过因为他不能守国

---

① 《穀梁注疏》卷4,页50。
② 柳兴恩:《大义述》卷13,页182。
③ 《穀梁注疏》卷17,页283。
④ 《穀梁注疏》卷4,页50。
⑤ 柯劭忞:《传注》卷2,页13。
⑥ 参阅本书第一章,页81—82、91。
⑦ 《公羊注疏》卷2,页42。

而被剥夺称子的资格。桓七年经:"穀伯绥来朝,邓侯吾离来朝",传:"其名,何也? 失国也。"①穀伯绥和邓侯吾离皆未被削爵,没有理由认为忽因失国而"不与其为子"。《穀梁》只有一例提及称子与称世子的关系。昭十一年经:"楚师灭蔡,执蔡世子友以归,用之。"传:"此子也;其曰世子,何也? 不与楚杀也。"②蔡世子友在先君蔡灵公死后,仍称"世子",是因为蔡灵公被楚灵王所杀,传文认为称"世子"是为了贬楚之杀。这是解释不称"子"而称"世子"的缘故,即使假设郑忽本该称"子",但因此传不称"世子",有别于蔡友称"世子"。二者似无可比性。要言之,阅读传文对郑忽的解释,只谈他原是世子,却找不到任何线索可以说明他原该称"郑子"。

"其名",就是"郑世子忽"削去"世子"二字而仅称为"郑忽",不是因为称子不能示贬所以称名。在此,《公羊》的观点再次误导了《穀梁》内容的正确把握。《公羊》桓十一年传:"《春秋》伯、子、男一也,辞无所贬。"何诂:"《春秋》改周之文,从殷之质,合伯、子、男为一,一辞无所贬,皆从子,夷狄进爵称子是也。忽称子,则与《春秋》改伯从子辞同,于成君无所贬损,故名也。"③廖平援引此义解说《穀梁》:"《穀梁》以为贬之,引此为说,明郑忽所以不可称郑子之意。"④跟柯休一样,廖平同样预设经文本该有"郑子"之称,这已是立足于虚拟的前提。《穀梁》没有改文从质的主张,对称子的理解亦有别于何诂。事实上,何休的主张也不可信,备受质疑。刘敞《权衡》云:"且在丧称子者,嗣也。公、侯、伯、子、男者,爵也。文同而义异,圣人岂以为嫌而避之?"⑤《穀梁》认为称子是"未葬之辞",刘敞上述观点似从《穀梁》转手而来,可以备存。可惜,廖平没有对之有所检察,反而援《公》解《穀》,以为称名示贬源于称子无贬,迭床架屋,自添谬误。

3. "世子"有无与是否"失国"

按照称名以示失国的传例,没有"世子"之所以蕴涵失国,是因为削"世子"带来直称其名的笔法。更准确地说,关键不是"世子"之有无,而是是否采用"世子"之称在相关语脉中有何影响。不称"世子"可以意味失国,但不

---

① 《穀梁注疏》卷3,页44。
② 《穀梁注疏》卷17,页290。
③ 《公羊注疏》卷5,页99。
④ 廖平:《公羊验推补证》卷2,页902。
⑤ 刘敞:《春秋权衡》卷9,页272。

第二章　死难与灾卒

等于称"世子"必不失国，一切端视经文的语境而定。然而，刘逢禄却意图从"世子"之不称而展开对《穀梁》的批判："出奔之为失国明矣，不必称世子而见也。称世子，则卫蒯聩忽矣，是蔡友忽矣。"①这里说"出奔之为失国"是不准确的，"出奔"不是国君或储君流亡专用之辞，像宋万、曹羁、庆父、元咺等人皆言出奔；这些人或忠或奸，但很难说是失国。而且，失国与出奔亦非共生的关系，纪伯姬、纪叔姬皆非出奔而失国，②便是显例。此传的推理是：因削"世子"而"其名"，因"其名"而"失国"。可见，判断"失国"与否，不能只看"世子"，不能省略的环节是"其名"。《穀梁》没有称世子而失国的主张，刘逢禄的驳议与《穀梁》之义殊不对应。凡称"世子"必不失国，亦非《穀梁》的主张。桓十五年传称"郑世子忽"之所以意味"反正"，是因为经文以"世子"而言"复归"，不是有了"世子"之称便即不再"失国"；换言之，关键不是单凭"世子"，而是"世子"加上"复归"而推论出"反正"。此外，刘逢禄以蒯聩与蔡友为反证，亦有问题。昭十一年经："执蔡世子友以归，用之。"传："其曰世子，何也？不与楚杀也。"哀二年经："晋赵鞅帅师纳卫世子蒯聩于戚"，传："何用弗受也？以辄不受也。"③这两则经文，前者言"执"和"用之"，后者言"纳"，跟昭十五年传言"复归"，各是不同的语境，没有理由因为三者皆称"世子"而等量齐观，更不应认为"世子"之称绝非保证不再失国的条件。

4. "失国"非罪之

不是所有失国者皆遭贬抑。"失国"是描述义，并不蕴涵贬意。廖平《古义疏》云："权移祭仲，不能保其宗庙，名以罪之。"④此"罪之"之说，不是《穀梁》的观点。此传称名，只说是"失国"，没有明确谴责之辞。就《穀梁》对"失国"的用例来看，仅是说明经文称名，而"失国"纯属描述义的用法。⑤像纪伯姬、纪叔姬之例，《穀梁》也视为"失国"，但明显无贬。⑥

要言之，此传的重点是削"世子"而"其名"，不在贬抑或讥刺忽的出奔。曹金籀虽认可《穀梁》的观点，但《春秋钻燧》又这么说："称忽而系之于郑者，其与陈佗何以别乎？……此《春秋》之辞穷也。辞之穷，故不嫌于辞之

---

① 刘逢禄：《公羊后录》卷6，页458。
② 参阅本书第三章，页407—18。
③ 《穀梁注疏》卷17，页290；卷20，页338。
④ 廖平：《古义疏》卷2，页102。
⑤ 参阅本书第一章页97所举的4个例子。
⑥ 参阅本书第三章，页407—18。

同。《春秋》所以无达例者,其即在此也。"①这是似是而非的答问。桓六年经:"蔡人杀陈佗",全经称"陈佗"惟此一验;而桓十五年经"郑世子忽复归于郑"复称"世子",已说明《春秋》本有内证显示忽与其他国氏称名的人不同。"郑忽"→"郑世子忽"的变化,正说明这还不是"辞之穷"或"辞之同"的情况,曹金籀的别解似属多余。

5. "贬忽"之议

此传没有明确谴责忽的出奔。何休拘于"复归者,出恶、归无恶"之义,批判忽的出奔。何诂:"出恶者,不如死之荣也。"②谴责忽的出奔,论者许多;而何休独特之处,在于他认为忽不选择死而出奔,是可恶的。《公羊》其实没有明白解释忽的"出恶",何休愈辩愈糊涂,甚是不通。对此,刘敞《春秋权衡》讥刺道:"《公羊》许祭仲为知权者,固以祭仲为能以生易死。今又责忽之不死,若忽死为是,则无以权许祭仲;若忽生为是,则又何生之荣?而言祭仲,则欲其以生易死;言郑忽,则欲其以死易生。不亦惑哉?不亦惑哉?"③上述批评,充分展现何休论证的内在不一致性。无论如何,《穀梁》没有"出恶、归无恶"之义,遵信传义的人不必故意贬抑忽的出奔。

《穀梁》从未提及"辞无所贬"的主张,也没有什么观点与之立异。崔适《复始》批判《穀梁》说:"故与'辞无所贬'之意相反。贬忽,所以恶祭仲而破《春秋》也。"④究其实,称名失国的传义并非示贬,崔适没有读懂《穀梁》传义。指责《穀梁》贬忽,完全是双重标准。前已述及,贬忽之出,何休就有这样的说法。至于"破《春秋》"的指控,则是立足于刘歆一党伪造圣经以破《公羊》的妄念,有如牖中窥日,所见偏颇,言不符实。

6. 小结

郑忽被剥去"世子"之名,主要是要传达祭仲废立导致原来正嗣的君主"失国"的事实。《穀梁》的批判对象主要是祭仲,不是失国的昭公忽。

(六)桓十五年经:"五月,郑伯突出奔蔡。"传:"讥夺正也。"⑤

立突出忽的四年后,郑国内部政局忽然动荡,君位再次易手,祭仲改为

---

① 曹金籀:《春秋钻燧》卷2,页324。
② 《公羊注疏》卷5,页105。
③ 刘敞:《春秋权衡》卷10,页274。
④ 崔适:《春秋复始》卷4,页401。
⑤ 《穀梁注疏》卷4,页55。

立忽出突。

1. 奔名示讥

春秋时期君臣出奔，并不罕见。根据"诸侯不生名"的规定，突出奔而书名，不是失国，而是示恶。出奔的国君若无罪，当如僖二十八年经"卫侯出奔楚"不书其名。出奔的国君书名，往往其人有罪。昭二十一年经："蔡侯东出奔楚"，传："曰东，恶之而贬之也。"①可见"蔡侯东"的"东"名，就是寄寓贬意的关键。以此例彼，郑伯突像蔡侯东一样，亦属可恶可贬之列。如上所述，突甫归国已称名"贱之"，此经称名亦无不贬之理。范注："今名突，以讥之。"②这是正确的理解。传文"讥夺正"，就是批判他夺取忽位之恶。

2.《左传》叙事的可兼容性

厉公突不满祭仲专政，计划派人暗杀祭仲，事败后逃亡。《左》桓十五年传："祭仲专。郑伯患之，使其婿雍纠杀之。将享诸郊，雍姬知之，谓其母曰：'父与夫孰亲？'其母曰：'人尽夫也，父一而已，胡可比也？'遂告祭仲曰：'雍氏舍其室而将享子于郊。吾惑之，以告。'祭仲杀雍纠，尸诸周氏之汪。公载以出，曰：'谋及妇人，宜其死也。'夏，厉公出奔蔡。六月乙亥，昭公入。"③

《穀梁》明言祭仲"立恶而黜正"之罪，与《左传》上述叙事基本兼容。惟一不协之处，是《左传》言"昭公入"在"六月乙亥"，而经文则书忽之复归在"五月"，钟文烝《补注》云："《左氏》别有所据，未可用也。"④《春秋》经文与《左传》这方面的差别，无法弥合，但事属枝节，不伤大体。

3. 不言祭仲

《春秋》记载国君出奔，皆未提及所逐之臣。陆淳《微旨》引师曰："逐君之臣，其罪易知也。君而见逐，其恶甚矣。圣人之教，在乎端本清源。故凡诸侯之奔，皆不书所逐之臣，而以自奔为名，所以警乎人君也。"⑤此言颇有洞见，在某程度上与《穀梁》亦可相互发明，不妨备存。此经只言突之出奔，

---

① 《穀梁注疏》卷18，页301。
② 《穀梁注疏》卷4，页55。
③ 《左传正义》卷7，页206。
④ 钟文烝：《补注》卷4，页123。
⑤ 陆淳：《春秋集传微旨》卷上，页546。

不言祭仲,《穀梁》忠于释经,故未提及祭仲逐突之恶。

4."仲出之"之谬

此传贬突,不等于贬祭仲。柯劭忞《传注》云:"仲归之,仲出之,君子所讥。"①《穀梁》猛烈批判祭仲"归之",但此传只讥突,没有提及祭仲"出之",柯注实有过度诠释之嫌。

5. 恶祭仲≠奖篡

《公羊》桓十五年传:"突何以名?夺正也。"②崔适《复始》云:"绝突,则予忽而贤仲也。"又云:"伪《左》奖篡,故恶祭仲。"③然而,此经没有提及祭仲,凭什么由此推出"贤仲"的结论?《穀梁》的"讥夺正"与《公羊》的"夺正",观点接近,差别在于《穀梁》没有"贤仲"之说。按崔适的推理,所有贬抑祭仲的观点,皆有"奖篡"之嫌。"绝突"是一回事,"贤仲"又是另一回事。崔适硬要将之扯上关系,还给"恶祭仲"扣了"奖篡"的大帽子;这不仅是对《左传》作出离谱的指控,而且恐怕连《穀梁》也连带变成潜在的罪嫌者。像崔适这样毫不讲理的指责,是不是含血喷人,先污其口?请交由读者自行裁决。

(七)桓十五年经:"郑世子忽复归于郑。"传:"反正也。"④

随着厉公突的出奔,在祭仲主导下,先前失国的昭公忽回郑复辟。

1."通王命"之谬

《穀梁》没有把"复归"作为一个复合词来理解,而是分开"复""归"二字各有界说。此经之"复"和"归",当从僖二十八年传"复者,复中国也;归者,归其所也"的解释,意谓忽回到国中,返归自己的处所。廖平《古义疏》云:"言复归,反之也。言复,通王命也。"⑤然而,《穀梁》对"复归"没有这样的界说,对"复"的解释亦非"通王命"。⑥ 传文没有佐证廖疏的证据,不宜杂用其说。

2. 称"世子"而言"复归"

此经"郑世子忽"有别于称名以示失国的"郑忽",全经称"世子"而言"复归"者,仅此一例,《穀梁》特别解释说是"反正"。此传没有提及祭仲操纵废立的角色,但无论如何,忽本宜为君,回国登位没有合法性的问题,是

---

① 柯劭忞:《传注》卷2,页17。
② 《公羊注疏》卷5,页105。
③ 崔适:《春秋复始》卷4,页402。
④ 《穀梁注疏》卷4,页55。
⑤ 廖平:《古义疏》卷2,页111。
⑥ 参阅本书第一章,页92—100。

第二章　死难与灾卒

好事而非坏事。孙觉解经，借镜《穀梁》甚多，但在这个问题上，却是偏离其说。《春秋经解》云："复归，不善也。"①说"复归"不善，这是厌恶祭仲使然。然而，《春秋》绝非凡言复归必不善。像曹伯襄的复归，便很难说是不善。②孙觉的新解，缺乏可信论据，反而不如《穀梁》来得可靠。

3. 小结

从上两则经传，显示突的"夺正"和忽的"反正"，进一步表明。郑国君位变乱，完全是祭仲的罪过。再次重申，祭仲本是一个臣子，本来就没有资格决定谁是君主（参阅 M_2）。把祭仲捧为"知权"的贤者，绝对不能接受。

（八）桓十五年经："九月，郑伯突入于栎。"

《穀梁》无传。此经叙述流亡在外的厉公突入侵郑国的栎邑。如何认识"入"的性质，将会决定经文是否得到正确的理解。

1. 名未必贬

不是所有生名的诸侯皆属可贬的对象。有关诸侯生名的问题，崔适《复始》云："《穀梁氏》亦以桓十五年书郑伯突为讥，十六年书卫侯朔为恶，庄十年书蔡侯献舞为绝，独于曹伯襄则姑舍是而释复归。遁辞，知其所穷矣。"③这里存在不少的误解。诸侯称名，其人不一定都是被贬的对象。《穀梁》不对僖二十八年"曹伯襄复归于曹"称名示贬，是因为曹共公与卫成公、郑昭公一样，他们复其国而称名，是因为失国的缘故。④卫侯朔和蔡侯献舞要被贬抑，不代表曹伯襄也是相同的情况。崔适只见其一，不见其二，看不见郑伯突、卫侯朔、蔡侯献舞与曹伯襄之间的差别，谬误显然。

2.《左传》叙事的可兼容性

鉴于桓十一年传"贱之"是对"突"之名的解释，有理由认为郑伯突称名继续示贬。《左》桓十五年传："郑伯因栎人杀檀伯，而遂居栎。"杜预解"檀伯"为"郑守栎大夫"。⑤据俞樾的考证，此"檀伯"实为《左》昭十一年传的"曼伯"，二者之别，不过是"前后异文"。檀伯也不是"守栎大夫"，与厉公突同属公子。《左》隐五年传"使曼伯与子元潜军军其后"的"子元"，就是厉公

---

① 孙觉：《春秋经解》卷 2，页 577。
② 参阅本书第一章，页 95—96。
③ 崔适：《春秋复始》卷 2，页 390。
④ 参阅本书第一章，页 92—100。
⑤ 《左传正义》卷 7，页 207。

突之字。杜预不知子元与突同是一人,遂云:"厉公得因子元而杀檀伯",误以为栎邑之内子元和檀伯二人并存,"二公子并居一邑,势均力敌,孰为之主?孰为之佐乎?是可决其不然矣。"①《左传》上述的叙事,与《穀梁》并无抵触之处。厉公突为了复辟君位,侵入栎邑,袭杀檀伯。当时郑国君位已回到忽的手中,按照"入者,内弗受"的传例,②本该流亡到蔡国的厉公突回国侵占栎邑,自然得不到郑国内部接受。

3. 入于

经文"入于"之后,记载的若是国名,意味某人夺取本国君位;若是地名,意味着某人侵占某地背叛本国。③厉公突占据栎邑,就是一种背叛。这既不意味栎外于郑,也不意味经文可书突为"栎公"。柳兴恩《大义述》云:"栎本郑地,而突据之,则栎外于郑矣。然则,突自栎归,经亦可书栎公,传亦可云'外归',而经不书栎公,传不云外归者,即'赤归于曹郭公'之例比之属之,亦可互见也。"④这个观点有待批驳。柳兴恩误信宋儒的误说,以为"赤归于曹"的"赤"侵占曹国,遂以"外归"的赤比拟"入于栎"的厉公突。⑤《穀梁》实无此说,据传以考其义,自知其非之所在。"外归"是指郭公赤归于曹国,有别于厉公突意欲复辟而"入于栎"的做法。厉公突是"入",绝非"外归",检《穀梁》相关传义,亦不认为他有称为"栎公"的可能性。赤、突的比拟完全错误,柳兴恩以"外归"作为突"入于栎"的"互见",不着边际。

4. "入于栎"≠"入于郑"(上)

在《穀梁》以外,《公羊》另有不同的解经见解。《公羊》桓十五年传:"栎者何?郑之邑。曷为不言入于郑?末言尔。曷为末言尔?祭仲亡矣。然则曷为不言忽之出奔?言忽为君之微也。祭仲存则存矣,祭仲亡则亡矣。"⑥在此,《公羊》提出三个充满争议性但又欠缺经文依据的主张:

①《公羊》断言当时昭公忽已经出奔。但是,经文不曾提及昭公忽的流亡,也没有采用"出奔"或其他词语来记载他的失国。

---

① 俞樾:《群经平议》卷25,页401—02。另参阅《左传正义》卷3,页97;卷45,页1291。顾炎武:《日知录》卷27,页1495—96。
② 参阅本书第一章,页145—46。
③ 参阅本书第一章,页144—45。
④ 柳兴恩:《大义述》卷4,页66。
⑤ 参阅本书第四章,页809—14。
⑥《公羊注疏》卷5,页106。

②《公羊》认为"入于栎"犹如"入于郑",遂有"不言入于郑"之问。不过,经文本作"入于栎",不是"入于郑"。

③《公羊》认为"祭仲亡"。但经文没有提及祭仲,也不曾说明他的生死。

上述三点,占核心地位的是②。因为③,所以②;因为②,所以①。②是连接这个论证的中介变项。假如厉公突不是成立回国夺位,那么祭仲死不死也无所谓;假如厉公突不是再次成为郑国君主,那么也不能说昭公忽无法自保而被迫流亡。要证成③→②→①的推衍,就必须确证②的存在;也就是说,从"入于栎"得出郑国君位又被厉公突夺去的结论。

问题是,"郑伯突入于栎"这一则经文既以突为主体,又不正面交代昭公忽和祭仲二人的去向;而且,"入于栎"与"入于郑"绝非毫无争议的等价物。基本上,《春秋》凡是采用"P入于B"的句式,而B是本国之名,就意味P回到B夺位;B是本国的地名,就意味着P侵占B。①"郑伯突入于栎"既是"P入于B"的句式,而"栎"是邑,不是国,就意味郑伯突夺取了栎邑。由此可见,《公羊》因"入于栎"而发"不言入于郑"之问,是严重偏离经文固有的涵义。只要不是心存偏见地阅读"入于栎"一语,只知郑伯突为了复辟而侵犯国土,不可能由此得出祭仲已死或昭公忽出奔的认知。《公羊》认定厉公突"入于郑",是囿于经师个人的历史认知。限于文献不足,不知道《公羊》经师有什么证据认定祭仲逝世、忽回归夺位、忽失国出奔这些事件的发生,但可能肯定的是,这些事件都不是经文明确记载的内容。《公羊》无视"入于栎"与"入于郑"之别,分析到最后,②是一个无法确立的环节,而③→②→①的推衍自也无从说起。说到底,一切都是为了辩护祭仲之贤,而《公羊》所举证据过于缥缈,绝非良好的解经意见。

可喜的是,《穀梁》在这个问题上,不是《公羊》的同调。全传既无"入于某邑"相当于"入于某国"的预设,亦不认为祭仲可贤。按照"复者,复中国也"的传例,此经既然言"入"不言"复入",《穀梁》绝对没有理由相信厉公突已入国都,亦不必认同"入于栎"犹如"入于郑"的主张。钟文烝《补注》云:"尝为君,不言复入者,未入国都,不得言复。"②这是从"复中国"的传例推

---

① 参阅本书第一章(页144—45)的讨论。
② 钟文烝:《补注》卷4,页124。

断厉公突未入国都,言之凿凿,可谓真知灼见。

5."入于栎"≠"入于郑"(下)

针对"入于栎"与"入于郑"之间的隙缝,何休尝试作出辩解。何诂:"祭仲亡则郑国易得,故明入邑则忽危矣,不须乃入国也。"① 此"入邑"和"入国",是不甚严谨的措辞。"P入B"与"P入于B"是两种不同的句式,前者是侵入他国,后者是指回到原来所属的地方。就郑公突而言,"入于栎"只能是后者而非前者。何诂"入邑"和"入国"该作"入于邑"和"入于国"。玩味文意,何休显然知道邑不是国,也承认"栎"是邑,不是国。为了辩护传义,他再次重申"祭仲亡"的说法,认为突"入邑"导致"忽危",所以不用记载"入国"。这个观点若要得到证成,就要满足以下两个条件:

① 政敌"入邑"已蕴涵在位的统治者"危"。

② 《公羊》所认知的史事,尤指"祭仲亡矣"的叙述,都是真实的。

就①而言,《公羊》在经义的解释上,实无这样的主张。《公羊》桓十五年传:"人者,出入恶。"② 这是对政治人物"入"的一个解释,殊无"危"义。此外,《公羊》也不乏"入邑"而不动摇统治的反例,例如定十三年经"晋赵鞅入于晋阳以叛"和"晋荀寅及士吉射入于朝歌以叛"都是何休所说的"入邑",但最后赵鞅"以地正国",没有颠覆晋室。③ "入于邑"和"入于国"从来也不是同一回事。像襄二十五年"卫侯入于夷仪",仅意味夺取某邑,迄至襄二十六年"卫侯衎复归于卫"方才意味卫献公成功夺回君位。何诂"不须乃入国"是混淆"入于邑"和"入于国"之别。

因为经文没有足够明显的线索,何休最终所乞灵的仅是②。《公羊》既断言"祭仲亡矣",究竟这是依据什么史料而这么说? 也就是说,必须有证据说明"祭仲亡"是导致突入忽奔的主因。自始至终,《公羊》没有能明白解答:祭仲在什么时候逝世? 他的死如何导致郑国政治的变化? 完全可以说,"祭仲亡矣"是一个有论无证的论断,欠缺经文和史事记载的支持。问题重返原点:从"入于栎"的记载如何可以推出"祭仲亡"已先发生? 如何可以推出"忽之出奔"随后发生?

为了辩护《公羊》和何诂,崔适尝试透过聩辄争国一事比较说明,《复

---

① 《公羊注疏》卷5,页106。
② 《公羊注疏》卷5,页105。
③ 《公羊注疏》卷26,页581。

始》云:"彼有石曼姑围戚,故蒯聩不得有卫也。此无围栎者,以祭仲已亡,国复谁守,故不必言突入于郑也。"① 这是援引哀二年经"晋赵鞅帅师纳卫世子蒯聩于戚"为说。然而,它与桓十五年经"郑伯突入于栎"二者相比,前者言"入",后者言"纳",两者用辞不同,岂能模拟?崔适借蒯聩被围之事,反向推断郑国无人守卫,从而得出不书"入于郑"的解释,同样是臆测多于征实,欠缺足够的说服力。说到底,一个尝试夺位的政治人物进入其国的某一地方,不等于他已进入国都,更不等于他重新夺权登位。《春秋》这样的例子甚多,如刘敞《春秋权衡》举证云:"卫侯入于夷仪,蒯聩入于戚,公居于郓,皆一例尔。"②《公羊》断言突在桓十五年复位,对"入于栎"而发"不言入于郑"之问,是导致何、崔二人辩解乏力的主因,即使不参考《左传》叙事的反证,也没有理由信从《公羊》这些说法。最低限度,参照《穀梁》之说,完全可以拒斥何、崔这些错误说法。

6. 小结

《公羊》之所以推许祭仲,无非是认为祭仲之死,导致郑忽无以自存,所以失败了也不能怪责祭仲。自始至终,《公羊》看不见祭仲是郑国政治冲突的制造者。相反,《穀梁》认为祭仲的废立彻底错误,也不曾许之为贤。把"入于栎"视为祭仲逝世后的不幸结果,仅是源于文本的误读,不宜当真。从《穀梁》对"入于"的解释,可以明确拒斥《公羊》贤祭仲的主张。更进一步说,在《穀梁》笔下,没有一个贤者被捧至这样的高度。这已预设:

O_2 没有一个贤者被视为国家存亡成败的枢纽。

按照《穀梁》的设定,无论是因为得众、身贤、使贤(参照 J_1、L_1、M_1)抑或其他条件而称贤的人,没有一个像《公羊》歌颂祭仲那样的高度,诸如"祭仲存则存矣,祭仲亡则亡矣"的赞美,原则上在《穀梁》中找不到任何线索。

(九)桓十五年经:"冬,十有一月,公会宋公、卫侯、陈侯于袲,伐郑。"传:"地而后伐,疑辞也,非其疑也。"③

昭公忽重新复辟,不意味郑国政局恢复安稳,反而惹来四国联军讨伐。

---

① 崔适:《春秋复始》卷4,页402。
② 刘敞:《春秋权衡》卷10,页275。
③ 《穀梁注疏》卷4,页56。

1. 谁被伐？

根据"会者外为主"的传例，"会"后的宾语是主持盟会的一方，①因此袤之会是由宋、卫、陈三国诸侯主导。鲁桓公与他们会后伐郑，争议的问题是：他们征伐的对象究竟是谁？换言之，当时谁是郑国主政的君主？

《左》桓十五年传："冬，会于袤，谋伐郑，将纳厉公也。弗克而还。"②审是，当时厉公突的复辟不能成功。据《左传》记载，昭公忽自桓十五年反正后，迄至桓十七年十月被高渠弥弑亡止，都是主政的郑国君主。史实具在，较然无疑，以是为据，则知这次伐郑是为了对付正嗣的忽，以纳不正的突。

2. 纳突叙事难被否证

就现存史料文献而言，没有证据可以反证《左传》的叙事。崔适驳《左》的失败，便是一个明确的教训。《复始》云："突失宋援，故祭仲得出之。突虽未入于栎，宋无纳突之理。不然，上年突何不奔宋而奔蔡耶？《左氏》以为纳突，其呓语耶？"③崔适自以为此言足以揭破《左传》之非，实际上谬戾过甚。《左传》"会于袤，谋伐郑"是指鲁、宋、卫、陈四国君主，不是专指宋国。《左》桓十五年传记载祭仲与突的矛盾，不过是显示一场宫廷斗争的变故，并无提及突失宋援。崔适仅言宋国而不言四国，已有语义歧异之谬。此外，他从祭仲出突反向推论突失宋援，亦是立足于祭仲"知权"的虚拟预设，即使是《公羊》也没有失宋援的叙事佐证。拿突奔蔡的经文来证明"宋无纳突之理"，全属自以为是的想象，欠缺文献证据。支持《左传》的读者完全可以合理地认为，突之所以奔蔡，因为蔡是可以接纳他的国家，不等于除蔡以外别无选择，更不等于没有其他国家支持他。出奔蔡是一回事，四国伐郑以谋纳突又是另一回事，两者为何不能并存？分析到最后，崔适之所以不信纳突之说，无非是立足于《公羊》"入于栎"犹如"入于郑"的论断。如上所述，这个论断不符合经义，彻底错误。只要不是盲目拥护《公羊》的人，其实没有理由随便摒弃《左传》纳突的叙事。

3. 伐月义兵之谬

在伐的时间问题上，经文并非书月必善，不书月必恶。《穀梁》绝无这方面的主张。即使从《公羊》的视角出发，也不见得书月必善，不书月必恶。

---

① 有关这一传例的说明，参阅本书第三章，页518。
② 《左传正义》卷7，页207。
③ 崔适：《春秋复始》卷4，页402。

第二章　死难与灾卒

以下试举四个比较明显的反例：

[1]僖十八年经："冬，邢人、狄人伐卫"，何诂："狄称人者，善能救齐，虽拒义兵，犹有忧中国之心，故进之。"

[2]僖二十八年经："春，晋侯侵曹，晋侯伐卫"，何诂："宋襄公伐齐月，此不月者，晋文公功信未著，且当修文德，未当深求于诸侯，故不美也。"

[3]宣四年经：正月"公伐莒，取向"，六年"八月，螽"，何诂："先是宣公伐莒取向，公比如齐所致。"

[4]成十三年经："夏，五月，公自京师遂会晋侯、齐侯、宋公、卫侯、郑伯、曹伯、邾娄人、滕人伐秦"，《公羊》云："公盍行奈何？不敢过天子也。"同年"七月，公至自伐秦"，何诂："月者，危公幼而远用兵。"①

审读以上四例。例[1]的"义兵"是指由宋襄公伐齐的军队，而狄国救齐伐卫，若以伐月示善、不伐月示恶的主张，应含贬义才对，但经文"狄人"之称，褒义无疑，虽是书时不书月，何休也不得不退让承认这是进狄之意。在例[2]中，若说伐卫不月是因为晋文公"功信未着"，那么宋襄公呢？伐齐月，是指僖十八年"王正月，宋公会曹伯、卫人、邾娄人伐齐"的经文。但宋襄伐齐没有得到诸侯归心，反而换来僖二十三年齐侯伐宋围闵的报复，更不要说他在泓之战的全盘失败。相反，晋文公伐卫是城濮大胜的前奏，②若论功信而论，晋文是将着而未着，而宋襄自始至终也未着，怎能以此解释月不月的缘故？例[3]的伐莒书月非善，连何休也明白指出了，不烦深论。在例[4]中，鲁成公趁朝王的间隙伐秦，错误显然。由于传文已贬，何休不得不承认书月非善。

《穀梁》没有伐日之例，《公羊》同样没有，但何休认定此经记载月份，褒美四国伐突为"义兵"，何诂："月者，善诸侯征突，善录义兵也。"③这是预设此经伐文书月，属于可褒之列。何休的举证是庄五年"冬，公会齐人、宋人、陈人、蔡人伐卫"，庄六年"秋，公至自伐卫。"何诂："久不月者，不与伐天子

---

① 《公羊注疏》卷11，页238；卷12，页255；卷15，页334；卷18，页394—95。
② 参阅本书第一章，页90；第三章，页520—31。
③ 《公羊注疏》卷5，页107。

也,故不为危录之。"① 然而,遍查《公羊》对经文书伐的时间讨论,仅涉及日期的书写。庄二十八年"王三月甲寅,齐人伐卫"和文十五年六月"晋郤缺帅师伐蔡;戊申,入蔡"两则经文,《公羊》皆说"至之日也",意谓军队到达的日期,没有褒贬之义。对此,何诂、徐疏尝试以"起其暴也"解释"至之日",②实是过度诠释。无论如何解释伐日的意思,《公羊》没有书月示善的主张,确凿明白,书月示善纯属何休个人私见,不合《公羊》之义。上一段所举的4个例子可以说明,月不月与善不善,实无必然关连,凭什么因为鲁桓伐郑书月就认定这是"义兵"？说穿了,何休之所以认定伐郑合义,是因为《公羊》文本的限制,使他不得不认为当时突已入郑篡国,但传文又没有交代伐郑可善之处,导致他试图从伐文书月找解释,但论证是不成功的。

顺便一提,许桂林列举《穀梁》诸例,援引《公羊》伐日的讨论,以为"可补《穀梁》之阙",③其实是自乱传义,大可不必。

4. 折衷《左》《公》之谬

从《穀梁》内容出发,"入于栎"既不等于"入于郑",就没有理由认为当时突已夺取忽位。换言之,《穀梁》可以兼容的叙事是《左传》而非《公羊》。然而,《公羊》没能区别"入于栎"与"入于郑"之别,错误判断突已复辟主政,却因范宁的错误援引,而为后来同类误读误解留下严重隐患。范宁一方面接受《左传》伐郑以纳突的叙事,另一方面却局部地接受何诂"义兵"的错误见解。范注:"郑突欲篡国,伐而正之,义也。"④这是折衷《左》《公》而又偏离二传的结果。检上述何诂"善录义兵"之说,两相校核,可以看到范宁的"义也",或多或少是利用和挪移何休的观点。范宁通晓《左传》,当然知道厉公突从桓十五年流亡,迄至庄十四年方才成功复辟,所以他说"郑突欲篡国",而非已经篡国。这是范注异于何诂之处。然而,范宁始终没有摆脱何休的影响,以"伐而正之"解经文的"伐郑",就是把被伐者由在郑国执政的昭公忽,改为讨伐意图篡位的厉公突。这是范注异于《左传》之处。按照范宁的观点,经文"伐郑"的"郑",实指突,而非忽。这个说法假如成立的话,就意味经文表面上说讨伐某国,实际上暗地针对该国意图作乱的叛逆。当

---

① 《公羊注疏》卷6,页130。
② 《公羊注疏》卷9,页178;卷14,页311。
③ 许桂林:《释例》卷3,页3027。
④ 《穀梁注疏》卷4,页56。

然，不能说"伐"只能言国，《春秋》的"伐"，不仅是国，也可以是人，或特定的地方。① 然而，《春秋》"伐"字共234例，没有一例显示伐国是伐其国之逆贼，而非其国之君主。② 此经明言"伐郑"而非"伐突"或"伐栎"，范宁将之视作"伐突"，违离经义，莫此之甚。如上所述，何休伐致书月示善的见解，破绽重重，既与经义不能很好吻合，援之以为立论前提，因而出现偏差，也就在所难免了。下面将会指出，范注对桓十六年传第二次伐郑理解为"助篡伐正"，与此注自相矛盾，足见"伐而正之"是彻底错谬的观点。没有理由相信被伐者是突。《穀梁》从未主张伐郑为"义兵"，有必要彻底扬弃何休"义兵"之说。范宁依违《左》《公》二传，漠视二传的内在矛盾，裁断失当。站在《穀梁》立场上看，只能接受《左传》纳突的叙事，不能承认何诂伐突之说。

顺便一提，范宁错用何诂，辗转传录之下，使得《公羊》的错误见解透过范注而影响了《公羊》以外的一些经师，导致经传认识误入歧途。刘敞说桓十五年伐郑"似言诸侯为忽讨突也"，③就是因范注误导而错解《穀梁》传义。同样受范注影响的，还有廖平。他明明知道伐郑是"助突"，却在解释

---

① 像成三年"晋郤克、卫孙良夫伐墙咎如"，便是言人；像襄八年"莒人伐我东鄙"，便是言特定的地方。

② 限于篇幅，在此不烦备录，这234例载于隐二年、隐四年（3例）、隐五年（2例）、隐七年（2例）、隐十年（3例）、桓五年、桓八年、桓十二年、桓十四年、桓十五年、桓十六年（2例）、桓十七年、庄二年、庄三年、庄五年、庄六年、庄九年、庄十四年（2例）、庄十五年、庄十六年（2例）、庄十九年、庄二十年、庄二十六年（3例）、庄二十八年（2例）、庄三十年、庄三十二年、闵元年、僖三年、僖四年（3例）、僖六年（2例）、僖七年、僖八年、僖十年、僖十一年、僖十五年（3例）、僖十七年、僖十八年（2例）、僖十九年、僖二十年、僖二十一年（2例）、僖二十二年（2例）、僖二十三年（2例）、僖二十四年、僖二十六年（5例）、僖二十七年、僖二十八年、僖三十三年（3例）、文元年（2例）、文二年、文三年（3例）、文四年、文七年（2例）、文九年、文十年、文十一年、文十四年（2例）、文十五年（2例）、文十七年（2例）、宣元年（2例）、宣二年、宣三年、宣四年（2例）、宣五年、宣七年（2例）、宣八年（2例）、宣九年（3例）、宣十年（4例）、宣十一年、宣十二年、宣十三年（2例）、宣十四年、宣十五年、宣十八年、成二年、成三年（5例）、成四年、成六年、成七年（2例）、成八年、成九年（3例）、成十年、成十三年、成十四年、成十五年、成十六年、成十七年（3例）、成十八年、襄元年、襄二年、襄三年（2例）、襄五年、襄八年（2例）、襄九年（2例）、襄十年（5例）、襄十一年（5例）、襄十二年（3例）、襄十五年（2例）、襄十六年（3例）、襄十七年（5例）、襄十八年（2例）、襄十九年（2例）、襄二十年、襄二十三年（2例）、襄二十四年（3例）、襄二十五年（3例）、襄二十六年、昭四年、昭五年、昭六年（2例）、昭十年、昭十二年、昭十五年、昭十六年、昭十九年（2例）、昭二十二年、昭三十二年、定二年、定四年、定七年、定八年、定十二年、定十三年、定十五年、哀元年（2例）、哀二年、哀三年、哀五年（2例）、哀六年（4例）、哀七年、哀八年、哀九年（2例）、哀十年（4例）、哀十一年（2例）、哀十二年、哀十三年。

③ 刘敞：《春秋权衡》卷14，页327。

"非其疑"时说:"讨贼不进,故非之也。"① 这等于贬忽为贼,用辞不当。

5. 疑辞

澄清了伐郑是为了纳突而非伐突,有助于正确地理解"疑辞"的意指。除本例外,《穀梁》言"疑"还有13例,其中计有3种涵义:

①怀疑,主要是对时人对某些事情的怀疑,如"疑以传疑"(桓五年、庄七年)、"疑,故志之"(桓六年)、"传疑也"(桓十四年)、"其义不疑也"(庄三年)、"始疑之,何疑焉"(庄十三年)、"外内寮一疑之也"(庄十六年)、"其道不疑也"(文九年)。

②不确定,如"疑战"(庄十年、僖元年)。

③犹疑,如"疑辞也"(宣元年)、"志疑也"(定四年)。②

此传"疑辞"的"疑"采用③,意谓犹疑。"地而后伐"是指经文先记载诸侯会晤的地点,再记载伐郑,表示他们内心犹疑还未打定主意,不是直接出兵伐郑,故此《穀梁》说是"疑辞"。

有关"疑辞"的涵义,刘敞缺乏正确的认知,《权衡》质疑说:"此先会后伐耳,亦何疑辞哉?"③解"疑辞"之"疑"为疑问,刘敞明显不知"疑"有三义,因而错解《穀梁》传义。"疑辞"不一定是贬义。宣元年传:"列数诸侯而会晋赵盾,大赵盾之事也。"又云:"于棐林,地而后伐郑,疑辞也。"④这是《穀梁》"疑辞"的另一用例。斐林之会是支持赵盾救陈。若是"会"的主体采用"列数诸侯"的措辞,加上"地而后伐",就是"著其美"的笔法。这就说明,"列数诸侯"和"疑辞"两者的结合,带有褒扬其事之意。以此反观袲之会,宋公、卫侯、陈侯皆是系于"会"后,自非"列数诸侯"的笔法,仅是"地而后伐",以此可知这不是"著其美"的措辞。刘敞不知"疑辞"在不同语境中使用的变异,致有误解。

6. 非其疑

《穀梁》明言"非其疑也","非"意谓怪责,怪责四国君主不应犹疑。当时郑国执政的君主是忽,而非流亡的突,因此"非其疑"不可能是怪责他们迟疑

---

① 廖平:《古义疏》卷2,页112。
② 《穀梁注疏》卷3,页40、44;卷4,页53;卷5,页66、71、75、77、79;卷7,页107;卷11,页171;卷12,页188;卷19,页320。
③ 刘敞:《春秋权衡》卷14,页327。
④ 《穀梁注疏》卷12,页188。

不快些伐突。在这里,需要再次清理范宁的错误认识。范注:"不应疑,故责之。"①认为四国君主不应犹豫,是正确的;但对犹疑的是什么,却理解不当。前已述及,范宁称赞伐突是"义",因此"不应疑"就是认为他们对伐突不应迟疑不前。这个想法,是建立在"伐而正之"的错乱前提之上,绝不可信。

循其轨辙,周何又再误信范注,以为"四国既然申张正义,联合讨伐,就不应该有所犹豫",②同样预设被伐者是厉公突,而非昭公忽,其说当然不能成立。

7. "疑"的内容

真正使四国君主"疑"的关键是,究竟押宝在哪一方?是流亡的厉公突?抑或刚登位的昭公忽?他们的政治考虑是否涉及突、忽孰正的问题,不得而知。在这里,有必要剖析胡安国的观点。胡传:"昭公虽正,其才不足以君一国之人,复归于郑,日以微弱;厉公虽篡,其智足以结四邻之援,既入于栎,日以盛强。"又云:"《榖梁》所谓'非其疑'者,非其疑于为义,而果于为不义,相与连兵动众,纳篡国之公子也。"③胡安国认为四国用兵是为了纳突,这是比范注正确的。但他这样想象当时诸侯的政治考虑,仍然偏离《榖梁》本义。《榖梁》的"疑"不等于"疑于为义"。胡传言"义",似乎还没有彻底摆脱范注的错误观点。仅读《榖梁》,读者充其量只能推论他们面对突、忽之争时有些政治盘算,没有证据说明他们的盘算涉及"为义"的选择,更不知道他们是否因为突"智"而放弃"虽正"而乏"才"的忽。重点是,他们有没有这方面的想法,也不重要,因为《榖梁》明言突"夺正",忽"反正",助突不正,显而易见。

不久前,郑国与这次来犯的鲁、宋、卫、陈四国,曾经发生战争。桓十四年经:"宋人以齐人、卫人、蔡人、陈人伐郑。"参与伐郑的宋、卫、陈、蔡四国在突掌政时曾经伐郑,如今忽、突易位,在袲会后却摇身一变,瞬间由反突改为助突,政治立场反复之快,着实令人叹为观止。柯劭忞也注意到这个变化,《传注》云:"突归郑,宋以四国伐之。今突入栎,乃伐郑以纳突,反复如此,故曰疑辞。"④说四国轻易改易立场,当然是正确的,但这跟"疑辞"没有什么关系。"疑辞"是犹豫不决的表现,说的是"伐郑"的决断还不够快。

---

① 《榖梁注疏》卷4,页56。
② 周何:《新译》上册,页143。
③ 胡安国:《春秋胡氏传》卷6,页77。
④ 柯劭忞:《传注》卷2,页17。

确切地说,知道这次出兵的四国先前是什么立场,有助于深化"伐郑"的认识。但"非其疑"仅是专指"地而后伐",不涉及柯注所说的"反复"。

8. 小结

这次四军伐郑,是要连手对付刚复辟的昭公忽,帮助被赶下台的厉公突夺位。拘于"祭仲亡则亡矣"而认定当时厉公突已经在位,甚至歌颂四国联军是"义兵",肯定是不合实际的。《穀梁》"非其疑"是批判诸侯在突、忽争位中的各种谋算。之所以出现外敌入侵的祸害,追源究因,需要被问责的肯定是反复废立的祭仲。它再次证明祭仲不是真正帮助国家存活的贤者,反而是多次劫难的罪魁祸首(参照 O_2)。

(十)桓十六年经:"夏,四月,公会宋公、卫侯、陈侯、蔡侯伐郑。秋,七月,公至自伐郑。"传:"桓无会,其致何也?危之也。"①

由于桓十五年四国伐郑没能推翻昭公忽的统治,翌年四月重组联军再次伐郑,但同样无功而返,此经特别记载鲁桓公回郑之事。

1. 两次伐郑之异

这是第二次联合伐郑,与桓十五年第一次伐郑的鲁、宋、卫、陈四国相比,这次新加入了蔡国,《穀梁》并无谈及为何蔡国排在最后。范注:"蔡常在卫上,今序陈下,盖后至。"②这是对杜注的惯性抄录,③一字不差,却非传义。

两次伐郑的另一差别,是第一次伐郑采用"疑辞",而第二次伐郑没有"地而后伐"的问题,所以不是疑辞。《左》桓十六年传:"会于曹,谋伐郑也。"④据此,这次伐郑前的集会地点是曹国。经文不记载集会之地,为什么?不清楚。反正《穀梁》没有解释,于此不必深究。

2. 桓无会

虽无疑辞,但此伐同样可贬。检《春秋》记载鲁桓公之会,共 22 例之多。⑤故此"桓无会"不能理解为经文没有他的赴会记录。柯劭忞《传注》云:

---

① 《穀梁注疏》卷4,页56。
② 《穀梁注疏》卷4,页56。
③ 《左传正义》卷7,页207。
④ 《左传正义》卷7,页208。
⑤ 限于篇幅,在此不引录相关经文,这 22 例载于桓元年、桓二年、桓三年(3例)、桓六年、桓十年、桓十一年(2例)、桓十二年(5例)、桓十三年、桓十四年、桓十五年(2例)、桓十六年(2例)、桓十七年、桓十八年。

"桓篡立,不得列于诸侯。"①按照《穀梁》的理解,逆贼也不是不宜有"会"的记载。同样因篡而立的鲁宣公亦有赴会的记载,如宣七年"夏,公会齐侯伐莱"、宣十七年"公会晋侯、卫侯、曹伯、邾子同盟于断道"等等,以此反证,柯注实不可信。

事实上,"无会"该理解为"无致会"。钟文烝《补注》云:"桓会甚众,而曰无会,盖无致会也。"②这个认识,远比柯注符合经传的内容。

3. 无致会

什么是"无致会"呢? 先要认识经传的措辞。此经"P 至自 X",是《春秋》常用的句式,共 90 例。③ P 都是鲁国的人,尤指鲁公;而 X 可以是某地,亦可以是某事,但无论来自某地抑或做完某事,这一句式都是显示鲁国的人回国之辞。"致"与"至"同义,意谓到达。《穀梁》以"致"释"至",合计 26 例,重点是剖析当事人因为什么缘故(通常是他做了什么事)导致有或没有"至"的笔法(以及"至"后是什么用辞)。④

无致会,跟鲁桓公归国后的宗庙礼节关系不大。范注:"告庙曰至。"⑤这是暗袭杜预"告于庙也"的主张。⑥ 钟文烝对之略作辨析,《补注》云:"告

---

① 柯劭忞:《传注》卷 2,页 17。
② 钟文烝:《补注》卷 3,页 83。
③ 限于篇幅,在此不引录相关经文,这 90 例载于桓二年、桓三年、桓十六年、桓十八年、庄六年、庄二十三年(2 例)、庄二十四年、庄二十六年、僖元年、僖四年、僖六年、僖十五年、僖十七年、僖二十六年、僖二十九年、僖三十三年、文四年、文九年、文十四年(2 例)、文十五年、文十七年、宣元年、宣四年、宣五年、宣七年、宣八年、宣九年、宣十年(2 例)、宣十七年、成三年(2 例)、成四年、成六年、成七年、成九年、成十一年、成十三年、成十四年、成十五年、成十六年(2 例)、成十七年(2 例)、成十八年(2 例)、襄三年(2 例)、襄五年(3 例)、襄八年、襄十年(2 例)、襄十一年(2 例)、襄十三年、襄十六年、襄十九年、襄二十年、襄二十一年、襄二十二年(2 例)、襄二十四年、襄二十五年、襄二十九年、昭五年、昭七年、昭十三年、昭十四年、昭十六年、昭二十四年、昭二十六年(2 例)、昭二十七年(2 例)、昭二十九年、定元年、定四年、定六年、定八年(3 例)、定十年、定十二年(2 例)、定十四年、哀十年、哀十三年。
④ 限于篇幅,在此不引录相关传文,这 26 例载于桓二年传、桓十六年传、庄六年传、庄二十三年传、僖四年传、僖六年传、僖二十六年传、文二年传、文九年传、文十五年传、宣元年传、成十四年传、成十六年传、成十七年传(2 例)、襄九年传、襄十年传、襄十一年传(2 例)、襄十九年传、襄二十九年传、昭十四年传、昭二十四年传、定八年传、定十年传、定十二年传。参阅《穀梁注疏》卷 3,页 37;卷 4,页 56;卷 5,页 70;卷 6,页 87;卷 7,页 115;卷 8,页 120;卷 9,页 147;卷 10,页 159;卷 11,页 171;卷 11,页 181;卷 12,页 186;卷 14,页 232、237—38、240;卷 15,页 251—55;卷 16,页 261、271;卷 18,页 296、305;卷 19,页 325、327、330。
⑤ 《穀梁注疏》卷 3,页 37。
⑥ 《左传正义》卷 5,页 135。

庙饮酒、策勋书劳者,至之事也,《左氏》所据史例也。'喜其反'者,至之义也,经例也。"①此"喜其反",来自襄二十九年传"殆其往,而喜其反"的主张。②钟文烝强调史例与经例之别,显然知道范宁的观点来自杜注,但仍有牵合范注之嫌。《穀梁》训"致"为告庙,其实只限于僖八年传"致者,不宜致者也"一语,③该传所解释的经文是"用致夫人",是"致"而非"至",而且"致"后载有"夫人"为客语,有别于《穀梁》以"致"释"至"的惯常句式。基本上,这些句式皆是针对经文有否"至"的笔法而发,没有涉及告庙的情节。此外,僖八年传"致者,不宜致者也",义近成九年传"致者,不致者也"。如上所述,成九年传的"致",是季孙行文表达致侯之意,不合告庙的语脉。因此,僖八年经传的"致",更准确的释义是致送,而非告庙。当然,这不是说君臣自外归国必无告庙之事,而是解"至"为"告庙",并非达诂。像昭二十六年经两言"公至自齐",当时鲁昭公实居于郓,自然不可能有回到国都告庙之事,但经文仍用"公至自X"的句式,这可反证"至自"不是针对告庙而言。"至"仅有到达之义,不是告庙,两者不宜混为一谈。

4. 桓致之危

按照"离会不致"的传例,鲁国君主出会,一般没有"至自"的记载;若有这样的记载,都是指示潜在的危险。④ 定十年经:"公至自颊谷",传:"离会不致。何为致也?危之也。"⑤这一传义,可以适用于齐桓公以外的盟会。齐桓公可以争取诸侯的信任,不存在潜在的危险;但其他诸侯的盟会,却非如此。此外,《穀梁》认为"至自"之文,也寓有欣喜其君脱险返国的意义。襄二十九年经:"公至自楚",传:"致君者,殆其往,而喜其反,此致君之意义也。"⑥此语通释全传"致君"之文。

对鲁桓公来说,危险尤其深切,因为他和隐公一样,最后都被暗杀而死。《春秋》对隐公没有"公至自X"的句式,而桓公仅有2例。之所以如此,在《穀梁》看来,这都是因为"会"对二人的危险。桓十八年传:"知者虑,

---

① 钟文烝:《补注》卷3,页83。
② 《穀梁注疏》卷16,页271。
③ 《穀梁注疏》卷8,页122。
④ 这是《春秋》全经的通则,除齐桓公盟会因其信而无危以外,参阅本书第四章,页633—38。
⑤ 《穀梁注疏》卷19,页327。
⑥ 《穀梁注疏》卷16,页271。

义者行，仁者守。有此三者备，然后可以会矣。"①这是剖析桓公赴泺之会而死的评语，②同样的评语也见于隐二年传，那是解释"公会戎于潜"的经文。③ 由此可见，"桓会不致"就是鉴于桓公在外地遇害的结果，预示他的出会存在危险。因为这样，《穀梁》认为桓公所有出会都有危险，不管有没有"至自"之文。除桓十六年传外，桓二年经："公至自唐"，传："桓无会，而其致，何也？远之也。"④这是桓公时期另一则"至自"之文。唐在境内，而郑在国外。郑比唐远，而言"危之"；唐比郑近，而言"远之"。为什么呢？对此，钟文烝已有明确的阐述："唐在竟内，非远，以其会戎，则亦为远而可危，故远之以危之。"⑤此解因为出会对桓公来说都是危险的，所以"至自唐"的"远之"与"至自伐郑"的"危之"实是二传共释一义：远离国都，所以危险。"远之"与"危之"，二者互为表里。

5. 桓致的错误理解

桓致之危，有些论者存在误解：

（1）范注："桓公再助篡伐正，危殆之甚，喜得全归，故致之。"⑥认为桓公"危殆"和"喜得全归"，大体上符合传义，但问题在于"再助篡伐正"的说法。桓十五年传明言突"夺正"，忽"反正"，所以"助篡伐正"意味助突伐忽。然而，范宁解读桓十五年的第一次伐郑已说"伐而正之"，亦即助忽伐突，两者扞格不入。此注何以又说"再助"呢？为了弥补这一漏洞，杨疏："前年为忽伐郑，而此年为突伐郑"，又引范答薄氏驳曰："明桓伐突非本心，故言再助是也。"⑦传文没有说过鲁桓公是否出于"本心"，上述驳论未免臆断；审杨士勋之说，实是延续范注的内在矛盾，难以自圆其说。"再助"之说若要得以证成，惟一的出路是承认"伐而正之"实属伪妄之说。换言之，必须先承认两次伐郑都是为突伐忽，清理范注上述的错误认识，可惜杨疏没有这么做。

（2）同样是强调桓公"至自"脱险是值得欣慰的事情，崔适的认识与范

---

① 《穀梁注疏》卷4，页59。
② 有关这一段话的问题，参阅本书第三章，页422—23。
③ 《穀梁注疏》卷1，页9。
④ 《穀梁注疏》卷3，页37。
⑤ 钟文烝：《补注》卷3，页83。
⑥ 《穀梁注疏》卷4，页56。
⑦ 《穀梁注疏》卷4，页56。

宁略有不同,《复始》云:"善桓公行义伐郑,故喜其脱厄而至。"①此"行义伐郑",源自何休的观点。何诂:"致者,善桓公能疾恶同类,比与诸侯行义兵伐郑。致例时,此月者,善其比与善行义,故以致,复加月也。"②崔适重申何休之说,并无有力辩解。致月示褒,跟伐月示褒一样,都是不可信的。何休的举证是桓元年"公会郑伯于垂"后没有还鲁的记载,何诂:"复夺臣子辞,成诛文也。"③意谓桓公弑兄,剔除致文含有诛绝之意。这样一来,桓公任内该没有致文才是,但桓二年经:"冬,公至自唐。"致文书时,所以何休不得不另作解释,说是"所以深抑小人也",④以此表示书时含有贬意。这个推理似通非通,因为真要"深抑小人",不致就是了,何需致时这么转折?不管如何,何休以此反向推论,认定桓十六年"公至自伐郑"加月,有别于前两例,必有褒义。问题是,《公羊》对桓公致不致及其时月的笔法没有解说,而桓公生前的致文仅有这两个孤例(即桓二年致时和桓十六年致月),别无其他旁证,何休以此断定书时贬,书月褒,都是没有足够的抽样举证,推理武断太过,不见得符合《公羊》本义。刘敞《权衡》云:"如休之言,致者乍善乍恶,乍安乍危,无一可通也。"⑤这是看透了何诂底蕴的洞见,相当锐利。

(3)廖平《古义疏》云:"《春秋》三辞,隐、桓之世临天下辞,则天下一家,凡出皆不致。"又云:"《春秋》隐、桓临天下,庄、闵、僖、文、宣、成、襄、昭临一国,定、哀临一家。"⑥这是暗袭《公羊》学者的三世说,于《穀梁》无据。此外,哀七年传:"《春秋》有临天下之言焉,有临一国之言焉,有临一家之言焉。"⑦其中,区分了经文三种不同的措辞,既未明言"临天下""临一国""临一家"分属三期,亦没有以此解释隐、桓"不致"的缘故。廖平"三辞"之说,不过是他随心所欲想当然的说法,在传中找不到任何依据。

6. 小结

第二次四国伐郑,与第一次伐郑一样,都是援突伐忽。这是祭仲留给郑国的另一个劫难(参照 O_2)。不理解两次伐郑的性质,而侈言祭仲之贤,

---

① 崔适:《春秋复始》卷4,页402。
② 《公羊注疏》卷5,页107。
③ 《公羊注疏》卷4,页67。
④ 《公羊注疏》卷4,页76。
⑤ 刘敞:《春秋权衡》卷10,页275。
⑥ 廖平:《古义疏》卷2,页80。
⑦ 《穀梁注疏》卷20,页344。

是言不及义的。

(十一)庄四年经:"齐侯、陈侯、郑伯遇于垂。"

《穀梁》无传。但正确理解此经的涵义,有助把握郑国内乱的问题。

1."郑伯"是谁?

引起争议的是此经的"郑伯"。自桓十一年夺正以来,迄至庄二十一年逝世,经中计有 10 例"郑伯":

[1]桓十二年:"公会郑伯盟于武父。"

[2]桓十三年:"公会纪侯、郑伯。"

[3]桓十四年:"公会郑伯于曹。"

[4]同年:"郑伯使其弟禦来盟。"

[5]桓十五年:"郑伯突出奔蔡。"

[6]同年:"郑伯突入于栎。"

[7]庄四年:"齐侯、陈侯、郑伯遇于垂。"

[8]庄十四年:"单伯会齐侯、宋公、卫侯、郑伯于鄄。"

[9]庄十五年:"齐侯、宋公、陈侯、卫侯、郑伯会于鄄。"

[10]庄十六年:"会齐侯、宋公、陈侯、卫侯、郑伯、许男、曹伯、滑伯、滕子同盟于幽"。

以上 10 例的"郑伯",俱指厉公突。

2. 郑国君位的变动

《左》桓十七年传:"初,郑伯将以高渠弥为卿。昭公恶之,固谏,不听。昭公立,惧其杀己也。辛卯,弑昭公而立公子亹。"又,《左》桓十八年传:"秋,齐侯师于首止。子亹会之,高渠弥相。七月戊戌,齐人杀子亹而轘高渠弥,祭仲逆郑子于陈而立之。是行也,祭仲知之,故称疾不往。人曰:'祭仲以知免。'仲曰:'信也。'"又,《左》庄十四年传:"郑厉公自栎侵郑,及大陵,获傅瑕。傅瑕曰:'苟舍我,吾请纳君。'与之盟而赦之。六月甲子,傅瑕杀郑子及其二子,而纳厉公。"①这三段叙事记述,昭公忽被高渠弥谋杀,立公子亹,翌年公子亹和高渠弥被齐人杀死,祭仲改立公子仪,在外流亡十七年后,厉公突方才回国复位。在这段时间内,郑国实有两个君主:一个是流

---

① 《左传正义》卷 7,页 211、213—14;卷 9,页 251。

亡的厉公突,一个是主政的昭公忽→公子亹→公子仪。

3. 郑伯流亡仍称爵

流亡君主仍然称爵,是《春秋》常见的笔法;《穀梁》亦承认失国者可以像有国者一样称爵。昭十三年经:"蔡侯庐归于蔡,陈侯吴归于陈。"传:"此未尝有国也,使如失国辞然者。"①蔡侯、陈侯失国仍像有国者称侯,可见《穀梁》认为曾任国君流亡时可以继续称爵。像这样的例子,《春秋》还有不少。叔武摄位称"卫子",流亡的卫成公仍称"卫侯",便是一个显例。

庄四年垂会之时,郑国实有两个君主,在国内的是公子仪,在流亡的是厉公突。在此,赵鹏飞具有清晰的认识,《春秋经筌》云:"郑有二君,子婴之立,不书于经,则今日遇于垂者,子婴邪? 郑伯突邪? 曰:郑伯突也。夫世郑之统者,昭公为正,昭弑而无子,则统固绝矣。亹、婴虽继立,乃昭之侄,不可谓正,而突虽篡,实庄公之子,又尝君郑矣。"②此"子婴"即公子仪。不过,赵鹏飞搞错了公子亹和公子仪的辈份,他们都是郑厉公和郑昭公的弟弟。撇除这个小错,他认定昭公无子,这两人继位的合法性不如厉公,倒是值得参考的意见。

4. 郑伯尚未复位

承认此经的"郑伯"是厉公突,与接受《左传》上述的叙事,两者不存在任何矛盾。可是,为了维持祭仲的正面形象,崔适认定厉公突在垂之会已然复位,《复始》云:"庄公四年遇于垂之郑伯,岂可谓非突乎?"又云:"《左氏》增祭仲之年,诬之以随风而靡。今且以情势言之,仲之权力,且能出突,何不能制高渠弥? 出突尚为复忽,忽果被弑,何以不能讨贼? 然则,忽之弑,子亹、子仪之立,与仲之自嘲,皆子虚乌有之辞。"③上述批判,充分暴露了崔适对经文书写的隔阂。承认庄四年经的"郑伯"是突,不等于突已复位,因为流亡的君主仍可称爵。除了《公羊》"入于栎"犹如"入于郑"的错误观点外,崔适再也不能提出其他证据显示突遇于垂时已经成功复位。支持《左传》的读者可以认为,老谋深算的祭仲另有盘算,等待高渠弥被齐人谋杀,而不亲自出手火拼。崔适从祭仲有权力出忽而必能制高渠弥的预设出发,断定祭仲若在世的话,必然有能力和有意愿讨贼,完全是以想象代替征

---

① 《穀梁注疏》卷17,页294。
② 赵鹏飞:《春秋经筌》卷3,页84。
③ 崔适:《春秋复始》卷4,页403。

实,分析到最后,就是把《左传》不合自己胃口的叙事一概诬为伪造。《穀梁》对祭仲本是贬抑而非褒扬,承认流亡的厉公突为"郑伯",绝非有悖情理,也不会影响传义。崔适之驳,置之不理可也。

5. "终有郑国"之谬

厉公突虽然合法性不如昭公忽,但《春秋》一直称之为"郑伯",显示他始终是郑国的君主。在这里,俞樾有一个似是而非的论点,《经义杂说》云:"《春秋》于忽书'郑世子',于突书'郑伯'。圣人之意,若曰当有郑国者,忽也;终有郑国者,突也。而郑事定矣,子仪、子亹之事不见于经,盖有所不足书也。"①在此,说"世子"显示昭公忽"当有郑国",自是《穀梁》不会反对的观点,因为如前文已经论及那样,昭公忽是"正",他的复位是"反正"。问题在于"郑伯"的解释。如俞樾之解,"郑伯"的意义在于"终有郑国",那么为何仅在庄十四年以后,即他回郑复辟以后,方才记载"郑伯"之称,而在昭十一年以后便一直沿用"郑伯"之爵呢?卫成公流亡时仍称"卫侯",已经足以证明失国之君仍然称爵。其爵之称,与何时有国,没有必然的关系。像鲁昭公最终在国外逝世,仍在经中称"公"。最终是否有其国,绝不是界定其爵的决定性条件。俞樾"终有郑国"之说,容易令人误会"郑伯"是因为他最后成功复辟的结果所致,殊不足凭信。此外,《春秋》为何不记载公子亹和公子仪?无从稽考。俞氏"有所不足书"的猜测,缺乏最基本的证据,连为何"不足书"的理由也说不出一个所以然,说了等于未说,没有多少深入讨论的价值。

6. 小结

厉公突流亡,导致郑国长期具有两个国君,但《春秋》没有因其流亡而否定他作为统治者的地位。祭仲不具备支配君位的条件(参照 M_2)。他是造成郑国长期内乱的主要罪人,非常明显。

(十二)庄二十一年经:"夏,五月辛酉,郑伯突卒。"

《穀梁》无传。

1. 不正前见

厉公突篡立不正,按照"日卒正也"的传例,本来不用记载他的死亡日期。为什么又要记载呢?齐桓公的个案可供比较。僖十七年经:"十有二

---

① 俞樾:《宾萌集》卷2,页812。

月乙亥,齐侯小白卒。"传:"此不正;其日之,何也? 其不正,前见矣。"①这一观点也适用于厉公突和其他已有"前见"的逆谋者身上。柯劭忞《传注》云:"桓之功德,犹不能掩其篡夺,余不正者可知。"②以功业而言,齐桓公远比郑厉公显赫,而且也是《穀梁》称道的贤者。经中备载其夺位的罪行,"不正"已经在死前的其他经文有所说明,即使记载死亡日期,也不用担心读者以为他不是"不正"。

其他凭篡夺得位的政治人物,按照上述的传义也能通释相关经文的意旨。此经之所以记载,是因为上述经文已明载厉公突回郑夺位、旋又被逐的过程,"不正"同样"前见",即使记载突的死亡日期,也不致让读者误以为他是"正"。这种情形,跟齐桓公小白夺位而卒日一样,不必再次发传申述。

(十三)庄二十一年经:"冬,十有二月,葬郑厉公。"

《穀梁》无传。

1. 月葬故也

按照"月葬故也"的传例,就是指示变故的发生。什么变故? 经传没有明言。对此,钟文烝尝试作出解释,《补注》云:"篡立乃失德之大者,既有明文,鲁会葬则葬之。"③这里是针对是何休的说法。何诂:"《春秋》篡明者书葬。"④何休以篡明为书葬的条件,本不可信,钟文烝拒斥何诂,虽然正确,但归因于鲁会葬,亦不可信,因为《穀梁》实无此义。

2. "故"的猜测

因为不清楚"故"是什么,也有人选择不从"月葬故也"中找解释:

(1)廖平《古义疏》云:"月者,缓。"⑤这是认为卒葬之间相距七个月,算是缓慢,导致经文记载下葬月份。然而,《穀梁》并无以葬月示缓的主张,廖疏实无凭据。

(2)柯劭忞《传注》云:"突篡已明,不必书月葬以见故,其子文公捷不葬者也。"⑥认为问题在于其子不葬,亦属凭空无据的臆测。

从廖、柯二说的不足信,可知撇开"月葬故也"的传例另觅解释,是说不

---

① 《穀梁注疏》卷8,页135。
② 柯劭忞:《传注》卷4,页1。
③ 钟文烝:《补注》卷7,页194。
④ 《公羊注疏》卷8,页161。
⑤ 廖平:《古义疏》卷3,页173。
⑥ 柯劭忞:《传注》卷4,页1。

通的。尽管没有文献解释厉公突葬后有什么变故，但也许《穀梁》另有所本，所以更合理的解读方式是沿用"月葬故也"之例，不宜另作他解。

3. 小结

无论如何，郑厉公的得位和复辟，都是祭仲废立君主的副产品。经文对祭仲实无明显的褒扬，《穀梁》也没有对郑厉公的卒葬予以特笔。综合上述十三则经传的讨论，可以看见祭仲不死君难，反而听从宋国的指示废立君主，是导致郑国持续内乱的主因。《穀梁》对祭仲的批判，与《公羊》誉之为知权的贤者，二者形成强烈的对比。就政治伦理而言，《穀梁》不认可祭仲的观点，绝对是言之成理，值得再三玩味。

第四节 综合讨论

上述三节的讨论，大致上已清理了《穀梁》对死难问题的各种见解。现在是时候进一步综合和剖析传文的思想涵义：

（一）死君难不是保证其人称贤的决定性条件。要理解《穀梁》这方面的观点，首先要知道古本经传仅用"杀"字，没有"弑""杀"之异。今本以"弑"别"杀"，乃是后人径改。不知道古本言"杀"不言"弑"，就不能了解公子瑕、箕郑父、庆寅三人为何必须与孔父、仇牧、荀息三人一同比较。今本"P 杀 Q 及 R"与"P 弑 Q 及 R"两种句式在古本并无差别，都是写作"P 杀 Q 及 R"。从这个文献事实作为切入观察的视角，便可以看见一些维持"弑""杀"有别的文本所看不见的重要内容。

《公羊》后出，其所据的经本已经分开"弑""杀"二字，因此其传对死难问题的剖析，仅是孤立地观察孔父、仇牧、荀息三例，认为经文"及"有"累"义，断定这三人是因逆贼弑君而被连累致死的忠臣。然而，假若知道"弑"是从"杀"衍生而来，便知道经文古本一律言"杀"。因此，真正忠于《春秋》的解释方向，是不能停留在今本以"及"言"弑"的三例；以"及"言"杀"的三则，也该是观察和讨论的对象。换言之，除了孔、仇、荀三人外，系于"及"后的受害者还有公子瑕、箕郑父、庆寅三人。同样系于"及"后，同样因牵连而被杀，《公羊》仅是歌颂前三人的"及"，而不理会后三人的"及"，显然是不完整的解经意见。

相反，《穀梁》显然看见这六人皆是"及"后而被杀的共性，因此孔父、公子瑕、箕郑父、庆寅皆言"累",而孔父、仇牧、荀息、公子瑕四人或言"书尊及卑",或"以尊及卑",考虑到《穀梁》一传之文可以通释数传的解经惯例,可以确定"P 杀 Q 及 R"的 R,有两个共同特征:

①R 的地位低于 Q;

②R 是因 Q 而被牵连致死的人。

综合这两点,可以知道经文的"及",不过是表示 Q 和 R 的密切关系(参照 B_2)。可以说 Q 和 R 在政治派性上是同一伙的,但不能说 Q 必是值得 R 赴死的效忠对象。完全有可能的情况是,R 对 Q 未必忠心,或怀有类似的情绪依附性。① 很难说被元咺所立的公子瑕,对元咺忠心,虽然元咺的实际地位比公子瑕更高。士縠和箕郑父、庆虎和庆寅也不能模拟为前君后臣的政治关系。

读者若把观察的范围予以扩大,不仅是孔父、仇牧、荀息三人,而是把公子瑕、箕郑父、庆寅三人考虑在内,将看到杀者与被杀者之间(亦即 P 与 Q、R 之间)不纯粹是忠奸二分的刻板定性。P 作为杀 Q 和 R 的主体,不见得必是犯上作乱、万恶不赦的逆贼。P 可以称名(宋督、宋万、晋里克),可以称国(杀元咺和公子瑕的卫、庆虎和庆寅的陈),可以称人(杀士縠和箕郑父的晋人)。称国和称人都不意味着 P 是不当的。Q 作为地位较高的受害者,也不见得必是臣下不宜加害、值得 R 赴死牺牲的忠诚对象。这要看 Q 前的用语,称"其君"(与夷、捷、卓)就是国君,称"其大夫"(元咺、士縠、庆虎)就是大夫。Q 可能是犯了某种政治错误的逆贼或罪人;像系于"及"后的公子瑕,就没有理由认为他有随同元咺而死的道义责任。R 作为地位较低的被杀者,也不是因为系于"及"后而自动地成为可贤的忠臣,也有可能是与 Q 同党的罪臣。孔父、仇牧、荀息皆称"其大夫",这是鉴别他们是死君难的臣子的重要条件,有别于公子瑕、箕郑父、庆寅称名而已。因为没有"其大夫"之称,公子瑕、箕郑父、庆寅作为 R,尽管系于"及"后,地位低于 Q,但他们不是 Q 的大夫,而是与 Q 一样,同属 P 的"大夫"。在这种情况下,Q 与 R 可能都是有罪的大夫。

----

① 说某人忠于某个对象,往往意味情绪的依附。凯勒说:"无论我们在何时密切地观看自己的忠诚展现,就可以找到一种情绪的依附。"载 Keller, *The Limits of Loyalty*, p.17. 这样由忠诚而来的依附性,不一定存在于同一伙存在合作关系的政治人物之间。

总而言之,"P杀Q及R"蕴涵的政治情境相当丰富,必须细致考虑P、Q、R三人是什么称呼,不同的称呼可以得出不同的认识。《公羊》仅凭"及"字而断定R必是贤者,是轻率的概括(hasty generalization)。元咺、公子瑕、庆虎、庆寅是"罪累上"的罪人,而士穀、箕郑父更是参与叛乱的逆贼。这六人与孔父、仇牧、荀息三人各有死因,但经文同样使用"P杀Q及R"的句式,透露了一个明确的政治信息:政治杀戮与派性联系存在密切关系。R因其与Q的关系而被P所杀,P认为Q和R是该杀的政治敌人,这种敌友的派性划分不是道德的正邪或审美的美丑。[①] 像《公羊》那样仅看孔父、仇牧、荀息三人的"及",根据这种过分简化的解经思路而得出的结论,无非是三个正直可敬的忠臣因爱护君上而被逆贼所杀;而《穀梁》却不这么简单和道德化,因为根据传文的解释,这三人死君之难仅是"P杀Q及R"的一部分事例,不能涵盖所有情况。划分敌友是政治世界常见的现象,不能仅把视线窄化至臣死君难的问题而已。P杀Q、R可能是正确的,也可能是错误的。P与Q、R两边阵营,孰对孰错,必须具体情况具体分析。《穀梁》的解经意见,在某程度上已提醒读者:《春秋》复杂的政治世界充斥着各种各样的敌友对立的情况,不宜混淆于或误认为黑白二分的忠奸之争(参照A_2)。

(二)必须强调,孔父、仇牧、荀息、公子瑕、箕郑父、庆寅六人同属"P杀Q及R"的R,不意味《穀梁》只看见六人的共性而看不见他们彼此之间的差别。如上所述,《穀梁》不反对以"累"训"及",它与《公羊》的差异在于:

①它看见"及"的前后二人(即Q和R)地位高下有别,而《公羊》没有这方面的主张;

②它不认为"累"蕴涵其人必贤,《公羊》则相信孔父、仇牧、荀息皆是贤者。

没有承认孔、仇、荀三人之贤,不意味《穀梁》看不见这三人同是死君难的臣子。说孔、仇、荀三人是同一书法,像《公羊》那样仅是着眼于"及"的涵义,是不完整的解释。有必要细看"P杀Q及R"中P、Q、R三人各有什么称

---

① 施米特《政治的概念》(页31)云:"政治敌人不一定非在道德方面是邪恶的,或在审美方面的丑陋……政治敌人毕竟是外人,非我族类,他的本性足以使他在生存方面与我迥异。所以,在极端情况下,我就可能与他发生冲突。"

谓。① 孔、仇、荀被杀的三则经文，P 皆称名，Q 皆称"其君"，R 皆称"其大夫"。更准确地说，仅从"及"字出发，不过是"P 杀 Q 及 R"的结构，不一定指涉弒君及其大夫的情况。要确切地描述后者，该称之为"某人 P 杀其君 Q 及其大夫 R"。理解了这个句法的基本结构，即使没有"杀""弒"之分，亦能看到这三人是因君主被弒而死的情况。对"某人 P 杀其君 Q 及其大夫 R"的 R，《穀梁》完全知道它跟"某人（或某国）P 杀其大夫 Q 及 R"的差别，因此他对"某人 P 杀其君 Q 及其大夫 R"的 R 全部使用一个"闲"字加以概括，强调这三人皆是逆贼不得不除的障碍。

为什么不能由"闲"推论为"贤"呢？理由很简单，R 能够成为逆贼弒君时的心腹之患，只能说明 R 是拥护其君 Q（或与 Q 同属一伙）的人，不能证明他必是贤者。"闲"不等于"贤"，亦不蕴涵"贤"。说 R 即使其君 Q 有致命的危机仍站在 Q 的一边，以致欲杀 Q 的 P 一定要杀了 R。由此，只能推论出忠于 Q 的 R 对 Q 是很重要的，或 R 对 Q 来说是有价值的。立足于"闲"背后的，实是 Q 与 R 之间的独特关系（参照 B_2）。R 是因为 Q 是他自己的国君，而非其他人的国君，所以有了死难的结局。孔父不会为卓而死，荀息不会为捷而死。R 不是凡君必死难，仅是对其君 Q 才死难。② R 的"闲"，无非是一种偏倚性的表现，未必符合贤者或其他形态的美德构想。③

不由"闲"证成"贤"，是《穀梁》有别于《公羊》的重要主张。从《穀梁》的立场上看，即使孔父"义形于色"、仇牧"不畏强御"、荀息"不食其言"的叙事在很大程度上符合史实，比杜预刻意贬抑孔、仇、荀三人的偏颇之论可信得多，但也不必因此全盘接受《公羊》因其死而贤其人的结论。从"盖为祖讳"之语，可以反映《穀梁》对孔父的品格存有疑虑，不相信孔父全是光辉伟大

---

① 皮锡瑞《经学通论》（卷 5，页 395）评说孔、仇、荀三传的书法，云："《春秋》同一书法，《公羊》同一褒辞，足以发明大义。"这是仅见"及"义，而没有看见 P、Q、Q 三者的称呼。

② 忠诚必须忠于忠诚对象，忠诚对象是独一无二的。有关这一点，乔利穆尔的意见很有参考价值："大多数美德似乎不会面向特定的人或对象而定。仁慈的人是对所有人都仁慈，诚实的人是对所有人都诚实，至少一般而言。但是，忠诚的人不能对所有人都忠诚；那是不一致的。"载 Jollimore, *On Loyalty*, p. xiv.

③ 凯勒对偏倚性与美德之间的关系，有一些很有参考价值的见解。他云："一个人可能是有价值的，而又不一定是一个好人——也就是说，他根本不是符合美德的（virtuous）。你可能认为你的父亲是一个平庸、腐化、自私的人，甚至希望其他人是你的父亲，同时认为你的父亲是非常重要的；而且重要的是，给他优质的医疗护理，与孙子享有共聚的时间，或拥有安全和舒服的生活。当我们谈及某些人有价值时，我们不一定是在谈论好人。"参阅 Keller, *Partiality*, p. 101.

的形象,而是有些毛病难以直言。《穀梁》没有细谈仇牧的为人如何,除了"闲"的定性外,仇牧究竟是什么人,也不是传文关心的问题。

最难平息争议的是荀息。孔父拥戴的与夷与仇牧拥戴的捷,都不存在统治合法性的疑问。跟祭仲拥立的厉公突一样,奚齐、卓之所以成为嗣君,亦是"立恶而黜正"①的结果。申生之死,不仅见证着晋献公杀世子之恶,也解释了里克为了重耳而杀奚齐、卓、荀息三人的缘故。鲁隐公欲成全先父之"邪志"而让弟,事虽未成,却已自陷不正,导致杀身之祸。② 以此反观荀息的作为,晋献公不仅怀有"邪志",而且生前已把"邪志"付诸实行,在丽姬的蛊惑下杀了世子申生。职是之故,荀息的"不食其言",换个角度来看,就是贯彻"邪志"到底。必须强调,荀息绝非毫无选择的余地。《穀梁》主张《春秋》"贵义而不贵惠",若所受之命属于"义不可受"的性质,受命者是可以不接受的。③ 换言之,荀息受晋献公之命而拥护奚齐和卓的继位,难言正确(参照 C_2、F_2)。如《穀梁》之见,称荀息为"闲",就是承认他有坚定支持奚齐和卓的政治立场,这是谁也不能抹煞的事实;如《公羊》之见,歌颂荀息为"贤",问题就大了,因为这意味着像荀息那样拥立不正之君的臣子,因其死难的结局也能称贤。这样毫无保留褒奖荀息为贤的观点,能不能说是鼓励不问是非、惟君是尊的盲目忠诚呢?不妨留待读者自行判断。这里只想指出一个有趣的事实:《公羊》对孔父、仇牧、荀息的历史叙事,本是回护名教立场的儒者津津乐道的事例,但随着君主制在中国的崩坍,许多认定《公羊》还有现代意义、有意夸大其书的先进性的学者,有意无意间避谈这三人死难的政治意义,彷佛这方面的内容算不上《公羊》的重要主张似的,其中的思想史信息颇堪玩味。④

---

① 这是桓十一年传(卷4,页49)对祭仲废立的概括,此义亦可适用于奚齐和卓的案例。
② 鲁隐公的问题,参阅本书第一章,页17—32、56—62。
③ "贵义而不贵惠"是点评鲁隐公让国的观点,参阅本书第一章,页28—30。"义不可受"的主张,是源于"单伯逆王姬"的问题;《穀梁》认为,因为鲁、齐之间的仇怨,应该不接受天子主婚之命(参阅本书第三章,页435—36);连天子之命亦有"不可受"的余地,晋献公"立恶而黜正"的安排错谬显然,岂能说荀息必须接受而不可推拒呢?
④ 庄存与《春秋正辞》(卷10,页186)云:"《春秋》曷为此三人?乱不自斯人出,斯人一心于所事前家者终不变,孔父、荀息也;猝然不惊,不顾其身,仇牧也。"肯定孔、仇、荀三人之死,大概是清亡以前《公羊》较少争议的一个观点。相映成趣的是,民国以来许多《公羊》研究作品(包括陈柱《公羊哲学》、阮芝生《从公羊学论〈春秋〉的性质》、蒋庆《公羊学引论》、林义正《春秋公羊传伦理思维与特质》等等)都不深谈三人死难之事,像杨树达《春秋大义述》(页27—32)这样抄录其事,是相对罕见的。

死君难跟让国一样,不是保证某人贤不贤的决定性条件。为什么不能既肯定其人的忠心,却不认为他的做法可贤呢?《穀梁》言"闲"不言"贤",实是比《公羊》更慎重得多的政治判断。皮锡瑞尝试辩护《公羊》贤孔、仇、荀三人的观点,云:"圣人以为其人甘于殉君,即是大忠;虽有小过,可不必究。"并指出"小过"是"如《左氏》所书孔父、荀息之事"。① 可见,皮锡瑞毕竟比许多排斥异己的《公羊》信徒开明一些,承认《左》《公》二传有些内容不无兼容之处,但这不意味他的观点毫无疑问:

1."甘于殉君"并非准确的描述,因为不能说孔、仇、荀三人的死难都有明确的自主意愿。孔父先死,虽然他是宋督必杀的眼中钉,但不代表他在死前必有甘心殉君的意愿。《公羊》"义形于色"的说法其实也是强调道德人格的自然流露,不意味他的死难是自主选择的结果。同样,仇牧因对抗宋万不敌而死,可以说他是不怕死或不怕强大的敌人(即《公羊》所说的"不畏强御"),但不能说他必有殉君之念。真正算是死难前经过深思的人,仅是荀息而已。当然,这不等于说假如真的给孔父和仇牧选择,他们不愿意殉君。有死难的结果,不意味死难前必有行为上的选择、意愿或打算。明乎此,便很难说孔、仇二人死前跟荀息一样皆是"甘于殉君"的情境。因此,"甘于殉君"不是概括孔、仇、荀三人的恰当说法,远不如《公羊》的"累"或《穀梁》的"闲"确切。

2."大忠"不以"小过"为抵消的条件,在道理上貌似没有疑问。但是,什么算作"大忠"?《公羊》本无"大忠"的概念,皮氏谈"大忠"而不谈《公羊》所说的"贤",似有概念滑转之嫌,除非预设凡"大忠"皆是贤者。这样做,制造的问题可能比解决的更多,因为《公羊》学者不能认可为贤者的人,包括忠心耿耿、冒险牺牲自己而换取齐顷公逃亡的逢丑父。② 若"甘于殉君"是"大忠"的决定性条件,为什么"甘于殉君"的逢丑父不能算是"大忠",并且进而称贤?看起来,仅是"甘于殉君"并不足够,还要看其他条件的配合。

---

① 皮锡瑞:《经学通论》卷5,页396。
② 《公羊》成二年传(卷17,页372—73)云:"师还齐侯,晋郤克投戟,逡巡再拜稽首马前。逢丑父者,顷公之车右也,面目与顷公相似,衣服与顷公相似,代顷公当左。使顷公取,饮顷公操饮而至,曰:'革取清者。'顷公用是佚而不反。逢丑父曰:'吾赖社稷之神灵,吾君已免矣。'郤克曰:'欺三军者,其法奈何?'曰:'法斮。'于是斮逢丑父。"逢丑父在战败时与齐顷公对调服色和位置,使齐顷公得以逃逸,董仲舒对此猛烈抨击,《繁露·竹林》(卷2,页59—60)云:"丑父措其君于人所甚贱,以生其君,《春秋》以为不知权而简。其俱枉正以存君,相似也,其使君荣之,与使君辱之,不同理。"

第二章　死难与灾卒

这是什么条件呢？皮锡瑞自己没有说清楚。

3. 此外，什么是算作"小过"？这同样不是毫无疑问的。即使承认《左传》的叙事没能动摇孔、仇、荀三人死君难之事，也不意味他们的"小过"不影响他们作为贤者的资格。皮锡瑞觉得《左传》有关孔父、荀息的记载仅是"小过"，在不能否证三人忠心的意义上说固然可以，但在其他意义上（尤其是如何证成三人称贤的意义上）说却是存在不少争议。假如《左传》所言属实，孔父执政期间真的是"十年十一战，民不堪命"；荀息不仅拥立不正之君，而且设计献宝借道于虞以伐虢，①就很难说"可不必究"，因为不恤民命、拥立不正和灭人之国不可能是"小过"而已。问题回到原点："过"为什么"小"？"忠"为什么"大"？说白了，"大忠"与"小过"的大小对比，不过是抬高"忠"、压低"过"的修辞手法。

皮氏"大忠"高于"小过"的说法，怎么看也无法有力支撑《公羊》由"及"而"贤"的推论。死君难就是 R 为其君 Q 而死，可以承认 R 作为 Q 的大夫，他的忠心对得起 Q，但不能由此推论说 R 已有称贤的充足条件，不管其他条件如何（参照 G_2）。这跟孝顺父母不是称颂的决定性条件，是相同的道理（参照 E_2）。《穀梁》只说孔、仇、荀三人的"闲"，既未抹煞他们对其君的忠心，亦没有把他们抬举至贤者的高度，不用顾忌《左传》的负面叙事可能引起的反证，至少比《公羊》更平实、更有弹性和更有说服力。

（三）在这里必须强调，《穀梁》没有把死君难的孔父、仇牧、荀息三人视作贤者，不等于说他们的"闲"不重要或毫无价值。应该说，这正反映《穀梁》所立足的周礼结构，其所认可的君臣行为规范是双向性的，而非单方面的讲究臣子为君献命的绝对性。《公羊》歌颂孔父、仇牧、荀息为贤，是更能得到一人专制政体的当权者的青睐。当然，这不是说《穀梁》不理解或不注意臣子如何尽忠的问题。"闲"所蕴涵的理论意义，比乍看来要丰富得多：

1. "闲"是导致孔、仇、荀三人被杀的主因。《穀梁》不反对臣子死难；相反，传文明言"死君难，臣道也"，祭仲之所以备受贬抑，就是因为不死君难。以此反证，孔、仇、荀三人虽非《穀梁》称贤的对象，但他们的死君难符合"臣道"，不言而喻（参照 L_2）。称贤与臣道，两者的分寸需要准确拿捏。不称

---

① "十年十一战"的问题，参阅本章页 191—92。荀息向晋献公献计赂虞，并与里克师师会虞师伐虢的过程，参阅《左》僖二年传（卷 12，页 323—25）的叙述。

贤,不意味全盘否定。"闲"既非歌颂,亦不蕴涵贬抑或厌恶之意。从《穀梁》的立场上看,像杜预那样攻诘三人的死难,肯定不对。

2. 以"闲"刻划死君难的臣子,仅意味着死难者乃是弑君逆贼的敌人。界定"闲"的关键是逆贼的敌视,而非死难者有没有自主牺牲的想法。没有逆贼的逞凶,因"闲"而死君难也就谈不上了。① 无疑,经过自决的选择后,甘愿为忠诚对象献出性命的做法,往往是敢人所不敢,能人所不能。因此,许多经过选择而牺牲自己性命的人,是可被欣赏的。尤其是,习惯于个体承担责任的现代思维,往往倾向于认为死难的选择因其是自己作主的,方才决定它是有道德价值的。② 确切地说,R 为其君 Q 而死之所可贵,无非是 R 的死难见证了 R 对 Q 的忠诚。要做到这一点,可以是出于自主的选择,却不一定要求体现能动者的自主性。跟其他类型的忠诚行为一样,死难可以涉及相当高水平的觉醒、慎思或精明的道德心理和实践考虑,但不自觉这些心理和考虑,不意味其人并非忠诚。有可能忠于某人,让他的存在影响你的行动,而不知道它——这绝不是可怪的结论,更不是猛抓后脑勺也想不透的陌生情况。仇牧未经细想对抗宋万而死,但不能因为他没有慎思选择而断定他不如荀息。同样,孔父也不是经过自愿的选择后方才死难,但相信与夷不见得介意这一点。死难不需要预设一种自主、自觉、自愿的选择。R 的自觉意识和自主选择,并非保证 R 是否忠诚的充足条件。《穀梁》对孔、仇、荀三人同样称之为"闲",没有把荀息置于孔父和仇牧之上,也许是比皮锡瑞和其他歌颂自我牺牲的人更加懂得什么是忠诚的条件。

---

① 必须辨析的是,《穀梁》似乎已假定"闲"有事实基础,绝非源于脱离实际的判断。当然,假如有人说孔父、仇牧、荀息另有他想,实情并非如忠于其君,绝对是没有根据的臆断。但也需要承认,"闲"是来自逆贼的错误认知,被杀者不一定妨碍自己弑君的障碍,绝非毫不可能的事情。理由很简单,因为误解而认定别人为不得不清除的敌人,实是政治世界的寻常事情。萨特在检视反犹分子时云:"犹太人是人,但其他人把他们看作犹太人……是反犹主义者制造了犹太人。"载 Sartre, *Portrait of the Anti-Semite*, p.57. 这个观点对"闲"的理解颇有启发性。

② 伦理学家科西嘉刻意淡化这一点,企图把目的之选择理解为整个行动发生的关键。她举了一个士兵为了切断敌人的补给线,选择牺牲自己的生命,以换取其城邦的胜利。在她的描述中,这个行动之所以高尚,完全是自主选择的结果:"他为什么这样做呢? 他的目的是要为其城邦取得胜利。然而,他的选择的对象是整个行动——在若干时间中,以若干方式牺牲他的生命,为城邦取得胜利。他选择一整揽子(whole package),亦即'为这个目的而做这个行动'(to-do-this-act-for-the-sake-of-this-end),而且没有任何进一步的目的。'高尚'描述了一整揽子所具有的这种价值,即当他选择行动时,在它行动中看到的价值。"参阅 Korsgaard, *Self-constitution: Agency, Identity, and Integrity*, p.10.

3. "闲"是针对 R 与其君 Q 的关系而言,不是对价值或美德而言。R 对其君 Q 的表现,不应解读为某一种价值或美德的坚持。美德伦理学的拥护者也许认为,只有让自己被美德价值推动,方才是道德生活的精华所在。① 大夫死君难,是否出于忠诚价值的坚持呢? 按照美德伦理学的思路,大概可能得出肯定的答案。然而,承认死君难是 R 忠于 Q 的一个结果,不蕴涵死君难的行为表现必须奠基在忠诚价值之上。假设里克弑二君之时,还有一个臣子 S,他是为了忠诚价值而赴死君难,是有意为之的自主选择,有别于"不食其言"的荀息。站在晋献公、奚齐和卓的立场来看,S 的忠诚肯定不如荀息。《穀梁》仅说孔、仇、荀的"闲",没有他们为忠诚价值而行事的心路历程的记载。即使是《公羊》,也没有这样的主张:仇牧因"不畏强御"而死,荀息因"不食其言"而死,孔父"义形于色"则是人格的自然流露。可以说他们坚定站在保护其君 Q 而誓死不移,但不能说他们都是因为忠诚价值而死难。想想看,假如晋献公、奚齐和卓三人泉下有知,荀息告知他们,自己之所以死难,全是为了被忠诚价值而做的,他们有什么反应呢? 假如闵公捷发现仇牧是为了忠诚价值,不是为了他本人而跑出来与宋万对决,他会觉得仇牧是自己的忠臣吗? 假如孔父的"义形于色"是自己让忠诚观念推动的结果,不管孔父效忠的对象是否与夷也无所谓,世人会觉得他的死难正确吗? 面对弑君的逆贼,"闲"就是最重要的关键。虽然死难可能被视为 R 作为效忠 Q 的表现,但完全在实践上可能的是,R 在行动时对忠诚不忠诚没有想法。② 当事人是否有意识选择忠诚价值(或明确感到

---

① 斯托克说:"我们应该被我们的主要价值所推动,而且应该重视我们主要动机所寻求的价值……这一和谐是美好生活的一个标志。"参阅 Stocker, "The Schizophrenia of Modern Ethical Theories,"p. 454. 在他看来,强调普遍准则的康德哲学和重视效益计算的功利主义哲学,从根本上是自我消解的(self-effacing)。这篇文章(p. 462)特别举了一个例子:假设你病了入院,一个朋友来探访你。你因为他的探访而感到开心,迄至你朋友告诉你,他探访你的动机不是为了取悦你,或看你变得好些没有,而是服从某一道德规则,或认为探访带来可能是最佳的功利效益。据斯托克所说,这个朋友其实不是真正的朋友,因为他们根本不是出于友谊而行动。忠诚的朋友是其中一项最有价值的事物。这个朋友的错误,是因为他没有被友谊的价值所推动。然而,根据他的批评意见,他的论证同样也呈现自我消解的弊端。有关这方面的论证,参阅 Keller, "Virtue Ethics is Self-Effacing,"pp. 221—32.

② 凯勒说:"你可以忠诚,而不知道它。当你其实被忠诚感觉所影响时,你仍可以诚实地相信你是不偏倚地对待朋友的工作申请。当其他人明显觉得你忠于父母,你仍可以诚实地相信你对父母并不忠诚。一只狗或幼童可以是忠诚的,但对忠诚是什么毫无想法。"参阅 Keller, The Limits of Loyalty, p. 204.

自己被忠诚价值推动),根本不是衡量忠诚的重要标准。跟让国一样,"闲"是行动层面而非价值层面的事情,重点是如何看待 R 与 P、Q 之间的互动(参照 B_2),而非 R 本人对价值问题的分析。

(四)同样死难,《穀梁》不认可孔、仇、荀三人为贤,却独许死于火灾的宋伯姬为贤,为什么呢?这是阅读传文很容易引起的疑问。联系到《公羊》亦有贤宋伯姬的主张,读者难免想追问:究竟《穀梁》基于什么考虑认为宋伯姬可贤?

比较二传对宋灾的说明,可以发现关于宋灾的叙事大同小异,皆说宋伯姬坚持妇人晚上不能下堂的做法,为了等待傅母、保母,拒绝离开火场而死,但仔细阅读便可发现,《公羊》没有指出宋伯姬死于火灾与称谥示贤的关系。[①] 若结合《公羊》因死君难而贤孔父、仇牧、荀息三人的观点比而观之,不免给读者这样一个疑问:为何宋伯姬这样死法可以导致贤伯姬的结论?是否凡死难者即有可贤的资格呢?《公羊》说不清楚。相反,《穀梁》指出两点:

1. 强调"妇人以贞为行",不是说宋伯姬具有伸张自主意志的主体。(参照 J_2)。宋伯姬恪守"宵不下堂"的"妇人之义",面对生死关头也不动摇,完完全全是"贞"的德行,克尽妇道,莫此为甚。假定 X 是留在火场等待傅、保不走,Y 是死难的结果。换言之,宋伯姬之所以被誉为贤者,不全是因 Y 的结果,更重要的是因 X 而 Y 整个事件,表现了她作为一个贞妇毅然信守"妇人之义"的态度。《公羊》学者大概不见得反对宋伯姬的贞行,但因传文不从"贞"和"妇道"来讨论宋伯姬的死难,释义实不如《穀梁》来得深刻。[②]

2. 宋伯姬死后得到十二国人共同救灾,因经文采用的"众辞"的笔法,而《穀梁》又把"得众"视为称贤的一个条件,所以完全有理由说宋伯姬之所以得贤,在于她的"得众"(参照 J_1)。没有十二国人救灾之事,就很难理解宋伯姬的灾卒为何成为世人关注的大事,而她作为一名贤者,可以说不仅是因为她如何做,而是她选择留在火场的做法,具有真正感人的力量。从"得众"的视角切入,可以比较容易理解她为何成为贤者的主要原因。简单

---

① 《公羊》襄三十年传(卷 21,页 469)云:"宋灾,伯姬卒焉。其称谥何?贤也。宋灾,伯姬存焉。有司复曰:'火至矣!请出。'伯姬曰:'不可。吾闻之也,妇人夜出,不见傅母不下堂。傅至矣,母未至也。'逮乎火而死。"

② 《春秋繁露·王道篇》(卷 4,页 130)云:"观乎宋伯姬,知贞妇之信。"鉴于《公羊》没有明言宋伯姬为贞妇的说法,董仲舒"贞妇之信"之说更接近《穀梁》"妇人以贞为行"之言,甚至有可能是从中转手而来。

地说,就是"得众"这一点,已提醒读者重点不仅是她如何想和如何做,而是她的做法具有的政治效应。

(五)强调宋伯姬的"得众",主要是要指出她的行为对"众"的感召力量,这不意味她如何想和如何做并不重要。严格地说,宋伯姬与其他死君难的人有本质上的区别。后者同样不是为 Y 而 Y;也就是说,孔、仇、荀不是没有导致 Y 的原因。他们都因与其君的密切关系而死,这个原因姑且假定为 W(因为各人各有不同的独特关系,不妨将之细分为 $W_1/W_2/W_3/W_4/W_5/W_6$……),而 W 在性质上有别于 X:跟孔、仇、荀三人相比,宋伯姬之死没有一个外在的客体作为她的效忠对象。

这是二者最大的差别。孔父之于与夷、仇牧之于捷、荀息之于卓,是一种牢固的偏倚性关系,所以他们是因为这些不可取替的忠诚对象而丧失性命。相反,宋伯姬没有外在的忠诚对象;勉强要说是忠诚,只能说忠于她自己所相信的"妇人之义"。但这种"妇人之义"已被她内化为不能离弃的天经地义,因此不能说宋伯姬是政治派性的忠诚行为。至少,从《穀梁》记载她与侍从的对答可见,她不是觉得要对其他人负责而做出这样的贞行,也不见得存在任何偏倚性的意识。某一种忠诚者与忠诚对象的独特关系已可解释孔、仇、荀之死难,但宋伯姬之死难却出于她个人的信念和考虑。

亟欲指出的是,说宋伯姬是因为笃守"妇人之义"而死难,而非源于任何偏倚性关系(亦即因 X 而 Y,而非因 W 而 Y),不意味这是她个人的自主意志的申张。W 因 X 而 Y 只意味着 Y 不是左右 X 在 W 的存在,不意味 X 是 W 自主选择的所有物。

明乎此,便可以进一步厘清宋伯姬的"贞"和"妇道"不是"忠于忠诚"(loyal to loyalty)的性质。按照罗伊斯(Josiah Royce)的主张,"忠于忠诚"就是选择你的目标,忠诚地做到它,哪怕是生命遭到危险也不动摇。乍看来,宋伯姬在火场上死难,与那些不恤生死也要坚守自己所选择的目标的人,是有些相似之处。① 然而,"忠于忠诚"的对象是自己选择的目标,而宋

---

① 罗伊斯曾经举例谈到欣赏"忠诚的船长,坚定地伴随沉没的船只,迄至他所属于的最后可能的服务责任得以完成"。还有,罗伊斯特别谈到"忠诚的爱国者"和"忠诚的宗教烈士"(参阅 Josiah Royce, *The Philosophy of Loyalty*, p.26),又说道:"只有一个途径成为一个道德的个体。那是选择你自己的目标,然后努力做它,正如一名武士对他的封建领主,浪漫故事中一名理想的骑士对其女人——在一心忠诚的精神中。"(p.47)

伯姬之灾卒却不应理解为实现她自己所选的目标。《穀梁》没有说 X 是她想要做的事情,只是说她所理解的"妇人之义"使她做 X。其他跟她相同情境的妇人也该有相同的想法和做法,是推动和维持 X 不可或缺的因素。不妨把宋伯姬留在灾场时的思路整理如下:

  ①宋伯姬应当做 X。

  ②一个妇人应当做 X。

以上,①和②的"应当"仅是一个命题算子(propositional operator),不宜将之延伸至 X 以外的其他事情。这里的重点是,①是得到②的支持。最低限度,宋伯姬告诉别人(可能也告诉自己)有了②所以该有①。没有②,①是难以得到证成的;或者,读者不免可能将猜测做 X 是宋伯姬个人的欲望或偏好。①

  必须强调,②不是宋伯姬的自我设想。把宋伯姬做 X 理解为道德意志的自我立法,是不妥的。她大概只是觉得应该遵守"妇人之义"而做 X。决定做 X 是正确的,不是因为她自己设定了某些符合普遍化测试的理由。② 从她出嫁归宋和季孙行父如宋致女的记载可见(参照 I_2),妇人无论未嫁抑或已嫁,都是被父或夫宰制的角色,不是独立的主体。因此,宋伯姬因宋灾而死的结局,也没有理由偏离这一基调。因此,使宋伯姬觉得做 X 可被允许的,与其说是她自己的自主选择(参照 J_2),不如说是她所服膺"妇人之义"证成了做 X 的必要性。

  (六)话说回头,《穀梁》因宋伯姬之贞行而颂其贤,不是毫无争议的。《左传》记载"君子"批评宋伯姬"女而不妇":"女待人,待人而行;妇义事也。"③意谓伯姬作为妇人,不像未嫁的闺女那样必须等待傅、保而行,应该

---

  ① 威廉斯在讨论道德义务时,提出"琼斯应当帮助那个老妇"与"某人应当帮助那个老妇"两个主张,说明后者使人想到琼斯是在这附近能够给出那种帮助惟一的一人,而前者是可以得到后者的支持,尽管很难看到有什么东西要求(或甚至只是容许)它把自己转变为前者的其他事情。参阅 Williams, *Moral Luck*, p.116.

  ② 按照康德伦理学的进路,要体现"善的意志",关键就是能动者能否自主地选择一些符合普遍化测试的理由;伦理学家赫尔曼这么形容自我立法如何使人得到行动理由:"理由是评估的。因此,一个能动者当处于判断(以某一特殊方式)行动在某个意义而言是善的,她就有一个理由。当她的活动是被这样一个判断所管治,她就是为理由而行动。"参阅 Herman, *Moral Literacy*, p.7.

  ③ 这是《左》襄三十年传(卷 40,页 1117)的记载。杜预解"妇义事"的"义"为"从宜也",不确,该如王引之《经义述闻》(卷 18,页 1080—81)之训,读"义"为"仪",因"仪"有"度"义,所以"妇义事"该解为"妇当度事而行,不必待人也"。

自己审度行事。然而,这个观点似乎不见得比《穀梁》"妇道尽"的观点更可取:

1. "女而不妇"之议不过是"君子"个人的私见,不见得是时人集体认可的公论,因为《春秋》明言澶渊之会源于"宋灾故",若宋伯姬的贞行是时人拒斥的错误行为,岂有十二国救灾之事?经文岂会有此特异的笔法?

2. 没有理由说宋伯姬等待傅、保是不能审度行事的结果。根据《穀梁》的描述,该说她是基于自己对"妇人之义"的理解,觉得自己不得不这样做法。因此,她拒绝躲避火灾的做法,是带有一种深思谋虑的含义(prudential sense)。批判宋伯姬不知"义事"肯定是不准确的。更准确的说法是,在她的思想认知中,"妇人之义"相关的行为规范是她宁愿冒生命的风险也不肯放弃的重要东西。不能简单地说"礼"是决定她行动的惟一原因(参照 K_2)。

3. 退一步说,即使承认未嫁闺女与已婚妇人可以有不同的行为方式,但宋伯姬作为妇人犹能谨守女教,不就是难能可贵的表现么?①

4. 当然,许多人可能觉得宋伯姬即使可贵,但觉得为了"妇人之义"而丧命,不是常人所能仿效,无法推广。② 但反过来说,假如这是寻常妇人也能随便行之,又有何可贵?

与其怪责宋伯姬不应该贯彻她的贞行,不如说她的生活经历和思想认知导致她觉得"傅母不在,宵不下堂"是不能违反的。关键是影响宋伯姬的行为规范,多于她的自主意愿。若礼教仍能主宰社会规范,宋伯姬得到的歌颂肯定多于质疑。在宋伯姬的评价上,强调礼教的儒者倾向于支持《穀梁》(还有《公羊》)多于《左传》,是很自然的事情。③ 当然,已无礼制笼罩的现代社会,更少动力宏扬和推广像宋伯姬之类的贞行。然而,不愿接受和仿效她的做法,是一回事;但没有理由拿今人的眼光来否定古人的行为标

---

① 朱熹《诗集传》(载《朱子全书》第 1 册,页 404—05)云:"可以见其已贵而能勤,已富而能俭,已长而敬不弛于师傅,已嫁而孝不衰于父母,是皆德之厚,而人所难也。"臧琳《经义杂记》(卷 20,页 193)据此引申说:"余于宋共姬亦云:可见其已嫁而犹谨守女教,是妇人之所难也。"

② 陆淳《春秋集传微旨》(卷下,页 585—86)引述师曰:"圣人之教为可传也,为可继也。伯姬之行,旷代而无一人也,非可传可继之道。"

③ 荀爽《女诫》(载欧阳询《艺文类聚》卷 23,页 527)云:"圣人制礼,以隔阴阳。……非礼不动,非义不行。是故宋伯姬遭火不下堂,知必为灾。傅、母不来,遂成为灰。《春秋》书之,以为高也。"此说是从《穀梁》转手而来,因为《公羊》说的是"傅至矣,母未至",而非"傅、母不来"。无论如何,荀爽这种颂扬宋伯姬的观点,很能代表儒者因礼教而尊贞妇的共同主张。

准。觉得宋伯姬遵从"妇人之义"而死没有价值,甚至是愚昧无知,这种观点犹如以围棋之法准绳象棋的人,是不公平的。①

（七）死难未必正确,不意味该死难而不死难必然正确。祭仲因宋庄公之胁而废立君主,《穀梁》认为不死难有违臣道的罪恶（参照 L_2）,但《公羊》却认定祭仲废忽立突无可厚非,誉之为"知权",二传呈现鲜明的对比。哪一套说法更可信呢？答案呼之欲出,《穀梁》批判祭仲的观点是正确的,《公羊》贤祭仲的主张存在难以服人的漏洞,因为：

1. 首先必须澄清的是,引起争议的起点并非"权"是否可欲。孔子云："可与立,未可与权。"②孟子云："男女授受不亲,礼也；嫂溺援之以手者,权也。"③谁也不会否定儒学对"权"的认可。《公羊》之所以引起争议,是它断言祭仲废立君主是"知权"。遭难适权,是儒者不会反对的大道理和硬道理。但问题在于叙事的细节。

要判断某一项政治行动能否得到认可,不可能仅是依靠抽象价值的选择或实践原则的确认便有足够的说服力,必须在某一种叙事之中观察。④谁的叙事讲得更动听,谁就能够得到更大的言说力量。说到底,三传皆非独立的著作,它们所述的观点是否可信,系于所叙之事是否矛盾,是否合乎情理,是否经得起其他文献的检验。任何一套叙事所记载的事件,都不是发生在罗尔斯意义的"封闭性社会"中。⑤ 不推敲叙事中的各种细节,就不能证成其中的是是非非。简单地说,问题不在于儒者是否应该认可《公羊》行权之说,在于祭仲的行为表现是否符合《公羊》所颂扬的高度。

---

① 冯友兰《新事论》（载《三松堂全集》卷4,页252）云："一种社会中底人的行为,只可以其社会的道德标准批评之。如其行为,照其社会的道德标准,是道德底,则即永远是道德底。此犹如下象棋者,其棋之高低,只可以象棋的规矩批评之,不可以围棋的规矩批评之。依象棋的规矩,批评一个人的象棋,如其是高棋,他即是高棋,不能因其不合围棋的规矩,而说他是低棋。"这一见解,是针对民初知识分子鄙弃宋儒"饿死事小,失节事大"的偏颇心态而发,但用来辩护宋伯姬的贞行,在很大程度上也是适合的。
② 《论语·子罕》卷9,页142。
③ 《孟子·离娄上》卷7,页204。
④ 这一视角,已经非常接近维特根斯坦所谓"面向观看"（aspect seeing）。相关的讨论,参阅 Alford, *Narrative, Nature, and the Natural Law*, p. 99.
⑤ 罗尔斯说："我假设基本结构是一个封闭性社会,即我们将它看成是自给自足的、与其他社会没有任何关系的社会。……那样一个封闭性社会是一种极其抽象的,它之所以得到证成只是由于它使我们专注于主要问题,免受令人分心的细节的干扰。"载 Rawls, *Political Liberalism*, p. 12. 这是一个极有争议性的预设,因为什么算是"令人分心的细节",往往言人人殊。

因此，《公羊》的论点真要站得住脚，必须确证祭仲废忽立突是正确的做法。由于《公羊》最终也承认，厉公突是这场宫廷斗争的最后赢家，所以不可能从结果的可欲性来证成祭仲的做法。因此，《公羊》对祭仲的辩护，主要是从实践情境和行为动机两方面立言，认为废忽立突是惟一正确的选项，而且祭仲也没有自己的私心。然而，这两点都是有问题的，而且存在一些难以驳倒的反证。

2. 废立君主，是人臣在正常情境下绝不宜做的恶事，况且受到外国胁迫而做。① 《公羊》完全承认废立是不宜轻犯的禁忌，因此它仅是强调祭仲废忽立突，是非常情况下的非常行事，也就是它所说的"权"。然而，究竟是什么情境导致他这样做呢？《公羊》认为祭仲废立以免"君必死，国必亡"的悲剧，但这是一个缺乏佐证的普遍性前提（universal premise），实不可靠。② 真有危险的人是祭仲，不是昭公忽。经文自身，结合其他各方面情境的叙事，都找不到足以证实"君必死，国必亡"的证据。

3. 《公羊》以"君必死，国必亡"立说，无非是希望由此推论出祭仲在危急关头下毫无其他选择，以此证明他废立君主具有充足的政治理由。这是许多荒谬的政治行为赖以取得合法性的惯常伎俩：本来存在其他选择的可能性，却假定当事人惟有荒谬地行事才是惟一的可行选项。③ 然而，除了《公羊》桓十一年传的孤证外，根本没有其他旁证可以支撑"君必死，国必亡"的预设，凭什么相信祭仲被执时只有废忽立突的一个选项而已？如果放弃"君必死，国必亡"这个不可信的前提，就很可能看见另一些更有趣的政治信息：除了废忽立突以外，祭仲其实还有一个更正确的选项，就是为君殉难，誓死不遵从宋人废立之议。《穀梁》"死君难，臣道也"的观点，正是点中了这一关键所在。

4. 必须认清一点，如《公羊》所说，祭仲的废立与荀息的死难，目的都是

---

① 借用《黄帝四经》和《韩非子》的说法，这不仅是"六微"，而且是"六逆"之一。《黄帝四经·六分篇》"六逆"中的"亓（其）臣主""亓（其）谋臣在外立（位）"和《韩非子·内储说下》（卷10，页240）"六微"中的"权借在下"。另按："亓谋臣在外立"的"谋臣"上原衍"臣"字，今据曹峰《楚地出土文献与先秦思想研究》（页18）正。

② 这方面的论证问题，参阅拙著《权变的论证》，页142—43。

③ 阿马蒂亚·森说："如果确实存在着选择，但却假定它们不存在，那么推理就会被毫无批判的服从行为所取代，而不管这种行为本身何等荒谬。"载 Sen, *Identity and Violence*, p. 7. 以上见解是用来批判现代排他的认同政治，但从论证方式上说，森所指示的问题现象，也适用于《公羊》贤祭仲的错误思路。

忠于其君。刻意强调祭仲的忠贞,甚至拿他和伊尹相提并论,是有争议性的做法(参照 G_2)。据《公羊》的观点,祭仲之所以废立,是为了昭公忽和郑国,是其他人和其他国家不能取代的。因此放在首位的,不该是祭仲有什么盘算,而是他的盘算对昭公忽是否忠诚的表现。换言之,决定祭仲是否忠臣,应该是昭公忽,而非祭仲本人。然而,《公羊》总是站在祭仲一边为他辩解,完全没有提及昭公忽自己是什么想法。因为祭仲,昭公忽由桓十一年出奔,迄至昭十五年复归,少坐了君位四年,昭公忽自己能接受这样的安排吗?《公羊》对此毫无说明,但这是不能推卸的举证责任。假如有证据说明昭公忽欣赏或感激祭仲的做法,旁人自然无从置喙;但《公羊》没有举证,而其他文献又没有提及,为什么读者必须相信废忽立突是正确的做法?

5.《公羊》表示行权应该"自贬损"和"不害人",但祭仲是否真正符合这样的要求?经文明言祭仲被执,真正有即时的生命威胁的人是祭仲,而非昭公忽。祭仲接受宋人废立之议,第一个得益者就是祭仲本人,因为这在客观上保住了他自己的性命,怎么看也不是"自贬损"而已(参照 N_2)。《公羊》不正视这一点,是无法服人的。况且,废立君主,兹事体大,怎能想象无人受害?昭公忽流亡四年,这方面的伤害为何没有计算在内?《穀梁》批判祭仲"立恶而黜正"的观点,反而是更接近昭公忽遭到委屈的政治实情。此外,"君必死,国必亡"既是不可信的虚假前提,没有理由无条件地相信废忽立突是最能保护昭公忽的方法。不遵从宋昭公废忽立突的指示(哪怕对方以死胁迫),才是真正的"自贬损"和"不害人"。《论语·泰伯》云:"可以托六尺之孤,可以寄百里之命,临大节而不可夺。"[①]祭仲显然做不到这一点,《穀梁》批判他的不死君难,是有道理的(参照 L_2)。忽既是郑国合法的继承人,祭仲要尽臣道,必须设法保护他的周全,面临生死关头,应该誓死不屈,而非废忽立突。

6. 祭仲牺牲其君,而非牺牲自己,在很大程度上显示他未必像《公羊》所刻划的那样忠贞无私。分析到最后,《公羊》贤祭仲的证据只有一项,就是认定桓十一年经"宋人执郑祭仲"不名寓有褒贤之意。但是,《春秋》绝非凡称字皆贤,不能因为"祭仲"是字非名而断定其人必贤。只要不是心存门户偏见,兼读其他文献的话,便会知道《公羊》贤祭仲之说,于经既无确据,

---

① 《论语·泰伯》卷8,页118。柯劭忞《传注》(卷2,页13)亦引录此语以证传义。

亦无其他旁证;反而,支持《穀梁》恶祭仲的证据,却是不难寻找。最明显和最有力的旁证,就是《左传》有关祭仲行事自私恶毒的各种叙事。这些叙事是毫无反证足以驳倒的,清晰地显示祭仲翻手为云、覆手为雨,绝不是一个忍辱负重、顾全大局的忠臣(参照 O_2)。因为这样,历史上绝大多数《春秋》研究者都不相信《公羊》知权之说,觉得《左》《穀》之说更有道理。

7.阅读《公羊》而不信祭仲可贤,其实是正常不过的读者观感。事实上,一些喜爱《公羊》的人也可能因为《公羊》无法确证祭仲之贤,暗地里也在猜测祭仲是否真有忠君之心。对此,有三条可选的出路:

①刘逢禄、崔适的做法,悍然不顾反证的挑战,继续无条件地歌颂祭仲之贤,但这是鸵鸟的策略,反证和问题仍然存在,祭仲的恶行仍然无法得到有力的证成。

②孔广森、皮锡瑞的做法,承认历史现实中的祭仲虽是极其恶劣,但《公羊》仅是假托其事,"借事明义"而已。这个说法忽略《公羊》不少内容重视历史叙事的解经手法,殊失情实。反复申张行权的重要性,却不检视(或刻意回避)祭仲其人的真实面貌,是错位而乏力的辩护。

③廖平的做法,痛快地承认《公羊》的错误,认为《穀梁》对祭仲的批判比较正确。不过,许多《公羊》学者不愿这样做。

(八)祭仲应该死君难,犹如宋伯姬应该在火灾等待傅、保,《穀梁》分别以"臣道"和"妇道"准绳二人的做法,誉伯姬因其合"妇道",贬祭仲因其不合"臣道"。"妇道"和"臣道"的"道"不是抽象的道德法则或实践规范。它们不含有康德伦理学意义上的先验性。①《穀梁》所理解的"道",大概相当于正常的做法,在正常情况下可以援引其他相同或相近的事例佐证的正常做法,如此而已。不是说"道"不允许遭遇例外情况时不得已的变通。"道"不是任由当事人自由诠释、凭其喜好增添但书的东西(参照 M_2、N_2)。必须强调,从《穀梁》的立场出发,被算作"道"的行为,是不能拿"行权"作为搁

---

① 对康德来说,真正能够确立道德法则的人,应该是自由、自主、自律的能动者;而道德法则不能建立在经验之上。因此,《道德底形上学之基础》(页 69)云:"经验的原则完全不适于作为道德法则底根据。因为如果道德法则底根据系得自人性底特殊构造或人性所处的偶然情境,则使道德法则应一律适用于所有有理性者的那种普遍性——即因此而被加诸道德法则之无条件的实践必然性——便丧失了。"简单地说,康德的"实践必然性"不等于"因果必然性",也不能透过经验条件来加以证立。有关"实践必然性"与"因果必然性"之间的辩解,参阅李明辉:《"实践必然性"与"内在要求"》,页 174—81。

置不实践的理由。

根据《公羊》笔下的描述,祭仲充其量是慎思的典型:在决定是否废忽立突之际,有一些自己的打算和判断,但这不意味他的做法必然等同"道德地应然"(morally ought)。①《公羊》最大的问题,是只从祭仲一方立言,听不到其他政治行动者的声音,彷佛仅凭动机之良好便能够证成其废立的合法性。仅是行权的可欲性,不能决定祭仲废立的可取性。在非常情况下,作出变通做法是可以的;但这样的可允许性,是要从开放性来保障的(参照 M_3、N_3)。质疑和批驳《公羊》是有道理的,不能因此怪责质疑者没有拥护行权之说。问题是它的叙事不可信,如此而已。

必须强调,《穀梁》恶祭仲,不意味它不反对灵活行事的必要性。祭仲之所以应该死君难,因为这是最不伤害郑国和昭公忽的做法。不顾当时的形势,一味强调祭仲被执必须废立的正确性,反而可能是固执不通的判断。不是只有《公羊》才懂得"权"的重要性,《左》《穀》二传也不乏强调危急变通的主张。事实上,《春秋》所有的叙事,都涉及高度情境性的判断。孰对孰错,是不能脱离政治现实而先验地决定。像澶渊之会,《穀梁》特别赞美参与者救灾之意和赵武和屈建缔造和平的贡献,就是承认"变之正"的重要性,肯定有些异常的情况允许卿大夫做一些原来由诸侯负责的事情,比《左》《公》二传对此会的批评和否定,显得更为平情和通达。

(九)一项行为是否可被允许,不是决定于当事人如何构想。《穀梁》对这一点的讲究,远过于《公羊》(参照 N_2)。跟让国一样,《公羊》对死难和不死难的判断,褒扬当事人的善良意愿多于政治合法性的裁量。由废忽立突,到立突废忽,迄至昭公忽复位后,仍有厉公突入于栎,诸国两次联合伐郑等祸事,《公羊》却认定祭仲是知权的贤者,没有检讨这样反复折腾的政局动荡究竟错在那儿,彷佛问题都在宋人和厉公突,祭仲无可疵议似的。

相反,《穀梁》"立恶而黜正"的评断,显示祭仲该死而不死,乃是引导郑国合法性危机的主因。合法性的安排和确认,独立于政治人物的主观意图。让国者善良的意愿,不能决定合法性的归属。相同的道理,祭仲纵使具有像鲁隐公那样善良的意愿,也不能因此断定他的做法不存在合法性问

---

① 对《公羊》祭仲行权的分析,我曾经认为《公羊》的观点在某程度上可以透过康德伦理学的视角加以解读,但这无形中已预设祭仲的行为有可能经得起普遍化标准的测试(参阅《权变的论证》,页 140—41)。现在重新反思,这方面的分析显得粗疏,今予扬弃。

题。政治地思考,就是要思考能动性、权力和利益,以及它们之间的关系。① 不谈这些,却把心意花在猜想祭仲怀有多么高尚的心意,显然不是成熟的政治分析。《穀梁》关怀的要点,并非祭仲废立是否怀有值得称道的想法。"权在祭仲"意味着祭仲是废立的能动者,握有相关的权力,而且符合他本人的利益,多于他应该效忠的昭公忽的利益。这是一种正视政治现实的思考方式。

稍作澄清,《穀梁》的"权",有别于纯粹的暴力和强制。暴力可以是没有连贯的意图,而强制亦可以相对独立于当事人的意图。"权在祭仲"的"权"是实现某一种意向性效应之产生。说祭仲有"权",是指他拥有得到他想要的东西(亦即废立他想要废立的人)的能力。② 理解这种"权",最好不要用可以量化的金钱或能源来比拟。中文"权力"一词,常使人倾向于觉得权力可以量化。很难把"一部跑车有 1200 匹马力"或"一个富商有 300 亿元的身家"的喻辞来形容一个政治人物有多少权力。说祭仲掌握了"易其事"之"权",光是说这种"权"很大或很多,或多或少是有些误导性的。说某人的权力大不大,不像是说一个大力士能举重 200 公斤的情况。大力士今天能举 200 公斤,明天也能。观察一个政治人物的权力,应该是看他的权力在哪一个关系中运用。他在某一种关系中有这样的权力,在另一种关系中有那样的权力。③《穀梁》对"权"的认识,也是从关系中立言。"权在祭仲"之所以是不合法的,是因为祭仲作为大夫,居位臣下,不应该握有废立君主的权力。离开了君臣上下的关系,就不能理解祭仲不死君难、反而握有废立君主的"权"为何是错误的。但要强调,这里没有涉及权力安排的制度设计。祭仲的"权",重点是对其行为的是非对错而言,没有制度性的反思。

(十)总而言之,死难不是其人成为贤者的决定性条件。《穀梁》对死难

---

① Geuss, *Philosophy and Real Politics*, p. 25.
② 以意向性效应界定权力,是罗素的理念。有关权力性质的剖析,参阅 Geuss, *History and Illusion in Politics*, pp. 21—28. 此书我已翻译出版,参阅戈伊斯:《政治中的历史与幻觉》,页 22—29。
③ 兰兹说:"说权力是一种关系,可以透过权力是一种'协调性行动'(concerted action)的构想来掌握;因此,权力的起点不是力量,因为这是它的结果。然而,预设力量(或武力)相对于弱点可以用来描述所有时间在政治中发生的事情,是现实的。"载 Lánczi, *Political Realism and Wisdom*, p. 23.

的定性，是值得再三审理的。以下将提出三个问题，考察传文对之可能提出的回答：

1. 死难是一项行动吗？勉强算是。但与其说死难是行动，不如说是某些行动的结果。每个人都不想死，但死却是每个人都会到达的终点。因此，死难不宜像辞让那样界定为"人之所以为人"的一项条件。同样是死难，不同的人在不同的情境各有不同的行动。宋伯姬留在灾场而死，跟孔、仇、荀、瑕、箕、寅六人因其与某些政治领导的关系而死，乃至《穀梁》要求祭仲应该不屈从宋人的威迫而死，都是各就其情境而论，没有理由因死难而断言其人必贤。

2. 死难是一项美德吗？不是。按照《穀梁》的解释，不是所有死难者都是好人，有些随君而死的也是该杀的逆贼。以及言杀，只意味其人因为某种政治依附关系而死。这不蕴涵他的品格很好或他拥有什么可贵的美德。宋伯姬之所以称贤，不是因为纯粹的死难，而是她笃守"妇人之义"而灾卒。仅是死难不是称贤的充足条件。死难与美德之间没有必然的关系。

3. 死难是一项理想性价值吗？不是。因致命的危难而死，不该从价值的得失来理解。跟复仇不同，复仇所带来的伤害主要是他人（即仇人）承受，而死难是由自己承受。但是，不能说自己的付出就是理想性价值的表现。虽然《穀梁》从臣道的要求而认为祭仲该死难，但这仅意味死难是臣子在当时该做的事情。祭仲不这样做而被谴责，不等于他能这样做就意味这是一种理想性价值。《穀梁》不像《公羊》那样誉之为贤者，是经得起考验的观点。

《穀梁》政治伦理探微
——以"贤"的判断为讨论中心

The Political Ethics in Guliang Zhuan:
Some judgments of xian

下 册

黎汉基 著

第三章　复仇与报耻

　　与让国、死难一样，复仇也不蕴涵其人必然称贤。严格地说，复仇不是纯属私人伦理的问题，其中的是非得失，必须在政治情境中切实判断。《春秋》没有文句简短，基本上没有一个字是固定指代报复的行为，也没有明确而统一的措辞褒扬复仇（或其他性质的报复性行动）的贡献（像"救"字表彰救援行动的贡献），这也留下了很大的诠释空间予后人发挥。复仇是不是必然正确的做法？复仇行为在多大程度上能被证成？复仇者是否都是贤者？是否凡有复仇的心意和行动，皆属可褒之列，不管结果如何，其人品格如何，被复仇者如何？如果复仇是为了洗雪仇人施加的耻辱，那么自己若被施恶而蒙受耻辱，是否应该为了洗雪耻辱而进行报复？报耻是否证成报复性行为（包括为复仇而灭他人之国）的决定性条件？

　　因为各种缘故，现在许多学者谈论《春秋》复仇的观点，大多单看《公羊》的主张，甚至误以为该传歌颂复仇的意见是惟一正确理解经义的观点。这是片面和不可取的认识。《穀梁》没有全面认可复仇，也反对理据不足的报复性行为，很多观点迥异于《公羊》，其所得到历代儒者的认可，绝不逊于《公羊》，有必要加以申述。

　　以下四节，首先论述齐襄公复仇灭纪的来龙去脉和是非对错，然后探询鲁庄公和伍子胥二人在复仇上的表现，接着透过两个事例，指出为了雪耻和回报敌人的恶行而发动战争的做法有什么问题，最后检讨《穀梁》有关复仇的观点有何理论意义。

第一节　齐襄复仇灭纪之恶

　　纪、齐二国同属姜姓，它们的仇怨源自西周中叶纪侯向周懿王进谮，导致齐哀公被活活烹杀。① 由于天子至高无上,握有对诸侯的生杀大权,按照当时的政治伦理,诸侯无法质疑或否定天子的决定,因此齐国不恨周王而怨纪侯,遂与纪国结下冤仇,历时逾二百年。迄至春秋初期,齐襄公以复九世之仇的名义,出兵灭纪。② 有关齐襄的评价,二传分歧甚大,《公羊》誉之为贤者,但《穀梁》却认为他是不值得称许的小人。且看以下8则经传:

(一)庄元年经:"齐师迁纪郱鄑郚。"传:"纪,国也。郱、鄑、郚,国也。或曰:迁纪于郱、鄑、郚。"③

齐师之迁,标志着纪国灭亡的第一步,一般也认为这是齐襄公对纪复仇的开端。

1."迁"与"迁者"

"迁"的字面意义是迁徙、搬动。④ 按照《穀梁》的传义,"迁"与"迁者"两者并不相同,各自指涉不同的情况:

①"迁"是"亡辞",表示被迁之国已经灭亡,其句式是"A迁B",B不是自迁,而是被A强迫迁离;经文不再记载B所迁之地,而B一般不在经中再次出现。如庄十年经:"宋人迁宿",传:"迁,亡辞也。其不地,宿不复见也。"⑤这一传义亦适用于闵二年"齐人迁阳"之例,因为宿、阳二国迁后皆无下文。

②"迁者"是"犹未失其国家以往者也",表示被迁者尚未丧失其国家而自行迁移,其句式是"B迁于X",X是B迁徙之地,在以后的经文也会再次提及B的事件。如:

[1]僖元年经:"邢迁于夷仪",传:"迁者,犹得其国家以往者也。其地,邢复见也。"

[2]成十五年经:"许迁于叶",传:"迁者,犹得其国家以往者也。

---

① 究竟烹杀齐哀公的周王是谁?《史记·齐世家·集解》(卷33,页1794)引徐广的观点,说是"周夷王"。《齐风·鸡鸣》(卷5,页454—55)引《齐谱》,则说是"周懿王"。本书参照陈启源《毛诗稽古编》(卷6,页412)的考证,从《齐谱》之说作周懿王。

② 周懿王在位时间是公元前937年至前892年,现时并无文献记载齐哀公是在哪一年被烹,但即使系于懿王晚年,下距纪国灭亡的前690年已逾二百年了。此外,根据《史记·齐世家》(卷33,1794—96)的记载,齐哀公被烹后计有九位君主,分别是胡公、献公、武公、厉公、文公、成公、庄公、僖公、襄公。

③ 《穀梁注疏》卷5,页64。

④ 《诗·卫风·氓》(卷3,页313)云:"以尔车来,以我贿迁。"毛传:"迁,徙也。"

⑤ 《穀梁注疏》卷5,页75。

其地,许复见也。"①

以上二传的观点,亦可以适用于僖三十一年"卫迁于帝丘"、昭九年"许迁于夷"、昭十八年"许迁于白羽"、定四年"许迁于容城"、哀二年"蔡迁于州来"诸经,因为卫、许、蔡皆未彻底灭亡,在随后的经文再次出现。

基于前述认识,"迁"与"迁者"是指代不同性质的政治状态,不能混为一谈。柯劭忞《传注》云:"为他国所迁为'迁',自迁者为'迁者'。"又云:"古义一言分彼此,往往如此。"②这一概括既全面又确切,非精通传义莫能言之。

刘逢禄显然不知道"迁"与"迁者"的区分,《广废疾》云:"既曰'亡辞',曰'不复见',又曰'未失其国家',其辞枝矣,由不别'迁'与'迁之'两例也。"③《公羊》"迁"和"迁之"与《穀梁》"迁"和"迁者",两者内涵和应用范围各不相同。刘逢禄以《公》绳《穀》,对后者认识朦胧,漫无差别,概以"辞枝"绝之,不知所云,只能说明他本人未曾认真钻研和读懂《穀梁》,毋须深辩。

2. 对邢、鄣、郚的解释(上)

此传对邢、鄣、郚提出了两个解释:一是认为邢、鄣、郚与纪一样,皆是国,不是邑。据此,经文的标点应是"齐师迁纪、邢、鄣、郚"。围绕这一解释,有不少观点需要加以剖析:

(1)刘敞《权衡》云:"计齐一师必不能并迁两国,又《春秋》自当分别以见灭两国之恶,不当合之也。'辛未,取郚;辛巳,取防',两邑尔,内小恶尔,犹恶而谨之,况两国乎?况外大恶乎?"④因"邢鄣郚"是被齐师所"迁"的客体,刘敞断言邢、鄣、郚三者不可能是国,因而质疑《穀梁》的主张。他所恃的理据有二:

①猜测齐师不能迁移诸国。

②隐十年经书日,认为必须分别记载方才可以。

就①而言,纪国弱小,是公认的事实,邢、鄣、郚也不见得比纪有抵抗齐师的政治本钱,为何说齐国必无迁移四国之力?刘敞始终没有拿出确切的历史

---

① 《穀梁注疏》卷 7,页 106;卷 14,页 234。
② 柯劭忞:《传注》卷 10,页 17。
③ 刘逢禄:《公羊后录》卷 6,页 461。
④ 刘敞:《春秋权衡》卷 14,页 328。

记载足以证明齐师做不到这一点。就②而言,但隐十年"取郜""取防"之前的经文是:"六月壬戌,公败宋师于菅",传:"不正其乘败人而深为利,取二邑,故谨而日之也。"① 按照《穀梁》的解释,这是针对鲁隐公在败宋之后连取二邑的错误,与庄元年"迁纪邢鄑郚"的经文,实无太大的可比性。刘敞驳传而又没有充足的反证,殊非恰当。

(2)同样不相信邢、鄑、郚是国,钟文烝提出不同的论点,《补注》云:"传有误字,当云'邢、鄑、郚,邑也',或后人妄改之。纪之为国,前已屡见,传先言'纪,国也'者,以起下邢、鄑、郚之为纪邑也。四年纪侯始去国,此时安得迁纪国都?岂有国迁而君犹在国者乎?"② 如其解,经文的标点应是:"齐师迁纪邢、鄑、郚。"钟文烝断定"国也"为"邑也"之讹,但在异文的确切证据尚未面世之前,这样易字求解,似乎难言可信。故钟注对"后人妄改"只敢言"或",不敢把话说死。说到底,钟文烝的理据不过是"邑也"比"国也"更可通,其证据有二:

③《论语·宪问篇》"夺伯氏骈邑三百"的记载。③
④《公羊》庄元年传"外取邑不书"之语。④

就③而言,管仲夺邑之时,纪国早已灭亡,难以据此确认齐襄公所迁的邢、鄑、郚是邑非国。就④而言,《公羊》"取邑"之说无疑影响很大,连杜预似亦暗袭其义,说是"齐欲灭纪,故徙其三邑之民而取其地。"⑤《左传》对邢、鄑、郚并无明文确解,杜预以此立说,尚不能说是矛盾;相比之下,因为《穀梁》明言邢、鄑、郚是"国",钟文烝援《公》解《穀》,却是自乱传义。此外,改"国"为"邑"之所以不宜容受,关键还在于邢、鄑、郚如果都是邑,而非国,那就意味被迁的对象就不是纪国,而是纪国的邢、鄑、郚三邑。于是,"国也"加上"邑也"的结果,就不是单纯的"迁",不是"亡辞",仅是迁邑,而纪国未尝灭亡。这与另一种解释"迁于"实有兼容之处,那就用不上"或曰"而分立两种解释的必要。懂了这个,便知钟注的观点实不可通,有必要予以扬弃。

(3)比起刘敞的质疑和钟文烝的改字,王闿运倒是承认邢、鄑、郚曾经

---

① 《穀梁注疏》卷2,页29。
② 钟文烝:《补注》卷5,页144。
③ 《论语注疏》卷14,页219。
④ 《公羊注疏》卷6,页117。
⑤ 《左传正义》卷8,页217。

是"国",但他的解释同样有问题,《申义》云:"邢、鄑、郚,即纪后迁之邑,故国之。"① 若所云,邢、鄑、郚是纪国后来迁往的目的地,遂称之为国,彷佛它们原来是邑,在纪国全灭前充当临时首都。然而,传文仅言"国也",没有说过邢、鄑、郚由邑变国,也没说是"后迁"的时候。不难估测,王闓运与钟文烝一样,同样是取资于《公羊》"取邑"之说,先将邢、鄑、郚理解为"邑",再参汇《穀梁》对"迁"的解释,遂有"国之"之说。因其与"国也"之义,相距甚远,绝不可从。

(4)较之上述三者,柯劭忞算是相当尊重"国也"的涵义,《传注》云:"因迁纪,并迁附庸小国。"② 说邢、鄑、郚是"附庸小国",略有疑问。从现行文献中,找不到任何证据显示它们受命于周王、纪侯或其他国家。假如"纪"后有一"及"字,问题容易解决,根据"书暨及卑"的记述原则,便能判断邢、鄑、郚低于纪国,其为"附庸小国"勉强说来还算是有些依据。可惜经文没有"及"字,所以邢、鄑、郚究竟算是什么性质的国家,还难以确定。话说回头,即使"附庸小国"之说难以尽信,但好歹也是承认它们是"国"。这一点,是比较符合《穀梁》的原意。确切地说,之所以有许多意见不承认邢、鄑、郚是"国",无非是因为它们在史籍中记载鲜少,但《秦始皇本纪·正义》引徐广注《竹书纪年》云:"齐襄公灭纪、邢、鄑、郚。"③ 因以"灭"言,倒也可以算是支持邢、鄑、郚作为"国"的旁证。柯劭忞或有可能是参照《纪年》而提出这个说法,但不论怎样,"并迁"之论,倒也没有违离"国也"之义。尽管"附庸"的猜测还有疑问,但总的来说,柯注还是比较矜慎,更能符合《穀梁》的解释。

3. 对邢、鄑、郚的解释(下)

此传对邢、鄑、郚的另一解释,是怀疑经文脱一"于"字,认为邢、鄑、郚并非被迁的对象,而是纪国迁徙的目的地。据此,经文的标点应是"齐师迁纪于邢、鄑、郚"。这是有别于"国也"的另一套说法,故以"或曰"言之。④

在此,《穀梁》仅是猜测经文可能阙失了"于"字,不曾推断其中的原因。然而,廖平却大胆地加以推测,《古义疏》云:"不言'于'者,分纪民于三邑,

---

① 王闓运:《申义》,页 6。
② 柯劭忞:《传注》卷 3,页 3。
③ 《史记》卷 6,页 368。
④ 参阅本书第二章(页 197)的讨论。

恐其得民为乱,无专地,故不言'于'。"①如其解,《穀梁》对经文为何没有"于"已有明确的解释,答案清晰如此,何来猜测不定以致采用"或曰"之辞?《穀梁》对不言"于"的原因,毫无表示,更没有"无专地"的说法。在政治判断上,廖平的推断也不合理。据陈槃的考证,邢、鄑、郚分别位于临朐、安丘、昌邑三县,位于纪都寿光,并为邻县。②廖平不知道邢、鄑、郚的地理位置集中,把纪国迁到邢、鄑、郚,是无法达到"无专地"的效果。"得民为乱"的预防性担忧,完全无从说起。

4. 信以传信,疑以传疑

上述两套解释,不能彼此化约。在此提请注意的是,《穀梁》以"国也"释某地为国名,除本例外,还有12例:

[1]隐二年传:"极,国也。"　　[2]隐五年传:"郲,国也。"
[3]隐十年传:"郕,国也。"　　[4]庄五年传:"郳,国也。"
[5]庄十三年传:"遂,国也。"　　[6]僖五年传:"弦,国也。"
[7]僖十七年传:"项,国也。"　　[8]僖二十年传:"随,国也。"
[9]僖二十六年传:"夔,国也。"　　[10]僖二十九年传:"介,国也。"
[11]僖三十三年传:"滑,国也。"[12]成六年传:"鄟,国也。"③

以上例子,全部是一锤定音,让人读了立即知道那些地方是国非邑;像邢、鄑、郚三地那样说了"国也"仍存异说,《穀梁》惟此一见。

这也反映《穀梁》对邢、鄑、郚的认识抱有疑虑,不敢舍己以徇之,削足以适履。在此,可以窥见《穀梁》解经谨慎的态度。桓五年传:"《春秋》之义,信以传信,疑以传疑。"④《穀梁》于不可通处,避免附会穿凿,故不惮烦,兼容异说。这一点,与荀子的观点相互借镜。《非十二子》云:"信信,信也;疑疑,亦信也。"⑤《穀梁》与《荀子》二书在思想精神上的共鸣,值得玩味再三。⑥

---

① 廖平:《古义疏》卷3,页125。
② 陈槃:《春秋大事表列国爵姓及存灭表撰异》上册,页293—94。
③ 《穀梁注疏》卷1,页10;卷2,页19、30;卷5,页69、78;卷7,页118;卷8,页135;卷9,页139、146、150、154;卷13,页220。
④ 《穀梁注疏》卷3,页40。
⑤ 王先谦:《荀子集解》卷3,页97。
⑥ 朱维铮:《中国史学史讲义稿》,页36。

5. 从"迁"与"迁者"反思"郱、鄑、郚"的两个解释

《穀梁》对"郱、鄑、郚"的两个解释，若是结合"迁"与"迁者"的传例，便会发现《春秋》在这一则经文之后还有纪国和纪侯的记载，在不同程度上存在若干模糊和费解的地方：

（1）按照"迁"的解释，郱、鄑、郚与纪都是国，那就是"迁"的情况，纪国在庄元年已经灭亡，但按照"亡辞"之例，不应在经中继续出现；但如本节列举的经文所示，此后还有纪人纪事的记载，为什么呢？有关这一点，孙觉早有独到的观察，《经解》云："纪无可灭之罪，齐侯志欲灭之，纪于当时其行又贤，圣人于齐之灭纪，特变文以示义，不与无道之齐而灭有道之纪。"①这是指出纪国之迁，有别于"迁"的常例。如其解，经文这种违反"亡辞"的叙述，只能理解为敬重纪侯之贤和怜悯纪国之亡的特笔。孙觉这方面的见解，主要是参照《穀梁》贤纪侯的观点而来，不妨备存。

（2）按照"迁者"的解释，郱、鄑、郚不是国，而是纪国所迁之邑，那就是"迁者"的情况，纪国在庄元年尚未灭亡，而是自行迁至郱、鄑、郚。这可以妥贴地解释纪国在庄元年后的各种记载，但因此经有没有"于"字在认识上亦有分歧，这个解释也不能说是毫无风险。这是《穀梁》不嫌辞费兼载两种说法的原因所在。

刘逢禄却不明白"迁"与"迁者"对"郱、鄑、郚"的不同影响，遂批判《穀梁》说："不传复雠之义，不知特变之文，不辞孰甚焉！"②这是没有弄清楚传义的妄评。《穀梁》不是不谈复仇，而是不认可齐襄公以复九世之仇而灭亡纪国的做法。刘氏"特变之文"，是指《公羊》以"迁之"为"取之"的观点。这是一套错误而又富争议性的解释，容后再谈。在此，仅讨论"不辞"的辱骂。刘逢禄没有交代此传哪一句或哪一个字是"不辞"。如上所述，此传"或曰"前后的两种解释只要懂得"迁"与"迁者"的观点，自能通释其义，哪有什么"不辞"？如果"不辞"是专指"或曰"，就是自相矛盾的说法，因为《公羊》不确定史实而并存异说，而以"或曰"两解之，所在多有。③《公羊》对这则经文不言"或曰"，只能说它对"取邑"之说，较有信心，不能证明什么，凭什么据此指责《穀梁》"不辞"？无论从哪一角度看，"不辞"之骂，毫无理据，让人

---

① 孙觉：《春秋经解》卷3，页585。
② 刘逢禄：《公羊后录》卷6，页460。
③ 仅是"或曰"的运用，便有6例。参阅拙著：《〈经学通论〉论证》第三章。

难以接受。针对刘氏的指责,柳兴恩忍不住反驳说:"何不辞之有?上不言'及',不下言'于'者,以经有脱文,故两解之。"①

这个驳议,正面辩护了《穀梁》为何出现"两解之"的缘故。没有细读传文的人也许没有注意到,经文若有"及""于"等字,也许比较容易得出较简洁的解释。既然没有,就要接受经文的限制导致解读困难,无论是"迁"抑或"迁者",皆有疑义难除。有鉴于此,《穀梁》平行列举,二说豁然,不作强解,而非武断地偏执某一主张,是值得耐心研治和欣赏的。

6. 是否解读"迁"字是二传的主要差别

无论如何,此传的两种解释没有旁及经外之义,都是紧扣"迁"字立言,强调纪国(或包括邢、鄑、郚)因齐师而被迁,没有推出齐襄公复仇可褒的结论。非其有而迁人之国,齐师之罪,显而易见。僖二年经:"城楚丘",传:"其不言卫之迁焉,何也?不与齐侯专封也。"②齐桓公存亡继绝,而迁卫于楚丘,亦得不到认可;齐师迁纪,自无不贬之理。

与《穀梁》相反,《公羊》毫不理会此经的"迁"究竟是什么字,仅是认定当时齐师夺取了纪国邢、鄑、郚三邑。《公羊》庄三年传:"迁之者何?取之也。取之,则曷为不言取之也?为襄公讳也。"③要注意,这里对"迁之"的解释,仅是《公羊》其中一个解释。总的来说,《公羊》对"迁之"并无统一的说法。《公羊》僖元年传:"迁者何?其意也。迁之者何?非其意也。"④这是《公羊》正面按照迁移之义解释"迁"字的唯一解释。然而,对于同样算是"迁之"的经文,《公羊》不一定根据"非其意"之说进行解说。除上述以"取之"作为"迁之"的讳辞以外,《公羊》庄十年传:"迁之者何?不通也。以地还之也。"⑤意谓并非真实的迁移,只是宋国用自己的领土包围了宿国。可以看见,《公羊》僖元年传"迁"和"迁之"的解释,不是必须遵循的说法。遇有需要,《公羊》将把"迁之"理解为其他意思,如"取之"或"以地环之"。在字义上,"迁"是绝不含有上述这些意思。《公羊》之所以得出"取之"或"以地环之",完全是因为它对相关事件已预存一套历史认知,而非直面经

---

① 柳兴恩:《大义述》卷13,页183。
② 《穀梁注疏》卷7,页108。
③ 《公羊注疏》卷6,页117。
④ 《公羊注疏》卷10,页200。
⑤ 《公羊注疏》卷7,页142。

文的确诂。就庄元年经的"迁"字而言，《公羊》这样无视"迁"为何义，径自将之当作"取"的讳词，与《穀梁》一直没有偏离"迁"作为迁移的基本涵义，两者比照，其诠释进路完全是背道而驰，无可契合。

之所以不言"取之"而言"迁之"，《公羊》认为"迁之"是"取之"的讳辞，原因呢？则归结到"为襄公讳"的前提上。问题是，这是可靠的前提吗？似乎未必。此传是"反向预设的论证"（argument "back" to a presupposition）的结构，即借着前提 p 去证明结论 q，但另一方面，结论 q 又是前提 p 所以可能的先在条件。① 要证明"迁"是"取"的讳辞，需要"为襄公讳"是可信的；但"为襄公讳"是否可被接受，反过来又先要预设"迁之"是"取之"的讳辞。为什么必须接受"为襄公讳"的前提？为什么必须认定"迁之"是"取之"的讳辞？在文义训诂上，"迁"本无"取"义，没有理由认为《公羊》上述解释比《穀梁》更可信。

不言而喻，除非笃信齐襄公是贤者这一预设必然正确，且不待验证，否则没有理由必须接受上述的思路。在这一点上，刘敞的洞察力甚为可佩，《权衡》云："且襄公独非'怀恶而讨不义'者乎？其何讳焉！"②此"怀恶而讨不义"，典出《公羊》昭十一年传，③是批判楚灵王不正自身而正他人的错误。如《公羊》所说，楚灵王怀恶在身，没有资格灭亡蔡国；同样道理，齐襄公也是灭亡纪国，怀恶显然，何以得到隐讳其恶的特权呢？刘敞借此质疑齐襄公的灭纪，以子之矛，攻子之盾，极有见地。"何讳"之问，实已逼问至问题的核心关键：为何仅因复仇便能把齐襄公视为贤者，进而违其灭纪之恶？相反，《穀梁》始终坚持"迁"的本义，既不把复仇者可贤作为论述的起点，也没有讳贤者复仇的结论，但在经义的解释上，其实更加平实可信。

7. "本不为利举"之谬

褒扬齐襄公复仇的主张，最不容易取信的关键，在于侵略纪国意味齐襄公从中得到利益，很难说这是什么值得歌颂的行为。为此，何休刻意强调齐襄公的行为不夹离"利"的考虑。何诂："襄公将复雠于纪，故先孤弱取其邑，本不为利举，故为讳。"④在夺取纪邑的解释上，齐襄公是明

---

① Palmer, *Presupposition and Transcendental Inference*, p. 155.
② 刘敞：《春秋权衡》卷 10，页 276。
③ 《公羊注疏》卷 22，页 490。
④ 《公羊注疏》卷 6，页 117。

显的利益既得者,为什么还说是"本不为利举"?有什么理由让人相信这一点?

何休没有可信的举证,故陈立不敢轻信其说,《义疏》云:"《春秋》与襄公复雠,故为之讳,若不为利然,所谓假其事以张义,非襄公之诚不为利也。"①这是类似皮锡瑞"借事明义"的诠释主张,承认齐襄公不是"诚不为利",认为《公羊》不过是借此事而阐述复仇的主张。这个说法,完全是不得已的让步,预设"事"与"义"之间存在距离,只能反映陈立对齐襄公的所作所为,毫无信心,不敢与人较真。然而,陈的"若不为利"与何的"不为利",绝非辅车相依,密合无间。无论如何,他们二人因从《公羊》立场出发,始终没有正视"迁之"有别于"取之"的问题。真正重视此经"迁"的本义,三传之中,惟《穀梁》而已。《左传》对此经也没有发传解说。

8. 小结

《春秋》有些文句晦涩,意义不清。庄元年经对邢、鄑、郚的解释,就是一个显例。《穀梁》提出的两个解释,勉强对现有文本提出说明,难以言必。但它始终直面"迁"字,没有离开它的字面义,这是比《公羊》更合理的地方。像《公羊》那样因贤齐襄而讳取的观点,实是无视复仇者潜在自我图利的可能性。这一点,是《穀梁》不可能允许的观点。齐襄公不是《穀梁》认可的贤者,像齐襄公那样透过侵灭他国以图己利的人,也不可能是贤者。这已预设:

A_3 袭利是不应该的。

在《穀梁》中,没有一个贤者是袭利的,无论是为了什么目的,包括复仇在内。迁纪意味纪国的利正在遭到严重的侵害,而侵害的元凶正是齐襄公。

(二)庄三年经:"秋,纪季以酅入于齐。"传:"酅,纪之邑也。入于齐者,以酅事齐也。入者,内弗受也。"②

纪季是纪侯少弟,他拿着土地献给齐国,做法备受争议。

1. 称字非贤

"季"是字。桓十七年传:"蔡季,蔡之贵者也。"③蔡季称字,仅因其贵;

---

① 陈立:《公羊义疏》卷17,页651。
② 《穀梁注疏》卷5,页67。
③ 《穀梁注疏》卷4,页57。

纪季称字,当如蔡季,亦因其贵。① 二者的相同性,柯劭忞《传注》已有说明:"季不称名,《公羊》以为贤,传以为贵而已。"② 称字,不因其贤。《穀梁》不曾说过纪季是贤者。

相反,《公羊》认为纪季记字不名,意味经文称颂其"贤"。《公羊》庄三年传:"何以不名？贤也。何贤乎纪季？服罪也。其服罪奈何？鲁子曰：'请后五庙以存姑姊妹。'"③ 鲁子口中的"姑姊妹"是谁？不清楚。徐疏说是纪国的姑母姐妹,④ 于鬯说是鲁国的姑母姐妹,⑤ 各有理据,但似后者为佳。无论如何,"存姑妹"是纪季向齐国"服罪"的理由。

《春秋》不是凡称字者皆属褒辞。胡传:"不书名,则非贬也。"⑥ 在书名与书字上考察褒贬,胡安国大概受到《公羊》影响而预设称字为贤,以此估算纪季不书名而非贬。在经中,不是所有称字的人皆属贤者,包括女叔、单伯、南季、王季子、蔡季、祭仲等等。⑦ 纪季是否书名,与贬不贬没有必然关系。

2. 强合二传的失败

在更早之前,范雍同样受到《公羊》的错误影响,沿承称字为贤的说法。范注引范雍曰:"纪国微弱,齐将吞并。纪季深睹存亡之机,大惧社稷之倾,故超然遐举,以酅事齐,庶胤嗣不泯,宗庙永存。《春秋》贤之,故褒之以字。"⑧《穀梁》既无以字为贤的主张,也不认为纪季为贤者。读范雍之语,除了"服罪"二语不提外,基本上都是采《公羊》之陈言,殊非《穀梁》本义。

与范雍一样,试图强合二传的人,还有陈立。《义疏》在节引《穀梁》"酅,纪之邑也。入于齐者,以酅事齐也"二语后,点评曰:"亦即服罪义也。"⑨ 两相校核,可以看到《义疏》漏引了"入者,内弗受也"一句。显然,这是随意剪接文献,偷梁换柱,以图牵合己意。因为"内弗受"之语已被剔除,遂给读者一个错觉,以为《穀梁》同样支持纪季"服罪"。这样的做法,实际

---

① 参阅本书第一章,页73—79。
② 柯劭忞:《传注》卷3,页5。
③ 《公羊注疏》卷6,页120。
④ 《公羊注疏》卷6,页120。
⑤ 于鬯:《香草校书》卷49,页986—87。
⑥ 胡安国:《春秋胡氏传》卷7,页88。
⑦ 参阅本书第二章,页304—06。
⑧ 《穀梁注疏》卷5,页67。
⑨ 陈立:《公羊义疏》卷18,页665。按:点校本误将下引号记在"亦即服罪义也"之下,其实此句是陈立对《穀梁》的点评,下引号宜在此句之上。

上已反映一个简单不过的事实：在纪季的评价上，二传分道扬镳，各走各路。陈立非得在文本上暗施手脚，方能掩盖其中的分歧。

3. 纪之邑

除本例外，《榖梁》"X 之邑"还有 4 例：

> [1]隐七年经："戎伐凡伯于楚丘以归"，传："楚丘，卫<u>之邑也</u>。"
>
> [2]隐八年经："我入邴"，传："邴者，郑伯所受命于天子，而祭泰山<u>之邑也</u>。"
>
> [3]桓元年经："郑伯以璧假许田"，传："许田者，鲁朝宿<u>之邑也</u>。"
>
> [4]庄二年经："公子庆父帅师伐于馀丘"，传："于馀丘，邾<u>之邑也</u>。"①

例[1]是批判卫人伐凡伯之误，例[2]是检讨鲁国入侵邴邑之非，例[3]是指示郑、鲁二国交换领土之谬，例[4]是批判庆父领兵伐邑之恶。这四例的"X 之邑"都是用来交代经文某个地点的归属，或它是用作什么功能，从而指出某人某事之不当。明白这一点，对于判断庄三年传的"纪之邑"是贬非褒，甚有帮助。

惠士奇《礼说》云："酅者，纪之采"，②允得其实。《榖梁》之所以特意交代酅是纪国采邑，是为了表明纪季所拿着的东西，不属于他自己该拥有的所有物；换言之，他私自拿走了纪国的土地。根据"以者，不以者"和"重辞"的传例，纪季带着纪国的采邑归附齐国，当事人高度重视相关事件的发展，是不应该做的事情。③

4. 入于齐

此经另一个不寻常之处，是"入于齐"的措辞。经文若用"A 入 B"的句式，通常是侵略行为，A 与 B 并非同属一国；若用"A 入于 B"的句式，B 大多意味 A 所属之国或其国的城邑。④

纪季既是纪国的人，但他"入于"的却是齐国，而非纪国或其城邑。在"A 入于 B"的句式中，A、B 非同一国，《春秋》还有一例，即文十四年"七月，

---

① 《榖梁注疏》卷 2，页 24—25；卷 3，页 32；卷 5，页 64。
② 惠士奇：《礼说》卷 3，页 442。
③ 参阅本书第一章，页 83—84。
④ 参阅本书第一章，页 144—45。

有星孛入于北斗"。星孛非人,迥异于纪季。A作为活生生的人,却与B不属一国,全经再无他例,仅庄三年经而已。由此归纳,像纪季那样"入于齐",是独一无二的特例。

5."变出奔言入"之谬

因为此经的独特性,意味一般情况的解释难以适用。刘逢禄显然没有留意到这个关键,《广废疾》云:"是变出奔言入也。"又云:"是以地叛也,何以氏纪季乎?以地叛之他国者,曹公孙会言出奔宋以自鄸也。舍是不书矣,此何以书乎?"① 若所言,纪季的经文不过是讳言出奔的性质,哪有什么独特?

事实上,《公羊》对"入"的解释也是贬义居多,虽有变"灭"为"入"的主张,没有变"出奔"为"入"的说法,② 刘逢禄这一说法,纵于《公羊》中仔细搜求,亦无确据。他的整个思路是:以地出奔只有一种笔法,就是像公孙会出奔之例,必是"A自B出奔C"的句式;纪季既不属于这一句式,就不算是以地出奔的情况。然而,断言公孙会以地叛国,是《公羊》让国者可贤而惠及子孙的观点,可信性成疑。③ 即使"A自B出奔C"有出奔的事例,也不见得只有"A自B出奔C"才能算是以地出奔,昭五年经:"莒牟夷以牟娄及防兹来奔",《公羊》云:"此何以书?重地也。其言及防兹来奔何?不以私邑累公邑也。"④ 显然,《公羊》亦认为牟夷拿着私邑出奔;而牟夷与公孙会的差别仅在于牟夷所奔的目的地是鲁国,故称"来奔",而公孙会则是宋国,故称"出奔"。由此可见,刘逢禄以公孙会之"出奔"解释纪季之"入",舍近求远,拿不相似的东西强作比较,没有太大的说服力。从《公羊》对"以"和"入"的明确解释,本来该理解为纪季拿着酅邑出奔到齐国,但因为《公羊》从不名纪季而贤其人的前提出发,遂断定纪季入齐可贤;也就是说,不名可贤的观点压倒了"以"和"入"的笔法考虑。

这样一来,问题回到原点:既然在《春秋》可以找到称字不一定都是贤者的反例,为什么必须相信《公羊》贤纪季的观点?分析到最后,刘逢禄所恃的唯一理据,无非是复仇者必贤,像纪季这样服从复仇的结果也是可贤,

---

① 刘逢禄:《公羊后录》卷6,页460。
② 参阅本章,页506—07。
③ 参阅本书第一章,页112—19。
④ 《公羊注疏》卷22,页482—83。

如此而已。然而,不相信复仇必贤之说,难道不可以么?对此,柳兴恩《大义述》提出强烈的质疑和批驳:"至复雠之说,《公羊》一家之言,乃欲强人从之,不亦诬乎?"①

6. 入者,内弗受

根据"入者,内弗受"的传例,纪季不是齐国内部可以接纳的对象。②洪亮吉《左传诂》引贾逵曰:"纪季不能兄弟同心以守国,乃背兄归雠,书以讥之。"③这个观点,本非《左传》固有之义,钟文烝断言"此数语必《穀梁》家义也"。④究竟贾逵如何有这样的见解?是否真的来自"《穀梁》家"?现已无从稽考,但说它与《穀梁》兼容无碍,大概还是可以肯定的。

"内弗受"的批判对象,是纪季这个背叛纪国的罪人,所以齐国不应该接受,而非齐国接受了酅邑后灭纪。范注引范雍曰:"齐受人之邑而灭人之国,故于义不可受也。"⑤此说求深反凿,失传文之旨。如其言,人们可以反过来猜想:是不是如果齐国接受了酅邑就不该灭纪?范雍批判齐国而漏了纪季,于经于传,非有明文之可据,于理也说不通。有关这一点,柯劭忞倒是纤尘不染,洞悉问题的症结所在,《传注》云:"不予纪季之事仇",⑥一语中的,所说符合传义。

7. "纪侯使之"之谬

经文以纪季为主辞,没有提及纪侯,不能说纪季入齐是出于纪侯的吩咐。廖平《古义疏》云:"盖纪侯使其弟如微子事,以存宗庙之祀。"又云:"《春秋》之法,大夫不专地,公子无去国之义,君子不辟外难,纪季犯此三者,盗地、以下敌上、弃君以辟祸而贵之者,曰:贤者不为是,故托于纪季,以见纪季之弗为也。纪季弗为,而纪侯使之也。"⑦上述说法,可以商榷之处甚多。以微子比拟纪季,非《穀梁》本义,是宋明儒的流行观点。如李如箎《东园丛说》云:"予谓纪季之贤不可望微子,而存宗社与抱祭器以归周者略

---

① 柳兴恩:《大义述》卷13,页183。
② 参阅本书第一章,页145—46。
③ 洪亮吉:《春秋左传诂》卷1,页24。
④ 钟文烝:《补注》卷5,页150。
⑤ 《穀梁注疏》卷5,页67。
⑥ 柯劭忞:《传注》卷3,页5。
⑦ 廖平:《古义疏》卷3,页131—32。

相似。"①又如卓尔康《春秋辩义》引录邓元锡称赞纪季的做法是"微子之义也"。②

追溯典故,"纪侯使之"的说法,实是暗袭《春秋繁露》而来。《玉英篇》云:"贤者不为是。是故托贤于纪季,以见季之弗为也;纪季弗为,而纪侯使之可知矣。"又云:"今纪侯《春秋》之所贵也,是以听其入齐之志,而诡其服罪之辞也,移之纪季。"③《穀梁》从未说过纪季服罪,更没有纪侯指使其事的记载。确切地说,董仲舒这个观点,放在《公羊》亦不见得可信。《公羊》从未提及纪季吩咐的叙事,反而认为一切都是纪季个人的主张。此外,桓十四年经:"宋人以齐人、卫人、蔡人、陈人伐郑",《公羊》云:"以者何?行其意也。"④可见,《公羊》认为"以"反映了主体在行事时落实了自己的想法,不能说"以"的主体仅是执行他者心意的代理人。以此作出类推,没有理由认为同样言"以"的纪季不是"行其意",而是行纪侯之意。因此,何诂:"季知必亡,故以酅首服。"⑤何休猜测纪季有纪国必亡的预判,容有个人猜想的成分在内,但他认为纪季是入齐的主事者,却比董仲舒更合《公羊》。说穿了,说纪季承纪侯之命,只能从《左传》找到旁证。《左》庄四年传:"纪侯不能下齐,以与纪季。"⑥在此不妨推测,董仲舒对纪季赴齐的见解,可能是折衷《左》《公》二传的结果,但若用以解读《公羊》,肯定很有疑问。廖平不察,遂以《繁露》解《穀梁》,不管实际传义究竟如何,岂能让人信服?

在纪季以外,另指纪侯主持入齐献酅之事,都是毫无根据的说法。凌曙看来也受到董仲舒的影响,《公羊问答》云:"纪季之复罪,纪侯实使之。故虽迫于兄命,而犹有不忍去之心,故经书入以起之。"⑦迫于兄命之说,是立足于董仲舒的私见。但即使是《繁露》,也没有记载纪季有何具体的想法。因此,读者无从得知纪季是自愿抑或被迫。《公羊》对"入"的解释很多,例如"得而不居也"(隐二年)、"难也"(隐八年)、"出入恶"(桓十五年)、

---

① 李如箎:《东园丛说》卷上,页187。
② 卓尔康:《春秋辩义》卷5,页447。
③ 苏舆:《春秋繁露义证》卷3,页82—83。
④ 《公羊注疏》卷5,页104。
⑤ 《公羊注疏》卷6,页120。
⑥ 《左传正义》卷8,页226。
⑦ 凌曙:《春秋公羊问答》卷上,页240。

"篡辞也"(庄六年)、"不嫌也"(昭二十六年)等等,①皆无显示其人逼于无奈或心存不忍的涵义。凌曙认为"入"寓有纪季不忍去国的心思,完全是想象力过盛的表现,对《公羊》固非正解,对《穀梁》亦无补益可言。

8. 何来"少进"?

经文以入言纪季之事,重在批判其非,似无颂扬纪侯之意。孙觉《经解》云:"纪侯闵其民之无辜,而念宗社之不祀也,则使其弟季以酅入齐,求以生其民人存其宗祀。"又云:"纪侯之行,独能如此,孔子安得不少进之乎?"②这同样是立足于《繁露》之说。然而《公羊》绝无贤纪侯的主张,孙觉少进之论,实是折衷《左》《穀》二传再加上个人联想的产物。

9. 小结

纪季不是《穀梁》认可的贤者。在纪国灭亡之际,他拿着酅邑献给齐国,是不应得到嘉许的行为。《公羊》认为被复仇的国家及其人民已有原罪,故推许纪季屈服齐国的做法为"服罪"而贤其人,但在《穀梁》看来,纪季是叛逆纪国的罪人,而称字也不是决定其人为贤的有力证据(参阅 I_1)。况且,也没有证据说明他的做法事前得到纪侯的批准。这已预设:

B_3　屈服于灭亡其国家的敌人是不应该的。

纪季是错误的,因为齐襄公是灭纪的元凶,而《穀梁》也不曾认为被复仇的纪国背负什么不能原宥的罪过。

(三)庄四年经:"三月,纪伯姬卒。"传:"外夫人不卒,此其言卒,何也?吾女也。适诸侯则尊同,以吾为之变,卒之也。"③

纪伯姬在纪侯大去前逝世,其情形有别于其他鲁国公主的状况。

1. 纪伯姬是谁的妻子?

纪伯姬在鲁隐公执政时嫁给纪侯为正妻。隐二年经:"九月,纪履緰来逆女;冬,十月,伯姬归于纪。"这是交代纪伯姬嫁给纪侯的过程。余治平说:"因为这里真正娶亲的是周平王,而不是大夫是(按:此"是"疑衍)纪履緰,不书'天王逆女',符合经传的一般要求。"④此一说法,张冠李戴,令人

---

① 《公羊注疏》卷2,页29;卷3,页59;卷5,页105;卷6,页128;卷24,页531。
② 孙觉:《春秋经解》卷3,页590。
③ 《穀梁注疏》卷5,页67。
④ 余治平:《董子春秋义法考论》,页328。

大开眼界。当时娶妻的人是纪侯,不是周平王。三传皆认为纪侯娶伯姬,未尝提及周平王娶妻之事。余治平大概因讨论《春秋繁露》而有上述见解,但《玉英篇》云:"是故昏礼不称主人,经礼也。"①《公羊》隐二年传:"何以不称使?婚礼不称主人。"②由《公羊》到《繁露》,何尝说过周平王娶伯姬?

2. 因"吾女"而"言卒"

《春秋》内鲁,一般不提及别国夫人之死。此经特笔记载纪伯姬之死,《穀梁》认为原因在于她是鲁国公主。需要注意,可以由外夫人的卒文推出其人必是鲁国公主,但不是凡属鲁国公主的外夫人必有卒文。《春秋》记载外夫人之卒,只有纪伯姬、纪叔姬、缯季姬、杞叔姬、宋伯姬5人,皆是鲁国公主,但在经中出现的其他鲁国公主,包括杞伯姬(僖五年、僖三十一年)、宋荡伯姬(僖二十五年)、郯伯姬(宣十六年)3人,虽是外夫人又是内女,却无卒文。"吾女"仅是"言卒"的必要条件,不是充分条件或充要条件。

3. 以吾为之变

内女之所以有卒文,是因为鲁国公主嫁与别国诸侯为夫人,具有与诸侯同样尊贵的地位。"为之变",在《穀梁》都是解作针对某种改变常礼的状况。宣八年经:"万入,去籥",传:"以其为之变,讥之也。"③这是"为之变"的另一用例,同样是讨论改变常礼的情况。纪伯姬因是鲁国公主,所以经文改变常礼的写法,记载了她的死亡。

范宁说鲁国要服大功九月,有别于一般诸侯不为旁亲服丧的做法。范注:"礼,诸侯绝傍期,姑姊妹女子子嫁于国君者,尊与己同,则为之服大功九月,变不服之例。"④鉴于"为之变"是专言改变常礼的情况,范宁这个解释似可备存。就此,柯劭忞表示反对,《传注》云:"变者,犹《文王世子》'为之变,如其伦之丧'之变,谓为之变服也。"⑤然而,《文王世子》是针对公族有人犯了死罪,国君素上奉服、进食时不奏乐等改变日常生活的做法,⑥纪伯姬不是《穀梁》所认定的罪人,因此柯注之驳,不能成立。

---

① 苏舆:《春秋繁露义证》卷3,页74。
② 《公羊注疏》卷2,页32。
③ 《穀梁注疏》卷12,页195。
④ 《穀梁注疏》卷5,页67—68。
⑤ 柯劭忞:《传注》卷3,页5。
⑥ 《礼记正义》卷20,页645。

4. 书卒未必贤

别国夫人之所以记载卒文，各有原因，不能说她们的卒文显示其人必贤。柯劭忞《传注》云："内女为外夫人，不卒。书卒者，皆贤也。"①这一概括是舛错的。除宋伯姬以外，《穀梁》不认为其他外夫人是贤者。僖十四年经："季姬及鄫子遇于防，使鄫子来朝"，传："朝不言使；言使，非正也，以病鄫子也。"②这是批判鄫子受命于鄫季姬的行为，显然鄫季姬非贤。成九年经："杞伯来逆叔姬之丧以归"，传："传曰：夫无逆出妻之丧而为之也。"③杞叔姬因离异而归鲁，此传批判杞伯迎接她的尸柩回国的做法。这两个反例，表明鄫季姬和杞叔姬绝非《穀梁》认可的贤者，如本章所述，纪伯姬、纪叔姬仅因纪亡而书卒。因此，五名书卒的外夫人中，仅宋伯姬一人可贤。

下文将会指出，纪伯姬因隐痛纪国之亡而有葬文。既书葬，通常不能不书卒。没有证据显示她是类似宋伯姬的贤者而有卒文。孙觉《春秋经解》云："其贤行之著，若纪伯姬、宋共姬者，则著其始终之事，卒葬之详，以见其贤焉。"④与柯注一样，这是立足于外夫人言葬必贤的错误前提。三传皆无这样的主张。《春秋》详载宋伯姬和相关人物的行为，事无巨细，而纪伯姬除卒葬外并无经文，《穀梁》亦无褒美之语，二女不可同日而语。

5. 小结

纪伯姬是鲁国公主的出身，但没有证据显示她和宋伯姬一样的品格。不必因为经文记载她的卒和葬而误认她是贤者。下文将会指出，这是因为她的下葬后于纪侯大去，所以在此不得不记载她的死亡。《春秋》因为可怜纪国的悲惨遭遇而备载纪侯、纪伯姬、纪叔姬之事，这些人物的悲剧不能说与齐襄复九世之仇无关。因此，《穀梁》解释纪伯姬"卒之"的缘故，实已预设：

C_3 被复仇者的遭遇不能独立于复仇者的评价。

纪伯姬是作为被复仇者而载于经中。《穀梁》对她的怜悯和同情，远超于《公羊》。正视复仇带给他人的伤害，是《穀梁》有别于《公羊》的重要内容。

---

① 柯劭忞：《传注》卷6，页21。
② 《穀梁注疏》卷8，页130。
③ 《穀梁注疏》卷14，页225。
④ 孙觉：《春秋经解》卷3，页591。

（四）庄四年经："纪侯大去其国。"传："大去者，不遗一人之辞也。言民之从者，四年而后毕也。纪侯贤而齐侯灭之，不言灭而曰大去其国者，不使小人加乎君子。"①

此经提及被齐襄公复仇所伤害的纪侯，他的离国标志着纪国彻底灭亡。

1. 大

"大去"一词，全经仅此一例。"大"意谓尽、彻底、全部。叶梦得《春秋传》云："大，犹尽也。尽无麦禾，曰'大无麦禾'。尽去其国，曰'大去其国'。"②这一解释，最得经义，也符合《穀梁》的理解。钟文烝和柯劭忞皆从其说，③廖平《古义疏》云："此言大，是尽去之辞"，④虽未明言，亦是暗袭叶传。

"大去"的"大"，不是意谓张大或重视。柳兴恩《大义述》云："曷为大之？书'大去'者，经以纪侯之得民而特笔之也。且大在纪侯，则小在齐侯矣。传之望文为义，确不可易。"⑤柳兴恩认为经文的"大"意谓张大或重视，虽然错误，却非无据。文二年经："大事于大庙"，传："大事者何？大是事也。"⑥这已说明，经文的"大事"含有重视相关事件的意思。然而，"大"虽可解作张大，不代表庄四年经的"大"就是这个意思。按照柳兴恩的理解，"大去"的"大"指涉的对象其实是纪侯，而非"去其国"。至于"大在纪侯"和"小在齐侯"以"大"和"小"作为二人评价的对比，更非《穀梁》之义。庄四年传以"不遗一人"解"大去"，其中殊无张大"去其国"的意思。因此，柳兴恩虽努力辩护传义，但其理解与传文尚有颇大的偏差，不宜信从。

2. 大去

"去"意谓离开。钟文烝《补注》云："去，违也，离也。"⑦《穀梁》的"去"往往作如是解，如"则胡为不去也"（宣十七年）、"客不说而去"（成元年）、

---

① 《穀梁注疏》卷5，页68。
② 叶梦得：《叶氏春秋传》卷5，页56。
③ 钟文烝：《补注》卷3，页152。柯劭忞：《传注》卷3，页6。
④ 廖平：《古义疏》卷3，页133。
⑤ 柳兴恩：《大义述》卷12，页166。
⑥ 《穀梁注疏》卷10，页160。
⑦ 钟文烝：《补注》卷5，页152。

"专之去"(襄二十七年)的"去",①都是意谓离开。钟注的解释,符合传义,确切无疑。

虽然纪侯此后流亡国外,但"大去"只意味彻底离开,不蕴涵不再回来。杜注:"大去者,不反之辞。"②这个解释,尚待磋议。《左》庄四年传:"违齐难也。"③这是说纪侯因躲避齐难而离国,但从《左传》的传义出发,"大去"的"去"只解作离去,而"大去"的"大"与"不反"在意义上没有什么相通之处。纪侯此后没有回到纪国,虽属历史事实,但不能认为"不反"与"大去"有何必然的关连。说穿了,杜预这个观点,是根据纪侯在史籍中消失而作出的揣测,多于经义的确诂,实不如《穀梁》之诂来得可取。

3. 其

"其国"的"其",此传没有解释,但照《穀梁》的解释,"其"是四种"缓辞"的其中一种,④通释全句,"纪侯大去其国",就是意谓纪侯彻底离国的过程相对缓慢。结合庄元年传"迁纪邢鄑郚"的"迁"作为"亡辞"的判断,可以知道"大去其国"意谓纪国全部民众跟随纪侯离去,这个迁徙过程并非一蹴而至,由庄元年至庄四年,花了四年时间,至此方才结束。

4. 董仲舒的两个错误观点

另要指出,董仲舒有两个观点尚待辨析:

(1)《繁露·灭国下》云:"一旦之言,危百世之嗣,故曰大去。"⑤如其解,"大去"的主体就是纪侯之祖,而非"纪侯",难以通释经义。下文将会指出,《公羊》视"大去"为"灭"的讳辞,所以《繁露》之言,也不符合传义。董仲舒这一观点,不过是一时偶有所感,在行文上回顾纪侯之祖进谮而导致齐襄复仇灭纪,不是面对经文的训读,自也难以动摇《穀梁》的解释。

(2)《繁露·玉英》这么歌颂纪侯:"率一国之众,以卫九世之主,襄公逐之不去,求之弗予,上下同心,而俱死之,故谓之大去。《春秋》贤死义且得众心也,故为讳灭,以为之讳,见其贤之也,以其贤之也,见其中仁义也。"⑥这个观点,又再是董仲舒的个人发挥,其义迥异于经传。《公羊》和其他文

---

① 《穀梁注疏》卷 12,页 207;卷 13,页 212;卷 16,页 270。
② 《左传正义》卷 8,页 224。
③ 《左传正义》卷 8,页 226。
④ 参阅本书第一章,页 101。
⑤ 苏舆:《春秋繁露义证》卷 5,页 135。
⑥ 苏舆:《春秋繁露义证》卷 2,页 84。

献皆无纪侯与国人死难的证据,董仲舒空口无凭,不能因为他是《公羊》大师就断言此说必属经传固有之义。① 无论如何,这个观点与《穀梁》南辕北辙,没有什么关系。

断言纪侯与国人死难不去,本是董仲舒的独门见解。最令人意外的是,王树荣竟以此作为《穀梁》抄袭《春秋繁露》的证据:"乃袭《繁露》语而失其旨,不知纪之已亡矣"。② 董仲舒认为纪侯死难,《穀梁》认为纪侯离国,两者观点不同,哪能认为《穀梁》抄袭《繁露》?庄四年传明言"齐侯灭之",《穀梁》岂有"不知纪之已亡"之理?王树荣捏造伪证,其指控全是无中生有的诬蔑,毫无学术价值。

5.纪国已经灭亡

无论是把庄元年的"迁"理解为"迁"抑或"迁者",《穀梁》所叙述的纪国灭亡过程没有什么波折:

(1)如"迁"之解,庄元年之"迁",已是一种"亡辞";仅有"大去"的特殊情况而继续纪人的述事。

(2)如"迁者"之解,纪国在庄元年只是迁移到其他地方,所以庄元年至庄四年仍有一些记载,属于"未失其国家"的状况;但延至庄四年"大去"之时,纪国终于彻底灭亡,故传云"齐侯灭之"。此后纪国不在经中再度出现;有之,不过是死者、流亡者(纪伯姬和纪叔姬)和残存的遗民。

基于上述认识,没有理由认为纪国曾经两次被灭。陈槃说:"似当从《竹书》《公羊传》'灭'之说","殆齐初虽灭之,继而复续其祀,而纪侯终于不服,是以遂'大去其国'矣。"③ 如其说,纪国灭亡实是三部曲的进行:

①被灭;

②纪季复祀;

③因纪侯不服而被灭。

上述①→②→③的波折,夹杂了许多想象的成分在内。《公羊》庄元年传:"自是始灭也",又云:"外取邑不书",④可见《公羊》是"始灭"而非"灭",把

---

① 周桂钿《董学探微》(页255—56)沿用董仲舒这一说法,但没有指出《繁露》与《公羊》二者之异。这样泛泛罗列前人成见,却不辨析其涵义和语脉变化,在如今董学研究中,多不胜数。

② 王树荣:《续穀梁废疾》卷1,页191。

③ 陈槃:《不见于春秋大事表之春秋方国稿》,页242—43。

④ 《公羊注疏》卷6,页117。

庄元年经的"邢、鄑、郚"理解为纪国三邑,而且是夺取的意思。这跟《竹书纪年》的"灭"并不相同,陈槃没能区分二书之异。此外,纪季以酅入齐,三传皆未说是复祀的性质。没有证据显示纪侯最终因不服而导致纪国灭后又再被灭。说纪国曾经两次被灭,全是以思造事,不足凭信。说穿了,陈槃试图在《穀梁》以外另辟新说,却全盘失败。他没发现,真正符合《竹书纪年》的记载,其实不是别的,正是《穀梁》。如上所述,《穀梁》对"A 迁 B"的"亡辞"解释蕴涵纪国已亡的真相。由于误信《公羊》以"大去"为讳灭的主张,陈槃把纪国灭亡系于庄四年而非庄元年,遂有凭空制造纪国两次被灭之谬。

6. 齐侯灭纪→纪侯大去其国

"齐侯灭之"是导致"纪侯大去其国"的主因。这两者有密不可分的因果关系,不等于允许两者语义的可替换性。"不言灭而曰大去其国者",《穀梁》比较这两种笔法,不是说它们是可以互换的。"灭"与"大去其国"应理解为"齐侯灭纪"与"纪侯大去其国"的省略说法。经文明言"纪侯"二字,这是"大去其国"的主体,不能从略。若以"灭"解"大去",全句经文就变成"纪侯灭其国",文不成义。

7.《公羊》的两个漏洞

跟《穀梁》紧扣"纪侯"二字的进路不同,《公羊》庄四年传:"大去者何?灭也。孰灭之?齐灭之。曷为不言齐灭之?为襄公讳也。"①犹如上述对庄元年经"迁"字的解释,《公羊》再次回避字义的解诂,仅说"大去"是"灭"的讳辞,理由是齐襄公复九世之仇可贤,遂用"大去"而非"灭"讳言齐灭纪之事。前已述及,这是"反向预设的论证"的操作方式。要证明"大去"是"灭"的讳辞,需要"为襄公讳"是可信的;但为了使"为襄公讳"可被接受,又要预设"大去"是"灭"的讳辞。"大去"与"灭"的字义,并无相通之处,为什么"大去"必是"灭"的讳辞,而不该按字义解读?

《公羊》整个解释,有两个令人难以释疑的漏洞:

(1)认定"大去"是"灭"的讳辞,这在经义上是找不到任何根据的。不可能是什么词语也无所谓。严肃的解经者必须解答:为什么是这个词而非那个词被《春秋》所采用?为贤者讳灭,不可能仅有"大去"这么一个在表面

---

① 《公羊注疏》卷6,页122。

上看不出任何痕迹的词语,至少还有一种更合适的笔法。僖十七年经:"灭项",《公羊》云:"孰灭之? 齐灭之。"①齐桓公是贤者,为了隐讳灭项的过错,所以经文隐没主体。《公羊》与《穀梁》一样,都是认为灭文删除主语,含有讳意。② 这个例子说明,讳贤者灭国可以采用其他笔法。仅书"灭纪"而不书"齐侯",不是更简洁的隐讳笔法么? 问题是,跟"迁"字的解释一样,《公羊》对讳灭亦无统一的解释,对于不言"灭纪"的可能选项毫无说明。

(2) 漏了"纪侯"不予诠释。"纪侯"是此经不能忽略的内容。审"纪侯大去其国"一语,"纪侯"是毫无争议的主语。然而,《公羊》以"大去"为"灭"的讳辞,整个解释出现了转换主体的弊端:如果庄四年经没有"纪侯"的主辞,仅作"大去其国",《公羊》的误差还比较少;因为"灭"是齐侯的事情,而"大去"则是纪侯的事情,像《公羊》那样以"灭"解"大去"而撇开"纪侯"不予解说,经文全句就变成"纪侯灭其国",荒诞不经,莫过于此。由此可见,在"纪侯大去其国"的训读上,无法安插"齐灭之"的说法。查《公羊》庄四年传,内有"纪侯"4 例:

[1]"纪侯谮之。"

[2]"则纪侯必诛。"

[3]"纪侯之不诛。"

[4]"故将去纪侯者,不得不去纪也。"③

[1]、[2]、[3]三例,都是指二百多年前向周王进谮的先祖;惟一跟庄四年经的"纪侯"相关的,只有[4]一例。据于鬯的考释,"将去纪侯"的"将"宜训作"大":"若云经以大去目纪侯者,以纪侯不得不去纪也。"④如果此解可信,"将去纪侯"的"去"就不是自行离去,而是指被人赶走。鉴于"将去纪侯"一语,是承"然则齐、纪无说焉,不可以并立乎天下"而来。若解"去"为使之离去,就是认为预设"将去纪侯"的主体是齐,而非纪侯本人。这个说法,放在《公羊》语境,并无问题,但无法以此通释经文。庄四年经"纪侯大去其国"的"纪侯"是惟一的主语,没有提及齐侯,其语脉有别于《公羊》,没有理由将

---

① 《公羊注疏》卷 11,页 236。
② 参阅本书第四章,页 661—73。
③ 《公羊注疏》卷 6,页 122—23。
④ 于鬯:《香草校书》卷 49,页 987。

经文的"大去其国"理解为有其他能动者(即齐侯)使之离去。真有讳齐襄公之意,经文何须表明"大去其国"的主体是纪侯? 可见,《公羊》仅谈齐侯如何如何,却不把"纪侯"视作"大去其国"的主语,在经义的诠释上绝不圆满。

因为上述的各种疑难,除《公羊》信徒以外,许多《春秋》学者都不相信讳齐襄灭的观点。齐召南批判《公羊》"曲说甚矣",又云:"《穀梁》之义正大。"①这个观点,是很有代表性的公论。

8. 失国不名

按照"其名失国"的传例,②纪侯既未记载其名,可见经文没有把他当作一般的失国之君看待。胡宁《通旨》云:"其贤于争地以战,杀人盈野者远矣,故不去其爵,不书其名,而曰'大去其国'。"③这是从纪侯不名的笔法着眼,符合《穀梁》传义,值得备存。

9. 纪侯无罪

纪侯无罪,没有任何争议性。《穀梁》固然这么主张,即使是支持复九世仇的《公羊》亦复如此。审《公羊》庄四年传:"今纪无罪,此非怒与?"何诂:"今纪侯也。怒,迁怒,齐人语也。"④何休释"怒"为"迁怒",增字解传,似不可从。王引之《经义述闻》批判说:"迁怒,但谓之怒,则文义不明。何注非也。怒之言弩,太过之谓也。……怒也,踰也,皆过也。是古者谓过为怒。'今纪无罪,此非怒与'者,言今日之纪无罪,乃因其先世有罪而灭之,此非太过与?"⑤淳于鸿恩《公羊方言疏笺》对《述闻》的批评无法回应,仅是说"说亦可通",又说:"怒为迁怒,犹如为不如也,皆齐之方言。"⑥何诂虽有"如即不如"之解,⑦但由"怒"到"迁怒"却不是这种反义词性的使用,故本书仍从《述闻》之说。

由此可知,《公羊》也不认为纪侯有罪,认为这是做的太过分了。然而,

---

① 齐召南:《穀梁考证》卷5,页622。
② 参阅本书第一章,页97;第二章,页324—28。
③ 胡宁《春秋通旨》已佚,引自汪克宽:《春秋胡传附录纂疏》卷7,页172。
④ 《公羊注疏》卷6,页123。
⑤ 王引之:《经义述闻》卷24,页156。
⑥ 淳于鸿恩:《公羊方言疏笺》,页397。
⑦ 《公羊注疏》卷1,页17。

林义正却说:"《公羊传》设辞说当今的纪侯无罪",①这样说,极易让人误会《公羊》把"纪侯无罪"当作假设,而非事实,故"设辞"二字不妥。

10. 得众是贤

《穀梁》不仅没有因失国而贬抑纪侯,反而称许纪侯为"贤",为什么呢?现在没有史料详述纪侯的生活细节如何,但这不重要。隐四年传:"得众,则是贤也。"②这是《穀梁》界定贤者的一个条件。据此,庄四年传既说纪侯离国,得到大批臣民跟随,所以纪侯之"贤"实因他符合"得众"这个条件而推论出来的。

根据现有文献,没有可靠的证据足以否证纪国臣民随纪侯的叙事。崔适却有不一样的认识,《复始》云:"不审纪已无国,君民去将何之? 为不通也。不然,伯姬何以不葬,而待齐侯葬之? 叔姬何以不从纪侯,而归于酅耶?"③崔适追问纪国君民跑到哪儿,问所非问,于此尽见。《春秋》记载某人某事记后再无下文,例证甚多。例如桓七年"穀伯绥来朝,邓侯吾离来朝",宣十五年"晋师灭赤狄潞氏,以潞子婴儿归",这些人事后如何,根本无从稽考。诸如这般的例子,多不胜数,借用《穀梁》的术语,这些都是"不复见"的情况。④ 不能说经文和其他典籍没有下文,就意味其事必伪。《公羊》哀三年传:"《春秋》见者不复见也。"⑤可见,即使从《公羊》的视角看,《春秋》出现过的事情不再出现,本非可怪。崔适仅以后来没有纪国君民的记载而否定其臣民追随纪侯之事,是说不通的。此外,纪伯姬之葬,在"纪侯大去其国"之后。按《穀梁》的解释,后者标志着纪国的彻底灭亡,自无可葬纪伯姬的臣子。怎能以此否证臣民跟随纪侯的证据? 崔适据此驳斥《穀梁》,是错位的意见。还有,纪叔姬归于酅,也不是否证臣民跟随纪侯的有力证据,如下文所说,究竟"纪侯大去其国"之后发生什么事,已无从细考,但当时纪侯很有可能已经不在人世。纪叔姬后来的遭遇是一回事,而纪侯的离国和其臣民的跟随又是另一回事。崔适据前者驳后者,没有什么说服力。

---

① 林义正:《春秋公羊传伦理思维与特质》,页102。
② 《穀梁注疏》卷2,页19。有关"得众"的问题,参阅本书第四章,页595—690。
③ 崔适:《春秋复始》卷5,页407。
④ 参阅本书第四章,页765—74。
⑤ 《公羊注疏》卷27,页595。

11. 纪侯与太王

据《孟子·梁惠王下》记载，太王居邠，面对狄人侵害而选择离去，跑到岐山之下，"从之者如归市"。① 这一著名典故，往往被后人用来支持《穀梁》的观点，认为纪侯大去之举，足以与太王去邠相提并论。例如张大亨《通训》云："纪侯迫于齐，使其季事齐而己去之，民之从者四年而后毕，纪于是复见，合乎太王之所谓去也。"② 又如苏辙《集解》云："虽失地之君而原其行事，则周亶父也。故贤之，而不名。"③ 这些见解，都是以太王比拟纪侯，直接影响了许多《穀梁》学者的想法。柯劭忞《传注》云："纪侯之去，合于大王，传义卓矣。"④ 廖平《古义疏》亦有类似的观点。⑤

《穀梁》未尝提及太王之事，以太王与纪侯二人相比，非传本义。当然，这不是说这两人不可比拟。二人的相同点，在于不争、退让和得众。刻意否定他们的可比性，甚至得出扬太王、抑纪侯的结论，也不见得正确。孙觉《经解》云："圣人美其轻去一身之位，而重举一国之民也，特变其文而曰大去。纪侯之所谓贤，盖春秋之时贤也，非孔子之所谓贤也。"他的理由是："太王去邠国人从之，邠之地亡而人未尝亡也。纪侯去国，国且至于亡而人亦亡也。邠之人被太王之德，深如父母也。父母往则子从之，故太王亡邠，不亡其人也。纪之人被纪侯之德浅，其为纪民与为齐民等耳。纪亦一君，齐亦一君，去纪而归齐，则是失一君而得一君也。故纪侯去国，民不从之。纪侯亡纪，遂亡其人也。"⑥ 确切地说，孙觉不能从现存文献找到史料反证《穀梁》民众跟随纪侯的叙事，也不能具体说明纪国民众如何"被纪侯之德浅"。据隐二年经"伯姬归于纪"估算，迄至庄元年止，前后相距29年；因此，纪侯绝非享国短暂的君主，但纪侯究竟统治时段究竟是多少年，绩效如何和人民反应如何，因文献不足，即使博征细检，亦无从细说的。此外，孙觉断言纪侯是"春秋之时贤"，不是"孔子之所谓贤"，纯属个人想象；至于说"大去"是因为纪侯轻位的心志，也没有什么确证。

欣赏纪侯之"贤"，不等于必须将之抬举至无与伦比的地位。陆淳《微

---

① 《孟子注疏》卷2，页62。
② 张大亨：《春秋通训》卷2，页556。
③ 苏辙：《春秋集解》卷3，页19。
④ 柯劭忞：《传注》卷3，页6。
⑤ 廖平：《古义疏》卷3，页133。
⑥ 孙觉：《春秋经解》卷3，页592。

旨》引述师说："天生民而树之君,所以司牧之,故尧禅舜,舜禅禹,非贤非德,莫敢居之。若捐躯以守位,残民以守国,斯皆三代已降家天下之意也。"①这一说法,在后来引起不少反响。例如柳宗元说："见圣人之道与尧、舜合,不惟文王、周公之志独取其法耳。"②又如萧楚说："方之尧、舜之举,虽不啻《大明》之蒿炬于《春秋》,亦谓几于道矣。"③言其要义,不过是有感于纪侯之贤,认为他的大去符合唐虞禅让的做法,抒发其对唐虞禅让理想的憧憬,多于纪侯政治选择的分析。但说到底,纪侯大去是快将亡国不得已的做法,跟尧、舜授位予贤德之士的继位措施,其实是两种不同性质的事件,强作比较反而掩盖了两者各自的特质。

12. 程颐以"大"为名

程颐试图在《穀梁》以外,对"大去其国"另作解读,从而得出纪侯非贤的结论。④ 检程颐语录,其中有两则解读"纪侯大去其国"的语录:

> ［1］"'纪侯大去其国','大',名;责在纪也,非齐之罪也。'齐侯、陈侯、郑伯遇于垂',方谋伐之,纪侯遂去其国。齐师未加而已去,故非齐之罪也。"
>
> ［2］"'纪侯大去其国',如'梁亡''郑郑弃其师''齐师歼于遂''郭亡'之类。郭事实不明,如上四者,是一类事也。国君守社稷虽死守之可也。齐侯、卫侯方遇于垂,纪侯遂去其国,岂齐之罪哉？故圣人不言齐灭之者,罪纪使轻去社稷也。"小注："纪侯大,名也。"⑤

---

① 陆淳:《春秋集传微旨》卷上,页550。
② 柳宗元:《答元饶州论春秋书》,载《柳宗元集》卷31,页819。
③ 萧楚:《春秋辨疑》卷4,页169。
④ 纪侯以"大"为名的观点,其中的发明权存在歧异的认识。王应麟《困学纪闻》（卷6,页740）云："以大为纪侯之名,本刘质夫说。"吕本中《童蒙训》（卷下,页539）云："刘元承、元礼尝师事伊川,说'纪侯大去其国',大者纪侯之名也。齐师未入境而已去之,则罪不在齐侯也,故不书齐侯焉。"由于王应麟本人没有提出证据支持其说,而吕本中却能比较具体地提及程门教导这段经义的情形,与《二程集》所记载的语录若合符节,因此吕氏之说实比王氏之说可取,本书亦据此相信以"大"为名的观点出自程颐,而非刘绚。
⑤ 程颢、程颐:《二程集》,页179、230—31。前一则引文,现行点校本犯了两个错误:一是"齐侯、陈侯、郑伯遇于垂"是庄四年经,没有引号;另一是"大名责在纪也"没有读断,容易使读者误以为"大名"是责诸纪国的东西,看不到程颐以"大"为名的主张。后一则引文,点校本对"纪侯大名也"不在"大"下读断。

据程颐的意见,"纪侯大去其国"的"大",作名词解,乃是纪侯的名字,以此判断纪侯非贤,认为纪侯实是齐师尚未来临已出奔弃国的罪人。① 在此之前,已有人猜测纪侯有罪,如孙复《尊王发微》云:"纪侯守天子土,有社稷之重,人民之众,暗懦龌龊,不能死难,畏齐强胁,弃之而去,此其可哉!"② 相互比较可知,孙复对纪侯畏齐的批判,实与程颐同调,同样流露出儒者对人君失职弃国的厌恶心理。程颐与别不同之处,是透过以"大"为名的崭新读法,宣布纪侯因记其名,属于经文贬抑的对象。

可是,程颐上述的观点,似辩而实非,其可疑者有六,请得历言之:

(1)《春秋》言"大去其国",全书仅庄四年经一例。若以"大"为名,余下"去其国"三字,经中亦无其他用例。换言之,剔除"大去其国"的"大",将之读作"去其国",仍不能消除其文的独特性。透过用辞的差别来显示诸事的异同,是《春秋》修辞的通例。纪侯(或程颐的"纪侯大")离国,因其笔法的独特性,反映其人其事必有一些独特的情况,有别于普通的出奔。然而,按照程颐的批判意见,纪侯不过是危难前弃守出奔而已,以"奔"言之即可,如文十二年"郕伯来奔"、昭三年"北燕伯欸出奔齐"之类,哪里需要特笔"大去其国"? 程颐为了反驳《穀梁》的需要,故意把"大"读作人名,但遗漏了更重要的问题:"大去其国"是全经独一无二的笔法,《穀梁》以"君子"与"小人"的对比作解释,是正视这种笔法的独特性,但程颐却无视于此,在他笔下,"去其国"与"出奔"彷佛毫无差别,是存在漏洞的。胡宏尝试接受"大"为纪侯之名的主张,却婉转地抨击程颐的见解"未尽善":"纪侯之去,与其他出奔者不同",又云:"不与其他失国者一例。"③ 这是看到程颐无法妥善解答的问题,很有洞见。

(2)先不细谈其他问题,程颐仅以"去其国"三字而断言纪侯弃国,在许多读者看来是很不可靠的。赵汸《属辞》云:"书'去其国',其所寓之国不足志矣。"④ 这是自外于程颐而又尝试吸收《穀梁》贤纪侯的观点。赵氏此论虽不见得正确,却印证了一个简单的道理:单是"去其国"三字,不一定意味

---

① 姜海军《二程经学思想研究》(页188)说:"程颐借助事实说明为君当以社稷为先",显然不知"大"为纪侯之名。所谓"事实"是指"纪侯在国家灭亡之际逃离",这是程颐以"大"为名而提出的历史想象。姜氏"借助事实"之说,反映他没有真正读懂程颐的主张。
② 孙复:《春秋尊王发微》卷3,页28。
③ 胡宏:《胡宏集》,页144。
④ 赵汸:《春秋属辞》卷13,页727。

其人必是出奔弃国的昏君。程颐断言纪侯畏齐弃国，是自由心证，没有什么凭据。

（3）程颐的另一个问题，是他漏了没有解释"大去其国"的"其"字。这个疏失是不合理的，从《穀梁》的视角看，"其"是一种"缓辞"，因此经文已经显示"大去"不是仓促的弃国行为。程颐对此毫无析论，显示他还没有认真吃透《穀梁》的内容。

（4）程颐"非齐之罪"之辩，也极有问题。诚如程端学《本义》所云："齐襄贪肆残忍，皋不胜诛矣。"[①]这在许多厌恶齐襄公的学者当中，是甚有代表性的说法。纪侯去国，如何能不是齐国和齐襄公的责任？程颐硬说齐之无罪，是说不通的。

（5）认真检视程颐的论证，他为了证成纪侯可罪的结论，提出了两个证据：一是"纪侯大去其国"上有"齐侯、陈侯、郑伯遇于垂"的记载，以此认定当时齐师还未侵占纪国。这完全是滥用想象力的臆断。庄元年"齐师迁纪邢鄑郚"和庄三年"纪季以酅入于齐"的两则经文，足以显示纪国灭亡已是触手可及的事实，岂能说"齐师未加"？况且，"齐侯、陈侯、郑伯遇于垂"是叙述齐襄公、陈宣公与郑厉公不期而遇，因为垂是卫地，历来的理解都是认为三国君主为了筹谋卫国内乱而聚会，三传对之皆无解说，难以细考三名诸侯会谈的内容，岂能据此作为"齐师未加"的证据？读者完全可以合乎情理地认为，当时纪国被灭已成定局，齐襄公不必担心变卦，方能参加垂之会。因此，说三国诸侯遇于垂，与纪侯离国没有什么关系，至少是可能和可信的，没有理由像程颐那样断定那是罪纪侯的证据。

（6）程颐的另一证据，是以庄十七年"齐人歼于遂"、庄二十四年"郭亡"、闵二年"郑弃其师"、僖十九年"梁亡"等经文比较，认为"纪侯大去其国"与它们都是"一类事"，以此断定纪侯没有死守社稷。然而，这在文辞上和事实上都说不通。就文辞而论，这四则经文与庄四年经全不相同，哪有可比性？就事件而论，僖十九年经："梁亡。"据《穀梁》的理解，"梁亡"是"自亡"的情况。[②]"郭亡"则是因袭孙觉对"郭公"二字的错误解释，其事子虚乌有，不足为证。[③] 梁国的覆亡虽是《春秋》记载的内容，但经文没有记载

[①] 程端学：《春秋本义》卷6，页118—19。
[②] 《穀梁注疏》卷9，页138。
[③] 参阅本书第四章，页809—14。

梁国君主去国或出奔，它与"大去其国"有何关连？至于郑之弃师与齐人被歼，则是军事败亡的问题，与国家灭亡有何相似之处？程颐以这四者作为罪纪侯的旁证，举证毫无相关性可言，立论毫不谨慎。

因为这样，程颐以"大"为名的观点，经不起再三推敲，无法压倒《穀梁》贤纪侯的观点，即使程门内部亦有分歧，①而崇信程颐的人对之不乏异议。②

13. 胡安国以"大"为讥僭

与程颐略有不同，胡安国另有一说。胡传："凡大阅、大雩、大搜，而谓之大者，讥其僭也；大去者，土地、人民、仪章、器物，悉委置之而不顾也。"又云："圣人与其不争而去，而不与其去而不存。"③这是折衷宋儒各种说法，有限度地接受程颐之说。然而，以"大"为讥僭，实未深考，纯属臆测。"不争而去"与"去而不存"不是两个明确的行为选项，同指纪侯离国一事，为何既"与"又"不与"？胡安国随意联想，殊乏理辩，继程颐之后，同样不能驳倒《穀梁》贤纪侯的观点。

有关胡安国这一观点，牟润孙略有评论："盖复仇之义可于别处发之，此则重在论去国，以致讥于靖康以来，宋主之逃避金兵。其说虽似受泰山影响，而所指者则不同。"④在此，牟润孙看见胡安国与孙复二人见解相似，确有慧眼。但他没有注意胡传受程颐和其他宋儒的影响，遂把胡传理解为针对宋高宗而发，显示他对宋代《春秋》研究的细节，还不甚熟稔。不在解释"大去"时宏扬复仇之义，胡安国跟大多数宋儒一样，是接受《穀梁》多于《公羊》的缘故。牟润孙显然忽略《穀梁》的影响力，没有注意鼓吹复仇与抗

---

① 刘绚《春秋传》已佚，据日本中《春秋集解》（卷5，页100）引录其说："'纪侯大去其国'，自去也。大者，纪侯之名也。生名之，著失地也。齐兵未始加乎其国，而纪遂不能守。"此说与程颐语录，完全同调，似是墨守师说。然而，杨时却有自己的独立见解，《龟山集》（卷8，页168）云："大去者，举国而去之之辞也。"又云："昔者大王避狄而去邠，非择而取之，不得已也。孟子所以教滕文公者，亦如是而已。此古人皆然，何独至于纪侯而疑之乎？"这是回归《穀梁》传义，信旧说而不信吾师。不过，杨时的弟子张九成却又回到程颐之说，在解读太王去邠的故事时，强调纪侯行为卑劣，《孟子传》（卷5，页286）云："傥其心出于贪生畏死，不以社稷为意，此《春秋》之所诛也，'纪侯大去其国'是也。"从刘、杨、张三人的分歧，足见以"大"为名的观点在程门内部亦无统一的认识。

② 胡居仁《居业录》（卷8，页106）说是"恐非伊川之言"："纪侯微弱，不能守国，固不为无罪；然比之昏暴以致灭亡者有间，非逼于强暴必不去也，则齐襄之恶著矣。"这里虽没回到《穀梁》贤纪侯的观点，但他更反对的显然是程颐刻意贬纪侯的偏颇。

③ 胡安国：《春秋胡氏传》卷7，页89—90。

④ 牟润孙：《两宋〈春秋〉学之主流》，载《注史斋丛稿》上册，页83。

拒齐襄的共生现象,以致解释乏力。

14. 齐襄公灭同姓是"小人"

《穀梁》明言齐襄公是"小人",而这个骂辞在传中惟他一人独享。此传没有缕述齐襄公的恶行,但鉴于齐、纪同属姜姓之国,灭纪就是灭同姓,《穀梁》认为这是可以贬抑的恶行:

> [1] 隐二年经:"无侅帅师入极",传:"不称氏者,灭同姓,贬也。"
>
> [2] 僖二十五年经:"卫侯燬灭邢",传:"燬之名,何也?不正其伐本而灭同姓也。"①

从这两则传文可知,灭同姓的不正可贬,是适用于当时的诸侯和大夫,不论鲁国抑或其他国家。因此,齐襄公仅灭纪一事,便即可贬,更不用说他的其他恶行罄竹难书,诸如拒抗王命收纳卫朔、与文姜兄妹通奸、害死妹夫鲁桓公等等,②都是备受历代儒生唾骂的恶行。③

不是凡灭他国的贤者必须透过不言灭以示讳,也不是凡不言灭而实灭的人必是可贤。定四年经:"吴入楚",传:"何以不言灭也?欲存楚也。"④不言楚之灭,不意味吴子可贤,不言灭是出于其他考虑而已;这跟庄四年经不言纪灭,是相同的道理。如本节所列的各条经文所示,自庄元年起备存纪国被灭诸事,巨细无遗,不待明言,读者已知事情的来龙去脉,应不致误会其他人(而非齐襄公)是灭纪的罪魁祸首。范注引郑玄曰:"元年冬'齐师迁纪',三年'纪季以酅入于齐',今'纪侯大去其国',是足起齐灭之矣。即以变'灭'言'大去',为纵失襄公之恶,是乃经也,非传也。且《春秋》因事见义,舍此以灭人为罪者自多矣。"⑤郑玄指出《春秋》已有其他经文足以交代灭纪之事,以此反证《公羊》以"大去"为讳齐灭之辞,是正确的。然而,他说了"纵失襄公之恶"是"乃经"而"非传"的话,虽是为了驳斥何休的修辞,但"纵失襄公之恶"是从《公羊》讳齐襄的观点而来,刘敞批评郑玄"强为文

---

① 《穀梁注疏》卷1,页10;卷9,页144。
② 齐襄公杀鲁桓公的问题,参阅本章(页418—21)的讨论。
③ 沈棐《春秋比事》(卷7,页92)云:"按其罪虽裂肝碎首,未为过也。时无王政,九伐公法不加焉,使如襄公之恶,尚能有国数岁,始见殒于国人,亦可为太息矣。"此言甚有代表性,实可反映历代儒生憎恶齐襄公的共同心声。
④ 《穀梁注疏》卷19,页323。
⑤ 《穀梁注疏》卷5,页68。

过",①就是批判他不应对《公羊》这个错误观点留有余地。就《穀梁》"小人"的评价而言,"大去"是褒纪侯而对照齐襄之恶,因此不存在"纵失襄公之恶"的问题。

15."齐、纪俱贤"之谬

此经不言"灭",绝非确证复仇可贤的充足条件。王闿运《申义》云:"齐、纪俱贤,故特言大去。若齐贤纪不贤,自可书'齐师灭纪';纪贤齐非贤,宜如潞子婴儿谨日也。……云小人者,对纪贤而言,非必绝齐甚于他灭,可互通也。"又云:"何论失襄公之恶,郑论江、六非贤,皆是也。……若直书灭,而别见纪贤,则襄公为小人。不书灭,明非小人也。"②在王闿运眼中,"齐贤纪不贤"的正确笔法该是"齐师灭纪",其中假定"A 师灭 B"的 A 必贤而 B 必不贤,但昭八年经:"楚师灭陈",传:"恶楚子也。"③灭陈的楚灵王非贤,人所共知。④ 没有理由认为以"师"作为"灭"的主体必是贤者。

此外,王闿运认为"纪贤齐非贤"的正确笔法是像潞子婴儿那样"谨日"。潞子婴儿的案例,下文将有讨论,兹不赘述。这里只指出一点:宣十五年经明言"晋师灭赤狄潞氏,以潞子婴儿归",这同是"A 师灭 B"。根据王氏对这种笔法的理解,灭潞氏的晋应该可贤,被灭的潞子婴儿不贤,需要谨日方能示贤。这个主张与《穀梁》不合。王闿运根据灭者和被灭者的贤不贤概括经文书法的尝试,自相矛盾,全不可信。这样刻意强调"齐贤纪不贤"和"纪贤齐非贤"另有正确的笔法,无非是想证明庄四年经"大去"不是"纪贤齐非贤",而是"齐、纪俱贤"的情况。然而,《穀梁》明言齐襄公是"小人",难道"小人"也能够成为贤者么?王闿运断言"小人"与"纪贤"可以"互通",还认为灭纪不比"他灭"更"甚"。其说已自不经,严重曲解传义,因为庄四年传"小人"与"君子"之间以"加乎"言之,说明两者水火不容,岂有"互通"的余地?岂有宽宥齐灭之意?说穿了,王闿运"齐、纪俱贤"的判断,是牵合二传的结果。他既接受了《穀梁》贤纪侯的观点,又相信《公羊》讳齐襄的主张,所以断言不书"灭"就是齐襄"明非小人"。然而,从《穀梁》的立场看,贤纪侯与贬齐襄是一事的两面,密不可分,没有理由把齐襄公这样的

---

① 刘敞:《春秋权衡》卷 14,页 328。
② 王闿运:《申义》,页 6。
③ 《穀梁注疏》卷 17,页 286。
④ 参阅本书第四章,页 822—34。

"小人"当成贤者。从《公羊》的立场看,贤齐襄意味着灭纪有理,其传毫无贤纪侯的想法。

王闿运强合二传,过于牵强和别扭,莫舛于此。不言"灭",不意味齐襄公复仇可贤。只要抛开这个错误的主张,径自从《穀梁》传义出发,自可得出纪侯贤、齐襄不贤的正确结论。综观王闿运的观点,导人于迷,一无是处。刘少虎称赞"其解说独创一家,自有新意",①迹近瞎捧。

16. 君子与小人

"大去"一语是基于两个条件:

①被灭者是君子,
②灭者是小人。

假如忽略①和②两者的对比,无法推翻《穀梁》的观点。范注引何休曰:"《春秋》楚世子商臣弑其君,其后灭江、六,不言大去。又大去者,于齐灭之不明,但知'不使小人加乎君子'而不言'灭',纵失襄公之恶,反为'大去'也。"又引郑玄曰:"江、六之君,又无纪侯得民之贤,不得变'灭'言'大去'也。"②为了证明庄四年经"大去"没有贬抑齐襄公之恶,何休以文四年"楚人灭江"、文五年"楚人灭六"两则经文作为反证。无疑,商臣显然是弑君逆贼,文元年经"楚世子商臣弑其君髡"的记载,已足以证明他是"小人"。但何休的漏洞在于,他只看见正文所述的两个条件的其中一个,即①,没有注意②。郑玄正是看见这个漏洞,所以强调江、六之君非贤。也就是说,拿商臣作为"小人"而言"灭",是不充足的反证;庄四年经的主体是"纪侯",《穀梁》发传也是从纪侯之贤着墨,何休从《公羊》和其他文本中找不到否定纪侯可贤的证据,其对《穀梁》的驳议不能成立,不言而喻。

17. 不使小人加乎君子

经中的"君子"大多意指《春秋》的作者,③但此传的"君子"却是意谓行为高尚的人。《穀梁》以"君子"与"小人"对举,惟此传一例而已。纪侯与齐襄公同属国君的政治地位,因此传文"君子"和"小人"之对比,不是从政治地位的高低,而是从人格品德上立言。此传的"加"并非意谓增加或施加。

---

① 刘少虎:《经学以自治》,页127。
② 《穀梁注疏》卷5,页68。
③ 参阅本书第一章,页34。

古人"驾"字经常作"加",①"加"有"驾"义,又"陵"义,二义相通。②"乎"意谓"于"。③《穀梁》若使用"加乎"而非单纯的"加",都是凌驾、欺凌的意思。除庄四传外,襄七年传:"不使夷狄之民加乎中国之君也",④亦是如此。据此,"不使小人加乎君子"的"加",意谓凌驾。按照"用贤治不肖"的传义,应该是君子惩治小人,但纪国被灭,却变成小人欺侮君子,荒谬莫过于此。

因此,经文仅言"大去其国"而不言"灭",是为了不让纪侯被齐襄公欺凌,不愿承认齐襄灭纪的残酷事实,绝非隐讳齐襄之恶。廖平《起起穀梁废疾》云:"《春秋》以贤治不肖,不以乱治乱。以君子而灭于小人,在所讳,故言大去、言迁、言入葬二姬,不嫌灭不明。言大去,乃深责襄,不嫌纵其恶。言大去,重其罪于灭国也。"⑤在此活用"用贤治不肖"的传例,⑥言之甚是。

18. 齐侯是否获利?

"加"意味着齐襄公是欺侮者,而纪侯是被欺侮者。以"加乎"来形容二人的关系,实已蕴涵着双方力量的鲜明对比。齐、纪二国强弱悬殊,灭纪易如反掌,基本上不存在齐襄公需要付出重大代价的可能性。然而,《公羊》为了贤齐襄的需要,却刻意描述齐襄公为了复九世之仇而不顾师丧身死的决心,《公羊》庄四年传:"师丧分焉,寡人死之,不为不吉也。"⑦然而,真的有这样的风险吗?至少,《穀梁》不可能这么认为,否则难以解释"加"的使用。

纪国被轻易灭亡,而"加"也意味着最终利益的分配只是对齐襄公(而非纪侯)有利。结果摆在眼前,灭纪的结果就是增加齐国的财宝、领土和人民。这是连《公羊》也不能否认的事实。《公羊》成二年传:"与我纪侯之

---

① 如《管子·君臣下》"爵制而不可加"的"加",意谓凌驾;参阅黎翔凤:《管子校注》卷11,页579。于鬯:《香草续校书》,页58。

② 《礼记·中庸》(卷52,页1431)"在上位,不陵下"的"陵",就是意谓欺侮,义同《论语·公冶长》(卷5,页69)"我不欲人加诸我也,吾亦欲无加诸人"的"加"。《左》襄十三年传(卷32,页910)云:"君子称其功以加小人,小人伐其技以冯君子。"杜预解"加"与"冯"为"陵",可见"加"与"冯"皆有"陵"义。然而,杜注《左》襄八年传"冯陵我城郭"析"冯""陵"为二义,却是错误的。相关的辨析,参阅王引之:《经义述闻》卷18,页1052。

③ 参阅本书第一章,页131。

④ 《穀梁注疏》卷15,页249。

⑤ 廖平:《起起穀梁废疾》,页2086—87。

⑥ 参阅本书第四章,页795—801。

⑦ 《公羊注疏》卷6,页122。这三句话有不同的点读方式,参阅孔广森:《公羊通义》卷3,页60。于鬯:《香草校书》卷49,页987。

鄑",鄑是郤克在齐国战败后向国佐索取的东西。何诂:"齐襄公灭纪所得鄑邑,其土肥饶,欲得之。或说:鄑,玉甑。"①鄑是城邑抑或玉甑?何休没有定见。《左》成二年传:"齐侯使宾媚人赂以纪鄑、玉磬与地",②此"纪鄑""玉磬"二者并言,估计"纪侯之鄑"较有可能是玉甑,而非城邑。崔适虽然厌恶《左传》,但也承认鄑为玉甑比较正确,《复始》云:"'或说'是也。"③读《左》《公》二传可知,齐国因灭纪不仅夺取领土和人民,也有足以吸引晋国执政卿士的珍宝。高士奇《左传纪事本末》这么指责齐襄公在复仇灭纪的过程中图谋土地:"彼又岂知有祖宗之雠者,不过假报复之名,以利其土地耳。……谓其真能复九世之雠,吾不知也。"④这里只言"土地",不及财宝和其他利益,显然不够全面。尽管如此,高士奇这方面的主张,与《穀梁》"深为利"的观点倒是非常契合,还是值得肯定。

19. 明知"利纪"的心虚

《穀梁》以"加乎"言齐襄公之灭纪,意味着所谓复九世之世,其中夹杂了没有明言的利益抢夺。然而,蒋庆却片面地认定齐襄公复仇是出于自然情感,没有丝毫利益考虑,《公羊学引论》说:"齐襄在这里表现出来的复仇决心是何等的悲壮!复仇的使命是何等的深沉!这种不畏生死的复仇冲动是一种自然的情感,其中没有半点功利的考虑,亦不受丝毫礼法的约束,纯是念祖之情之不容已,悲壮而感人,故《春秋》大之,许齐襄复仇为贤。"⑤以上,蒋庆用尽各种漂亮的言词歌颂齐襄复仇,除了歌颂还是歌颂,毫无实质证据显示灭纪的"悲壮而感人",真的可信吗?谁会傻到因为这样高调的歌颂而释除齐襄灭纪得利的疑惑?

最低限度,自何休以后,许多《公羊》信徒对之早已感到心虚。孔广森《通义》云:"襄公他事不足贤,独复雠之心有取焉,故为之讳恶以成其善,俗儒疑于襄公利纪不得为贤,此未明讳之所设也。假令襄公不贪土地,醇乎令德,更复何讳?唯贤其复雠而又病其利纪,是以存其可法,没其不可法,而假以为后世法耳。"⑥陈立也有相同的意见:"《春秋》为张义之书,非纪事

---

① 《公羊注疏》卷17,页374—75。
② 《左传正义》卷25,页697。
③ 崔适:《春秋复始》卷5,页412。
④ 高士奇:《左传纪事本末》卷16,页173。
⑤ 蒋庆:《公羊学引论》,页261。
⑥ 孔广森:《公羊通义》卷3,页60。

之书。齐襄利纪土地,自不言。言《春秋》因其托名复雠,即以复雠予之,予复雠非予齐襄也。明父祖之雠不可一日忘。以此坊民,犹有反颜之雠者。"① 皮锡瑞更进而发展了一套"借事明义"的主张,其中特别辩说:"齐襄非真能复雠也,而《春秋》齐襄之事,以明复雠之义。"② 总而言之,这些说辞都是承认真实的齐襄公其实并非纯粹的复仇,而是贪图灭绝纪国所得到的各种好处,并不符合《公羊》原意。从这些明显的策略性让步,可以进一步反证《穀梁》对齐襄公的各种批判,有理有据,无法轻易抹煞。

20. 小结

纪侯与齐侯,一个是受害者,国家被灭而离去,但国内民众普遍支持和跟随他,另一个是加害者,灭同姓之国,获得纪国的土地和财宝。民众的跟随,意味着纪侯得众,而得众正是称贤的一个重要条件(参照 J_1)。更进一步说,《穀梁》不仅觉得纪侯是贤者,还誉之为君子,并拿齐侯作为小人加以对照。全传以君子与小人之别作为政治人物的定性,惟此一例,意义非同寻常:

	纪侯	齐侯
行为	大去其国	灭同姓之国
效应	得众	得利
评价	君子、贤	小人

这两个人的对比,实际上也见证了《穀梁》对荒谬政治现实的批判:小人欺压君子,如何可以接受? 在此,可以印证一个简单的道理:

D_3　贤者执政是其国不宜灭亡的一个条件。

"贤"不蕴涵"正"。一个统治者即使是贤者,也有可能是不正的。构成政治合法性的条件各种各样,称贤不仅不是决定性条件,甚至连必要条件也算不上。但在检视一个国家是否应该灭亡时,其政治领导是否贤者,却是一个重要的基本底线。当然,不是说得众便能不亡。如纪侯得民之从,也不得不亡。然而,得众总比不得众来得更好,因为在正常情况下,得众是政治

---

① 陈立:《公羊义疏》卷17,页684。
② 皮锡瑞:《经学通论》卷5,页389。

人物得到拥护的表现。

此外,齐侯灭纪的主要理由,是为了复九世之仇。《公羊》认定这是经文称贤的所以然,却无视纪侯及其民的悲惨遭遇(参照 C_3)。这是《穀梁》绝不能接受的观点。由此可知:

  E_3 复仇不是证成灭国的理由。

在《穀梁》看来,齐侯灭纪是彻底错误的,而且齐侯在复仇中得到了各种不应该得到的利益(参照 A_3)。《公羊》既避谈袭利的事实,又刻划齐襄公在出兵灭纪前不惜代价的"美好"形象,分析到最后,无非是觉得复仇者心中的复仇意图值得肯定。但从《穀梁》的思路出发,齐侯究竟想的是什么,是相对的不重要,因为"君子"与"小人"的定性已明白摆在眼前,灭纪得不到允许是不言而喻的。这已预设:

  F_3 复仇者的良好意图不能使灭国或其他不可欲的政治行动得到允许。

这不是申张个人的自主意志便即了事。一项政治行动是否得到允许,要看实际政治条件的限制。《春秋》离不开周礼的血缘关系结构,灭同姓是绝不允许的禁忌,《穀梁》批判齐襄为"小人",说明复仇的重要性没有超出同姓关系的维护。

(五)庄四年经:"六月乙丑,齐侯葬纪伯姬。"传:"外夫人不书葬,此其书葬,何也?吾女也。失国,故隐而葬之。"①

纪伯姬之死,发生在纪侯大去之前;她的葬事,则紧接着大去之后。

1. 三种葬文

《春秋》的葬文有三种:

①"葬 B"。葬,是臣子之事。只言死者 B,而不提及主持葬事的人和地点,实已默认葬礼在本国举行,而负责葬礼的人是 B 的臣下和亲人。全经共 103 例,这是情况正常、最常见的笔法。

②"A 如 X 葬 B"。这是跨境参与葬礼的笔法,比较罕见,全经仅 3 例:

  [1]庄二十七年:"公子友如陈,葬原仲。"
  [2]襄三十年:"叔弓如宋,葬共姬。"

---

① 《穀梁注疏》卷 5,页 68。

[3]昭十一年:"叔弓如宋,葬宋平公。"

[4]昭二十二年:"叔鞅如京师,葬景王。"

这种句式特别交代主体A和地点X,意味着A实非B的国人,X亦非A的国家;正常情况下,是说A出境来到另一国家X参与B的葬礼。上述4例,例[1]是讳奔的笔法,其余3例皆是正常的赴葬,《穀梁》对叔弓和叔鞅并无任何批评。① 之所以能够鉴别[1]与[2][3]不同,主要是因为原仲在经中没有卒文,从中可以鉴定是不寻常的措辞,仅就"A如X葬B"一语而言,不蕴涵异常的政治行为。

③"A葬B"。"A如X葬B"剔除了"如X",变成"A葬B"的句式,其中涉及极其异常的状况:因不言葬地X,意味着A已在X,故不言"如";因交代了A为B的主葬者,故此A肯定不是B的同一国人;换言之,A葬B是越俎代庖做X国臣子该做的事情。此经正是这种异常的句式,《春秋》仅此一例。齐侯非纪国之人,却在纪国代替纪国君臣安葬纪伯姬。

2. 闵纪之亡

《公羊》没有正视此经句式之异常,因为颂扬复仇的立场,对齐襄公毫无责难。《公羊》庄四年传:"其国亡矣,徒葬于齐尔。此复仇也,曷为葬之? 灭其可灭,葬其可葬。"② 所谓"灭其可灭,葬其可葬",仅是表明葬纪伯姬(乃至葬纪侯)亦无问题,却不批判齐襄公是导致纪侯国破家亡的元凶。杜预亦暗袭《公羊》之义,杜注:"纪侯大去其国,齐侯加礼初附,以崇厚义,故摄伯姬之丧,而以纪国夫人礼葬之。"③《左传》实无推崇齐襄公之意,杜预援《公》解《左》,于义何取? 在这个问题上,范宁保持比较清晰的头脑,范注:"不曰卒而曰葬,闵纪之亡也。"④ 范宁注《穀梁》常袭杜注,此注却反常地说是闵纪,实是隐默地坚拒杜预以《公》解《左》之谬。

3. 目君

《穀梁》虽未解释"齐侯"一名,但从"目君"的传义来观察,就会发现此经言爵不言"齐人",显然寓有明白交代齐襄公主持葬事的用意。⑤ 鉴于此

---

① 参阅本书第二章,页289—90;第四章,页710—16。
② 《公羊注疏》卷6,页124。
③ 《左传正义》卷8,页224。
④ 《穀梁注疏》卷5,页68。
⑤ 像晋献公杀世子,便是"目君"的显例。有关"目"的释义,参阅本书第二章,页220—23。

经紧接着"纪侯大去其国"而发,采用的又是"A 葬 B"的异常句式,只要按照"目君"的视角解读经文,便可以发现其中贬抑齐襄公之意,极其清晰:齐襄公霸占了纪国,导致纪侯离国,使得纪伯姬的葬礼也得由齐襄公主持。正如本章下文所说,《穀梁》批判吴国军队灭楚的各种暴行,批判"居人之国"的做法。① 因此,指出齐襄公是安葬纪伯姬的人,实已反映他也是"居人之国",先前灭人之国、逐人之君的罪恶也就不言而喻。

有关这一关键,胡安国可谓洞察入微,胡传:"葬纪伯姬,不称齐人而目其君者,见齐襄迫逐纪侯,使之去国,虽其夫人在殡而不及葬,然后襄公之罪著矣。"②这个观点,从《穀梁》"目君"之义转手而来,极其值得关注。大概受到胡传的影响,高士奇《左传纪事本末》亦云:"始焉托复雠之孝以攫之,中焉假存纪之仁,终焉窃葬伯姬之义以文饰之。"③这是批判齐襄公既要做婊子,又要立贞节牌坊的虚伪,因为它与《穀梁》指责齐襄为"小人"的评论可以兼容,不妨备存。

4. 卒、葬俱备

跟外夫人不卒一样,《春秋》因内鲁而不葬外夫人。有葬文的外夫人都是鲁国公主出身。一般情况下,经中死者有卒无葬,远多于有葬无卒。像庄二十七年"公子友如陈,葬原仲"之前并无原仲的死亡记载,是极其罕见的特例。④ 有葬无卒,意味内有别情,需要另作解释。相反,有卒无葬,比比皆是,不胜枚举。就外夫人的卒葬而言,葬文比卒文更少,仅纪伯姬、纪叔姬、宋伯姬 3 例而已。僖十六年经:"四月丙申,鄫季姬卒。"成八年经:"十月癸卯,杞叔姬卒。"成九年经:"春,王正月,杞伯来逆叔姬之丧以归。"鄫季姬、杞叔姬二人,同样有卒无葬。由此可知,庄四年经之所以先言卒、后言葬,实是采用《春秋》最常用的卒、葬俱备的写法。若是有葬无卒,或有卒无葬,都需要另作说明。此经既要交代纪伯姬独特的葬文,自然不得不先叙述其逝世。

5. 隐而葬之

当然,《春秋》还可以考虑卒、葬俱不记载这一选项,但此经却坚持记述

---

① 参阅本章,页 502—14。
② 胡安国:《春秋胡氏传》卷 7,页 90。
③ 高士奇:《左传纪事本末》卷 16,页 173。
④ 参阅本书第四章(页 710—16)的讨论。

纪伯姬之葬,为什么呢?"隐而葬之"的"隐",意谓隐痛,而非隐藏。① 君子隐痛纪伯姬失去了国家,所以记载她的葬事。因纪国灭亡特别值得同情,跟宋伯姬灾卒相似的情况。不是所有失国者都有死后隐葬之文。②

"隐"的对象是纪伯姬,不包括鲁国在内。柯劭忞《传注》云:"鲁与纪,婚姻之国,不能救纪,使伯姬为齐所葬。君子隐伯姬,亦隐鲁。"③如其解,此传的"隐"明是隐痛伯姬,暗是隐讳鲁国,一字两指,曲折难通。同样是"隐而葬之",宋伯姬灾卒,亦是隐痛她一人而已,没有伸延至宋以外的国家。以此例彼,没有理由认为庄四年传的"隐"包括鲁国在内。下文将会指出,《穀梁》实无讥刺鲁庄公"欲救纪而不能"的失败。传文连"公次于郎"也不讳言其事,怎会借隐纪伯姬之卒而暗地隐鲁呢?

6. 失国君不葬

值得注意的是,《春秋》只言纪侯"大去",未言其死。按照"夫人之义不逾君"之义,葬妻之前应有葬夫之文,此经葬纪伯姬之文就是"逾君",为什么呢?廖平《古义疏》云:"失国君不葬。若葬,则非失国,故不葬纪侯也。夫人不逾君,葬伯姬,则纪侯得葬也。不葬,以决其失国;葬伯姬,以起其可葬。盖欲存纪,故葬伯姬以抑齐。"④纪国已亡,纪侯无从言葬,不得不葬伯姬以存纪。廖平这一见解,符合传义。

7. 小结

纪伯姬原是纪侯的原配夫人,她的安葬应是纪国君臣负责操办的,如今被齐襄公包办代替,是谁的责任呢?《公羊》因歌颂复仇的立场,没有把问题追溯至齐襄公身上,仅是说"灭其可灭,葬其可葬";但从《穀梁》的观点出发,这是完全不能接受的。经文既以"齐侯"为主,就是"目君"的一种措词,反映真正导致纪伯姬得不到夫君和臣子安葬的人,正是灭绝其宗国的元凶齐襄公。"葬纪伯姬"是"齐侯灭之"的结果。不能说"灭"与"葬"两者毫无关系(参照 C_3)。齐襄公灭人之国,还不忘政治表演,故有葬伯姬之举。《穀梁》强调她的"失国"和"隐而葬之",就是显示:

---

① 参阅本书第一章,页58—59。
② 《穀梁》"隐而葬之"之例,仅纪伯姬、宋伯姬2例,参阅本书第二章,页291。不是所有失国者皆属可以隐痛的对象,《穀梁》认为失国者称名以示失国之例,参阅本书第一章,页97—99。
③ 柯劭忞:《传注》卷3,页6。
④ 廖平:《古义疏》卷3,页134。

G_3　被复仇者受到的伤害是实际存在的。

纪伯姬得不到安葬而改由齐襄公葬之,是她原来不应得到的果报。葬伯姬不能弥补纪国被灭的伤害。

(六)庄十二年经:"春,王三月,纪叔姬归于酅。"传:"国而曰归;此邑也,其曰归,何也?吾女也。失国,喜得其所,故言归焉尔。"①

这是交代纪国灭亡所带来的影响,叙述纪伯姬之妹纪叔姬回到酅邑一事。

1. 归于酅

如上所述,酅是纪季在国亡前献给齐国的采邑。除本例外,《春秋》"归于"还有7例:

[1]隐二年:"伯姬归于纪。"　　[2]隐七年:"叔姬归于纪。"
[3]桓九年:"纪季姜归于京师。"　[4]桓十一年:"突归于郑。"
[5]桓十七年:"蔡季自陈归于蔡。"[6]庄元年:"王姬归于齐。"
[7]庄十一年:"王姬归于齐。"

在"A归于B"的句式中,B大多是国名,共6例。而例[3]的京师,因是天子所居之地,与其他诸侯国迥然不同,自无费辞追问的需要。换言之,惟有此经"归于酅"的"酅"是邑名,情况独特,故必须发传解释。

2. 吾女失国

纪叔姬是纪伯姬的妹妹,鲁隐公在位时跟随纪伯姬嫁到纪国。隐七年经:"春,王三月,叔姬归于纪。"纪叔姬之嫁,上距隐二年纪伯姬之嫁,约有四年多的时间。《穀梁》指出两个条件:

①纪叔姬是鲁国公主;
②纪国灭亡。

经文特地记载她回归酅邑。以这两个条件而论,肯定是②重于①。

昭九年经:"陈火",传:"国曰灾,邑曰火。火不志,此何以志?闵陈而存之也。"②以此例彼,陈火与纪叔姬归酅,两者用意相同,同是因一邑之事而存亡国。在《穀梁》看来,纪叔姬归酅原属一邑之事,经文却不嫌辞费予

---

①　《穀梁注疏》卷5,页76。
②　《穀梁注疏》卷17,页287。

以记载,寓有怜悯纪国灭亡而备存其事的心意。

3. 叔姬可能夫死无子

庄四年至庄十二年这八年间,纪叔姬究竟在哪儿?在纪国灭亡后是否一直跟随纪侯?不清楚。隐二年传:"妇人在家制于父,既嫁制于夫,夫死从长子。"①据此,纪叔姬归酅而不被批判,很有可能是没有夫和子可以跟从,亦即处于夫死无子的悲惨处境。杜注:"纪侯去国而死,叔姬归鲁。"②因为《左传》与《穀梁》同样认为纪侯去国,但没有进一步记载,所以杜预的猜测只能说是猜测而非征实。但要注意,无论是按照"迁"的传例,抑或昭十三年传"灭国不葬"的说法,③纪侯即使死亡也不可能有这方面的记载,所以杜预猜测纪侯已死,倒是合乎情理的见解,与《穀梁》亦能兼容,颇有备存的价值。

4. 酅为附庸

《穀梁》屡言"妇人既嫁不逾竟"之义,④此传明言"喜得其所",⑤已属于齐国的酅邑仍属夫家之地,不被当作纪国境外,最有可能的推断是酅邑在纪国灭亡后成为齐的附庸。对此,孔广森提出这样一个见解,《经学卮言》云:"昔齐人灭纪,纪季以酅为齐附庸。酅者,纪之采也。然则,附庸多亡国之后、先世有功德者,故追录之,使世食其采,以臣属于大国。"⑥孔广森为了印证《孟子》《繁露》《书大传》有关附庸的叙事,而强调酅是齐的附庸,实乃暗袭《穀梁》多于他所崇信的《公羊》,因为"先世有功德"的条件,与《公》庄三年传"服罪"之论不合,根据《公羊》歌颂复九世之仇的观点,纪侯的先祖是中伤齐哀公的奸贼,哪有"功德"可录?

由于庄三年传已指出纪季"以酅事齐",⑦所以附庸之论,与《穀梁》并无矛盾。大概是有鉴于此,钟文烝亦持此说,《补注》云:"纪国既灭,而酅为齐附庸。"⑧这个观点,无孔广森的漏洞而又不违反《穀梁》之说,值得备存。

---

① 《穀梁注疏》卷1,页11。
② 《左传正义》卷9,页246。
③ 《穀梁注疏》卷17,页294。
④ 运用"妇人既嫁不逾竟"的传例来阐述的经文计有7则,分别是庄二年、庄五年、庄十九年、庄二十年、僖五年、僖二十五年、僖三十一年。
⑤ "其所"作为处所的涵义,参阅本书第一章,页96—97。
⑥ 孔广森:《经学卮言》卷5,页128。
⑦ 《穀梁注疏》卷5,页67。
⑧ 钟文烝:《补注》卷6,页176。

无论如何,鄑邑是纪叔姬应该居留的处所,而她到鄑邑值得欣喜。

5. "归"的对象未必是纪季

纪叔姬所归的对象是否纪季?无从稽考。范注引江熙曰:"纪季虽以鄑入于齐,不敢怀贰。"①《穀梁》没有这样的说法。《公羊》庄十二年传:"其国亡矣,徒归于叔尔也。"②《公羊》根据庄三年经以鄑入齐的纪载,推论纪季是纪叔姬所归的对象。相反,《穀梁》既不以纪季为贤,也没有"归于叔"的观点,更没有证据说明纪季"不敢怀贰",江熙援《公》解《穀》,未必可信。

6. 齐桓作用未明

鉴于"归"为"易辞",大概纪叔姬回到鄑邑过程顺利,没有遭到什么阻挠。这是否因为齐桓公统治的缘故?不清楚。范注引江熙曰:"然襄公豺狼,未可暗信。桓公既立,德行方宣于天下,是以叔姬归于鄑,鲁喜其女得申其志。"③江熙以齐桓公"德行方宣于天下"作为纪叔姬回归的原因,不符合经传的叙述。庄十三年北杏之会,是齐桓公争取诸侯团结之始,诸侯仍疑未信;迄至庄二十七年幽之会,方才真正得到诸侯的拥护。④纪叔姬归鄑之时,根本不是齐桓公德行得到广泛认可的环境。

有鉴于此,廖平略变其说,《古义疏》云:"叔姬反鲁,久欲归鄑。桓公立,卒申其志。"⑤这里没有提及齐桓公的德行,虽然避免上述的反证,但不意味纪叔姬真的因为齐桓公执政是归鄑的决定性因素。理由很简单,江熙和廖平认定纪叔姬因齐桓公而归鄑,背后已预设她的行为全是出于个人的选择。然而,隐二年传:"妇人不专行,必有从也。"⑥假设纪侯及其子皆在,轮不到她自己选择。由于文献不足,无从知道庄四年至庄十二年间纪叔姬在什么地方、与什么人在一起、纪侯是否(及何时)死亡。在这里,吕大圭有一个很值得玩味的观点,《或问》云:"纪侯大去其国,至是叔姬始归于鄑,岂纪侯至是而方卒乎?"⑦这是猜测,虽无旁证,但能提醒读者:假设纪叔姬是继纪侯之死而归鄑,就不必预设齐桓执政方才让纪叔姬得以实现久欲归鄑

---

① 《穀梁注疏》卷5,页76。
② 《公羊注疏》卷7,页147。
③ 《穀梁注疏》卷5,页76。
④ 参阅本书第四章,页621—33、650—61。
⑤ 廖平:《古义疏》卷3,页156。
⑥ 《穀梁注疏》卷1,页11。
⑦ 吕大圭:《春秋或问》卷8,页554。

的心愿。无论如何,纪叔姬归酅与齐桓公在位的关系,不得而详其情。廖平必于此求其解,似嫌穿凿。

7. 成人之美

纪叔姬是否在纪亡后一直全节守义？同样不得而知。在这里,江熙又提出了不可靠的说法。范注引江熙曰:"叔姬守节,积有年矣。"①《穀梁》未尝像肯定宋伯姬那样备载其事,没有其他叙事可以证明她守节积年。限于纪叔姬的文献不足,江熙"守节"之论,实有过度诠释之嫌。

"焉尔"意谓而已②,"言归"就是"言归",仅止于此。《春秋》成人之美,《穀梁》没有深究事情的底蕴,仅是为失国的叔姬归酅而表示高兴而已。柯劭忞《传注》云:"缘叔姬之心,以为得所也。喜者,《春秋》喜之,所谓君子成人之美。"③这个观点,正确地把握"喜"的主体是《春秋》,而"成人之美"也是《穀梁》固有的内容,相当值得肯定。

8. 小结

纪叔姬结束流亡回到酅邑,是她后半生的亡国经历的一个转折点。从此,她算是有了一个居所,迄至逝世。充其量,是不幸中的小幸,算不上大幸——夫死无子,岂算是大幸？因为复九世之仇而导致国破家亡,纪叔姬的不幸遭遇见证着纪国遭受的实际伤害,而这一切完全是齐襄公造成的(参照 C_3、G_3)。归于酅不足以弥补纪国灭亡和叔姬等人的各种厄难。

(七)庄二十九年经:"冬,十有二月,纪叔姬卒。"

《穀梁》无传。纪叔姬归酅后活了十七年,至此逝世。

1. 纪叔姬是外夫人

纪叔姬本是伯姬之媵,不清楚她是如何成为纪侯的夫人。《公羊》庄三十年传:"外夫人不书葬,此何以书？"④这是明确地把纪叔姬视为"外夫人"。《白虎通》云:"叔姬者,伯姬之娣也。伯姬卒,叔姬升于嫡,经不讥也。"⑤究竟叔姬如何"升于嫡",其中细节已难考究,但无论如何,没有证据能够推翻上述观点。因此,认为叔姬在伯姬死后成为夫人,不能说是没有

---

① 《穀梁注疏》卷5,页76。
② 参阅本书第一章,页78—79。
③ 柯劭忞:《传注》卷3,页13。有关"成人之美"的讨论,参阅本书第一章,页23。
④ 《公羊注疏》卷9,页181。
⑤ 陈立:《白虎通疏证》卷10,页482。

依据的。

前已述及,《穀梁》有"为之变"的主张,经文凡内女卒葬,必是已为"外夫人"。定十五年经:"弋氏卒",传:"妾辞也,哀公之母也。"①读此可见,若是妾的身份,其人该以氏称。纪叔姬不以氏称,而且纪国已亡,她又有归酅之举,所以她不可能是继位国君之母。站在《穀梁》的立场上看,纪叔姬之所以在经中记载,说得通的理由只有一个:她不知何时已拥有"外夫人"的身份。这一点,与《公羊》相同。不然的话,就无法解释经文为何记载纪叔姬的死亡,而且比照纪伯姬为之。

2. 卒而非贤

跟纪伯姬一样,纪叔姬不是《穀梁》称贤的对象。换言之,她不像宋伯姬那样因贤而有卒文。范注:"纪国虽灭,叔姬执节守义,故系之纪,贤而录之。"②此语全抄《左传》杜注,③非《穀梁》本义。钟文烝说叔姬"非以贤录也",④观察透切,洞悉范注之谬。

3. "不卒纪侯"之疑

此经记载纪伯姬的死亡,亦无借此批判纪侯之意。胡传:"纪已灭矣,其卒之何?见纪侯去国,终不能自立,异于古公亶父之去,故特书叔姬卒,而不卒纪侯,以明其不争而去则可,能使其民从而不释则微矣。"⑤经文既无纪侯卒葬之文,胡安国企图对比叔姬之卒葬与纪侯之不卒葬,想入非非,不着边际。从《穀梁》的视角来看,庄四年传既有"民之从"的叙事,胡安国还批判纪侯难以做到"使其民从而不释",吹毛求疵,此有贬无褒之刻论,非说经的达理。

(八)庄三十年经:"八月癸亥,葬纪叔姬。"传:"不日卒而日葬,闵纪之亡也。"⑥

此传通释纪叔姬的卒葬,再次表示纪国灭亡值得怜悯。

1. 不日卒而日葬

纪叔姬没有记载死亡日期,却记载下葬日期,这跟宋共公的"月卒日

---

① 《穀梁注疏》卷19,页333。
② 《穀梁注疏》卷10,页98。
③ 《左传正义》卷10,页292。
④ 钟文烝:《补注》卷8,页224。
⑤ 胡安国《春秋胡氏传》卷9,页130。
⑥ 《穀梁注疏》卷6,页98。

2. 闵纪之亡

"闵",意谓怜悯。除本传外,《穀梁》还有 9 则传文:

[1]僖三年经:"不雨",传:"一时言不雨者,闵雨也。闵雨者,有志乎民者也。"

[2]僖十二年经:"楚人灭黄",传:"桓公不能救,故君子闵之也。"

[3]僖二十年经:"西宫灾",传:"以是为闵宫也。"

[4]文十年经:"自正月不雨",传:"历时而言不雨,文不闵雨也。不闵雨者,无志乎民也。"

[5]成十三年经:"曹伯庐卒于师",传:"传曰:闵之也。"

[6]襄十八年经:"曹伯负刍卒于师",传:"闵之也。"

[7]襄二十九年经:"公在楚",传:"闵公也。"

[8]昭八年经:"葬陈哀公",传:"不与楚灭,闵公也。"

[9]昭九年经:"陈火"云:"闵陈而存之也。"②

上述诸例的"闵",都是指代经文所述的人或事,往往涉及一些不应该发生而又令人痛心的悲剧。此经也不例外。对纪叔姬不寻常的卒葬记载,是为了怜悯纪国灭亡。

3. 叔姬非贤

可是,孙觉却不明其中要义,认定经文寓有贤叔姬之意,《经解》云:"若叔姬无贤行可纪,则《春秋》何用纪其卒乎?闵纪之亡,非孔子作《春秋》维万世之意也。"③这是预设纪叔姬像宋伯姬一样都是守节可敬的贞女,但除了归酅一事外,纪叔姬究竟有何贤行,为人品格如何,《穀梁》和其他文献俱无深描,这跟宋伯姬灾卒之事,殊无可比之处。孙觉不能明确举证,自然无法真正推翻《穀梁》之论。

相对于此,毛奇龄因有意逆反成说,倒是能够摆脱贤叔姬的偏见,《毛氏传》云:"初书归纪,继书归酅,此又书卒,岂贤姬哉?亦曰伤纪耳,盖自叔

---

① 参阅本书第二章,页 277—83。
② 《穀梁注疏》卷 7,页 110—11;卷 8,页 129;卷 9,页 139;卷 11,页 173;卷 14,页 231;卷 16,页 261、271;卷 17,页 286—87。
③ 孙觉:《春秋经解》卷 4,页 640。

姬卒,而纪与我绝矣。"①这一观点,可与《穀梁》传义兼容,值得备存。

4. 谁该被问责?

同情纪的灭亡,跟批判齐襄公灭纪的错误,两者是一脉相承的。有别于此,《公羊》庄三十年传:"何隐尔?其国亡矣,徒葬乎叔尔。"②既隐痛叔姬之亡,又认为制造悲剧的元凶齐襄公是可以讳恶的贤者,不是矛盾是什么?在政治责任的归属上,《公羊》始终避重就轻,忽略对齐襄公的追究,明显不如《穀梁》高明。

可是,崔适因为坚守《公羊》的看法,把批判的矛盾由齐襄公转移到周王和鲁国。《复始》云:"纪娶鲁女,嫁女王室,政策不可谓不豫。纪季存酅,纪侯大去,节义不可不立。"又云:"《春秋》亡国五十二,大书特书,未有详备如此者,天子不能存,宗国不能救,'瓶之罄矣,维罍之耻',所以责鲁也。以逆伯姬始,以葬叔姬终,亲亲之道也。"③经文于纪国之事,记述累累,开卷自见。崔适显然感受《春秋》对纪国悲剧的同情和重视,但囿于《公羊》贤齐襄复仇的立场,始终不肯或不能批判灭纪的做法。须知道,《公羊》对纪国通婚于周王和鲁国的做法,没有肯定其政策的"豫",反而因为歌颂齐襄公的立场,仅贤纪季而不及纪侯。崔适以"节义"言纪侯,是更接近《穀梁》对纪侯的高度肯定,《公羊》对之实无好评。

此外,"瓶之罄矣"二句,典出《小雅·蓼莪》,④意谓罍尚盈而瓶已竭,喻不能分多予寡,为在位者之耻。这里谈的主要是国内君民的利益分配问题,无涉于国与国的外交关系。崔适以此证"责鲁"之说,实非贴切之论。崔适仅批判周王和鲁国没有救助纪国,实是舍大责小,始终没有批判或谴责灭纪的齐襄公。在《公羊》而言,灭纪是复九世之仇的必然结果,其中的关键肯定不是对周王和鲁国的谴责。崔适既接受《公羊》之说,其实就没有必要旁及对周王和鲁国的问责。他偏离《公羊》而对周王和鲁国加以责难,是认知失调而又问责错乱的结果。

5. 小结

纵观纪国灭亡的整个过程,可以发现齐襄公不是可以称道的贤者。

---

① 毛奇龄:《春秋毛氏传》卷12,页126。
② 《公羊注疏》卷9,页181。
③ 崔适:《春秋复始》卷5,页408。
④ 《毛诗注疏》卷13,页1116。

《穀梁》绝无片面歌颂复仇的观点,这是它与《公羊》的最大分歧所在。从传文对纪侯、纪伯姬、纪叔姬三人的同情和怜悯,显示灭纪所带来的严重伤害,不是齐襄公单方面的复仇意愿可以证成的(参照 E_3、F_3)。纪叔姬的卒和葬,与其姐纪伯姬的卒和葬一样,都是见证着一个不该灭亡而又无奈亡国的悲剧(参照 D_3),而造成这些伤害的,就是宣称复仇的齐襄公(参照 C_3、G_3)。

第二节 鲁庄公与伍子胥

不认可复仇者的做法,不等于反对复仇。政治环境经常变化,不是出现了仇怨就必然衍生出复仇行动的首要性。如何面对仇人,往往需要针对现实变化而有相应的对策。本节将会探讨鲁庄公与伍子胥两人的事例,进一步剖析复仇的政治伦理问题。

一、鲁庄公

与齐襄公一样,鲁庄公也不是《穀梁》认可的贤者。传文对鲁庄公复仇问题的评论,基本上展示了政治判断的复杂性和变异性。齐襄公不仅是灭纪的小人,也是谋害鲁桓公的元凶。鲁桓公死后,虚龄十三岁的鲁庄公继位,摆在他和其辅政大臣面前的棘手难题是:如何面对杀父仇人齐襄公?笼统地把齐襄公与鲁庄公混为一谈,也许是忽略了关键性的差别:齐、纪强弱悬殊,齐襄公灭纪是手到擒来的结果;而鲁庄公却不是我强敌弱的形势,因为齐强鲁弱,贸然对决毫无胜算可言。有关鲁庄公如何面对仇人的问题,《穀梁》有许多精采的见解,且看以下 16 则经传:

(一)桓十八年经:"夏,四月丙子,公薨于齐;丁酉,公之丧至自齐。"传:"其地,于外也。薨称公,举上也。"[①]

鲁桓公不幸遇害,尸柩随后自齐运回鲁国。这是鲁庄公背负仇怨的开端。

1. 于外言地

此经交代桓公的死亡地点,是不寻常的笔法。鲁国君主如果属于正常死亡,都会记载他在鲁国什么地点逝世(路寝、小寝、台下、楚宫抑或高寝);如果被人杀害,则不记载地点;如果记载的地点不在国内,就意味着发生了变故,导致其人死在国外。鲁桓公在齐国遇害,因为死在国外,无法像隐

---

① 《穀梁注疏》卷 4,页 58。

公、闵公那样略地不言。

《穀梁》解释经文记载地点的笔法,显示了桓公因变故而死在齐国。不仅桓公,《春秋》处理鲁国君主死于国外,都是相同的做法。昭三十二年经:"十有二月己未,公薨于乾侯",是《春秋》另一则记载鲁君死在国外的经文。鲁昭公因季孙氏迫害而流亡国外,死于齐地,虽非被人杀害,亦是死于变故,所以同样记载薨于某地。

2.《左》《公》叙事的可兼容性

《左》桓十八年传:"(齐襄公)使公子彭生乘公,公薨于车"。①《公羊》也有类似的记载:"于其出焉,使公子彭生送之。于其乘焉,揾幹而杀之。"②二传皆记载齐襄公指派公子彭生杀害妹夫鲁桓公,这方面的叙事与《穀梁》兼容无碍。

3. 举上

"举上",意谓此经在国君逝世时称"公",是最高的爵位。钟文烝《补注》云:"公,五等之上。"③这个解释,可以信从。

(二)桓十八年经:"十有二月己丑,葬我君桓公。"传:"葬我君,接上下也。君弑,贼不讨,不书葬;此其言葬,何也?不责逾国而讨于是也。桓公葬而后举谥;谥,所以成德也,于卒事乎加之矣。知者虑,义者行,仁者守。有此三者备,然后可以会矣。"④

此经交代鲁桓公的下葬,其中涉及无法讨伐齐襄公的限制。

1. 接上下

此传的"接上下",意谓"葬我君"的"我君"是指全国上下对其君的通称,有别于卒时"举上"称"公"。钟文烝《补注》云:"公为五等之上,君则合上下称之。"⑤"举谥"是指先君下葬后所得到的谥号,此传的"谥"特指经文的"桓公"。

2. 成德

一般而言,经文若是具载薨、葬、谥三者,相关的鲁国君主大概属于正

---

① 《左传正义》卷7,页213。
② 《公羊注疏》卷6,页112—13。
③ 钟文烝:《补注》卷4,页129。
④ 《穀梁注疏》卷4,页58—59。
⑤ 钟文烝:《补注》卷4,页130。

常死亡的情况。文元年经:"葬我君僖公",传:"薨称公,举上也。葬我君,接上下也。僖公葬而后举谥,谥所以成德也,于卒事乎加之矣。"杨疏:"重发传者,桓不以礼终,僖则好卒,二者既异,故传详之。"① 此义适用于所有正常死亡的鲁国君主,因有别于桓公的情况,为免读者误会,故此重新发传。

"成德",是指设定谥号时为了考功表迹的需要,而概括其人的操守和功业。② 所有被葬的国君都有谥号,因此不能把"成德"的"德"理解为道德意义上的善行。王树荣《续穀梁废疾》云:"以桓之躬行篡弑,而犹以成德之名加之,非国师公无此特笔。"③"成德"不等于"以成德之名加之"。王树荣从道德的善恶义来理解"德",认定桓公不能拥有"成德之名",是彻头彻尾的误解。举谥成德其实是国君葬后必行的礼节,通用于所有国君,不能说只有道德良好的人才能"成德"。至于"国师公"云云,无非是诬罔《穀梁》为刘歆一党伪造圣经的滥调,存心恶意毁谤,令人无语。

3.《左传》叙事的可兼容性

国君被害,讨贼是经文记载其葬的先决条件。《左》桓十八年传:"鲁人告于齐曰:'寡君畏君之威,不敢宁居,来修旧好。礼成而不反,无所归咎,恶于诸侯。请以彭生除之。'齐人杀彭生。"④ 桓公死后,鲁国要求惩治凶手,齐国逼于外交压力而杀了公子彭生。《左传》这一叙事,与《穀梁》可以兼容,绝非扞格不入。

主谋并未伏诛,只能杀了从犯,而齐襄公迄至庄八年方才逝世。鲁桓公下葬举谥之时,继位的鲁庄公及其臣下还未成功讨贼,所以《穀梁》才有"贼不讨"之问。按理说,《春秋》应该像鲁隐公那样略去葬文。此经记载鲁桓之葬,有违常例。为什么呢?

4."于是"指什么时候?

"于是"意谓在此,尤指在这个时候。⑤ 问题是:是什么时候?不宜把"于是"解作葬桓公以前。柯劭忞《传注》云:"逾国而讨,非葬以前所能为,

---

① 《穀梁注疏》卷10,页156。
② 有关举谥成德的问题,参阅臧琳:《经义杂记》卷24,页232。
③ 王树荣:《续穀梁废疾》卷1,页184。
④ 《左传正义》卷7,页213。
⑤ 参阅本书第二章,页189—90。

故君子不责之。"①这是把"于是"解作葬桓公以前。如其解，葬前不能讨，是否意味着葬后可以讨呢？然而《穀梁》没有任何主张呼吁或支持鲁国在桓公葬后"逾国而讨"。如下文的讨论，《穀梁》对"公次于郎"的解释，亦不讥刺庄公的不救纪，因此没有理由把桓十八年传的"于是"理解为葬前。

"于是"应是泛指春秋初期鲁弱齐强的整个背景。范注："时齐强大，非己所讨。"②这是比较恰当的说法。齐襄公之父齐僖公，名望虽然不如春秋初期的风云人物郑庄公，但也开创了"小伯"的局面。③因此，齐国之强大，在齐桓公崛起前已是事实，不独鲁桓公下葬之前。范宁的"时"比较宽泛，但如其解，"逾国而讨"的时段包括桓公葬后也是可以的。由此可证，柯注实不如范注可取。

5. "量力"是《穀梁》而非《公羊》的主张

《穀梁》讲求"量力"，宣十五年经："宋人及楚人平"，传："善其量力而反义也。"④此传对葬文的评断，反映了"量力"的政治态度：当时逾国讨伐齐襄公既不可行，所以也不责备鲁国君臣做不到。僖二十二年传："为雩之会，不顾其力之不足，而致楚成王。"⑤这是批判宋襄公不顾本身实力的限制，而自招其辱。借用这一观点，可以说《穀梁》之所以不责鲁国"逾国而讨"，缘故同样是"其力之不足"。

"量力"是《穀梁》有别于《公羊》的其中一个重要主张。《公羊》桓十八年传："贼未讨，何以书葬？雠在外也。雠在外，则何以书葬？君子辞也。"何诂："时齐强鲁弱，不可立得报，故君子量力，且假使书葬。"⑥必须指出，何休这里所说的"量力"，非《公羊》所固有的内容。细心比较，《公羊》与何诂之间，实有明显的差别：《公羊》只说"雠在外"和"君子辞"，无涉于"力"的问题。《公羊》"君子辞也"共3例，除桓十八年传外，解读宣十二年"葬陈灵公"和襄三十年"葬蔡景公"皆说："何以书葬？君子辞也。"⑦显而易见，所谓"君子辞"意谓作《春秋》的君子表示谅解之辞，与"量力"没有什么关系。

---

① 柯劭忞：《传注》卷2，页19。
② 《穀梁注疏》卷4，页58。
③ 童书业：《齐僖公小伯考》，载《童书业史籍考证论集》上册，页404—07。
④ 《穀梁注疏》卷12，页203。
⑤ 《穀梁注疏》卷9，页141。
⑥ 《公羊注疏》卷5，页110。
⑦ 《公羊注疏》卷16，页348—49；卷21，页469。

《公羊》全传实无"量力"之说,《公羊》桓十八年传不过是体谅仇雠在外,说"不可立得报"是可以的,但何休说"齐强鲁弱"和"君子量力",非《公羊》本义。

亟待澄清的是,《公羊》主张为了复仇不恤代价,甚至记载齐襄公在复仇前的无比决心,故曰"师丧分焉,寡人死之,不为不吉也"。① 此外,《公羊》庄九年传:"内不言败,此其言败何?伐败也。曷为伐败?复仇也。"② 认为乾时之战虽然输了,但因是为了复仇而开打,所以败了也是值得大书特书。这种不问成败、输了也无所谓、惟复仇是尚的观点,与《穀梁》"量力"的传义,是完全不同的。刘敞《权衡》批判何诂:"何以称复雠者,以死败为荣乎?"③这是发现何诂"君子量力"之说,与《公羊》歌颂复仇的观点扞格不入,别具只眼。

在这里,张自超的观点帮助我们更进一步把握二传的差别。《宗朱辨义》云:"杀父之仇,不共戴天,天有内外乎?在内而为臣子则为贼,在外而为邻国则为仇。内贼必讨,外雠必复,臣子之心,其义一也。"又云:"夫子于其葬也,而仍旧史以书葬,正以治鲁臣子忘仇之罪,而非原其在外而宽之也。"④如上所述,《公羊》仅说"雠在外",又没有"量力"的主张,不能圆满地解释鲁桓之葬。张自超以旧史解释书葬,或可置疑,但他在很大程度上是忠于《公羊》崇尚复仇的观点,将之推至极致。他的观点,很有启发性,至少提醒读者:像《穀梁》那样讲究"量力",是可以解释为何不必"逾国而讨"的缘故;但像《公羊》那样只讲复仇不讲量力,张自超的质疑便非无的放矢:为什么不能讨伐国外之雠?为什么因为仇人在外而"宽之"?由此可见,只谈"雠在外"而不讲"量力"是不能服人的。何休为补《公羊》的不足,改而提出"量力"之说,是否暗袭《穀梁》?在此暂不深论,但可以确定的是,《穀梁》讲量力而《公羊》不讲量力,二传在这个问题上的差异是明显的。

6. 传写之误

"知者"至"会矣"五句,是批判鲁桓公没有"知者""义者""仁者"三者而

---

① 《公羊注疏》卷6,页122。
② 《公羊注疏》卷7,页139。
③ 刘敞:《春秋权衡》卷10,页275。
④ 张自超:《春秋宗朱辨义》卷2,页50。

遭杀害。以文义而论,这五句不该系于此传言葬之后,当在桓十八年经"公会齐侯于泺"之下。柯劭忞说是"传写之误",①可谓知言,正确可从。

无论如何,这五句是检讨鲁桓公赴齐被害的死因,跟复仇、篡弑或御妻等问题没有什么关系。刘逢禄《广废疾》云:"不责坊淫之法,不示篡弑之戒,不申复雠之义,引喻失当,爱典轻身,甚哉其蔽也!"②这是鉴于鲁桓公没有防范文姜行淫,自身又弑兄篡位,其子鲁庄公没能复仇。在刘逢禄看来,"知者虑,义者行,仁者守"之说没有触及这些问题,所以不能接受。前已述及,柯劭忞指出《穀梁》这五句话是针对鲁桓公出会而发,既非总结其人的事功,也跟庄公复仇无关。刘逢禄之驳,都是无的放矢。

7. 小结

齐襄公并非死于鲁庄公之手,经文记录桓公之葬,有违常例。相比于《公羊》歌颂复仇而不计较代价的态度,《穀梁》因有"量力"的主张,持论倒是比较务实和谨慎:逾国讨伐齐襄公既不可行,所以也不责备鲁国臣子做不到。这已预设:

H_3 复仇是否转化为激烈的攻击性行动,视乎政治条件的制约。

鲁桓公的死,只意味鲁庄公需要面对一个复仇对象,但对这个复仇对象究竟该采取什么行动,却是涉及复杂的政治考虑。遇到政治条件不利,甚至预见到自己的力量不足以战胜敌人,是没有理由立即对仇人发起报复性行动。这意味着:

I_3 政治行动的开展离不开胜利概率的盘算。

复仇不仅是憎恨仇人的思想表现,还涉及如何胜过敌人的考虑。因为鲁弱齐强,《穀梁》立足于"量力"之义而"不责逾国而讨于是",是完全说得通的。

(三)庄元年经:"夏,单伯逆王姬。"传:"单伯者何?吾大夫之命乎天子者也。命大夫,故不名也。其不言如,何也?其义不可受于京师也。其义不可受于京师,何也?曰:躬君弑于齐,使之主婚姻,与齐为礼,其义固不可受也。"③

这次王姬之嫁,对象是仇人齐襄公,因此也涉及复仇和受命的问题。

---

① 柯劭忞:《传注》卷2,页19。
② 刘逢禄:《公羊后录》卷6,页459。
③ 《穀梁注疏》卷5,页61。

1. 逆王姬与送王姬

此经最大的争议是文本的差异：《穀梁》作"逆"，《公羊》同，《左传》作"送"。"逆"是迎接，"送"是送行。杜预断言单伯是周大夫，送王姬出嫁，杜注："单伯，天子卿也。单，采地；伯，爵也。王将嫁女于齐，既命鲁为主，故单伯送女，不称使也。"①上述说法，究竟是否符合《左传》本义，殊可置疑。《左传》并无发传解释"单伯逆王姬"，所以"单伯"究竟是什么人？为何经文不称使？《左传》对此有什么见解，实也无从细考。杜预之说，与其说是传文的确证，不如说他自己的发挥。

为了辩护杜预以单伯为"天子卿"的观点，孔疏声言单伯在春秋中期曾经降爵为子："单氏世仕王朝，此及文公之世皆云单伯，成公以下常称单子，知伯、子皆爵也。"②如其说，单子初时称伯，后来降伯为子。这是毫无确据的臆测，正如柳兴恩的批评，"王臣亦降伯为子，未之前闻"。③

2. "单伯"内辞

单氏自西周以来已是王臣，考古材料可以证明，迄至战国初期还独掌王朝之政，甚至发生过单氏弑天子而夺权之事。④ 然而，不能因为单氏是著名的王臣，便断定此经的"单伯"就是王畿内的大夫，因为鲁国内亦有"单"的地名和人名，据《仲尼弟子列传》记载，孔子弟子宓不齐便做过单父宰。⑤

要鉴别此经的"单伯"是什么人，光是历史背景的资料是不够的，必须回到经文的用辞中找答案。全经记载"单伯"共5例，除庄元年经以外，其他4例是：

    [1]庄十四年："夏，单伯会伐宋。"
    [2]庄十四年："冬，单伯会齐侯、宋公、卫侯、郑伯于鄄。"
    [3]文十四年："冬，单伯如齐，齐人执单伯，齐人执子叔姬。"
    [4]文十五年："单伯至自齐。"

以上四例，都是采用内辞。先看例[1]和[2]。通常盟会凡是鲁国内大夫参

---

① 《左传正义》卷8，页215。
② 《左传正义》卷8，页216。
③ 柳兴恩：《大义述》卷10，页128。
④ 吕文郁：《周代的采邑制度》，页62—68。
⑤ 《史记》卷67，页2681。

与,必属主辞,即"A 会 B、C、D……"的 A。若有周天子的代表,即使地位低微,也会序之在前(即 B),像僖八年经"公会王人、齐侯、宋公、卫侯、许男、曹伯、陈世子款、郑世子华盟于洮",便是显例。然而,例[1]和[2]不是如此列序,其"单伯"跟庄元年的"单伯"一样,都是在 A 而非 B 的位置。陆淳正是察觉这一点,遂以此驳斥单伯为周大夫的观点:"若然,何得会鄄之时不列序,而言'单伯会齐侯'乎?"①此问甚具只眼。

再看例[3]。这同样以单伯为主辞,而且经文叙述单伯和子叔姬被执。假如单伯是天子之卿,直言擅执,岂非大大的不敬吗?钟文烝《补注》云:"若是王臣,又不可言执。"②可见,经文的"执"已排除单伯作为王臣的可能性。

最后看例[4]。这仍是以"单伯"为主辞。《春秋》凡是"A 至自 X"的句式,A 必是鲁国的人(不论生死),无一例外。③ 单伯若是直属周室的王臣,哪有可能这样写法?刘敞《权衡》云:"若单伯为周大夫,何以明年书'单伯至自齐'乎?"④这个质问非常精采,道理讲得通,客观上指示了"单伯"作为"外辞"的存在。

结合以上,在"单伯"非"外辞"的大前提下,完全没有理由相信庄元年经的"单伯"是普通的王臣。

3. 五"单伯"是同一个人?

《春秋》五则"单伯"的记载,由庄元年至文十五年,先后相距 81 年,没有可信的证据显示这五个"单伯"是同一个人。这里有两个错误观点需要驳斥:

(1)陆淳《纂例》云:"近年有孙济者,历典十余郡,年近百岁,犹更娶妻,况古人寿长,焉知其不然乎?不尔,则父子也。"⑤经传没有记载单伯何时死亡,假如上述 5 则经文的"单伯"都是同一个人的话,那么庄元年经的单伯既是奉使迎接王姬,而且能够操办天王的婚礼,最低限度该是已冠之龄,即年满二十,而且这是最保守的估计。段玉裁更断言此单伯必过天命之龄:"凡冠'而'字,祇有一字耳,必五十而后以伯仲,故下一字,所以承藉伯

---

① 陆淳:《春秋集传纂例》卷 8,页 499。
② 钟文烝:《补注》卷 14,页 409。
③ 参阅本书第二章(页 343)的 90 例。
④ 刘敞:《春秋权衡》卷 5,页 222。
⑤ 陆淳:《春秋集传纂例》卷 3,页 416。

仲也。"①审核"单伯"一词,显然是"称其字"的笔法。如果单伯迎接王姬之时,极有可能是五十岁以上的年纪。如果是这样的话,迄至文十五年,已届一百三十多岁,还有可能奔走齐鲁两国之间吗? 更重要的是,单伯不仅到访他国而已,文十四年传:"单伯淫于齐,齐人执之。"②从常情来说,一个年约一百三十多岁的老翁还出使他国肆意行淫,怎么看也是举世罕见的奇闻。当然,这不能断言必无此事。陆淳虽觉得这个可能性不能抹煞,但从他承认单伯也许是父子的可能性,可见他也不敢把话说死。

(2)孔广森《通义》云:"此仍是一人,与桓十五年家父上距幽王之世'家父作诵'年数,亦略相等。古人多寿考,以诗证此,可无疑也。"③这里涉及家父的典故有二:

> ①桓十五年"天王使家父来求车"的经文;
> ②《小雅·节南山》末章"家父作诵"之句。④

②被视为家父讽刺周幽王(前781至前771年在位)的作品,下距桓十五年(前697年)逾七十年有多。孔广森把①和②结合起来,断定是同一个人,从而断定古人"多寿考",是非常大胆和鲁莽的推论。即使①和②的两个家父是同一个人,也不能以此断定《春秋》的五个"单伯"也是同一个人。跟陆淳举近百龄的孙济为证一样,孔广森上述观点,都是诉诸不寻常的异闻,所谓"多寿考"的说法,不过随意的说法,有什么人口统计的数字可以证明这一点? 即使有,凭什么相信单伯到了一百三十多岁还要跑到外地行淫? 陆、孔二人的析论,有违常识和理性,虽辩多不听,故陈立也不敢接受其说,《义疏》云:"此必无之理,其非一人可知。"⑤把《春秋》的"单伯"理解为同一个人,是走不通的死胡同。

《春秋》拥有相同名字的,不必是同一个人。如召伯、毛伯的记载,计有6例:

> [1]文元年:"天王使毛伯来锡公命。"

---

① 段玉裁:《且字考》,载《经韵楼集》卷2,页31。
② 《穀梁注疏》卷11,页180。
③ 孔广森:《公羊通义》卷6,页156。
④ 《毛诗注疏》卷12,页1013。
⑤ 陈立:《公羊义疏》卷43,页1617。

[2]文五年:"王使召伯来会葬。"
[3]文九年:"毛伯来求金。"
[4]宣十五年:"王札子杀召伯、毛伯。"
[5]成八年:"天子使召伯来锡公命。"
[6]昭二十六年:"尹氏、召伯、毛伯以王子朝奔楚。"

由文元年(前626年)至昭二十六年(前516年),这6例前后横跨110年,而例[4]已明言召伯、毛伯被杀,可见此后的召伯、毛伯应是他们的子孙。以此例彼,经中不同的人而拥有相同的称谓,是可能的。单伯极有可能像召伯、毛伯那样,子孙世袭爵氏。没有必要高估单伯的岁数。

4. 天子大夫不能如吾大夫

《春秋》内外有别,鲁内周外,王臣不能采用内辞的笔法。在这个问题上,陈傅良存在不正确的认识,《后传》云:"单伯者何?天子之大夫也。曷为书之?如吾大夫。唯王人则以内辞书之。"①认为王臣也按照内鲁的义例书写,这一说法得到赵汸的拥护。② 但征诸经文,王臣内辞之说并不可信。庄六年"王人子突救卫",就不是内辞。还有,僖九年"公会宰周公"、成十七年"公会尹子、单子"和昭十三年"公会刘子",鲁公所会的皆是天子之卿,却与诸侯或其大夫同辞,哪有"以内辞书之"?

假如仅是单纯的天子大夫,一般都是使用外辞。隐三年经:"尹氏卒",传:"外大夫不卒。"③尹氏是"天子之大夫",《穀梁》称之为"外大夫",足证天子大夫采用外辞的通例。陈氏以王人内辞作解释,是说不通的。

5. 送姬说之破产

单伯作为王臣的可能性,既不成立,那么送姬说的重要前提,已被动摇了一大半。此外,送姬说还意味着王姬动身先于鲁国筑馆,有违婚礼的正常安排。在此,黄泽的观点已反映了这方面的困难:"书'单伯送王姬'在前,书'筑王姬之馆'于后,却又似是单伯逆王姬,为是逆而后筑馆焉,于事亦似顺,此《春秋》所以难说。"④须知道,单伯不管是逆是送,都是庄元年夏天的事情,同年还有"秋,筑王姬之馆于外"和冬"王姬归于齐"两则经文;这

---

① 陈傅良:《春秋后传》卷3,页617。
② 赵汸:《春秋集传》卷3,页40。
③ 《穀梁注疏》卷1,页14。
④ 赵汸:《春秋师说》卷上,页266。

意味婚礼历时三季。单伯若是前往京师迎接王姬,然后筑馆,事理通顺。黄泽是送姬说的信徒,但他在婚礼问题上也承认逆姬说比较合理。如杜预之说,王姬在筑馆前已被送行,这绝不是正常的婚礼安排。张洽《春秋集注》云:"筑馆在秋,如单伯果以天子大夫送王姬,必俟馆成之后方至鲁,岂得预书之?"①这是非常合理的质问。送姬与筑馆的时间排序,是妨害送姬论得以成立的一大障碍。

还有,凡有周王特使来鲁,正常情况下皆是言使,经中共12例:

[1]隐元年:"天王使宰咺来归惠公仲子之赗。"

[2]隐七年:"天王使凡伯来聘。"

[3]隐九年:"天王使南季来聘。"

[4]桓四年:"天王使宰渠伯纠来聘。"

[5]桓五年:"天王使任叔之子来聘。"

[6]桓八年:"天王使家父来聘。"

[7]桓十五年:"天王使家父来求车。"

[8]僖三十年:"天王使宰周公来聘。"

[9]文元年:"天王使叔服来会葬。"

[10]同年:"天王使毛伯来锡公命。"

[11]宣十年:"天王使王季子来聘。"

[12]定十四年:"天王使石尚来归脤。"

归纳上述,不论是为了什么事情,使者的身份如何,"天王"作为"使"的主体,是毫不含糊恍惚的记载。假如单伯真的是送王姬的使者,那么《春秋》不记载"天王使单伯"的措辞,就是相当奇怪的事情。叶梦得便提出这样一个疑问,《春秋传》云:"单伯果送王姬,则何以不言使乎?"②若单伯是王臣,而没有天王作主,整段经文就变成从周的视角(亦即放弃内鲁的视角)来叙事,是说不通的。

6. 单伯有氏无名

此经的"单伯",称字不名。范注:"单,姓也。伯,字。"③不名的原因,

---

① 张洽:《春秋集注》卷3,页29。
② 叶梦得:《叶氏春秋传》卷5,页53。
③ 《穀梁注疏》卷5,页61。

从"命大夫,故不名也"一语已给出答案,原因在于单伯是"命大夫"。此传的"命大夫",不宜理解为一般诸侯爵命的大夫,因为包括鲁国在内的侯国,正常情况下由诸侯任命的大夫,有名有氏;若是未命,名而不氏。钟文烝《补注》云:"大夫称名氏者,皆其君;君不命,则名而不氏。"①这是最符合《穀梁》传义的归纳,可以采信。

对此,廖平另有不同的解说,《古义疏》云:"诸侯大夫命于天子者,名氏并见;命于其君者,名而不氏。"②可是,庄元年经的"单伯"就是鲁国"大夫之命乎天子者",有氏无名,而非"名氏并见"。"命于其君"的鲁国大夫,一般有名有氏,若称名不称氏,都是因为某些特殊情况的"但书"。例如:

> [1]隐二年经:"无侅帅师入极",传:"不称氏者,灭同姓,贬也。"
> [2]宣元年经:"遂以夫人妇姜至自齐",传:"其不言氏,丧未毕,故略之也。"③

这两个例子可以说明,公子无侅和公子遂因灭同姓和丧娶而不称氏,在正常情况下,他们都该称氏。若是正常情况下称名的鲁国大夫,便是还未得到爵命。桓十一年经:"柔会宋公、陈侯、蔡叔盟于折",传:"柔者何?吾大夫之未命者也。"④这样的未命者,算是特例的情况。柔之称名,正是否定"命于其君者,名而不氏"的一个反证。廖平对名与氏的说明,实不符合《穀梁》的内容。

"单伯"有氏无名,意味着他不是普通的鲁国大夫。定十四年经:"天王使石尚来归脤",传:"何以知其士也?天子之大夫不名。"⑤这一主张,也适用于《春秋》其他由周王爵命的大夫,例如女叔(庄二十五年)、单伯(文十五年)之所以不名,据《穀梁》的解释,原因在于二人是"天子之命大夫也"。⑥按照这一观点,经中氏而不名的大夫都是由周王(而非诸侯)爵命。

7. 吾大夫之命乎天子

鉴于《春秋》5例"单伯"既是内辞,又是有氏无名,所以不能简单地将

---

① 钟文烝:《补注》卷5,页140。
② 廖平:《古义疏》卷3,页121。
③ 《穀梁注疏》卷1,页10;卷12,页186。
④ 《穀梁注疏》卷4,页50。
⑤ 《穀梁注疏》卷19,页331。
⑥ 《穀梁注疏》卷6,页91;卷11,页182。

之理解为一般的鲁大夫或周大夫。东周诸侯,国内有卿大夫命于天子,虽不常见,亦非罕有,如齐之国、高,便是管仲所称的"天子之二守"。① 单伯亦属如此,不足为奇。

可惜,后人不明此制,甚至不能毫无凭据地猜测单伯是附庸之君。刘敞根据《周礼》"公之孤"的记载,判断单伯是附庸之君:"执人国者,谓之孤。曷为字之?贵也。"②这是尝试在《穀梁》"吾大夫之命乎天子"以外,另觅新解。其说影响颇大,叶梦得和赵鹏飞皆是沿承其说。③ 崔子方《经解》更参照刘敞的观点,进一步断言单伯是"失地之君而寓于鲁者也"。④ 毫无置疑,像鲁国这样的大国,国内应该存在附庸,但无论附庸之君也好,失地之君也好,都认为单伯是鲁国的人,但立论不比《穀梁》"吾大夫"为内辞而"命乎天子"故不名的观点更有力。此外,刘敞等人都是以空泛的历史背景取代经文诂解,始终找不到任何确切的证据显示单伯具有类似附庸君主的政治地位,自然无法动摇《穀梁》的观点。

8.《公羊》同中有异

《穀梁》"吾大夫之命乎天子"的说法,是最能兼顾"单伯"用辞的微妙性:因为是"吾大夫",所以内辞;因为"命乎天子",所以有氏无名。

《公羊》庄元年传:"单伯者何?吾大夫之命乎天子者也。"⑤这一观点,与《穀梁》颇为类似。必须指出的是,《公羊》虽也讲究经文用辞内外有别,但因为没有"天子之大夫不名"的观点,故此没有一套融贯的解释剖析单伯为何"命乎天子"。也因这个缘故,加上《公羊》对其他王臣不名也没有解说,何休对之没有统一的解释,例如解"陈侯使女叔来聘"云:"称字者,敬老也";解"单伯至自齐"云:"不省去氏者,淫当绝,使若他单伯至也。"⑥这些解释,不仅于《公羊》无据,也无法解释庄十四年两则"单伯"经文为何不名。

相比之下,《穀梁》"天子之大夫不名"才是真正可靠的解释,何休和其他《公羊》学者无法看见王臣不名的共同现象,很大程度上因为他们经常认

---

① 《左传正义》卷13,页366。齐卿命于天子的问题,参阅刘士毅:《春秋疑义录》卷下,页760。
② 刘敞:《刘氏春秋传》卷3,页382。《周礼注疏》卷21,页547。有关"公之孤"的论述,参阅刘敞:《春秋意林》卷上,页494。
③ 叶梦得:《春秋考》卷9,页380。赵鹏飞:《春秋经筌》卷3,页79。
④ 崔子方:《崔氏春秋经解》卷3,页205。
⑤ 《公羊注疏》卷6,页114。
⑥ 《公羊注疏》卷8,页171;卷14,页311。

定称字蕴涵示贤的错误预设,但字不字与贤不贤没有必然的关系。①

9. 对"不名"的妄疑

单伯经过周王的爵命,有别于其他鲁国大夫。换言之,此传"不名"的"命大夫",是天子命大夫的省略说法,不包括普通的诸侯国内的命大夫。在此,刘敞因为不理解《穀梁》这方面的观点,所以提出错误的质疑,《权衡》云:"虽命于天子,犹鲁臣也。君前臣名,何得不名哉?"②君前臣名,是刘敞参照《公羊》而自创的解经原则,依据成疑。庄元年经亦无鲁庄公与单伯君臣名称的笔法问题。刘敞以君前臣名作为解经的起点,本属错乱之举。加上,他不理解《穀梁》"天子之大夫不名"的主张,不知道此传的"命大夫"是专就天子命大夫而言。因此,他的驳议都是来自曲解和误会,没有深入讨论的价值。

10. 王姬不字

"王姬"意指天子的女儿,此传的"王姬"是指周庄王将要嫁给齐襄公的公主。廖平《古义疏》云:"王姬不字者,尊之不与内女同,故不字也。"③认为王姬不字的原因,理解为她的地位比内女更高,虽非传义固有的内容,但也符合情理,可以接受。

11. 不言如

通常,诸侯为王姬主婚,都要派使者到京师迎接。按照"逆之道微"的传义,遣使迎婚不是值得经文记述的内容。④此传特别记载单伯迎接王姬,是不寻常的笔法。更不寻常的是,经中没有"如京师"三字。文九年传:"京,大也。师,众也。言周,必以众与大言之也。"⑤读此可见,"京师"二字有"大"与"众"之义,不管其人是否真的到达,皆有郑重记载的必要。《春秋》"如京师"计有 8 例:

[1] 僖三十年:"公子遂如京师,遂如晋。"

[2] 文元年:"叔孙得臣如京师。"

[3] 文八年:"公孙敖如京师,不至而复。"

---

① 参阅本书第二章,页 303—06。
② 刘敞:《春秋权衡》卷 14,页 328。
③ 廖平:《古义疏》卷 3,页 155。
④ 有关"逆之道微"的解释,参阅本书第二章,页 266—67。
⑤ 《穀梁注疏》卷 11,页 171。

[4] 文九年:"叔孙得臣如京师。"

[5] 宣九年:"仲孙蔑如京师。"

[6] 成十三年:"公如京师。"

[7] 襄二十四年:"叔孙豹如京师。"

[8] 昭二十二年:"叔鞅如京师。"

《穀梁》对例[6]曾有解说:"非如而曰如,不叛京师也。"① 这就表明,即使其人没有到达京师,亦不得省略"如京师"三字。

这次周室召单伯迎接王姬,《穀梁》认为经文不言"如京师",说明单伯不该受命出使到京师,其中殊无藉单伯以讳言鲁庄之意。廖平《古义疏》云:"以义言之,当拒而不受,故不言如,使如天子大夫自私行逆王姬,以辟庄公逆也。"② 然而,此传没有触及鲁庄公迎接的问题,《穀梁》对"言如"或"不言如"也不蕴涵这个想法。可以说《穀梁》批判单伯等臣子,但不能说批判单伯寓有"辟庄公逆"的用意。廖平此论,全属自以为是的想象,传中难言有稽。

12. "主婚姻"及其原因的臆测

《穀梁》仅说鲁国"主婚姻",未尝提及周庄王为何强迫鲁国这样做的原因。范注:"天子嫁女于诸侯,必使同姓诸侯主之。"③《穀梁》在这个问题上没有明确的说法。《公羊》庄元年传:"天子嫁女乎诸侯,必使诸侯同姓者主之。"④ 范宁的观点,明显是抄袭《公羊》,二者相差无几。当然,说周王嫁女需要找同姓诸侯主婚,而鲁因与周同是姬姓而被指派主持婚礼,这个观点合乎情理,且与《穀梁》没有明显的矛盾。范注援《公》解《穀》,虽不免令人疑虑,但也不宜过度非议。

限于文献记载不足,根据经文和其他传注,是无法搞清楚鲁国君臣为什么答应主婚的原因。家铉翁《集传详说》云:"鲁当陈义力辞不受,亦未至得罪于王,而鲁庄幼弱无知,不明复雠之义,辄受王命,为雠国主昏。彼非以共王命也,内偪于其母,外胁于强齐,故为此耳。"⑤ 这是从鲁庄公缺乏复

---

① 《穀梁注疏》卷14,页230。
② 廖平:《古义疏》卷3,卷121。
③ 《穀梁注疏》卷5,页61。
④ 《公羊注疏》卷6,页114。
⑤ 家铉翁:《春秋集传详说》卷4,页112。

雠的实际行动，而认定他因为内外压力而接受王命逆姬。是否可信？很难说。《春秋》三传和其他史料亦没有这方面的记载。家氏上述观点，纯属貌似有理的历史想象。像《穀梁》那样慎言其余，其实是更可信的观点。

在王姬婚事的安排上，读者只知道这是周室强加给鲁国的任务，无法判断畏齐之心是否影响鲁国主婚的决定。汪克宽《胡传纂疏》云："非畏王命而不敢辞主婚之事，寔乃畏齐而不肯辞也。"①这是毫无典据的猜测，三传和其他文献也没有分析畏齐心理与主婚的关系。至少就《穀梁》而言，这两者是不存在明显的因果关系。

13. 躬君弑于齐

"躬君弑于齐"，意谓自己的国君鲁桓公在齐遇害。王引之认为此句"躬君"二字误倒，该作"君躬"。②"躬"指自身，"君躬弑于齐"指鲁桓公自身被弑。钟文烝信从其说，增添的证据是宋明有些版本作"君躬"。③ 棘手之处在于，"躬"字可解"自身""自己""亲自"等意，无论是"君躬"抑或"躬君"皆是可通的。像柯劭忞那样维持"躬君"二字，认为"躬"解作"鲁臣子之躬"，亦是可以的。④ 经过折衷诸说，王引之的解释似乎值得商榷。过去，我曾经主张"君躬"之说，认为柯注"实不如王氏"，⑤但随着认识的深化，现在倾向认为，维持"躬君"二字，是更可取的诠释。这是基于本证的考虑。此传下一句"使之主婚姻"，而《穀梁》"使之"指涉的对象，可以是指相关文句的主体。僖元年经："齐师、宋师、曹师城邢"，传："使之如改事然。""使之"，指的是"向之师"，即经中的"齐师、宋师、曹师"。⑥ 以此例彼，庄元年传的"使之主婚姻"的"之"显然是就前一句的主辞而言。若作"躬君"，能够让"躬"和"之"指鲁臣子，"君"指鲁桓公，同时兼顾"弑于齐"和"主婚姻"两者；若作"君躬"，就是专指"弑于齐"的鲁桓公，而"之"却没有着落。在此之前，柳兴恩似乎已看到问题的关键，这么诘问说："若如王说，'之'字何指？岂指躬弑于齐之君，使主婚姻乎哉？"⑦在这里，柳兴恩对"之"的指代对象，

---

① 汪克宽：《春秋胡传附录纂疏》卷7，页164。
② 王引之：《经义述闻》卷25，页1519。
③ 钟文烝：《补注》卷5，页141。
④ 柯劭忞：《传注》卷3，页1。
⑤ 拙著：《复仇的限制》，页70注1。
⑥ 《穀梁注疏》卷7，页106。
⑦ 柳兴恩：《大义述》卷11，页151。

具有正确的认识,所以对王引之的漏洞也看得比较准确。

14. 不可受于京师

《穀梁》尊周立场坚定,成十三年经:"公如京师",传:"非如而曰如,不叛京师也",又云:"言受命不敢叛周也。"①对《穀梁》来说,在正常情况下,来自京师之命是不可违逆的。但在逆王姬的问题上,却主张"不可受"之义,为什么呢?周王爵命单伯主婚,属于《穀梁》"以言受命"的情况。正常情况下,天王之命,实无不受之理。惟一的例外是"不若于道"和"不若于言"的情况。庄元年传:"人之于天也,以道受命;于人也,以言受命。不若于道者,天绝之也;不若于言者,人绝之也。"②周王是人不是天,所以单伯受命是"以言"而非"以道";言之不顺,就会被人弃绝。单伯受命主婚,意味鲁国免不了与齐国的人以礼相待,是说不通的。对此,柯劭忞作出了相当精致的解释,《传注》云:"传云'义不可受'者,单伯之君弑于齐,是齐乃鲁臣子之仇国,不可受与齐为礼之命,既讥周之失命,亦讥单伯,所谓不待贬绝而自见者。"③从单伯不该受命的意见可知,自外于仇是《穀梁》不愿放弃的底线。不是所有来自尊者的"命"都需要无条件的接受,错误的"命"是不该接受的。

15. 强以王事与家事作比较的谬误

必须强调,"亲亲"与"尊尊"之间,《穀梁》有时候支持后者高于前者,但不是绝对的。文二年经:"跻僖公",传:"君子不以亲亲害尊尊,此《春秋》之义也。"④这是专就僖公神主的位次而言,不能说所有行为都得如此。《穀梁》不认为单伯受命逆王姬是正确的,显示这不是"尊尊"可以压倒"亲亲"的事情。

上述这一点,使得《穀梁》迥异于某些屈从王命的观点。孔广森《通义》云:"缘亲亲之义,则我不可受于京师。缘尊尊之义,天子可得召而使我也。故因而不称使,以为内杀恶也。《春秋》之义,以王事辞家事,不以家事辞王事。父子之雠,不敢不雠也。王命勿雠,则亦不敢雠也。孝子之心,尽其得

---

① 《穀梁注疏》卷14,页230。
② 《穀梁注疏》卷5,页60—61。
③ 柯劭忞:《传注》卷3,卷2。
④ 《穀梁注疏》卷10,卷161。

自尽者而已。"① 需要澄清一点,《公羊》没有明确反对单伯受命的做法,这是孔广森不得不另作解释,试图为单伯和鲁国君臣屈从王命辩护的主因。然而,"家事"与"王事"的对比,本属《公羊》讨论辄争国的主张,其内容是强调卫出公拒父的正确,所以说"不以父命辞王父命"。② 换言之,"家事"与"王事"的出现,是源于"父命"与"王父命"的分歧。相反,鲁庄公即位之初,由单伯负责王姬的婚礼,却是不同的性质。当时鲁桓公已死,对鲁庄公而言,是有"王命"而无"父命"。孔广森强以"家事"与"王事"之别解说单伯的受命,在很大程度上不合《公羊》原义,较之《穀梁》也不见得有何优胜之处。

16. 小结

单伯迎接王姬,是因为鲁庄公受命于周王之命。如上所述,《穀梁》认为复仇涉及政治条件和胜算的计算,没有苛责鲁国必须立即讨伐齐襄公(参照 H_3、I_3)。但这不意味鲁庄公自此可以与仇人水乳交融,不计仇怨。为齐襄公和王姬主婚,意味着鲁庄公必须"与齐为礼",《穀梁》认为这是不妥当的,其中已预设:

J_3　与仇人进行亲密接触是不应该的。

齐襄公是杀父仇人,鲁庄公不应毫无隙嫌地为他主持婚姻。在正常情况下,鲁庄公是应该接受周王之命,没有不接受的理由。但因为仇怨的发生,继续为仇人进行婚礼安排的各种接触,是说不通的。鲁庄公更正确的做法是不受周王之命,而不是继续受命。这意味着:

K_3　诸侯可以拒绝接受不应该接受的命令。

在周礼的政治结构中,上下之间是双向的,君主的命令若是不能接受,就可以明确地拒斥,而不是无条件地接受。《穀梁》明确指出,鲁国君父被杀,就是这样一个特殊的情形,有必要让鲁国君臣避免"与齐为礼"。这是一个说得通的理由。即使是来自周王至尊,也不是单向的、绝对的、毫无商讨余地的:

L_3　至尊的命令不是绝对需要服从的。

---

① 孔广森:《公羊通义》卷3,卷55。
② 《公羊注疏》卷27,卷594。

自外于仇,是鲁庄公应该提出来的许求。没有必要屈从至尊把不应该服从的命令服从到底。

（四）庄元年经:"秋,筑王姬之馆于外。"传:"筑,礼也。于外,非礼也。筑之为礼,何也? 主王姬者,必自公门出。于庙则已尊,于寝则已卑。为之筑,节矣。筑之外,变之正也。筑之外,变之为正,何也? 仇雠之人,非所以接婚姻也;衰麻,非所以接弁冕也。其不言齐侯之来逆,何也? 不使齐侯得与吾为礼也。"①

迎接王姬仅是鲁国主办婚礼的第一步,随后还有修建王姬馆舍的问题。

1. 礼与非礼

特意为王姬修建馆舍,是合礼的;但把它建在都城之外,却不合礼。为什么筑馆是合礼呢?"公门"即雉门。钟文烝《补注》云:"治朝之外即雉门也,雉门曰公门。"②据《穀梁》的解释,诸侯为王姬主婚,本应让王姬从雉门走出去,但在迎娶前若把王姬安置在宗庙之内,则过于隆重;若安置在寝宫,则过于怠慢。

2. 对筑馆的不同理解

有关筑馆的意见,《穀梁》与《公羊》二者略有不同。《公羊》庄元年传:"于路寝则不可,小寝则嫌。群公子之舍,则以卑矣。其道必为之改筑者也。"③《白虎通》云:"小寝则嫌群公子之舍则已卑矣,故必改筑于城郭之内。"④柳兴恩《大义述》考察《穀梁》对礼制的安排,抄录《白虎通》上文为旁证。⑤ 这是不妥的,因为《公羊》和《白虎通》大概认为筑王姬之馆是可以的,但筑之于外却不可以。这跟《穀梁》是不同的进路。后来,张慰祖指出柳兴恩这一错误,《补阙》云:"此《公羊》之义,《穀梁》则谓筑馆当于内,而齐为仇国,因筑于外,虽非正礼,未尝不合礼之权。"⑥此语明辨二传之别,纠正了柳兴恩牵合异说的毛病。

---

① 《穀梁注疏》卷5,页62。
② 钟文烝:《补注》卷5,页141。
③ 《公羊注疏》卷6,页115。
④ 《白虎通疏证》卷10,页480。
⑤ 柳兴恩:《大义述》卷6,页84。
⑥ 张慰祖:《补阙》,页42。

3. 馆于庙

有关"馆于庙"的问题,吴澄另有新说,《纂言》云:"鲁为王姬主昏,非自今日始。王姬所馆固有尝处矣,盖馆于庙也。"①这个猜测貌似有理,但"馆于庙"的观点也没有更多的旁证。鉴于《穀梁》已有"于庙则已尊"的主张,"馆于庙"是不可接受的,吴澄徒以"非自今日始"猜测,纯属主观而又没有凭据,不见得可信。

4. 为之筑,节矣

基于上述的考虑,《穀梁》认为另建王姬的馆舍,是适合的,故曰"为之筑,节矣"。周何译"节"为"一种明智的裁断",②其中参照钟文烝《补注》"制断"之解而来,③但不正确。《文王世子》云:"其有不安节,则内竖以告文王。"郑注:"节谓居处故事。"④郑注错谬,俞樾《群经平议》云:"节,亦犹适也。其有不安节者,其有不安适也。"⑤可见,"节"有"适"义,《穀梁》此传的"节",谈的是建馆的适合性,多于建馆者的决策是否明智。周何之译,于义转迂。

5. 对《左传》的三种解释

同样觉得王姬之馆建在城外做得正确,《左传》的理由有别于《穀梁》。《左》庄元年传:"为外,礼也。"⑥对此,有三个解释:

(1)杜注:"丧制未阕,故异其礼,得礼之变。"⑦《左传》只言"礼"而不言"异其礼"或"礼之变",杜预似是援《公》解《左》,非《左》本义。

(2)把"为外"的"为"训为"于"。俞樾指出,古代"于""为"二字通用,故"为外"即"于外"。⑧ 同样是"于外",《左》认为"礼",《穀》认为"非礼",二传之对比,异常鲜明。

(3)把"为外,礼也"理解为"不为亲,礼也"对应之句。两句的"外"与"亲"相对,"亲"指文姜,"外"指王姬。于鬯《香草校书》云:"文姜为鲁大夫,

---

① 吴澄:《春秋纂言》卷3,页469。
② 周何:《新译》上册,页160。
③ 钟文烝:《补注》卷5,页141。
④ 《礼记正义》卷20,页621。
⑤ 俞樾:《群经平议》卷20,页324。
⑥ 《左传正义》卷8,页219。
⑦ 《左传正义》卷8,页219。
⑧ 俞樾:《群经平议》卷25,页402。

是亲也；王姬非鲁女，是外也。因仇齐而不为文姜，是不为亲也，所以为礼；不以仇齐而不为王姬，是为外也，亦所以为礼。"①这个解释，针对《左传》自杜预以来分章割断导致文义隔阂的弊端，甚为可取。

上述三种解释，杜预的说法显然错误。至于俞樾或于鬯的解释，各有可取之处，暂且不分高低。在此仅强调一点：《左》的"礼也"与《穀》的"非礼也"之别，二者持论绝不相同。王树荣对此视而不见，反而为了捍卫《公羊》的门户，又批判说："此《左》《穀》比而畔《春秋》之证。"②闭目塞听，对二传之异不予闻问，信口雌黄，孰过于此！

6. 变之正

将王姬之馆建在城外，虽不合礼，却在异常情况下做的正确，故称为"变之正"。徐正英、邹皓译"变之正"为"符合礼制的变通"，③是不妥当的。此传明言"于外，非礼也"，可见"变之正"的"正"不能译为"符合礼制"。《穀梁》凡言"变之正"，都是特殊情况下做的正确的变通做法。例如，僖五年经："诸侯盟于首戴"，传："桓不臣，王世子不子，则其所善焉，何也？是则变之正也。"④齐桓公盟会绝非完全合礼，但传文仍肯定他的尊王，跟庄元年传筑王姬馆同一思路。"变之正"不是合礼，而是虽不合礼，仍算作正确。⑤

之所以认为建筑在外的做法，还算是灵活变通，无办法中的办法。这不是最理想的做法。理想的做法，当然是鲁国不用负责婚事，因为王姬下嫁的对象是齐襄公，是鲁国的仇人。《穀梁》没有因为肯定不够理想而符合现实的做法，而搁置更理想而无法在现实做到的想象。可惜，刘敞没有真正掌握上述的主张，反而对《穀梁》作出不合理的批判，《权衡》云："鲁本自当以仇雠不可接婚姻，上告诸天子，不当默默然受命，此乃《春秋》讥其舍大恤小，以谓未尽臣子道者也，何谓'变之正'乎？"⑥《穀梁》没有因为肯定"变之正"而放弃"不使齐侯得与吾为礼"的批评。刘敞没有看见三传惟《穀梁》申述"不可受于京师"的主张，无视传义的复杂性，言非公允。

---

① 于鬯：《香草校书》卷37，页752。
② 王树荣：《续穀梁废疾》卷1，页186。
③ 徐正英、邹皓：《全译》，页118。
④ 《穀梁注疏》卷7，页117。
⑤ 参阅本书第二章，页298—99。
⑥ 刘敞：《春秋权衡》卷14，页328。

7. 非所以接婚姻

就鲁庄公而言，不该和仇人有婚姻之礼的接触。这里，涉及"非所以接婚姻"的诠释，钟文烝解之为"非可于庙中接婚姻"，①柯劭忞赞同其说："主王姬者，设几筵于宗庙；馆于外，则不接于宗庙矣。"②如钟、柯之解，"接"之所以"非可"，是地点的问题。但是，传文有关王姬婚事与鲁国宗庙的关系，只说是"于庙则已尊"，意谓在宗庙过于隆重，涉及地点是否"节"的问题，并非可不可以"接"的问题。若在"非所以接婚姻"中安插宗庙接婚姻的情况，就是增字解传，殊为非类。

有关婚礼的"接"，都是指来者与鲁君有直接的接触。庄二十七年"莒庆来逆叔姬"和宣五年"齐高固来逆子叔姬"，《榖梁》皆解之曰："来者，接内也；不正其接内，故不与夫妇之称也。"③由此可见，"来逆"与"接内"是前后相承的事情。庄元年传有"不言齐侯之来逆"之问，所以"非所以接婚姻"的"接"亦涉及"接内"，是针对鲁庄公的立言，与庙无关。廖平《古义疏》云："接，接内，谓齐侯来接公。"④显然，廖平注意到"接婚姻"是就鲁庄公的接触而言，故以"接公"解之，正确可从。

8. 衰麻，非所以接弁冕

"衰麻"和"弁冕"各是丧、婚的衣物，意味着服丧的鲁庄公不应与即将成婚的齐襄公接触。鲁国是王姬的主婚者，情况与出嫁鲁国一样，经文本可记载"齐侯来逆王姬"，但经文没有这样的记载，意味着《春秋》有意不让齐襄公与鲁国一方执礼相处。正在执行丧礼的人没有理由被安排接待吉礼之事，《榖梁》这方面的解释得到广泛的支持，包括何休在内。何诂："礼，齐衰不接弁冕，仇雠不交婚姻。"徐疏："义取《榖梁》之文。"⑤《公羊》没有讨论这个问题，何休不得不暗袭《榖梁》以求其解；这也反映着一个简单的事实：以纯粹无杂质的经学家法传承来理解何诂的写作，是违反实际的判断。因为《公羊》文本限制或其他原因，何休解经不乏杂用《左传》和《榖梁》，诚如陈澧所说，"何氏虽恶二传，而仍不能不取之也。"⑥

---

① 钟文烝：《补注》卷5，页141。
② 柯劭忞：《传注》卷3，页2。
③ 《榖梁注疏》卷6，页94；卷12，页192。
④ 廖平：《古义疏》卷3，页122—23。
⑤ 《公羊注疏》卷6，页115。
⑥ 陈澧：《东塾读书记》卷10，页205。

9. 不言齐侯之来逆

从"其不言齐侯之来逆"之问,可以知道《穀梁》认为当时齐襄公实际上已来鲁国迎亲,只是经文没有记载而已。就这一点,廖平的解释值得讨论,《古义疏》云:"齐侯实来,来则接内,虽馆在外,必有婚姻之礼。且于外托辞,讳莫如深,故再没其文也。"①这里的"托辞",容易令人误会《穀梁》认为《春秋》虚构史事。《穀梁》没有"借事明义"的主张。相反,"于外"之说,就是隐晦地承认当时齐襄公曾经来到鲁国迎婚,重点是隐讳而非假托。除了这个小错之外,廖平对此传的理解,倒是大体不差。

10. 小结

为王姬筑馆在外,不是最理想的做法。最好的是不接受周王之命,拒绝主婚的工作。《穀梁》的讨论没有深描鲁国君臣心中究竟有什么想法。应该说,不论是什么想法,也是相对的不重要。真正重要的是:既然不得不主持婚礼,那么在相对限制的条件,如何做出比较适当的行动?不让鲁庄公与齐襄公"为礼"是关键。因为馆筑在外,至少可以鲁庄公这个背负仇怨的人不用直接出现礼节上的接触,《穀梁》认为这样做算是可以的,故曰"变之为正"。这已预设:

   M_3 在非常情况下变通做法是可以的。

要注意的是,裁断"变之为正"的,不是当事人自己说了算。在《公羊》笔下,祭仲废立时,完全只听其内心的判断,祭仲本人是"自贬损以行权,不害人以行权"的主事者,其得失是非彷佛不用聆听别人的声音(参照 N_2)。相反,《穀梁》对"变之为正"的判断,不是仰赖于行动者的自主决定,更多的是让相关行为及其成果摆出来,让别人看着得出判断。筑馆于外,是其他人有目可睹、有迹可探、好坏与否自有公论的做法。

   N_3 行为的可允许性是要从开放性来保障的。

《穀梁》的"变之为正",与《公羊》的"知权"或"行权",是两种不同的概念:前者讲究相关的行为是否可被允许,而提出不允许的有可能是行动者以外的其他人;而后者则是"舍死亡无所设"的决定者,因此祭仲自己决定废立在《公羊》看来是正确的做法。

---

① 廖平:《古义疏》卷3,页123。

另要注意,承认变通做法的正确,不意味更理想的做法有什么不好。这是发生在不同时间次序上的两种行为及评价。"筑之外"是晚于"不可受于京师"之后。

	行动	礼制上的表现	判断标准	评价
夏	受命主婚迎接王姬	与齐为礼	义	其义不可受
秋	筑之外	非礼	变	变之正

受命主婚派单伯迎接王姬,将意味"与齐为礼",而《榖梁》强调"不可受"是就"义"而言,这是是比较正确的做法,但在现实中无法做到;而"筑之外"是"非礼",却属于"变之正",此"变"是立足于接受现实限制后的灵活应对,有别于"义"。假如"不可受"得到现实条件的配合,自能可以落实为拒绝"与齐为礼"而又符合"义"的行动。因此,这不是平列在眼前的两个选择,而是前者的失败催生后者的提出。这意味着:

O_3. 最好的理想性方案不是先于实践而否决次好的现实方案。

筑馆在外,是无办法中的办法,虽然不是最理想,但没有理由在先于实践以前否决这个次好的做法。《榖梁》支持"非礼"而"变之正"的做法。"礼"不是惟一的考虑,更不是先于实践的排除其他行为选项(参照 K_2)。

(五)庄元年经:"王姬归于齐。"传:"为之中者,归之也。"①

王姬嫁到齐国,是鲁国主婚的最后一步。"为之中"的"中",是"主"字之讹。这是丁溶的观点,钟文烝和柯劭忞皆接受此说。② 其他诸侯出嫁不书归,但因王姬是鲁国主婚,故此记载其事。这场婚事之所以引人瞩目,是因为迎娶王姬的是鲁庄公的仇人。但要强调,这不是《榖梁》解经的要点。桓九年经:"纪季姜归于京师",传:"为之中者,归之也。"③纪季姜是周王迎娶的王后,因鲁国是主婚者,故经文予以记载。以此例彼,经文记载王姬之归,仅因:

①鲁国主婚;

---

① 《榖梁注疏》卷5,页63。
② 钟文烝:《补注》卷5,页144。柯劭忞:《传注》卷3,页3。
③ 《榖梁注疏》卷5,页47。

②婚事涉及王室。

以上两点，便是充分条件。齐襄公作为仇人的背景，却不是王姬卒文的必要条件。

(六)庄二年经："秋，七月，齐王姬卒。"传："为之主者，卒之也。"①

王姬嫁后翌年逝世，算是王姬与齐襄公婚姻的一个结局。

1. "卒之"的原因

此经同样是鲁国主婚的缘故，所以记载王姬之死。卒文与归文一样，都是重在鲁国主婚，而非仇人的存在。

2. "为王姬服大功"的猜想

此传没有涉及鲁庄公服大功的是非。胡传："王姬何以书？比内女为之服也。"又云："庄公于齐王姬厚矣，如不共戴天之念何？"②胡安国说鲁庄公为王姬服大功，是根据《礼记》的说法。《檀弓》云："齐穀王姬之丧，鲁庄公为之大功。"③这里对鲁庄公此举亦无明显的贬抑，经传亦未无证据足以显示王姬卒文是因为庄公之服，胡安国以鲁庄公服大功而批判他不复仇，这个观点充其量只是个人心得的发挥。不仅《穀梁》，《左》《公》二传也没有这样的主张。

3. 贤王姬之谬

王姬之归与卒，不涉及复仇的问题。阅读经文，看不出《春秋》有意控诉齐襄公的恶行。然而，洪咨夔却径从自己的预想作出一些夸张的控诉，《春秋说》云："王姬无书卒者，卒之悲之也。以桃李之华，配禽兽之行，朝至齐都，夕迁纪邑，念伤桓王之心，岂不怵焉如擣？目击闺门之内，皆非人道之常，又岂不烈焉如焚？心失和平，气受沉郁，未数月而卒，可以知其贤矣，悲夫！"④洪咨夔因为齐襄公各种劣行，断定王姬婚后精神痛苦，遂至香消玉殒，实乃知信心而不求之可据。限于史料阙如，读者实在难以知道王姬的生平、年龄、性格、健康状况和人际关系，无从估计她是否得知齐襄公的恶行而积郁致死。《穀梁》虽然批判鲁庄公不复仇反而亲近齐襄公，但没有借王姬猝逝而讨论复仇的问题。

---

① 《穀梁注疏》卷5，页64。
② 胡安国：《春秋胡氏传》卷7，页86。
③ 《礼记正义》卷9，页261。
④ 洪咨夔：《洪氏春秋说》卷5，页497。

4. 小结

《春秋》之所以记录王姬的婚姻和逝世，主要因为鲁国主婚。《穀梁》没有将之扯到其他人或事件的评价上。像洪咨夔这样因齐襄公之罪而推断王姬之贤，是错误的。如其解，无非是说王姬重视人道之常，对齐襄公的罪行看不过眼。然而，《穀梁》不曾认为这是称贤的决定性条件，由此可以推断：

P_3　厌恶坏人坏事不是称贤的重要条件。

《穀梁》的"贤"与"恶"是可以并存的，不曾认为所认可的贤者，不是其人对"人道之常"有什么态度。这一点，对认识《穀梁》的"贤"的独特性，甚有启发意义。

（七）庄三年经："王正月，溺会齐师伐卫。"传："溺者何也？公子溺也。其不称公子，何也？恶其会仇雠而伐同姓，故贬而名之也。"①

公子溺伐卫是鲁庄公执政初期的重大军事行动，因为涉及鲁、齐的合作而分外瞩目。

1. 会仇雠而伐同姓

跟公子翚伐郑而被剥夺"公子"一样，②公子溺称名不称"公子"，《穀梁》认为其中寓有贬义，因为齐襄公是鲁庄公的仇敌，而鲁、卫是同姓之国，与敌伐同姓是错误的。胡传："有父之雠而释怨，其罪大矣，况与合党兴师、伐人国乎？"③胡安国所言深得《穀梁》之义，甚有保存的价值。

判断溺之两恶，在于"公子"之阙，而非月份的记载。赵汸试图从月份中寻找批判公子溺的罪恶，《属辞》云："凡大夫会、侵、伐不月，虽王臣会之不月，唯会仇雠以逆王命则月。"④这个观点直接影响孔广森对《公羊》的诠释，《通义》沿袭其说："此两恶并重录，责之甚也。"⑤溯本追源，赵汸的观点与《公羊》没有直接关系。《公羊》庄三年传："溺者何？吾大夫之未命者也。"何诂："齐、鲁无悼天子之心而伐之，故明恶重于伐，故月也。"⑥《公羊》

---

① 《穀梁注疏》卷5，页65。
② 参阅本书第一章，页46—48。
③ 胡安国：《春秋胡氏传》卷7，页87。
④ 赵汸：《春秋属辞》卷14，页741。
⑤ 孔广森：《公羊通义》卷3，页58。
⑥ 《公羊注疏》卷6，页118。

对公子溺伐卫的行动，本无只字批判；而何休书月示恶的观点，也没有触及自外仇雠的立场。这对于意图贯彻复仇主张的《公羊》信徒来说，带来了莫大的内在限制。赵汸认为月份显示"会仇雠以逆王命"的贬意，是掺杂《穀梁》的个人主张，与《公羊》不合。孔广森借此立说，意图扩大何休经文书月示恶的内容，其言不合《公羊》本义，有目共睹。

后来，陈立《义疏》有选择性地抄录孔广森之言，却不明言其说来自赵汸，①似欲李代桃僵，含混了事，令人惊诧。三传惟《穀梁》明确批判公子溺会仇雠，像何休、赵汸、孔广森等人意图从月份另树新说，都是无中生有的主观臆断。下文将会指出，《公羊》提出"壹讥"之说，而"壹讥"仅指狩于郜一事，没有其他。这也排除了《公羊》以公子溺会仇而遭讥的可能性。

2. "专命而行"之谬

没有理由认为公子溺伐卫是自作主张的专命行为。《左》庄三年传："疾之也。"杜注："疾其专命而行，故去氏。"②比较可知，《左传》只说"疾之"，未尝提及公子溺的"专命"，杜预过度诠释，似有舛错。按照《左传》的笔法，专命者完全可在不书之列。《左》隐元年传："请师于邾，邾子使私于公子豫。豫请往，公弗许，遂行。及邾人、郑人盟于翼。不书，非公命也。"③公子豫因专命而不书于经，正是公子溺"专命而行"的有力反证。刘敞《权衡》以此诘问："公子豫何以都不书，溺何以书名而去氏？"④这是非常机智和犀利的责难。从《左传》中完全找不到支持杜注的可靠证据，而杜预也没有更可信的举证，没有理由因此相信公子溺专命之说。

更进一步说，"专命而行"的主张假如能够成立，就意味主事者不过是公子溺，无涉于鲁庄公。公子溺联齐伐卫，不能说鲁庄公不必负责。对公子溺的批判，其实也是对鲁庄公的间接批判。钟文烝《补注》云："贬溺，亦所以讥公也。"⑤这是符合传义的推论。《穀梁》理解的君与臣，往往是责任、荣辱同属，故派遣季札出使的馀眛，亦因"使贤"而贤，背后的逻辑是臣子的"身贤"惠及其君亦贤（参照 L_1、M_1）。反过来说，臣子若有罪恶，自也

---

① 陈立：《公羊义疏》卷18，页658。
② 《左传正义》卷8，页221—22。
③ 《左传正义》卷2，页63。
④ 刘敞：《春秋权衡》卷3，页195。
⑤ 钟文烝：《补注》卷5，页146。

累及其君。除了"罪累上"的传例外,《穀梁》并屡有因臣之贬而贬其君,如公子翚因弑君不称公子,实已同时贬抑支持弑谋的鲁桓公。因此"贬溺"蕴涵"讥公",是《穀梁》学者普遍支持的集体意见。廖平和柯劭忞也有相同的观点。①

3. 小结

公子溺联同齐国军队共同伐卫,是与鲁国仇人一起,攻伐同姓,二恶兼而有之。他的错误不是个人问题,也要鲁庄公共同担负的。由此可见,不应与仇人进行亲密接触的,不仅是君主个人,还包括他的臣子(参照 J_3)。这意味着:

Q_3　君臣需要共同担负政治罪责。

臣子有罪,君主同样受累;君主有错,臣子亦脱不了关系。这跟后世专制君主独揽大权而不必承咎的单向关系,可谓大异其趣。

(八)庄三年经:"冬,公次于郎。"传:"次,止也,有畏也,欲救纪而不能也。"②

此经系于"纪季以酅入于齐"之后,当时纪亡已是触手可及的事实,此经也反映了鲁庄公无力改变纪国灭亡的悲剧。

1. 以"止"释"次"

"次",《穀梁》训作"止",意谓停留。此传的停留是军事意义上的驻札,但《穀梁》以"止"训"次",其指代的对象不仅如此。廖平《古义疏》云:"据次俟,知兵事。"③把"次"理解为军事性质的驻扎,本是《左传》的主张。《左》庄三年传:"凡师,一宿为舍,再宿为信,过信为次。"④此语细分"舍""信""次"的差别,很有参考意义。但必须指出,《春秋》之"次"不尽是军事意义的驻札,经文书"次"17 例,⑤而公书次者,唯庄、昭二公,两者性质完全不同。昭二十八年经:"公如晋,次于乾侯。"鲁昭公被季氏驱逐,流亡在乾侯居留,可见"次"不尽是驻札之义。廖平"知兵事"之论,是不准确的概括。《穀梁》以"止"解"次",是蕴涵所有情境的"次"。经文不是凡言"次"皆是驻

---

① 廖平:《古义疏》卷 3,页 128。柯劭忞:《传注》卷 3,页 4。
② 《穀梁注疏》卷 5,页 67。
③ 廖平:《古义疏》卷 3,页 132。
④ 《左传正义》卷 8,页 223。
⑤ 这 17 例载于庄三年、庄八年、庄十年、庄三十年、僖元年、僖四年、僖十五年、文十年、襄元年、襄二十三年、昭二十五年、昭二十六年、昭二十八年、昭二十九年、定九年、定十三年、定十五年。

札,"次"也包含其他情境下的停留。周何译"止"为"军队驻扎不前",[1]似是忽略了经传的"次"不尽是驻扎而已,其误与廖疏相同。

2. "止"与"畏"

"止"既作停留之义,往往涉及停留背后的原因。全传有两种不同的解释:

①只言"止"、不言"畏"。例如:

> [1]庄八年经:"师次于郎,以俟陈人、蔡人",传:"次,止也。俟,待也。"
>
> [2]僖四年经:"次于陉",传:"次,止也。"
>
> [3]昭二十五年经:"公孙于齐,次于阳州",传:"次,止也。"[2]

例[1]鲁师之止,是为了等候陈、蔡之师。例[2]的"止",是齐桓公伐楚后的自我克制,是召陵之盟与楚国交涉的前奏。例[3]鲁昭公停留在阳州,是当时出奔后续发展。从以上3例可见,"止"后不言"有畏",各有不同原因,有别于"畏"的情况。

②"止"后言"畏"。例如:

> [4]庄十年经:"齐师、宋师次于郎",传:"次,止也,畏我也。"
>
> [5]庄三十年"师次于成"和僖十五年"遂次于匡",《穀梁》皆解之曰:"次,止也,有畏也。"[3]

以上例子,都是以"畏"释"止",表示当事人因为害怕而停留在当地。以此作为类推,可以知道鲁庄公因为畏齐而停驻在郎邑。

3. 郎的地理位置

郎,《左传》作"滑",鲁国近郊之邑。《左》庄三年传:"将会郑伯谋纪故也。郑伯辞以难。"[4]《左传》认为当时鲁庄公打算与流亡的厉公袭合作图谋救纪之事,但遭到拒绝;这方面的叙事,与《穀梁》"有畏"之义虽无明显的矛盾,但也不必强合。柳兴恩《大义述》云:"同为不能救纪,而滑、郎非一地

---

[1] 周何:《新译》上册,页172。
[2] 《穀梁注疏》卷5,页72;卷7,页112;卷18,页306。
[3] 《穀梁注疏》卷5,页75;卷6,页98;卷8,页130。
[4] 《左传正义》卷8,页223。

也。滑去齐、纪远，郎去齐纪近，非将会郑伯，无为次于滑也。"①这是从滑、郎二地之别，说明二传观点之异，很有参考价值。

4. 不能≠耻不能救

鲁庄公停驻在郎，虽有救纪之心，但因畏齐而没能援救。必须强调，此传没有刺鲁庄公之意。此经明言"次"的主体是"公"，而非其他人或东西，按照《穀梁》的理解，不能救纪实非可耻之事。崔适《复始》云："《穀梁氏》曰：'不言公，耻不能救鄣也'，此必《春秋》家相传之旧说也。是年'师次于成'，以起'齐人降鄣'，与上三年'公次于郎'，起四年'纪侯大去其国'同文，'耻不能救鄣也'与'刺欲救纪而后不能也'同文，经义、传义皆可贯通矣。"②

在这个问题上，一直指责《穀梁》伪作的崔适，显然袭取《穀梁》的观点。庄三十年经："师次于成"，传："不言公，耻不能救鄣也。"③《公羊》对此没有发传解读，仅《穀梁》有"耻不能救"的主张。限于《公羊》这方面的文本，崔适不得不让步，勉强承认《穀梁》的说法是"《春秋》家相传之旧说"。这个说法，已充分反映崔适虽以捍卫《公羊》为己任，其实比谁都清楚《公羊》有些说法不够圆满，所以无奈之下，不得不以《穀》证《公》，自陷矛盾而不坦承。更可笑的是，崔适这样援引《穀梁》，却是建立在误解二传之上。《公羊》庄三年传："刺欲救纪而后不能也。"④《穀梁》对次郎的解释，却不是这样。同样是次而"有畏"，同样是"欲"而"不能"，在《穀梁》看来，庄三年经与庄三十年经最大的差别是次郎言公，次成不言公。因为庄三十年传表示不言公示耻，以彼释此，可知《穀梁》不认为庄三年经言公示耻。崔适不知《穀梁》对不能救纪实无讥评，径把《穀梁》刺不能救鄣之义以证《公羊》刺不能救纪之说，错位显然，其解芜浅不足观，只能说明他对自己不断唾骂的《穀梁》实非耐心细读，致有如此舛错。

5. 不能≠刺其畏雠

此传的"不能"，需要从现实政治条件上理解。柯劭忞《传注》云："言公者，不以为耻。公畏仇且亲之，安能以师救纪？"柯注指出庄三年传没有耻义，相当可取。然而，此传既言"欲救纪"，显示鲁庄公真有"救纪"的想法；

---

① 柳兴恩：《大义述》卷10，页127。
② 崔适：《春秋复始》卷16，页490。
③ 《穀梁注疏》卷6，页98。
④ 《公羊注疏》卷6，页121。

若如柯注之说,鲁庄公的问题在于不是真心救纪。纯以个人意愿来指责鲁庄公不救纪,不合传旨。传文明言"欲救"而"不能",表明问题不是鲁庄想法如何。僖二十二年传:"道之贵者时,其行势也。"①《穀梁》重"势",像鲁庄公"欲救纪"的"不能",只能理解为现实形势的限制。僖十二年传"楚伐江灭黄,桓公不能救"②的"不能",与庄三年传的"不能",都是现实条件造成的。

齐强鲁弱,是当时的现实形势。此传仅是客观地记述鲁庄公在纪亡前没能援助的遗憾事实,没有要求鲁庄公立即发兵与齐决战。钟文烝《补注》云:"次成讳耻,此直文者,盖刺其畏雠。"③认为经文带有刺义,实受《公羊》误导,殊非传义。《公羊》庄三年传:"其言次于郎何?刺欲救纪而后不能也。"④《穀梁》只说"有畏"而不说"刺"。二传观点不同,难以强合。如上所述,庄三十传言"耻",是针对"不言公"而发;而庄三年经的"公",就是反证钟注"讳耻"和"刺"最有力的证据。钟注错解"次成"之义,一望而知。

6. "劳众而无功"之谬

经文没有怪责这次行动劳而无功的意思。孙觉尝试撇开《穀梁》而另作解说,似有乖谬。《经解》云:"书次,皆讥也。"又云:"纪虽危亡,然为庄公者宜量其力之如何可往也,则往救也。力不可救,则不如勿往而已矣。内空虚其国家,外无救于危亡,徒至于郎而次止焉,圣人罪其劳众而无功也。"⑤跟许多受《公羊》影响的观点不同,孙觉大概因重视《穀梁》的缘故,比较重视量力之义,认为庄公错在劳而无功。但要辨析的是,这是读史心得多于经文诂解。《春秋》绝非凡书"次"皆有讥义,前已述及,僖四年经"次于陉"的"次",涉及齐桓公伐楚后次,三传对之皆无贬义。即使有些"次"可能蕴含贬义,也不意味这是讥刺"次"的主体劳而无功,至少孙觉对此并无明确举证。限于文献不足,鲁庄公次郎究竟动员多少兵员,是否不可接受的额度,都是不得而知,像孙觉那样断言"内空虚其国家",侈大其辞,似不可信。

---

① 《穀梁注疏》卷9,页142。
② 《穀梁注疏》卷8,页129。
③ 钟文烝:《补注》卷5,页151。
④ 《公羊注疏》卷6,页121。
⑤ 孙觉:《春秋经解》卷3,页590。

7. 小结

观察上述的各种评论意见，可以发现鲁庄公的问题比较复杂，不是简单地批判他没有复仇便即了事。《穀梁》讲究量力，鲁庄公不是立即有能力战胜和杀死齐襄公，因此问题不仅是应不应该复仇，而是如何因应各种不同的情势而作出适合的应对。

鲁庄公在郎邑停留，据《穀梁》的理解，经文仅是客观地记述鲁庄公在纪亡前没能援助的遗憾事实，没有要求鲁庄公立即发兵与齐决战。这是政治条件的限制，鲁国也没有战胜齐国的实力（参照 H_3、I_3）。"欲救纪"与"不能"之间的落差，见证预期与现实的距离，也解释鲁庄公何以"有畏"。《穀梁》不是凡"有畏"即贬。它比《公羊》更重视政治实力和形势判断，此乃一个明证。

（九）庄四年经："冬，公及齐人狩于郜。"传："齐人者，齐侯也。其曰人，何也？卑公之敌，所以卑公也。何为卑公也？不复仇而怨不释，刺释怨也。"①

此经发生在驻郎后翌年，鲁、齐两国关系密切，不仅不因纪亡而恶化，反而出现两国君主共同冬狩的事件。这次狩猎，使得鲁庄公被钉在无数儒生咒骂的历史耻辱柱上。

1. 郜的地理位置

"郜"是齐地，《左传》作"禚"。钟文烝认为此邑是"取诸宋者"，②不确。杜预解"齐侯致禚、媚、杏于卫"云："三邑皆齐西界。"③张慰祖据此考证郜的位置"当为齐、鲁、卫分界之地"，④此说可取。

2. 公之敌

除本例外，《穀梁》言"敌"还有 12 例，共有三种涵义：

①敌人，如"而敌人之邑"（庄二年）、"以众其敌"（庄十年）、"此谓狎敌也"（庄十七年）、"骄其敌"（僖二十二年，2 例）、"不狎敌"（襄二十九年）。

②敌对，如"敌则战"（僖二十二年）、"以三军敌华元"（宣二年）、"莫之敢敌也""为尊者讳敌不讳败，为亲者讳败不讳敌"（成元年）。

---

① 《穀梁注疏》卷 5，页 68。
② 钟文烝：《补注》卷 5，页 153。
③ 《左传正义》卷 55，页 1584。
④ 张慰祖：《补阙》，页 46。

③相当,如"漆、间丘不言及,小大敌也"(襄二十一年)。①
以上述三义反观此经"公之敌",因"敌"作名词用,原则上可以排除②,而周何倾向于③,故译"卑公之敌"为"贬抑与鲁庄公相当的齐侯"。② 此译可以商榷。庄四年经的主体和客体分别是"公"和"齐人",尊卑不同,原非"相当"。如周之译,作相当义的"敌"不是指代经中的"齐人",而是自身作为诸侯地位的齐襄公。上述③的"小大敌"却是专就襄二十年经的"漆"和"间丘"而言。这就提醒读者,作相当义的"敌"该是讨论经文的措辞,像周何那样译法,于义转迁。更何况③的"敌"本非名词用,不足以作为周何的旁证。有鉴于此,"公之敌"的"敌"宜为①,作敌人义,这在《穀梁》用例最多。徐正英、邹皓译之为"庄公的敌人",③是正确的。因为杀害桓公的缘故,齐襄公肯定是鲁庄公的仇敌,故称之为"公之敌"。

3. 齐人＝齐襄公

《穀梁》认为"齐人"就是齐襄公,"人"是卑辞,把齐襄公贬抑为"齐人",是为了贬抑鲁庄公,不是为了宣示对他的仇恨。顾炎武《日知录》云:"人之者,雠之也。"④这个说法是错误的。齐襄公虽是鲁庄公的仇人,但很难说经文需要透过"齐人"的笔法来表述这方面的仇怨。鲁桓公死后,《春秋》更多的是以"齐侯"称齐襄公,除庄四年经外,包括:

>[1]庄二年:"夫人姜氏会齐侯于禚。"
>
>[2]庄四年:"夫人姜氏飨齐侯于祝丘""齐侯、陈侯、郑伯遇于垂"和"齐侯葬纪伯姬。"
>
>[3]庄五年:"公会齐人、宋人、陈人、蔡人伐卫。"
>
>[4]庄七年:"夫人姜氏会齐侯于防"和"夫人姜氏会齐侯于穀。"

以上7条,称人的经文仅一条,即例[3],据《穀梁》解释,齐襄公称为"齐人",是因为"逆天王之命也"。⑤ 由此反证,齐襄公称"人"的笔法,不是为了披露他杀鲁桓公之仇。

---

① 《穀梁注疏》卷5,页64、75、80;卷9,页141—42;卷12,页189;卷13,页211—12;卷16,页263、271。
② 周何:《新译》上册,页176。
③ 徐正英、邹皓:《全译》,页129。
④ 顾炎武:《日知录》卷4,页211。
⑤ 《穀梁注疏》卷5,页69。

《春秋》内鲁,正常情况下都不会把鲁国君主置于与卑者并列的位置。下文将会指出,高傒和阳处父分别与鲁庄公和鲁文公结盟,经文皆不言公。如果鲁国君主与卿大夫会盟也得隐讳,那么真有微者共狩之事,岂有不讳之理?陈岳《春秋折衷论》云:"苟自与微者狩,则必为鲁讳,当书'及齐人狩于禚',不曰公矣。"①这一说法,正确掌握鲁国君主与其他人的地位对比的关键,可以接受。

4. 齐人≠微者

没有理由把"齐人"理解为微者。杜注:"公越竟与齐微者俱狩,失礼可知。"②《左传》对此经的"齐人"未尝发传解说,而杜预也没有举其他证据支持其说,不乏《左传》学者怀疑杜预此说。沈钦韩《左传补注》云:"庄公虽无人心,何为与齐之微者狩?尊卑上下,自有统纪。齐之微者,安能与邻国之君狩乎?然人者,齐侯也。庄公安之而出者,为愧之,因而微之。"③沈注似乎参照《穀梁》的说法,但比杜预"微者"之说,显得更为可信。不论如何,"微者"之说,连《左传》学者也不一定接纳。杨伯峻《左传注》说:"杜注恐无据。鲁公不至与齐之贱吏共田猎。"④这里把"微者"解作"贱吏",不尽符合杜注的原意,但剔除这个小错,杨注觉得杜注不可从,大方向还是正确的。

5. 及者,内为志焉尔

根据"及者,内为志焉尔"的传例,"及"前的主体是意欲并主导相关行动的行动者。以下4则经文,《穀梁》皆有申述传例以资解说:

> [1] 隐四年:"公及宋公遇于清。"
> [2] 桓元年:"公及郑伯盟于越。"
> [3] 庄二十三年:"公及齐侯遇于穀。"
> [4] 宣四年:"公及齐侯平莒及郯。"

由此可知,不论"及"后的人是公是侯,也不论其动词是"遇""盟"抑或"平",在《穀梁》看来,相关事情皆是由"及"前的"公"所主导的。此经以鲁庄公为主,而又系"及"前,显示他是冬狩的主导者。"公及齐人"就是透过客体

---

① 引自朱彝尊:《经义考》卷178,页3263。
② 《左传正义》卷8,页224。
③ 沈钦韩:《春秋左氏传补注》卷2,页117—18。
④ 杨伯峻:《春秋左传注》第1册,页163。

之卑而卑主体,以"齐人"之卑而卑"公"。《穀梁》之言"卑公",就是表明经文贬抑鲁庄公之意,多于隐讳他的过失。

6. 卑≠讳

就这一点,《公羊》的观点与《穀梁》不尽相同。《公羊》庄四年传:"公曷为与微者狩? 齐侯也。齐侯则其称人何? 讳与仇狩也。"①《公羊》强调讳义,没有谈及卑义。这是《穀梁》比《公羊》释义更高明和更深刻的地方。有关这一点,钟文烝已有细致的解释,《补注》云:"《公羊》言讳而传不言者,言卑刺则讳可知,明经以卑刺为义也。若不以卑刺为义,直以讳为义,则当不言公而直言'及齐侯'。今言'公及齐人',则明以讳见讥。"②言讳不必涉及卑的存在,言卑则预设讳为将有之义,钟注对二传要旨的辨析,眼光独到,非徒知摘抄旧说之徒可比。

7. 释怨

"狩"意指国君举行的冬猎,桓四年传:"四时之田,皆为宗庙之事也。春曰田,夏曰苗,秋曰蒐,冬曰狩。"③据此,"狩"不是普通的政治活动,而是"宗庙之事"。宗庙是祭祀父祖的地方,人君冬狩本应是孝养之举,鲁庄公跑到齐地与杀父仇人齐襄公一同狩猎,绝对是愧对亡父,大错特错,不在话下。

据《穀梁》的理解,"释"有三义:

①释放,如"不与楚专释也"(僖二十一年)。

②解释,如"释不得入乎晋也"(昭二十三年)之例。

③搁置、放下或消除,如"不正其释殡而主乎战也"(僖三十三年)、"不可与,则释之"(襄三年),"民如释重负"(昭二十九年)之例。④

此传的两个"释"字,都是意谓消除。"而"是连词,"不复仇"与"怨不释"以"而"言之,意味前者与后者的递进关系。复仇是释怨的条件,不复仇就不该释怨。《穀梁》认为经文之所以卑公,是为了批判鲁庄公有仇不报,反而消除了对仇人的怨恨。胡传:"今庄公与齐侯不与共戴天,则无时焉可

---

① 《公羊注疏》卷6,页125。
② 钟文烝:《补注》卷5,页154。
③ 《穀梁注疏》卷3,页39。
④ 《穀梁注疏》卷9,页140、155;卷15,页245;卷18,页305、310。

通也,而与之狩,是忘亲释怨非人子矣。"①胡安国此说自《穀梁》发挥而来,可以备存。

8."壹讥已明"之谬

这是齐襄公生前最后一次就二人之仇而抨击鲁庄公的过失,此后再无续论,迄至二十年后迎娶仇女哀姜方才再次发传批判。廖平《古义疏》云:"余不复言者,壹讥已明也。"②这是非常乖舛的解说。庄四年传的批判是最后的批判,不是惟一的批判。如上所述,庄元年传、庄三年传皆有讥鲁庄公君臣的言论,不能说是"壹讥"。显而易见,廖疏"壹讥"之论,绝非传义。《公羊》庄四年传:"前此者有事矣,后此者有事矣,则曷为独于此焉讥?于仇者将壹讥而已,故择其重者而讥焉,莫重乎其与仇狩也。于仇者则曷为将壹讥而已?仇者无时焉可与通,通则为大讥,不可胜讥,故将壹讥而已,其余从同同。"③《公羊》惟庄四年发传批判鲁庄公,故曰"壹讥";《穀梁》却非如此。廖平以《公》释《穀》,谬误甚明。

9.小结

鲁庄公与齐襄公共同狩猎,是面对仇人却释除了自身的仇恨,反而亲密接触(参照J_3)。这是不可接受的做法。是否进行复仇,与复仇者将得到什么评价,虽非成比例的发展,但也不是毫无关系。在《穀梁》看来,进行复仇,不一定导致其人得到褒贬,如齐襄灭纪便是不应该做的事情。但不进行复仇,再加上毫无底线地亲近仇人的表现,却会成为可以被贬抑的对象。

(十)庄九年经:"公及齐大夫盟于暨。"传:"公不及大夫。大夫不名,无君也。盟,纳子纠也。不日,其盟渝也。当齐无君,制在公矣。当可纳而不纳,故恶内也。"④

即位后奉行亲齐立场的鲁庄公,始终没能为父报仇。他的杀父仇人齐襄公不得善终,被公孙无知弑而代之。其后鲁、齐乾时之战被《公羊》定性为复仇的性质,《穀梁》却不这样认为,故有必要检视事情的来龙去脉。要说明乾时之战的发生,不能不从鲁庄公尝试趁乱扶助公子纠的失败说起。

---

① 胡安国:《春秋胡氏传》卷7,页91。
② 廖平:《古义疏》卷3,页135。
③ 《公羊注疏》卷6,页125。
④ 《穀梁注疏》卷5,页73。

1. 公及大夫与公及人

根据"及者,内为志焉尔"的传例,鲁庄公系于"及"前,说明他是这次齐、鲁盟会的主导者。① 跟上述"公及齐人"不是正常措辞一样,此经"公及齐大夫"同样也不是正常的笔法。更准确地说,此经比庄四年经更不正常。隐八年经:"公及莒人盟于包来",传:"可言公及人,不可言公及大夫。"②据此,"公及人"是"可言"的,而"公及大夫"是"不可言"的。《春秋》直言鲁君与大夫盟,惟此一例。其他记载鲁君与别国大夫结盟的经文,一般都是为了隐讳的需要略"公"不言。联系到此传"恶内"的劣评,可以推知"公及齐大夫"的"公",已寓有不讳鲁庄公的深意。

2. 不日蕴涵盟渝,而非恶内

钟文烝《补注》云:"恶内者,即谓不日也。"③这里涉及盟渝的问题,有必要略作说明。除本例外,《穀梁》还有 2 则传文涉及盟渝:

[1] 隐元年经:"三月,公及邾仪父盟于眜",传:"不日,其盟渝也。"
[2] 庄十九年经:"秋,公子结媵陈人之妇于鄄,遂及齐侯、宋公盟",传:"其不日,数渝,恶之也。"④

这两则传文,前者说是"渝",后者说是"数渝";前者意谓变化,后者意谓很快便有变化,为何有此区别?《穀梁》没有明确交代。可以确定的是,这跟前者记载月份、后者记载季节似乎没有什么关系,因为传文没有这么说。初步判断,按照《穀梁》的用法,"渝"与"数渝"表面上看存在语义分歧,但在实际上的用法上,却没有太大的歧异,因为庄十九年之盟系于秋,其后是"冬,齐人、宋人、陈人伐我西鄙",两者相差一季,说是"数渝"当然没有问题。反观庄九年经亦是相同的情形,"公及齐大夫盟于暨"系于春,其后是"夏,公伐齐,纳纠",两者同样相差一季,出现变化的速度与庄十九年之盟没有实质的差别,完全可以说是"数渝"却说是"渝"。因此,建议在更新的文献证据面世前,不必太过刻意强分"渝"和"数渝"的差别。柯劭忞《传注》云:"复发传者,嫌与大夫盟义不同。"⑤这是承认"渝"和"数渝"之同,认为

---

① 参阅本章,页 451—52。
② 《穀梁注疏》卷 2,页 26。
③ 钟文烝:《补注》卷 6,页 167。
④ 《穀梁注疏》卷 1,页 3;卷 6,页 83。
⑤ 柯劭忞:《传注》卷 3,页 10。

传文为免读者以为二者有别,而特地解说。

由上述说明可知,盟而不日,仅是表示"渝"或"数渝"。由"渝"不能推论出结盟哪一方最是错误的。钟文烝从"不日"寻找"恶内"的线索,是缘木求鱼,水中捞月。如庄十九年传"数渝,恶之也"之说,其中仅说"恶之",没有明白交代公子结、齐侯、宋公三人谁最可恶。相反,庄九年传明言"制在公"的错误,显然批判的重点在于"公"而非其他。经文的"公"已有不讳恶的涵义,较之"不日",更能说明"恶内"的缘故。

3. 公≠无君

保留"公"的主辞,不是因为齐国的"无君"。廖平《古义疏》云:"无君,故公不没,辞穷无嫌也。"① 这一解释,在《榖梁》找不到任何凭据。刘逢禄《广废疾》云:"以无君,故不没公可也。"② 廖疏似是暗袭刘氏之说。然而,不仅《榖梁》没有"无君"导致"不没公"的主张,《公羊》亦无此义。刘、廖之见,皆无实据。本章下文将会指出,鲁庄公与鲁文公与大夫结盟皆不言"公",同样寓讳,由此可以反证此经之"公",实有不为公讳之意。一言以蔽之,齐国有没有君主,跟经文有没有"公"的主语,完全是两回事。廖平只要认真阅读《榖梁》,就不应该出现这样的疏失。

4. 无君

此经未删除"公"字,已属异常;更异常的是称"大夫"而不称其人之名。须知道,随着齐襄公及弑立者公孙无知的被杀,齐国陷入长达十个月的内乱;而鲁庄公与齐国大夫结盟之际,齐国君位悬空未定。③ 大夫出使而记载指使的君主,像僖三十三年"齐侯使国归父来聘"之例,是正常的笔法。若不言"使",就可能意味"无君"。对此,《榖梁》也有扼要的说明。隐三年经:"武氏子来求赙",传:"其不言使,何也?无君也。"④ 齐国既然无君,自然没有受命的大夫,也谈不上有什么君主派遣大夫出使。

因为这个缘故,当时与鲁庄公结盟的齐国大夫不该称名或称字,所以直接称为"大夫"是惟一可行的选项。钟文烝《补注》云:"无君不当称名,又

---

① 廖平:《古义疏》卷3,页146。
② 刘逢禄:《公羊后录》卷6,页460。
③ 参阅本书第一章,页140—49。
④ 《榖梁注疏》卷1,页14。

不可称字,故直书'大夫'。"①此说准确地体现传文固有的语义,值得珍视。

5. 大夫不名≠君前臣名

齐国大夫不名,与"君前臣名"的礼制,没有什么关系。范注:"礼,君前臣名。齐无君,故大夫不名。"②范宁这个说法,尚留可商之处,需要加以辨析。先了解"君前臣名"是怎么回事。孙希旦《礼记集解》云:"愚谓成人虽为之字,然对君而言臣,对父而言子,则皆称其名。谓卿大夫于君前名其僚友,子于父前名其兄弟,盖至尊之前无私敬也。"③君前臣名跟父前子名一样,是指下对上自居谦卑的称谓方式,而非像《春秋》这种编年史的叙事通例。最低限度,《穀梁》并无这方面的主张。庄十四年经:"单伯会齐侯、宋公、卫侯、郑伯于鄄。"传:"复同会也。"④单伯是"吾大夫之命乎天子",在盟会上与其他国家君主晤面亦称字而非称名,可见"君前臣名"绝非《穀梁》认可的传义。范宁说"齐无君,故大夫不名",是正确的,但在此之前加设"君前臣名"的前提,却是画蛇添足,多此一举。

拿"君前臣名"作为解读《春秋》经文的,是《公羊》的发明。范宁以《公》解《穀》,很有问题。首先,《公羊》没有发传解读"天王使南季来聘"之类这种君前称字的经文。其次,"君前臣名"所能应用的事例也有疑问。庄九年经:"公伐齐,纳纠",《公羊》云:"何以不称公子?君前臣名也。"⑤这是认为在鲁庄公之前,公子纠处于臣子地位,只能称名。然而,公子纠本是齐国大夫,与鲁庄公并非君臣关系,为何必须以行臣礼称名?对此,何休另作特解:"《春秋》别嫌明疑,嫌当为齐君,在鲁君前不为臣。礼,公子无去国道,臣异国义,故去公子,见臣于鲁也。"⑥说公子纠去国,并认定去"公子"是"见臣于鲁",皆《公羊》所无之僻说。

不知是否意识到何诂这方面的漏洞,刘逢禄《广废疾》云:"范以君前臣名解之,岂以邻国之君非君乎?"⑦显然,这里预设"君前臣名"可以适用于国与国的外交场合,但从何休的辩解可知,他已预设"君前臣名"是国内君

---

① 钟文烝:《补注》卷6,页167。
② 《穀梁注疏》卷5,页73。
③ 孙希旦:《礼记集解》卷2,页49。
④ 《穀梁注疏》卷5,页79。
⑤ 《公羊注疏》卷7,页137—38。
⑥ 《公羊注疏》卷7,页138。
⑦ 刘逢禄:《公羊后录》卷6,页460。

臣的事情——事实上，其他《春秋》学者讨论"君前臣名"，例如刘敞讨论"仇牧、荀息皆称名"的问题，亦是就本国君臣而言。① 由此可见，范注比刘逢禄更忠于何诂的观点。当然，忠于何诂不意味符合经传。问题在于，《公羊》始终没有明确界定"君前臣名"的涵义，也不能充分解释它为何可以应用在鲁庄公与公子纠这两个没有君臣关系的人身上。

因此，以"君前臣名"解释公子纠不称"公子"已不见得可信，更不要说用来解释其他经文了。范宁不从"无君"的主张找解释，反而杂引"君前臣名"这种不圆满的观点，义曲辞费，绝非正确解说《穀梁》之道。柯劭忞批判范注"失之"，②可谓明察秋毫。

6."大夫"非讳

若书 A 人，读者可以从"人"为卑称而猜测其人是 A 国之君，如"齐人"实为齐侯之例。直称"大夫"而不名，殊无讳鲁庄公之意：若要表示众辞，以"人"称之也可以；若要讳鲁庄，不称公就是了。此经已言"公及齐大夫"，读了就知道鲁庄公与齐国大夫结盟之事，明明白白。

相反，《公羊》认为"大夫"寓讳，有别于《穀梁》"恶内"之论。《公羊》庄九年传："公曷为与大夫盟？齐无君也。然则何以不名？为其讳与大夫盟也，使若众然。"③这个说法，不无疑窦。《公羊》虽然同样主张"无君"，与《穀梁》不同的是，它认为"齐大夫"看起来"使若众然"，断言此经寓有讳意。然而，这是不可信的论断，因为对于鲁公与他国大夫的结盟，《公羊》存在不一致的观点。试读以下两则：

> [1]庄二十二年经："及齐高傒盟于防"，《公羊》云："公则曷为不言公？讳与大夫盟也。"
>
> [2]文二年经："及晋处父盟"，《公羊》云："何以不氏？讳与大夫盟也。"④

这两则传文说明，《公羊》并不认可他国大夫与鲁国君主结盟的行为，而高傒和阳处父皆是称名（一称氏，一不称氏），按照《公羊》"人不若名"之说，⑤

---

① 刘敞：《春秋权衡》卷 2，页 187。
② 柯劭忞：《传注》卷 3，页 10。
③ 《公羊注疏》卷 7，页 136。
④ 《公羊注疏》卷 8，页 163；卷 13，页 278。
⑤ 《公羊注疏》卷 7，页 145。

此二人称名，必须略公示讳，为何庄九年经"公及齐大夫"采用"大夫"这种"若众"之辞便可以言公，而又足以讳公？事实摆在眼前，读了"公及齐大夫盟"这六个字，不用字义诂解便知道鲁庄公与齐国大夫结盟，如何能够因为"大夫"之称便隐讳其事？

另有疑问的是，如果"大夫"真的是"使若众然"，那么它与"人"有什么区别？庄十七年经："齐人瀸于遂"，《公羊》云："众杀戍者也。"① 可见，《公羊》亦认为"人"有众义。要表明众义，用"人"而非"大夫"也许是更恰当的措辞。诚如钟文烝《补注》所言："人者众辞，使若众，当称人矣。"② 《公羊》不能充分解释"人"与"大夫"的异同，是不圆满的。

大概是感到《公羊》存在这方面的漏洞，刘逢禄试图另作解释，《广废疾》云："不名，使若偏受盟也。"③ 这是把"若众"解作"若偏受盟"，但其说不见得真能辩护《公羊》之失。对此，柳兴恩作出比较深刻的批判，《大义述》云："盟于暨，齐大夫无空国遍至之理。使若云者，不其失实乎？"④ 无论从哪一角度看，《公羊》认为称大夫而不名，寓有讳义，存在各种不易解释的疑惑，远不如《榖梁》可信。

7. 不日盟渝与不信日

跟正常结盟的经文比较，此经有同有异：同者，是它记载了结盟的地点在暨。隐元年经："公及邾仪父盟于眛"，传："眛，地名也。"⑤ 这是《榖梁》对盟地的主要解释。其后，传文对结盟之地鲜有解说。桓二年经："公及郑伯盟于越"，传："越，盟地之名也。"⑥ 这是惟一的例外。之所以需要特笔交代，是因为《春秋》后来屡有越国的记载，如昭三十二年经"吴伐越"之类，为免读者混淆两者，所以桓二年传不得不另作解释。异者，经文没有记载日期。《春秋》凡是鲁国君主结盟，除了齐桓公的会盟不载日期的特例外，一般都会记载日期；假若"内与"而不载日期，往往需要另作解释。

"渝"意谓变化。前已述及，"盟渝"意味盟约将有变化。此经系于"春，齐人杀无知"之后，盟时不日，所以《榖梁》认为暨之盟将有变卦。对此，《公

---

① 《公羊注疏》卷7，页155。
② 钟文烝：《补注》卷6，页167。
③ 刘逢禄：《公羊后录》卷6，页460。
④ 柳兴恩：《大义述》卷13，页184。
⑤ 《榖梁注疏》卷1，页4。
⑥ 《榖梁注疏》卷3，页33。

羊》经书时并无说法，何休却认为其中藏有讳意，在此有必要略作交代。单看《公羊》传文，找不到以时、月、日作为信不信的完整主张。借用徐疏的归纳，何休对盟的时间记载，总体的判断是"大信时，小信月，不信日"。① 这套主张用以解释经文是很有问题的，远的不说，《公羊》庄九年传对经文书时便难以用它作出可信的解释。何诂："不月者，是时齐以无知之难，小白奔莒，子纠奔鲁，齐迎子纠欲立之，鲁不与而与之盟，齐为是更迎小白，然后乃伐齐，欲纳子纠，不能纳，故深讳使若信者也。"②"公及齐大夫盟于暨"不载日月，承上一句"春，齐人杀无知"而言，可以算是"时"。何休说"不月"，已嫌不准。更成问题的是，此后齐国迎立小白的结果，暨之盟肯定是"不信"而非"大信"的情况。这有违何休所划定的"大信时，小信月"的规定。为了弥补破绽，何休惟有把暨盟书时由"大信"说成"深讳使若信"，用辞不定，涵义飘移，莫过于此。

刘逢禄依据何休上述观点，质疑《穀梁》同样错误。《广废疾》云："日盟为信，齐桓之盟不日，何以传为'信其信'乎？不日为渝，戎亦背隐从桓，唐之盟何为书庚辰乎？"③日盟为信和桓盟不日，是《穀梁》两个互为表里的重要主张。刘逢禄之所以反对这两个主张，与其说是为《公羊》辩护，不如说是为何诂辩护。《公羊》绝非反对桓盟不日的观点，庄十三年"公会齐侯盟于柯"和庄二十三年"公至自齐"两则经文，《公羊》同样解之曰："桓之盟不日，其会不致，信之也。"④可见，《公羊》亦认为齐桓公的盟会之所以没有日期，是为了昭彰他的诚信。这跟《穀梁》庄二十七年传"信其信"的观点，没有重大的差别。刘逢禄为了坚守何诂"不信日"的主张，连《公羊》传义亦悍然不顾，令人咋舌。此外，刘逢禄有关戎盟的举证，亦有问题。试看以下两例：

[1] 隐二年经："八月庚辰，公及戎盟于唐"，何诂："日者，为后背隐，而善桓能自复为唐之盟。"

[2] 桓二年经："公及戎盟于唐"，何诂："不日者，戎怨隐不反国，善

---

① 《公羊注疏》卷1，页23。
② 《公羊注疏》卷7，页137。
③ 刘逢禄：《公羊后录》卷6，页450。"何以传为'信其信'乎？"一句，点校者曾亦误点为"何以传为信？其信乎，"今予改正。
④ 《公羊注疏》卷7，页150；卷8，页164。

桓能自复,翕然相亲信。"①

对这两则经文,《公羊》皆未发传讨论,何休却单凭前盟之日和后盟之不日,断言前后发生了背隐从桓的曲折过程,其事于史无征,殊无佐证,自我作古,无所宪章,岂能服人?何休对盟日、桓盟和戎盟的理解,在《公羊》找不到坚实的证据,充其量仅是有待验证的片面之辞。刘逢禄却以此作为绝对可靠的依据,用以驳斥《穀梁》,自非笃论。对于这种建立在猜想和误解的指责,柳兴恩已有所驳正,《大义述》云:"至以背隐从桓,坐戎之罪,乃为深文周内耳。不足以服戎,乃欲以闻《穀梁》乎?"②分析到最后,关键是《公羊》有关时、月、日的主张,实不如《穀梁》完备,即使何休自添私说,亦无法弥补漏洞。郑杲《春秋说》云:"《公羊》但举一隅,其余皆置不论,何氏顾欲以例全书,何由达乎?"③此言甚是。刘逢禄据何诂以驳《穀梁》,蝉翼为重,千钧为轻,颠倒是非,于此管窥一斑。

8. 纳

"纳"意谓引进,而非护送或接纳。周何译"纳子纠"为"护送子纠回鲁国",④殊非达译。"纳"是让接受者收纳,其中虽容有护送的行为,但不等于护送。《穀梁》比较接近护送义的词语,不是"纳",该是"有奉",⑤意谓帮助某人回国。此外,徐正英、邹皓译"纳纠"为"把公子纠送回国",译"纳季子"为"接纳季子回国",⑥一字二译,亦谬。根据"纳者,内弗受"的传例,"纳"与"入"一样,都是蕴涵接受者内部不接纳的反应;"接纳"一词,容易使读者误会接受者自主收纳的意思。

9. 制在公

这次盟会,目的是引进子纠回到齐国。"制"意谓宰制。"制"的宰制义,是《穀梁》最常见的涵义,例如"妇人在家制于父,既嫁制于夫"(隐二年)和"制人之上下"(宣十一年)⑦,其"制"都是意谓宰制。因为当时齐国"无君",局面都是掌握在鲁庄公手中,故曰"制在公"。

---

① 《公羊注疏》卷2,页31;卷4,页76。
② 柳兴恩:《大义述》卷13,页177。
③ 郑杲:《春秋说》,载《郑东父遗书》卷2,页153。
④ 周何:《新译》上册,页299。
⑤ 参阅本书第一章,页78—79。
⑥ 徐正英、邹皓:《全译》,页141,205。
⑦ 《穀梁注疏》卷1,页11;卷12,页201。

10. "盟以要之"之疑

当时齐国没有国君,鲁庄公本可宰制政局,成功让公子纠返齐登位,但这次盟约出现变卦。《穀梁》没有说明鲁庄公在盟上提出什么条件。孔疏引贾逵、服虔之说,"以为齐大夫来迎子纠,公不亟遣,而盟以要之,齐人归迎小白。"①如其解,鲁庄公在盟上抬高要价,拖延了送归公子纠的时间,反而刺激齐国改而迎接小白回国。钟文烝接受这个说法,认定"此《穀梁》家相承说也",②其言略嫌武断,因为鲁庄公在暨之盟上提出什么条件?是否"要之"?不清楚。《穀梁》仅说"当可纳而不纳",但"不纳"是否因为盟上做错了什么?同样不得而知。

同样,柯劭忞相信上述"盟以要之"的说法,《传注》云:"盟纳子纠而不纳之,必有责赂于齐之事,故齐人受小白而拒纠。"③认为鲁庄公索赂,跟贾、服之说一样,同样是符合政治常识的猜测,于传无据。

11. 恶内

《穀梁》检讨最后无法"纳子纠"的失败,却没有怪罪于齐国大夫,因为此传明言"恶内"。究竟鲁庄公犯了什么错误呢?此经系于春,如下所述,伐齐纳纠则是夏,由盟而纳,两者拖延了一个季节。传文说"当可纳而不纳",显示问题在鲁庄公违反时势,错失机会。在此,廖平提出了一个相当精采的观点,《古义疏》云:"立国之道,首重专谋,知者审几。不失时势。齐杀无知而迎公子纠,当即时奉子纠还齐。乃不知乘时,坐失机会,使小白乘间先入,得以夺正。"④这是结合时势的认知,而批判鲁庄公不及时"纳子纠"的错失。僖二十二年传:"道之贵者时,其行势也。"⑤这是《穀梁》重要的政治主张,廖平据此点评鲁庄公的失败,是符合"当可纳而不纳"的涵义,值得再三肯定。

12. 小结

暨之盟是鲁国外交耻辱史的重要一页,本来趁着齐襄公被弑的乱局,鲁庄公完全有机会、有条件支配齐国君主的归属——只要他不是那么拖

---

① 《左传正义》卷8,页235。
② 钟文烝:《补注》卷6,页167。
③ 柯劭忞:《传注》卷3,页10—11。
④ 廖平:《古义疏》卷3,页147。
⑤ 《穀梁注疏》卷9,页142。

拉,及时把公子纠送回齐国继位的话。《春秋》以"公及大夫"的罕见笔法,说明此盟因鲁庄公的决策失误,错过了胜利的机会,导致日后全局崩塌(参照 I_3)。把这次会盟失败视为报复齐国的一个环节,肯定是错误的。

(十一)庄九年经:"夏,公伐齐纳纠。"传:"当可纳而不纳,齐变而后伐。故乾时之战不讳败,恶内也。"①

暨之盟没有得到"纳子纠"的结果,导致鲁庄公后来出兵伐齐,乾时之战因而爆发。

1. 纠不书子

"纠",《春秋》仅称其名,没有贬义。"纳纠"二字,三传并同。今《左传》今本作"纳子纠",据臧琳的考证,"子"字是衍文,"沿唐定本之误也。"②

对经文没有"子"字,胡安国另有解释。胡传:"纠不书子者,明纠不当立也。"③这是以为经文不称"子纠"而称"纠",意味公子纠不当登位,纯属臆测,仅是立足在"白兄纠弟"的虚假前提之上。④

之所以言"纳纠"而非"纳子纠",其实不必求之过深。"纳纠"之上的经文是"公及齐大夫盟于暨"和"公伐齐",皆以鲁庄公为主语,假如"纠"称"子纠",读者可能误以为纠是鲁国公子,柯劭忞《传注》云:"不言子者,齐人子之,非鲁之子纠也。"⑤这是恰当的理解,正确地把握鲁庄公不能称之为"子纠"的缘故。

2. "伐而言纳"之谬

正常情况下,"纳"在经中都是出现在某种军事性辞语之后,《穀梁》使用"纳者,内弗受也"的传例加以说明的经文,除本例外,还有4例:

[1]僖二十五年:"楚人围陈,纳顿子于顿。"
[2]宣十一年:"楚子入陈,纳公孙宁、仪行父于陈。"
[3]昭十二年:"齐高偃帅师纳北燕伯于阳。"
[4]哀二年:"晋赵鞅帅师纳卫世子蒯聩于戚。"

可见,"纳"用在"伐""入""围""帅师"之后,都是军事性用语。明乎此,就不

---

① 《穀梁注疏》卷5,页73。
② 臧琳:《经义杂记》卷15,页158。
③ 胡安国:《春秋胡氏传》卷8,页101。
④ 参阅本书第一章,页142—44。
⑤ 柯劭忞:《传注》卷3,页11。

能因为"纳"前有"伐"而推断"不能纳"。

在此,《公羊》有一个极富争议性的说法。《公羊》庄九年传:"纳者何？入辞也。其言伐之何？伐而言纳者,犹不能纳也。"①这个解释很有问题,因为廖平对之格外看重,故有必要仔细探究。首先,把"伐而言纳"视为"不能纳",其实是赋予"伐"字一种字义上绝无根据的功能,亦即把"伐"下的动词予以否定;换言之,"伐"被用作否定副词。像"纳"前若加"弗克",便是意谓"不能纳",如文十四年"晋人纳捷菑于邾,弗克纳"之例。说穿了,《公羊》"伐而言纳"是以事解经,不是以义解经,无非是针对鲁国不能引导公子纠回齐的历史事实而发,实属特事特解,不是经义的确诂,因为《公羊》对其他经文的"伐",大多解作攻伐,除此经外,绝无他例解作"不能"之义。此外,为了迁就"伐而言纳"的解释,文十四年经:"弗克纳",《公羊》云:"其言弗克纳何？大其弗克纳也。"②在"弗克纳"添上"大"义,是典型的增字解经。之所以如此,因为文十四年无"伐",但"弗克纳"明显是不能纳的意思,所以不得不对"弗克纳"另作他解。这样大费周章,就是由于把庄九年经的"伐"视作不是事实上的"伐",但诚如钟文烝《补注》的辩驳,"《公羊》非也,此实是伐,故言伐。"③按照字义把"伐"理解为军事意义上的攻伐,同样可以通释经文。庄九年经后来明言"齐小白入于齐",小白能入而纠不能入,彰明较著;哪有必要为了表明不能纳纠而把"纳"前的"伐"另作特解？像《公羊》那样的解释,迂回曲折,难言贴切。

《公羊》不仅把"纳"说成"入辞",在使用上也是把"纳"与"入"等量齐观。哀二年经:"纳卫世子蒯聩于戚",《公羊》云:"戚者何？卫之邑也。曷为不言入于卫？"④这样的提问已预设"纳 A 于戚"义近于"A 入卫",从《公羊》的解答集中于卫与戚二地之辨,可见"纳"相当于"入"已变成是不言而喻的事情。然而,"纳"与"入"在经中绝非同义词,宣十一年"楚子入陈,纳公孙宁、仪行父于陈"并用"入"与"纳"二字,便是显例。事实上,"纳"不一定意谓其人得入,《公羊》以"入辞"解"纳"是不圆满的。对此,刘敞已提出非常确切的诘责,《权衡》云:"纳者,纳辞耳。得入不得入,未可知也,非入

---

① 《公羊注疏》卷 7,页 137。
② 《公羊注疏》卷 14,页 306。
③ 钟文烝:《补注》卷 6,页 167。
④ 《公羊注疏》卷 27,页 591。

辞也。"①这里驳斥《公羊》，相当值得玩味。视"纳"与"入"同义，不合经义。

假如说，"纳"前采用"伐""入""围""帅师"等军事性用语，是经文的常例，那就必须追问：为什么"伐"和"纳"二字同时使用便能相当于"不能纳"，其他军事用语便不能？假如"纳"是"入辞"，"伐"和"入"二字并用的经文便该作出类似"伐而言纳"的解释，但《公羊》对"伐"和"入"连用的经文，却得不出"不能入"的结论。试看二例：

> [5]文十五年经："晋郤缺帅师伐蔡；戊申，入蔡"，《公羊》云："入不言伐，此其言伐何？至之日也。其日何？至之日也。"
>
> [6]哀七年经："秋，公伐邾娄；八月己酉，入邾娄"，《公羊》云："入不言伐，此其言伐何？内辞也，若使他人然。"②

例[5]是为了交代到达蔡国的日期而言伐；例[6]言伐是一种内辞，使语句看起来像是他人。这两个例子说明，"伐"而言"入"，《公羊》提出了其他解释，没有说是"不能入"。以此反观，为何"纳"前言"伐"便意谓"犹不能纳"？"伐"而言"纳"与"伐"而言"入"，两者之异同显然需要进一步的辨别，可惜《公羊》没有更多合理的解释。

总而言之，《公羊》对"伐而言纳"的解说，存在各种言之成理的疑问，对发明《穀梁》之义毫无帮助。廖平《古义疏》征引其说，并说："机会失矣，乃以伐纳之。"③援《公》解《穀》，不仅多余，释义亦嫌不准。

3. 齐变而后伐

"伐"意谓攻伐，是货真价实的军事行动。当时齐襄公犹未下葬，庄九年经："秋，七月丁酉，葬齐襄公。"齐襄公下葬是鲁庄公伐齐一季以后的事情。熟悉"非伐丧"的传义的话，便会知道此经明言"公"为"伐"的主体，而"伐"又在死者未葬之前，已带有谴责鲁庄公趁丧出兵攻齐之意，不待赘述。④

此传没有深究伐丧的问题，理由很简单，假如鲁庄公不是错失时机，而是爽利地引导公子纠回齐，根本不必出现伐丧之事。换言之，要分析伐齐

---

① 廖平：《古义疏》卷10，页280。
② 《公羊注疏》卷14，页311；卷27，页605。
③ 廖平：《古义疏》卷3，页147。
④ 参阅本章（页532—34、547—49）有关宋襄公的讨论。

之失,仅是"非伐丧"是不确切的,必须追究"当可纳而不纳"的错误,因为后者是前者更根本的原因。按照"纳者内弗受"的传例,被纳者虽有若干武装力量协助进入某个国家,但当地都有反对力量不愿接受其人进入。《穀梁》没有明言"齐变"是什么,柯劭忞将之解为"齐大夫渝盟也",①略嫌说得太死。《穀梁》虽说过"盟渝",但没有把"齐变"与"盟渝"等同起来。与此相比,钟文烝《补注》云:"齐变而后鲁纳纠,时小白已入。"②这就是把"齐变"理解导致"小白已入"的原因,此说更有弹性;联系到此经随后记载"齐小白入于齐",不妨将"齐变"理解为一些导致小白入齐的政治变化即可,不必确言究竟。

(十二)庄九年经:"八月庚申,及齐师战于乾时,我师败绩。"

《穀梁》无传。据上一则传文可知,这是批判鲁庄公没有及时纳纠,经文寓有"恶内"之意。

1."及"后言"战"

此经必须联同上一则经文"公伐齐"合读。先言"伐",后言"战",这在《春秋》是极其罕见的笔法。据顾祖禹考证,乾时位于齐青州临淄县西南二十五里。③ 通常,《春秋》记载 A 攻伐 B,接下来的对战都是以 B 为主体。如庄二十八年经:"齐人伐卫,卫人及齐人战",卫国是被伐的一方,所以其后的战文以"卫人"为主。乾时既是齐地,故此经言战,自当以齐为主。然而《春秋》内鲁,鲁国既为对战的一方,不得不以鲁为主,故经文必须采用"及 B 战"的句式,把原来的鲁国主体予以省略。按照"为亲者讳败不讳敌"的传义,经文记载鲁国的战争一般不言"战";若用"及 A 战"的笔法,其实意谓鲁师被 A 击败,已算是相当丢脸的措辞。④

2."我师败绩"的异常性

"及 A 战"本已意味鲁国战败,但这是相对隐晦的笔法。值得注意,此经不满足于此,还直言"我师败绩"。为了说明这一点,有必要对比《春秋》言"败绩"的其他例子:

[1]桓十三年:"己巳,及齐侯、宋公、卫侯、燕人战,齐师、宋师、卫

---

① 柯劭忞:《传注》卷3,页11。
② 钟文烝:《补注》卷6,页169。
③ 顾祖禹:《读史方舆纪要》卷35,页1631—32。
④ 参阅本书第二章(页208—10)、第三章(页536—45)的讨论。

师、燕师败绩。"

[2]庄二十八年:"王三月甲寅,齐人伐卫,卫人及齐人战,卫人败绩。"

[3]僖十八年:"五月戊寅,宋师及齐师战于甗,齐师败绩。"

[4]僖二十二年:"冬,十有一月己巳,朔,宋公及楚人战于泓,宋师败绩。"

[5]僖二十八年:"夏,四月己巳,晋侯、齐师、宋师、秦师及楚人战于城濮,楚师败绩。"

[6]文二年:"春,王二月甲子,晋侯及秦师战于彭衙,秦师败绩。"

[7]宣二年:"春,王二月壬子,宋华元帅师及郑公子归生帅师战于大棘,宋师败绩,获宋华元。"

[8]宣十二年:"夏,六月乙卯,晋荀林父帅师及楚子战于邲,晋师败绩。"

[9]成元年:"秋,王师败绩于贸戎。"

[10]成二年:"夏,四月丙戌,卫孙良夫帅师及齐师战于新筑,卫师败绩。"

[11]成二年:"六月癸酉,季孙行父、臧孙许、叔孙侨如、公孙婴齐帅师会晋郤克、卫孙良夫、曹公子手,及齐侯战于鞌,齐师败绩。"

[12]成十六年:"甲午,晦,晋侯及楚子、郑伯战于鄢陵,楚子、郑师败绩。"

[13]定四年:"冬,十有一月庚午,蔡侯以吴子及楚人战于伯举,楚师败绩。"

[14]哀二年:"秋,八月甲戌,晋赵鞅帅师及郑罕达帅师战于铁,郑师败绩。"

[15]哀十一年:"五月,公会吴伐齐;甲戌,齐国书帅师及吴战于艾陵,齐师败绩。"

综合以上 15 例,可见"败绩"的惯常笔法有两个特征:

①明载战役的日期和地点;
②明载参战的双方。

惟一没有①和②的例外是例[9]的"王师败绩",这是因为事涉周室的缘故。

与上述诸例相比,此经直言鲁师"败绩",笔法极其异常,《春秋》惟此一例。上一则传文"乾时之战不讳败",正是指此经"败绩"之语。这是有别于一般讳言内恶的笔法,据《穀梁》的解释,关键在于"恶内",刻意强调鲁国之败,是为了显示厌恶鲁庄公的态度。

3. "败绩"的两种错误解释

虽然鲁国乾时之败,记载"败绩"之文,是极其显眼的特例,如何解释它呢?这里先有批驳两个错误的意见:

(1)孙复《尊王发微》云:"内不言败,此言我师败绩者,羡文。盖后人传授,妄有所增尔。"①认为"败绩"是羡文,纯属猜测。孙复以"盖"言之,已见其说不是真有确实证据。检桓十年传:"内不言战,言战则败也。"②《公羊》亦有类似的说法。③ 这不过是交代经文一般记载鲁国战败的惯常修辞,说鲁国言"战"已蕴涵战败之意。这是就一般的写法而言,不能据此否定"败绩"不属于经文原来固有的部分。《穀梁》与《公羊》皆未这样主张。凭什么说"败绩"是后人妄增?孙复袭二传之说,而自为衍义,任随心证,殊非可靠的论说。

(2)就是因为这次战争不寻常地记载鲁庄公的"败绩",没有理由认为"败绩"仅是描述大败而没有褒贬之意。程颐《春秋传》云:"公战讳败。凡言败绩,大败也。小小胜负不书。"④这一说法,需要仔细斟酌。既说讳败,为何反而大败不讳呢?程颐把问题归诸属辞之宜,却没有正视乾时之战是《春秋》惟一直书"我师败绩"的记载,反而主张"小小胜负不书"之说,貌似有理,但论证不周全,欠缺可靠的证据,没能真正驳倒《穀梁》内战示败的观点。

4. "及齐师战"不言公

庄九年经仅言"及齐师战于乾时",不言"及"前的主体,这是《春秋》内鲁的惯常笔法。结合"我师败绩"的记载,可以确定经文绝无讳公之意。杜注:"不称公战,公败讳之。"这一说法,在后代颇有影响,连陈岳也拥护说

---

① 孙复:《春秋尊王发微》卷3,页30—31。
② 《穀梁注疏》卷4,页48。
③ 《公羊注疏》卷5,页96。
④ 程颐:《春秋传》,页1109。

"杜得其旨"。① 柯劭忞似乎也受到影响,《传注》云:"公自将,故讳之。"②这是有问题的。鲁国君主是否"自将",与内讳的考虑,没有必然的关系。屑屑于此,其失似凿。张慰祖《补阙》云:"若书及者,果为败绩而讳,则下文明明云'我师败绩',讳云何哉?"③这个观点,甚有见地。鉴于《穀梁》明言"恶内",而"内"绝非与鲁庄公无关,所以经文"我师败绩"已构成不讳鲁庄的有力反证,柯注实不可从。

5. "复雠者,在下"的谬说

有别于《穀梁》对鲁庄公的批判,《公羊》断言乾时之战是复仇的性质。《公羊》庄九年传:"内不言败,此其言败何?伐败也。曷为伐败?复仇也。此复仇乎大国,曷为使微者?公也。公则曷为不言公?不与公复仇也。曷为不与公复仇?复雠者,在下也。"④在此,《公羊》认为当时鲁国臣下为复雠而战,整个推理立足于以下三个预设:

①预设"伐败"的笔法必寓"复雠"之意。《春秋》言鲁师败绩,惟庄九年经一例,原则上没有旁证可援,但真要参考《春秋》的笔法,在《春秋》"败绩"的 16 例中,其他 15 例记载"败绩"的经文基本上与申张复仇没有多少关系。更重要的是,《春秋》庄九年经明言"伐齐纳纠",为什么由"伐败"可以推论出乾时之战必是复仇?对此,廖平作出正面的驳议,《古义疏》云:"'纳纠',不得为复仇",⑤这个判断甚为正确。直接说此经是为了"助纠争国",⑥或如《穀梁》"当可纳而不纳"的观点,不是更贴切经文的解释么?凭什么认定"伐败"蕴涵此战为了复仇而战?

②预设"不言公"是不承认鲁庄公有复雠的想法和做法。《春秋》内鲁,不是凡"不言公"必是其他人作为行事的主体,至少《公羊》不是这种主张。庄二十二年经:"及齐高傒盟于防",《公羊》云:"公则曷为不言公?讳与大夫盟也。"⑦可见,"不言公"完全可以解释为鲁庄公作为主事者。为什么同样是"不言公",庄九年传必是意谓不承认鲁庄公的复雠?《公羊》显然欠缺

---

① 陈岳:《春秋折衷论》,引自朱彝尊:《经义考》卷 178,页 3264。
② 柯劭忞:《传注》卷 3,页 11。
③ 张慰祖:《补阙》,页 48。
④ 《公羊注疏》卷 7,页 139。
⑤ 廖平:《古义疏》卷 3,页 148。
⑥ 此据齐召南之说,参阅《公羊考证》卷 7,页 146。
⑦ 《公羊注疏》卷 8,页 163。

必要的解说。

③预设乾时之战与鲁庄公无关,因而断言鲁国臣下为复雠而战。要证成"在下"的观点,必须有证据支持以下四点:

(1)鲁国君臣内部存在严重的撕裂,至少在复仇问题上出现分歧;

(2)乾时之战不是由鲁庄公(或其他反对复仇的臣子)主导,而是与他唱反调的臣子负总责;

(3)这种逆反鲁庄公立场的臣子,居然在他眼皮下擅自开战,也就证明鲁国已经大权旁落,仿佛日后三桓掌政、公室衰微的情况;

(4)假如乾时之战是鲁国臣下专擅,那么按照《公羊》"大夫无遂事"的理解,经文应该书"遂"以示专命,如襄十二年经"季孙宿帅师救邰,遂入郓"之类。

但是,庄九年经并未书"遂"。从今传十三经版本的《公羊注疏》和其他典籍中,根本找不到证据说明以上四点,甚至连开战复雠的臣下究竟是谁《公羊》也没有明言,更不要说较具体的问题了:他们为何可以开战?为何鲁庄公反对复仇而他们却想复仇?为何他们比亲生儿子鲁庄公更想对齐国复仇?退一步说,若不把《公羊》"不与公复雠"理解为鲁国君下单方面的行事,而是只有臣子有复仇的想法,而这些想法影响了不想复仇的鲁庄公,又如何呢?这也不能辩护"在下"之说。问题回到原点:究竟是什么臣子打算复仇?这仍是找不到证据的空谈。这样解读《公羊》,结果可能增添读者的疑惑。刘敞便看到了这一关键,《春秋权衡》云:"若鲁实以复雠而战者,《春秋》不宜不言公。若以复雠者在下,故不言公,《春秋》岂夺人臣子意哉?"①鉴于上述三个预设都得不到确证,除非有全新而确切的证据出现,否则没有理由认定鲁国君臣在复仇问题上意见不一。《公羊》以复仇定性乾时之战,迂曲难通,引起的怀疑远多于信从,实不如《穀梁》"恶内"之说可信。

6. 辩护《公羊》的乏力

《穀梁》对鲁庄公纳纠不成而反遭战败的批判,是最具说服力的解释。相比之下,《公羊》歌颂乾时战败的高调,却因不合史实,论证粗疏,使得后来经师不得不另觅新解曲为辩解。以下简述三种说法:

---

① 刘敞:《春秋权衡》卷10,页280。

(1)何诂:"时实为不能纳子纠伐齐,诸大夫以为不如以复仇伐之,于是以复仇伐之,非诚心至意,故不与也。书败者,起托义战。"①由于何休没有举证说明鲁国大夫有什么人是如何的"非诚心至意",不免令人怀疑此说不过是个人臆测,未求其文之可据;但无论如何,何休这样的说法,其实已承认乾时之战是为了公子纠争位而打,但《公羊》实无"起托义战"的观点,何诂与传文之间存在莫大的距离。

(2)孔广森《通义》云:"时实以不能纳子纠,怒齐而托名复雠伐之,桓又非雠子,故不与公复雠也。今实复雠,方善录之,不当没公。没公者,起非实复雠。"②跟何休一样,孔广森同样是以想象取代训诂,根本没有提出"托名复雠伐之"的证据。认为乾时之战只是托名复雠,并非真正的复雠,不过是将错就错的比配,一概不足信据。《公羊》明言这场战役是"复雠乎大国",绝无"没公"以示"非实复仇"等说法。

(3)刘逢禄《申废疾》云:"乾时之战,正责公无复雠之心,而在下仅能以为名耳。"③这个观点,袭何诂却不合《公羊》本义。说实在的,刘逢禄本人也不相信鲁庄公时期有什么大夫真想复雠,《何氏释例》云:"庄之大夫不卒者,不以复雠之义告于君,犹之无臣子也。"④这跟《公羊》"在下"之说殊不相符。

与辩护祭仲行权的做法非常相似,何、孔、刘三人试图要求读者不要从史事叙述的视角来解读《公羊》,肯定不合《公羊》的原意,无形中默认一点:历史真实中的乾时战争,不像《公羊》说得那么伟大和可以歌颂。由此来作反向推理,可以进一步确认:《公羊》对复仇的主张,陈义虽高,但连其信徒也感到心虚和不尽自信。相反,《穀梁》对鲁庄公的各种批判,比《公羊》更合乎情理和更贴近经义。

7.《左传》叙事的可兼容性

《左》庄九年传:"公丧戎路,传乘而归。"⑤在乾时之战中,鲁庄公是直接的参战者,因战败丢掉战车逃回国境。这一叙事,在没有发现更可靠的

---

① 《公羊注疏》卷7,页139。
② 孔广森:《公羊通义》卷3,页66。
③ 刘逢禄:《公羊后录》卷5,页432。
④ 刘逢禄:《何氏释例》卷8,页173。
⑤ 《左传正义》卷8,页236。

反证材料之前，恐怕不好遽然否定的。无论如何，它与《穀梁》亦无抵触，二者水乳交融。

再次强调，认为乾时之战是由鲁庄公，而非其臣下所主导，是《穀梁》和《左传》的共同观点，而非《公羊》的主张。莫名其妙的是，蒋庆竟然撇开《公羊》而自述己见：《春秋》夸大、彰显鲁之败的目的是要表明鲁庄向齐桓复仇是大义所在，即使吃了败仗也不为耻，没有必要去讳。"①玩味其语，彷佛《公羊》对鲁庄公全是歌颂之辞，完全没有正视"不与公复雠也"和"复雠者，在下也"的记载。可以说鲁庄公是乾时之战的主导者，但这一结论只能从阅读《穀梁》或《左传》中得出，《公羊》既不认为鲁庄公主导战事，也不认为他有什么"大义"可言。蒋庆无视文本任意侈论，殊非忠于《公羊》的做法。

8."内之卑者"之谬

没有理由认为乾时之战不是鲁庄公主导的。在这个问题上，范宁有一个不能接受的错误说法。范注："不言及者主名，内之卑者。"②《穀梁》没有因鲁国卑者主战而不言主名的主张。桓十七年"及齐师战于郎"和僖二十二年"及邾人战于升陉"两则经文，《穀梁》同样解之曰："不言及之者，为内讳也。"范注对前者的解释是："及当有人，公亲帅之，耻大不可言。"③照《穀梁》的意见，《春秋》因考虑到鲁桓公和鲁僖公因战败，必须讳言"及"前的主语。从范宁"耻大不可言"之语，可知他是知道略"公"不言，其人就是鲁国君主。可惜，同样是"及齐师战"的句式，范宁对乾时之战却偏离轨辙，断言必是"内之卑者"，对此毫无有力的论证。如上所述，《左传》对乾时之战的记载，显示鲁庄公的领导和参与，根本不存在"内之卑者"的影子。没有理由不信《左传》的实录而信范宁的虚说。说穿了，范宁"内之卑者"之说，很有可能是从《公羊》"在下"之说转手而来，完全不能成立。鉴于《穀梁》大多是对鲁庄公的严厉批判，没有理由相信传文的"恶内"是针对"内之卑者"，而非鲁庄公。

9. 何雠之有？

乾时之战，是鲁庄公尝试干涉齐国政治失败的结果，跟复仇毫无关系。《穀梁》没有把复仇对象延伸至九世以至百世的主张。当时齐襄公已死，而

---

① 蒋庆：《公羊学引论》，页264。
② 《穀梁注疏》卷5，页74。
③ 《穀梁注疏》卷4，页57；卷9，页141。

公子纠是齐襄公的弟弟,而且流亡在外,与鲁庄公的父仇没有明显的关连。因此,传文没有把公子纠和其他齐国政治人物也当作是鲁庄公的仇人。钟文烝《补注》云:"鲁所雠,齐襄也;襄已杀死,何雠之有?"[1]廖平《古义疏》云:"仇人已死,义已明。"[2]以上二语,非深得传义不能言。

因为这样,"当可纳而不纳"的批判意见,必须从公子纠不是鲁国仇人的前提上理解,否则相悖乖反。范注引何休曰:"三年'溺会齐师伐卫',故贬而名之,四年'公及齐人狩于郜',故卑之曰人。今亲纳仇子,反恶其晚,恩义相违,莫此之甚。"又引郑玄释之:"于仇不复,则怨不释,而鲁释怨,屡会仇雠,一贬其臣,一卑其君,亦足以责鲁臣子,其余则同,不复讥也。至于伐齐纳纠,讥'当可纳而不纳'尔。此自正义,不相反也。"[3]只要知道《穀梁》不把公子纠当成仇人,就会知道何休的批判意见不过是自造的矛盾,不足深辩。相对的,郑玄也不见得完全理解《穀梁》的内容,因为他没有明确指出公子纠不是复仇对象,而"不复讥"更有暗袭《公羊》"其余从同同"之嫌,[4]于《穀梁》不合。话说回头,郑玄认为"当可纳而不纳"与复仇之说并无关系,还是可取的。

10. 质疑"恶内"的错误

因为被何休误导的缘故,范宁不理解"恶内"的所以然,撰写《春秋穀梁传序》时,批判《穀梁》云:"以不纳子纠为内恶,是仇雠可得而容也"。[5] 范注:"宁谓仇者,无时而可与通,纵纳之迟晚,又不能全保仇子,何足以恶内乎?然则乾时之战不讳败,齐人取子纠杀之,皆不迁其文,正书其事,内之大恶,不待贬绝,居然显矣。二十四年公如齐亲迎,亦其类也。恶内之言,传或失之。"[6]审是,范宁认为不应帮助、引导和保护公子纠,反过来质疑"恶内",全源于他接受了何休"仇子"的观点所致。[7] 不从复九世仇的预设出发,就没有理由认定公子纠是必须痛恨和报复的对象。至于迎娶哀姜,则是另一回事,不能混淆二者,这个问题在下文将有解说,于此不赘。范宁

---

[1] 钟文烝:《补注》卷6,页169。
[2] 廖平:《古义疏》卷3,页147。
[3] 《穀梁注疏》卷5,页73。
[4] 《公羊注疏》卷6,页125。
[5] 《穀梁注疏》,页10。
[6] 《穀梁注疏》卷5,页73。
[7] 参阅本书第一章,141—42页。

戴着拥护复仇的有色眼镜来审视传义，完全错误。钟文烝《补注》云："此范之误，传释经不误也"，①可谓深知灼见。

文十八年传："有不待贬绝而罪恶见者，有待贬绝而恶从之者。"②这是范注"不待贬绝"典出之处，意谓经文有些句子贬意显然读了便晓，不用明言；有些意思不够明显，必须发传示恶。如范注之解，庄九年经有关乾时战败前后的叙事，都是显露"内之大恶"，既属于"不待贬绝"的情况，就不必重新发传解释。然而，这是完全误解《穀梁》的意旨。"我师败绩"用辞独特，不在"不待贬绝"之列，《穀梁》若不解释"恶内"，读者就不容易了解经文为何批判鲁庄公的所以然。像上述《公羊》从"我师败绩"而得出歌颂复仇的结论，便够说明这是值得剖析的内容。范宁对"不待贬绝"的理解，严重背戾传文。对此，王闿运作出明确的驳斥，《申义》云："以'不待贬绝'为此经之义，显与传违，今所不取。"③

11. "以死败为荣"之谬

"败绩"对鲁国是明显的贬辞，《穀梁》既无"王鲁"之说，亦不"以死败为荣"。《公羊》庄九年传："曷为伐败？复仇也。"何诂："复仇以死败为荣，故录之。高齐襄，贤仇牧是也。"④确切地说，"以死败为荣"是何诂多于《公羊》的主张。照《公羊》之说，因复仇而有伐败之文，倒是没有直接提出"以死败为荣"的说法。何休提及齐襄公和仇牧二人。就齐襄公而言，《公羊》虽然记载齐襄公愿意为灭纪而付出"师丧分焉，寡人死之"的代价，⑤但必须强调，这不是证成"以死败为荣"的充足条件。读者完全有理由质疑，以纪之弱和齐之强，基本上没有"死败"的可能性。齐襄公所言，无非是一种政治姿态，"死败"不是他触手可及的残酷现实。何休以此为"高"，只能说明他完全偏袒齐襄而已，实非平情的举证阐述。至于仇牧，其人虽是"死败"，但如本书第二章所述，《公羊》仅提及他在宋闵公对决时被杀，说是"不畏强御"，没有明说仇牧怀有复仇之心，像何休那样将之归为复雠之例，是极其随意而又不准确的诠释。《公羊》贤仇牧的缘故是仇牧随君而死，将之

---

① 钟文烝：《补注》卷 6，页 168。
② 《穀梁注疏》卷 11，页 185。
③ 王闿运：《申义》，页 7。
④ 《公羊注疏》卷 7，页 139。
⑤ 《公羊注疏》卷 6，页 122。

定性为"死义"而非"复雠"的性质。由何休对齐襄公和仇牧的举例不能确证"以死败为荣"的主张，可以反映一个简单的事实："以死败为荣"，在经传所能找到的凭据，少之又少，不过是何休及其信徒的私见。阅读"败绩"二字，得不出"以死败为荣"的判断，没什么不可以。

可是，刘逢禄不悟何诂"以死败为荣"的限制，反而以此批判《穀梁》，《申废疾》云："讥可纳不纳，当文自见。以不讳败为恶内，非也。败非大恶，为王者伸义养威，故讳之。至于复雠，以死败为荣，特不讳以起义。人果不量强弱，万死不顾一生，而不义杀人者惧矣。"①《春秋》内鲁，讳败是正常的内辞。不认为鲁国君主是"王者"，也可以承认"败绩"笔法异常，寓有深意。刘逢禄"伸义养威"之论，不过是重复了何休黜周王鲁的主张，与《穀梁》既不对应，而《公羊》庄九年传也未尝说鲁庄公或其臣下是"王者"。此外，认为复仇最是重要，即使死败也是光荣，是何休的个人主张。读《公羊》定四年传，记载伍子胥反对立即兴兵复仇，其理据就是"诸侯不为匹夫兴师"，②根本不像刘逢禄所说的"万死不顾一生"。柳兴恩清楚看见这一点，故此反驳说："此匹夫复雠之说也。忽而王鲁，忽而匹夫，待鲁进退惟心，一至于此。"③这话一言道破，很能中肯地抓住要点。刘逢禄因王鲁而讳，因复仇又不讳，两者都是自由心证，自说自话，与《公羊》"在下"之论亦不相合，当然难以驳倒《穀梁》。分析到最后，关键还是在于《公羊》文本的内在限制。经文记载纳纠失败诸事，重点是披露鲁庄公的政治失败。《公羊》硬要扯上复仇的问题，只能说是出于后人的附会误解；《穀梁》撇开复仇问题而贬抑鲁庄公的错误，是完全说得通的。刘逢禄刻意淡化"可纳不纳"的问题，不痛不痒地说什么"当文自见"，始终不肯承认"纳纠"而非"复仇"才是乾时之战的关键，不过是避实就虚，无法正面证明《公羊》复仇的解释比《穀梁》更符合经义。有关这一点，廖平已有扼要的指引，《古义疏》云："不从复仇言者，纳纠非以寻仇。"④此言立意深刻，力透纸背，对当时齐鲁政情的掌握，还是该以《穀梁》所说为不移之论。

---

① 刘逢禄：《公羊后录》卷5，页432。
② 《公羊注疏》卷25，页561。
③ 柳兴恩：《大义述》卷12，页167。
④ 廖平：《古义疏》卷3，页147。

12. 小结

鲁庄公出兵伐齐,不是为了复仇,而是他料不到公子小白抢先回到齐国夺位,齐国的政局由原来一手被他操纵,忽然变得难以收拾。假如鲁庄公不是失去了时机,公子纠早已成功继位,不致后来被杀。鲁庄公错判形势,化胜利为失败,责无旁贷(参照 I_3)。乾时之战绝对不是为了复仇。当时鲁庄公扶助的公子纠,以及领导齐国对抗鲁国入侵的公子小白,都不是鲁庄公的仇人。《穀梁》不曾把齐襄公的所有亲戚都当作鲁庄公(或鲁国)不能帮助或接触的仇人。这已预设:

R_3　仇人的亲属不是仇人。

把仇人的外延伸展至九世以后的后嗣,是《公羊》而非《穀梁》的观点。

(十三)庄九年经:"九月,齐人取子纠杀之。"传:"外不言取;言取,病内也。取,易辞也,犹曰取其子纠而杀之云尔。十室之邑,可以逃难;百室之邑,可以隐死。以千乘之鲁而不能存子纠,以公为病矣。"①

鲁庄公在乾时战败,直接导致公子纠的死亡。这段经文同样与复仇无关,但却有澄清的必要。

1. 纠＝子纠＝其子纠

此经称公子纠为"子纠",有别于上一则经文"公伐齐纳纠"的"纠"。之所以有此差别,是因为后者以鲁庄公为主辞,若称"子纠"可能使读者误会纠是鲁国的人;前者以"齐人"为主辞,称"子纠"则没有这方面的误会。此传释"子纠"作"其子纠",更加明确纠是齐国公子的身份。无论称"纠"抑或称"子纠",没有太多的政治涵义。

虽然公子纠是公子小白之兄,更有资格继位为齐君,但不能认为此传"子纠"之称寓有"宜为君"之意。范注:"言子纠者,明其贵,宜为君。"②廖平也有相似的意见,《古义疏》云:"杀言子,明当立,故以子言。"③范、廖之论,俱有讹谬。《穀梁》没有"宜为君"之说,《公羊》庄九年传:"其称子纠何?贵也。其贵奈何?宜为君者也。"④一望而知,范宁和廖平同样暗袭《公

---

① 《穀梁注疏》卷 5,页 74。
② 《穀梁注疏》卷 5,页 74。
③ 廖平:《古义疏》卷 3,页 147。
④ 《公羊注疏》卷 7,页 140。

羊》，不合传义。柳兴恩素来回护范注，但对"宜为君"之说亦不苟同，《大义述》云："明其为齐之亲，非明其为齐之贵也。"①此言考察审辨，未尝为范注所蒙蔽，平允可嘉。

2. 外不言取

《穀梁》有两种"易辞"：一是"归"，另一是"取"。凡用"取"字的经文，都是意味着拿取的过程非常容易，没有遇到什么障碍或反抗。② "外不言取"不是说经文不记载外国的"取"。春秋时期战祸不断，哪能不言鲁国以外的其他国家的"取"？《穀梁》对"取"的理解与"伐"大体相同，基本上理解此字带有贬恶之意。隐四年经："莒人伐杞，取牟娄"，传："传曰：言伐言取，所恶也。"③此言可以适合全经大部分的"取"例，不论是鲁国抑或其他国家。明乎此，对"外不言取"解释，便不能仅照字面意思解释，应该将之理解为"外不言取于内"的省略语，意谓经文一般不记载外国夺取鲁国的东西。

3. 病

《春秋》讳言鲁国的错失，所以无论其他国家在鲁国取得的是什么东西，都难以说得出口。除本例外，《穀梁》言"病"还有13例：

[1] 桓五年传："为天子<u>病</u>矣。"
[2] 庄二年传："公子<u>病</u>矣。<u>病</u>公子，所以讥乎公也。"
[3] 庄四年传："飨齐侯，所以<u>病</u>齐侯也。"
[4] 庄二十八年传："民弗<u>病</u>也。"
[5] 僖六年传："<u>病</u>郑也，著郑伯之罪也。"
[6] 僖十四年传："言使，非正也，以<u>病</u>缯子也。"
[7] 文九年传："卑以尊致，<u>病</u>文公也。"
[8] 宣二年传："华元虽获，不<u>病</u>矣。"
[9] 襄八年传："而获公子，公子<u>病</u>矣。"
[10] 襄十八年传："齐有大焉，亦有<u>病</u>焉。……诸侯同罪之也，亦<u>病</u>矣。"
[11] 昭二十九年传："叔倪无<u>病</u>而死。"

---

① 柳兴恩：《大义述》卷10，页128。
② 参阅本书第二章，页315—17。
③ 《穀梁注疏》卷2，页17。

[12] 哀九年传:"以师而易取,郑病矣。"

[13] 哀十三年传:"以师而易取,宋病矣。"①

以上,例[4]的"病"意指贫穷,例[11]的"病"意指疾病,其他诸条的"病"(无论是动词抑或名词)皆指羞辱。此传的"病",与大多数传文一样,也是意谓羞辱。②

此传的"病内"和"以公为病"都是涉及鲁国或鲁庄公因纠被杀而蒙受的羞辱。徐正英、邹皓译"病内"为"责备鲁国",译"以公为病"为"认为这是鲁庄公的耻辱",③把此传的两"病"字分别解作"责备"和"耻辱",是不妥当的。前已述及,"病"的羞辱义在《穀梁》最为常见。此传"病内"和"以公为病"的"病",与庄二年传"病公子"和"公子病矣"的"病"一样,兼作名词和动词,不宜译作两种不同的涵义,应该同作羞辱为宜。

《穀梁》惯以"千乘"形容鲁国作为大国的规模,④此传以"十室之邑"和"百室之邑"作对比,批判鲁国堂堂一个大国,居然连小邑也比不上,一个公子纠也保全不了,实是鲁庄公的奇耻大辱。

4. 取 ≠ 病内

不是所有言"取"的经文都有"病内"之意。除庄九年传外,《穀梁》言"取"还有3例,皆非直言"病内"。为了深化认识,有必要略作参考:

[1] 宣元年经:"齐人取济西田",传:"言取,授之也,以是为赂齐也。"

[2] 昭二十五年经:"齐侯取郓",传:"以其为公取之,故易言之也。"

[3] 哀八年经:"齐人取谨及阐",传:"恶内也。"⑤

例[1]的鲁宣公以济西田贿赂齐人,虽是不光采的丑事,但参照例[3],这是属于"恶内"而非"病内"的状况。例[2]的鲁昭公因三桓而流亡在外,需要齐景公取得郓邑给他居住,对鲁昭公来说,虽然异常丢脸,但就取郓一事而

---

① 《穀梁注疏》卷3,页42;卷5,页64、67;卷6,页97;卷8,页120、130;卷11,页171;卷12,页189;卷15,页250;卷16,页260;卷18,页310;卷20,页345、349。
② "病"的"辱"义,参阅王引之:《经义述闻》卷24,页1464。
③ 徐正英、邹皓:《全译》,页142。
④ 参阅本书第一章,页29—30。
⑤ 《穀梁注疏》卷12,页187;卷18,页307;卷20,页344—45。

言,却很难追究到他的头上,《穀梁》不言"病内",容易理解。例[3]与例[1]同一笔法,谨、阐二地跟济西田一样,乃是鲁哀公为了贿赂齐国而割舍的采邑。《公羊》哀八年传:"外取邑不书,此何以书？所以赂齐也。"①这一观点可以印证《穀梁》"恶内"之言,不妨备存。与例[1]一样,例[3]谈的是贿赂的错误,表示批判多于羞辱,因此传文"恶内"而非"病内"。由这三例可以看见,据《穀梁》的解经意见,"取"可以是意味其他观点,不一定是"病内"。

5．"取"什么？

因此,问题不仅是单纯的"取",还涉及"取"的是什么。除本例外,《春秋》言"取"还有28例,大致区分如下:

①取城邑(也包括整个国家)21例,即"取牟娄"(隐四年)、"取长葛"(隐六年)、"取郜"和"取防"(隐十年)、"伐取之(指戴)"(隐十年)、"取舒"(僖三年)、"取须句"(僖二十二年)、"取穀"(僖二十六年)、"取訾楼"(僖三十三年)、"取须句"(文七年)、"取向"(宣四年)、"取根牟"(宣九年)、"取绎"(宣十年)、"取鄟"(成六年)、"取邿"(襄十三年)、"取邾田"(襄十九年)、"取鄆"(昭元年)、"取缯"(昭四年)、"取鄆"(昭二十五年)、"取阚"(昭三十二年)、"取谨及阐"(哀八年);

②取田4例,即"取济西田"(僖三十一年、宣元年)、"取汶阳田"(成二年)、"取漷东田及沂西田"(哀二年);

③取鼎1例,即"取郜大鼎"(桓二年);

④取师2例,即"取郑师"(哀九年)、"取宋师"(哀十三年)。

由此可见,《春秋》的"取",大多数是取某一种东西;涉及活人的,除庄九年经外,仅取师2例。以"取"言战斗,主要是形容战斗容易取胜,贬意不大。相比之下,同样是活人的"取",本经的"子纠"是个体的活人,不像众数的"师",经文没有其他例子直言取人,而且是从鲁国取得。可以说,齐人杀纠言"取",用了取物之辞,以况取纠之易,对鲁国来说,实是丢脸丢到家的丑事。对此,钟文烝的见解最为可取,《补注》云:"是彼之子纠直从内取而杀之,若取物然,此所以为病内。"②这是洞悉经文以物言取的常规笔法,从而注意到取子纠而杀的不寻常性,道理讲得通,经义解得通。

---

① 《公羊注疏》卷27,页606。
② 钟文烝:《补注》卷6,页170。

6. "齐人"的"杀"

此经称"齐人",虽然称人以杀,但不意味公子纠是有罪之人。被杀的公子纠没有"其大夫"的称谓,有点类似"两下相杀"的情况。① 宣十五年经:"王札子杀召伯、毛伯",传:"杀召伯、毛伯,不言其何也?两下相杀也。"② 由是言之,没有"其大夫"之辞,实为鉴别"两下相杀"的重要条件。桓六年经:"蔡人杀陈佗",传:"何以知其是陈君也?两下相杀,不道。"③ 由此反证,称人以杀,完全有可能属于"两下相杀"的情况。正常情况下,一般的"两下相杀",地位相当的臣子相杀,不是《春秋》记载的内容。庄九年经杀纠,与宣十五年经杀召伯、毛伯一样,都是另有深入说明的需要,故此予以记录。

庄九年传已明言"先入,又杀之于鲁",因此按照《穀梁》的解释,杀公子纠的"齐人"只能是齐桓公,不可能是别人,而且公子纠死在鲁国,不是回到齐国才死去。因此,"齐人"寓有贬恶齐桓之意,没有什么疑问。

7. 恶之 ≠ 病齐

但要注意,齐桓公是"恶之"的对象,而非"病"的对象。"恶之"的根据是"齐小白入于齐"和"齐人",而"病"的根据是"取"。④ 二者不能混为一谈。

明乎此,就不能把"取"理解为"病齐"。在这个问题上,刘敞对《穀梁》有一个错误的驳论,《权衡》云:"言取,病齐耳,内何病乎?"⑤ 子纠被杀,是令鲁国而非齐国丢脸的事情。刘敞"病齐"之诘,纯属误会,反映他误解"病"为批判之意,也没有吃透"外不言取"的传义。

8. "实鲁自杀"之谬

杀纠的过程有没有鲁人的参与?内情不得而知。廖平尝试提出一个可能存在漏洞的猜测,《古义疏》云:"实鲁自杀,托言齐取其子纠而杀之。"⑥ 这个猜测,是建立在其他典籍的认识上。《左》庄九年传:"鲍叔帅师来言曰:'子纠,亲也,请君讨之。管、召,雠也,请受而甘心焉。'乃杀子纠于

---

① "称人以杀"和"两下相杀"的问题,参阅本书第二章,页216—17、250—52。
② 《穀梁注疏》卷12,页204。
③ 《穀梁注疏》卷3,页43。
④ 参阅本书第一章,页144—47。
⑤ 刘敞:《春秋权衡》卷15,页330。
⑥ 廖平:《古义疏》卷3,页149。

生窦。"①《齐太公世家》云:"鲁人患之,遂杀子纠于笙渎。"②根据《左》《史》的记载,杀纠的是鲁国,这跟"齐人取子纠杀之"的记载略有出入。廖平援之解传,显而易见。此外,《穀梁》没有托言之说,也没有暗示鲁杀的可能性。如廖疏之解,读者不免奇怪:庄九年传由"恶内"至"病内",不是一直批判鲁庄公的不是么?为何还要托言齐杀?阅读传文是无法解答这些疑问。《左传》与《春秋》之间存在不一致的地方,屡见不鲜,不必强合,反正从释经的基本要求上说,《穀梁》只谈齐人杀纠,不谈及鲁人的参与也无关宏旨。

从庄九年传"杀之于鲁"的记载,公子纠肯定死在鲁国,不是回到齐国才死去。对他的死,鲁庄公责无旁贷,无可置疑。《鲁周公世家》记载,公子纠死后,齐国想得到管仲,说施伯向他进谏不要把管仲还给齐国,"庄公不听,遂囚管仲与齐。"③以上叙事是一条值得参考的旁证:管仲是否回齐,也是经过鲁庄公的首肯,很难想象纠之被杀(无论他是被齐人或被鲁人所杀)得不到鲁庄公的批准。

9. 隐死

"隐死"的"隐"意谓隐藏,而非隐痛;④"死"意谓死罪犯人。《易·中孚》云:"君子以议狱缓死",孔疏:"缓舍当死之刑也。"⑤因"死"有死刑之义,所以也可以引申为当死之人。《汉书·外戚传上》"常与死为伍"的"死",⑥就是指死罪犯人。周何译"隐死"为"隐藏死罪的犯人",⑦是正确的;而徐正英、邹皓译之为"隐藏不死",⑧却是把"隐"的效果(即"不死")当作"死"的涵义,是不通的。

10. 复仇论无法通释经文

许多辩护《公羊》复仇的人,都没有看见因为经文的限制,《公羊》也无法始终贯彻歌颂复仇的观点,至少对"齐人取子纠杀之"不能如此。《公羊》

---

① 《左传正义》卷8,页237。
② 《史记》卷32,页1799。
③ 《史记》卷33,页1851。
④ 参阅本书第一章,页58—59。
⑤ 《周易正义》卷6,页243。
⑥ 《汉书》卷97,页3937。
⑦ 周何:《新译》上册,页197。
⑧ 徐正英、邹皓:《全译》,页142。

庄九年传："其言取之何？内辞也。胁我，使我杀之也。"何诂："鲁惶恐，杀子纠，归管仲，召忽死之，故深讳，使若齐自取杀之。"①此传只言"胁"而不言"深讳"，而《公羊》对"胁"的解释也不蕴涵讳意，何休这一解释，显然不合《公羊》原意。其实，《公羊》对"胁"另有说法。僖八年经："用致夫人"，《公羊》云："盖胁于齐媵女之先至者也。"②这是讥讽鲁僖公以妾为妻，哪有言"讳"？以此例彼，可以推论"胁我"之论，是贬非讳。何休"深讳"之说，是个人的主张，既与《公羊》不合，也回避了一个应该回答的问题：为何"以死败为荣"的光荣事件，其结局竟然如此不堪以致需要"深讳"？复仇之论，无法解释纳纠、杀纠之事，明白清楚，用不着多说。

11. 小结

公子纠之死，是鲁庄公在乾时战败的结果。自始至终，与复仇毫无关系。对相关经文的解读，《穀梁》显然比《公羊》更圆满和更可靠。在整个过程中，鲁庄公是否真心援助公子纠，是相对的不重要。他没能及时让公子纠回国继位，战败了又不能保全人家，反而屈辱地接受齐桓公的要求害死公子纠。公子纠死的容易，反衬鲁庄公做的无能。在《穀梁》看来，界定这一耻辱，重点不在于鲁庄公有没有相关的羞耻感，而是他的政治行动的无效，经不起最简单的常识推敲：以鲁国"千乘"的实力，怎么反而不如"十室之邑"和"百室之邑"，连一个自己应该帮助的人也保全不了？这是说不通的。对此，《穀梁》实已预设：

S_3　无法解释自己怎么做不了本应做到的事情，是耻辱的。

鲁庄公的失败摆在眼前，是怎么也解释不了的，说给任何人听见也是丢人的。凡若此类，都是他自作自受。把行动的失效归诸外在的不可抗力，是不行的。《穀梁》所理解的"病"和"耻"，主要是就承受失败或伤害的当事人而言，不像《公羊》那样把九世前的祖先的事情也揽在自己身上。

（十四）庄十一年经："冬，王姬归于齐。"传："其志，过我也。"③

同样是王姬嫁给齐国君主，前一次是鲁庄公的仇人齐襄公，这一次是不被视为仇人的齐桓公。经传记述虽简，却有待玩味。

---

① 《公羊注疏》卷7，页140。
② 《公羊注疏》卷11，页221。
③ 《穀梁注疏》卷5，页76。

1. 过我

跟庄元年王姬归文不同，此经之所以记载是因为她路过鲁国，有别于上次的主婚，故此《穀梁》再次发传以示二者之异。

2. 齐桓非仇

乾时之战，已标志着齐桓公坐稳了君位；而齐、鲁两国也进入新的阶段。当时迎娶王姬的是齐桓公，而《穀梁》没有复九世仇的主张，也不把齐桓公视为不可接触交往的仇敌。

可是，柯劭忞认定此传寓有讽刺鲁庄忘仇之意，《传注》云："忘仇为礼，故志之。"又云："事逾十年，故传不用前义。"① 传文仅言"过我"，绝无疾仇之意；而庄元年传"为之中"，是因为鲁国主婚的缘故，二传所言不同，没有理由说这是因为"事逾十年"而变言"过我"。柯劭忞辗转传录复仇之义，据此兼言两则传文，纯属臆断，不合传义。分析到最后，柯注的立足点无非认为齐桓公是不可相接触的仇雠，因此认定庄十一年经与庄元年经两则王姬归齐经文性质相同。庄二十七年传："齐侯得众也"，② 齐桓公绝对是《穀梁》称道的其中一名贤者，并非不能"为礼"的对象，与庄元年成婚的齐襄公有别，不可执一论也。

3.《公羊》也没有崇尚复仇

即使鼓吹复九世仇的《公羊》，亦不认为此经批判"忘仇为礼"。《公羊》庄十一年传："何以书？过我也。"③ 这与《穀梁》完全一致。没有理由认为《穀梁》比《公羊》更强硬地坚持仇齐到底的观点。考虑到《公羊》"壹讥"的主张，从根本上已排除其他传文也是"壹讥"以外的其他讥语。柯注不仅背离《穀梁》，也有悖于《公羊》。复仇之义，不是用在任何经传都可以通释无碍的万灵丹。

4. 小结

齐桓公是《穀梁》认可的贤者，他和王姬的婚事因路经鲁国而得到经文记载，其中没有贬义。戴着凡齐皆仇的有色眼镜观看问题，因为齐桓公与齐襄公的血缘关系而将之划为鲁庄公的仇人（参照 R_3），是不正确的认识。

（十五）庄二十二年经："秋，七月丙申，及齐高傒盟于防。"传："不言公，

---

① 柯劭忞：《传注》卷3，页13。
② 《穀梁注疏》卷6，页93。
③ 《公羊注疏》卷7，页147。

高傒伉也。"①

鲁庄公与高傒之盟,同样不涉及复仇的问题。

1. 高傒非与微者盟

高氏为姜姓,出自齐国公族,与国氏在春秋初期是齐国内最大的卿族。② 高傒是齐国公族之卿,尊贵可知。此经没有主语,不等于与他结盟的人是鲁国微者。杜注:"高傒,齐之贵卿,而与鲁之微者盟,齐桓谦接诸侯,以崇霸业。"③然而,《左传》没有不言主辞而必为鲁国微者的主张,也没有微者盟的见解。对于此经,《左传》根本没有发传解释,杜预的观点似是臆测,毫无凭据。

2. 伉

真正与高傒盟会的人是鲁庄公,经文却略公不言,为什么呢?"伉"通"抗",含有"极"义。④ 除庄二十二年传外,《穀梁》言"伉"还有3例:

> [1]桓九年经:"曹伯使其世子射姑来朝",传:"使世子伉诸侯之礼而来朝。"
>
> [2]桓十八年经:"公与夫人姜氏遂如齐",传:"以夫人之伉,弗称数也。"
>
> [3]文二年经:"及晋处父盟",传:"不言公,处父伉也。"⑤

例[1]是谈论射姑以接近诸侯之礼到访鲁国。例[2]是针对经文"与"字而言,批判文姜没有顺从而是抗衡桓公,而一起到访齐国。例[3]是指出处父与鲁文公盟会以大夫抗衡诸侯。从这三例可见,"伉"都是意谓抗衡,主要是形容某些地位本非相当的人致于极点,抗衡了其他本应更尊贵的人。

由此加以概括,"伉"是用来解释人际之间的关系,而非人的品格。问题不在于高傒的态度,而是他作为大夫的身份。范注:"高傒骄伉,与

---

① 《穀梁注疏》卷6,页86。

② 高氏为姜姓,出自齐国公族,势力极大,与国氏在春秋初期是齐国内最大的卿族。参阅吕文郁:《周代的采邑制度》,页179—82。

③ 《左传正义》卷9,页267。

④ 《战国策·秦策一》(卷3,页143、164)云:"天下莫之能伉",吴师道云:"'伉''抗'古字通。"此外,《荀子·富国》(卷6,页196)云:"伉隆高",王念孙《读书杂志》(页1757—58)云:"伉者,极也。……伉、致、期,皆极也。'伉隆高',犹言致隆高。"

⑤ 《穀梁注疏》卷4,页47、58;卷10,页159。

公敌体,耻之,故不书公。"①如上所述,"伉"不必训作"骄伉"。没有证据显示"高傒骄伉",《左传》无传,《公羊》仅说"讳与大夫盟",②范宁之解实无确据。

然而,周何受范注误导,译"夫人之伉"为"夫人的态度过于骄慢高傲"。③ 以"骄伉"训"伉",有待商榷。本章下文将会指出,《穀梁》有2则传文言"骄",分别是僖二十二年"骄其敌"和成二年"向之骄",前者的"骄"意谓骄傲轻敌;后者的"骄"意谓骄慢高傲。尽管"亢"与"骄"二义相通,成二年传"婴齐亢也"和"向之骄也"相互印证,便是一个显例,但不能说"伉"宜训"骄"。上述3例的"伉",是不能忽略的内证,它们都是解释某人如何"伉"其他人,都是解释经中的人物关系。如范宁之解,文姜的"骄伉"其实和"向之骄也"一样,是泛指她的品格,而"骄慢高傲"可以是对所有人也是如此,不必是特别就她和鲁桓公的关系而言。基于这样的认识,"伉"就不能像范注那样的解说,该作抗衡义为宜。

3. 以尊及卑

经文凡是采用"B及C"的措辞,必是B尊C卑,因此"伉"的问题在于B和C地位的判断。尽管B和C高下有别,但仍是类似的、性质接近的人或物。B前C后的排序,容易读者误会C的地位接近B,甚至抗衡B。在此传中,假如若提及"公",明言"公及齐高傒盟",就意味高傒享有接近鲁国君主的地位。因此,经文需要略去"公"的主语,避免出现鲁庄公与他国大夫这两种尊卑有别的身份并列盟会。

在此,实不涉及大夫称名氏的问题。廖平《古义疏》云:"谓大国大夫称名氏者,大国大夫尊与公近。"④廖平以"尊与公近"释"伉",略有可取,但其说仍然有待商榷。前已述及,文二年传:"不言公,处父伉也。"⑤阳处父与高傒二人,皆因伉而不言公,并无二致,名氏不名氏无关宏旨。以此释彼,可见高傒作为大夫的身份,不宜"尊与公近",与"名氏"没有关系。廖疏以"称名氏"为解,是做了多余的事情,无裨传义。

---

① 《穀梁注疏》卷6,页86。
② 《公羊注疏》卷8,页163。
③ 周何:《新译》上册,页151。
④ 廖平:《古义疏》卷3,页146。
⑤ 《穀梁注疏》卷10,页159。

4. "不为鲁讳"之谬

此传解释经文为鲁庄公讳,并无谴责鲁庄公接触仇人之意。齐襄公已死,继位的齐桓公及其臣子并非鲁庄公不可接触的对象。可是,柯劭忞囿于复仇之见,竟然认为问题在于《穀梁》寓有不为鲁讳之意,《传注》云:"此高傒氏者,传意但责傒,不为鲁讳。鲁忘君父之仇,不为之讳矣。"① 如其解,《穀梁》的重点,不是"不言公",而是高傒之氏。然而,传文只责高傒之"亢",没有说过经文因记载高傒之氏而有"不为鲁讳"的意思。至于"忘君父之仇"的批判,更是过度诠释,于传无征。齐桓公是《穀梁》认可的政治人物,而《穀梁》亦无复九世之仇的主张,没有理由因鲁桓公之仇把高傒视为不能接触的人。

5. 小结

高傒作为齐国臣子,本无单独与鲁庄公结盟的资格,而经文略"公"不言,主要是政治地位的考虑。君臣之间的差序不容混同,是周礼体系所决定的政治事实。《穀梁》的讨论主要是就此而言。不能说齐桓公也是鲁庄公的仇人致使高傒也被划为不可接触的一伙(参照 R_3)。

(十六)庄二十四年经:"八月丁丑,夫人姜氏入。"传:"入者,内弗受也。日入,恶入者也。何用不受也?以宗庙弗受也。其以宗庙弗受,何也?娶仇人子弟,以荐舍于前,其义不可受也。"②

鲁庄公迎娶齐国公主哀姜为夫人,此事遭到《穀梁》的严厉批判,因涉及鲁庄公如何看待仇人的问题,有必要予以解说。

1. 姜氏是齐襄公的女儿

姜氏,即鲁庄公的夫人哀姜。究竟哀姜是齐襄公之女,抑或其妹?若是女儿,意味她与鲁庄公份属表亲,成婚的可能性比较大;若是妹妹,也就意味同时也是文姜的妹妹,与鲁庄公相差一辈,伦纪乖张,莫过于此。而且,桓十五年经:"四月己巳,葬齐僖公。"当时鲁庄公才九岁,而他是迟至庄二十四年方才迎娶哀姜,时值三十七岁。齐僖公是齐襄公之父,据《齐太公世家》记载,齐僖公在位三十三年,而其父齐庄公在位六十四年,③若齐僖公真有女儿,也难以想象年龄上与鲁庄公匹配。柯劭忞《传注》云:"以年岁

---

① 柯劭忞:《传注》卷 4,页 2。
② 《穀梁注疏》卷 6,页 89。
③ 《史记》卷 32,页 1795。

计之,文姜已是襄妹,不容再有妹嫁庄公。"①这是合乎情理的正确判断。依辈份和年龄相算,哀姜应是齐襄公的女儿。

之所以感到难以判定女妹之辨,主要涉及对此传"娶仇人子弟"的解读。此"仇人子弟"该如何理解呢?钟文烝将之理解为齐襄公的子女和弟弟,《补注》云:"或是齐襄之女,或是其妹,作传时已不审也。"②这是过度谨慎导致放弃裁断,反而背离正解愈加悬远。对此,其弟子于鬯也表示不敢苟为附会,《香草校书》云:"'子弟'二字恒语,犹隐元年传云'段失子弟之道'。此言襄女,但仇人之子,非仇人之弟,犹彼言段但郑庄之弟,非郑庄之子,而皆言子弟,岂非'子弟'二字为恒语故连及乎?"③"子弟"不是实指儿子或弟弟,于鬯从《穀梁》找内证驳其师之谬,爱真理胜于爱吾师,弥可宝贵。没有必要因为"仇人子弟"而认为哀姜有可能是齐襄公的妹妹。哀姜是襄女的可能性,远远大于她是襄妹的可能性。除非出现其他新证据,否则不必故作矜慎悬而不解。

2. 夫人日入

鲁国君主迎娶别国公主为夫人,"至自"一般是基本的措辞,其中可以细分为以下两种句式:一是"夫人 X 至自 Y",X 是 Y 国的公主,说 X 从 Y 到达鲁国,已蕴涵鲁公亲迎,情况正常,如桓三年"<u>夫人姜氏至自齐</u>"之例;另一是"W 以夫人 X 至自 Y",说 W 带着 X 从 Y 抵鲁,反映鲁公不亲迎之类的错误,如宣元年"遂以<u>夫人妇姜至自齐</u>"、成十四年"侨如以<u>夫人妇姜氏至自齐</u>"之例。然而,这两种句式都不像庄二十四经引人瞩目:此经作"夫人 X 入",而且载有"八月丁丑"的日期。这意味着,经文不仅以"入"描述哀姜到达鲁国,而且记载"入"的日期。

按照"入者,内弗受"的传例,"入"已表明哀姜是不应得到所在之地接纳的对象;而"日入"比"入"更形严重,是特别需要标示日期予以贬恶的情况。当然,不是"入"或"日入"都是贬恶至深,但这样的例外只发生在以非人为主体的情况下。宣八年"万<u>入</u>,去籥"和昭十五年"二月癸酉,有事于武宫,籥<u>入</u>",都是涉及乐舞,尽管二者都是"A 入"的句式,与"夫人姜氏入"相同,但因"入"的主体不是人,所以《穀梁》对之也没有太过严

---

① 柯劭忞:《传注》卷4,页5。
② 钟文烝:《补注》卷7,页203。
③ 于鬯:《香草校书》卷47,页947。

厉的批判。

相反,哀姜是人,不是乐舞。但同样是对人的"日入"的贬抑,此文最不寻常的是,哀姜的"日入"是出现在婚礼完成之际。经文对人的"入"或"日入",大多用于军事侵占或君位篡夺的恶劣情况,一般无涉于婚嫁之事。① 此经却将之用在鲁庄公迎娶哀姜的过程上,《春秋》惟此一例,足见这是极其异常的贬辞。

3. 宗庙弗受

同样是"其义不可受",此传有别于上述"单伯逆王姬"之传:前者谈的是鲁国不应接受哀姜之义,而后者主张的是不接受京师之命。之所以"不可受",是鲁国宗庙"弗受"。鲁庄公迎娶哀姜为妻,不免要在宗庙中进献祭品或奠置酒樽给已逝的父祖,但因为哀姜是齐襄公之女,而齐襄公又是杀害鲁桓公的仇人,这如何对得起自己的父亲?此传批判鲁庄公迎娶哀姜的错误,在于她是齐襄公的女儿,如此而已。

在婚礼过程中,哀姜炮制了什么麻烦?不是《穀梁》着墨的内容。《公羊》庄二十四年传:"其言入何?难也。其言日何?难也。其难奈何?夫人不僂,不可使入,与公有所约,然后入。"② 这里的"难",在于哀姜没有顺从庄公,迄至订约之后方才进城。"入"或"日入"实无"难"义,《公羊》的解释不是依据经文诂解,而是根据它对哀姜在婚礼中带来麻烦的历史认知。其中,也没有多少与《穀梁》相通之处。然而,廖平《公羊验推补证》云:"娶仇女不可致于宗庙,故言入。"③ 然而,认为宗庙不受仇女,是《穀梁》独有的观点。廖平援《穀》解《公》,紊乱二传,解读错乱。

4. 雠子不为雠

当然,认为哀姜不该是鲁庄公的配偶,不等于反过来把她当成仇人。《穀梁》没有把齐国划为鲁庄公必须断绝接触的"仇雠之国"。在这个问题上,孙觉因范注而误入歧途,《经解》云:"圣人不与庄公以仇人之女而见其父也,特变文而书之曰'夫人姜氏入',以明仇雠之国无时而可与通。"④ 前

---

① 如本书第一章(页145—46)所示,全经"人者,内弗受也"释经14例,其中属于军事占领和篡夺政权共12例;日入5例中,有4例是军事占领。哀姜在"入者"和"日入"两者中,都是惟一的孤例。
② 《公羊注疏》卷8,页167。
③ 廖平:《公羊验推补证》卷3,页964。
④ 孙觉:《春秋经解》卷4,页630。

已述及,"无时而可与通"是范宁批评《穀梁》的观点。① 孙觉反对哀姜嫁到鲁国,明显受到范注的影响。若说凡与仇人相关者(包括其国)都是不可"与通"的对象,那么如何解释经文许多肯定鲁国支持齐桓公霸业之事? 至少,《穀梁》没有把齐国当成"仇雠之国",孙觉没有区分范注与《穀梁》的不同,遂有此失。

不该娶哀姜,是顾及父祖的想法,不能由此推论出应该迁怒于仇人子弟或找他们复仇。适当地跟仇人及其子弟保持距离,不等于憎恨或侵犯所有跟仇人相关的人。钟文烝《补注》云:"雠子亦不为雠,罚不及嗣,怒不可迁。"②《穀梁》没有复九世之仇的主张,也不要求负有仇怨的人把怨恨扩大至所有与仇人相关的人。钟文烝此言,既符合《穀梁》反对迎姜仇女的观点,也自外于《公羊》无条件歌颂复仇的主张,最是合理和可信。

5. 小结

鲁庄公不该忘记齐襄公是自己的仇人,但这不意味他必须把仇怨延伸至九世、百世以上。哀姜是他不宜迎娶的配偶,因为就其父桓公的亡灵而言,这个女人是杀害他的仇人的女儿,接纳她为媳妇,实是情理难容,不可接受。但要注意:这不等于哀姜是鲁庄公的仇人。《穀梁》对待齐襄公以外的相关人士(包括齐桓公、公子纠、王姬、高傒、哀姜诸人),有别于《公羊》和其他歌颂复仇的高调,值得深入玩味(参照 R_3)。

二、伍子胥

与鲁庄公没能成功复仇不同的是,伍子胥是一个成功的复仇者。他的父亲伍奢是楚国大夫,官至太子太傅,费无忌因为害怕太子建登位将有杀身之祸,向楚平王进谗,导致太子建出奔宋国,伍奢被囚。为了斩草除根,楚平王遂召伍子胥及其兄伍尚,声言二人到来则不杀伍奢,结果伍尚就擒受戮,伍子胥辗转逃亡,投吴伐楚为父兄报仇。③ 这一传奇事迹家传户晓,但较少人注意的是,《穀梁》的评论意见显示因复仇而战,可能导致灾难性的结果。相关的经传计有 3 则:

(一)定四年经:"冬,十有一月庚午,蔡侯以吴子及楚人战于伯举,楚师

---

① 《穀梁注疏》卷 5,页 73。
② 钟文烝:《补注》卷 6,页 169。
③ 这是根据《左》昭二十年传(卷 49,页 1388—89)和《史记·伍子胥列传》(卷 66,页 2641—46)的叙述。

败绩。"传:"吴其称子,何也?以蔡侯之以之,举其贵者也。蔡侯之以之,则其举贵者,何也?吴信中国,而攘夷狄,吴进矣。其信中国而攘夷狄奈何?子胥父诛于楚也,挟弓持矢而干阖庐。阖庐曰:'大之甚!勇之甚!'为是欲兴师而伐楚。子胥谏曰:'臣闻之,君不为匹夫兴师。且事君犹事父也,亏君之义,复父之仇,臣弗为也。'于是止。蔡昭公朝于楚,有美裘,正是日,囊瓦求之。昭公不与,为是拘昭公于南郢。数年然后得归,归乃用事乎汉,曰:'苟诸侯有欲伐楚者,寡人请为前列焉。'楚人闻之而怒,为是兴师而伐蔡。蔡请救于吴,子胥曰:'蔡非有罪,楚无道也。君若有忧中国之心,则若此时可矣。'为是兴师而伐楚。何以不言救也?救,大也。"①

这是叙述伍子胥向吴王阖庐救蔡伐楚的过程,必须仔细解读传义。

1. 首见"吴子"而非"吴"

此经称子的笔法,从多个意义上观察,是很不寻常的。吴是夷狄,在此之前,吴国君主在生称子,仅有一例,即襄二十九年"吴子使札来聘",这是因札贤而贤吴子的特笔。其后记载吴国的经文,计有7例:

> [1]昭十三年:"吴灭州来。"
>
> [2]昭十七年:"楚人及吴战于长岸。"
>
> [3]昭二十三年:"吴败顿、胡、沈、蔡、陈、许之师于鸡甫。"
>
> [4]昭二十四年:"吴灭巢。"
>
> [5]昭二十七年:"吴弑其君僚。"
>
> [6]昭三十年:"吴灭徐。"
>
> [7]昭三十二年:"吴伐越。"

以上,都是称国,而非称爵。可以说,吴之称国,乃是常文。反之,经文凡称"吴子",《穀梁》都会发传特别解释。②

2."以"后称"子"而非"人"或"师"

《春秋》记载战争场合的用语,并未要求"以"后的宾语必须"举贵",称人或称师皆是可行的选项。桓十四年"宋人以齐人、卫人、蔡人、陈人伐郑"称人,僖二十六年"公以楚师伐齐"称师,便是显例。也就是说,从"吴"的常称和"以"的用法来看,经文本无称子的惯例。

---

① 《穀梁注疏》卷19,页321—23。

② 参阅本书第一章,页119。

3. "举其贵者"无涉于鲁

除定四年传外,《穀梁》对以下 3 则经文也使用"举其贵者"的解释:

> [1] 隐七年:"齐侯使其弟年来聘。"
> [2] 桓十四年:"郑伯使其弟禦来盟。"
> [3] 成二年:"季孙行父、臧孙许、叔孙侨如、公孙婴齐帅师会晋郤克、卫孙良夫、曹公子手"。①

例[1]的年和例[2]的禦本可称"公子"或"大夫",但经文称"其弟",因为他们都是来到鲁国,而"举其贵者"。例[3]的公子手和鲁国四个大夫一起,本来他是不该称"公子",故曰"举其贵者"。从这三个例子可知,《穀梁》所说的"举其贵者",是因为事情涉及鲁国,使得经文用辞有所不同,使用了比较尊贵的称呼。明乎此,便可以知道此传的"举其贵者"为何是不寻常的。此传没有人直接与鲁国打交道,仅是因为蔡侯带着吴子与楚人作战,便称吴国君主为"子"。"以"意谓带着,刻意强调被带着的人为"举其贵",全经仅此一例。

4. "以者"却非"不以者"

"以蔡侯之以之"的第一个"以"字,是原因连词,以此解释称"吴子"的原因;第二个"以"是指经文的"以"。按照"以者,不以者"的传义,遇有经文言"以",《穀梁》一般认为"以"的主体正在做了不该做的事情,但此传显然不这么认为。李廉《会通》云:"以蔡侯之之,举其贵者,则又变不以之例,盖其所以以者虽同,而事则异,……而蔡侯以吴特进而书爵,则无讥矣。此《春秋》所以不可一概论也。"②此说阐明《穀梁》传义,值得备存。没有"吴子"一语,读者不大可能知道经文肯定吴王的贡献。因此,此传的"吴子"在很大程度上抵消了"以"可能对相关政治人物的负面批判。

5. "吴子"的异常性

当然,不是所有人都能洞悉"吴子"的异常性。湛若水针对《穀梁》对"吴子"的说明,试图提出反对意见,《正传》云:"后儒不知吴子为伯号,而云称子以与之,殊不知书其事而善之之义已见,不待乎称子与否也。"③以为

---

① 《穀梁注疏》卷 2,页 24;卷 4,页 53;卷 13,页 213。
② 李廉:《春秋会通》卷 14,页 229。
③ 湛若水:《春秋正传》卷 34,页 607。

"吴子"是伯号,是有问题的。如上所述,在定四年决战之前,经文一般对吴的称呼,是称国,而非称爵。湛氏"书其事"之说,是结合三传和其他文献的叙事后的阅读心得。仅就经文而言,若是删去所有爵称,读者岂能从"蔡以吴及楚战,楚师败绩"得到"善之"的结论? 至少从《穀梁》的视角,这是不可思议的事情。僖十五年经:"楚人败徐于娄林",传:"夷狄相败,志也。"①经文若无贵称,按照"夷狄相败"的观点,完全可以视作类似狗咬狗的事情,哪能"善之"? 这可反证,称子的异常笔法,是读者得以判断经文"善之"的关键。湛若水无视于此,以"吴子"为伯号,不过是为驳而驳,殊无可信的证据。

6. 信中国

"信中国"的"信",义同于"申"。② 此句"信中国"与"攘夷狄"是对文,"攘"乃"却"义,"信"自当作"申"义解。周何译"信中国,而攘夷狄"为"信服中原国家的道义,而排除夷狄的气习",③不确。译"信"为"信服",是不明《穀梁》"信""申"义同的观点。此外,"信中国"是指吴援蔡申张中原国家,"攘夷狄"是指抵抗楚师。周译增添"道义"和"气习",语涉增加,殊为非类。

7. 大之甚

"大之甚",貌似简单,却需要认真清理。范宁解"大之甚"为"其孝甚大",④为后来同类误读误译开创先河。受范注的影响,周何译"大之甚"为"孝心很大",⑤徐正英、邹皓和承载也有类似的译法。⑥ 确切地说,伍子胥决心复仇,虽是孝子的表现,但不能说"大之甚"的"大"是指"孝心"的"大"。范注增字解传,以求圆通,是明显的训释错误。

值得注意,《公羊》同样记述伍子胥奔吴复仇的经过,与《穀梁》大体相同,而阖庐的话却作"士之甚",而非"大之甚"。何休解"士之甚"为"言其以贤士之甚",徐疏:"子胥贤者,博古今之事。"⑦《公羊》本无以"士"解作"贤士"或"贤者"的观点,何、徐是望文生义,偏离原义。"士之甚"与"勇之甚"

---

① 《穀梁注疏》卷8,页132。
② 参阅本书第一章,页29。
③ 周何:《新译》下册,页1082。
④ 《穀梁注疏》卷19,页322。
⑤ 周何:《新译》下册,页1081。
⑥ 徐正英、邹皓:《全译》,页741。承载:《译注》,页700。
⑦ 《公羊注疏》卷25,页561、563。

对文,"士"与"勇"当作同一词性理解。"勇"既解作勇敢,自是形容词;"士"若作"贤士"或"贤者",就是作名词解。二者扞格不顺。由此推断,"士之甚"若从字面意义强作解说,辞不畅达。据于鬯的考证,"士之甚"的"士"实即"大"之讹。① 这个研究结论,中情而信,进一步证明"大之甚"所指的不是孝心之多寡。此传"大之甚"的"大",宜训作"好"。如《易·系辞上》"莫大乎蓍龟"和《孟子·梁惠王下》"大哉言矣"的"大",②皆属此义。庄十八年传和僖二十六年传的"大之也",③作动词用,意谓赞美、称善,这是《穀梁》相当常见的用法。此传之"大"解作"好",义通于此。由此可见,"大"意谓好。用白话来翻译,"大之甚"就是非常好,不是非常孝顺的意思。

8.《左》《穀》二传的异同

此传回顾了伍子胥因父兄被杀而投奔吴王阖庐的事件。阖庐对伍子胥为父报仇的决心表示欣赏,但伍子胥没有头脑发热盲目起兵,反而强调自己只是一介匹夫,不能为他的私仇而兴兵。在他看来,事奉君主如同事奉父亲,不能为自己的仇怨而减损国君的"义"。迄至囊瓦伐蔡,伍子胥得悉蔡昭公请救的信息,认为时机成熟,遂向阖庐建议:在蔡无罪而楚有罪的形势下,如果阖庐有忧虑中原国家之心,便可以出兵伐楚。

在伍子胥复仇伐楚的叙事上,《左传》与《穀梁》存在差异,以下仅说两点:

> [1]《左》昭二十年传:"员如吴,言伐楚之利于州于。公子光曰:'是宗为戮,而欲反其仇,不可从也。'员曰:'彼将有他志。余姑为之求士,而鄙以待之。'乃见鱄设诸焉……"

> [2]《左》昭三十年传:"彼出则归,彼归则出,楚必道敝。亟肆以罢之,多方以误之。"④

例[1]指出亟欲复仇的是伍子胥,而被公子光(即阖庐)阻止;在《穀梁》笔下,却是阖庐支持复仇,被伍子胥阻止。《左传》记载伍子胥支持公子光夺位,为他寻求勇士,而后来弑吴王僚的鱄设诸就是伍子胥所推荐的,而《穀

---

① 于鬯:《香草校书》卷50,页1016。
② 《周易正义》卷7,页290。《孟子注疏》卷2,页36。
③ 《穀梁注疏》卷5,页81;卷9,页146。
④ 《左传正义》卷49,页1389;卷53,页1518。

梁》没有这方面的叙事。《穀梁》仅说伍子胥干阖庐，不曾谈及他与吴王僚的关系。例[2]记载伍子胥对阖庐的进言，提及在援蔡伐楚以前对付楚军的基本战略，而《穀梁》没有这方面的记载。无论如何，《左》《穀》的叙事存在差异，二者不必强合。

9. 指控《左传》伪作的不可信

无论如何，《穀梁》不因伍子胥复仇而称其贤。相应的，也没有理由因《左传》叙事与之不合而诬指其伪。针对《左》《公》之异，崔适又再指控《左传》作伪，《复始》云："阖庐弑僚，子胥与焉。自欲为父复雠，因而助人弑君。弑君之恶，何补于复雠之善，而《春秋》善子胥以义阖庐耶？"又云："全是阴谋诡计，传言蔡请救于吴，伍子胥复曰：'君若有忧中国之心，则若时可矣。'何等光明磊落！《左氏》擅造鬼域之谋，加诬贤者，恶圣人之所好而已。"①

崔适认定伍子胥行事端正，不可能发生《左传》所叙述的事情。这是以自己对伍子胥所理解的道德形象作为立论前提，认定伍子胥是一个"光明磊落"的人，因而不接受所有不符合这一形象的历史记载。然而，崔适始终没有反面证据足以否定《左传》有关伍子胥干吴王僚、亟欲立即复仇、找刺客暗杀吴王僚、献计对付楚军等叙事。上述"加诬贤者"的立足点，无非是《公羊》没有《左传》所述的内容，如此而已。然而，为什么《公羊》没有的叙事就必然不能成立呢？

分析到最后，还是回到刘歆伪造《左传》的虚拟前提上。前已述及，《公羊》"士之甚"不宜解作"贤士"或"贤者"，崔适称伍子胥为"贤者"，放在《公羊》已不见得正确，更不要说《穀梁》了。尽管《穀梁》有关伍子胥复仇的叙事与《公羊》大体相同，但不意味有必要像崔适那样排斥《左传》的叙事；相反，因《左传》没有贤伍子胥的观点而诬指其伪，肯定不是《穀梁》所能兼容的看法。

10. 蔡国的战略重要性

蔡国虽小，但因位于中原国家与楚交锋的要冲，是楚国北面防御中原的屏蔽，又是北向争霸的门户。中夏诸国真要攘楚，没有蔡国配合向导，则不能深入腹地。因此，蔡国君主是否真心臣服，对于楚国存亡影响至大。顾栋高这样说明蔡国的战略重要性："服楚最早，从楚最坚，受楚之祸最深，

---

① 崔适：《春秋复始》卷14，页483。

而其为楚之祸亦最烈。始以楚为可恃,故甘心服从。逮不堪命而反噬,则楚亦几亡。"①这次发动伯举之战,便是以蔡国为主,不能过分强调吴国的角色。

11. 以之

伯举是楚地,意味楚是主人之国。按照"A及B战"的句式,应是A为主,B为客,但此经却非如此,因为A前还有"以"及其主语,作"C以A及B战"的句式,全经仅此一例。② 经中凡是言"以"(亦即"C以A⋯⋯"的句式),不管做的是什么事情(即不管A后是什么动词),相关行为的主事者必是"以"前的C,而非"以"后的A,哪管C的政治实力可能低于A。桓十四年经:"宋人以齐人、卫人、蔡人、陈人伐郑",传:"使人以其死,非正也。"③宋的实力不可能高于齐、卫、蔡、陈四国,但《榖梁》却在批判"宋人"的"非正",这是视"以"前的主体为主的显例。事实上,"以者,不以者也"和"以者,内为志焉尔"两种传义,都是把"以"前的能动者视为主角。

此经"C以A及B战"的C是"蔡侯"(即蔡昭公),这是凸出"蔡侯"为主的笔法,不是为了贬抑晋国。胡传:"柏举之战,蔡用吴师,特书曰以者,深罪晋人保利弃义,难于救蔡也。"④定四年经仅说"晋士鞅、卫孔圉帅师伐鲜虞",系于"楚人围蔡"之后。没有直接证据说明晋国不出兵援蔡伐楚是因为"保利弃义"。因此,很难说"以"是为了罪晋。胡安国"深罪晋人"之说,仿如庸吏笔法,貌似振振有辞,其实凭空心证,难以援之以说经。

12. 蔡侯之以之

经文认为战争的主角是蔡侯,吴子仅是支持蔡侯的辅助角色,尽管与楚作战的主力是吴军。钟文烝《补注》云:"吴、楚交兵,楚主吴客,反以吴及楚者,吴为蔡,以顺蔡侯之文。"⑤此说很能把握"蔡侯"作为C的主导角色。

没有蔡侯"以之",吴王阖庐也就无从称子。仅是关注伍子胥的复仇,或把伯举之战放在吴楚争霸的框架上观察,是无法理解经文以"蔡侯"为主

---

① 顾栋高:《春秋时楚始终以蔡为门户论》,载《春秋大事表》卷28,页2024。
② 除定四年经外,《春秋》用兵言"以"仅2例,即本章(页489)所举的桓十四年经和僖二十六年经,皆是言"伐"不言"战"。
③ 《榖梁注疏》卷4,页55。
④ 胡安国:《春秋胡氏传》卷27,页459。
⑤ 钟文烝:《补注》卷23,页684。

的所以然。在此，有必要指出，杜预从《左传》出发，也知道此经言"以"的重要性。杜注："师能左右之曰以，……吴为蔡讨楚，从蔡计谋，故书'蔡侯以吴子'，言能左右之也。"①此"师能左右之曰以"，典出《左》僖二十六年传，②从《左传》的立场上看，杜预"能左右之"之言是有根据的，也可以与《穀梁》"以之"之论相互发明。

可是，蒋庆却因门户之见，批判杜预对"以"的解释，《公羊学引论》说："杜氏解此经文甚无谓，不知何故只解一'以'字，吴何以称子进爵不解，吴何为伐楚亦不解，故《春秋》善吴之义不明，吴首兵为子胥复仇一事亦不明。"③杜预没有讨论"吴子"的措辞，固然不够完备，但至少正视经文以"蔡侯"为"以"的主体；而《公羊》没有谈论这方面的笔法，本是解经不圆满的缺点，可说是五十步笑百步。蒋庆宣称"吴首兵"，不合经义，《公羊》也不是这样的主张，显示他既读不懂经传，又没有察觉《公羊》强弱之所在，以此反诘杜注，实是以卵取砪，浑然不知扬长避短之理。

13. 低估蔡侯的误解

"以"的主体是"蔡侯"而非"吴子"，不能过分贬低蔡昭公的角色。不过，仍有些论者过度抹煞蔡昭公的重要性：

（1）惠士奇《春秋说》云："若夫借人之力以救己之亡，既不能左右之，又不能行其意，如楚人围蔡，蔡方望救于吴，焉敢以吴？而柏举之战，事亦书以者，盖悯蔡之危，善吴之救。……然则柏举之战，吴之志也。名为救蔡，吴实主兵，蔡又焉能行其意乎？而《春秋》特书'蔡侯以吴子'者，蔡无皋而楚围之，吴能救之，盖恶楚而进吴也。"④

这个说法，完全不着边际。《春秋》真要表示"悯蔡之危"，就应该采用"吴子救蔡"之类的笔法。以战争情况而言，蔡昭公虽没有吴军的指挥权，但不能因为吴国怀有自己的战略目标，而否定"以吴"。惠士奇始终不能解释"以"的所以然，又过分贬低蔡昭公的作用，只能说这是他的历史认识凌驾于经义诂解，如此而已。

（2）孙觉从蔡国屡受楚国宰制的历史出发，认定经文"吴子"之称，寓有

---

① 《左传正义》卷54，页1541。
② 《左传正义》卷16，页433。
③ 蒋庆：《公羊学引论》，页277。
④ 惠士奇：《春秋说》卷6，页759—60。

"外蔡于狄"的心意,《经解》云:"圣人以蔡近于楚,屡与楚亲而屡绝之,复舍楚而从吴,反复无信,轻用干戈,盖夷狄之不若,于是进吴称子,以为蔡之所为,殆与吴夷狄等尔。蔡得称侯,则吴何以不得称子?进吴称子,所以外蔡于狄也。"①

问题是,如果经文真要狄蔡,为何还要进吴子?蔡侯称爵,有何贬意?进吴称子,明是褒扬,承认阖庐做的正确,凭什么认为其中寓有"外蔡于狄"之意?假如对蔡侯寓有"外其国于狄"之意,其他称爵的常文又如何?像僖二十二年"宋公及楚人战于泓",孙觉《经解》坚持说:"宋,中国也;楚,夷狄也。"②蔡侯与宋公同样称爵,为何"宋公"是"中国"而不是"外宋于狄"?可见,孙觉对"蔡侯"的理解,必然导致自相矛盾的结论。说穿了,孙觉狄蔡之论,是刻意驳斥《穀梁》所带来的谬误。为了证明称子不是进吴之意,不得不强调蔡侯可狄,而为了支持这一点,遂批判蔡国长期亲楚的历史。但站在维护"中国"的立场上看,蔡昭公被执而决心反楚,不正是迷途知返、改过迁善的表现?像孙觉那样径行断言"外蔡于狄",遽为无已之责备,何以服蔡侯之心?

14. 正是日

"正"义同"当",钟文烝、廖平、柯劭忞、王崇燕俱如是解。③ 于鬯猜测"正是日"三字本作"胥胥"二字,云:"此言'美裘胥胥',则胥胥即形容裘之美矣。"④文理可通,但有待文献版本的支持,暂且备存。"正是日",意谓在这一天。"为"与"如""于"二字通用,"为是"意谓如是、于是。⑤

《穀梁》的叙事不仅交代阖庐、伍子胥的决策,还记载蔡昭公朝楚反而被执的事件。蔡昭公朝楚,当天囊瓦向蔡昭公求美裘而不得,于是把蔡昭公囚禁在楚都南郢。范宁释"南郢"为"楚郡",⑥是错误的。武亿据孙叔敖碑,释之曰:"是南郢为楚都,非郡。注盖传写之讹。"⑦这个说法,似乎比范

---

① 孙觉:《春秋经解》卷12,页768。
② 孙觉:《春秋经解》卷6,页677。
③ 钟文烝:《补注》卷23,页685。廖平:《古义疏》卷10,页648。柯劭忞:《传注》卷14,页6。王崇燕:《纠谬》卷11,页318。
④ 于鬯:《香草校书》卷48,页975—76。
⑤ 王引之:《经传释词》卷2,页43—45。
⑥ 《穀梁注疏》卷19,页323。阮元依余本校"郡"为"都",似属清人的新认识,不一定属于范宁本义。
⑦ 武亿:《群经义证》卷6,页188。

15. 用事乎汉

蔡昭公被囚数年,方才让他回国。回国途中,蔡昭公向汉水之神祷祭。《公羊》定四年传:"于其归焉,用事乎河",何诂:"时北如晋请伐楚,因祭河。"②此"用事乎河",貌似迥异于《穀梁》的"用事乎汉",有必要略作审辨。蔡国位于今河南上蔡县,蔡昭公自楚归国,由南至北的路程,根本不用到达黄河。范注:"用事者,祷汉水神。"③把《穀梁》"用事乎汉"的"汉"理解为汉水,毫无差错。《左》定三年传:"蔡侯归及汉,执玉而沈,曰:'余所有济汉而南者,有若大川!'"④同样是把蔡侯祷告的地点定于汉水,正好印证《穀梁》"用事乎汉"的记载。然而,何休显然把《公羊》的"河"理解为黄河,故此自添己意,说"北如晋请伐楚",但《公羊》仅说"于其归",何诂"北如晋"之说,不合《公羊》本义。此外,《左》定三年传:"蔡侯如晋,以其子元与其大夫之子为质焉,而请伐楚。"⑤此事系于在汉水"执玉而沈"之后,足证"用事"发生在"北如晋请伐楚"之前,明是两事。何休混为一谈,既背离《公羊》,又不合史实。错误的根源,源于何休认定"河"特指黄河,无疑先秦两汉流行的历史地理常识都是这样的说法,⑥但也不见得毫无例外。于鬯批判何诂"以河为大河,泥矣",又云:"《后汉书·郦炎传》李注云:'河者,水之总名也。'故《庄子·外物篇》陆释云:'河,亦江也。'江可称河,则汉亦可称河。天汉,称天河。其旳例矣。"⑦这就说明,"河"在唐宋以前虽大多特指黄河,但不能说凡"河"必属黄河,《公羊》的"河"便是明显的特例。鉴于《公羊》"用事乎河"与《穀梁》"用事乎汉"极有可能是同一史源,没有理由继续遵从何休"北如晋"的说法。由何诂解说的失败,可以进一步显示《穀梁》"用事乎汉"才是正确的叙事,不必因《公羊》"用事乎河"的异文而有所动摇。

16. 苟诸侯有欲伐楚者

"苟"在《穀梁》共4例,涵义有二:

---

① 辛德勇:《北京大学藏秦水陆里程简册初步研究》,载《石室賸言》,页105—06。
② 《公羊注疏》卷25,页561。
③ 《穀梁注疏》卷19,页323。
④ 《左传正义》卷54,页1539。
⑤ 《左传正义》卷54,页1539。
⑥ 辛德勇:《漳水十二渠始创者辨析》,载《历史的空间与空间的历史》,页6—7。
⑦ 于鬯:《香草校书》卷50,页1016。

①如果，如"苟焉以入人为志者"（隐二年）、"苟有所见"（庄三十二年）之例；

②马虎，如"君子之于物，无所苟而已"（僖十六年）。①

此传"苟诸侯有欲伐楚者"的"苟"意谓如果，是假设连词的用法。全句是说蔡昭公公开表示，如果有诸侯愿意伐楚，他必然踊跃参与，这也导致楚国兴兵伐蔡。

17. 兴师而伐蔡

定四年经："公会刘子、晋侯、宋公、蔡侯、卫侯、陈子、郑伯、许男、曹伯、莒子、邾子、顿子、胡子、滕子、薛伯、杞伯、小邾子、齐国夏于召陵，侵楚。"又云："楚人围蔡。"此传"兴师而伐蔡"，承上一句"楚人闻之而怒"而言，其主体自是"楚人"，所涉及的经文，自是"楚人围蔡"，而非更早的召陵之会。传中的叙事仅是粗略的概述，不曾触及定四年召陵之会、灭楚、灭沈诸事。

崔适点评上述召陵会后"侵楚"的经文："据此传，则是蔡侯所请也。"②如其解，召陵之会是由蔡昭公所发起的，但阅读定四年经可知，它既以刘子、晋侯为首，就经文的措辞而言，充其量只能理解为晋国领导并奉"寰内诸侯"的刘子为首牵头，很难说是"蔡侯所请"。③ 事实上，《公羊》也没有相关证据足以支持"蔡侯所请"之说。《公羊》的"为是兴师，使囊瓦将而伐蔡"，④相当于《穀梁》的"为是兴师而伐蔡"。二传的"伐蔡"同样是指代定四年经"楚人围蔡"，而"围蔡"是定四年秋的事情。相反，召陵之会在是年三月，查阅经文可知，它的结果是"侵楚"和"蔡公孙姓帅师灭沈"，二者发生时间不同。阅读二传的叙事，根本看不出召陵之盟是"蔡侯所请"的意思。不仅《公羊》，何休也没有"蔡侯所请"的主张。何诂："楚以一裘之故，拘蔡昭公数年，然后归之，诸侯杂然侵之，会同最盛，故善录其行义兵也。"又云："见侵后闻蔡有此言而怒。"⑤这两句话，前者是解释"侵楚"，后者是解释"楚人闻之，怒"。从"杂然"一语可知，何休认为诸侯自主聚合参与侵楚之事，并把"闻蔡有此言"系于"侵蔡"之后，足以反映他不可能认为召陵之会

---

① 《穀梁注疏》卷1，页10；卷6，页101；卷8，页134。
② 崔适：《春秋复始》卷14，页482。
③ 参阅本书第四章，页683—85。
④ 《公羊注疏》卷25，页561。
⑤ 《公羊注疏》卷25，页555、561。

是蔡昭公"请"的结果。当然,何休对"闻蔡有此言"的时间的理解不是毫无瑕疵的。二传皆认为蔡昭公在被楚国释放归途中说了号召诸侯"前列"的话,没有说过"楚人闻之"是在"侵楚"之后。崔适"蔡侯所请"的揣测,立论随意,没有坚实的事实基础,不是严肃的学术结论。

18. 蔡侯攘楚之功

根据《穀梁》和其他文献,可以确定蔡昭公的角色。没有他在南郢的委屈,也就没有伯举之战。因此,他的重要性是绝对不容抹煞的。家铉翁《春秋集传详说》云:"子胥欲复其父兄之雠,蔡昭侯亦欲复其父祖之雠,其精意至义,足以动人悟物,是以阖庐信之,为之空国以行,吴师虽强,非昭侯、子胥挟其大勇以为之先,岂能建立成就如此之伟乎?"①认为经文不仅褒扬吴子,也在褒扬"蔡侯攘楚之功",家铉翁折衷经义算是比较全面,值得肯定和重视。然而,家铉翁断言蔡昭公出兵,是为了复父祖之仇,却是推论多于征实,因为包括《穀梁》在内的各种历史叙事都是刻画蔡昭公被执的耻辱,没有提及他复父祖之仇。

19. "可复仇"之谬

在伍子胥帮助阖庐,后来助蔡伐楚的叙事,《公羊》与《穀梁》大体相同,主要是《公羊》从中归纳得出的结论。《公羊》定四年传:"父不受诛,子复仇可也。父受诛,子复仇,推刃之道也。"②准此,伍子胥因其父不当诛,所以可以复仇。然而,《穀梁》却不这么认为。廖平因受到《公羊》的误导,遂以为《穀梁》同样认可伍子胥的复仇。《古义疏》云:"据《公》《穀》以为可复仇者,就子胥说之。"③廖平以为只有《左传》不主张复仇,全据《公羊》解读《穀梁》,于传不合。《穀梁》记述伍子胥诸事,只是交代他如何促成吴军伐楚的结果,未尝像《公羊》那样主张"可复仇"。廖平过度诠释,拿不出什么可靠的依据,稍加剖析,便知其说有失妥当。

经文既未提及伍子胥之名,传文没有认可他的复仇。应该说,伍子胥的出场,无非是促成吴国援助蔡昭公的作用。没有证据显示他有禀告周王以求复仇的意向。刘敞《复雠议》云:"未尝告,何以得专复雠?曰:子胥知虽告焉,犹无益也。当是之时,周为天子而楚以王自居,晋王诸侯而楚与之

---

① 家铉翁:《春秋集传详说》卷27,页461。
② 《公羊注疏》卷25,页562。
③ 廖平:《古义疏》卷10,页649。

狎主盟,周晋之下,不能行于楚也久矣,恶能诛之?"①这是根据《公羊》转手发挥的观点。《公羊》庄四年传:"上无天子,下无方伯,缘恩疾者可也。"②刘敞认为周晋以下无法诛灭楚王,以导致未告而专复雠的理由,貌似符合政治常识,实则主观臆想居多。把观察分析的视角盯在伍子胥身上,无形中忽略蔡昭公的贡献,刘敞的观点与《公羊》一样,可以说是就复仇问题提出的一家之言,但不是经义的确解。

20. 救,大也

此经以蔡侯为主,进吴子是因为他帮助了蔡侯。跟"狄救齐"不同,经文没有明确言"救",为什么呢?《穀梁》解"救"为"大",表示若用"救"字,就夸大了吴子援蔡的份量。不能说吴作为"夷狄"没有救"中国"的资格。徐正英、邹皓解"救大"云:"吴国毕竟是夷狄之国,说夷狄之国救中原之国,就显得过分提高它的地位了。"③然而,此传实无因夷狄不言救的主张,徐、邹之解,不合传义。《春秋》全经言"救"24例,有3例是夷狄作为"救"的主体,即僖十八年"狄救齐"、僖二十八年"楚人救卫"、哀十年"吴救陈"。④ 因此,根本不存在言"救"便有"提高它的地位"的顾忌。

21. 反对夷狄救中国的误解

夷狄虽有别于中国,但不意味夷狄不能救中国。在这个问题上,存在一些明显的误解:

(1)钟文烝《补注》云:"举其贵以进之,又不言救以抑之,犹宣十一年明楚之讨有罪,又'不使夷狄为中国',皆经世之深意也。"⑤此"进之"是指"吴子"之称,当然不错,但此传没有不言"救"以抑夷狄的主张。本章将会进一步指出,《穀梁》也曾发传肯定"狄救齐",哪有不允许夷狄言"救"之理?宣十一年经:"楚子入陈",传:"不使夷狄为中国也。"⑥这一观点,是讨论"入"的笔法,跟不言"救"没有什么关系。钟文烝借此对照定四年传,引证不当。

(2)廖平同样反对夷狄之救,认为《穀梁》不言"救"寓有抑夷狄之意,

---

① 刘敞:《公是集》卷41,页493。
② 《公羊注疏》卷6,页123。
③ 徐正英、邹皓:《全译》,页741。
④ 参阅本书第一章,页128所举的24例。
⑤ 钟文烝:《补注》卷23,页686。
⑥ 《穀梁注疏》卷12,页201。

《古义疏》云："据下'狄之',未可同于中国,故不言'救'。"①此"狄之"是解释"吴入楚",不是因为不言"救"。前已述及,即使是狄也可以"救齐",不能用"狄之"来解释不言"救"。说穿了,钟文烝、廖平与许多研究《春秋》的儒者一样,对夷狄问题形成了确定的看法,解读经传先入为主,不自觉地使之强合己意。在抱有这种成见的情况下,也容易给读者造成错觉,彷佛《穀梁》容不得夷狄有正面的贡献,但实际上传义不见得如此僵化。

吴子参与蔡侯领导的战争之所以不言"救",原因在于吴国君臣另有他图,藉词救蔡,所以这不是真正的"救"。有关这一点,柯劭忞可谓别出心裁,《传注》云："'狄救齐'得书救者,狄专为救齐,吴藉词于救蔡而已。"②此注没有纠缠在"中国"与"夷狄"的心防,值得重视。鉴于《穀梁》后来有"不正乘败人之绩而深为利"(定四年传)的主张③,柯注"藉词于救"比较符合传义,较之那些不言救以抑夷狄的观点可取得多。

22. "未释复雠"无可厚非

由于歌颂复仇不是解读经文惟一正确的观点,《穀梁》不把伯举之战定性为复仇的性质,是完全说得通的。因为此传没有认可伍子胥复仇,而指控《穀梁》抄袭《公羊》,是肤浅失实的指控。在此,王树荣又作出这种无稽之言,《续穀梁废疾》云："《穀梁》此传,全袭《公羊》,去其传未释复雠之义,而增'何以不言救也?救,大也'二语,其妄立见,非废疾而何?"④认为《穀梁》抄袭《公羊》,毫无根据。撇开抄袭这种不合理的指控,像《公羊》那样偏言复雠之义,实不见得比《穀梁》更符合经义。定四年经以"蔡侯"为"以"的主体,文字清楚明白,为何对伯举之战的认识,必须以伍子胥的复仇为主?就经文的阐释而言,《公羊》至少是漏了"蔡侯"的主语没有解释,而《穀梁》却兼顾这方面的笔法,所以解释不言"救"的缘故,也是言之有理。王树荣的驳议,只能反映他没有心平气和地比读二传,其说不能成立,无庸赘述。

令人不解的是,王树荣的谬论迄今还有同调共鸣之音。吴涛虽然针对张西堂的说法,反对《穀梁》为伪书的观点,但在伍子胥复仇问题上,却认定《穀梁》抄袭:"在伍子胥复仇的问题上,《穀梁传》几乎全部抄袭了《公羊传》

---

① 廖平:《古义疏》卷10,页649。
② 柯劭忞:《传注》卷14,页7。
③ 《穀梁注疏》卷19,页324。
④ 王树荣:《续穀梁废疾》卷3,页273。

而唯独去掉了对复仇的肯定。"① 抄袭说是《穀梁》伪作论的主要内容,如崔适、王树荣便是如此持论。吴涛既反对《穀梁》是伪作,又指《穀梁》有些内容抄袭,自相矛盾,未免令人诧异。

23. 小结

伍子胥为复仇奔吴伐楚,是脍炙人口的传奇故事。但论者很少注意经文从未提及伍子胥,也没有任何明确的措辞认可他的复仇。《穀梁》的解经意见明确指示读者,完全不必从复仇可嘉的立场上解读经文,是完全可以的。支持伐楚战争的主要理据,是蔡国作为中原国家的地位;而引起战争的导火线,也是蔡侯在楚国的痛苦经历。因此,伯举之战不是复仇的性质,而复仇也不是经文认可伐楚的理由。这就说明:

T_3 复仇不是证成战争的理由。

《穀梁》强调蔡国而非吴国的核心作用,是比《公羊》更合经义的解释。传文没有把吴军伐楚之事理解为复仇的正确行为;甚至可以说,它的行动合法性主要源于蔡国,而非伍子胥的仇怨。伍子胥只是献议吴国出兵的一个助力,仅以他的复仇意愿解说这场战争肯定是不够的。

(二)定四年经:"楚囊瓦出奔郑。"

《穀梁》无传。囊瓦为何奔郑?不清楚。柯劭忞《传注》云:"师败,畏罪出奔。"② 这个说法有待推敲。《左》定四年传:"子常奔郑",③ 没有交代囊瓦是否畏罪。因为这样,柯注仅是合乎情理的推测,没有经传的确据。

经文没有囊瓦以后的记载,似乎跟庆父一样,"出奔"后已经"绝之",与宗国断绝关系。④ 如前所述,囊瓦的贪腐导致蔡昭公受辱被执,间接酿成蔡、吴联军败楚的结局。如今囊瓦在楚师败绩后出奔郑国,情况与公子庆父一样,当然也该"绝之"。

(三)定四年经:"庚辰,吴人楚。"传:"日入,易无楚也。易无楚者,坏宗庙,徙陈器,挞平王之墓。何以不言灭也?欲存楚也。其欲存楚奈何?昭王之军败而逃,父老送之,曰:'寡人不肖,亡先君之邑。父老反矣,何忧无

---

① 吴涛:《"术""学"纷争下的西汉〈春秋〉学》,页 174、191—92。
② 柯劭忞:《传注》卷 14,页 7。
③ 《左传正义》卷 54,页 1554。
④ 参阅本书第四章,页 765—74。

君？寡人且用此入海矣。'父老曰：'有君如此其贤也，以众不如吴，以必死不如楚。'相与击之，一夜而三败吴人，复立。何以谓之吴也？狄之也。何谓狄之也？君居其君之寝而妻其君之妻，大夫居其大夫之寝而妻其大夫之妻，盖有欲妻楚王之母者，不正乘败人之绩而深为利，居人之国，故反其狄道也。"①

伯举之战，不仅是战场上的溃败，还导致楚国郢都失陷。在《穀梁》看来，这已可以视同"灭"的情况，而传文批判吴人暴行的记载，更是值得再三深思。

1. 日入

按照"日入，恶入者"的传义，经文记载"入"的日期，情节极其恶劣，比一般的"入"更要不得。② 跟其他"日入"不同的是，此经的日期与伯举战役的日期，两者合起来包含更多的信息。"庚辰"是十月廿八日，上距伯举战时的"庚午"（十八日），才十天而已，足见吴师行军之快。

2. 易无楚

"日入"是因为"易无楚"而非"无楚"。廖平《古义疏》云："无楚者，不有楚也。中国灭，日。楚犹夷狄，灭楚事重，故日。日入，灭之也。"③ 细读上文，廖平只解"无楚"，没有解"易"的意思。如其解，传文该言"无楚也"，而非"易无楚也"。《穀梁》没有"灭楚事重"释"日入"的主张，只有夷狄不日、日而示贤的观点。④ 廖疏所说与其所诠释的传文没能尽合，不宜轻信。

"易无楚"的"易"，意谓容易，不是轻视。徐正英、邹皓译"易无楚"为"轻视灭楚"，⑤不确。"易"虽有轻视之义，但《穀梁》实无他例如此用法，全传言"易"共18例，不是意谓容易，就是意谓交换或改易，如"讳易地也"（桓元年）之类。⑥ 没有理由认为定四年传的"易"另有他解。另外，把"无楚"译作"灭楚"是可疑的。"灭楚"为何需要轻视？《穀梁》只说"灭"是该"贬"，如隐二年传："灭同姓，贬也"，⑦但没有说过"灭"是该轻视的。还应看到，

---

① 《穀梁注疏》卷19，页323—24。
② 参阅本书第一章（页144—46）和第三章（页486—87）的讨论。
③ 廖平：《古义疏》卷10，页650。
④ 参阅本书第四章，页822—31。
⑤ 徐正英、邹皓：《全译》，页743。
⑥ 《穀梁注疏》卷3，页32。
⑦ 《穀梁注疏》卷1，页10。

"易无楚"是解说"日入"的笔法。夷狄灭国,一般不记载日期。① 尽管灭楚是《穀梁》所理解的历史事实,但就笔法而言,此传是"日入"而非"日灭",若把"易无楚"理解为"轻视灭楚",就意味传文自相矛盾。无论从哪一角度看,徐、邹的解读是不通的,远不如释"易"为容易之义可取。

《穀梁》解释说,此经"入"的日期,显示吴师入侵楚国相当容易,彷佛没有这个国家似的。柯劭忞《传注》云:"庚午之日,战于柏举。庚辰之日,即入楚。日之,见其无楚之易。入国,例不日而日,以其易。"②此言就具体日期细心推敲,不昧于"日"以外的其他猜说,结论正确,此亦柯注之识大体处。

3. 言"入"不言"溃"

以日入而言国灭,用辞独特,全经仅此一例。在此,李廉有一个很值得探究的观点,《会通》云:"夫以赫赫楚国,而浃辰之间,吴得以入其国都,无人可知矣,故书法与'公子婴齐伐莒入郓'同,《穀梁》精矣。"③李廉认为《穀梁》此传讲述入楚之快,非常正确,但他所引述的经文,是略有问题。成九年经:"楚公子婴齐伐莒入郓。庚申,莒溃。"这是先"入"后"溃",同样书日,有别于定四经"吴入楚"言"入"不言"溃"。成九年传:"其日,莒虽夷狄,犹中国也。"④这是对"莒溃"的解释,其中谈论莒作为夷狄的身份,而非类似"易无楚"的解释。李廉以此证定四年传是不妥当的。定四年经是《春秋》独有的笔法,没有必要举成九年经为旁证。

4. 灭国暴行

为了解释"无楚"的状况,传文交代了当时吴国的各种破坏活动,包括破坏楚国的宗庙,搬走宗庙所悬挂的乐器,⑤鞭打楚平王的坟墓。在三者之中,夷宗庙和夺彝器本是当时灭人之国通行的做法;⑥而鞭墓则因伍子胥的私仇而显得格外异常和瞩目。无论如何,这些都是容不得他人在自己国土内所做的行为。范注引郑嗣曰:"楚无能抗御之者,若曰无人也。"⑦这三项破坏性行为的出现,显示楚国政权已经灭亡,所以无法抵抗吴军的暴虐。

---

① 参阅本书第四章,页822—31。
② 柯劭忞:《传注》卷14,页7。
③ 李廉:《春秋会通》卷22,页556。
④ 《穀梁注疏》卷14,页226。
⑤ 范注(卷19,页323)引郑嗣曰:"陈器,乐县也。"
⑥ 辛德勇:《北京大学藏秦水陆里程简册初步研究》,载《石室賸言》,页107。
⑦ 《穀梁注疏》卷19,页323。

5. 鞭墓抑或鞭尸？

除了鞭墓说外，另有认为伍子胥鞭尸之说。《伍子胥列传》云："乃掘楚平王墓，出其尸，鞭之三百，然后已"。①《吴越春秋》也有类似的记载。② 然而，鞭尸说实不如鞭墓说可信，《史记会注考证》引中井积德曰："平王死经十有余年，纵令掘之，朽骨而已，非有可鞭之尸。《吕氏春秋·首时篇》说：'伍子胥亲射王宫，鞭荆王之坟三百，是稍近人情，似得实。愚按《楚世家》说：'吴兵入郢，辱平王之墓，似伍子胥故也。'《年表》：'伍子胥鞭平王墓。'《季布传》亦说：'伍子胥鞭平王之墓。'《淮南子·泰族训》：'阖闾伐楚入郢，鞭荆平王之墓，舍昭王之宫。'贾子《新书·耳痹篇》：'挞平王之墓。'此与《吴世家》言鞭尸，盖误。"③上述举证，显示鞭墓同样不乏记载，而且《史记》鞭墓、鞭尸二说并立，很难说鞭尸必比鞭墓可靠。无论如何，《穀梁》以鞭墓为说，是有足够的旁证，不宜因鞭尸的异说而有所动摇。

6. 欲存楚

既然楚国已经灭亡，为什么经文不直接言"灭"而言"入"？"存"意谓存留、存在或保存，不是简单的记载。除本例外，《穀梁》言"存"还有14例：

[1] 庄九年传："公子纠、公子小白不能存。"

[2] 庄九年传："以千乘之鲁而不能存子纠。"

[3] 庄十七年传："其犹存遂也。存遂奈何？"

[4] 僖二年传："宫之奇存焉。"

[5] 僖五年传："云可以重之存焉，尊之也。"

[6] 僖十七年传："桓公尝有存亡继绝之功。"

[7] 宣十五年传："以吾人之存焉道之也。"

[8] 宣十五年传："君之所存者，命也。"

[9] 成十二年传："言其上下之道无以存也。"

[10] 成十六年传："犹存公也。存意公亦存焉？公存也。"

[11] 襄十年传："存中国也。……存之也。……存中国也。"

---

① 《史记》卷66，页2647。

② 周生春：《吴越春秋辑校汇考》卷4，页44。

③ 泷川资言：《史记会注考证》卷66，页3325。武亿《群经义证》（卷6，页188）也有类似的观点。

[12]昭八年传:"云可以重之存焉志之也。"

[13]昭九年传:"闵陈而存之也。"

[14]昭三十年传:"中国不存公,存公故也。"①

以上14则传文,除[1]、[4]仅是当事人存在某地的描述义外,其他12例"存"的对象,无论是人或物,都是《穀梁》认可而觉得可以保留的。此传言"存",就是为了保存楚国。

7. 被灭之国复现

《春秋》用辞灵活多变,表示国家之存亡,可以有不同的措辞。此经言"入",仅是表示亡国的其中一种笔法。一国灭亡(无论书"入"抑或书"灭"),不代表它必不能复立而再次出现在经文之中,也有一些异常的特外情况。除"吴入楚"之例外,闵二年"狄入卫"是"入"而实灭却又在经中重现的另一显例,僖二年经:"城楚丘",传:"不与齐侯专封也。"②卫被狄所灭而不得不迁国,可见传文认为因"入"而被灭的国家也可在经中重现。即使是书"灭",像昭十一年"楚师灭蔡"之类,其后蔡也复国,屡见于经。

明乎此,不能因楚国后来存活至战国结束,而否定"入"蕴涵楚国灭亡的可能性。然而,刘敞却认定楚国未灭,对《穀梁》之说不予认同,《权衡》云:"楚实未灭,当言入而已矣,岂《春秋》固存之哉?且凡灭国,《春秋》未尝不存也,岂于楚也独存之邪?"③刘敞对灭国的理解,其实预设只有言"灭"方是真正的灭亡,而且不能重新复立。但经文的用辞却不见得如此,如"入""大去""灭"之类,都可能意味其国灭亡,而"入""灭"之国也有复立而见诸经文。此外,"未尝不存"的"存",实是相当《穀梁》所讲的"志",而非传文所言的"存"。传文以"存"言某国某物,讲的往往是一些应该存留而需要特笔讲解的东西。春秋时代被灭之国远多于经文乃至《左传》记载的数目,④绝不是凡灭国"未尝不存"。说穿了,刘敞反对《穀梁》存楚之说,不过是反映儒者防范夷狄的政治心理,根本没能推翻传文的叙事。

---

① 《穀梁注疏》卷5,页74、80;卷7,页109、117;卷8,页135;卷12,页203—04;卷14,页229、237;卷15,页252—53;卷17,页283、287;卷18,页310。

② 《穀梁注疏》卷7,页108。

③ 刘敞:《春秋权衡》卷17,页360。

④ 陈槃《春秋大事表列国爵姓及存灭表撰异》和《不见于春秋大事表之春秋方国稿》二书的研究,可以证实这一点。

与刘敞一样，刘逢禄同样强调楚国未灭，《广废疾》云："昭王不失国，则非灭也。"①刘逢禄没有举出楚昭王"不失国"的反证，但《公羊》定四年传："君舍于君室，大夫舍于大夫室，盖妻楚王之母也。"②郢都不保，楚昭王及其大夫的住所也被占据，不得其所，显而易见。不得其所不一定都是失国，但失国者肯定是不得其所。③ 不能因为后来楚昭王回郢执政而认为他未尝失国。对此，柳兴恩已有明确的反驳："此时楚昭何在？欲谓之不失国，得乎？"④当然，定四年传没有明言楚昭王失国，但即使退一万步说，承认楚昭王"不失国"，这也不能由此推论出"非灭"。昭十三年经："蔡侯庐归于蔡，陈侯吴归于陈"，传："此未尝有国也，使如失国辞然者，不与楚灭也。"⑤蔡、陈二国当时已被楚国所灭，但经文却记载二君之"归"，像是"失国"之辞，这是不认可"楚灭"的隐讳笔法。换言之，《穀梁》认为"失国"正是显示其国未灭的证据。说实在的，刘逢禄认定楚国非灭，或多或少是暗袭刘敞的故智，但刘敞主要是认定"入"不可能解作"灭"。这是有问题的主张，至少刘逢禄不宜拥护。为什么呢？因为《公羊》也有解"入"为"灭"的观点。闵二年"狄入卫"，《公羊》没有发传。僖二年经："城楚丘"，《公羊》云："曷为不言城卫？灭也。孰灭之？盖狄灭之。"⑥两者结合认识，可知《公羊》把"狄入卫"的"入"理解为"灭"，这跟《穀梁》并无不同。这一例子说明，从《公羊》出发，也不能抹煞解"入"为"灭"的可能性。刘逢禄误驳，违离《公羊》本义，以此驳斥《穀梁》，大谬不然。

8. 相与击之

周何译"相与击之"为"相互激励"，⑦不确。训"击"作激励，难觅典据，至少《穀梁》没有这方面的旁证。除定四年传外，《穀梁》言"击"另有3例，其中包括两个涵义：

①敲打，如"大夫击门，士击柝"（僖二十五年）之例；

②攻击，如"鼓险而击之""楚众我少，击之""而后击之"（僖二十二年）、

---

① 刘逢禄：《公羊后录》卷6，页481。
② 《公羊注疏》卷26，页564。
③ 参阅本书第一章，页96—97。
④ 柳兴恩：《大义述》卷13，页196。
⑤ 《穀梁注疏》卷17，页294。
⑥ 《公羊注疏》卷10，页205。
⑦ 周何：《新译》下册，页1085。

"晋人与姜戎要而击之殽"(僖三十三年)之例。①

定四年传的"击之"正是②。"相与击之"意谓共同攻击吴人,不是"相互激励"。

楚昭王当初错信囊瓦,导吴入郢,肯定是责无旁贷。传文交代他战败逃亡,没有交代逃到哪儿,但应该是江汉之间"云梦"之区,这是楚国君臣躲避战乱惯行的去处。② 此传记述的重点是楚昭王对送行的父老讲了自责的话语。他认为自己"不肖",失去先君的都邑都是自己的罪过,表明自己将要退位,让父老另立君主。父老觉得楚国已有像楚昭王这样的贤君就够了,誓死拥护,表示楚国就是人数不如吴国众多,但论必死的决心,吴国不如楚国。于是共同攻击吴人,一夜三次将之打败。

9. "复立"是谁?

"复立",范注:"楚复立也。"③此传叙述楚被吴灭亡,范宁认为"复立"是指楚国,是正确的。然而,徐正英、邹皓译之为"楚昭王恢复君位",④很不准确。隐四年经:"卫人立晋",传:"立者,不宜立者也。"⑤《穀梁》不认为臣下立君是正确的做法,若楚昭王便是被父老拥立而复位,便该是被谴责的事情,但传文对"复立"实无贬意。据此,把"复立"理解为楚国重新建立,是比较妥当的诠释。

10. 楚昭王得众是贤

有关复立楚国的叙事,还有需要申述之处。"不肖"与"贤"于义对反。昭四年传:"《春秋》之义,用贵治贱,用贤治不肖。"⑥以"不肖"与"贤"为相反对立,在《穀梁》已有明确的记载。此传的"不肖"是楚昭王当众坦白时的自我定性,而"贤"是父老对楚昭王的共同认识。高士奇说楚昭王"及奔走流离,始增德慧",⑦是符合《穀梁》叙事的评断,值得肯定。尽管楚昭王的悔误是失败中方才获得的,但他是真正得到父老真心的拥护,据"得众,则

---

① 《穀梁注疏》卷6,页91;卷9,页141—42、155。
② 辛德勇:《辨楚昭王"涉雎济江"的途程与所谓"江南之云梦"》,载《旧史舆地文编》,页106。
③ 《穀梁注疏》卷19,页323。
④ 徐正英、邹皓:《全译》,页743。
⑤ 《穀梁注疏》卷2,页19。
⑥ 《穀梁注疏》卷17,页280。
⑦ 高士奇:《左传纪事本末》卷48,页713—14。

是贤也"的传义,①他当然也可以称贤。因此,楚昭王之贤,不仅是父老的思想反应,在某程度上也是传文认可的观点。②

此外,父老"众不如吴"的表述,显示楚昭王"得众"的重点,不在于人数比敌方更多。究竟当时吴、楚双方数量的多寡,其实不是《穀梁》的重点。父老不惧吴军之"众",显示他们拥护和信任楚昭王的态度。

11. 善死者不亡

据《左传》记载,随国保护子期辞谢吴国,以及申包胥到秦国请救兵之事。③ 然而,经文没有秦、随二国这方面的说明,站在释经的基本要求而言,《穀梁》没有交代其他国家支持楚国复立的过程,也是无可厚非的。庄八年传:"善战者不死,善死者不亡。"④这是通释《穀梁》全传的重要观点。此传没有提及其他国家对楚国的帮助,只强调父老誓死奋战,既是楚国由灭亡而复立的关键,也反映"善死者不亡"的意义。对此,廖平和柯劭忞不约而同地指出这一点,《古义疏》云:"此谓'善败者不亡'"⑤《传注》亦云:"传曰'善死者不亡',此之谓也。"⑥二语皆甚精当。

父老拥护和抗击外敌的故事,说明楚国能够自我振奋,确有能存不亡的条件。钟文烝《补注》云:"因楚能存,故欲存楚。"⑦楚国因其能存而得到经文之存,这是有别于许多经传示存而实不能存的例子。⑧

12. "吴子"→"吴"

经文在主语上出现了显著的变化:从蔡战楚称"吴子",入吴称"吴"。称爵优于称国,由"吴子"而"吴"的变化,反映经文贬抑之意。自此经起,自定四年后,迄至哀十三年黄池之会进夫差为"吴子"止,《春秋》皆称吴而非"吴子",试看以下9例:

[1]定十四年:"於越败<u>吴</u>于欈李。"

---

① 另参阅本书第四章,页610—18。
② 这方面的问题,涉及《穀梁》夷狄不日的主张,参阅本书第四章,页822—31。
③ 《左传正义》卷54,页1556—58。
④ 《穀梁注疏》卷5,页72。
⑤ 廖平:《古义疏》卷10,页651。此"败"应是"战"的笔误。
⑥ 柯劭忞:《传注》卷14,页7。
⑦ 钟文烝:《补注》卷23,页687。
⑧ 回看本章页506—07所举的14例,[1]、[2]、[3]、[9]、[12]、[13]、[14]七例所谈的对象都是现实上不能存的。

[2]哀六年:"吴伐陈。"

[3]同年:"叔还会吴于柤。"

[4]哀七年:"公会吴于缯。"

[5]哀八年:"吴伐我。"

[6]哀十年:"公会吴伐齐。"

[7]同年:"吴救陈。"

[8]哀十一年:"五月,公会吴伐齐;甲戌,齐国书帅师及吴战于艾陵。"

[9]哀十二年:"公会吴于橐皋。"

相反,僖公时期的经文大多称"楚人",文十年后进称"楚子",基本上已不再退为"楚"或"荆"。吴、楚之间,形成鲜明的对比。

13. 欲妻楚王之母

为什么此经继进"吴子"后又再贬称为"吴"呢?《穀梁》认为经文把吴国当作夷狄。吴国入郢后做了各种恶行:吴王阖庐占住楚王的宫室,奸淫楚王之妻;吴国大夫也占住楚国大夫的宫室,奸淫其大夫之妻;其中,还有人意图奸淫"楚王之母"。

"楚王之母"是谁?"欲妻"之人又是谁?《列女传》把伯嬴的事迹放在《贞顺传》内,叙述吴王在郢都"尽妻其后宫",伯嬴持刀死守不肯承命,使吴王"惭,遂退,舍伯嬴及其保阿,闭永巷之门,皆不释兵"。[①]《吴越春秋》说伍子胥"即令阖庐妻昭王夫人,伍胥、孙武、白喜亦妻子常、司马成之妻,以辱楚之君臣也"。[②] 可见,以上二书皆认为"楚王之母"是楚平王夫人、楚昭王之母伯嬴,而"欲妻"之人则有分歧,前者认为是吴王阖庐,后者认为这个主意是来自伍子胥。然而,《越绝书·叙外传记》却说"子胥妻楚王母",[③]认为"欲妻"之人是伍子胥,不是别人。鉴于文献不足,这方面的史实仅是吉光片羽,一鳞半爪,今人重审此事,不免以管窥豹,难以裁定。由此可见,《穀梁》没有确言"楚王之母"和"欲妻"之人是什么人,在很大程度上是谨慎而不强解的表现,不是可以疵议的缺点。

现存文献没有什么证据足以推翻《穀梁》有关吴人暴行的记载。莫名

---

① 王照圆:《列女传补注》卷4,页161—62。
② 周生春:《吴越春秋辑校汇考》卷4,页44。
③ 李步嘉:《越绝书校释》卷15,页382。

其妙的是，毛奇龄不相信《穀梁》的记载，甚至想否定这些记载的真实性，《毛氏传》云："夫楚王不知其有母与否，然当其奔随时，急取其妹季芈与畀我以出，则在王之宫无不奔者，未有舍其母而独取其妹者也。"①对《穀梁》有关吴军残虐的不利记载，一律视为道听途说，断定奸淫楚平王母亲的事情决不可信，毛奇龄这些见解，令人纳罕。他的反驳都是建立在猜想之上，举证乏力。楚昭王能够带其妹出奔，跟其母是否被遗弃，完全是两回事。就是毛奇龄所依据的《左传》，虽然对吴军入郢后的记载甚为简略，但对其暴行也不见得毫无线索可寻。《左》定五年传："吾闻之：'不让，则不和；不和，不可以远征。'吴争于楚，必有乱；有乱，则必归，焉能定楚？"②这是提及闘辛闻吴人争宫的见解，如其说，吴军不是军纪严明、秋毫无犯的部队，大概是许多《左传》读者也不会否定的。包括《左传》在内的先秦文献，也找不到任何有力的反证足以否定《穀梁》的叙事，毛奇龄刻意避言夷狄残虐之事，是否鉴于明清易代的见闻？不得而知。无论如何，他没能确证吴军在郢不曾暴虐，反而颠倒史实，自然不足以驳倒《穀梁》了。

14. 深为利

"深"有"甚"义，意谓极力。"深为利"意谓极力争取利益。按照"乘义而为利"和"居者，居其所也"的传义，借用"义"来大肆争取自己的"利"，是要不得的。人应该居留在自己的处所，不应该夺取或霸占他人的地方。③

15. "子得为父报仇"之谬

此传毫无认可伍子胥复仇之意。可是，廖平又因受到《公羊》的误导，再度以复仇之义解读传义，《古义疏》云："子得为父报仇，臣子之于君父，其义一也。"④《穀梁》在伍子胥复仇问题上，不曾鼓吹复仇的必要性，也没有说过类似"其义一也"之论。主张子得复仇，是《公羊》的主张，于传无据。廖平对《公羊》之说囫囵吞枣，照单全收，当然很难避免差谬无稽之言。

16. 既像盗，又像秦

尽管吴因从蔡而使伐楚得到经文的认可，但吴人不仅侵夺他人之国，

---

① 毛奇龄：《春秋毛氏传》卷33，页372。
② 《左传正义》卷55，页1562。
③ 有关"深"的涵义，参阅本书第二章，页237—38。"乘义而为利"是宣四年传（卷12，页192）的主张，而"居者，居其所也"是僖二十四年传（卷9，页144）的主张。
④ 廖平：《古义疏》卷10，页651。

入楚后还有各种荒谬无礼的行为,据传中的各种叙事,可以说吴人的恶行,与《穀梁》笔下的两种坏人相比,也是不遑多让:

①"盗"。哀四年传:"《春秋》有三盗:微杀大夫,谓之盗;非所取而取之,谓之盗;辟中国之正道以袭利,谓之盗。"①定四年传明言"狄之"和"深为利",可以推论《穀梁》肯定认为入楚的吴人也可以称之为"盗"。

②"秦"。僖三十三年传:"乱人子女之教,无男女之别。"②这是交代"狄秦"的缘故。吴国君臣入楚后的做法,类似于秦人,"狄之"是理所当然的。有关这一点,柯劭忞提出了新颖而又符合传义的见解,《传注》云:"秦穆公乱人子女之教,无男女之别,故秦遂为夷狄,所谓狄道也。"③此言洞悉秦穆公与吴王阖庐同属夷狄之行,思辨精细,观点独到。

17. "不正"的句读

"盖有欲妻楚王之母者,不正乘败人之绩而深为利,居人之国,故反其狄道也"一句,徐正英、邹皓点读为"盖有欲妻楚王之母者,不正。乘败人之绩而深为利,居人之国,故反其狄道也",全句译为"大概还有想要以楚王的母亲为妻的,不合正道。利用打败别人的功绩而极力谋取利益,占据别人的国家,所以是回到了夷狄之道的做法"。④ 在此,无论校点和白话译读都有问题:在"不正"下读断,疑是沿袭流行的点校错误,这是使"不正"专指"盖有欲妻楚王之母者"。《穀梁》言"盖",都是对某一难以确定的事件或人物进行推断。⑤ 故此传的"盖"是副词的性质,意谓大概,而非用于句首的语气词。若作语气词,"不正"仅是特指"欲妻楚王之母"一事;但综观此传,算作"不正"的事件,肯定不限于此。"不正"该作动词,意谓其所指代的客体是"不正"的。此传"不正"是指"乘败人之绩而深为利,居人之国",而"故"是总结上文而解释经文的笔法。《穀梁》因"不正"而"故"的句式,计有16例,而定四年传是其中一例。⑥ "不正"是因,"故"是果。如徐、邹之译,"不正"与"故"分为两截,各有指代的事件,不符合传文的正常笔法。"故"是承上启下,假如"反其狄道"是指吴人的行为,不言"故"为宜。此外,《公

---

① 《穀梁注疏》卷20,页340—41。
② 《穀梁注疏》卷9,页154。
③ 柯劭忞:《传注》卷14,页7。
④ 徐正英、邹皓:《全译》,页742—43。
⑤ 参阅本书第二章,页197—98。
⑥ 参阅本书第二章,页270。

羊》定四年传:"吴何以不称子?反夷狄也。"①这里"反夷狄"是指吴人,没有"故"。"故"后所谈的,跟定四年传的"狄之"一样,都是指经文的笔法,不是相关的历史事件。

18. 杨疏的讨论

《穀梁》肯定不同意伍子胥复仇带来这样灾难性的结果,但不是从臣子之道谴责伍子胥背叛楚国。杨疏:"子胥以藉吴之兵,戮楚王之尸,可谓失矣。虽得壮士之偏节,失纯臣之具道。"②这个观点,略有可商榷之处。定四年传本是支持吴军助蔡伐楚,而对吴的谴责在于"狄道"。杨士勋从君臣关系上批判伍子胥,不是忠义之臣,这是生活在专制王权下臣子怯于犯上的流行意见,非传义的确解。《穀梁》没有谈过"纯臣",也不是从臣子之道谴责伍子胥,没有理由相信杨疏符合传义。

因为君臣名份的考虑,陈立相当认同杨疏,觉得伍子胥不必这么残忍地报复故国,但又不想自弃《公羊》的思想立场,遂采取了一种很含糊的调和办法。《义疏》云:"《春秋》不见子胥,但为褒吴之辞,盖亦实与文不与尔。"③这是错误的主张。《公羊》不曾以"实与"和"文不与"解说伍子胥的复仇,前已述及,《公羊》对他的做法,基本上是支持和肯定的,故曰"子复雠可也",不曾认为经文没有其人的记载是"实与文不与"的缘故。观陈立以"盖"言之,足见他亦自知这是主观猜测,不敢绝对自信。之所以提出"实与文不与"的解释,主要是他因为对伍子胥感到不能心安,这是他已内化君臣伦理后的结果,不能说《公羊》也是这么看待伍子胥的复仇。为何经文不记载伍子胥?从"实与文不与"中找解释,是一条迂回曲折的进路,像《穀梁》的解释,把焦点放在"蔡侯"和"吴子"等这些具载于经的词语,而非追问为何没有伍子胥的出现,不是更简单和直接的做法么?

对于杨疏上述观点,吴涛评论说:"杨氏之说深得《穀梁传》本意。对于复仇问题,西汉统治者是十分矛盾的,一方面复仇是符合经义的,但另一方面复仇又是对统治秩序的破坏。而《穀梁传》在这个问题上基本是持否定态度的,这与它对统治秩序的强调是一致的。"④把杨疏视为传文的正确诠

---

① 《公羊注疏》卷25,页563—64。
② 《穀梁注疏》卷19,页322。
③ 陈立:《公羊义疏》卷17,页2678。
④ 吴涛:《"术""学"纷争下的西汉〈春秋〉学》,页174。

释,说明吴涛对《穀梁》的观点了解不深。传文与杨疏之间的距离,已如上述,在此补充一点:定四年传没有"对统治秩序的破坏"的考虑。此外,吴涛断言《穀梁》因为这一考虑而否定复仇,实是他随心所欲想当然的说法,没有任何依据。至于认定"复仇是符合经义"的论断,则是偏信《公羊》而又欠缺举证,不值得相信。

19. 小结

吴国攻陷郢都,在《穀梁》看来,实乃灭国,其所施行的各种暴行,令人发指(参照 G_3)。与《公羊》歌颂伍子胥复仇的立场不同,《穀梁》只承认援蔡伐楚的合法性,不曾欣赏伍子胥复仇所带来的各种破坏和伤害。伍子胥意图复仇,而导致被复仇的楚国也连累遭到这些不幸,是不能接受的。《穀梁》从未认可伍子胥意图复仇的想法,更不曾说过他的复仇是证成楚国可灭的理由(参照 C_3、E_3、F_3)。

与伍子胥和吴军形成强烈对比的是楚昭王的表现。楚昭王在失败中自我反省,真正得到父老的支持,而父老也觉得这个国君值得支持,故誉之为"贤"。就是在楚人奋力抵抗下,楚人终于成功复国。可以说,楚昭王作为贤者,能够得众,是其国不致沦亡的主因(参照 J_1、D_3)。相反,伍子胥劝阖庐伐楚,最终却导致吴人暴虐,"反其狄道"。

	楚昭王	伍子胥
行为	在流亡中深切反省	在适当时候劝阖庐伐楚
效应	得众 楚人合力败吴	吴人乘败人之绩,而深为利
评价	贤	狄之、反其狄道

由上述的对比可见,伍子胥不具有比楚昭王更优越的条件,复仇者比被复仇者得到更多的批判。只是片面地歌颂伍子胥复仇有理,是有问题的。

第三节 报耻与报恶

之所以想要复仇,大概离不开以下一个心理前提,即复仇者觉得自己所背负的仇怨是不应该发生的事件,觉得对方所做的是一种恶行,因而怀着某些合乎情理的耻辱和怨恨。无论是要回报对方的耻辱,抑或报复对方的恶行,这种想法和做法都不能预先使人享有免受质疑的超然地位。除了上述两节对三个复仇者的点评外,《榖梁》另有两例涉及"报"的问题,对于检视复仇问题很有帮助。它们分别是宋襄公的报耻和齐孝公的以恶报恶,他们同样因为各自的考虑而发动报复性战争,以下将会观察这两个案例,说明《榖梁》有何特别的观点:

一、宋襄公

很多人都知道宋襄公"那种蠢猪式的仁义道德"是可笑的,[①]但较少注意泓之战爆发的原因。翻看《春秋》经文和相关材料可知,此战前一年,宋襄公不自量力试图继齐桓公而起,结果在盂之会上被楚成王捉拿,蒙受奇耻大辱。因此,泓之战是复仇之战,宋襄公出兵是为了洗雪先前被执的耻辱。《榖梁》认为这是彻底错误的做法,因为宋襄公涉及的问题甚多,无法一一缕述,以下只集中讨论他的被执如何导致报复的动因,且看以下3则经传:

(一)僖二十一年经:"楚人使宜申来献捷。"传:"捷,军得也。其不曰宋捷,何也?不与楚捷于宋也。"[②]

本章第一章在辨析司马子反不是让国贤者时,已叙述了楚成王在盂之会上捉拿宋襄公。[③] 此经是交代后续的发展,当时楚成王派人向鲁国献上战利品。

1. "楚人"非贬

"楚人"是当时经文的惯常称呼,不是因为执宋襄公而发的贬辞。在"楚人"的解释上,范宁认知错误。范注:"楚称人者,为执宋公贬。"[④]此说于传无据。《公羊》僖二十一年传:"此楚子也,其称人何?贬。曷为贬?为执宋公贬。"[⑤]《公羊》没有解释盂盟经文为何称楚子,而贬楚子为楚人的说法则是建立在褒宋襄的前提上,与《榖梁》传义不合。廖平盲目接受范注,《古义疏》云:"称人,贬之,为执宋公贬之也。"[⑥]范、廖二人同样援《公》解

---

① 毛泽东:《论持久战》,载《毛泽东选集》第2册,页492。
② 《榖梁注疏》卷9,页140。
③ 参阅本书第一章,页83—88。
④ 《榖梁注疏》卷9,页140。
⑤ 《公羊注疏》卷11,页243。
⑥ 廖平:《古义疏》卷4,页277。

《穀》,所得结论很难说是靠得住的。

2. "献捷"而非"献宋捷"

《春秋》记载其他国家向鲁国奉献战利品,一般记载是战胜哪一国而得来的,而《穀梁》也乐于详述那些战利品是什么东西。如庄三十一年经:"齐侯来献戎捷",传:"献戎捷,军得曰捷,戎菽也。"①经文已明言来自山戎,而《穀梁》进一步指出这是豆子。

此传说"献捷"而非"献宋捷",刻意不提及宋国。为什么呢?《公羊》僖二十一年传:"曷为不言捷乎宋?为襄公讳也。"②范宁屡次援《公》解《穀》,但在这个问题上,却不苟同讳宋襄的观点。范注:"不以夷狄捷中国。"③认为宋败之讳,是从夷狄与中国之别上考虑,而非为了讳宋襄,这是意识到《穀梁》没有视宋襄或宋国为需要特别讳言的对象,结论正确。孙觉大体上吸收范注的精华,《经解》云:"不曰宋捷,不以中国而捷于荆蛮也。"又云:"襄公何足贤而讳之哉?"④这是从《穀梁》转手而来,同时指出《公羊》讳襄说的不足信,其言可成定谳。

3. "王者后"并非不言"献宋捷"的原因

然而,廖平却试图在范注以外另觅新解,认为答案在于宋是"王者之后",《古义疏》云:"不与夷狄捷王者后,故为之讳。"⑤此说胶柱调瑟,非释传之通论。宋国虽是《穀梁》认可的"王者之后",⑥但不意味宋国因这个身份的缘故而讳。试看以下2例:

> [1]僖二十七年经:"楚人、陈侯、蔡侯、郑伯、许男围宋",传:"不正其信夷狄而伐中国也。"
>
> [2]宣十一年经:"楚子入陈",传:"不使夷狄为中国也。"⑦

例[1]批判诸侯是因为宋是"中国",足见问题在于"中国"与"夷狄"之分,而非"王者之后"。例[2]的陈与宋一样,都是"中国"。此传不认可夷狄干犯

---

① 《穀梁注疏》卷6,页99。
② 《公羊注疏》卷11,页244。
③ 《穀梁注疏》卷9,页140。
④ 孙觉:《春秋经解》卷6,页677。
⑤ 廖平:《古义疏》卷4,页277。
⑥ 参阅本书第二章,页203—04。
⑦ 《穀梁注疏》卷9,页147;卷12,页201。

陈国的考虑，与不正"围宋"的考虑完全相同。以此例彼，足证不言"献宋捷"亦是因为宋是中国，跟"王者之后"没有多少关系。《穀梁》"故宋"之说，仅是阐释经义的其中一个观点，不是所有涉及宋国皆作如是解。廖平考传不明，致使治丝益棼，看不到范注已经正确解决问题，不能不说是一件憾事。

4. 不与楚捷于宋

"不与"的"与"，意谓认可、允许。柯劭忞《传注》云："凡曰'不与''弗与'，皆疑其可与者。"①这是比较适宜的解释。传文"不与""弗与"等措辞，都是要澄清一些读者可能误以为经文认可的疑点。

因为下则经文有"释宋公"的记载，读者可能以为这是认可夷狄的表态，所以《穀梁》发传解释以免误会。虽然传文绝不认可和回护宋襄公的错失，但这不等于拥护楚国。可惜，家铉翁不明此义，《集传详说》云："《穀梁》抑宋而与楚，其说甚陋。"②家铉翁之所以批判，无非是因为《穀梁》批判宋襄公；而批判的立足点，无非是"中国"与"夷狄"的二分视角：凡"中国"必拥护，凡"夷狄"必反对。但落实在具体的政治现象上，这样的二分法难以准确把握经传文献的微妙之处。《穀梁》抑宋襄而非与楚，"不与楚捷于宋"一语已足以说明《穀梁》不是"抑宋"。家铉翁因误解而批判，其结论当然不是确乎可信。

5. 小结

楚成王捉拿宋襄公，是导致宋襄公后来亟欲报复的主因。此经所言的献捷，是随后的一个发展。《穀梁》认为经文不支持楚打败宋，但这不意味宋襄公做得正确。反夷狄与批判宋襄公这种失败的君主，二者是可以兼容的。

（二）僖二十一年经："十有二月癸丑，公会诸侯盟于薄，释宋公。"传："会者，外为主焉尔。外释不志。此其志，何也？以公之与之盟目之也。不言楚，不与楚专释也。"③

宋襄公被擒多月，终于在鲁僖公帮助下得到释放，而上述经传则见证宋襄公的屈辱和辛酸。

---

① 柯劭忞：《传注》卷7，页5。
② 家铉翁：《集传详说》卷11，页208。
③ 《穀梁注疏》卷9，页140。

1. 言"释"的独特性

《春秋》记载诸侯被执,要么没有下文,如襄十六年"晋人执莒子、邾子以归",昭四年"楚人执徐子"等等,皆未明言被执者回国;要么是随后以"复归"或"归"的措词记载他们获释回国,如僖二十八年"晋侯入曹,执曹伯"和"曹伯襄复归于曹",是"复归"之例;又如僖二十八年经"晋人执卫侯"和僖三十年经"卫侯郑归于卫",是"归"之例。

经文言"释",惟此一例。除宋襄公外,《春秋》再无其他例子记述诸侯执后又言"释"。因为这样,此传的两"释"字,意谓释放,其涵义也有别于传中常见的解释义和消除义。①

2. 会者,外为主焉尔

薄是宋地。"会者,外为主焉尔"是《穀梁》常用的传例。除本例外,《穀梁》运用"会者,外为主焉尔"解释的经文还有 3 例:

[1] 隐二年:"公会戎于潜。"　　[2] 隐九年:"公会齐侯于防。"
[3] 桓元年:"公会郑伯于垂。"

据此,"会"是表明外国为主和鲁国被邀参与的情况而已。

3. "公有功"之谬

"目"意谓明白交代。② 一般经文不会记载其他国家政治人物的释放。《春秋》内鲁,此经之所以记载宋襄公之释,是要交代鲁僖公到薄邑参与会盟,如此而已。

《穀梁》只提及"与之盟",没有具体交代鲁僖公做了什么导致宋襄公被释放,也没有赞美他在此事上有何功劳。有别于此,《公羊》僖二十一年传:"此其言释之何?公与为尔也。公与为尔奈何?公与议尔也。"③强调鲁僖公释宋襄的贡献,认为这是经文言"释"的关键。此说影响了不少《穀梁》学者的认识。范注引郑玄曰:"公与诸侯盟而释宋公,公有功焉,与《公羊》义无违错。"④郑玄强合二传,很有问题。但因为郑玄的权威光环,廖平和柯劭忞在检讨何休《废疾》时,同样强调二传相合,⑤但《穀梁》只言鲁僖公"与

---

① 参阅本章(页 452—53)的阐释。
② 参阅本书第二章,页 220—23。
③ 《公羊注疏》卷 11,页 245。
④ 《穀梁注疏》卷 9,页 140。
⑤ 廖平:《起起穀梁废疾》,页 2094。柯劭忞:《传注》卷 7,页 5。

之盟",究竟在盟上如何帮助宋襄,却不清楚。阅读传文,完全可以得出鲁僖公只参盟而不帮助的结论。

同样是阅读郑玄"公有功"的观点,胡安国却有相当不同的认识。胡传:"或以为嘉我公之救患,误矣。"①虽然胡安国因郑玄的误导,而产生了对《穀梁》的误解,但他指出经文没有褒美僖公之意,仍有洞见。不知是否受胡传的影响,王闿运也有相似的意见,认为释放宋襄,"以我在志也","非以公有功明矣"。②这一见解,比郑玄旧说可取得多。

4. "释宋公"的是"诸侯"

《穀梁》曾把经文的"诸侯"一辞理解为"散辞"。僖十四年经:"诸侯城缘陵",传:"其曰诸侯,散辞也。"③柯劭忞《传注》作出进一步的解释:"专辞者,伯者为之;散辞者,诸侯为之。"④所谓"散辞",相对于"专辞"而言,是表明相关事项的主事者分散的措辞。

此传已解释鲁僖公的角色是参与盟会,不是主导者或最高决策者,所以"释宋公"的主体只能理解为"诸侯"。郝敬《直解》云:"不书楚释,诸侯志也。"⑤这里虽未提及"散辞"的观点,但郝敬强调"诸侯志"的主张,却与《穀梁》传义存在一定程度的相通,值得有条件的肯定。

换言之,此经的"释宋公"是诸侯同释之辞,跟上述"执宋公"作为诸侯同执之辞,是相同的道理。当然,承认诸侯参与"释宋公"之事,不等于褒扬诸侯的功劳。针对郑玄"公有功"之说,刘逢禄《申废疾》云:"如郑君说,传当云'不言楚,归功于诸侯也'。"⑥确切地说,刘逢禄也嫌用词不准,郑说的是"公有功",而他却扩大为"归功于诸侯"。无论如何,如上所述,郑玄言功,不合《穀梁》传义。《穀梁》未尝褒美诸侯功在何处,充其量只能从"散辞"的主张推敲此会释宋襄之权柄掌握在诸侯手中。这一部分的观点,似乎刘逢禄也没能用心体会。

5. 深咎宋公

无论如何,宋襄公的"执"和"释",都是掌握在诸侯手中,狼狈至此,经文

---

① 胡安国:《春秋胡氏传》卷12,页180。
② 王闿运:《申义》,页12。
③ 《穀梁注疏》卷8,页129。
④ 柯劭忞:《传注》卷6,页17。
⑤ 郝敬:《春秋直解》卷6,页152。
⑥ 刘逢禄:《公羊后录》卷5,页437。

惟他一人,揭露无遗,从《榖梁》的视角来看,绝非"为贤者讳过"的笔法。① 在这个问题上,苏辙见识不凡,不赞同僖二十一年经寓有讳意,《集解》云:"凡诸侯见执而不失国者,于归名之书曰'某侯某归于某',此其不名而言释,何也?以为执之释之,皆在诸侯。若是而尚可以求诸侯乎? 所以深咎宋公也。"②此言符合《榖梁》散辞和批判宋襄公的观点,值得反复揣摩、体会。

6. 不与楚专释

"专释"意谓擅自释放。"不与"意谓不认可,这不蕴涵怪责。范注引何休《废疾》云:"责楚子专释,非其理也。"又引郑玄反驳曰:"不与楚专释者,非以责之也。"③何休误解"不与"为"责",郑玄的驳论看到二者之别,甚为有理。传文的重点不是怪责楚成王。

与"不曰宋捷"相同的是,《春秋》没有明言楚子或楚人为"释"的主体,就是没有认可楚成王擅自释放中原国家诸侯的行为。不认可他的专释,不蕴涵传文批判他的专执。柳兴恩《大义述》云:"不与楚专释,亦以甚其专执之罪也。"④此言似属谬解。《榖梁》仅是不认可楚成王的专释,而宋襄公被执更多的是咎由自取,未尝批判楚成王"专执之罪"。柳兴恩对"执宋公"与"释宋公"的理解,距离《榖梁》原文精神颇远,不宜信从。

7. 小结

宋襄公由"执"而"释",与其说是不幸的结果,倒不说是屈辱的挥之不去。"释宋公"是诸侯,见证着他的丢人现眼呈露在诸侯之前。楚成公原是执宋襄的主事者,经文却没有对之予以特别强烈的贬抑。据《榖梁》的意见,真正有问题的是宋襄公本人。

(三)僖二十二年经:"冬,十有一月己巳,朔,宋公及楚人战于泓,宋师败绩。"传:"日事遇朔,曰朔。《春秋》三十有四战,未有以尊败乎卑,以师败乎人者也。以尊败乎卑,以师败乎人,则骄其敌。襄公以师败乎人,而不骄其敌,何也?责之也。泓之战,以为复雩之耻也。雩之耻,宋襄公有以自取之。伐齐之丧,执滕子,围曹,为雩之会,不顾其力之不足,而致楚成王,成王怒而执之。故曰:礼人而不答,则反其敬;爱人而不亲,则反其仁;治人而

---

① 《榖梁注疏》卷14,页226。
② 苏辙:《苏氏春秋集解》卷5,页41。
③ 《榖梁注疏》卷9,页140。
④ 柳兴恩:《大义述》卷12,页170。

不治,则反其知。过而不改,又之,是谓之过;襄公之谓也。古者被甲婴胄,非以兴国也,则以征无道也,岂曰以报其耻哉!……"①

宋、楚决战于泓,宋襄不听司马子反之劝而遭败,沦为千古笑端,这方面的细节跟复仇没有关系,姑且从略,②但很少人注意到《穀梁》对这场战争的定性,因涉及复仇问题的再认识,必须予以交代。

1. 日事遇朔,曰朔

"日事遇朔,曰朔",意谓事件发生的日期,如果正值月初的朔日,经文照例记下"朔"字。据柯劭忞的解释,"日事遇朔,曰朔"一语,跟成十六年传"日事遇晦,曰晦"相对为文,后者意谓记事之日,若遇月末的晦日,经文照例记下"晦"字,没有别的深意。③ 张慰祖《补阙》总结这方面的笔法:"此系事而书,无与于褒贬也。"④这一观点,符合《穀梁》对日朔的理解,实有胜义。

朔之有无,历法常事,经文如实记载,不带褒贬之义。桓三年经:"七月壬辰,朔,日有食之",传:"言日言朔,食正朔也。"⑤此"正"字,据王引之的考证,应该解作"当",意谓日食正当朔日,不含正当与否的涵义。⑥ 在"食正朔"的观点上,二传本是相同的。《公羊》桓三年传:"食正朔也",何诂:"食不失正朔也。"⑦何休不知"正"训作"当"之义,迂曲不通。之所以有此判断,或许因为是何休理解偏战日期的偏差。《公羊》僖二十二年传:"偏战者日尔,此其言朔何?《春秋》辞繁而不杀者,正也。"⑧如其说,各居一边的"偏战"都有日期的记载,而泓战言朔,意在示正。这需要朔、日、偏战三个条件凑在一起,不等于有朔必正。何休径自把"朔"解作"正朔",不符合《公羊》原意。以"朔"为"正朔",全属误解。《穀梁》对"曰朔"的理解,也不蕴涵"正朔",可惜何休没有注意及此。

2. 言"战"之例

"三十有四战"指的是《春秋》言"战"有 34 则经文。但仔细统计的话,

---

① 《穀梁注疏》卷9,页141。
② 有关子反在泓之战的表现,参阅本书第一章,页88—89。其他有关泓之战的问题,因涉及"道""时"和"势"等问题,需要深入研究,于此不作详解,我将留待他日另作研究。
③ 柯劭忞:《传注》卷7,页6。
④ 张慰祖:《补阙》,页10。
⑤ 《穀梁注疏》卷3,页37。
⑥ 王引之:《经义述闻》卷24,页1457;卷25,页1510—11。
⑦ 《公羊注疏》卷2,页35。
⑧ 《公羊注疏》卷12,页246。

却发现相关数字有所出入。全经言"战"仅 23 例（其中言"败绩"有 15 例）：

[1] 桓十年："齐侯、卫侯、郑伯来战于郎。"
[2] 桓十二年："及郑师伐宋；丁未，战于宋。"
[3] 桓十三年："及齐侯、宋公、卫侯、燕人战，齐师、宋师、卫师、燕师败绩。"
[4] 桓十七年："及齐师战于郎。"
[5] 庄九年："及齐师战于乾时，我师败绩。"
[6] 庄二十八年："齐人伐卫，卫人及齐人战，卫人败绩。"
[7] 僖十五年："晋侯及秦伯战于韩。"
[8] 僖十八年："宋师及齐师战于甗，齐师败绩。"
[9] 僖二十二年："及邾人战于升陉。"
[10] 同年："宋公及楚人战于泓，宋师败绩。"
[11] 僖二十八年："晋侯、齐师、宋师、秦师及楚人战于城濮，楚师败绩。"
[12] 文二年："晋侯及秦师战于彭衙，秦师败绩。"
[13] 文七年："戊子，晋人及秦人战于令狐。"
[14] 文十二年："晋人、秦人战于河曲。"
[15] 宣二年："宋华元帅师及郑公子归生帅师战于大棘，宋师败绩。"
[16] 宣十二年："晋荀林父帅师及楚子战于邲，晋师败绩。"
[17] 成二年："卫孙良夫帅师及齐师战于新筑，卫师败绩。"
[18] 同年："季孙行父、臧孙许、叔孙侨如、公孙婴齐帅师会晋郤克、卫孙良夫、曹公子手及齐侯战于鞌，齐师败绩。"
[19] 成十六年："晋侯及楚子、郑伯战于鄢陵，楚子、郑师败绩。"
[20] 昭十七年："楚人及吴战于长岸。"
[21] 定四年："蔡侯以吴子及楚人战于伯举，楚师败绩。"
[22] 哀二年："晋赵鞅帅师及郑罕达帅师战于铁，郑师败绩。"
[23] 哀十一年："齐国书帅师及吴战于艾陵，齐师败绩。"

3. 不言"战"而言"败"之例

《春秋》不言"战"而言"败"共 17 例：

[1]隐十年："公败宋师于菅。"

[2]庄十年："公败齐师于长勺。"

[3]同年："公败宋师于乘丘。"

[4]同年："荆败蔡师于莘。"

[5]庄十一年："公败宋师于鄑。"

[6]僖元年："公败邾师于偃。"

[7]同年："公子友帅师败莒师于郦。"

[8]僖十五年："楚人败徐于娄林。"

[9]僖三十三年："晋人及姜戎败秦师于殽。"

[10]同年："晋人败狄于箕。"

[11]文十一年："叔孙得臣败狄于鹹。"

[12]成元年："王师败绩于贸戎。"

[13]成十二年："晋人败狄于交刚。"

[14]昭元年："晋荀吴帅师败狄于大原。"

[15]昭五年："叔弓帅师败莒师于蚡泉。"

[16]昭二十三年："吴败顿、胡、沈、蔡、陈、许之师于鸡甫。"

[17]定十四年："於越败吴于槜李。"

4. 对"三十有四战"的两种计算

上述"2."的 23 例，加上"3."的 17 例，共 40 例，不符合"三十有四"之数。对于这两个数字的落差，不乏尝试解释的意见：

(1)钟文烝建议，在"2."和"3."的 40 例中，剔除其中 6 例，即"2."的例[20]和"3."的例[8]、[10]、[12]、[13]、[17]，"盖去娄林、箕、贸戎、交刚、长岸、槜李不数，六者皆略书时故也。"①这个解释，存在不合理的地方。僖二十二年传"日事遇朔，曰朔"仅是解释"朔"的使用，不能说"三十有四战"只计算有日期的经文，其他仅记载季节的不算在内。尤其是长岸一例(即"2."的例[20])，昭十七年传："两夷狄曰败，中国与夷狄亦曰败。楚人及吴

---

① 钟文烝：《补注》卷 11，页 318。

战于长岸,进楚子,故曰战。"①这是格外强调言"战"的需要。《穀梁》没有书时不算战的说法,没有理由因此剔除长岸之战在"三十有四战"之外。

(2)在钟文烝以外,廖平另有一种计算法,《古义疏》云:"三十四战,谓有败文者。……经三十六战,除鄋、泓不数,共三十四战有败文也。泓本事同鄋,骄敌也。"②以上的计算方法与钟文烝有同有异:同者是他们从"2."和"3."的40例出发,然后设法剔除其中6例;异者在于剔除的办法不同。廖平先把"3."的17例全部保留,然后在"2."的23例中,先从15例"败绩"中保留了13例(即剔除例[10]和[18]),再根据"内不言战,言战则败"的传例,③把鲁国言战的4例(即[1]、[2]、[4]、[9])也算在内,以此凑足"三十有四"之数。这个说法同样错误。"三十有四战"明明言"战",如廖疏之解,"战"就不是讨论《春秋》言"战"的经文,而是指各种记录战败的记载。这就造成一个奇怪的结果:鲁国言战而未言败的4例计算在内,鲁国以外言战而不言败的4则经文(即"2."的[7]、[13]、[14]、[20])却被排除在外。其中,有一例言战而不言败,即"2."的例[20],实有商榷的余地。前已述及,昭十七年传"两夷狄曰败"的主张,已蕴涵"楚人及吴战于长岸"本属"败文",但因为"进楚子"的考虑而言"战"。这跟鲁战不言败的讳文并无二致,都是实败而言战。换言之,真要贯彻廖平"败文"的推理,就必须把"3."的例[20]包括在"三十有四战"之内。廖平不这么做,是自相矛盾的。事实上,"败文"之论,最大的麻烦在于他把"2."书"败绩"的15例和"3."的17例相加,仅有32例,但把鲁国言战而未言败的4例,就变成36例。因此,他不得不在36例中再剔除其中2例,以合"三十有四"之数,而他的做法是认定泓之战和鄋之战(即"2."的例[10]和[18])因"骄敌"而不计在内。然而,此传明言宋襄公"不骄其敌",因此廖平辩说"泓本事同鄋",但他自己也承认"宋从少兵弱,非敌而骄",④可见拿"骄敌"来排除泓之战在"三十有四战"之外,违反传义。

---

① 《穀梁注疏》卷18,页298。
② 廖平:《古义疏》卷4,页279。
③ 参阅本书第二章,页208—10。
④ 廖平:《古义疏》卷4,页280。在书中,点校者郜积意有所误算,一是把"2."的例[19](即成十六年经)误作两例,二是漏算了"3."的例[15](即昭五年经)。

5. "传写字误"的两种解说

除了上述的计算外,也有试图从"字误"中找解释:

(1)柳兴恩猜测"三十有四战"字误,认为"'三'字误,当作'二'"。① 但改字之后的结果,得出 24 之数,这与"2."的 23 例和"3."的 17 例仍未吻合。

(2)同样是猜疑字误,柯劭忞更谨慎些,《传注》云:"《春秋》书战者二十有三,疑传写字误。"②这是放弃实际数字的推测,换个角度看,像钟文烝、廖平那样费尽心机还不能得出符合"三十有四"之数,足见凑数的做法已走进死胡同。当然,柯注"传写字误"之疑,不过是无办法中的办法,在新材料和新证据面世前,妄作揣测之词,反而不妙。

6. 未有以尊败乎卑,以师败乎人

无论"三十有四战"的数目如何算法,《穀梁》的核心思想很明确,就是认为这则经文写法极其罕见。周何注"未有"说:"是说没有这样的记载方式,而不是说没有这样的事实。"③这是正确的解读。

尊高于卑,师重于人,是经中记事的常规。隐五年传:"将卑师众曰师。"④就用兵的规模而言,称人不如称师之众,因此"人"败给"师"是极其丢脸的事情。"尊败乎卑"和"师败乎人"的"乎"皆意谓"于","败乎"就是"败于"。⑤ 经文言"战",措辞相当谨慎,一般不会让尊者输给卑者,让"师"输给"人"。若有这类笔法,可能是表明"骄其敌"的状况。

7. 骄其敌

"骄"意谓轻视。钟文烝把"骄其敌"理解为轻敌,⑥非常正确。相反,柯劭忞解"骄"为"伉",却是不通的说法。《传注》云:"骄,伉也。以卑伉尊,宜书主将名。"另举宣十二年经"晋荀林父帅师及楚子战于邲"为例,说"林父伉也"。⑦《穀梁》说"以尊败乎卑",不是"以卑伉尊"。如柯注这样解"骄"为"伉","骄其敌"便即意谓匹敌或抗衡其敌人。在战场上言伉,有何

---

① 柳兴恩:《大义述》卷 5,页 75。
② 柯劭忞:《传注》卷 7,页 6。
③ 周何:《新译》上册,页 427。
④ 《穀梁注疏》卷 2,页 19。
⑤ 参阅本书第一章,页 131。
⑥ 钟文烝:《补注》卷 11,页 318。
⑦ 柯劭忞:《传注》卷 7,页 6—7。

可怪？此外，荀林父被楚子打败，不是"尊败乎卑"，而是卑败乎尊。柯注以此为证，不合传义，而《穀梁》也没有提出类似"宜书主将名"的主张。还有，柯劭忞对"林父伉"的解释，试图以此显示"伉"之为"骄"，但前已述及，《穀梁》的"伉"不必训作"骄伉"。因此，没有理由认为僖二十二年传的"骄其敌"的"骄"相通于"以卑伉尊"的"伉"。柯劭忞只要老实地接受钟注，已无纰漏，反而另作新解，冠上加冠，毫不必要。

有关"骄其敌"的例子，还有一些需要交代的疑点。成二年经："季孙行父、臧孙许、叔孙侨如、公孙婴齐帅师会晋郤克、卫孙良夫、曹公子手，及齐侯战于鞌，齐师败绩。"在此之前，成元年传："萧同侄子处台上而笑之"，① 这是导致鞌之战的主因，所以说鞌之战属于"骄其敌"之例，没有问题。问题在于，成二年经只记载四国大夫之名、"齐侯"和"齐师"，可以说是"以尊败乎卑"，但不符合"以师败乎人"。有关这一点，钟文烝《补注》云："顷公与四国大夫战，不如此以楚君称人，传亦大概言之耳。"② 如其解，"以尊败乎卑，以师败乎人"实是概略之言，不必刻意寻找它确实指代的是什么战役。

8. "楚人"非贬

"楚人"是当时经文的惯常称呼，不含贬意。可是，崔适却想从"楚人"找到褒贬之意，《复始》云："诸夏称人为贬，夷狄称人为进，是时楚从夷狄例，故称人为进。至下二十二年楚子称人，成二年楚公子婴齐称人，则为贬，以其为大国，从诸夏例也，故楚称人为进，惟此二条。"③ 僖二十二年经的"楚人"与成二年经的"楚人"，本是不同的语境，后者是春秋中叶，楚国君主称子早已司空见惯，故称人自有贬意可寻。因此，《公羊》成二年传："此楚公子婴齐也，其称人何？得一贬焉尔。"④ 相反，楚国称人，自僖元年起的正常称呼。⑤ 读《公羊》僖二十二年传，对"楚人"没有贬抑。⑥ 崔适所言不合《公羊》，有目共睹。

9. "宋公"的独特性

此经如果选择不书"宋公"和"宋师"而书"宋人"，即使直言"败绩"，承

---

① 《穀梁注疏》卷13，页212。
② 钟文烝：《补注》卷11，页318。
③ 崔适：《春秋复始》卷30，页597。
④ 《公羊注疏》卷17，页376。
⑤ 参阅本书第一章，页86—87。
⑥ 《公羊注疏》卷12，页246。

认败给"楚人",读了也不致突兀。如庄二十八年经:"卫人及齐人战,卫人败绩",传:"其称人以败,何也?不以师败于人也。"①不书"卫侯"和"卫师",便是反映"以师败乎人"不属于正常笔法的明证。

但是,此经以"宋公"为主体,就是显示他领导战事的角色;而且记载败方为"宋师",就是典型的"以师败乎人",全经惟此一例。这一判断,意味着此经与"3."的例[9],即僖三十三年"晋人及姜戎败秦师于殽",不是相同的性质。表面看来,彷佛是"秦师"败给"晋人及姜戎",同样是"以师败乎人"。但《穀梁》只发"不言战而言败"和"其曰人"二问,②可见传文认为僖三十三年经异常之处,仅在于"晋人"和"败"的措辞,完全不问及"秦师"为何败给"晋人及姜戎"。

对此,钟文烝的解释存在疑义,《补注》云:"以彼文直从败狄之例,故不据为义也。"③其"败狄"之说,值得商榷。成十二年经:"晋人败狄于交刚",传:"中国与夷狄不言战,皆曰败之。"④此"败之"指代的是"狄",有别于"秦师"。这一例证,不能可信地解释僖三十三年经为何不该算作"以师败乎人"之例。相比于此,柯劭忞《补注》云:"《公羊传》无'师'字是也。"⑤这是参考今传《公羊》"晋人及姜戎败秦于殽"只言"秦"而非"秦师",认为《穀梁》所据的经本亦是如此。虽然现时没有传世版本可以提供确证,但就传义而言,柯注这个解释显然比钟注可靠。如柯注之解,僖三十三年传所讨论的经文,实是"晋人及姜戎败秦于殽",未尝言"师",有别僖二十二年"宋公及楚人战于泓,宋师败绩"之言"师"。

10. 中国不言败

假如再考虑到"中国不言败"的传例,这次败宋的"楚人"不属于"中国",正常情况下即使不言"楚人"而言"楚"作为败"宋师"的主辞,也是不可接受的。试看以下二例:

> [1]庄十年经:"荆败蔡师于莘,以蔡侯献武归",传:"中国不言败,蔡侯其见获乎?其言败,何也?释蔡侯之获也。"

---

① 《穀梁注疏》卷6,页95。
② 《穀梁注疏》卷9,页154—55。
③ 钟文烝:《补注》卷11,页318。
④ 《穀梁注疏》卷14,页229—30。
⑤ 柯劭忞:《传注》卷7,页6—7。

[2] 昭二十三年经:"吴败顿、胡、沈、蔡、陈、许之师于鸡甫",传:"中国不言败;此其言败,何也?中国不败,胡子髡、沈子盈其灭乎?其言败,释其灭也。"①

以上两例,说明荆、吴都不应是"败"中国的主辞。以此例彼,便可以知道僖二十二年经即使把"楚人"换作"楚",也是不该有的笔法,更何况是"楚人",而且与之对照的是"宋公"和"宋师"!

11. "责之"的解释

对此,《穀梁》特别强调泓之败不是"骄其敌",而是为了"责之"。"责"意谓责备。《穀梁》言"责"共5例,除此传外,还有"不责逾国而讨于是也"(桓十八年)、"责止也"和"君子即止自责而责之也"(昭十九年),②其所讨论的都是有争议性的过失。

虽然不一定是小人,但不能说被责者都是贤者。最低限度,宋襄公不是传文认可的贤者。柯劭忞《补注》云:"《春秋》责贤者,宋襄虽过而不改,犹为贤。"③然而,《穀梁》既无责贤者的观点,亦无贤宋襄的主张。像昭十九年传所责备的许止,是误杀其君父的许世子止,虽算不上小人,但也是经传所批判的对象,绝非《穀梁》认可的贤者。柯劭忞"犹为贤"的想法,实因援《公》解《穀》,遂错把宋襄公当作贤者。征诸传文屡次批判宋襄公的恶行,便知"犹为贤"是绝对不可接受的观点。

12. 不顾其力之不足

下文将会指出,伐齐丧、执滕子、围曹诸事,都是宋襄公在齐桓公死后所做的恶行。就《春秋》的记载而言,宋襄公能争取的大国不多,不少有实力的中原大国不愿接受他的领导。曹南盟后,从僖十九年"会陈人、蔡人、楚人、郑人盟于齐",僖二十年"齐人、狄人盟于邢"两则经文可知,陈、蔡、楚、郑、齐、狄、邢诸国结盟皆无宋襄公参与和主导。即以雩之会而论,齐、鲁、卫三国没有参加,与会的陈、蔡、郑、许四国是亲楚的立场,而曹又有盟后被围的新怨。因此,宋国实无多少具实力的盟国足以对抗楚国。泓之战的半年前,僖二十二年经:"夏,宋公、卫侯、许男、滕子伐郑。"这是宋襄公率

---

① 《穀梁注疏》卷5,页76;卷18,页303—04。
② 《穀梁注疏》卷4,页58;卷18,页299。
③ 柯劭忞:《传注》卷7,页7。

领卫、许、滕三国讨伐亲楚的郑国,足见后来宋、楚决战,主动的一方是宋襄公,《榖梁》对他开战的批判,完全符合经文的记载。从《榖梁》重视量力的视角来看,宋襄公"不顾其力之不足",导致盂之会沦为俘虏,全是咎由自取。有趣的是,皮锡瑞居然也这么批评宋襄公:"平心而论,宋公之失,在不量力而亟争诸侯",①《公羊》未尝提及宋襄公的"不量力",皮锡瑞崇《公羊》而暗袭《榖梁》,令人称异。

13. 征引《论》《孟》

"故曰"下的三句,是引述古语,文辞与《孟子》大体相同。《离娄上》云:"爱人不亲反其仁,治人不治反其智,礼人不答反其敬。"②柳兴恩和钟文烝皆提及《榖梁》《孟子》在这方面的相同之处。③ 这三句话的意思是:如果礼待他人而对方不答理,就要反省自己的"敬";如果爱护他人而对方不亲近,就要反省自己的"仁";如果管治他人而对方不肯被管治,就要反省自己的"知"。

"过而不改,又之,是谓之过"是用《论语》文。《卫灵公》原作:"过而不改,是谓过矣。"④钟文烝和廖平皆指出《榖梁》此传典出《论语》。⑤ 全句的意思是:意谓犯了错误而不改正,又再重复犯错,就是真真正正的"过"。

《榖梁》引述《论》《孟》,主要是批判宋襄公有过不改,未尝惕然为戒,欠缺真正的反省。

14.《左传》叙事的可兼容性

《左》僖二十一年传:"祸其在此乎!君欲已甚,其何以堪之?"又云:"祸犹未也,未足以惩君。"⑥这是引述子鱼(亦即司马子反)在宋襄公被执和获释时的两种观感,忧虑宋襄公自惹祸害,却不甘心改过,将有更大的祸患出现。这方面的叙事,与《榖梁》指责宋襄公不知反省改过的观点,相互印证。宋襄公在盂之会上被执,蒙受奇耻大辱,最该做的事情是深切反省,痛改前非。宋襄公的被执,跟他的"执滕子",两者同样是"执",假如宋襄公觉得需要向楚成王报复,那么滕子呢?宋襄公是否该被滕宣公报复呢?宋襄公感到的委屈,跟他曾经施加给滕子的委屈,有什么差别?若说宋襄执滕宣公

---

① 皮锡瑞:《鉴古斋日记评》卷1,页420。
② 《孟子注疏》卷7,页192。
③ 柳兴恩:《榖梁大义述》卷首《叙例》,页24。钟文烝:《补注》卷11,页319。
④ 《论语注疏》卷15,页254。
⑤ 钟文烝:《补注》卷11,页319。廖平:《古义疏》卷4,页280。
⑥ 《左传正义》卷14,页399。

有理，那么楚成王效尤其事，有何不可？程端学也认为宋襄公内心的耻辱感不能构成发起战争的充足理由，《春秋本义》云："愚谓出乎尔者反乎尔，故楚人效尤而执宋公矣。"①这是洞悉宋襄公执滕宣公与楚成王执宋襄公两者类同之处，而且在某程度上也是从《穀梁》要求自省之义转手而来，观点锐利，十分可贵。

15. 战争不是为了"报其耻"

此传指出，古人用兵，不是用以振兴国家，就是征讨"无道"，哪有为了报复雪耻而打仗的事情？《穀梁》重民，尤其重视战争对人民的伤害。桓十四年经："宋人以齐人、卫人、蔡人、陈人伐郑"，传："民者，君之本也。使人以其死，非正也。"②此传所"以"的"人"都是他国的人，但也被《穀梁》视为"非正"，这样重视人命的观点，也是宋襄公发动战争为何不能得到认可的原因。

16. "文王之战"的比拟不当

有别于《穀梁》深挖战争的由来，《公羊》不追问泓之战为何开打的原因，径自将之比拟为"文王之战"。《公羊》僖二十二年传："以为虽文王之战，亦不过此也。"何注："有似文王伐崇。"③《公羊》把泓之战比拟为"文王之战"，但没有交代这二者的可比性。针对这一阙失，何休认为这是类似文王伐崇，但这一举证令人启疑。《说苑·指武》云："文王欲伐崇，先宣言曰：'余闻崇侯虎蔑侮父兄，不敬长老，听狱不中，分财不均。百姓力尽，不得衣食，余将来征之，唯为民。'乃伐崇，令毋杀人，毋坏室，毋填井，毋伐树木，毋动六畜，有不如令者，死无赦。崇人闻之，因请降。"又云："宋围曹，不拔。司马子鱼谓君曰：'文王伐崇，崇军其城，三旬不降，退而修教，复伐之，因垒而降。今君德无乃有所阙乎？胡不退修德，无阙而后动。'"④文王征崇，义正辞严，传檄而定，崇人实无实质的抵抗，很难说它与泓之战有何相似之处。从子鱼的谏言可见，宋襄公围曹的失败，正好反映他没有"文王伐崇"的条件。可以说，刘向上述叙事正是对《公羊》何诂最佳的反证，泓之战与文王之战（尤其是伐崇一事）不是足以比拟的战例，《公羊》这一比喻本属夸

---

① 程端学：《春秋本义》卷 12，页 201。
② 《穀梁注疏》卷 4，页 55。
③ 《公羊注疏》卷 12，页 246。
④ 向宗鲁：《说苑校证》卷 15，页 377—79。

张,不能当真。何休的引证只能惹来更多的质疑,不足服人。

17. 小结

泓之战是一场不该发动的战争,宋襄公在齐桓公死后,本应明确盘算胜利和失败的可能性,不宜妄自对外扩张,甚至挑衅强大的楚国,开衅速戾之端,遂蹈覆辙以自祸,换来难以承受的耻辱(参照 I_3、S_3)。不自量力,一切都是他的咎由自取。他对楚国开战,与《公羊》笔下的齐襄公一样,都是承受敌人的伤害,而觉得深刻的耻辱。对此,试比较如下:

	宋襄公	齐襄公
敌人所施加的伤害	自己被捉拿和幽禁	祖先被烹杀
耻辱	自己	九世之祖
胜利的可能性	低	高
带给哪一方伤害	战败的宋国	被灭的纪国

严格地说,宋襄公所承受的,与齐襄公所承受的,性质并不相同。齐襄公是要为祖先报仇,矛盾的根源在于祖先;而宋襄公是要为自己雪耻,矛盾的根源在于自己。但二人的共同点是明显的:二人同样是因耻辱而行动。按《公羊》所说,齐襄公是觉得九世祖的耻辱如同自己的耻辱,所以必须复仇灭纪。但《穀梁》的答案却是:即使耻辱是自己的耻辱,也不是可以说得通的理由。宋襄公的失败就是一个明证。这意味着:

T_3　耻辱不是证成战争的理由。

复仇者不能仅因其意图而得到行为的可允许性,必须视乎政治条件而定(参照 F_3、H_3)。同样道理,即使不是复仇,像宋襄公那样因自己的耻辱而进行报复性战争,也是说不通和行不通的。

二、齐孝公

齐孝公是齐桓公的次子。桓公死后,五公子争立,宋襄公两度出兵伐齐,使得齐孝公登位。① 后来,宋襄公妄图在齐桓公死后领导诸侯,恶行累累。齐孝公在宋襄公战败后乘机伐宋,但《穀梁》却不认可齐孝公以恶报恶的做法。为了理解这一点,必须先理解宋襄公的各种恶行。相关的经传计

---

① 有关齐桓公死后内乱的经过,参阅《史记·齐太公世家》(卷32,页1808)的记载。

有11则：

（一）僖十八年经："春，王正月，宋公、曹伯、卫人、邾人伐齐。"传："非伐丧也。"①

宋襄公牵领联军伐齐，是他继齐桓后扩展政治势力的第一步。

1. 言伐之恶

《春秋》凡言伐者，绝大多数情况下带有贬义。隐四年传："传曰：言伐言取，所恶也。"②综合《穀梁》传义，书"伐"只有以下三种情况不带贬意：

①主兵者是周王，如桓五年"蔡人、卫人、陈人从王伐郑"；

②鲁国协助中原诸国讨伐叛者，如僖六年"公会齐侯、宋公、陈侯、卫侯、曹伯伐郑"；

③出兵是为了援救其他国家，如文三年"晋阳处父帅师伐楚，救江"。

此传记载宋襄公伐齐，不属于以上任何一种，言"伐"实寓贬意。

2. 非伐丧

此次伐齐，性质尤其恶劣。伐齐之时，齐桓公逝世不久，还未下葬。民间遇有丧殡，都会尊重死者亲属筹办葬礼；《邶风·谷风》云："凡民有丧，匍匐救之。"③像这样的规定，在先秦文献俯拾皆是，不必枚举。春秋时代，列国遇有丧事而不兴兵事，也是惯常之举。对此，徐乾学便有这样的慨叹："春秋列国日事兵争，已无复礼义，而尚有不伐丧之举，非先王之流风未泯而德泽之及人深乎！"④这是宋襄公伐齐丧不能接受的重要背景。

3. "正月"的所以然

此经伐齐明载"正月"，显示这次四国伐齐正值丧期。柯劭忞《传注》云："伐，例时；谨其事，则月。"⑤这个解释不大准确。《穀梁》对"伐"的时间记载，实无季节和月份之分。全传也没有"谨其事"的主张，柯注于传不合。僖十八年经"正月"的记载，必须结合僖十七年"十有二月乙亥，齐侯小白卒"和僖十八年"八月丁亥，葬齐桓公"两则经文一起观看。"正月"位于齐桓公卒、葬之间，充分显示宋襄公出兵是"伐丧"的性质。也就是说，传文

---

① 《穀梁注疏》卷8，页136。
② 《穀梁注疏》卷2，页17。
③ 《毛诗注疏》卷2，页203。
④ 徐乾学：《读礼通考》卷77，页766。
⑤ 柯劭忞：《传注》卷7，页1。

"非伐丧"三字，实已间接交代"正月"的所以然，不必另谈"谨其事"。

4. 伐之以为利

此传没有刻划宋襄公出兵的动机。孙觉《经解》云："无公心救齐之乱，而幸其有丧，乘其争立，伐之以为利。"①这里对宋襄公的批判，暗合《穀梁》"乘义而为利"之旨，②是可取的。然而，"无公心"的判断却有疑问。没有充足的证据供今人对宋襄公伐齐之事进行心理分析，《穀梁》和其他文献也没有这方面的描述，无法确定宋襄公究竟是什么想法，不宜过度诠释。

5. "宋公"示贬

无论是出于什么想法，宋襄公这次伐齐绝对是错误的。宋、曹、卫、邾四国伐齐，首称"宋公"，直接点破了宋襄公伐丧之罪，跟宋襄继位之初背殡而称"宋子"一样，都有不讳示贬之意。③若称"宋人"，读者还有可能以为这是众辞，不会立即知道是宋襄公。《穀梁》认为称人可以是众辞，也可以是卑辞，若用在敏感的事件上，则可能寓有隐讳之意。像僖三十三年经："晋人及姜戎败秦于殽"，便是称人。柯劭忞《传注》云："经书人以微之，犹为之讳也。"④读此可知，凡是涉及明显的恶事，称爵比称人更具贬义，而称人却有讳恶的作用。

明乎此，不能因为"宋公"称爵而以为经文无贬。可是，刘逢禄不了解《穀梁》这方面的观点，《广废疾》云："以伐丧非之，则当贬宋公称人。"⑤《穀梁》没有凡称爵必无贬的主张，刘逢禄认定称爵不属"非之"的预设，不过是忽略反例的结果。哀七年经："秋，公伐邾娄。"《公羊》云："此其言伐何？内辞也，若使他人然。"⑥鲁哀公伐邾娄并捉拿邾娄子益，是需要讳言的大恶。这足以说明，"伐"的主体称爵，绝不代表其人无贬，至少《公羊》是这样认为的。刘逢禄在主观上尝试为宋襄公辩护，却没有注意此经既然称爵，就难以将之解读为其他人。"宋公"之称，实是披露宋襄公的罪过，彰彰不诬，无可解免。

---

① 孙觉：《春秋经解》卷6，页672。
② 《穀梁注疏》卷12，页192。
③ 参阅本书第一章，页81—83。
④ 柯劭忞：《传注》卷7，页19。
⑤ 刘逢禄：《公羊后录》卷6，页466。
⑥ 《公羊注疏》卷27，页605。

6. 小结

宋襄公一生做了许多错事，但主要是集中在齐桓公死后。伐齐丧，就是其中一件最令人不能接受的罪过。《穀梁》指出"非伐丧"的错误，是正确的。后来齐孝公报复宋国，就是由此而起。

（二）僖十八年经："夏，师救齐。"传："善救齐也。"①

鲁国出兵救齐，是证明宋襄公伐丧错误的重要证据。

1. 言"救"皆"善"

《春秋》凡言"救"者，皆是褒义。② 因为这样，鲁国言"救"的经文，还有2例：

> [1]庄二十八年："公会齐人、宋人救郑。"
> [2]僖十五年："公孙敖帅师及诸侯之大夫救徐。"

例[1]称公，例[2]称名称大夫，皆是有别于僖十八年经"救齐"称师。尽管三者同中有异，"救"的主语并不相同，但在《穀梁》看来，都是可以嘉许的行为，故同样发传表示"善救"。柯劭忞《传注》云："三事不同，故俱发传。"③《穀梁》不嫌辞费再三发传，就是避免读者以为这三个不同的"救"褒贬不一。

"善"在《穀梁》有三种涵义：

① 善行，如"善累而后进之"（僖十八年）；
② 擅长，如"善陈者不战"（庄八年）；④
③ 褒扬，如本传的"善救"。

就褒扬义的"善"而言，称"善"的人或事都是值得赞美的。

有鉴于此，不能说"善"意谓"彼善于此"的意思。然而，柯劭忞的解说却出现了偏差，《传注》云："善者，彼善于此。"又云："凡言救，皆不周乎救者，故仅善之。"⑤如其解，"善"意谓有所保留的赞美，但《穀梁》未尝以"彼善于此"训"善"。柯注推而论之，违离传义。襄二十九年经："吴子使札来

---

① 《穀梁注疏》卷8，页136。
② 参阅本书第一章，页128—29。
③ 柯劭忞：《传注》卷7，页2。
④ 《穀梁注疏》卷5，页72；卷8，页137。
⑤ 柯劭忞：《传注》卷3，页7；卷5，页1。

聘",传:"善使延陵季子。"①因为季札的"身贤"而嘉许馀眛的"使贤",因而进馀眛为"吴子"。可见《穀梁》对吴子使札的欣赏,已是无以复加。审视《穀梁》言"善救"的9例,都是有褒无贬的措辞,②足证传中所"善"的人或事,绝非都是"彼善于此"或类似的情况。因此,认为"救"蕴涵"不周乎救",于传无据。柯劭忞似乎认为,许多言"救"的经文,最后没有美满的结果,但《穀梁》未尝批判救者的不足。柯注认定经文"仅善之",纯是想当然的曲说,而非确诂。

2. 伐者不正

按照"救者善,则伐者不正"的传例,鲁师作为"救"的一方是"善",宋公、曹伯、卫人、邾人作为"伐"的一方是"不正"。③ 不能因为宋襄公必贤的预设,而颠倒"伐""救"二字的褒贬意向。

这一点,何休应该相当清楚。《公羊》僖十八年传只谈伐齐的正确,却对"师救齐"和"狄救齐"二经毫无解说。为了解释"狄救齐"和"狄人伐卫"二则经文主语的变化,何休不得不自作主张。何诂:"狄称人者,善能救齐,虽拒义兵,犹有忧中国之心,故进之。"④虽然何休沿承《公羊》褒扬宋襄的基调,但他也承认"救齐"是"善"。假如说,"狄救齐"是"善",自然也可以说"师救齐"也是"善"。以"救"为"善",何休不知有没有参考过《穀梁》,但在这一点上,何诂与《穀梁》相同之处,一览无遗。亟待强调,何休承认鲁师和狄"救齐"之"善",不是毫无疑义的做法。"救齐"既然是"善",以致连"狄"也能"可进",那么宋襄公不是"善",岂非不言而喻?为何还要称之为"义兵"?鉴于宋襄公与鲁、狄、齐双方处于你死我活的战争状态,若说宋襄公领导的"义兵",那么"拒义兵"显然不对,《春秋》为何还要进狄?何休既称宋军为"义兵",又认可狄、鲁救齐之"善",二者互相抵触,如何可通?"善能救齐"可能导致反证《公羊》的结论,于此不难窥测。

3."救者不义"之谬

因为《公羊》对狄、鲁之救本无"善"文,而且何诂上述的严重漏洞,孔广森扬弃何诂,自觅新解,《通义》云:"宋儒且谓:'凡书救,未有不善者。'吕不

---

① 《穀梁注疏》卷16,页272。
② 参阅本书第一章(页128—29)的举证。
③ 参阅本书第一章,页129。
④ 《公羊注疏》卷11,页238。

韦有言:'兵苟义,攻伐亦可,救守亦可;兵不义,攻伐不可,救守不可。'若齐之事,乃伐者义,而救者不义耳。"①这是把《穀梁》的说法颠倒过来,改而说宋襄公伐齐为"义",说鲁师救齐为"不义"。也就是说,孔广森继续以宋军为"义",放弃了何诂"善能救齐"的说法。

然而,《公羊》没有"伐者义,而救者不义"或任何类似的主张。通观《公羊》全传,对"救"字实无正面的辨义。这是《公羊》解经的内在阙失,非后来的解经者所能弥补。文三年经:"邢人、狄人伐卫",《公羊》云:"此伐楚也。其言救江何?为谖也。"②这是《公羊》惟一涉及"救"文的解释,而且是专就"伐楚救江"而发的特解,无法证成孔氏之说。与何诂一样,孔广森"救者不义"的观点同样欠缺传文的内证,不见得更符合《公羊》。就是因为没有内证,所以孔广森的立足点,不是经传文本,而是《吕氏春秋》。他所转载的引文,出自《孟秋纪·禁塞》,③观其内容,实是讲述用兵之道,非为解经而发,岂可以此作为判断"师救齐"和"狄救齐"为"不义"的凭据?此外,孔广森所批判的"宋儒",实指胡安国。胡传认为书救可善,符合经传之义。④ 反之,除了"师救齐"和"狄救齐"二句的解释以外,《通义》全书再也不谈"救者不义"的问题。显然,这是为了反驳而驳,为了驳斥《穀梁》"善救"之论而自设的特解。离开了宋襄可褒的虚假前反提,就没有说服力可言。

4. 小结

宋襄公伐齐丧,既是错误的;相映之下,鲁国出兵拯救齐国,自然是正确的。两相对比,可以进一步显示宋襄公施恶于齐,进而引起齐国报复的原因。

(三)僖十八年经:"五月戊寅,宋师及齐师战于甗,齐师败绩。"传:"战不言伐,客不言及。言及,恶宋也。"⑤

甗之战是宋襄公伐丧的产物,决战的最终结局是宋胜齐败,《穀梁》对之批判而非褒扬。

1. 战不言伐

《春秋》记述战事,一般很少既言"战"又言"伐",全经兼用二字仅7例,

---

① 孔广森:《公羊通义》卷5,页116。
② 《公羊注疏》卷13,页283。
③ 许维遹:《吕氏春秋集释》卷7,页168。
④ 参阅本书第一章,页129。
⑤ 《穀梁注疏》卷8,页136。

除本例外，其余是：

> [1]桓十二年："十有二月，及郑师伐宋；丁未，战于宋。"
>
> [2]庄九年："夏，公伐齐，纳纠。……八月庚申，及齐师战于乾时，我师败绩。"
>
> [3]庄二十八年："齐人伐卫，卫人及齐人战。"
>
> [4]僖二十二年："春，公伐邾，……秋，八月丁未，及邾人战于升陉。"
>
> [5]宣元、二年："晋人、宋人伐郑。……宋华元帅师及郑公子归生帅师战于大棘。"
>
> [6]哀十一年："五月，公会吴伐齐；甲戌，齐国书帅师及吴战于艾陵。"

"战""伐"兼言的 6 例，加上本例，不过 7 例而已。对比于言"伐"不言"战"的 224 例[①]和言"战"不言"伐"的 23 例，实是极小的比率。僖十八年经上文已言四国伐齐，如今又言宋、齐交战，殊非寻常的笔法，不容等闲视之。

可是，陈澧无视此经的独特笔法，《东塾读书记》云："《穀梁》之病，更有在拘泥文例。"又云："四国伐齐，曹、卫、邾不与齐战，而独宋与齐战，安得不以'伐'与'战'分言之乎？曹、卫、邾不与齐战，独宋与齐战，又安得不言宋及齐战乎？若云齐及宋战，则反为齐不与曹、卫、邾战矣！此文义自当如

---

① 撇开"至自伐 X"（如桓十六年"公至自伐郑"）等记载不算，《春秋》仅言"伐"的记录，载于隐二年、隐四年（2例）、隐五年（2例）、隐七年（2例）、隐十年（3例）、桓五年、桓八年、桓十四年、桓十五年、桓十六年、桓十七年、庄二年、庄三年、庄五年、庄九年、庄十四年、庄十五年、庄十六年（2例）、庄十九年、庄二十年、庄二十六年（2例）、庄二十八年、庄三十年、庄三十二年、僖元年、僖三年、僖四年（2例）、僖六年、僖七年、僖八年、僖十年、僖十一年、僖十五年（3例）、僖十七年、僖十八年、僖十九年、僖二十年、僖二十一年（2例）、僖二十三年（2例）、僖二十四年、僖二十六年（4例）、僖二十八年、僖三十三年（3例）、文元年（2例）、文二年、文三年（3例）、文四年、文七年（2例）、文九年、文十年、文十一年、文十四年、文十五年（2例）、文十七年（2例）、宣二年、宣三年、宣四年（2例）、宣五年、宣七年、宣八年（2例）、宣九年（3例）、宣十年（4例）、宣十一年、宣十二年、宣十三年（2例）、宣十四年、宣十五年、宣十八年（2例）、成二年、成三年（4例）、成四年、成六年、成七年（2例）、成八年、成九年（3例）、成十年、成十三年、成十四年、成十五年、成十六年、成十七年（2例）、成十八年、襄元年、襄二年、襄三年（2例）、襄五年、襄八年（2例）、襄九年（2例）、襄十年（4例）、襄十一年（3例）、襄十二年（2例）、襄十四年（2例）、襄十五年（2例）、襄十六年（3例）、襄十七年（5例）、襄十八年（2例）、襄十九年、襄二十年、襄二十三年（2例）、襄二十四年（3例）、襄二十五年（3例）、襄二十六年、昭四年、昭五年、昭六年（2例）、昭十年、昭十二年（2例）、昭十五年、昭十六年、昭十九年（2例）、昭二十二年、昭三十二年、定二年、定四年、定七年、定八年、定十二年、定十三年、定十五年、哀元年、哀二年、哀三年、哀五年（2例）、哀六年（4例）、哀七年、哀八年、哀九年（2例）、哀十年（4例）、哀十一年、哀十二年、哀十三年。

此,安得以常例论之乎?"①这对《穀梁》是不合理的批评。"战不言伐"不是《穀梁》独有的主张,《公羊》屡有谈及经文这方面的异常记载。② 陈澧为了"伐""战"分言的必要性而独责《穀梁》,是非常奇怪的。确切地说,如今没有传世文献可以完整地指示《春秋》撰写时参考的鲁史旧文究竟是什么内容。陈澧"文义自当如此"之说,无非认为这是忠实于原来鲁史实录的叙述,但其中毫无举证,充其量也不过是猜测而已。《穀梁》真正独到之处,是在"战不言伐"中指出"客不言及"的独特。陈澧认为当时只有宋与齐战,不得不把"宋师"置于"及"前,是相当鲁莽的判断,因为经文完全可以采用"齐师及宋师战"之类的句式来描述这次战斗。明乎此,陈澧说"反为齐不与曹、卫、邾战",是无中生有的反诘。

2. 客不言及

《春秋》以"及"言"战"的句式,计有以下两种:

①"及 B 战"。因为内鲁,缺席的主体已默认与 B 战的是鲁国。按照"内不言战,言战则败"的传例,③鲁若言"战"就意味着鲁师败绩,遇到这种丢脸的情况,经文一般只删除主语,记载宾语(不管称爵、称人抑或称师)。桓十三年"及齐侯、宋公、卫侯、燕人战"、桓十七年"及齐师战于郎"、庄九年"及齐师战于乾时"、僖二十二年"及邾人战于升陉",都是属于"及 B 战"的句式。

②"A 及 B 战"。交战双方皆非鲁国,所以需要记载"战"的主体和客体。《穀梁》对 A、B 的措辞两种规定:一是前大后小,另一是前主后客。按照"以尊及卑"的传义,A 要比 B 大,或 A 比 B 具有更高的地位,④诸如僖十五年"晋侯及秦伯战于韩"、僖二十二年"宋公及楚人战于泓"、僖二十八年"晋侯、齐师、宋师、秦师及楚人战于城濮"、文二年"晋侯及秦师战于彭衙"、文七年"晋人及秦人战于令狐"、定四年"蔡侯以吴子及楚人战于伯举"、哀二年"晋赵鞅帅师及郑罕达帅师战于铁"之类。

即使不是 A 高于 B,至少 A 的地位不能低于 B。庄二十八年经:"卫人

---

① 陈澧:《东塾读书记》卷 10,页 207。
② 《公羊注疏》卷 5,页 101;卷 7,页 142;卷 9,页 178;卷 11,页 237。
③ 参阅本书第二章,页 208—10。
④ 参阅本书第二章,页 186—87。

及齐人战",传:"卫小齐大,其以卫及之,何也?以其微之,可以言及也。"①从以上的答问可知,区别"及"前的措辞,第一步是要辨别大小。廖平《古义疏》云:"国大小不同,则以大及小,此尊卑之分。"②这是相当准确的概括。《穀梁》认为经文把卫、齐二国皆称为人,而"卫人"与"齐人"没有明显的高低差别,所以"卫人"置于"及"也可以。

假如 A、B 地位相当,难分高低,就要分别谁主谁客。一般而言,有所往而远适异国为"客",得其会晤之地而等待客来为"主"。③ 根据经文的正常措辞,A 为"主"在"及"前,B 为"客"在"及"后。廖平《古义疏》云:"国同等,则言主客。"④若是"战"不言"伐",一般较难得悉"战"的双方谁主谁客;若是"战"前言"伐",主客之辨则是相当容易:被伐是"主",而伐人是"客"。考察上述"1."的 6 例:例[1]、[2]、[4]三者因内鲁而不言主辞,可以置之不理;例[5]的"伐郑"原是救宋之战,而大棘之战却是华元与归生的对决,原来被伐的郑国打到宋国,与其他先伐后及战的用例不同,实是特例。例[3]和[6]的齐都是被伐之国,所以它在"战"文系于"及"前,这是"伐""战"并举而以主系于"及"前的正常笔法。

清理了以"及"言"战"的各种修辞原则,便可以知道僖十八年经的不寻常性:甗邑在齐国,显示齐师被伐为"主",宋师伐人为"客",此经却颠倒了主客位置,以宋师居 A 位,以齐师居 B 位,主客易位,全经仅此一例。

3. 言及恶宋

根据"及者,内为志焉尔"的传例,"及"前的主辞是意欲相关行动的主体。⑤ 王闿运《申义》云:"齐丧而宋欲战,其贬可知。《公羊》伯宋之说,儒者所不传也。"⑥这是从主客易位而辨析经文对宋襄公的贬抑,论证有力。惟一的小错是,《公羊》没有把宋襄公归作"五霸"或"五伯"。但若将"伯宋"理解为"褒宋襄",倒是毫无问题的批评。总而言之,《穀梁》认为置"宋师"于"及"前,意在"恶宋",强调宋师有意伐丧,经文因此示贬。

---

① 《穀梁注疏》卷 6,页 95。
② 廖平:《古义疏》卷 4,页 268。
③ 有关"主"和"客"之辨,参阅王引之:《经义述闻》卷 1,页 8—9。
④ 廖平:《古义疏》卷 4,页 268。
⑤ 参阅本章页 451—52。
⑥ 王闿运:《申义》,页 11。

4. "直在宋"之谬

不能说凡是"及"前的 A 必是正确。何休认定"直在宋",就是一个错误的观点。范注引何休《废疾》云:"战言及者,所以别客主直不直也。故文十二年'晋人、秦人战于河曲'两不直,故不云及。今宋言及,明直在宋,非所以恶宋也。即言及为恶,是河曲之战为两善乎?又《穀梁》以河曲'不言及','略之也',则自相反矣。"①何休批判《穀梁》"言及为恶"的错误,实是无的放矢。首先,《穀梁》谈的是"客不言及",而非"不言及","恶宋"是因为"宋师"作为"客"却置于"及"前。何休不理解"客不言及"的要旨,却批判"言及为恶"的问题,二者全不对应。其次,何休以文十二年经作为反证《穀梁》的依据,亦有问题。"河曲之战为两善"的质疑,是建立在"言及为恶"的错误预设上。据文十二年传,以"略之"解"不言及",②是针对经文不用"及"字,跟僖十八年传的"客不言及",完全是两回事。何休以此指责《穀梁》"自相反",子虚乌有,莫过于此。

再次,何休把文十二年经理解为"两不直",也是错误的。《公羊》文十二年传:"河曲疏矣,河千里而一曲也。"何诂:"河曲流,以据地明,故可以曲地,因以起二国之君,数兴兵相伐,战无已时,故不言及。"③此传是解释黄河很少弯曲,而"河曲"是千里难得一见的弯曲之处,谈的都是地理问题,何休却因"两不直"的成见,将之拉扯到晋、秦之君屡次战斗的错误,显然过度诠释,④于《公羊》毫无确据,以此驳难《穀梁》,自然不能成立。

还有,何休也没有说透二传的要义。《公羊》僖十八年传:"曷为不使齐主之?与襄公之征齐也。"⑤借用何休的用辞,《公羊》显然预设"主之"一方是"直"。庄二十八年传:"卫人及齐人战",《公羊》云:"曷为使卫主之?卫未有罪尔。"⑥这可看见,"卫人"与"宋师"一样,皆是"A及B战"的A,因此属于"直"的对象。问题在于,同样是"A及B战"的句式,庄二十八年经与僖十八年经绝不相同:前者的A是被伐者,亦即是"主";后者的A是伐人者,亦即是"客"。《公羊》同样主张伐人为客,被伐为主,对庄二十八年"卫

---

① 《穀梁注疏》卷8,页136。
② 《穀梁注疏》卷11,页176。
③ 《公羊注疏》卷14,页301。
④ 对何休观点的批判,参阅刘敞:《春秋权衡》卷12,页299—300。
⑤ 《公羊注疏》卷11,页237。
⑥ 《公羊注疏》卷9,页178。

人及齐人战",和僖十八年"宋师及齐师战于甗"同样说:"《春秋》伐者为客,伐者为主。"①因此,从《公羊》的观点出发,完全可以承认"卫人"居于"及"前,是"主"居 A 位;而"宋师"居于"及"前,则是"客"居 A 位。这一点,是《公羊》与《穀梁》相同之处。差别在于,《公羊》认定"A 及 B 战"的 A 必是"直",不论 A 是被伐抑或伐人;而《穀梁》却认为 A 可能不是"直",因为"宋师"置于"及"前是客夺主位,笔法异常。比较两者,《穀梁》"客不言及"的观点显然更能兼顾"A 及 B 战"句式的复杂性,《公羊》却是相对简单化的处理,认为只有"主之"才是真正重要的条件,而"伐者为客,伐者为主"的辨别则是可有可无。何休没有仔细考察《穀梁》"客不言及"的具体内容,而"别客主直不直"的说法,也不过是自说自话,重申《公羊》"主之"的观点而已。

换个思路看,何休认定"直在宋",若要证成这一点,最好是《公羊》有其他证据显示"A 及 B 战"的 A 必是"直"。如果贯彻《公羊》的观点,其他不言"伐"、单言"战"的经文其实也有参考的价值,因为"伐"的记载,放在"战"文之上,无非是辨别主客,但据"主之"的思路,不论伐人抑或被伐,只要是 A 就是"直"。但仔细检视《公羊》的评述,却可以发现明显的反证:

> [1]僖十五年经:"晋侯及秦伯战于韩,获晋侯",《公羊》云:"君获,不言师败绩也。"何诂:"书者,以恶见获,与获人君者,皆当绝也。"
> [2]文七年经:"晋人及秦人战于令狐",《公羊》云:"此晋先眜也,其称人何?贬。曷为贬?外也。"②

根据例[1],很难说晋侯是"直",而何休也没有谈论直不直。例[2]先眜之贬,可以说明"晋人"非"直"。上述二例说明:由"晋侯"和"晋人"之贬,可知 A 不一定都是"直"。因此,何休不可能从其他"A 及 B 战"句式得到证成"主之"的例子,只能着眼于"伐""战"兼用的经文,但《公羊》仅在庄二十八年传和僖十八年传讨论"主之",除此之外,再无其他证据足以证明 A 的"直"。于是,问题回到原点:只看庄二十八年、僖十八年两则经文,修辞不同,情况有异,为什么要相信"直在宋"?何休"别客主直不直"的主张,无法驳倒《穀梁》"客不言及",是相当清楚的事情。

---

① 《公羊注疏》卷 9,页 178;卷 11,页 237。
② 《公羊注疏》卷 11,页 232;卷 13,页 288。

5. "别异客主"之谬

必须承认,何休论证的失败,不意味与他论辩的郑玄所有观点都是正确的。范注引郑玄《起废疾》云:"及者,别异客主耳,不施于直与不直也。直不直,自在事而已。义兵则客直,宣十二年夏,'晋荀林父帅师及楚子战于邲,晋师败绩'是也。兵不义则主人直,庄二十八年春,'卫人及齐人战,卫人败绩'是也。今齐桓卒未葬,宋襄欲兴霸事而伐丧,于礼尤反,故反其文以宋及齐,即实以宋及齐,明直在宋。邲之战,直在楚,不以楚及晋何邪?秦、晋战于河曲,不言及,疾其亟战争举兵,故略其先后。"①在此,郑玄辩护《穀梁》,对宋襄伐丧之非、河曲之战不言及,理解大体无误,但他为了反驳何休,表示"及"仅是"别异客主",这个主张却不符传义,因为僖十八年传认为"宋师"作为伐齐的"客",在"A 及 B 战"中置于 A 位而非 B 位,实有贬意。宋师因客在主位,可以得出"不直"的结论。因此,"别异客主"是判断"直不直"的决定性前提。如其解,就是在"别异客"之外,多添另一前提,即兵的义不义。若是义兵(如宣十二年的"楚子"),"直"在客;若是不义(庄二十八年的"卫人"),"直"在主人。换言之,兵的义与不义,已变成决定"直不直"的前提性条件。但问题是,凭什么判断"义兵"与"不义"?郑氏没有说明,而他判断宣十二年邲之战是"客直",也不合传义。宣十二年传:"日,其事败也",②未尝认为直在楚子。对此,崔适《复始》云:"郑君谓主不因直,不直不因客,则宋公是客,经顾反客为主乎?吾见《废疾》不能起。起之者,复成废疾矣。"③此言虽有漫骂的成份在内,不足细辩,但郑玄没有正确解释"客不言及"的涵义,导致"直"与"不直"的判断变得含糊不清,也是无法否认的。大体言之,郑玄对《穀梁》的辩护算不上成功,柯劭忞称赞郑玄之说:"此释经之达例也",④言过其实。相比之下,廖平倒是谨慎得多:"郑说非传意也",⑤这个评论是公允和正确的。

6. "征齐"之谬

就释义的准确性而言,经文记载的仅是"战"和"败绩",是交代一场战

---

① 《穀梁注疏》卷 8,页 136。
② 《穀梁注疏》卷 12,页 202。
③ 崔适:《春秋复始》卷 14,页 478。
④ 柯劭忞:《传注》卷 7,页 2。
⑤ 廖平:《起起穀梁废疾》,页 2093。

争的发生和结果。《穀梁》"恶宋"之论,始终没有离开战争而杂引他事。这是有别于《公羊》的诠释进路。《公羊》僖十八年传:"曷为不使齐主之?与襄公之征齐。曷为与襄公之征齐?桓公死,竖刁、易牙争权不葬,为是故伐之也。"①如上所述,据《公羊》"主之"的判断,"A 及 B 战"的 A 是"直",不区分伐人者与被伐者的差别。然则,为什么"宋师"作为主语是宋襄公"直"的证据?假如说,《穀梁》"战不言伐,客不言及"的观点是经过观察全经用例而发现"宋师"作为主语的独特性和异常性,那么《公羊》"主之"的主张始终没有正视在 A 位的主体作为伐人者抑或被伐者有何不同,在分析和举证上不如《穀梁》全面和合理。

因为"主之"是一个不圆满的论述,真正支撑"与襄公之征齐"的证据,与其说是"主之"的判断,倒不如说是"竖刁、易牙争权不葬"一事。问题是,经文实无任何相关的措辞足以反映这一叙事的存在:既无"乱"(如桓二年经"宋乱"、昭二十二年"王室乱"),又无"执"(如庄十七年"齐人执郑瞻"),更无"救"(如庄六年"王人子突救卫"),凭什么说是《春秋》因齐国有内乱而认可宋襄公的出兵?当时齐国内乱,虽是著名的历史事件,先秦诸子借此立说,也不罕见,②但不能预设《春秋》由此寓有褒美宋襄公平乱的心意。经文既无只字提及内乱和孝公继位等事,单凭"A 及 B 战"等笔法,读者只知两国交战,如无其他叙事的指引,仅读经文,读者只知齐桓公从逝世至下葬的九个月间,宋国对齐国有两次军事行动,这不是伐丧的笔法是什么?哪能读出赞美宋襄平乱之意?

《公羊》"争权不葬"之说,大概认定即使宋襄公不出兵,齐桓公也得不到安葬。但问题是,是什么时候决定应该出兵抑或不出兵?是否允许出兵者经过一段考察的时间,以观察被攻打的国家是否存在"不葬"的可能性?答案不难寻找。襄十九年经:"晋士匄帅师侵齐,至穀,闻齐侯卒,乃还。"这是公认的不伐丧,士匄得悉齐国君主逝世便即退兵,其间没有拖拖拉拉的观察和评估齐国是否已有"不葬"的危机。如上所述,宋襄公在僖十八年正月出兵,时隔齐桓公之死,不足一月的时间,在这么短的时间内,有什么证据足以断定齐国内部不可能安葬齐桓公?这其实需要足够厚实的叙事,方

---

① 《公羊注疏》卷 11,页 237—38。
② 黎翔凤:《管子校注》卷 10,页 527。许维遹:《吕氏春秋集释》卷 16,页 407—408。王先慎:《韩非子集解》卷 2,页 42。

能证明宋襄公出兵有理由不算是伐丧。然而，《公羊》寥寥一句，不再多说，导致读者根本不知道宋襄公收到什么信息而判断"竖刁、易牙争权不葬"是无可逆转的危局，非用武力不能改变。可以说，《公羊》从竖刁、易牙之乱证成宋襄公出兵的理据，是以事解经，而又不详其事。鉴于经文对齐国内乱或竖刁、易牙诸事没有只字交代，读者完全有理由认为《公羊》所认知的历史事件，不一定是经文叙述的要点。像《穀梁》那样不提及竖刁、易牙之乱，也完全可以通释经义。不顾经文没有反映齐国内乱的措辞，硬要由此证成宋襄公出兵的正当性，反而是以一己的历史认知凌驾于经文之上，岂是真正尊经的诠释进路？此外，宋襄公不像齐桓公得到诸侯的广泛拥护，当时也谈不上诸侯公认的领袖，实在无"征"可言。齐、宋皆是大国，无大小之分，《公羊》以"征齐"解之，背离经义，理据不足。对此，齐召南已有合理的驳斥："征者，上伐下也。宋与齐敌国也，无相征之义也。"①可以说，以"征齐"释"A及B战"，没能紧扣经文立言，漏了关键的举证责任，《公羊》对僖十八年这一则经文的解读，很难说是比《穀梁》更高明和更可信。

7. "德宋必甚"之说

据《左传》记述，宋襄公从齐桓公受命，《左》僖十七年传："易牙入，与寺人貂因内宠以杀群吏，而立公子无亏。孝公奔宋。"②但要注意，受命者不止孝公一人，公子无亏也有遗命，如张自超所说，"内许一人，外属一人，是桓公自遗其乱也"。③ 可见，《左传》相关叙事不能发挥确证《公羊》的作用。接受《左传》所言，不一定得出宋襄伐丧是正确的结论。

对于如何看待《左传》，俞樾提出了一个值得注意的见解，《经义杂说》云："齐桓夫人三皆无子，而庶子之中，独公子无亏长，则无亏之立，正也。宋襄欲图诸侯，而知诸侯之未能忘齐桓，是故纳孝公。盖孝公立，则德宋必甚，必不与宋争诸侯矣。《左氏》谓桓公与管仲属孝公于宋襄公，此宋襄所以欺诸侯也。《春秋》书"师救齐""狄救齐"，穀梁子曰：'善救齐也。'救之者，是则伐齐而纳孝公者非矣。"④宋襄公纳孝公，是否真的是"欺诸侯"？限于相关的心理叙事不够厚实，现已不易确言究竟。俞樾认定孝公"德宋

---

① 齐召南：《公羊考证》卷11，页224。
② 《左传正义》卷14，页390。
③ 张自超：《春秋宗朱辨义》卷5，页102。
④ 俞樾：《宾萌集》卷2，页812。

必甚",也嫌有些简单化。下文将会指出,齐孝公后来是"以恶报恶",而他和宋襄公的关系,也难以深入剖析。尽管以上猜测不一定符合史实,但俞樾的见解却能提醒读者,《左传》属孝公于宋襄的记事,不一定确证其行为的充足理据。《穀梁》"善救齐"的见解,已足以说明伐齐丧之罪;对这一点,俞樾具有清晰确实的认知。

8. 经文没有肯定宋襄平乱的线索

无论如何,齐国在桓公死后的乱事,不是证成宋襄公伐齐丧的理据。《穀梁》没有交代这些细节,无关宏旨。经文把甗之战系于"五月戊寅",当时齐桓公还未下葬。宋襄伐丧,是不经过曲折解释便能读懂的内容,因此《穀梁》"恶宋"之论,最是符合经义。钟文烝《补注》云:"君子承史修经,专举大义,事之细曲,多在所略。史书伐齐战甗,伐丧之罪,无所可逃,经因存月以非之,反其'及'文以恶之,伐、战并举,又寓其意,使后人读此卒后葬前之文,而宋襄伐丧之罪益著,则其事之细曲固不必论。"①这是始终把阐述经义放在第一位,不是杂引经外的其他叙事或观点作为诠释的指引,所论明辨虚实谛妄,允称典范。

9. 小结

解读宋、齐甗之战,必须先读经文说了什么。杂引其他史事作为解经的依据,未必可靠。按照《穀梁》解经的意见,《春秋》绝无认可宋襄征齐之意,伐丧是错误的。《公羊》用竖刁、易牙之乱,辩护宋襄公出兵的做法,但征诸经文和各种观点的得失,这个观点不见得可靠。

(四)僖十八年经:"狄救齐。"传:"善救齐也。"②

与上述"师救齐"一样,此经也是肯定"救齐"之"善"。

1. 言"救"皆"善"

此经系于甗之战后,但同样发生在齐桓公未葬之前。换言之,狄之救齐,是因宋襄公伐丧而起。此经与上述"师救齐"一样,狄因救齐而得到传文的褒奖。善狄之救,犹如善鲁师之救,两者同属可褒之列,但因狄与鲁,各属夷狄与中国,貌似两者有别。钟文烝《补注》云:"重发传者,嫌与诸夏异也。"③为免读者误会中国之救与夷狄之救情况有别,所以《穀梁》再度发

---

① 钟文烝:《补注》卷11,页308。
② 《穀梁注疏》卷8,页136。
③ 钟文烝:《补注》卷11,页308。

传澄清。

2. 以"中国"作解释的不必要

"善救"是对狄的嘉许,没有他意。可是,孙觉《春秋经解》云:"《春秋》书曰'狄救齐',盖伤中国尔。"①观察《春秋》言"救"的 24 例,经文仅言"救"者,都是值得褒扬的行为。② 孙觉"伤中国"之论,反映的是宋儒哀怨中国无法攘夷之痛,于经传毫无确据。

同样是强调"中国"的元素,廖平认定关键在于狄弱楚强而独许狄救。《古义疏》云:"《春秋》之义,不许夷狄忧中国。传言此者,楚强狄弱,不许楚以楚功深远,嫌绝之。"③传文仅言"善救齐",没有因为"狄弱"而允许言"救"的观点。《春秋》实非绝楚救他国,僖二十八年"楚人救卫"便是一例。对此,廖平《古义疏》云:"言救者,不许救之辞。"④这是主观臆断,把"救"颠倒为"不许救",哪里符合传意? 再次重申,《春秋》仅言"救"的笔法已显示"救"的主体可"善"。⑤ 说穿了,廖平不许楚救,无非是排外心理作祟,属于近代知识分子惯常的偏见,不足为信。僖十八年传:"功近而德远矣。"⑥这是再次肯定狄人救齐之功,足可反证廖平以"楚功深远"而绝楚的观点,完全不通。定四年传:"君若有忧中国之心,则若此时可矣。"⑦前已述及,这是伍子胥进言伐楚所说的话,《穀梁》回顾吴伐楚的背景,对之尚无恶评。这已说明,《穀梁》不见得"不许夷狄忧中国"。

3. "救齐者恶"之谬

如上所述,《公羊》有关"竖刁、易牙争权不葬"的叙事,关系到《穀梁》"善救"是否成立。与孔广森一样,崔适也是抗拒"善救"之说,声言救齐为恶。换言之,他认定"师救齐"和"狄救齐"都是恶的。《复始》云:"且宋公所以伐齐者,以'桓公死,竖刁、易牙争权不葬',是伐不成丧也。安得诬以伐丧而非之?"又云:"伐恶则救善,伐善则救恶。宋公伐齐,讨竖刁、易牙之

---

① 孙觉:《春秋经解》卷 6,页 673。
② 参阅本书第一章,页 128—29。
③ 廖平:《古义疏》卷 4,页 268。
④ 廖平:《古义疏》卷 4,页 294。
⑤ 参阅本书第一章,页 129。
⑥ 《穀梁注疏》卷 8,页 137。
⑦ 《穀梁注疏》卷 19,页 323。

罪,则救齐者恶也。"①以上指责,实不成功。据崔适的理解,因为"竖刁、易牙争权不葬",所以齐桓公得不到安葬,由此认定宋襄公不算伐丧。这不过是重复《公羊》讲过的老调,没有提出新证据支持宋襄公伐齐不算伐丧。经文没有"乱""执""救"等词,始终不叙述竖刁、易牙或齐国内乱之事。这是一道难以逾越的硬壁。任何想要强调《春秋》不以宋襄公为伐丧的人,大概也无法将之消除。想想看,假若经文以"宋公救齐"之类的文句加以记载伐齐之事,那么任何批判伐丧的声音恐怕也不会提出来,偏偏经文不是如此记述。至于"救齐者恶"之说,崔适所言不出孔广森的范围,毫无新意,其谬亦同,置之不论可也。

4. 小结

伐齐丧的错误,决定了任何反对宋襄公的军事行动都是做得正确的。不仅鲁,狄亦然。刻意强调"救齐者恶",是说不通的。从狄也有"善"的佳评可知,《榖梁》已预设:

U₃　拯救的正确性不因救者之别而有所变异。

救者作出救助的行动,就是正确的,不因其人是中原国家抑或夷狄,或其他类型的政治人物。可是,因为后世《春秋》屡被读者视为尊王攘夷的作品,许多读者似乎已忘记这一要点。

(五)僖十八年经:"八月丁亥,葬齐桓公。"

《榖梁》无传。

1. 伐丧的铁证

此经系于宋、齐战争之后,显示战争正值齐桓丧制未阕之期。宋襄伐丧之恶,于此尽见。反过来认为这则葬文显示宋襄不伐丧,是说不通的。崔适《复始》云:"宋公伐齐,而后桓公得葬,则以经证经,即可知其伐不成丧,不得谓之伐丧矣。"②崔适认为葬文证明宋襄不伐丧,但《公羊》实无这方面的说法。士匄侵齐后退兵,这是公认的不伐丧,但襄十九年经:"冬,葬齐灵公。"何诂:"不月者,抑其父。"③没有说过葬文是显示士匄不伐丧的证据。

---

① 崔适:《春秋复始》卷14,页478;卷16,页489。
② 崔适:《春秋复始》卷2,页388。
③ 《公羊注疏》卷20,页447。

此外,葬文的存在与否,《公羊》对之实无任何主张。襄九年经:"六月庚辰,郑伯睔卒。"何诂:"不书葬者,讳伐丧。"① 可见,何休认为真要讳言伐丧,反而不该有葬文才对。崔适以葬文作为不伐丧的证据,至少是违背何诂的主张。从经文的用例来看,绝不能说葬文的出现,足以显示葬前的军事行动并非伐丧。成二年经:"庚寅,卫侯速卒",又云:"冬,楚师、郑师侵卫。"成三年经:"辛亥,葬卫穆公。"廖平《公羊验推补证》云:"曷为贬?伐丧也。贬楚,因亦贬郑也。"② 这足以说明"葬卫缪公"一语,不意味楚、郑侵卫并非伐丧。以此反过来类推,崔适观点忽略了鲜明的反证,经不起"以经证经"的考验。

2. 日葬故也

据"日葬故也,危不得葬"的传义,显示经文记载齐桓公下葬的日期,反映他死后发生变故,几乎不能安葬。③《穀梁》没有明言什么危难,不必强解究竟。后来论者提出了一些解释,似乎都不可靠:

(1)范宁却径自猜测。范注:"竖刁、易牙争权,五公子争立,故危之。"④ 这是暗袭《公羊》"竖刁、易牙争权不葬"和《左传》"五公子皆求立"的说法。⑤ 鉴于《穀梁》只言"恶宋",没有提及齐国内乱之事,范注背离传意。

(2)像范注一样,廖平也尝试提出自己的想法,《古义疏》云:"五世乱乃定,故葬日也。"⑥ 廖平所理解的"五世乱",是指桓公死后诸子争相继立之事。有别于范宁径从《左》《公》二传立说,廖平的依据是《史记》的叙事。《齐世家》云:"桓公十有余子,要其后立者五人:无诡立三月死,无谥;次孝公;次昭公;次懿公;次惠公。"⑦ 孝公、昭公、懿公、惠公同属桓公之子,兄弟之间迭次登位,反而储位不定。然而,《穀梁》为何葬日,无征可考。与范注一样,廖疏把齐桓葬日的原因理解为其后四君继立之事,仅算是一种猜测,难言传义必是如此。

---

① 《公羊注疏》卷19,页414。
② 廖平:《公羊验推补证》卷7,页1178。
③ 日葬之义,参阅本书第一章,页67—68。
④ 《穀梁注疏》卷8,页137。
⑤ 《公羊注疏》卷11,页238。《左传正义》卷14,页390。
⑥ 廖平:《古义疏》卷1,页1。
⑦ 《史记》卷32,页1808。

3. 小结

此经印证"非伐丧"的传义。因误认宋襄公为贤者而强辩，是徒劳无功的。至于下葬日期的所以然，则难以深究。

（六）僖十八年经："冬，邢人、狄人伐卫。"传："狄，其称人，何也？善累而后进之。伐卫，所以救齐也。功近而德远矣。"①

这是继续交代救齐的问题，说明救齐的正确，同时反衬宋襄公伐齐之恶。

1. 伐卫是为了救齐

联系到僖十八年经先前已有"王正月宋公、曹伯、卫人、邾人伐齐"和"夏，狄救齐"的记载，上承下接，可以鉴别此经"伐卫"不是纯粹的攻伐卫国，而是为了救齐。之所以不言"救齐"，不过是省文而已。范注引郑玄《起废疾》云："今此春'宋公、曹伯、卫人、邾人伐齐'，'夏，狄救齐'；'冬，邢人、狄人、伐卫'，为其救齐可知，故省文耳。事同义又何异？"②此言符合传义，相当可取。钟文烝也支持其说，《补注》云："申释伐之所以为善也，此经自不得有'救'文。"③

一些不承认"伐卫"与"救齐"的观点，都是有待商榷的。范注引何休《废疾》云："即伐卫救齐当两举，如'伐楚救江'矣。又传以为'江远楚近'，故'伐楚救江'，今狄亦近卫而远齐，其事一也，义异何也？"④文三年经："晋阳处父帅师伐楚救江。"这是何休所举的反证。然而，这是有问题的。僖十八年经的"卫人"既是"伐齐"的参与者，又说"救齐"称狄，而"伐卫"称"狄人"，这些都是支持"伐卫，所以救齐"的直接证据。相反，文三年经"伐楚救江"之前，仅是"楚人围江"，没有"救江"之文，跟僖十八年经没有太大的可比性。对此，郑玄已有驳论。范注引《起废疾》云："两举之者，以晋未有救江文，故明言之。"⑤文三年经若不言"救江"，可能使人误会伐楚是为了其他目的，这跟僖十八年经省文不言"救齐"难以相提并论。廖平《起起穀梁废疾》云："言伐楚，则救江不明；言伐卫，则救齐明，故不言也。"⑥此言深得

---

① 《穀梁注疏》卷 8，页 137。
② 《穀梁注疏》卷 8，页 137。
③ 钟文烝：《补注》卷 11，页 309。
④ 《穀梁注疏》卷 8，页 137。
⑤ 《穀梁注疏》卷 8，页 137。
⑥ 廖平：《起起穀梁废疾》，页 209。

郑意,也有力驳斥了何休的责难。

如何休之解,最大的问题在于不能解释"狄人"之称。经文言伐,大多属于可贬之辞,为何还要称之为"狄人"而非"狄"呢?为此,何诂:"狄称人者,善能救齐,虽拒义兵,犹有忧中国之心,故进之。不于救时进之者,辟襄公,不使义兵壅塞。"①何休比孔广森、崔适可取之处,在于他承认"救齐"是"善",还不致误解"救"为贬辞。但按照他的解释,经文本应在"狄救齐"时"进之",却因襄公和义兵的缘故,留待"狄人伐卫"时"进之"。然而,《公羊》隐元年传:"因其可褒而褒之",②讲的就是遇到可褒的人和事而予以褒扬。何诂如果成立的话,就是因其他缘故而缓褒之,岂合《公羊》本意?这样刻意把"狄人"理解为"狄救齐"所导致的结果,实是建立在宋襄公伐丧可褒的错误前提上。《公羊》并未解释经文称"狄人"的原因,也没有"不于救时进之"的主张。何休否认"伐卫所以救齐",纯属个人猜测,于《公羊》亦无确据,也无法驳倒《榖梁》之说。

2. "共谋卫难"之谬

因为何休的解释不令人满意,孔广森对"狄"而"狄人"的变化,提出自己的想法,《通义》云:"邢初为狄所灭,今狄幡然亲邢,与共谋卫难,有忧中国之心,故进之,又因以抑卫也。"③这是希望在《榖梁》"伐卫所以救齐"以外提出的新解释。邢被狄所灭,虽是历史事实,但孔广森说狄与邢"共谋卫难",却是令人奇怪。卫国是被伐的对象,而非出现"难",怎会变成"共谋卫难"呢?说是"忧中国",更是莫名其妙。卫是中原国家,狄是夷狄,与夷狄连手伐中原国家,岂能说是"忧中国"?这与上述伯举之战吴助蔡伐楚,完全是不同的性质。说穿了,这是受限于《公羊》褒宋襄的立场,所以孔广森无法以"救齐"为"善",也就看不见曾经参与伐齐丧的卫国不是"善"。《公羊》对此经未尝发传解读,也没有留下任何线索解释其中缘故。《通义》之说,纯属个人忖度,依据不足。此外,僖二十五年经:"卫侯毁灭邢。"在伐卫之后,邢被卫所灭。孔氏"抑卫"之说,是指此而言。孔广森拿七年后的事预作演绎,有悖常理。因为这样,后来陈立也觉得难以接受,《义疏》云:"灭邢事,在二十五年,何为于此逆责卫?安知卫之灭邢,非即由此起衅,则

---

① 《公羊注疏》卷11,页238。
② 《公羊注疏》卷1,页15。
③ 孔广森:《公羊通义》卷5,页117。

狄之忧邢,乃所以败邢也。"①卫灭邢与邢联狄伐卫,难以扯上因果关系。孔广森以此抗拒《穀梁》进狄的观点,是不成功的。

3. 狄→狄人

在此之前,《春秋》皆是称"狄":

[1]庄三十二年:"狄伐邢。" [2]闵二年:"狄入卫。"
[3]僖十年:"狄灭温。" [4]僖十三年:"狄侵卫。"
[5]僖十四年:"狄侵郑。" [6]僖十八年:"狄救齐。"

6则经文,无一例外。此经称"狄人",比"狄"更进一级。此传的"善",意谓善行,特指救齐之"善"。由"狄"而"狄人",是因为先前救齐,已是一善;如今伐卫以救齐,又是一善。廖平《古义疏》云:"据救齐善之,此又救,故为累。"②两善积累,所以获得更好的称号。

4. 邢人

"邢人"是"伐卫"的主语,但此传没有解释"邢人"的笔法。"人"是"众辞",可以作讳言敏感事件之用。不称"邢侯"而称"邢人",为什么呢?僖二十五年经:"卫侯毁灭邢",传:"不正其伐本而灭同姓也。"③卫、邢是同姓之国,卫灭邢而"不正";反过来看,邢伐卫称人,就有可能是讳言伐同姓的笔法。无论如何,伐卫救齐是值得肯定的行为。

5. 功近而德远

"功近而德远"所指代的是什么人?这是此传最惹人争议的地方。范注:"伐卫,功近耳。夷狄而忧中国,其德远也。"④范宁认为"功"和"德"是狄人的事情,认为狄人伐卫国,功在当时;其忧中国的德行,可以传及后世。因为"功近而德远"之前,有关"称人""善累""伐卫"三者都是围绕"狄人"而发,所以范宁认为"功近"和"德远"都是就"狄人"而言,是符合文理的解释。

因为这样,胡安国基本上接受范注。胡传:"狄称人,进之也。慕义而来,进之可也。"⑤进狄之论,是从《穀梁》转手而来,可以反映胡安国择善而从,不因金灭北宋的刺激而影响他对狄人的判断,立论理性,足可宝贵。

---

① 陈立:《公羊义疏》卷33,页1234。
② 廖平:《古义疏》卷4,页269。
③ 《穀梁注疏》卷9,页144。
④ 《穀梁注疏》卷8,页137。
⑤ 胡安国:《春秋胡氏传》卷12,页175。

可惜,因为厌恶胡传的逆反心理,沈钦韩没有看到进狄的合理性,对《穀梁》作出了不必要的驳论。《左传补注》云:"此最不通。《春秋》之书,顾以褒狄为务哉!胡安国复窃其说,无是非之心者也。"①沈钦韩因反胡传而反《穀梁》,但他之所以反对褒狄,分析到最后,无非是《春秋》不宜进狄,除了民族立场的宣示,实无坚实的证据可言。

6."功"和"德"不是指齐桓公

除范注以外,对"功近而德远"另有两套解释:

(1)钟文烝《补注》云:"桓之功近在中国,而桓之德远及夷狄。"②柯劭忞也有类似的观点,《传注》云:"桓之伯功,近在当时。"又云:"其德之及人;身没,人犹不忘。"③钟、柯二注,皆是把功、德都算在齐桓公身上,差别在于钟注把"近"和"远"理解为地理意义的"中国"和"夷狄",而柯注则理解为影响时间的长短。就"近"和"远"的解释而言,柯注比钟注可取。

(2)廖平和王崇燕同样认为"功近"指齐桓公曾有存邢之功,邢感而救齐;"德远"指桓之德远及四方,狄慕桓德而来救。④

以上二说,皆不可取。钟、柯、廖、平四人都存在偏见,同样预设夷狄不可能有功德。如上所述,"功近而德远矣"只能是指"狄人"而言,忽然把"功"和"德"改为隶属于传文没有提及的齐桓公,完全不合文理。正确的理解,是把功、德理解为"狄人"的成就。周何虽然肯定范注,但他把"德远"译为"齐桓公的德威感化却是非常的深远",⑤显然没能彻底摆脱钟文烝《补注》等书的偏见,是舛讹的。

7."子楚而人狄"之谬

皮锡瑞还有一个值得讨论的观点,《春秋讲义》云:"桓公云亡,楚、狄交炽,敢假义以救齐,敢示威以伐卫,敢被发左衽与诸侯盟。诸侯无岁不有狄师,不有楚患,《春秋》子楚而人狄,蛮夷之强至此哉!"⑥三传皆无因"蛮夷之强"而"子楚"和"人狄"的主张,至少就狄救齐伐卫的两则经文的解释上,《公羊》没有发传批判狄师。把"诸侯"当作一个整体来考虑政治行动的是

---

① 沈钦韩:《左传补注》卷3,页148。标校者郝兆宽、陈岘没在"不通"下读断,今改正。
② 钟文烝:《补注》卷11,页309。
③ 柯劭忞:《传注》卷7,页2。
④ 廖平:《古义疏》卷4,页269。王崇燕:《纠谬》卷5,页294—95。
⑤ 周何:《新译》上册,页409。
⑥ 皮锡瑞:《师伏堂春秋讲义》卷下,页264。

非，以此抒发中国受外患的侵害，不过是近代民族主义情绪的反映。皮锡瑞上述观点，无非是因世变而抒发感想，不是经义的确诂。

8. 小结

由"狄"而"狄人"的变化，再次说明救齐的正确性，同时展现齐被伐丧的罪恶。宋襄公不是贤者。他的施恶，在此又得一证。

（七）僖十九年经："春，王三月，宋人执滕子婴齐。"

《穀梁》无传。在伐齐胜利后，宋襄公尝试继齐桓公崛起，执滕子是第一步。

1. 曰人贬之

"宋人"就是宋襄公。按照"曰人贬之"的传义，"执"的主体称"人"，属于可贬的对象。① 僖四年经："齐人执陈袁涛涂"，传："其人之，何也？于是哆然外齐侯也，不正其逾国而执也。"② 贤如齐桓公，也因为称人以执，而蒙"不正"之评。此经称人，是为了贬抑宋襄公，昭然若揭。

对此，有些论者存在其他理解，却可商酌：

（1）杜注："称人以执，宋以罪及民告。"③ 如其解，"宋人"之称，是因为宋国把滕子的罪告诉鲁国。然而，杜预这个观点，放在《左传》上看，也未必可靠。《左》成十五年传："凡君不道于其民，诸侯讨而执之，则曰'某人执某侯'。"④ 比较传注，杜预对《左传》的理解显然有所偏差，《左传》未必有赴告之意，而杜预却以宋襄之告为说。如其言，不啻说《春秋》作者默许了宋襄公诬告的罪行。这是许多《春秋》读者不能接受的结论。刘敞对之作出猛烈的批判，《权衡》云："若苟赴者而书之，不择真伪焉，又何以为孔子？"⑤

（2）同样觉得杜预之说不能接受，崔适认定"宋人"是为宋襄公讳，《复始》云："依《左氏》之言，凡君不道于其民者，要必实有其事。据杜预说，但从执者所告耳。告者诬夷为跖，《春秋》亦从而书之，以着其为跖乎？谤书秽史，不如是之失实焉。《左》既破经，杜复诬《左》以诬经，其罪大矣。"⑥ 不过，《公羊》没有称人以讳执的主张。《公羊》僖四年传："执者曷为或称侯，

---

① 参阅本书第二章，页 303—04。
② 《穀梁注疏》卷 7，页 115。
③ 《左传正义》卷 14，页 391—92。
④ 《左传正义》卷 27，页 767。
⑤ 刘敞：《春秋权衡》卷 4，页 210。
⑥ 崔适：《春秋复始》卷 15，页 486。

或称人？称侯而执者，伯讨也；称人而执者，非伯讨也。"①据此，"执滕子婴齐"既是"宋人"，意味这不是"伯讨"之举。也就是说，从《公羊》的视角出发，是得不出称人以讳的结论，因此连何休也承认宋襄公"妄执之"（如下所述）。崔适为了回护宋襄公的需要，以"宋人"为讳，于《公羊》实无确据。应该说，崔氏"诬《左》"之论，若理解作杜预背离《左传》的偏差，是可以的；但他的"破经"和"诬经"，不过是为了指责《左传》伪作而发，于义乖戾。无论如何，即使杜预理解不对，也不能以此证成讳宋襄的结论。崔适讳宋襄的说法，不如《穀梁》"曰人贬之"的传例来得可靠。

2."助贤"之谬

"婴齐"是滕宣公之名。《左》僖十九年传："宋人执滕宣公。"②可知经文的"滕子"即滕宣公。按照"诸侯不生名"的传义，一般诸侯称名，不是示恶，就是失国。③ 没有可靠的证据可以说明滕子有何恶行。何诂："名者，著葵丘之会，叛天子命者也。不得为伯讨者，不以其罪执之，妄执之。所以著有罪者，为襄公杀耻也。襄公有善志，欲承齐桓之业，执一恶人，不能得其过，故为见其罪。所以助贤者，养善意也。"④三传和其他史料皆无滕公被执的细节。僖九年经："公会宰周公、齐侯、宋子、卫侯、郑伯、许男、曹伯于葵邱"，没有涉及滕国君主。究竟像滕子这样的小国诸侯是什么态度，难言其详。《公羊》评论葵丘之会，不过说"叛者九国"，⑤没有特指滕子之"叛"。何休断言滕子"叛天子命"，就《公羊》而言也未必可通。何休把滕公断定为"恶人"，毫无其他确切的证据，他的立足点无非是"襄公有善志"这一个有待验证的前提。为何要支持宋襄公的"妄执"？像《穀梁》这样的解释，不可以吗？宋襄公之作为贤者，不是不证自明的稳妥前提，岂能因而无条件地接受"助贤"的主张？

3. 执不言所于地

按照"执不言所于地"的传义，此传不记载捉拿滕子的地点，反映宋襄公控制了滕子所在之地。⑥ 因此，应该判断称名是失国的缘故，比较符合

---

① 《公羊注疏》卷10，页214。
② 《左传正义》卷14，页393。
③ 参阅本书第一章，页97—99；第二章，页303—04。
④ 《公羊注疏》卷11，页238—39。
⑤ 《公羊注疏》卷11，页223。
⑥ 参阅本书第一章，页100—01。

传义。在这一点上,孙觉《经解》云:"诸侯失地生名,婴齐见执而遂失其地,故名之也。"①这个观点符合《穀梁》传义,可以接受。柯劭忞也是如此持论:"诸侯失地,名;婴齐,失国也。"②

4."婴齐"不是称名绝之

《穀梁》不认为所有失国者都属于可贬抑的对象,不该把"婴齐"之名视为贬绝滕子的证据。然而,廖平却认为"婴齐"之名,已有绝意。《古义疏》云:"名者,绝之,盖以滕不从伐齐也。"③《穀梁》没有"称名绝之"的主张,国君称名可能是示恶,也可能是失国。前已述及,何休提出了"著有罪"的观点,而廖平可能是暗袭其说,而又略加变通,不从其"叛天子命"的解释,改而猜测"绝之"是因为"不从伐齐"。鉴于《穀梁》以伐齐为伐丧,所以"不从伐齐"是正确的做法,哪有"绝之"的需要?廖疏之论,于理不合,于传无据,不宜采信。

5. 小结

随着对齐战争的胜利,宋襄公试图继齐桓公而起,执滕子是他的第二项恶行。经传批判的重点是宋襄公,不是滕子。

(八)僖十九年经:"夏,六月,宋公、曹人、邾人盟于曹南,缯子会盟于邾;己酉,邾人执缯子,用之。"传:"微国之君,因邾以求与之盟。人因己以求与之盟,己迎而执之。恶之,故谨而日之也。用之者,叩其鼻以衈社也。"④

执滕子之后,与宋襄公相关的另一恶行是邾人执缯子用之。

1."会盟"的独特性

撇除"同盟"不论,⑤《春秋》并用"会""盟"二字计有26经文:

[1]隐六年:"公<u>会</u>齐侯<u>盟</u>于艾。"

[2]桓十一年:"柔<u>会</u>宋公、陈侯、蔡叔<u>盟</u>于折。"

[3]桓十二年:"公<u>会</u>纪侯、莒子<u>盟</u>于曲池。"

[4]同年:"公<u>会</u>宋公、燕人<u>盟</u>于穀丘。"

---

① 孙觉:《春秋经解》卷6,页673。
② 柯劭忞:《传注》卷7,页2。
③ 廖平:《古义疏》卷4,页269。
④ 《穀梁注疏》卷9,页138。
⑤ 参阅本书第四章,页644—45。

[5] 同年:"公会郑伯盟于武父。"

[6] 桓十七年:"公会齐侯、纪侯盟于黄。"

[7] 庄十三年:"公会齐侯盟于柯。"

[8] 庄二十三年:"公会齐侯盟于扈。"

[9] 僖七年:"公会齐侯、宋公、陈世子款、郑世子华盟于宁母。"

[10] 僖八年:"公会王人、齐侯、宋公、卫侯、许男、曹伯、陈世子款盟于洮。"

[11] 僖十五年:"公会齐侯、宋公、陈侯、卫侯、郑伯、许男、曹伯盟于牡丘。"

[12] 僖二十一年:"公会诸侯盟于薄。"

[13] 僖二十五年:"公会卫子、莒庆盟于洮。"

[14] 僖二十六年:"公会莒子、卫宁速盟于向。"

[15] 僖二十七年:"公会诸侯盟于宋。"

[16] 僖二十八年:"公会晋侯、齐侯、宋公、蔡侯、郑伯、卫子、莒子盟于践土。"

[17] 僖二十九年:"公会王人、晋人、宋人、齐人、陈人、蔡人、秦人盟于翟泉。"

[18] 文二年:"公孙敖会宋公、陈侯、郑伯、晋士縠盟于垂敛。"

[19] 文七年:"公会诸侯、晋大夫盟于扈。"

[20] 文八年:"公子遂会晋赵盾盟于衡雍。"

[21] 同年:"乙酉,公子遂会雒戎盟于暴。"

[22] 襄二十年:"仲孙速会莒人盟于向。"

[23] 同年:"公会晋侯、齐侯、宋公、卫侯、郑伯、曹伯、莒子、邾子、滕子、薛伯、杞伯、小邾子盟于澶渊。"

[24] 昭十一年:"仲孙貜会邾子盟于祲祥。"

[25] 昭二十六年:"公会齐侯、莒子、邾子、杞伯盟于鄟陵。"

[26] 定十二年:"公会齐侯盟于黄。"

这 26 例有别于本例的最大差别,在于它们都是采用"A 会 B 盟于 C"的句式。在这种句式中,A 是"会"的主体,B 是客体,而"盟"是 A 和 B 会晤后的结果。隐二年传："会者，外为主焉尔。"①据此传例，"会"之"主"是系于"会"后的 B，而非"会"前的 A。

2. 与缯子会盟的是宋公、曹人、邾人

遍查全经，"会于 C"或"盟于 C"前的主体和客体，已穷尽了全部的参与者。如庄十三年"齐人、宋人、陈人、蔡人、邾人会于北杏"，这里五国之"人"就是参与北杏会晤的全部人；又如文十七年"诸侯会于扈"，这是概言"诸侯"而没有确言谁人，但基本上除了"诸侯"以外，也没有其他正式的参与者可言。"A 会 B 盟于 C"也不例外，A 与 B 合起来就是"会"和"盟"的所有人。在此之外，另有一种变异的笔法，即"会 B 盟于 C"句式，如僖十九年"会陈人、蔡人、楚人、郑人盟于齐"，不言主辞，按照内鲁的修辞惯例，略"公"不言，读者不难知悉"会"和"盟"的主体是鲁僖公。"会 B 盟于 C"和"A 会 B 盟于 C"一样，都是正面披露所有的会盟者。

同样兼用"会""盟"二字，"缯子会盟于邾"有主辞，无客辞，属于"A 会盟于 C"，全经仅此一例，而"缯子"是单数，不是复数，所以"会盟于邾"的参与者，不可能仅有 A 而没有其他人。也就是说，除缯子以外，与他"会盟"的还有其他人。是谁呢？不能把 C 理解为人名，因为在经中，无论"会于 C""盟于 C""会 B 盟于 C"乃至"会盟于 C"哪一种句式，C 可以是邑或国，都是地名，绝非人名。因此，"缯子会盟于邾"的"邾"仅是指代"会盟"的地名，亦即邾国。总而言之，不能说与缯子"会盟于邾"的仅有邾国的人，尽管当时加害缯子的是"邾人"。

"缯子会盟于邾"的"会"下不言客体（即 B），所以对此"会"的理解，也不能像考察"A 会 B 盟于 C"那样解作会晤。按照《穀梁》的解释，"会"有"事之成"的涵义，意谓当某一件事已告完成时，某人参与其中。②像庄十四年经"单伯会伐宋"的"会"，就是承接上一句经文"春，齐人、陈人、曹人伐宋"而言，意谓单伯赴会参与了齐、陈、曹三国伐宋之战。以彼例此，"缯子会盟于邾"一语，必须与上一句"宋公、曹人、邾人盟于曹南"合读。"会盟于邾"的"盟"与"盟于曹南"的"盟"是一脉相承的发展。与缯子会盟的人，不是别的，就是宋公、曹人、邾人。因"盟于曹南"前已提及他们，所以"会盟于

---

① 《穀梁注疏》卷 1，页 9。
② 参阅本书第四章，页 639—40。

邾"不再赘述,犹如"单伯会伐宋"不再记录齐人、陈人、曹人。在这个过程中,盟的地点出现了转移:宋公、曹人、邾人先在曹南结盟,当盟约完成之际,他们又来到邾国,缯子也赴会参盟其中。显然,缯子本未参会,这种情况本可使用"如会"之类的笔法来显示他没有受到邀请,但因盟地的变化,导致经文不得不两书盟地。

3. 宋襄公的在场

《穀梁》所据经文的主语,有别于《公羊》。《穀梁》作"宋公",《左传》亦然,而《公羊》作"宋人"。不过,从曹南至邾的盟会,宋襄公都有参与,这是《公羊》同样承认的历史事实,也是《公羊》与《穀梁》持论相同之处。《公羊》僖十九年传:"后会也。"何诂:"说与'会伐宋'同义。"又云:"不言君者,为襄公讳也。"①读此可知,《公羊》没有把"会盟于邾"理解为另一个盟会,而是把缯子理解为赴会较晚而已。从何休拿"单伯会伐宋"的经文作比较,反映他也认为"会"有较晚参与其事的意思。陈立《义疏》云:"《公羊》虽不责宋襄,然既为之讳,又没公称若微者,明亦以襄公为罪首矣。"②这是根据"宋人"的经文所作的诠释。既以讳言之,其实也反映陈立与何休一样,都是承认宋襄公在邾文公执缯子时是在场的。必须指出,何、陈二人以"宋人"为讳的说法,不见得是符合《公羊》的解释。《公羊》僖四年传:"执者曷为或称侯,或称人?称侯而执者,伯讨也;称人而执者,非伯讨也。"③如果"执缯子用之"真的是以宋襄公为主事者,那么《公羊》对他的定性仅是"非伯讨",如此而已。这不等于因其为"罪首"而讳之。

《左》僖十九年传:"宋公使邾文公用鄫子于次睢之社",④此"邾文公"即经中的"邾子"。以上明白交代宋襄公是"用之"的主谋,现行文献实无任何反证足以驳倒这一叙事。家铉翁表示不信,认为宋襄公"好名而畏义","岂有今日而用同盟国君于淫昏之社,无道若此者乎?"⑤有论断,欠举证,没有任何说服力。

无论宋襄公有否清晰的授意,就《穀梁》而言,缯子既然参与了宋襄

---

① 《公羊注疏》卷11,页239。
② 陈立:《公羊义疏》卷33,页1240。
③ 《公羊注疏》卷10,页214。
④ 《左传正义》卷14,页393。
⑤ 家铉翁:《春秋集传详说》卷11,页202。

领导的盟会,却遭"用之"的对待,宋襄公自然脱不了关系。就某程度上说,《左》《穀》二传互有详略,上述叙事也不是不可兼容。柯劭忞《传注》云:"宋公使邾子用鄫子,不曰宋使者,国君不应见使于人,宜为首恶。"①认为宋襄公是"首恶",未尝无见,但《穀梁》没有直接讨论经文为何不言"使"的问题,柯注仍嫌欠准。

因为《左传》记载宋襄公主使邾文公加害鄫子,这一叙事直接危害了宋襄公的形象,孔广森尝试驳斥《左传》:"《春秋》舍宋而责邾娄,理不可通也。"②与家铉翁一样,孔广森立足于个人的道德想象,不曾提出任何确凿的证据反驳《左传》。若以经文来说,此经既以"宋公"(或《公羊》的"宋人")为首,其实很难相信这是"舍宋"的笔法。如上所述,像何休、陈立等人都强调宋襄公参与其中,而且对"用之"负有罪责,方有"讳"的需要。孔氏"舍宋"之论,实非可信可靠的观点。

4. "宋公"的"首恶"

经文既以"宋公"为首,从《穀梁》的视角阅读此经,实无讳意可寻。襄三十年传:"传曰:诸侯且不首恶。"③据此,诸侯不应带头做坏事,所以此经书曰恶邾子的笔法,异常之极。邾子是附从宋襄公的盟友,二人乃是"与人同事"的亲密关系。襄十九年传:"与人同事,或执其君,或取其地。"④《穀梁》虽不谈及宋襄公,但非常清楚的是:"盟于曹南"与"会盟于邾"前后相承,两者密不可分,宋襄公与邾文公共同参与这两次盟会,而此经又书"宋公"为首,从"目君"的传义来观察,就会发现此经寓有明白交代宋襄公主持盟会的深意,犹如"齐侯葬纪伯姬"的情况,直言其爵已足以显示他与邾文公的恶行实非毫无关系。可以说,像何休、陈立那样承认宋襄公是"罪首"而又"为之讳"的观点,不是《穀梁》所能容纳和认可的。

任何认为宋襄公在鄫子赴会时没有参与的观点,都是不可信的。吴澄《纂言》云:"此盖邾子如会,适遇宋公归国,及邾之境,故言'会盟于邾'。"⑤三传皆未提及宋襄公交代另有其他行程。吴氏"宋公归国"之说,于经无

---

① 柯劭忞:《传注》卷7,页3。
② 孔广森:《公羊通义》卷5,页117。
③ 《穀梁注疏》卷16,页273。
④ 《穀梁注疏》卷16,页261。
⑤ 吴澄:《春秋纂言》卷5,页524。

据,实乃臆测。从吴澄以"盖"言之,足见他也不过是一时偶有所感,随笔漫书,没有以此抹煞异己之见。

相比之下,崔适持论却是相当武断,《复始》云:"'盟于曹南',不及鄫子。'鄫子会盟于邾娄',亦不及宋人。言'邾娄人执鄫子,用之',则邾娄人寻雠于鄫子,而无与于宋公,断可知矣。"①前已述及,《公羊》"后会"和何诂"与'会伐宋'同义"的观点,都没有把曹南之盟和邾(邾娄)之盟当作两个不相关的事情。因此,崔适认为"会盟于邾娄"没有宋襄公的参与,至少不符合《公羊》和何诂的理解。此外,崔适认为邾娄人对鄫子的作为是"寻雠",是札根于何休"季姬淫泆"的主张,但下文将会指出,这其实不见得符合《公羊》传义。说穿了,崔适刻意强调"会盟于邾娄"是鄫子与邾娄人之间的事情,主要是鉴于邾娄人"执"和"用之"的罪恶。然而,从"宋公、曹人、邾人盟于曹南"以降,经文前后承接,密不可分,没有理由认为宋襄公与"会盟于邾娄"(以及该盟出现的恶行)毫无关系。如上所述,何休和陈立坚称经文讳宋襄公,已默认这些罪行都是宋襄公脱不了关系的。

5. 缯国争取参盟

宋、曹、邾三国曹南之盟,是宋襄公求伯的首盟。缯是小国,小国不得不借助比自己更大的诸侯援引,方有参盟的机会。廖平《古义疏》云:"微国之会必有所因也",②这个结论大致不错,但举证却有问题,因为他的例子是哀十三年传:"欲因鲁之礼,因晋之权,而请冠端",③这是讲述吴王夫差争取周王的政治承认,与小国参盟没有多大关系。

6. "己"多恶事

"己"作为己身代词,在《春秋》中的涵义比较复杂。撤除用作日期的用法,如桓五年传"己丑之日"之类,④《穀梁》除本例外,全传言"己"还有7例:

> [1]桓元年传:"己正即位之道而即位,是无恩于先君也。"
>
> [2]桓二年传:"己即是事而朝之,恶之。"
>
> [3]桓十四年传:"以为人之所尽事其祖祢,不若以己所自亲者也。"

---

① 崔适:《春秋复始》卷8,页433。
② 廖平:《古义疏》卷4,页270。
③ 《穀梁注疏》卷20,页349。
④ 《穀梁注疏》卷3,页40。

［4］僖五年传："王世子，子也，块然受诸侯之尊己，而立乎其位，是不子也。……世子受诸侯之尊己，而天王尊矣，世子受之可也。"

［5］僖十四年传："来朝者，来请己也。"

［6］僖十七年传："桓公知项之可灭也，而不知己之不可以灭也。"

［7］襄二十七年传："己虽急纳其兄，与人之臣谋弑其君，是亦弑君者也。"①

以上7例的"己"，仅［1］、［2］、［5］、［6］、［7］五例是"恶事"。例［3］谈的是祭礼的做法，"己"无"恶事"可言。例［4］的两"尊己"谈论诸侯对世子的尊敬虽然不子，但仍可接受，不能说这是"恶事"。因此，柯劭忞《传注》云："凡目言己，皆恶事。"②这个概括是不准确的，该改"皆恶事"为"多恶事"。由此推论，此传的"己"是指邾文公，其中亦涉及恶事。缯子想透过邾子的关系参盟，邾子诈作迎接反而捉拿了他，当然是可恶之极。

7. 谨而日之

隐八年经："七月庚午，宋公、齐侯、卫侯盟于瓦屋"，传："外盟不日。此其日，何也？诸侯之参盟于是始，故谨而日之也。"③这里之所以记载盟会的日期，因为它是诸侯参盟的开端。按照《穀梁》的理解，一般经文对鲁国以外的诸侯结盟，是不记载日期的。此传恪守"外盟不日"的传例，没有记载宋、曹、邾三国在曹南结盟的日期。相比于盟之不日，此传却认为经文记载执缯子的日期，是慎重此事，揭露邾子之恶。

8. 用之＝叩其鼻以衈社＝杀

"用"就是用缯子作牺牲。杨疏引《论语·宪问》"以杖叩其胫"，训"叩"为"击"，④"叩其鼻以衈社"意谓击打他的鼻子使之出血，然后用鼻血涂在社稷。传文的"社"，意谓社稷。然而，范宁却说是社器。范注："取鼻血以衈祭社器。"⑤社器之解，不合传文。衈礼之事，是以血衈社，而非社器。用牲血涂抹祭器或祭祀场所之事，是先秦常见的宗教仪式。《周礼·小子职》

---

① 《穀梁注疏》卷3，页32、36；卷4，页54；卷7，页117；卷8，页130、135；卷16，页269。
② 柯劭忞：《传注》卷7，页3。
③ 《穀梁注疏》卷2，页26。
④ 《穀梁注疏》卷9，页138。《论语注疏》卷14，页240。
⑤ 《穀梁注疏》卷9，页138。

云:"掌玳于社稷",①就是旁证。柯劭忞《传注》引之,以正范注之失,②相当正确。

在衈礼过程中,鄫子应该已被杀害。"用之",就是用人为牲。章太炎根据《周礼》疏引郑司农"以牲头祭"的意见,断言"杀之无疑"。③ 这一辨析虽然正确,但他的举证只能说明衈礼一般杀牲,不是鄫子被用的具体情节。《左》僖十九年传:"今一会而虐二国之君……"④这是司马子鱼的话,提及宋襄公对二国之君的暴行,指的正是鄫子和先前被宋襄公捉拿的滕子。鉴于滕子仅是被执,而"虐"字可解作残暴、虐待,《左传》这一记载,似乎还不必定指杀死。

当然,这并非说鄫子必是受伤不死。叩鼻是否导致丧命,上述史料欠缺细致的记载。经文没有记载鄫子之名,赵汸《集传》云:"小国之君不卒则亦不名,故邾戕鄫子不名。"⑤赵汸相信鄫子已死,而钟文烝《补注》引录此说,可见他是倾向于赵说可信。⑥ 但以不名来确定某诸侯之被杀,似乎《穀梁》没有这方面的主张。其实,"用之"蕴涵杀死,《穀梁》已有本证。《春秋》言"用之",除本例外,还有以下一例。昭十一年经:"楚师灭蔡,执蔡世子友以归,用之",传:"此子也;其曰世子,何也? 不与楚杀也。"⑦蔡世子友被"用之",而传文明说"楚杀"。以彼证此,根据《穀梁》的说法,"叩其鼻以衈社"必是导致鄫子死亡,没有别的解释可言。

9."当轻于杀"之谬

与《穀梁》一样,《公羊》对"用之"的解释是负面的,对僖十九年"邾人执鄫子,用之"和昭十一年"执蔡世子友以归,用之"两则经文,先是说:"恶乎用之? 用之社也。其用之社奈何? 盖叩其鼻以血社也。"然后说:"恶乎用之? 用之防也。其用之防奈何? 盖以筑防也。"何诂:"持其足,以头筑防,恶不以道。孔子曰:'人而不仁,疾之已甚,乱也。'"⑧前者是"用之社",后

---

① 《周礼注疏》卷 30,页 794。
② 柯劭忞:《传注》卷 7,页 3。
③ 章太炎:《春秋左传读》,页 267。
④ 《左传正义》卷 14,394。
⑤ 赵汸:《春秋集传》卷 6,页 89—90。
⑥ 钟文烝:《补注》卷 11,页 310—11。
⑦ 《穀梁注疏》卷 17,页 290。
⑧ 《公羊注疏》卷 11,页 240;卷 22,页 493。

者是"用之防",二者的差别主要是"用之"进行的环境,不能因此以为两种"用之"完全不同。"用之社"说邾娄人击破鄫子的鼻子拿他的血用作社祭,"用之防"是用隐大子的头来"筑防"。"筑"是指捣土。《既夕礼》云:"甸人筑坅坎",郑注:"筑,实土其中,坚之。"① 从何休的描述可知,这是抓住隐大子的脚,用他的头来捣在其中使之坚实。一个人的头颅再坚硬,也不能比得上真正建筑材料。也许,"以头筑防"与"叩其鼻以血社"一样,估计是宗教象征的意义大于实际的建筑考虑,都是牺牲"用之"的身体(尤其是血液)来达到某种祭礼上的效果。孔广森《通义》云:"意时有所筑堤,善崩溃,杀人衅之。"② 这是看见以头筑防的宗教性,是非常合理的判断,所以陈立也采纳其论,说是"义或然也"。③ 孔、陈二人,同样看见"用之社"和"用之防"二者相通之处,是可取的。无论如何,"用之"是极其残忍的暴行,从何休《泰伯篇》"人而不仁"之语,④ 足够证明这一点。

可是,为了维护宋襄公作为贤者的伟大形象,崔适强调"用之"不意味杀死缯子,《复始》引录何诂时,自"持其"至"以道"止,⑤ 刻意剔除了孔子"人而不仁"的批评,显然有心隐瞒对己不利的证据:"传发经,注发传,'用之'之义如此,此必七十子相传之旧说,出自古《春秋》者,非可向壁虚造者也。《左氏》以为用以为牲,又诬邾文公用鄫子,为宋襄公所使。案:残暴之风,世愈后则愈甚,用人为牲,虽刘子业、萧宝卷之徒所不为,而谓宋襄公、楚灵王为之乎?或谓叩鼻血社,如以血衅钟之类,是亦用以为牲,则不可通于筑防,岂有待牲筑城者乎?"又云:"《左氏》诬以宋公所使,且改'恶乎用之''盖叩其鼻以血社也'之文,谓用以为牲,宁有不重伤、不禽二毛之人,而忍用国君代牺牲者乎?"又云:"'用之'之罚,当轻于杀,以头筑防,示辱而已。若用为牲,不重于杀之而已乎?非其伦也。"⑥

何休引录孔子"人而不仁"之言,主要是控诉楚灵王用隐大子筑防的"不仁"。如崔适之说,"用之"仅是"示辱",那么如何"辱"法?无论是经传抑或注疏,根本找不到"示辱"的证据。相反,现存文献很容易便能找到蔡

---

① 《仪礼注疏》卷40,页1228。
② 孔广森:《公羊通义》卷10,页233。
③ 陈立:《公羊义疏》卷62,页2393。
④ 《论语注疏》卷8,页119。
⑤ 崔适:《春秋复始》卷15,页489。
⑥ 崔适:《春秋复始》卷2,页389;卷6,页416;卷15,页489。

世子被杀的证据。《左》昭十一年传:"楚子灭蔡,用隐大子于冈山。申无宇曰:'不祥。五牲不相为用,况用诸侯乎?王必悔之。'"①又,《左》昭十三年传:"余杀人子多矣。"②这是楚灵王死前回忆往事之语,可见蔡世子被"用之"的下场,就是死亡,楚灵王才有"杀人子"之回忆。现行文献似乎没有其他有力的证据足以推翻这方面的叙事。崔适认定"用之"应该"不重于杀之",纯属自以为是的臆断。在他心目中,《左传》实是谤书秽史,但他却举不出《左传》相关叙事如何抄袭改编的证据,言无实据,纯属诬赖。此外,"不重伤""不禽二毛"之说,是宋襄公在泓之战前的表态,与他支持邾文公用鄫子,两者亦无必然的实践关系,崔适以前者否证后者,令人莫名其妙。一个人在某些情境中有高尚的言谈,跟他在其他情境中做了可耻的恶行,为何不能并存?至于宋前废帝和齐废帝不会用人为牲,跟《春秋》"用之"的释义,更是毫无关系可言。想想看,后世有一些坏人不做某种坏事,为何能够否证先前另一些坏人做那种坏事的可能性?可以说,崔适认为世愈后则愈残暴,以此断言宋襄公、楚灵王不可能有"用人为牲",略有基本常识的人,读了也不致轻信这么肤浅的论断吧!分析到最后,崔适无非是认定宋襄公、楚灵王都是经文认可的对象,从而推论二人行事正确。其实,自何休以降,《公羊》对楚灵王固然不乏批判之言,对宋襄公也不见得无可疵议。即使《公羊》对之作出褒扬,也不见得是必须信守的天经地义。钱大昕《潜研堂答问》云:"宋襄公用鄫子,楚灵王用蔡世子,皆特书之,恶其不仁也,且以征二君之强死非不幸也。"③钱氏认为"用"是"不仁",这个观点显然忠于何诂,至少较崔适无节制地维护到底的做法可信得多。

10. "季姬淫泆"的不足信

邾、缯二国为何发生矛盾,此传没有交代,惟一可以确定的是,《穀梁》不认为祸根源自季姬。何诂:"鲁本许嫁季姬于邾娄,季姬淫泆,使鄫子请己而许之,二国交忿,襄公为此盟,欲和解之。既在会间,反为邾娄所欺,执用鄫子,耻辱加于宋无异,故没襄公,使若微者也。"④在何诂以外,《白虎

---

① 《左传正义》卷45,页1289。
② 《左传正义》卷46,页1314。
③ 钱大昕:《潜研堂答问》,载《潜研堂文集》卷7,页84—85。
④ 《公羊注疏》卷11,页239。有关何诂及其阐述,参阅崔适:《春秋复始》卷8,页432—33。

通·嫁娶篇》云:"以《春秋》伯姬卒,时娣季姬更嫁鄫,《春秋》讥之。"①据此,钱大昕进一步发挥说:"此必《公羊》家说。"又云:"盖季姬本伯姬之娣,不欲娣于邾而使鄫子请己为嫡,故季姬归鄫,而二国之交恶始于此。"②认定季姬淫泆导致二国冲突,是极有争议性的说法。原因无他,《公羊》根本没有这方面的叙事。僖九年经:"伯姬卒",《公羊》云:"此未适人,何以卒?许嫁矣。"③其中未尝提及伯姬"许嫁"到何国,也没有描述季姬"淫泆"或"更嫁鄫",更没有说过邾子用鄫子是因为季姬的缘故。换言之,何诂和《白虎通》对季姬的负面描述,在《公羊》找不到半点证据,更不用说《左》《穀》二传了。因为这样,许多研究《春秋》的学者都认为季姬淫泆之论,仅是某些《公羊》学者的私见,不足为据。刘敞《权衡》的批评很有代表性:"委曲附会,非圣人本指也。"④对《穀梁》的认识而言,何休和《白虎通》这方面的说法,基本上是不相干也不必理会的。柯劭忞《传注》云:"何休始造淫通之说,以诬古人。"⑤这是符合《穀梁》的判断,可以信从。

11. 齐桓公与宋襄公

对比齐桓和宋襄二人的政治事业,齐桓是真正令诸侯信服,做到"信其信,仁其仁"的地步;⑥而宋襄公领导下却有盟友施行恶事:邾文公背信执诸侯,是为不信;鄫子惨成牺牲,是为不仁。这些不信与不仁的事件,发生在他的领导下,邾文公却不被问罪,也可以反映齐桓与宋襄的高下有别。总而言之,从《穀梁》的视角来看,此经的批判火力虽集中在邾文公身上,但宋襄公也是责无旁贷的。

12. 小结

鄫子被邾文公用之,是发生在宋襄公在场和领导之下。尽管宋襄公不是直接的施恶者,但在他眼皮下发生这样残忍的事情,自然是责无旁贷。《穀梁》虽未直接批判宋襄公,但也不认为这与他毫无关系。

(九)僖十九年经:"秋,宋人围曹。"

《穀梁》无传。围曹是宋襄公的另一恶行。

---

① 《白虎通疏证》卷10,页481。
② 钱大昕:《潜研堂答问》,载《潜研堂文集》卷7,页97。
③ 《公羊注疏》卷11,页222。
④ 刘敞:《春秋权衡》卷11,页292。
⑤ 柯劭忞:《传注》卷6,页17。
⑥ 参阅本书第四章,页655—56。

1. 宋、曹二国的关系

早在齐桓公晚年，宋襄公曾对曹用兵。僖十五年经："冬，宋人伐曹。"考虑到曹国曾经跟随宋襄公伐齐，又在曹南结盟，可以判断当时曹国没有服从宋国的政治传统，但当时曾经因某种政治考虑而折服于宋襄公之下。

廖平《古义疏》云："宋求诸侯皆在青州朝我之国"，又云："王后所在之州，诸侯亦得事之。"① 然而，在宋襄公的评价上，《穀梁》从未把他定性为"王后"，也不曾主张因"王后"的原因要求别国侍奉宋国，也没有任何证据显示曹国有服从宋国的政治传统。廖平以自己的政治蓝图凌驾于传义，绝不可取。

2. 宋襄公的动机不明

宋襄公为何发动这次战争？不清楚。《左》僖十九年传："讨不服也。"杜注："曹南盟，不修地主之礼故。"② "不服"指的是什么？为何"不服"？《左传》没有进一步解释。杜预的解释于经传无据，跟"不服"也没有明显的关联。

宋襄公是否早在曹南盟时便有攻曹的想法？也无从得知。张自超《宗朱辨义》云："盟曹南时，挟诈怀伪以愚曹，为取曹之谋也。"③ 三传对宋襄公由会盟而攻曹的变化，皆无叙事刻划其中的过程。张氏"愚曹"之论，猜测多于征实。究竟宋襄公真的有"愚曹"之心，抑或政治情势出现剧变？没有材料可以说清楚。多闻阙疑，不在证据出现前勉强解说，似是更加合理。

3. 数渝恶之

宋、曹二国在六月订盟，不足一季，宋襄公便马上变卦对曹国用兵，庄十九年传："数渝，恶之也。"④ 这是《穀梁》对待盟渝的基本立场。宋、曹二国六月结盟，盟未逾时，口血未干，宋襄公便即翻脸发兵围曹，背盟显然，与邾子执缯子一样的失信，自然是需要批判的恶行。柯劭忞《传注》云："盟未逾时；书围，不待贬而义自见。"⑤ 如上所述，《穀梁》在检讨泓之战的成因时，回顾宋襄公各种恶行，其中便提及"围曹"一事，足见《穀梁》虽未发传，

---

① 廖平：《古义疏》卷4，页270—71。
② 《左传正义》卷14，页395。
③ 张自超：《春秋宗朱辨义》卷5，页104。
④ 《穀梁注疏》卷6，页83。
⑤ 柯劭忞：《传注》卷7，页3。

但背盟围曹的罪责,必是落在宋襄公的头上来。

4. 不能无视围曹之恶

经书"围曹",显有贬义。因为褒宋襄的偏见,而无视围曹之误,是不可取的。《公羊》对围国没有批判,也没有数渝的传义,加上褒宋襄的立场,无论是何诂、孔广森《通义》、陈立《义疏》等书,对之皆无正面解释,实有回避不利证据之嫌。刘逢禄《何氏释例》列举盟例、围例也找不到传义可资辩解。①

5. 小结

无论宋襄公出于什么动机,围曹肯定是"数渝"性质,绝对是他的另一恶行。"数渝"实是结盟者不守信用的表现。回顾上文所述,当宋襄公被楚成公捉拿时,诸侯坐视,而且其他国家,如齐、狄、邢等等,都是明显的反宋。可以说,宋襄公一直无法"得众"。参汇前因后果,可以说:

V_3　　不守信导致其人不能得众。

宋襄公的不守信,与齐桓公的"信其信",形成鲜明的对比。有关这个问题上,将在本书第四章续有论述。

(十)僖二十年经:"秋,齐人、狄人盟于邢。"传:"邢为主焉尔。邢小,其为主,何也?其为主乎救齐。"②

僖十八年经没有直接谈及邢人救齐的角色,此经是补述这方面的问题。

1."其"之衍

王引之指出,"其为主乎救齐"的"其",因上句"其为主"的"其"而衍,应该删除。③ 柳兴恩也赞同其说:"增一'其'字,有害于词意,去之是也。"④

2. 盟地之名

《春秋》解释盟会之地,通常仅是指出地名的性质。如隐元年经:"公及郑仪父盟于昧",传:"昧,地名也。"桓元年经:"公及郑伯盟于越",传:"越,盟地之名也。"⑤二传都是解释名字,没有别的意思。相反,"邢"是国名,而

---

① 刘逢禄:《何氏释例》卷7,卷9,页131—33、178—81。
② 《穀梁注疏》卷9,页139。
③ 王引之:《经义述闻》卷25,页1530—31。
④ 柳兴恩:《大义述》卷11,页155。
⑤ 《穀梁注疏》卷1,页4;卷3,页33。

《穀梁》特别交代"邢"是主持人,显示这不是普通地名的说明。全传惟此一例,别无他传释盟地为主。

3. 主乎救齐

齐大邢小,盟会却以邢为主,为什么呢?此传认为原因在于邢主持救齐之事,如此而已。这一判断显然来自僖十八年经"邢人、狄人伐卫"的记载。可以看见,救齐一事,经文不嫌辞费,所以《穀梁》也强调邢跟鲁、狄一样,同样值得记载和表扬。廖平《古义疏》云:"主书者,起功近德远,著之也。"① 前已述及,廖平对"功近而德远"的理解虽然略有偏差,但"邢人"显然是传文歌颂的对象,此"主书"之论,基本上掌握了《穀梁》释盟地为主的观点,大体可信。

4. 小结

救齐之善,不仅鲁、狄而已。经文透过"邢人"作为主盟者,同样褒美邢之救齐。根据《穀梁》的解经意见,对救齐者的褒扬,同样是对宋襄公伐齐的另一种批判。

(十一)僖二十三年经:"春,齐侯伐宋,围闵。"传:"伐国不言围邑;此其言围,何也?不正其以恶报恶也。"②

从以上十则经传可知,宋襄公由伐齐丧以降,恶行累累,但在泓之战惨败后,却惹来曾被伐丧的齐国报复。

1. 伐国不言围邑

《春秋》一般言"伐"不再言"围",除僖二十三年传外,传文发"伐国不言围邑"之问,还有以下4则传文:

> [1]隐五年经:"宋人伐郑,围长葛",传:"久之也。"
>
> [2]僖六年经:"公会齐侯、宋公、陈侯、卫侯、曹伯伐郑,围新城",传:"病郑也,著郑伯之罪也。"
>
> [3]僖二十六年经:"楚人伐宋,围闵",传:"以吾用其师,目其事也,非道用师也。"
>
> [4]襄十二年经:"莒人伐我东鄙,围邰",传:"举重也。取邑不书,

---

① 廖平:《古义疏》卷4,页275。
② 《穀梁注疏》卷9,页142。

围安足书也?"①

综观以上4例,凡是经文兼言"伐""围",《穀梁》发传解释,大概都是一些有待澄清的内情。

2. 不正其以恶报恶

此经先言伐国,再言围邑,《穀梁》认为这是批判齐孝公"以恶报恶"。"以恶报恶"意谓"恶"不仅是齐孝公,还有被伐的宋国。齐孝公趁宋襄公战败之余伐齐,乘人之危,当然是"恶"。问题是,宋襄公不是无可疵议。他的伐齐丧,就是对齐之"恶";他的执滕公和围曹(若连他的盟友邾子也计算在内,还有用鄫子之恶),就是对小国诸侯之"恶"。遭到宋襄公施恶的不仅是齐国,还有其他国家的人。不能否证这一点,就必须承认《穀梁》的解释言之成理。

单就"以恶报恶"而言,宋襄公的"恶"主要是指伐齐丧的罪恶。钟文烝《补注》云:"宋伐齐之丧,是'恶'也;今齐乘胜而报,是'以恶报恶'也。"②《穀梁》不赞成齐孝公伐齐,不是因为宋襄公的"恶"可以谅解和接受,而是因为以"恶"报复宋襄公的"恶"是错误的。宋襄公施恶,是可以批判的,但不能由此推论被他施恶的齐孝公也应该以"恶"来回报宋襄公。

3. "误以为恶"之谬

在这个问题上,《公羊》云:"邑不言围,此其言围何? 疾重故也。"③这仅是批判齐师对宋国造成的伤害,却不审视宋襄公过去给其他国家(尤其是伐齐丧)的伤害,读者难以理解为何齐孝公为何趁着宋师新败这个关键时刻为难宋襄公。相反,《穀梁》"以恶报恶"之论,明确交代了齐孝公出兵的原因,并且把过去伐齐丧诸事连在一起考虑。就事件的因果说明上,《公羊》的解释显然不如《穀梁》完整。

刘逢禄因为排斥《穀梁》的缘故,所以认定齐襄公不是"报恶"。《广废疾》云:"伐齐定乱,宋公无恶文。齐乘败取利,亦非报恶也。误以为恶,何以辨是非? 何以治人?"④要否证《穀梁》"以恶报恶"的主张,必须证明宋襄公没有"恶"。《公羊》对"救齐""狄人""执滕子""围曹"等贬责宋襄公的经

---

① 《穀梁注疏》卷2,页21;卷8,页120;卷9,页146;卷15,页256。
② 钟文烝:《补注》卷11,页321。
③ 《公羊注疏》卷12,页247。
④ 刘逢禄:《公羊后录》卷6,页466。

传,没有比《穀梁》更完整和更有力的说明。经文没有明言齐国内乱的措辞,反而伐齐丧,却是读者一望可知的信息;如上所述,以"宋公"为首,就是披露宋襄公罪责的笔法。《穀梁》认为宋襄伐齐不是"定乱",而是伐丧,完全说得通。刘逢禄"误以为恶"的指责,其实都是自说自话,只能理解为坚持《公羊》而不顾其他反对意见的表态而已,根本不能真正压倒《穀梁》"非伐丧"的主张。诚如柳兴恩所驳,"其为《公羊》一家之言,非《春秋》之旨也。"① 刘逢禄无视对己不利的证据,其说不足服人,于此又得一证。

4."以怨报德"之谬

《左传》虽有宋襄公伐齐以立齐孝公的叙事,但不能以此断言经文批判齐孝公以怨报德。赵鹏飞的观点显然是错误的,《经筌》云:"呜呼!齐孝斯举,可谓以怨报德尔。孝公之得齐,宋故也。甗之战,宋襄为之败齐师,杀无亏,拒鲁却狄以纳之,其德大矣。……噫!人之非人,一至此哉!蛇雀无知,犹将报德,人固如是耶!此乃君子所不齿,而圣人书爵,所以愧之也。"② 认定齐孝公因宋襄公之力而得以登位,主要是根据《左传》叙事的推论。除此以外,赵鹏飞从经文找到的凭据,无非是说僖二十三年的"齐侯"寓有"愧之"的深意,但为何称爵便意味"愧之"? 对此,赵鹏飞没有合理的解说,钟文烝《补注》批判赵鹏飞"似是而非也",③ 是正确的。

《春秋》没有任何经文显示齐孝公如何得位,而《穀梁》也没有因为齐孝公不是嫡子而批判他的得位。柯劭忞《传注》云:"宋公两伐齐,皆为孝公。经恶其伐齐之丧,以孝公非嫡。"④ 柯氏"非嫡"之议,源于《左传》五公子争立的说法,《穀梁》没有这方面的叙事。把伐齐丧与孝公非嫡联系起来,于传无据。

即使承认宋襄公曾经帮助齐孝公,但也不能由此证成齐孝公兴兵伐齐的理由。钟文烝《补注》云:"宋伐齐丧,立孝公,自一人言之,则以立我为德;自一国言之,则以伐丧为恶。'《春秋》贵义而不贵惠',故当以恶论。"⑤ 此"贵义"与"贵惠"之别,是《穀梁》用来批判鲁隐公准备让国的理据。⑥ 然

---

① 柳兴恩:《大义述》卷13,页187。
② 赵鹏飞:《春秋经筌》卷7,页182。
③ 钟文烝:《补注》卷11,页321。
④ 柯劭忞:《传注》卷7,页7。
⑤ 钟文烝:《补注》卷11,页321。
⑥ 这是隐元年传(卷1,页2)的主张,参阅本书第一章,页28—30。

而,这方面的意见,也适用于其他人事。宋伐齐丧肯定不是"义",而齐孝公得立充其量仅是"惠",没有理由因"惠"而认为宋襄伐丧是正确的。因此,齐孝公伐宋,只能理解为"以恶报恶",而非以怨报德。

5. 小结

齐孝公的存在,在很大程度上是一面镜子,反照出宋襄公的各种行为。在很大程度上,他们都是以恶报恶,但同样得不到《穀梁》的好评。宋襄公同样被人施恶,遭到楚成王捉拿和幽禁近半年,差别在于《穀梁》更强调这是咎由自取,他所受的恶不像齐国被伐丧那么无辜。为了对比方便起见,请参阅以下表格:

	宋襄公	齐孝公
自身所蒙受的恶	被执近半年方才获释	其国被伐丧
是否觉得耻辱	有	不清楚
对仇敌所回报的恶	与楚国战于泓	伐宋围缗
效果	失败	成功
评价	过而不改	不正

透过宋襄公和齐孝公的事例,可以看见"报"不是证成发动战争的充足理由,无论是报耻抑或报恶。也许,他们二人都觉得因仇敌带给自己的恶,是难以承受的强烈心理动因(无论是否有耻辱感),但这不保证自己对仇敌回报恶行的做法必有说得通的理由。这意味着:

W_3　自己承受恶行不是对仇敌回报恶行的充足理由。

发动战争不是《穀梁》轻易认可的恶行。从传文对宋襄公和齐孝公的批判,足见他们都是发动了不应该发动的战争,尽管二人成败有异,都同样得不到《穀梁》的认可。对他们的否定,恰好提供了一些单看《公羊》所看不见的独特的思想观点。对他人进行报复,不论是为亲人复仇,抑或为自己报耻或报恶,必须慎之又慎,不是单看自己的良好意图便能使行为变得可允许的(参照 F_3)。

第四节　综合讨论

上述三节的讨论,大致上已清理了《穀梁》对复仇问题的各种见解。现

在是时候进一步综合和剖析传文的思想涵义:

（一）《穀梁》没有把任何一个复仇者（或其他性质的报复者）视为贤者。可是，现在谈及《春秋》复仇之说，流行的认识大体上是偏举《公羊》的主张，以为该传赞美复仇的观点是"《春秋》微辞"。① 甚至有人径自从《公羊》的主张立论，声言："群经诸传之中，但凡言仇，唯主复，绝不许和。"②这些观点都是以偏概全，因为《穀梁》没有歌颂复仇的观点，《公羊》充其量仅是一家之言，不是所有儒者的共识。

二传最显著的差别表现在人物评价的不同。《公羊》认为复九世之仇的齐襄公、献地归顺齐国的纪季，都是贤者；而伍子胥、鲁庄公的臣子为复仇而战，也值得推许。然而，《穀梁》不这么认为。对齐襄公、宋襄公、纪季、伍子胥的负面批评可以反映，无论是背负仇怨而进行复仇，抑或被复仇者接受复仇的结果，皆非保证其人称贤的决定性条件（参照 A_3、B_3、E_3）。在复仇问题上，真要寻找贤者，《穀梁》反而指示读者该注意一些被复仇的人；包括被灭国的纪侯和楚昭王，都是传文称贤的对象（参照 J_1、D_3）。当然，这不是说被复仇是称贤的条件。《穀梁》拿捏分寸相当谨慎，纪伯姬和纪叔姬二人就不是传文推许的贤者，有别于因火灾而死的宋伯姬。她们之所以备载卒葬，是因为两个条件：①她们本来是鲁国公主；②君子隐痛她们亡国的劫难。被复仇与复仇一样，在很大程度上是独立于贤不贤的判断之外。

然而，《公羊》却由复仇推论出齐襄公为贤者，并断言经文寓有"为襄公讳"之意。这是一个极有争议性的观点。问题不在于贤者能不能讳，"为贤者讳过"也是《穀梁》认可的观点。争议在于：如何证成复仇导致称贤的推论？像《公羊》这样高扬复仇之义，无形中是将之当作另一张不可挑战的王牌（让国和死义是另外两张王牌），只要其人贴上复仇的标签，复仇者即使做了极具争议性或极其恶劣的事情，也得到足够的豁免资格而免遭贬抑。相反，因复仇而称贤，不是《穀梁》的主张。无论是对贤者的理解，抑或对复仇的评估，《穀梁》都不会支持这样的判断。③

（二）复仇像让国、死难一样，不见得都是可褒的现象。这是复仇者不被称贤的重要原因，也是阅读《穀梁》应有的基本认知。现在有人举《公羊》

---

① 阮芝生：《从公羊学论〈春秋〉的性质》，页 93。
② 丁耘：《儒家与启蒙》，页 129。
③ 有关这个问题的进一步阐述，参阅本书第四章，页 860—63。

对齐襄公、伍子胥的评论为例,大谈"以'善'为中心而展开的伦理学"。①虽然齐襄公劣迹昭著,但仍有人因为偏爱《公羊》的选择,赞美齐襄公"复仇行动的高尚"。②

从齐襄公等人的表现可见,复仇就是加害,或更准确地说,就是因受害而加害,亦即为了复仇者及其相关人士所承受的痛苦,向仇人施加相应的痛苦。称贤,实已预设贤者有些事情做得正确。为什么向仇人加害就能够推论出复仇者做得正确?尤其是当加害的对象遍及一国的范围,像齐襄公那样灭纪,或伍子胥那样灭楚,为什么是正确的?

正视受害者所承受的伤害,并且批判加害者的罪责,是《穀梁》处理复仇问题时的两个要点(参照 G_3、H_3)。因为齐襄公灭纪,纪伯姬死后得不到纪侯和纪国臣子主持葬礼,而纪叔姬也在纪侯大去八年后方才回到酅邑。经文备载二女的卒葬,就是表示隐痛纪亡的伤怀;她们的不幸,当然可以追溯到制造悲剧的元凶齐襄公头上,因此《穀梁》贬之为"小人",是有根据的。同样,伍子胥伐楚的政治合法性,无非是他建议吴王阖庐支持蔡昭公抵抗楚军,算作支持中原国家的帮助。伍子胥因父兄被杀而受害,充其量是产生他的建言的背景,不能合理化他的复仇。照《穀梁》的判断,这次出兵必须以蔡为主,吴国的正面贡献不宜夸大,所以特地解释经文不言"救"的缘故,而伍子胥和吴军入郢后对楚国的各种肆虐暴行,是"狄道"的表现,显示复仇者残酷地加害于仇人及其相关者的做法,彻底错误。

齐襄公灭纪,是灭同姓之国;伍子胥灭楚,是灭自己及其父兄的故国。正常情况下,灭国是不被允许的,更不要说灭绝的是同姓之国和自己原来所属的故国。为什么因为复仇便能够使灭国的行径变得正确呢?经文记载纪伯姬、纪叔姬和吴入楚等情节,所以任何经传也无法回避这方面的记载,但推崇复仇的考虑,使得《公羊》仅是强调齐襄公葬纪伯姬做得正确。然而,导致纪国灭亡的不幸,不就是齐襄公本人吗?《公羊》不否定灭国以外还有其他复仇的选项,例如放逐纪侯。③ 然而,齐襄公已因灭纪而称贤,

---

① 林义正:《春秋公羊传伦理思维与特质》,页 87、101—04。
② 丁耘《儒家与启蒙》(页 129)这样称许《公羊》复仇的主张:"作为鲁国国史的《春秋》之所以高度肯定鲁仇齐襄公为报九世远祖之仇而灭纪国的行动——须知齐襄公于鲁君有弑父之仇、淫母之辱——就是为了表彰复仇大义。甚至齐襄公的卑劣都无法掩盖他复仇行动的高尚。"
③ 《公羊》庄四年传(卷 6,页 124)云:"此其为可葬奈何?复仇者,非将杀之,逐之也。以为虽遇纪侯之殡,亦将葬之也。"

所以灭国这种严重加害他人的激烈做法肯定也是《公羊》认可的。至于吴军助蔡伐楚的问题，《公羊》基本上不理会蔡昭公的领导作用，反而把事件定性为伍子胥复仇的性质，认可他的复仇做得正确，因此《公羊》虽承认吴军入楚的冲击，但复仇归复仇，入楚归入楚，彷佛这是两个毫不相干的事件似的。

只在乎加害者的个人想法，不理会或淡化受害者的实际痛苦，实际上是一种典型的主观主义（subjectivism）。必须辨析的是，这里的问题不是复仇作为一种想法是否可欲，而是当复仇表现在灭国这种严重的加害性行为时，评估它值不值得做的过程是否需要参考当事人主观判断以外的其他因素。只有行动者的思想态度，哪怕这些态度是他个人认定为符合正确的，也是不够的。高扬复仇正确的思路，却不把复仇的破坏性后果视作复仇者该负的责任，是有问题的（参照 F_3、G_3）。经文既有因复仇而受害的各种记载，像《穀梁》那样揭露纪、楚二国的各种痛苦，便是符合经旨的诠释；若像《公羊》那样避重就轻，始终不把批判的矛盾指向复仇者，无形中只重复仇者的主观心意，而不考虑（也不重视）可能遭到伤害的被复仇者的想法。良好的实践判断应该告诉人们，行动过程应该聆听各方面的意见，不会遗漏它意味什么的谨慎检讨和正确评估。① 《穀梁》同情纪侯、纪伯姬、纪叔姬和纪楚两国的不幸，以此批判齐襄公和以伍子胥为首的吴人的过失，说明它不是主观主义的思路，而是真正注意复仇所带来的潜在灾难的成熟观点。

一项政治措施是否得以证成，往往离不开它可能带来或防止他人的伤害。产生的伤害愈大，愈难证成。② 就政治效益而言，高扬复仇的观点，无

---

① 伦理学家达沃尔这样指出"主观主义"的问题："作为一项道德判断的模型，这使产出太过独立于判断过程的产人之外。当我认为某一杀人行为是恶毒时，我所确认的是不仅是我刚好感到愤慨，而是这一回应之证成是经过某一杀人行为相当于什么（亦即它的产人）的谨慎检讨和正确评估。"参阅 Darwall, *Philosophical Ethics*, p.57.

② 密尔所提出的"伤害原则"，便是著名的一例。《论自由》（页 9—10）云："本文的目的是要力主一条极其简单的原则，使凡属社会以强制和控制方法对付个人之事，不论所用手段是法律惩罚方式下的物质力量，或者公众意见下的道德压力，都要绝对以它为准绳。这条原则就是：人类之所以有理有权可以各别地或者集体地对其中任何分子的行动自由进行干涉，唯一的目的只是自我防卫。这就是说，对于文明群体中的任一成员，所以能够施用一种权力以反其意志而不失为正当，唯一的目的只是要防止对他人的危害。若说为了那人自己的好处，不论是物质上的或者精神上的好处，那不成为充足的理由。"这是认为，任何减少某人自由的证成，必须说明干涉是防止他人伤害所必须的。

非是要带来一些令复仇者满意的结果。这些结果,能不能足以抵消被复仇者所承受的痛苦?如果是的话,为什么?要回答这两个问题,不可能仅有复仇者(以及那些屈从于复仇的人)来包办,还要知道被复仇者(以及那些不愿接受复仇的人)究竟是什么感受。主观主义的思路没有自我的评估与他人的评估两者之间的对照,它提及的答案肯定是不圆满的。当复仇的首要性被视为理所当然的时候,被复仇者的苦难可能被严重低估。《公羊》讨论灭纪一事,纪国人只剩下一个声音,就是入齐献地的纪季。其他不服罪的纪国臣民,他们的真实心声是什么呢?沦为亡国之君的纪侯,又如何了?没有说。彷佛除了因服罪而被称贤的纪季外,其他人和其他情节都是无足轻重的。① 按照"灭其可灭,葬其可葬"的意见,《公羊》告诉读者齐襄公灭纪和葬纪伯姬都是可以的。这个加害于纪国的元凶,不因灭纪的负面影响而遭到任何贬抑(参照 C_3、G_3)。

《穀梁》对待被复仇者的态度,从来也不仅是敌对或负面的否定。② 它的叙事揭露了纪季和纪侯另一种面貌。纪季言"入",宜贬不宜褒。入齐献邑,不仅是背叛君主和国家,而且在根本上屈服和认同加害者,③怎么看也不值得称道(参照 B_3)。至于纪侯,是得到臣民拥戴的"君子"(参照 J_1、D_3),为什么他必须因为二百多年前的仇怨而丧失继续治理国家的厄运?为什么"君子"必须被"小人"欺凌?像纪伯姬和纪叔姬异常的卒葬记载,反映了亡国厄运对她们的冲击。她们遭到如此痛苦,到底是谁加害所致?这是阅读《穀梁》很容易产生的疑问。不妨说,《穀梁》洞察被复仇者的伤害,而这些伤害却是《公羊》没能审视的。齐襄公不能释怀的仇怨,无非是先祖齐哀公被谮而死,言其伤害,就是哀公个人的性命和一些重视哀公的人的

---

① 赫希曼探讨集体生活的特征,认为个人离去将会被人注意,其声音将会被人聆听。参阅 Hirschman, *Exit, Voice and Loyalty*, p. 118. 然而,但如果离场的人的声音不被聆听,那又如何?《公羊》笔下的纪侯和纪国臣下,同样没有反对的支点,因为他们的在场已被刻意抹煞,已不是被读者注意的角色。

② 有关报复性行为如何涉及抹煞复仇对象的负面响应,是参考了霍姆格伦的观点。她说:"承认任何东西的内在价值将必然伴随着一种正面的响应,而非对那一东西敌对或负面的回应。它也将伴随着想看到什么价值得以保留、保护和增进的欲望。"参阅 Holmgren, *Forgiveness and Retribution*, p. 90.

③ 这是有些类似"认同侵犯者"(identification with the aggressor)的现象。安娜·佛洛伊德指出,"认同侵犯者"意指受害者在彻底无力的情况下,可能把自己与可怕的权力泉源融合为一的倾向。参阅 Freud, *The Ego and the Mechanisms of Defense*, pp. 109—121.

心灵创伤(也就是《公羊》所说的"耻"),为什么这些伤害必须纪侯赔上整个国家社稷来偿还?最初导致齐哀公被杀的元凶,无非是二百多年前进谗的纪侯和下令烹杀的周天子,没有证据显示纪国其他臣民参与或拥护这方面的决策,为什么后者要为自己没有直接关联的事件(即谗杀齐哀公)付上亡国的沉重代价?符合比例吗?① 伍子胥策划吴军灭楚,也有类似的问题。他所承受的苦难,因父兄无罪被杀,而灭亡楚国,是合适的做法吗?导致他父兄逝世的元凶,不就是进谗的费无极和误信谗言的楚平王吗?因伍子胥个人的仇恨,把整个楚国连累在内,妥当吗?② 根据《穀梁》的记载,楚昭王流亡能够反省己过,得到父老的拥护,足以说明楚国实无该亡之理。由此可见,《公羊》肯定伍子胥复仇而又说吴"反夷狄",似是前后抵触。相反,《穀梁》对伍子胥复仇毫无嘉许之辞,强调吴援蔡伐楚不是"救"的性质,是谨慎得多的判断,因此它批判吴入郢都的劣行,理路一贯,平情可信。言其所以,实是因为《穀梁》观察复仇战争,更多的是兼顾被复仇者的伤害,不仅是复仇者的主观态度(参照 F_3、G_3)。

(三)必须承认,政治很难预估毫无伤害的出现。问题是,一项预估必有伤害的政治行动,是如何得以证成?它是否具有行动的必要性(necessity)?③ 也就是说,它是否即使出现一些伤害也值得政治人物实践?有人因拥护《公羊》而认为像齐襄公那样的复仇,有助于维护"君臣父子关系主导的伦理秩序",说是"大经大法所在"。④

《穀梁》没有"大经大法"的概念,也没有主张说复仇是维护上述伦理秩序的有效行动。的确,复仇若非纯粹个人的事情(像宋襄公那样就是为自

---

① 借用政治哲学的术语来说,这就是不符合比例性原则(proportionality principle)。比例性原则强调,决策权力与个人持份该有相应的比例性。这个原则在民主理论中的阐述,参阅 Brighouse and Fleurbaey, "Democracy and Proportionality," pp. 138—41.

② 陆粲《子胥论》(载《陆子余集》卷7,页 673—74)批判伍子胥云:"率雠国以伐之,覆国都而迫其君以濒于死,又无礼于亡者,人臣之义,不如是也。"此外,邵宝《学史》(卷1,页 341)云:"孝知有亲而不知有国,卒之毒流宗社,不亦甚哉!然则雠不必复乎?杀无极足矣。"是否只杀费无极便足够,暂且不论,但邵宝和陆粲指出伍子胥为了家仇而祸累整个楚国的错误,都是洞见过人的。

③ 这里所说的"必要性",只是纯粹就行动情境所感知的现实限制而言,有别于逻辑必然性和因果必然性,也不涉及康德哲学意义上的那种规范性,因为二传所理解的行动限制,原则上是没有作为心理力量的那种"义务的规范性"。有关各种必然性的区分,参阅 Korsgaard, Self-constitution: Agency, Identity, and Integrity, pp. 1—13.

④ 丁耘《儒家与启蒙》(页 129)云:"复仇实出于对君臣父子关系主导的伦理秩序的维护,非同小可,实是大经大法所在。"

第三章　复仇与报耻

己而亟欲报复楚国),就是立足于自己与重视的人之间的偏倚性关系。如果受害者不是自己重视的人,例如自己的父亲(像鲁桓公)或先祖(像齐哀公),谈不上复仇的产生。无疑,父子关系的维系,是《榖梁》所重视的,所以传文谴责鲁庄公迎娶哀姜对不起已死的父亲(参照 J₃)。但不能说为了已死的亲人,任何激烈的复仇就因此得以证成其行动的必要性。像伍子胥那样为了父兄之死,把整个楚国视为破坏和侵犯的对象,就是不可欲的。客观地说,真要讨论伍子胥复仇的积极意义,并非他维护秩序,而是对君臣秩序的冲击,因为他的故事显示复仇者可能是多么的可怕,甚有告诫君主不宜侵害臣下的警示作用。① 当然,这不是《公羊》独有的主张。包括《榖梁》在内许多儒家文献,从来不乏对暴君虐政的批判。② 对伍子胥和吴人的评价,《榖梁》其实很有保留;而"反其狄道"的批判,更显示他的复仇绝非正常伦理所能认可的。没有证据显示周礼结构允许行为者单方面的决定就能确保其报复性行为必是可允许的。这也是后代论者倾向接受的立场。事实证明,鲜有儒者把伍子胥当作维护旧有秩序的功臣,更多的是质疑他对楚国的复仇是否正确。③

　　从旧有秩序的维护上说,复仇不可能得到证成。然则,有没有其他说法可以显示复仇的必要性?——换言之,尽管不是最好的办法,但眼前没有比这样做更可行的选项?让复仇者自我把握复仇的权力,是连《公羊》也不敢提出的主张。理由很简单,周礼结构所理解的双向伦理关系,不是任随行动者主观行事的安排。《公羊》只是强调没有"天子"和"方伯"纠正错

---

①　这是董仲舒和司马迁的共同意见。《繁露·灭国上》(卷 8,页 134)云:"伍子胥,一夫之士也,去楚干阖庐,遂得意于吴。所杀者诚是,何可御邪!"《史记·伍子胥列传》(卷 66,页 2654)云:"怨毒之于人甚矣哉! 王者尚不能行于臣下,况同列乎!……"以上两则引文,都是透过伍子胥的故事,警惕君主必须小心谨慎,以免重蹈楚国败亡的悲剧。《公羊》有关伍子胥的讨论实无涉及王者如何行事的见解,董、马之见,或多或少是西汉儒者反抗皇帝一人专制的心理反应。有关这方面的问题,参阅徐复观:《两汉思想史》卷 2,页 295—438;卷 3,页 305—442。

②　例如,成十八年传(卷 14,页 240)解"晋弑其君州蒲"云:"称国以弑其君,君恶甚矣。"便是直接抨击暴君滥杀臣下之恶,而《公羊》对此没有明言。

③　唐初狄仁杰废除江浙间淫祠千七百处,所存仅夏禹、吴太伯、季札、伍子胥四庙(参阅黄永年:《说狄仁杰的奏毁淫祠》,页 58—67)。程颐很坚持狄仁杰的做法,《二程集》(页 296)记载他对弟子云:"当时子胥庙存之亦无谓。"为什么"无谓"呢? 这则语录未说,据陈淳《北溪字义》(下卷,页 64)解释,理由是:"伍子胥可血食于吴,不可血食于楚。"这是批判伍子胥叛楚复仇的做法,也代表着皇帝制度下儒者的普遍心声。

误,导致"缘恩疾"在实践上具有足够的理据。① 然而,有证据说明齐襄公在灭纪前对当时周王和诸侯申诉先祖的仇怨吗?假如没有这样的尝试,凭什么证成复仇的必要性?这不是齐襄公自作主张是什么?② 相反,《穀梁》并不认为对他国发动复仇战争具有任何意义的实践必要性。齐襄公灭纪,不因复九世仇之名而得以合法化。就是伍子胥策划伐楚的吴军,也是透过援蔡而获得参战的合法性。③ 尽管制造仇怨的恶行给当事人耻辱和亟欲回报的渴望,但这不是发动报复的充足理由(参照 T_3、W_3)。从传文对宋襄公、齐孝公的贬抑,已可以说明这一点。

由此可见,《穀梁》不把复仇战争作为唯一可行的选项。传中讲求"量力"之义,在敌强己弱的情况下,不要求政治人物为了复仇不顾胜算蛮干到底(参照 H_3、I_3)。鲁庄公在父亲下葬前后不对齐国开战、在纪国灭亡前没能援救等事情,说不上光彩,但《穀梁》也没有谴责到底,传文的谅解反映了可贵的务实态度。对比之下,《公羊》却相信为复雠而战,即使败死也是光荣的,硬把乾时之战说成鲁国臣下复仇所致。敌人过分强大,现实上极有可能惨败收场,为何还要打这种毫无胜算的战争?打败了不是更丢脸吗?为何反过来认为这种结果是光荣事?比阿Q的"精神胜利法"优越多少?这种不顾代价、只问立场、惟复仇是尚、失败了还感觉良好的进路,其客观效应就是将复仇包装为无比荣耀的美事,而其他选项则变得相对不重要,如此而已。有关乾时之战的定性,问题不在复仇,而是助纠失败的耻辱。这一点,只要不是心存偏见的话,都会觉得《穀梁》比较可信,不认为这场战役因为复仇而值得嘉许。

故意把一些有待慎思的选项,说成具有实践必然性的惟一出路,往往是统治者自我合法化的一个策略。《穀梁》虽不反对复仇,但传文更多的是检讨和批判复仇可能带来的负面影响,尤其是齐襄公、宋襄公、齐孝

---

① 《公羊》庄四年传(卷6,页123)云:"上无天子,下无方伯,缘恩疾可也。"
② 唐文治《十三经提纲》(页111)质疑《公羊》云:"齐襄公时,周上有天子,未闻襄公有一言之质诉;其于诸侯,亦未尝明宣纪侯之罪恶。乃遽谓'上无天子','缘恩疾者可也',其语更失之过激矣。为人臣者皆自为,其弊何所底止?"
③ 伍子胥是否能够复仇,按照《公羊》"缘恩疾"的逻辑,他是应该事先有询问周王而不成,方才有复仇的条件。然而,这是远离经传的构想,没有多少参考意义。孔广森《公羊通义》(卷11,页256)云:"子胥适托忧蔡兴师,得免于恶。"此说实是援《穀》解《公》,因为《公羊》未尝讨论以蔡为主的笔法,也没有"得免于恶"的观点。

公、伍子胥四人所发动的报复性战争，伤害甚巨。善读传文的读者大概不会相信激烈的复仇行动（无论是为亲人，抑或为自己）具有实践必要性，而且很容易联想到历史上以复仇为名的各种灾难，与传中所记述的被复仇者如出一辙。像汉武帝以复仇之名而对匈奴发动血腥战争，①便是许多儒者引为镜鉴的显例。② 追溯源头，很难说《公羊》没有关系，因为《公羊》把齐襄公的复仇说成"事祖祢之心尽矣"，彷彿灭纪是惟一可行的选项（参照 E_3、F_3、G_3）。

但是，齐国吞灭纪国，过程顺利，齐襄公灭纪得到各种利益，在《穀梁》看来，完全是"小人"欺负"君子"，只宜批判，不应歌颂。齐襄公与祭仲一样，都是备受争议性的人物，后世《公羊》学者即使作出各种让步，也不见得改而强调辩护他们的所作所为。那些强调事义分离的说法，更是无办法中的办法，于经传皆无确据。③ 说实在的，强调事实与义理分离的主张，等于认为经传为了阐述某些观点的目的，让一些本不该享有美名的人享有不符实际的美名。孟子云："声闻过情，君子耻之。"④假如齐襄公名不符实也能享有"贤者"之誉，实是"声闻过情"，修《春秋》的"君子"不"耻之"反而誉之，岂非咄咄怪事？无论如何，从《穀梁》的立场上看，这样辩护齐襄的做法不仅是不必要的，而且可能有害的。

（四）如果没有实践必要性可言，那么还有没有其他方法证成复仇的首要性？其中一个值得注意的做法，就是从复仇者的报复心理着眼。的确，报复心理是所有复仇行为的心理基础。然而，它不是证成复仇正确的充足条件或必要条件。复仇者即便自觉所背负的仇怨是不正义的结果，甚至怀着某些合乎情理的耻辱、怨恨和义愤，主观上觉得复仇是应该做的回报性行为，但这也不预先使他们享有免受质疑的超然地位。

---

① 据《史记·匈奴列传》（卷110，页3523）记载，汉武帝匈奴战争便是以《公羊》之说为理据，其诏曰："高皇帝遗朕平城之忧，高后时单于书绝悖逆。昔齐襄公复九世之仇，《春秋》大之。"必须强调，不是所有《公羊》学者都是墨守经义主张无条件的复仇，例如在匈奴问题上，董仲舒就未能跳出"和亲"思路。有关这个问题，参阅陈苏镇：《〈春秋〉与"汉道"》，页248—49。

② 赵汸《春秋师说》（卷下，页293）引述其师黄泽批判《公羊》云："如《春秋》复九世之雠，圣人曷尝有此意？而汉武帝执此一语，遂同西北边祸，及平民殚财事师，流血千里，然则《春秋》果可易言哉？"此言实可反映儒者对汉武借《公羊》而穷兵黩武的反抗心理，甚有参考价值。

③ 事义分离之论，实非《公羊》本义，而是清代《公羊》信徒面对历代儒者质疑而提出的辩护。对这个问题，我已另文辨析，参阅《〈经学通论〉论证》第三章。

④ 《孟子·离娄下》卷8，页222。

关键在于对"耻"的评估。泓之战的成因,是为了宋襄公"复乎之耻"。许多人只记得宋襄公战败的可笑,但往往忘记了《穀梁》独特的分析:这是一场不该开打的战争。宋襄公自顾实力不足,妄图称霸,反遭楚成王捉拿,全是自取其辱。乎之耻,不能成为宋襄公对楚发动报复性战争的充足理由(参照 H_3、T_3)。然而,《公羊》却从"耻"来立论,强调"国君一体","先君之耻"犹如"今君之耻",所以肯定齐襄公复九世之仇的做法。① 只要复仇之国和被复仇之国仍然传承于世,"耻"就不会随时间消逝;于是,"耻"无形中成为一种跨时间的因素,使得事隔二百多年后的复仇者拥有开战灭国的理据。

同样说"耻",《公羊》讲的是偏重于耻辱,是一种能够合理化复仇者加害仇人的心理因素,批判的矛盾主要是指向仇人。相反,《穀梁》所谈的"耻",则涉及一些令当事人惭愧和羞耻的事情。宋襄公之所以承受乎之耻,正好说明他必须好好反省自己以前的罪过。这和不能保存公子纠的鲁庄公被《穀梁》视为"病"一样,都是针砭自己而非他人。"耻"和"病"都是预设做了不当事情的当事人,是经不起检讨和可以责备的(参照 S_3、T_3)。尽管《穀梁》没有交代内心如何凝视那个丢脸的自我,但传文要求像宋襄公这种政治人物的思想反省,其中也不是什么不可思议的心理过程。② 总而言之,《穀梁》所谈的"耻"和"病",在某程度上不尽是传文自阐己见的外在性批判,而是当事人若作自我反省应该可以察觉到的内心感受。

(五)无论是耻辱抑或羞辱,其所衍生出来的复仇行动,无非是复仇者自己想要做的事情。齐襄公想灭纪,因为他相信灭纪是复仇的适当做法;而他这种想法的存在,原则上是独立于灭纪有什么客观理由的检验。借用政治哲学的术语来说,灭纪是他的"欲求"(wants),不是"需求"(needs)。假如灭纪是客观存在的需求,在举证上必须按照它的实际性质来加以解

---

① 《公羊》庄四年传(卷 6,页 123)云:"国君一体也;先君之耻,犹今君之耻也;今君之耻,犹先君之耻也。国君何以为一体?国君以国为体,诸侯世,故国君为一体也。"

② 在心理过程中,羞耻感往往触及对被看见的恐惧。威廉斯透过希腊悲剧文本的分析,指出这一点:"虽然羞耻及其动因总以某种方式涉及他者凝视的观念,但重要的是,在它很多的操作场合中,只要被想象的凝视是来自某一个被想象的他者就行。"参阅 Williams, *Shame and Necessity*, p. 82. 觉得羞耻需要两个自我:一个自我做了不当行为,另一个自我作为裁判的角色,谴责这些行为的错误,并非什么异常心理的深描。现在这方面的研究应用的领域甚多,其中一个是对大屠杀时期受害者自我双重现象(doubling)的分析,参阅 Kraft, *Memory Perceived: Recalling the Holocaust*, pp. 43—45.

释,以真实的理由服人,而不能像《公羊》那样仅从齐襄公个人的心意来解释灭纪的原因。① 灭纪之所以仅是齐襄公个人的意愿,而非他的需求,主要因为二百多年前害死齐哀公的凶手,不仅是纪侯,还有听取谗言而烹杀齐哀公的周天子。纪侯的罪过,在于谮人,而非直接的行凶。② 假如要贯彻复仇的原则,凡是仇人便要报复,那么齐襄公复仇的对象不应该漏了周天子,于是得出这样的推论:

E＝那个杀我先君的人是周天子(亦即 A＝B)。
P＝我想对那个杀了我先君的人复仇。
Q＝我想对周天子复仇。

这里,预设句式 E 为 A＝B(A 和 B 是名词),如果 P 是一个含有 A 的句子,而句子 Q 仅将 P 的 A 替换为 B,那么当 P 和 E 并不导致 Q,句子 P 就是有意图的,或者是描述了一个心理状态。③ 按照春秋时期的政治伦理,天子不能是任何臣民被报复的对象。因此,Q 是不可接受的结论,齐襄公不可能也不应该找周天子复仇。即使是鼓吹复仇的《公羊》也不敢冒犯周王,只是强调不恨周王而怨纪侯的齐襄公灭纪做的正确。④ 为什么不能向天子问责或问罪?《公羊》没有细解。无论如何,周天子这种崇高的政治权威,实非希腊城邦联盟相对平等的政治关系可比。⑤ 在复九世之仇的问题上,复仇肯定是有限制的,E 和 P 不必然导致 Q;这也反映 P 是有"指代晦涩性"(referential opacity)的问题,如何对待"那个杀了我先君的人"已预设一些在实践上不宜指代的对象,没有普遍性可言,至少不能应用在周天子身上。因为

---

① 怀特对"欲求"和"需求"的区分,有这样扼要的剖析:"一个人可以欲求某物,因为他相信它具有特定的性质,而不管它是否真的有这种性质。但是一个人需求某物,只能是因为它实际上具有特定的性质。通过提及我的欲求(wants)来解释我的行动,可能是使用我的理由来解释;通过提及我的需求(needs)来解释我的行动……只可能是通过真实的理由来解释。"参阅 White, *Modal Thinking*, p. 114.
② 这一点,刘敞《春秋权衡》(卷 10,页 277)已经辨析云:"烹哀公者王也,非纪侯也。纪侯有罪,罪在谮人,不在烹人。"
③ Kenny, *Action, Emotion and Will*, p. 198.
④ 龚自珍《春秋决事比答问第五》(载《龚自珍全集》,页 63—64)云:"凡臣民不得仇天子,得仇天子之臣;不得仇天子执法之大臣,得仇天子之谮臣,齐襄公是也。"尽管《公羊》并无明确区分"天子""天子之臣""天子执法之大臣""天子之谮臣"四者,但龚氏此论,大体不谬,亦宜备存。
⑤ 有关这个问题,参阅吕绍纲:《中国古代不存在城邦制度》,载《庚辰存稿》,页 272。

这样，P 充其量仅是一种心理陈述。① 也就是说，想报复"那个杀了我先君的人"，是像齐襄公这种自觉复仇重要的人觉得要做的事情，仅此而已。

要说明一项复仇不是立足于单纯的心理状态，而是复仇者不可或缺的需求，其中的举证就不能限于个人的想法和做法，而是涉及客观情况的说明。② 复仇者需求什么，原则上不依赖于（或不仅依赖于此）他内心有什么想法，而是依赖于他所生活的外在世界究竟是什么。③ 这就要求复仇者不得不认真计算复仇行动可能产生的后果。尤其是伤害的可能出现，直接影响（或排除）了复仇作为行动的选项。理由很简单，要检视 X 是否 A 真正的需求，一个可行的做法就是看 A 若没有 X 是否产生伤害（暂且称为 m）。这就是说，为免受遭到伤害 m 的考虑，是证成 A 需要 X 充足且必要的条件。④ 宽泛地说，也许可以说推动复仇者的"耻"（无论是耻辱义抑或羞耻义），是仇人对复仇者的心理创伤。但须强调，不能把"耻"理解为证成复仇的伤害 m，因为二传没有这方面的理论资源：

1. 二传不曾主张透过复仇从而清除"耻"的存在。"耻"在复仇者思考复仇之前已经出现，是已在历史中出现的东西。不能说复仇之后便没有"耻"。因此，《穀梁》说宋襄公对楚开战是"报其耻"，而非"去其耻"或"雪其耻"，用辞准确到位（参照 T_3）。《公羊》仅是谈论"先君之耻"与"今君之

---

① 怀特也有类似的推理，他的例子是：
E＝那个挡住了我的路的人，是我的儿子（亦即 A＝B）。
P＝我想要杀了这个挡住我的逃路的人。
Q＝我想要杀了我的儿子。
最后怀特下结论说明 P 不是需求而是想要的缘由："如果一个人需求什么，那么不管如何描述，他都需要它。如果一个人为了逃跑需要杀了挡路的人，那么一个人就需要杀了他自己的儿子。"参阅 White, *Modal Thinking*, p. 112.

② 政治哲学家米勒说："想要是一个心理状态，其辨认建立在个人的自白和行为之上……另一方面，需要并不是一种心理状态，而是个人所具有的'客观'情况。"参阅 Miller, *Social Justice*, p. 129.

③ 威金斯云："如果一个人因某物是 F 想要它，他是相信或怀疑它是 F。但是，如果一个人因为某物是 F 而需要它，它必须真正是 F 而不管他是否相信。"参阅 Wiggins, "Claims of Need," *Needs, Values, Truth*, p. 6.

④ 威金斯这么设定需求的定义：
我（绝对地）需求 X
当且仅当
我（工具性地）需求 X 以免受到伤害
当且仅当
事情现实状况是如果我免受伤害就必须拥有 X。
参阅 Wiggins, "Claims of Need," *Needs, Values, Truth*, p. 10.

耻",也没有说过这些"耻"在复仇后消失或归零。根据二传的主张,"耻"不是使 A 做 X 以规避的伤害 m。

2. 在复仇问题上,二传实无"为免受伤害 m 而做 X"的观点。《穀梁》反对为了"报其耻"而"被甲婴胄",不曾认为"报其耻"能免受的伤害少于"被甲婴胄"。《公羊》虽然支持为复仇而战,但从它对齐襄公"师丧分焉,寡人死之"的嘉许,以及它对鲁国臣下乾时战败的歌颂,足见它与《穀梁》一样,都是认为复仇者要准备因复仇而将会得到伤害。换言之,伤害是要被接受,而非避免(参照 G_3)。二传所理解的复仇,不是为了不受伤害 m 而做的 X。

从避免伤害的视角来观察,在复仇问题上真正有这方面的需求的人,主要是被复仇者而非复仇者。有时候,相关的行为主体不一定就是最懂得什么东西是被需求的。[①] 一项不计较复仇代价的思路,是不必顾及复仇可能带来的伤害。更准确地说,二传的"耻"不涉及需求的伤害,充其量是透过加害于仇人而获得另一种有别于伤害的心理满足感;用形式语言来说,这不是伤害 m,而是有别于伤害 m 的心理 k。整个复仇过程,并非"A 为免伤害 m 而做 X",而是"A 针对心理 k 而做 X"。复仇不是需求。与其说复仇是一项需要做的事情,不如说这是复仇者为了某些满足物(satisfiers)而做的事情。[②]

无论如何,仅有"耻"或其他良好的思想意图,乃至某些可理解的心理情结,是无法证成复仇的合法性(参照 F_3)。当复仇仅是一项满足复仇者的行动(而且不见得是他的真实需求),而被复仇者又有免受伤害的真实需求(像纪国、楚国被灭而受伤害的臣民,就很难说没有不被伤害的需求),只要不是偏袒复仇者的立场,就会发现后者比前者更值得认可。因为这样,《穀梁》正面检讨被复仇者的各种伤害,并且直接否证"耻"作为报复的决定

---

① 怀特说:"在白厅的英国政府,可能比我们更好地知道我们的利益是什么。因此,某些人的真正利益并不在其自身想要的或意愿的东西,这种政治意见也就没有什么内在的矛盾。因为现代工业需要一个更大的消费者群体,所以即使我们并不想加入共同市场,但加入共同市场仍是我们的利益所在。"参阅 White, *Modal Thinking*, p. 119.

② 把需要概念化为手段时,大多数需求的现代论述强调逻辑形式的日常工具性需要:A 为了 Y 需要 X。政治哲学家汉米尔顿指出,这种观点容易强化了把所有需求化约为满足其他需求或目标的工具性手段;也就是说,它强化了这一预设:需求是手段,而非目的。参阅 Hamilton, *The Political Philosophy of Needs*, p. 51.

性原因,乃是合乎情理而且政治常识能认可的观点。相反,《公羊》以"耻"显示需要复仇的原因,但其举证始终不能多于复仇者(例如齐襄公、伍子胥等等)渴望的预期(desirous projections)而另外需要更多现实政治的分析(例如纪国在春秋初期继续生存,究竟对齐国有何影响?灭纪的政治得失如何?),从而显示复仇是真正需要做的事情。① 凭什么认为复仇者满足不接受"耻"的心理,比被复仇者(以及其他受复仇连累的人)免受伤害的需要更具重要性?

(六)"耻"既不能让复仇者得以称贤,也不是证成复仇正确的决定性条件。但换个视角来看,假如复仇者由个人转换为群体,要求复仇的不仅是统治者个人而已,而是某一个与统治者具有相同复仇想法的群体,能不能因此加强(或甚至证成)复仇的合法性呢?

《穀梁》虽然表示有些情境下君臣需要共同担负政治罪责(参照 Q_3),但从未说过复仇是群体应该做的事情,《公羊》亦然。应该说,《公羊》原来对"耻"的定性,没有超出复仇者对其遇害的亲人(如齐襄公对其先祖)的偏倚性关系,把齐襄公称为贤者也反映复仇者的"耻"该是个人的事情,无涉于群体。但现代以来却有人循着两个方向将"耻"转换成其他性质的复仇理据:一是将"耻"理解为人之所以为人的基本条件,认为不顾"国之耻"和"亲之耻"就是"身无耻"的表现,这种"无耻"随时月积累下来,就会造成"率天下而为非人"的恶劣影响。② 另一是将"耻"理解为中华民族基本的人格标准,认为中国人受了耻辱,必然试图洗却耻辱、恢复尊严。③ 这样一来,

---

① 这不是说需求与欲望之间毫无交集之处,重点是二者的区别。格里芬说:"需要是欲望的一个子集。它们不是指强烈的、广泛的、中心的欲望。'欲望'是一个包含意图的动词,而需要不是;我需要的,必须是我确实需要的。"参阅 Griffin, *Well Being*, p. 41.
② 陈柱《公羊学哲学(外一种)》(页 69)云:"且人之大耻,孰有大于国亡亲辱者?人无国,何以存?人无亲,何以生?故国与身,一体也;亲与身,一体也。不以国之耻为耻,不以亲之耻为耻,是身无耻也。无耻日多,是率天下而为非人也。《公羊》家有见于此,故发明《春秋》大复雠之义,最为深切。"大概是参考陈氏的缘故,蒋庆《公羊学引论》(页 271—72)提出了相同的说法:"我们知道,人在社会中会遭到各种各样的耻辱,其中最大的耻辱,莫过于国亡亲辱,因为人无国,无以存;人无亲,无此生。国有义于我,亲有恩于我,故国与我不分,亲与我一体。夫如是,国之耻,亲之辱,非我之耻、我之辱,可乎?如人不以国亡亲辱之耻为耻,是无耻之甚,非但其不成为人,并且是率天下而为非人!"
③ 蒋庆《公羊学引论》(页 278—79)云:"中华民族自古就是尚耻的民族,在尚耻精神的陶冶下,中国人把自己的民族尊严与国家声誉看得比自己个体的生命还重,一旦自己的民族和国家遭受到耻辱,中国人就感觉到是自己遭受了耻辱,便痛不欲生,必欲冒万死报仇雪恨,以恢复自己民族的尊严与国家的声誉。"

第三章　复仇与报耻

为耻而复仇,就不仅是复仇者为了受害者所做的事情,而是复仇者能不能继续享有做人和做中国人的资格的重大考验。而且,复仇的主体无形中由君主转换为国家、民族,即使与受害者没有独特关系的陌生人,因为同属一个国家的人,也负有复仇的责任。①

以集体而非个人充当复仇的主体,从做人和做中国人的条件来证成因耻而复仇的正确性,大体上是现代知识分子的主观判断,不符合经传本义。作为某些情绪的正常发泄,也许是可以理解的,②但没有必要相信这是解读《春秋》惟一可信的观点。最低限度,《穀梁》的内容不可能支持这种证成复仇的思路,因为:

1. 全传对"人之所以为人"的界定,仅有"让"和"言"二者,"耻"不是传文用来界定"人"和"中国"的任何条件。不是所有人(或当时所有活在中原国家的人)因某些政治人物的仇怨而必然同样怀有复仇的诉求。

2. 因为"国君一体"的说法,把仇恨上溯至九世、百世以上,不是《穀梁》的观点。对鲁国而言,仇人仅是齐襄公一人而已,其后的齐桓公就不是应该拒绝往来的对象。传文既不反对鲁庄公(乃至后来的鲁僖公)支持齐桓公团结中原诸国的活动,也没有批判齐、鲁在乾时之战后的各种正常的接触,例如王姬归齐过鲁,以及齐高傒结盟,皆没有批判鲁庄公接触仇人。虽然杀父之仇导致鲁庄公娶齐襄公之女为妻,遭到严厉的责备,但这不意味《穀梁》主张把仇人的范围由齐襄公延伸至其他人身上。不让仇恨累及后人,是春秋时代卿大夫基本的见解。③ 过分强调《公羊》所说的"先君之耻"和"今君之耻",是无法理解齐桓公为何是鲁国君主值得支持的政治领袖。《穀梁》没有这方面的问题,因为它从未主张把报复的对象扩大至仇人以外的其他人。

3. 把"耻"和复仇诉求延伸为国家、民族的事情,大概是预设这些群体有些道德共识可以推导出同样拥护复仇的基本需求。然而,这是不可靠的

---

① 曾亦、郭晓东《春秋公羊学史》(页86)云:"国家、民族之间,亦可复雠,且永世不得忘也。"
② 杨树达《春秋大义述》以"荣复雠"和"攘夷"为第一、二篇(页1—27),其中《凡例》(页9)特别解释,这是鉴于近代中、日交战的历史,借《春秋》以表示自己对"倭奴狂狡,陵我中华"的愤慨。这是抗日时期中国知识分子常见的心理表现,但今天中国环境已经大有不同,是否需要怀有这样激昂的政治心理,却成疑问。
③ 《左》文六年传(页19,页515)借臾骈援引《前志》曰:"敌惠敌怨,不在后嗣。"意思是,纵有恩惠和仇怨,也和当事人的后代无关。

进路。① 承认一个国家、民族的人有某些"民族特性",不意味这些民族特性在每个人身上都有同等程度的展现。② 很难想象同一民族、国家的人所具有的民族特性,决定了他们在不同的政治议题上都有相同的判断、推理和结论。民族特性不保证把生活在国家、民族的所有人凝聚为某一领导下的集权单位。至少,这绝非《穀梁》主张的思路。"国君一体"不足以证成复仇战争的开打。确切地说,真正感受"耻"的不是"国",而是"君"。透过泓之战的事例,《穀梁》提醒读者,最在乎和最计较"耻"的不是宋国所有臣民,而是"失民"的宋襄公一人而已。

4. 话说回头,一国之内,君、臣、民的想法纵然各有分歧,并非铁板一块,但不意味绝对不能达至公正而又令所有人都愿意支持的政治决定。前提是,各种不同的情境化认识(situated knowledge)不致在政治过程之前已被排除在外。③ 说到底,那些针对"耻"而复仇的决定,是出于个别统治者的情境化认识。如果复仇要变成一项值得整个民族、国家的人都参与和付出的行动,那必须追问的是,上述的情境化认识如何可以转化为这样一项具有足够合法性的政治行动?假如这是可以做到的事情,那是如何做到的?如果复仇不仅是个别统治者强加给他人的主观意愿,就有必要显示相关的复仇决定是如何得到臣民的接受和认可;借用《穀梁》的话来说,就是构想一下如何做到复仇"上下欲之"的结果。④ 像纪侯这样"大去其国",而"民之从者,四年而后毕",就是"下"同心拥护"上"的结果(参照 J_1)。在复

---

① 格雷对此已有精采的说明:"基本需要的客观性同样是不真实的。需要不可能有任何跨文化的内容,而是随道德传统的不同而变。即使道德传统相互重迭,以至于可以对一系列基本需要达成共识,也没有任何手段可以在基本需要的冲突中决定其高下先后……那些认为这种困境可以通过道德共识来解决的人,是过于自以为是了。他们对这些困难的无知,只能根据他们没能严肃对待我们社会中的道德多样性的现实来解释,或者……他们是将他们自己的传统价值视为权威性。"参阅 Gray, "Classical Liberalism, Positional Goods and the Politicisation of Poverty," pp. 181−82.

② 米勒已经指出:"假设'民族特性'在属于这个民族的每一个人都必然在同等程度上展示出才来的一系列特征,同样是错误的。"参阅 Miller, *On Nationality*, pp. 26−27.

③ 正如政治理论家艾丽斯·杨(Iris Marion Young)所示,政治讨论不必以共同善或共同利益作为参照标准,以此作为绝对的标准而压制各种从特殊情境而来的诉求,是有问题的,"那些在社会中被情境化的利益、建议、主张与经历表达对民主讨论与决策制定而言通常是一种重要的资源。"参阅 Young, *Inclusion and Democracy*, p. 6.

④ 宣十五年传(卷12,页 203)解"宋人及楚人平"云:"平称众,上下欲之也。"这里讨论宋、楚战争和平结束的问题,但因"上"与"下"是《穀梁》对之屡有讨论,而"上下欲之"亦是传文认可的政治结果,所以在复仇问题上不妨将之当作一项可供想象和思考的可能性。

仇问题上,《公羊》只说了在"上"的齐襄公亟欲报复的情境化认识的重要性,但没有类似"民之从"的说法,也没有交代在"下"的臣民在何等程度上支持和接受复仇的做法,更没有解释灭纪是否能算作诉诸所有人、符合各方(暂不理会其他诸侯国家,仅就齐国内部"上"和"下"的人而言)的需求。① 仅有"上"而无"下"的论述,仍然是不免主观主义的牢笼,容易令人质疑齐襄公的复仇实非"上下欲之"的做法。相反,阅读《穀梁》是不可能得出统治者一人说了算的个人专断的结论。宋襄公不顾政治形势对楚报复开战的失败,说明他不可能像纪侯那样获得"民之从"和"上下欲之"。维护和优先考虑有关"耻"的情境化认识,可能转化为强化那些鼓吹报复的人片面而偏执的政治诉求,从而贬抑、压制和抹煞其他意见不一的人,但也不保证报复就是做得正确的事情。② 在用兵的问题上,《穀梁》认为"兴国"和"征无道"才是说得通的理由,而不是"报其耻"。即使宋襄公蒙受的耻辱是在"上"的他自觉不能接受的心理压力,但在"下"的臣民不见得也有相同的想法。无论如何,不能由此推论出他对楚成王报复开战的充足理由。

(七)《穀梁》的独特之处,在于它不仅言"耻",而且言"报"。复仇,说到底就是一种报复性行为。言"耻"不言"报",是不够的。就行为的发生而论,"报"就是以相互性(reciprocity)为前提。跟《公羊》未尝言"报"不同,《穀梁》是正面剖析"报"的问题,而且明确指出"报"的主体可能产生的错误。

有趣的是,这个基本的文献事实很少得到注意。谈论"报",不意味报复必然正确,更不意味报复他人所施加的仇怨必是值得赞同的。尽管《公

---

① 有关需求在修辞上具有诉诸各方的言说效力,菲茨杰拉德已有精采的阐述:"用'需求'的术语作出的指示,看起来不仅仅是一个人的要求,而且是诉诸所有人,而不管他们是否知道它。因而,'需求'的术语看起来使理论家不会把一个人的价值偏好强加给其他人。当需要概念被当成非规范的术语来使用时,关于需要的讨论有了一种科学的语调:它看起来打开了通向客观专业知识的道路。如果一个人在说话的时候就像是一种需要理论已经被经验地建立了起来,那么它给人以科学的印象,在一个科学语言有着巨大的公共权威和声音的社会中,这是特别重要的……"参阅 Fitzgerald, "The Ambiguity and Rhetoric of 'Need'," p. 211.

② 必须强调,这不独是早期中国的政治现象,而在更广泛的范围内也可以得出的相似的佐证。纳斯鲍姆提出了有力的论证,说明在法律政令中使用和鼓吹羞耻,在客观上可能压制或胁迫某些原来不怀有或支持这种羞耻感的群体。这方面的论证虽有忽略权力的作用之嫌,但对羞耻感的检讨却是别具启发意义。参阅 Nussbaum, *Hiding from Humanity: Disgust, Shame and the Law*, pp. 223—79.

羊》"缘恩疾"并非客观需求的解释,不过是一种心理陈述,①但有人认为这就说明通过复仇的方式可以恢复社会中的正义。其中的理据,是认为复仇能够"否定君主统治的合法权威",因为"缘恩疾"这种"自然情感"是"在人类一切价值都毁灭后",可以"成了人类唯一的、最后的价值,成了恢复人类公义的最后希望。"②如是说,对仇人报复就变成捍卫价值、恢复正义的性质。不过,这一进路是有问题的,理由是:

1. 以为复仇是否定君主统治的权威,实非《公羊》的本义。《公羊》不怨周王而向纪侯问罪,而且肯定单伯逆王姬的做法,说明它与《左》《榖》二传一样,同样承认周王的合法权威(应该说,《榖梁》反对单伯受命的观点,在反对盲从权威的立场上说,是比《公羊》更加可取),绝无颠覆君主制的革命思想。把复仇理解为和革命一样,以为复仇能够动摇君主统治所以合法的价值理念,完全是现代知识分子的主观想象。③

2. "一切价值都毁灭"是脱离实际的无病呻吟。春秋时期是一个乱世,但不蕴涵当时"人类一切价值"皆已"毁灭"。齐襄公、伍子胥或其他背负仇怨的人,他们内心纵有放不下的仇怨,也不可能因此造成价值全面毁灭的结果,更不可能因为某些仇怨的发生而导致"缘恩疾"的"自然情感"成为"人类唯一的、最后的价值"。《榖梁》固无此说,《左》《公》二传也不如此主张。例证不待远求,一瞥三传所贤的人和事便够了。

3. 究其性质,报复无论是为自己抑或为他人,不过是一种想要做 X 的欲望;用《榖梁》的话来说,就是"欲"。究竟"欲"值不值得称道,端视 X 是

---

① 政治哲学家盖尔斯敦指出:"如果一个简单陈述句用了一个措辞的表达——一个名词或者一种描述——而这个句子或其反句并不意味着,那种实质性表达必须真的指向某种东西,那么它就是心理陈述。"参阅 Galston, *Justice and the Human Good*, p. 209. 这个观点,可以用来说明"缘恩疾者可也"的属性。

② 蒋庆《公羊学引论》,(页 263)云:"这里所谓缘恩疾自复仇,是认为在天下无道,公权丧失的情况下,个人可以根据恩疾(恩痛)的自然情感复仇。杀人尊亲是毁人之恩使人最悲痛者,故复杀祖杀父之仇就是以人类心灵中自然的恩痛之情作为依据来恢复社会中的公义。这种恩痛之情是人类自然的血缘之情,充溢在人类的心中不能已,在人类一切价值都毁灭后这种'缘恩疾'而产生的情感就成了人类唯一的、最后的价值,成了恢复人类公义的最后希望。"同书(页 275)又云:"在复仇的过程中,复仇者通过以血偿血的方式依凭自己一己的力量来直接地讨伐无道的君主,而否定君主统治的合法权威,来证明人世间永远存在着高于君主统治的公义(关于君主统治所以合法的价值理念)。"

③ 有关《公羊》革命思想的主张,参阅陈柱:《公羊学哲学(外一种)》,页 11—20。

否正确和该做的事情。① 不仅复仇而已，把其他想做的政治行为（例如是否让国、死难等等）也列入 X 的外延，也不可能保证 X 的首要性（参照 A_1、N_2、F_3）。理由很简单，《春秋》三传没有任何文句显示对 X 的"欲"是"人类唯一的、最后的价值"，即使将 X 的"欲"标签为"自然情感"，也不见得具备使 X 优先于其他政治考虑。一个政治人物 P 无法决定自己所统治的国家 A 是否需要 X，除非他知道这个需要是为了什么；但在判断 A 是否需要 X 的问题上，P 不应把自己对 X 的情感偏好影响了问题的判断。简单地说，P 的目的状态，与 A 对 X 的情感（哪怕是所谓"自然情感"），两者不宜相混淆。② 宋襄公的错误，就是误把"报其耻"而非"兴国"和"征无道"作为战争的理由。"报其耻"是他个人的事情，而"兴国"与"征无道"是宋国的事情。《穀梁》从不把任何类型的"自然情感"视为一种压倒正常政治判断的重要价值，是正确的。

4. 说到底，"缘恩疾者可也"的主张在直觉上的吸引力，主要是把复仇的权力交给复仇者自我掌握。与其说它"恢复人类公义的最后希望"，不如说复仇者藉以成为报复仇人的主导者，彷佛不待对其他行动者再作解释，便有证成复仇的充足条件。但要注意，因相互性的考虑而争取得到公平结果的尝试，不保证由此一意愿可以推出复仇行动的正义性和合法性。《穀梁》完全理解复仇者遭受加害和损失的痛苦，但不鼓励仅从复仇者单方面的道德义愤讨论问题。传中对宋襄公的描绘，不仅是遭到楚成王折辱的复仇者，也是屡见恶行的加害者。伐齐丧、执滕公、围曹三事之恶，足见他不是纯粹的受害者。假如贯彻"缘恩疾"的逻辑，宋襄公既该报复，也该被报复；同理，齐孝公也是既该报复，也该被报复。类似的推理结果，不胜枚举。可见，仇人的"恶"，不足以证成复仇的"恶"。昧于反身自责之方，以自己的"恶"报复仇人的"恶"，徒自产生更多的"恶"，实非恢复正义的可靠途径。这就是《穀梁》为什么反对"以恶报恶"，要求像宋襄公这样犯错的统治者自

---

① 就本书研究的范围举证，隐元年传"先君之欲与桓"、桓二年传"督欲弒君"、定四年传"为是欲兴师而伐楚"的"欲"，皆是不该做、不宜做的事情。当然，这不意味"欲"之所指必是贬义，如哀十三年传"夫差未能言冠而欲冠也"，大体上是肯定夫差"欲冠"的想法。参阅《穀梁注疏》卷1，页2；卷3，页34；卷19，页322；卷20，页350。

② 怀特说："是目的状态的存在，而非其价值或可欲性，使得某些东西而被需要。一个得到 99 分的击球手，需要再得 1 分才能得到 100 分，而不管他如何看待获得 100 分的价值。孩子需要理解加法以处理乘法，而不管两者有何价值……一个目的陈述的存在性和可欲性之间的混淆，来自明确说明需要的目的和对它的合法化之间的混淆。"参阅 White, *Modal Thinking*, p. 214.

我反省的缘故。① 面对作恶的人，依凭自己一己的力量来直接地加害于对方，绝非惟一的出路。

（八）"报"绝非称贤的充足条件，由"耻"而"报"的实践结果也不保证其行必善。《穀梁》对宋襄公和齐孝公的批判，结合它对鲁、狄、邢三国救齐的称赞，可以折射出一个很有意思的观点：复仇与否，与可善与否，原则上是两个独立的判断。宋襄公和齐孝公主观上认为自己报复有理，但他们对仇人的战争是错误的；鲁、狄、邢三国援助被伐衰的齐国，对付一个后来与夷狄（楚成王）对决的报复者（宋襄公），经文反而言"救"意味着他们出兵是正确的。② 鲁、狄、邢三国之所以得到褒扬，跟纪侯和楚昭王之所以称贤，是基于以下两个认知：

  ①复仇没有让复仇者称贤，也没有使他们就此占有免受责难的地位；
  ②被复仇者加害的国家不该被侵犯和被消灭。

这里，还有另一个理论问题需要考虑，那就是能不能把复仇理解为一项权利（right），以此作为复仇者加害于仇人的合法理据？的确，有人这样思考，提出复仇权"是个人不可剥夺的与生俱来的自然权利，是人的基本人权"，认为"这一思想正可补西方人权思想之不足"。③ 如是说，对仇人报复彷佛是独立于现实政治的判断，凡是负载仇怨的人都可以享有的东西。不过，以权利证成复仇的进路，是可疑的：

---

① 慈继伟指出怨恨是说明人在不自觉的状况下不愿放弃一些他在自觉状况下愿意放弃的东西，"……怨恨是一种道德化的愤怒，之所以引发它，是自己在互动中感到损失，以及自己感到被强加。可是，正是怨恨这一项关键特征，使这两个原因受到道德考虑而变得无意识的；而透过这些道德考虑，也使自己的愤怒得以疏导。"参阅 Ci, *The Two Faces of Justice*, p. 179.

② 这一对比，是本书根据《公羊》解经意见所发挥的观点。如本书第二章（页244—45）所说，《公羊》认为晋惠公"不言入"是为了预先为晋文公"讳本恶"。可见，《公羊》相信经文对某些值得推崇的人可以预先"讳本恶"。宋襄公后来对楚决战失败，而且肯定和晋文公一样，同样是"美未见乎天下"，按理也是可以预先"讳本恶"。从《公羊》褒宋襄的立场出发，出兵援齐、与宋襄公作对的鲁、狄、邢三国是错误的，对之预作讥评似乎也不见得不可以，但《公羊》对三国救齐实无正面解说，而这个漏洞后来的《公羊》信徒也无法为之辩护。

③ 蒋庆《公羊学引论》（页281）云："……至于具体到某一个人因社会不公遭受怨毒时是否行使复仇权，或者是否放弃复仇权而诉诸法律，则是另一回事情，但这并不影响复仇权是个人不可剥夺的与生俱来的自然权利，是人的基本人权。西方的社会契约论思想与自然法思想未把人的复仇权列为基本人权，剥夺了个人在社会不公时向不义与邪恶寻求报偿的自然权利，这同中国儒家思想相比确实有很大区别。《公羊》家大复仇思想赋予个人在社会不公时享有不可剥夺的复仇权，这一思想正可补西方人权思想之不足。"

第三章 复仇与报耻

1. 西方人权思想是否真的因没有复仇权而"不足",容有争议。但有一点是清楚的,透过权利来辩护复仇的必要性,实已暗含对复仇的认识的重大变化:复仇不再是对政治情境的实践回应,而是一种可以被个人拥有的东西,一种先于政治过程已拥有的所有物,一种政治过程无法左右其兴废的存在。虽然这样的理解已是现代人习以为常的事物,但它绝非放诸四海皆准,至少先秦儒学似乎并没有权利或权利的对应物。① 《穀梁》固然没有这样的权利构想,《左》《公》二传亦然。

2. 退一步来说,暂勿追问以人权辩护复仇的策略是否符合经传本义,就假设它是一个待证明的预设,那么这个预设是否可取呢?其实,强调一项政治行动(包括复仇在内)是属于人权或自然权利之列,跟它是否正确,并无必然关系。像齐襄公、宋襄公和伍子胥诸人的报复战争所表现出来的暴虐、残忍或惨败,就不是值得称道的乱象,至少《穀梁》剖析《春秋》之义,强调的是"不以乱治乱也"。② 可以说,《穀梁》反对"以恶报恶",跟"不以乱治乱"是相通的。由人权而引起的"乱",即使针对的是其他不可欲的"乱",但它仍然是"乱"。

3. 声言每一个人都有某些不可违反的自然权利,往往意味着这些权利是一张张的"王牌",它们不可能以其他政治考虑(例如更大的社会效应)之名而将之压倒。③ 因此,强调复仇是一项权利,客观效应就是拒绝其他政治选项对复仇者决策的影响。可以想象,复仇是否可能为坏人大开方便之门?它是否符合程序正义?它是否可能带来重大的伤害?它是否算是一项真正的需求?它能不能得到各方政治力量的认可?它是否可能没有恢复正义反而增加"恶"的出现?……上述这一切的疑问,在权利的映照下,似乎变得相对的不重要。这样高举复仇权的论述,在多大程度上是可以证成的?至少从《穀梁》的视角出发,复仇即使加上权利的包装,也不能保证它能推翻或压倒其他政治考虑,因为复仇不可能是复仇者个人说了算的事情。传文对"报其耻"和"以恶报恶"的批判,已经充分指示这一点(参照 T_3、W_3)。

---

① 笔者曾经针对陈乔见、白彤东的作品作出商榷,反对以权利观念作为透镜来解读先秦儒家文本的做法,参阅拙著:《儒家的权利观念?》,页 77—84。
② 这是昭四年传(卷 17,页 280)的主张,相关问题的讨论,参阅本书第四章,页 795—96。
③ Geuss, *History and Illusion in Politics*, p. 147.

（九）必须强调的是，批判一些激烈的复仇行动的破坏性后果，不意味有仇不报和放弃仇怨。《穀梁》对"释怨"错误的强调，较之《公羊》有过之而无不及。《公羊》仅是批判鲁庄公与齐襄公共同冬狩，《穀梁》却不止于此，还批判单伯受周王命而逆王姬，批判公子溺与齐师连手伐齐，批判哀姜入鲁为夫人的过错，说明敌我不分是绝对不能接受的错误，必须再三检讨（参照 J_3）。无法立即复仇，既不能由此推论出不该复仇的结论，也不能由此推论出释怨亲雠的做法。警惕自己与仇人的敌对关系，是一条不该撤离的底线。鲁国君臣亲齐之所以该被批判，是从这一意义上讲。真正屈服仇人的加害，是剥夺受害者耻辱和反抗的记忆。① 《穀梁》再三强调复仇前不能"释怨"的要求，就是拒绝在心理上折服于雠的表现；反倒是《公羊》赞美纪季"服罪"的主张，其实很容易鼓励受害者放弃怨恨和接受悲惨的现实（参照 B_3）。

《穀梁》不歌颂复九世之仇的齐襄公，不欣赏伍子胥对楚国的残忍，不像《公羊》那样把乾时之战理解为复仇之战而予以肯定，都有言而可信的理由。无论如何，把《公羊》解读为拥护复仇、把《穀梁》否定复仇，是过分简单的认识。② 更准确的描述，应该是《公羊》偏重复仇者主观的想法，相对忽略或甚至不注意被复仇者的感受；而《穀梁》则注意被复仇者的痛苦，不认为复仇者渴望报复雪耻的立场必然可取。复仇与其他政治考虑一样，不是仅有"复仇必对"和"复仇必错"两个貌似背反的答案。在这两个选项以外，背负仇怨的人完全可以因应各自的情境而进行其他合乎情理的行动。强调复仇前不该释怨，不意味立即复仇必是正确的做法。因为各种现实限制而复不了仇，与不顾灾难性影响而径自进行报复行动，《穀梁》在两者的选择中，大概是偏向前者而非后者。说到底，复仇的成败得失，牵涉到各种各样的其他考虑，不能先于政治过程而预作论定。不打赢不了的仗，为何不可以？不让自己的激情左右自己对复仇行动的决定，为何不可以？仅把报复的对象针对仇人，不牵连到其他人，为何不可以？不因自己的冤仇而肆

---

① 政治心理学家阿尔福研究纳粹大屠杀的心理创伤的观察，有一些启发性的观点；参阅 Alford, *After the Holocaust*, p. 108.

② 吴涛《"术""学"纷争下的西汉〈春秋〉学》（页 174）云："《穀梁》对统治秩序的维护还体现在它对复仇的否定上。"如本章所述，吴氏"对统治秩序的维护"之说，言无实据；而"对复仇的否定"，更是因为偏信《公羊》而曲解《穀梁》传义，有论无据。

意加害仇人及其相关的人(例如仇人的子孙及其国的百姓),为何不可以?[①]

政治世界能让人自由选择的空间,其实相当有限。[②] 不是只有把自己认为最理想的做法予以实践,才是正确的做法。一些自己不情愿做的事情,也不得不做。如果要贯彻《穀梁》的理念,真能复仇固是美事,但不能做到也没有办法,毕竟齐襄公死后,鲁庄公还有其他事情需要他来做,没有必要继续沿用报复的逻辑来评断以后的是非。因此,《穀梁》谴责鲁庄公无法保护公子纠以致其死,是贴近政治事实的判断,至少比《公羊》那样刻意把乾时之战的复仇者说成鲁国臣下要可信得多(参照 H_3、S_3)。还有,鲁国本来不应主持王姬的婚事,但这显然不是简单的赞成或反对便能了事。所以《穀梁》一方面强调不受命之义,另一方面又肯定建筑在外的灵活处理(参照 K_3、L_3、M_3)。这些意见说明仇怨的出现,涉及其他现实事件的考虑;相关行为的是非对错,需要紧扣情境而定。

(十)为了澄清《穀梁》对复仇的定性,以下将提出三个问题,考察传文对之可能提出的回答:

1. 复仇是一项行动吗? 是的。跟让国一样,复仇是一种有意识的行动。齐襄公以复九世之仇的名命灭绝纪国,就是货真价实的军事行动。不仅复仇,不复仇或其他应对仇人及其相关人物的做法也是行动。经过当事人选择的复仇行动,跟其他报复性的政治行动一样,都是发生在政治环境中,无法超出政治过程的限制。

2. 复仇是一项美德吗? 不是。在传中,复仇者不一定是好人,被复仇者不一定是坏人。仇怨的出现,不蕴涵是非正邪的归属。因复仇而激烈地加害他人,充其量是为自己或为自己重视的人做了认为心安的事情。称贤可以有许多理由,但跟复仇或被复仇没有必然的关系。复仇作为一种报复性行为,不是保证行为者必然正确的美德,因复仇而称贤是说不通的。从

---

① 朱熹的观点很值得参考。据《朱子语类》(卷133,页3198—99)记载,当学生询问:"如本朝夷狄之祸,虽百世复之可也。"他的答复是:"这事难说。"当学生再问他:"但不能杀房主耳。若而今捉得房人来杀之,少报父祖之怨,岂不快意?"他云:"固是好,只是已不干他事,自是他祖父事。你若捉得他父祖来杀,岂不快人意!而今是他子孙,干他甚事?"朱熹绝非反对复仇,他曾希望宋孝宗即位复国是锐意雪耻(参阅余英时《朱熹的历史世界》,页268—89、330—86),但他察觉到复仇的潜在灾难,无疑比许多受《公羊》影响而大唱高调的儒者,显得更有识见。

② 这是因为政治发展的集体性质,使它比经济市场更容易受制于"路径依赖"的缘故,参阅 Pierson, *Politics in Time*, pp. 31—41. 此书我已翻译出版,参阅皮尔逊:《时间中的政治》,页36—48。

《榖梁》对齐襄公、宋襄公、伍子胥等人的批判，很难说复仇者展示出值得标榜的美德典范。

3.复仇是一项理想性价值吗？不是。没有仇怨的人，也就谈不上复仇的想法和做法，当然也不会觉得复仇是一项正面拥护的价值。即使有了仇恨，复仇也不一定是相关的人的需要，更多的是他自己渴求实践的事情。尽管复仇不一定表现为大杀伤性的加害行为，但不能否定它可能是增加（而非减少或预防）伤害。它不可能像仁义、忠信、勇敢等德目一样，是其他人也会衷心拥护的理想性价值。据《榖梁》的意见，要判断复仇者和复仇行为是否正确，始终离不开现实条件的限制。在复仇问题上，己方如何想法，无论从个人欲求或群体态度上说，还是从正义诉求或自然权利上说，都是无法先于政治过程而能够证成单方面加害仇人的首要性。

第四章 "贤"的指谓与条件

以上三章有关辞让、死难和复仇的讨论，已显示这三种行动如何不是决定一个人成为贤者的充足条件或必要条件，同时也指出某些人（例如季札、馀眛、宋伯姬、纪侯、楚昭王等）为何不是因为这些行动而称贤。细读《穀梁》可以发现，称贤的判断及其原因，可能比想象中更为复杂和更富多样性。什么人可以算是贤者？什么人不算？"贤"有什么条件？贤者是否行为必然正确？假如不是，他们的行为在多大程度上可以辩护和隐讳？

以下四节，首先介绍卫宣公、齐桓公、刘卷三人的事例，说明"得众""贤"和"不正"的问题；然后是剖析公弟叔肸、公子友和楚灵王的问题，指出"通恩"如何作为称贤的另一个条件；接着探讨曹羁、潞子婴儿、叔仲惠伯、公子意恢四个案例，指出《穀梁》称其贤而不详其事，最后是总结本章和先前三章有关"贤"的观点，检讨《穀梁》所理解的"贤"有什么内涵。

第一节 贤与得众

《穀梁》对"贤"的讨论，往往离不开"得众"这个重要条件。宋伯姬、纪侯、楚昭王三人之所以称贤，在很大程度上就是因为他们在生前或死后皆能"得众"。本节将会进一步列举卫宣公、齐桓公、刘卷这三个因"得众"而"贤"的例子，他们之所以值得观察，是因为他们在经中都有"不正"或不符合政治常规的表现。透过解读他们的事例，可以进一步理解《穀梁》对"得众"和"贤"的观点。

一、卫宣公

卫宣公是卫庄公的庶子。他在祝吁之乱后继位，溯本求源，不得不从祝吁弑君之事说起。有关祝吁和卫宣公的经文，共有6则：

（一）隐四年经："戊申，卫祝吁弑其君完。"传："大夫弑其君，以国氏者，嫌也,弑而代之也。"①

这是卫国内乱的第一则记录,也是《春秋》第一则弑君的记载。

1. 祝吁＝州吁

"卫"是国名,"完"是卫桓公之名。"祝吁",《左传》《公羊》《诗经》三书皆作"州吁"。武亿认为"州"与"祝"二字"古音通",②其言可从。

2. 国氏≠公子

庄八年经:"齐无知弑其君诸儿",传:"大夫弑其君"。③ 此"大夫"即经文的"无知",可见无知弑君,亦被称作"大夫"。祝吁与弑齐襄公的无知一样,《穀梁》称之为"大夫"。廖平《古义疏》云:"大夫指公子、公孙。"④本章下文将说明,意恢"言公子而不言大夫",就被《穀梁》视为贤意恢的决定性证据。"大夫"有别于"公子"和"公孙",两者不能混为一谈。尽管祝吁和无知二人都是公族,但称"大夫"不蕴涵"公子"或"公孙",《穀梁》亦无这一种主张。廖疏错谬,不能曲信。

尽管祝吁和无知同样出身公族,但《穀梁》却把他们当作"大夫"而非"公子"或"公孙",为什么呢？庄二十二年经:"陈人杀其公子禦寇",传:"言公子而不言大夫,公子未命为大夫也。其曰公子,何也？公子之重视大夫,命以执公子。"⑤由禦寇因"未命为大夫"而称"公子",可以反向推出"大夫"蕴涵"命为大夫"。也就是说,鲁国以外的政治人物而视作"大夫"者,实是已任命为大夫,不是纯粹的"公子"。卫国是姬姓大国,不像"无大夫"的莒国。祝吁之所以作为"大夫",该是因为他已被命为大夫,不是"未命为大夫"的"公子"。

3. 国氏≠不称"公子"

这里辨析"国氏"不蕴涵"公子",不意味"国氏"等同不称"公子"。在这个问题上,程颐和胡安国的理解都有问题。程颐《春秋传》云:"大义既明于初矣,其后弑立者,则皆以属称,或见其以亲而宠之太过,任之太重,以至于乱。"⑥胡传:"此卫公子州吁也,而削其属籍,特以国氏者,罪庄公不待之以

---

① 《穀梁注疏》卷2,页17。
② 武亿:《群经义证》卷6,页187。
③ 《穀梁注疏》卷5,页73。
④ 廖平:《古义疏》卷1,页33。
⑤ 《穀梁注疏》卷6,页85。
⑥ 程颐:《春秋传》,页1092。

公子之道,使预闻政事,主兵权而当国也。"①认定卫庄公教养祝吁不当,给他主握兵权,不是正视"国氏"的笔法,而是质询祝吁为何不称"公子",把祝吁理解为相当于公子翚的情况。然而,不称"公子"的公子翚在隐四年经称"翚",而非国氏的笔法。同样国氏的公子无知,却是没有掌握兵权,也没有证据显示无知像祝吁那样得宠掌兵,难说其中寓有批判其父之意。程、胡之说,都是因《左传》叙事而发挥政论,②非经文的达诂。

4. 嫌

以国为氏,按照《穀梁》的解释,有两种不同的解释:

①"卑者以国氏",意谓弑君者是"卑者";

②"嫌",意谓嫌疑;其人因近似于正式继位的君主,故有"嫌"的定性。③ 试看以下 2 例:

> [1]文十四年经:"齐公子商人弑其君舍",传:"商人其不以国氏,何也?不以嫌代嫌也。"

> [2]昭十三年经:"楚公子弃疾杀公子比",传:"楚公子弃疾杀公子比,比不嫌也。《春秋》不以嫌代嫌,弃疾主其事,故嫌也。"④

例[1]的商人和例[2]的弃疾因为不是国氏,《穀梁》另作解释,指出"不以嫌代嫌"的问题。相反,有了国氏,像祝吁、无知这样弑君逆贼,都是有"嫌"。

5. "嫌"≠当国≠当国之嫌

《穀梁》对"嫌"的解释有二:

①"弑而代之",如祝吁、无知之例;

②"以不正入虚国",如齐桓公之例。⑤

二者俱是政治人物自立夺位的情况,但不能简单地说是"当国"。

《穀梁》的"嫌"与《公羊》的"当国",是两个不尽相同的概念。然而,范宁把"嫌"解作"当国之嫌",⑥已嫌含混。钟文烝沿承其说,《补注》云:"凡

---

① 胡安国:《春秋胡氏传》卷 2,页 16—17。
② 参阅本书第一章,页 48—50。
③ 参阅本书第二章,页 180。
④ 《穀梁注疏》卷 11,页 180;卷 17,页 293。
⑤ 参阅本书第一章(页 140—47)和本章(页 673—76)的讨论。
⑥ 《穀梁注疏》卷 18,页 302。

传言'嫌'者,犹《公羊》言'当国'。"①无疑,"嫌"与"当国"都是指代自立夺位的人,但不代表二者毫无区别。隐元年经:"郑伯克段于鄢",《公羊》云:"何以不称弟?当国也。"②此"当国"的"当",意谓相当、对等。《礼记·王制》云:"次国之上卿,位当大国之中,中当其下,下当其上大夫。"③此三个"当"字,都是相当义。"当国"意谓相当于国。《穀梁》并不强调其人是否具有"当国"的政治实力,更讲究的是国氏称名的"嫌"。这个差别,也导致《公羊》视"段"为"当国",而《穀梁》却不称之为"嫌"。④ 这是不容忽略的差异。《公羊》隐七年传:"《春秋》贵贱不嫌同号,美恶不嫌同辞。"⑤贵贱美恶纵有差别,但不妨措辞相同。然而,《穀梁》对"嫌"的认识,就是要鉴别嫌疑,避免混淆,借用《太史公自序》的说法,就是"别嫌疑",⑥否则就不会提出"不以嫌代嫌"的观点。因此"嫌"与"当国"二者,大同中仍有小异。

明乎此,祝吁的"嫌"是篡夺君位的嫌疑,因"弑而代之"而起,不能将之理解为"当国之嫌"。周何译祝吁和王猛的"嫌也"为"此人权重势大,近似于国君,有当国之嫌",⑦大概沿袭了范注以来的错误。"嫌"与"当国"同中有异,不宜混为一谈。相比之下,徐正英、邹皓解"嫌"为"篡夺君位的嫌疑",⑧庶几近之。

6."弑而代之"不是"为君"的想法

"弑而代之"是已经付诸行动,不是说当事人想要成为国君或类似的想法。以下有两个错误的说法:

(1)廖平《古义疏》云:"失子弟之道,欲当国为君,故如志而氏国。"⑨此"失子弟之道"是比照公子段而言。隐元年经:"郑伯克段于鄢",传:"段,弟也,而弗谓弟;公子也,而弗谓公子,贬之也。段失子弟之道矣,贱段而甚郑伯也。"⑩同样是"失子弟之道","段"上无"郑",不是"国氏"的笔法。此外,

---

① 钟文烝:《补注》卷1,页36。
② 《公羊注疏》卷1,页17。
③ 《礼记正义》卷11,页337—38。
④ 《穀梁注疏》卷1,页4—5。
⑤ 《公羊注疏》卷3,页55。
⑥ 《史记》卷130,页4003。
⑦ 周何:《新译》上册,页30;下册,页1019。
⑧ 徐正英、邹皓:《全译》,页24。
⑨ 廖平:《古义疏》卷1,页33。
⑩ 《穀梁注疏》卷1,页4。

"欲当国为君"之说,于传无征。《公羊》云:"何以不称弟?当国也。"何诂:"欲当国为之君。"① 何休"欲当国"之解,是把"当"理解为执掌义,代价是不得不增"欲"和"为之君"而强作解读。廖氏"欲当国为君"之说,显然暗袭何诂,因而强调其人意图夺位的想法。然而,《穀梁》对"嫌"的解释,不曾触及其人的"欲",有别于廖疏所言。

(2)与廖疏一样,柯劭忞也有类似的观点,《传注》云:"犹言已有君,又有欲为君者。"② 此"欲为君"与"欲当国为君"一样,亦非传义所蕴涵的内容。

7. 卫人

《穀梁》称"嫌"共8人,除祝吁外,《穀梁》称嫌者还有7人,即齐公子无知、齐桓公小白、齐懿公(公子商人)、齐君舍、楚平王弃疾、王猛、王子朝,皆有自立登位之事。他们的统治合法性都有疑问,但经文往往以君主的称呼来记载这些人。祝吁也不例外,隐四年经:"宋公、陈侯、蔡人、卫人伐郑"和"秋,翚帅师会宋公、陈侯、蔡人、卫人伐郑",据"曰人贬之"的传义来解读这两则经文,把两个"卫人"的称呼理解为祝吁本人,未尝不可。廖平就是这样的想法,故《古义疏》云:"卫人,祝吁也。人者,贬之。"③ 此解可通。

8. 日弑

此经记载弑君之日。按照《穀梁》的理解,弑君书日,大多是"正"。此经记载卫桓公的死亡日期,显示他也是"正",没有合法性的疑问。④

不能认为日期蕴涵卫国臣子向天子诸侯求救之意。何诂:"日者,从外赴辞,以贼闻例。"徐疏:"言从外赴辞者,谓其君被弑,此君之臣即以其日赴于天子诸侯,望天子诸侯早来救已,是以《春秋》悉皆书日。"⑤ 以上解释尚待斟酌。《公羊》既不解释弑文书日的原因,亦无"从外赴辞"的观点,除隐四年经外,何休也没有其他事例证成其说。究其实,何休对弑君日不日的问题,亦无完整的主张,基本上是随文解释,例如襄三十年经:"四月,蔡世子般弑其君固",何诂:"不日者,深为中国隐痛有子弑父之祸,故不忍言其日。"⑥ 这里对"不日"的解释,就没有紧扣"从外赴辞"立说。徐疏另创藉书

---

① 《公羊注疏》卷1,页17。
② 柯劭忞:《传注》卷1,页9。
③ 廖平:《古义疏》卷1,页33。
④ 参阅本书第二章,页182—84、231—32。
⑤ 《公羊注疏》卷2,页42。
⑥ 《公羊注疏》卷21,页467。

日向天子诸侯求救的观点,亦非《公羊》和何诂的本义。

大概因为这个缘故,刘逢禄《何氏释例》列举"弑例日"之例,没有抄录何诂和徐疏这方面的解释。① 陈立《义疏》更摒弃徐疏:"合书则书,而言从外赴辞者,不合书则不书者,皆从外赴,缘卒日不得辄改也。"② 可见,徐疏对"从外赴辞"的辩护,算不上成功,即使《公羊》学者也不见得能够接受其说。同样,崔适《复始》云:"《春秋》书弑,亦有从赴者,有不从赴者。"又云:"《春秋》不书卒而书弑,则不从赴可知也。"③ 崔适没有正面讨论"望天子诸侯早来救己",大概他也知何、徐之说不尽可信,所以避重就轻不予深谈。

9.《左传》叙事的可兼容性

《左传》追述卫桓公登位前的往事,指出其父卫庄公娶庄姜,因无子而以其娣厉妫之子为己子,是为卫桓公;④ 而祝吁则是嬖人之子,深得卫庄公的宠爱。石碏尝试进谏曰:"臣闻爱子,教之以义方,弗纳于邪。骄、奢、淫、泆,所自邪也。四者之来,宠禄过也。将立州吁,乃定之矣。若犹未也,阶之为祸。夫宠而不骄,骄而能降,降而不憾,憾而能眕者,鲜矣。且夫贱妨贵,少陵长,远间亲,新间旧,小加大,淫破义,所谓六逆也。君义,臣行,父慈,子孝,兄爱,弟敬,所谓六顺也。去顺效逆,所以速祸也。君人者,将祸是务去,而速之,无乃不可乎!"⑤ 这里所说的"六逆"和"六顺"之对比,是春秋时期流行的思想观念,反映周礼结构下重视双向伦理的行为实践。⑥ 可惜,石碏的谏言得不到接纳,但他的言论基本上印证《穀梁》以卫桓公为"正",而祝吁为"嫌"的判断。

附带一提,《左传》有关卫国内乱的叙事,先是从"卫庄公娶于齐东宫得臣之妹"说起,接着说"又娶于陈"和"其娣戴妫生桓公",然后记载公子州吁

---

① 刘逢禄:《何氏释例》卷2,页37—38。
② 陈立:《公羊义疏》卷6,页214。
③ 崔适:《春秋复始》卷22,页534。
④ 《左》隐三年传:"卫庄公娶于齐东宫得臣之妹,曰庄姜。美而无子,卫人所为赋'硕人'也。又娶于陈,曰厉妫。生孝伯,早死。其娣戴妫,生桓公,庄姜以为己子。"参阅《左传正义》卷3,页79—80。这里的"硕人",许多点校者皆记以书名号,其实"硕人"是指《考槃篇》,而非《硕人篇》。有关的辨析,参阅于鬯:《香草校书》卷37,页741—42。
⑤ 《左传正义》卷3,页80—81。
⑥ 有关这方面的思想内容,参阅柳宗元:《六逆论》,载《柳宗元集》卷3,页95。杨慎:《柳子六逆论》,载《升庵集》卷52,页449—50。惠栋:《春秋左传补注》卷1,页123。有关周礼结构的特征,参阅李若晖:《久旷大仪:汉代儒学政制研究》,页一。

第四章 "贤"的指谓与条件

诞生和石碏进谏。① 显然,不可能一年之内同时出现卫庄公娶妻、生子、州吁长大成人、石碏进谏诸事,这些都是忆述之文,虽系于隐三年,但都是发生在更早的时间。可是,陈壁生不知所以,竟然误认卫桓公之立、石碏之谏都是发生在隐三年的事情:"鲁隐公三年,卫国庄公在位,已立戴妫之子为继承人——即后来的卫桓公。同时……老臣石碏谏庄公曰……"②春秋以前,卫庄公早已死去,桓公也登位多时。马骕《绎史》云:"卫桓公之立,在春秋以前,周平王三十七年,至是十五年矣。"③杨伯峻亦有相同说法,④只要查找相关材料便即了然。陈壁生没有查证史事的来龙去脉,误读明显,难辞粗疏之咎。

10. 小结

卫宣公得以继位,其政治背景是前任君主卫庄公惨遭祝吁杀害。祝吁是实实在在的"弑而代之";而当时经文的"卫人"就是他,不是别人。这是卫宣公在客观上不可能从前任君主受命的主要原因。

(二)隐四年经:"九月,卫人杀祝吁于濮。"传:"称人以杀,杀有罪也。祝吁之挈,失嫌也。其月,谨之也。于濮者,讥失贼也。"⑤

经过七个月的折腾,篡位自立的僭主祝吁终于伏诛。其中,涉及石碏的一些问题需要别异明微。

1. 称人以杀

"卫人"的"人"是众辞。根据"称人以杀"的传例,凡是记载杀人者为某国之"人",被杀者必是有罪。⑥ 祝吁弑君有罪,不待赘言。但要强调的是,"称人以杀"的对象也不一定都是弑君逆贼。这一点,是《穀梁》有别于《公羊》的地方。且看《公羊》对"讨贼之辞"的解说:

[1]《公羊》隐四年传:"其称人何?<u>讨贼之辞</u>也。"

[2]僖十年经:"晋杀其大夫里克",《公羊》云:"里克弑二君,则曷为不以<u>讨贼之辞</u>言之?惠公之大夫也。"⑦

---

① 《左传正义》卷3,页79—81。
② 陈壁生:《经学、制度与生活》,页212。
③ 马骕:《绎史》卷33,页906。
④ 杨伯峻:《春秋左传注》第1册,页33。
⑤ 《穀梁注疏》卷2,页18。
⑥ 这一传例的要旨,参阅本书第二章,页250—52。
⑦ 《公羊注疏》卷2,页44;卷11,页226。

从例［1］和例［2］两个解释可知，"讨贼之辞"就是讨伐弑君逆贼的措辞；但称人以杀，其对象不一定都是负有弑君之罪，如本书所举的12例显示，包括士縠及箕郑父等诸多例子皆非如此。① 这也反映《穀梁》"杀有罪"所涵盖的内容，比《公羊》"讨贼之辞"更大，也更符合经义。

2. 杀有罪

《穀梁》称"有罪"者，不必都是弑君。范注："有弑君之罪者，则举国之人皆欲杀之。"② 这是特指祝吁而言，不是"称人以杀，杀有罪也"的达诂。范宁的解释，似有暗袭《公羊》之嫌。其实，二传对"有罪"的解释是不同的。僖二十八年经："公子买戍卫，不卒戍，刺之"，传："先名后刺，杀有罪也。"③ 公子买不是逆贼，但是"有罪"。可见，《穀梁》的"有罪"不一定因为弑君。

3. "挈"与"失嫌"

"挈"意谓举出。④ "祝吁之挈"，意谓举出"祝吁"之名。范注："不书氏族，提挈其名而道之，则挈为单挈，不具足之辞。"⑤ 此经对祝吁的称呼，不再沿用国氏的笔法而称之为"卫祝吁"，而是仅举"祝吁"之名。据《穀梁》解释，原因在于"失嫌"。"嫌"就是祝吁因"弑而代之"而来的嫌疑，不是指他的权势消失。

明乎此，周何译"失嫌"为"表示他那种近似于国君的权势已经消失了"，⑥ 肯定是释义欠准。传文没有涉及"权势"消失与否的问题，周何因接受"当国"之说，致有此误。同样，徐正英、邹皓译"失嫌"为"篡位失败"，⑦ 亦不尽正确，因为此传的"嫌"是嫌疑，不是直言篡位的成败。

4. "称人以杀大夫"衍"大夫"

祝吁既已伏诛，自然也不再顾忌他再有夺取君位的嫌疑。无知也是如此。庄九年经："齐人杀无知"，传："称人以杀大夫，杀有罪也。"⑧ 它与隐四年传的不同，在于"称人以杀"多了"大夫"二字。然而，《穀梁》对祝吁与无

---

① 参阅本书第二章，页250—54。
② 《穀梁注疏》卷2，页18。
③ 《穀梁注疏》卷9，页148。
④ 《墨子·兼爱中》云："夫挈太山而越河渭，可谓毕劫有力矣。"参阅孙诒让：《墨子校注》卷4，页107。可见"挈"有举义。
⑤ 《穀梁注疏》卷2，页18。
⑥ 周何：《新译》上册，页33。
⑦ 徐正英、邹皓：《全译》，页27。
⑧ 《穀梁注疏》卷5，页73。

知的"嫌"与"失嫌",皆是相同的解释,没有理由别出新义。更重要的是,杨疏引述庄九年传:"传曰:'称人以杀,杀有罪也。'"①其中实无"大夫"二字。以此为据,王念孙判断:"'大夫'二字,涉上下文而衍。"②这是既有文本证据,又符合传义的解释,无怪钟文烝《补注》亦引录其说。③ 按照这一观点,祝吁与无知同样是"称人以杀",用辞没有差别。二人都是先因"弑而代之"而"嫌",后被杀而"失嫌",所以《穀梁》对其经文的解释也是一模一样。

可惜,王引之上述观点没有得到一些论者接受,反而提出了不必要的驳议:

(1)柳兴恩《大义述》云:"王说非也,由不得其句读耳。此传'称人以杀,大夫杀有罪也',传之'大夫'释经'人'字,此时齐无君,则杀无知者大夫也。经不与大夫之专杀,故以众词书'齐人'。而前之'卫人杀祝吁''卫人立晋',俱视此例,故僖七年疏引此,不妨截去'大夫'二字。"④柳兴恩建议,应该维持"大夫"二字,属下句而连读。不过,庄九年经:"公及齐大夫盟于暨",传:"公不及大夫。大夫不名,无君也。"⑤这是描述齐襄公死后"无君"的惟一记载,用以解释与鲁庄公会盟的齐国大夫为何不名的原因;而"无君"主要是指无知被杀后的局面。如柳兴恩之解,"无君"所指代的环境,便要包括齐襄公被弑后的一段时间。然而,《穀梁》没有其他例子表明君主被杀后、僭主未死之时亦算是"无君"。如果齐襄公死亡意味"无君",那么祝吁弑卫桓公后的一段时间,也该视作"无君"。为何不以"大夫杀有罪也"解释祝吁之杀?当然,柳兴恩也觉得祝吁与无知情况相同,方有"俱视此例"之说,但问题回到原点,为何祝吁没有"大夫",而无知有"大夫"? 柳兴恩只解无知有"大夫",却没有回应祝吁没有"大夫",岂是达解?以此解释杨疏所引传文没有"大夫",绝对不通。柳兴恩为驳王而错驳,反而自添不必要的纰漏。

(2)同样没有接受王引之的考证成果,还有柯劭忞。《传注》云:"祝吁不曰杀大夫;此曰大夫者,祝吁两会诸侯,篡已成,无知篡未成。"⑥柯、柳二

---

① 《穀梁注疏》卷8,页120。
② 王引之:《经义述闻》卷25,页1520。
③ 钟文烝:《补注》卷3,页166。
④ 柳兴恩:《大义述》卷11,页151。
⑤ 《穀梁注疏》卷5,页73。
⑥ 柯劭忞:《传注》卷3,页10。

解,其中的差别在于,柯注把庄九年传的"大夫"属上连读,不作"称人以杀,大夫杀有罪也",而作"称人以杀大夫,杀有罪也"。如其解,《穀梁》就不仅有"称人以杀"之例,还有"称人以杀大夫"之例。但这二例的解释,同样是"杀有罪也",不同的传例而有相同的解释,为什么?柯劭忞没有进一步解释。此外,柯劭忞没有解释僖七年疏引传没有"大夫"的原因。这是动摇根本的重要反证,柯劭忞不予明辨是说不通的,因为庄九年传除了多出"大夫"二字外,其余有关祝吁与无知的解经意见完全相同,而他们二人同样都是"大夫弑其君"的"大夫",为何仅无知称"大夫"而祝吁不称"大夫"? 另外,"两会诸侯"是指隐四年"宋公、陈侯、蔡人、卫人伐郑"和"秋,翚帅师会宋公、陈侯、蔡人、卫人伐郑"两则经文。柯劭忞与廖平一样,都是把"卫人"理解为祝吁。然而,柯注以此证成祝吁"篡已成"是有问题的。《穀梁》对"嫌"的解释,没有"篡已成"与"篡未成"的说法。上文所列举的8个言"嫌"的人,都是已有篡夺之举,不能说曾被称"侯"或称"人"才算是"篡已成"。如文十四年经:"齐公子商人弑其君舍",传:"不以嫌代嫌也。"①齐君舍在"齐侯潘卒"同年被弑,跟无知一样,在《穀梁》眼中,他与已具有称君记载的商人,都是在位的君主。文十五年经:"齐侯侵我西鄙",便是商人作为正式国君的明证。商人与祝吁、无知一样,都是"嫌",查核传文,哪有"篡已成"与"篡未成"的区分?

5. 其月谨之

以"人"言"杀",经文共12例。② 其中,记载季节10例,记载月份2例。隐四年经与例[8]皆在杀月之列;而后者涉及夏徵舒被楚人所杀的问题,这两个被杀的人同属弑君逆贼。

"其月,谨之",就是表示此经的月份,显示特别慎重其事。在此,一些诠释意见似乎是错误的:

(1)刘敞《权衡》云:"苟不举月,则勿谨之乎? 何必为此文哉!"③这是对《穀梁》"谨之"之说作出反驳。然而,此经的"其月"是特指经文的"九月";其中,不意味凡有月份必要"谨之",凡无月份必"勿谨之"。刘敞的驳议是针对"凡月"而非"其月",毫不对应。《穀梁》对"谨之"的用法,都是针

---

① 《穀梁注疏》卷11,页180。
② 参阅本书第二章,页250—51。
③ 刘敞:《春秋权衡》卷14,页321。

对经文一些不寻常的政治现象而发,如:

[1]昭十一年经:"四月丁巳,楚子虔诱蔡侯般,杀之于申",传:"称时、称月、称日、称地,谨之也。"

[2]定元年经:"戊辰,公即位",传:"谨之也。"①

例[1]针对夷狄之君诱杀中国之君而发,例[2]解释鲁定公首年不是正月即位,二者迥异于《春秋》正常的叙事。由此可见,《穀梁》认为"谨之"是专就特殊的政治现象而言。隐四年传的"九月"之所以不寻常,是因为它与二月"戊申"弑君的时间记载合起来看,就会知道祝吁僭位七个月,含有特别的政治信息,所以《穀梁》申言"谨之",其中不涉及"不举月"将如何的问题。刘敞对"谨之"的批判,都是建立在一个盲点,即把"其月"理解为"凡月",遂有不必要的误解。

(2)同样对"谨之"存在误解,还有廖平。《古义疏》云:"谨始也。"又云:"逾二时,握兵在外,故月。"②这有两个误解:其一,《穀梁》只说"谨之"而非"谨始","之"是指经文的"九月",不是"始"。祝吁弑君而又伏诛,是经中首见之事,但桓元年经:"王正月",传:"谨始也。"③在《穀梁》看来,弟弑兄而又真正有"始"的意义,是鲁桓王(而非祝吁)之弑。至于"称人以杀",《穀梁》没有谈论其中的"始"义。《穀梁》言始,是专就鲁国而言。另一误解是"握兵在外"之说。这大概是立足于隐四年两则"伐郑"的经文。究竟伐郑如何影响祝吁被诛的过程,廖平没有举证,现行文献也找不到这方面的史料。更重要的是,如果廖疏之说成立,那么祝吁被杀之所以延缓两季,完全是"握兵在外"所致,"讥失贼"的责难也就无从谈起。批判祝吁握兵,是胡安国的主张。廖平"谨始"和"握兵"之论,似有暗袭胡传之嫌,实非传文之意。

(6)谨之≠恶之

因为经文已记载祝吁在二月戊申弑君,所以"九月"的记录意味着过了七个月后方才诛杀逆贼,显然算不上及时。但要注意,"谨之"还不是最严厉的批评。桓二年"七月,纪侯来朝"和庄十年"二月,公侵宋"两则经文,

---

① 《穀梁注疏》卷17,页288;卷19,页315。
② 廖平:《古义疏》卷1,页35。
③ 《穀梁注疏》卷3,页31。

《穀梁》对之同样解释说："恶之,故谨而月之。"①这是"谨"而又"恶之",其贬意比隐四年"谨之"更甚。由此可知,只言"谨之"而不言"恶之",贬意还不算最重。

7.《左传》叙事的可兼容性

"濮"是陈地。庄九年经:"齐人杀无知。"无知在齐国伏诛而未载地点。祝吁与之不同,在陈国被杀又载其地。《穀梁》认为无法在卫国就地诛杀祝吁,说不过去;而经文这样交代祝吁的死亡地点,寓有讥刺"讥失贼"之意。

据《左传》记载,石碏透过其子石厚导祝吁到陈国晋见陈桓公,背地请求陈人趁机杀死他们。《左》隐四年传:"陈人执之,而请莅于卫。九月,卫人使右宰醜莅杀州吁于濮,石碏使其宰獳羊肩莅杀石厚于陈。"②通过石碏的设计,顺利杀了州吁和石厚。这一"大义灭亲"的故事,得到后代无数儒者交口赞誉,甚至拿他和周公相提并论。③

这里必须强调,承认石碏设计诛杀祝吁之事可贵,跟《穀梁》"讥失贼"之论,二者虽非水乳交融,但也不见得相互矛盾。

8. 讥失贼

"讥失贼"是针对"于濮"而言,认为没能就地在卫国诛杀祝吁,是可以讥刺的。这里必须注意的是:究竟是谁"失贼"呢?就经文而言,应该是指"卫人"。按照《穀梁》的理解,"人"是众辞,"卫人"不是特指某人,更不是专指石碏。阅读和接受《左传》对石碏的叙事,也不一定由此推出不能讥刺"卫人"的结论。

可是,一些论者对《穀梁》却有误解:

(1)陈澧不理解《穀梁》把"卫人"视为众辞的观点,反而误以为"讥失贼"就是讥石碏。《东塾读书记》云:"能杀乱臣贼子者,无如石碏杀祝吁,最足以彰王法而快人心。尚可讥其缓慢乎?"又云:"因有'九月'二字,遂于石碏'纯臣'横加讥贬,俱矣。《穀梁》未见《左传》,不知石碏杀州吁事,而徒以时月为例,故有此病也。"④把"卫人"理解为石碏,是《左》《公》二传的观点,

---

① 《穀梁注疏》卷3,页36;卷5,页75。
② 《左传正义》卷3,页88。
③ 后世赞美石碏的人很多,拿他和周公(乃至其他贤者或忠臣)比较的说法,例如《后汉书》卷80,页2650。《傅子》,页508。葛洪:《抱朴子外篇》卷14,页344。罗隐:《两同书》卷下,页225。皮日休:《原亲》卷3,页23。
④ 陈澧:《东塾读书记》卷10,页206。

非《穀梁》本义。陈澧因为欣赏石碏而埋怨《穀梁》之讥，却不知"讥失贼"所指的"卫人"不等于石碏，因而误会"讥失贼"是对石碏功绩的抹煞。假如知道《穀梁》理解的"卫人"与石碏不是同一回事，便能推知陈澧以为《穀梁》讥贬"君子曰"有关"纯臣"的判断，实乃识读疏误，纯属误会。纵是承认石碏大义灭亲难能可贵，也不意味"卫人"毫无问题。究竟是《穀梁》根据什么叙事而"讥失贼"？不得而知。有可能出现的情况是，其实在石碏之外还有大量卫国臣子折服于祝吁之下，以致石碏苦心设计，方能在濮邑诛杀逆贼。陈澧以为《穀梁》不知《左传》叙事而讥，是武断和没有根据的。此外，《穀梁》之"讥"，主要是针对"于濮"记载地点，于"九月"仅"谨之"而不言"恶之"。此传之所以讨论"其月"的问题，是因为以"人"言"杀"，一般都是记载季节而非月份。当然，把弑卫桓公的"二月"与杀祝吁的"九月"合起来看，很容易得出经文有意慎重地记述月份，从这个视角看，《穀梁》"谨之"的判断，岂能说是无理？"谨之"不等于"讥其缓慢"，陈澧在语义的剖析上是不准确的。

（2）在陈澧之前，惠士奇其实也透露了对《穀梁》类似的质疑意见。《春秋说》云："如'讥失贼'，则当书'陈人杀卫州吁'，如'蔡人杀陈佗'而后可也。不称'陈人'而称'卫人'，谓之'失贼'，可乎？书'于濮'者，言陈人亦欲杀之也。"[①]再次重申："讥失贼"是就"于濮"而言，批判卫人没能在卫国内部杀死逆贼，不是认为卫人没有成功讨贼。惠士奇以"蔡人杀陈佗"为反证，反映他有一个不应该有的误会，就是以为《穀梁》认定杀祝吁的是陈人而非卫人，但从"称人以杀"的解释，足见《穀梁》一直紧扣"卫人"立言，不曾认为卫人没杀祝吁。下文将会指出，《穀梁》以"故"释"月葬"，间接承认卫人讨祝吁的功劳。此外，传文既把"卫人"理解为"众辞"，意味它不是完全针对石碏而发，因此"讥失贼"可以理解为对卫国诸臣的批判。没有理由因为《左传》对石碏的正面叙事，而认为卫国臣子毫无可讥之处。承认包括石碏在内的"卫人"讨贼之事，跟觉得"卫人"失贼以致在陈国方才杀得了他，二者是可以兼容的。有关这一点，柯劭忞具有比较完整的辩解，《传注》云："桓公书葬，已与卫人讨贼。讥失贼者，不能即时讨贼，至数月之后，始杀之

---

① 惠士奇：《春秋说》卷3，页696。

于陈地。责备臣子，义当如此。惠氏驳传，非是。"①此言句句在理。还有，"于濮"是交代地点，从而指出其中的不寻常性。不能说地点的交代蕴涵当地的人有何行动的想法。隐元年经："郑伯克段于鄢"，传："于鄢，远也。"②经文交代"鄢"的地点，只是说明"克段"之"远"，不能说鄢邑的人也想"克段"。惠氏"陈人亦欲杀之"之论，是根据《左传》而发，却没有将之化为具体的经文字辞的释义，很难说他的观点真能驳倒《穀梁》。

（3）"于濮"就是对"卫人"的批判，没有暗示陈国助讨的贡献。廖平《古义疏》云："据濮陈地，陈助讨也。"③然而，《穀梁》没有谈过陈人在杀祝吁中的作用，也没有记载地点以示其地之人助讨的观点。廖平与惠士奇一样，言"陈人"而无视经文只言"卫人"，而"助讨"之说，是立足于《左传》而戾于《穀梁》之义，实不可信。

（4）若要谈论卫国以外的人，胡安国倒是有一个比较有意思的观点。胡传："'于濮'者，悯卫国之人，著诸侯之罪也。卫人失贼而曰著诸侯之罪，何也？夫州吁二月弑君而不能即讨者，缘四国连兵欲定其位，故久然后能杀之于濮耳，非诸侯之罪而何？"④这是根据隐四年两则"伐郑"的经文而发，认为四国客观上没能救助卫国，反而帮助了逆贼是错误的。桓元年传："天子不能定，诸侯不能救，百姓不能去。"⑤这一批判意见，是就鲁桓公而发，也是适用于《春秋》对乱臣贼子的批判。据此可知，诸侯应该对付其他国家的逆贼，是《穀梁》认可的做法。从这一视角看，胡传"诸侯之罪"的观点，在某程度上也可以说是契合《穀梁》之义，不宜抹煞。相反，徐学谟《春秋亿》批判胡传为"苛词"，⑥却没有更有力的论证，是有问题的。

9. 小结

祝吁弑君有罪该死，不成疑问。问题是，经文对"卫人"孰褒孰贬？《穀梁》对"众辞"的解释，要么认定这是对某一国君的贬辞，要么以"众辞"释"人"。当时卫国已无君主，无论是合法的抑或僭越的，故"人"只能是指卫国的臣下。由于"人"作"众"解，所以不能说"讥失贼"是专门批判石碏。因

---

① 柯劭忞：《传注》卷1，页10。
② 《穀梁注疏》卷1，页5。
③ 廖平：《古义疏》卷1，页35。
④ 胡安国：《春秋胡氏传》卷2，页19。
⑤ 《穀梁注疏》卷3，页31。
⑥ 徐学谟：《春秋亿》卷1，页7。

为《左》《公》二传对石碏的褒美,而怪责《穀梁》,是完全不必要的。

(三)隐四年经:"冬,十有二月,卫人立晋。"传:"卫人者,众辞也。立者,不宜立者也。晋之名,恶也。其称人以立之,何也?得众也。得众,则是贤也。贤则其曰不宜立,何也?《春秋》之义,诸侯与正而不与贤也。"①

祝吁被杀后,摆在卫国面前的第一难题,就是谁来继位。公子晋被拥立为新任的君主,而他既"贤"又"恶"的定性,格外惹人瞩目。

1. 卫人 = 众辞

跟杀祝吁的"卫人"一样,此经的"卫人"也是"众辞"。"众辞"的"辞",意谓措辞,不等于"例"。"众辞"就是"众"的措辞。柯劭忞《传注》云:"众辞,犹言众之例称,今谓之例,传谓之辞。"②这一见解,尚有斟酌之处。解读《春秋》经传的"例",一般理解皆作规则义,例如许桂林《释例》,谈的就是经文时、月、日的记述规则。"例"虽与措辞密切相关,但不意味"例"等于"辞"。像僖十六年传:"石、鹢,且犹尽其辞",③意谓《春秋》设法寻找措辞以表达石、鹢,很难说此传的"辞"是规则义。此外,诸如"亡辞""易辞""重辞""急辞""内辞"之类,只能理解为措辞义,不能训作"例"。柯劭忞以"例"解"辞",实非确解。

2. "众"的主体

三传同样言"众",但不尽相同。《左》隐四年传:"卫人逆公子晋于邢。"又云:"书曰'卫人立晋',众也。"④这一解释,与《穀梁》可以兼容,因为《左》《穀》二传同样认为"立"的主体是"卫人",不是石碏。

不能与《穀梁》兼容的是《公羊》。《公羊》隐四年传:"石碏立之,则其称人何?众之所欲立也。众虽欲立之,其立之非也。"⑤此"众"是"欲立",有别于《穀梁》的"立之"。《穀梁》说"立晋"的是"卫人",不是特指石碏,除"卫人"以外别无主导"立晋"之人。若是石碏或某一政治人物册立国君,《春秋》完全可以直言其人是谁,不必使用"众辞"。如昭二十三年经:"尹氏立王子朝。"这是直言"立"的主体是天子大夫尹氏。以此例彼,如果经文要直

---

① 《穀梁注疏》卷2,页19。
② 柯劭忞:《传注》卷1,页10。
③ 《穀梁注疏》卷8,页134。
④ 《左传正义》卷3,页88。
⑤ 《公羊注疏》卷2,页44。

接交代石碏立公子晋,完全可以使用这一种笔法。换言之,《穀梁》强调"卫人"是众辞,而非"众之所欲立",是比较符合经义的解释。

3. 石碏"立晋"之"专"的两种批评

批判"立晋"的错误,是《穀梁》而非《公羊》的主张。在这个问题上,有两个见解需要辨析:

(1)孔广森《通义》云:"君子以石碏为专矣",又云:"碏有讨贼功,又顺舆志定居安国,鲜复责其不当立晋者。"①但上文已有交代,《公羊》仅说"立之非",意谓立公子晋是错误的,但不曾直接批判石碏之"专"。"立之非"可以因为其他原因,按照孔广森这样的解说,石碏虽"专"而经传却讳言其事,但从《公羊》"称人"相当于"众之所欲立",倒是很难读出讳石碏之意。

(2)与孔广森所批判的"专"相似,家铉翁另有一个值得考察的观点。《集传详说》云:"立君从众望也,非一人所得而私立也。若书'石碏立晋',是一人之私也,其可哉?昭二十三年书'尹氏立子朝',言王位已定,而尹氏以一人之私而立朝,所以诛也。观尹氏立子朝之为诛,则'卫人立晋'之意可识矣。"②家铉翁以"一人之私"的有无,来对比石碏与尹氏之立,是从《公羊》转手而来,同时又扬弃"立之非"的观点,无非是认为公子晋有众人的拥护,具有登位的基本条件。不过,他似乎没有意识到"尹氏立王子朝"的经文,恰好是不该把"卫人立晋"理解为石碏立晋的一个明证。可以说,家铉翁的观点是生活在专制政体下许多儒者的共同心声,但不能说是经义的确解。

4. 晋之名,恶也

"晋"即公子晋,也就是后来的卫宣公。他是卫庄公之子,卫桓公之弟。"恶"不等于"所恶",不能解作嫌恶。传中仅言"恶也",此"恶"是指恶人,与厉公突、卫侯朔、郑子益相同,皆是因其名而恶。周何解"恶"为"嫌恶不正",③这大概是因袭钟注而来。钟文烝《补注》云:"恶,谓不正。"④此"不正"之解,疑是按隐四年传"与正而不与贤"而发,而"正"是相对"贤"而形成对比,传文也没有训"恶"为"不正"。在《穀梁》书中,从未混淆"不正"与

---

① 孔广森:《公羊通义》卷1,页17。
② 家铉翁:《春秋集传详说》卷2,页54。
③ 周何:《新译》上册,页34。
④ 钟文烝:《补注》卷1,页39。

"恶"二语。如本书第一章所言,"恶"是指鲁惠公欲传位鲁桓公的想法,而"不正"是鲁隐公希望成全父亲这一想法的错误。① "恶"与"不正"虽然关系密切,但绝非同一回事。周何"嫌恶不正",就是把"恶"既指"嫌恶"又指"不正",添字解传,殊为非类。

退一步来说,能不能放弃"不正"之解,仅说"嫌恶"吗？这也不妥。这不是说《穀梁》的"恶"必无"嫌"之意。隐四年传:"传曰:言伐言取,所恶也。"② 在"恶"上加"所",就是指"伐""取"的人是经文嫌恶的对象。但没有代词"所"而仅说"恶也",不是意谓嫌恶,而是说其人犯了某些恶行,或指其人品性的恶劣。除本例外,《穀梁》仅言"恶也",还有:

[1]"不日卒,<u>恶也</u>。"(隐元年)

[2]"朔之名,<u>恶也</u>。"(桓十六年、庄六年)

[3]"亲而奔之,<u>恶也</u>。"(襄二十年、昭元年)

[4]"亲而杀之,<u>恶也</u>。"(昭八年)

[5]"益之名,<u>恶也</u>。"(哀七年)③

这些例子的"恶"上无"所"字,皆指恶行,不是嫌恶。因此,隐四年传"恶也"意谓公子晋称名,显示他有恶行。徐正英、邹皓译"恶"为"有罪恶",④是正确的,胜于周何之说。

5. 不书公子≠篡国

此传不称"公子"而直言其名,是因为公子晋的"恶"。传文没有缕述公子晋的恶行,但可以确定的是,此"恶"不是特指登位为君一事。在此,有两个错误观点需要辨析:

(1)柯劭忞《传注》云:"篡国之恶,不书公子。诸侯卒,立世子;无世子,立母弟。晋,庄公庶子,不宜立。"⑤ 上述"篡国之恶"之说,不合传义。《穀梁》不曾批判公子晋"篡国",仅说"恶也",没有专指他的"篡国",不能说他的"恶"就是"篡国"。《穀梁》之所以认为公子晋"不宜立",是因为他是"贤"

---

① 参阅本书第一章,页23—24。
② 《穀梁注疏》卷2,页17。
③ 《穀梁注疏》卷1,页8;卷4,页56;卷5,页70;卷16,页263;卷17,页277;卷17,页284;卷20,页344。
④ 徐正英、邹皓:《全译》,页11。
⑤ 柯劭忞:《传注》卷1,页10。

而非"正"。不能说本无得位资格的人继位就是"篡国"。像宋庄公冯卒而日正,显示《穀梁》认为他是合法得位,没有视为"篡国"。① 同样在弑君逆谋后继位,公子晋的"恶"不见得是指他的继位问题。柯劭忞以"篡国"指代"恶"的内容,无法通释传义。

(2)廖平《古义疏》云:"据挈如祝吁、无知然。"② 然而,公子晋不是"弑而代之",与祝吁、无知二人没有什么可比性。直言"晋"之名,是因为不称公子,不是因为他是"挈"而"失嫌"。廖平与柯注一样,都是预设公子晋为篡国,方才断言他像这两个逆贼那样的"挈",但《穀梁》也没有处理公子晋为何不国氏而"挈"的问题。廖平之论,错谬显然。

6. 恶与贤

公子晋的品格甚为恶劣,据《卫康叔世家》叙述,卫宣公不仅穷兵黩武,而且看见太子伋所娶齐女貌美,便横刀夺爱而自娶之。后来齐女所生的子朔与宣公正夫人共谗太子伋,惹起宣公的疑忌,最后将太子伋逼死,改立子朔为太子。③ 卫宣公这样倒行逆施,难怪遭到诗人的讥讽。检阅《雄雉》《匏有苦叶》《新台》的诗序,皆高举"刺卫宣公"的宗旨。④ 对此,高闶《集注》已有猛烈的批判:"观《卫风》自《雄雉》以下,皆刺其淫乱与数用兵之事,岂宜为君哉!"⑤ 卫宣公杀长立幼之事,跟晋献公杀申生立奚齐之事相似,《穀梁》对晋献公既有"恶晋侯"的观点,可以想象卫宣公也在可恶之列。无论如何,阅读《穀梁》此传的"恶",其实没有必要指代"恶"包括什么行为。传文的重点是,此人既"恶"又"贤","恶"和"贤"二者并存。

明乎此,就没有必要故意把"贤"与"恶"视为不能兼容的关系。后世儒者普遍把"贤"理解为道德善良的涵义,所以也就无法理解称"贤"的公子晋为何又"恶"。赵鹏飞便是一例,《经筌》云:"苟以《新台》《苦叶》为宣公末年之诗,则是初贤也。若其果贤,必不贤于前而荒于后矣。"⑥ 此"初贤"之论,就是认为公子晋未登位前为"贤",但又觉得真正的"贤",不可能"贤于前而荒于后"。这种思考背后的预设,其实是觉得"贤"与"恶"是冰炭不容的两

---

① 参阅本书第二章,页205—07。
② 廖平:《古义疏》卷1,页35。
③ 《史记》卷37,页1927—28。
④ 《毛诗注疏》卷2,页186、190、240。
⑤ 高闶:《春秋集注》卷2,页270。
⑥ 赵鹏飞:《春秋经筌》卷1,页20。

者,但就《穀梁》而言,倒是不必如此预设。

7. 立者,不宜立

经文载有"立"字的对象,可以是人,也可以是物。无论是对某人的拥立,抑或对某个东西的建立,《穀梁》认为"立"带有"不宜立"的涵义,除本例外,《春秋》言"立"还有3例经文,而《穀梁》对之皆说"立者,不宜立者也":

[1]成六年:"立武宫。"　　[2]昭二十三年:"尹氏立王子朝。"
[3]定元年:"立炀宫。"

观这三例,"不宜立"的批判火力,是集中在立者,而非被立者。

可是,柯劭忞却认为"不宜立"是针对公子晋而言。《传注》云:"《公羊传》'不宜立也',为卫人言之;传曰'不宜立也',为晋言之。"① 上文已经说明,"立者,不宜立者也"的传例是通释所有"立"字之义,假如把武宫、王子朝、炀宫也一并考虑的话,便可以发现"不宜立"都是批判立者,而非被立者。武宫和炀宫不能自立,哪有承咎之理? 由此作为类推的起点,便可以发现二传同样批判"立者",它们的分歧不是"为卫人"与"为晋"的差别,而是对"卫人"的理解不同。同样讲"不宜立",《公羊》怪责石碏,而《穀梁》则怪责卫人,如此而已。

8. 得众

《穀梁》虽认为公子晋是"晋",但同时又认为经文"卫人"作为"立"的主体,已说明公子晋"得众",而"得众"则是判断他为"贤"的重要条件。"得众"意谓得到"众"的拥护,而这种拥护是如何产生?《穀梁》没有罗列其中的程序性条件。以春秋时代的政治条件而言,很难想象群众的广泛参与。然而,周何把"众"译为"群众",② 容易产生误导。现在汉语中的"群众",太容易令人联想到能被动员起来的人民大众,而《穀梁》以"众辞"解释的是"卫人",而"卫人"该解作卫国的国人,不见得包括人民群众。《穀梁》指谓被统治的民众,用的是"民"而非"人"。如成元年传:"古者有四民:有士民,有商民,有农民,有工民。"③ 上述四"民",显然有别于"人"。把《穀梁》的"众"理解为群众,是不妥当的。

---

① 柯劭忞:《传注》卷1,页10。
② 周何:《新译》上册,页34。
③ 《穀梁注疏》卷13,页211。

既然"得众"的"众"不是指代人民群众，自然也不能把"卫人立晋"之事拟想为全体人民普遍意志之申张。刘师培《中国民约精义》云："是上古立君，必出于多数人民之意。《穀梁》以称'卫人立晋'为'得众'之辞。得众者，即众意佥同之谓也。此民约遗意仅见于周代者。"①这是一种选择性的解读，故意不引录《穀梁》"不宜立"的主张，从而凑合现代社会契约论所规定的理论内容。充其量，只能说这是晚清知识分子反抗专制王权的心声，非《穀梁》的原义。

9. "与正"与"与贤"之间

公子晋既"恶"又"贤"，而"不宜立"的关键不是"恶"，而是"贤"。"与"意谓给予。此传谈论君位的继承，"与"与"不与"就是谈论给予和不给予君位的问题。周何解"与"为"许"，并译"诸侯与正而不与贤"为"对于诸侯的传位，只许以世子、适子、长庶子的条件继承，而不许以贤能为依准。"②这是错误的译读。"与"虽有"许"义，但查阅《穀梁》书中的用法，都是略去主辞，以示《春秋》经文持论的态度。如僖二十一年经："释宋公"，传："不言楚，不与楚专释也。"③这里的"不与"表示《春秋》不允许、不赞成的意思。相反，隐四年传"诸侯与正而不与贤"的主辞是"诸侯"，如周何之解，以"与"为"许"，表示赞许和不赞许的态度就是诸侯，而非《春秋》。因此，周何的译文也不得不添字解读，显得异常拖曳而不流畅。事实上，《穀梁》在君位传承的问题上言"与"，其义都是给予义，而非允许义。隐元年传"先君之欲与桓""既胜其邪心以与隐矣""而遂以与桓"④的"与"，都是意谓给予君位；以此例彼，"诸侯与正而不与贤"就是说诸侯应该传位给嫡系正传的人，不应该传位给贤者。

此传的三个"贤"字，随着语境的变换，其指谓略有变换：第一个"贤"以"得众"为定义，这是传中界定贤者的基本义，指代的不仅是君位继承人而已；第二个和第三个"贤"是以"不宜立"为定义，是专就君位的继承而言，以"正"为对比。"正"与"贤"都是就周代封建制度下嗣位原则而言。钟文烝

---

① 刘师培：《中国民约精义》卷1，页1665。
② 周何：《新译》上册，页34—35。
③ 《穀梁注疏》卷9，页140。
④ 《穀梁注疏》卷1，页2—3。

《补注》云:"正者,谓世子、适子、长庶子也。贤,谓庶子之贤者也。"① 这是正确的解说。"正"与"贤"是指两种不同的嗣位候选人。

"《春秋》之义"意谓《穀梁》所理解的重要经义,适用范围不仅限于此传。② 根据《穀梁》的解释,诸侯应该把君位给予"正",而非"贤"。从"与正"与"与贤"之间的判断,可以推想当时除公子晋以外,卫国似乎还有其他更符合继嗣资格的人;而公子晋的"贤",是导致他得以继位的决定性条件。廖平已看到这一点,故《古义疏》云:"杀祝吁之后,别有宜立之人,石碏因众人之心,扳晋而立之。"③ 此"别有宜立之人"之说,符合传义。没有这样"宜立之人",传文"与"与"不与"的裁断也就无从谈起。只不过,廖平认为石碏立晋,暗袭《公羊》,不合传义。

10. "荐贤于天"之谬

《穀梁》认为立晋是错误的,而错误却不涉及"荐贤于天"的主张。柯劭忞《传注》云:"传曰'诸侯与正而不与贤',是诸侯之事天子,有荐贤于天之义,则义之最峻者。"④ 然而,此传的"与"和"不与",谈的都是诸侯国内的君位授予,不涉及向天荐贤的问题。庄元年传:"人之于天也,以道受命。"⑤ 这是《穀梁》全书涉及人与天的政治关系的主要记载,根本没有触及荐贤的问题。柯注解说此传,立意高远,但不取其平正切实,而刻核求深,似亦未可为训。

11. 小结

拥立公子晋的"卫人",与杀祝吁的"卫人",都是解作"众",不是专指石碏。"众"从来也不是专指某个人,这也意味:

    A_4 支持贤者的"众"是繁多的。

在《穀梁》理解中,"众"可以是各种各样的人,但有一点是基本的:"众"是多数义,不可能是专指某一个政治精英。此外,《穀梁》所解说的政治发展,完全是周礼结构的安排,而臣子不能支配君位的归属,早有成例(参照 M_2)。祭仲如是,《穀梁》不曾谈论石碏,但如果真的涉及石碏是否有资格有此资

---

① 钟文烝:《补注》卷1,页39。
② 参阅本书第二章,页188。
③ 廖平:《古义疏》卷1,页36。
④ 柯劭忞:《传注》卷1,页10。
⑤ 《穀梁注疏》卷5,页60。

卫宣公是什么原因被定性为"恶",难以深求。但他既得到"卫人"这些"众"的拥立,其人得众而贤,不言而喻(参照 J_1)。他是既"恶"又"贤",这已说明:

B_4 "贤"与"恶"是可以兼容的。

之所以说是兼容,是因为"贤"与"恶"不是同一层面的标准。"贤"可以表现为"得众",如卫宣公、楚昭王等人,也可以表现为"身贤"的季札或"使贤"的馀眛。这意味着:

C_4 "贤"是能力层面上的定性词。

贤者主要是指其人做事的能力,不是人格或道德水平的表现。"恶"是品性的形容词,它与"贤"并非同一回事。同样是得众,可以是卫宣公这样的坏蛋,也可以是宋伯姬这样以贞为行的烈女。

得众,可以是加强政治力量和统治合理性的一个条件。尤其在国家危难之际,贤者执政得到"众"的拥戴,往往是见证其国不宜灭亡的一个迹象(参照 D_3)。但《穀梁》特别强调,在继位问题上,贤者绝无高人一等的优越性,"与正"而非"与贤"的优先选择原则已决定贤者赢不过其他嫡系正传的人。这意味着:

D_4 "贤"与"不正"是可以兼容的。

卫宣公既是"不宜立",已意味他的继位是"不正"的。当然,不能由此推论说凡贤者在位皆是不正的。与"贤"和"恶"一样,"贤"与"不正"同样是属于不同层面的考虑:"贤"是个人能力的表现,而"不正"则涉及合法性的判断。占据了不该占据的位置,或做了不该做的行为,都是欠缺合法性的。

(四)隐五年经:"夏,四月,葬卫桓公。"传:"月葬,故也。"①

公子晋即位后,原来被弑的卫桓公终于下葬。剖析经传之义,可以澄清读者对"讥失贼"的误解。

1. 月葬,故也

卫桓公是隐四年二月遇害,至下葬时前后已有十五个月之久。《穀梁》

---

① 《穀梁注疏》卷2,页19。

以"故"释"月葬",是指祝吁之乱导致缓葬。对此,钟文烝作出明确的说明,《补注》云:"观其谨月,知其有故,此故自指祝吁之难桓公葬缓而言,而非以缓葬为故也。"①缓葬不是"故",清楚不过。

2. 贼已讨

按照"君弑贼不讨,不书葬"的传义,经文记载卫桓公的葬事,实已承认弑卫桓公之贼(即祝吁)已讨。鉴于此,不能因为上述"讥失贼"一语,而误会《穀梁》全面否定卫人。胡传:"圣人存而弗削者,弑逆之贼讨矣。"②此言有理有据,也符合《穀梁》的主张,值得备存。后来,廖平和柯劭忞也有类似的见解。③

(五)桓十二年经:"丙戌,卫侯晋卒。"传:"再称日,决日义也。"④

卫宣公在位十九年逝世,但《春秋》对他的死亡记载甚为异常。

1. 决日义

在这则经文之前,《春秋》记载"丙戌,公会郑伯,盟于武父"。两则经文同样记载"丙戌"之日。为什么呢?"决"有"明义",意谓辨明。范注:"明二事皆当日也。"杨疏:"'决日'者,谓二事决宜书日,故经两举日文也。"⑤比较注疏可知,对"决日义"的解释,范宁以"明"解释"决"字,作动词解,是正确的。然而,杨疏却把"明"作副词解,依此,"决宜书日"的"决",相当于今日汉语的"必须""一定"之义。这是不通的。俞樾已经指出,"决"相当"阇",与"明"同义,遂批判杨疏"非其旨也"。⑥这个解释,既正疏失,亦合传注,甚是允当。

除本例外,《穀梁》言"决"还有3例:

> [1]僖十六年经:"是月,六鹢退飞,过宋都",传:"是月也,决不日而月也。"
>
> [2]襄十年经:"戍郑虎牢",传:"其日郑虎牢,决郑乎虎牢也。"
>
> [3]定元年经:"戊辰,公即位",传:"以年决者,不以日决也。"⑦

---

① 钟文烝:《补注》卷2,页42。
② 胡安国:《春秋胡氏传》卷2,页20。
③ 廖平:《古义疏》卷1,页37。柯劭忞:《传注》卷1,页10。
④ 《穀梁注疏》卷4,页50。
⑤ 《穀梁注疏》卷4,页50—51。
⑥ 俞樾:《群经平议》卷24,页387。
⑦ 《穀梁注疏》卷8,页134;卷15,页253;卷19,页316。

这三例可以说明，《穀梁》凡言"决"者，皆是针对经文一些可能产生疑问的地方而发。"决日义"意谓"卫侯晋卒"再次记载日期，是为了辨明这两则经文所载的事件在同一日发生，避免读者误以为是不同日期的事情。徐正英、邹皓译"决日义"为"是为了区别同一天发生两件大事的含义"。① 在此，把"决"解作"区别"固然是对的，但把"日义"理解为"同一天发生两件大事的含义"，略嫌不准。如其译，就是"决同日事义"而非"决日义"。钟文烝《补注》云："再称日，是决异日之嫌。"②这是最能掌握"决日义"的观点。桓十二年经最大的特征是两则经文同书"丙戌"，因此"日义"最好译作"两则经文记载同一日期的涵义"。

对两件同日发生的事件，也这样讲究其日期的书写，正是反映《穀梁》对叙事的极端慎重。桓五年经："正月甲戌、己丑，陈侯鲍卒"，传："鲍卒，何为以二日卒之？《春秋》之义，信以传信，疑以传疑。"③陈侯之死，《春秋》记载两个日期不予节略，《穀梁》认为这是《春秋》对待事件细节一丝不苟的表现。对这一点，陈傅良也有相应的发挥和阐述，《后传》云："再书日，日卫晋之卒也，于以见《春秋》之有日例也。《春秋》之日例，莫谨于崩卒。以往日赴，则书往日；以来日赴，则书来日；再赴则亦再日之。"④这是正确的解释，符合《穀梁》的内容，所以钟文烝也接纳其说。⑤

2. 晚出论和伪造论

可以说，《穀梁》体现的是对文本的极度尊重，不故作他说，以饰其愚。然而，王闿运据此一口咬定，说这是《穀梁》晚出的证据。《公羊传笺》云："《春秋》设月日之例，若可蒙上，则例乱不明，故出二日以显之。"又云："此皆弟子所通知，故无问词，而《穀梁》辄为发传，彼经晚出故也。"⑥王闿运断言《穀梁》"晚出"，能拿得出手的证据，无非是《公羊》对"丙戌，卫侯晋卒"这则经文没有解说，如此而已。然而，为什么没有解说的《公羊》就是早出，有解说的《穀梁》就是"晚出"？说穿了，桓十二年经为何两记"丙戌"，就现存文献而言，是无法找到确切答案的。在原始鲁史和其他确切的文本证据失

---

① 徐正英、邹皓：《全译》，页 95。
② 钟文烝：《补注》卷 4，页 114—15。
③ 《穀梁注疏》卷 3，页 40。
④ 陈傅良：《春秋后传》卷 2，页 612—13。
⑤ 钟文烝：《补注》卷 4，页 115。
⑥ 王闿运：《公羊传笺》卷 2，页 199。

传后，后人对它的说明都是推断而已。所谓"月日之例"殊无《公羊》传文佐证，取义轻重不伦，王闿运以此宣称"彼经晚出"，分析到最后，不过是想当然的私心臆断，毫不可取。

比王闿运更进一步，王树荣认定《穀梁》"决日义"的解释，不是"晚出"，而是"伪造"的结果："《穀梁传》乃刘歆集众手所伪造，不仅晚出而已也。"①与王闿运一样，王树荣有论无证，这样升座高谈，随口乱说，基本上什么说法都可以不经考虑任意提出，还算不算是学术讨论，恐怕读者自必有公正的裁断。

3. 日卒不正

没有证据显示《穀梁》认为此经书日是为了显示卫宣公之"正"。可是，一些论者对此经日期存在误解：

（1）范注："晋不正，非日卒者也。不正，前见矣。"②尽管《穀梁》具有"日卒"为"正"的传例，但不是所有记载死亡日期的诸侯都是"正"。如下文所示，齐桓公便是一个显例。卫宣公与齐桓公一样，都是"其不正"已"前见"，所以此经的死亡日期不是显示其人必正的充足条件。前已述及，《穀梁》对"卫人立宣"的判断，已决定卫宣公不可能是"正"。

（2）廖平《古义疏》云："此乃日，以明得正。董子说：'立晋为善，以其正。'"③然而，《穀梁》没有因公子晋"得众"而褒扬其人，廖疏"得正"之说，全无典据。此外，廖平明显据董仲舒的观点立言，《繁露·王道》云："卫人立晋，美得众也。"④但《公羊》隐四年传："其立之非也"，⑤已显示《繁露》不合《公羊》传义，董仲舒的观点不过是他个人的政治心得，也不符合《公羊》的内容，更遑论《穀梁》了。廖疏援董解传，违戾实多。

（3）与廖平相同，周何也以为卫宣公是"正"："此处卫侯晋卒如果不加日期，会使人怀疑是不正之例，所以上文虽然已有日期，而这里必须再加'丙戌'以合于例。"⑥这是参考了钟文烝和陈傅良的观点，却又把"日例"扯到"不正"的疑虑。其实，陈、钟二人对此经书日的判断，并无正不正的考

---

① 王树荣：《续穀梁废疾》卷1，页180。
② 《穀梁注疏》卷4，页51。
③ 廖平：《古义疏》卷2，页104。
④ 苏舆：《春秋繁露义证》卷4，页120。
⑤ 《公羊注疏》卷2，页44。
⑥ 周何：《新译》上册，页126。

虑。周何之解,从根本上扭曲了他们的观点,也不符合《穀梁》本义。

(4) 有别于廖、周之说,柯劭忞知道卫宣公不是"正",也重视"不正前见"之说,但其中有些误解。《传注》云:"君子作《春秋》,则并存之,以明内盟日,外诸侯卒日,正晋不正。日卒者,'卫人立晋'不正已前见。"①此"不正已前见"的观点,据范注立说,没有谬误。问题是,"外诸侯卒日"不是显示"晋不正"的有力证据。相反,这倒是产生卫宣公可能是"正"的怀疑,像上述周何那样,便以为卫宣公是"正"。假如没有"不正已前见"的内在限制,读者极有可能以为卫宣公死时已"正"。柯注"正晋不正"的判断,于传亦无典据。

(六) 桓十三年经:"三月,葬卫宣公。"

《穀梁》无传。卫宣公死后还有葬文,因为其中涉及他的"得众",还有进一步交代的必要。

1. 月葬故也

按照"月葬故也"的传例,此经记载卫宣公下葬的月份,而非季节,显示在他死后发生变故。② 桓十三年经:"二月,公会纪侯、郑伯;己巳,及齐侯、宋公、卫侯、燕人战,齐师、宋师、卫师、燕师败绩。"这是发生在卫宣公葬前的战事,而且卫国败绩。由此推知,卫宣公葬月所涉及变故,大概是指卫国在丧期间败于鲁、郑、纪三国之事。

2. 得众弗危之议

此传的"故",跟卫宣公即位前的"得众",毫无任何关系。这是《穀梁》有别于《春秋繁露》之处。《繁露·玉英》云:"苟能行善得众,《春秋》弗危,卫侯晋以立书葬是也。"③《公羊》固然没有"弗危"之论,《穀梁》虽说卫宣公"得众",却以月葬为"故"。董仲舒的观点,于二传皆无确解,只是他个人的心得而已。

3. 小结

卫宣公的卒和葬,进一步说明其人统治的合法性一直存在问题(参照 D_4)。他虽是贤者,但既"恶"又非"正"(参照 B_4),反映《穀梁》不认为贤者必然具有足够的政治合法性和道德成就。这是后世许多讨论"贤"的观点绝少注意的环节。

---

① 柯劭忞:《传注》卷2,页14。
② 参阅本书第一章,页71—73;第二章,页207—08。
③ 苏舆:《春秋繁露义证》卷3,页71。

二、齐桓公

齐桓公是齐襄公的庶弟,他在无知之乱后抢先回到齐国登位,成功击退鲁庄公的干预,并且逼死政敌公子纠。齐桓公同样被视为贤者,他的"不正"跟卫宣公一样,都不是《穀梁》全面认可的政治人物,却同样因"得众"而"贤"。有关这方面的经文,共有9则:

(一)庄十三年经:"春,齐人、宋人、陈人、蔡人、邾人会于北杏。"传:"是齐侯、宋公也;其曰人,何也?始疑之。何疑焉?桓非受命之伯也,将以事授之者也?曰:可矣乎?未乎?举人,众之辞也。"①

齐桓公在庄九年压倒公子纠成功夺位,而北杏之会是他开始争取诸侯支持的第一步,但《穀梁》显示他当时仍未得众。

1. 齐人抑或齐侯?

"齐人"是《穀梁》所据经文原是如此,有别于《左》《公》作"齐侯"。这个文本的差异,无法强通。此传"其曰人,何也?"之问,便是《穀梁》经文本作"齐人"的明证。据此,齐召南作出明确的阐述:"推之《穀梁》之经,自作'齐人',与二传异。"②可见"齐侯"与"齐人"各有依据,应该尊重文本为宜。

然而,赵坦却据二传而强指"齐人"为讹,《异文笺》云:"北杏之会,为齐桓九合之一,不当贬称人。《穀梁》讹作'人',遂从而为之辞。"③《穀梁》把"人"理解为"众辞",自有一以贯之的理路。赵坦的观点,无非是说齐桓图伯不宜称人,但《左》《公》二传对此经称齐桓公为"侯"和称其他诸侯为"人"没有发传解释。赵坦对"众辞"之说既无有力批驳,除了齐桓九合诸侯的历史背景,在文本证据和经义诂解上,他也拿不出什么新证据。针对赵坦的批评,柳兴恩作出有力的反驳:"如赵说,人为贬词,则自'宋人'以下,皆贬而独叙一'齐侯'于诸贬人之上,亦何谓乎?"④赵坦自别于《穀梁》的观点,仅看"齐侯"而不谈诸国的"人",是说不通的。

2. 五国诸侯称人

"是"有"寔"义。⑤ 此传的"是",交代"齐人"和"宋人"实指"齐侯"和

---

① 《穀梁注疏》卷5,页77—78。
② 齐召南:《穀梁考证》卷5,页624。
③ 赵坦:《春秋异文笺》卷3,页559—60。
④ 柳兴恩:《大义述》卷10,页128。
⑤ 王引之:《经传释词》卷9,页198—99。

"宋公",即齐桓公和宋桓公。传文仅举这两人,据《穀梁》的理解,经文一般不记载卑者参盟之事。僖八年经:"公会王人、齐侯、宋公、卫侯、许男、曹伯、陈世子款盟于洮",传:"王人之先诸侯,何也?贵王命也。"①"王人"本属"卑者",②但因王人与周室的关系,方才破例叙王人于洮盟诸侯之上。由这个例外情形可以推知,卑者没有资格序列在《春秋》记载盟会的经文之中。

因为这样,此经称"人"不可能照字面意义直解为卑者。对此,刘敞有所误解,对《穀梁》作出不必要的质疑,《权衡》云:"经无异文,例无所推,安知是齐侯、宋公乎?"③如其解,经文凡称"人"者,皆作微者解,不能指代诸侯。但要知道,刘敞也曾经批驳杜预:"子玉称人,非从赴而已。"④可见,他也承认称人有可能意味更尊贵的身份,哪能据"人"而抹杀"齐人、宋人"不是"齐侯、宋公"的解释?确切地说,刘敞鉴别"人"究竟是什么身份,主要的凭据是《左传》的记载和他个人的偏好,若就经文的解释,他没有提出比《穀梁》更有力的凭据。《穀梁》之所以认定五国君主称人,主要凭据是经文不记载卑者参盟之事,刘敞对此毫无驳论,自然也没有什么说服力。

"陈人、蔡人、邾人"和"齐侯""宋公"一样,都不可能是卑者,因此"齐侯、宋公"的答语最好被理解为延伸至他们二人以外,包括经中的五名诸侯。钟文烝《补注》云:"陈、蔡、邾君,盖亦亲至。传不言者,略之。"⑤柯劭忞《传注》云:"举齐侯、宋公以包下文。"⑥经文虽称之为人,参盟的人实为五国君主。钟、柯之解,深得传义。

3. 众之辞

"举"有"称"义。⑦ 传中凡言"举"者,皆涉及对某些客体的指称。"举人"就是说经文对五国君主皆略其爵称,采用"人"的称谓。"众之辞"与"众辞"相同,都是意指"众"的措辞。此传认为经文称"人",表达了"众"的涵

---

① 《穀梁注疏》卷8,页121。
② 《穀梁注疏》卷5,页69。
③ 刘敞:《春秋权衡》卷15,页331。
④ 刘敞:《春秋权衡》卷4,页213。
⑤ 钟文烝:《补注》卷6,页177。
⑥ 柯劭忞:《传注》卷3,页14。
⑦ 钟文烝:《补注》卷1,页2—3。

义。"众"意谓"多",①是就数量而言,不是就地位而言。

联系到此经的"人"实为五国君主,不是意谓普通人,因此"众之辞"意指多数之辞,与群众无涉。周何把"众之辞"译为"普通人的用语",②是错误的。如其解,"众之辞"义近庄三年传"卑者取卑称焉"的"卑称"③,无形中把"人"当作指代"卑者"的称谓。细考究竟的话,便会知道认为此经的"人"是卑称,都是《穀梁》以外的主张。如崔子方便认定"人"是"微者":"齐犹未见信于诸侯,故皆使微者会。"④这个观点,很大程度上是沿承何休的想法。何诂:"桓公时未为诸侯所信乡,故使微者会也。桓公不辞微者,欲以卑下诸侯,遂成霸功也。"⑤但要知道,《公羊》所据的经文,是"齐侯"而非"齐人",何休遂有齐桓公接待微者的说法。不过,《公羊》庄十三年传:"桓公之信著乎天下,自柯之盟始焉",⑥对北杏之会未尝发传颂扬其事。有鉴于此,何休的观点不过是他个人的私见,不见得符合《公羊》本义。无论如何,阅读《穀梁》此传,没有理由像何休、崔子方那样把"人"理解为地位低下的意思。庄十三年传实无贬抑五国君主之意,而《穀梁》全书所谈的"众"和"得众",都是多数义,不是特指地位低下的群众或普通人。周何"普通人"的观点,不合传义。徐正英、邹皓译"众之辞"为"表示人数众多的说法",⑦比较可取。

此传释"人",是总论五国诸侯称"人",而"众之辞"或"众辞"都不是专指"齐人"而发。曹金籀认定"齐人"是批判"诸侯之不可正"的一证,《春秋钻燧》云:"齐人者,齐侯也。桓非受命之伯,而为盟主,故人之。"又云:"君子曰:此《春秋》之所以讥始也。"⑧此以"非受命之伯"为解,显然据《穀》立说,但又不合传义。《穀梁》未尝说过齐桓公"非受命之伯"主盟遂去爵称人,也没有"讥始"之意。《春秋》记载的第一次外盟不是北杏之会,而是瓦

---

① 《左》哀十一年传:"鲁之群室,众于齐之兵车。"《盐铁论·刑德》云:"道径众,人不知所由;法令众,人不知所辟。"参阅《左传正义》卷58,页1655。王利器:《盐铁论校注》卷10,页565。这里的"众"皆训作"多"。
② 周何:《新译》上册,页213。
③ 《穀梁注疏》卷5,页66。
④ 崔子方:《崔氏春秋经解》卷3,页213。
⑤ 《公羊注疏》卷7,页150。
⑥ 《公羊注疏》卷7,页152。
⑦ 徐正英、邹皓:《全译》,页150。
⑧ 曹金籀:《春秋钻燧》卷1,页315—16。

屋之盟。隐八年经:"秋,七月庚午,宋公、齐侯、卫侯盟于瓦屋",传:"诸侯之参盟于是始,故谨而日之也。"① 这是"谨"而非"讥",可见"讥始"之解,无论对《穀梁》整体或对北杏之会的解释,皆不适用。曹金籀求之过深,反显无据。

4. 谁"始疑之"?

"始疑之"和"何疑焉"的"疑",意谓怀疑。这是全传最常用的涵义。这两句的字面意思很简单,意即开始怀疑和为何怀疑;而怀疑的对象是齐桓公,也没有疑问。问题是,谁"始疑之"? 撇开"疑辞""疑战"等用辞不论,《穀梁》所讲的"疑"大多指时人对某些事情的疑惑。② 如桓五年传:"信以传信,疑以传疑。"③ 这里的"信"和"疑"都是春秋时代人们的想法,所以传文强调《春秋》对之忠实记载。基本上,《穀梁》所说的"信"和"疑",都是指时人对某些事情的想法,不是《春秋》的观点。

此传跟《穀梁》其他内容一样,都是针对某些时人之"疑",而采用某种措辞记载其事。例如:

> [1]桓六年经:"九月丁卯,子同生",传:"疑,故志之。时日同乎人也。"
>
> [2]定四年经:"公及诸侯盟于皋鼬",传:"后,志疑也。"④

这些都是因"疑"而记载其事,跟庄十三年传透过"始疑之"而解释"举人",是同一道理。

确认"疑"的人是时人,事关重大。"始疑之"的主体是时人,尤指参与北杏之会的诸侯,而非《春秋》经文。范注:"言诸侯将权时推齐侯使行伯事。"⑤ 下文将会指出,解"事"为"伯事",是不可信的,但不宜全盘否定范注。范宁虽未明言"始疑之"是谁,但他认为"诸侯"是"始疑之"的主体,却是正解。

钟文烝试图独辟新说,《补注》云:"疑者,谓《春秋》之文也。下传曰:

---

① 《穀梁注疏》卷2,页26。
② 参阅本书第二章,页340—41。
③ 《穀梁注疏》卷3,页40。
④ 《穀梁注疏》卷3,页44;卷19,页320。
⑤ 《穀梁注疏》卷5,页77。

'信齐侯也',二十七年传曰:'信之也。'疑之、信之,皆谓《春秋》之文。"①判断《春秋》"始疑之",不符合传文的惯常用例。下文将会指出,把"信齐侯"和"信之"理解为时人之"信",将是更好的解释。周何不受钟注影响,选择回归范注,认为"始疑之"的主体是"各国诸侯",②非常正确。

5. "始疑之"的原因

之所以"始疑",不是因为齐桓公后来有伐宋之事。廖平《古义疏》云:"因下有伐宋事,故疑之。"③这是错解"始疑"之义。庄十四年经:"春,齐人、陈人、曹人伐宋。"显示"伐宋"是发生在北杏盟会的一年后。如廖疏之解,就是因后事而"疑之",而非"始疑之"。没有理由把"伐宋"视为"始疑之"的原因。《穀梁》没有这方面的说法,廖平"始疑"之说,纯属附会误解。

6. 受命之伯 ≠ 五霸

诸侯对齐桓公的"始疑,是因为他并非"受命之伯",不是别的原因。必须注意,《穀梁》没有"五霸"之说。迄至东汉初年,有关"五霸"的界定,仍充满歧义。据《白虎通》记载,位列"五霸"的人便有三种说法:

① 昆吾氏、大彭氏、豕韦氏、齐桓公、晋文公;
② 齐桓公、晋文公、秦穆公、楚庄王、吴王阖闾;
③ 齐桓公、晋文公、秦穆公、宋襄公、楚庄王。④

"五霸"指谁,没有人人认可的公论,也没有证据显示《穀梁》接受上述任何一套说法。

因此,没有必要按照"五霸"的历史认知来理解《穀梁》的"伯"。然而,崔适却断言只有贯彻"五霸"之说,方是符合《春秋》的解释。《复始》云:"齐桓、宋襄能行王者之事,晋文有伯讨之功,秦缪有悔过之言,楚庄有君子之行。"又云:"古文家去宋襄、秦缪、楚庄,而易以昆吾、大彭、豕韦,则于三王文亦加诬之世相杂,于孟子之言不可通。……凡以恶圣人之所好,期以破坏《春秋》而已。"⑤《公羊》虽对齐桓、宋襄、晋文、秦缪、楚庄五人有所赞美,但全传从未将之合称为"五霸"或"五伯"。没有理由认为"五霸"是指导《春

---

① 钟文烝:《补注》卷6,页177。
② 周何:《新译》上册,页212。
③ 廖平:《古义疏》卷3,页157。
④ 《白虎通疏证》卷2,页60—65。
⑤ 崔适:《春秋复始》卷2,页384。

秋》经文不可或缺的概念。崔适认为这五人是真正的"五霸",欠缺理据,分析到最后,无非是《公羊》对他们有些褒奖的话,如此而已。此外,《孟子》没有明言"五霸"是谁,凭什么认定《公羊》和《孟子》对"五霸"具有相同的认识?为何昆吾、大彭、豕韦之为"五霸"必是"古文家"的诬作?说实在的,崔氏"破坏《春秋》"之论,乖乱实多,不足凭信。他对"五霸"的理解,也没有提供更多可靠的证据。不过,从崔适申张"五霸"的失败,倒是见证了一个简单的道理:"五霸"之说,对解读《春秋》经传没有什么帮助,连《公羊》也不见得与之完全相符。其余像《左传》和《穀梁》的学者,更加不用侈言"五霸"的说法了。

7. 受命之伯≠侯伯/二伯

此传"受命之伯"的"命"是指天子之命,"受命之伯"就是周王任命认可之"伯"。隐七年"天王使凡伯来聘"的凡伯、庄元年"单伯逆王姬"的单伯、文元年"天王使毛伯来锡公命"的毛伯、成八年"天子使召伯来锡公命"的召伯,都是"受命之伯"。不必把庄十三年传的"伯"理解为领导诸侯的角色。这个理解,意味以下两点:

①"受命之伯"不等于"侯伯"。在此,钟文烝的理解似有谬差,《补注》云:"非受王命为侯伯也。伯者,长也。盖即古所谓二伯,其在内曰王官伯,在外曰侯伯矣。"[①]说"伯"有"长"义,没有问题,但钟注解"伯"为"侯伯",却是可以斟酌的。《穀梁》没有"王官伯"与"侯伯"之分,而此传仅说"桓非受命之伯",此"伯"没有特指"侯伯"。换言之,不能排除一个合乎情理的思考:如果齐桓公是周王任命的"王官伯",哪怕不是"侯伯",但诸侯也不致"始疑之"。由此推论,"受命之伯"的重点是"受命",至于是"王官伯"抑或"侯伯",其实是相对次要的。钟注的举证仅有《战国策》王升"立为大伯"之语,并且认为"立为大伯"是庄二十七年"同盟于幽"的事情,但《战国策》的记载不过是后人追记,鉴于齐桓公尊王的政治事业是东周天子权威下降的产品,在当时实乃前所未有的创举,所以很难想象"侯伯"是早有成规的制度安排。在这里,《左传》有些记载是需要重新审阅的:

> [1]《左》僖九年传:"天子有事于文、武,使孔赐伯舅胙。"杜注:"天子谓异姓诸侯曰伯舅。"

[①] 钟文烝:《补注》卷6,页177。

[2]《左》僖二十八年传:"王命尹氏及王子虎、内史叔兴父策命晋侯为侯伯。"①

可见,齐桓公在葵丘盟上也是称"伯舅"而非"侯伯";迄至晋文公战胜楚国后,方才得到周室认可,被封为"侯伯"。由此可见,"侯伯"在齐桓公领导诸侯之时似乎还不是正式的制度术语,很难想象诸侯在北杏会上顾忌的是齐桓公有没有成为"侯伯"的资格。说穿了,钟文烝"侯伯"之论,是一种历史的后见之明,根据齐桓公作为"五霸"之一的历史事实,以此理解他如何团结诸侯。然而,《穀梁》既无"五霸"之说,对"二伯"如何界定也没有明言,仅就传义而言,"受命之伯"不见得非要具备霸者的条件方可。凡是得到周王册命的伯,像凡伯、单伯、毛伯、召伯这些人,其实也是"受命之伯"。此传的"受命之伯",也该作如是解,不必把"伯"理解为"侯伯"。

②"受命之伯"不等于"二伯"。《穀梁》虽谈过"二伯",从未具体指代谁是"二伯"。隐八年传:"诰誓不及五帝,盟诅不及三王,交质子不及二伯。"②这是全传惟一谈及"二伯"的记载,与其他传文一样,此传不曾称齐桓公为"伯"。无论如何,《穀梁》的"二伯"不等于东西二伯。传文也没有说过齐、晋二国为东西二伯。廖平《古义疏》云:"《左传》说齐、晋为伯,天子亦有锡命。然以外诸侯受命为之,终为变例。盖《春秋》乃托之齐、晋。齐在东,为东伯;晋在西,为西伯也。"③上文已说过,《左传》记载周王册封齐桓公为"伯舅",册封晋文公为"侯伯",廖平把这两个不同的称号同称为"伯",大而化之,无非是以此证成东、西二伯的制度。这样的说法充其量是廖平个人的制度思考,既不合《左传》本义,于《穀梁》也是无征可寻。

8. "事"指什么?

"事"与"其事"一样,都是专指某一主体的相关行为,不仅是经文所述之事。《穀梁》"事"的用例甚多,在此仅举一例。庄六年经:"公至自伐卫",传:"不致,则无用见公之恶,事之成也。"④此"事"是要鲁庄公援助卫朔之事,不是指他回国的行动。

此传的"事"是指会议上商讨的事情,不是指五国君主参加盟会的行为

---

① 《左传正义》卷13,页357;卷16,页449。
② 《穀梁注疏》卷2,页26。
③ 廖平:《古义疏》卷3,页157。
④ 《穀梁注疏》卷5,页70。有关"其事"的讨论,参阅本书第二章,页262—63。

而已，更不是指"伯事"。以"事"为"伯事"，是范宁和钟文烝的共同错误。范注："言诸侯将权时推齐侯使行伯事。"①钟文烝《补注》云："此谓《春秋》将以伯事授桓也。"②钟文烝虽不同意"将以事授之者"理解为"诸侯"为其主体，但他与范宁一样，同样解"事"为"伯事"，问题是：《穀梁》没有"伯事"的概念，不能因为"桓非受命之伯"一语，反过来推论"事"必是"伯事"。此外，也没有任何证据显示北杏会上谈的就是"伯事"。说实在的，钟文烝说《春秋》（而非诸侯）"授之"，很大程度上是回避这方面的举证责任。然而，如果《春秋》真是"授之"的话，何必"始疑之"？要之，"始疑之"的主体只该理解为当时的人，尤指当时的诸侯，不能理解为《春秋》。

究竟会上谈的是什么事情？《穀梁》没有缕述。叶梦得质疑《左传》说："宋既立君而讨万，则乱已平矣，不待于今春齐侯始平之，此盖袭'桓公会稷，言以成宋乱'之文而误也。"③这一推论尚需推敲。《左》庄十三年传："会于北杏，以平宋乱。"④究竟当时"宋乱"是什么状况？不清楚。据《左传》和其他文献，只知道宋万弑宋桓公后被杀，⑤其后宋国内部有什么"乱"，不得而知。叶氏这个质疑，毫无文献可资佐证。不过，叶梦得产生上述疑问，也不能说是毫无理据。从《穀梁》的视角出发，北杏之会究竟谈的议题是什么，其实不必说得太死，存而不论，该是更明智的选择。

9. "授之"的主体

"将以事授之者"的"授之"就是指诸侯是否将要赞成齐桓公主持和进行这些事情，因此"授之"的主体，是指北杏会上除齐桓公以外的其他诸侯，而非《春秋》经文。

柯劭忞《传注》解"桓非受命之伯"云："晋文为受命之伯。"又云："《春秋》以伯者之事授之。《春秋》天子之事，可以授桓。"⑥然而，《穀梁》从未明言晋文公是"受命之伯"，如柯注之说，似是认为桓公亦是"伯"，只是"非受命"而已。然而，此传实非这样解读经文。柯劭忞显然沿袭钟注"伯事"之说，同样认为"授之"的主体是《春秋》，但他的举证是重申孟子以《春秋》为

---

① 《穀梁注疏》卷5，页77。
② 钟文烝：《补注》6，页178。
③ 叶梦得：《春秋左传谳》卷2，页521。
④ 《左传正义》卷9，页249。
⑤ 参阅本书第二章，页218—20。
⑥ 柯劭忞：《传注》卷3，页14。

"天子之事"的著名论断。先不追问《孟子》的话该作如何诠释，即使退一步说，接受柯注之言，承认《春秋》涉及"天子之事"，但这跟《春秋》"以伯者之事"授予桓公，有何直接关连？由前者推出后者，安所依据？《穀梁》从未说过《春秋》与"天子之事"的关系，凭什么认为孟子的话可以指导桓十三年传的解释？柯劭忞对庄十三年传既不能提出更多有力的证据，他对《春秋》作为授桓以伯事的说法，跟钟注一样，亦属无稽。

如果将"授之"的主体解作《春秋》，"将以事授之者也"的"将"就不在当时诸侯所能忖度的范围之内，而"授之"在时间上将要拖至十多年后，于义转迁。钟文烝就犯了这样的错误，《补注》云："此年将以伯事授之，二十七年遂以诸侯授之。此言授伯事，彼言授诸侯，其意一也。"① 钟文烝因为主张《春秋》"授之"的观点，所以把庄二十七年传"授之诸侯"合起来看，无形中把"将"理解为北杏之会十四年后的时间，为什么此传的"将"要定位在这么晚的时间？

究其实，《穀梁》对"将"的使用，都是设定在不久的将来，不会拖得太晚。如庄十七年经："春，齐人执郑詹"，传："此其志，何也？以其逃来，志之也。逃来，则何志焉？将有其末，不得不录其本也。"② 这是针对同年经"秋，郑詹自齐逃来"而发，解释为何经文为何有"执郑詹"的记载。其中"将有其末"的"将"，就是指半年后"逃来"之事。由此印证，庄十三年传"将以事授之者也"的"将"实不必理解为十四年后。既然"始疑之"的是诸侯，就没有理由认为"授之"不是诸侯。下文将会指出，解释庄二十七年传"授之诸侯"一语，绝非意味《春秋》"以诸侯授之"。也就是说，庄二十七年经不是证成庄十三年经"事"为"伯事"的有力凭据。钟文烝对"将"的理解错误，其对"伯事"之说，是过度诠释，不宜采信。

10."也"是设问义而非总结义（上）

"将以事授之者也曰可矣乎未乎"的"也"下，有两种不同点读方式。请注意，《穀梁》单以"曰"作句首，基本上有两种读法：

①前句为陈述句，以句号完结；这是把"也"当作"结上文"之用。③ 于是，接着的"曰"，犹如"或曰""其一曰""一曰"，都是另备异说，展现对经文

---

① 钟文烝：《补注》卷6，页178。
② 《穀梁注疏》卷5，页80。
③ "也"作为"结上文"的用法，参阅王引之：《经传释词》卷4，页85。

的不同解释。① 依此,这两句点读为:"将以事授之者也。曰:可矣乎?未乎?"

②前句为疑问句,以问号完结;这是把"也"作"邪"解,②也就是说,整句话是一个问句,句末作问号。于是,接着的"曰"是对这个疑问的解答。依此,这两句点读为"将以事授之者也? 曰:可矣乎? 未乎?"

以上二者,哪一种读法更好呢? 答案是②。因为:

(1)以"曰"为句首,把"曰"后的话理解为"曰"前之问的解答,是《穀梁》最常见的点读方式。不必全面的统计,任何《穀梁》读者大概都知道,②的用法远多于①。在使用频率上看,②更有保证。

(2)就此传的解读而言,②比①也比较合理通畅。因为"将以事授之者也"是发问语,问的是:齐桓公既不是"受命之伯",要把事情交给他吗? 这个问题,就是对"何疑焉"进一步的发挥。这样的解读有一个明显的好处,就是句下的"曰"将是对以上疑问的解答。"可矣乎? 未乎?",用白话语译,就是"可以吗? 不可以吗?"。这是不确定的语义,反映时人对"授之"的疑虑。庄十六年传:"一疑之",杨疏:"言外内诸侯同一疑公,不知可事齐乎? 不可事齐乎?"③这是以正反的疑问句发挥"疑之"的涵义,跟此传以"可矣乎? 未乎?"发挥"何疑焉",是同一道理。杨疏对"一疑之"的"一"尽管理解有误,④但此疏之言对于理解庄十三年传仍有一定的启发性。

此外,按照②来解读,此传最后强调"举人,众之辞也",就是反映这样的疑虑不是少数人的想法。根据这样的解释,此传就是说明齐桓公在北杏会时"众"仍有"疑",还未做到"得众"的地步。文理畅通,先后呼应,比较可取。

顺便一提,周何译"可矣乎? 未乎?"为"在时机上来说,究竟是可以了呢? 还是未到时候呢?"⑤是错误的。《穀梁》没有触及"时机"的问题,周何添字解传,非传本义。之所以有这样的译法,很有可能是因为周何也知道"可矣乎? 未乎?"是重申"何疑焉"的问题,却因为沿袭以往的点读方式,把

---

① 参阅本书第二章,页197。
② "也"通"邪"字,参阅王引之:《经义述闻》卷18,页1061—62。
③ 《穀梁注疏》卷5,页80。
④ 参阅本章,页647—49。
⑤ 周何:《新译》上册,页213。

"也"当作"结上文",遂产生了不必要的诠释疑难。

11. "也"是设问义而非总结义(下)

相反,按照①来解读,"曰"下之语便成为质疑"将以事授之者也"的追问。在此,因为不同论者对"授之"的主体理解不同,将会出现以下的困难:

(1)若是认为诸侯"授之",那么"可矣乎? 未乎?"就是诸侯知道"授之"后出现的疑问,那么此传产生的问题就不仅是"始疑之",还有"再疑之"。这显然是不通的。

(2)若是认为《春秋》"授之",那么"可矣乎? 未乎?"就是自驳传文对经旨的诠释,若是悬而不答,就变成多此一问。如果不想出现问了没有解答的结果,就要把"举人,众之辞也"理解为"可矣乎? 未乎?"的回答。这样的诠释肯定是有问题的,因为如上所说,"众之辞"不过是重申经文称"人"之义,不可能是"可矣乎? 未乎?"的答案。

范邵便有(1)的问题。他主张诸侯"授之",而又认为"可矣乎? 未乎?"是"授之"后的追问。范注引范邵曰:"疑齐桓虽非受命之伯,诸侯推之,便可以为伯乎? 未也?"①这是认为诸侯虽知齐桓公"非受命之伯"仍有"推之"的表现,然而传文实无"推之"之说。而且,"授之"后仍有"为伯乎? 未也?"的疑问,就是"再疑之"而非"始疑之"。范邵之说脱离传义,显而易见。

钟文烝则有(2)的问题。他主张《春秋》"授之",故《补注》云:"曰者,目经意也。"②然而,"目"意谓明白交代,③《穀梁》哪一句话不是要明白交代"经意"? 钟文烝此解,说了等于没说。"目经意"的解释,实是默许"曰"前之句为陈述句,而不将之理解为疑问句。换言之,他必须接受"可矣乎? 未乎?"是对上述经义的追问,因此《补注》云:"称人所以得为疑者,其理未显,故复言称人者众辞。"④钟文烝既认为"将以事授之者也"是《春秋》的主意,为何还要多此一问?"复言称人者众辞"又如何能够释除"可矣乎? 未乎?"之疑? 这个解说无法妥贴解释传义,可见一斑。

12. "众授之"之谬

由此可见,将"曰"下之语理解为对"将以事授之者也"的追问,是不通

---

① 《穀梁注疏》卷5,页77—78。
② 钟文烝:《补注》卷6,页179。
③ 参阅本书第二章,页221—23。
④ 钟文烝:《补注》卷6,页179。

的,必然无法解释"举人,众之辞也"最后一句为何这样结尾。对此,范宁试图这样解释:"称人,言非王命,众授之以事。"①这个说法对后世影响颇大,如苏辙《集解》云:"自是遂得诸侯,故四国皆称人,言众与之也。"②就是暗袭范注而自行发挥。

受到范注的影响,柯劭忞再作进一步的发挥,《传注》云:"众所归心,非受命于天王,亦可以伯事授之。"③如上所述,"众之辞"等于"众辞",不蕴涵"众所归心"。不管如何,由"众之辞"变为"众授之"或"众所归心",都是过度诠释,非《穀梁》的确诂。此外,《穀梁》从未说过没有天子的"命",也"可以伯事授之"。柯注之解,纯属私意臆断。"众之辞"实非回答"可矣乎?未乎?",这是解读此传的一个关键。说穿了,柯注"归心"之论,是为了解答"可矣乎?未乎?"的疑问,因为跟他一样解"事"为"伯事"的钟文烝,对这一疑问悬而不答,留下了明显的漏洞,但柯注的解答,较之钟注的回避解答,不见得更高明和更可信。

13. 小结

齐桓公北杏之会,是他争取诸侯共同拥戴的一个开始,但会上的结果,却距离结果圆满,还有很长的一段距离。四国诸侯虽是属于周礼结构中内的成员,但因为治权的分割,他们各是其国的君主,本无划一的组织意志可以先在地支配他们的决定。他们对齐桓公还不放心,这也说明:

E_4 "众"的自愿性是确保贤者得众的决定性条件。

诸侯的疑虑,不是出自政治动员或上级命令,他们思考是否把"事"交给齐桓公,是按照自己的打算和立场。这些人各自出于什么动机,无从稽考,而他们与齐桓公之间,也没有人身依附性可言。《穀梁》叙述的重点是,他们都因为齐桓公不是"受命之伯"而觉得自己不从确定是否应该"以事授之"。这就说明:

F_4 现存政治权威的认可影响到"众"给予支持的程度。

受命是周礼结构的一项政治权威。假如齐桓公是"受命之伯",已拥有现存政治权威认可的条件,诸侯的疑惑也就无从产生。当然,这不是说受命是

---

① 《穀梁注疏》卷5,页78。
② 苏辙:《苏氏春秋集解》卷3,页22。
③ 柯劭忞:《传注》卷3,页14。

必不可少的必要条件。可以得众的途径是多种多样的,像公子晋得到卫人的拥立,便不能说是受命的结果。

(二)庄十三年经:"冬,公会齐侯盟于柯。"传:"曹刿之盟也,信齐侯也。桓盟,虽内与不日,信也。"①

跟北杏之会相比,柯之盟显然比较成功,凭借齐桓公对曹刿坚持信诺的表现,得到诸侯的广泛认可。

1. 桓盟

根据"会者外为主"的传例,"A 会 B"的 B 是主导会议的人,②所以柯之会的主持者是齐桓公,而非鲁庄公。此传"桓盟"之语,也印证这一点。

2. 曹刿要盟的史实性

曹刿是鲁国大夫,《公羊》庄十三年传:"庄公将会乎桓,曹子进曰:'君之意何如?'庄公曰:'寡人之生,则不若死矣。'曹子曰:'然则君请当其君,臣请当其臣。'庄公曰:'诺。'于是会乎桓。庄公升坛,曹子手剑而从之。管子进曰:'君何求乎?'曹子曰:'城坏压竟,君不图与?'管子曰:'然则君将何求?'曹子曰:'原请汶阳之田。'管子顾曰:'君许诺。'桓公曰:'诺。'曹子请盟,桓公下与之盟。已盟,曹子摞剑而去之。要盟可犯,而桓公不欺。曹子可仇,而桓公不怨。桓公之信著乎天下,自柯之盟始焉。"③以上叙述,是说曹刿持剑要挟齐桓公订盟归还鲁国土地,而齐桓公事后在管仲建议下坚持信诺,没有违反盟约和怨雠曹刿,从此使得世人得知齐桓公的诚信。

在先秦两汉的文献中,屡有类似的叙事。④ 齐召南说:"此说之传久矣",⑤是正确的判断。不过,《左》庄十三年传:"冬,盟于柯,始及齐平也。"⑥《左传》与《国语》都没有记载曹刿要挟齐桓公订盟之事,惹起后人怀疑其事子虚乌有。例如苏辙《集解》云:"予以为此《春秋》之后好事者之浮说,而非其实也。"⑦又如王应麟《困学纪闻》云:"《左氏》载曹刿问战,谏观

---

① 《穀梁注疏》卷5,页78。
② 参阅本书第三章,页518。
③ 《公羊注疏》卷7,页150—52。
④ 王先谦:《荀子集解》卷5,页157。黄怀信:《鹖冠子校注》卷下,页270。范祥雍:《战国策笺证》卷13,页711。许维遹:《吕氏春秋集释》卷19,页538。《史记》卷86,页3053—54。石光瑛:《新序校释》卷4,页497。
⑤ 齐召南:《公羊考证》卷7,页147。
⑥ 《左传正义》卷9,页249。
⑦ 苏辙:《苏氏春秋集解》卷3,页22。

社,蔼然儒者之言。《公羊》乃有盟柯之事,太史公遂以曹沫列刺客之首,此战国之风,春秋初未有此习也。"①这些都是根据自身的历史想象来准绳春秋时代的史事,没有提出什么确实的证据足以否证曹刿要盟的记载。

无论如何,《穀梁》不仅认为曹刿要盟实有其事,而且是时人习闻的典故,因此仅用"曹刿之盟"四字,交代"公会齐侯盟于柯"讲的就是这样一件事,不再辞费赘述。于鬯《香草校书》云:"'宋万之获',其事为当时习闻,故不烦详叙,而止以一句明之曰'宋万之获也'。若曰此《春秋》所书'公败宋师于鄑'者,即'宋万之获'之事也,与十三年传云'曹刿之盟也'一例。'曹刿之盟',亦其事为当时习闻,不烦详叙,止以一句明之曰'曹刿之盟也'。若曰此《春秋》所书'公会齐侯,盟于柯'者,即'曹刿之盟'之事也。"②由此可见,"曹刿之盟"与"宋万之获"一样,两者措辞相同,都是预设其事已为时人熟悉。③

3. 由"疑"而"信"的转折

"信齐侯"的主体,与"始疑之"一样,都是指当时的诸侯。两则传文合读,可以知道诸侯对齐桓公的态度,由开始时的疑虑,变为真正的信任。柯劭忞《传注》云:"始疑之,今则信之。"④这是正确的解读,但要指出的是,柯注因为解"事"为"伯事",还说"众所归心",对"始疑之"亦无正面的解读。确切地说,"信之"若是诸侯,"始疑之"则不得不是诸侯,以此反观"伯事""众所归心"诸说,其谬已是不言自喻。

诸侯之所以产生这份信任,关键在于"曹刿之盟",没有理由说在此之前齐桓公已得到认可。胡传:"齐侯称爵,其与之乎?上无天子,下无方伯,有能会诸侯、安中国而救民于水火,则虽与之可也。"⑤与何休一样,胡安国也认为北杏之会已埋下诸侯信任桓公的种子,貌似有理,查实无稽:为什么齐侯称爵而其他诸侯称人便是"与之"?鉴于何诂也不见得在经传中找到确据,没有理由认为北杏之会寓有"与之"之意。况且,"与之"的主张无形中降低了柯之盟使齐桓公获得信任的重要性,不见得比《穀梁》更可取和更可信。

---

① 王应麟:《困学纪闻》卷7,页900。
② 于鬯:《香草校书》卷47,页947。
③ 其中"之"字的用法,参阅本书第二章,页210—11。
④ 柯劭忞:《传注》卷3,页14。
⑤ 胡安国:《春秋胡氏传》卷8,页107。

4. 内与不日的异常性

"内与"意谓鲁国参与。一般鲁国君主与他国的人结盟，都会记载日期。仅以隐、桓二公为例，如隐二年"八月庚辰，公及戎盟于唐"、隐六年"五月辛酉，公会齐侯盟于艾"、隐八年"九月辛卯，公及莒人盟于包来"、桓元年"四月丁未，公及郑伯盟于越"、桓十二年"六月壬寅，公会纪侯、莒子盟于曲池""七月丁亥，公会宋公、燕人盟于穀丘""丙戌，公会郑伯盟于武父"、桓十七年"正月丙辰，公会齐侯、纪侯盟于黄""二月丙午，公及邾仪父盟于趡"，都是"内与"书日的明证。若是不记载日期，《穀梁》往往交代缘故，例如"卑者之盟<u>不日</u>"（隐元年）、"前定之盟<u>不日</u>"（桓十四年）、"<u>不日</u>，其盟渝也"（庄九年）等等。①

然而，齐桓公的"信"却导致这一叙事原则的改变。此传认为《春秋》凡是齐桓之盟，虽"内与"却仍记载日期，其原因是"信也"。

5. "信"的涵义和指代

此传不曾明言"信也"的"信"是谁的"信"。《穀梁》对"信"的用法，既有动词义，也有名词义。庄二十七年传："信其信"，②第一个"信"字，是动词，意谓相信；第二个"信"字，是名词，意谓信用。鉴于"信"有别于"信之"，"信也"的"信"最好理解为名词义，解作齐桓公的"信"。

有关齐桓公的"信"，范宁的解释是值得审视的。范注："桓大信远著，故虽公与盟犹不日。"③这一说法有对有错。《穀梁》没有"大信"的概念，范宁可能是暗袭何休的观点。何诂："大信者时，柯之盟是也。"④以"大信"言柯之盟，不合传义。不过，范宁把"信也"的"信"理解为齐桓公的"信"，这一点仍然可取。大概是受到范注的影响，徐正英、邹皓译"信也"为"是因为齐桓公守信用"，⑤是正确的。

相反，周何译之为"其用意就是在各国诸侯对齐桓公所拥有的难能可贵的诚信"，⑥既想把"信"的主体视为各国诸侯，又似把"信"说成齐桓公的所有物，依违两可，实非确解。"信"的动词义与名词义是需要区别处理，尽

---

① 《穀梁注疏》卷1，页7；卷4，页53；卷5，页73。
② 《穀梁注疏》卷6，页93。
③ 《穀梁注疏》卷5，页78。
④ 《公羊注疏》卷1，页15。
⑤ 徐正英、邹皓：《全译》，页151。
⑥ 周何：《新译》上册，页215。

管此传"信齐侯"的主体是指诸候,但不能认为"信也"也是诸侯之"信"。

6. 有关"桓盟不日"的误解

桓盟不日,是《穀梁》与《公羊》二传相同的观点。《公羊》庄十三年传:"何以不日?易也。其易奈何?桓之盟不日,其会不致,信之也。其不日何以始乎此?"何诂:"以不日为信者,《公羊》之例,不信者日故也。"①《公羊》同样认为齐桓公值得诸侯信任,以此解释齐桓之盟为何没有日期。然而,何休因为提出了"大信时,小信月,不信日"的主张,所以他在"桓之盟不日"外另谈"不信者日故也",实非《公羊》本义。② 可以说,因齐桓之信而不日,《公羊》与《穀梁》没有基本的差别,而二传的差别,仅有一点,就是《公羊》强调"不日"始于柯之盟,而《穀梁》没有这样的说法。鉴于先前经文对北杏之盟仅载季节,同样也是"不日",《公羊》讨论"不日"的开端,其实是漏了解释北杏之盟为何也是"不日";相反,《穀梁》仅谈"桓盟不日",但没有抛出"始乎此"的问题,从举证责任上说,是没有问题的。

7. 离会不致

按照"离会不致"的传例,鲁国君主外出,若有"致君"之文(亦即"P至自X"的句式),可能意味此次出行具有潜在的危险。③ 此经接下来没有鲁庄公回国的记载,原因不是"恶事不致"。廖平《古义疏》云:"不致者,恶事也。"④在举证上,可以轻易找到廖疏的反证。僖二十六年经:"公至自伐齐",传:"恶事不致;此其致之,何也?危之也。"⑤廖平大概据此而断言庄十三年经没有鲁庄公回国的记载,是因为"恶事"。但僖二十六年经之所以被《穀梁》视为"恶事",是缘于"伐齐";而庄十三年经"盟于柯"带来"信齐侯"的结果,很难说是相同类型的"恶事"。下文将要指出,庄二十七年传"桓会不致,安之也"的主张,已说明"不致"是因为齐桓公盟会值得安心。没有理由还把柯盟后没有致文理解为"恶事"的缘故。

《穀梁》认为诸侯出会可能带有致命的潜在危险性,而齐桓公的"信"实

---

① 《公羊注疏》卷7,页150。
② 参阅本书第三章,页458—60。
③ 参阅本书第二章,页342—46。
④ 廖平:《古义疏》卷3,页159。
⑤ 《穀梁注疏》卷9,页147。

是消解危险的最大保证,廖平《古义疏》云:"安之如在内,故不致。"①经文不载鲁庄公回国的文字,是因为齐桓公的"信"使诸侯安心,不必记载致文。

8."何贤之有"之论

此传描述齐桓公的"信",未及言"贤"。认可齐桓公的"信",未必与后世儒者的道德想象相符。早在董仲舒之世,便有质疑齐桓公的言论。《繁露·对胶西王》云:"《春秋》之义,贵信而贱诈。诈人而胜之,虽有功,君子弗为也。是以仲尼之门,五尺童子,言羞称五伯。为其诈以成功,苟为而已矣。故不足称于大君子之门。五伯者,比于他诸侯为贤者;比于仁贤,何贤之有?"②然而,《公羊》庄十三年传并无抑贬曹刿和齐桓公之意,更没有因其诈而认为他没有称"君子"和"仁贤"的资格。董仲舒据"仁贤"的批评,主要是立足于自己的道德构想,与《公羊》不尽相合。

董仲舒以上对齐桓公的批判,见证了《公羊》与其诠释者之间的思想距离。为了弥补二者的差异,陈立尝试改用类似"借事明义"的手法加以辩说,《义疏》云:"桓公比诸鲁庄行诈劫人为贤,然其因管仲一言,强为不欺不怨,以要诸侯,究非正谊不谋利、明道不计功者比也。《春秋》之不得已也,故《公羊》之例,不信者曰,而桓盟不曰。《公羊》以凡书致者,皆有危辞,以臣子喜其君父脱危之至,而与桓会不致,亦所为假以立义者也。"③在这里,"正谊不谋利、明道不计功"是董仲舒的观点,《公羊》不曾以此责难齐桓公,但要指出的是,董仲舒对齐桓公作为"五伯"是责难的立场,却没有类似"不得已"的观点。《公羊》明言桓盟不曰是"信之"的缘故,没有触及"假以立义"的问题,也没有讨论过"致"的时间问题。④ 陈立重申"桓盟不曰"之说,对于证成"假以立义"毫无帮助。至于"不得已"的解释,是牵合《繁露》与《公羊》二者而强作解释,违离经传,显而易见。由陈立诠释上的乏力,可以印证一点:对齐桓公的"信"绳之以过高的道德标准,是不必要的。像《穀梁》对"信"的讨论,就没有这方面的问题。

9. 小结

齐桓公真正得到诸侯支持,是从柯之盟开始。尽管受到曹刿胁迫,但

---

① 廖平:《古义疏》卷3,页190。
② 苏舆:《春秋繁露义证》卷9,页268—69。
③ 陈立:《公羊义疏》卷21,页806。
④ 例如何休致月示褒之说,便是不可信的,参阅本书第二章,页345—46。

齐桓公接受管仲劝导,继续信守盟约。他的信用彰显于世,其他诸侯因此开始相信他。由此可知:

  G_4 其人的信用是决定"众"给予支持的重要因素。

相比于"受命","信"是贤者得众更重要的因素。柯之盟没有改变齐桓公不是"受命之伯"的事实,但因为他能够甘心吃亏接受曹刿所定的盟订,所以诸侯觉得他是可信的人。就得众的作用而言,"信"比"受命"更重要(参照F_4)。有"信"而未"受命",像齐桓公那样,仍可以得众。

在信守盟约一事上,齐桓公及其臣下有没有功利计算的考虑,实不重要。重要的是,他的信用使诸侯觉得信任他是安全的,可以安心于他不会危害自己。换言之,这意味着:

  H_4 信用能够使人感到安全和放心。

像宋襄公那样不守信,最后也得不到多少诸侯拥戴,就是一个鲜明的反例(参照V_3)。桓盟不日,反映鲁国对之完全放心,这是齐桓公能人所不能的地方。

  (三)庄十四年经:"春,齐人、陈人、曹人伐宋。夏,单伯会伐宋。"传:"会,事之成也。"①

继柯之会后,齐桓公领导诸侯伐宋,其中单伯参与其事。

1. 以人伐宋

"伐"是贬抑之辞,隐五年传:"将卑师众曰师。"又云:"苞人民、殴牛马,曰侵;斩树木、坏宫室,曰伐。"②两相比较,"伐"所带来的伤害比"侵"更严重。相对于"师","人"是师少之辞。③齐桓公伐宋称人,寓有师少之义,算不上"大战"。钟文烝《补注》云:"兵数既少,其用之又恒少耳。"④征诸庄二十七年传:"未尝有大战也",⑤钟注的解释基本上符合传义。

隐四年传:"传曰:言伐言取,所恶也。"⑥这是表明"伐"作为一种贬辞,

---

① 《穀梁注疏》卷5,页78。
② 《穀梁注疏》卷2,页22。
③ 参阅本书第三章,页525。
④ 钟文烝:《补注》卷6,页181。
⑤ 《穀梁注疏》卷6,页94。
⑥ 《穀梁注疏》卷2,页17。

适用于全经言"伐"之文。庄十四年传不称爵而称"齐人",可能是为了爱护齐桓公的缘故,没有明确的贬意。庄三十年经:"齐人伐山戎",传:"齐人者,齐侯也。其曰人,何也?爱齐侯乎山戎也。"①以此例彼,庄十四年经伐宋称"齐人",亦有避称齐桓公之爵借以爱护之意。

2. 单伯的再出现

此经的"单伯",跟庄元年"逆王姬"的"单伯"一样,皆是经文的主语,而二者相差不过十三年,所以这两个"单伯"很有可能就是同一人。据《穀梁》的理解,单伯是"吾大夫之命乎天子者",亦即获得周王爵命的鲁国大夫。②

《左传》记载齐桓公奏请周室出兵,但不能成为否证《穀梁》的确据。《左》庄十四年传:"春,诸侯伐宋,齐请师于周。夏,单伯会之。"③据此,齐召南加以发挥说:"齐桓此时初兴霸业,自必先禀王命,仗名义以服诸侯。至单伯会师,又同会鄄,而伯事成矣。谓单伯为鲁大夫,二传之过也。"④然而,《穀梁》与《公羊》一样,同样认为单伯是"吾大夫之命乎天子者",不是齐氏说的"鲁大夫",二传论证亦不相同。⑤ 因为单伯"命乎天子"的身份,所以他参与"伐宋"完全可以说是周室回应齐桓公请师的一个结果。齐氏"先禀王命"之说,实非否弃《穀梁》的充足反证。

3. 会,事之成

"单伯会伐宋"的"会",是承接"春,齐人、陈人、曹人伐宋"而言。此传以"事之成"解读"会"的涵义,表示单伯参与伐宋时,其时齐、陈、曹三国伐宋之战已告完成。此传"事之成"的观点,与《公羊》"后会"之说,都是认为单伯较晚参与伐宋之事。尽管二者观点相近,但不尽相同:《穀梁》认为"事之成"是就"会"作为修饰某一行动的副词,显示某事已告完成时,其人参与其中;而"如会"显示其人"外乎会",被排除在会盟之外。僖十九年经"缯子会盟于邾"的"会",⑥跟庄十四年经"单伯会伐宋"的"会"一样,也是作为副词形容"会"后的动词(即"盟"和"伐")之用,说明缯子参与宋、曹、邾三国盟会之中。缯子的"会"和单伯的"会"一样,都是表明二人参与到相关行动之

---

① 《穀梁注疏》卷6,页98。
② 参阅本书第三章,页423—31。
③ 《左传正义》卷9,页250—51。
④ 齐召南:《穀梁考证》卷5,页624。
⑤ 参阅本书第三章,页429—30。
⑥ 参阅本书第三章,页555—59。

中。相反，僖二十八年"陈侯如会"和襄三年"陈侯使袁侨如会"两则经文，《穀梁》皆云："如会，外乎会也，于会受命也。"①可见，《穀梁》对"如会"的理解，重点是被相关的"会"所排斥，而这种排外性是上述二"会"所没有的。相反，《公羊》对"会"与"如会"的理解，没有这么细致的区分，对庄十四年"单伯会伐宋"、僖十九年"鄫子会于邾娄"、僖二十八年"陈侯如会"、襄三年"陈侯使袁侨如会"4 则经文，《公羊》皆云："后会也。"②

二传持论各异，不能以"后会"等同或取代"事之成"。可是，刘敞却不理解这一点，既质疑《公羊》："伐宋之时，鲁本不预谋，后闻，乃遣大夫往会之耳。与'陈侯如会'同，意非后期也。"又质疑《穀梁》："寻其说与《公羊》相似，吾既言之矣。"③然而，刘敞解《公羊》"后会"为"后期"，并以"鲁本不预谋"来驳斥"后会"之说，实不合理。《公羊》学者大可以认为"后闻"就是导致"后会"的原因，不必涉及"后期"。如上所说，《穀梁》对"会"（作为修饰某一行动的副词）与"如会"的措辞，具有不同的解说；而《公羊》"后会"之论，绝不能等同或取代其说。至少就《穀梁》而言，"陈侯如会"与"单伯会伐宋"虽然同样言"会"，但一是"会"，一是"如会"，二者绝不相同。刘敞不予细分，显示他对二传的观点没有深入的认识。即使不理会这些差别，单就刘敞所说的"相似"而言，"后闻"也不是"事之成"的有力反证，一来"后闻"没有确证，二来即使承认"后闻"，也可能说是解释"事之成"的一个原因。无论从哪一角度看，刘敞之驳，是不能成立的。

4. "复古制"之谬

"会"不蕴涵"外乎会"，单伯作为得到周王爵命的鲁国大夫，没有被排除在"伐宋"之外，显示齐、鲁恢复和好，柯盟的敌对状况已成过去，可以说这是为日后尊王事业奠定基础。

在此，廖平敷衍为文，声言这是恢复三监古制。《古义疏》云："三监不侵伐，此何以言侵伐？明齐桓初伯，复古制也。天子使三大夫居闲田为方伯监，凡方伯政事皆三监守之，强干弱枝，征伐自天子出也。天子失政，则方伯私臣得夺盟者权、与兵事，监者不得与争，此征伐所以自诸侯出也。桓

---

① 《穀梁注疏》卷 9，页 149；卷 15，页 244。
② 《公羊注疏》卷 7，页 152；卷 11，页 239；卷 12，页 258；卷 19，页 417。
③ 刘敞：《春秋权衡》卷 10，页 281；卷 15，页 331。

公初伯,亟明初伯,亟明此制,收监者之权反之天子,此伯之大义也。"① 不过,没有任何证据显示齐桓公伐宋是恢复古制,《穀梁》从未提过三监之制,单伯也不见得与此相关。廖平之论,不过是他个人对古代政制的议论,不合传义。周代的"监"不具有秦汉中央政府向地方派出监官这种后起之义,②廖疏据《王制》为说,以汉儒之见附会周制,不合历史原貌,而《穀梁》也不是这样理解周王与诸侯的政治关系。

5. 小结

齐桓公争取诸侯支持共同行动,不是一蹴而就的事情。柯之盟仅是逐渐得到信用的一个开始。自此之后,《春秋》屡有齐国与其他国家共同行动的记载。此经独特之处,在于单伯再次在经中出现。单伯作为"吾大夫之命乎天子者"的身份,反映他具有鲁国大夫的身份,而鲁国当时对齐国尚未完全放心。

(四)庄十四年经:"冬,单伯会齐侯、宋公、卫侯、郑伯于鄄。"传:"复同会也。"③

伐宋以后,齐桓公和其他诸侯继续共同集会,这则经文记载第一次鄄之会。

1. 复同会

"复"是就北杏之会而言,"复同会"意谓再一次共同集会。齐桓公挥军伐宋后,齐、宋、鲁、卫、郑五国共同集会,意味齐、宋二国由敌对转而和解。《左》庄十四年传:"宋服故也。"④此说可与《穀梁》"复同会"之义兼容。

2. 以桓为伯之谬

"复同会"不蕴涵诸侯图谋推举齐桓公为伯。然而,以齐桓公为伯的历史认知,一直左右着传文的解读:

(1)范注:"诸侯欲推桓以为伯,故复同会于此以谋之。"⑤ 范宁这一见解,似是过度诠释。传文仅说"复同会",没有推桓为伯的记载。下文将会指出,庄十六年"同盟于幽"的成果不过是"同尊周",当时齐桓公还谈

---

① 廖平:《古义疏》卷3,页160。
② 杜勇:《〈尚书〉周初八诰研究》,页91—98。
③ 《穀梁注疏》卷5,页79。
④ 《左传正义》卷9,页253。
⑤ 《穀梁注疏》卷5,页79。

不上是伯。因为史料阙如,庄十四年鄄之会谈的是什么内容,实在无从细考。

(2)廖平《古义疏》云:"《春秋》外会,叁国以上始于北杏,至此而再,故曰'复同会',言桓伯会诸侯之始也。"①《穀梁》认为单伯是"吾大夫之命乎天子者",所以鄄之会肯定有鲁国的代表,廖疏将之理解为"外会",不合传义。此经又再以"单伯"为主辞,而单伯则是拥有天子命的鲁国大夫,所以此盟实有鲁国的代表,是内盟而非外盟。假如有鲁国参与的集会也算"外会",在鄄会之前,经文其实已有一些记载超过三国的参与,包括隐四年"翚师师会宋公、陈侯、蔡人、卫人伐郑"、桓二年"公会齐侯、陈侯、郑伯于稷"、桓十一年"柔会宋公、陈侯、蔡叔盟于折"、桓十五年"公会宋公、卫侯、陈侯于袲"、桓十六年"公会宋公、蔡侯、卫侯于曹"、庄五年"公会齐人、宋人、陈人、蔡人伐卫"。《穀梁》从未以三国以上的数目作为思考"同会"的标准。廖疏画蛇添足,实不可取。至于"桓伯会诸侯之始"之说,似是袭自范注"推桓以为伯"的观点。如前所述,范宁这个主张也不能成立,没有理由把"复同会"理解"桓伯会诸侯之始"。

3. "始与齐同"之谬

鉴于单伯先前已经参与伐宋,所以不能说鲁国自此方才支持齐国。柯劭忞《传注》云:"鲁始与齐同。"②此"始与齐同"的"同",不知意谓什么。若指"同会",此传"复同会"意味"同会"绝非首创,就鲁国而言,如上所述,鄄会以前已有多次与齐同会的记载。不能说鄄会"始与齐同"。若把"同"理解为具有相同的政治立场,借用《穀梁》的术语,那就是"有同"而非"同会"。鉴于单伯在此之前已经参与伐宋,没有理由把鄄之会理解为鲁国从此"始与齐同"。无论怎么看,把"复同会"解作"鲁始与齐同",都是松散浮泛的诠释,很不可信。

4. 小结

第一次鄄之会,是齐桓公继伐宋后争取诸侯的另一努力。"复同会"是巩固先前盟会的成果,不必认为当时齐桓公已被推许为伯。

(五)庄十五年经:"春,齐侯、宋公、陈侯、卫侯、郑伯会于鄄。"传:"复同

---

① 廖平:《古义疏》卷3,页161。
② 柯劭忞:《传注》卷3,页15。

会也。"①

这是第二次鄄之会的记载，《穀梁》再次强调"复同会"的性质。

1. 复同会

相距于庄十四年鄄之会不过一季，诸侯再次在同一地点会盟，二会同样记载五个代表，其中相同的是齐侯、宋公、卫侯、郑伯四人，而上次的单伯则改为陈侯，这次人员变化有什么原因？不清楚。但传文仍以"复同会"为解释，显示个别参会者的改变不影响"同会"的进行。自北杏之会起，接着两次在鄄集会，齐桓公召集这三个"同会"团结诸侯共同尊王，为后来"同盟于幽"打下基础。廖平《古义疏》云："桓大会三也，且以同会起同盟也。"②这个观点平实可信，没有疑问。

2. "推桓为伯"之谬

《穀梁》不曾把此次在鄄集会视为齐桓称伯之始。范注："为欲推桓为伯，故复会于此。"杨疏："重发传者，诸侯至此，方信齐桓，故更发之也。"③杨疏"方信"之语，扞格不通。庄十三年传："信齐侯也"，④不能说第二次"会于鄄"才能使诸侯"信齐桓"。钟文烝指出"方信"实为"方伯"之讹，《补注》云："当云'方伯齐桓'。"⑤这是正确的校读。需要强调，杨疏的"方伯齐桓"是援《左》解《穀》的结果。《左》庄十五年传："复会焉，齐始霸也。"⑥然而，《穀梁》没有"始霸"之说，此传仅言"复同会"，范、杨之解，在不同程度上都是过度衍义，非《穀梁》原来的主张。

此外，《穀梁》没有怪责齐桓公无事会盟。孙觉《经解》引范宁《穀梁传序》"故君子之于《春秋》，没身而已矣"为证，然后说："齐威欲成伯业，故为鄄之会以帅诸侯，然《春秋》书之，与无事而会盟者等尔，盖《春秋》之意，以谓为道而不至于三王者，皆苟道也；为学而不至于圣人者，皆苟学也。"⑦这个批评是不可取的。范宁"没身"之论，不过是序文综论经传而已，对"会于鄄"的两则经传没有太大的指导意义。如孙觉之说，经传彷佛非要达到"三

---

① 《穀梁注疏》卷5，页79。
② 廖平：《古义疏》卷3，页162。
③ 《穀梁注疏》卷5，页79。
④ 《穀梁注疏》卷5，页78。
⑤ 钟文烝：《补注》卷6，页182。
⑥ 《左传正义》卷9，页253。
⑦ 孙觉：《春秋经解》卷3，页615。另参阅《穀梁注疏》，页11。

王""圣人"的地步,方才可取,但《春秋》学者不见得都认可这样的进路,至少范宁就没有批判诸侯欲伯齐桓的意思。此外,为什么齐桓"欲成伯业",就相当于"无事而会盟者"?何况"欲成伯业"非《穀梁》的主张!孙觉毫无举证,难以服人。

3. "我尸其尊"之疑

最后,《穀梁》也没有批判齐桓王不尊重周王。家铉翁《集传详说》云:"冬甫会鄄,春又会焉,《春秋》书以讥之也。桓之意,若曰去年之会,王人临之;今日之会,我尸其尊。"① 这是在《穀梁》以外另觅解释,但不大成功。"王人临之"是据《左传》立言,但"王人"意谓王室的卑者,"单伯"以爵称之,岂能解"单伯"为"王人"?况且《穀梁》和《公羊》皆认为单伯是"吾大夫之命乎天子者",而庄十四年经以"单伯"为内辞,反映单伯肯定是鲁国大夫的身份,因此"王人临之"之说存在极大的障碍。

此外,"我尸其尊"的凭据,无非是庄十五年经序"齐侯"为首,但这样一来,所有外盟排在句首的主体,都有"我尸其尊"的罪嫌。然而,襄三十年经:"晋人、齐人、宋人、卫人、郑人、曹人、莒人、邾人、滕人、薛人、杞人、小邾人会于澶渊,宋灾故"的"晋人",看似亦是"我尸其尊",但经文既以"宋灾故"为言,是褒非贬。② 以此参互相考,家氏"我尸其尊"之论,实非通释经传的确解,不足为训。

4. 小结

第二次鄄之会,同样是透过"复同会"巩固先前诸侯之间的联系和信任。同样,当时齐桓公尚未是伯,也看不出当时已有"受命"。

(六)庄十六年经:"冬,十有二月,会齐侯、宋公、陈侯、卫侯、郑伯、许男、曹伯、滑伯、滕子,同盟于幽。"传:"同者,有同也,同尊周也。不言公,外内寮一疑之也。"③

这是《春秋》第一次提及"同盟"的记载。齐桓公经过三年的努力经营,除了鲁庄公仍有疑虑外,诸侯已普遍相信和拥护齐桓公。

1. 同盟 ≠ 盟

"盟"意谓结盟,不必赘述。真正特别的是形容"盟"的"同"字。全经言

---

① 家铉翁:《春秋集传详说》卷6,页135。
② 有关这则经文的解读,参阅本书第二章,页292—300。
③ 《穀梁注疏》卷5,页79。

"盟"91例,言"同盟"16例。① 对"同盟"的"同"字,《穀梁》提出了"同者,有同也"的传例;"同者"的"同"字是指经文的"同"字,而"有同"的"同"是指相同的东西。在传中,"有同"主要指两项相同的政治立场:

①"同尊周也";
②"同外楚也"。

此传是《穀梁》首次解说"同盟"之例,指出诸侯在齐桓公率领下共同尊周。

2. "推桓为伯"之谬

这次十国诸侯订盟,就是在齐桓公领导下共同尊周,没有触及"推桓为伯"的考虑。杨疏:"诸侯推桓为伯,使翼戴天子,即是尊周之事。"②不过,传文只说"同尊周",没有提及齐桓公如何为伯。如上所说,"推桓为伯"是范宁再三申述的错误观点。杨疏偏徇范注,将错就错。钟文烝批判杨疏"疏未得旨",③是客观的评价。

3. 曲沃逆事与"有同"无关

据《左传》记载,当年晋国发生曲沃武公逆乱宗国的大事,④钟文烝相信这与"有同"的记载相关,故《补注》云:"夫以曲沃之三世为逆,卒灭宗国,王法之所必诛,而敢于以赂请命,遂如其欲,则周之陵夷不振为何如哉?齐桓勃兴,始与诸侯共会盟以尊周,《春秋》深与之,因加言'同',以显其事。"⑤以上讨论,只谈"尊周"而不像杨疏那样侈言"推桓为伯",不能说是没有见地。不过,《穀梁》全传没有触及周王命曲沃伯为晋侯之事,钟注援

---

① 《春秋》言"盟"91例,载于隐元年(2例)、隐二年(2例)、隐三年、隐六年、隐八年(2例)、桓元年、桓二年、桓十一年(2例)、桓十二年(3例)、桓十四年、桓十七年(2例)、庄九年、庄十三年、庄十九年、庄二十二年、庄二十三年、闵元年、闵二年、僖二年、僖三年、僖四年、僖五年(2例)、僖七年、僖八年(2例)、僖九年、僖十五年、僖十九年(3例)、僖二十年、僖二十一年(2例)、僖二十五年、僖二十六年、僖二十七年、僖二十八年、僖二十九年、僖三十二年、文二年、文三年、文七年(2例)、文八年(2例)、文十年、文十三年、文十五年(2例)、文十六年(2例)、文十七年、宣七年、宣十一年、宣十二年、成元年、成二年(2例)、成三年(2例)、成十一年、成十六年、襄三年(2例)、襄七年、襄十五年、襄十六年、襄十九年、襄二十年(2例)、襄二十七年、襄二十九年、昭七年、昭十一年、昭二十六年、定三年、定四年、定七年(2例)、定八年、定十一年、定十二年、哀二年。另外,《春秋》言"同盟"16例,载于庄十六年、庄二十七年、文十四年、宣十二年、宣十七年、成五年、成九年、成十五年、成十七年、成十八年、襄三年、襄九年、襄十一年、襄二十五年、昭十三年。
② 《穀梁注疏》卷5,页79。
③ 钟文烝:《补注》卷6,页183。
④ 《左传正义》卷9,页256。
⑤ 钟文烝:《补注》卷6,页183。

《左》解《穀》,于传无据。

4."郑成"之论

《左传》另一个显眼的叙事,是涉及郑国的记载。庄十六年经:"夏,宋人、齐人、卫人伐郑。秋,荆伐郑。"《左》庄十六年传:"同盟于幽,郑成也。"①就经文的诠释而言,《左传》强调夏、秋两季的战事对幽之盟的影响,在经文的诠释上亦自有典据,但《穀梁》没有谈及郑国之事,主要着眼于"同盟"二字的独特性,焦点与《左传》并不相同,不必强合。

5."同欲"之解

有关"同盟"的解释,《公羊》与《穀梁》也不相同。《公羊》庄十六年传:"同盟者何?同欲也。"何诂:"同心欲盟也。同心为善,善必成;同心为恶,恶必成:故重而言同心也。"②可以看见,《公羊》以"同欲"解"同盟",是强调结盟的人有相同的想法。这个观点不能说是错误,但略嫌空泛。

因此,何休进一步提出"同心为善"和"同心为恶"的说法,断言"善必成"和"恶必成"的效应,然而不合其传本义。《公羊》襄二十九年传:"季子弱而才,兄弟皆爱之,同欲立之以为君。"③这是除庄十六年传外,《公羊》惟一提及"同欲"的记载,鉴于季札是《公羊》推许的贤者,在传中只找到"同心为善"之事,却找不到"同心为恶"的迹象。何休之说,只是他个人的政治感想,在《公羊》找到的凭据相当有限。无论如何,《公羊》言"同欲",却未说明诸侯为何共同想要订盟,不见得比《左传》"郑成也"更可取;较之《穀梁》仔细辨析"同盟"的"同"并进而提出两种不同的解释,更显粗略。因为这样,齐召南比较三传后,得出一个比较客观的结论:"《左氏》《公羊》说俱不如《穀梁》以'同尊周'为解。"④

6. 同官为寮

此经没有主辞,是省略鲁国君主的笔法。范注:"同官为寮,谓诸侯也。"⑤这一说法,是借鉴于《左传》。《左》文八年传:"同官为寮,吾尝同寮,敢不尽心乎?"⑥如下所述,《穀梁》"外内寮"的指代对象,是泛指鲁国和其

---

① 《左传正义》卷9,页256。
② 《公羊注疏》卷7,页153。
③ 《公羊注疏》卷21,页464。
④ 齐召南:《穀梁考证》卷5,页624。
⑤ 《穀梁注疏》卷5,页80。
⑥ 《左传正义》卷19,页520。

他国家的君主。范宁从"同官"解为"诸侯",大体不谬,问题是他对"内"和"外"所指代的对象理解错了。

7. 一疑之

《春秋》以鲁为内,"内"肯定是指鲁国,"外"是指其他诸侯。问题是"一疑之"的"一"该如何理解。"一"意谓一次,不是一起。然而,于鬯却训"一"为"共",《香草校书》云:"王肃《家语·弟子行为篇》注云:'壹,皆。''皆',即'共'也。《诗·北门篇》:'政事一埤益我',《穀梁》庄十六年传:'外内寮一疑之也。''一'亦并当训'共'。"①上述的解读略有可商之处。"一"虽可训"共",但不意味凡"一"必属"共"义。先秦文献"一"或"壹"意谓一次,而非一起或共同,例子不胜枚举。于鬯以"一"为"共",主要是为了证明《梁惠王上》"愿比死者壹洒之"②的"壹"意谓共同,尽管他解读《孟子》的结论可以成立,但不意味庄十六年传也是如此。在于鬯之前,范宁早已提出相同的主张,但下文将会指出,范注的观点不能成立,而于鬯也没有更进一步的驳论和举论,所以他对《穀梁》的解释也不可取。

若把"外"和"内"理解为宋襄公和鲁庄公,是不妥当的。廖平《古义疏》云:"外,宋也;内,公也。内盟,信辞。公与齐盟,而后要盟,是伐同盟,故内不言公,疑之。"③这个解释,似是主观臆测。鲁庄公"要盟"是指曹刿之盟,这是导致"信齐侯"的结果,不能说它产生"疑之"的结果。此外,鲁国在柯之盟后言伐,《春秋》仅有庄十四年"春,齐人、陈人、曹人伐宋。夏,单伯会伐宋"的记载,《穀梁》既未谈及"伐同盟"的问题,凭什么认为这是"疑之"的证据?再者,由"伐宋"引申到认宋为"外",也是有问题的。假如"伐宋"导致"疑之",那么可疑的就不止宋和鲁二国,曾经伐宋的齐、陈二国也有问题。廖疏以宋为"外",于传无据。

8. "外"与"内"之"疑"

"一疑之"是指内外诸侯各有一次怀疑,而怀疑的对象是指提议尊王的齐桓公。同样是"疑之","内"与"外"的"疑"在时间上是不同的。不过,范宁却认为当时诸侯因为齐、鲁之间的仇怨而一同产生怀疑鲁庄公是否可以事齐,其说需要深入剖析。

---

① 于鬯:《香草校书》卷54,页1072。
② 《孟子注疏》卷1,页15。
③ 廖平:《古义疏》卷3,页164。

范注："诸侯同共推桓，而鲁与齐仇，外内同一疑公可事齐不。会不书公，以著疑焉。"①范宁把"一"解作"同一"，"一"虽有"同"义，但在传中，作为共同义的"一"都是作副词用，如"其牛一也"（哀元年）和"由我言之，则一也"（哀三年）的"一"，②便是显例。如范之解，"一"之作为"同一"，就是副词的性质，义近于今语的"都"或"一概"，在用法上，跟"同"毫无区别。于是，很容易产生这样的疑问：《穀梁》为何不用"同"而用"一"作为"疑之"的副词？"同疑之"不是更清晰的说法吗？更合理的解读进路，是放弃"一"作为副词的用法。成十二年经："周公出奔晋"，传："其曰出，上下一见之也。"范注引郑嗣曰："上，谓僖二十四年'天王出居于郑'；下，谓今周公出奔，上下皆一见之。"③此传"一"作为指涉"见之"的用法，是数词而非副词的性质，意谓"上"与"下"各有一次"见之"。此传"上下一见之也"与庄十六年传"外内寮一疑之也"是相同的句式，如俞樾《群经平议》所说，"此传与彼文法相同"。④ 以此例彼，"一疑之"的"一"也该理解为"一次"。范宁虽知郑嗣之解，但不曾以此解读"一疑之"，显然失策。范宁之所以认定诸侯存在鲁庄公"可事齐不"的怀疑，主要是立足于"鲁与齐仇"的前提。因误信《公羊》复仇之说，范宁认定齐桓公是鲁庄公的仇人，但这是不合传义的。⑤"鲁与齐仇"是一个虚假的前提，因此断言鲁庄公被诸侯怀疑的说法也是谬误的，由此衍生的"同一疑公"的论点，犹如建立在浮沙上的高台，自然也是不牢固的。

正确的解释是，"内"的"疑之"意指当时鲁庄公对齐桓公仍有疑虑，所以"不言公"；"外"的"疑之"意指北杏之会诸侯对齐桓公的"始疑之"，所以五国君主称人不爵。在这里，王元杰有一个值得探讨的观点，其《谳义》云："齐桓仗义始伯，鲁公失信叛盟，可谓不知类矣。"⑥这里明显吸收和发挥了《穀梁》的传义，而且没有接受范注、杨疏以鲁庄公为被怀疑的对象的错误观点，相当可取。但必须强调的是，"不言公"不等于"失信叛盟"，《春秋》内鲁，不言主辞不一定意味其人失信背叛，《穀梁》仅以"内"之"疑之"解经，是

---

① 《穀梁注疏》卷5，页79—80。
② 《穀梁注疏》卷20，页336、340。
③ 《穀梁注疏》卷14，页229。
④ 俞樾：《群经平议》卷24，页389。
⑤ 参阅本章第三章，页471—73、485—88。
⑥ 王元杰：《春秋谳义》卷3，页55。

比王氏所说更有分寸的观点。

在此之前,柯之盟虽有"信齐侯"的结果,而单伯亦有两次参与齐桓公活动的记载,但不意味鲁庄公对齐桓公完全放心。"不言公"带来"内"有一次"疑之",加上先前"外"的"疑之",就是"外内寨一疑之也"。孤立地观看幽之盟,是不够的;必须结合北杏之会一起考察,方才知道这句传文通释二事。以上观点,早在"旧解"中约略阐述。杨疏:"旧解谓会于北杏,不言诸侯,是外疑也。今此会不言公,是内疑之也。自此以后,外内不复疑之,故曰'一疑'也。"①这里"旧解"的"不言诸侯",不能理解为没有"诸侯"之称。僖十四年经:"诸侯城缘陵",传:"其曰诸侯,散辞也。"②可见《穀梁》认为经文使用"诸侯"一词,意谓分散之意,这跟"同尊周"的传义有所违逆。无论如何,"旧解"把"内"理解为鲁庄公,把"外"理解为北杏之会的诸侯,是正确的解读。钟文烝说"旧解是也",③俞樾说"其说最为明了",④柯劭忞抄录"旧解"而不作驳议,⑤都是反映"旧解"得到普遍认可的证据。

9. "疑"的对象是齐桓公而非鲁庄公

"疑"的对象除了齐桓公外,别无他人。不能把"外内"理解为其他诸侯一起对鲁庄公产生了怀疑。可是,杨士勋却有不一样的认识。杨疏:"言外内诸侯同一疑公,不知可事齐乎,不可事齐乎?故去公以著疑也。云'外内'者,诸侯之国,或远或近,故以'外内'总之也。"⑥杨疏墨守范注,以"同一"解"一"和"不可事齐"等观点都是错误的。比较注疏,杨疏有别于范注的新意,是以"外内"总括"或远或近"的诸侯。然而,《春秋》以鲁为"内",其他国家皆是"外",钟文烝《补注》云:"远近之国,皆为外,不得言内。"⑦俞樾亦驳杨疏的不是,《群经平议》云:"岂有总言它国而以远近分内外者乎?足知其说之非矣。"⑧钟、俞驳议有力,一针见血,很能说明杨疏的错谬所在。

---

① 《穀梁注疏》卷5,页80。
② 《穀梁注疏》卷8,页129。
③ 钟文烝:《补注》卷6,页184。
④ 俞樾:《群经平议》卷24,页389。
⑤ 柯劭忞:《传注》卷3,页16。
⑥ 《穀梁注疏》卷5,页80。
⑦ 钟文烝:《补注》卷6,页184。
⑧ 俞樾:《群经平议》卷24,页389。

10. 小结

齐桓公由庄十三年开始团结诸侯,迄至庄十六年方有"同盟"的记载,这三年是不懈努力的过程,但仍未达到全面团结的地步。"外内寮一疑之"反映不仅其他诸侯先前的疑虑,而且鲁庄公仍对齐桓公感到不放心,足见彻底团结诸侯的工作是多么的艰难。由此可见,

I_4 得众是需要时间和耐心累积的结果。

政治人物也是生活在历史时间之中。假如不是先前行事得到"众"的信任,很难想象贤者可以轻易得众。想想看,像纪侯大去其国仍有民众跟随,这自然不可能是纪国灭亡前夕的决定所造成的。同样,楚昭王反省的话能感动父老,也是因为这些话放在他过去的统治经验中仍有足够的可信性。

齐桓公和其他诸侯"同尊周",显示"同"的主要是"尊周"。"尊周"不是空洞的"尊","尊周"离不开尊周王,所以"同尊周"也就是"尊君"(参照 L_1)的另一种表现。解读此一经传,不仅要注意齐桓公的"得众",还有他的"尊君"。"有同"不等于什么都"同",更不等于所有诸侯的思想全面统一。这意味着:

J_4 得众不需要"众"与"贤"的思想完全相同。

"得众"不要求"众"在思想上完全认同贤者。"有同"已包含"同"之外容许其他不同的想法。周礼政治结构对臣民不要求思想一致,其所允许的空间远比后来的专制政体要大得多。

(七) 庄二十七年经:"夏,六月,公会齐侯、宋公、陈侯、郑伯,同盟于幽。"传:"同者,有同也,同尊周也。于是而后授之诸侯也。其授之诸侯,何也?齐侯得众也。桓会不致,安之也;桓盟不日,信之也。信其信,仁其仁。衣裳之会十有一者,未尝有歃血之盟也,信厚也;兵车之会四,未尝有大战也,爱民也。"①

这是《春秋》第二次提及"同盟"的记载。自此以后,诸侯已把"事"交付给齐桓公,而齐桓公也可以真正"得众",《穀梁》也剖析桓盟的性质和成效。

1."同盟"与"二伯"无关

此传重申"有同"之义,训读"同盟"之"同"。两次在幽同盟,都是"同尊

---

① 《穀梁注疏》卷6,页93—94。

周"。"同尊周"是这两次同盟的主要活动,讲的不是诸侯为何拥护齐桓公的原因。秦平对第二次幽之盟,说:"齐桓公所召集的这一次会盟,基本精神之一便是'尊周'。正是齐桓公能够尊崇周天子、维护宗法秩序,所以他赢得了各诸侯国的拥护……"①这是把"同尊周"视为齐桓公"得众"的原因,但此传只言"授之诸侯",不说"授之诸侯"是因"尊周"而"赢得"的。第一次幽之会同样也"同尊周",但仍有"外内寮一疑之"的阴影。据是推之,"尊周"与"拥护"之间,尽管息息相关,但前者实非后者的决定性条件。

在同盟问题上,廖平尝试从他所理解的"二伯"发论,《古义疏》云:"《春秋》以同盟起二伯。"②如上所说,《穀梁》不曾明言齐桓公为"二伯"。廖平大概预设只有"二伯"方有"同盟"的资格,这是不合传义的理解。隐八年经:"宿男卒",传:"未能同盟,故男卒也。"③小国如宿,在《穀梁》看来,也有"同盟"的可能性,"同盟"与"二伯"实无必然的关系。廖平"起二伯"之说,与传义出入甚大。

2. 于是而后授之诸侯

"于是而后授之诸侯也"一语,必须结合庄十三年传"将以事授之者也"的疑问一起观察。如上所述,"将以事授之"的主体是参与北杏之会的诸侯,客体是齐桓公,"授之"的是"事"。此传的"于是"意谓在此,④"于是而后"意谓自庄二十七年"同盟于幽"以后。"于是而后"之后的"授之诸侯",相当于接下来的"其授之诸侯",问题是如何理解其主体、客体和"授之"的内容。

3. "其授之诸侯"的"其"指谁?

"其"在《穀梁》作为句首的主辞,大体上有两种涵义:

(1)指《春秋》相关的经文,如"其不言使焉"和"其曰遂逆王后"(桓八年),⑤都是指"祭公来,遂逆王后于纪"这句经文。

(2)指"其"前所述的人,如"天子之崩,以尊也。其崩之,何也?"和"翚者何也?公子翚也。其不称公子,何也?"(隐三年、隐四年)⑥的"其",分别

---

① 秦平:《〈春秋穀梁传〉政治哲学研究》,页219。
② 廖平:《古义疏》卷3,页190。
③ 《穀梁注疏》卷2,页25。
④ 参阅本书第二章,页189—90。
⑤ 《穀梁注疏》卷4,页46—47。
⑥ 《穀梁注疏》卷1,页14、18。

是指周平王和公子翬。

基于前述认识,"其授之诸侯"的"其"作为句首的主辞,有两种可能的解释:

> ①意谓《春秋》;
> ②意谓"其"前所述之人。

①是不可取的,因为"其"下非"言",显示不是在谈及经文讨论的内容。此外,经文是"公会齐侯、宋公、陈侯、郑伯,同盟于幽",而"会"和"同盟"与"授之诸侯"亦非对应之语。鉴于此,②才是正确的解释,因为"其授之诸侯"的"其",既非指代经文的字句,当然是承接上文"同尊周"而言,意指"同尊周"的诸侯,而"授之诸侯"的"诸侯"则是指代齐桓公。

4. "授之诸侯"是把"事"授给齐桓公

之所以称齐桓公为"诸侯",因为庄十三年传早已明言"桓非受命之伯",其为"诸侯"的身份,不言而喻。就是在幽同盟时,齐桓公亦非"受命之伯",《左》庄二十七年传:"王使召伯廖赐齐侯命",①就是一个旁证。钟文烝对此具有清晰的认识,故《补注》也承认"此盟时尚未受命",②所以说齐桓公是"诸侯",没有什么疑义。

"授"的是先前因"疑之"而不愿"授之"的"事"。"于是而后"的"授之"是相对于先前对"授之"的"疑"而言。若不这样解读而将"授之"的主体理解为《春秋》,就不能解释"于是而后"承上启下的作用。杨疏:"复发传者,前同盟于幽,诸侯尚有疑者,今外内同心,推桓为伯。"③尽管"推桓为伯"之说尚有可商之处,但把"诸侯"视为前之"疑"和今之"同心"的主体,基本上是正确的。

5. "授之"的两种误解

然而,钟文烝没有接受杨疏,反而要求改正其语。《补注》云:"疏言诸侯'有疑',当改云'前未授之诸侯'。"④钟文烝之所以反对杨疏"诸侯尚有疑"之说,主要是因为他把庄十三年传"授之"的主体理解为《春秋》,但上文

---

① 《左传正义》卷10,页287。
② 钟文烝:《补注》卷7,页212。
③ 《穀梁注疏》卷6,页93。
④ 钟文烝:《补注》卷7,页212。

已有辨析,这是不正确的观点。对于谁是"授之"的主体,正确的理解该是诸侯,而非《春秋》。钟注错驳杨疏,很不可取。

有关"授之"的主体,廖平另有说法,《古义疏》云:"《春秋》至此,乃以诸侯授桓为二伯。"①此"二伯"之说虽然错谬,但从上述"诸侯授桓"之语可见,他在某程度上还是恪守杨疏,把"授之"的主体理解为诸侯,而非《春秋》。在这一点上,这是比钟注更合传义。

6. "授之诸侯"的主体不是齐桓公

两相比较,"将以事授之"与"授之诸侯"的主体和客体,完全相同。柯劭忞把"其"和"诸侯"分别解作齐桓公和诸侯,是不正确的。《传注》云:"十六年'同盟于幽',内外犹疑之,至是始信于诸侯。"又云:"非王命,齐侯授之。"又云:"桓之时,周失天下矣。桓公得众,合诸侯以尊周,故授之诸侯也。天子之命不行,有尊天子者,君子以为犹天子授之尔。"②没有任何证据显示《穀梁》认为齐桓之时"周失天下"。庄三年传:"不志崩,失天下也。"③僖八年经:"冬,十有二月丁未,天王崩。"既"志崩",这正是齐桓之时周尚未"失天下"的明证。柯劭忞"失天下"的判断,是个人的历史见解,不合传义。如其解,齐桓公即使没有"天子之命",仍能像天子那样"授之";不难玩味,柯注的"授之",大概是领导和指挥当时诸侯的政治资格。问题是,《穀梁》从未认为齐桓公的"授之"如何能够"犹天子授之"?此传也没有触及"王命"或"天子之命"的问题。"同尊周"是诸侯自愿"尊周"的表现,不能说是"齐侯授之"的结果。分析到最后,柯劭忞之所以有上述观点,是因为他把"其授之诸侯"的"其"理解为齐桓公,把"诸侯"理解为当时的诸侯。柯劭忞大概是根据"其授之诸侯"的答语,即"齐侯得众",而有这一解释。然而,因"齐侯"出现在"其"之后,没有理由认为"其"是指"齐侯",而且"齐侯得众"是"其授之诸侯"的解释,二者既非相同内涵的句式,所以把"其"解作"齐侯"是不通的。诸侯把"事"交给齐桓公,是因为齐桓公"得众"。这是最通顺的释义。没有理由因为"齐侯得众"的答语而认定"其"是齐桓公。

柯劭忞把"其"理解为齐桓公,意味着他像钟文烝一样,不肯接受"其"意指"同尊周"的诸侯的解释。这样一来,就封死了"授之诸侯"是把"事"授

---

① 廖平:《古义疏》卷3,页190。
② 柯劭忞:《传注》卷4,页7。
③ 《穀梁注疏》卷5,页66。

给齐桓公的可能性,所以柯注对"于是而后"的理解,也不能承接庄十三年传"授之"而言。为了弥补这一漏洞,柯劭忞不得不对"于是而后"另作解释,强调庄十六年"内外犹疑之"。此解不合传义,因为如前所述,庄十六年对齐桓公的"疑"主要是"内"的"疑之","外"的"疑之"是指庄十三年的"始疑之",而且庄十六年传和庄二十七年传皆言"同尊周",以这两年作比较而言"于是而后",实难通释传义。总而言之,柯劭忞错受钟注的影响,再三拒绝承认"授之"的主体为当时的诸侯,先是认为庄十三年传是《春秋》"授之",而庄二十七年传则认为是齐桓"授之",这些都是不可靠的说法。

7."授之诸侯"的"事"不存在变化

因为"将以事授之"与"授之诸侯"的主体和客体没有变化,所以"授"的东西也没有变化,一直都是"事"。钟文烝却认为其中存在由"伯事"变为"诸侯"的演变。《补注》云:"至此桓已得众,故虽未受王命,而遂以诸侯授之。"① 此"授之"的东西,钟注没有细解,但或许类似"王命"的"命"吧?如此言,似乎"诸侯"不是被授的客体,而是"授之"的主体。但上文已经交代,钟文烝说庄十三年传"言授伯事",庄二十七年传"言授诸侯"。② 据此,这似乎意味"授"的主体一直是《春秋》,差别在于齐桓公先前接受"伯事",如今接受"诸侯"。换言之,钟文烝认为庄二十七年"授之"的客体是齐桓公,而"诸侯"是他得到的东西。但庄二十七年传"授之诸侯"的字面意思非常清楚,就是有东西"授"给"诸侯","诸侯"是客体而非被"授"的东西。支持钟注的主要理据,是此传"齐侯得众"一语。然而,"得众"不意味作为"众"的诸侯,在齐桓公"得"的过程中,是被授受的东西。"同尊周"是诸侯自愿拥护齐桓公,不能说这是经过《春秋》的"授"。总之,钟文烝这方面的见解不合传义。此传的意思很清楚:经过北杏之会的"始疑之",迄至第二次"同盟于幽",原来仍不放心的诸侯,终于放心把"事"交给齐桓公。

8.齐侯得众

传文交代"授之诸侯"的原因,是齐桓公"得众"。"得众"与"同尊周"一样,都是诸侯自愿的。在这里,王元杰的观点相当有价值,《谳义》云:"凡盟者,皆小国受命于大国,不得已而从之。今陈、郑畏而服从,愿与之盟,非出

---

① 钟文烝:《补注》卷7,页212。
② 钟文烝:《补注》卷6,页178。

于勉强,故书同盟。齐侯得众也,视他盟为愈矣。"①此说最后二句酌采胡传,②强调诸侯自愿参与的重要性,发挥《穀梁》"得众"之义,足以破除钟注以"诸侯"为被"授"者的谬说。此外,它在某程度上也能批驳柯注"齐侯授之"的错误观点,别具只眼。

齐桓公的"得众",不涉及"有天下"的问题。柯劭忞《传注》云:"晋以得众立,桓以得众授之诸侯。后世之有天下者,皆以得众取之。"③就《穀梁》而言,公子晋之"立"是需要责难的,而齐桓"得众"则是可以肯定的,二者不宜等齐量观。柯劭忞因把"授之诸侯"错解为齐桓公对诸侯的领导和指挥,遂将之扯到"有天下"的问题上,但《穀梁》从没有谈及"有天下"或"得众取之"的问题。柯注只能说是他个人政治智慧的一时呈露,于传无据。

9. "安之"和"信之"

"安之",意谓对齐桓公安心。"信之",意谓信任齐桓公。一般经文记载鲁国君主外出参会,都有"致君"之文,而结盟都有日期的记载,柯劭忞《传注》云:"凡致、会皆危之,日盟皆疑之,此发桓盟会之通例。"④齐桓公的盟会既无"致"文,又不记载日期,《穀梁》在此申述"桓会不致"和"桓盟不日"的通例,认为原因是诸侯信任齐桓公,对他完全放心,没有什么危险和疑虑。

10. "信其信"和"仁其仁"

"信其信"和"仁其仁"都是属于"实字活用"之例。⑤下"信"字和下"仁"字都是实字,作名词用,属于人的品格定性;而上"信"字和上"仁"字作动词用,各是"信"和"仁"的活用,分别意谓相信和亲爱。

此传以"爱民"言桓盟之"仁",而僖二十二年传:"爱人而不亲,则反其仁。"⑥可见《穀梁》认为"仁"是涉及对"人"或"民"的"爱"。周何译"仁其仁"为"都非常喜爱他的仁德爱心",以"喜爱"解"仁",⑦大体不谬,但似不如"亲爱"更贴近传义,因为"爱人而不亲"已蕴涵《穀梁》理解的"仁"是预设

---

① 王元杰:《春秋谳义》卷3,页62。
② 胡安国:《春秋胡氏传》卷9,页126。
③ 柯劭忞:《传注》卷4,页7—8。
④ 柯劭忞:《传注》卷4,页8。
⑤ 参阅本书第二章,页182。
⑥ 《穀梁注疏》卷9,页141。
⑦ 周何:《新译》上册,页267。

人与人之间的亲爱。

"信其信,仁其仁"说的就是诸侯认可"其"(即齐桓公)的"信"和"仁"。徐正英、邹皓译"信其信,仁其仁"为"相信齐桓公的信义,认为他的仁义行为是符合道德标准的。"①这是在"信"和"仁"下各加"义"字,但《穀梁》没有"信义"和"仁义"的概念。僖二年传:"虽通其仁,以义而不与也。"②可见,"仁"与"义"是不能混为一谈的两个概念。此外,"仁其仁"可以说是认可和接受齐桓公的"仁",但不宜将之译作"符合道德标准",因为《穀梁》实无这样的说法。在此建议,不妨译"信其信,仁其仁"为相信齐桓公的信用,亲爱他的仁爱。

11. 衣裳之会

"衣裳"不是简单的服饰。《易·系辞下》云:"黄帝、尧、舜垂衣裳而天下治",王注:"垂衣裳以辨贵贱。"③古人讲究衣裳,衣裳在没有战事的和平时期是表现政治人物的体面和促进秩序稳定的工具。廖平释"衣裳之会"为"衣裳会,谓纠合条约,为文事而会",又释"兵车之会"为"征兵乞师为征伐而会"。④ 此解大体上符合传义。"衣裳之会"意谓诸侯聚会注重衣裳和礼节,这是为"文事"而召开的和平会议,相对于为了战争征伐的"兵车之会"。

12."衣裳之会"和"兵车之会"的计算

据此传的综述,齐桓公召开的"衣裳之会"11次,"兵车之会"4次。对两会最权威的计算方法,当属范注。范宁对"衣裳之会"的计算如下:

[1]庄十三年会北杏;　　　　[2]庄十四年会鄄;
[3]庄十五年会鄄;　　　　　[4]庄十六年会幽;
[5]庄二十七年会幽;　　　　[6]僖元年会柽;
[7]僖二年会贯;　　　　　　[8]僖三年会阳穀;
[9]僖五年会首戴;　　　　　[10]僖七年会宁母;
[11]僖九年会葵丘。

---

① 徐正英、邹皓:《全译》,页184。
② 《穀梁注疏》卷7,页108。
③ 《周易正义》卷8,页300。
④ 廖平:《古义疏》卷3,页191。

第四章 "贤"的指谓与条件

对"兵车之会"的计算如下：

[1] 僖八年会洮；　　　　[2] 僖十三年会鹹；

[3] 僖十五年会牡丘；　　[4] 僖十六年会淮。①

陆德明《论语释文》引范注有"十三年会柯"，无"九年会葵丘"，柯劭忞说"当是传写互异"，②可以信从。

《论语·宪问》云："若管仲九合诸侯，不以兵车，可谓仁矣。"③由于"九合"与"十有一者"似有不合，所以究竟如何计算"九合"的次数，已成为聚讼不休的难题。除了范注以外，对"十有一者"的解释还有其他说法：

(1) 杨疏："《论语》称'九合诸侯'者，贯与阳榖二会，管仲不欲，故去之，自外唯九合也。"又引郑玄《释废疾》云："自柯之明年，葵丘以前，去贯与阳榖，固已九合矣。"又云："或云'去贯与阳榖'。'与'，犹数也，言数阳榖，故得为九也。或云葵丘会、盟异时，故分为二。或取公子结与齐桓、宋公盟为九。故先师刘炫难之云：'贯与阳榖，并非管仲之功，何得去贯而数阳榖也？若以葵丘之盟，盟会异时而数为二，则首戴之会，亦可为二也。离会不数，鄄盟去公子结，则唯有齐、宋二国之会，安得数之？'二三之说，并无凭据，故刘氏数洮会为九。以数洮会为九，兵车之会，又少其一，故刘以传误解之，当云兵车之会三。"④

(2) 何休援引《论语》"九合"之文，反驳《穀梁》11次"衣裳之会"，所以郑玄说"固已九合"。但郑玄"自柯之明年"一语，显示他是从柯之盟以后算起，没有把北杏之会计算在内；而"去贯与阳榖"则是剔除僖二年贯之会，保留僖三年阳榖之会，但这样的解读启人疑窦：被保留的不仅是阳榖之会，其余九会为何不算在"数"之内。而且，"与"作"和"义，远比"数"义更常见。既然"去贯与阳榖"意谓剔除贯和阳榖，是最简单和最正常的读法，那么如何凑足"九合"之数呢？据杨疏的记载，也有人主张说僖九年葵丘盟会可以作两次计算，因为僖九世系"会"于"夏"，系"盟"于"九月戊辰"，但《穀梁》实无会、盟不同时期可作两次计算的主张。

---

① 《穀梁注疏》卷6，页93—94。
② 柯劭忞：《传注》卷4，页8。
③ 《论语注疏》卷14，页225。
④ 《穀梁注疏》卷6，页94。

（3）另一个补足"九合"的做法，是把庄十九年"秋，公子结媵陈人之妇于鄄，遂及齐侯、宋公盟"也列入"九合"之属，但庄十九年传："其不日，数渝，恶之也。"①可见《穀梁》认为公子结之盟以"数渝"收场，根本不可能是"信厚"的性质，而且公子结盟于鄄只是鲁、齐、宋三国之事，将之算作"九合诸侯"，显是不妥的。刘炫不认可公子结鄄之盟，固然有见，但他以僖八年"盟于洮"为"九合"之一，却是错误的，因为《穀梁》僖八年传已明言此会为"兵车之会也"。②杨疏亦指出这样做法就会把"兵车之会"由 4 次降为 3 次，与《穀梁》记载不合。

（4）依杨疏的意见，只要在范注的 9 例上，剔除贯和阳穀，便得出"九合"的结论。说贯之盟不合"管仲九合诸侯"之列，是可以的，因为僖十二年传引管仲"江、黄远齐而近楚"的谏言，③显示贯之盟确实不是管仲的主意。对此，齐召南已指出问题的关键："阳穀虽无明文，而江、黄在会，知必非管仲意也。"④这是根据僖三年经"齐侯、宋公、江人、黄人会于阳穀"有江、黄参会的记载，而断言其盟非管仲之意。对此，柳兴恩表示赞同："此疏最得经义，可息《论语》家纷纷之说。"⑤然而，杨疏只采"去贯与阳穀"之说，却不理会"自柯之明年"的观点，其实是割裂《释废疾》的内容。郑玄之所以不采北杏之会，明显是忠于"始疑之"的传义。杨疏撤掉此会，而《穀梁》也未提及管仲对阳穀之会有何态度，很难说传文必是弃阳穀而留北杏。杨疏对此没有充分举证，是有问题的。刘宝楠主张剔除"去贯与阳穀"，说是"当是误衍"，⑥虽无确证，但也反映坚守"去贯与阳穀"之说，不见得可信。

（5）针对杨疏的漏洞，钟文烝尝试另提新说，《补注》云："《论语》'九合'，即《穀梁》十一会，《穀梁》每会计之，《论语》则据所会之地，合二鄄为一，二幽为一也。"⑦王闿运也有相同的说法："至《论语》本意，自以异地为数，不取二鄄、二幽，与此传十一会实无异也。"⑧问题是，《论语》实无据地

---

① 《穀梁注疏》卷 6，页 83。
② 《穀梁注疏》卷 8，页 121。
③ 《穀梁注疏》卷 8，页 128。
④ 齐召南：《穀梁考证》卷 6，页 644。
⑤ 柳兴恩：《大义述》卷 10，页 129。
⑥ 刘宝楠：《论语正义》卷 14，页 574。
⑦ 钟文烝：《补注》卷 7，页 213。
⑧ 王闿运：《申义》，页 8。

合二会为一的说法,钟、王之说虽富巧思,但难确言必合《论语》本义。以现存文献而言,强合《穀梁》"十有一者"与《论语》"九合诸侯",纯属臆凑,难以得出毫无疑义的结论。

(6)把"九合"为实数的诠释进路,总是面对各种疑难,于是也有一些解释试图对"九合"另作新解,在此仅提二说:一是以"九"为"纠",朱熹《集注》云:"九,《春秋传》作'纠',督也,古字通用。"① 这是根据《左传》而言。《左》僖二十六年传:"桓公是以纠合诸侯而谋其不协"。问题是,没有证据显示《左传》的"纠合"等同《论语》的"九合",古书混用"九""纠"似不多见。对此,毛奇龄已有驳论:"'九合'是'九'数,与下章'一匡天下'一数作对。"② 这是认为"九"是相对"一"而言,不必实看。

(7)另一是以"九"为虚数,汪中《释三九》云:"凡一、二之所不能尽者,则约之三,以见其多;三之所不能尽者,则约之九,以见其极多:此言语之虚数也。"③ 程树德接受其说:"九合之义,亦若是而已。"④ 以"九"为虚数,可以免去许多文献释读的疑难,但这是否必合《论语》本义,也很难说。

上述各种说法,皆难释除疑义,实已见证"九合"与"十有一者"难以凑合。柯劭忞经过检讨后,决定放弃诠释:"疏家不能辨正其说,亦无证据。以无关经之大义,不具论。"⑤ 因为难觅定论,不对这个难有定论的问题强作解说,是比较明智的选择。

13. 歃血之盟

臧琳据《士相见礼》释文等例证指出,《穀梁》"未尝有歃血之盟"的"歃"亦作"呫":"'呫'既训尝,则呫即'尝'之驳文。"⑥ 据此,"歃血"实可理解为以口尝血。《孟子·告子下》云:"葵丘之会诸侯,束牲载书而不歃血。"⑦ 这个说法,与《穀梁》此传相互印证。

---

① 朱熹:《四书章句集注》,页153。赵佑《九合考》倾向支持朱熹之说,但除了批判其他各家的不是,就朱熹以"纠"作"九"之解,也没有正面提供什么证据。参阅《读春秋存稿》卷3,页641—42。
② 毛奇龄:《论语稽求篇》卷6,页189。
③ 汪中:《述学校笺》,页13。
④ 程树德:《论语集释》卷29,页986。
⑤ 柯劭忞:《传注》卷4,页8。
⑥ 臧琳:《经义杂记》卷26,页245。
⑦ 《孟子注疏》卷12,页334。

14. 兵车之会

四次"兵车之会"都在齐桓公末年。僖四年经:"公会齐侯、宋公、陈侯、卫侯、郑伯、许男、曹伯侵蔡,蔡溃",传:"侵,浅事也。"又云:"遂,继事也。次,止也。"① 可见,《穀梁》认为齐桓公对蔡、楚二国的用兵,相当克制,这跟庄二十七年传"未尝有大战"完全同调。范注:"不道侵蔡伐楚者,方书其盛,不道兵车也。此则以兵车会,而不用征伐。"② 范宁另言"方书其盛",不大符合传义。不过,认为"兵车之会"具有"不用征伐",则是正确的理解。

15. "信厚"和"爱民"

此传的重点是透过"衣裳之会"的"信厚"和"兵车之会"的"爱民",印证"信其信,仁其仁"的结论。"信厚"的证据是诸侯都相信齐桓公的信用,所以"衣裳之会"不用诸侯结盟以口尝血宣示约誓。"爱民"的证据是在齐桓公领导下,只有"兵车之会",不曾发生大战,戎车虽驾而未征伐,人民藉以息肩。

对上述的观点,陆淳《辨疑》引赵匡曰:"凡征伐则兵车,修好则衣裳,大例皆然,何独桓公?"③ 这个质疑毫无道理。《穀梁》所谈的"衣裳之会"和"兵车之会",是强调没有"歃血之盟"和"大战"之可贵,以此证成"信其信,仁其仁"的判断。赵匡不谈后者,径以"兵车"和"衣裳"立言,无形中抹煞了桓盟的独特性,其疑之于传义,风马牛不相及。

16. 小结

与第一次幽之会一样,第二次幽之会同样是"同盟",故《穀梁》再次以"有同"作出解释。这两次"同盟"同样是以"同尊周"为重点,不要求所有诸侯的思想统一(参照 J_4)。它们盟会的差别在于诸侯态度上的改进:以往仍有"外内寮一疑之"的问题,如今则是诸侯彻底信任齐桓公,愿意把"事"授给他。因此,《穀梁》认为这是"得众"的表现,而齐桓公之所以是贤者,亦在于此(参照 J_1)。

齐桓公之所以能够团结诸侯,主要是他的信用得到认可(参照 G_4)。经传不曾提及周王的受命,尽管不曾得到受命影响了齐桓公先前争取诸侯的效果(参照 F_4),但他的信用使人感到安全和放心(参照 H_4)。《穀梁》还

---

① 《穀梁注疏》卷 7,页 112。
② 《穀梁注疏》卷 6,页 94。
③ 陆淳:《春秋集传辨疑》卷 4,页 629。

刻意"衣裳之会"和"兵车之会"的表现,歌颂齐桓公不轻易发动战争是"爱民"的表现。"信厚"和"爱民"是不矛盾的两个政治目标。这意味着:

K_4　争取诸侯支持和爱护民众,是可以兼容的。

齐桓公的"信"和"仁",与宋襄公的不守信和不爱民(围曹和泓之战足以证明),形成鲜明的对比。

(八)僖十七年经:"夏,灭项。"传:"孰灭之?桓公也。何以不言桓公也?为贤者讳也。项,国也,不可灭而灭之乎?桓公知项之可灭也,而不知己之不可以灭也。既灭人之国矣,何贤乎?君子恶恶疾其始,善善乐其终。桓公尝有存亡继绝之功,故君子为之讳也。"①

因齐桓公得众,所以早已拥有"贤者"的资格。此经没有明确指示齐桓公灭项之事,《榖梁》认为这是"为贤者讳"的缘故。

1."灭"的修辞

"灭"是恶事。除本例外,《春秋》全经言"灭"33例:

　　[1]庄十年:"齐师灭谭。"
　　[2]庄十三年:"齐人灭遂。"
　　[3]僖二年:"虞师、晋师灭夏阳。"
　　[4]僖五年:"楚人灭弦。"
　　[5]僖十年:"狄灭温。"
　　[6]僖十二年:"楚人灭黄。"
　　[7]僖二十五年:"卫侯毁灭邢。"
　　[8]僖二十六年:"楚人灭夔。"
　　[9]文四年:"楚人灭江。"
　　[10]文五年:"楚人灭六。"
　　[11]文十六年:"楚人、秦人、巴人灭庸。"
　　[12]宣八年:"楚人灭舒鄝。"
　　[13]宣十二年:"楚子灭萧。"
　　[14]宣十五年:"晋师灭赤狄潞氏。"
　　[15]宣十六年:"晋人灭赤狄甲氏及留吁。"

---

① 《榖梁注疏》卷8,页135。

[16]成十七年:"楚人灭舒庸。"

[17]襄六年:"莒人灭缯。"

[18]同年:"齐侯灭莱。"

[19]襄十年:"遂灭傅阳。"

[20]襄二十五年:"楚屈建帅师灭舒鸠。"

[21]昭四年:"遂灭厉。"

[22]昭八年:"楚师灭陈。"

[23]昭十一年:"楚师灭蔡。"

[24]昭十三年:"吴灭州来。"

[25]昭十七年:"晋荀吴帅师灭陆浑戎。"

[26]昭二十三年:"胡子髡、沈子盈灭。"

[27]昭二十四年:"吴灭巢。"

[28]昭三十年:"吴灭徐。"

[29]定四年:"蔡公孙姓帅师灭沈。"

[30]定六年:"郑游速帅师灭许。"

[31]定十四年:"楚公子结、陈公孙佗人帅师灭顿。"

[32]定十五年:"楚子灭胡。"

综观上述32例,"灭"上不是记载主辞,就是记载副辞"遂";与之相反,此经"灭项"没有主辞和副辞,笔法极其独别。

2. "灭"上"不言"什么?

如何解释经文没有"灭"的主语,《穀梁》的理解与《公羊》略有不同。《公羊》僖十七年传:"孰灭之?齐灭之。曷为不言齐灭之?为桓公讳也。"① 从"不言齐灭之"之问,可知《公羊》预设经文本该说是"齐灭项"。同样是"不言",《穀梁》的理解略有不同。《穀梁》"何以不言桓公"之问,不是预设经文本该写作"齐桓公灭项"。"桓公"是谥号,照经文叙事的通则,都是其人下葬时方有谥号。"齐桓公"之称,同样如此。襄十八年经:"秋,八月丁亥,葬齐桓公",已说明这一点。因此,《公羊》"不言齐灭之"的说法有别于《穀梁》的"不言桓公":前者仅就就字面意义上理解,似乎倾向于认为"齐灭项"是经文应有的叙述;解读后者,则需要更多的弹性,该把"不言桓

---

① 《公羊注疏》卷11,页236。

公"理解为经文还有其他显示齐桓公灭项的笔法。如上述的例[1]、[2]、[18]所示,齐国君主灭国,称师、称人、称侯都是可以采用的措辞。究竟认为最该用的措辞称师、师人抑或师侯,还是哪一种都可以?《穀梁》没有说死。反正这不是重点所在,无论哪一种笔法,读者都知道这是齐桓公或齐灵公主事的恶行,不会有什么谬差。相比之下,《公羊》"不言齐灭之"之问,已预设"齐灭项"是最该采用的其他选项。但征诸上述的 32 例可知,以国言灭仅例[5]、[27]、[28],指的是狄、吴二个夷狄。其他其君已进而称爵的国家,即使是楚国,已不是以国作为"灭"的主体。明乎此,可知"齐灭项"是不该出现的选项,《公羊》以此为问,似乎容易产生误解。无论如何,《穀梁》"不言桓公"主要提醒读者,经文还有其他显示齐桓公灭国的主语;而删削了这些主语,意在隐讳齐桓公的罪行。

3. 不言"遂"

除了主语的剔除,经文对齐桓公的隐讳,还表现在不使用"遂"的连接词。此经因有"夏"的记载,而且在此之上是"春,齐人、徐人伐英氏",两者相差一季。所以,"灭项"不记载主辞,实有讳意。在这里,不能忘记《穀梁》对"遂"的理解。桓八年传:"遂,继事之辞也。"① 以"遂"作副词,可以使读者知道"遂"下之事,是由"遂"上之人负责。查看上述的 32 例,就有 2 例以"遂"言灭,即例[19]、[21]。二者的"遂"已曲折地透露"灭傅阳"和"灭厉"的分别是吴和楚子。如果僖十七年经写作"遂灭项",任何读者都可以轻易知道"齐人"和"徐人"是"灭项"的主体。可是,偏偏没有使用"遂"字,等于回避了主辞的记载。

4.《左传》叙事的不可兼容性

据《左传》记载,灭项的是鲁国军队,《左》僖十七年传:"师灭项。淮之会,公有诸侯之事,未归,而取项。齐人以为讨,而止公。"又云:"九月,公至。书曰:'至自会。'犹有诸侯之事焉,且讳之也。"② 当时鲁僖公外出参会未归,当时反被齐人追究其责。《左传》这方面的叙事,与《穀梁》讳齐桓的观点不合。

阅读《左传》上述叙事,显示认为"灭项"是"师",但廖平却认为这不是

---

① 《穀梁注疏》卷 4,页 47。
② 《左传正义》卷 14,页 389。

《左传》的本意。《古义疏》云："说《左传》者，竟以项为内灭。"又云："项去鲁远，鲁灭不能有，何以灭之乎？且当僖公时，尚无专权之臣，如昭公之三家。以为内灭，知非《左传》之意。"①不清楚廖平所批判的"说《左传》者"具体指谁。但认为鲁国有臣子在僖公之外主持灭项之事，倒是相当普遍的观点。程颐《春秋传》云："君在会，季孙所为也，故不讳。"②廖平"无专权之臣"似是针对这样的观点而发。问题是，像程颐这样的观点即使错误，也不证明廖疏是正确的。从《左传》记载齐人对鲁僖公"以为讨"的怀疑，完全可能存在这样一个可能性，即鲁僖公同意灭项，表面佯装不知情。因此，纵使当时没有三家之祸，但不能说鲁就不是"灭项"的主体。至少《左传》是这样认为，廖平说"非《左传》之意"是错误的。

5."诬鲁"之谬

因为对《左传》的厌恶，崔适又作出不合理的批判，《复始》云："鲁于是时君明臣良，未有大夫为政之渐。公在会而未归，谁敢取项？《春秋》之义，'得意致会'，被执而归，有何得意而致会耶？既以灭国之罪诬鲁，又没'为桓公讳'之精义，藉以破坏《春秋》而已。"③崔氏"君明臣良"之论，其实都是基于粗略的政治背景而非具体人物的心理叙事，不比廖疏"无专权之臣"之说高明多少，很难以此驳倒《左传》。说穿了，齐灭与鲁灭二说，各有文本典据。能够支持齐灭的证据，是经文言"灭"，而其他鲁国灭他国的记载，如隐二年"无侅帅师入极"、成六年"取鄟"之类，都不是使用"灭"字。何诂："以言灭，知非内也"，④便是据此证成鲁国不是"灭项"的结论。然而，支持鲁灭之说，也可以在经文中找证据。僖十六年经："冬，十有二月，公会齐侯、宋公、陈侯、卫侯、郑伯、许男、邢侯、曹伯于淮。"僖十七年经："九月，公至自会。"阅读这两则经文可知，鲁僖公外出盟会，历三季方才回国，《公羊》对之毫无解说，而《穀梁》仅说"兵车之会也"。⑤ 因此《左传》"止公"的叙事，仍是现存最完整的历史记载，二传难有确证全面推翻。至于"得意致会"之说，不过是重申《公羊》的主张，⑥《穀梁》亦无这样的说法。崔适以此驳

---

① 廖平：《古义疏》卷4，页264—65。
② 程颐：《春秋传》，页1112。
③ 崔适：《春秋复始》卷2，页388。
④ 《公羊注疏》卷11，页236。
⑤ 《穀梁注疏》卷8，页135。
⑥ 《公羊注疏》卷6，页128。

《左》，只能说是重申《公羊》一家之言。公平地说，《左传》言鲁灭，与二传言齐灭，二者分而观之即可，不必出奴入主，强分高下。像崔适那样指控《左传》"破坏《春秋》"，不过是毒辣的骂辞，如此而已。

6. "伐英氏"与"灭项"不相接

对《左传》的观点，钟文烝尝试作出反驳，《补注》云："文与'伐英氏'相接，明是齐人矣。《左传》非也。"① 这个说法尚有不善之处。"伐英氏"与"灭项"分属春、夏两季，而"伐英氏"又不蕴涵"灭项"的必然性，读者其实不容易想到二事是同一行动者负责的。钟氏"相接"之说，有悖正常的阅读观感。在钟注以前，早有类似的论断。孙复《尊王发微》云："此齐人、徐人灭项也，上言'齐人、徐人伐英氏'，下言'灭项'，此齐人、徐人灭项可知也。"② 孙、钟二人都认为经文已显示"灭项"为齐人，差别在于钟文烝保留《穀梁》讳齐桓的观点，而孙复却不认为寓有讳意。然而，二人都遗漏了更重要的关键。在此，试以言"灭"33例的例[19]为证。襄十年经："公会晋侯、宋公、卫侯、曹伯、莒子、邾子、滕子、薛伯、杞伯、小邾子、齐世子光会吴于柤"，又云："夏，五月甲午，遂灭傅阳"，传："遂，直遂也。"③ 可见"遂"字揭示在相参会的诸侯，都参与了"灭傅阳"的行动。以此例彼，处理两件分属不同季节的事件时，不以"遂"言之，就是不想暴露其中的关连性。根据《穀梁》的理解，"灭项"完全可以透过"遂"的使用，从而展示"齐人、徐人"同是"伐英氏"与"灭项"的元凶，但经文不这样做，就是带有讳意。孙、钟二人只谈"灭项"没有主辞的问题，却不注意"遂"的用法，是说不通的。钟注"明是齐人"之论，主要是为了驳斥《左传》"师灭项"之说。但如其解，既然经文已足够显示齐人"灭项"之事，哪能得出"为贤者讳"的结论？钟文烝像孙复那样径从经文作解释，其实不足以辩护《穀梁》。由此察看，实无必要为了驳《左》而认为经文已有"明是齐人"的迹象。

7. 不月非讳

经文隐讳之意，不必涉及月份的阙如。然而，钟文烝和柯劭忞都相信经文没有月份的记载，寓有讳意。钟文烝《补注》云："不月者，既为齐讳，文

---

① 钟文烝：《补注》卷10，页304。
② 孙复：《春秋尊王发微》卷5，页51。
③ 《穀梁注疏》卷15，页252。

从略,异于谭、遂,或亦夷国欤?"①柯劭忞《传注》云:"灭卑国,月。略时,为桓讳。"②本章下文将有解说,《春秋》有关灭国的时间记载,是"中国谨日,卑国月,夷狄不日",若记载月份就是卑国,记载季节就是夷狄,庄十年"十月,齐师灭谭"和庄十三年"六月,齐人灭遂"两则经文,就是卑国该月的明证。陈槃已指出,项国不是姬姓,就是姞姓,③不可能是夷狄。因为这方面的考虑,钟、柯二注遂从"讳"解释"时"的记载。然而,此传明言"为贤者讳"在于"不言桓公",不是月而非时。事实上,中原国家被灭而使用灭夷狄的"时",不是没有例证可寻。襄六年经:"莒人灭鄫",传:"鄫,中国也;而时,非灭也。家有既亡,国有既灭。灭而不自知,由别之而不别也。"④鄫国因"立异姓以莅祭祀",遂被《穀梁》断定是"灭亡之道",于是采用"时"而非"月"的笔法。以此例彼,项国是楚的属国,而僖十七年传"项之可灭"一语,说明项国因某种缘故而应该灭亡,情形大概与鄫国一样。因此,根据《穀梁》的理解,"灭项"系于"夏"而非月份,极有可能是"夷狄时"的性质。钟文烝也意识到这样的可能性,遂有"亦夷国"的疑问,柯注径以"为桓讳"为说,远不如钟注之慎重。无论如何,认为"灭项"系"时"寓有讳意,是不可取的。

8. 齐桓公是贤者,不是"二伯"

成九年传:"为尊者讳耻,为贤者讳过,为亲者讳疾。"⑤尊者、贤者、亲者都是需要隐讳的人。齐桓公是他国诸侯,既非尊者,亦非亲者;之所以得到讳恶,是因为他是贤者。前已述及,齐桓公的"得众",就是保证他作为贤者的主要条件。其中,不是因为"二伯"的缘故。廖平屡以"二伯"为解,基本上都是错误的。《古义疏》云:"《春秋》以二伯为贤而讳之。"又云:"为贤者讳,二伯也。"⑥然而,《穀梁》从未说过齐桓公是"二伯"因而称贤。此传只说"为贤者讳",没有说过齐桓公是"二伯"而享有"贤"的定性。廖疏不合传义,一望而知。

9. "录取"之谬

如上述鄫国非灭之例,言"灭"在特殊情况下,有可能是"非灭"。不过,

---

① 钟文烝:《补注》卷10,页304。
② 柯劭忞:《传注》卷7,页1。
③ 陈槃:《春秋大事表列国爵姓及存灭表撰异》,页587。
④ 《穀梁注疏》卷15,页248。
⑤ 《穀梁注疏》卷14,页226。
⑥ 廖平:《古义疏》卷4,页265。

此传明确"项"是"国也",进一步显示齐桓公是货真价实的灭国。① 这是《公羊》不曾提及的观点。前已述及,此传"不言桓公"也有别于"不言齐灭之";下文也会指出,"桓公知项之可灭"也是《穀梁》独有,而《公羊》欠缺的内容。尽管二传同样有"恶恶""善善""存亡继绝之功""君子为之讳"等主张,但同中有异,不能说它们绝无分别。

可是,陈澧却偏重其同而不问其异,并且根据这样片面的举证,企图以此支持《穀梁》据《公羊》而写的观点。《东塾读书记》云:"此更句句相同,盖《穀梁》以《公羊》之说为是,而录取之也。"②这样说,有任何写作过程的证据吗?没有! 为什么二传有些相同的观点,就必然意味《穀梁》录取《公羊》? 为什么不可能是《公羊》录取《穀梁》,或二传以外另有信息渠道? 囿于文献不足,有关二传孰先孰后,许多情形还是搞不清楚。陈澧仅以二传对僖十七年经一小部分内容相近的文本作出推测,无视《穀梁》对齐桓公灭项的讨论比《公羊》更详实的事实,不正面解释为何《穀梁》有些内容(如"国也"等等)而《公羊》却没有的所以然,径自认定《穀梁》录取《公羊》,当然是经不起反复究诘的大胆猜测。

10. 项之可灭

与"国也"一样,"桓公知项之可灭"同样是《公羊》没有提及的说法,这是认为齐桓公觉得项国应该灭亡,但齐桓公凭什么有这样认知? 项国出现了什么状况而被视为"可灭"? 传文没有说清楚。对此,现有三个说法:

(1)范宁尝试对"项之可灭"作出说明,但不成功。范注:"知政昏乱易可灭。"③然而,项国内政究竟有何乱象? 范宁没有举证,也没有其他证据说明其详情,所以"昏乱"之论,说了也没有多少说服力。

(2)针对范注之失,王崇燕《纠谬》云:"项,楚属国。灭项,以救徐耳。"④王崇燕不同意范注,是可以理解的。然而,僖十五年经:"公孙敖帅师及诸侯之大夫救徐",传:"善救徐也。"⑤这是《穀梁》惟一讨论"救徐"的记载,僖十七年经只说徐人与齐人一起伐英氏,没有证据显示"灭项"是为了"救

---

① 有关"国也"的用例,参阅本书第三章,页376。
② 陈澧:《东塾读书记》卷10,页194。
③ 《穀梁注疏》卷8,页135。
④ 王崇燕:《纠谬》卷5,页294。
⑤ 《穀梁注疏》卷8,页131。

徐"。

(3) 此外,廖平对"项之可灭"提出了另一套解释,《古义疏》云:"据夷狄附楚攻徐。"① 这同样经不起推敲和论证,僖十五年经:"楚人伐徐。"其中没有提及项国的参与,所以廖疏不比王氏"救徐"之论更可信。

归纳上述,范、王、廖三说皆无确证,反正《穀梁》没有详解,研究者不必深究"项之可灭"的缘由。

11. 己之不可以灭

项国应该灭亡,不蕴涵齐桓公应该灭项。《穀梁》使用"己"字,往往意味其人做了恶事。② "不知己之不可以灭"的"己"意谓他自己,指代齐桓公,不是特指他的某一身份。这是需要辨析的重要区分。钟文烝《补注》云:"时桓霸功已成,故言霸者有不可灭之义,而何为灭之乎?"③ 柯劭忞《传注》云:"霸主不应灭人之国。"④ 如二人之说,"己"就是意谓齐桓公作为"霸者"或"霸主"的身份,而非他自己。但细读传文,根本没有提及"霸者"或"霸主"等概念,没有理由断定这是因为齐桓公享有这些身份而"不可以灭"。如果上述"霸者"或"霸主"的解释成立的话,就可能产生以下一个疑问:假如齐桓公不是"霸者"或"霸主",那又如何?难道就可以灭项吗?灭国是恶事,不管齐桓公是什么身份,都不应该灭项。以此反证,可以知道解读此传的"己",援引齐桓公作为五霸之一的历史常识,或多或少是多余的蛇足。明乎此,可知周何译"己"为"他自己的身份",疑是受到钟注的误导,实不如徐正英、邹皓译为"自己"来得确切。⑤

12. 恶恶疾其始

"君子"是指《春秋》作者。⑥ "恶恶疾其始"意谓君子讨厌恶行,从这种恶行开始时就憎恶的。《公羊》僖十七年传:"君子之恶恶也疾始",何诂:"绝其始,则不得终其恶。"⑦ 范注全抄何诂。⑧ 王崇燕观点与之类同,《纠

---

① 廖平:《古义疏》卷4,页265。
② 有关"己"的涵义,参阅本书第三章,页560—61。
③ 钟文烝:《补注》卷10,页304。
④ 柯劭忞:《传注》卷7,页1。
⑤ 周何:《新译》,页402。徐正英、邹皓:《全译》,页269。
⑥ 有关"君子"的用例,参阅本书第一章,页34。
⑦ 《公羊注疏》卷11,页236。
⑧ 《穀梁注疏》卷8,页135。

谬》云:"《春秋》谨始也,恶事多讥其始,贵其闻乱。"①但要注意,无论是"终其恶"抑或"闻乱"的想法,在很大程度上是超出二传之文而自衍己意。在传文的原义上说,"疾其始"就是"疾其始",不必讲到防范"恶"或"乱"的效应。范、王之解,不尽可靠。就此而言,徐正英、邹皓译"君子恶恶疾其始"为"君子憎恨罪恶,从一开始就憎恶",②不触及"终其恶"之论,是可取的。

"恶恶疾其始"不涉及是否一辈子讨厌这个人的问题。范注引范邵曰:"谓疾其初为恶之事,不终身疾之。"③此言不当。"疾其始"是说君子从一开始讨厌恶事,不意味以后就不讨厌,传文实无此义。周何译"恶恶疾其始"为"有修养的君子人,讨厌坏事往往是讨厌其当时所做的事,不会因这件事而一辈子讨厌这个人",④既赘冗又不合传义。

13. 善善乐其终

"善善乐其终"意谓君子褒扬善行,也乐意这种善行也能维持到最后。《公羊》僖十七年传:"善善也乐终",何诂:"乐贤者终其行。"⑤范注全抄何诂。⑥ 何休释"终"为"终其行",显然认为"终"的主体不是《春秋》,而是指其人的善行。这一点,是二传相同之处。范宁以何诂"终其行"释《穀梁》"其终",是有眼光的。然而,徐正英、邹皓译"善善乐其终"为"褒扬善行,直到最后也乐于褒扬",⑦而承载也有类似的译法。⑧ 如此译,"终"就是指《春秋》,很有问题。如上所述,徐、邹对"疾其始"的"始"的理解是指恶行之始,而这里译读"乐其终"却不指善行之终,前言不搭后语,无法妥贴诠释传义。

"善善乐其终"并非认为这个人一辈子也可以不断得到赞美。范注引范邵曰:"谓始有善事,则终身善之。"⑨此解不合传义。"其终"和"其始"一样,都是《春秋》评论的人的行为,"其终"意谓善行维持至最后,不是《春秋》

---

① 王崇燕:《纠谬》卷5,页294。
② 徐正英、邹皓:《全译》,页269。
③ 《穀梁注疏》卷8,页135。
④ 周何:《新译》上册,页403。
⑤ 《公羊注疏》卷11,页236。
⑥ 《穀梁注疏》卷8,页135。
⑦ 徐正英、邹皓:《全译》,页269。
⑧ 承载:《译注》,页257。
⑨ 《穀梁注疏》卷8,页135。

一辈子都在赞许这个人。王崇燕《纠谬》云:"善善乐其终不改,故晚有恶行必盖之,岂以一善庇终身?"①此言击中要害,把范邵的缺失很好地阐述出来。以"终"为"终身",肯定是错解。周何译"善善乐其终"为"如果赞许这个人当初曾经做过某一件好事的话,那就一辈子都会不断赞许那件事",②显然被范邵误导,不合传义。

14. "恶恶疾其始,善善乐其终"不是专谈灭国

"君子恶恶疾其始,善善乐其终"二语是泛言各种类型的行为,不是特指灭国一事而已。柯劭忞《传注》云:"隐二年'无骇帅师入极',传:'何以不氏?贬。……疾始灭也。'所谓'恶恶嫉其始'。灭项,为贤者讳,所谓'善善乐其终'。传义恒对举其事以发之。"③柯注所引的,实是《公羊》隐二年传的内容。④《穀梁》虽贬无骇"灭同姓",⑤但没有"疾始灭"的观点。柯劭忞偷梁换柱,以《公》充《穀》,为合二传而自慰苟安于一时,却难欺人以一世。撇开改动传文的弊病,柯注之义亦有不通。如其解,"恶恶疾其始,善善乐其终"二语,其所针对的行为,仅就灭国而言。然而,僖十七年传实无这样的限定,不能说这是专就灭国而言。

15. 存亡继绝之功

此传申论君子"恶恶"与"善善"的通则,就是为了解释齐桓公灭了项国,何以仍是"贤"的定性。齐桓公曾有"存亡继绝之功",传文没有具体地说是什么内容。对此,现有四个说法:

(1)范注引范邵曰:"存亡谓存邢,继绝谓立僖公,所以终其善。"⑥查看传文,僖元年经:"齐师、宋师、曹师城邢。"闵二年经:"齐高子来盟",传:"盟立僖公也。"⑦范邵"存邢"和"立僖公"皆有经传的根据,问题是:"存亡继绝"是否仅这两件事而已?不清楚。

(2)《左》僖十九年传:"齐桓公存三亡国以属诸侯",杜注:"三亡国,鲁、

---

① 王崇燕:《纠谬》卷5,页294。
② 周何:《新译》上册,页403。
③ 柯劭忞:《传注》卷7,页1。
④ 《公羊注疏》卷2,页30。
⑤ 《穀梁注疏》卷1,页10。
⑥ 《穀梁注疏》卷8,页135。
⑦ 《穀梁注疏》卷6,页104。

卫、邢。"①此说可以与《国语》相互印证,《齐语》云:"鲁有夫人、庆父之乱,二君弑死,国绝无嗣。桓公闻之,使高子存之。狄人攻邢,桓公筑夷仪以封之,男女不淫,牛马选具。狄人攻卫,卫人出庐于曹,桓公城楚丘以封之。"②无疑,齐桓公保存鲁、卫、邢三个"亡国",是春秋时期流行的说法。但这是否等同于《榖梁》"存亡继绝"的全部内容?同样不清楚,没有足够的证据来回答这个问题。

(3)钟文烝《补注》云:"存亡,谓城邢、城楚丘、城缘陵。卫已亡,邢已亡,邢、杞将亡,皆桓所存。"③这是驳斥杜预后所得到的结论,但如钟注之解,似是既想保留"存三亡国"的旧说,但把"三亡国"由鲁、卫、邢改为卫、邢、杞。如上所述,"立僖公"是《榖梁》明确的说法,钟文烝将之剔除,实无理据。此外,歌颂齐桓保存卫、邢、杞三国,是《公羊》僖元年传、僖二年传、僖十四年传讨论"专封"时的观点。④ 然而,《榖梁》似不认可存杞之功,僖十四年经:"诸侯城缘陵",传:"诸侯城,有散辞也,桓德衰矣。"⑤也就是说,《榖梁》对存杞没有明显的褒扬。钟注援《公》解《榖》,不合传义。

(4)廖平《古义疏》云:"存亡,谓存邢、卫、杞;继绝,立僖公也。"⑥这是暗袭何诂,⑦跟钟注一样,于传无据。

上述四个说法,就《榖梁》的内容而言,似乎范邵之说比较接近传义,但因此传不确言究竟,真正尊重传文的态度,其实是阙而不论。

16. 顾念齐桓将死

无论"存亡继绝之功"作何解释,可以清楚的是,这是《榖梁》认可的一种"善",是应该"乐其终"的"善"。如下所述,齐桓公在同年底逝世,所以"终"不是毫无意指的泛辞,而是考虑到其人即将逝世,不想明白斥责其恶,所以经文讳言齐桓公灭项之举。萧楚《辨疑》云:"齐桓之功著矣,齐桓之事终矣(原注:冬,齐桓卒),而又昧此一举,故圣人于此,不斥著其恶,而为之

---

① 《左传正义》卷14,页394。
② 徐元诰:《国语集解》卷6,页238—39。
③ 钟文烝:《补注》卷10,页305。
④ 《公羊注疏》卷10,页200、205—06;卷11,页228—29。
⑤ 《榖梁注疏》卷8,页129。
⑥ 廖平:《古义疏》卷4,页265。
⑦ 《公羊注疏》卷11,页236。

有孙避之文者,以其有卫中国之功,且示'善善乐其终'也。"①与《穀梁》相比,萧楚独特之处,主要是"卫中国之功",而非"存亡继绝之功"。除此之外,萧氏大体上都是解说《穀梁》传义,其中紧扣齐桓公即将逝世而释"善善乐其终"之"终",更是独具只眼,值得备存。

17. 成人之美

不在齐桓公死前贬抑其恶,是出于"成人之美"的考虑。柯劭忞《传注》云:"讳者,君子成人之美,故不斥其恶。"②这是符合传义的判断。隐元年传:"《春秋》成人之美,不成人之恶。"③此"不成人之恶"跟"善善乐其终"的精神是一致的。

18. "以功覆过除罪"之误

为齐桓公隐讳灭项之恶,其中不涉及"功"与"罪"的计算。追溯源头,这本是何休所提出的观点。何诂:"独举'继绝存亡'者,明继绝存亡,足以除杀子纠、灭谭、遂、项,覆终身之恶。"④孔广森进一步加以解释,《通义》云:"明既有此功,乃得覆恶。"⑤然而,《公羊》仅说"善善也乐终",不曾提出覆恶之论,而且《春秋》对他过去的恶行,已有不少记载,如庄九年"齐人取子纠杀之"、庄十年"齐师灭谭"、庄十三年"齐人灭遂"、庄三十年"齐人降鄣"、闵二年"齐人迁阳"等等。这么多的不良记录,真的反映经文认为已除其恶?

因为这样,遵信何诂的刘逢禄也觉得以功除罪的说法不可信:"《春秋》功罪不相掩,以功覆恶而褒封之,非所闻也。"又云:"何氏以为桓公不当坐灭人,岂通论邪?"⑥这就说明,何休上述的观点,连《公羊》信徒也觉得未必可靠。钟文烝被孔广森所误导,故《补注》云:"此所谓《春秋》之义,以功覆过除罪。"⑦似亦考稽不精。《穀梁》没有这样的主张,必须予以扬弃。

19. 小结

齐桓公不是完人,他的恶行在《春秋》记载不少。在他逝世这一年,经

---

① 萧楚:《春秋辨疑》卷3,页150。
② 柯劭忞:《传注》卷7,页1。
③ 《穀梁注疏》卷1,页2。
④ 《公羊注疏》卷11,页236。
⑤ 孔广森:《公羊通义》卷5,页116。
⑥ 刘逢禄:《公羊后录》卷1,页309—10;卷2,页340。
⑦ 钟文烝:《补注》卷10,页305。

文不记载"灭项"的主体,是顾虑到他是一名贤者,而且即将逝世,故讳言其过。就灭项一事而言,《穀梁》批判齐桓公知道项国可以被灭,却不知道自己不可以灭。项存在一些政治问题,导致它的"可灭",若不是灭项的不是齐桓公,不过是"灭人之国"的罪过,不必思考是否需要隐讳的问题。问题是,齐桓公自己不应是灭项的人,这大概是考虑到他本是"存亡继绝"的功绩,觉得他不该做出"灭人之国"的恶行(参照 B_4)。齐桓公的"知"与"不知",导致他作出自相矛盾的表现。

但值得注意,《穀梁》不因其恶否定其贤(参照 I_2)。"贤"是能力卓越的表现(参照 C_4)。齐桓公能够"存亡继绝",能够"得众",能够使诸侯"信其信,仁其仁"(参照 J_1、K_4),都是能力卓越的表现。他的功绩是不宜抹煞的,尽管灭项是恶行,但考虑到其人将死,所以经文也为之隐讳。当然,这不能反过来认为灭项之恶是不足挂齿的小事。像《公羊》那样抬高祭仲,将之视作国家存亡的关键,固然不对(参照 O_2)。不能过度夸大或贬低贤者的功过是非。《穀梁》这样评论齐桓公功过的思路,其实已意味着:

L_4 "贤"不是道德人格的黜陟,而是能力良窳的鉴定。

对贤者的判断,反映《穀梁》的政治伦理思考不是以道德人格作为思考的第一序列,无论是"恶恶""善善"抑或"存亡继绝之功",都是基于齐桓公作为团结诸侯尊周的政治领袖而言。

(九)僖十七年经:"冬,十有二月乙亥,齐侯小白卒。"传:"此不正;其日之,何也?其不正,前见矣。其不正之前见,何也?以不正入虚国,故称嫌焉尔。"①

灭项同一年内,齐桓公亦告逝世,经文记载他的死亡日期,而《穀梁》解释其中的所以然,特别强调作为贤者的齐桓公仍是"不正"。

1. 虽日卒,仍不正

按照"日卒时葬"的传例,一般诸侯死亡若是记载日期,意味其人为"正",没有合法性的问题。② 但强调齐桓公的死亡日期,不是他不是"不正",而是他的"不正"已"前见",意即先前已看到齐桓公的"不正"。

---

① 《穀梁注疏》卷8,页135。
② 参阅本书第一章,页63—66。

2. 见≠不复见

"见"意谓看见,仅此而已,但廖平却认为"见"蕴涵"不复见"之意,《古义疏》云:"凡已见者,则不复再。"①《穀梁》称"见"的东西,不见得不能再出现,如:

> [1]宣二年经:"晋赵盾弑其君夷皋",传:"于盾也,见忠臣之至。"
> [2]宣六年经:"春,晋赵盾、卫孙免侵陈。"
> [3]襄八年经:"季孙宿会晋侯、郑伯、齐人、宋人、卫人、邾人于邢丘",传:"见鲁之失正也;公在,而大夫会也。"
> [4]襄十六年经:"三月,公会晋侯、宋公、卫侯、郑伯、曹伯、莒子、邾子、薛伯、杞伯、小邾子于溴梁;戊寅,大夫盟",传:"溴梁之会,诸侯失正矣。诸侯会,而曰大夫盟;正在大夫也。"②

例[1]于赵盾言"见",而例[2]显示赵盾又再次出现。例[3]是鲁襄公参会而被大夫主导盟会,"失正"已"见",但例[4]说明包括鲁国在内的诸侯其后又再次"失正",这也说明《穀梁》称"见"的东西,绝非"不复再"。廖平"不复再"之说,实是袭取《公羊》的结果。哀三年经:"柏宫僖宫灾",《公羊》云:"《春秋》见者不复见也。"③这是解释经文为何没有复立二宫的记载。《穀梁》没有类似的主张,廖疏援《公》解《穀》,混淆二传,又见一例。

3. 不正前见

此传交代"前见"指代的对象。"不正"是指齐桓公继位的合法性不如其兄公子纠。"虚国"是指庄九年齐襄公死后"无君"的政治局面。④"以不正入虚国"是指庄九年经"齐小白入于齐"的记载。对此,《穀梁》的解释是:"公子小白不让公子纠,先入,又杀之于鲁,故曰'齐小白入于齐',恶之也。"⑤根据这样的解释,齐桓公的两个恶行,即不让公子纠而回国夺位,以及杀公子纠,都是表现在"入于齐"一事之上。读了这则经文,就会知道齐桓公的"不正"。

齐桓公虽"不正"而日卒,在《穀梁》看来,这是因为经文早已指出他的

---

① 廖平:《古义疏》卷4,页266。
② 《穀梁注疏》卷12,页190;卷15,页250;卷16,页259。
③ 《公羊注疏》卷27,页595。
④ 参阅本书第三章,页453—62。
⑤ 《穀梁注疏》卷5,页74。

"不正",即使日卒也不怕读者误会,其情形跟郑厉公突的日卒大致相同。柯劭忞《传注》云:"郑伯突不正,日卒,不发传。发于齐侯小白下,以齐桓之功,犹不应日卒,则其他不正者可知。"① 若果经文没有先前的记载,齐桓公应该不日卒以示"不正"。这就表明,齐桓公与卫桓公一样,既"贤"而又"不正",两种品格定性兼容于一身。

4. 称嫌焉尔

《穀梁》对"嫌"的两种判断,一是"弑而代之",另一是"以不正入虚国"。祝吁是前者,齐桓公属于后者。"焉尔"意谓而已,反映所谈之事仅止于此。② 柯劭忞《传注》云:"疑齐无君,桓公入不为嫌,不知桓公夺纠之位,虽入虚国,犹嫌也。此别嫌明微之义,传特发之。"③ 齐桓公趁"无君"而夺得公子纠的君位,跟祝吁弑卫桓公自立一样,同样"不正",所以《穀梁》表示称"嫌"而已,这是避免读者误会以为他与祝吁有所不同而特作解释。

5. "皆于卒决"之谬

齐桓公的"不正",在他生时被记载"入于齐"已可决定,不用等到死后方见分晓。在这个问题上,廖平的理解有些偏差,《古义疏》云:"诸侯正不正皆于卒决,不于生决。"④ 然而,《穀梁》没有区别"卒决"与"生决"以判断"正不正"的说法。传文于对诸侯生时行为已示"不正",例子甚多,例如"不正罢民三时"(庄三十一年)、"不正其再取"(文七年)等等。⑤ 这些大概属于"生决"之例。依类以推,廖平"皆于卒决"之论,显亦无所考稽。

6. 小结

齐桓公虽是贤者,但不代表他的所有行为都是可取的。他的灭项之所以需要隐讳,以及他先前夺取公子纠的君位,显示他不仅犯下严重的过失,而且他的政治合法性一直也有问题(参照 D_4)。在政治行为的是非判断上,齐桓公这些错误可谓是挥之不去。须知道,齐桓公在位四十三年,他与公子纠争国之事,已是发生在很久以前的事,但经文仍强调他的"不正"。"不正"没有随时间流逝而消减。这意味着:

---

① 柯劭忞:《传注》卷7,页1。
② "焉尔"语义的辨析,参阅本书第一章,页78—79。
③ 柯劭忞:《传注》卷7,页1。
④ 廖平:《古义疏》卷4,页266。
⑤ 《穀梁注疏》卷6,页100;卷10,页167。

M_4　政治人物的合法性不受时间变化而有所影响。

虽然齐桓公的各种政治贡献得到高度肯定,甚至在死后也被经文隐讳其恶,但不等于"不正"可以因为历史环境的改变而就此消逝。《春秋》是尊重历史事实的存在,像齐桓公这样"不正"的君主,在《穀梁》看来,是不可能由"不正"变为"正"的。

三、刘卷

刘卷,即刘文公,周王畿内的诸侯。有关他的事迹,《春秋》提及他拥立王猛、召陵之盟及其卒葬三事。跟卫宣公和齐桓公一样,刘卷的政治行为绝对谈不上"正",但他之所以称贤,同样是因为"得众",因为他在天王逝世后,曾有主持葬礼而得到诸侯拥护的经历。相关的经传共有5则:

(一)昭二十二年经:"刘子、单子以王猛居于皇。"传:"以者,不以者也。王猛,嫌也。"①

周景王死后,王室发生乱事,而刘卷坚定地站在周悼王一方。

1. 刘子和单子

经文不是所有"刘子"都是同一个人。昭十三年经:"秋,公会刘子、晋侯、齐侯、宋公、卫侯、郑伯、曹伯、莒子、邾子、滕子、薛伯、杞伯、小邾子于平丘。"《左》昭十二年传:"成、景之族赂刘献公",②据此可以估计经文的"刘子"即刘献公,非本书所研究的刘文公。

此经的"刘子"即刘文公刘卷,王季子之后。钟文烝《补注》云:"伯盆即卷",③这是结合《左传》证《穀梁》的观点。《左》昭二十二年传:"刘献公之庶子伯盆事单穆公,……戊辰,刘子挚卒,二十二日。无子,单子立刘盆。"杜注:"献公,刘挚。伯盆,刘狄。穆公,单旗。"④上述说法别无反证,与《穀梁》也没有明显的抵触。钟注以此为说,基本上可以采信。

单子,即单穆公单旗。《周语下》云:"穆公,王卿士,单靖公之曾孙也",⑤就是明证。他和刘文公二人皆食邑于周王畿内,宣十年经:"天王使

---

① 《穀梁注疏》卷18,页302。
② 《左传正义》卷45,页1298。
③ 钟文烝:《补注》卷22,页649。
④ 《左传正义》卷50,页1423—24。
⑤ 徐元诰:《国语集解》卷3,页105。

王季子来聘",《左传》云:"刘康公来报聘。"杜注:"即王季子也,其后食采于刘。"①《左》襄十五年经:"刘夏逆王后于齐。"孔疏:"王季子食采于刘,遂为刘氏。此刘夏,当是康公之子。"②以上注疏,说明刘文公以采地为氏的由来。

2.《左传》叙事的可兼容性

《左传》记载周景王生前企图改立王子朝,计划拥立周悼王(即王猛)的刘卷和单旗,迫使刘、单作出反扑,周景王死后,王子朝作乱,而刘、单二人则负责护送周悼王进城,"单子欲告急于晋,秋七月戊寅,以王如平時,遂如圃车,次于皇。"③这方面的叙事,大体上与《穀梁》兼容,可以备存。

3. 王猛系于"以"后

刘子和单子二人是周室的卿大夫,王猛则是周景王之子。经文对人物的排序,一般讲究前尊后卑,僖八年经:"公会王人、齐侯、宋公、卫侯、许男、曹伯、陈世子款盟于洮",传:"王人之先诸侯,何也?贵王命也。"④此"王人"是卑者之称,但也置于诸侯之前。以此例彼,"刘子"和"单子"是诸侯的称呼,一般不能置于称王的政治人物之前。"王猛"系于"以"后,是违反"贵王命"的笔法。

"王猛"称名,纵是嫌辞,也肯定比"王人"更显尊贵,如今却置于"刘子"和"单子"之后,当然是不正常的笔法。杨疏:"刘、单,王之重卿;猛,王之庶子。以贵制庶,嫌其义别,起例以详之也。"⑤以刘、单为"贵",王猛为"庶",按照经文前尊后卑的惯例而言,实无"义别"的顾虑。况且《穀梁》亦无"以贵制庶"的说法,杨疏"贵""庶"之别,实是过度诠释,不宜采信。相比之下,胡传:"尊不以乎卑,贵不以乎贱,大不以乎小。刘盆、单旗,臣也,曷为能以王猛乎?"⑥胡安国此说,自《穀梁》传义发挥而来,比杨疏更合理和更可取。

4. 以者,不以者也

经中言"以",都是表明"以"前的主体作为相关行为的主导者。至于其人是否可恶,就要看"以"的是什么行为。"以"有三种不同的解释,而"以

---

① 《左传正义》卷22,页626。
② 《左传正义》卷32,页932。
③ 《左传正义》卷50,页1426。
④ 《穀梁注疏》卷8,页121。
⑤ 《穀梁注疏》卷18,页302。
⑥ 胡安国:《春秋胡氏传》卷26,页434。

者,不以者也"是其中之一。除本例外,《穀梁》以此解说的经文还有 8 例:

[1]桓十四年:"宋人以齐人、卫人、蔡人、陈人伐郑。"
[2]僖二十六年:"公以楚师伐齐,取穀。"
[3]襄二十一年:"邾庶其以漆闾丘来奔。"
[4]昭五年:"莒牟夷以牟娄及防兹来奔。"
[5]昭二十一年:"宋华亥、向宁、华定自陈入于宋南里以叛。"
[6]定十一年:"宋公之弟辰及仲佗、石彄、公子地自陈入于萧以叛。"
[7]定十三年:"晋赵鞅入于晋阳以叛。"
[8]哀七年:"秋,公伐邾;八月己酉,入邾,以邾子益来。"

根据"以者,不以者也"的传例,经文凡用"以"字,表示不应该"以"的态度。① 上述 8 例皆属此意。

《穀梁》不曾主张所有"以"字都是恶辞,廖平《古义疏》云:"据'以'皆恶辞",②实有偏差。如定四年"蔡侯以吴子及楚人战于伯举",就是"举其贵者"的笔法,不是贬恶蔡侯和吴子。此传既言"不以",那么刘、单之"以"肯定是可贬的。刘、单之"以",问题是他们作为畿内诸侯,却支配了王位的归属。胡传:"二子废立,皆恃大臣强弱而后定者也,故特称曰以。"③此言符合《穀梁》之义,值得备存。

5. "责刘、单"之疑

没有必要罗织罪名,把乱事的责任完全归罪于刘子、单子和王猛。廖平《古义疏》云:"猛为嫡子,结党自恣,王欲废之,当如吴札、曹臧辟辞以承父志。刘、单贪功构祸,言'以'所以责刘、单也。"④以上对王猛"结党自恣"的批判,有违《穀梁》对"以"的理解,因为"以"只蕴涵"以"后的客体是相关行动的顺从者,而非主导者。至于说刘子和单子"贪功构祸",同样无据。廖平对二人的批判,似是据《左传》立言。然而,《左》昭二十二年传:"王子朝、宾起有宠于景王,王与宾孟说之,欲立之。刘献公之庶子伯蚠事单穆公,恶宾孟之为人也,愿杀之。又恶王子朝之言,以为乱,愿去之。"又云:

---

① "以者,不以者也"是属于"X 者,不 X 者也"其中一种句式;参阅本书第二章,页 268。
② 廖平:《古义疏》卷 9,页 611。
③ 胡安国:《春秋胡氏传》卷 26,页 434。
④ 廖平:《古义疏》卷 9,页 610—11。

"夏四月,王田北山,使公卿皆从,将杀单子、刘子。王有心疾,乙丑,崩于荣锜氏。戊辰,刘子挚卒,无子,单子立刘。五月庚辰,见王,遂攻宾起,杀之,盟群王子于单氏。"① 可见,周室出现祸乱的关键,是景王改立王子朝的私心,很难完全归咎于刘子和单子"构祸",而且也没有证据显示他们"贪功"。此外,廖疏认为王猛的正确做法,是像季札、子臧那样"辟辞以承父志"。然而,子臧是在国难期间没有登位,促请曹成公君位无虞;而季札则是拒绝诸兄让国的安排,坚决不肯继位。这二人的做法,跟王猛没有太大的可比性。《穀梁》没有鼓吹让国的主张,也不认为王猛应该让位给王子朝。② 廖疏对王猛的批判,很大程度上是援《公》解《穀》的结果。刘、单二人虽有不正之举,但按照本章的讨论,王猛"居于皇"并非毫无政治合法性,有别于篡立君位的逆贼。因此,没有必要过度否定帮助王猛的刘子和单子。

6. 王猛称名

《春秋》因史文惯例而以"王"称"周",钟文烝《补注》云:"经多以'王'字代周,'王人''王师'之属皆是。《国风》有王,与卫、郑等并为国名,知是史文之属。"③"王猛"的"王"指周室,僖五年经:"公及齐侯、宋公、陈侯、卫侯、郑伯、许男、曹伯会王世子于首戴。"王世子不称其名。相反,"王猛"就是国氏称名,显示他不是王世子的身份,不像"郑忽"那样因削去"世子"二字而仅称其名的措辞。④

全经言"居"共3例,皆对周王而言。僖二十四年传:"居者,居其所也。虽失天下,莫敢有也。"⑤据此,"居"蕴涵"居其所"之意,意谓其人居于其所属的处所,其他人没有占有它的资格。此外,"居"对于居住其地的周王,还有另一重要的涵义,就是指谓其人因定居于某地,已有开始称王的条件。昭二十三年经:"天王居于狄泉",传:"始王也。其曰天王,因其居而王之也。"⑥周敬王因逾年而称王,从"因其居"之说,可以推知"居"的人可以拥有"王之"的条件;王猛不称"天王",原因正在于此。胡传:"称'居于皇'者,

---

① 《左传正义》卷50,页1422—24。
② 参阅本书第一章,页108—31。
③ 钟文烝:《补注》卷22,页649。
④ 参阅本书第二章,页324—28。
⑤ 《穀梁注疏》卷9,页144。
⑥ 《穀梁注疏》卷18,页304。

明其有土当得位之称也。"①此解可取,值得备存。

7. 王猛之嫌

从"居于皇"的笔法可以知道,意味着经文认为王猛虽不正而"嫌",但也有成为周王的可能性。在这里,需要检讨刘敞的批判意见。《权衡》云:"若王猛嫌,岂得云居乎?"②这是预设"居"与"嫌"不能兼容,但"居"仅是指代周王居于某地,不是不蕴涵其人必正。诚如钟文烝所说,"言居者,不正已明,不嫌是'居其所'。"③刘敞因"居"而否定"嫌",是不妥当的。

按照《穀梁》对"嫌"的解释,国氏有嫌的人,不是"弑而代之",就是"以不正入虚国"。《穀梁》以"嫌"解"王猛",肯定不是"弑而代之",因为周景王因病逝世,不是王猛所弑。鉴于此年经文有"入于王城"的记载,可以判断王猛的"嫌"实是"以不正入虚国"。跟祝吁一样,王猛的"嫌"不能说是"当国之嫌"。

明乎此,周何译"王猛嫌也"为"经文在'猛'上加了'王'字,是表示此人权势重大,近似于君主,有当国之嫌,可以说已经自立为君王了",④显然是错误的。"王猛"是"嫌",关键是国氏。不能说加了"王"就意谓"权势重大",例如"王人"的"王"就没有这样的涵义。把"嫌"等同为"当国"是不妥当的,这是范注的错误,不必因袭。按照《穀梁》的用语,只能说王猛"以不正入虚国",不宜说是"当国"。

8. 小结

刘卷虽是贤者,但他和单子在周王室内乱之际支持王猛,肯定是错误的,因为王猛是"以不正入虚国",绝非具有足够合法性的继位者。在很大程度上,刘卷与齐桓公一样,同样是"贤"与"不正"并存(参照 D_4)。

(二)昭二十二年经:"秋,刘子、单子以王猛入于王城。"传:"以者,不以者也。入者,内弗受也。"⑤

王猛入王城,是刘子和单子支持王猛争取王位的另一步棋。

1. 王城 ≠ 西周

"王城"是相对于"成周"而言,前者是地名,后者是国名。《穀梁》并

---

① 胡安国:《春秋胡氏传》卷 26,页 434。
② 刘敞:《春秋权衡》卷 17,页 359。
③ 钟文烝:《补注》卷 22,页 649—50。
④ 周何:《新译》下册,页 1019。
⑤ 《穀梁注疏》卷 18,页 302。

未把"王城"与"成周"理解为两个不同的地名。在地名的解释上,周何犯了一个不大不小的错误,他在注解"王城"二字时,全抄《公羊》昭二十二年传以"西周"解"王城"的观点。① 在《公羊》书中,把"王城"与"成周"解作不同的地名。《公羊》昭二十二年传:"王城者何?西周也。"又,《公羊》昭二十六年传:"成周者何?东周也。"② 有关西周和东周的解释,陈立综合清人考证的成果,然后说:"其战国后之东西周,则考王之弟桓公后也。桓公封于河南,为西周,其孙惠公又封其少子于巩,号东周。惠公、赧王时,东西周分治,王赧徙都西周是也。"③ 不难看见,《公羊》东西周之说,是根据战国时期的地理观念而来,但《穀梁》显然没有这样的主张。最明显的证据是,宣十六年经:"成周宣谢灾",传:"周灾不志也。"④ 可见,《穀梁》认为"成周"就是国名,有别于作为邑名的"王城"。周何援引《公羊》解传,是不可取的。

2. 王猛≠西周主

没有可靠证据显示王猛自号为"西周主"。何休解"西周"云:"时居王城邑,自号西周主。"又解"成周"云:"是时王猛自号为西周,天下因谓成周为东周。"⑤ 然而,《公羊》仅说"西周也",没有说过王猛自号"西周",除了何诂以外,现存文献没有任何旁证可以说明这一点,况且《周本纪》已明言东西周之名,是战国时期的产物。⑥ 因此,论者大多质疑何休自我作古,刘敞说"此休不知之耳",⑦是有见识的。说穿了,何诂之所以认定王猛自号"西周",是因为他不明白《公羊》作为战国时的文献,以战国时的说法解释春秋政情的手法,方才望文生义,遂以为"西周"之名是王猛之时已经出现。于鬯指出《公羊》"正据战国之东西周释成周王城,非春秋时之成周王城已有东西周之号也。"⑧ 的确如此!何休以为王猛等人进入王城催生东西周的说法,既违反史实,又不通《公羊》原义,实不可从。

---

① 周何:《新译》下册,页1020。
② 《公羊注疏》卷23,页515;卷24,页531。
③ 陈立:《公羊义疏》卷64,页2479。"王赧"疑是"赧王"之误倒。
④ 《穀梁注疏》卷12,页206。
⑤ 《公羊注疏》卷23,页515;卷24,页531。
⑥ 《史记》卷4,页198—201。
⑦ 刘敞:《春秋权衡》卷13,页314。
⑧ 于鬯:《香草校书》卷49,页980。

3. 入于

"入于"记载的若是国名,意谓其人取国;若是地名,意谓其人占地叛逆。① "王城"既是地名,表明王猛作为"入"的主体,仅是占据某个地邑对抗君国,还未成功取国。

4. 入者,内弗受

《左传》记载刘子和单子争夺王城,并把周悼王送还王城的经过,"晋籍谈、荀跞帅九州之戎及焦、瑕、温、原之师,以纳王于王城。"② 这也符合《穀梁》对"以"和"入"解释,二者大体上兼容。无论如何,此传再发"以者不以者"和"入者内弗受"的传例,表明刘子和单子主导其事,而且王猛不是王城内部可以接纳的对象。

5. "其有立道"之谬

此经没有使用"立"和"奔",但这不意味着王猛具有"立道"。廖平《古义疏》云:"言居而不言奔者,明其有立道;不言立,亦明其有立道。"③ 本章上文已经交代,《穀梁》只说"立者,不宜立",不曾说过"不言立"蕴涵"其有立道",也没有谈及不言"奔"的涵义。从此传对"以"和"入"的负面解释来看,王猛"居于皇"和"入于王城"都不是《穀梁》认可的做法,没有理由认为其中寓有"立道"。

6. 入于王城 ≠ 入于成周

没有证据显示经文庆幸王猛之"入"。张应昌《春秋属辞辨例编》云:"悼、敬二王以子朝之乱,再出再入,详记之,且曰'王室乱',言其乱形已兆,犹幸其出而能入也。"④ 这是没有吃透《穀梁》的观点,失之宽泛。王猛"入于王城",有别于周敬王的"天王入于成周",二者笔法有异,绝不能说王猛亦是"犹幸"的对象。

7. 小结

刘卷、单子、王猛一伙入侵王城,是周室内乱的深化。《穀梁》指出"以"和"入"的错误,就是说明这次争位行动不具合法性。刘卷虽是贤者,但他作为臣子,实无支配君位继承的资格(参照 M_2)。

---

① 参阅本书第一章,页144—45。
② 《左传正义》卷50,页1427。
③ 廖平:《古义疏》卷9,页611。
④ 张应昌:《春秋属辞辨例编》卷2,页124。

第四章 "贤"的指谓与条件

（三）定四年经："三月，公会刘子、晋侯、宋公、蔡侯、卫侯、陈子、郑伯、许男、曹伯、莒子、邾子、顿子、胡子、滕子、薛伯、杞伯、小邾子、齐国夏于召陵，侵楚。"

《穀梁》无传，但因刘子参与召陵之会，不得不明确交代。

1. 刘子主会

经文系于"会"后的首名诸侯就是"刘子"，如上所述，这种以王臣居上位的笔法带有"贵王命"之意。刘卷是畿内诸侯，尽管周室衰微，但凡是涉及周王的臣子，其排序仍先于其他诸侯。《左》定四年传："刘文公合诸侯于召陵，谋伐楚也"，①说是这次伐楚之会是由刘卷集合的。其说没有反证，足以备存。

2. 疑辞

这是《春秋》最长的一则经文，共 49 字。柯劭忞《传注》说"会十四国之诸侯"，②这是计算错误，经文连鲁国在内，与会代表计有 19 国之多，柯注少了 5 国。而且，国夏仅是齐国大夫，不算诸侯。但要注意，经文虽然"地"而后"侵"，但因内鲁的考虑，系"公"在"会"前为主辞，而其余 18 参会者系于"会"后，所以经文并非"列数诸侯"，即使承认"地"而后"侵"是一种"疑辞"，但其中亦无"著其美"之意。依《穀梁》的解释，"列数诸侯"和"疑辞"两者的结合，就是"著其美"的措辞。③ 钟文烝《补注》云："地而后侵，疑辞也，与衰同。"④这是知道"疑辞"不一定"著其美"，尽管不谈"列数诸侯"的问题，但大体上亦是可取的。

3. 侵月

在正常情况下，经文言"侵"都会记载季节。庄十年经："二月，公侵宋"，传："侵，时；此其月，何也？乃深其怨于齐，又退侵宋，以众其敌；恶之，故谨而月之。"⑤此传通释全传侵时月之例。以此例彼，召陵会后侵楚却记载月份，实有慎重其事而"恶之"之意。

为何贬抑？原因不清楚。但考虑到"侵"本非《穀梁》认可之事，所以不

---

① 《左传正义》卷 54，页 1542。
② 柯劭忞：《传注》卷 14，页 5。
③ 参阅本书第二章，页 340—41。
④ 钟文烝：《补注》卷 23，页 681。
⑤ 《穀梁注疏》卷 5，页 75。

能说贬抑是因为此次用兵"无功而返"。柯劭忞这么批判召陵之会:"无功而返,晋于是乎失诸侯。"①这是参照《左传》的观点,但《左》定四年传"晋于是乎失诸侯"的背景,主要是针对荀寅向蔡侯求索财货而不得,遂对范献子建议辞谢蔡侯,并向郑国借用羽毛装饰在旗杆上参加集会等劣行,②不是因为"无功而返"。此外,《穀梁》也没有任何叙事涉及"失诸侯"等问题。柯注援《左》解《穀》,似是主观猜想,诚非确凿之论。

4. "诸侯皆在"之误

尽管侵楚是中原诸国共同集会后的结果,但不能认为经文因此寓有褒意。廖平《古义疏》云:"侵不月。月者,大侵楚,诸侯皆在,从重而月之也。"③如上所述,《穀梁》对"侵"的定性是负面的,而且认为"侵"而"月之"寓有"恶之"之意。廖平把"谨而月之"改为"从重而月之",于传无据,不能采信。其实,"诸侯皆在"而褒美召陵之会,不是廖平的个人发明。陈傅良早就这么赞扬刘子:"楚纳子朝,于是合十八国之师伐楚,虽五伯未有盛于此时者也。以周之不竞而能合诸侯,盛于五伯。"④陈氏"盛于五伯"之说,是典型的文人说经,夸饰多于实际,非经义确诂。最低限度,《穀梁》没有这方面的主张。廖平是否暗袭宋儒之说,不清楚,但可以肯定的是,"诸侯皆在"不等于"列数诸侯",他的观点很难说是符合传义。

5. 国夏的排序

国夏排在最后,是大夫的地位不如诸侯的笔法。然而,廖平说这是为了"起齐为伯",《古义疏》云:"诸侯皆君,齐独大夫,起齐为伯,如以大夫主诸侯,如赵盾故事也。"⑤其实,国夏排在 18 国君主之后,显然是大夫不敌诸侯的笔法,不能认为这是国夏主导的集会。《穀梁》也没有因大夫排在最末而显示其国称伯的主张。此外,赵盾参加盟会,经文共有 2 例:一是宣元年斐林会后伐郑救陈,经文明言"会晋师",晋师排在"会"后最前的位置,⑥有别于国夏序在最末。另一是文十四年经:"公会宋公、陈侯、卫侯、郑伯、许

---

① 柯劭忞:《传注》卷 14,页 5。
② 《左传正义》卷 54,页 1542—43。
③ 廖平:《古义疏》卷 10,页 643。
④ 陈傅良:《春秋后传》卷 11,页 710。这个观点得到不少学者接受,例如家铉翁:《春秋集传详说》卷 27,页 460。洪咨夔:《洪氏春秋说》卷 27,页 687。李廉:《春秋会通》卷 22,页 554。
⑤ 廖平:《古义疏》卷 10,页 643。
⑥ 参阅本书第二章,页 340。

伯、曹伯、晋赵盾;癸酉,同盟于新城。"这是同盟外楚之会,经文不是先地后伐的"疑辞",难说其中寓有"著其美"之意。廖疏"赵盾故事"的举证,按理似通,但实未有据。

6. 小结

这次召陵之会集合了十九国共同伐楚,但从《穀梁》传例审视,其中似无嘉许刘卷之意。要寻找其贤的证据,还得在别的地方着眼。

(四)定四年经:"刘卷卒。"传:"此不卒而卒者,贤之也。寰内诸侯也,非列土诸侯,此何以卒也?天王崩,为诸侯主也。"①

刘卷死亡,经文记载其事,《穀梁》认为这是他作为贤者的直接证据。

1. 王臣之卒

通常,《春秋》不会记录王臣的逝世。综观全经,共有 4 名王臣记载其死,除刘卷外,还有 3 例,即隐三年"尹氏卒"、文三年"王子虎卒"、昭二十二年"王子猛卒"。《穀梁》皆有发传解释。此经记载刘卷的死亡,《穀梁》指出这是因为经文把他视为贤者。

2. 刘卷称名

"刘卷"的"卷",与"刘夏"的"夏",皆是名。《穀梁》对之没有深解,但有一些论者认为这样的称呼别有缘由:

(1)杜注:"刘子奉命出盟召陵,死则天王为告同盟,故不具爵。"②这个观点对后世影响甚大,不乏论者信从其言。③ 如果此说成立的话,那么《穀梁》就有被否定的可能性。齐召南便是这样的思路,以赴告来驳斥《穀梁》:"寰内诸侯,《春秋》例不书卒。其尝同会盟来赴者则书之,不关于贤不贤也。"④问题是,《春秋》所据的鲁史旧文究竟有什么王臣曾赴告于鲁,其实无从稽考。透过赴告这种无法举证的理由来解说刘卷的卒文,是否足够可信,还待审理。⑤ 齐召南据以批驳《穀梁》,很有争议性。对此,柳兴恩已有正面的驳议:"旧史以来赴书者,当不止刘卷一人。圣经不削刘卷,必其贤也。"⑥从政治常识推理,春秋二百四十二年间,鲁国不可能只收到 4 个王臣

---

① 《穀梁注疏》卷 19,页 321。
② 《左传正义》卷 54,页 1541。
③ 例如崔子方:《崔氏春秋经解》卷 11,页 318。湛若水:《春秋正传》卷 34,页 606。
④ 齐召南:《穀梁考证》卷 19,页 845。
⑤ 有关"赴告"说的考辨,参阅方韬:《杜预〈春秋经传集解〉研究》,页 238—81。
⑥ 柳兴恩:《大义述》卷 10,页 139。

死亡的报告。《榖梁》认为刘卷因贤而有卒文,至少是自成一家之说,没有必要轻信齐召南这种没有确据的猜测。

(2)孙觉认定这是贬抑他曾有交往列国的经历,《经解》云:"刘子,王臣而下交诸侯,于其卒也来赴鲁,《春秋》欲正其外交之罪,故特书其卒。"①这是宋儒倾向接受的政治观点。谢湜就有类似的观点:"王臣以赴告之礼交于列国,非礼也。刘子卷夺爵,贬之也。"②说"刘卷"之名寓有贬义,跟杜预说它无关褒贬,同样言无确据,是任意发挥的自由心证。况且,以王臣与外国交往为禁忌,反映的是宋儒疑忌夷狄的政治心理,难以据此判断经义亦是如此。

(3)刘逢禄这是暗藏"世禄"或"爵不得世"的主张,《申墨守》云:"存刘者,明天子大夫得世禄。去子者,明爵不得世也。"③然而,《公羊》定四年传:"刘卷者何?天子之大夫也。"④其中既无存氏而"得世禄"的观点,亦无去子而"明爵不得世"的说法。刘逢禄之说,与《公羊》不合。寰内大夫之所以领有采地,首要条件不是世袭,而是职官、爵禄得到册命的授受关系。⑤刘逢禄认为天子大夫可以"世禄"而"爵不得世",显示他不完全理解周代畿内大夫的制度安排。这个观点,可能仅是刘逢禄迎合满清权贵的政治意见,用来诠释《公羊》已不可靠,遑论对《榖梁》的参考价值了。

3. 寰内诸侯

跟其他载有卒文的王臣相比,刘卷不是与周王具有血缘关系的王子。王子虎和王子猛都是周王之子,有别畿内的大夫和诸侯。刘卷也不是只有职官的卿大夫,尹氏是天子之大夫,似乎不像刘卷那样领有采邑。⑥范注:"天子畿内大夫有采地者,谓之寰内诸侯。"⑦因为采地在王畿,所以刘卷有别于王畿外列土封疆的世袭诸侯。《榖梁》辨析"寰内诸侯"与"列土诸侯"之异,仅是从另一角度回答卒文的原因。

---

① 孙觉:《春秋经解》卷12,页768。
② 谢湜之说,引自李明复:《春秋集义》卷46,页757。
③ 刘逢禄:《公羊后录》卷1,页326。
④ 《公羊注疏》卷25,页558。
⑤ 吕文郁:《周代的采邑制度》,页124。
⑥ 参阅本书第三章(页427)和本章(页685)的讨论。
⑦ 《榖梁注疏》卷19,页321。

4. 此何以卒也

"此何以卒也"不蕴涵"虽贤,犹不当卒"之意。换言之,"此不卒而卒者"与"此何以卒也"都是询问刘卷为何有卒文,二者是同一个问题的不同表述。此传没有剖析过即使刘卷是贤者,但也得不到卒文的可能性。范注:"非列土之诸侯,虽贤,犹不当卒。"杨疏:"'贤之'一文,而义当两用,解上言不卒而得书卒之意,释下言贤之犹贤不当卒。"①注疏的观点,似乎有待商榷。传中"寰内诸侯也,非列土诸侯"不是"贤之"以外另提一问。范注"虽贤"的答问,实是过度诠释。杨士勋曲徇范注,把"贤之"理解为一义两用,亦不可从。撤除"虽贤"之说,注疏方能通释全传,徐正英、邹皓不理会"虽贤"之问,直译"寰内诸侯也,非列土诸侯,此何以卒也"为"他是寰内诸侯,不是分封了的诸侯,这里为什么记载他的去世呢",②是正确的解读。

5. 葬景王的"主"

传中的"天王"是指周景王。昭二十二年经:"葬景王。"当时刘卷代表周室,以主人的身份接待参与吊祭的各国诸侯。范注:"尝以宾主之礼相接,能为诸侯主,所以为贤。"③这是可以接受的解释。

传文的"主",乃是"宾"的对称,④完全是针对天王卒葬而言,跟二伯之制没有什么关系。与廖平相似,王崇燕也讲究"二伯"之制,《纠谬》云:"主如'陕以东,周公主之'之主,谓二伯之制主诸侯也。"⑤《穀梁》虽提及"交质子不及二伯"的主张,⑥但不曾明言"二伯"的内涵和指涉对象。王崇燕上述引文,非传文固有。《公羊》隐五年传:"天子之相,则何以三?自陕而东者,周公主之;自陕而西者,召公主之;一相处乎内。"⑦这是讨论为何有三个"天子之相"的问题,与"二伯"没有直接的关系。王崇燕错援《公羊》,移宫换羽,有违传义。传文明言刘卷"为诸侯主"是当"天王崩"之时,可见"主"仅是丧葬时以主人接待宾客的意义上说,不是平常政治制度意义的领

---

① 《穀梁注疏》卷19,页321。
② 徐正英、邹皓:《全译》,页739。
③ 《穀梁注疏》卷19,页321。
④ 这是"主"其中一个通行用法,例如《檀弓》云:"宾为宾焉,主为主焉。"参阅《礼记正义》卷9,页282。
⑤ 王崇燕:《纠谬》卷11,页318。
⑥ 《穀梁注疏》卷2,页26。
⑦ 《公羊注疏》卷3,页49。

导关系。王崇燕把问题扯到"二伯"上,舛错昭然。

6. 为诸侯主＝得众

在《穀梁》看来,刘卷之贤,在于他能够主持天子丧葬的资历,如此而已。文九年传:"言周,必以众与大言之也。"① 凡是提到"周"的时候,经文一定是用"众"与"大"来谈论它。刘卷既为天子丧葬的主持者,各国诸侯在葬礼上结集他的周围,换个角度看,亦是"得众"的表现。或者说,不这样理解,就无法明白刘卷为何是贤者。

贤刘卷的原因,已如上述,但廖平却说这是因为刘卷曾经支持王猛继位,《古义疏》云:"奉王猛拒子猛,王猛卒,又奉敬王以正王室。猛不正,何贤乎尔?于猛之争立则嫌之,所以使父命行乎子,以尊君主。此许卫辄之例也。于刘之拒朝则贤之,追其持正之功,所以孤乱党。此许里克弑奚齐之意也。然则何以不于其事贤之?方欲责猛,不以进刘,故于其卒焉贤之也。"② 廖平所说,似有不少误解。《穀梁》认为王猛不正,从"居于皇"到"入于王城"是批判刘子和单子,既无"正王室"的观点,也没有"使父命行乎子"。此外,廖疏以"许卫辄"解释为何"居于皇"到"入于王城"的经文没有称许刘卷之辞,但卫辄与王猛是完全不同的情况。哀二年传:"以辄不受父之命,受之王父也。"③ 卫辄有王父之命而无父之命,而王猛既无王命又无其他尊亲之命,怎能以卫辄比拟王猛?如本书第二章所示,《穀梁》对里克弑奚齐是否定和批判的态度,而里克与王猛的作为也没有可比性,怎么以里克比拟王猛?廖平以卫辄和里克作对比,无非是要证明经文"方欲责猛,不以进刘",但《穀梁》绝无此说,廖疏贤刘卷的观点,全是任凭主观感想而下的臆断,不足为凭。

7. "我主之"之论

《公羊》同样谈论治丧之主,却说是"我主之",意谓刘卷之丧由鲁国主持。这个说法,与王鲁无关。《公羊》定四年传云:"外大夫不卒,此何以卒?我主之也。"何诂:"我主之者,因上王鲁文王之,张义也。卒者,明主会者,当有恩礼也。言刘卷者,主起以大夫卒之,屈于天子也。"④ 何休以上的解

---

① 《穀梁注疏》卷11,页171。
② 廖平:《古义疏》卷10,页645。
③ 《穀梁注疏》卷20,页338。
④ 《公羊注疏》卷25,页558。

释,无案可稽。《公羊》未尝说过"王鲁",也没有"屈于天子"的说法。何诂过度诠释,不合《公羊》本义。从《穀梁》的视角出发,无论是"我主之"抑或"王鲁",都不是能坦然接受的观点。廖平却说"与此说同",[1]其谬一瞅便已了然。

虽然不涉及王鲁之谬,孔广森认为经文有辩护刘卷"道卒"的考虑,也有问题。《通义》云:"我主之者,盖刘子反自召陵,遘疾道卒,鲁人为之辩护其丧事与?"[2]不过,刘卷之卒,与尹氏、王子虎、王子猛之卒一样,皆未记载地点。《公羊》宣九年传:"诸侯卒其封内不地",[3]而《穀梁》也有相同的观点。僖四年经:"许男新臣卒",传:"诸侯死于国,不地;死于外,地。"[4]不难发现,二传皆认为诸侯不记载死亡地点,已意味其人死于国内。孔广森无视于此,也没有任何有力的旁证支持刘卷道卒、鲁人辩护丧事的说法,但从《通义》自设的疑问语气,足见孔广森也不敢自信其说。要之,这是疑所不当疑,实属多余。钟文烝批判孔广森"遂滋异解",[5]是正确的。

无论如何,由"我主之"推论不出贤刘卷的结论。它与"为诸侯主"是两套完全不同的主张,不能强合。

8. 小结

刘卷的事迹记载不多,但经文却记载这个王臣的死亡,这是异常的笔法。《穀梁》认为他在过去是葬周景王的葬主,以此贤其人。曾在周王崩葬期间"为诸侯主"的经历,使刘卷可以算得上"得众";而这也是他为何称贤的一个原因(参照 J_1),故《穀梁》视之为贤,也符合其解经的内在理路。

必须注意,刘卷"为诸侯主"与齐桓公率领诸侯"同尊周"一样,不仅是"得众"的表现(参照 J_1),在某程度上说,也是尊君的表现(参照 L_1)。作为主人接待参与吊祭周王的各国诸侯,若非尊君,尊敬周礼结构位阶最高的君主,焉能如此?在《穀梁》看来,大概不是谁都可以按章程照办就能胜任的工作。刘卷因"为诸侯主"而称贤,是因为他能带领诸侯在周王死后进行丧礼,这是能力层面(而非道德水平)的事情(参照 L_4)。

---

[1] 廖平:《古义疏》卷10,页646。
[2] 孔广森:《公羊通义》卷11,页255。
[3] 《公羊注疏》卷15,页342。
[4] 《穀梁注疏》卷7,页113。
[5] 钟文烝:《补注》卷23,页684。

(五) 定四年经:"葬刘文公。"

《榖梁》无传。

1. 时葬无故

其他王臣虽卒不葬,《春秋》仅刘卷一人载有葬文。从《榖梁》的视角来看,这是因为刘卷是贤者,而贤刘卷的观点则在卒文中具见,所以不发传另作解释。这是《榖梁》学者的共同意见,钟文烝、廖平、柯劭忞皆如是说。① 根据"日卒时葬"的传例,不论是诸侯抑或大夫,若是记载死亡日期和下葬季节,其人为"正"。② 刘卷的死亡和下葬都是记载季节,意味其人不正,而死后却无变故发生。

2. 小结

刘卷的葬文,主要是因为先前经文已有卒事,故不得不载其葬。曾经协助周悼王争位入王城的乱事,已决定刘卷的不正。刘卷和卫宣公、齐桓公二人一样,都是"不正"的贤者。

第二节 贤与通恩

除了"得众"这个条件外,《榖梁》指出"贤"还可以有其他条件。除了季札和馀眜的"尊君"和"使贤"外,"通恩"也是称贤的一个条件。公弟叔肸就是因"通恩"而得到传文称许为贤者。本节在讨论叔肸之外,还会附带谈论两个没有被《榖梁》称贤的人,一是被《公羊》称贤的公子友,在《榖梁》始终找不到任何直接证据显示他是贤者;虽然与叔肸一样,都有亲人涉及弑逆之罪,但公子友与叔肸显然不是相同的定性。另一个要谈论的是楚灵王,因为曾有弑君的经历,楚灵王当然不是《榖梁》认可的贤者,但他在杀庆封前的叙事,却是谈到"用贤治不肖"的问题,在某程度上也该与"通恩"之义相互印证。

一、公弟叔肸

叔肸是鲁文公之子,鲁宣公的母弟。有关他的问题,需要从鲁文公死后政局的剧变说起。相关的经传共有 3 则:

---

① 钟文烝《补注》卷 23,页 684。廖平《古义疏》卷 10,页 646。柯劭忞《传注》卷 14,页 6。
② 参阅本书第一章,页 63—70。

(一)文十八年经:"冬,十月,子卒。"传:"子卒不日,故也。"①

鲁文公卒葬后,太子恶被害,这是叔肸与鲁宣公兄弟不和的主因。

1."子"是谁?

"子",其名或称"恶",或称"赤"。范宁解"子"为"子赤",是依照《公羊》的说法;《左传》则称之为"恶"。② 二者之异,不必强同。

2. 储君称子

按照"称子未葬"的传例,刚继位的嗣君在先君下葬前,一般正常的称号是称子,如宋襄公称"宋子",叔武称"卫子"。③ 如果死亡的人是鲁国嗣君,因经文内鲁而先君未葬,则略国而称名,如:

> [1]庄三十二年经:"十月乙未,子般卒。"闵元年经:"六月辛酉,葬我君庄公。"
>
> [2]襄三十一年经:"九月癸巳,子野卒。……(十月)癸酉,葬我君襄公。"

观此二例,子般和子野都是原本继嗣的鲁国储君,但其死先于先君之葬,同样称名。

此经称子不名,大概是因为当时先君文公已葬。孙觉的观点相当值得重视,《经解》云:"不名之,文公已葬,无所名也。"④鉴于文十八年经:"六月癸酉,葬我君文公。"而"子卒"系于是年十月,可见其死晚于先君之葬。孙觉"不名之"的观点,符合经义。其后,孔广森《通义》云:"既葬不名。"⑤钟文烝《补注》云:"既葬,故不名。"⑥以上二说,与孙觉之说并无什么出入,但也符合《穀梁》传义,倒是无妨。

3.《左》《公》叙事的可兼容性

按照"日卒时葬"和"公薨不地"的传义,一国之君若是正常死亡,通常都会记载死亡的日期、下葬的季节和逝世地点。⑦ 此经卒月不地,意味发

---

① 《穀梁注疏》卷11,页184。
② 《穀梁注疏》卷11,页184。《公羊注疏》卷14,页316。《左传正义》卷20,页575。
③ 有关"称子未葬"的讨论,参阅本书第一章,页81—83、90—92。
④ 孙觉:《春秋经解》卷7,页712。
⑤ 孔广森:《公羊通义》卷6,页159。
⑥ 钟文烝:《补注》卷14,页418。
⑦ 有关这方面的问题,参阅本书第一章,页56—70。

生了变故。《左》文十八年传:"仲杀恶及视,而立宣公。"①《公羊》宣八年传:"曷为贬?为弑子赤贬。"②二传皆认为"子卒"的元凶是支持鲁宣公的公子遂,这是《穀梁》可以兼容的观点。

尽管传文没有明白交代公子遂弑君之事。然而,闵元年经:"齐仲孙来",传:"其不目而曰仲孙,疏之也。"③公子庆父因弑子般,经文仅言"仲孙"以示"疏之"。以此例彼,宣八年"仲遂卒于垂",就是暗喻公子遂弑君的笔法。有关这一点,柯劭忞说的最是明白:"仲、仲孙,皆氏也。不曰公子遂,曰仲遂;不曰庆父,曰仲孙;皆以其弑君疏之。"④公子遂因弑子恶而称仲遂,跟庆父因弑子般而称仲孙,是相同的道理。从《穀梁》的视角出发,承认公子遂是弑君的元凶,是没有什么问题的。

4. 故≠杀

此传的"故"实指"子卒"一事,但范注:"故,杀也。"⑤"故"不宜训作"杀"。廖平袭用此说,是错误的。⑥ 王崇燕批判范注"不当言杀",⑦钟文烝《补注》亦云:"此'故'固是弑,不得训'故'为'弑'"。⑧ 这些都是公允的批评。

此经言"卒"不言"杀",不意味其中寓有讳意。范注:"不称杀,讳也",⑨似乎暗袭《左传》。《左》文十八年传:"书曰'子卒',讳之也。"⑩《穀梁》实无言卒而讳的主张。鲁国是《春秋》的"亲者",诸如"为亲者讳败不讳敌""为亲者讳疾"的主张,⑪说明经文为亲者所讳的是"败"和"疾",而"败"是就军事上的问题,⑫姑且不论,"疾"是指鲁国当事人自身之"疾",不是他人之"疾"。太子恶被害,问题在于凶手公子遂,而非子恶。此传言"故"不

---

① 《左传正义》卷20,页575。
② 《公羊注疏》卷15,页336。
③ 《穀梁注疏》卷6,页103。
④ 柯劭忞:《传注》卷5,页2。
⑤ 《穀梁注疏》卷11,页184。
⑥ 廖平:《古义疏》卷5,页369。范注之误,参阅本书第一章,页57。
⑦ 王崇燕:《纠谬》卷6,页301。
⑧ 钟文烝:《补注》卷14,页418。
⑨ 《穀梁注疏》卷11,页184。
⑩ 《左传正义》卷20,页575。
⑪ 《穀梁注疏》卷13,页212;卷14,页226。
⑫ 相关的讨论,参阅本书第二章,页208—10。

言"讳",两者是有区别的。《穀梁》讨论鲁隐公被弑的笔法,也仅是说"隐之"而非"讳"。从《穀梁》传义出发,是没有理由从"讳"来理解"不称杀"的原因。

5. 小结

公弟叔肸之所以称贤,与鲁国发生储君遇害的惨事密切相关。如果不是发生公子遂弑太子恶之事,鲁宣公的继位也就不致从一开始便有合法性的疑难。

(二)宣元年经:"春,王正月,公即位。"传:"继故而言即位,与闻乎故也。"①

随着太子恶的逝世,鲁宣公也随之登位。他也是谋害太子恶的凶手,这一点相当重要。

1. 鲁宣公是鲁文公之子,抑或其弟？

"公"就是鲁宣公。传文不曾明言他是谁的儿子。《左》文十八年传:"文公二妃。敬嬴生宣公。敬嬴嬖,而私事襄仲。宣公长,而属诸襄仲。"②如其说,鲁宣公就是鲁文公之子。

然则,《公羊》却有不一样的解释。《公羊》宣八年传:"顷熊者何？宣公之母也。"③顷熊之夫是鲁僖公,因而《公羊》认为鲁宣公是鲁僖公之子,即鲁文公之弟。据此,陈立《义疏》进一步解释说:"考懿伯为孟献子之子,献子为桓公子庆父之曾孙,自桓公至懿伯六世:桓公生庄公,庄公生僖公,僖娶顷熊,生宣公及叔肸,叔肸生婴齐,齐生叔老,老生弓,是为敬子。敬子即敬叔。自桓公至敬叔七世。懿伯正为其叔父,是宣公为僖公子明矣。"④这是从《檀弓》印证《公羊》之说。《檀弓》引惠伯曰:"政也,不可以叔父之私,不将公事",郑注:"敬叔于昭穆以懿伯为叔父。"⑤因敬叔称懿伯为"叔父"而逆推鲁宣公的世代,固然言之成理。不过,《左》昭三年传:"叔弓如滕,葬滕成公。子服椒为介。及郊,遇懿伯之忌,敬子不入。"⑥其中,没有"叔父"之称。就《左传》自身叙事而言,因未称叔,也不构成影响宣公为文公之子的反证,故不能说《左传》自相矛盾。诸经之间取材各有异同,陈立援《檀

---

① 《穀梁注疏》卷12,页186。
② 《左传正义》卷20,页575。《史记·鲁周公世家》(卷33,页1856)亦有相同的叙事。
③ 《公羊注疏》卷15,页340。
④ 陈立:《公羊义疏》卷44,页1641。
⑤ 《礼记正义》卷10,页304。
⑥ 《左传正义》卷42,页1187。

弓》证《公羊》的结论，仅是一家之言，不见得能够压倒《左传》的叙事。

作子抑或作弟，二说各自典据，但就《穀梁》而言，只能采用作子之说。文十八年经："夫人姜氏归于齐"，传："恶宣公也。"又云："侄娣者，不孤子之意也，一人有子，三人缓带。一曰就贤也。"①姜氏是文公的夫人，在太子恶被害后回到齐国。传文批判鲁宣公没有尊养姜氏，反映他是文公的儿子。假如宣公是文公之弟，这一批判也就变成无的放矢。大概因为这个缘故，廖平《古义疏》援引《史记》宣公为文公之子的叙事，不采用作弟之说。② 另外，柯劭忞《传注》云："宣为文公子，非弟明矣。"③此言切中肯綮，堪为定论。

不过，陈立却据《新序》申张作弟之说，《新序·节士》云："鲁宣公者，鲁文公之弟也。"④据此，陈立《义疏》云："刘向习《穀梁》，则《穀梁》亦以宣公为僖公子矣。"⑤石光瑛注《新序》，接受陈立的观点："作子者《左氏》古文说，作弟者今文说，不可强合。"⑥这是认定《穀梁》与《公羊》同属今文，所以只能接受《公羊》作弟之说，其立论彻底错误。陈立之所以强调《新序》是《穀梁》的观点，企图援《穀》以驳《左》，从而申张《公羊》作弟之说。然而，以《新序》证《穀梁》，是难言妥稳的做法。刘向虽习《穀梁》，不意味《新序》全是《穀梁》的内容，以《新序》为说可能导致援《公》解《穀》之弊。⑦《穀梁》没有说过类似"鲁宣公者，鲁文公之弟"的主张。前已述及，《穀梁》批判宣公不奉养姜氏，显示《穀梁》认为他是文公之子。这是无法推翻的内证。石光瑛弃《左》取《公》，不顾《穀梁》文本究竟如何，充分反映今古壁垒的成见有害于传文的正确认识。

2. 继故而言即位

《春秋》有 8 位君主（桓、文、宣、成、襄、昭、定、哀）元年有"即位"之文。在这 8 人之中，文、成、襄、昭、哀 5 公是"继正即位"；定公则因先君昭公流亡在外，另有特笔。真正有问题的是桓公和宣公，传文"继故"是指新君继位前发生变故，桓公之兄隐公被公子翚所弑，而文公之子恶亦被公子遂

---

① 《穀梁注疏》卷 11，页 185。
② 廖平：《古义疏》卷 6，页 373。
③ 柯劭忞：《传注》卷 8，页 22。
④ 石光瑛：《新序校释》卷 7，页 882。
⑤ 陈立：《公羊义疏》卷 44，页 1641。
⑥ 石光瑛：《新序校释》卷 7，页 882。
⑦ 参阅本书第一章，页 127。

所弑。

即位前出现君主被弑的惨剧,一般算是"继弑君"的情况,如果即位的新君是合法的继承人,那么经文就不记载"即位"以示"正"。庄元年传、闵元年传、僖元年传解"元年,春,王正月"皆云:"继弑君,不言即位,正也。"①庄公之前的"弑君",是指他的伯父隐公被杀,两者相距共十八年。闵、僖二公即位,是子般和闵公被杀翌年的事情。比较这三个事例可知,不管是弑君与即位相距的时间之长短,也不影响《穀梁》以"继弑"和"正"的观点来诠释不言"即位"的原因。

3. 与闻乎故

"与闻乎故"的"与",音"预",有参与之义。如《八佾》云:"吾不与祭,如不祭。"②《内则》云:"六十不与服戎。"③二"与"皆是参与义。参与义,在《穀梁》是常见的用法。如"与于弑公"(隐四年)与"我与夫弑者"(昭十九年),④二"与"皆是指参与弑君之罪。"与闻"就是参与其事并听闻其情。⑤"与闻乎故"与"继故"的"故",同样是指弑君的乱事,因此"与闻乎故"就是指宣公参与并听闻弑谋。

"与闻"不等于"与",宣公与桓公不是直接动手或指挥乱事的凶徒,仅是参与并知悉逆谋。桓元年传:"无恩于先君",范注:"推其无恩,则知与弑也,此明统例耳。与弑尚然,况亲弑者?"杨疏:"桓是亲弑之主,而传论与弑之事,故知传意本'明统例'尔。"⑥对此,钟文烝《补注》反驳说:"注、疏非传意,弑逆之事非一人所能独为,'与弑'即是亲弑……弑见故,后言即位,皆为与弑之辞。"⑦桓公和宣公同是"与闻",如上举证,公子翚与许止之弑是"与",范、杨、钟三人持论虽有异,但同样把传文的"与闻"理解为"与弑",是不够准确的解读。范、杨为了区分"亲弑"与"与弑"而提出"明统例"的说法,但《穀梁》实无这样的区分,钟文烝"非传意"的批评是正确的。话说回

---

① 《穀梁注疏》卷5,页60;卷6,页102;卷7,页105。
② 《论语注疏》卷3,页38。
③ 《礼记正义》卷28,页854。
④ 《穀梁注疏》卷2,页18;卷18,页299。
⑤ 《左传》对"与闻"的使用,与《穀梁》同样是参与听闻之义。《左》隐十一年传:"虽君有命,寡人弗敢与闻。"《左》襄四年传:"三《夏》,天子所以享元侯也。使臣弗敢与闻。"参阅《左传正义》卷4,页125;卷29,页831。
⑥ 《穀梁注疏》卷3,页32。
⑦ 钟文烝:《补注》卷3,页73。

头,钟文烝把"与弑"等同"亲弑"虽合传义,但此传的"与闻"有别于"与弑",若把二人的"与闻"理解为"亲弑",是没有紧扣传文的解读。尽管《榖梁》认为鲁宣公亦是弑子恶的逆贼(如宣十七年传亦言"宣弑"),但从"与闻"的用辞可以反映此传不把他们视作亲弑之人。

4. 与闻≠如其意

宣公与桓公知悉逆谋却没能避免弑君之事,事后得以继位,坐享弑君的胜利果实,无论其人有什么想法。相比于《榖梁》,《公羊》比较重视其人的心意。《公羊》宣元年传:"继弑君不言即位,此其言即位何?其意也。"①王引之《经义述闻》云:"'其意'上当有'如'字。……若无'如'字,则文义不明。"②这是正确的解读,陈立也予以接受,《义疏》云:"王说是也。注明云'故复发传',明与彼传同也。《榖梁传》:'继故而言即位,与闻乎故也',亦是重发传。"③二传都是再次发传,都是把宣公与桓公视为同一类型,故对经文应该皆以"如其意"来解释。不过,陈立没有注意二传的差别:《公羊》强调逆贼之"意",而《榖梁》仅言"与闻",桓、宣二人究竟是什么想法,实非关键。

5. "与"或"与闻"皆是弑贼

按照《榖梁》的用法,对弑祸无论是"与"抑或"与闻",都是弑贼,不能说没有亲弑而免于弑名。桓公仅是"与闻乎弑"而没有亲自弑君,但桓元年传:"桓弟弑兄,臣弑君",④可见传文未尝因桓公没有亲自操刃而免去他的弑名。宣公是"与闻乎故",而"与闻乎故"与"与闻乎弑"大体上是同一回事,以此例彼,宣公即使不是"弟弑兄",也肯定是"臣弑君"的罪人。

这里之所以强调"弟弑兄"的问题,是因为宣公与子恶孰兄孰弟,尚待辨析。《左》文十八年传:"宣公长",⑤而《鲁世家》则强调太子恶之母哀姜为"长妃",而宣公之母敬嬴为"次妃",⑥不知是否因为司马迁另有史料根据而删去"宣公长"的叙事。当然,《史记》未必可以构成《左传》的反证,而宣公为兄的可能性也似乎比较大,反正从《榖梁》的立场上看,这方面的问

---

① 《公羊注疏》卷15,页318。
② 王引之:《经义述闻》卷24,页1479。
③ 陈立:《公羊义疏》卷44,页1642。
④ 《榖梁注疏》卷3,页31。
⑤ 《左传正义》卷20,页575。
⑥ 《史记》卷33,页1856。

题实不重要。

6. "月"前"王"之有无

经文记载桓、宣二公的"即位",意味着二人皆因"与闻"而非"正",但笔法不尽相同:桓公在位18年,其中14年"月"前皆无"王"字;宣公同样在位18年,"月"前书"王"共有8年(元年、二年、三年、四年、十六年、十七年),其中10年都是书时(即书"春")无"月",因无"月"而不言"王",属于正常的措辞,《穀梁》亦无发传特解。

为何有这样的差别?大概因为桓公是《春秋》第一位在经中被弑的鲁国君主,桓元年传:"桓无王,其曰王,何也?谨始也。其曰无王,何也?桓弟弑兄,臣弑君,天子不能定,诸侯不能救,百姓不能去,以为无王之道,遂可以至焉尔。元年有王,所以治桓也。"①经文透过改变书"王"的笔法,寓有批判"无王之道"和"谨始"之意。宣公即位之时,已届春秋中叶,无论放在鲁国抑或在其他国家上看,弑君篡立早非罕见,也就没有必要变更"王"字的用法。

7. 宣公与桓公同科

明乎此,可知宣公"月"前有"王",不蕴涵他的行径与桓公有何区别。然而,一些论者对此存在误解:

(1)陆淳《辨疑》引啖子曰:"宣公本不同谋,不可同桓公之说,又经文不去'王'字,义亦昭然。"②赵鹏飞因袭其说,认为"此所以不去'王'以别轻重也"。③ 啖、赵二人之所以认定桓、宣不同,实是参汇《左》《公》二传所得出的结论。鉴于《穀梁》同样以"与闻"解"即位"之不书,没有理由认为传文以此判断"王"之有无源于二公不同的行为。钟文烝没有注意及此,反而征引其说,《补注》云:"桓与翚共行弑,宣但为遂所立,赵鹏飞尝言之。"④赵氏之说不合传义,钟注引而不驳,是不够的。

(2)杨疏:"重发传者,桓公篡成君,宣公篡未逾年君,嫌异,故发之。"⑤对此,钟文烝《补注》阐述说:"宣不去'王',故元年之'王'亦为平文,宣与桓

---

① 《穀梁注疏》卷3,页31。
② 陆淳:《春秋集传辨疑》卷8,页658。
③ 赵鹏飞:《春秋经筌》卷9,页254。
④ 钟文烝:《补注》卷15,页421。
⑤ 《穀梁注疏》卷12,页186。

少异。"① 比较二说，杨疏的重点本是强调桓、宣二君的前任虽是"成君"和"未逾年君"之异，但这个差异不导致二经有何不同，故再次发传以示其同。然而，钟注却认为"成君"和"未逾年君"的差异是解释有没有"王"字的关键，杨疏实非如此主张，于传亦无确据。

（3）与杨、钟不同，张洽过分强调宣公有"王"的政治警惕作用，《集注》云："法已举于前矣，天理不可以常亡，王法不可以久废，故存'王'以举大法，亦所以正宣公之皋也。"② 如其说，"王"字之有无，涉及天理和王法的存废，哪又何必去"王"？张氏"正宣公之皋"的说法，如前所示，实是从《穀梁》"元年有王"转手而来。然而，桓公大多数时间"无王"，方才凸显"元年有王"的异常性；宣公却非如此，假如在"无王"的语脉中言"王"，亦有正皋之意，那么如何解释闵、僖、文、成、襄、昭、定、哀8公元年之"王"？ 以此反证，没有理由认为宣元年经之"王"含有治宣之意。

8. 小结

鲁宣公即位，是经历了太子恶被杀之事。在《穀梁》看来，他的"与闻"与鲁桓公的"与"一样，都是说明其人参与弑君之事。鉴于鲁桓公本因隐公谋让而出现合法性争议（参照 G_1），而鲁宣公则没有这方面的条件，所以鲁宣公继位的资格比鲁桓公还不如。他的在位，也是使其弟叔肸"通恩"而又"不食"的缘故。

（三）宣十七年经："冬，十有一月壬午，公弟叔肸卒。"传："其曰公弟叔肸，贤之也。其贤之何也？宣弑而非之也。非之，则胡为不去也？曰：'兄弟也，何去而之？'与之财，则曰'我足矣'。织屦而食，终身不食宣公之食。君子以是为通恩也，以取贵乎《春秋》。"③

鲁宣公篡立绝非毫无反对声音，他的亲弟叔肸便是一例，尽管他不是执掌国政的权臣，但《春秋》特别交代他的逝世。

1. "公弟"示贤

按照《穀梁》的理解，有两种对鲁国大夫的称呼，能够藉以确认其人为贤，一是"公弟"，另一是"叔仲"。④ 此经称"公弟"，是贤叔肸的笔法，不是

---

① 钟文烝：《补注》卷15，页421。
② 张洽：《春秋集注》卷6，页75。
③ 《穀梁注疏》卷12，页207。
④ 参阅本章（页777—80、834—35）的讨论。

因为叔肸是宣公的母弟。

这是有别于《左传》的解释。《左》宣十七年传:"凡大子之母弟,公在曰公子,不在曰弟。凡称弟,皆母弟也。"①如其说,叔肸不过是因"母弟"的身份而有此称呼,借用赵汸的话来说,"盖史文实录之法,非以为加亲也。"②然而,春秋二百四十二年间,鲁国君主的母弟绝不可能仅叔肸一人而已,为何全经拥有"公弟"之称仅叔肸一例,其他人(暂不细察公之在不在)不称"公弟"? 孙觉《经解》云:"为母弟亦何足贵而书之?《穀梁》之说得之矣。"③此言甚是。《左传》所言,根本无法解答叔肸笔法的独特性。赵汸把问题归诸无从验证的"史文实录",臆测多于征实,殊无可信之理。

2. "著其宠"和"著其氏"之疑

叔肸称"公弟"的原因,谢湜有一个值得讨论的观点:"叔肸以宠弟得政为卿,书公弟,著其宠也;书叔肸,著其氏也。仲、叔、季,三桓子孙之氏也。友以宁国之功,遂以援立之力;肸以母弟之宠,鲁皆生赐族氏,以世其官,先王选贤之法坏矣。其卒也,书季友、书仲遂、书叔肸,著其兆乱也。"④如谢湜之论,叔肸与公子友、公子遂三人是相同意向的寓意,皆是为了预示日后三桓之乱而著其氏。这个论点的最大漏洞在于记载的起点。三桓之祖,除了公子友外,还有他的两个哥哥公子牙和公子庆父,《春秋》对二人的最后记载,一是庄三十二年"公子牙卒",另一是闵二年"公子庆父出奔莒",皆称公子,尚未著氏。公子牙和公子庆父皆是逆贼,真要"著其兆乱",自当于其卒书氏,为什么拖延至仲遂和叔肸之卒方才书氏? 谢氏显然不能正面回答这一问题。此外,谢湜为了驳斥《穀梁》,刻意强调"公弟"之称是为了"著其宠",但为什么"公弟"蕴涵这一意思? 不清楚。谢湜不曾举证说明叔肸如何得宠。以鲁国重用公族之卿的政治传统而言,叔肸如果真的得宠,经文没有理由毫无叔肸从政的记载。

有关这个问题,胡安国的分析最为透彻,胡传:"诚使叔肸有宠,生而赐氏,则是贵戚用事之卿,岂有不见于经者? 齐年、郑语,在外之见于经者;季友、仲遂,在内之见于经者,势必与闻政事、执国命矣。况宣公之时,烦于聘

---

① 《左传正义》卷24,页678。
② 赵汸:《春秋属辞》卷4,页521—22。
③ 孙觉:《春秋经解》卷8,页725。
④ 李明复:《春秋集义》卷34,页599。

问会朝之礼,遂、蒇、季孙、归父交于邻国众矣,而独叔肸不与焉,其非生而赐氏,俾世其卿,亦明矣。"①尽管胡传对公子称谓的认识不尽正确,但他对"有宠"的驳论却甚为合理。叔肸除其逝世外再无其他记载,跟同时期其他得宠的公卿相比,直是云泥之别。谢湜公弟著宠之论,只能说是毫无实据的猜测,难以驳倒《穀梁》之说。

3. 称字非贤

"叔"是字,"肸"是名。崔适虽承认公子友、叔肸都是"名字兼举",但认为"季""叔"既是字,又是氏:"大夫卒,氏而兼字者,此外惟公弟叔肸。然叔肸在所闻世,恩厚而辞异,则在所传闻世而卒,兼氏字者,惟公子季友一人而已。"②这是没有什么根据的说法。即使是何休,也仅说叔肸因字而贤,没有提到叔肸"氏而兼字"与公子友有何区别。在不去氏的问题上,何休仅说过"唯卒以恩录亲",没有说同样是不去氏,公子友卒在所传闻世比叔肸卒在所闻世更显其贤。③《公羊》亦无类似的主张,崔适臆测无据,反映在"公弟"以外另寻贤叔肸的根据,是走不通的死路。

称字不是其人可贤的决定性条件。何休、崔适从叔肸死而称字,进而断定他有成为天子上大夫的条件,甚至说是王鲁的证据,全属过度推论。何诂:"《春秋》公子不为大夫者不卒,卒而字者,起其宜为天子上大夫也。孔子曰:'兴灭国,继绝世,举逸民,天下之民归心焉。'"④崔适《春秋复始》云:"此注引孔子之言,亦托王于鲁之意。"⑤叔肸卒字,既非崇贤的决定性证据,而《公羊》也没有说过卒字之人(包括叔肸在内)"宜为天子上大夫",何诂言之无据。何休所引之言,典出《论语·尧曰篇》,⑥其中引用尧的话语,充其量只是孔门师弟对先王政治的赞美,崔适硬说这是"托王于鲁"的证据,除了再三重复的滥调外,根本不能说明什么。《公羊》对叔肸未尝发传解说,何休的解说也不见得比《穀梁》更圆满和更有根据,更不用说据此确立王鲁说的理论基础了。

---

① 胡安国:《春秋胡氏传》卷18,页292。上述引文原脱"而独"至"明矣",据王雷松《胡安国〈春秋传〉校释与研究》(页197)补正。
② 崔适:《春秋复始》卷4,页406。
③ 参阅本书第一章,页75。
④ 《公羊注疏》卷16,页365。
⑤ 崔适:《春秋复始》卷30,页595。
⑥ 《论语注疏》卷20,页310。

贤叔肸的凭据是"公弟"，不是"叔"。廖平又再援引《公羊》的观点，《古义疏》云："内臣卒当以名，此兼称字者，贤而进之，与季友同也。进则何以不单言字？君前臣名，上系君，不可字，且与不名正例相混，故名、字并见。"①《穀梁》没有鲁国臣子死亡应该称名的主张，而公子友不是《穀梁》认可的贤者，廖平以公子友证叔肸，完全违反传义。此外，称字示贤也不是《穀梁》的主张。廖疏"贤而进之"之论，乃是暗袭何休的观点。何诂："称字者，贤之。宣公篡立，叔肸不仕其朝，不食其禄，终身于贫贱。"②《公羊》没有发传解释"公弟叔肸卒"的涵义，何休的叙事似有暗袭《穀梁》之嫌，于《公羊》实无确据。他真正的"创见"，无非是贯彻称字为贤的主张，断定叔肸称贤的根据是"叔"，但对"公弟"二字却无解说。从解经的圆满性而言，何诂杂糅二传，本逊于《穀梁》以"公弟"为贤之说。称字为贤之说，存在难以化解的反证。③廖平不悉此误，反而据此为说，除了制造认识传义的混乱外，岂有是处？廖平推论的逻辑，无非是预设叔肸既贤自当称字，却又限于"君前臣名"而导致"不可字"，最终带来"名、字并见"的结果。跟称字示贤的主张一样，君前臣名是《公羊》而非《穀梁》的主张，④而《穀梁》也没有任何观点提及"名、字并见"的问题。廖平援《公》证《穀》，实乃蛇足。

4. 非贤不得卒？

此经在卒文交代叔肸之贤，不意味贤肸是卒文的必要条件。廖平《古义疏》云："如非贤，则大夫犹不得卒，何况未食禄者？"又云："《春秋》因贤肸而卒之也。"⑤这又是一个有待商榷的观点。全经鲁国大夫卒文共26例，⑥除公弟叔肸外，《穀梁》无一称贤，其中还夹杂一些无视君上的逆臣，例如季孙宿、季孙意如等人。廖平"非贤"而"不得卒"的概括，完全错误。有否卒文，跟其人是否可贤，没有必然关系。

5. 宣弑而非之

此传的"宣弑"，不能理解为宣公亲弑子恶。按《穀梁》的理解，弑事中

---

① 廖平：《古义疏》卷6，页420。
② 《公羊注疏》卷16，页365。
③ 参阅本书第二章，页303—06。
④ 参阅本书第三章，页456—57。
⑤ 廖平：《古义疏》卷6，页420。
⑥ 参阅本章（页774—75）的举证。

言"与"的人也是需要负起弑名的。昭十九年经:"许世子止弑其君买",传:"我与夫弑者。"①这是引述许止自责之言。许止因进药而误杀其父,不是亲自行弑,《穀梁》以此释经文之"弑",显示"与乎弑"与"弑"在语义上虽有分别,但指涉的其实是同一回事。前所述及,上一则传文已言"与闻乎故",以彼释此,可知"宣弑"实指宣公因参与并知悉公子遂弑君之事。

"非"意谓责备。《穀梁》所讲的"非之",往往是指一些面对实际的公正判断。庄二十八年传:"一年不艾,而百姓饥,君子非之",②意谓《春秋》的作者指责统治者安排不当导致百姓饥饿的错失。这种"非之"的观点,是不用从君子与百姓的特殊关系中展开的。此传的"非之"是叔肸责备鲁宣公参与弑谋,这一责备意味叔肸没有因为他和鲁宣公的特殊关系,而失去对问题的公正判断。

"非之"不等于"绝之"。本章下文将会指出,《穀梁》认为经文书"出奔"以示"绝之",意味其人断绝关系,这跟叔肸"非之"而又"通恩"是完全不同的情况。

6. 胡为不去也

"胡为不去也"的"也",与"邪"同,全句是询问叔肸既然不同意鲁宣公夺位,为何不离开宣公?"何去而之"是叔肸的答语。其中,"何"意谓哪里、怎么;"去"意谓离开;"而"是助词,用作"去"的后缀,无义;"之"是代词,意谓这个,特指宣公,不是指鲁国。全句的意思是表示叔肸顾及他与宣公是亲生兄弟,觉得自己哪里可以离弃宣公。

在这里,周何有两个误译:一是译"曰兄弟也"为"经师的解释是说毕竟是同胞的亲兄弟"。③ 这是没有注意到宣十七年传"则曰我足矣"的"我"就是叔肸,所以"则曰"的主体肯定是叔肸,而"则"是表示承接的副词,可以判断"则曰"之答是叔肸针对另一问题的答语,而在此之前则有另一答问。换言之,"曰兄弟也"该理解为叔肸的答辞。因此,周何把"曰"的主体理解为《穀梁》经师,显然不当,实不如徐正英、邹皓译之为"他说:'我们是兄弟'"④来得可取。

---

① 《穀梁注疏》卷18,页299。
② 《穀梁注疏》卷6,页97。
③ 周何:《新译》下册,页664。
④ 徐正英、邹皓:《全译》,页448。

7. 何去而之

周何另一误译是译"何去而之"为"离开本国又有哪里可以去呢"。① 这是把"去"的对象理解为鲁国,而非鲁宣公。成元年传:"客不说而去,相与立胥闾而语,移日不解。齐人有知之者……"② 此传的"客"是聘齐的季孙行父、郤克、孙良夫、公子手,他们的"去"是指离开齐国接待他们的场所,从他们在胥闾门外讨论被齐顷公母亲轻视,而又被齐人知悉的叙事,可以知道四人虽"去"却仍在齐国境内。这已说明,《穀梁》言"去",不一定意味离国。这不是说"去"不能解作离国,问题是离国义的"去"是用在其人已言离国的经文上,例如庄四年"纪侯大去其国"便是显例,又如襄二十七经:"卫侯之弟专出奔晋",传:"专之去,合乎《春秋》。"③ 经文已言"出奔",故"专之去"的"去"可以解作离开卫国。宣十七年经从未明言离鲁之事,"胡为不去也"和"何去而之"的"去"皆是承接"非之"而言,而"非之"的对象肯定是鲁宣公,所以"去之"也是特指鲁宣公。

8. 织屦而食,终身不食宣公之食

叔肸不肯离开鲁宣公,绝无图谋私利的考虑。"宣公之食"的"食",意谓禄秩。④ "织屦",周何译之为"靠编织草鞋",⑤ 略嫌不准。"屦"意谓单底鞋,制造材料甚多不必是"草"。王引之《经义述闻》云:"丝、麻、菅、蒯,皆可为屦。"⑥ 当鲁宣公送给财物时,叔肸拒绝接受,表示自己的足够了,其实是靠编织鞋子维持生计,终身不接受宣公的任何俸禄。

9. 综述叔肸的行为

综上可知,《穀梁》记述叔肸行为有三个要点:

①"非之";他没有涉及先君被弑之事,对鲁宣公弑立一直不予苟同;

②"不食";因此,他选择自食其力,不肯接受鲁宣公的俸禄;

③"不去";他始终没有离开鲁宣公,一直保持既不苟同又不弃绝的态度。

事实上,解读"其贤之何也"的答问,是不能孤立地截至"宣弑而非之

---

① 周何:《新译》下册,页664。
② 《穀梁注疏》卷13,页212。
③ 《穀梁注疏》卷16,页270。
④ 这是江永的考证成果,参阅钟文烝:《补注》卷16,页463。
⑤ 周何:《新译》下册,页664。
⑥ 王引之:《经义述闻》卷18,页1043。

也"而止。仅有①或②是不够的，必须①、②、③三者的结合。就这三点而言，①和③是叔肸称贤的决定性条件，而②是相对的不重要，尽管②是由①产生的。这可以透过卫侯之弟专的对比，而得到比较清楚的阐述。专参与甯喜弑君之谋，但其兄卫献公因不守信而杀害甯喜，专不赞同其兄的做法而出奔晋国，在邯郸织鞋为生。襄二十七传："君赂不入乎喜而杀喜，是君不直乎喜也，故出奔晋。织絇邯郸，终身不言卫。专之去，合乎《春秋》。"①此"合乎《春秋》"的评价似不如叔肸的"取贵乎《春秋》"。仅是安贫退隐，是不足够的。理由很简单，专和叔肸一样，都是自食其力，甘当鞋匠渡过余生，同样符合"不食"的条件。

触及②，论者很容易联系到《论语》以下的记载。《泰伯》云："子曰：'笃信好学，守死善道。危邦不入，乱邦不居。天下有道则见，无道则隐。邦有道，贫且贱焉，耻也。邦无道，富且贵焉，耻也。'"②何休在讨论叔肸时引录这段引文，③而刘逢禄《论语述何》发挥说："敢问何如斯可谓'守死善道'矣？曰：如公弟叔肸、孔父、仇牧、荀息其人欤！"④如刘逢禄之说，叔肸之所以可贤，主要是他甘心贫贱退隐的气节。专和叔肸同样是"无道则隐"，为何二人得到经文不同的评价？显然，有其他更重要的考虑，影响了《春秋》的判断。仅是强调"守死善道"是不够的。何休和刘逢禄以"守死善道"之说颂扬叔肸，是过分简单的处理，无法掌握叔肸案例的复杂性。就《穀梁》而言，叔肸除了"不食宣公之食"，更重要的是"非之"和"通恩"。"守死善道"之说，主要是讨论条件②，没有触及条件①和③。刘逢禄不理解其中的复杂性，对此视而不见，反而拿孔父、仇牧、荀息与叔肸模拟。如本书第二章所示，这三人都不符合《泰伯》的记载，孔父至死显贵，肯定不是"贫且贱焉"，仇、荀二人死君难亦非"危邦不入，乱邦不居"。可以说，他们与叔肸几乎没有可比性，刘逢禄却以"守死善道"概括四人，大而化之，不能辨析的比能够辨析的更多。

专与叔肸二人如何形成②的成因却是并不相同。专涉及先君被弑之事，不满其兄是由于甯喜之死，而且自己选择离开了卫献公，所以他不像叔

---

① 《穀梁注疏》卷16，页269—70。
② 《论语注疏》卷8，页120。
③ 《公羊注疏》卷16，页365。
④ 刘逢禄：《论语述何》，载《刘礼部集》卷2，页44—45。

胖那样具备①和③两个条件。在这里,有必要清理一下杨士勋的观点。杨疏:"鱄以卫侯恶而难亲,恐罪及己,故弃之而去,使君无杀臣之恶,兄无害弟之怨,故得合于《春秋》。"①此"恶而难亲"云云,是郑玄与何休论战时的意见。杨疏以此解释"专之去"的原因,是有问题的。如上所示,襄二十七传剖析"专之去"是因为"君不直乎喜",专是自己选择离开卫国,不曾提及卫献公"害弟"的可能性。杨疏援郑释传,不宜采信。

叔肸兼具①、②、③三者,这是他有别于专的关键。叔肸既怪责鲁宣公的错误,但始终没有离开鲁宣公,一直保持既不苟同又不弃绝的态度。《穀梁》借"君子"之口,以"通恩"一语来总结叔肸的行为。"非之"与"通恩"是兼容的。

10. 通恩

"通恩"的"通",意谓推而行之。《系辞上》云:"推而行之谓之通。"②用白话来说,就是推敲施行的意思,涉及行为层面而非认识层面的事情。徐正英、邹皓译"通恩"为"通晓兄弟情义",解"通"为"通晓",③容易令读者误会"通恩"是认识上的问题,似不可从。

"恩"是就当事人对相关对象而言。没有某种特殊关系,是谈不上"恩"的。周何译"恩"为"情义",④略可斟酌。现在汉语对"情义"的理解,大致是情谊、恩情的解释。古人言"恩",不仅是关心而已,肯定还对相关的特殊对象予以照顾。如《豳风·鸱鸮》云:"恩斯勤斯,鬻子之闵斯",⑤是形容父母养育子女时尽心照顾的程度。又如《梁惠王下》两言"今恩足以及禽兽,而功不至于百姓者",⑥是批判齐宣王爱护禽兽,从"恩""功"对言,可见"恩"和"功"都是从行动实效上言。因此,《穀梁》所讲的"通恩",不该仅是情谊的问题。叔肸的"不去"和"不食",都是顾及兄弟关系的实际行为和好处。

"通恩"是说叔肸既自外于篡逆,又不毁损兄弟关系,做到确切拿捏施行恩惠的地步,所以《春秋》认为是可贵的。桓元年经:"公即位",传:"继故

---

① 《穀梁注疏》卷12,页207。
② 《周易正义》卷7,页292。
③ 徐正英、邹皓:《全译》,页448。
④ 周何:《新译》下册,页664。
⑤ 《毛诗注疏》卷8,页733。
⑥ 《孟子注疏》卷1,页20—21。

而言即位,是为与闻乎弑,何也？曰:先君不以其道终,已正即位之道而即位,是无恩于先君也。"①这是批判鲁桓公参与弑谋而即位,所以《穀梁》认为即位是对先君无恩。由于鲁桓公"与闻乎弑"与鲁宣公"与闻乎故"没有根本的差别,可以判断鲁宣公即位,同样也算是"无恩于先君"之列。相比之下,叔肸的"通恩"与桓、宣二公的"无恩于先君",形成强烈的对比。

11. 对待亲人的一些误解

以"通恩"形容叔肸作为贤者的做法,意味着他在对待犯了错误的亲人做的正确,没有涉及"仁"与"义"的对比和考虑。然而,柯劭忞《传注》云:"通恩者,以仁则可通,而不可通于义,所谓守节之固也。"②如其说,"通恩"不啻是"通仁"。以"仁""义"对举,《穀梁》另有用法,僖二年经:"城楚丘",传:"诸侯不得专封诸侯,虽通其仁,以义而不与也。故曰:仁不胜道。"③这是批判齐桓公专封合"仁"而不合"义",可见"通其仁"的判断实是贬多于誉,而《穀梁》对叔肸的评断,却是拿捏分寸恰到好处,没有什么瑕疵。其实,"仁"与"恩"显然是两个不同的概念,没有理由把"通恩"当作"通仁"。说叔肸"不可通于义",不合传义。

此外,对叔肸的肯定,不涉及"为何不杀鲁宣公"的考虑。然而,廖平却从这一考虑立说,《古义疏》云:"弑君贼,本所宜讨,但其事久已成,又有骨肉之恩,《春秋》不许其伤恩,以亲讨之,故季札、鲁肸皆取其通恩不杀也。"④这是背弃《穀梁》的说法。宣十七年传只说"非之",不曾提及讨贼的问题。叔肸"不食"已意味他是脱离宫廷斗争的局外人,哪有"以亲讨之"或"通恩不杀"的可能性？此外,"通恩不杀"之论,实是暗袭《公羊》"以其不杀为仁"的观点。⑤《公羊》贤季札让国,赞美季札不杀阖庐,故有此说。以季札和叔肸并论,是跟随《公羊》的结果。⑥ 然而,《穀梁》虽贤季札,但没有触及让国和不杀阖庐的问题。廖平援《公》解《穀》,不合传义。

12. 声伯之母不聘

《左传》提及叔肸与某一女子私定终身的事迹,《左》成十一年传:"声伯

---

① 《穀梁注疏》卷3,页32。
② 柯劭忞:《传注》卷9,页18。
③ 《穀梁注疏》卷7,页108。
④ 廖平:《古义疏》卷6,页421。
⑤ 《公羊注疏》卷21,页466。
⑥ 如《盐铁论·论儒》就有类似的说法。参阅王利器:《盐铁论校注》卷2,页151。

之母不聘,穆姜曰:'吾不以妾为姒。'生声伯而出之,嫁于齐管于奚,生二子而寡,以归声伯。"①声伯是叔肸之子,因为叔肸违反礼制,与声伯之母私定终身。因此,鲁宣公之妻穆姜一直不愿接受这段婚姻,不承认这名女子成为姒娌,最后这名女子被逐出家门,改嫁他人,最后守寡由声伯奉养。限于传文简略,除了穆姜的坚决反对外,读者不清楚叔肸和其他人对此事的反应。无论如何,《穀梁》没有相关的记载,不必强合。但即使承认叔肸曾有这样不光采的婚姻,考虑到宫闱紊乱的齐桓公亦可称贤,大概叔肸作为贤者的资格也不致有何毁损。

13. 小结

综合上述对叔肸的讨论,可以发现他之所以作为一名贤者,主要是因为符合"通恩"的条件:

N_4　　通恩是判断其人为贤的决定性证据。

"通恩"却是"非之""不食""不去"三者兼具的结果。因此,不宜把叔肸简单地算在安贫乐道的隐士之列。只是贪图私利,固然不是贤者的表现(参照A_3)。叔肸不仅如此。他面对鲁宣公不合法的篡位,却能做到"通恩"的表现,在《穀梁》看来,这是经文贤其人的主要原因。不是因为他的道德意愿如何(参照C_4)。

从叔肸既不顺从其兄逆谋,又不断绝兄弟关系的做法,《穀梁》实已预设:

O_4　　君臣关系和血缘关系是不容轻易毁弃的。

鲁宣公参与弑太子恶之事,以臣逆君,自无苟同之理,叔肸"非之"和"不食"就是坚守臣道;而面对其兄僭位的政治事实,叔肸既无力量改变现状,又选择"不去",这是顾及他和鲁宣公是亲兄弟的关系,不忍弃兄离去。

二、公子友

公子友,亦称"季友""季子""成季",鲁庄公之弟。在庄公逝世前后,鲁国内乱严重,公子友忠于公室,是鲁僖公极其倚重的大夫。他与叔肸各有异同:同者,是他们的兄长都涉及弑君之罪。异者,叔肸穷困终身,没能真正改变鲁宣公执政的事实,是"通恩"的表现;公子友却在公子牙和庆父死

---

① 《左传正义》卷27,页746。

后执政,没有得到这样的评价。公子友不像叔肸那样得到《穀梁》誉为贤者,这方面的问题有必要详加辨析。相关的经传共有11则:

(一)庄二十五年经:"冬,公子友如陈。"

《穀梁》无传。这是公子友在《春秋》第一项叙事,因牵涉他后来出奔的认识,故有必要审读此经之义。

1. 如陈

"如"意谓往赴。鲁国大夫出使到别国朝聘,皆以"如"言之。① 在此经之前,庄二十五年经:"春,陈侯使女叔来聘。"以此,公子友如陈极有可能是回报女叔而行。这是《春秋》记载鲁国大夫出聘的第一则经文,为何有此特笔?不得而知。

有关季札如陈的问题,李廉有一个值得探讨的观点。《会通》云:"此内大夫出聘之始,而亦季氏之始事也。当隐、桓、庄之间,上而周、近而齐有来聘者,鲁曾无报谢之礼。而女叔一来,公子友旋造陈庭,继又躬行以会原仲之葬,则陈、鲁之交,盖出于季友、原仲之私情矣。至行父初立,首讲陈好,犹前志也。《春秋》托始于此,岂无意乎?"② 这里注意到女叔来聘是公子友如陈的背景,认为公子友因报谢女叔而赴陈,是正确的观察。但李廉把陈、鲁二国之交理解为公子友和原仲二人的"私情",并且认为文六年经"夏,季孙行父如陈"亦是"托始于此",却是想象多于征实,充其量仅是李廉个人的读经心得,对阐述《穀梁》传义没有帮助。

2. 如 ≠ 此为奔

这次公子友赴陈仅是聘问,不能把"如"理解为实是出奔。然而,廖平《古义疏》云:"此何以言'如陈'?因下奔于陈也。内讳季子之奔,以'如'言之,故此先言'如陈'也。"又云:"陈见友如二,以外统不言'如',知此为奔也。"③ 这两句话说法不一:前者认为庄二十七年"如陈"实是奔陈,故在庄二十五年预先记载"如陈";后者是认为庄二十五年"如陈"亦是奔陈。后者实不可取,因为庄二十七年"如陈"下另言"葬原仲",而僖二十五年"如陈"下没有葬文,二者差别显然,而《穀梁》也未说过庄二十五年"如陈"是为了庄二十七年"讳出奔"而发,凭什么认为经文意谓"此为奔"呢?

---

① 参阅本书第二章,页268、290—91。
② 李廉:《春秋会通》卷7,页272。
③ 廖平:《古义疏》卷3,页187。

此外，经文记载公子友的"如"不仅以陈国为目的地，也有其他时空的"如"，例如僖三年"公子季友如齐莅盟"、僖七年"公子友如齐"、僖十三年"公子友如齐"的"如齐"，都不可能是出奔到齐国的意思。廖平仅以陈而得出"外统不言'如'"，是有问题的。就句式而言，"公子友如齐"与"公子友如陈"有何实质的差别？凭什么因此断言"此为奔"？廖平诠释最大的漏洞是，把僖二十五年"如陈"说成僖二十七年"如陈"的预演，但三传对前者既无解说，完全有可能的是：前者仅属正常的聘问，与后者"讳出奔"没有直接关连。说到底，"如"作往赴的字面义直解，是完全可通的解释。廖平认定第一次"如陈"是为第二次"如陈"而说，大发宏论，却找不到传义的凭据。

3. 不言使≠天子下聘

公子友的"如"，《公羊》和《穀梁》一样，皆未发传解说。没有证据显示这跟"王鲁"有何关系。然而，刘逢禄《广墨守》云："此当为王鲁辞。天王之使，犹诸侯之使也。且君不使乎大夫，亦《春秋》文例，以正褒贬尔，非事实也。王鲁，而鲁臣如他国，虽变文不言使，非天子下聘之义乎？"①这是立足于黜周王鲁的虚假前提，《公羊》从未明言"如"字已寓"天子下聘之义"。《春秋》内鲁，鲁国臣子出使到外国去而不言"使"，不是什么稀奇事。其实，《公羊》也不曾认为称使与王者地位有什么关系。隐三年经："武氏子来求赙。"《公羊》云："何以不称使？当丧未君也。"②武氏子是周王畿的臣子，如《公羊》之说，不称使是另有原因，与周王的地位毫无关系。刘逢禄以王鲁为说，主观认定多于举证确诂，殊不足凭信。

4. "公子"而非"公弟"

经文若无"公子"之称，寓有贬恶其人之意。像公子翚和公子溺，皆因其恶行而不称"公子"，便是显例。③ 内大夫皆出身于公族，是鲁国历来的政治传统。④ 称"公子"，仅是鲁国大夫的惯常措辞。

经文未尝称之为"公弟"，在《穀梁》看来，就是不贤公子友的证据。不能说此时公子友尚未逝世导致没有"公弟"之称。钟文烝《补注》云："内书

---

① 刘逢禄：《公羊后录》卷2，页332。
② 《公羊注疏》卷2，页38。
③ 参阅本书第一章，页46—48；第三章，页443—45。
④ 吕文郁：《周代的采邑制度》，页200。

弟者,则以贤录,然必于其卒而称之。此皆传之明文。"①钟注认定庄二十五年公子友未死所以不称"公弟",但如下所述,僖十六年传仅说"称公弟叔仲,贤也",未尝说其人卒时方有"公弟"之称,而"叔仲彭生"之称亦非死时方才"称之"。钟文烝因认定叔肸为贤而认为卒时方称弟,实是曲解传义。此外,认为鲁国公子死时称弟,似是暗袭《公羊》的结果。庄三十二年经:"公子牙卒",《公羊》云:"何以不称弟? 杀也。"②认为公子牙因被公子友杀害而不称弟,言下之意,就是认为正常情况下应该称弟。这个说法能否成立,殊可置疑。这不是《穀梁》所能认可的主张。"公弟"与"叔仲"都是"贤"的称呼,不是仅凭鲁国君主之弟的身份就能得到这样的记载。钟文烝不明此义,遂失其解。

5. 小结

公子友第一次如陈,只是回报女叔来聘,与第二次如陈性质不同,若是认定其中必有寓意,似属臆测。他不是《穀梁》的贤者,不用求之过深。

(二) 庄二十七年经:"秋,公子友如陈,葬原仲。"传:"言葬不言卒,不葬者也。不葬而曰葬,讳出奔也。"③

此经与上一则经文相当接近,但性质完全不同。公子友其实是出奔到陈国,但经文讳言其事,据《穀梁》的解释,这是"为亲者讳疾"而非"为贤者讳过"的缘故。

1. 葬原仲

此经同样记载"公子友如陈",但有别于两年前的经文,其后多了"葬原仲"之语。"原"为氏,"仲"为字。范注:"原仲,陈大夫,原,氏。仲,字。"④此注全抄杜注。《左传》孔疏引《玉藻》云:"士于君所言大夫,没矣则称谥若字。"又引桓二年《穀梁传》"臣既死,君不忍称其名"之说:"是礼臣卒不名,陈人不称其名,故鲁史亦书其字。"⑤鲁史究竟如何,本难确言,但臣死不名,倒是符合《穀梁》的主张。因为没有其他更好的解释,钟文烝《补注》亦

---

① 钟文烝:《补注》卷7,页209。
② 《公羊注疏》卷9,页184—85。
③ 《穀梁注疏》卷6,页94。
④ 《穀梁注疏》卷6,页94。
⑤ 《左传正义》卷10,页285。

认可范注之说。①

"原仲"不以国为氏,当是前有"如陈",不必称"陈原仲"亦知他是陈国大夫。钟文烝《补注》云:"不言'葬陈原仲'者,蒙'如陈'为一事。"②甚是。

2. 公子友与原仲是否朋友?

公子友与原仲是否旧友?《穀梁》未尝提及。倒是《左传》有这样的说法,《左》庄二十七年传:"原仲,季友之旧也。"③据此,廖平《古义疏》云:"以为季子自以友义往葬之也。"④不过,《穀梁》未尝交代原仲的背景和人际关系。廖平援《左》解《穀》,未必可靠。《左传》之说仅宜备存,不必定言《穀梁》必允此说。

3. 不葬而曰葬

除周王外,《春秋》一般记载某人下葬,事先都有他的死亡记录。原仲却有葬文而无卒文,为什么呢?传文的"不葬者也""不葬而曰葬"和"出奔",皆以公子友为主辞,不是泛言外国大夫没有卒文。范注:"外大夫例不书卒。"⑤这个说法,有待商榷。隐三年经:"尹氏卒",传:"外大夫不卒,此何以卒之也?"⑥这是范宁立论的根据,但传中说明的是"不卒"的通则,而非解释"言葬不言卒"的原因。原仲葬文之所以独特,是因为全经无论鲁国抑或他国的人,无论是诸侯、夫人抑或大夫,都没有"言葬不言卒"的其他例子。范注解释了"不言卒"却未解"言葬",言不及义,十分显然。

针对范注的漏洞,杨疏:"以内大夫书卒,尚不书葬,况外大夫卒亦不书,明不合书葬,故云'外大夫例不书卒',欲见必不得书葬之意也。"⑦杨疏明知范注不解"言葬"而曲为之说,但传文实无内外大夫之别,也没有因内大夫不书葬而推出外大夫亦不合书葬的论述。"言葬不言卒"不仅适用于大夫,也适用于诸侯及夫人。一般而言,有下葬记录而无死亡记录,仅有周王算是常规的笔法,但周王之死是"崩"而非"卒",这也反映"言葬不言卒"涵盖范围极大,绝非内外大夫而已。杨疏以内外大夫之别辩护范注,不仅

---

① 钟文烝:《补注》卷7,页213。
② 钟文烝:《补注》卷7,页213。
③ 《左传正义》卷10,页286。
④ 廖平:《古义疏》卷3,页192。
⑤ 《穀梁注疏》卷6,页94。
⑥ 《穀梁注疏》卷1,页14。
⑦ 《穀梁注疏》卷6,页94。

多余，而且迷糊了"言葬不言卒"的外延。范注和杨疏之失，主要是因为二者把"不葬者也"的主体理解为经文修辞的通则。"言葬不言卒"之问，其实针对公子友的行为而言，跟下文"不葬而曰葬"和"出奔"相承。将之扯到内外大夫的笔法，肯定是错误的。

明乎此，对"不葬者也"的理解，就不应采用范宁上述的错误观点。然而，徐正英、邹皓译之为"因为通常不记载外国大夫安葬的"，①似是参照范注"外大夫例不书卒"而来，差别仅在于变"卒"为"安葬"。跟范注、杨疏一样，此译仍囿于内外大夫之别，不合传义。相较之下，周何译之为"这就表示根本不是为了葬事"，②是更准确的。

4. 不葬者也

"不葬"，意谓公子友到陈国不是为了参与葬事，说明这不是正常的葬文。然而，《左传》认为经文批判公子友的"非礼"。《左》庄二十七年传："非礼也。"杜注："季友违礼会外大夫葬，具见其事，亦所以知讥。"③据此，廖平进一步演绎和发挥，《古义疏》云："经无其事，又以大夫不与诸侯为礼，不如天子卿尊得相通，知例不葬。《左传》言'非礼'，即此意。"④如其解，公子友作为大夫的身份，是不能与诸侯"为礼"和"相通"。然而，《穀梁》对大夫逾越之举，其立场是正面的批判，如襄十六年经："大夫盟"，传："诸侯在，而不曰诸侯之大夫，大夫不臣也。"⑤这是针对溴梁之会大夫相通逾越诸侯的行为而言。廖平对"不葬"的理解却是将之等同于不能记载，岂合传义？此外，从杜预的解释可知，问题在于公子友"非礼"，方才需要"具见其事"。《左传》既无"不葬"之说，杜预所言也完全可通。但《公羊》和《穀梁》皆认为"葬原仲"只是表面上的说法，就不能兼容"非礼"之说。在这一点上，崔适批判《左传》"非礼"之说，"故与'通乎季子之私行'之言相反也"，⑥其言虽属门户偏见，但"相反"之说，却比廖平更清楚"非礼"只能就《左传》而言，与他传不能吻合。廖疏强合《左》《穀》，又有疏误。

---

① 徐正英、邹皓：《全译》，页185。
② 周何：《新译》上册，页268。
③ 《左传正义》卷10，页285—86。
④ 廖平：《古义疏》卷3，页192。
⑤ 《穀梁注疏》卷16，页259。
⑥ 崔适：《春秋复始》卷4，页403。

5. "辟内难"的不可接受

传文认为公子友到陈国,其实是出奔,不是为了原仲之葬。同样觉得葬原仲不是实情,但《公羊》认为当时公子庆父、公子牙私通夫人哀姜,公子友无法干政和坐视不理,遂托言葬原仲到陈国去。《公羊》庄二十七年传:"通乎季子之私行也。何通乎季子之私行?辟内难也。君子辟内难,而不辟外难。内难者何?公子庆父、公子牙、公子友皆庄公之母弟也。公子庆父、公子牙通乎夫人,以胁公。季子起而治之,则不得与于国政;坐而视之,则亲亲,因不忍见也。故于是复请至于陈,而葬原仲也。"①内乱当前,这样抽身离开是否正确?之所以产生这样的疑惑,或多或少是因为《公羊》不曾深描公子友有多少政治实力。在这里,有必要澄清卢文弨的一个错误理解。《杂记》云:"内乱不与焉,外患弗辟也",郑注:"同僚将为乱,己力不能讨,不与而已。至于邻国为寇,则当死之也。"②这是采用《公羊》之说以证"内乱"与"外患"之别。卢文弨赞同郑注:"盖始则力不能讨,故姑为隐忍,及秉国政,而始可以伸大义矣。石碏亦力不能讨,迨其隙有可乘,而遂图之,君子以为纯臣。"③然而,《公羊》没有谈及"力不能讨"的问题。从"起而治之"与"坐而视之"两个选择的对比,似乎已预设公子友即使"不得与于国政",但不见得没有对抗逆贼的政治实力,因为"不忍见"可能伤及公子牙和公子庆父这些亲人,所以放弃"坐而视之"是做得正确的。在《公羊》笔下,公子友出奔是自己选择的结果,不是碍于政治形势的不得不然。卢文弨强调"力"的限制,不知是否因为自董仲舒以来汉儒批判鲁庄公不及早任贤的观点影响,但肯定不合传义,因为《公羊》不讲究"力"的分析。④

究竟鲁国政治局势是否完全不利于公子友?《公羊》和其他文献似乎也没有全面交代。刘敞《权衡》云:"庄公既病,而召季子,其衅端宜益深矣,季子何以得入而与国政?"又云:"若彼之时,祸犹未已,况去庄公殁尚数年,而遂云避内难出奔乎?且季子与其奔也,孰若勿奔以销解其谋,誓识其势,若孔父之御乱也,而胡为背君捐国,使回皇于乱臣之手?此皆事之不然者

---

① 《公羊注疏》卷8,页174—75。
② 《礼记正义》卷43,页1227。
③ 卢文弨:《钟山札记》卷3,页676。
④ 参阅本书第三章,页421—22。

也。"① 刘敞要求公子友效法孔父那样做法,是否合理,姑且勿论,但他从鲁庄公死前召公子友的结果,指出公子友若留在国内,或有扼阻乱事的可能性,在很大程度上是非常合理的推测,因为公子友既能顺利回国并诛杀公子牙,足见公子庆父等逆贼实无只手遮天的绝对实力。由于《公羊》没有从"力"的变化剖析公子友自出奔陈国至回到鲁国的情况,所以其叙事是无法折服刘敞这样的质疑。

后来,陈立《义疏》云:"此年去子般之弑仅五六年,萌芽自已早见。此时治之不可,听之不忍,故有如陈之举。"② 如其说,公子牙是放弃了"治之"和"听之",遂跑到陈国去。问题不在于"力"的不足,而是他选择离国反而让"萌芽"不被根治。陈立既认为"萌芽"已经存在,那么后来出现二君被弑之事,公子友岂能说是毫无责任?由此可见,陈立这样辩护公子友"如陈之举",有违正常的政治理性,至少对刘敞来说,"勿奔以销解其谋"肯定是更好的做法。总而言之,从《公羊》简略的叙事,是不可能得到圆满的答案。许多同情和辩护公子友的说法始终无法真正讲出所以然,症结正在于此。

无论如何,《穀梁》只说公子友出奔。他因为什么原因出奔?没有解释。范注:"言季友辟内难而出,以葬原仲为辞。"③ 廖平沿承其说,《古义疏》云:"不通于君,则不书,此通季子之私行而书之。"④ 然而,《穀梁》没有"私行"或"辟内难"之说。范、廖二人,同样援《公》解《穀》。对此,柯劭忞《传注》批判说:"辟内难,公羊子之言,非传义。"⑤ 这是绳愆纠谬,匡正范注背弃传义之失,其言自也适用于廖疏。

6."讳过"而非讳疾"

不直言"出奔"而言"葬原仲",在《穀梁》看来,就是为了隐讳的考虑。全传认为经文示讳之处甚多,总的原则是"为尊者讳耻,为贤者讳过,为亲者讳疾"。⑥ 公子友不是周王室的人,当然不是"尊者"。需要辨析的是,《穀梁》认为他是"贤者"抑或"亲者"?全传不曾提及公子友的"贤",而他也没有"公弟"或"叔仲"这两种特指鲁国大夫为"贤"的称呼。同样是需要讳

---

① 刘敞:《春秋权衡》卷10,页284。
② 陈立:《公羊义疏》卷24,页915。
③ 《穀梁注疏》卷6,页94。
④ 廖平:《古义疏》卷3,页192。
⑤ 柯劭忞:《传注》卷4,页8。
⑥ 《穀梁注疏》卷14,页226。

言的行为,"过"与"疾"是不同的:

①"过":意谓过失,传文往往是从相关行为能不能改正或避免来观察的,如"过而不改,又之,是谓之过"(僖二十二年)、"过在下也"(宣二年)、"许悔过也"(定十三年)等等。①

②"疾":通"恶",意谓一些可以憎恶的行为,而传文对国君之弟出奔皆以"恶"解之,如"疾其以火攻也"(桓七年)、"亲而奔之,恶也"(襄二十年、昭元年)等。②

根据①与②的区别,公子友既是鲁庄公之弟,他的出奔显然是"疾"而非"过"。

7. 贤友之谬

既是"疾",可知《穀梁》对"讳出奔"的理解,跟经文对其他内讳之文一样,③是鉴于公子友作为鲁国公子的身份,是"为亲者讳疾",而非"为贤者讳过"。就《穀梁》的判断而言,"亲者"主要是就其人的亲戚关系而言,而需要讳疾的亲者不必是"君父"。秦平说:"'亲者'既指'君'又指'父',即所谓'君父'。"④此解似嫌过窄。襄三十年传:"天子、诸侯所亲者,唯长子、母弟耳。"⑤此"长子"和"母弟"当然不是"君父"了。从《春秋》内鲁的原则而言,公子友既是鲁庄公的母弟,其为亲者,彰彰甚明。

廖平更强调公子友是贤者,并以此解释"讳出奔"的原因,《古义疏》云:"言奔,则公子贤,不忍言;故言如,故若出使。"⑥跟廖疏一样,柯劭忞《传注》也有类似的观点:"讳出奔者,为贤者会〔讳〕过也。"⑦廖、柯二人,同样援《公》解《穀》,信从《公羊》以公子友为贤者的观点,但只要不带成见地阅读传文,就会发现《穀梁》毫无称公子友为贤的内容。以为此传的"讳"是为贤者而讳,完全是无中生有的产品。

---

① 《穀梁注疏》卷9,页141;卷12,页190;卷19,页330。
② 《穀梁注疏》卷3,页44;卷16,页263;卷17,页277。
③ 《穀梁》对"内讳"的解释,有时是指鲁国君主,但也有指鲁国大夫,参阅《穀梁注疏》卷11,页174。
④ 秦平:《〈春秋穀梁传〉政治哲学研究》,页349。
⑤ 《穀梁注疏》卷16,页274。
⑥ 廖平:《古义疏》卷3,页192。
⑦ 柯劭忞:《传注》卷4,页8。此"会"似是"讳"之讹。

8. 小结

《穀梁》从未说过公子友是贤者，也不提及出奔是为了什么。把"讳出奔"理解为"为贤者讳过"，实是过度诠释。

（三）庄三十二年经："秋，七月癸巳，公子牙卒。"

《穀梁》无传。此经没有记载公子友，但因《左》《公》二传同样断言因公子牙谋反而死在公子友手上，这是《穀梁》绝对不能接受的叙事，故有辨别和拒斥的必要。

1. 日卒正也

隐元年传："公子益师卒"，传："大夫日卒，正也；不日卒，恶也。"①大夫死亡若有记载日期，其人是"正"；没有的话，就是"恶"。这是适用于全传对大夫死亡日期的判断。此经记载公子牙的死亡日期，意味《穀梁》认为他是"正"而非"恶"。这样的推理清楚明白，浅显易懂。

2.《左》《公》叙事的不可兼容性

《左》《公》二传不约而同地记述公子友杀公子牙之事。《左》庄三十二年传："公疾，问后于叔牙，对曰：'庆父材。'问于季友，对曰：'臣以死奉般。'公曰：'乡者牙曰庆父材。'成季使以君命命僖叔，待于鍼巫氏，使鍼季酖之。曰：'饮此，则有后于鲁国；不然，死且无后。'饮之，归，及逵泉而卒。"②

《公羊》庄三十二年传："季子之遏恶奈何？庄公病，将死，以病召季子。季子至而授之以国政。曰：'寡人即不起此病，吾将焉致乎鲁国？'季子曰：'般也存，君何忧焉？'公曰：'庸得若是乎？牙谓我曰：鲁一生一及，君已知之矣。庆父也存。'季子曰：'夫何敢？是将为乱乎？夫何敢！'俄而牙弑械成。季子和药而饮之，曰：'公子从吾言而饮此，则必可以无为天下戮笑，必有后乎鲁国。不从吾言而不饮此，则必为天下戮笑，必无后乎鲁国。'于是从其言而饮之，饮之无傫氏，至乎王堤而死。公子牙今将尔，辞曷为与亲弑者同？君亲无将，将而诛焉。"③

有关《公羊》"俄而牙弑械成"一语，需要略作解释。何诂："兵械已成"，又云："有攻守之器曰械"，④是把《公羊》的"械"理解为杀人的工具。究竟

---

① 《穀梁注疏》卷1，页8。
② 《左传正义》卷10，页301。
③ 《公羊注疏》卷9，页185—87。
④ 《公羊注疏》卷9，页186。

第四章　"贤"的指谓与条件

公子牙的"械"究竟是什么东西？何休始终说不清楚，显然是望文生义。后来的人囫囵吞枣，照单全收，将"械"译作"凶器"①或"兵械"②，亦属舛误。《公羊》既说"君亲无将"，而公子牙之所以伏诛，在于内心错误的想法，不在于"凶器"或"兵械"。把"械"字理解为实质的器具，徒知墨守何诂，难以通释《公羊》句义。"械"有"机"义，"弑械"意谓弑机，于鬯《香草校书》云："弑机成者，若曰逆谋已成，将发动耳。"又云："此所谓'将'也，何必形诸械器哉？"③这是更准确和更合乎情理的解释，远胜于何休"兵械"之解。

比较二传，大体情节相同，其中的差别仅在于《左传》笔下的叔牙认为庆父有才能，而《公羊》则提及"一生一及"的事例。④ 还有，除了表态支持庆父以外，《左传》没有提及公子牙其他的表现，而《公羊》指出他有准备弑君的动机。在这里，有必要指出孔广森的一个错误，《通义》云："季子大义灭亲，变之正也。《春秋》既善之矣，而又深顺其讳文，明乎季子隐之缓之，不得已而后出于杀者。"⑤此说似乎不无可商可榷之处。"大义灭亲"是《左传》形容石碏的颂辞，而"变之正"则是《穀梁》独门的主张，皆非《公羊》固有之义。孔广森混为一谈，已属愆尤。此外，《公羊》"俄而牙弑械成"的"俄而"意谓不久，显示公子友从鲁庄公口中知悉公子牙拥立庆父的打算，不久便杀了公子牙，其间哪有"隐之缓之"的余暇？《公羊》意在显示公子友杀兄的急不暇择，孔广森尝试辩护《公羊》而又不合其义，有目共睹。

就现存文献而言，《左》《公》上述叙事迄今仍无相反的证据足以驳倒，而《穀梁》判断公子牙为"正"的结论，则是仍无史料充分佐证的主张。范注引何休《废疾》云："牙与庆父共淫哀姜，谋杀子般，而曰卒，何也？"⑥这是预设《公羊》相关叙事的存在作为解经的起点，进而批判公子牙曰卒的结论。限于史料阙如，现在已找不到《穀梁》究竟如何理解公子牙死亡的各项情节，但惟一清楚的是，二传记述公子友杀公子牙的叙事，与《穀梁》如何解读这一则经文，应该没有什么关系。因此，何休的诘问，在《穀梁》看来，基本

---

① 陈壁生：《经学、制度与生活》，页131。
② 黄铭、曾亦：《公羊全译》，页220。
③ 于鬯：《香草校书》卷49，页990。
④ 有关此语的剖析，参阅李衡眉：《"一继一及"非"鲁之常"说》，载《先秦史论集（续）》，页77—86。
⑤ 孔广森：《公羊通义》卷3，页89。
⑥ 《穀梁注疏》卷6，页100。

上是不相干的。二传杀公子牙的叙事，是《穀梁》无法兼容的东西。王闿运《申义》云："牙弑子般，《公羊》所传，《穀梁》未闻也。"① 这是准确的描述，也是解读《穀梁》相关传文不能忘记的要点。

《左》《公》关于杀公子牙的叙事，现在虽无具体事例足以驳斥，但不代表这一叙事必然符合经义。说到底，一套解经意见是否可取，主要是看它能不能圆满地解释经文。可以说《穀梁》以公子牙日卒为正的观点欠缺厚实的历史叙事，但不能说这一套观点必然不如《左》《公》二传的解经意见。

3. 卒 ≠ 刺

《穀梁》认为大夫日卒为正的观点，是一套归纳甚为全面的"通例"，绝不能说是毫无依凭。② 《春秋》记载公子牙，惟此一例。在经中，"卒"是适用于诸侯、大夫、夫人死亡的普通措辞。③ 同样是没有交代加害者的措辞，"刺"意谓死者被杀，"卒"意谓死亡，大多是包含其人自然死亡的情况。更准确地说，虽然并非所有"卒"者皆是自然死亡，但言"卒"而又横死之人，经文一般有些异常的修辞提请读者另行注意。例如襄七年"郑伯髡原如会，未见诸侯；丙戌，卒于操"，这是讳言欲从楚的郑国臣子弑郑僖公的惨事。又如襄二十五年"吴子谒伐楚，门于巢，卒"，是交代门人射吴子的意外事件。又如襄三十年"宋灾，伯姬卒"，是说明宋伯姬死在火灾之事。这些经文在"卒"前后另有叙事，读了就知道情况异常，有别于"A 卒"的句式。

"卒"没有用作讳言"刺"的作用。仅凭"A 卒"的句式，难以使读者怀疑其人实是被君主所杀而非自然死亡。换言之，此经"公子牙卒"的修辞方式，蕴涵自然死亡多于意外死亡的可能性。对"公子牙卒"的笔法，《左传》没有正面剖析，而《公羊》的解释却是令人难消疑虑。《公羊》庄三十二年传："杀则曷为不言刺？为季子讳杀也。"④ 从经义的诠释而言，这一解读是极其迂回的。《春秋》言"刺"仅 2 例：

[1] 僖二十八年："公子买戍卫，不卒戍，刺之。"

[2] 成十六年："乙酉，刺公子偃。"

---

① 王闿运：《申义》，页 9。
② 郑杲：《鲁大夫正恶考》，载《诸经札记》，页 821。
③ 有关这个问题，参阅本书第一章，页 63—64。
④ 《公羊注疏》卷 9，页 185。

二经言"刺"而不言谁是凶手,按照《春秋》内鲁的修辞手法,一般是默认缺席的主语意谓鲁国君主。最低限度,《公羊》就是这样的诠释进路,僖二十八年传:"遂公意也",又云:"内讳杀大夫,谓之刺之也。"① 由此说明,即使经文明言"刺"字,最直接的解读该是得出鲁庄公是凶手,而非经文以外的人的结论。以此例彼,仅凭"公子牙卒"及其日期,是绝对读不出公子友就是导致公子牙死亡的元凶。在此之前,《春秋》未尝记述已出奔的公子友回到鲁国。经文即使言"刺",读者也不见得可以知道公子友就是凶手。因此《公羊》从"不言刺"而推敲讳公子友杀兄之事,是存在一个推理上已被隐没而又未必真能确证的跳板。说穿了,《公羊》若无公子友在庄公死前赐药杀牙的叙事,单凭经文的字面意义,根本无法推出"为季子讳杀"的隐秘,甚至不该提出"不言刺"的疑问。显然,《公羊》是以事解经,而非紧扣经文字词的解释。仅以经文的解释而言,《穀梁》以日卒为正的解释,其实是比《公羊》更融贯和更可取。

4. 何休辩护的失败

大概知道《公羊》以上的漏洞,何休尝试提出两个辩护:

①从"癸巳"这个死亡日期另作推论。何诂:"书日者,录季子遏恶也。"② 然而,《公羊》对大夫卒日毫无完整的主张,也没有讨论经文为何记载公子牙的死亡日期。"癸巳"与"季子遏恶"二者,有何必然的因果关系?凭什么说前者是显示后者的条件?为何"季子遏恶"可以透过书日而得到说明?《公羊》有这样的预设吗?完全没有!这也说明,"遏恶"之论既不合《公羊》传义,又缺乏一个普遍性前提足以支持其说,完全是何休个人的自由心证。

②"庄不卒大夫"的观点。何诂:"庄不卒大夫而卒牙者,本以书国将弑君。"③ 翻查《春秋》庄公在位期间的经文,仅庄三十二年经有"公子牙卒"的记载,为何如此? 不清楚。问题是,何休以此发展了一套三世异辞的解释。隐元年经:"公子益师卒",《公羊》云:"何以不日?远也。所见异辞,所闻异辞,所传闻异辞。"何诂:"于所传闻之世,高祖曾祖之臣恩浅,大夫卒,有罪

---

① 《公羊注疏》卷12,页256。
② 《公羊注疏》卷9,页187。
③ 《公羊注疏》卷9,页187。

无罪皆不日略之也,公子益师、无骇卒是也。"①《公羊》谈的本是公子益师卒而不日的原因,没有谈及书日的原因。这里的问题在于,同样是在何休所界定的"所传闻之世"(即隐、桓、庄、闵、僖),"公子牙卒"书日的措辞,跟其他卒日的鲁国大夫(如僖十六年"公子季友卒"与"公孙兹卒")有何差别?凭什么猜测"本以书国将弑君"?何诂"国将弑君"的解释,分析到最后,还是要依靠公子友赐毒杀公子牙的叙事,在经文中找不到什么足以援依凭借之处。

在这里,刘敞有一个很有意思的批评意见,《权衡》云:"彼溺不卒者,自以非执政故尔,何谓庄不卒大夫哉?"②刘敞以公子溺非执政为说,虽有想象过多之弊,但他正确地提醒读者,庄公大夫不卒可能是另有缘故,不宜深求。此语实负特见之能,非同俗论。至少在《穀梁》而言,公子溺既有"会仇雠"和"伐同姓"的罪恶,自然没有卒文。③ 像何休那样猜测"庄不卒大夫"的原因在于"国将弑君",只能说是刻意凑合《公羊》叙事的解释,很难说是确解经义的定见,殊无可信之理。

刘逢禄显然知悉何诂在经文中不能找到充足证据的缺陷,故又试图附加更多的说明,《申墨守》云:"桓、庄之世,大夫皆不卒,因非贤君,假以见所传闻世恩杀文也。"④这也没有增加多少说服力,以此反证庄大夫不卒,也没有多少根据,因为以上观点,是在"恩杀"以外另添"贤君"的条件,而"贤君"之说不过是何休点评经传的见解,《公羊》没有这样的主张。刘逢禄对《公羊》和何诂的辩护,不见得使之添加更多的合理性和优越性。

从何、刘二人辩护的失败,可以印证《穀梁》以日卒为正,自有其存在的价值。《公羊》陈述公子友杀兄之事,仅能说明它的历史证据比《穀梁》更多;这一点也是《公羊》与《左传》相同的优点。但是,并非只有历史叙事支持的解经意见方才可以接受。在经文的解读上,据《穀梁》传例而得出公子牙为"正"的结论,是直接、融贯而又忠于经文的解释,没有必要节外生节另求别解。就经言经,《春秋》也没有任何直接的反例显示卒日为正的不可接受性。王闿运《申义》云:"此不日卒,自是正卒。"⑤在"公子牙卒"的诠释

---

① 《公羊注疏》卷1,页25—26。
② 刘敞:《春秋权衡》卷10,页285。
③ 有关公子溺的问题,参阅本书第三章,页443—45。
④ 刘逢禄:《公羊后录》卷1,页306。
⑤ 王闿运:《申义》,页9。

上，这是最正确的观点，有必要大书特书。

5. 援引《左》《公》的错误

可是，因为《左》《公》二传的叙事已编列在《史记》等书的历史记录之中，所以相信公子友是大义灭亲的理想典型，所在多有。如《刘子·明权章》云："若虞舜之放弟象、周公之诛管叔、石碏之杀子厚、季友之酖叔牙。以义权亲，此其类也。"① 这是把公子友视为与舜、周公、石碏同科的伟人。类似的褒奖，还有许许多多。这些历史评论该作如何处理，在此暂不予以梳理，就《穀梁》而言，接下来更应该处理的一个问题是：接受二传叙事对《穀梁》诠释有什么影响？

大体上说，接受二传的叙事以解释《穀梁》，意味着必须放弃日卒为正的传例，也就同时产生这样一个不能回避的需求：为何像公子牙这样的逆贼还是"正"？如何解释经文的死亡日期？对此，有以下多种不同的解释：

(1) 范注引郑玄《释废疾》云："牙，庄公母弟。不言弟，其恶已见，不待去日矣。"② 针对何休以公子牙将要谋反的叙事来驳斥《穀梁》，郑玄认为"公子牙卒"一语没有称弟，其中蕴涵贬恶之意，所以不必剔除死亡日期。如其解，已预设凡鲁国公族之弟必得申其私亲而称弟，但前文已有阐述，从不称弟申说公子牙之恶，本是《公羊》而非《穀梁》的观点。公弟叔肸特笔示贤，已显示"公弟"绝非等闲之辈所能拥有的美称。因为这样，范宁表示不能同意，这么批判郑玄："不称弟，自其常例耳。郑君之说，某所未详。"③ 这一见解，不能说是错误。

(2) 柯劭忞《传注》云："庄公在，则牙卒宜书母弟。范云'不称弟'为'常例'，失之。盖内母弟称弟，外母弟为某君之弟，乃为常例耳。"④ 这是为了辩护郑玄而违离经传的曲说。对鲁国君主之弟，《春秋》除了公弟叔肸外，没有一例称弟，包括公子友在内。凭什么认为公子牙不称弟已预设"称弟"为"常例"？王树荣《续穀梁废疾》云："穀梁氏不知《春秋》'为贤者讳'之义而不发传，一经任城驳诘，郑君不得已而以支辞应之，范武子最尊信郑君，

---

① 傅亚庶：《刘子校释》卷8，页411。
② 《穀梁注疏》卷6，页100。
③ 《穀梁注疏》卷6，页100。
④ 柯劭忞：《传注》卷4，页13。

尚不敢赞同其曲说。《穀梁》之为'废疾'审矣。"①王树荣说《穀梁》不知"为贤者讳",无视传中对贤者的各种讨论,当然是失实的指责。撇开无聊的谩骂,应该承认的是,郑玄对何休的反驳是失败的,也间接连累《穀梁》遭到不必要的质疑。

（3）在王树荣以前,刘逢禄《申废疾》云:"牙之为母弟,经无起文。《穀梁》不传张三世诸例,所谓'《春秋》之失乱'矣。"②这是怪责郑玄没有接受何休三世异辞之说。对此,柳兴恩尝试回护郑玄:"牙,庄公母弟,亦郑君权词。"③也就是要求批评者不必计较母弟之说。这是没有说服力的反驳。郑玄真正的问题,不仅是母弟之说,而是母弟之说背后已预设《公羊》公子友杀兄叙事的可靠性。郑玄之失,在于误用《公羊》,而刘逢禄反过来批判《穀梁》"不传张三世"的责难,完全是错位的。同样,柳氏"权词"之论,也是不得要领。真正忠于《穀梁》的解读进路,应该是坚守传例,扬弃于经传皆无确据的叙事。王闿运《申义》云:"郑取《公羊》以说《穀梁》,故与传例异耳。"④郑玄无法真正辩护《穀梁》,愈来愈糊涂,其说还是扬弃为宜。

（4）廖平没有遵照郑玄"不言弟"的观点,是有眼光的,但他同样没有放弃《左》《公》二传对公子牙的负面叙事,为此提出了三套不同的说法:

①重申"庄不卒大夫"。《古义疏》云:"庄不卒大夫。此卒,知不卒者;日不卒,知不日。"⑤前已述及,"庄不卒大夫"绝非《穀梁》的主张,而是何休的发明。此外,这是一套欠缺说服力的解释,廖平暗袭其说,莫名其妙。《穀梁》屡有讨论"不卒"之论,包括外大夫、外夫人、未适人、夷狄、寰内诸侯、疏之等等,都是不该有卒文的理由,以此解释一些本该没有卒文的人为何言"卒"。⑥ 不过,廖疏却是相反的思路,从经文"公子牙卒"的"卒"断定他的"不卒"。如其说,经文所有言卒的经文,皆有"不卒"的潜在可能性,而各则经文的"日"就有可能是"日不卒"而等同于"不日",岂有可通之理？至少,把公子友视作贤者的廖平,是不应该接受这个结果。廖平由"卒"而"不卒",由"日不卒"而"不日"的推论,弥缝补苴,目的无非是为了证成公子牙

---

① 王树荣:《续穀梁废疾》卷1,页201。
② 刘逢禄:《公羊后录》卷5,页433。
③ 柳兴恩:《大义述》卷12,页168。
④ 王闿运:《申义》,页9。
⑤ 廖平:《古义疏》卷3,页207。
⑥ 参阅本章对刘卷的讨论,页685—90。

日卒而恶的错误结论,理实不然。

②从"不言刺"和"亲亲之道"中找解释。《古义疏》云:"不言刺,大恶未成,不目其事,亲亲之道,为季子录之也。"①《穀梁》没有"不言刺"的答问,如上所述,《公羊》以此发论,申张"为季子讳杀"的观点,其中没有"大恶未成,不目其事"之说;恰好相反,从《公羊》"君亲无将"的视角出发,公子牙弑君事虽未成,也该被杀,因此"事"的成不成,倒是次要。廖疏援《公羊》而自申己意,不仅不合《穀梁》,也不合《公羊》。此外,认为公子友的行为符合"亲亲之道",也不是《穀梁》的观点。《公羊》庄三十二年传:"行诛乎兄,隐而逃之,使托若以疾死然,亲亲之道也。"②廖疏援《公》解《穀》,增窜异说,可惜漏洞显然。

③认为公子牙自杀情况特殊。《古义疏》云:"牙饮药而卒,非其杀之,如正卒,故曰,为季子讳也。"③如其说,自杀不等于被杀,所以记载公子牙的死亡日期。不过,《穀梁》实无这样的说法。相反,申生被父亲晋献公所逼而自杀,④但僖五年经:"春,晋侯杀其世子申生",可见《穀梁》认为因不正常的压力而自杀也属于被杀之列,哪能"如正卒"?廖平"为季子讳"的解释,完全是为了凑合《公羊》而误读误解,岂足为凭?

(5)有别于廖疏,钟文烝虽然默许公子友杀公子牙的叙事,但援《公》解《穀》的痕迹没有这么明显。《补注》云:"此当以下文庆父事比观之,其义乃见。庆父首恶,牙次之。庆父犹公子遂,牙犹叔孙得臣也。庆父讳奔言如,又讳其缢死,则牙卒可书日以掩恶矣。遂卒见不卒之文,则得臣卒书去日以明恶矣。"⑤钟注立论之处,是庆父类似公子遂、公子牙类似叔孙得臣的比拟。问题是,文十八年经"公子遂、叔孙得臣如齐"的记载,反映《春秋》曾交代二人共同出行;相反,对庆父与公子牙却没有类似的笔法,凭什么说他们类似公子遂、叔孙得臣的情况?至少,《穀梁》未尝提出这样的观点。如钟文烝之说,经文因讳庆父,所以公子牙也要记载死亡日期。但《穀梁》实无"掩恶"之论,也没有说过因讳庆父而讳公子牙的观点。钟注不合传义,

---

① 廖平:《古义疏》卷3,页205。
② 《公羊注疏》卷9,页187。
③ 廖平:《古义疏》卷3,页205。
④ 参阅本书第二章,页238—40。
⑤ 钟文烝:《补注》卷8,页230—31。

难以采信。

(6) 与钟文烝一样,柳兴恩同样想在经文上寻找本证,《大义述》云:"内大夫之卒,旧史自皆书日。穀梁子之意,以为孔子但削益师、无侅与侠之日以示贬,故特发'不日卒,恶也'之传。此自'诸侯卒葬,日正也,时恶之也'例来,则公子牙、仲遂、季孙意如之不宜日卒可知。此凡例所谓泥则难通,比则易见者也。书日者,旧史之文,孟子所谓'其文则史'也,削益师等之日,则公子牙等之不宜日卒自见,孟子所谓'其义则某窃取之'也。此危行言孙之旨,游、夏所以不能赞一词也。"①与钟注相比,柳兴恩多举了公子益师、无侅、季孙意如三例。隐元年经"公子益师卒"和隐八年经"十有二月,无侅卒"皆是不日,本无反证"公子牙卒"书日的作用,不必深谈。惟一需要交代的是定五年经:"六月丙申,季孙意如卒。"意如是导致鲁昭公流亡的逆臣,当然是"恶"而非"正"。其卒书日,主要是因为先前经文屡有其恶事的记载,例如昭十四年经:"意如至自晋",传:"意如恶,然而致。"②意如与齐桓公一样,因其劣行"前见矣",所以二人不妨卒日。柳兴恩对意如的理解显然错误,意如是卒日亦可,并非"不宜日卒"。因接受《左》《公》叙事,柳兴恩希望找到"日卒"而"恶"的可能性。但除了像齐桓公、意如的特例外,《穀梁》没有任何主张足以证成"日卒"而"恶"的结论。柳氏"泥则难通,比则易见"之说,无非是要求读者不用认真看待传例。这样一来,日卒不日卒还有指示经义的作用吗?柳兴恩因《左》《公》而弃传例,理无可通。此外,把书日理解为"旧史之文"(还有认定大夫卒葬之例来自诸侯卒葬之例),在鲁史原典缺略不全的情况下,充其量不过是想当然矣的猜测。孟子"文""义"之别,出自《离娄下》,③不过是泛论《春秋》宗旨,并非特指日卒而发。柳兴恩据此立言,亦非可靠。

(7) 曹金籀不在经中觅证,反而采用了另一种宏大说辞来作出解释。《春秋钻燧》云:"其辞何以从同?曰:《春秋》为尊者、亲者、贤者讳,亦内大恶讳之义也,故美恶不嫌同辞。"④尊者、亲者、贤者虽是强调隐讳的人,但《穀梁》未尝贤公子友,就公子牙之死也不提及"内大恶",假如不从《左》

---

① 柳兴恩:《大义述》卷1,页31。
② 《穀梁注疏》卷18,页296。
③ 《孟子注疏》卷8,页226。
④ 曹金籀:《春秋钻燧》卷3,页329。

《公》叙事解读,哪能读出讳意?至于"美恶不嫌同辞",①更是《公羊》而《穀梁》的主张。因此,曹金籀无法据《穀梁》解释经文"从同"的问题,其解未可为训。

(8)与其他经师一样,郑杲同样希望兼顾经文卒日和公子牙谋弑二者,《春秋说》云:"公子牙正也乎?曰:此另是一例,此时难遽说,请先往下读,读至公子季友与公孙兹。难曰:此二人何为复发大夫日卒正也?曰:此可见其余不复发者之虽日卒而不正矣,日卒至多而正者至少,是以遇正辄发焉,用以别其余之日卒而不正者尔。"又云:"难者曰:别则别矣,无乃太隐乎?且牙之恶,传无见焉,何邪?答曰:《春秋》推见至隐,《穀梁》如乎《春秋》之隐见者也。牙之诛,不以为国狱,则固《穀梁》之所不言也。虽不言也,义未尝不及。子曰:'予欲无言',谓《春秋》也。'天何言哉?四时行焉,百物生焉。天何言哉?'是《春秋》之至深隐处也。卒之,惟此事人人皆知,故曰'莫见乎隐'也。"②细读上文,郑杲认定公子牙虽日卒而不正,所以"另是一例"。此说在《穀梁》找不到一丝一毫沾边儿的记载。《穀梁》对公子牙既无发传,哪有新例可立?至于公子友与公孙兹的日卒,本章下文将会指出,没有证据显示其他日卒而不正的人也像公子牙那样的状况,至少《穀梁》没有这样说。当然,郑杲也知道《穀梁》无传,所以认为"不以为国狱"是《穀梁》"不言"的原因,同样于传无据。郑杲解释"不言"的证据,来自《阳货》和《中庸》,③二者皆非专就《春秋》而言。郑杲以此为说,像其他发挥心得的策论一样,充其量是他个人学习《春秋》的观感,不能说《穀梁》就是这样的思路。

归纳上述,因为接受《左》《公》二传杀公子牙的叙事,直接导致《穀梁》日卒传例出现了不该出现的反例。为了这样一个反例,不同的人所提出不同的解释,凡若此类,皆无法有效说明逆贼在没有"前见"的情况下如何可以是"正",结果舍其本而末是图,主脑既差,传义胥失,支左屈右,也不能真正提出有力的辩护。这些解释的失败,正好说明一点:放弃二传的叙事,方是正确理解《穀梁》的惟一途径。

---

① 《公羊注疏》卷3,页55。
② 郑杲:《春秋说》,载《郑东父遗书》卷1,页143—44。
③ 《论语注疏》卷17,页283。《礼记正义》卷52,页1422。

6. 小结

《左》《公》记载公子友诛杀公子牙之事，导致后来论者普遍相信公子友是能够大义灭亲的贤者，与石碏一样。可是，《穀梁》并非这么解读经文。曰卒，不蕴涵公子牙已被杀死。综观全传，也没有任何记载歌颂贤者杀害亲人，如齐桓公杀公子纠，便是"恶之"而非贤之。如上所述，对公弟叔肸"通恩"的肯定，已反映《穀梁》对血缘关系不容毁弃的强调（参照 O_4）。说公子友因杀兄而贤其人，实非传义所能容受的内容。

（四）庄三十二年经："冬，十月乙未，子般卒。"传："子卒日，正也；不日，故也，有所见则日。"①

公子牙逝世三个月后，原来继位的嗣君子般也同样暴毙。这不是自然死亡，而是被庆父暗杀。《左》《公》二传断言公子友支持子般的继位，故此子般之死，往往与公子友称贤的叙事交错在一起。然而，《穀梁》却是另一主张。

1. 子般称子及名

鲁庄公死后，子般以太子身份继位。范注："在丧，故称子。般，其名也，庄公大子。"②因经文内鲁而先君未葬，称"子"及其名，与子野一样。③《左》《公》二传皆认为子般是公子友拥护的嗣君，但经文没有显示二人的关系，《穀梁》忠于解经，对此亦无明说。

2. 子般日与子赤不日

同样是嗣君被弑，子般与子赤最大的不同，在于子般记载死亡日期，子赤却不记载。为什么呢？何休"恩录"之说，是不可靠的。何诂："日者，为臣子恩录之也。杀不去日见隐者，降子赤也。"④何休所论全是个人私见，不合《公羊》之义。《公羊》庄三十二年传："子卒云子卒，此其称子般卒何？君存称世子，君薨称子某，既葬称子，逾年称公。子般卒，何以不书葬？未逾年之君也，有子则庙，庙则书葬。无子不庙，不庙则不书葬。"⑤全传只谈称子般和不书葬的原因，没有谈及死亡日期的记载。此外，何休三世异辞

---

① 《穀梁注疏》卷6，页101。
② 《穀梁注疏》卷6，页101。
③ 参阅本章页691—93。
④ 《公羊注疏》卷9，页189。
⑤ 《公羊注疏》卷9，页188—89。

的主张,本以"恩浅"为由"不日略之",因此子般卒日就是例外情况,为何为子般"恩录"如此?何休没有相关的说明。对子赤卒不日,何诂:"所闻世,臣子恩痛王父深厚,故不忍言其日,与子般异。"①如其解,似又意味不用"恩痛"而"忍言"子般之日卒。以上二说比较,脱节显然,究竟是"恩录"抑或"忍言"?完全说不清楚!因为何诂书日的不可信,崔适也不敢接受其说。《复始》云:"此日,与子野又何以异?何从见其弑耶?曰:于闵公不言即位见之也。"②这是暗袭《穀梁》而不明说,显然崔适是清楚何休这方面的漏洞。

3. 见

"见"意谓看见。传中的"见"是说相关讨论对象被看得见。"见"作为看见之义,犹如"见以"的"见"亦是意谓看见。③ 例如:

[1]庄七年经:"恒星不见",传:"不见者,可以见也。"

[2]僖十七年经:"齐侯小白卒",传:"其不正,前见矣。"④

例[1]的"见"是指"不见"的恒星,例[2]的"见"是指齐桓公的"不正"。

此传的"有所见",不等于"故"。它指代的是被读者看得见"故"的迹象。对此,柯劭忞《传注》云:"闵不言即位,知为继故,故曰'有所见',与子赤书法不同。"⑤此说观察正确,言之铿锵。

4. 有所见 ≠ 故

刘逢禄却不明白这一点。《广废疾》云:"子赤之故,亦有所见,何为不日?《穀梁》不传张三世之义,失之。"⑥如上所述,何休三世异辞的主张,已有明显漏洞。况且《公羊》对子赤不日的解释,仅说"不忍言也",⑦未尝说过类似三世异辞的主张。何诂本无确据,刘逢禄反而据以立说,根基不稳,不在话下。在刘逢禄笔下,"见"似是意谓太子被弑的变故,故以"不日"反诘。然而,《穀梁》"有所见"的涵义,不完全等于"故",而是显示"故"的迹

---

① 《公羊注疏》卷14,页316。
② 崔适:《春秋复始》卷22,页535。
③ 有关"见以"的涵义,参阅本书第二章,页285。
④ 《穀梁注疏》卷5,页70;卷8,页135。
⑤ 柯劭忞:《传注》卷4,页13。
⑥ 刘逢禄:《公羊后录》卷6,页463。
⑦ 《公羊注疏》卷14,页316。

象。在子般的案例中,"见"就是指闵元年经没有"即位"的记载;在子赤的案例中,却没有类似的记载。刘逢禄以为"子赤之故"同样"有所见",反映他是完全误解"有所见"之说。

5. "有所见"指什么?

闵元年经:"元年,春,王正月。"传:"继弑君,不言即位,正也。"① 鲁闵公继子般登上君位,却没有"即位"的记载。这是"继弑君"而"正"的笔法。鲁闵公不像鲁桓公和鲁宣公涉及先君被弑的变故,没有合法性的问题。闵元年经已能充分反映子般被弑的事实,这就是传文所谓"有所见"。因为这个缘故,经文记载了子般的死亡日期也不妨。范注:"闵公不书即位,是见继弑者也。故庆父弑子般,子般可以日卒,不待不日而显。"② 这是正确的解释。钟文烝《补注》云:"既有所见矣,故还从常例,不削旧史书日文也。"③ 张慰祖《补阙》云:"盖子般弑,则闵公立。闵公不书即位,已见继弑矣。故还从常例不削。"④ 钟、张二人同样接受范注,观点正确,没有任何疑问。

读者只要明白"有所见"的所以然,就不会把他的遇害和其他鲁国君主的自然死亡混为一谈。在这里,有必要澄清刘敞的一些误解。《权衡》云:"若有所见又不日者,岂不益明乎?何若日之与正卒相乱哉?用此观之,非圣人之意明矣。"又云:"又文十八年十月,子赤卒。其下则'季孙行父如齐',子赤卒不日,亦有所见也。若以庆父之例推之,则行父亦弑子赤者邪?何谓书如齐?"⑤ 刘敞预设经文寓意"益明"是《春秋》修辞的基本原则,但这是无从确证的说法,事实摆在眼前,经中充斥各种各样的隐讳,如其解,怎样解释这些笔法呢?此外,子般被弑而日,因"有所见"已不可能与"正卒"混为一谈。刘敞鲁莽为文,其"相乱"之语,对《穀梁》殊非的评,不足服人。还有,《穀梁》并非把"如"的主体视为弑君的嫌疑者。子赤卒后,宣公有即位之文,在《穀梁》看来,绝非"有所见"。从刘敞以"季孙行父如齐"否证"公子庆父如齐"的做法,可以反映他对"有所见"的理解是错误的。

---

① 《穀梁注疏》卷6,页102。
② 《穀梁注疏》卷6,页101。
③ 钟文烝:《补注》卷8,页232。
④ 张慰祖:《补阙》,页6—7。
⑤ 刘敞:《春秋权衡》卷15,页337。

6. 子般卒日与子恶不卒日

同样是太子继位被弑,子般卒日,与子恶不卒日,二者形成鲜明的对比:前者"有所见",后者不是"有所见"。廖平正确地把握子般与子恶的差别,故《古义疏》云:"宣言即位,无所见,故般日而赤不日,以有见、不见故也。"① 相反,柳兴恩却误解了子般卒日的意义。《大义述》云:"子赤之故,不日已见。此书子卒之始,见其非以不正见弑,故加日以正之。"② 如其解,子赤卒日就是为了显示他的"正"。然而,《穀梁》的重点是"有所见",不曾提及"不正见弑"的可能性。子般作为鲁国第一次太子被害的记载,根本不存在"加日以正之"的需要。子般卒日,不是为了显示他并非不正。柳兴恩剖判有误,无裨传义。

7. 小结

《春秋》内鲁,对太子死亡自有一套独特的笔法。子般被弑而又记载日期,貌似有违"不日"示"故"的常规,故《穀梁》以"有所见"释之。接受公子友为贤者的叙事,往往穷于如何解释当时公子友阻止悲剧的发生。但以上的讨论可知,《穀梁》不认为此经与公子友相关。

(五)庄三十二年经:"公子庆父如齐。"传:"此奔也;其曰如,何也?讳莫如深,深则隐。苟有所见,莫如深也。"③

庆父是弑子般的凶手,但因庆父之奔与子般之卒,都是经文讳言之事。据《穀梁》解释,这跟公子友也没有明显的关系。

1. 庆父的称呼

范注:"庆父,名,字仲父。"④ 此说需要略作辨析。据《左传》记载,庆父亦称"仲庆父""共仲"。⑤ 像"孔父嘉"的"孔"是字,"父"是美称,"嘉"是名,而合起来"孔父"都是"字"。⑥ 由此推知,"仲庆父"的"仲"是字,"庆"是名,"父"是美称,"共仲"和"仲父"都算是字,而"庆父"则是结合美称的名。

2. 如陈实奔

庆父是鲁庄公之弟,公子友之兄。跟二十七年经"如陈"一样,此经"如

---

① 廖平:《古义疏》卷3,页205。
② 柳兴恩:《大义述》卷13,页185。
③ 《穀梁注疏》卷6,页101。
④ 《穀梁注疏》卷5,页64。
⑤ 《左传正义》卷8,页233;卷10,页300—01;卷11,页308。
⑥ 参阅本书第二章,页193—95。

齐"也不是一般的往赴,二者同样寓有讳意。跟公子友"如陈"一样,庆父"如陈"实际上也是出奔。

3. 庆父未尝奔?

经文言"如"而非"奔"或"出奔",是讳言奔齐的事实。然而,廖平却认定庆父未尝出奔,《古义疏》云:"庆父弑子般,季子奔陈,庆父未尝奔也。不言季友之奔而外庆父于齐者,讨之也。夫人至自齐而曰'孙',庆父未出而曰'如',讨贼之义也。"又云:"未如言如,《春秋》讨其罪,放逐之辞。齐桓未讨,《春秋》乃逐之也。"①下文将会指出,认为庆父"未尝奔",大概是鉴于《左传》没有相关记载所致。然而,《穀梁》明言"此奔也",而且对闵元年经"齐仲孙来"亦理解为庆父回国的意思。廖平"未尝奔"之说,彻底背弃传义。如其解,"如齐"是经文对"未如"的庆父"讨之"和"逐之",其背后原因在于齐桓公"未讨"。《穀梁》确实对齐桓公有所批判,但主要是就"齐仲孙来"的经文而发。此传未尝谈及齐桓公的责任,廖氏"放逐之辞",同样不符合传中的记载。

4. 讳莫如深

此传交代言"如"不言"奔"的原因。"讳莫如深"现已成为流行成语,但此传主要是讨论避讳的做法。"莫"有"不"义,此传的"莫如"意谓不如、莫过于。"深"是深入义,在避讳的语境中,也就是意谓幽深,表示深没其事。②

因为范宁的错解,后来论者对"讳莫如深"也受到误导。重要的是端正以下两方面的认识:

①"讳莫如深"意谓避讳莫过于深没其事,而非挑选重要的事情来避讳。

范注:"深谓君弑贼奔。"杨疏:"为国隐讳,莫如事之最深。深者则隐,深谓君弑贼奔之深重,以其深重,则为之隐讳。"③注疏之中,有一些必须清理的舛错。"讳莫如深"的"莫如",作为不如、莫过于之义,通常是指相关对象最能体现的某一属性,例如《鲁语上》云:"不厚其栋,不能任重。<u>重莫如国,栋莫如德</u>。"④此"国"和"德"分别是最能展现"重"和"栋"的东西。据此

---

① 廖平:《古义疏》卷3,页206。
② 有关"深"的涵义,参阅本书第二章,页237—38。
③ 《穀梁注疏》卷6,页101。
④ 徐元诰:《国语集解》卷4,页171。

可知,"讳莫如深"的"深",就是展现"讳"的东西。钟文烝《补注》云:"言《春秋》讳法,莫如文之幽深者,其讳最甚。如此经不言贼臣之奔,但言如,是讳文之幽深者。"①此言甚是。如杨疏之解,"讳"(即"为国隐讳")是作为一个范畴的存在,内有许多东西,而"深"意谓"事之最深",是属于"讳"的一个东西,而非展现"讳"这种属性的东西。于是,"讳莫如深"就不是形容隐讳的程度,而是看事情是否重要而作出避讳。在这里切实观察,范宁"深谓君弑贼奔"之论,是一个经不起推敲的说法。"深"在涵义上不可能相当于"君弑贼奔",所以范注的"谓"只能理解为指代。也就是说,"深"是指代"君弑贼奔"这一事件。为了迁就范宁这个说法,杨疏不得不把"深"理解为"深重",说是"事之最深"或"君弑贼奔之深重"。然而,"讳莫如深"本因"其曰如"之问而发,如范、杨之解,传文的"讳"就是答非所问,以"君弑贼奔"解答为何"曰如"之问,义岂可通?范、杨由"如"转换为"君弑贼奔"的变化,二者指代的对象完全不同。这是"深重"之解为何说不通的主因。受杨疏的影响,徐正英、邹皓译"讳莫如深"为"为国隐讳没有什么比这更深重的事了",②此"这"其实含糊了问题的关键,无形中掩盖了由"如"而"君弑贼奔"的转换,实不可从。此外,杨疏因把"深"理解为"讳"所指涉的东西,遂不得不把"隐"理解为"隐讳",但如下所述,范宁又以"痛"训"隐",疏不合注,有目共睹。这也反证,杨士勋疏虽然曲徇范注,但为了通释传文全句之义,也不能不有所割舍。由此进一步确知,杨疏释"深"为"深重",是建立在错误的前提之上。俞樾对之深有体会,《群经平议》云:"传文本明,范氏所解未得其指,杨疏从而衍之,宜更纠缭矣。"③只要放弃了范注的错误理解,方能通释传义。

②"隐"意谓隐藏,不是哀痛。

范注:"隐,痛之至也。故子般曰卒,庆父如齐。"④"隐"在《穀梁》不尽是哀痛义,也有隐藏义。⑤ 范宁以"痛之至"训"隐",是错误的。钟文烝对之已有所辨正,《补注》云:"其文幽深,则其事微隐,如此经言'如',为幽深

---

① 钟文烝:《补注》卷8,页232—33。
② 徐正英、邹皓:《全译》,页201。
③ 俞樾:《群经平议》卷24,页391。
④ 《穀梁注疏》卷6,页101。
⑤ 参阅本书第一章,页58。

之文,则奔事微隐不著也。"①这是指出经文言"如"是为了隐藏事件,一语中的。

不过,柯劭忞为了贯彻训"隐"为"痛之至"之说,竟弃钟注不用。《传注》云:"隐,痛也。讳愈深,则痛愈深。"②不仅《榖梁》,范注亦无"讳愈深"导致"痛愈深"的因果说明。柯劭忞似亦不讲于文法,又无确据,实无取焉。

"深则隐"意谓由于深没其事,所以其事得以隐藏。"讳""深""隐"都是就"如齐"而言,不涉及子般卒日的问题。俞樾《群经平议》云:"深没其文,然后其迹隐矣。如'子般卒'书日,若以正终者;公子庆父如齐,若以使事往者。此皆讳之深而隐者也。"③这个解释虽然纠正了范宁训"隐"为"痛"之失,但仍有被范注误导之处。如上所述,范注以"子般日卒,庆父如齐"解读《榖梁》隐讳之事,传文却只谈言"如"的原因,不涉及子般之事。照《榖梁》的解释,子般卒日因"有所见"也不妨,但不能说它也是"讳之深而隐"的一部分。要之,此传的"深"是专就庆父而发,不直接涉及子般。钟文烝《补注》云:"二句专解'如齐'之义,注合上子般日卒并言之,又非也。般弑而庆父奔,事固相因,但上经本应不日而书日,不得谓之讳。凡所不言者为讳,书日何讳之有?"④此言是批判范注之失,但也适用于俞樾上述的观点。

5. "有所见"指什么?

此传的"有所见",承上传"有所见则日"的"有所见"而来,都是指闵元年经不载"即位"透露前有弑君的隐情。钟文烝《补注》云:"见者,见闵公继故之文也。夫闵继故,则般被弑可知,即庆父弑般而奔亦可知。"⑤对"子般卒"言"有所见",显示子般被弑;对"公子庆父如齐"言"有所见",显示弑子般的就是庆父。

6. 《左》《公》叙事可兼容和不可兼容的部分

《左》《公》二传同样记述庆父设计暗杀子般。《左》庄三十二年传:"生子般焉。雩,讲于梁氏,女公子观之。圉人荦自墙外与之戏。子般怒,使鞭之。公曰:'不如杀之,是不可鞭。荦有力焉,能投盖于稷门。'"又云:"十月

---

① 钟文烝:《补注》卷8,页233。
② 柯劭忞:《传注》卷4,页13。
③ 俞樾:《群经平议》卷24,页390。
④ 钟文烝:《补注》卷8,页233。
⑤ 钟文烝:《补注》卷8,页233。

己未,共仲使圉人荦贼子般于党氏。成季奔陈。"①《公羊》闵元年传:"庄公存之时,乐曾淫于宫中,子般执而鞭之。庄公死,庆父谓乐曰:'般之辱尔,国人莫不知,盍弑之矣。'使弑子般,然后诛邓扈乐而归狱焉。季子至而不变也。"②有关庆父策动弑谋的过程,二传大同小异;至于公子友离鲁,《左传》有明确的记述,《公羊》没有正面说明,但从"季子至"一语,足见《公羊》亦认为公子友在子般死后曾经离国。就《穀梁》而言,庆父杀子般之事,是可以接受的部分;至于公子友再次离国,却是不能兼容的叙事。

7. "不自信于季子"的臆测

至于庆父奔到齐国的原因,三传不曾谈及。何休认定庆父惧怕公子友清算他弑君之罪,似乎值得商榷。何诂:"如齐者,奔也。是时季子新酖牙,庆父虽归狱邓扈乐,犹不自信于季子,故出也。不言奔者,起季子不探其情,不暴其罪。"③何诂言"如"实"奔"之说,在某程度上合于《穀梁》,于《公羊》却无实据。《公羊》对"公子庆父如齐"不曾发传解释,也没有说过庆父出奔。《公羊》闵元年传:"庆父弑君,何以不诛?将而不免,遏恶也。"④这既未解释"不言奔"的原因,也不提及庆父担心公子友暴其罪而奔齐。事实上,也没有历史文献足以佐证其事。何休有论无证,似有自我作古之嫌。

8. 苟有所见,莫如深也

"苟"意谓如果,"苟有所见,莫如深也"意谓如果有了被读者看得见弑事的迹象,就不如深没其事便是了。俞樾《群经平议》云:"既已有见于后,又何必以内之大恶而详箸之哉?故莫如深讳之也。"⑤此言甚是。从"有所见"这个条件的设定,可见《穀梁》认为经文的避讳不是无条件的,而是讳文背后仍留有线索让读者窥见事实。对此,钟文烝的分析最有洞见,《补注》云:"文虽深讳,事不竟没,隐而有不隐者焉,则深讳可也。"⑥经文的"讳"是因为各种考虑,但不能因有隐讳而以为《春秋》不重视事实的记载。

9. 区分"讳浅"与"讳深"的不必要

此传的"讳",仅言"讳"之"深",不言"深"以外其他程度的"讳"。郑杲

---

① 《左传正义》卷10,页300—01。
② 《公羊注疏》卷9,页190—91。
③ 《公羊注疏》卷9,页189。
④ 《公羊注疏》卷9,页190。
⑤ 俞樾:《群经平议》卷24,页390—91。
⑥ 钟文烝:《补注》卷8,页233。

却试图区分"讳浅"与"讳深"之别,《春秋说》云:"讳者,为鲁之容贼讳也。讳有浅深,子般被弑,讳之以日卒,而见之于继之者之不言即位,讳之浅者也。讳浅,则其见也易。见之于继,此常例见法,故直曰'有所见'。若夫鲁之容贼,盖有深隐之慝焉,恶浅者讳浅,恶深者讳深,是故庆父之为贼,若以常例宜见之于其奔者也。为鲁之容之有须深讳而曰如,则贼之为谁隐矣。"①从上文的讨论可知,此传"讳莫如深"和"有所见"都是针对庆父出奔而发,既没有"鲁之容贼"之说,也没有"讳浅"与"讳深"在程度上的对比。郑杲强生分别,貌似析论圆融,其实没有传义的依据。此外,子般日卒,也不能算是避讳。郑杲之解,与范注略有相同,但不见得更有说服力。

10. 廖平的两点误解

"隐"与"见"不涉及"臣子之义"与"王者之法"之分。在此,廖平又有一些不必要的错误理解:

(1)《古义疏》云:"《中庸》'莫见乎隐',谓《春秋》隐、见备举。从臣子之义,为之隐讳;从王者之法,为之著见。隐、见如阴阳无始,循环无端。隐之非以养奸,隐之深必见之著也。"②《中庸》"莫见乎隐"之说,不是专就《春秋》修辞而言。廖平援此为说,于传无据。《穀梁》不曾以"臣子之义"与"王者之法"划定"隐"与"见"之别,更没有类似"阴阳""循环"之论。廖平挥尘阔论,不问传义究竟,难言确当。

(2)《古义疏》云:"如讳此弑,讳牙杀矣。讳牙弑,从日矣。又讳奔言如,讳之备,则其事隐矣。《论语》曰:'隐恶而扬善,父为子隐,子为父隐。'"③讳言公子牙被杀,就是寓有讳言公子友杀兄,这其实是《公羊》而非《穀梁》的主张。《公羊》没有讨论"从日"的问题,也没有"讳奔言如"的主张。廖平援《公》解《穀》,违反二传之义。此外,《论语》亲亲相隐的问题,④不涉及《春秋》避讳的笔法。廖疏援以为证,殊不恰当。

11. "讳"不是专就闵公和公子友而言

在"尊者""贤者""亲者"这三个需要避讳的对象中,鲁闵公及其他鲁国的政治人物只是"亲者",而非"尊者"或"贤者"。钟文烝《补注》云:"闵公尊

---

① 郑杲:《春秋说》,载《郑东父遗书》卷1,页134。
② 廖平:《古义疏》卷3,页206。
③ 廖平:《古义疏》卷3,页206。
④ 有关这个问题,参阅梁涛:《"亲亲相隐"与二重证据法》,页1—58。

且亲也,贼臣出奔,耻疾也;季子贤也,不能即讨,过也;三者兼之矣。"①问题是如何理解"尊者""贤者""亲者"之所指?正如本书第一章所述,《穀梁》的"尊"或"尊者"大多是涉及周王或其他相关者,没有一例是指鲁国或其君主。②成元年传:"为尊者讳敌不讳败,为亲者讳败不讳敌。"③这里"讳敌不讳败"是形容周王战事的笔法,而"讳败不讳敌"则是形容鲁国战事的笔法。在《穀梁》理解中,"尊者"只能是周王,而鲁国君主则是"亲者"。钟注"闵公尊且亲",是有问题的;鲁闵公仅是亲者,庆父出奔是需要"讳"的"疾",而非"尊者"的"耻"。此外,认为公子友是"贤者",实是暗袭《公羊》之说。如上所说,《公羊》没有说过庆父出奔,反而因"不探其情"而肯定公子友不诛庆父,因此也不存在庆父出奔而需要避讳的可能性。钟注援《公》而不尽合《公》,亦无裨《穀梁》之义。要之,讳庆父出奔,只是讳亲者之疾,跟公子友没有明显的关系。

12. 小结

庆父出奔,经传皆未提及公子友。只要知道公子友不是《穀梁》评定的贤者,就没有理由认为此经寓有避讳公子友杀公子牙之事。《穀梁》欣赏"通恩",反对血缘关系的毁弃(参照 O_4)。"讳莫如深"与公子友没有直接的关系。

(六)闵元年经:"秋,八月,公及齐侯盟于洛姑。"传:"盟纳季子也。"④

鲁闵公即位后,便在洛姑结盟商定公子友回国。

1. 及者,内为志焉尔

洛姑位于齐国,范注:"洛姑,齐地。"这是范宁大量引录杜注的其中一例。⑤虽然地点不在鲁国,但根据"及者,内为志焉尔"和"会者,外为主焉尔"两个传例可知,此经使用"及"而非"会",显示真正主导鲁、齐二国这次盟会的是鲁闵公,不是齐桓公。钟文烝《补注》云:"此书'公及'者,彼来会我也,故曰'及者,内为志',观洛姑之盟而传例无疑矣。"⑥这是深入钻研传

---

① 钟文烝:《补注》卷8,页233。
② 参阅本书第一章,页121—23。
③ 《穀梁注疏》卷13,页211。
④ 《穀梁注疏》卷6,页102。
⑤ 《穀梁注疏》卷6,页102。《左传正义》卷11,页302。有关范、杜二者释地上的异同,王天然《〈穀梁〉文献征》(页158—86)已做了大量比较的工作,值得参考。
⑥ 钟文烝:《补注》卷8,页234。

例的心得之言，可以信任。

奇怪的是，柯劭忞认定主持洛姑之盟的是国人，而非鲁闵公。《传注》云："不书日，国人为之也。卑者盟，不日。虽公莅盟，国人为之，传不云'内为志'者，听命于桓。"①因为卑者参盟而不日，重要的证据是经文已有显示卑者的措辞。隐元年经："九月，及宋人盟于宿"，传："宋人，外卑者也。卑者之盟不日。"②此"宋人"是"卑者"，而《穀梁》据之解释"不日"的原因。相反，"公及齐侯盟于洛姑"的"公"和"齐侯"皆是称爵，绝无"卑者"的迹象。同样是不日，可以允许其他成因，不一定因为参盟的是卑者。例如隐元年经："三月，公及邾仪父盟于眜"，传："不日，其盟渝也。"③此"盟渝"便是"不日"的原因，没有理由说鲁隐公和邾仪父任何一方是"卑者盟"。以此例彼，洛姑之盟既无卑者之辞（例如"人"），岂能断言"国人为之"？另外，"及者，内为志焉尔"既是传例，意味它是通释"及"的经文的通则，不能因为某些经文没有引用它而断言不是"内为志"。例如庄九年经"公及齐大夫盟于暨"，《穀梁》对之没有援引"内为志"的传例，但暨之盟是鲁庄公的一大污点，④岂能说它听命于别人？总而言之，柯氏"国人为之"之说，仅是任随己意的发挥议论，没有什么可信的论据。

2.《左传》叙事的可兼容性

"纳"意谓引进。⑤传文指出此盟讨论的内容是引进公子友回到鲁国。《左》闵元年传："请复季友也。齐侯许之，使召诸陈，公次于郎以待之。"⑥这是提到齐桓公答应后从陈国召公子友回鲁，而鲁闵公在郎邑等侯。此一叙事与《穀梁》内容接近，可以兼容。

然而，崔适却表示质疑，《复始》云："闵公童年，所谓孺子同未在位者，事事挈乎季子。若无季子，安知赴落姑而与齐侯盟？且召季友于陈，鲁人可自为之，何待请于齐侯？揆之事理，绝不可通，无论经义矣。"⑦崔适依循他所说的"事理"作出辩驳，未必可靠。鲁闵公尽管年幼，但不代表他不能

---

① 柯劭忞：《传注》卷5，页1。
② 《穀梁注疏》卷1，页7。
③ 《穀梁注疏》卷1，页3。
④ 参阅本书第三章，页453—62。
⑤ 有关"纳"的涵义，参阅本书第三章，页460。
⑥ 《左传正义》卷11，页303—04。
⑦ 崔适：《春秋复始》卷4，页405。

与诸侯订盟。襄三年经"公及晋侯盟于长樗",便是幼君盟会的明证。毕竟,鲁襄公与鲁桓公一样,其人的心智和能力如何?身边有什么成人辅助其政?三传及其他文献皆无述及。在这里,可以埋怨《左传》没有厚实叙事让人得知详情,却不宜仅凭"事理"否证其说。下文将会指出,崔适之所以认定鲁闵公不能主导洛姑之盟,是因为何休认定公子友背后主导洛姑盟会的召开。不过,何休这一说法,却是毫无旁证的主观臆断。崔适除了坚守门户外,自始至终也拿不出具体的证据,只是从"事理"出发论述,自难以此驳倒《左传》。

3. "托齐桓"之谬

公子友是被引进回鲁国的人,不是背后指使鲁闵公结盟的推手。何诂:"时庆父内则素得权重,外则出奔强齐,恐为国家祸乱,故季子如齐闻之,奉闵公托齐桓为此盟。下书归者,使与君致同。主书者,起托君也。"① 如其解,公子友因为担心庆父作乱,所以由鲁闵公出面请托齐桓公订盟让他回国。可见,何休也认为洛姑之盟是为了让公子友回国,与《左》《穀》二传的差别,仅在于他断言一切都在公子友策划之中。此外,公子友什么时候回到鲁国?通过什么渠道请托鲁闵公这样做?《公羊》说得不清不楚。针对这方面叙事的阙失,齐召南已有精采的驳议:"此注不可解。若此盟即季友奉闵公托齐桓,则季友故在鲁矣。下文又何以云'季子来归'乎?且上文传云'季子至而不变也',指下文'季子来归'乎?抑在闵公即位之前也?"②《公羊》既未发传讨论洛姑之盟,它和其他文献也没有足够证据以支持"托君"的叙事,何休滥用历史想象力,似有自我作古之嫌。检视其文,何休的证据只有一点,就是"季子来归"以公子友为"主书"。问题是,除这一则经文外,《春秋》另有两则"来归"之例,分别是宣十六年"郯伯姬来归"和成五年"杞叔姬来归"。《公羊》对这三者的"主书"毫无解释,没有认为郯伯姬和杞叔姬也是"托君"。由此推论,因"季子来归"的"主书"而断言公子友曾有"奉闵公托齐桓"之事,何休无端生此奇想,没有具体根据,不足取信于人。

针对《穀梁》"盟纳季子"之论,刘逢禄《广废疾》批判说:"季子在鲁不在

---

① 《公羊注疏》卷9,页191。
② 齐召南:《公羊考证》卷9,页181。

齐也。望文生义，妄也。"①然而，《穀梁》未尝确言公子友在什么地方，无论在齐、在陈或其他地方也无所谓，总之不在鲁国就是了。刘逢禄断言《穀梁》认为公子友在齐国，不合传义。真正"望文生义"的人，是他自己。此外，《公羊》对公子友的行迹也没有确切的叙述，现在也欠缺有力的证据显示公子友当时就在鲁国。如上文所述，像何休便猜测公子友来到齐国，暗地拜托鲁闵公与齐桓公让自己回到鲁国。之所以有此猜想，很大程度上是因为《公羊》没有定见。刘逢禄不先检讨何诂之失，莫名其妙。他反对洛姑之盟为了"纳季子"，仅是为驳而驳，《公羊》、何诂和其他文献都有足够的反证；反之，《穀梁》的观点至少可以与《左传》兼容。刘逢禄不信《穀梁》而又没有面对《左传》的叙事，实是一孔之见。柳兴恩《大义述》云："《左氏传》亦望文生义邪？"②这是批判刘逢禄欠缺举证的偏颇，言之有理。

4. 主盟者是鲁闵公，不是庆父

真正主导盟会的人是鲁闵公，不是庆父。令人瞠目结舌的是，廖平认为实情是庆父与齐桓公"立闵公"，而"盟纳季子"只是"为贤者讳"的假托之辞。《古义疏》云："庆父立闵公，专政，不能谋纳季子，公何又不能自主？"又云："此庆父与齐盟，立闵公耳。为贤者讳，故托以为盟纳季子也。"③这一主张，似有不尽然之处。经文明确指出鲁闵公是洛姑之盟的主导者，《穀梁》亦无异议。没有理由反过来认为当时与齐桓公结盟其实是庆父。如上所示，廖平因《左传》没有记载庆父出奔，而断言庆父留在鲁国，但《穀梁》明言庆父奔齐，而洛姑盟前已开始了闵公元年的纪事，仅是因子般被弑而不载"即位"之文，岂能认为鲁闵公之"立"迟至洛姑盟时？此外，齐桓公虽是《穀梁》认可的贤者，但此传没有他的记载，凭什么认为其中寓有"为贤者讳"之意？全传释义，未有若是之晦而难求。廖平这种欠缺依据的"托"，彻底曲解"盟纳季子"之义，毫无羽翼传义之助。

5. 小结

公子友自庄二十七年出奔陈国，一直没有回到鲁国。因此，公子牙死亡、子般被弑、庆父出奔三事，与他没有直接关系，更谈不上有何政治责任。这是《穀梁》有别于《左》《公》二传的重要环节。洛姑之盟，是鲁闵公为了召

---

① 刘逢禄：《公羊后录》卷6，页463。
② 柳兴恩：《大义述》卷13，页185。
③ 廖平：《古义疏》卷3，页208。

回公子友,不是公子友或其他人发动的。

(七)闵元年经:"季子来归。"传:"其曰季子,贵之也。其曰来归,喜之也。"①

自庄二十七年出奔后,迄至此年来归,公子友一直都在国外。据《穀梁》解释,这是值得高兴的好事,但其中不曾称公子友为贤。

1. 季为字,又为氏?

"季子"的"季",是字非氏。然而,钟文烝认为"季"既是字,又是氏。《补注》云:"以友之氏为季,故系之季。《仪礼》'某子为氏',此文正同也。王季子是天子之大夫,例本当称字,以其为母弟,加称子。若列国之大夫,则称字已为变例。称字者无取于兼,称齐高子自有明文,不可援王季子以相况也。季为字,又为氏,后文言季友为字,此言季子为氏,各有所当也。"②上述说法,尚待斟酌。钟注立论的根据有二:

(1)《乡射礼》云:"司正升自西阶,相旅,作受酬者曰:'某酬某子。'"郑注:"某子者,氏也。"③《仪礼》谈的是旅酬之礼,《春秋》则是人的称呼,二者语境不同,不宜强通。

(2)闵二年经:"齐高子来盟。"高是氏,钟文烝遂认为"季"既"为字"亦"为氏",但"高"为氏不等于"季"亦为氏。对此,朱大韶已有相对扼要的阐述:"族者,氏之别名;姓者,所以统系百世,使不别也。氏者,所以别子孙之所出。然则姓统于上,若大宗然。氏别于下,若小宗然。"又云:"鲁三桓,桓族也,别其氏曰季、孟、叔。"④氏是为了让子孙区别血脉来源,其人生前无氏可言。

有鉴于此,周何也不认可钟注:"季子之以季孙为氏,此以后之事,此时尚未得氏。"⑤此言甚是。钟文烝以"季"兼字、氏二义,是不通的。此外,《穀梁》对"季"字已有明确的解释。

[1]隐九年经:"天王使南季来聘",传:"季,字也。"

[2]宣十年经:"天王使王季子来聘",传:"其曰王季,王子也。其

---

① 《穀梁注疏》卷6,页102。
② 钟文烝:《补注》卷8,页235。
③ 《仪礼注疏》卷12,页345。
④ 朱大韶:《以字为谥辨》,载《实事求是斋经义》卷2,页304。
⑤ 周何:《新译》上册,页298。

曰子,尊之也。"①

例[1]的"季",是字非氏。例[2]"王子"之解,是针对"王"而发,"季"已默认为字,不必赘述。至于"子",因"尊之"而言。"季"作为字,与"子"合称,与"季子"同科;而"季子"因内鲁,自然不必解释其氏姓。事实上,钟文烝也知道"王季子"与"季子"的可比性,但为了证成"季"既"为字"亦"为氏"的观点,他故意强调称子是因其"母弟"的身份,但《穀梁》实无这方面的证据。而且,南季同样是天子大夫,同样也是南氏的"母弟",如何解释南季的不加"子"?

2. "子"不是七等之爵

"季子"的"子",钟文烝《补注》云:"子者,士以上之贵称。"②这是比较恰当的解释。相反,范宁的观点却是值得商榷的。范注:"子,男子之美称。"③这是暗袭杜注,④不合传义。《穀梁》说过"男子之美称",但说的是"父"而非"子"。⑤

无论如何,《穀梁》的"子",有别于《公羊》的七等爵制。王崇燕《纠谬》云:"《春秋》子为七等之爵,称子为贵。传曰'字不如子'是也。"⑥廖平《古义疏》已有类似的观点:"从名而字,从字而子,加二等也。"⑦然而,《穀梁》没有"字不如子"的观点,也没有"加二等"的说法。庄十四年传:"州不如国,国不如名,名不如字。"⑧州、国、名、字,仅四种称呼而已。七等之说,是《公羊》学者的观点,非《穀梁》之义。

3. 贵之

按照《穀梁》的解释,大夫以国氏称字,或以"公子"称名,已反映其人与公族的关系,算是"贵"的称呼;例如"许叔,许之贵者也"(桓十五年)、"蔡季,蔡之贵者也"(桓十七年)、"公子贵矣"(庄二年),皆是例证。⑨ 另要补

---

① 《穀梁注疏》卷2,页27;卷12,页200。
② 钟文烝:《补注》卷8,页235。
③ 《穀梁注疏》卷6,页102。
④ 《左传正义》卷11,页307。
⑤ 参阅本书第二章,页193。
⑥ 王崇燕:《纠谬》卷4,页290。
⑦ 廖平:《古义疏》卷3,页209。
⑧ 《穀梁注疏》卷5,页78。
⑨ 《穀梁注疏》卷4,页55、57;卷5,页64。

充的是，文十二年经：“子叔姬卒”，传：“其曰子叔姬，贵也。”①鲁国公主因其称呼显示其与国君相关，亦可示"贵"。这与大夫的国氏、公子等称呼，是同一道理。

基于前述的认识，经文若称"公子友"，已算是"贵者"之称。"贵之"是把"贵"由名词改为动词使用，意谓使之显贵。然而，徐正英、邹皓译"贵之"为"尊重他"，②因《穀梁》屡言"尊之"，"尊重"之译容易与"尊之"混淆，不宜采用。

此传的"贵之"是特别针对公子友回国一事而发，不是"贵之"后不再改变。除本例外，《穀梁》言"贵之"还有3例：

[1]庄六年传："称名，贵之也。"
[2]闵二年传："其曰高子，贵之也。"
[3]文十五年传："其曰子叔姬，贵之也。"③

这些"贵之"，都是特殊环境下的特殊笔法，让其人得到格外显贵的称呼，如此而已。《春秋》称"季子"，仅此传一例，在此前后，都是采用其他称呼：

①"公子友"（庄二十五年、庄二十七年、僖元年、僖七年、僖十三年）；
②"公子季友"（僖三年、僖十六年）。

由此可见，公子友回到鲁国后，经文对之再无"季子"之称。

"贵之"不蕴涵其人必是行为正确，或品德高尚。范注引江熙曰："桓公遣高傒立僖公以存鲁，鲁人德之，不名其使以贵之。"④如其解，"贵之"因"德之"而发，但"贵之"绝不蕴涵其人行为或品德的高尚。如上文所举的例子，子叔姬也是"贵之"的对象，但此女因单伯淫于齐而与单伯一起被执，足见"贵之"与"德之"绝无共生关系。此外，"鲁人德之"的观点，源自《公羊》"鲁人至今以为美谈"等叙事。⑤《穀梁》虽也认为齐高子立僖公，但没有支持"德之"的证据。江熙"德之"之说，是援《公》证《穀》的产品，不宜采信。

4. 公子友出入的记载

根据经文的记载，公子友的出奔只有一次，就是庄二十七年"如陈"；其

---

① 《穀梁注疏》卷11，页175。
② 徐正英、邹皓：《全译》，页205。另参阅本书第一章，页121—23。
③ 《穀梁注疏》卷5，页69；卷6，页104；卷11，页182。
④ 《穀梁注疏》卷6，页104。
⑤ 《公羊注疏》卷9，页197。

后,没有他回国的记载,迄至闵元年"来归"为止。这一记载,直接冲击《左》《公》二传的叙事结构。假如认为公子友曾经回国杀了公子牙,又在子般死后出奔到陈国,那么必须解释的是:为何"如陈"至"来归"这六年间没有公子友出入的记载?

这是一个不容轻忽对待的疑难,齐召南对之深有体会:"经于'子般卒'后但书'庆父如齐',于季友出奔前后并未书及,此传注家所以纷纷也。"①

简略地说,要解决上述的疑难,办法有三:

①不把庄二十七年"如陈"视作出奔,认为庄三十二年才是出奔之时。

这是符合《左传》的解释。前已述及,《左传》仅说公子友庄二十七年"非礼",不是出奔,所以"如陈"仅是普通的出访,像庄二十五年"公子友如陈"的经文,"如"后没有归文是完全可以的。需要注意,闵元年"来归"的经文显示公子友已在国外。然而《左》庄三十二年传:"成季奔陈",②换言之,《左传》认为公子友确有出奔之事,只是发生的时间不在庄二十七年,而在庄三十二年子般死后。

貌似出现问题的是:庄三十二年经没有这方面的记载,那么经文为何不记载呢?对此,陆淳尝试加以解释,《微旨》引师曰:"季友之出不书,何也?曰:庆父之难,季子力不能正,违而去之,权也;君立见召而来,义也。故圣人善其归,不讥其去,以明变而得中,进退不违道也。"③陆淳以上的解释,实是把《公羊》"如陈"的说法,移用于《左传》"成季奔陈"的解释。前已述及,《公羊》对公子友在子般死后的行踪,实无确切的叙述。没有理由认定当时公子友因为"力不能正"的考虑而离开。想想看,公子友既能赐药毒杀公子牙,为何没有对付庆父之力?《公羊》仅是赞扬公子友"不探其情"做的正确,不曾说明他的"力"的多寡。事实上,《左传》从不认为出奔的记载需要在经中一一交代。隐元年经:"郑伯克段于鄢。"《左传》云:"五月辛丑,大叔出奔共。"又云:"不言出奔,难之也。"④公子段出奔,在《春秋》没有记载,但《左传》也不认为有什么奇怪。由此可知,公子友在子般死后出奔,经文没有记载,在《左传》看来,根本不觉得是个问题。陆淳援《公》解《左》,只

---

① 齐召南:《公羊考证》卷9,页181—82。
② 《左传正义》卷10,页301。
③ 陆淳:《春秋集传微旨》卷中,页557。
④ 《左传正义》卷2,页54。

第四章 "贤"的指谓与条件

能反映他对《左传》的内容还未真正吃透。可是,钟文烝却没有看出端倪,反而说:"陆说近之。"①这是不妥当的虚誉。

②不理会经文的记载,认为公子友实际上出入鲁国两次。

同样是认为公子友杀公子牙和子般死后出奔,《公羊》遇到的困难远比《左传》更多和更棘手,根本不能采用①。从"季子之私行""辟内难"等解释,足见《公羊》是把公子友"如陈"理解为出奔的性质,有别于《左传》仅视之为普遍的聘问。这意味着《公羊》不仅要解释第一次出奔后回鲁,还要解释第二次出奔离鲁为何在经中都没有记载。麻烦的是,《公羊》格外强调"归""复归""复入""入"等用辞的使用。《公羊》桓十五年传:"复归者,出恶,归无恶;复入者,出无恶,入有恶。入者,出入恶;归者,出入无恶。"②从《公羊》的观点出发,出入都有各种相应的措辞;奔后没有归文,似乎说不通。尤其是《公羊》对公子友第二次出奔,没有明确的叙述。为什么呢?《公羊》没有提供令人满意的解答。

针对《公羊》这方面的漏洞,胡安国尝试从公子庆父的军事实力来推敲公子友出奔不书的原因。胡传:"子般弑,庆父主兵,势倾公室,季子力不能支,避难而出奔,耻也。"又云:"《春秋》欲没其耻,故不书奔。"③此说殊无凭据。庄二年"夏,公子庆父师师伐于馀丘",是经文惟一涉及庆父的军事行动的记载,而且是鲁庄公登位初期的事情,没有证据显示鲁国的军队掌握在庆父手中。况且根据《左》《公》二传的记载,庆父杀害子般、闵公二人,都是借助他人暗算,丝毫看不出庆父"主兵"的实力。至于以"没其耻"来解释"不书奔"的原因,也是主观的猜想。胡安国用尽历史想象补充陆淳的观点,但言无确据,也无法解答《公羊》解答不了的疑难。因为办法①无法适用,公子友第一次出奔回国和第二次出奔,为何经文没有记载其事?《公羊》始终没有答案,而胡安国提不出更好的解释。钟文烝《补注》云:"然亦为贤者讳过,胡安国亦是也。"④这个论断是不可取的,完全不理解胡传主兵之说的所以然。

---

① 钟文烝:《补注》卷8,页234。
② 《公羊注疏》卷5,页105。
③ 胡安国:《春秋胡氏传》卷10,页138。
④ 钟文烝:《补注》卷8,页234。

③忠于经文所述,认为公子友流亡六年。

既然经传没有第二次出入的记载,那么最符合《穀梁》的解释只能是承认公子牙、子般之死皆与公子友无关。自奔陈起,迄至洛姑之盟后回国,公子友都不曾回国,流亡在外长达六年。

与《公羊》一样,《穀梁》同样强调大夫出奔后的归文。本章下文将会指出,凡书"出奔"的大夫要继续在经文出现,都有示归的记载。像曹羁那样出奔后而又死亡,他的死亡就不是以"曹羁"之名记载。以此例彼,"来归"及其他经文既以"季子""公子友"或"公子季友"之名记载,那就意味"如陈"后必须有归文,否则是说不通的。二传同样认为公子友在庄二十七年出奔如陈,差别在于《公羊》认为他在后来不知何时回到鲁国,杀了公子牙,待子般被弑后又不知在何时出奔,而《穀梁》认为公子友出奔和回国仅有一次,在经中记载明白,由庄二十七年至闵元年洛姑之盟的六年间未尝回到鲁国。

在经文的解读上,①和③放在《左传》和《穀梁》的理路上,各是可通的;②是不通的,但《公羊》没有提供有力的说明。

5."奔陈不书"之谬

在传中,找不到公子友曾有第二次出入的证据。一些论者违反上述办法③,结果带来错误的观点:

(1)廖平《古义疏》云:"季子之事,可疑殊甚。奔陈不书,既书其归而无出文,且藉齐之力而归,宜有以制庆父。鲁人喜其归,既归而再有弑君之事,则又何喜之有?文姜至自齐而曰'孙于齐',季子奔于陈而曰'来归',文例一也。喜归者,望辞,惧有祸而望其归,所以深恶齐桓也。"①廖平注意到经传没有第二次出入的记载,为此感到"可疑",显然是察觉到《穀梁》因接受《公羊》公子友杀牙的叙事,有违情理:公子友虽杀牙而没能保护子般,哪里可喜?这是有眼光的判断。然而,廖平因为没有扬弃公子友杀牙的叙事,认为"喜归"实是"望辞",只是为了害怕"祸"而希望公子友回归。这是主观的自由心证。文姜"孙于齐"与季子"来归",措辞完全不同,哪能说是"文例一也"?《穀梁》对文姜"孙于齐"也没有"喜之"与否的判断,岂能拿它与季子作比较?此外,《穀梁》既没有"望辞"之说,也没有藉"季子来归"而

---

① 廖平:《古义疏》卷3,页209。

"深恶齐桓"之意。无论从哪一角度看,廖平上述的解释,都是自以为是而不问传文如何,穿凿不近于理。

(2)同样是相信公子友曾经两次出奔,柯劭忞也不能解释经传之间的差距,《传注》云:"般弑、季友奔陈不书者,大夫出入不两书。"① 这个说法,实是自添错谬。《穀梁》没有"大夫出入不两书"的主张,经文"出奔"有44人是臣子,其中12人是"出奔"后另书"复归""归""复入""入""纳"等词以示回国,② 岂有"不两书"之理? 假如不是援《公》解《穀》,柯劭忞其实不必提出"不两书"这个没有根据的解释。

6. 前定

此经"来归",是指出奔者回国之义。《穀梁》言"前定"共7例:

[1] 桓十年经:"齐侯、卫侯、郑伯来战于郎",传:"来战者,前定之战也。"

[2] 桓十四年经:"夏五,郑伯使其弟御来盟",传:"来盟,前定也。不日,前定之盟不日。"

[3] 僖三年经:"冬,公子季友如齐莅盟",传:"莅者,位也。其不日,前定也。"

[4] 文七年经:"公孙敖如莒莅盟",传:"莅,位也。其曰位,何也? 前定也。其不日,前定之盟不日也。"

[5] 文十五年经:"三月,宋司马华孙来盟",传:"来盟者何? 前定也。"

[6] 宣七年经:"春,卫侯使孙良夫来盟",传:"来盟,前定也。……不日,前定之盟不日。"

[7] 昭七年经:"叔孙婼如齐莅盟",传:"内之前定之辞,谓之莅;外之前定之辞,谓之来。"③

上述7例说明,经文"来""莅"二字和"不日"的记载,都是显示某一行动为"前定"的条件。

---

① 柯劭忞:《传注》卷5,页1。
② 参阅本书第一章,页112—14;第二章,页219—20。
③ 《穀梁注疏》卷4,页48、53;卷7,页112;卷10,页168—69;卷11,页181;卷12,页193;卷17,页282。

"季子来归"言"来"而又没有记载日记,显示公子友回归鲁国是"前定";由此推论,可以印证洛姑之盟就是商议公子友的回归。柯劭忞《传注》云:"前定曰来,知此盟为前定纳之。"又云:"自外曰来,讳友出奔。曰来,见其出奔。"①说"来"有"前定"之义,以此推论公子友因洛姑之盟而归国,是正确的。不过,"来"没有讳出奔之意。如上所说,《穀梁》对讳公子友出奔的理解,是就"如陈"而言,与"来归"没有直接关系。"见其出奔"主要是"归"而非"来"。柯注这一错失,有待纠正。

7. 对"来"和"归"的误释

廖平对"来"和"归"的诠释都有失误,《古义疏》云:"言来,喜得之。归者,以内为家,系于内,如女反也。"②究其实,"来"不蕴涵"喜得之"之意。闵二年经:"冬,齐高子来盟",传:"其曰来,喜之也。其曰高子,贵之也。盟立僖公也。"③廖平"喜得之"之说,据此而言。但要注意,同样是"喜之",闵元年传是就"来归"而言,闵二年传是就"来"而言,二者存在微妙的差别:前者因"以好曰归"的传例,故"归"因其"好"而值得"喜之",因此"来归"的"来"最好是理解为"前定"之意。相反,后者不能据"前定"释"来"。闵二年经:"八月辛丑,公薨。"齐高子之"来盟",系于"冬",主要指十月,不是泛指整个冬季。④ 因为鲁闵公突然遇害,所以齐高子到鲁国是为了立鲁僖公为君,自然不存在"前定"的可能性。因此,《穀梁》必须另作解释,遂以"喜之"释"来"。柯劭忞《传注》云:"内大夫喜其归,外大夫则喜其来,内外之辞。"⑤柯氏"内外之辞"之说,略嫌含糊。正确地说,这是公子友与齐高子的不同情况导致"喜之"的不同意指;但无论如何,柯注比廖疏更正确地理解"来归"与"来盟"之别,是毋庸置疑的。此外,"归"也不一定类似于内女之返。隐二年传:"礼,妇人谓嫁曰归,反曰来归,从人者也。"⑥纯是"归"字,就是出嫁,只有"来归"才是回国之义。此外,公子友既是大夫,岂能按妇人之礼来评定他的行为?廖平既不辨"归"与"来归"之别,亦不审大夫与内女之异,殊不可通。

---

① 柯劭忞:《传注》卷5,页1。
② 廖平:《古义疏》卷3,页209。
③ 《穀梁注疏》卷6,页104。
④ 参阅本书第一章,页151—52。
⑤ 柯劭忞:《传注》卷5,页1。
⑥ 《穀梁注疏》卷1,页11。

8. 喜之

根据"反,以好曰归,以恶曰入"和"归者归其所"的传例,公子友作为大夫回归鲁国,不再流亡回到自己该回到的场所,当然是好的。①

除了表达领有关系的结构助词性质外(如"喜之徒"),《穀梁》的"之"往往是指经文所述的事情。全传言"喜之"共3例,除本例外,还有闵二年传和襄二十九年传皆云"喜之也",②《穀梁》认为都是经文表示欣喜的态度。此传的"喜之",就是《春秋》为公子友回国感到高兴。不过,一些论者却有误解:

(1) 钟文烝《补注》云:"喜之者,季子贤大夫,以乱故出奔,国人思之,惧其遂去不反,今以其还,故皆喜曰'季子来归'。"③《穀梁》仅说"喜之",没有说过因"贤大夫"而"喜之"。"喜之"不等于"贤之"。钟注过度诠释,一望而知。跟庄九年传批判"齐小白入于齐"和僖十九年传批判"邾人执缯子用之"的"恶之"一样,④都是以经文为主体。全传3例"喜之"之上,同样不载主辞,这是《穀梁》作者表达态度的笔法。在这一点上,三传持论不一,都同样讲究的是经文的立场,而非国人的态度。《左》闵元年传:"'季子来归',嘉之也。"《公羊》闵元年传:"其称季子何?贤也。"⑤在这里,"嘉之""贤也"和"喜之"虽是不同的动词,但其主辞都是经文作者,不是鲁国的国人。把"喜之"的主体理解为"国人",最大的限制是经文没有"人"或类似的措辞。自始至终,"国人"都是缺席的。

(2) 廖平《古义疏》云:"内贤臣不能讨,有伯者而助乱,皆所不忍言,故托之于耳。"⑥若所云,传文"喜之"只是表面文章,实际上是"不忍言",其中寄托了不忍言公子友不讨贼和齐桓公助乱的讳意,但《穀梁》没有明喜暗不忍的主张,廖疏不合传义。有关"贤臣不能讨"的批评,实是认可了《公羊》"不探其情"的观点,差别仅在于廖疏对公子友寓有"不能讨"的埋怨。这不是《穀梁》的观点。至于"助乱"之说,也是于义未安。《穀梁》确实认为齐桓公因庆父而受累,但这是针对"齐仲孙来"之事,跟"季子来归"的解释没有

---

① 参阅本书第一章,页96—97、144—47。
② 《穀梁注疏》卷6,页104;卷16,页271。
③ 钟文烝:《补注》卷8,页235。
④ 参阅本书第一章,页140—47;第三章,页555—65。
⑤ 《左传正义》卷11,页304;《公羊注疏》卷9,页191。
⑥ 廖平:《古义疏》卷3,页209。

什么关系。

9. 小结

公子友流亡六年,终于在鲁、齐盟后顺利回国。经文"季子"之称,不蕴涵其人为贤(参照 I_1)。"贵之"和"喜之"不等于"贤之"。

(八)闵元年经:"冬,齐仲孙来。"传:"其曰齐仲孙,外之也。其不目而曰仲孙,疏之也;其言齐,以累桓也。"①

公子友回国后,原来弑子般的凶手庆父亦回到鲁国。因为经文称之为"齐仲孙"而非"公子庆父",所以《榖梁》对之提出两套解释说明其故。

1. 仲孙

齐仲孙,就是公子庆父。除"齐仲孙"以外,《春秋》记载"仲孙"还有5人:

①仲孙蔑(宣九年、宣十五年、成五年、成六年、成十八年、襄元年、襄二年、襄五年、襄十九年);

②仲孙速(襄二十年、襄二十三年);

③仲孙羯(襄二十四年、襄二十八年、襄二十九年、襄三十一年);

④仲孙貜(昭九年、昭十年、昭十一年、昭二十四年);

⑤仲孙何忌(昭三十二年、定三年、定六年、定八年、定十年、定十二年、哀元年、哀二年、哀三年、哀六年)。

他们全是庆父的后代子孙,前后相承,皆是鲁国大夫,没有齐国的人。

2. 外之

此经是《春秋》首次出现被称为"仲孙"的人,在《榖梁》看来,这个"齐仲孙"其实也是鲁国(而非齐国)的人。全传"外之"共6例,计有两种用法:

①"外"作动词之用,意谓摒诸在外,"之"意谓这、这个,而"外之"意谓视为外物,如"会又会,<u>外之</u>也"(成十五年、襄十年)之例。②

②"外"作结构助词之用,指鲁国以外的其他国家,"之"作助词,相当于"的",表示领有关系,而"外之"意谓外国的,如"一则以<u>外之</u>弗夫人而见正焉"(僖八年)、"即<u>外之</u>弗夫人而见正焉"(文九年)、"<u>外之</u>前定之辞"(昭七年)之例。③

---

① 《榖梁注疏》卷6,页102—03。
② 《榖梁注疏》卷14,页234;卷15,页252。
③ 《榖梁注疏》卷8,页122;卷11,页172;卷17,页282。

此传的"外之",就是动词义,把齐仲孙视为鲁国以外的人。言下之意,此人本该使用内辞,却冠以"齐"为国氏,其自身实为鲁国公族而投奔到齐国。在《穀梁》看来,弑君者出奔他国,应该冠以所奔之国为其氏。如昭四年传:"庆封其以齐氏,何也?为齐讨也。"①庆封参与崔杼弑齐庄公之事,而他是齐桓公的曾孙,与庆父一样,同属其国公族的大夫。后来庆封出奔到吴国,本该冠以"吴"而非"齐"。有关这一点,钟文烝已有极好的说明:"明庆封已为吴大夫,本当言'吴庆封',此'齐仲孙'之比也。"②因为"为齐讨"的考虑,方才称"齐庆封"而非"吴庆封";以此例彼,"齐仲孙"既无"为鲁讨"的考虑,以"齐"(即出奔的国家)为氏,方是正常的措辞。

3. "齐仲孙"是庆父

前已述及,当时弑君而又出奔到齐国的鲁国公子,只有庆父一人。闵二年"公子庆父出奔莒"之经,显示原来奔齐的庆父早已回到鲁国,因此在"出奔莒"之前,《春秋》必须有他的回归记载。在这段时间内,惟一能够满足上述条件的,就只有"齐仲孙来"这则经文。由此推知,此传虽未明言,《穀梁》所理解的"齐仲孙"就是庆父,不可能是其他人。

在"外之"的问题上,二传意见一致。《公羊》闵元年传:"齐仲孙者何?公子庆父也。公子庆父,则曷为谓之齐仲孙?系之齐也。曷为系之齐?外之也。"③这一答问,与《穀梁》的观点基本相同。齐召南对之已有符合实情的观察:"以仲孙为庆父,《公》《穀》二传所同。"④

4. "以后所氏起其事"之谬

除了"外之"以外,《公羊》与《穀梁》具有更具根本性的差别。《公羊》引子女子曰:"齐无仲孙,其诸吾仲孙与?"何诂:"言仲孙者,以后所氏起其事明。"⑤在此,《公羊》仅交代齐无仲孙氏,而鲁有仲孙氏,从而说明经文"仲孙"是公子庆父,实无谈及庆父为何称字的问题。何休以后来出现的仲孙氏来解释经文称仲的缘故,实是避重就轻之说,以氏言其后人,用在《穀梁》没有大碍,因为《穀梁》不是称字为贤,但包括何休自己,却是屡以言字为

---

① 《穀梁注疏》卷17,页280。
② 钟文烝:《补注》卷8,页236。
③ 《公羊注疏》卷9,页192。
④ 齐召南:《穀梁考证》卷6,页645。
⑤ 《公羊注疏》卷9,页192—93。

贤，而庆父却无可贤之理，不得不另辟新解，无形中也就避谈"仲"字的所以然。类似的解释，亦见于公子遂称字的笔法。宣八年经："仲遂卒于垂"，《公羊》云："仲遂者何？公子遂也。何以不称公子？贬。"何诂："贬加字者，起婴齐所氏，明为归父后，大宗不得绝也。"①传文仅谈不称公子的原因，何休显然知道仲孙不可能因其贤而称字，再次强调这是为了交代后来出现的"仲婴齐"（成十五年）而指示其氏的由来。言其所以，正是源于《公羊》释经的内在矛盾：一方面屡言称字为贤，另一方面却不难找到称字非贤的例证。何休为了解释庆父、公子遂这两名逆贼称字的笔法，不得不在传文以外另寻解释。认为其人称字是为了解释后代之氏，这种解释也不见得可取，因为贯彻其说的话，读者可以追问：公子友为贤，是《公羊》的重要观点；像公子友的后代，如季孙行父、季孙宿、季孙隐如等人，同样屡见于经，能不能说公子友称字仅是起后人所氏，而公子友却不算贤者？对此，刘敞《权衡》诘问道："必如休言，季友卒，复欲起谁为后乎？且古之人赏善罚恶，不私其亲，弑君者灭其人，污其宫，何大宗不可绝哉？"②此言一针见血，很能把何诂令人难以释惑之处指示出来。为何宽厚公子遂这样的奸贼，反而苛待公子友这样的贤者？这个难题，何休实在无法正面回答。

分析到最后，问题在于经中不乏称字非贤的反例，对于《公羊》以称字为贤的主张，构成了难以化解的冲击。崔适当然拥护何休以氏加字的主张，但对何诂解释的不圆满，似是心中有数。《复始》云："仲遂以起婴齐所氏而加字，与公子季友、公弟叔肸称字贤之者，称字同而贤不贤异者。"③玩味其语，崔适也间接承认为称字者不必贤，问题是《公羊》始终没有一套贯融的说法，说明在什么条件下称字为贤，什么条件下称字不贤。应该说，从庆父、公子遂亦以字称，可见字不字与贤不贤实无必然的关系。

5.《左传》叙事的不可兼容性

有别于二传，《左传》认为"齐仲孙"就是齐国公子仲孙湫："冬，齐仲孙湫来省难。"杜注："时庆父亦已还鲁。"④杜预这一说法，似可商榷。大概受《公羊》的影响，他似乎也认为庆父在子般死后出奔："庆父既杀子般，季友

---

① 《公羊注疏》卷15，页336。
② 刘敞：《春秋权衡》卷12，页302。
③ 崔适：《春秋复始》卷31，页605。
④ 《左传正义》卷11，页304。

出奔,国人不与,故惧而适齐,欲以求援。"① 然而,《左传》对"公子庆父如齐"实未发传,杜预以《公》解《左》,庸人自扰,是不必要的。因为把"齐仲孙"理解为齐公子湫,从《左传》的视角出发,庄三十二年庆父之"如齐"不过是普通的大夫出行,未被理解为出奔,经文在"如齐"后不交代他的返鲁,也没有什么不可以。不管如何,《左传》对"齐仲孙"的解释,自成一格,另有所据,既有别于《公羊》,又与《穀梁》迥异,二者不必强合。

有关庆父的行踪,还是不能回避《左传》的叙事。《左》庄三十二年传:"成季奔陈。立闵公。"② 其中,没有记述庆父如齐之事。对此,崔适作出强烈的质疑,《复始》云:"《左氏》曰:'成季奔陈,立闵公。'然则立闵公者谁耶?且季友若果出奔,庆父正可自立,何为如齐?庆父如齐,《左氏》虽不言,经有明文,岂可以只手掩天下之目耶?"又云:"且此'仲孙'若非庆父,前三年经书'庆父如齐',未言反鲁,何以明年又在鲁弑闵公,而经书出奔莒耶?"③ 如上所述,《左传》既认为公子友庄二十七年如陈"非礼",不像《穀梁》那样说是"讳出奔",因此它说公子友在子般死后出奔,正是解释他为何在闵公年回归。相反,《公羊》始终没有交代公子友在杀公子牙后何时离开鲁国,在叙事上其实不如《左》《穀》二传圆满。崔适之驳,倒是难以折服《左传》。"立闵公"是谁?现行文献难寻确证,《左传》说的不完整,固然不好,但《公羊》亦没有更好的说法。此外,公子友出奔和庆父留国,为何必然意味庆父"正可自立"?从《左》《公》有关庆父指使他人弑君的叙事来看,已反映他的政治势力绝非压倒性的强大。崔氏"正可自立"之说,说是凿空猜测,恐不为过。仅就《左传》而言,认为庆父未尝出奔,也能自圆其说。客观地说,《左传》不谈论庆父的"如齐",不是什么不可原谅的事情。试看,有多少经文得不到《公羊》解说?不能因为"公子庆父如齐"未被解释,就认为《左传》故意违逆《春秋》。崔氏只手掩目之论,是建立在《左传》伪造的虚假前提上,毫不可信。不接受《左传》这方面的叙事,也不见得需要将之彻底骂倒骂臭。

6. 误引子女子之言

尊重《左传》叙事自有理路,不等于必须将之纳入以解读《穀梁》的传文。然而,一些论者试图调和诸传之异,甚至援引《公羊》子女子的观点作

---

① 《左传正义》卷10,页298。
② 《左传正义》卷10,页301。
③ 崔适:《春秋复始》卷4,页404—05。

为立论的依据：

(1)廖平《古义疏》云："考《公羊》子女子说，明知仲孙为齐湫，以《春秋》之法说《春秋》，则以仲孙托之庆父。"①这是认为君子明知历史实情是仲孙湫，只不过假借"仲孙"之名托之庆父。此一解读是不符合《公羊》的原意。子女子"以'春秋'为《春秋》，齐无仲孙，其诸吾仲孙与？"一语，②意谓在《春秋》写作过程中，考虑到古史"春秋"中齐国没有"仲孙"，故判断经文的"仲孙"是鲁国的人。"其诸"意谓莫非，是表示猜测的语气。玩味子女子之语，分明是认为"仲孙"就是庆父，根本没有"明知仲孙为齐湫"之意，也没有"以仲孙托之庆父"的主张。无论如何诠释子女子之语，《穀梁》也没有以"仲孙"为齐湫或其他类似的观点。仅从此传而言，"仲孙"只能是庆父，这是从《穀梁》之言所能得出的惟一结论。廖平援二传解《穀》，不合传义。

(2)同样想结合子女子的意见，柯劭忞《传注》云："是女子固知仲孙为齐大夫湫，特以经证经与经不合。"又云："曰'以累桓'，所以见桓宜讨贼，此《春秋》之大义也。穀梁子不言而谁言之？是故经书'齐仲孙'，其人实为齐大夫，而君子笔削之义，固为鲁公子庆父也。"③柯注上述所言，大体上认同郑杲"事、文、义相乖异"的观点，为此举《公羊》子女子之言，认为其中已反映经文知"仲孙"为湫。不过，廖疏以子女子为说，已不成功，柯注亦然。无疑，"累桓"确有齐桓承咎之意，但传文不过是专就"齐"字而言，根本没有透露"仲孙"为湫的认知。没有证据显示《穀梁》以子女子之言作为立论的出发点，柯劭忞充其量是个人读经的随意发挥，难说是传义的确诂。

(3)究竟柯注所依据的"事、文、义相乖异"的想法，是什么一回事呢？郑杲《春秋说》云："然讳必有所见，今不以常法见，而于'齐仲孙来'见之，故曰'苟有所见'。于'齐仲孙来'见之，则何为谓之'苟'？'齐仲孙来'者，齐侯使仲孙湫来省难也。其事为齐仲孙湫来省难，而其文则为公子庆父，其义则为有须深讳之故，不见之于奔而见之于此，事、文、义相乖异。如此，以为见非同常法之见，故曰'苟有所见'。"④如上所述，"有所见"是就"子般

---

① 廖平：《古义疏》卷3，页210。
② 《公羊注疏》卷9，页192。
③ 柯劭忞：《传注》卷5，页2。
④ 郑杲：《春秋说》，载《郑东父遗书》卷1，页134。

卒"和"公子庆父如齐"而言,指代的是庆父弒子般一事。这是认为经文故意在仲孙湫来鲁之事上寄托庆父之文,从而披露"深讳"之义。不能说凡涉及庆父的经文都要反映这一事件及其避讳;否则的话,哪里谈得上"莫如深"?"莫如深"意味有些经文隐讳是"深",有些不是"深"。此经"齐仲孙"之称,虽因"如齐"之讳而起,但不能说"齐仲孙"寓有讳意。传文不言"有所见",就是因为经传只透过"齐仲孙"透露其人就是庆父的信息,但单就经传而言,是没有弒子般的迹象。郑杲以"苟有所见"解"齐仲孙来",显然不合传义。尽管郑杲在主观意愿上是要辩护《穀梁》的主张,但全传没有"事、文、义相乖异"的观点,也不曾提及仲孙湫其人。阅读此传,只知"齐仲孙"就是庆父,哪能说它是因为"深讳"而借"仲孙湫"寄托"公子庆父"之文?郑杲故为矫枉之论,于传却鲜羽翼之益。

7."齐仲孙"的两种说法

此传其实是并载两种对"齐仲孙"的说法:

①"其曰齐仲孙,外之也"一句。如上所述,这是综观"齐仲孙"三字,判断经文把庆父视为外人,从而得出"外之"的结论。

②"其不目"至"累桓也"两句。这是分开"仲孙"与"齐"来观察,下面将会指出,而得出"疏之"和"累桓"的结论,其中的释义是有别于"外之"。

①和②的区分,是有别于杨士勋的意见。于鬯《香草校书》云:"此并载两说:'外之也'一说,浑言之。后一说又析曰'仲孙,疏之也','言齐''累桓',则不但'外之',且为桓累矣。"① 杨士勋不知"两说"不宜调和,反而把"外之"和"疏之"混为一谈。杨疏:"传解经言'齐仲孙'有二种意,故上文以外庆父释之,此又以'累桓'言之。庆父鲁人而系之于齐,是'外之也'。齐桓容赦有罪,故系庆父于'齐',是恶之也。"② 如其解,"齐仲孙"包含两种意思:一是"外之",另一是"恶之"。问题是,传文明言"外之"是就"齐仲孙"三字而言,"疏之"是就"仲孙"而言,"累桓"是就"齐"而言,而且只说"累桓"而没有"恶之"之语。然而,杨士勋把"齐"视为"外之",又把"系庆父于齐"理解为"恶之",说来说去,只是就"齐"而言,而不触及"仲孙",岂合传义?杨疏"二种意"之说,是站不住脚的。

---

① 于鬯:《香草校书》卷47,页951。
② 《穀梁注疏》卷6,页103。

8. 不目

"目"意谓明白交代,不是称名。① 然而,柳兴恩《大义述》云:"其曰仲孙,以其后之氏目之。"② 如其解,"目"就是相当于称呼,不确。徐正英、邹皓译"不目"为"不称名",③ 亦谬。

9. "仲孙"涉及氏的问题

"仲孙"是庆父后代专称的氏,并非当时庆父已有这一称呼。其中,有些论者存在误解:

(1) 钟文烝《补注》云:"仲孙、叔孙、季孙之氏虽至其孙,始为专称,其实当身已有此称,已以为氏。"④ 此说不通。既然迄至孙辈方有这样的"专称",凭什么说庆父在生时"已有此称"。钟注自相矛盾,较然可知。钟文烝之所以强调,无非是因为他提出了"季"既"为字"亦"为氏"的观点,所以刻意强调"氏"为其人在生时亦可适用。但这个观点是错误的,上文已有交代。《穀梁》实无这样的主张,经文以"齐仲孙"指代庆父,意在"外之"或"疏之",这是经传的事后孔明,不能说庆父当时已被人称为"仲孙"。

(2) 为了解释传中"外之"之义,柳兴恩尝试拿春秋时代士大夫改氏之例来加以解说,《大义述》云:"据《左传》,伍员'使于齐,属其子于鲍氏为王孙氏',吴人自改为齐人,鲁人不可贬为齐人乎?故传云'外之也'。"⑤ 这个观点略同于钟注,但同样不可信。伍子胥把儿子托付给齐国鲍氏之事,载于《左》哀十一年传。⑥ 这不过证明春秋时期政治人物亦有改氏之事。现存文献没有证据显示庆父出奔齐国后曾有类似的做法。从闵二年经仍称呼再次出奔的庆父为"公子庆父",足见庆父从齐国回到鲁国后仍是鲁国公子的身份。因此,闵元年经称之为"齐仲孙",从《穀梁》的立场上看,"外之"只能说是"君子"就其"来"而发的特笔,不是时人真有这样的说法。柳兴恩的举证不足以强化钟注的论证,是非常清楚的。

10. 疏之

除本例外,《穀梁》"疏之"还有 4 例:

---

① 有关"目"的涵义,参阅本书第二章,页 220—25。
② 柳兴恩:《大义述》卷 10,页 129。
③ 徐正英、邹皓:《全译》,页 206。
④ 钟文烝:《补注》卷 8,页 236。
⑤ 柳兴恩:《大义述》卷 10,页 129。
⑥ 《左传正义》卷 58,页 1660。

[1] 僖十六年经:"公子季友卒",传:"大夫不言公子、公孙,<u>疏</u>之也。"

[2] 僖二十年经:"西宫灾",传:"以谥言之,则如<u>疏</u>之然,以是为闵宫也。"

[3] 宣八年经:"仲遂卒于垂",传:"其曰仲,何也? <u>疏</u>之也。何为<u>疏</u>之也? 是不卒者也。"

[4] 成十五年经:"仲婴齐卒",传:"其曰仲,何也? 子由父<u>疏</u>之也。"①

这些例子显示,"疏之"是为了表示经文某些称呼带有刻意疏远之意。

"公子"或"公孙"显示其人出身公族的背景,凡是鲁国公族出身的大夫,而不这样称谓,已透露经文疏远其人的态度。钟文烝《补注》云:"公子、公孙,系君为号,至亲者也。夺其亲辞,是为'疏之',仲遂、仲婴齐是也。"② 柯劭忞也有类似的观点:"仲遂不称公子,仲婴齐不称公孙是也。夺其亲辞,是为'疏之'。"③钟、柯之言,符合传义。

称庆父为"仲孙"而非"公子",就是疏远他。僖十六年传:"大夫不言公子、公孙,疏之也。"④这是适用于全传的一个通则。柳兴恩《大义述》云:"既明其实为庆父,而又不称'公子',故传云'疏之也'。"⑤钟文烝也是这么看法:"公子而不言'公子',但言'仲孙',是'疏之'。"⑥柳、钟二人,皆从不称"公子"着眼,基本上符合传义。

11. 疏之 ≠ 外之

"疏之"不等于"外之"。"外之"就是使之看起来不像是鲁国的人,而"疏之"则不包含这个涵义。如上所述,因为据《穀梁》判断,经文凡称为"仲孙"的人,没有来自别国的反例。仅看"仲孙"二字,反而容易提醒读者这是鲁国的人。宣八年传的"疏之",⑦就是指"仲遂",上无别国之氏,一读就知他是鲁国的人。这也进一步反映"疏之"不等于"外之"。由此可见,合"齐

---

① 《穀梁注疏》卷8,页134;卷9,页139;卷12,页195;卷14,页232。
② 钟文烝:《补注》卷10,页303。
③ 柯劭忞:《传注》卷6,页21。
④ 《穀梁注疏》卷8,页134。
⑤ 柳兴恩:《大义述》卷10,页129。
⑥ 钟文烝:《补注》卷8,页236。
⑦ 《穀梁注疏》卷12,页195。

仲孙"三字而观,可以推出"外之"的结论;而仅看"仲孙",就只能说是"疏之"而已。还有,"仲孙"是专就庆父出奔后回国而言,其后他再次出奔,到了第二次弑君后出奔再次称之为"公子庆父",两个不同的称谓各有不同的行为情境,没有什么好奇怪的。

齐召南不理解《穀梁》对"齐仲孙"的解释,认为此人不是庆父:"入则孙之,出则子之,进退无据,应以《左氏》说为正。"①此说主要是针对闵元年"齐仲孙"与闵二年"公子庆父"二经不同,但经文对同一个人屡有不同称呼,像齐襄公既称"齐侯"又称"齐人",公子友又称"季子""公子季友",公子遂又称"仲遂""遂",都是没有什么好奇怪的。齐召南的疑问,主要是因为闵二年经称"公子庆父"而非"齐仲孙"。从《穀梁》的解释来说,这两个不同的称呼分别是就不同的情境和需要而发。对此,柳兴恩已有相对完整的解释,《大义述》云:"及出奔莒,传云'不复见矣',故经特书'公子庆父'以显之,曰'出,绝之也'。其自齐归,则书'齐仲孙'以'外之'。"②《左传》以"齐仲孙"为仲孙湫,当是另有文献根据,但就经文的解释而言,因为《春秋》没有其他例子显示"仲孙"这样的内称亦适用于其他国家的政治人物,所以《穀梁》"外之"和"疏之"的观点不能说是毫无凭据。齐召南以《左传》为正,只能说是他个人的偏好,《穀梁》同样言之成理。

12. 齐仲孙≠为之讳

"齐仲孙"之称,不涉及"亲亲"的考虑。在此,廖平有一个错误的说法,《古义疏》云:"公子庆父不当系于齐国,以亲亲之故,为之讳而谓之齐仲孙,去其公子之亲也。"③然而,《穀梁》不曾申述亲亲与避讳之间的关系,此传没有讳庆父的说法。"亲亲"就是亲爱地对待亲人,把亲人当成亲人看待,称庆父为"齐仲孙",恰好是不把他当成亲人而疏远之。廖平既知"去其公子之亲",还要申述"亲亲之故",自相矛盾。

同样言讳,曹金籀另有一种说法,《春秋钻燧》云:"《春秋》之义,为尊者讳,为亲者讳,为贤者讳,是故闵公尊者也,庆父亲者也,季子贤者也,《春秋》书'齐仲孙来',为尊者讳、为亲者讳、为贤者讳之义也,一举而三得者

---

① 齐召南:《穀梁考证》卷6,页645。
② 柳兴恩:《大义述》卷10,页129。
③ 廖平:《古义疏》卷3,页209。

也。"①这是浮泛概述而无确切举证。此传未尝言讳,也没有特指闵公、庆父、季子各是需要隐讳的尊者、亲者、贤者。故"一举而三得"之说,实乃曹金籀个人的主观感受,非经传的正解。

13. 累桓

"累"意谓牵连。② 按照"7."所述的读法②,"齐仲孙"的"齐"字,带有牵连齐桓公的意思,不该连同"仲孙"合观。庆父既是弑子般的逆贼,自齐归鲁,反映先前齐桓公收容了他,是错误的做法,所以经文把"齐"冠在"仲孙"之上,就是把齐桓公牵连进去。

然而,一些论者对"累桓"之解,却是错误的:

(1) 范注:"鲁绝之,故系之于齐。"③然而,《穀梁》对"齐"的解释,只说是"累桓"而非"绝之"。范宁以"绝之"解"累桓"理解又再出错。闵二年经:"公子庆父出奔莒",传:"其曰出,绝之也。"④下文将会指出,此"绝之"是针对"出"而言,而"绝之"的是《春秋》,不是鲁国。范宁"鲁绝之"之解,既搞错"绝之"的主体,也误解了"绝之"的时间。"绝之"是发生庆父弑闵公后出奔的时候,不是这次回国就被"绝之"。范宁此注原是解释"外之也",如上所述,根据《穀梁》的解释,"外之"是专就"齐仲孙"三字,不是专就"齐"字而言。范注混淆了此传的两个解释,显然不过。

(2) 钟文烝《补注》云:"此又申'外之'之义,以桓不能去庆父,又反受之,故遂同之于齐人,得为外文也。"⑤这是显然不了解传文并列两说的精义。前已述及,"外之"是一套说法,而"疏之"和"累桓"又是另一套说法。以为"累桓"又申"外之",就是混二说为一说,不合传义。"累桓"就是"累桓",就是累及齐桓公,如此而已。齐桓公收容庆父,当然是错误的,但这不等于"同之于齐人"。钟氏"外文"云云,在传中找不到任何凭据。

(3) 廖平《古义疏》云:"齐桓立闵,故起再弑之祸。庆父专,季子奔,皆齐为之,故虽为桓讳,而系齐以累之。"⑥以上"立闵""庆父专"等说法,都是廖平的个人猜想,貌似有理,实则无据。此传既以"累桓"为言,岂有"为桓

---

① 曹金籀:《春秋钻燧》卷3,页329。
② 参阅本书第二章,页196—97。
③ 《穀梁注疏》卷6,页102—03。
④ 《穀梁注疏》卷6,页104。
⑤ 钟文烝:《补注》卷8,页236。
⑥ 廖平:《古义疏》卷3,页210。

讳"之意？齐桓公虽是《穀梁》认可的贤者，显然不是凡有过失必予避讳。廖平过度诠释，为"累桓"增添别的新解，背离传义原貌，愈加悬远。

（4）柯劭忞《传注》云："齐桓为伯主，庆父之归，桓有奉焉尔，鲁不敢不受也。传曰'以累桓也'，斯其义尤卓矣。"①这是相信"累桓"透露了桓公支持庆父回国的线索，但"累桓"不等于"桓有奉"。"有奉"主要是解释"自 X 归/复归/入于 Y"的经文，②此经仅言"齐仲孙来"，而《穀梁》没有提及"有奉"或齐桓公有什么帮助。柯注"有奉"之论，不合传义。如柯注之解，齐桓公实际上强迫鲁国接受庆父回国，但《穀梁》"累桓"的解释，实未蕴涵此义。如果真要表达鲁无奈接受的委屈，经文还有其他笔法，例如僖二十五年"楚人围陈纳顿子于顿"、昭十二年"齐高偃帅师纳北燕伯于阳"、昭二十二年"刘子、单子以王猛入于王城"之类，无论是"入"或"纳"，都意味"内弗受"，而且主导其事的政治人物也就昭然若揭。相反，闵元年经却非这样的措辞，《穀梁》也没有相应的解释。柯劭忞径随己意把"累桓"当作"桓有奉"，没有顾及传义的精微差别，不宜采信其说。

14. 来

一般地说，"来"是自外国来到鲁国或中原国家。庄二十三年经："萧叔朝公"，传："其不言来，于外也。"③这反映"来"是要在"内"而言。"来"所到达的"内"可以是指鲁国，如隐元年"祭伯来"是指祭伯到鲁国来朝；也可以是指中原国家，如昭二十五年"有鸜鹆来"是指鸟儿来到中原国家。④此传没有细谈"来"的涵义，但经文以"来"言庆父的归国，显然是据鲁为内的涵义，并且进一步凸出庆父被"外之"和"疏之"的身份。

然而，一些论者对"来"的认识存在偏差：

（1）柳兴恩《大义述》云："曰来，防之也。"⑤撇除作地名之用，《穀梁》言"防"仅 2 字，即"艾兰以为防"和"过防弗逐"（昭八年），⑥皆作名词用，意谓界限。传中没有"防"作动词用而含防卫之义，也没有把"来"训作"防之"或类似的用法。柳氏"防之"之说，因传文"外之"而发。不过，"外之"不蕴涵

---

① 柯劭忞：《传注》卷 5，页 2。
② 参阅本书第一章，页 78—79。
③ 《穀梁注疏》卷 6，页 88。
④ 《穀梁注疏》卷 1，页 7；卷 18，页 306。
⑤ 柳兴恩：《大义述》卷 10，页 129。
⑥ 《穀梁注疏》卷 17，页 285。

"防"。柳兴恩以"防之"释"来",传中绝无丝毫凭据。

(2)于鬯《香草校书》云:"此传不释'来'字,盖于上下经'来'字不可合也。上经'季子来归',传云:'其曰来归,喜之也。'下经'齐高子来盟',传云:'其曰来,喜之也。'此以齐仲孙即鲁庆父,则其来何喜? 以至不能为发传。其实三'来'字在《春秋》必同类,上下经之书'来',正不必泥'喜',而此'齐仲孙'殆当依《左传》为得也。"又引李深秋曰:"若单言来,未有喜意,穀梁子又何嫌不释乎?"①以上观点,有待仔细推敲。"季子来归""齐高子来盟"的"来",都是用在另一动词(即"归""盟")之前,意谓其中到来要做相关的事情;而"齐仲孙来"的"来"只有一个动词,意谓到来而已。于氏"必同类"之论,纯属误解。如前所说,同样是"喜之","来归"的"来"带有"前定"之意,"喜之"是就"来归"而言;"来盟"的"来"却非"前定",故释之以"喜之"。于鬯没有分辨二者之别,已嫌粗略,但无论如何,"齐仲孙来"的"来"既有别于"来归"和"来盟"的"来",其中不蕴涵"喜之"之意,是完全说得通的。相比之下,李深秋大概比于鬯更明白"来"的独特性。阅读传文,本来"不必泥'喜'"。于鬯之论,疑所不当疑,似是庸人自扰。

15. 小结

此经"齐仲孙"三字,有两种不同的读法,可以三字连读,也可以分开"齐"和"仲孙"解读。《穀梁》"外之"或"疏之"的解释,涵义有别,但都是努力解说流亡中的庆仲为何不直言其名的缘故。之所以如此说法,很大程度上是因为庆父先前犯下弑君之罪。这一点,是不因时间和环境的变化而有所改变的(参照 M_4)。

此外,传文"累桓"的依据,是经文以"齐"为国氏。庆父原是鲁国的人,但奔齐后没被诛讨,齐桓公自是责无旁贷,故《穀梁》认为这是庆父连累齐桓公的措辞,背后的逻辑是认定齐桓公和庆父像其他同一国家的君臣一样,需要共同担负一定的政治罪责(参照 Q_3)。对齐桓公问责尚且如此,假如子般被弑时公子友在国当政,岂无罪责可言? 在此,也可以反证一点:从《穀梁》的视角出发,公子友绝不在鲁国,也不是需要讳过的贤者。

(九)闵二年经:"秋,八月辛丑,公薨。"传:"不地,故也。其不书葬,不

---

① 于鬯:《香草校书》卷47,页951。

以讨母葬子也。"①

即位未满两年,鲁闵公被庆父暗杀。《穀梁》的解经意见,主要集中在哀姜与鲁闵公的母子关系,不涉及公子友贤不贤的问题。

1. 薨不地,故也

同样是"薨",鲁国君主是要记载死亡地点,而夫人是不用记载的。君主死亡若无地点记录,意味其人发生变故。② 僖元年经:"元年,春,王正月。"传:"继弑君,不言即位,正也。"③鲁僖公继鲁闵公登位而无"即位"的记载,与鲁闵公继子般一样,都是意味其人为"正"而又"继弑君"。

2. 季子之过＝周公之过?

鲁闵公逝世的记载,基本上不涉及讳公子友的考虑。柯劭忞《传注》云:"季子不能遏恶,使庆父归鲁,再弑其君,责在季子也。《公羊传》为贤者讳,此'善善从长'之义。季子之过,即孟子所谓周公之过也。"④以上观点,似有推敲磋商的余地。《孟子·公孙丑下》云:"古之君子,其过也,如日月之食,民皆见之;及其更也,民皆仰之。"⑤孟子所理解的"周公之过",是让人们看得见的,不必避忌。柯注所理解的"季子之过"却是讳言之事,拿"周公之过"作比拟,引喻失义,了然于目。此外,《公羊》闵二年传:"公薨何以不地? 隐之也。何隐尔? 弑也。孰弑之? 庆父也。"又云:"既而不可及,缓追逸贼,亲亲之道也。"⑥其中,从未批判"不能遏恶"的过失,自也没有"为贤者讳"的考虑。要之,"公薨"与公子友称贤无关,《公羊》固无其说,更不用说《穀梁》了。

3. 贼不讨 ≠ 贼未讨

"君弑贼不讨,不书葬"不仅是《穀梁》独家专有,《公羊》也有这个主张。据此,《春秋》不记载被弑的君主下葬,通常是凶手没有伏诛。闵公实际上何时下葬? 不清楚。"贼不讨"的"不"是没有时间性的否定词。经文没有说过庆父何时死亡,无法断言这是在闵公葬前抑或葬后的事情。《公羊》对

---

① 《穀梁注疏》卷6,页103。
② "不地"的涵义,参阅本书第一章,页56—58。
③ 《穀梁注疏》卷7,页105。
④ 柯劭忞:《传注》卷5,页2。
⑤ 《孟子注疏》卷4,页118。
⑥ 《公羊注疏》卷9,页195。

鲁闵公"不书葬"未曾发传解释,何休试图为之弥缝:"不书葬者,贼未讨。"①以上寥寥七个字,暗藏了何休偷天换日的伎俩。《公羊》隐十一年传:"《春秋》君弑贼不讨,不书葬",②细心比较传注,《公羊》的"贼不讨"已被何休改换为"贼未讨",借用陈立《义疏》之说,就是"彼言'不',此言'未'"的差别。③ 一字之差,为什么呢?同样是否定的意涵,"未"往往是否定过去,不否定将来,"不"则没有这种时间性的差别。"不讨"作为"不书葬"的条件,是没有时间性的,意味着将来讨了贼,也该给被弑的君主书葬。"未讨"却意味实际葬礼前还未讨贼,就得不到葬文,哪管以后逆贼被讨。徐疏就是这样理解"未讨",故曰:"欲道于后讨得之。"④何、徐二人同样认为庆父之死,是公子友讨贼的成功,但这是发生在闵公葬后的事情,所以经文没有闵公的葬文。确切地说,何诂和徐疏都是个人的主观猜测,多于文本的审议和训读,《公羊》从未明言被杀之君的葬礼是界定《春秋》有否葬文的指标,由"不"而"未"的改动,放在《公羊》也是毫无根据的做法。痛快地承认《公羊》没有闵公葬文的解释,方是真正尊重文本的做法。简括地说,认为庆父死于闵公葬后导致《春秋》没有葬文,是不可靠的。

4. 不以

相比于《公羊》对闵公不书葬的缺乏解说,《穀梁》则是正面予以回答。"不以"的"以"和单独使用的"以"一样,带有"使"或"用"义。⑤"不以"意谓不用,也可以引申为不使或不允许。除本例外,《穀梁》"不以"作为句首还有 15 例:

　　[1]桓三年传:"不以齐侯命卫侯也。"
　　[2]庄十九年传:"不以难迩我国也。"
　　[3]庄二十八年传:"不以师败于人也。"
　　[4]闵二年传:"不以齐侯使高子也。"
　　[5]僖二十八年传:"不以晋侯畀宋公也。"
　　[6]文十四年传:"不以嫌代嫌也。"

---

① 《公羊注疏》卷 9,页 195。
② 《公羊注疏》卷 3,页 65。
③ 陈立:《公羊义疏》卷 27,页 1023。
④ 《公羊注疏》卷 9,页 195。
⑤ "君弑,贼不讨,不书葬"和"以"的涵义,参阅本书第一章,页 59—60、133。

[7]文十五年传:"不以难介我国也。"

[8]襄十年传:"不以中国从夷狄也。"

[9]襄十一年传:"不以后致。"

[10]襄同年传:"不以伐郑致。"

[11]襄二十三年传:"不以道事其君者。"

[12]昭四年传:"不以乱治乱也。"

[13]昭十二年传:"不以高偃挈燕伯也。"

[14]哀四年传:"不以上下道道也"和"不以弑道道也。"

[15]哀六年传:"不以阳生君荼也。"①

综合上述 15 例可知,《穀梁》单独作为句首而言"不以",都是认为经文不允许某一客体出现某种不该出现的状况。闵二年传的"不以",同样如此。

5. 不以讨母葬子

"不以讨母葬子"意谓不允许用"讨母"来"葬子"。然而,刘敞却产生误解,以为《穀梁》主张还未讨母导致不能葬子。《权衡》云:"所谓'君弑贼不讨,不书葬'者,言比其葬时而贼未讨,则不书葬也。既葬而后乃讨贼,贼虽已讨,葬犹不追书也,此闵公是已。讨贼虽迟而葬在讨贼之后,则葬得书,此陈灵公是已。'不以讨母葬子',何足为义乎?"②如上所述,"贼不讨"本无时间性的限制,刘敞的批评只适用于改"不"为"未"的何诂和徐疏,而非二传。刘敞"比其葬时"云云,全是误解。

钟文烝不赞同刘敞对《穀梁》的批评态度,却认可其说:"贼虽卒讨,葬不追书。此说甚有理。"③《穀梁》不曾涉及"葬时"的考虑,也未说过葬后"追书"的问题。钟注受刘敞误导,偏离传文本义,有很大差误。玩味刘敞之言,大概是把"不以讨母葬子"理解为当时尚未诛杀哀姜,所以不葬闵公。《穀梁》其实认为"讨母"不能作为"葬子"的条件,刘敞误解"不以"之义,遂失其解。

根据《穀梁》的理解,闵公之母哀姜参与了杀子般和闵公之事,逃亡出国后被齐桓公所杀。僖元年经:"夫人姜氏薨于夷"和"夫人氏之丧至自

---

① 《穀梁注疏》卷 3,页 37;卷 6,页 83、95、104;卷 9,页 148;卷 11,页 180、182;卷 15,页 252、254—55、265;卷 17,页 280、291;卷 20,页 340、342。

② 刘敞:《春秋权衡》卷 15,页 337。

③ 钟文烝:《补注》卷 8,页 241。

齐",传:"夫人薨,不地。地,故也。"又云:"其不言姜,以其杀二子,贬之也。或曰:为齐桓讳杀同姓也。"①以上经传,足够说明她已经被杀。"讨母"所指的就是这方面的记载。"葬子"就是指闵公的葬文。《春秋》既有"讨母"的记录,就不方便叙述闵公之葬。

6. 文姜讨葬与哀姜不讨葬

"不书葬"的辨析,仅就哀姜一人而言。不过,廖平却拿她与文姜进行比较,《古义疏》云:"据文姜以妻弑夫,罪重得讨,又实未讨,故文葬桓公以成其讨。哀姜之讨,实事而罪轻,于文因其甚明不加葬。以此之不讨葬,起前之讨葬也。"②如本书所述,《穀梁》认为经文葬鲁桓公的记载,是"逾国而讨"的不可能,没有"成其讨"之意。③ 不消说,廖疏与传义分歧甚大。《穀梁》不曾比较文姜与哀姜的行为,既无"罪重"和"罪轻"之区别,也没有以哀姜"不讨葬"起文姜"讨葬"的观点。

7. 不谈庆父的所以然

此经因"不书葬"的问题而只谈哀姜,不蕴涵弑闵公仅有她一人而已。《春秋》只载哀姜之死,不载庆父之死,《穀梁》就经言经,从前者而非后者找"不书葬"的答案,是忠于解经的表现。然而,一些论者却有错误的解说:

(1)孙觉《经解》云:"按:弑闵公者,庆父尔。《春秋》不讨哀姜,乃当书葬。贼不讨不葬,母又不书葬,何以分别乎?《穀梁》之说非。"④需要澄清的是,《穀梁》并非认为《春秋》不声讨哀姜,"不以讨母葬子"意谓经文不允许因"讨母"来"葬子"。在《穀梁》的理解中,《春秋》已有"讨母"之文,方才觉得"葬子"不宜有。孙觉以为《穀梁》主张不讨母而"当书葬",还提出"何以分别"之问,显然误读传文。庆父之死,经无明文,哀姜伏诛却见诸于经,《穀梁》忠于解经,遂认为这是闵公"不书葬"的原因。孙觉因《左》《公》二传的叙事而强调庆父的作用,在很大程度上是横生枝节。有关这一点,钟文烝已有明确的解释,《补注》云:"杀庆父不见经,杀哀姜见经,故经惟据讨母为义。孙觉不达此旨,遂议传失。"⑤

---

① 《穀梁注疏》卷7,页106、108。
② 廖平:《古义疏》卷3,页211。
③ 参阅本书第三章,页419—23。
④ 孙觉:《春秋经解》卷5,页650。
⑤ 钟文烝:《补注》卷8,页241。

（2）王树荣猛烈抨击"不以讨母葬子"的观点："亲弑闵公者，庆父也。以季子缓追逸贼而为之讳，故后庆父虽自缢，仍不以讨贼论，而闵公不书葬耳，夫岂'不以讨母葬子'之谓哉？"① 这是一个存在漏洞的说法。据《公羊》的叙事，鲁国在公子友的领导下，虽是"缓追逸贼"，但"缓追"不等于不追或不讨贼。《公羊》僖元年传："（庆父）抗辀经而死"，"（莒人）以求赂乎鲁"，何诂："鲁时虽缓追，犹外购求之。"② 鲁国在公子友领导下，显然也试图追贼的，《公羊》未尝否定他在这方面的贡献，没有说过"不以讨贼论"，何诂、徐疏也没有类似的主张，刘逢禄据僖十六年经"公子季友卒"和"公孙兹卒"的记载，这么评论："僖之大夫得卒者，犹知讨贼之义。"③ 王树荣所言，既不合《公羊》，亦背何诂，也不符合一般《公羊》学者的惯常认知。《公羊》闵二年传："公薨何以不地？隐之也。何隐尔？弑也。"又云："既而不可及，缓追逸贼，亲亲之道也。"④ 上文没有因公子友"缓追逸贼"而讳的观点，王树荣似把"隐之"理解为隐瞒之义，但这分明是隐痛义。在《公羊》看来，"缓追逸贼"做的正确，符合"亲亲之道"，哪有讳言的必要性？前已述及，《公羊》对闵公"不书葬"毫无解释，但是否彻底自外于"不以讨母葬子"，亦不尽然。《公羊》僖元年传："桓公召而缢杀之"，⑤ 就是刻划齐国助鲁平乱杀了哀姜，可见从《公羊》的视角出发，完全也可以认为"讨母"于经有据。当然，《公羊》既无明说，这里也不必越俎代庖硬说《公羊》有类似《穀梁》的主张。这里只是强调，从庆父之死（而非哀姜之死）找闵公"不书葬"的解释，不见得比"不以讨母葬子"更合《公羊》之义。王树荣非议《穀梁》的观点，欠缺周详和切实的论证，不过是出自臆想而已。

8. 小结

鲁闵公在位两年，便遭到哀姜和庆父弑害。《春秋》不记载他的死亡地点，显示其中的变故；并且不记载他的下葬，这是因为哀姜与闵公份属母子关系，故曰"不以讨母葬子"。在此，再一次显示《穀梁》对血缘关系的重视（参照 O_4）。虽然哀姜罪该万死，但也不宜把"讨母"当作"葬子"的条件。

---

① 王树荣：《续穀梁废疾》卷1，页201。
② 《公羊注疏》卷10，页204。
③ 刘逢禄：《公羊后录》卷2，页336。
④ 《公羊注疏》卷9，页195。
⑤ 《公羊注疏》卷10，页202。

无论如何,鲁闵公的卒和不葬,与公子友没有明显的关系。

(十)闵二年经:"公子庆父出奔莒。"传:"其曰出,绝之也,庆父不复见矣。"①

庆父在弑闵公后,再次出奔离鲁。这则经文同样没有提及公子友,《穀梁》既未叙述事件的始末,没有认为公子友主持杀害庆父之事。

1. 出奔不复见

经文凡言"出奔",意谓其人自本国离开。不是所有出奔者都被剥夺了再次得到经文记载的资格。《春秋》载有"出奔"的人,若要在经文再次出现,一般都有显示回归的记载;像曹羁那样,经文记载他出奔后又被杀,被杀时就要不称名姓。② 除本例外,《穀梁》"复见"还有3例:

[1]庄十年经:"宋人迁宿",传:"其不地,宿不复见也。"
[2]僖元年经:"邢迁于夷仪",传:"其地,邢复见也。"
[3]成十五年经:"许迁于叶",传:"其地,许复见也。"③

从这些例子可见,"复见"都是交代某个客体在后来的经文中是否再被记载,主要涉及"迁"与"迁者"之辨,剖析被迁之国是否已经灭亡。相比于此,庆父是人非国,《穀梁》对人而言"复见"惟此一例,此传特别交代庆父不再出现,是不寻常的。

2. 弑君后奔莒的独特性

更不寻常的是出奔前其君被弑的记载。《春秋》并非凡出奔都是不好的,如本章所述,曹羁奔陈和公子专奔晋,都不包含贬抑其人之意。但经文叙述一个国君被弑,而弑君内情又是"有所见",那么其后记载的出奔者大概就是弑君的凶手。像宋万弑宋闵公后奔陈、庆父在子般薨后如齐一样,庆父第二次出奔是紧接闵公薨后奔莒,因为子般和闵公都是鲁国君主,他们的死亡是不可能像宋闵公那样直言被贼臣所弑,只能透过其嗣君无"即位"记载而"有所见",因此庆父奔莒绝非简单的出奔,跟先前如齐一样,这次奔莒同样是弑君后离开鲁国。

明乎此,可知庆父奔莒,有别于其他鲁国大夫的出奔。可是,刘敞《权

---

① 《穀梁注疏》卷6,页104。
② 参阅本章(页803—22)对曹羁的讨论。
③ 《穀梁注疏》卷5,页75;卷7,页106;卷14,页234。

衡》质疑《穀梁》说:"内大夫之奔亦自多,言出不必庆父尔。"①《穀梁》以"绝之"解释庆父的"出",正是注意到庆父的独特性。刘敞没有注意到庆父是鲁国大夫弑君后出奔的惟一事例,反而提出"言出不必庆父"的诘问,反映他没有吃透经传的涵义。

3.《左传》叙事的可兼容性

《左》闵二年传:"初,公傅夺卜齮田,公不禁。八月辛丑,共仲使卜齮贼公于武闱。成季以僖公适邾,共仲奔莒,乃入,立之。"②不过,崔适对之又有过当的批判,《复始》云:"庆父虽弑闵公,季子尚秉国政,不畏庆父之偪者,何为以僖公适邾?且季子果以僖公适邾,庆父仍可自立,何为奔莒?直俟庆父奔莒,然后季子以僖公入而立之。向使庆父不奔莒,则成季不敢归,僖公不得立耶?以未尝去鲁而立闵公、立僖公之季子,诬以一奔陈、再奔邾,闵公非其所立,僖公亦非其本谋所能立,蔽贤而已矣。"③究其实,闵公被弑后由公子友秉国政之说,于《公羊》实无确据。崔适认为庆父可以趁公子友、僖公奔邾时"自立",全属推论,且有高估庆父政治实力之嫌,不见得可信。毕竟,到底当时鲁国内部政局如何,三传和其他文献皆无深入的叙事。《左传》叙述庆父利用卜齮与闵公的恩怨而发动逆谋,跟公子友带着鲁僖公出奔一样,都是仅存的孤证,现存文献不足以反证其说。此外,崔适认为公子友未曾奔陈和奔邾,隐然预设《左传》有意抹煞公子友立二君的贡献。然而,《公羊》仅把"立僖公"的功劳归诸齐桓公和齐高子,未尝提及谁立闵公。④ 有关公子友在子般死后至"季子来归"前的行踪,《公羊》也没有清晰的交代,而何休则相信他再次出奔。崔氏"未尝去鲁"之说,不合《公羊》和何诂,十分显然。至于"蔽贤"之说,更是完全抹煞《左传》对公子友的佳评,纯属《左传》伪造说下的无聊偏见,毫不可信。对《穀梁》来说,《左传》有关庆父弑君和出奔的情节,是可以兼容的叙事;但公子友在闵公死后出奔并回国等事,却超出传义所能兼容的范围(于《公羊》亦然),但不能随便抹煞,甚至指责这是故意的伪造。

---

① 刘敞:《春秋权衡》卷15,页337—38。
② 《左传正义》卷11,页308。
③ 崔适:《春秋复始》卷4,页405—06。
④ 《公羊注疏》卷9,页197。

4. 其曰出,绝之也

比较庆父两次出奔的记载,第一次是"如齐"而讳言出奔,第二次是不再避讳直接称之为"出奔"。经文凡言"其曰",都是为了解释经中某些措辞而另作解释。① 徐正英、邹皓译"其曰出"为"经文说'出'",②因"其"指代的是"公子庆父出奔"的"出",属于特定对象的指代,故徐、邹之译,若改作"这则经文说'出'",可能更加达意。

"其曰出",是针对像庆父这种"出奔"后再无记载的措辞,不是全部的"出"都要"绝之"。③ "绝"意谓断绝,也可以引申为拒绝或断绝关系等意思,不能理解为避讳闵公之弑。除本例外,《穀梁》"绝之"还有3例:

[1] 庄元年传:"不若于道者,天绝之也;不若于言者,人绝之也。"

[2] 庄六年传:"何用弗受也?为以王命绝之也。……朔出入名,以王命绝之也。"

[3] 庄十年传:"蔡侯何以名也?绝之也。何为绝之?获也。"④

从这些例子推断,"绝之"都是表示某些犯了错的人被断绝关系。

"绝之"并非意谓不再出现其人的记载。周何解"绝之"为"从此《春秋》不再出现有关此人的记载",⑤需要加以琢磨和辨正。"绝之"若作不再记载的解释,那么庆父既言"绝之",又言"不复见",二语同义,实属多余。如上一段的例[2]所述,卫侯朔是违反周王命令的大逆罪人,《穀梁》对之两言"绝之",但其后《春秋》仍有他的记载,包括庄十四年"单伯会齐侯、宋公、卫侯、郑伯于鄄"、庄十五年"齐侯、宋公、陈侯、卫侯、郑伯会于鄄"、庄十六年"会齐侯、宋公、陈侯、卫侯、郑伯、许男、曹伯、滑伯、滕子同盟于幽"、庄二十五年"五月癸丑,卫侯朔卒"四则经文。由此反证,周何对"绝之"的解释,完全错误。此外,周何译"绝之",虽未贯彻"不再出现有关此人的记载"的错误观点,却译之为"表示此人和鲁国断绝关系的意思",⑥亦有可议之处。以"绝"为"断绝关系"固然可以,但"绝之也"和"喜之也""外之也""疏之也"

---

① 参阅本书第一章,页115—16。
② 徐正英、邹皓:《全译》,页208。
③ 《穀梁注疏》卷18,页296。
④ 《穀梁注疏》卷5,页60—61、70、75—76。
⑤ 周何:《新译》上册,页203。
⑥ 周何:《新译》上册,页303。

等判断一样,讲的都是《穀梁》认为的经文所持的态度。周何把"断绝关系"视作"此人和鲁国"是不妥当的,"绝之"的主体是《春秋》。

5. 绝之≠绝其位

此传认为庆父第二次出奔而经文言"出",意味经文要断绝他和鲁国的关系,不是为了隐讳闵公之弑或剥夺庆父之位。范注:"庆父弑子般,闵公不书弑,讳之。"杨疏:"庆父前奔不言出,书曰'如齐',为之隐讳,是不绝其位之辞,今不讳言奔,明是绝其位也。"① 范宁"讳之"之说,有待商榷,因为经文讳闵公弑表现在"公薨"一语,而"公子庆父出奔莒"实无讳意。王崇燕《纠谬》云:"内不言弑,不待言",② 是正确的。范注以"讳之"解"出奔",是说不通的。杨疏"不讳言奔",实已窥见范注之失,尝试为之弥缝,但以"绝其位"释"绝之",却有疑问。如上所述,卫朔也是"绝之"的人,但在"绝之"之后,仍有"卫侯"的各种记载。这就反证"绝之"不是剥夺其人之位。庄六年传的"绝之"是为了解释"人者,内弗受也"的"弗受",③ 专就卫国内部与卫侯朔的关系而言。由此推论,"绝之"是断绝关系,而非"绝其位"。

6.《左》《公》叙事的可兼容性

跟宋万一样,《春秋》在记载庆父"出奔"后没有下文。《左》闵二年传:"成季……以赂求共仲于莒,莒人归之。及密,使公子鱼请。不许,哭而往。共仲曰:'奚斯之声也。'乃缢。"④《公羊》僖元年传:"莒人逐之,将由乎齐,齐人不纳。却,反舍于汶水之上,使公子奚斯入请。季子曰:'公子不可以入,入则杀矣。'奚斯不忍反命于庆父,自南涘,北面而哭。庆父闻之曰:'嘻!此奚斯之声也。诺已。'曰:'吾不得入矣。'于是抗辀经而死。"⑤ 二传同样记载公子友以赂追捕奔莒的庆父,最终逼使庆父绝望自杀。《穀梁》没有这方面的叙事,但不见得没有兼容它的空间。就"不复见"的观点而言,仅意味经文省略庆父奔后的叙事,对之保持缄默。柯劭忞《传注》云:"鲁人求庆父于莒,既至而缢,宜书讨贼。不复书者,已见绝义,得略之。"⑥ 柯注接受《左》《公》叙事,但也忠于传文"绝之"之义,此解可以接受。

---

① 《穀梁注疏》卷6,页104。
② 王崇燕:《纠谬》卷4,页290。
③ 《穀梁注疏》卷5,页70。
④ 《左传正义》卷11,页308。
⑤ 《公羊注疏》卷10,页203—04。
⑥ 柯劭忞:《传注》卷5,页3。

7. 为公子友辩护的困难

但要注意,接受庆父在莒国死亡的叙事,不等于承认公子友是可以讳过的贤者。尤其《公羊》对公子友的各种辩护,更是《穀梁》不能接受的观点。《公羊》闵元年传:"庆父弑君,何以不诛?将而不免,遏恶也。既而不可及,因狱有所归,不探其情而诛焉,亲亲之道也。"又,《公羊》闵二年传:"庆父弑二君,何以不诛?将而不免,遏恶也。既而不可及,缓追逸贼,亲亲之道也。"①这个说法,进一步凸显公子友不诛庆父,不是他不想这样做,而非不能。因此,这也激起后人的各种质疑。例如孙复《尊王发微》云:"季子来归,独执国命。当是时以鲁之众,因齐之力,讨庆父而戮之,势甚易尔,而季子不能也,使闵公遽罹弑逆之祸,悲哉!"②张大亨《通训》云:"使季友之归,即明庆父之恶,以示国人,则闵公之世,虽缓庆父之诛,必无后祸矣。故君子不以是责鲁人,而罪季友之不为也。"③这些都是批判公子友在回国后没有立即杀庆父,做的太过失败。

导致问题更复杂的是,《公羊》除了辩护公子友没有及时诛杀庆父外,没有批判其他明知逆贼弑君也毫无作为的臣子。宣五年经:"叔孙得臣卒。"按照《穀梁》"不日卒,恶也"的传例,④叔孙得臣没有死亡日期,已说明他的罪恶。然而,《公羊》没有这种传例,也没有发传解说不日的缘故。这显然留下巨大的漏洞。何休也意识到问题所在,故此尝试另作说明。何诂:"论季子当从议亲之辟,犹律亲亲得相首匿,当与叔孙得臣有差。"又云:"不日者,知公子遂欲弑君,为人臣知贼而不言,明当诛。"⑤刘逢禄《申墨守》云:"得臣党遂弑赤,季友知贼不诛,坐视子般、闵公之弑,以成其立僖之功。《春秋》褒其功而诛其意,于不书葬闵公、杀庆父见之。弑君之贼,吾闻大义灭亲矣,未闻亲亲得相首匿也!"⑥以上的质疑,在某程度上不符合《公羊》的内容,因为《公羊》对公子友的辩护,主要是放在"亲亲之道"的申张上,认为公子友先是"不探其情",后是"缓追逸贼",做的没有错。审读其文,毫无"功"与"意"的分别衡量。刘氏"褒其功而诛其意"之说,是企图以

---

① 《公羊注疏》卷9,页190、195。
② 孙复:《春秋尊王发微》卷4,页42。
③ 张大亨:《春秋通训》卷3,页581。
④ 《穀梁注疏》卷1,页8。
⑤ 《公羊注疏》卷9,页190;卷15,页328。
⑥ 刘逢禄:《公羊后录》卷1,页307。

公子友最终诛杀庆父平定乱局的"功",盖过他尝试回护庆父的"意",但《公羊》对经文不记载"葬闵公"和"杀庆父"的解释,都没有这样的意思。不过,刘逢禄不赞同何休"亲亲得相首匿"的观点,却是相当合理。《公羊》没有任何叙事提及叔孙得臣得知公子遂"欲弑君",现存文献也很难说明叔孙得臣什么时候知道弑谋。《公羊》既没有解释"叔孙得臣卒"的缘故,凭什么说叔孙得臣"知贼而不言"?何休在叔孙得臣与公子友之间强生差别,但又找不到《公羊》充足的证据可以辩解其事,所以最终的凭证还是落在"亲亲得相首匿"的律法原则,而非其传的内证。刘逢禄的质疑,不能不说是有一定的眼光。

　　针对刘逢禄的批判,崔适尝试为何诂辩说,《复始》云:"叔孙得臣隐匿于弑前,正当'将而不免',非'既而不可及'之比。季子不探庆父之情,视得臣不发扬公子遂之罪有差。传文'亲亲之道',专承'既而不可及'为言,非兼承'将而不免'为言,故注云:'犹律亲亲得相首匿。'若不问将弑、既弑,而一于亲亲得相首匿之法,上传何以云'诛不得辟兄'耶?"又批判刘逢禄:"此并传而驳之,谬甚。牙弑械成,故季友得知之而酖之,庆父嗾邓扈乐报其私怨,则其谋必甚诡秘,季友容有不知,《春秋》不责季子知贼,刘逢禄以得臣坐之,失经意矣。不书葬闵公,贼不讨也。不书杀庆父,缓追逸贼,亲亲之道也。皆传有明文,乃视若无睹,移以诛季友知贼不诛之意,可谓弃衡石而意量矣。"①崔适重申"将而不免"和"既而不可及"之别,不见得毫无漏洞。如上所述,《公羊》对叔孙得臣何时知悉逆谋,以至他的死亡为何不记载日期,都没有任何说明。何诂既无凭据,崔适为这个没有凭据的说法辩护,而断言叔孙得臣属于"将而不免"的情况,同样根基不稳。为了对比叔孙得臣"知贼而不言",崔适强调"季友容有不知",乃是一厢情愿的臆测。《公羊》闵元年传:"因狱有所归,不探其情而诛焉。"②假如公子友是完全被邓扈乐行弑的表象所蒙蔽,也就谈不上"不探其情"的考虑;正因为"不探其情"是有可能变成"探其情",所以公子友"不探其情"的选择背后已预设他绝不是什么也"不知"。何诂:"季子知乐势不能独弑,而不变正其真伪。"③可见,何休认为公子友完全知道邓扈乐不是惟一的凶手。因此,公子友即使不确

---

① 崔适:《春秋复始》卷4,页404。
② 《公羊注疏》卷9,页190。
③ 《公羊注疏》卷9,页191。

定庆父就是元凶，但逆贼还在，决然无疑，而且有可能是自己的亲人。假如不是这样的认知，也就谈不上"亲亲之道"了。刘逢禄说"知贼不诛"，不能说是错误的指责，因为公子友即使仍不知道庆父是弑子般的凶手，但照传注所说，他肯定知道仍有凶手并未伏诛，只是还未追查以前不能确定是谁。换言之，"容有不知"是他自己选择的结果。就是因为公子友是有机会"知贼"，所以刘逢禄觉得公子友与叔孙得臣同科，言之有理。陈立也表示"刘氏此论甚正"，又云："弑君之贼，虽曰亲亲，究难舍纵。季子之不探其情，似亦未能全谓无过。"①《公羊》和何诂对公子友的辩护本来容易惹起争议，刘、陈之疑难以厚非，崔氏之说实无太大的说服力。简括言之，闵公不葬，本是《公羊》解经的漏洞。无疑，刘逢禄"褒其功而诛其意"不合《公羊》本义，但认真辨析的话，何诂也要承担一部分的责任。《公羊》"亲亲之道"不过是"不探其情"和"缓追逸贼"，不等于"亲亲得相首匿"。崔适不检讨何诂容易引起误会的错失，尽是指责刘逢禄，亦或褒贬失平。

假如像《公羊》那样歌颂公子友为贤者，那么必须解释的环节是：为什么子般和闵公两个君主被杀而公子友无法有效防止或及早诛杀逆贼？从上述宋儒的质疑，乃至何休、刘逢禄、崔适等人解说的纷争，可以见证一个明显的事实：《公羊》贤公子友的意见，是充满争议性的观点。因为《公羊》的解释无法服人，许多读者都觉得《公羊》的解释难以说明庆父怎么可以杀二君而公子友没有足够有效的行动。对此，胡安国尝试为公子友作出辩解，胡传："庆父主兵日久，其权未可遽夺也；季子执政日浅，其谋未得尽行也。设以圣人处之，期月而已可矣；季子贤人而当此，能必克乎？及闵公再弑，庆父罪恶贯盈，而疾之者愈众；季子忠诚显著，而附之者益多。外固强齐之援，内协国人之情，正邪消长之势判矣。然后夫人不敢安其位，庆父不得肆其奸。"②认为庆父握有兵权，是宋儒带有成见的误判，《左》《公》二传的叙事已指出庆父弑二君的手法，都是暗中策划假手于那些与君主有仇怨的人，哪有无法动摇的军事实力？况且，闵二年记载"公薨"是"八月辛丑"，而哀姜和庆父之奔是"九月"，逆贼败亡之速，比起宋万、祝吁等人，犹有不如。不过一个月，如何可以迅速增加政治实力，以致"附之者益多"？胡安

---

① 陈立：《公羊义疏》卷27，页296—97。
② 胡安国：《春秋胡氏传》卷10，页141。

国自我作古,凭恃这样戏剧性的情节,当然无法有效释除公子友令人难以放心的疑问。说到底,胡传试图从"不能"而非"不为"辩护公子友没能及时讨贼的失败。然而,这是《公羊》也无法有效证成的观点。《公羊》之所以认为公子友"亲亲之道",其着眼点显然是"不为"而非"不能"。胡传申论鲁国政治情势而毫无实据,对公子友的过失毫无合理的检讨。因此,张自超《宗朱辨义》已提出尖锐的质疑:"养贼于国,已经两年,至于今日,始讥其失,晚已!夫失贼之讥,讥宗臣也。宗臣为谁?季友也。"①追溯究因,《公羊》对公子友的肯定实有可疑之处,胡传试图改换思路继续辩护公子友,也不成功。

8. 误信《公羊》的谬误

明白了《公羊》贤公子友的观点存在什么漏洞和驳难,便可以知道《穀梁》没有这些富争议性的观点,绝非什么坏事,反而提醒读者:阅读《穀梁》,根本不必把《公羊》这些说法当作解读的大前提。可是,误信公子友为贤者的偏见,仍在左右《穀梁》的正确解读:

(1)钟文烝《补注》云:"庆父后虽被逼缢死,经为鲁讳,又讳季子之行诛,故不复记。"又云:"缢死既讳,故出奔不讳。不讳出奔,正以起后文之讳讨贼也。是故庆父之死不复见,即所谓'讳莫如深'也。直书'出奔',则不复见其死,即所谓'苟有所见,莫如深'者也。"②需要辨正的是,《穀梁》只说"庆父不复见",不等于"庆父之死不复见"。"不复见"是因为"绝之",不是为了"讳"的需要。宋万在奔陈后伏诛,与庆父同是"不复见",③其中岂有讳"行诛"之意?钟文烝认为"缢死"和"行诛"都是"讳"的内容,是援《左》《公》以解《穀》的结果,但二传从未说过庆父之死是需要避讳的事情,更不要说《穀梁》了。在闵公被弑的问题上,"有所见"仅指经文无僖公"即位"的记载,而"莫如深"则指庆父第一次出奔而言"如",而"出奔莒"既非讳辞,《穀梁》对僖元年经"公子友帅师败莒师于郦,获莒挐"的解释亦未提及"讳"意。钟注"起后文之讳讨贼"之说,于传无据。

(2)廖平《古义疏》云:"据上言'如'。于此再见者,弑君贼不再见,见者讨之也。此逐而杀之,言'出'不言'杀',缓追逸贼,言'出'而已。不目言

---

① 张自超:《春秋宗朱辨义》卷4,页83。
② 钟文烝:《补注》卷8,页242。
③ 参阅本书第二章,页218—20。

'刺',为内讳也。"①如其解,此经"出奔莒"意味庆父"再见",但《穀梁》没有"弑君贼不再见"的主张,像鲁桓公、公子翚、鲁宣公、公子遂、赵盾等逆贼,不也在君弑后再见于经么?"不复见"是因"出"而"绝之",遂不在经文再见,不是因为"弑君"的缘故。因此,根本不存在庆父本应"不再见",却为了"讨之"而"见"的可能性。此外,《穀梁》不曾谈及"刺"与"为内讳"的关系,在庆父问题上未尝考虑"刺"的笔法。还有,《穀梁》明言"出"是"绝之",不是因为"逐而杀之"或"缓追逸贼"。廖平援《公》解《穀》,不审传中有没有相关的内容,所见貌似合于情理,却无传义佐证,难以将就接受。

(3)同样以"亲亲之义"解说庆父之奔,还有王崇燕。《纠谬》云:"庆父奔,讨庆父也。庆父不复见,杀之也。以奔见者,缓追逸贼,亲亲之义也。"②以"奔"为"讨",《穀梁》没有此说。"不复见"也不蕴涵"杀之"。《穀梁》仅说"不复见",而非"以奔见",对庆父的讨论也不触及"亲亲之义"。王崇燕之说,类似廖疏,同样不可信。

9. 小结

庆父出奔,是闵公被弑的余波。经文"出奔"之语,就是显示其人已被断绝关系。虽然《左》《公》二传记载公子友逼死庆父的经过,但不蕴涵《穀梁》贤公子友或讳其事。经传始终没有提及公子友,也没有歌颂他杀死犯错的亲人。在很大程度上,公弟叔肸与公子友是同中有异,不宜划一视之。试看以下:

	公弟叔肸	公子友
犯错的亲人	鲁宣公	公子庆父
关系	兄弟	兄弟
做法	通恩	不清楚
贤否	是	不是

同样都是面对犯错的亲人,《穀梁》读者只知道公弟叔肸能够"通恩"的贤者,很好地兼顾君臣关系和血缘关系(参照O_4),而公子友对庆父是什么态度,如何做法,却不清楚。相对清楚的仅是,他不是贤者,也找不到证据

---

① 廖平:《古义疏》卷3,页212。
② 王崇燕:《纠谬》卷4,页290。

显示他诛杀庆父是可贤的行为。

(十一)僖十六年经:"三月壬申,公子季友卒。"传:"大夫日卒,正也。称公弟、叔仲,贤也。大夫不言公子、公孙,疏之也。"①

全传概述经文的三个写作原则,其中涉及错认公子友为贤者的流行误解。

1. 日卒正也

根据"大夫日卒"的传例,经文如果有大夫的死亡日期,其人是"正"。"正"意谓其人做事正确,主要是指政治合法性上的判断。公子友有死亡日期的记载,证明他作为鲁国大夫生前行事正确,没有政治合法性的疑问。②

徐正英、邹皓解"正"为"品行端正",又译"正"为"合于正道的",③似有可商酌之处。在《穀梁》的用法上,"正"有别于"善",全传也没有"正道"的概念。以"正"言公子友,大概可以认为他作为大夫做事正确,没有不合"臣道"的表现,强调"端正""正道"等解读似乎是道德涵义多于政治涵义,不甚可取。

此传的"正",也有别于"正礼的常例"。周何译"正"为"合乎正礼的常例",④也是错误的。"礼"与"正"是不同的概念,例如庄二十四年传:"取非礼与非正",⑤便是显例。在《穀梁》的用法中,"正"虽然很有可能符合"礼",但不见得二者必有共生关系,例如庄元年传:"筑之外,变之正也",⑥就是说王姬之馆筑于外,不合礼却是"正"。此外,《穀梁》从未谈论公子友是否合礼的问题,也不曾认为卒日称正的大夫都是合礼与否的判断,没有必要从"正礼的常例"来理解"正"。

2. 正≠贤

"正"不蕴涵"贤"。除本例外,《春秋》记载鲁国公族之卒共 26 例:

> [1]隐元年:"公子益师卒。"
>
> [2]隐五年:"十有二月辛巳,公子彄卒。"

---

① 《穀梁注疏》卷 8,页 134。
② 有关"正"的涵义,参阅本书第一章,页 63—66。
③ 徐正英、邹皓:《全译》,页 11、266。
④ 周何:《新译》上册,页 399。
⑤ 《穀梁注疏》卷 6,页 89。
⑥ 《穀梁注疏》卷 5,页 62。

[3]隐八年:"十有二月,无侅卒。"
[4]隐九年:"侠卒。"
[5]庄三十二年:"七月癸巳,公子牙卒。"
[6]僖十六年:"三月壬申,公子季友卒。"
[7]同年:"七月甲子,公孙兹卒。"
[8]文十年:"壬三月辛卯,臧孙辰卒。"
[9]宣五年:"叔孙得臣卒。"
[10]宣十七年:"十有一月壬午,公弟叔肸卒。"
[11]成十五年:"三月乙巳,仲婴齐卒。"
[12]襄五年:"辛未,季孙行父卒。"
[13]襄十九年:"八月丙辰,仲孙蔑卒。"
[14]襄二十二年:"七月辛酉,叔老卒。"
[15]襄二十三年:"己卯,仲孙速卒。"
[16]襄三十一年:"己亥,仲孙羯卒。"
[17]昭四年:"十有二月乙卯,叔孙豹卒。"
[18]昭七年:"十有一月癸未,季孙宿卒。"
[19]昭二十一年:"八月乙亥,叔辄卒。"
[20]昭二十三年:"癸丑,叔鞅卒。"
[21]昭二十四年:"壬二月丙戌,仲孙貜卒。"
[22]昭二十五年:"十月戊辰,叔孙婼卒。"
[23]昭二十九年:"四月庚子,叔倪卒。"
[24]定五年:"六月丙申,季孙意如卒。"
[25]同年:"七月壬子,叔孙不敢卒。"
[26]哀三年:"七月丙子,季孙斯卒。"

在这26例中,例[1]、[4]、[9]三例没有日月,记载月份仅例[3]一例,其余22例都是记载日期。显然,不是每一个日卒的大夫都是贤者。公子牙与公孙兹同样也有死亡日期,公子友与他们一样都是"正",三人皆非"贤"。

3. 公子友与公孙兹

明白经文对大夫日卒的措辞,便能察觉公子友与其他日卒的大夫没有根本性的差别。需要交代的是,公子友死亡的同年,经中亦有公孙兹的死亡记录。上述(2)的例[16],即僖十六年经:"七月甲子,公孙兹卒",传:"大夫日卒,正也。"①这个解释,与解读"三月壬申,公子季友卒"毫无差别,可见公孙兹与公子友一样,都是日卒而正。《春秋》除卒文外,有关公孙兹的记载仅有2例:

> [1] 僖四年:"冬,十有二月,公孙兹帅师会齐人、宋人、卫人、郑人、许人、曹人侵陈。"
>
> [2] 僖五年:"夏,公孙兹如牟。"

《穀梁》对之皆未发传解说,也没有其他证据显示其人之贤。对于那些贤公子友的人来说,这是无法自圆其说的漏洞。因此,杨士勋不得不在"日卒"外另添字、名之别。杨疏:"又公孙兹发日卒之传者,以其名而不字,又非罪非贤,故重发之。"②柯劭忞同样认定"公子季友"称字,导致他和其他大夫有所不同。《传注》云:"季友与兹皆正,故皆日卒。至友以贤称字,乃又一义。"③这样的解释很有问题,因为《穀梁》只谈"日卒",不曾细分"日卒"之人另有称字、称名的不同。杨、柯之论,都是过度诠释,于传无据。

针对杨疏的错失,许桂林早已提出驳议,《释例》云:"注家于大夫之正,以为贤。季友贤矣,公孙兹亦贤乎?"④这是正确地从公孙兹不能贤而质疑公子友因正而贤的观点,远胜于绝大多数贤公子友的论调,非常值得重视。柯注袭杨疏而没能有效回应许桂林对杨疏的批驳,与杨疏一样,其疏陋之失,自无以辞卸。

4."桓、庄不卒大夫"之谬

同样尝试把公子友与其他鲁国大夫作出区分,廖平提出了另一套说法。《古义疏》云:"再发传者,桓、庄不卒大夫,季友贤,称子。"⑤不过,《穀梁》没有讨论鲁桓公和鲁庄公在位期间没有大夫之卒,这是何休的观点。⑥在这个问题上,刘逢禄《广墨守》云:"鲁大夫曾不闻有以大义责其君者,《春秋》以为与'无臣子'同。"⑦由于《公羊》没有这方面的主张,何、刘的观点用

---

① 《穀梁注疏》卷8,页134。
② 《穀梁注疏》卷8,页134。
③ 柯劭忞:《传注》卷6,页21。
④ 许桂林:《释例》卷1,页3017。
⑤ 廖平:《古义疏》卷4,页263。
⑥ 《公羊注疏》卷5,页100;卷6,页118。
⑦ 刘逢禄:《公羊后录》卷2,页335。

来解读《公羊》是否可信,已有疑问,更不用说《穀梁》的诠释了。《穀梁》对公子友和公孙兹皆无类似的观点,廖疏援何解传,岂合传义?观廖疏之言,大概是尝试透过公子友在闵元年"季子来归"称子,证成其人之贤,以别于公孙兹之称名。然而,《穀梁》未尝以子为贤,其见解不见得比以字为贤更高明,不宜接受。

5. "称公弟叔仲"的三种读法

"称公弟叔仲"一句,有三种读法:

①"称公弟、叔、仲"。周何译"称公弟叔仲"为"凡是称之为诸侯之弟,或称其字如叔、仲之类的",①这是在"公弟"下读断,把"公弟""叔""仲"视为三种选项。此译的最大漏洞是"叔"或"仲"这两个字,若作单独使用,都不能作"贤"解。反例不胜枚举。称"叔"如女叔、叔服,称"仲"如齐仲孙或仲遂,都不可能是贤者。此外,"公弟"也不应泛指"诸侯之弟",经文内鲁,"公弟"该是意谓鲁国君主的弟弟。周译之不可取,显而易见。

②"称公弟叔、仲"。徐正英、邹皓译"称公弟叔仲"为"以'叔''仲'称鲁公的弟弟",②如其译,此"公弟"不是被称之语,全句变成意谓"公弟称叔、仲"或"称公弟为叔、仲"。同样,此译也不能解决"仲"不可能为"贤"的疑难,实非达译。

③"称公弟、叔仲"。经文称"公子季友",无"叔仲"或"叔"或"仲"。"称公弟叔仲"的"叔仲"二字,不是证成公子友为贤的证据。"称公弟叔仲"的正确读法是,在"弟"下读断,作"称公弟、叔仲"。《穀梁》认为鲁国大夫如有"公弟"或"叔仲"的称呼,可以确认其人为贤。"公弟"是指公弟肸,"叔仲"是指叔仲彭生。

6. 对公子友的歌颂与《穀梁》无关

"称公弟、叔仲"的"称"是以《春秋》为主体。重点是经文的措辞,不是公子友作为鲁庄公之弟的历史事实。《公羊》明确以公子友为贤,《左传》虽不誉之为贤,但歌颂其人的叙事却是神乎其神。《左》闵二年传:"成季之将生也,桓公使卜楚丘之父卜之。曰:'男也。其名曰友,在公之右;间于两社,为公室辅。季氏亡,则鲁不昌。'"③其他歌颂公子友的历史叙事还有许

---

① 周何:《新译》上册,页399。
② 徐正英、邹皓:《全译》,页266。
③ 《左传正义》卷11,页309。

多,例如《说苑·尊贤》云:"国家惛乱而良臣见,鲁国大乱,季友之贤见。"①
因为这种观点和叙事的影响,许多经师不查核《穀梁》有没有贤公子友的内
容,就认定公子友是典型的贤者。尽管《说苑》杂糅三传,其以公子友为贤,
主要是《公羊》的观点,与《穀梁》实无太大的关系,但廖平和柯劭忞却不加
辨析,同样引录《说苑》以上话语,作为佐证公子友为贤者的证据。②

7. 称字非贤

《春秋》记载公子友共8例,但经文从未称之为"公弟"或"叔仲",没有
理由认为他是"贤也"所指代的其中一人。称字为贤,不是《穀梁》的主张。
可是,许多论者都相信"季友"称字是证成公子友为贤的证据:

> [1]杨疏:"叔肸贤而称弟,季友不称弟称字,贤可知也。"
>
> [2]钟文烝《补注》云:"弟者贵称,字以表德,故足明贤,此文及公
> 弟叔肸是也。"
>
> [3]柯劭忞《传注》云:"称字,皆贤之。公子季友,犹公弟叔肸。"又
> 云:"贤叔肸,则季友贤可知。"③

钟、柯皆以杨疏为本,辗转传录其说。但杨疏称字为贤之说,似是暗袭何诂
的结果。确切地说,《公羊》对称字与贤的关系,说的有些含混。

> [4]《公羊》闵元年传:"其称季子何? 贤也。"何诂:"不称季友者,
> 明齐继鲁,本感洛姑之托,故令与高子俱称子,起其事。"
>
> [5]《公羊》僖十六年传:"其称季友何? 贤也。"何诂:"不称子者,
> 上归本当称字,起事言子。"④

比较[4]和[5]可知,不论是"季子"抑或"季友"都有示贤的作用,不能说公
子友之贤全是"季"的作用。至少,何休已洞察到这里的脱节,遂把示贤的
功用完全归于"季"字,而把"子"说成"起其事"的作用。然而,《公羊》本无
这样的主张,因此据"称字"而"贤可知"的观点,放在《公羊》也不见得毫无
疑问,更不用说《穀梁》了。如上所说,《穀梁》不曾以字为贤,此传明言"称
公弟"是"贤"的条件,不涉及称字的问题。公子友既无"公弟"之称,就意味

---

① 向宗鲁:《说苑校证》卷8,页176。
② 廖平:《古义疏》卷4,页262。柯劭忞:《传注》卷5,页1。
③ 《穀梁注疏》卷8,页134。钟文烝:《补注》卷10,页303。柯劭忞:《传注》卷6,页21。
④ 《公羊注疏》卷9,页191;卷11,页235。

他不是贤者,硬要从"贤叔肸"推出"季友贤",是说不通的。杨、钟、柯三人援何解《穀》,不合传义。

8. 强解"公子季友"没有"公弟"之误

"称公弟、叔仲"不是仅适用于死者的通则。因为公弟叔肸因"公弟"而贤,是《穀梁》读者普遍所知的信息,所以如何解释"公子季友"没有"公弟",也就成为一些尝试贤公子友的人的思想难题:

[1] 杨疏:"以兄先死,故不得称弟耳。"

[2] 钟文烝《补注》云:"此不如叔肸称弟者,疏曰:'季子虽贤,兄已卒也。'"

[3] 廖平《古义疏》云:"季友在僖世不可言弟,故但言公子。"

[4] 柯劭忞《传注》云:"庄公卒,季友不得称弟。"①

这些都是错误的解释。杨士勋认为公子友死时,鲁庄公已死,在位的君主是鲁僖公,所以不能"称公弟";他的主张也被钟、廖、柯沿袭。如四人之说,实已预设"公弟、叔仲"仅能在公子友死时方能提出。然而,《穀梁》未尝如此主张。如下文的分析,文十一年经"叔仲彭生会晋郤缺于承筐"的"叔仲"就是"称公弟、叔仲"也适用于生者的一个明证。此外,"齐仲孙"的"仲孙"(亦即"不言公子、公孙")亦是"疏之",这也不是经文在其人死时的笔法。由此进一步显示,僖十六年传所述的三个通则,除了"大夫日卒"外,其余二者都不是死者专有的笔法。由此推论,鲁庄公已死,绝不是足以解释公子友虽贤而无"公弟"的原因。杨、钟、柯、廖硬要说公子友死时不能称"公子",全是背弃传义的强辩,必须扬弃。

9. "不言弟"之谬

没有"公弟"意味公子友不是《穀梁》认可的贤者。可是,廖平却认为公子友其人实贤,仅因预示三桓之祸而不言弟。《古义疏》云:"不言弟,因其后世宦,有三家之祸,故不敢纯许之也。言季,以字配名,如叔肸,起其实贤,虽子孙不肖,不掩祖父之美也。"②以上观点,不是廖平个人的自主发明,而是由来已久的学术观点。《左传》无传,杜预对"公子季友"另作解释。

---

① 《穀梁注疏》卷8,页134。钟文烝:《补注》卷10,页303。廖平:《古义疏》卷6,页420。柯劭忞:《传注》卷6,页21。

② 廖平:《古义疏》卷4,页263。

杜注:"称字者贵之。"孔疏:"刘炫以季为氏而规杜过,非也。炫云:季友、仲遂皆生赐族,非字也。"①刘炫认为"公子季友"的"季"是"生赐族",后来胡安国接受其说,胡传:"以氏者,志变法乱纪之端,贻权臣窃命之祸,其垂戒远矣。"②这一观点,后来成为研治《春秋》的主流观点。即使是力反胡传的家铉翁,也拥护其说:"今书季友卒,著季氏自是世秉政,为鲁国无穷之患。"③略加比较即可看见,廖平"世官"之说,不过是从胡传转手再加发挥。问题在于,刘炫和胡安国立论的根据,是以"季"为氏非字。这个观点虽然不见得正确,但据氏而衍世官,方有后祸可言。廖平称字为贤之说,也就是接受胡传的结论而又拒绝其中的论证。先不问胡传的论证如何,廖平凭什么可以据字而推出避言世官祸患的结论?尤其是《穀梁》既无"讥失卿"的主张,也没有"不言弟"的答问,更未尝预示公子友之死预示后人专权之祸。廖平跟其他援《公》解《穀》的人一样,都是认定公子友为贤,曲为之解,既不合于何、杜,又不同于刘、胡,杂糅二者,但论证却不更严谨,岂能让人信服?

10. 不言公子、公孙,疏之也

鲁国大夫如果没有"公子"或"公孙",就是经文不想在称谓上指示其人与公族的关系,展现了疏远其人的态度。④ 这个通则不是因公子友之"贤"而发。杨疏:"传因季友之贤,发起其例也。"⑤这是彻底的误解。以公子友为贤,是援《公》解《穀》的结果,不合传义。

总而言之,"正也""贤也""疏之也"三个判断,同是普遍性的通则。此在全传,皆有成准,不宜另添异解。阅此,可以进一步澄清《穀梁》对公子友的评定:公子友有死亡日期,称"公子"而非"公弟",显示其人是"正"非"贤"而未被经文"疏之"。

11. 小结

再次重申一点:公子友不是《穀梁》认可的贤者,没有没有证据显示他能够符合"得众""通恩""尊君"或"使贤"的条件(参照 J_1、L_1、M_1、N_4)。经文称字,不是贤其人的决定性证据(参照 I_1)。贤者之称,要么是"公弟",要

---

① 《左传正义》卷 14,页 386。
② 胡安国:《春秋胡氏传》卷 12,页 173。
③ 家铉翁:《春秋集传详说》卷 10,页 196。
④ 有关"疏之"的问题,参阅本章页 754—56。
⑤ 《穀梁注疏》卷 8,页 134。

么是"叔仲"。公子友既无这两种称谓,自然不是贤者。公子友和叔肸二人绝非相同性质,不宜等量齐观。因为《公羊》称赞公子友为贤的影响,很多人误会他是《穀梁》笔下的贤者,是不应该的。

三、楚灵王

楚灵王是楚共王的次子,弑侄代立。跟公子友一样,他不是《穀梁》认可的贤者,因为弑侄自立的恶行,已注定"尊君""通恩"等称贤条件绝不能用在他的身上。不过,他与庆封的对答提及"用贤治不肖"的问题,对于思考叔肸"通恩"的问题却有一定的帮助,有必要加以解读。有关这方面的经文,共有2则:

(一)昭元年经:"冬,十有一月己酉,楚子卷卒。"

《穀梁》无传。楚子卷之死,背后夹杂着楚灵王弑谋,需要仔细辨析。

1. 夷狄不言正不正

楚子卷,又名郏敖,楚康王之子,楚灵王之侄。楚灵王,即位前称公子围。《楚世家》记载,公子围与公子比、公子晰、公子弃疾一样,皆是"康王宠弟"。[①]

楚国是夷狄,楚子卷虽有死亡日期,但不涉及"正不正"的辨析。例如:

[1]文元年经:"十月丁未,楚世子商臣弑其君髡",传:"日髡之卒,所以谨商臣之弑也。夷狄<u>不言正不正</u>。"

[2]宣十八年经:"甲戌,楚子吕卒",传:"日,少进也。日而<u>不言正不正</u>,简之也。"[②]

从这两则传文可知,楚国君主的死亡日期不涉及"正不正"。除楚灵王死亡记以弑文外,楚庄王以后,经文记录楚国君主之死都有日期,包括:

[1]襄十三年:"九月庚辰,<u>楚子审卒</u>。"

[2]襄二十八年:"乙未,<u>楚子昭卒</u>。"

[3]昭二十六年:"九月庚申,<u>楚子居卒</u>。"

[4]哀六年"七月庚寅,<u>楚子轸卒</u>。"

这4例皆是楚子卒日。此经亦不例外,同样不意味"正"。

---

① 《史记》卷40,页2055。
② 《穀梁注疏》卷10,页157;卷12,页208。

2.《左传》叙事的可兼容性

《左》昭元年传:"楚公子围将聘于郑,伍举为介。未出竟,闻王有疾而还。伍举遂聘。十一月己酉,公子围至,入问王疾,缢而弑之。遂杀其二子幕及平夏。右尹子干出奔晋。宫厩尹子皙出奔郑。杀大宰伯州犁于郏。葬王于郏,谓之郏敖。……楚灵王即位。"①根据以上叙事,公子围听闻楚子卷生病,趁机进宫将之绞死,肃清政敌,继而登位。如下所述,《穀梁》借庆封之口,已揭示楚子卷实是被公子围所弑,因而《左传》的叙事大体上与《穀梁》兼容。

3. 质疑楚灵王不弑的错误

针对《左传》有关楚灵王弑君之事,崔适认定《春秋》和《公羊》不言弑,断定楚灵王并未弑君。《复始》云:"此言诬也。《春秋》数灵王之恶,曰'灭陈''灭蔡''怀恶而讨不义''作乾溪之台,三年不成'而已,未尝罪其弑君也。《繁露》《解诂》亦无此说。且弑王何待问疾?设王无疾,围遂不能弑乎?惟灵王弑君之说,亦自灵王激庆封启之。"又云:"灵王诬庆封以弑君,则庆封亦反斥之曰楚国弑君也,于《春秋》书'楚子卷卒'知之。"又云:"昭元年经书'楚子卷卒',传不言弑,自与郑僖、陈哀之例不同。是灵王亦未尝弑君也,乃《左氏》于'楚子卷卒'之年言围弑之,于'齐崔杼弑其君光'不言庆封,殆亦故留一隙,以雪庆封者雪灵王也。"②

以上说法,尚待反复琢磨。"怀恶""作乾溪之台"诸事,出自《公羊》,③不是《春秋》的内容,有别于昭八年"灭陈"、昭十一年"灭蔡"两则经文。崔适将之混为一谈,是不对的。此外,崔适指责《左传》楚灵弑君之事出于虚构,分析到最后,其所依恃的凭据是预设经文凡是言卒,意味其人自然死亡,不可能是被弑的。这是一个虚假的预设,因为言卒而其人被杀(包括郑僖公在内),《春秋》不乏其例。昭八年经:"陈侯溺卒",《左传》云:"哀公缢。"④陈哀公被臣子迫得自杀,肯定不是自然死亡。崔氏"郑僖、陈哀之例不同"之说,充其量只是印证"楚子卷卒"的笔法异常,但他也回避了一个明显的事实,就是卒文不意味君主就是自然死亡,也有可能是被人害死。因

---

① 《左传正义》卷41,页1169—70。
② 崔适:《春秋复始》卷6,页414;卷21,页532。
③ 《公羊注疏》卷22,页490;卷23,页497。
④ 《左传正义》卷44,页1259。

此，单凭卒文以断定没人弑杀，是可疑的。信经不必弃传，经虽真却不显示传必伪，毕竟《左传》是现行文献惟一记述楚子卷的叙事，难以轻易否证。

崔适认为公子围弑君"何待问疾"，但他自己也拿不出证据显示楚国宫廷和政局的细节，无法说明这是一个不"问疾"也能弑君的环境，这样毫无凭据地否定《左传》的叙事，是说不通的。认为楚灵王弑君是庆封与他对骂时的污蔑，不是崔适的个人发明。在此之前，朱朝瑛已提出了类似的见解："天下之人见其所为不轨，故推其疑似以为弑君，庆封讦之，而《左氏》信之，其实非弑也，经亦书其实耳。"①这个疑惑之提出，已预设《左传》有关楚灵王与庆封对话的叙事是可信的，只是将之引申，认为《左传》误会庆封的诬告为实录。但有什么证据显示庆封所说不实呢？没有。下文将会指出，《穀梁》叙事同样也指出楚灵王对庆封的反诘表现心虚，所以《左传》实有旁证可援。相反，朱朝瑛削足适履，有选择地摘取《左传》叙事以迁就自己的猜测，殊无可信之理。崔、朱大体相同，差别在于崔适强调"诬"的不仅是楚灵王弑君之事，还有庆封诬君之事。认为庆封不是真的弑君，其实不见得符合经义；无论如何，仅就楚灵王弑君而言，崔适与朱朝瑛论述同谬，没有什么说服力。

说到底，崔适之所以不接受《左传》，无非是因为《公羊》（也包括《繁露》和何诂）没有楚灵弑君的记录。但是，《公羊》记载史事绝非全面。或更准确地说，任何一本典籍也没有这个资格。不能说《公羊》不记载某些叙事就意味它们都是假的。《公羊》没有《左传》类似的记载，只能证明二书取材不同。分析到最后，崔适的立足点，无非是《左传》和《穀梁》都是刘歆伪造的虚假前提；其言之误，若是者甚多。

同样是指责楚灵王弑君属于诬辞，王树荣居然宣称一切都是楚平王改窜史文所致，《续穀梁废疾》云："楚灵王并无弑君之事，《左传》所云，乃楚平王因齐庆封之诬辞改窜楚史之文，以弑君诬灵王，以自掩其弑灵王及公子比之迹。"②跟朱朝瑛、崔述一样，王树荣认为楚灵王弑君源于庆封之诬，其中的差别在于朱、崔尚且承认《左传》误信庆封，而王树荣则断定错误的起源是楚平王因掩饰弑灵王之事而改窜史文。然而，《左传》和其他文献都没

---

① 朱朝瑛：《读春秋略记》卷10，页174。
② 王树荣：《续穀梁废疾》卷3，页261—62。

有楚平王伪造史书的证据，王树荣毫无举证，向壁虚构，厚诬古人，真是令人惊讶浩叹。

4. 没有弑文的错误解释

经文为何没有弑文？不清楚。以下，试检讨一些论者的观点：

（1）杜注："楚以疟疾赴，故不书弑。"孔疏："传称'缢而弑之'，而经书'卒'者，襄七年郑'子驷使贼夜弑僖公，而以疟疾赴于诸侯'，而经书为'卒'，知此亦以疟疾赴，故不书弑。"①把楚子不书弑理解为楚国赴告的缘故，在没有确切的文献证据面世前，充其量仅是合理想象的结果，难有确信之理。《春秋》也有记载楚国君主被弑之事，如文元年"楚世子商臣弑其君頵"和昭十三年"楚公子比自晋归于楚，弑其君虔于乾溪"，为何公子围之弑就改言卒呢？这是杜预未必服人之处，洪咨夔《春秋说》云："楚虽蛮夷，其弑頵、弑虔，皆直书无隐，何所私于围而故脱之？"②此疑未尝无理。以"赴于诸侯"解释经不言弑，似乎尚待斟酌。为了增加可信性，杜预指出楚子卷是以疟疾之死赴告，孔疏更以子驷弑君后赴告之例佐证其说，但除了另有确证显示疟疾真是当时楚子卷死后赴告的内容，否则难免自我作古之嫌。《左传》和其他文献没有相关的记载，故杜注、孔疏尚待确证。崔适《复始》云："此说可笑已甚。死疾多矣，讳弑而赴以卒者，必以疟疾乎？楚灵王曾受心法于郑子驷乎？司马昭弑甘灵少帝，而诬其欲弑太后。此法何从得之耶？杜预乃司马昭女婿，自当知之，怕无从起预于地下诘之。"③子驷以疟疾赴告不意味楚子卷也是如此，崔驳的驳议说得在理，但以此指责杜预告知司马昭诬指少帝欲弑太后，却是毫无根据的人身攻击。

（2）孔广森《通义》云："今楚，夷狄之国，公子围亲弑君之贼，而昭公屈节往朝，内耻之大者，故略其实，没其文，所以扶中国，存天理，微乎旨乎！"④这是结合昭七年经"三月，公如楚"的记载，认为昭元年经没有弑文是出于"扶中国"或"内耻"的考虑。如其解，鲁昭公曾经到楚国朝见楚灵公这个弑君逆贼，所以变楚子卷之弑为卒。这一说法于《公羊》亦无所据，究其说，似是略变胡传而来。胡安国认为原因在于楚灵王夺位后胁迫诸侯会

---

① 《左传正义》卷41，页1139。
② 洪咨夔：《洪氏春秋说》卷23，页649。
③ 崔适：《春秋复始》卷21，页532。
④ 孔广森：《公羊通义》卷10，页225。

盟,胡传:"圣人至此悯之甚,惧之甚。悯之甚者,悯中国之衰微而不能振也;惧之甚者,惧人欲之横流而不能遏也。是故察微显,权轻重,而略其篡弑以扶中国,制人欲,存天理,其义微矣。"①胡、孔二人试图从讳耻的考虑来解释楚子卷没有弑文,言非有据,不过是独申己见而已。从《穀梁》的视角审视其说,楚灵王作为夷狄,没有"正不正"的问题。鉴于此,钟文烝就批判孔广森"亦失之凿","朝夷狄即为耻,遑计楚君何人哉?"②这个观点在很大程度上亦适用于胡传。从胡、孔解说欠佳倒是可以反证一点:《穀梁》认为经文对夷狄的措辞实无"正不正"的考虑,自有一定的优点,可以免除若干难觅解答的无聊执拗,至少像"扶中国"或"内耻"的考虑便是多余的。

(3)柯劭忞《传注》云:"郑髡顽不书弑发传,楚卷不发传者,君子略于治夷狄,以夷狄之民弑夷狄之君,所谓'夷狄之有君,不如诸夏之无'。"③这是认为原因在于《春秋》"略于治夷狄"。柯劭忞的引证是郑髡顽被弑不言弑,襄七年经:"卒于操",传:"不使夷狄之民加乎中国之君也。"④经文不言弑而言卒,是因为将会中国的郑伯髡因不从楚而被臣子所弑,与"楚子卷卒"的情况完全不同。此外,《穀梁》没有"以夷狄之民弑夷狄之君"的主张,若贯彻柯注"略于治夷狄"的观点,《春秋》根本不必记载夷狄之君被弑,但文元年"楚世子商臣弑其君髡"和昭二十七年"吴弑其君僚"都是明显的反证。"夷狄不言正不正"的说法,绝不蕴涵《穀梁》认为《春秋》不关注对夷治之"治"。最后,"夷狄之有君"二语,出自《论语·八佾》。⑤ 这跟"楚子卷卒"没有明显的关连,柯注以此为说,不是严密的举证,仅有修辞作用。

(4)廖平《古义疏》云:"不书围之弑君,所以成庆封、蔡般之讨也。蔡般罪重而庆封之事有嫌,故决正其义,不书弑,以正其讨。"⑥这是认为楚子卷没有弑文是为了成全庆封和蔡般之讨。如其说,经文不记载公子围弑君,一部分原因是成全此讨的考虑。下文将会说明,《穀梁》明确主张"不与楚讨",认为楚灵王执庆封是典型的恶人做恶事。此外,昭十一年经:"楚子虔诱蔡侯般,杀之于申",传:"夷狄之君,诱中国之君而杀之,故谨而名

---

① 胡安国:《春秋胡氏传》卷24,页393—94。
② 钟文烝:《补注》卷21,页602。
③ 柯劭忞:《传注》卷13,页2。
④ 《穀梁注疏》卷15,页249。
⑤ 《论语注疏》卷3,页32。
⑥ 廖平:《古义疏》卷9,页571。

之也。"① 《穀梁》对楚灵王诱杀蔡般，同样是负面的评价。隐元年传："《春秋》成人之美，不成人之恶。"② 按照廖平的说法，《穀梁》就是"成人之恶"，成全楚灵王讨伐庆封之恶。事实上，真正认为楚灵王执庆封做的正确，是《公羊》的主张，廖疏不合《穀梁》之义，清楚明白。此外，《穀梁》未尝比较蔡般、庆封罪行的轻重，也没有"决正其义"与"正其讨"之别。廖平从"正其讨"解"不书弑"，亦是想象之辞，空口无凭。

5. 无法"有所见"

与其强解《春秋》为何不书弑，倒不如换个视角，不再纠缠于这个难以确切解答的问题，改而看看从《穀梁》的立场出发，能不能接受此经言卒而实弑的结果。必须正视的是，经文言"卒"，虽然其人大多是自然死亡，但据《穀梁》的理解，也有少数言"卒"的君主是被杀的。除昭元年经外，《春秋》言"卒"而其实被弑的君主，还有 4 例：

> [1] 庄三十二年："十月乙未，子般卒。"
> [2] 文十八年："十月，子卒。"
> [3] 襄七年："郑伯髡原如会，未见诸侯；丙戌，卒于操。"
> [4] 襄二十五年："十有二月，吴子谒伐楚，门于巢，卒。"

此经独特之处，在于非鲁国而言卒，又无其他异常修辞指示别有内情。楚子卷非鲁国君主，《春秋》不可能有其嗣君的即位记载，无法藉此辨别其统治的"正不正"，借用《穀梁》的观点来说，就是无法"有所见"。昭元年经在"楚子卷卒"之后的记载是"楚公子比出奔晋"，与宋万、庆父一样，公子比都是在君弑后出奔，而宋万、庆父因"有所见"而可知其人弑后出奔。相反，楚子卷言卒而不言弑，公子比奔晋不像庆父如齐、奔莒那样可以鉴别为弑君后出奔。因为没有这种误会的可能性，所以记载公子比奔晋已排除他是与宋万、庆父同属弑君者的可能性。这一点，是《左》《公》二传皆未申述的环节。可以看见，《穀梁》虽没有正面解释"楚子卷卒"不书弑的缘故，但经文言卒而实弑，却对传义的通释不构成什么障碍。

6. 小结

楚子卷的卒文，隐藏了他被楚灵王暗杀的内情，而《穀梁》也不可能接

---

① 《穀梁注疏》卷 17，页 288。
② 《穀梁注疏》卷 1，页 2。

受《公羊》以楚子卷为自然死亡的观点。

（二）昭四年经："秋,七月,楚子、蔡侯、陈侯、许男、顿子、胡子、沈子、淮夷伐吴,执齐庆封,杀之。"传："此入而杀；其不言入,何也？庆封封乎吴钟离。其不言伐钟离,何也？不与吴封也。庆封其以齐氏,何也？为齐讨也。灵王使人以庆封令于军中曰：'有若齐庆封弑其君者乎？'庆封曰：'子一息,我亦且一言。曰：有若楚公子围弑其兄之子而代之为君者乎！'军人粲然皆笑。庆封弑其君,而不以弑君之罪罪之者,庆封不为灵王服也。不与楚讨也。《春秋》之义,用贵治贱,用贤治不肖,不以乱治乱也。孔子曰：'怀恶而讨,虽死不服。其斯之谓与？'"①

楚灵王弑侄自立后,对吴国用兵,捉拿了因弑君而奔吴的庆封。楚灵王没能折服庆封,当场反遭嘲讽。二人的对答反映《穀梁》对"贤"的一些见解。

1. 先伐后执

"楚子"就是弑楚子卷的楚灵王。定七年经："齐人执卫行人北宫结,以侵卫",传："以,重辞也。卫人重北宫结。"②这里先"执"后"侵",因"侵"而"执",有别于昭四年传先"伐"后"执",可见动词位置的先后正是反映相关军事行动的因果关系。楚灵王率领七国诸侯伐吴,经文的叙事次序是先"伐"后"执",因"执"而"伐","伐"是手段,"执"是目的。

2. 伐月

此伐为何记月？不清楚,《穀梁》没有这方面的说明。在此,一些论者尝试解释,但都是可以商榷的：

（1）范注："众国之君,倾众悉力,以伐疆敌,内外之害重,故谨而月之。定四年伐楚亦月,此其例也。"③范宁从战争动员规模上着眼,但经不起查证。《穀梁》没有伐月的主张,此传也没有"倾众悉力"的观点。定四年经："三月,公会刘子、晋侯、宋公、蔡侯、卫侯、陈子、郑伯、许男、曹伯、莒子、邾子、顿子、胡子、滕子、薛伯、杞伯、小邾子、齐国夏于召陵,侵楚。"经文言"侵"非"伐",范宁显然偷换概念,以假乱真。"侵"为"浅事",根本谈不上"倾众悉力"的问题。

---

① 《穀梁注疏》卷17,页280。
② 《穀梁注疏》卷19,页325。
③ 《穀梁注疏》卷17,页280。

（2）杨疏引徐邈曰："伐不月而书月者，为灭厉书。"①此经之后有"遂灭厉"的记载，徐邈遂以此解释伐文为何有月份。柯劭忞表示接受，《传注》亦采用此说。②但细想下来，杨疏仍有不可信之处。"遂"是否需要月份？很成疑问。经文言"遂"不书月，屡见不鲜。文七年"三月甲戌，取须句，遂城郛"系日，宣元年"楚子、郑人侵陈，遂侵宋"系时，哪有非月不可的预设？明乎此，昭四年经岂有为"遂灭厉"而伐月的必要性？

（3）廖平《古义疏》云："月者，不使怀恶而讨，谨以恶之也。"③此解亦有疑问。传文虽批判楚灵王"怀恶而讨"，但不曾交代月份的缘故，《榖梁》解释"伐"或"执"也没有讨论月份的记载，其中涉及时间的批评只有一条，即僖十九年传对"邾人执缯子"记载日期的说明，廖平对伐月的进一步解释，也很难说是必合传文旨意。

（4）王崇燕《纠谬》云："此乃杀庆封月，以起楚弑君。"④说近廖疏，亦不可信。

3. 封乎吴钟离

此传有三个"乎"字：第一个是介词，意谓"于"；第二、三个是语气助词，意谓"吗"。⑤"封乎吴钟离"是说庆封被吴国封于钟离。杜注："钟离，楚邑，淮南县"⑥但据成十五年经"会吴于钟离"的记载，钟离当时可能已被吴国吞并。与昭四年经一样，《春秋》几乎不记载钟离所发生的事件。昭二十四年经："冬，吴灭巢"，《左传》云："吴人踵楚，而边人不备，遂灭巢及钟离而还。"⑦经文仅说被灭是巢，没有提及钟离之灭，不知何故。仅可确定的是，钟离和巢一样，都是楚、吴二国斗争的重地。

为什么因为封于钟离就不该言"入"？原因不是楚灵王"实不入吴"。按照《左传》的说法，庆封受封于朱方，它与钟离的地理差距甚大，齐召南已指出其中的关键："从《榖梁》，则地在淮南；从《左传》，则地在江南。"⑧对

---

① 《榖梁注疏》卷17，页280。
② 柯劭忞：《传注》卷13，页3。
③ 廖平：《古义疏》卷9，页570。
④ 王崇燕：《纠谬》卷10，页314。
⑤ 有关"乎"的"于"义，参阅本书第一章，页131；第二章，页189。
⑥ 《左传正义》卷27，页767。
⑦ 《左传正义》卷51，页1443。
⑧ 齐召南：《榖梁考证》卷17，页812。

此,柳兴恩进一步引申说:"经书'伐吴',不必至其国都也,但涉其境即为伐矣。淮南去申近。若江南,则逼近吴都而去申远矣,直从《穀梁》作钟离。"①这个说法大体可取。

钟离位于吴国的边缘地带,而且它也不是直属于吴国内部的领土。此传明言"吴封",说明钟离是庆封的封地。《左》襄二十八年传:"吴句馀予之朱方",②《公羊》昭四年传:"吴封之于防",③二传皆认为吴国曾有采邑赐予庆封,只差所封之地不同。

4. 不言入

"伐"的军事破坏不算严重,④此经本可使用"A 入 B"的句式,甚至记载"入"的日期以示贬恶,但经文却选择以月言"伐",而非"日入"。在这里,柯劭忞的引证需要辨正。《传注》云:"杀夏徵舒书'楚子入陈'。"这个比较是错位的。宣十一年经:"冬,十月,楚人杀陈夏徵舒;丁亥,楚子入陈,纳公孙宁、仪行父于陈。"⑤楚庄王"入陈"的目的是为了"纳公孙宁、仪行父",不是"杀陈夏徵舒",在整个过程中,"杀"先于"入"和"纳";相反,昭四年经是先有"伐",然后"执",最后"杀"。二者实无太大的可比性。真正可比的例子是晋文公捉拿曹伯一事。僖二十八年经"三月丙午,晋侯入曹,执曹伯",这是先"入"后"执",与楚灵王先"伐"后"执"比较接近。柯注的引例是不妥当的。

在概念上,庆封是拥有钟离的领主,与吴国有别。昭三十一年经:"黑肱以滥来奔",传:"其不言邾黑肱,何也?别乎邾也。"⑥由此传可知,《穀梁》认为诸侯内部所封的采邑,其性质不是直属于该国。根据《穀梁》"入者,内弗受"的传例,"弗受"基本上都是原来所在地内部的人。⑦钟离既非直属吴国的领土,说是"内弗受"反而不好理解。相比之下,因为《左》《公》二传皆无"入者,内弗受"的传例,所以也就没有"不言入"之问。

有关"不言入"之问,范宁有一个错误意见需要清理。范注:"言时杀庆

---

① 柳兴恩:《大义述》卷10,页137。
② 《左传正义》卷38,页1081。
③ 《公羊注疏》卷22,页480。
④ 有关"伐"的涵义,参阅本章,页638—39。
⑤ 柯劭忞:《传注》卷13,页3。
⑥ 《穀梁注疏》卷18,页312。
⑦ 有关"入"的传例,参阅本书第一章,页144—47。

封自于钟离,实不入吴。"①若所云,钟离既是庆封的封地,楚灵王只算是入钟离而不入吴。如果是这样的话,《穀梁》接下来所问的问题,不该是从"其不言伐钟离",而该是从"其不言入钟离"展开。既然传文以"伐钟离"而非"入钟离"发问,那就意味"庆封封乎吴钟离"已足够解答不言"入"的缘由。因此,只是强调钟离不算是吴国之地,是不够的。范宁"实不入吴"之说,不能解释不能用"入"的原因,故有必要从"入者,内弗受"的传例找答案。因为"内弗受"是指国内的人不接受,所以"入吴"是有误导性的措辞,这样才能圆满地解释传义。

5. 不与吴封

知道了"入吴"是不宜采用的措辞,仍不足够。"伐"既因"执齐庆封"而发,而钟离又是庆封的采邑,那么经文言"伐钟离"而非"伐吴",似乎也是可以的。然而,《穀梁》解释之不言"伐钟离",就是不给吴国专封。《公羊》昭四年传:"然则曷为不言伐防? 不与诸侯专封也。"②《公羊》反对庆封被吴专封,这一点与《穀梁》是相同的主张。僖二年传:"不与齐侯专封也。"③只有天子才有封建诸侯的资格,贤如齐桓公也不该这样做,更不用说夷狄了。钟离是庆封从吴国而非天子得到封赐,经文不直接把"伐"的对象称为"钟离",是因为经文不赞成吴国的专封,犹如黑肱不宜称为"滥子"一样的道理。④

庆封如何来到吴国并得到封赐? 襄二十八年经:"冬,齐庆封来奔。"这里只提及他离开齐国后投奔鲁国,事后没有下文。迄至昭四年被执以前,《春秋》再无记载齐国,《公羊》亦无讨论,何休对此另作解释。何诂:"不书者,以绝于齐,在鲁不复为大夫,贱,故不复录之。"⑤这个说法未必可靠。《公羊》没有因"贱"而不复录其人的主张,如:

[1]桓六年经:"蔡人杀陈佗",《公羊》云:"曷为绝之? 贱也。"
[2]哀四年经:"盗杀蔡侯申",《公羊》云:"此其称盗以弑何? 贱乎

---

① 《穀梁注疏》卷 17,页 280。
② 《公羊注疏》卷 22,页 480。
③ 《穀梁注疏》卷 7,页 108。
④ 有关黑肱的问题,参阅本书第一章,页 79。
⑤ 《公羊注疏》卷 22,页 480。

贱者也。"①

陈佗和盗都是"贱",但经文对之仍有记载,可见何休以"贱"解"不复录之",不合《公羊》之义。无论如何,治《穀梁》不必信从何诂。对此,钟文烝《补注》:"史所本无。"②这是从鲁史失载另作解释,其说可以备存,但也难言必对,毕竟《穀梁》没有明说。

6. 为齐讨

庆封已投奔吴国,经文本该称之为"吴庆封",这与庆父称"齐仲孙"是相同的道理。庆封仍以"齐"为其国氏,原因是为齐国声讨他。这里的"为齐讨",与《公羊》的"为齐诛",貌似类同,但其中的差别尚待辨明。《公羊》昭四年传:"此伐吴也,其言'执齐庆封'何?为齐诛也。"③表面上看,"为齐诛"与"为齐讨"似是同义,但要注意,结论虽然相似,但二传的论证思路是不同的:

《穀梁》"为齐讨"的结论,是根据"齐庆封"以"齐"为"国氏"的措辞。然而,《公羊》浑言"执齐庆封"一句,而未尝从"国氏"理解庆封之名。《公羊》仅以"当国"解"国氏",而庆封被执之时,早已出奔,谈不上"当国",所以"为齐诛"因庆封的事迹而发,不是从国氏得出的结论。需要指出的是,《公羊》言"为X诛也"共2例,除昭四年传的"为齐诛也"外,另一例是襄元年经:"仲孙蔑会晋栾黡、宋华元、卫宁殖、曹人、莒人、邾人、滕人、薛人围宋彭城",《公羊》云:"宋华元曷为与诸侯围宋彭城?为宋诛也。"④鱼石叛宋奔楚,而楚国为他夺取宋国的彭城,导致诸侯合围之事。经文系"彭城"于"宋",不是人名的国氏,但《公羊》仍以"为宋诛也"言之。由此推知,《公羊》"为X诛也"不是按国氏而得出的结论,有别于《穀梁》论证的思路。

7. 使人以庆封令于军中

此传详载楚灵王拘捕庆封后的一段插曲。"使人以庆封令于军中",周何译之为"拘捕了庆封之后,把他传令于军中",⑤失之冗赘,而且漏译"使

---

① 《公羊注疏》卷4,页87;卷27,页597。
② 钟文烝:《补注》卷21,页606。
③ 《公羊注疏》卷22,页480。
④ 《公羊注疏》卷19,页412。
⑤ 周何:《新译》下册,页943。

人",不如徐正英、邹皓"派人带着庆封在军中号令"之译来得准确和达意。① 此外,二译皆沿用"军中"不再细译,虽也可通,但按春秋时期的用语,"军"可解作营垒,而军队是引申义。②《穀梁》的"军"字大多指军队,但此传"以庆封令于军中"的"军"字既是谈话场所之解,故解作营垒亦可。

8.《左传》叙事的可兼容性

"有若齐庆封弑其君者乎",意谓有像庆封这样弑君的人吗?《左》昭四年传:"执齐庆封而尽灭其族。将戮庆封。椒举曰:'臣闻无瑕者可以戮人。庆封惟逆命,是以在此,其肯从于戮乎?播于诸侯,焉用之?'王弗听,负之斧钺,以徇于诸侯。使言曰:'无或如齐庆封,弑其君,弱其孤,以盟以其大夫。'"孔疏:"崔杼弑庄公,立其弟景公。孤,谓景公也。以其幼小,轻弱之。"③以上叙述,大体上与《穀梁》兼容,而且更为详实,说明楚灵王不听臣下谏言而公开诘问庆封。其中有关"弱其孤"的解释,惠栋据《吕氏春秋》认为"弱其孤'谓杀崔成、崔强",④王引之对此已有驳正:"'弱其孤',谓弱景公。孔说是也。'盟其大夫',谓崔庆盟国人于大宫也。自'弑其君'以下三句,皆一时之事,若崔杼父子之死,在弑庄公后三年,与前事绝不相涉,庆封之害崔杭,非其罪之大者,楚灵王无为数之以告诸侯也。"⑤这一说法相当可取。楚灵王所言都是针对庆封弑君及其相关行为而发,基本上与《穀梁》契合。

9. 庆封弑君

襄二十五年经:"五月乙亥,齐崔杼弑其君光",没有明言庆封是弑齐庄公的凶手。廖平尝试解释其中的原因,《古义疏》云:"经不言封弑,盖助崔杼弑光也。"⑥这是发挥想象多于举证。《穀梁》没有提及庆封如何帮助崔杼弑君,凭什么认定不记载庆封之弑,就是因为他仅是协助崔杼弑君的帮凶?此外,钟文烝《补注》云:"谓与崔杼共弑庄公光。"⑦此"共弑"与"助"一样,实嫌说得太死。鉴于经文不一定把所有弑贼记录在内,故不必深究庆

---

① 徐正英、邹皓:《全译》,页645。
② 俞樾:《群经平议》卷26,页419—20。
③ 《左传正义》卷42,页1202。
④ 惠栋:《春秋左传补注》卷5,页194。
⑤ 王引之:《经义述闻》卷19,页1098。
⑥ 廖平:《古义疏》卷9,页570。
⑦ 钟文烝:《补注》卷21,页606。

父在弑君过程中扮演什么角色。放弃强解,是更明智的做法。

就传义的理解而言,重点是《穀梁》如何理解。观下文"庆封弑其君"之语,可以判断《穀梁》认为楚灵王这个诘问符合实情。《公羊》昭四年传:"庆封之罪何?胁齐君而乱齐国也。"①其中,不曾提及庆封弑君。如上所述,崔适据此认定庆封没有弑君,是不可靠的。《春秋》不是凡弑君都把所有逆贼记载在内。显例之一,就是宣二年经"晋赵盾弑其君夷皋",《公羊》宣六年传:"赵穿缘民众不说,起弑灵公。"②《公羊》完全知道弑晋灵公除了赵盾外,还有赵穿。由此推知,虽然襄二十五年经记载弑君的仅崔杼一人,没有提及庆封之名,但这绝不是确证庆封没有参与弑谋的有力证据。至少,《左》《穀》二传认为庆封弑君,同样能够通释经义。《公羊》没有认为庆封弑君,当是另有所据,但在经义的诠释上却不见得更加可信。

10. 庆封反唇相讥

听了楚灵王的质难后,庆封随即反唇相讥:"有若楚公子围弑其兄之子而代之为君者乎!"意思是,有像公子围(楚灵王即位前之名)这样弑侄夺位的人吗?口吻跟楚灵王的问罪完全一样。这个答语,回答的实在太过巧妙,导致在场的军人轰然大笑。但综观二人的话语,最初楚灵王谴责庆封弑君之罪,反映他大概以为自己讨伐有罪,做得正确。没料到反应出乎意外,被说得张口结舌的人恐怕是他自己,从当时军人的笑声已显示公道自在人心,庆封驳的有理,别人或许有资格向庆封问罪,但楚灵王没有,他同样是弑君逆贼。

11. 庆封被杀的结局

这段叙事没有交代"杀之"的结局。《左》昭四年传:"庆封曰:'无或如楚共王之庶子围,弑其君兄之子麇而代之,以盟诸侯。'王使速杀之。"③二传的差别,仅在于《穀梁》刻划了在场军人的反应,而《左传》则交代楚灵王赶快杀庆封的结局。笑声造成场面尴尬,导致楚灵王速杀,两者正可相互发明。

12. 不以弑君之罪罪之

按照"称人以执大夫"的传例,凡有"执"大夫的记载,"执"的主体若是

---

① 《公羊注疏》卷 22,页 480。
② 《公羊注疏》卷 15,页 334。
③ 《左传正义》卷 42,页 1202。

"人",就意味"执有罪",被执的客体是待罪之身。昭八年经:"楚人执陈行人于徵师,杀之",传:"称人以执大夫,执有罪也。"①范宁据此说:"今杀庆封,经不称人,故曰'不以弑君之罪罪之'。"②此经以"楚子"为主辞,就是凸显楚灵王不是单纯的"执有罪",故《穀梁》认为这是"不以弑君之罪罪之"。

讨大夫之罪,是可以采用"执"文。在此,柯劭忞略有误解,《传注》云:"以弑君之罪罪之,宜书'楚人杀齐庆封'。讨罪,不言执。"③这是以楚庄王讨贼之事作比拟。宣十一年经"楚人杀陈夏徵舒",传:"此入而杀也。其不言入,何也?外徵舒于陈也。其外徵舒于陈,何也?明楚之讨有罪也。"④此"讨有罪"的结论是根据没有"入"文以推论出来的,但庆封既逃至吴国,又另有采邑,是否采用"入"都无法显示他与徵舒的相似之处。柯劭忞提议采用"楚人杀齐庆封",是无法贴切掌握庆封的特殊情况。《穀梁》没有讨罪不言"执"的主张。相反,"称人以执大夫"便足以反证庆封之罪。柯注不明传例,又失其义。

13. "伯讨"之论

《公羊》认为"楚子"称爵为"伯讨",不见得比《穀梁》更可信。刘逢禄《广废疾》云:"不传称人称爵之义,失之,董子《繁露篇》备矣。"⑤针对这个批评意见,柳兴恩这么驳斥:"何注以此为伯讨,为义兵,是楚灵以弑君之贼,窃据大国,即得专此名也。《春秋》不与其杀蔡侯,亦不与其杀庆封,……董子亦觉楚灵之不可与,故托之楚庄。"⑥《公羊》僖四年传:"称侯而执者,伯讨也。称人而执者,非伯讨也。"⑦称人、称爵之说,据此而言。何休亦重申这一观点:"称侯而执者,伯讨也。月者,善录义兵。"⑧不过,以称侯为伯讨,是《公羊》也没能贯彻的主张。宣十一年经:"十月,楚人杀陈夏徵舒。"楚庄王之杀称子,《公羊》的解释是"不与外讨"的,⑨而《繁露·楚

---

① 《穀梁注疏》卷17,页284。
② 《穀梁注疏》卷17,页280。
③ 柯劭忞:《传注》卷13,页3。
④ 《穀梁注疏》卷12,页201。
⑤ 刘逢禄:《公羊后录》卷6,页479。
⑥ 柳兴恩:《大义述》卷13,页195。
⑦ 《公羊注疏》卷10,页214。
⑧ 《公羊注疏》卷22,页480。
⑨ 《公羊注疏》卷16,页347。

庄王》对此专门解释楚庄王称人而楚灵王称子的缘故。① 这些辩护是否合理,姑且勿论,但有一点是清楚的:《公羊》对"伯讨"与"非伯讨"的判断,也遇到不能通释经文的情况。因此,《公羊》和《繁露》认定楚灵王因"楚子"而予以肯定,不比《穀梁》和范注更周延和更可信。刘逢禄"失之"和"备矣"之驳,仅能说是门户立场的申张,远不足以压倒《穀梁》。柳兴恩强调楚灵王弑君而"专此名"之失,似有自说自话之嫌。《公羊》根本不承认弑君之事,董仲舒也没有"托之楚庄"的观点。不过,柳兴恩认为"义兵"不可信,还是有眼光的,因为"义兵"之说,以月份为据,于《公羊》亦不合。

14. "夷狄之君"不是反对"楚讨"的理由

《穀梁》上述叙事已显示,楚灵王自身弑君,却以弑君之罪捉拿并杀害庆封,既是庆封不服楚灵王的原因,也是不认可这次讨伐庆封的理由。"不与楚讨也"的"楚",主要是针对楚灵王本人。因为他的自身不正,导致经文"不与",这与他作为"夷狄之君"没有什么关系。

周何译"不与楚讨也"为"《春秋》也不赞成楚国以夷狄之君来诛讨中原人士",②是错误的。《穀梁》不曾从"中国/夷狄"之分来剖析庆封被杀的问题。昭十一年经:"楚子虔诱蔡侯般,杀之于申",传:"何为名之也?夷狄之君,诱中国之君而杀之,故谨而名之也。"③同样是楚灵王的恶行,以名称之,方才寓有对"夷狄之君"的批判态度。周何不辨于此,不符合《穀梁》原有的意思。周何的错误,主要是从"夷狄"来定性"不与楚讨"的"楚",没有专从楚灵王个人而言。钟文烝《补注》云:"不足服人,故不与讨。"④这是正确的解释,因为问题主要是楚灵王,不能化约为楚国君主。

15. 用贵治贱,用贤治不肖,不以乱治乱

"治"在传中有许多不同的涵义,除昭四年传外,《穀梁》言"治"还有7例:

[1]桓元年传:"所以治桓也。"

[2]庄八年传:"出曰治兵,习战也;……治兵而陈、蔡不至矣。"

[3]僖九年传:"死则以成人之丧治之。"

---

① 苏舆:《春秋繁露义证》卷1,页2—5。
② 周何:《新译》下册,页943。
③ 《穀梁注疏》卷17,页288。
④ 钟文烝:《补注》卷21,页606。

[4]僖十六年传:"后数,散辞也,耳治也。"和"先数,聚辞也,目治也。"
[5]僖十九年传:"上无正长之治,大臣背叛,民为寇盗。"
[6]僖二十二年传:"治人而不治,则反其知。"
[7]宣四年传:"莒人辞不受治也。"①

例[1]是惩治义,例[2]是演练义,例[3]是办理义,例[4]是验知义,例[5]是治理义,例[6]和[7]是管治义。据上述诸义比照,究竟此传的"治"是什么意思呢？周何、承载、徐正英、邹皓皆译"治"为"治理",②略嫌不准。上述"治"的诸义,例[6]和[7]作为治理义的"治",都是针对无罪的人(包括"人"和"莒人")。相反,昭四年传围绕"讨"和"罪"而谈,庆封弑君有罪也是清楚的,而且"贱""不肖"和"乱"都是需要纠正和对付的客体。此传的三个"治"字,跟例[1]"治桓"一样,都是惩治义。若以治理义解之,是不妥当的。

《穀梁》凡说"《春秋》之义",都是某些能够概括经义的重要观点。③ 这里谈的是谁惩治谁的问题:用贵者惩治贱者,用贤者惩治不肖者,不是用乱贼惩治乱贼。襄二十九年传:"贱人非所贵也,贵人非所刑也。"④《穀梁》在人物定性上认为"贵"与"贱"是不容混淆的概念。"贤"与"不肖"亦复如此,都是相反的人物定性。⑤

16. 贵/贤 ≠ 天子诸侯/二伯

这样的定性是相对宽泛的概括,没有确指是哪一些人。廖平硬要以"贤"指代为二伯,《古义疏》云:"贤,谓二伯。"⑥如上所述,《穀梁》虽提及"二伯",但不曾确言何人为"二伯"。更重要的是,《穀梁》从未说过"贤"就是"二伯"。廖平"二伯"之论,不合传义。

此外,廖平还把"用贵治贱"理解为"伯讨",《古义疏》云:"'贵'为天子、诸侯也。以天子治诸侯,以诸侯治大夫,故执大夫称侯,为伯讨。"⑦必须辨析的是,属于"贵"的不仅是天子、诸侯而已,如庄二年经:"公子庆父帅师伐于馀丘",传:"公子贵矣。"又如文十二年经:"子叔姬卒",传:"其曰子叔姬,

---

① 《穀梁注疏》卷3,页31;卷5,页72;卷8,页123,133—34;卷9,页138,141;卷12,页192。
② 周何:《新译》下册,页943。承载:《译注》,页610。徐正英、邹皓:《全译》,页645。
③ 参阅本书第二章,页188。
④ 《穀梁注疏》卷16,页271。
⑤ 参阅本书第三章,页508—09。
⑥ 廖平:《古义疏》卷9,页571。
⑦ 廖平:《古义疏》卷9,页571。

贵也。"①据《穀梁》的理解，公子与国君的母姊妹，都是"贵"的定性。事实上，"贵"与"贱"只是相对的说法，《穀梁》没有确言是哪一级政治爵位。廖平把"贵"限定在天子、诸侯，说的太死。此外，《穀梁》没有"称侯为伯讨"的主张，全传言"伯讨"仅一例，即定元年经："晋人执宋仲幾于京师"，传："何为微之？不正其执人于尊者之所也，不与大夫之伯讨也。"②这是针对经文"宋人"的笔法而发。认为执大夫时称侯为"伯讨"，是《公羊》而非《穀梁》的主张。廖平"伯讨"之解，于传无据。照其解释，楚灵王执庆封，就是"伯讨"的性质，可褒而非可贬，但以《穀梁》此传对楚灵王的否定，岂能接受"伯讨"之说？

17. 不以乱治乱≠不许夷狄忧中国

此传以"贵"与"贱"，"贤"与"不肖"这种对比性质的词汇刻划治者和被治者，重点是说明"贱"和"不肖"如何不得不服。钟文烝《补注》云："贵且贤则人服矣，特称'《春秋》之义'，所以是非二百四十二年之中者也。"③此言深得传义，令人不禁为之赞叹。

如果治者和被治者是相同性质的人，就没有理由要求被治者服治者。楚灵王和庆封同属于"乱"的一类，意味着楚灵王没有"治乱"的资格，被治的庆封有理由不服，意思浅显，不烦深解。令人费解的是，廖平竟然断言其中涉及"夷狄忧中国"的顾虑，《古义疏》云："乱，夷狄也，不许夷狄忧中国也，故讨陈犹讥。"④须知道，"以乱治乱"的"乱"，皆指乱贼。此传不涉及"夷狄"与"中国"之别，廖平过度诠释，大错特错。此外，"讨陈"大概是指宣十一年"楚人杀陈夏徵舒"之事，与昭四年传执庆封之事，没有太大的关连，廖疏以此作比拟，亦不恰当。

18. 孔子之语的解读

"孔子曰"后的三句话，有两种读法：

①"孔子曰：'怀恶而讨，虽死不服，其斯之谓与？'"把三句皆视为孔子的话，其中"怀恶而讨，虽死不服"二语是孔子在生时流行的观点，而"其斯之谓与"则是孔子的点评。大多数《穀梁》著作的标点，都是支持这一读法，

---

① 《穀梁注疏》卷5，页64；卷11，页175。
② 《穀梁注疏》卷19，页315。
③ 钟文烝：《补注》卷21，页606。
④ 廖平：《古义疏》卷9，页571。

把孔子的话截止"谓与"而止。①

②"孔子曰：'怀恶而讨，虽死不服。'其斯之谓与？"把"怀恶而讨，虽死不服"视为孔子的话，把"其斯之谓与"理解为《穀梁》点评孔子的话。这是廖平《古义疏》的点读。他认为"怀恶而讨，虽死不服"是"师说所传"，而"其斯之谓与"是"传引以为说此事也"。②

①和②有一点共识，就是前两句话是某一种既定的观点，而第三句是对前两句话的点评。二者的差别在于：点评的究竟是谁？①认为是孔子，②认为是《穀梁》点评。

本书依从①，因为从现行文献所知，没有证据能确定"怀恶而讨，虽死不服"是出自孔子之口，反倒是"其斯之谓与"是孔子的点评，有一则间接的旁证。《公羊》昭十一年传："怀恶而讨不义，君子不予也。"③这是《公羊》点评"楚子虔诱蔡侯般，杀之于申"的观点，其中得失暂不深问，在此值得注意的是，《公羊》指出"君子不予"的对象是"怀恶而讨不义"，一般都把"怀恶而讨不义"理解为楚灵王诱杀蔡侯之事，但其实也可能有这样一个可能性，就是"怀恶而讨不义"是"君子"所习闻的流行见解，遂以此点评楚灵王的错误。如此解释的话，二传所讲的内容是非常接近的："怀恶而讨"云云，是孔子（或君子）的见解，并且用来讨论《春秋》的事件，差别仅在于《穀梁》谈的是执庆封，而《公羊》谈的是诱杀蔡侯般。

就《穀梁》和《论语》来看，也有其他旁证支持①，即支持"其斯之谓与"是孔子自评的话。僖二年传："语曰：'唇亡则齿寒。'其斯之谓与！"④这是宫之奇所说的话，"其斯之谓与"是宫之奇引用"语曰"后的评说，《穀梁》已有明证。相反，《穀梁》没有一例是以"其斯之谓与"点评所引之语。此外，《论语》对"其斯之谓与"的用法也是倾向于孔子自评的观点。

> [1]《学而》引子贡曰："《诗》云：'如切如磋，如琢如磨。'其斯之谓与？"
>
> [2]《季氏》云："齐景公有马千驷，死之日，民无德而称焉。伯夷叔

---

① 《穀梁注疏》卷17，页280。钟文烝：《补注》卷21，页607。
② 廖平：《古义疏》卷9，页571。
③ 《公羊注疏》卷22，页490。
④ 《穀梁注疏》卷7，页110。

齐饿于首阳之下,民到于今称之。其斯之谓与?"①

从上述二例可见,"其斯之谓与"都是讲话者引用习语后随即使用的观点,不是另有他人代作点评。② 支持②的廖平虽然旁引曲证,却未正视相关反例,他的读法存在疑问。

19. "误发"之诬

此传最后引用孔子的话,是陈述孔子如何借用流行观点评论执杀庆封之事。"怀恶而讨"四字,《公羊》亦有引用。昭十一年经:"楚子虔诱蔡侯般,杀之于申",《公羊》云:"此讨贼也,虽诱之,则曷为绝之? 怀恶而讨不义,君子不予也。"③其中"怀恶而讨不义"是解读楚灵王诱杀蔡侯般之事。二传各有主张,各就自身语脉而言,其实没有太多的可比性。奇怪的是,刘逢禄却因接受《公羊》而诬指《穀梁》"误发",《广废疾》云:"'《春秋》之义'以下,是经师解'楚子虔诱蔡侯般'之文,俗师误发于此尔。"④对此,柳兴恩尝试反驳道:"《穀梁》引孔子之言,非宽庆封,正以治楚灵也。"⑤可惜,柳兴恩的驳议异常乏力。《公羊》"怀恶而讨不义"之说,本是用来批判楚灵王诱杀蔡侯之误。因此,强调"治楚灵",说了等于未说。支持刘逢禄的学者大可以说《公羊》也是这样的看法。究其实,《公羊》认为"怀恶而讨不义"是解释诱杀蔡侯之事,不过是一家之言。《穀梁》认为这是解释执杀庆封之事,平心以求,同样也有可通之理。刘逢禄没有举证显示前者是惟一正确的事实,而现行文献也没有支持这一点的证据。

刘逢禄"误发"之说,强作黜陟,毫无确据,本不足服人。王树荣却嫌刘逢禄这样的指责还不够锐利,进一步说问题不在"误发",说一切都是《穀梁》伪造者露出马脚的"罪证"。《续穀梁废疾》云:"移《公羊》甲传之文以释乙传,乃《穀梁》惯技。刘逢禄仅谓俗师误发于此,尚非洞见症结之言。"⑥指责《穀梁》伪造挪动《公羊》篇章,这一说法立足于刘歆伪造圣经的虚假前提,自始至终提不出任何具体的证据,显然又是污陷之辞! 一簧两舌,妄言

---

① 《论语注疏》卷1,页12;卷16,页270。
② 这与"其XX之谓乎"的言说方式属于相同的操作,参阅程苏东:《从六艺到十三经》上册,页57—62。
③ 《公羊注疏》卷22,页490。
④ 刘逢禄:《公羊后录》卷6,页479。
⑤ 柳兴恩:《大义述》卷13,页195。
⑥ 王树荣:《续穀梁废疾》卷3,页262。

诐语,此之谓也。

20. 怀恶而讨

"恶"有垢秽义,[①]应用在人身上可以理解为罪恶、过失。[②] "怀恶而讨"的"恶",不见得是涉及意图的涵义。周何译"怀恶而讨"为"列国诸侯如果心怀不好的意图而进行讨伐",[③]似嫌不准。除了对"恶"的解释外,"怀恶而讨"的主体是否可以楷定为"列国诸侯",亦有疑问。相比之下,徐正英、邹皓译之为"自身怀有恶行而讨伐他人",[④]是比较确切。

楚灵王心里深处究竟如何想法,难以考究。叶酉《春秋究遗》云:"楚与吴为仇,初无意杀齐庆封也。克朱方而执之,因欲狥于诸侯以为名,盖庆封被执之后,而楚始有杀之之意。若不书执而但书曰杀齐庆封,则其语势直而急,似楚真为讨齐庆封而伐吴矣。"[⑤]如前所述,《左传》在记述楚灵王审问庆封前已说"将戮庆封",也没有其他证据可以证明楚灵王执庆封时没有"杀之之意"。除昭四年经外,昭八年经:"楚人执陈行人干征师,杀之。"这是《春秋》另一则先"执"后"杀之"的经文,同样不能反映杀者初无杀意。叶酉之论,大概是因为《左》《榖》二传同样记载庆封反诘导致楚灵王的叙事,故此推测这是庆封被杀的主因;但其实这些叙事只能显示楚灵王尴尬难堪,不能证明他事前毫无杀庆封的动机。

针对叶酉这一观点,钟文烝不表同意,《补注》云:"似真为讨庆封伐吴矣。"[⑥]这是批判叶酉真的认为楚灵王不可能"真为讨庆封伐吴"。不过,究竟楚灵王是否真心讨贼,其实无从稽考。楚灵王曾有弑君之举,跟他觉得庆封该讨,貌似矛盾,也不见是不能兼容的心理。钟文烝之疑,大可不必。到底楚灵王出于大公无私的意图,抑或别有不轨之想,皆非《榖梁》叙述的重点,而传文也不是从诛心之论剖析经义。

---

① 《左》成六年传(卷26,页724)云:"有汾、浍以流其恶。"杜注:"恶,垢秽。"就是一证。当然,杜氏对"恶"字的理解也有错谬,同传"其恶易觏",读恶为"疢疾",于义未得。这方面的训读问题,参阅俞樾《群经平议》卷26,页418。
② 《左》定五年传(卷55,页1562)云:"使复其所,吾以志前恶。"杜注:"恶,过也。"
③ 周何:《新译》下册,页943。
④ 徐正英、邹皓:《全译》,页645。
⑤ 叶酉:《春秋究遗》卷13,页601。
⑥ 钟文烝:《补注》卷21,页606。

把问题化约为楚灵王动机不良,是何休的观点。《公羊》昭十一年传:"怀恶而讨不义,君子不予也。"何注:"内怀利国之心,而外托讨贼,故不与其讨贼,而责其诱诈也。"① 比较可知,《公羊》仅言"恶",没有明言这是什么,何休把"恶"理解为"利国之心",似有过度诠释之嫌。从动机的良窳来解"恶",放在《公羊》也不一定可靠,更不用说以此解读《穀梁》了。由此反观周何解"恶"为"不好的意图",问题不在拘文牵义,而是误《公》为《穀》的结果。

"恶"是指"弑君之罪",而《公羊》没有说过楚灵王,与《穀梁》不合。钟文烝《补注》云:"何休以为'内怀利国之心而外托讨贼',与此传意异。此传曰'以乱'、曰'怀恶',皆指灵有弑君之罪而言耳。"② 对此,柯劭忞驳斥说:"虔杀庆封、杀般,自以为讨有罪矣,然实'怀恶而讨'。而'怀恶而讨',谓虔负弑君之恶。二传一义,钟说失之。"③ 钟文烝看见何诂与《穀梁》不是相同的观点,是正确的。柯注"虔负弑君之恶"一语,实际上已承认何休解释错误,就钟注而言,哪有"失之"？上文已说,《公羊》不曾明言楚灵王弑君,尽管何诂解"恶"为"内怀利国之心"不见得符合《公羊》之义,但不能说《公羊》所指的"恶"就是"弑君之恶",反正《春秋》不乏楚灵王各种恶行的记载,不按"弑君之恶"来解读"恶"义也是可以的。柯注"二传一义"之说,实是以《穀》解《公》,不足为据。

21. 小结

楚灵王因弑君而被庆封讥刺之事,可以反映《穀梁》对贤者的一个关键:就是贤者的所作所为,需要让人真心的服从。"得众"固然是服从的表现,而"通恩"也同样是让人觉得说得过去的表现。楚灵王弑侄自立,就是不通恩、不尊君、不得众的表现(参照 J_1、L_1、N_4)。他与叔肸犹如云泥之别,完全不能相提并论,但把他当作一面镜子来观察,倒是更清晰地看见叔肸的难能可贵。

假如参照对象换成齐桓公,也许对比不那么强烈,试看以下列表:

---

① 《公羊注疏》卷 22,页 490。
② 钟文烝:《补注》卷 21,页 607。
③ 柯劭忞:《传注》卷 13,页 3。

	齐桓公	楚灵王
杀害的政敌	公子纠	楚子卷
政敌的性质	该辞让的君位争夺者	君主
罪名	不正	弑君之罪
登位后的作为	团结诸侯同尊周	率领诸侯为齐讨贼
定性	贤者	乱贼
条件	得众	不得众
有没有治不肖的资格	有	没有

与楚灵王一样，齐桓公同样是有瑕疵的政治人物，虽因得众而贤，但他在登位前不让公子纠，抢先回国夺位并逼死了公子纠，这是"不正"的记录。但要注意，《春秋》没有否定齐桓公惩治不肖的做法。如僖六年经："夏，公会齐侯、宋公、陈侯、卫侯、曹伯伐郑，围新城。"传："伐国不言围邑，此其言围，何也？病郑也，著郑伯之罪也。"[1]这是交代齐桓公领导的联军围攻郑国新城，昭彰郑文公之罪。批判的是郑文公而非齐桓公。这也说明：

P_4 贤者可以惩治不肖。

当然，不是所有不肖的坏人，齐桓公都有资格惩治。如上所述，"灭项"是需要隐讳的"过"，因为齐桓公本是努力"存亡继绝"的政治人物，而"灭项"与"存亡灭绝"是自相违戾的矛盾行为。同样的道理，楚灵王之所以没有资格杀庆封，不是因为庆封不该死，而是他本属弑君的逆贼，面对同样弑君的庆封，实是五十步笑百步，故被庆封奚落得军中众人大笑，完全无法反驳。这说明楚灵王不能"得众"，不是"贤"（参照 J_1）。这就说明：

Q_4 惩治涉及同类行为的比较。

因此，楚灵王杀庆封，完全是"以乱治乱"，而非"用贤治不肖"，因为他所做的，违反了他责备别人所做的。可以推知，假如齐桓公惩治的也是同样因争权而逼死份属血亲的政敌，同样也是首尾乖互的。他和诸侯"同尊周"，而惩治逃盟的郑文公，是前后一致，故不像楚灵王那样的相互抵触。总而言之，《穀梁》对贤者关键在于政治人物的行为是否鬻矛誉盾，一切做的事

---

[1] 《穀梁注疏》卷8，页120。

情都要摆出来、看得见、说得通(参照 N_3)。这是周礼结构重视双向性伦理的一个表现。像楚灵王那样说不过人家最终羞恼杀之,是不像话的表现。

第三节　贤而不详其事

不是所有《穀梁》称贤的人,都有详实的叙事解说其贤的所以然。曹羁、潞子婴儿、叔仲彭生、公子意恢四人,都是《穀梁》认可但又不详载情由的贤者。清理这四人的经传,也许可以帮助我们更进一步理解"贤"的内容。

一、曹羁

曹羁是《穀梁》推崇的曹国大夫,有关他的经文共有 3 则:

(一)庄二十四年经:"冬,戎侵曹,曹羁出奔陈。"

《穀梁》无传。此经记载曹羁的出奔,许多论点有待辨析。

1. 以国为氏

曹羁是曹国大夫,他与纪履緰、卫祝吁、齐无知、宋万、齐阳生一样,都是以国为氏。这不意味曹羁是卑者。成二年经:"季孙行父、臧孙许、叔孙侨如、公孙婴齐师师会晋郤克、卫孙良夫、曹公子手及齐侯战于鞌",传:"曹无大夫;其曰公子,何也?以吾之四大夫在焉,举其贵者也。"[①]曹国是小国,经文一般不记载它的"大夫",而公子手因鲁国四大夫带头而另言"公子"。以此反证,曹国大夫一般都没有"大夫"或"公子""公孙"之称。[②]

2. 曹羁不是世子

杜预说曹羁是曹国世子,杜注:"羁盖曹世子也。先君既葬而不称爵者,微弱不能自定,曹人以名赴。"孔疏:"杜以此经书'曹羁出奔陈,赤归于曹',与'郑忽出奔卫,突归于郑',其文相类,故附彼为之说。称盖,为疑辞。"[③]杜预以上主张的思路是:庄二十四年经"曹羁出奔陈,赤归于曹",与桓十一年经"郑忽出奔卫,突归于郑"句式相似,二者可以对照观察。换言之,杜预提出曹世子的结论,是建立在文句的比拟上,认为曹羁犹如郑忽,

---

[①] 《穀梁注疏》卷 13,页 213。
[②] 有关国氏的问题,参阅本书第二章,页 180。公孙会亦因"曹无大夫"而解释"公孙"之称,参阅本书第一章,页 117—18。
[③] 《左传正义》卷 10,页 278。

都是因为有人归国夺位而出奔。但杜预言"盖",反映他对这一猜想也不敢过分自信。假如杜预所说成立的话,曹羁与郑忽都是继位的世子,那么二人最大的差别是:"郑伯寤生卒"和"郑忽出奔卫"都在桓十一年,先君之卒与世子之奔同年发生;"冬,十有一月,曹伯射姑卒"是庄二十三年经的记载,距曹羁奔陈已届一年。换言之,前者即位未逾年,后者在位已逾年。假如曹羁在位已逾年,就必须称爵,正如惠士奇的质疑,"当书'曹伯羁出奔陈'。不称伯,则曹羁非君也,安可与郑忽同例哉?"①经文"曹羁出奔陈"没有称伯,正好证明曹羁不是嗣君。杜预仅以"微弱不能自定"为托辞,却没有正视已逾年须称爵的笔法,其说似实证成。

考察杜预嗣子之说,可能是从贾逵逐君之说转手而来。孔疏:"贾逵以为羁是曹君,赤是戎之外孙,故戎侵曹,逐羁而立赤,亦以意言之,无所据也。"②贾逵猜测戎为赤逐羁,连孔疏亦觉不可靠,故曰"无所据"。孔疏护杜斥贾,但贾、杜至少有一点是相同的:二人都认为赤是取代曹羁的新君。然而,现行文献实无这方面的证据。相反,《十二诸侯年表》明言继曹庄公(即"曹伯射姑")位的是"曹釐公夷",③其名是"夷"而非"赤"。因此,连尊《左》的毛奇龄也承认贾、杜之说不通,表示"他无可考",又说"然亦何据焉"。④ 要之,认为曹羁为曹世子或曹君的主张,都是不能成立的猜测。

3. 曹羁不是僖负羁

《左传》没有明言僖负羁就是曹羁。据《左传》记载,晋文公遭到曹共公无礼对待,僖负羁听从其妻之言,"乃馈盘飧,置璧焉。"后来,晋文公感念往事,"令无入僖负羁之宫而免其族,报施也"。⑤ 二事相距四十年,没有证据显示曹羁是《左传》中的僖负羁,而《左传》也没有其他记载与《公羊》三谏而奔的叙事吻合,没有理由认为僖负羁与曹羁是同一个人。因此,孙觉《春秋经解》早已否证这样的判断:"不知僖负羁之事,去此仅四十余年,决非一人也。"⑥不过,孔广森却猜测曹羁"即僖负羁也",⑦但没有任何新证据,有论

---

① 惠士奇:《春秋说》卷10,页877。
② 《左传正义》卷10,页278。
③ 《史记》卷14,页714。
④ 毛奇龄:《春秋毛氏传》卷11,页117。
⑤ 《左传正义》卷15,页410—11;卷16,页443。
⑥ 孙觉:《春秋经解》卷4,页632。
⑦ 孔广森:《公羊通义》卷3,页80。

无据。于是，陈立对之也不敢坚信其说："相距四十年，未知一人否？"①语气犹犹豫豫，足见他也觉得孔广森的猜测不甚可靠。

4. 曰出绝之

此经"出奔"上无"自"字，说明曹羁不是从所"专"之地，而是从曹国出奔到陈国。② 按照"曰出绝之"的传例，凡有"出奔"记载的大夫，除非另笔示归，否则此人已与其国断绝关系。③ 此后经文不再提及曹羁的名字，由此可以得到解释。

5.《公羊》叙事的可兼容和不可兼容

《公羊》庄二十四年传："何贤乎曹羁？戎将侵曹，曹羁谏曰：'戎众以无义，君请勿自敌也。'曹伯曰：'不可。'三谏不从，遂去之。故君子以为得君臣之义也。"④这里记载曹羁劝谏曹伯不可与戎敌战，三谏不从而出奔陈国，是现存文献有关曹羁奔陈最完整的叙事，与《穀梁》传义亦无抵触，故钟文烝、廖平、柯劭忞皆沿用其说。⑤

然而，不是所有《公羊》的内容皆与《穀梁》兼容。接受曹羁因进谏不成而出奔的叙事，不意味《公羊》有关曹羁和曹国的其他说法都是可以接受的。《公羊》庄二十六年传："曷为众杀之？不死于曹君者也。君死乎位曰灭。"⑥照其叙事，曹君与戎决战，曹国被灭，故《公羊》判断经文"不言其灭"和"不言战"的原因是"为曹羁讳"。这不是《穀梁》可以接受的观点。

6. 戎侵曹 ≠ 不言其灭/不言战

《公羊》这个解释很有问题，因为它撇开了庄二十四年经"戎侵曹"的"侵"的诂解，改换为"不言其灭"和"不言战"的答问。《公羊》庄十年传："觕者曰侵，精者曰伐，战不言伐，围不言战，入不言围，灭不言入，书其重者也。"⑦在"灭""入""围""战""伐""侵"六种措辞中，"侵"描述的是最轻微的状况，而"灭"是最严重的。全经言"侵"63例，其中62例都不是影响重大的局面，《公羊》大多是按"侵"的本义解释。惟一的特例是，僖二十八年经：

---

① 陈立：《公羊义疏》卷23，页891。
② 有关"出奔"是否有"自"的问题，参阅本书第一章，页112—15。
③ 有关这个问题，参阅本书第二章，页218—20；第三章，页502；第四章，页765—74。
④ 《公羊注疏》卷8，页169。
⑤ 钟文烝《补注》卷7，页205。廖平：《古义疏》卷3，页184。柯劭忞《传注》卷4，页7。
⑥ 《公羊注疏》卷8，页173。
⑦ 《公羊注疏》卷7，页141—42。

"晋侯侵曹",《公羊》云:"然则何以不言遂?未侵曹也。"① 这是把"侵"理解为"未侵"的惟一例证,先不问此解是否合理,但玩味语意,《公羊》大概也不认为"侵"必然带来重大的军事破坏。

明乎此,就很难不追问:为什么仅有"戎侵曹"三字,就可以蕴涵不言"战"和"灭"的内情,而不用按照"侵"的字义进行解释?《公羊》把"侵"理解为"不言其灭"和"不言战",这样的解经意见,就是跟它把"迁之"理解为"取之"、把"大去其国"理解为"灭"的观点一样,整个论证呈现"反向预设的论证"的结构。② 要证明"侵"是"灭"和"战"的讳辞,需要"为曹羁讳"是可信的;但"为曹羁讳"是否可被接受,反过来又先要预设"侵"是"灭"和"战"的讳辞。为什么必须接受"为曹羁讳"的前提?为什么必须认定"侵"是"灭"和"战"的讳辞?为何全经言"侵"63例,仅是庄二十四年"戎侵曹"的"侵"必须因"为曹羁讳"而另作他解?这是《公羊》必须正视的举证责任,可是全传没有合理的解释。要之,不从经文的笔法上诘解,把一切都推到"为曹羁讳",是不圆满的解释。

7. 灭≠君死乎位

《公羊》之所以认定"戎侵曹"是"不言其灭",很大程度上是立足于"君死乎位曰灭"的认识。如上所述,齐桓公"灭项"的经文,已指出《春秋》全经言"灭"33例,其中意谓"君死乎位"之义,仅例[26]的昭二十三年"胡子髡、沈子盈灭"一则而已。③ 这种"C、D灭"的句式,其特征是C、D皆是人而又是"灭"的主体。

相比之下,其余"灭"的32例都是"X灭A"的句式。A是被灭的客体,是国非人,而A的国君B不见得都是"死乎位"。如庄十年"齐师灭谭"下载"谭子奔莒",僖十年"狄灭温"下载"温子奔卫",昭三十年"吴灭徐"下载"徐子章羽奔楚",谭子、温子、徐子皆是奔而未死。又如僖二十六年"楚人灭夔"下载"以夔子归",这种"X灭A,以B归"的句式不一定蕴涵B是"君死乎位",需要其他修辞以示其君被杀,如昭十一年"楚师灭蔡"下载"执蔡世子友以归,用之"和定四年"蔡公孙姓帅师灭沈"下载"以沈子嘉归,杀之",假如没有"用之"和"杀之",仅是"灭"和"以归"是无法判断蔡世子友和

---

① 《公羊注疏》卷12,页255。
② 参阅本书第三章,页378—79、页392—94。
③ 以下所举诸例,参阅本章,页661—62。

沈子嘉之死。

有关"胡子髡、沈子盈灭"的独特性,范宁已注意到,范注:"贤胡、沈之君死社稷。"① 对此,柯劭忞表示反对:"六国之师为楚伐吴,兵败君见杀,无贤之可言。且非国亡而死,何得云死社稷?范说失之。"② 此驳瑕瑜互见:瑜者,《穀梁》没有死社稷为贤,范注亦有暗袭《公羊》之嫌,柯劭忞的批判未尝无理。瑕者,范宁是针对"胡子髡、沈子盈"而发,而柯劭忞却转换为"六国之师",即昭二十三年"吴败顿、胡、沈、蔡、陈、许之师于鸡甫"的"顿、胡、沈、蔡、陈、许之师"。也就是说,范宁正视"胡子髡、沈子盈灭"的独特性,但柯劭忞却无视了。

鉴于"戎侵曹"更接近"A 灭 B"而非"C、D 灭"的句式,即使退一万步说,暂且接受《公羊》之说,承认"侵"为"灭"的讳辞,也只能推出"戎侵曹"要表达的是"戎灭曹"而非"曹伯灭"的意思。鉴乎此,哪怕是"灭"可能意谓"君死乎位",但只要是平心静气地解读,便可以看见经文没有显示曹伯战死的信息。

8. 曹灭君死不合史实

可以说,支持《公羊》的,主要是该传作者对当时历史事件的认识。这是典型的"以事解经",而非"以义解经"。就事情而言,那就要面对历史叙事上有没有明显的反证。查考《十二诸侯年表》可知,戎侵曹之时,正是曹厘公的元年,而他在位九年,迄至鲁闵公二年逝世。③《公羊》断言曹君被戎所杀,那是不是曹厘公?如果是,就要面对《史记》的相反叙事;如果不是,那是什么人?这些疑问,都不能从《公羊》找不到可信的答案。

综上可知,《公羊》断言曹灭君死的主张,不论在经文抑或史实,都存在明显的反证,不宜相信。然而,一些人无视这些限制,总想回护《公羊》这个观点。董仲舒便说曹伯因未参与齐桓公盟会以致乏援致死,《繁露·灭国下》云:"不事大而事小,曹伯之所以战死于位,诸侯莫助忧者,幽之会,齐桓数合诸侯,曹小,未尝来也。"④ 这一说法不无可商榷之处。在此之前的"幽之会",即庄十六年经"十有二月,会齐侯、宋公、陈侯、卫侯、郑伯、许男、曹

---

① 《穀梁注疏》卷 18,页 304。
② 柯劭忞:《传注》卷 13,页 19。
③ 《史记》卷 14,页 714—17。
④ 苏舆:《春秋繁露义证》卷 8,页 135。

伯、滑伯、滕子,同盟于幽",《公羊》云:"同盟者何?同欲也。"①这跟《穀梁》"同者,有同也,同尊周也"的说法持论相近,可见二传皆不认为曹伯"未尝来"。因此,董仲舒认为曹伯因没有参会而导致"诸侯莫助忧"的观点,连《公羊》也找到明显的反例,其说实不可信。

除董仲舒外,崔适也认定曹君已经死位,《复始》云:"'君死于位曰灭',董生以曹君之死位,列之《灭国篇》者,上四年传曰:'国君以国为体,诸侯世,故国君为一体也。'僖元年传曰:'孰亡之?盖狄灭之。'是灭即亡也。'亡国五十二'之文,亦出董生,而刘向述之,故知此言曹君之灭,与昭二十三年'胡子髡、沈子楹灭',皆与于亡国之数也。"②崔适对《公羊》的解释是有问题的,因为《公羊》庄四年传"国君一体"谈的是复九世之仇,《公羊》僖元年传"狄灭之"谈的是"邢已亡矣",③二者同样无涉"君死乎位"。此外,"胡子髡、沈子楹灭"虽然涉及国君之死,但崔适既未指出它是孤证,而他也是着眼于"亡国之数"而非"君死乎位"。总而言之,他的论证不能为《公羊》和《繁露》增添更多的说服力,难以让读者相信"戎侵曹"含有曹灭君死的涵义。

9. 侵,浅事也

无论如何,《穀梁》没有言"侵"以讳言"战"或"灭"的主张,全传鉴别《春秋》"不言灭"仅有两种笔法:

① "大去",如"纪侯大去其国。"
② "日入",如"吴入楚。"④

庄二十四年经仅言"戎侵曹",不属于上述两种笔法之一。

此外,僖四年传:"侵,浅事也。"⑤按照《穀梁》的理解,"侵"的伤害程度有限,不可能与"灭"相提并论。因此,曹君被戎杀死的说法,肯定是不能接受的。

10. 小结

曹羁是《穀梁》认可的贤者,可惜他的叙事甚少,但从传例推敲,他的出奔就是出奔,其中不夹带曹亡君死的惨剧。解读《穀梁》不宜援引《公羊》之

---

① 《公羊注疏》卷7,页153。
② 崔适:《春秋复始》卷18,页509。
③ 《公羊注疏》卷6,页123;卷10,页199。
④ 参阅本书第三章,页389—407、502—14。
⑤ 《穀梁注疏》卷7,页112。

说,是必须谨记的。

(二)庄二十四年经:"赤归于曹郭公。"传:"赤,盖郭公也;何为名也?礼,诸侯无外归之义;外归,非正也。"①

这则经文与曹羁本无直接关系,因有些人误解赤是夺取曹国君位的人,不得不略加辨析。

1. 经文的两种读法

此经有两种读法:

① "赤归于曹郭公"。全句六字连读,不宜在"曹"下读断。

② "赤归于曹"和"郭公"。在"曹"读断,以句号分开两句,即"赤归于曹"为句,"郭公"另为一句。"郭公"有人无事,文理难通。这是杜预以降解《左传》的读法,与《公》《穀》不同。②

2. "郭公"为句的错误

杜预以"郭公"二字为句,有何理据呢?杜注:"盖经阙误也。"③杜预惯以"阙误"作为解释难读经文的原因,貌似有理,却无实据,除非有新证据(如出土文献之类)确证,否则阙误与否,无从验证。前已述及,杜预之所以认定"郭公"二字另起一句,因为他读"赤归于曹"为句,而这种读法却是建立在一个不可靠的前提,即"赤归于曹"与"突归于郑"的可比性。赤与突之所以被视为可比的对象,则是因为杜预猜测曹羁是世子。如上所述,这个观点绝不可信。所以"郭公"为阙误的可信性,反不如《穀梁》解"郭公"为"赤"之说来得稳当。

杜预"郭公"另作一句的观点,还衍生出另一套引人瞩目的说法。鉴于"郭公"二字有头无尾,而杜预也没有证据支持"阙误"之说,孙觉建议改"公"为"亡",认为"郭公"为"郭亡"之讹,《经解》云:"按:《管子》载郭亡之事,以谓齐威过郭,问郭父老郭何以亡。父老曰:'善善而恶恶也。'威公又曰:'善善而恶恶,何至于亡?'父老曰:'善善而不能用,恶恶而不能去,郭之所以亡也。'由此观之,则《春秋》庄二十四年齐威已伯,而管夷吾用事,但见过郭父老,而问之不知在何时尔。然则郭之事迹,亦尝见于传记也。《春秋》书'梁亡',言梁之自亡也。《管子》载郭亡之迹,盖亦曰郭自亡尔。'公'

---

① 《穀梁注疏》卷6,页90。
② 有关句读的见解,参阅武亿:《经读考异》卷6,页138。
③ 《左传正义》卷10,页278。

与'亡'字相近,疑经书'郭公'为'郭亡'也。然疑误之事,圣人阙之。善善恶恶之说,足以训后世,且当存之,亦未可决言经误也。"①对上述意见,胡安国表示"理或然也",②随着胡传影响力的扩大,使之得到极高的认受性,连反胡传甚力的急先锋(如家铉翁、毛奇龄)也接受"郭亡"之说。③

孙觉以上推断,影响虽大,论据却嫌牵强。郭亡与梁亡,似同事而实异情,未可以一例论之。今本《管子》没有孙觉所述的引文,该是佚篇。《新序·杂事》详录了《管子》这个故事,④但真正导致孙觉引为掌故的文献,应该不是《新序》而是《贞观政要》,因为《贞观政要·纳谏篇》记载王珪向唐太宗进谏时提及《管子》这方面的叙事,后来《新唐书·王珪传》也有类似的记载。⑤ 宋儒熟习此一掌故,是可以肯定的。然而,齐桓公问郭国灭亡之事,实情是否真如《管子》所言,或如孙觉所断言的类似梁之自亡,却有极大的疑问。陈槃便指出这一叙事不尽可信:"若谓不审其为何人何墟,以何亡国,斯真齐东野人之语矣。"⑥退一万步说,即使承认郭亡真的如《管子》所说的经过,也难以确定"郭公"必是"郭亡",因为没有任何证据显示《春秋》经文的书写与《管子》的取材是相通的。

更重要的是,以"公"为"亡"之讹,毫无任何版本或训诂上的确据。针对这个漏洞,汪克宽尝试作出补证:"《说文》'亡'字从'人'从'乚',与'公'字相似。"⑦但说到底,《春秋》没有其他例子可以确证讹"亡"为"公"的例子,所以孙、汪字形相似的猜度,仍难令人安心,在没有其他文献实证面世前,实无易字解经的必要性。从"未可决言经误"之言,也可以反映孙觉有些心虚,不敢坚信自己的猜想。他自己也承认,这是基于"训后世"的考虑而采信《管子》之说,不能说此一考虑必是解经可靠的凭据。尽管观点相对新颖,"郭亡"之解其实不比杜预"阙误"之说更可信。

---

① 孙觉:《春秋经解》卷 4,页 632—33。
② 胡安国:《春秋胡氏传》卷 9,页 123。
③ 家铉翁:《春秋集传详说》卷 7,页 149。毛奇龄:《春秋毛氏传》卷 11,页 117—18。
④ 石光瑛:《新序校释》卷 4,页 591—92。
⑤ 吴兢:《贞观政要》卷 2,页 54。《新唐书》卷 98,页 3888。
⑥ 陈槃:《春秋大事表列国爵姓及存灭表撰异》,页 490。
⑦ 汪克宽:《春秋胡传附录纂疏》卷 9,页 223。

3. 赤＝郭公≠曹伯

读此传的解释，显然认为"赤"大概就是"郭公"。没有理由把"赤"或"郭公"理解为曹伯。然而，何休却认为曹伯就是郭公。《公羊》庄二十四年传："赤者何？曹无赤者，盖郭公也。"何诂："名言归，倒郭公置赤下者，欲起曹伯为戎所杀，故使若曹伯死，谥之为郭公。而赤微者，自归曹也。"①《公羊》和《穀梁》一样，都是认为"赤"是"郭公"，完全没有提及曹伯之死。何休不守《公羊》传义，仅以他所理解的历史事件解释，说曹伯被杀而谥为郭公，言之无据，经不起反复究诘。对于何休背弃《公羊》之弊，柳兴恩已有明晰的观察，《大义述》云："忽分赤与郭公为二，而曹又有赤，显背《公羊》，说已歧矣。"②此言可谓洞若观火，充分说明何诂的不可靠。

后来刘逢禄也觉何休之谬无可辩解，相当坦白地承认其谬。《申墨守》云："何氏似失传意，传以赤即郭公"，又云："归者，出入无恶之辞，著其本为曹君，而傆谏亡国之罪不相掩也。"③这是一方面承认何诂的错误，另一方面又尝试继续为何诂辩护，从"归"字证明郭公"本为曹君"，但《公羊》此传既没有解释"归"字，更无其他篇章提及郭公"本为曹君"。应该说，刘逢禄之说纯属私见，不合《公羊》本义。在此，陈立《义疏》云："刘说亦不了，不可强通，姑阙焉。"④刘逢禄辩解的失败和陈立的避而不谈，都是源于何诂解释上的失误。"郭公"不是曹伯。这一点，不仅是就《穀梁》而言，《公羊》亦然。

4. "郭公"误倒的原因不明

总而言之，全句的实际意思是"郭公赤归于曹"。为什么"郭公"倒在"曹"下？不清楚。这样改易首尾，全经别无他例，诚如刘敞《权衡》之疑，"未有改易首尾如此者也。"⑤现时没有答案可以圆满地解释原因，一些说法也难以令人满意：

（1）柯劭忞《传注》云："经当作'郭公赤归于曹'，误倒也。"⑥这个解释并不圆满。经文没有其他类似的文句，为何仅有庄二十四年经"误倒"而其

---

① 《公羊注疏》卷8，页170。
② 柳兴恩：《大义述》卷13，页184。
③ 刘逢禄：《公羊后录》卷1，页305。
④ 陈立：《公羊义疏》卷23，页233。
⑤ 刘敞：《春秋权衡》卷15，页334。
⑥ 柯劭忞：《传注》卷4，页5。

他文句没有？柯劭忞说了等于未说,至少不可能释除刘敞上述的疑惑。

(2)有别于柯注"误倒"之说,孔广森的猜测有些不同:"'赤'上字旧漫缺,经师相承,以为郭公,谦慎不敢补入正文,故著之于下耳。"①王闿运显然参考其说,并进一步转手发挥:"'郭公'二字,先师所旁记,非经文大字也。……若经文本有'郭公'二文,传不须云'盖'以疑之。……盖'郭公'之下,乃问师言,非问经文。"②这个观点貌似有理,但仍然有待斟酌。"郭公"之文,三传共有,若说是经师旁记,就是三传经师皆是相同的做法,可能吗？有什么因素导致这样？说不清楚。但是,孔、王二人必须如此预设,否则无法证成其说。然而,这是无从验证的判断。在孔广森以前,没有人这样说过。孔、王之说,不过是极度大胆的猜测。

就《穀梁》而言,全传言"盖"共9例,都是对某一难以确定的事件或人物进行推断,其中8例是讨论事件,仅此传因人名难以确定身份而发。③ 为什么这样呢？读者完全可以想象另一个更合理的情况:就是《穀梁》经师所得到的文本,一直都是"赤归于曹郭公"的字样,因为文义窒碍,所以不敢绝对自信,故以"盖"言之。假如曾有传本把"郭公"作为"旁记"的情况,经师或多或少听闻掌故,反而可以更有自信而不言"盖"。当然,这不是说庄二十四年传的"盖"必是缘由于此,只是想指出一点:除非有确切的新证据面世,否则没有理由相信三传经师同样怀疑"郭公"不是经文而且同样"旁记"。慎言其余是更明智的做法。

5. 诸侯称名≠微之

出奔的诸侯称名,往往意味失国。按照《穀梁》的理解,失国者称名不一定意味被贬,但郭公赤失国称名却寓有贬意。关键不在其名,而在于所归之地。可是,杨疏引徐乾曰:"君为社稷之主,承宗庙之重,不能安之,而外归他国,故但书名,以罪而惩之。不直言赤,复云郭公者,恐不知赤者是谁,将若鲁之微者故也。以郭公著上者,则是诸侯失国之例,是无以见微之义。"④这是一个有漏洞的解释。《穀梁》明言"不正"的原因是"外归",失国

---

① 孔广森:《公羊通义》卷3,页80。
② 王闿运:《申义》,页7—8。
③ 参阅本书第二章,页197—98。
④ 《穀梁注疏》卷6,页90—91。

称名是描述义,不一定带有贬义。① 徐氏"惩之"之说,于传无据。此外,"郭公著上"的说法也不可靠,传文没有"微之"之意,钟文烝说"此说非是",②切中肯綮。

6. 归

根据"归者归其所"的传义,"归"的主体都是回到原来自己所属的处所,因为"归"的地点,一般是"国"而非"邑",所以"归其所"也就预设归于其国才是正常的情况。③ 郭公赤既是郭国的君主,应该"归于郭",经文却书"归于曹",归非其国,这是"外归"的情况。言"外归"者,其国是否已灭不可知,但其人大概已不能继续控制本国领土,也就相当于"寄公"的情况。《仪礼·丧服》云:"传曰:寄公者何也? 失地之君也。"④大概是吸取上述观点,柯劭忞《传注》云:"失国外归,弃其本爵,与寄公同。"⑤这个观点虽非传义固有,但也没有明显矛盾,值得备存。

7. 外归非正

《穀梁》强调诸侯不应这样寄居在外,视为"非正"。郭公赤的"非正"不涉及盗国。只要秉持《穀梁》的观点,就会知道郭公赤不是盗国者,同时也澄清一些对曹羁的政治批判。上文已经提及,自贾逵、杜预以降,这个观点是立足于郑忽与曹羁的可比性,但因为这个错误说法的影响极大,也影响了后来论者对《公羊》和《穀梁》的诠释:

(1)刘敞《春秋意林》云:"曹羁出奔陈,赤归于曹',赤之为者,与郑伯突无以异。突因宋,赤因戎,皆夺其君。然而《春秋》一贬之,无上下之异者,《春秋》治治不治乱者也。使郑忽、曹羁事亲而孝,为上而礼,在丧而哀,临事而恭,大夫顺之,国人信之,虽有宋、戎之众,突、赤之孽,何缘而起?"⑥简单地说,就是批判郑忽和曹羁行为失当,导致政敌有机可乘。刘敞这样的怪责,主要是根据杜预和孙觉的错误观点,因误认曹羁为世子,追究他导致郭公赤盗国的责任。言其用意,无非是强调教化君主注意齐家治国,却不

---

① 参阅本书第二章,页324—28。
② 钟文烝:《补注》卷7,页206。
③ "归者归其所"的问题,参阅本书第一章,页96—97。至于"归"宜书"国"非"邑"的笔法,参阅本书第三章,页411—14。
④ 《仪礼注疏》卷31,页942。
⑤ 柯劭忞:《传注》卷4,页6。
⑥ 刘敞:《春秋意林》卷上,页500。

合经传本义。如前所述,因突夺位而怪责郑忽,殊无确据。而且,曹羁也不是世子,没有理由把政治责任追究到他头上。

(2)刘逢禄《广废疾》云:"名赤,而倒'郭公'于下,著其盗国也。"①这是据孙觉之说以批判《穀梁》,而非他号称恢复的《公羊》家法,实无多少说服力。

(3)柳兴恩一方面驳斥刘逢禄"歧之中又有歧焉",又说"突归于郑"与"赤归于曹"是"书法一例",认为"复书郭公者,郭亦曹地,而赤先据之"。②这是自相矛盾,没能自外于宋儒盗国之说。

(4)与刘、柳二人一样,廖平同样沿袭误说,《古义疏》云:"赤乘曹乱,欲据之为国,如突于郑。诸侯失国,归于本国,正也。外国,非天子所封,专地弃旧,大恶也。"③郭公赤不是乘乱而占据曹国的侵略者,廖平完全说错了。

8. 小结

此经与曹羁毫无关系。郭亡固是子虚乌有之事,而说赤是夺取曹国君位的恶棍,更是曲解经传。

(三)庄二十六年经:"曹杀其大夫。"传:"言大夫而不称名姓,无命大夫也。无命大夫而曰大夫,贤也,为曹羁崇也。"④

此传涉及曹羁因贤而死得到的推崇,可惜甚少论者注意到《穀梁》的观点有别于《公羊》,甚至是格格不入。

1. "言大夫而不称名姓"的两个国家

全经"A 杀其大夫 B"共 37 例,其中的 B 有 33 例是名字,1 例是官名,另有 3 例作"X 杀其大夫"不言 B。⑤ 为何不言 B?这关乎杀大夫的是什么国家。经文只有两个国家的大夫被杀而不称名姓:

①宋国。这是因为被杀的大夫"在祖之位"(即孔父)而"尊之"。宋(或宋人)杀大夫而不称名姓,计有 2 例:

[1]僖二十五年经:"宋杀其大夫",传:"以其在祖之位尊之也。"

---

① 刘逢禄:《公羊后录》卷 6,页 462。
② 柳兴恩:《大义述》卷 4,页 66;卷 13,页 184—85。
③ 廖平:《古义疏》卷 3,页 184。
④ 《穀梁注疏》卷 6,页 92。
⑤ 在本书第二章页 235—37 所引述的 37 例中,称官是例[9],不言 B 是例[1]、[4]、[8]。

[2]文七年经:"宋人杀其大夫",传:"称人以杀,诛有罪也。"①

传文只谈"大夫"而不及其余,如钟文烝的解释,"重发传"的原因是"不称名氏,在祖之位也"。② 也就是说,二者"大夫"而"不称名姓"是相同的。

②曹国。此传认为曹国没有受命于天子的大夫,所以大夫被杀不称名姓。"无命大夫",不是说曹国没有卿大夫。钟文烝《补注》云:"命大夫者,命卿也。凡诸小国,其君亦皆有命卿。而云'无'者,当时小国命卿出,仅附列国卑者之末,不以为卿也。"③这个解释,平易朴实,可以接受。

2."移花接木"之诬

曹国大夫不称名姓,跟鲁国大夫的爵命与否,实无明显的关连。王树荣《续穀梁废疾》云:"《公羊传》云:'侠者何?吾大夫之未命者也。'凡大夫之未命者称名,而不系之以大夫。《穀梁氏》袭其义而反之以称大夫而不名者为无命大夫,亦犹是移花接木之故智。况据《春秋》'壬申,公孙婴齐卒于狸轸'之文,则无君命尚不敢卒,岂有生前未受君命,于其卒也可凭空加以大夫之爵者乎?适以见其违经而已矣。"④这又是一个荒诞不经的指控。隐九年经:"侠卒",《公羊》云"吾大夫之未命",而《穀梁》云"隐不爵大夫也",⑤二传观点大致相同,都是针对鲁隐公的特殊政情而发,与曹国大夫不称名姓,性质不同,论证不同。然而,王树荣一句"移花接木"就认定《穀梁》抄袭,为何"无命大夫而曰大夫"必是抄自"吾大夫之未命"? 王树荣信口开河,完全没有半点确实的证据。此外,公孙婴齐之卒,涉及鲁国臣子卒日的疑问,同样跟曹国大夫不称名姓也没有直接关系,王树荣却冠以"凭空加以大夫之爵"的罪名,又是故意栽赃诬陷,不足深辩。

3.大夫因不死君难而被杀?

曹国为何杀大夫,《穀梁》没有交代。《公羊》庄二十六年传:"何以不名?众也。曷为众杀之?不死于曹君者也。君死乎位曰灭,曷为不言其灭?为曹羁讳也。此盖战也。何以不言战?为曹羁讳也。"⑥如其解,杀大

---

① 《穀梁注疏》卷9,页144;卷10,页168。
② 钟文烝:《补注》卷13,页382。
③ 钟文烝:《补注》卷7,页210。
④ 王树荣:《续穀梁废疾》卷1,页198。
⑤ 《公羊注疏》卷3,页62。《穀梁注疏》卷2,页28。
⑥ 《公羊注疏》卷8,页173。

夫的是"众",杀的原因要从曹灭君死的背景说起:因为曹君被杀之时,曹国大夫没有为君死难,所以他们遭到杀戮;曹羁出奔没有死难,为了讳言这位贤者,经文不言"战"和"灭"。如上所述,这一叙事是可疑的。没有可靠的证据可以说明曹君被戎所杀,自然也不存在因不死难而诛杀曹国大夫的可能性。

《穀梁》没有说过曹国大夫被杀是因为他们不死难。传文对不称名姓的理解是就曹国政情而言,有别于《公羊》大夫不死君难之说。二传持论不同,本非可怪。可怪的是,崔适又再断定这是《左》《穀》沆瀣一气的罪证,《复始》云:"《穀梁氏》以'不称名姓'为贤,与《左氏》以'不称名'为'非其罪',皆与'不死于曹君者也'之义相反,比而叛《春秋》也。"①崔适指控《穀梁》"以'不称名姓'为贤"与《左传》"以'不称名'为'非其罪'"相合,认定二传串通而逆反《公羊》,凿凿言之若此,其实非传之考而心之师。《穀梁》主张曹国没有大夫而又称"大夫",是为了曹羁之"贤"而予以推崇,没有简单地认为"不称名姓"为贤。文七年经:"宋人杀其大夫",传:"称人以杀,诛有罪也。"②如上所说,传文只谈"宋人",而对"大夫"的解释则沿用"在祖之位"之说。但玩味其中"诛有罪"之语,显然不认为"大夫"可贤。对这一句经文,《左传》的解释完全不同,《左》文七年传:"不称名,众也,且言非其罪也。"③比较二语,可以看见《穀梁》没有上述"众"和"非其罪"的解释,《左》《穀》二传持论绝不相同。然而,崔适不理会《穀梁》文七年传的说法,反而刻意强调《穀》庄二十六年传与《左》文七年传的相似性。细读"《左氏》以'不称名'为'非其罪'"一语,显然漏引"众也"。崔适这样做,极有可能是因为《穀梁》没有以"众"解释大夫被杀的观点。相反,《公羊》反倒是提出"众"的主张。换言之,就"众"而言,《公羊》比《穀梁》更接近他所理解的《左传》的主张。不难看见,崔适这样随意剪接文献以牵就己见,反倒是印证了一个事实:三传对大夫被杀不名(包括曹杀大夫)的解释本不相同,难以契合。崔适毫无依据地指控二传相通,无非是为了坐实《左》《穀》合谋伪作这样一个子虚乌有的罪名,乖张失宜。

---

① 崔适:《春秋复始》卷24,页550。
② 《穀梁注疏》卷10,页168。
③ 《左传正义》卷19,页518。

4. 称国以杀

以"国"作为杀大夫的主体，似乎没有明确批判曹厘公之意。陈傅良《后传》云："凡杀大夫，恒名之。此其不名何？恶君也。庄公卒，有戎难，羁出奔陈，赤于是篡曹。篡而杀其大夫，则必不义其君也。"①这个观点是从赤篡曹的故事演绎出来的，但大夫不名何以变成"恶君"，其中实无可靠的诂解。此外，陈傅良也忽略《穀梁》称国以杀的观点，其说无据，不可信从。

据《穀梁》的解释，可能涉及两种情况：一是"罪累上"，另一是"杀无罪"。② 曹国原来没有受命于天子的大夫，而经文却称"大夫"，此传的解释是这个大夫"贤也"。由于这位大夫是"贤"，虽然贤者也有可能是恶的，但考虑到全传只讳贤者之"过"，未尝指责哪个贤者有"罪"，故《穀梁》极有可能是按照"杀无罪"而非"罪累上"理解曹羁的被杀。

5. "贤也"指谁？

"贤也"的"也"，是"结上文"之辞。③ 且看以下 6 例：

[1] 隐四年传："得众，则是<u>贤也</u>。"
[2] 宣十五年传："其日，潞子婴儿<u>贤也</u>。"
[3] 宣十七年传："其曰公弟叔肸，<u>贤之也</u>。"
[4] 襄二十九年传："身贤，<u>贤也</u>。使贤，亦<u>贤也</u>。"
[5] 昭十四年传："而曰公子意恢，意恢<u>贤也</u>。"
[6] 定四年传："此不卒而卒者，<u>贤之也</u>。"④

上述例子，分别谈论卫宣公、潞子婴儿、公弟叔肸、季札、公子意恢、刘卷等 6 人，是本书的研究对象，于此不赘，在此仅强调一点："贤也"和"贤之也"指的都是传文所谈的对象，不是传外的其他人。

6. "大夫""贤也""崇也"皆指曹羁

"为 X 崇也"，《穀梁》只有 2 例，除本例外，仅以下一例。成十五年传："夫人之义不逾君也，为贤者崇也。"⑤经文为了灾卒的宋伯姬，交代宋共公为何卒葬的缘故；此"为贤者崇"的"贤者"，是指宋伯姬。在此，不妨比照

---

① 陈傅良：《春秋后传》卷 3，页 629。
② 参阅本书第一章，页 103—04；第二章，页 235—37。
③ "也"作为"结上文"之辞，参阅本书（页 631）的讨论。
④ 《穀梁注疏》卷 2，页 19；卷 12，页 203、207；卷 16，页 272；卷 18，页 296；卷 19，页 321。
⑤ 《穀梁注疏》卷 14，页 234。

"为X讳也"的例子。僖十七年传:"何以不言桓公也? 为贤者讳也。"①此"贤者"是指齐桓公。可见"为X崇也"和"为X讳也"的句式相同,二者皆以"也"而"结上文",所以X也是专指传中所谈的对象而已。换言之,在这种句式下,作为X的"贤者"指代的都是其上文所述的人。归结"贤也"和"为曹羁崇也"的句法和使用情形,便可以推断此传被杀和称贤的大夫,同样是指曹羁,不可能是其他人。周何译"无命大夫而曰大夫,贤也,为曹羁崇也"为"没有受命于天子的大夫,而经文却又称之为大夫,那是因为这位大夫非常的有贤德,为曹羁表示崇敬之意",②非常正确,因为被杀的"大夫"、称贤的人、曹羁三者本是同一个人。

7. 经文不言曹羁之名

两年前,曹羁出奔陈国,后来发生什么事情,而导致他被曹国杀害,不得而知。就笔法而论,经文凡书"出奔"的大夫,若要继续在经文出现,都有示归的记载;但就史实而论,绝不意味出奔而没有示归的大夫,就不可能回到自己的国家。可是,崔适完全不明白这一点,《复始》云:"经书'曹羁出奔陈'矣,不言曹羁归于曹,则曹君焉得而杀之? 襄二十一年'秋,晋栾盈出奔楚',二十三年夏'晋栾盈复入于晋,入于曲沃',冬'晋人杀栾盈';三十年'郑良霄出奔许,自许入于郑。郑人杀良霄'。彼皆出而入,因之见杀;此乃出而不归,则曹羁必不见杀,所杀必非曹羁可知。"③以上对《穀梁》的批判,都是不能成立的。栾盈和良霄的举证,无非是说有些出奔的臣子回国被杀,但"杀"的主体是"人",被杀者称名而非不名,与"曹杀其大夫"的经文实无可比性。《穀梁》对栾盈和良霄是抑贬的态度:

[1]襄二十三年经:"晋人杀栾盈",传:"恶之弗有也。"
[2]襄三十年经:"郑人杀良霄",传:"不言大夫,恶之也。"④

这两则传文,跟"为曹羁崇"的观点,实是南辕北辙。崔适以栾盈和良霄驳传,实有违反"相关原则"的谬误。崔适的立足点,无非是认为大夫出奔后,若无经文书归的记载,就意味其人没有回国。他断定《春秋》没有"曹羁归

---

① 《穀梁注疏》卷8,页135。
② 周何:《新译》上册,页264。
③ 崔适:《春秋复始》卷24,页550。
④ 《穀梁注疏》卷16,页265、274。

于曹"的记载,显示他尚未回国,而曹君也无法杀他。然而,这是错误的观点。昭元年经:"夏,秦伯之弟鍼出奔晋。"其后经文不再提及鍼的回秦,但《左》昭五年传:"秦后子复归于秦。"①这已足以说明,出奔的大夫事后归国,经文不予记载,实非奇事。钟文烝《补注》云:"大夫出奔,或书出不书入,秦后子是也;或书入不书出,蔡季是也。史有阙漏,非是一般,何得以无归之文则怪其非羁也?"②蔡季之例,在本书已有分析。③ 要之,经文不书归,不意味其人不归,是相当明显的道理。以此例彼,没有理由完全抹煞曹羁奔后回国的可能性。"曹杀其大夫"仅称曹羁为"大夫"而不言其名,是可理解的。其人虽无示归记载,也不妨碍他在出奔后再次被经文记载。

8.《公羊》叙事的可兼容和不可兼容

传文未尝细述曹羁称贤的缘故,《公羊》曹羁进谏失败后奔陈的叙事,可以与《穀梁》兼容。杨疏引范宁答薄氏曰:"羁,曹之贤大夫也。曹伯不用其言,乃使出奔他国,终于受戮,故君子愍之。"④这是接受《公羊》谏君失败后出奔的叙事,但大体上没有违离《穀梁》传义。因此,钟文烝肯定范宁的主张,说是"似得其实"。⑤

但要强调,接受曹羁谏后奔陈,不意味《穀梁》也认为这是曹羁称贤的原因。那是《公羊》的主张,《穀梁》实无此说。对此,钟文烝说得最为明白:"传于下杀大夫言崇曹羁之贤,不言此奔以贤书,且羁之为贤,必是素以贤称,若专以出奔一事为贤,亦非其理。凡《公羊》所指为贤而论其事者,其文往往如此,似未可用也。"⑥这是明确指出出奔不是曹羁称贤的缘故,明辨二传之别,慧眼如炬。

9. 贤≠讳曹伯之灭

《公羊》因曹羁贤而讳曹伯之灭,是一个甚有争议性的观点;而《穀梁》没有这样的主张。在此,刘敞有一个值得深思的见解。《权衡》云:"曹羁虽贤,何能掩君灭之祸乎?以曹羁之贤,遂讳曹伯之灭,又何义乎?晋之假道于虞也,宫之奇谏。推宫之奇之贤,则无以异于曹羁矣,《春秋》为曹羁讳曹

---

① 《左传正义》卷43,页1224。
② 钟文烝:《补注》卷7,页211。
③ 参阅本书第一章,页73—79。
④ 《穀梁注疏》卷6,页93。
⑤ 钟文烝:《补注》卷7,页211。
⑥ 钟文烝:《补注》卷7,页205。

伯,不为宫之奇讳虞公,何哉?"① 刘敞之所以从宫之奇作出分析,有可能是因为范宁的误导。范注:"宫之奇,虞之贤大夫。"② 此说违反传义。《穀梁》从未贤宫之奇,因此"宫之奇之贤"不能成为批判《穀梁》的论证起点。无论如何,刘敞以宫之奇类推曹羁的观点,确实很有见地。为什么一个臣子的"贤"可以掩盖其君之"灭"? 为什么同样进谏不行而出奔的宫之奇没有"贤"的评价? 若如《穀梁》之说,是不必引起这方面的疑问;但如《公羊》之说,却是不能不面对这些问题,而该传实无完备的解释。然而,没有什么《公羊》学者正视刘敞之疑。

10. 众杀贤者的不可接受

《公羊》既以"杀"的主体理解为"众",而《穀梁》则认为曹羁是被杀的客体,若接受《公羊》之说,不啻是说"众"杀贤者,这是《穀梁》不曾也不会主张的观点,因为"得众"正是界定贤者的一个条件。此传仅是指出,曹羁与宋伯姬一样,同样是死难的贤者。

11. 贤者和死者不能截然二分

然而,一些论者因为误引《公羊》而出现错解,竟把贤者和死者截然二分:

(1)王闿运认为曹羁因贤而被崇,死的则是他的"僚友"。《申义》云:"传《穀梁》者,误以大夫即羁,不知二谊各异也。传云'为曹羁崇',明是因羁而贵其僚友,何云羁'受戮'乎?"③ 这是批判范宁"受戮"之说,但《穀梁》从未提及曹羁的"僚友"。此传的"贤"和"为曹羁崇"一语都是指代"无命大夫而曰大夫"的"大夫","二谊各异"的说法不合文理。王闿运之所以强调死者不是曹羁,乃是援《公》解《穀》的结果,有违传义。

(2)廖平同样把贤与死看成两回事,有别于王闿运的"僚友",他认为死的是曹羁之"友"。《古义疏》云:"传曰:'身贤,贤也。使贤,亦贤也。'此言羁贤,贤也;羁友,亦贤也。主为羁,故前名;此由羁崇,故言大夫而不名也。"④ 比较廖平与王闿运二说,差别在于王氏仅贤曹羁而"贵其僚友",而廖平却贤曹羁亦贤其友。廖疏的做法,是把贤馀昧和贤季札的观点扩大到

---

① 刘敞:《春秋权衡》卷10,页284。
② 《穀梁注疏》卷7,页109。
③ 王闿运:《申义》,页8。
④ 廖平:《古义疏》卷3,页189。

曹羁的案例身上。然而,《穀梁》绝无"羁友亦贤"的主张。更重要的是,襄二十九年经:"吴子使札来聘",经文已明确记载两个贤者,即"吴子"和"札",二者的关系可以根据经文的"使"字得以确认。① 反观庄二十四年经"曹羁出奔陈"和庄二十六年经"曹杀其大夫",若把"大夫"理解为"曹羁",二者自无梳理其中关系的必要,但若是两个不同的人,问题就大了,因为经传从未记载曹羁之"友";换言之,"曹羁"与"大夫"作为"友"的关系,是没有经传的凭证。一者言"使",一者不言"友","使贤亦贤"凭什么可以推论出"羁友亦贤"? 廖平对之殊无有力的辩解,其言任凭心证,不足以信据。

(3)柯劭忞同样被《公羊》的观点误导,强调死的是曹国大夫,贤的是曹羁,《传注》云:"曹君不听羁言,羁出奔,曹君与戎战被杀,其后曹人讨不能死君难者,杀其大夫,非羁受戮也。羁先事谏君,不从乃去之。其去就之义审矣,视从君于昏死,又以苟免为国人所戮者,岂可同日语乎? 传云'贤''为曹羁崇'者,贤曹羁,非贤被杀之曹大夫。"②阅读上文,可知柯劭忞全盘接受《公羊》之说,连经传无征的叙事和观点,包括戎杀曹君,曹国有大夫不能死君难而被杀,乃至曹羁谏后去国而贤,皆是生搬硬套,不求甚解。先不细说这些说法如何与《穀梁》违逆,即使退一步说,暂且将之接受,疑难还是不能免除的。如前所示,《公羊》最终得出的结论是"为曹羁讳",因为曹羁在曹君和曹国大夫被杀后还能存活,说起来不算光采,方有隐讳的需要。相反,《穀梁》是"为曹羁崇",字面上看,毫无讳言贤者过失之意。假如像柯注那样接受《公羊》之说,那就要追问:为何记载载诸般不光采的事迹的曹贤只贤不讳? "为曹羁崇"不等于"为曹羁讳"。正因为《穀梁》是"为曹羁崇"而非"为曹羁讳",真正忠于传义的做法是拒绝援《公》解《穀》,放弃像柯注这种错误的观点。

12. 小结

曹羁在出奔后最终回到曹国被杀,《穀梁》没有直接解释曹羁如何是一个贤者,但称国以杀的笔法来推敲,他很有可能是"杀无罪"多于"罪累上"。此经既以"曹"为"杀"的主体,就没有理由认为"众"是杀曹羁的凶手。《穀梁》的立论有别于《公羊》,所以不能毫无保留地挪用《公羊》的叙事以解释

---

① 参阅本书第一章,页119—27。
② 柯劭忞:《传注》卷4,页7。

曹羁为何称贤的原因。《公羊》以"众"为杀曹羁的元凶,是不能接受的,因为"得众"是《榖梁》称贤的重要条件(参照 J_1),很难想象被"众"所杀的大夫还能算是贤者。这意味着:

R_4　贤与众不是对立和矛盾的关系。

尽管得众仅是称贤的其中一条件,但就《榖梁》所展示的例子而论,即使因其他条件而称贤的人,像公弟叔肸、季札、馀眛等人,都不是站在"众"的对立面。

二、潞子婴儿

潞子婴儿是赤狄潞氏的君主,有关他的经文共有2则:

(一)宣十五年经:"六月癸卯,晋师灭赤狄潞氏,以潞子婴儿归。"传:"灭国有三术:中国谨日,卑国月,夷狄不日。其日,潞子婴儿贤也。"①

晋国军队灭了潞氏,其中关于潞子婴儿的笔法,分外值得注意。

1. 潞氏之为夷狄

潞氏是赤狄六部中的一支,势力甚大,据舒大刚考证,晋败赤狄之地曲梁,地望实为河北永年县,显示当时潞氏的势力范围已跨越太行山,控及山西东南与河北南部。②顾栋高《赤狄白狄论》云:"经传所见赤狄之种有六,曰东山皋落氏,曰廧咎如,曰潞氏,曰甲氏,曰留吁,曰铎辰。"③潞氏作为夷狄的身份,是毫无疑问的。

2. 晋师

经文的主体是"晋师",隐五年传:将卑师众曰师。"④《榖梁》没有交代谁是主将,不知其卑如何。《左》宣十五年传云:"六月癸卯,晋荀林父败赤狄于曲梁;辛亥,灭潞。酆舒奔卫,卫人归诸晋,晋人杀之。"⑤晋国领军的荀林父是执政之卿,似乎不合"将卑"之义,但此传的"癸卯"是六月十八日,"辛亥"是二十六日,前后不过八天,若非"师众",似无灭潞的可能。由此可见,《左传》或多或少可以印证"师众"之义。无论如何,这是相对边缘的旁

---

①《榖梁注疏》卷12,页203。最后一句原作"其曰潞子婴儿,贤也",今据"校记"惠栋的意见改正。
② 舒大刚:《春秋少数民族分布研究》,页30—31。
③ 顾栋高:《春秋大事表》卷39,页2195。
④《榖梁注疏》卷2,页19。
⑤《左传正义》卷24,页670—71。

证,不必求之太深。

3. 以归

此经采用"X 灭 A,以 B 归"的句式。B 是 A 的君主;"以 B 归"的笔法,《穀梁》简称为"以归",意谓被带了回去。在传中,"以归,犹愈乎执也"应用于 3 则经文的解释:

> [1]隐七年:"戎伐凡伯于楚丘以归。"
> [2]庄十年:"荆败蔡师于莘,以蔡侯献武归。"
> [3]僖二十六年:"楚人灭夔,以夔子归。"

综观这三则经文,"以归"的对象遍及天子之大夫、中原大国君主、夷狄微国君主,反映这一传义适用于全经各个"以归"的人。根据"以归,犹愈乎执也"之说,潞子婴儿言"以归",是比"执"更好的措辞。无论如何,"以归"不是对潞子婴儿的贬辞。

4. "灭"大多是批判灭者而非被灭者

如上所述,《春秋》全经言"灭"共 33 例,言灭的主体大多是可以贬恶的对象。襄六年经:"莒人灭鄫",传:"非灭也。"[①]不把批判火力对准灭者,而是被灭者(即鄫),全经惟此一例,其余经文言灭都是批判灭者而非被灭者,此经亦不例外。

5.《左传》叙事与《穀梁》没有矛盾

《左传》记载酆舒杀害潞子婴儿之夫人等恶事:"酆舒为政而杀之,又伤潞子之目。"[②]现在关于赤狄潞氏文献,仅是吉光片羽,一鳞半爪,基本上找不到《左传》上述叙事的反证。然而,崔适又提出毫无根据的怀疑,《复始》云:"为潞子讨贼臣,而反灭其国,虏其君,此所谓'怀恶而讨不义'者,晋景非楚灵比,宁有是乎?"[③]粗略地说,崔适认为晋景公不致像楚灵王那样行径恶劣,却举不出任何确切的事例予以驳斥,是说不通的。"怀恶而讨不义"是《公羊》对楚灵王称名的解释。昭十一年经:"楚子虔诱蔡侯般,杀之于申",《公羊》云:"此讨贼也。虽诱之,则曷为绝之?怀恶而讨不义,君子

---

① 《穀梁注疏》卷 15,页 248。
② 《左传正义》卷 24,页 668。
③ 崔适:《春秋复始》卷 18,页 511。

不予也。"① 它与宣十五年经的记载，存在明显的差异：楚子书名，晋师不名；蔡侯诱杀，潞子以归。二者的笔法和情节不同，对于接受《左传》叙事的人来说，完全可以认为《公羊》之论，既是针对楚子称名和诱杀蔡侯而发，那么晋师以潞子归就是另一种不同的笔法，没有理由强行将之比较。因为没有"怀恶而讨不义"的考虑，也没有具体讨论潞氏内政的问题，《穀梁》若要兼容《左传》的叙事，应该是可以的。但考虑到这些叙事与传义没有直接的关连，即使不予接受，也无关宏旨。

6. 晋师之灭就是批判晋景公

不接受《左传》有关酆舒的记载，不意味晋景公本人不被贬恶。经文以"晋师"为灭国的主辞，就是寓贬的笔法。昭八年经："楚师灭陈，执陈公子招，放之于越，杀陈孔奂"，传："恶楚子也。"② 钟文烝《补注》云："恶其灭人之国，放有罪之人，反杀无辜之臣，故实是楚子而言师。"③ 经文虽言"楚师"，但《穀梁》认为这是贬抑楚灵王的笔法。以此例彼，宣十五年经的"晋师"，就是对晋景公的批判。

没有理由因为赤狄作为夷狄的身份，反过来认为经文批判潞氏。家铉翁《集传详说》云："至宣公之世，赤狄始见经传所书，齐、楚、晋皆尝被其侵扰。晋景之姊，有为潞子夫人者，其臣酆舒杀之，强暴可以想见。晋之伐之，亦有不容已者。"④ 如其解，晋之灭潞，全是以中国抗夷狄的正义行动，但酆舒之强暴，与赤狄之崛起，实非同一回事。家铉翁却把酆舒说成赤狄的一个缩影，实乃华夷心防的一个表现。无论如何，家氏"不容已"之论，不过是爱国情绪高扬的表现，非《春秋》之义。经文言"灭"，批判的对象是"晋师"，而非赤狄潞氏。

7. 灭国有三术

"三术"的"术"，通"述"，意谓记述。范注："术，犹道也。"⑤ 此说尚待酌量。无疑，"术""道"二字可通，但《穀梁》全书使用"道"共89字，实无一例是记述之意。此传"三术"所谈的日、月、不日，都是经文的书法；若释"术"

---

① 《公羊注疏》卷22，页490。
② 《穀梁注疏》卷17，页286。
③ 钟文烝：《补注》卷21，页616。
④ 家铉翁：《春秋集传详说》卷16，页305。
⑤ 《穀梁注疏》卷12，页203。

为"道",反而不易使读者了解"术"的记载义。事实上,"术"有"述"义,不必转训为"道"。如《墨子·非命下》云:"命者,暴王所作,穷人所术",孙诒:"'术'与'述'通。"①《礼记·祭义》云:"形诸色而术省之",郑注:"'术'当为'述',声之误也。"②可见,训"术"为"述",是更直接和更清楚的诂解。

"灭国有三术",就是说灭国有三种记述方式:(1)如果被灭的是中原国家,就会慎重地记载日期。(2)如果被灭的是卑国,就会记载月份,而非日期。(3)如果是夷狄,就会不记载日期,记载季节而已。

8. 记载"灭国"的另一种方式

有关灭国的记述方式,《穀梁》还有一个说法。襄六年经:"莒人灭鄫",传:"中国日,卑国月,夷狄时。"③它与宣十五年传的不同在于灭夷狄的用辞,一说"时",另一说"不日",这不等于《穀梁》有两套不同的主张。杨疏:"此不云'夷狄时'而云'不日'者,方释潞子婴儿书日之意,故不云'夷狄时'也。"④因为宣十五年时交代潞子婴儿为何记载灭国的日期,所以传文顺其文意而说"不日",而襄六年传的"时"则是更确切的说法。

解读传文的"不日"不宜死板。月和时都是"不日",而卑国与夷狄之灭而"不日",区别在于前者月,后者时。庄十三年"六月,齐人灭遂"和僖五年"楚人灭弦"两则经文,《穀梁》皆云:"其不日,微国也。"⑤请注意:"楚人灭弦"是系于"八月"之下,因此这两则经文都是"卑国月"的笔法。僖二十六年经:"秋,楚人灭夔",传:"不日,微国也。"⑥表面上看,三国同样说是"微国",但夔其实有别于遂、弦二国。据陈槃的考证,夔、楚同姓,当然是夷狄;而遂为妫姓,弦为隗姓,属于中原国家之列。⑦因此,夔是夷狄的"微国",而遂、弦是中原的"微国"。不能因"不日"的传义,误会三国是同一类型的"微国"。传文的"不日"可以包含月、时两种不同笔法,遂、弦之"六月"和"八月",夔之"秋",正好印证"卑国月,夷狄时"的传义。

---

① 孙诒让:《墨子校注》卷9,页286。
② 《礼记正义》卷48,页1344。
③ 《穀梁注疏》卷15,页248。
④ 《穀梁注疏》卷12,页204。
⑤ 《穀梁注疏》卷5,页78;卷7,页118。
⑥ 《穀梁注疏》卷9,页146。
⑦ 陈槃:《春秋大事表列国爵姓及存灭表撰异》,页474—75、544—45、667—68。

9. 卑国＝微国

有关"卑国"的涵义，范宁似乎认识有误。范注："卑国，谓附庸之属。"①卑国不等于附庸，范宁的理解不妥。像夔子、沈子嘉、许男斯、顿子牂、胡子豹等人，都是微国之君，但称子有爵，绝非附庸。有关这一点，程端学的观察比较可取，《三传辨疑》云："按：爵称子，非附庸明矣。不知《穀梁》误以夔子、弦子为附庸耶，抑学者误以卑国为附庸耶？有卑国无附庸，有附庸无卑国，了不可推也。"②此言大体不误，惟一的小错是没有明白指出误倡附庸之说，实是范宁，而非《穀梁》。

"卑国"既非附庸，那么是什么呢？隐八年经："宿男卒"，传："宿，微国也。未能同盟，故男卒也。"③此"微国"相当于宣十五年传的"卑国"，《穀梁》明确指出微国"未能同盟"的情况，这也是它们有别于大国的主要特征。王崇燕《纠谬》云："卑国谓中国不能盟会之国，不指附庸也。"④此言批驳范注之谬，指出"卑国"就是那些不能盟会的卑微小国，理解正确。

10. 称子不是重点所在

与《穀梁》重视时、月、日的记载不同，《公羊》的解释重点放在"潞子婴儿"之称，认为潞子因"为善"而称"子"。《公羊》宣十五年传："潞何以称子？潞子之为善也，躬足以亡尔。虽然，君子不可不记。离于夷狄，而未能合于中国，晋师伐之，中国不救，狄人不有，是以亡也。"何诂："躬，身。"⑤在此，何休训"躬"为"身"，意谓躬行善事，但为什么做了善事反而自取灭亡呢？相比之下，王引之的解释比较可取："'躬'当读为穷。潞子之为善也穷，言潞子之为善，其道穷也。盖潞子去俗归义而无党援，遂至于穷困。"⑥此一解释，就是指出潞子因离夷狄却得不到中原国家救援，终致穷窘灭亡，比较符合《公羊》本义。无论如何，称字与否，不是《穀梁》考虑的重点。

11. "其日"而非"其曰"

"其日"，曾被误读为"其曰"。观察杨疏"方释潞子婴儿书日之意"一语

---

① 《穀梁注疏》卷12，页203。
② 程端学：《三传辨疑》卷12，页301。
③ 《穀梁注疏》卷2，页25。
④ 王崇燕：《纠谬》卷7，页304。
⑤ 《公羊注疏》卷16，页357—58。
⑥ 王引之：《经义述闻》卷24，页1483。

可知，①唐人仍知"其日"的正读。胡传："其称日，谨之也。"②似乎胡安国也知道《穀梁》"其日"之语，进而转手发挥。受误本的影响，许多经师已忘记"日"而非"曰"方是《穀梁》正义。迄至顾炎武指出"其曰"之谬，清儒治《穀梁》已普遍接受其说，以"其日"为正解。③

为何不能读作"其曰"？若作"其曰"，全句就要标点为"其曰潞子婴儿，贤也"。句义因此发生巨变：本来《穀梁》认为潞子婴儿之所以称贤，是因为日期的记载，但因"其日"误作"其曰"，称贤的原因变为"潞子婴儿"的称呼。表面看来，这跟《公羊》称子的主张非常接近。不过，《公羊》没有说潞子是贤者，而《穀梁》对小国或夷狄虽有称子"进之"的观点，但不认为凡称子必是可以表扬的对象。严格地说，称子是相对于经文更早之前的称呼而言。庄十六年经："邾子克卒"，传："其曰子，进之也。"④在此之前，经文记载邾国君主，不是"邾仪父"，就是"邾人"。此"邾子"是比这些称呼更好的，隐元年经："公及邾仪父盟于眛"，传："其不言邾子，何也？邾之上古微，未爵命于周也。"⑤其余对吴、楚等夷狄君主的称呼，亦是如此。可惜，全经记载潞氏及其君主，惟此一例，没有其他经文以资比照其中的进退。换言之，单凭"潞子"是很难说明什么，《穀梁》没有认为潞子婴儿称子是贤其人的原因，言之成理，且是尊重经文的表现。

12. 失国称名

鉴于潞子婴儿还未逝世，按照"诸侯不生名"和"其名失国"的传义，此经在其爵下称名，刻划了他已失国的事实。杨疏："书日复称名者，书日以表其贤，书名以见灭国，所谓善恶两举也。"⑥这是认为"潞子婴儿"书名是揭露灭国之事，寓有贬意。但是，失国称名是描述义，不意味贬抑。⑦钟文烝《补注》云："其说未是"，又云："书名非绝之"，⑧切实地指示杨疏所以致误之由，洞察入微。

---

① 《穀梁注疏》卷12，页204。
② 胡安国：《春秋胡氏传》卷18，页286。
③ 顾炎武：《日知录》卷4，页271。柳兴恩：《大义述》卷9，页121—22；卷10，页134。
④ 《穀梁注疏》卷5，页80。
⑤ 《穀梁注疏》卷1，页3。
⑥ 《穀梁注疏》卷12，页204。
⑦ 参阅本书第二章，页324—28。
⑧ 钟文烝：《补注》卷16，页455。

《穀梁》的视角出发,"潞子婴儿"一名与贤不贤没有什么关系。廖平《古义疏》云:"此言子者,潞子离夷狄而归中国,以此得之,《春秋》谓之潞子以致其意。"① 无独有偶,柯劭忞也有类似观点:"《春秋》列潞子之爵,为其慕诸侯也。"其中的论据是《汉书·景武昭宣成元功臣表》"《春秋》列潞子之爵,许其慕诸夏也"一语。② 然而,《穀梁》没有谈及潞子离夷狄等问题,柯劭忞的"慕诸侯"与廖平的"归中国"都是《公羊》的主张。至于《汉书》列爵之说,明显采用《公羊》之义,与《穀梁》不合。要之,廖、柯二人援《公》解《穀》,混淆二传之别。

13. "离于夷狄"之论

即使不从称子的问题着眼,如《公羊》之解,潞子因"离于夷狄,而未能合于中国"终致灭亡,在《穀梁》看来,也是不能接受的。在这里,不妨看看董仲舒的意见。《繁露·王道》云:"观乎潞子,知无辅自诅之败。"③ 如上所述,《公羊》认为潞子"躬足以亡"是败在得不到帮助。董仲舒对此的解释,与《公羊》原来的说法有些不同。对此,陈立《义疏》云:"自诅,即自阻也。《释名·释言语》云:'诅,阻也。使人行事阻限于言也。'"④ 也就是说,潞子因言受阻而没能说服他人,终致失败。相比于此,《穀梁》强调"言""信""道"的重要性,若自己的做法说不通而不能遂行其事,不是值得肯定的情况。庄元年传:"不若于言者,人绝之也。"⑤ 这不是说《穀梁》反对离夷狄以合中国的做法,问题是夷狄可以如何争取到中原国家的支持。哀十三年传:"累累致小国以会诸侯,以合乎中国",⑥像吴王夫差那样的夷狄君主,也可以透过尊天王等行为,来争取各方的支持。以此反观,《公羊》笔下的潞子婴儿实无如此能耐(其实《公羊》也不视之为贤,只说"为善"而已)。因为这样,没有理由认为这就是《穀梁》贤潞子婴儿的理由。说实在的,假如潞子婴儿真是他因合中国得不到夷狄之民的接受,那么只能说明他不能"得众",至少丧失了《穀梁》其中一个"称贤"的条件。当然,这不是说关键就在得不得众,而是在称贤问题上,《穀梁》不宜接受《公羊》的观点。

---

① 廖平:《古义疏》卷6,页411。
② 柯劭忞:《传注》卷9,页15。《汉书》卷17,页635。
③ 苏舆:《春秋繁露义证》卷4,页130。
④ 陈立:《公羊义疏》卷48,页477。
⑤ 《穀梁注疏》卷5,页60—61。
⑥ 《穀梁注疏》卷20,页350。

在这里,秦平似乎受到《公羊》的误导,说"《穀梁传》肯定了夷狄的成绩与进步",其中的举例为"以潞子婴儿为'贤'"。① 但此传仅从灭日辨析潞子婴儿是贤者,究竟他有什么"成绩与进步",不得而知。反正传文未尝解释贤潞子婴儿的原因,暂付阙如是更合理的做法。

14. 灭言以归

判断潞子婴儿为贤的凭据,不是称子,而是"夷狄不日"。除本例外,《穀梁》采用"X 灭 A,以 B 归"的句式,还有 5 例:

> [1]僖二十六年经:"秋,楚人灭夔,以夔子归。"
>
> [2]定四年经:"四月庚辰,蔡公孙姓帅师灭沈,以沈子嘉归,杀之。"
>
> [3]定六年经:"王正月癸亥,郑游速帅师灭许,以许男斯归。"
>
> [4]定十四年经:"二月辛巳,楚公子结陈、公孙佗人帅师灭顿,以顿子牂归。"
>
> [5]定十五年经:"二月辛丑,楚子灭胡,以胡子豹归。"

夔子、沈子嘉、许男斯、顿子牂、胡子豹五人,与潞子婴儿一样,都是国被灭而"以归"。对以上 5 例,《公羊》皆无发传解释,而何休仅对其中 3 例"以归"略加解释:

> 例[1],《解诂》云:"书以归者,恶不死位。不名者,所传闻世,见治始起,责小国略,但绝不诛之。"
>
> 例[2],《解诂》云:"责不死位也。"
>
> 例[4],《解诂》云:"顿子以不死位为重。"②

以上解释,纰漏显然。按何休之解,夔子、沈子嘉、顿子牂三人都是"不死位"而可贬恶。然而,潞子婴儿不是同样"以归"么?照何休的逻辑,似乎也该是"恶不死位"的对象,然而他是不能这样说的,因为《公羊》已有"为善"的佳评,所以"恶不死位"是不可贯彻到同类型的经文当中。此外,庄十年经:"以蔡侯献舞归",《公羊》云:"蔡侯献舞何以名?绝。曷为绝之?获也。"昭十一年经:"执蔡世子有以归",《公羊》云:"其称世子何?不君灵公,

---

① 秦平:《〈春秋穀梁传〉政治哲学研究》,页258。
② 《公羊注疏》卷12,页252;卷25,页556;卷26,页582。

不成其子也。"①这里没有批判献舞和世子"不死位"。以"不死位"理解"以归"的笔法,放在《公羊》也是没有根据的。由称子而褒扬其人的推论,最大的硬壁是:不仅潞子婴儿称子,夔子、沈子嘉、顿子牂、胡子豹同样称子,而且夔子和潞子婴儿一样,都是夷狄微国之君,都是在灭国的经文出现(亦即在其他经文没有记载)。真要找二人的差别,只有两点:(1)一称国(夔/隗),一称氏(赤狄潞氏);(2)一不称名(夔子/隗子),一称名(潞子婴儿)。这两点差别,如何导致潞子婴儿与隗子的评价差异呢?《公羊》既无正面说明,也没有恰当的传例可供解释。可以说,《公羊》因子而称许潞子婴儿,却不理会其他灭国称子的类似例子,实是特事特解,引起的疑问比解决的更多,远不如《穀梁》"夷狄不日"的主张可靠。

如果采用"夷狄不日"的视角来审视经文,就会发现夔子、沈子嘉、许男斯、顿子牂、胡子豹五人同样属于灭国"三术"之列:夔是夷狄微国,故时。沈、许、顿、胡四国,皆有参与盟会的记载。昭四年经"楚子、蔡侯、陈侯、郑伯、许男、徐子、滕子、顿子、胡子、沈子、小邾子、宋世子佐、淮夷会于申",就是明证。因此,这四国有别于夔,都是《穀梁》所理解的"中国",而非"卑国"或"微国"。换言之,这5例不是大国灭日,就是夷狄灭时。

15. 对"三术"的误解

在"三术"的理解上,柯劭忞略有误解,对例[2]云:"灭卑国,例月。日者,恶其杀,故谨之";对例[5]云:"大夫专国以后,小国灭日,同于大国。"②据此可知,柯劭忞其实以后世的认识判断沈、胡为"卑国""小国",但《穀梁》实非如此主张。此外,恶杀卑国之君而日,以及大夫专国致令小国灭日,这两个主张在《穀梁》也找不到任何凭据,纯属柯劭忞个人主观的猜度。再次明确,沈、许、顿、胡都是"中国"而灭日,与夔是"夷狄"而灭季,同属"三术"之列。

属于夷狄,其国灭亡而记载日期,《穀梁》只有2例:一是潞子婴儿,另一是楚昭王。《穀梁》同样称贤,就是看见他们都有夷狄灭日的特征。当然,判断楚昭王之贤,很大程度上是因为《穀梁》把"吴入楚"的"入"理解为"灭"。③ 若就"日入"而言,倒不见得必可以推论出贤其君的结论,必须就

---

① 《公羊注疏》卷7,页145;卷22,页492。
② 柯劭忞:《传注》卷14,页5、16。
③ 参阅本书第三章,页502—14。

具体语境而定。

此外,在"X 灭 A,以 B 归"的句式中,观察是否书日,重点不是为了批判 X 的残虐,而是 B 若属夷狄可能蕴涵贤其人。在《穀梁》中,孔广森尝试提出了一个不成功的论点,《通义》云:"凡灭国而以君归者,例日,恶其虐之甚。"① 然而,例[1]僖二十六年经"秋,楚人灭夔,以夔子归"是时非日。这一反例可证孔广森的归纳实不全面。对于夔子以归书时的问题,孔广森的解释是:"此犹不月者,所闻世之始略楚故也。"② 以所闻世作为时而不日的解释,于《公羊》亦无典据,故陈立也不敢接纳其言,委婉地批判说:"然'以隗子归'不书日也。"③

16. 小结

与曹羁一样,潞子婴儿是《穀梁》称贤而又不详其事的人物。究竟他有什么行为而称贤?不清楚。因为"得众"是贤者的一个条件(参照 J_1),可以判断像"离于夷狄"的情况,该不致发生在潞子婴儿身上。潞子婴儿因是什么称贤,虽不清楚,但他既贤,当不致与"众"脱节(参阅 R_4)。无论如何,潞子婴儿作为夷狄的君主,而又成为贤者,是具有实质的思想信息,因为这已预设:

S_4　夷狄与中国之别不是影响其人为贤的因素。

据《穀梁》的意见,一个人是否夷狄,与他能不能称贤,基本上是两个独立的判断。虽然不清楚是因为什么条件使潞子婴儿成为贤者,但夷狄作为一个身份,却没有在起点上已削弱他能够称贤的条件。

(二)宣十六年经:"春,王正月,晋人灭赤狄甲氏及留吁。"

《穀梁》无传。这是灭赤狄潞氏的余波,在此附带交代。

1. 晋人

此经以人称,有别于灭潞氏称师。《左》宣十六年传:"春,晋士会帅师灭赤狄甲氏及留吁、铎辰",④ 士会与荀林父一样,都是晋国执政之卿,却以"人"的卑称言之。其中缘由,因《穀梁》没有交代,不妨暂付阙如。

---

① 孔广森:《公羊通义》卷 12,页 177。
② 孔广森:《公羊通义》卷 5,页 125。
③ 陈立:《公羊义疏》卷 48,页 477。
④ 《左传正义》卷 24,页 673。

2. 甲氏、留吁≠潞氏余邑

甲氏、留吁皆是赤狄别种，但范宁却以为这是潞氏余邑，范注："甲氏、留吁，赤狄别种。晋既灭潞氏，今又并尽其余邑也。"① 说是赤狄别种，是符合史实的；但没有理由认为二者是潞氏余邑。《穀梁》也有灭邑之文，但情况并不如此。僖二年经："虞师、晋师灭夏阳"，传："非国而曰灭，重夏阳也。……夏阳者，虞、虢之塞邑也。灭夏阳，而虞、虢举矣。"② 夏阳之所以书灭，是因为他是虞、虢二国的塞邑；言此邑之灭，就意味虞、虢二国即将被灭。因此，《春秋》随后也没有进一步的灭文，仅有僖五年经"晋人执虞公"交代二国之灭。换言之，灭邑的笔法，是预示其国之亡。如果甲氏、留吁都是潞氏之邑，那就是其国先亡，再言邑灭，叙事次序颠倒过来，跟灭夏阳完全不同。由于经文的笔法存在歧异，而范宁举不出其他证据解释甲氏、留吁为何是邑，因此没有理由相信甲氏、留吁是潞氏余邑。

3. 灭月

二者同为夷狄，但此经不时不日，显示甲氏、留吁之君不像潞子婴儿示贤，也不是普通的夷狄灭国。灭月，显然是卑国之例。为何这样记载？范注："贤婴儿，故灭其余邑犹月。"③ 尽管范宁错误地认为甲氏、留吁是余邑，但他从"贤婴儿"上找答案，思路却不无可取。对范注这一观点，齐召南批判说："范氏此注，尤附会之甚者也。经通例'春，王正月'，虽无事，亦书。甲氏、留吁之事，适值其下耳。"④ 此驳有些疏陋。"虽无事，必举正月"是针对鲁国即位年而言，⑤ 其他年份不书"王正月"是完全可以的，正如柳兴恩之驳，"设不应月，经即书'十有六年，春，晋人灭赤狄甲氏'，亦岂不可者？"⑥ 齐召南的驳议没能真正驳倒范注，大概不能成立。比较可信的解释，应该是采用折衷的做法，扬弃范氏余邑之说，保留贤潞子的内容。甲氏、留吁因与潞氏相关，故进之以月。柯劭忞《传注》云："月者，婴儿贤，灭其别种，从卑国之例，犹贤宋伯姬，录其滕。"⑦ 这里从贤伯姬而备载其事的

---

① 《穀梁注疏》卷12，页205。
② 《穀梁注疏》卷7，页109。
③ 《穀梁注疏》卷12，页205。
④ 齐召南：《穀梁考证》卷12，页739—40。
⑤ 参阅本书第一章，页18—21。
⑥ 柳兴恩：《大义述》卷10，页134。
⑦ 柯劭忞：《传注》卷9，页16。

笔法,来推敲书月的缘故,大体上比范注更可信。

4. 以尊及卑

"及"之前后排序,必是前比后尊;换言之,无论句中的动词为何,在"B及C"的句式中,必是B尊C卑,B大C小。① "甲氏及留吁"的"及",就是显示二人地位的不同。然而,刘敞却认为这是为了区别甲氏、留吁为二国。《权衡》云:"以'及'绝之为二国也。"② 后来,叶梦得沿用其说,《春秋传》云:"曷为以甲氏及留吁?嫌留吁之为甲氏也。"③ 这两个观点都不可信。经文用辞简洁,绝无以"及"字来区分两个人(或群体)的用法。即以"氏"字而论,像昭二十六年经"尹氏、召伯、毛伯以王子朝奔楚",纵无"及"作为连词,具有正常古文训练的读者又哪会误读"尹氏召伯"为一人?刘、叶之论,刻意在《穀梁》传例以外找解释,纯属自以为是的猜想,并不可取。

"留吁"系于"及"后,意味着留吁的地位不如甲氏之尊。不过,何休却认为这是留吁"行微不进"的缘故。何诂:"言及者,留吁行微不进。"④ 此说毫无根据。《公羊》对"及"虽无统一的解说,但也从未因行微而置于"及"后以示"不进"。哀三年经:"柏宫、僖宫灾",《公羊》云:"何以不言及?敌也。"⑤ 此"柏宫"与"僖宫"之间不以"及"作连词,是因为它们地位相当,反过来可以推知,《公羊》也认为"及"具有表示前后主从的涵义,跟进不进毫无关系。《穀梁》"以尊及卑"的观点是最圆满的解释,何休另起炉灶,也不成功。

5. 恶晋之悉

《春秋》言灭,被灭之国通常仅有一个。以灭言及,即"灭B及C"的句式,意味不论尊卑大小都是被灭的对象,全经惟此一例。这种极不寻常的笔法,实也反映晋国灭赤狄的行动做得干净彻底,不仅潞氏,连甲氏和留吁也不放过。灭国可恶,包括夷狄之国被灭也是可恶的。柯劭忞《传注》云:"及者,以大及小,恶晋之悉。"⑥ 此言依据坚实,所见合于情理而毫无窒碍。《穀梁》从未认为对夷狄赶尽杀绝是值得赞美的,因此经文"灭B及C"的写

---

① 参阅本书第二章,页186—87。
② 刘敞:《春秋权衡》卷12,页303。
③ 叶梦得:《叶氏春秋传》卷13,页157。
④ 《公羊注疏》卷16,页362。
⑤ 《公羊注疏》卷27,页596。
⑥ 柯劭忞:《传注》卷9,页16。

法,实有恶晋之意。

6. 小结

赤狄潞氏不仅被灭,而且赤狄甲氏及留吁随后也被灭绝。按照《穀梁》的意见,经文的负面措辞已反映:

T_4　　夷狄不是其国应该灭亡的一个条件。

假如说,赤狄潞氏因是潞子婴儿这个贤者执者,本无可灭之理(参照 D_3),那么赤狄甲氏及留吁则没有这方面的条件,但没有贤者也不等于这些夷狄该被灭绝。晋国身为"中国"的领导,自身并无优于夷狄的资格足以灭人之国。灭国本是不容宽恕的政治罪恶,即使是自以为委屈的复仇者,也没有证成灭国的行动理由(参照 E_3),更何况晋国本无这些委屈!

三、叔仲彭生

叔仲彭生是鲁国三桓之祖公子牙的孙子,亦称叔仲惠伯。有关他的事迹,经传留下来的记载不多。相关的经传共有2则:

(一)文十一年经:"夏,叔仲彭生会晋郤缺于承匡。"

《穀梁》无传。

1."叔仲彭生"而非"叔彭生"

"叔仲彭生",各本作"叔彭生",《左传》此经作"叔仲彭生",可证现存经文漏了"仲"字。齐召南和钟文烝同样注意到此一异文,[①]可惜没有进一步审视"叔仲"为贤的问题,相当可惜。支持"叔仲彭生"而非"叔彭生"最主要的内证,是《穀梁》自身的主张。僖十六年传:"称公弟、叔仲,贤也。"[②]此"叔仲"是显示其人为贤的一个条件。对此,郑杲已有明确的阐述,《鲁大夫正恶考》云:"称公弟叔之为贤者,叔肸也。称仲之为贤者,谁乎?遍检'仲'字无贤也。惟《左氏》经文有一'仲'字,后世群疑为衍文者也,叔仲彭生也。"[③]柯劭忞接受郑杲这一观点,《传注》云:"此是据'公弟叔肸卒'及此'叔仲彭生会晋郤缺'之文,知《穀梁传》经文有'仲'字也。"[④]简括地说,"公弟"是指公弟叔肸,而"叔仲"则指叔仲彭生。如果此经作"叔彭生","叔仲"

---

① 齐召南:《穀梁考证》卷11,页720。钟文烝:《补注》卷14,页395。
② 《穀梁注疏》卷8,页134。
③ 郑杲:《诸经札记》,页821。
④ 柯劭忞:《传注》卷8,页14。

为贤的主张，顿成无的放矢。以此反证，可知《穀梁》所据的经文宜有"仲"字。

2. 廖平的误读

廖平不清楚此经"叔仲彭生"脱一"仲"字，因此不知道"叔仲"是界定贤者的重要条件，不能在毫无文献证据的情况下，随意改动僖十六年传的文字，把"称公弟叔仲"一句改为"称公弟叔肸"，《古义疏》云："此言公弟，举其亲，知以贤也。'肸'，旧误'仲'。称'仲'疏之，经亦无称'叔'事也。"①廖平这样改"仲"为"肸"，完全是为了迁就公子友和公弟叔肸二人为贤的曲说，有意去除与此相抵牾的传文，任随己意，殊无旁证可援。与之相反，郑杲和柯劭忞据《左传》异文证《穀梁》"称公弟叔仲"，却是一条客观存在的文本证据。两者相较，高下立见。

此外，因改"仲"为"肸"，而得出"称公弟叔肸，贤也"之句，将之放在传文整体上看，就会发现这是莫名其妙的改动。如上引述，僖十六年传有三句：

　　①大夫日卒，正也。
　　②称公弟、叔仲，贤也。
　　③大夫不言公子、公孙，疏之也。

如果维持"叔仲"一词，①、②、③三句都是讲述经文的写作通则，没有特指任何人，三个通则并列在一起，是说得通的。如廖疏之改，①和③是讲通则的，②忽然变成专就公弟叔肸一人而言，僖十六年传解读的经文又是"公子季友卒"而非"公弟叔肸卒"，为什么忽然讨论一个经文以外的人物？更严重的是，僖十六年经的"公子季友"不言弟，所以②与公子友没有直接的关系，为什么忽然不理会公子友而谈叔肸？实是咄咄怪事。廖疏展现的解经思路是足够奇怪的：僖十六年传就是先来一个通则，再谈一个与经文没有直接关系的例证，最后以一个通则完结，三者毫无上承下接的关系，语义突兀，莫过于此。基于文理的正常考虑，不宜接受廖疏易字改传的做法。

3. 会者，外为主焉尔

根据"会者，外为主焉尔"的传例，承筐之会是由郤缺主导，彭生参与，

---

① 廖平：《古义疏》卷4，页263。

而非专主其会。① 廖平说此经寓有谴责彭生之意，《古义疏》云："刘子以'专盟会'，明盟会、帅师非大夫所得专。"② 疏中所引刘子之语，出自《汉书·五行志》："董仲舒、刘向以为，先是大夫始执国政，……大夫公孙敖、叔彭生并专会盟。"③ 读此可见，认为叔仲彭生"专盟会"是董、刘二人的共同主张，但从《穀梁》对"会"的解释，是不可能得出"专盟会"的批判。廖平大概因刘向治《穀梁》，而断定其言必合《穀梁》，却欠缺传文为佐证，又没有注意"专盟会"不符合"会者，外为主焉尔"的传例，其言不足凭信。

（二）文十四年经："邾人伐我南鄙，叔彭生帅师伐邾。"

《穀梁》无传。

1. 报复示贬

此"叔彭生"亦指"叔仲彭生"。伐邾的目的，显然是报复邾国伐鲁国南鄙。隐四年传："传曰：言伐言取，所恶也。"④ 经文言"伐"，意味邾、鲁双方相伐，同样可恶。彭生率领的是报复之师，柯劭忞《传注》云："为报复之师，不待贬而义自见。"⑤《穀梁》没有嘉许复仇或报耻的主张，所以彭生伐邾宜贬，显而易见。

2. 彭生之死

《左传》记载彭生拥护子恶，公子遂弑君之余，遂对彭生猛下杀手："仲以君命召惠伯，其宰公冉务人止之，曰：'入必死。'叔仲曰：'死君命可也。'公冉务人曰：'若君命，可死；非君命，何听？'弗听，乃入，杀而埋之马矢之中。"⑥《公羊》也有类似的记载："文公死，子幼。公子遂谓叔仲惠伯曰：'君幼，如之何？愿与子虑之。'叔仲惠伯曰：'吾子相之，老夫抱之，何幼君之有？'公子遂知其不可与谋，退而杀叔仲惠伯，弑子赤而立宣公。"⑦

彭生跟孔父、仇牧、荀息一样，都是逆贼的眼中钉。不能因为经文没有记载，就断定他比不上荀息，甚至批评他的死难无补于君。何诂："据叔仲惠伯不贤。"徐疏："以此言之，则叔仲惠伯不可与谋而见杀，非卫君而死，

---

① 有关这一传例的说明，参阅本书第三章，页518。
② 廖平：《古义疏》卷5，页347。
③ 《汉书》卷27，页1487。
④ 《穀梁注疏》卷2，页17。
⑤ 柯劭忞：《传注》卷8，页17。
⑥ 《左传正义》卷20，页575。
⑦ 《公羊注疏》卷18，页397。

第四章 "贤"的指谓与条件

《春秋》不贤之，是以不书。"①由于《春秋》没有像孔、仇、荀三人那样采用"A杀(弑)B及C"的句式，所以何、徐猜测惠伯(即彭生)因先死而算不上是贤者。然而，孔父因"累"而被《公羊》视为贤者，但他与彭生同样死于君被弑之前。②齐召南这么驳斥何诂："子赤宜立，正于奚齐、卓子；惠伯卫君，正于荀息。守死不变，可谓鲁国忠臣矣，何不如荀息也？"③因此，陈立也觉得何诂"义亦未洽"："仲遂欲废嫡立庶，先与惠伯谋，其必严惮惠伯，与'孔父义形于色'无所区别，故仲遂退而先杀惠伯，次弑子赤。"④齐、陈二人，皆是据《公》驳何，言之成理。何休指责惠伯不贤，就《公羊》自身而言，是说不通的。崔适大概也知道何诂所遇到的困难，曲为之辩，《复始》云："累同，则何以不得为贤？特以讳弑之故，无从贤之，非谓其人本不贤也。疏似未得传注之义。"⑤此说同样不通。何诂："不得为累者，有异也。叔仲惠伯直先见杀尔，不如荀息死之。"⑥何休显然不认为惠伯为"累"，亦不许之为"贤"，徐疏没有曲解。崔适意图把"不贤"的判断推给徐疏，不过是弃车保帅，毫不可取。从同样也是死君难的下场，何休等人始终不能有效解释他的记载，其实正可反映一点：从君死难的事实与称贤的判断未必匹配。因死君难而贤其人，仅是《公羊》的内在麻烦，与《穀梁》没有什么关系。

《春秋》为内讳，对鲁国君主暴死，皆是隐匿其事，更遑论提及有什么臣子随君而死。在这里，需要检讨杜预的观点。杜注："惠伯死不书者，史畏襄仲，不敢书杀惠伯。"⑦这是认为鲁史官害怕逆贼公子遂，故不记载彭生被杀之事。凭什么说"史畏"？又是一个无从验证的臆测。对此，钟文烝尝试调整其说，《补注》云："但当是鲁史本已不书，君子不得增之也。"⑧跟杜预一样，钟文烝同样以史策解释经文不载叔仲彭生死君难的原因，但鲁史策书原文究竟如何，不得而知，而《穀梁》亦不见得如此主张。

考虑到隐公等人被弑亦无记载，随君而死的人得不到叙述，本是自然之

---

① 《公羊注疏》卷4，页70。
② 参阅本书第二章，页177—205。
③ 齐召南：《公羊考证》卷18，页359。
④ 陈立：《公羊义疏》卷54，页2041。按：点校者于"孔父义形于色"未加引号，今改正。
⑤ 崔适：《春秋复始》卷23，页543。
⑥ 《公羊注疏》卷18，页397。
⑦ 《左传正义》卷20，页575。
⑧ 钟文烝：《补注》卷14，页418。

理。惠士奇《春秋说》云:"《春秋》尊宗国,君弑则隐而不书,故叔仲惠伯亦不得牵连而书。"①此言符合《穀梁》的解经通例,亦不悖于情理,可以备存。

3. 死君难不是贤的理由

无论如何,经文既非凡死君难必有记载,也不是凡死君难必可贤。彭生仅凭"叔仲"之称,便可判断他是《穀梁》认可的贤者。可惜,全传没有交代称贤的缘故,不宜强作解释。柯劭忞《传注》云:"仲遂弑子赤,并杀彭生。彭生与孔父、荀息节义相同,以讳子赤之弑,彭生之死亦不见于经,故承筐之会特书其字以贤之。"②

这个说法大有可商榷之处。《穀梁》没有书其字而贤其人的主张,柯劭忞既承认彭生因"叔仲"而"贤",而"叔仲"不等同单纯的书字,而"贤"与"字"又无必然的关系。柯劭忞以"书其字"解"叔仲"之称,实是自乱其说,大相凿枘。

孔父、荀息并非传文认可的贤者,《穀梁》也不认为死难是称贤的决定性条件,即使承认彭生因子恶而死,也不意味彭生称贤是因为这个缘故。说到底,认为死君难称字而贤,是《公羊》而非《穀梁》的观点。柯劭忞援《公》解《穀》,把两套格格不入的说法混作一谈,绝不可取。

4. 小结

叔仲彭生的事迹,传中记叙过分简单,无从深究。究竟他是"得众""通恩""尊君""使贤"抑或其他原因? 不清楚。现在只能确定他不是因死君难而贤(参照 A_2)。反正其人既有"叔仲"之称,可以判断他与公弟叔肸一样,都是《穀梁》认可的贤者。

四、公子意恢

公子意恢是莒国的大夫,事迹不详。相关的经传共有 2 则:

(一)昭十四年经:"八月,莒子去疾卒。"

《穀梁》无传。莒子去疾之死,涉及公子意恢的出处和定位,需要略加辨析。

1. 夷狄卒月

去疾,即莒著丘公。根据《穀梁》的理解,莒国是"夷狄",一般都是比照

---

① 惠士奇:《春秋说》卷 2,页 668。
② 柯劭忞:《传注》卷 8,页 14。

夷狄的笔法,与吴国一样,其君主逝世皆是记录月份。然而,周何却在"夷狄"以外另找解释,说:"莒国屡与中原国家会盟,几已视同中原国家,其所以书莒君之卒少见者,实以国小而已。"①这是不合传义的说法。成九年经:"庚申,莒溃",传:"其日,莒虽夷狄,犹中国也。"②读此可见,《穀梁》认为莒本是夷狄国家,但因为伐莒的是楚国,其中涉及"中国"与"夷狄"之争,故此特笔书日。周何认为"几已视同中原国家",是有问题的。有关莒君死亡的笔法,问题不在于"国小",而是莒国作为"夷狄"的定性。范注引徐邈曰:"莒本中国,末世衰弱,遂行夷礼。"③这是《穀梁》学者普遍接受的观点。钟文烝《补注》云:"莒、吴卒皆月而已。"④柯劭忞《传注》云:"莒从夷狄,卒月。"⑤根据经传的记载,是无法推敲莒君死亡为何记载不多的原因,但莒、吴二国的君主只载其卒的月份,却是显而易见的事实。周何不谈"夷狄"而谈"国小",是有问题的。

2. 卒而不葬

去疾卒而不葬,为什么呢?廖平《古义疏》云:"不葬者,夷狄也。"⑥这个解释基本正确。然而,何休却认为原因在于去疾篡夺得位,何诂:"不书葬者,本篡,故因不序。"徐疏:"今此莒君,入昭公所见之世,宜令卒日葬时,而卒不日,复不书其葬者,正由其本是篡人,故因略之,不序其卒日,亦不序其葬矣。……然则《春秋》之义,篡明者例书其葬,即卫晋、郑突、齐小白、阳生之徒是。今此去疾于上元年秋亦有'自齐入于莒'之文,即是篡明,例合书葬,但以本篡,故因不序。"⑦徐疏把"本篡"引申出"本篡"与"篡明"的区分,于经无据。试比较昭元年"莒去疾自齐入于莒"与庄九年"齐小白入于齐"两则经文,莒著丘公与齐桓公二人同样是"入",哪有本质上的区别?因为这个缘故,崔适亦觉得徐疏不妥:"岂本篡与篡明有二义乎?斯言不可通矣。"⑧问题的源起,是何休囿于三世异辞之说,不知如何解释莒著丘公之

---

① 周何:《新译》下册,页739。
② 《穀梁注疏》卷14,页226。
③ 《穀梁注疏》卷14,页231。
④ 钟文烝:《补注》卷21,页631。
⑤ 柯劭忞:《传注》卷13,页13。
⑥ 廖平:《古义疏》卷9,页594。
⑦ 《公羊注疏》卷23,页503。
⑧ 崔适:《春秋复始》卷21,页531。

不葬,遂从"本篡"上找原因。但同样是篡夺得位,像齐桓公等人又有葬文,徐彦不得不在"本篡"以外另辟"篡明"这种不可靠的观点。其实,要解释莒国君主之不葬,是不必诉诸三世异辞的观点。何诂、徐疏不比《穀梁》视莒为夷狄的观点更合理和更可取。

去疾没有葬文的原因,胡安国认为是季孙意如无礼不参与其葬的缘故。胡传:"自昭公以来,虽薛、杞微国,无不会其葬者,何独于莒则不往乎?方是时,意如专政,而莒尝诉其强郓取郠之罪于方伯而见执矣,为是怒莒,故独不会其葬也。"①然而,没有任何证据说明意如因怒莒而不会葬,胡安国对意如的责难,不过是重申对鲁国逆臣的口诛笔伐,在经传中找不到什么证据。诚如张自超的驳问,"通《春秋》不葬莒子,又谁责耶?"②此问甚为机智。《春秋》全经没有其他莒国君主的葬文,胡安国不守《穀梁》之说,不正视"莒无大夫"的独特性,而尝试从意如身上找解释,是不成功的。

3."莒展"之解

莒著丘公与莒世子展都是莒犁比公的儿子。昭元年经:"秋,莒去疾自齐入于莒,莒展出奔吴。"这跟桓十一年"突归于郑,郑忽出奔卫"比较类似,二者皆是公子回国夺位,导致原来的世子出奔。"突归于郑"的"突"是删除"公子"而又没有国氏的笔法,意在示"贱",有别于莒去疾的情况。③如下所述,"莒无大夫",经文在正常情况下不称"公子",故"莒去疾"之所以不正,不在于其名(有别于"曰突"),而在于"入"(有别于"归")的用辞。"郑忽出奔卫"的"郑忽"是削去"世子"的笔法,而"莒展出奔吴"的"莒展"亦当理解为删除"世子"二字。换言之,从《穀梁》的立场上看,莒展必是莒国的世子,而去疾得国不正,明白不过。

4.《左传》叙事的可兼容性

《左》襄三十一年传:"莒犁比公生去疾及展舆,既立展舆,又废之。犁比公虐,国人患之。十一月,展舆因国人以攻莒子,弑之,乃立。去疾奔齐。"又,《左》昭元年传:"莒展舆立,而夺群公子秩。公子召去疾于齐。秋,齐公子鉏纳去疾,展舆奔吴。"④以上记载世子展被公子所逐,导致莒著丘

---

① 胡安国:《春秋胡氏传》卷25,页419。
② 张自超:《春秋宗朱辨义》卷10,页252。
③ 参阅本书第二章,页311—14。
④ 《左传正义》卷40,页1130—31;卷41,页1157。

公遂自齐回国得位。因《穀梁》不认可莒著丘公的统治合法性,所以《左传》这一叙事可以与之兼容。

不清楚公子意恢是否曾经支持莒著丘公的夺位。赵鹏飞《经筌》云:"去疾卒而意恢杀,则意恢者去疾之孚也。去疾自齐入莒,必意恢有力焉,去疾宜有以厚之。"① 这是合乎情理的猜测,但没有进一步的旁证支持,仅可备存,不宜言必。经文记载意恢在莒著丘公死后被杀,似乎暗示莒著丘公之死是导致意恢被杀的一个背景因素。

5. 小结

莒著丘公曾有夺位之事,这既有可能是导致公子意恢被杀的原因,也是论者思考其人品格的一个争议点。

(二)昭十四年经:"冬,莒杀其公子意恢。"传:"言公子而不言大夫,莒无大夫也。莒无大夫,而曰公子意恢,意恢贤也。曹、莒皆无大夫,其所以无大夫者,其义异也。"②

跟曹羁、婴儿、彭生等人一样,意恢是另一个传文认可而事迹不详的贤者。

1. 言公子而不言大夫

虽然春秋时代"公子"之称,可以泛指诸侯的儿女。《丧服》云:"诸侯之子称公子",③这是比较宽泛的界定,被称作"公子"的一般都是庶子,应该不包括世子在内。而且,诸侯之女亦能称为"公子",如《公羊》庄元年传:"群公子之舍",何诂:"谓女公子也。"④需要进一步明确的是,《春秋》"公子"之称,都是特指诸侯的庶子,不包括世子或女公子在内。此经记载的被害者仅称"公子"而不称"大夫",是异常的笔法。春秋时代公族担任大夫,比比皆是;因此《春秋》记载已有爵命而任职大夫的公子被杀,一般都是采用"A 杀其大夫公子 B"的句式,虽言"公子"而不略"大夫"之称。⑤ 此经的句式却是"A 杀其公子 B",仅言"公子"而无"大夫",反映 B 并非一般意义

---

① 赵鹏飞:《春秋经筌》卷 13,页 410。
② 《穀梁注疏》卷 18,页 296。
③ 《仪礼注疏》卷 32,页 973。
④ 《公羊注疏》卷 6,页 115。
⑤ 在本书第二章(页 235—37)所举的 37 例中,例[18]的公子侧、[22]的公子申、[23]的公子壬夫、[25]的公子嘉、[26]的公子湿、[27]的公子追舒、[32]的公子过、[35]的公子驷 8 例皆是采用"A 杀其大夫公子 B"的句式。

的"大夫"。"A 杀其公子 B"的句式,《春秋》全经仅有 2 例,除本例外,另一例是庄二十二年经:"陈人杀其公子御寇。"跟同样称"公子"而不称"大夫"的御寇相比,意恢被杀而称"公子"更是异常,因为御寇是卫国公子,因未命为大夫而称公子,而意恢却有大夫之实,却不称大夫之名。

2. 莒无大夫

之所以如此,是因为莒国不像卫国,没有受命于天子的大夫。除本例外,《穀梁》发"莒无大夫"之问,还有 3 例:

> [1]僖元年经:"获莒挐",传:"莒无大夫;其曰莒挐,何也? 以吾获之,目之也。"
>
> [2]僖二十五年经:"公会卫子、莒庆盟于洮",传:"莒无大夫;其曰莒庆,何也? 以公之会目之也。"
>
> [3]昭五年经:"莒牟夷以牟娄及防兹来奔",传:"莒无大夫,其曰牟夷,何也? 以其地来也。"①

归纳上述,《春秋》凡是记载莒国的卿大夫,《穀梁》皆发"莒无大夫"之问,然后回答为何经文出现这些称呼。通常,其人若是普通的莒国大夫(如莒挐、莒庆、莒牟夷),经文以国为氏,另记其名,不加"公子"之称,与大国卑者(例如宋万)的笔法相同。② 此经别具一格的是,"意恢"上有"公子"二字,迥异于国氏卑者的情况,按照"公子之重视大夫"的传义,③公子地位之重比照于大夫,称意恢为公子,是比较尊重其人的笔法,而《穀梁》认为关键在于意恢是贤者。

3. "意恢贤也"的两种读法

对"意恢贤也"有两种读法,必须予以辨析:

①"意恢,贤也"。廖平《古义疏》云:"贤,故举其名。"又云:"经本以曹、莒二国互相起,传因名就贤立说耳。"④依廖疏点读传文,"意恢贤也"一句,就需要在"意恢"下读断,作"意恢,贤也",⑤把"意恢"理解为"贤也"的凭据。这样解读的话,"意恢贤也"的上一句"莒无大夫,而曰公子意恢",句末

---

① 《穀梁注疏》卷 7,页 107;卷 9,页 145;卷 17,页 281。
② "卑者以国氏"的问题,参阅本书第二章,页 214。
③ 如本章(页 596)所示,这是庄二十二年传(卷 6,页 85)的解释。
④ 廖平:《古义疏》卷 9,页 594。
⑤ 在此,郜积意点校正确,而《廖平全集》本(卷 9,页 587)作"意恢贤也"错误。

应作句号,而非逗号,因为"意恢,贤也"已自成答问,在此之前的句子应已收束语意。不过,"莒无大夫,而曰公子意恢",文意显然未尽,提了发论的条件句,接着无所着落。

综观此传,正确的读法是"言公"至"夫也"是第一句,"莒无"至"贤也"是第二句,"曹莒"至"异也"是第三句,这三句皆以"也"总结上句。① 如廖平之解,第二句被分拆为两句:(1)"莒无大夫,而曰公子意恢。"(2)"意恢,贤也。"其中,(1)至"而曰公子意恢"此结束,不以"也"字结束,用辞不协,难以上承下接。至于(2),按照廖平的观点,贤意恢的原因是"意恢"二字,亦即经文记载他的名字,所以《穀梁》判断他是贤者。不过,检阅《穀梁》全书用辞,若是讨论称名的涵义,主要是以"之名""称名"或"其名"的用语发其端,②实无直言其人之名(如"意恢")而不采用这些用语的例子。廖平之所以强调举名之说,很大程度上是因为他相信此传与庄二十六年传相对为义,由"曹杀其大夫"的"不称名姓",推论"莒杀其公子意恢"的要点在于"意恢"之名。廖疏仅是讨论"公子意恢"称名,而不及称姓的问题,漏洞显然,因为廖疏的起点是"称名姓"而非"称名"。况且,此传"言公子"和"而曰公子意恢"二语,显示传文着眼的措辞是"公子",没有理由因经文"公子意恢"四字而断定"贤"是由于其名。判断意恢为贤的凭据,是"公子"之称,而非"意恢"之名。廖平"举其名"之说,空洞失实,尽可置而不论。

②"意恢贤也"。正确的读法是,"意恢贤也"作一句读,上承"莒无大夫,而曰公子意恢",以意恢之贤解释"公子意恢"之称。"莒无大夫,而曰公子意恢",句末作逗号,紧接着的"意恢贤也"是指涉意恢的贤,不是以"意恢"解读"贤也"。这种读法,在传中也有旁证,宣十五年传:"其日,潞子婴儿贤也。"③此"其日",就是解释"潞子婴儿贤也"的凭据,绝对不能在"婴儿"下读断。④

4. 公子≠君之子

简单地断定"公子"意谓"君之子",是不可信的。何休解"陈人杀其公子御寇"云:"书者,杀君之子,重也";解"莒杀其公子意恢"云:"书杀公子

---

① "也"作为"结上文"的用法,参阅本章页629—32。
② 参阅本书第二章,页314。
③ 《穀梁注疏》卷12,页203。
④ 秦平《〈春秋穀梁传〉政治哲学研究》(页111)点读作"其日潞子婴儿,贤也",亦谬。

者,未逾年而杀其君之子,不孝尤甚,故重而录之。"① 如其解,"公子"意谓"君之子",这跟"其君之子"有何异同？何诂没有进一步分疏。《公羊》僖九年传认为"弑其君之子奚齐"就是"杀未逾年君之号"。② 这个解释本身已经可疑,而何诂对"公子"的解释,则更进一步惹人疑虑。为何"其君之子"这么意思浅显的措辞不意谓"君之子",反而是"公子"如此意谓呢？事实上,《公羊》根本没有发传解释两则"杀其公子"的经文,何诂以"公子"为"君之子"的观点,实是个人主观的心证,于《公羊》并无确据。此外,何休认为意恢被杀是嗣子(疑指莒郊公)不孝的表现,大概是要推翻《穀梁》意恢为贤的结论。这一点,刘逢禄《广墨守》说的最是明白:"意恢之贤无闻焉,《春秋》不虚美也,尽其亲以恶嗣子也。"③ 对此,柳兴恩已有正面的反驳:"莒嗣子之不孝,亦无闻焉。《春秋》不逆恶也,且安知非两下相杀,而何注必意为嗣子杀之乎？"④ 这个诘问是有道理的。何休指控嗣子不孝,殊无旁证可援,对"公子"的解释,其实也不见得可信,无法真正驳倒《穀梁》。

5. 公子≠宜为君

不管如何,"公子"主要是显示意恢为贤的决定性证据。将之理解为其他缘故,都不成功。高闶认为"公子"蕴涵意恢适合成为君主,就是不合适的解释。《集注》云:"此直曰'公子意恢'者,前既书莒子之卒,则知此所谓公子,是宜为君者也。不然,意恢之杀,不当志于《春秋》矣。"⑤ 高闶大概认为经文若有先君卒文,继以公子被杀的记载,就意味这名公子"宜为君",背后似乎预设"公子"凸出了先君之子的身份。其中,显然暗袭《公羊》何诂以"公子"为"君之子"的说法。问题是,即使经文指出被杀者是先君之子,也不意味其人必有"宜为君"的合法性。僖九年经"晋侯诡诸卒"和"晋里克弑其君之子奚齐","其君之子"是比"公子"更明白地揭出晋献公与奚齐的父子关系。然而,因为丽姬之乱,奚齐继位肯定没有足够的合法性。⑥ 以此例彼,没有理由认为意恢具有"宜为君"的条件。

---

① 《公羊注疏》卷8,页163；卷23,页503。
② 参阅本书第二章,页227—29。
③ 刘逢禄:《公羊后录》卷6,页479。
④ 柳兴恩:《大义述》卷13,页195。
⑤ 高闶:《春秋集注》卷33,页531。
⑥ 参阅本书第二章,页225—31。

6.《左传》叙事未必可以兼容

《左》昭十四年传:"秋,八月,莒著丘公卒,郊公不慼。国人弗顺,欲立著丘公之弟庚舆。蒲馀侯恶公子意恢,而善于庚舆;郊公恶公子铎,而善于意恢。公子铎因蒲馀侯而与之谋曰:'尔杀意恢,我出君而纳庚舆。'……冬,十二月,蒲馀侯兹夫杀莒公子意恢,郊公奔齐。公子铎逆庚舆于齐。"①这里记述莒著丘公之子得不到国人拥护,导致蒲馀侯与公子铎连手发动政变,公子意恢因而被杀。此一叙事仅能备存,不见得必能与《穀梁》兼容。

必须指出,上述《左传》记载的情节,不足以证明意恢支持乱君致使经文贬恶。这是杜预的个人主张。杜注:"意恢与乱君为党,故书名,恶之。"②究其实,书名不意味其人必恶,《左传》亦无类似的主张。上述叙事只是记述蒲馀侯与公子铎作乱废立的过程,从意恢被杀仅能说明他是不可能支持郊公被废,但没有证据显示意恢毫无保留拥护莒著丘公、莒郊公的统治,杜氏"与乱君为党"之说,持论过分苛刻。又,《左》昭二十三年传:"莒子庚舆虐而好剑。苟铸剑,必试诸人。国人患之。又将叛齐。乌存帅国人以逐之。庚舆将出,……遂来奔。齐人纳郊公。"③从《左传》记载可见,继郊公而立的莒子庚舆残虐无比,因此被废的郊公得以回国复位,废郊公、立庚舆的政变本属错误。惠士奇说的好:"若意恢者碌碌无能,居其国不足为重轻,又焉足贵哉!"④没有理由因此批评意恢庸碌或死不足惜。不必因杜预的批判而质疑《穀梁》贤意恢的观点。

7. 称名不能否证贤

受到杜预的错误影响,孙觉在检讨《穀梁》对"公子"的解释提出了不恰当的驳议,认为意恢称名非贤。《经解》云:"《春秋》诸侯之士,皆不书名,故曹、莒大夫之名,不得见于经也。其有事系惩劝之法当书者,则虽贱必名之,邾庶其、黑肱、莒牟夷、意恢是也。《穀梁》不知此义,见经特书意恢之名,则曰意恢贤。意恢贤者,不能久事无道之君,而至其见杀也。盖《春秋》欲见君臣之交失道,故特著其名尔,何谓贤乎?"⑤这不是公允的论断。《穀

---

① 《左传正义》卷47,页1336—37。
② 《左传正义》卷47,页1333。
③ 《左传正义》卷50,页1433—34。
④ 惠士奇:《春秋说》卷4,页720。
⑤ 孙觉:《春秋经解》卷11,页758。

梁》此传因"公子"而非"意恢之名"而曰"意恢贤",孙觉对此视而不见,莫名其妙。究其实,孙觉之所以从"特著其名"而非"公子"上驳斥《穀梁》,实因他是从称名示恶的预设出发。孙觉只举郳庶其、黑肱、莒牟夷三人为旁证,是片面的。经中称名非贱之人,不难寻找。即使是孙氏本人,也承认称名的仇牧和荀息也有可取之处,承认他们和孔父一样,"逐君以求利,卖君以全身,则三人者必不为,而《春秋》之所善也。"①称其名不意味其人品格卑贱,这一点是孙觉也不能否认的。说到底,孙觉之所以认定意恢不贤,主要是根据"久事无道之君"的认知,而这是来自他接受了杜预的错误观点。不过,即使接受《左传》的叙事,也不该成为否证《穀梁》的依据。孙觉驳议漏洞极大,无法采信。

8. 杀无罪

杀意恢的主体是莒国。按照《穀梁》"意恢贤"和"称国以杀"的解释,肯定是"杀无罪"的情况,不能算是"罪累上"。② 赵鹏飞《经筌》云:"今去疾卒,庚舆去,疾之雠故才立而杀意恢焉,则意恢之死非其罪,去疾累之也。去疾累之,是乃所以累去疾也。"③这里似是袭用《穀梁》"罪累上"的说法,但理解有误,"罪累上"本是说被杀的臣子连累君上。换言之,真要说意恢"罪累上",就是他被杀而累及莒郊公,不宜牵扯到已死的莒著丘公。然而,赵鹏飞却说"累去疾"源于"去疾累之",这个观点实非"罪累上"所能涵盖,充其量仅是他别出心裁的见解,未必没有疑点难点。

9. "不避内难"之谬

由于《穀梁》没有记载,不清楚意恢在内难发生时有否放弃流亡的选择。柯劭忞《传注》云:"君子辟外难,不辟内难,曹羁是也。不避内难,公子意恢是也。故《春秋》俱贤之。"④事实上,三传皆无叙事交代意恢被杀前的心理状况,柯劭忞断定意恢"不避内难",似属主观臆测。柯注头两句,是引录《公羊》庄二十七年传"君子辟内难,而不辟外难"之语。⑤ 如上所述,《穀梁》认为曹羁奔陈后回国被杀,柯劭忞认为曹羁"辟外难"的判断全是援

---

① 孙觉:《春秋经解》卷3,页612。
② 参阅本书第一章,页103—04。
③ 赵鹏飞:《春秋经筌》卷13,页410—11。
④ 柯劭忞:《传注》卷13,页13。
⑤ 《公羊注疏》卷8,页175。

《公》解《穀》的结果,以此对比意恢的"不避内难",实非可信之论。

10. 曹、莒不言大夫之别

经文同样不记载曹、莒二国的大夫,但贤曹羁而不称名姓,贤意恢而仅称公子,笔法并不相同。钟文烝《补注》云:"一则明言大夫而以不称名姓,微见其无大夫;一则不言大夫,明见其无大夫。同是崇贤,书之各别,由其所以无大夫者其义各异,如注所云也。"①这个不同,正是体现曹、莒各是"中国"和"夷狄"而不记载大夫的差别。

这与其国之大小没有必然的关系。范注:"曹叔振铎,文王之子,武王封之于曹,在甸服之内,后削小尔。莒,己姓,东夷,本微国。"②范宁"微国"之说,对后学有所误导,程端学《三传辨疑》云:"莒,子爵,小国也。"又云:"《穀梁》见经书公子、不书大夫,遂附会称'莒无大夫',其不知理如此。"③程端学因范注"微国"之论,而衍生为攻击《穀梁》的论点。然而《穀梁》未说过曹国削小的问题,也没有说莒是微国。这一点,叶梦得《穀梁传谳》早已一语道破:"范宁以曹削小,莒本微国言之,非传意也。"④曹、莒二国的"无大夫",其实跟它们的大小没有必然关系。宋为王者之后,肯定不是小国,但跟曹国一样杀大夫而不言名姓;秦国虽大,与莒国同样不言大夫。《穀梁》从未说认为"无大夫"源于其国微小,范宁"削小""微国"之论,于传无据。王崇燕《纠谬》云:"曹为千乘国,亦非小弱。千里内设方伯,则曹为卒正。卒正无大夫,曹为卒正,首统诸无大夫国言之也。莒为小夷,虽如中国,犹名大夫,则夷狄无大夫,例以莒起楚、吴、秦。"⑤这个评论极是允当,直截了当,切中范注要害。

11. "贤其身"与"贤其子孙"的错误对比

有关意恢之贤,廖平还有一个需要检讨的说法,《古义疏》云:"曹无大夫,言公孙会;莒无大夫,言公子意恢,贤其身;曹会,因其父,贤其子孙。"⑥公孙会因其贵而载于经,不是因为子臧之贤而贤公孙会。⑦ 在曹国的政治

---

① 钟文烝:《补注》卷21,页632。
② 《穀梁注疏》卷18,页296。
③ 程端学:《三传辨疑》卷17,页437。
④ 叶梦得:《春秋穀梁传谳》卷6,页823。
⑤ 王崇燕:《纠谬》卷10,页316。
⑥ 廖平:《古义疏》卷9,页594—95。
⑦ 参阅本书第一章,页112—19。

人物当中，只有曹羁被《穀梁》推崇为贤。《穀梁》不因某人而贤及其子孙，即使是《公羊》也不是这样的主张，仅说因贤者之贤（如子臧、叔术）而荫及子孙（如公孙会、黑肱），免其叛行明载于经，如此而已。"其身"之贤，是不可能传递给"其子孙"而使之亦贤。廖平援《公》解《穀》，已是错失；而错解《公羊》之说，更是大谬。明确地说，"贤其身"与"贤其子孙"的对比，乃是捕风捉影，无中生有。

12. 小结

公子意恢与曹羁一样，杀其人的主体皆是其国，该是"杀无罪"的情况。究竟他有什么条件而得以称贤？不清楚。《穀梁》主要是根据经文的用辞而判断其人为贤，跟本节其他三名称贤的人一样，他们都是作为贤者，但其人被杀的原因和过程不详。与潞子婴儿相同的是，公子意恢作为莒国大夫，同样是夷狄而非中国，但他们同样是贤者（参照 R_4）。

第四节 综合讨论

上述三节的讨论，大致上已清理了《穀梁》对"贤"的各种见解。现在是时候进一步结合上述内容，连同先前三章有关贤者的一些有待深究的观点，进一步概括和剖析传文的思想涵义：

（一）《穀梁》对"贤"的定性，第一项条件是"得众"（参照 J_1）。因无出土文献佐证，《穀梁》所用的"贤"字究竟如何写法，现已无从稽考。① 从字义

---

① 高华平《楚简文字与先秦思想文化》（页 77—78）参照杨树达《释贤》（载《积微居小学金石论丛》卷 1，页 51）的研究，指出从春秋战国到秦朝的"贤"字，有三种写法：(1)写作"臤"，表示"据其德也"，"即谁的力气大，能将战俘或奴仆紧紧地、牢牢地抓住，谁就是'贤'"；(2)写作"贤"，上"臤"下"贝"，"谁的财富多，谁就是'贤'"；(3)写作"臋"，上"臤"下"子"，"应该是以初生的婴儿或具有如初生婴儿般品德的人为'贤'"。(1)把"臤"理解为"力气大"，实是沿袭《说文》段注"握固"之义，但"握固"是否必须从"力气大"来理解，却是可疑的。至少，高书（页 78—79）列举古籍"天下万国""三千余国""千八百国""亿兆夷人"等记载，都不涉及"力气大"，反而是显示中国远古时代臣属数量很多。(2)从初生婴儿来理解"臋"的字义，是高书（页 81—82）援引《老子》解读的结果。但要注意，《老子》对"婴儿""赤子"都是赞许的褒义，跟"不尚贤"的著名主张似不兼容，没有理由认为"臋"是蕴涵高书（页 82—83）所说的"在物质财富日益丰富的情况下，人们对心灵净土的强烈向往"。(3)高氏所列举的"贤"的三个涵义，最没有争议的反倒是"贤"的多财义。假如"贤"意谓财多，为什么"臋"不能意谓子多？为什么"臤"不能意谓臣多？当然，笔者不是古文字研究者，对"臤""臋"的字义实无定解，只是据常识推测"贤"财多之义，既与《穀梁》《小雅》《孟子》诸书契合，即使不是其字本义，但至少也是春秋战国时期其中一个流行的涵义。

上说,"贤"有"多"义,《小雅·北山篇》云:"我从事独贤",《孟子·万章篇》引此诗云:"我独贤劳也。"《孔丛子·小尔雅》的解释亦大致相同,云:"劳事独多也。"①"多"与"众"大略同义,《穀梁》释"贤"为"得众"就是立足于"多"义,而非后人惯常理解的贤能义。②

《穀梁》中指涉的"众",可以是经文称人的群体,如隐四年"立晋"的"卫人"、参与北杏之会的五国人、襄三十年"救灾"的十二国人。除此以外,也可以是指经中没有明言的群体,包括跟随纪侯大去其国的"民"、为楚昭王送行的"父老"、在刘卷主持天子丧葬时聚集的诸侯。无论这些"众"有没有在经中直接指示出来,但"得众"作为界定"贤"的重要条件,大概包含以下六个要点:

①"众"的繁多性。这里的数量,是随相关场合和相关团体而定,难以划一地说多少数量才算是"众"(参照 A_4)。北杏之会齐桓公尚未得众,经文仅列不支持他的四国诸侯而已。像奋勇抗吴的楚国父老,人数该是很多才对,但父老却表示"众不如吴"。这说明"众"的多数义,主要是就这些人群相对于其拥护对象(而非跟其他群体的人数相比)而言。

②"众"的自愿性。"得众"的关键不在"众"的绝对数字有多少,而是"众"对贤者有什么态度。"得众"的"得",已蕴涵"得"的"未可知",亦即"得"的不确定性;③"众",虽是相对于贤者而言,但他们不是贤者的所有

---

① 《毛诗注疏》卷13,页1141。《孟子注疏》卷9,页253。傅亚庶:《孔丛子校释》卷3,页211。(1)对《北山》的解释,王念孙《广雅疏证》(卷1,页156—57)云:"'贤'亦'劳'也。'贤劳'犹言'劬劳',故《毛传》云:'贤,劳也。'《盐铁论·地广篇》亦云:'《诗》云"莫非王事,而我独劳",刺不均也。'郑笺、赵注并以'贤'为'贤才',失其义也。"王氏指出"贤才"为引申义是正确的;但训"贤"为"劳",则嫌囿于毛传。(2)《北山》的"贤"若训作"劬劳",孟子"贤劳"之解便意味"贤""劳"二字实无实质的区别,释义似有不协。段玉裁《说文注》云:"贤,多财也。贤本多财之称,引申之凡多皆曰贤。人称贤能,因习其引申义,而废其本义矣。《小雅》'大夫不均,我从事独贤。'传曰:'贤,劳也。'谓事多而劳也。故孟子说之曰'我独贤劳'。戴先生曰:'投壶'某贤于某若干纯',贤,多也。"段注不把《毛传》的"劳"理解为"事多而劳"而非"劬劳",不仅可以通释《仪礼·乡射礼》(卷12,页327),也有《孔丛子》作为旁证,显然是正确的。

② 谢扬举《"让道"与中国古代选举制度的内在难题》(页6)云:"大抵到了西周末期,崇尚贤能的意识穿越历史而抬头。《诗经·魏风》有《伐檀》,《诗序》以为是'刺贪也。在位贪鄙,无功而受禄,君子不得仕进耳'',从篇意直解,这首诗应该是极力嘲讽不用贤能的弊病。"此说不妥,《伐檀》没有"贤"字,《诗序》只言"君子"不能"贤能",据此作为"崇尚贤能的意识"的证据,是不对的。

③ 隐三年传(卷1,页14—15)解"武氏子来求赙"云:"得不得,未可知之辞也。"这一观点,可以通释《穀梁》其他对"得"的理解。

物。被郑庄公所杀的公子段,自身是"有徒众"的。① 这些"徒众"是由他们作为军事首领而拥有的,不是需要"得"。"得众"的"众"有别于此。他们与贤者不存在人身依附性,其对自己是否拥护贤者,其实有一定的自愿性。不仅支持卫宣公得位的"卫人"和对齐桓公由"疑"而"信"的诸侯,都是自己决定支持的;而且,因宋伯姬卒而共同集会救灾的十二国人,跟随纪侯大去其国的"民",楚昭王流亡时表示拥戴的父老,接受刘卷主持周王丧葬的各国诸侯,也是如此。他们如果不是自愿支持的话,贤者就不能"得众"(参照 E_4)。

③"众"与"贤"在关系上的独特性。正是贤者这个人,不仅是他的身份,决定了他令"众"愿意真心拥护。是齐桓公,不是他被后来归纳为"五伯"之一的身份,使他真正的"得众"。是纪侯,不是他作为亡国君主的缘故,导致臣民跟随。"得众"固然是因为贤者做了某些让"众"支持的行为,但不能说贤者必是为了"得众"而这样做。像宋伯姬留在火场不走而死,其中显然没有"得众"的考虑。如本书第二章所述,贤者与"众"之间的关系,像死难者与导致其效忠对象之间的关系一样,都是不可取代的。根据《穀梁》的说明,"贤"与"众"之间的联系完全是独特而又不能化约为制度性安排的人际关系。

④"众"与"贤"的非对立性。无疑,不是每一个《穀梁》的贤者都能够"得众",但有一点是清楚的:没有一个贤者是站在与"众"对立的另一边(参照 R_4)。像《公羊》那样认定以"众"杀其曹国大夫,之所以不能被《穀梁》接受,是因为《穀梁》认定被杀的人是曹羁,若杀曹羁的是"众",就意味着贤者被"众"所杀,那不是《穀梁》主张的观点。曹羁与公子意恢被杀一样,都是以"国"为"杀"的主体,同样是"杀无罪"而已。同样道理,像宋襄公既失民又得不到诸侯支持的人,在国内和国外也不是"得众",不是《穀梁》认可的贤者,理所当然。还有,假如贤潞子婴儿的缘故真的是他因离夷狄以合中国而致亡,只能显示他是不能"得众"的人,因在称贤问题上,《穀梁》不宜接受《公羊》的观点。

⑤"众"与"贤"之间的非认同性。"得众"仅意味"众"在某一时空环境下对"贤"的拥护和支持。这里,可以说"贤"是"众"的支持对象,但支持对象不一定等于认同对象。齐桓公"得众",是因为他和其他诸侯"同尊周",

---

① 隐元年传(卷1,页4)解"郑伯克段于鄢"云:"何以不言杀?见段之有徒众也。"

共同尊重的对象是"周"而非齐桓公。十二国诸侯救灾,是因为意外事件而唤起的关心,说他们关怀宋国是可以的,说他们认同宋国则是不妥的。楚国的父老支持楚昭王复国,是因为后者在流亡途中的表现获得欣慰和感动,说他们忠于楚昭王是没有异议的,但若将之化约为认同心理的表现,则是不合《穀梁》的原意。一个人可以相关群体视为自己的群体,但这跟他们是否忠于这个群体(乃至其领袖),却非同一回事。① "得众"与认同(或认同政治)没有直接的关系。

⑥"众"与"贤"之间的非关怀性。"贤"不仅未必是"众"的认同对象,也不未必是"众"的关怀对象。"众"对"贤"的支持,可以是因为关心,也可以不是。卫宣公得到卫人的拥立,但《穀梁》未尝说过这是卫人关心的后果。纪国臣民追随纪侯大去其国,仅是追随和支持"贤"的表现,不能说是关心纪侯而这样做。同样道理,诸侯追随齐桓公"同尊周",《穀梁》仅说这是齐桓公的"信"的后续效果;诸侯是否关注齐桓公,实在无关宏旨(参照 J_4)。"众"优先考虑和支持"贤"的做法,其中对"贤"却不一定感到任何独特的关怀。②

(二)"贤"的第二个条件是"通恩"(参照 N_4)。公弟叔肸的案例说明,在结构和内容上,因"通恩"而称贤,有别于一般自甘清贫的隐士。单是注意《论语》孔子贤颜渊、伯夷、叔齐等人的见解,很容易以为只有洁身自爱和逃避恶浊环境的贤者,才是典型的贤者。③ 根据《穀梁》的说明,叔肸的行为包括"非之""不食""不去"三者,亦即责难宣公弑君,不接受宣公的俸给,而且没有离弃宣公。其中,"不食"是相对不重要的,因为叔肸与卫侯之弟专相比较,便会发现二人同样是"不食",但专却无"非之"和"不去"两个条件,所以算不上贤者。

必须强调,"通恩"的表现主要是具体行动的表现,而不是行为主体的情绪感受和道德构想的事情。在这一点上,《穀梁》与《公羊》异同参半。二

---

① 现在有哲学家在以下几点之间推论过快:说某人不忠于他的共同体,说他不把这个共同体视为自己的共同体,说他从自己的共同体中异化,等等。参阅 Oldenquist, "Loyalties," pp. 187—89.

② Keller, *The Limits of Loyalty*, pp. 9—10.

③ 《论语》称赞贤者避世的例子甚多,例如《雍也》(卷6,页85)云:"贤哉回也!一箪食,一瓢饮,在陋巷,人不堪其忧,回也不改其乐。贤哉,回也!"《述而》(卷7,页101)云:"曰:'伯夷、叔齐何人也?'曰:'古之贤人也。'"《宪问》(卷14,页235)云:"贤者辟世,其次辟地,其次辟色,其次辟言。"

传的"恩"都是就相关人士对其亲人而言,同样把"恩"当作检验和反对某些错误行为的标准。① 但《公羊》"缘恩疾"之说,认为复仇者在特定条件下可以按照先祖留下的"恩疾"进行毁灭性的复仇行动。② 这是《穀梁》不可能接受的主张。一项行为是否可被允许,未必是某一行为主体的意图所决定。③《穀梁》赞扬叔肸"通恩"的行为,不是因为"恩"在他心中扮演着多么重要的心理动因,而是因为他的行为拿捏得恰到好处:既反对篡逆,但又没有与自己的哥哥彻底决裂。可以说,叔肸的"非之"和"不去"使得他的"不食"比一般隐士的"不食"更为难能可贵。比起"缘恩疾"特重复仇情绪的心理状态,"通恩"的关键其实不是叔肸如何想法,而是他如何做方才说得通。不明白这一点,就无法把握《穀梁》的"贤"的独特性。

像叔肸这样"通恩"的做法,很大程度上是立足于他与鲁宣公的独特关系上:一方面,宣公是国内臣民不应接受的弑君逆贼,叔肸怪责宣公的不是,理所当然;另一方面,血浓于水,叔肸没有理由不承认和不接受这个犯了大罪的亲兄长。假如不是后者,他只需要"非之",没有"不食"和"不去",便已是正确的做法。这样的做法是否可以推广到其他类似的事例? 很难说。可以明确的是,叔肸的"通恩"是一种偏倚性的表现:因为宣公是自己兄长这样一个独特的关系,导致他的"通恩"迥异于面对一般逆贼时的处理方式。《穀梁》没有刻划叔肸做出"通恩"行为时的心理状态,也没有说明他原来有什么人生目标因"通恩"而被妨碍了。因此,读者无法知道他的偏倚性理由是因为在非工具意义上重视自己与宣公的兄弟关系,抑或另有什么考虑。④ 或者应该说,这些心理因素是在"通恩"的判断以外。理由很简单,《穀梁》在叙述他不离开鲁宣公时仅言"兄弟也",但他是否从非工具意

---

① 《公羊》文二年传(卷13,页281)云:"然则曷为不于祭焉讥? 三年之恩疾矣。"这是因为鲁文公在丧筹划婚事,有违守孝三年报答先人之恩,而作出严厉的批判,跟《穀梁》批判鲁桓公即位"无恩于先君"一样,都是把"恩"作为禁止某些不当行为的标准。
② 《公羊》庄四年传(卷6,页123)云:"上无天子,下无方伯,缘恩疾者可也。"
③ 有关可允许性的问题,参阅 Scanlon, *Moral Dimensions: Permissibility, Meaning, Blame*, pp.8—11.
④ 从"非工具意义"的考虑解释偏倚性关系的由来,是政治理论家谢弗勒的观点。他预设一项义务(responsibility)就是一项责任(duty),认为人们之所以非工具地珍惜某一关系的条件,是"并非珍惜它不仅把它当作某些独立的具体目的的手段"。而这样做,就是仅把它"当作一个促进自己事业,或实现自己社会抱负的某一途径"而珍惜它。参阅 Scheffler, *Boundaries and Allegiances*, pp.97, 100, 121.

义上重视这一独特关系,却不清楚(参照 L_4)。有可能是他重视它,同时却不将之视为"通恩"行为的责任意识。甚至,他根本没有义务或责任的想法,导致这些行为的理由是在其他地方。应该指出,《穀梁》因不触及心理深描,反而对各种诠释的可能性保留了开放的空间。

"通恩"与"得众"一样,只是称贤的一个条件,不意味其人品行圆满没有毛病。只要拿叔肸与齐桓公二人略作比较,便能明白这一点:齐桓公得众,没有通恩于兄,却通其仁于诸侯(包括亡国的诸侯);叔肸通恩于兄,但没有得众。二人各自做了对方没能做的事情,但同样是《穀梁》肯定的贤者。

在此,不妨回想《穀梁》揭示楚灵王杀庆封令人不服,提及"用贤治不肖"的通则。按理说,叔肸既是贤者,当然有惩治鲁宣公的资格;但叔肸之所以称贤,又是立足于他的"通恩"。那么,很容易就会想象一个"反设事实"(counterfactual)①:假如叔肸不是没有政治权力的局外人,而是像公子友那样的权臣,那么他该如何做才像是"通恩"?《穀梁》笔下的叔肸原则上没有治不治的考虑,要求没有权力的叔肸撼动已为君主的鲁宣公,是说不通的;然而,假如关键不在于"不能",而是"能"是有成功的机会,那又如何?《穀梁》没有解答。如果说,对抗逆贼是力所能及的人该做的事情,只要自身不是"不肖"便有惩治"不肖"的条件(像楚灵王那样是"用不肖治不肖"),那么叔肸该如何做才是"通恩"呢? 在《穀梁》没有现成的答案。惟一可以清楚的是,像《左》《公》二传因政治大义而肯定诛杀亲人的做法,不是《穀梁》以其人为贤的决定性条件。不论石碏的大义灭亲,抑或公子友的杀二兄,都不是《穀梁》能够兼容和认可的内容(参照 O_4)。更明确地说,即使是杀了有罪的亲人,按照"用贤治不肖"的规定,也不过是说明杀了没有引起像楚灵王那样的不服,既然《穀梁》根本没有贤其人的观点,也没有理由认为公子友比得上"通恩"的叔肸。《穀梁》没有谈过因政治需要而杀害亲人的行为合法性,不涉及"亲亲"与"尊尊"的评定和考虑。②

(三)"贤"的第三个条件是"尊君"(参照 L_1)。第一章已指出,季札之

---

① "反设事实"的概念,参阅 Pierson, Paul *Politics in Time*, pp. 51—52. 皮尔逊:《时间中的政治》,页 62。

② 文二年传(卷 10,页 161)云:"君子不以亲亲害尊尊,此《春秋》之义也。"这里讲的是"跻僖公"的问题,《穀梁》不是"亲亲"与"尊尊"辩护杀害亲人的合法性。

所以称贤,就在于他尊重派他出使的馀昧。此外,齐桓公之所以成为《穀梁》认可的贤者,除了"得众"外,也需要注意他率领诸侯"同尊周"。刘卷作为"寰内诸侯"而称贤,在某程度上也与"尊君"有关,因为他以主人的身份接待参与吊祭周王的各国诸侯。

需要指出,《穀梁》没有刻划贤者尊君的心理状况,因此读者不能据传文得知他是如何看待馀昧。同样,齐桓公和刘卷对周王究竟如何看法,也无从稽考。因为《穀梁》对其他类型的"尊"也同样不触及个人属性的评估,所以有理由认为贤者的尊君,只是他们承认尊君基本上是需要认真应对的事情,独立于他们对相关君主的各种特征的判断和评价。借用达沃尔(Stephen Darwall)的概念来说,《穀梁》的尊君是接近"承认—尊重"(recongnition-respect)多于"评估—尊重"(appraisal-respect)的事情。① "贤"与"君"的关系,有别于"贤"与"众"的关系:前者倾向于"能动者相关"(agent-relative),而后者倾向于"能动者中立"(agent-neutral)。不妨这么说,支持贤者的"众"不可能不对贤者其人的高度评估,而贤者尊其君却不一定如此。这不意味《穀梁》鼓吹盲目支持君主。经文没有任何叙事涉及贤者与暴君的关系,所以《穀梁》也没有明言贤者面对暴君时有何反应。不管如何,传中批判暴君虐政的立场,是鲜明的。② 没有理由认为《穀梁》相信贤者因尊君而无条地支持君主的恶行。

不是每一个贤者都有尊君的记载。但非常清楚的是,没有一个贤者是不尊君。像楚灵王那样负有弑君之罪,不可能是《穀梁》认可的贤者。从楚灵王被庆封讥讽时遭到在场军人耻笑的反应,可以窥见两点:(1)弑楚子卷的恶行已注定他不可能因尊君而称贤;(2)连隶属他的军队也忍不住发出令楚灵王尴尬的笑声。可以说,他的不尊君就是导致不得众的重要原因。尊君与得众,表面上看是两个不同的条件,但在特定的情境下,也可能是相互关连的变项。

无论如何,《穀梁》所讲的"尊君",是发生在春秋时期列国分立的政治

---

① 伦理学家达沃尔认为,"承认—尊重"涉及承认尊重的对象是"某些需要应对的东西",像攀爬某座令人望而生畏的高山时的心情,而"评估—尊重"则涉及对某些客体的高度重视,例如欣赏一些人"跟品格相关的特征",例如某个充满爱心的母亲对待孩子而引起的反应。参阅 Darwall, Stephen "Two Kinds of Respect," pp. 38, 40.

② 如本书第三章(页578注4)所述,《穀梁》以"君恶"解释晋厉公被弑一事,显示了它比《公羊》更明确地抨击暴君虐政的态度。

格局。经中的"君"在同一时空内都是多数的。周礼拟血缘的政治制度,不像后世一人独尊的皇帝或独裁者。① 在周王以下,不同的人各有其所该"尊"的"君"。"尊君"不过是"尊尊"的一种表现,意谓相关的人对其君主的尊重。像季札那样"成尊于上",只涉及他与馀眜的君臣关系;至于吴国与周室之间的政治从属,则是另一回事。二者潜藏的张力和矛盾,并非《穀梁》着墨的地方。虽然《穀梁》常有"尊"与"卑"对举的措辞,但全传仅言"尊君"不言"卑臣",有别于诸如《管子》和《鹖冠子》"尊君卑臣"的主张。② 前者是对特定政治关系的评估,后者是刻划一般政治结构的描述。按照《穀梁》的思路,"尊君"不蕴涵"卑臣",君之尊不必以贬抑臣作为代价。恰恰相反,正是季札的尊君而显示其贤,因其贤而证其君馀眜之贤。

（四）"贤"的第四个条件是"使贤"。馀眜因为派遣季札出使,经文称之为"吴子",《穀梁》也把他列为贤者。《春秋》言使不言使,往往涉及某一行为是否具有足够的合法性,但像馀眜那样因"使贤"也得以晋身为贤,全经别无他例(参照 M_1)。《穀梁》没有剖析馀眜派遣季札的决定是基于什么考虑,也不清楚他的用人原则和对季札的特征定性如何。"使贤"意谓:

①季札是一个贤者;
②他被派遣出使。

由①和②这两点,不一定能够推出:

③他是因贤而被派遣。

正因为《穀梁》没有把"贤"当作差遣、委任或聘用人员的标准,这也是使它有别于许多先秦时期的思想作品。据传文的意见,贤者是"尊"的主

---

① 有关周礼拟血缘的政治结构,参阅李若晖:《久旷大仪:汉代儒学政制研究》,页5—35。这样的拟血缘结构,注定周礼的体制不可能与现代多元社会结构同一性质。政治理论家阿尔福这样描述现代多元社会领导分散的状况:"政治理论漠视政治领导,反映我们没有活在极权社会之中,而是活在多元社会之中,多元社会由无数和重叠的群体组成。这个失去的领袖其实根本不是消失了。他只是被分散到大量群体的大量领袖之中,而这是多元社会所涉及的。民主政治领导的任务是要协调这些群体,而不是要做巨大的父亲。"参阅 Alford, *Group Psychology and Political Theory*, pp. 175—76。恰好相反,周礼的结构,由天子至诸侯,都是一个个的"巨大的父亲"。

② 《管子·明法》(卷15,页913)云:"夫尊君卑臣,非计亲也,以势胜也;百官识,非惠也,刑罚必也。"《鹖冠子·道端》(卷上,页97)云:"礼臣之功,尊君卑臣;贤士之功,敌国惮之,四境不侵。"

体,而"尊"的对象是君主。自孔墨以降,对贤者的流行观点,更多的是把贤者视作"尊"的客体,而"尊"则是君主或卿相应该做的事情。① 其中,往往包含对贤者相对优厚的待遇。② 因一个人的"贤"而给予"尊"及其相应的东西,就性质而言,这其实是一种应受(desert)的主张。"尊"不是无条件的,而是基于"贤"的条件。换言之,不是简单地申张"X 应得 A"的诉求,应该要说明"X 因有 B 而应得 A"是怎么回事。③ 在这里,"贤"(即 B)与其他类型的"应受"一样,不是必要条件,而是充足条件。④ "贤"不像参军要求身高多少的那种合格性条件,符合了只确保其人的最低资格,却不保证入伍成功。在许多思想家的尊贤思想中,贤者因"贤"而足以接受什么东西的决定性,原则上是不必附加其他决定性条件。反观《穀梁》,却是从未把"贤"当作一种"应受"的资格,也没有什么人因"贤"应该或不应该得到什么。叔肸甘愿过着卖鞋的穷困生活的故事,人们读了就是婉惜和敬佩,但《穀梁》不曾说过像他作为贤者该有什么对待的资格。反之,季札出使而贤及馀昧,指示的却是另一方向:不是季札因其"贤"可以从馀昧手中得到什么东西。受惠的人是馀昧,不是季札。

正因为《穀梁》的"贤"不是一种"应受"的概念,原则上贤者(或其子孙)该有什么"应受"的东西,或什么人有责任保证他们(或其子孙)"应受",都不是传文关心的要旨。⑤ "使贤"是仅就季札出使聘鲁的外交行为而言。没有证据显示《穀梁》的"使贤"可以引申为一套尊贤使能的固定制度。但有一点是很清楚的,《穀梁》不曾担心贤者是有可能损毁大众利益的潜在加

---

① 把尊崇贤者视为君主和卿相的责任,是战国诸子流行的观点,不胜枚举。例如《论语·子路》(卷 13,页 198)云:"仲弓为季氏宰,问政,子曰:'先有司,赦小过,举贤才。'"《墨子·尚贤中》(卷 2,页 49)云:"古者圣王甚尊尚贤而任使能,不党父兄,不偏贵富,不嬖颜色。"《孟子·公孙丑上》(卷 3,页 90)云:"尊贤使能,俊杰在位,则天下之士,皆悦而愿立于其朝矣。"《荀子·君道》(卷 8,页 245)云:"知好士之为美名也,……是卿相辅佐之材也,未及君道也。"

② 《礼记·中庸》(卷 52,页 1442—43)云:"凡为天下国家有九经,曰:修身也,尊贤也,亲亲也,……去谗远色,贱货而贵德,所以劝贤也。"这里,"劝"是奖勉义,从《国语·越语上》(卷 20,页 572)"国人皆劝"一语可证。

③ 范伯格指出,"'应受'的判断附带着致力提出理由的信念。因此,作出某一'应受'诉求,就是某人致力于提供理由支持这一主张。"参阅 Feinberg,"Justice and Personal Desert,"p. 56.

④ "应受"作为必要条件的性质,参阅 Feinberg,"Justice and Personal Desert,"p. 57.

⑤ 这一点,也是《穀梁》与《公羊》的一个重要差别。如本书第一章(页 116—18、131—32)所说,《公羊》强调"贤者子孙宜有地也"的主张。

第四章 "贤"的指谓与条件 857

害者,更没有因为这样的担心而认为贤者的利益需要纳入体制的正轨。①

(五)综合上述四点,可以看见《穀梁》对"贤"的定性,说明它的着眼点不是道德意志的自主伸张。在传中,一些贤者确实因为做了某些事情而得到认可,但没有哪一个人的行动可以说是自我确立道德法则的结果,因此没有迹象显示他们是康德伦理学意义下的立法者。像宋伯姬那样留守灾场,或叔肸那样不食宣公之禄,也许是许多人由衷敬重和自叹不如的行为,却没有理由说这些行为都是自我立法的结果。

主观意图是否符合道德构想,从来不是《穀梁》判断贤者的重要标准。跟《公羊》赞美让国、死难、复仇而贤其人的做法不同,《穀梁》不相信这些行为及其动机是导致相关人士得以称贤的决定性条件(参照 D_1、C_2、F_3)。像鲁隐公的让国、荀息的死难、齐襄公的复仇,都是充满争议的,而《穀梁》没有褒扬这些人为贤者,其实是更符合正常人的理性和常识。"得众""通恩""尊君""使贤"四者都是离不开行为结果的判断,光是贤者自己的道德选择不足以称贤。像鲁隐公这样徒"善"而"成父之恶",本来不值得称道。像宋襄公那样的人,很难说他在主观上没有良好的道德构想,但他既有"背殡"之恶,始终没有深切地反省己过,反而不顾司马子反的进谏与楚军对决,因此他的行为及其结果肯定不符合《穀梁》称贤的条件。②

"贤"不仅不是展现道德意志或主观意图的指标,也不是代表道德水平的指标,③更不是要求他人仿效的政治美德。《穀梁》忠于解经,始终没有

---

① 这是现在思考贤能政治的论者普遍的担忧,例如王小东《中国新路:贤能民主制》(页21)云:"如果不是革命,而是改革或改良,就要尊重掌权的精英集团的既得利益。如果不尊重,则改革或改良会寸步难行。同样,要想把国家治理好,也必须尊重治国贤能者的利益。这个话赤裸裸的说出来,属于政治不正确,一般大众比较难接受,认为不公平。问题是,如果不在理念上接受这种不公平,就难以做出适当的制度安排,把掌权的精英集团的利益纳入体制的正轨。"

② 宋襄公失民(参阅本书第二章,页 245),就是他没能"得众"的表现。至于"背殡"之事(参阅本书第一章,页 81—83),显然他不符合"通恩"的条件。宋襄公本是诸侯,他要"尊君"也只有对周王而言,但经传对此实无交代。至于"使贤",亦无明证,因为《穀梁》没有说过他的哪个臣子是贤;《公羊》倒是说过司马子反是贤者,但本书第一章所述,宋襄公拒绝司马子反的建议,其中提及"君子不推人危"云云,既说明宋襄公以"君子"为榜样,又显示二人实非君臣相得的状况,怎么看子反也不会是宋襄公"使贤"的证据。值得注意的是,《公羊》强调改过的重要性,故有贤秦穆公"能变"的主张,因这个问题涉及对夷狄等考虑,所以暂不处理,留待日后再研究。

③ 这是时下流行的通谷论说,如干春松《贤能政治:儒家政治哲学的一个面向》(页57)说:"品德和才能兼备的人被称之为贤能之士。如果'贤'代表道德上的指标的话,'能'则代表知识上的优势。当然,在儒家的视野中,理想的人才应该是这两种能力结合在一起。"

任何类型的规范性一元主义(normative monism)规定所有的人及其行为都要由相同的管治原则所支配。① 任何把"贤"或其他美德阐述为完备的政治理论,都有可能是不现实的政治思考进路。② 说到底,"贤"仅是《穀梁》用来概括某些人做了某些行为后的品性词汇。传文从未交代"贤"若套用在其他环境下参照什么变项可以作出哪些方面的调整,读者只知道《穀梁》认为齐桓公、纪侯等人"得众"或季札"尊君"是好事,但其他人这样做是否都有好评,却是尚待审定。③

确切地说,《穀梁》所说的"贤"与"善"并无共生的关系。当然,透过纪侯既"贤"而又是"君子"的定性,可以看见"贤"与"君子"是有可能用在同一个人身上,但不能说所有贤者都是君子(参照 B_4)。反证显而易见,卫宣公因"得众"而"贤",但他的"恶"却是《穀梁》刻意强调的。现在讨论和宣扬贤能政治的人,往往倾向于把贤者理解为倾重于德性,把"贤"视为一种与个体价值取向相联系的德性与品格。④ 然而《穀梁》却不是以德性规定的"贤"的内涵;最低限度,被传文认可的贤者行为,像齐桓公被曹刿威胁而不得已信守盟约,在后人看来却不见得符合真正道德的表现,但他的"信"却是《穀梁》赞扬备至的特点。⑤ 这不是说"贤"反道德或毫无道德元素。这里的重点是,以流行的道德构想界定《穀梁》的"贤"的内涵,未必是能够增添太多信息的做法。

(六)《穀梁》的"贤"既非纯粹的道德性质,那么它究竟算是什么呢?归

---

① 有关这个问题,科尔代利已说:"没有任何一套规范性一元主义,亦即认为相同的管治原则可以适用于所有能动者和行动之上的主张,可以完全搞清楚所有人类行动的道德意义和诸价值的关系和多样性。"参阅 Cordelli, "The Institutional Division of Labor and the Egalitarian Obligations of Nonprofits,"p. 134.

② 戈伊斯剖析两种不现实的政治思考进路是,指出其中一种就是"借着在众多人类卓越质量或可欲的政治(或社会)面向中,拾取某一既定的政治'美德',从而发展一套完整的政治理论"。参阅 Geuss, *Philosophy and Real Politics*, p. 59.

③ 如本书第三章(页 577 注 4)所述,成十八年"晋弑其君州蒲"的弑君者肯定不是"尊君",但《穀梁》仅把批判的矛头指向被弑的晋厉公,没有责难行弑者不"尊君"。还有,卫宣公"得众"也不像齐桓公那样得到好评。

④ 这样的观点相当常见,例如杨国荣《贤能政治:意义与限度》(页 23)云:"在形成的方式上,德性与品格又基于个体的修养。儒家所肯定的贤人,往往也体现于个体的价值追求或人生追求。……在贫寒的物质境遇中依然保持乐观的人生态度,这种贤德所展现的便是与个体的价值取向相联系的内在品格。"

⑤ 如本章(页 638)所述,董仲舒对齐桓公柯之盟的表现,便是非议和批判的态度,有别于《公羊》的高度评价(于《穀梁》亦然)。

纳起来,大概有四点需要提请读者注意:

1. "得众""通恩""尊君""使贤"四个称贤的条件不是放在一个完备的人格养成体系上进行论说,所以没有必要故意将之理解为单一系统的变项,因为还有四个贤者(曹羁、潞子婴儿、叔仲彭生、公子意恢)得以称贤的缘故还不清楚。《榖梁》随经解读,引导传文得出"贤"的结论,主要是根据经中的异常措辞,包括"众辞""公弟""叔仲"、涉及夷狄或小国的不寻常称呼,很难说这些措辞已穷尽了政治世界中"贤"的所有内涵。而且,这些措辞都不是统摄在一个更高的原则之下,可以说不同时空环境下的人都有"贤"的可能性,但似乎不能说称贤的条件已被经传先在地规定或预设了。

2. "贤"在《榖梁》中的指谓既是多种多样的,但有一点是很清楚:传中的"贤"首先涉及行动和其情境,而不是纯粹的信念或命题。"得众""通恩""尊君""使贤"四个称贤条件,不是因贤者的思想原则或信念原则而有此评价。之所以得出"贤"的定性,关键是这些人做了某些行动,而不是他们的思想或信念。他们如何想法,其实是相对不重要的。馀眛为什么"使贤"?季札为什么"尊君"?《榖梁》都没有交代。叔肸的心路历程如何?在最宽松的意义上说,我们固然可以说他是按照自己认为正确的价值信念而做出"通恩"的行为,但他真的坚持着某一种正义原则行事吗?他是一个贯彻立场的人吗?在"不食"期间有没有内心软弱的想法?有没有分神、矛盾和混乱的表现?他的"通恩"有没有可能仅是在有限条件下惟一被允许做的事情?说实在的,这些合乎情理的疑问,是不可能从《榖梁》简短的叙事得到完整的答案。跟许多贴切政治现实的研究一样,《榖梁》对"贤"的判断基本上是行动的研究,只有涉及行动时,才追究到信念的问题。①

3. 贤者之所以为贤者,不仅因为他们做了某些行动,而且是做得很好(参照 C_4)。桓盟的"信其信,仁其仁",便是一个显例。很难想象相关行为若不成功,甚至产生灾难性的政治后果,其人是否还可以称贤?馀眛若不是派出季札而是换了不贤的人,还可以算是贤者吗?卫桓公若不得众,卫人还有可能拥戴他登位吗?《榖梁》的"贤"涉及的行动很多,各有特殊的行动情境,基本上是依赖语境性(context-dependence)。要知道搞清楚如何

---

① 政治研究先行动、后信念的定向,参阅 Geuss, *Philosophy and Real Politics*, p. 11.

才算作做得好的行动结果,绝对是不简单的事情,不可能一蹴而就。① 无论如何,"贤"的判断已预设贤者做好了相关的事情。从这个视角来看,《穀梁》的"贤"更接近今语"贤能"的"能"而非"贤能"的"贤",因为传文所做的事情不都是道德的性质;或者可以说,这样理解的"贤"似乎有点接近英语的 capable,因为两者同样是表示做好事情的能耐。②

4. 做得好某一件事情,而这事情又是符合其人的身份规范,有可能是被理解为"道"的体现。例如宋伯姬留在火场等候傅母和保母,就是"妇道尽矣"的表现。又如祭仲不死难和废忽立突,就是不符合"臣道"。相关行为是否做得好,跟符合某一种"道",大概是有关系的。但传文没有说每一个贤者都要符合什么"道",像楚昭王那样导致国家灭亡,当然很难说是"君道"的典范,但他仍是一个得到父老拥戴的贤者。

5. 假如不问推崇的主体是谁,便会发现《穀梁》的"贤"都是用在被推崇的对象身上。像曹羁、宋伯姬等人都是得到传文明确的推崇;卫宣公没有得到传文的推崇,但却是被卫人拥立的对象。③ 这样一种推崇,都是针对特定的人而发。不是因为这些人拥有这一种"贤者"的身份定性而获得推崇。这跟现代人因为人格尊严的考虑而把"人"放在预定需要作出尊重的地位等级(status hierarchy)之内,而对每一个人给予"平等的尊重"(equal respect)不同。对"人"的尊重,更多的是一种"等级内的平等"(equality within hierarchy)。④ 相反,贤者不像是这样一种等级,《穀梁》没有提及各个贤者之间是否平等的,"贤"作为一种赞美人的词汇,是归属于一个又一个在具体而特殊的时空环境中能够做好某一行动的人。

(七)就是因为"贤"仅因某人做好了某些行动而得到的品性描述,不是一个人对道德成就的确切描述,由此可以推论说贤者不必是思想行为毫无瑕疵的完人。据《穀梁》的理解,贤者也有一些过失,卫宣公之恶便是显例,贤如宋伯姬也导致"季孙行父如宋致女"的结果。齐桓公灭他人之国,更是

---

① 对于"语境依赖性"的问题,参阅 Geuss, "Realism and the Relativity of Judgement,"p. 8.
② 必须强调,《穀梁》所说的"能"都是指某一行为而言,不是对人的定性,如隐元年传(卷1,页4)以"能杀"训"克"之类。因此,直接以"能"义解读"贤"字,也不妥当。
③ "贤"本有"崇重"之义,《礼记·礼运》(卷21,页660—61)云:"以贤勇知,以功为己。"孔疏:"贤,犹崇重也。"尽管"崇"与"贤"在《穀梁》并非等值的概念,但说传中的贤者在不同程度上得到推崇,应该是没有什么疑问的事情。
④ 有关这一种尊重的概念分析,参阅 Bird, "Status, Identity, and Respect,"p. 208.

不该发生的过失,《穀梁》认为灭项而不名,全是鉴于"为贤者讳过"的考虑。

在此需要明确一点:贤者得以称贤的原因,与他因贤而讳的过失,不是同一回事。这是《穀梁》有别于《公羊》的一点,有必要仔细辨析。《公羊》因齐襄公复九世之仇而贤其人;同样也是讳贤者之过,《穀梁》认为齐桓公带领诸侯同尊周王,既"得众"又有存亡继绝之功,故此讳言灭项之事。《公羊》在讳齐桓的问题上,与《穀梁》意见相近,但《穀梁》却不可能接受齐襄公因复仇而讳灭纪的推论,且看以下以下四点:

1.《公羊》证成齐襄复仇称贤的逻辑,是有问题的,因为它认定经文不说"齐灭纪"是"为襄公讳"的缘故,贤者被《春秋》讳言其过(尤指灭他人之国),所以复仇的齐襄公是贤者。① 这个思路蕴涵以下的推论:

①贤者犯了灭国之过可讳。
②复仇的齐襄公犯了灭国之过可讳。
③复仇的齐襄公是贤者。

姑且把上述推论称为"论证S"。论证S明显犯了"中词不周延的谬误",因为中间的"犯了灭国之过可讳",在两个陈述中作为谓词出现,因此两处都不周延,而按照三段论的定律,中词必须至少有一次周延。同样清楚的是,并没有涉及所有复仇与"犯了灭国之过可讳"的人的声称。因此,无从知道"犯了灭国之过可讳"且为复仇的齐襄公这一类属,有没有交叉。由此可见,论证S的整个思路大有缺陷,不能推论说齐襄公是贤者。

2.讳齐襄灭纪,与讳齐桓灭项,完全不是相同的推论方式。齐桓公团结诸侯共同尊周,而且存亡继绝,这些都是存在于灭项以外的功绩;因这些功绩而贤其人,进而讳其灭项,照《穀梁》看来,主要是为了"成人之美",齐桓公可贤的功绩与他的过失,是完全不同的东西。然而,齐襄公灭纪与复九世之仇,则是同一个硬币的两面,两者名异实同。说齐桓公算是"贤者犯了灭国之过可讳"的贤者,问题不大,因为他的称贤是不是有效,主要是按照"得众"的证据(换言之,是在灭项以外找证据)而加以检验(在这一点上,《公羊》虽不讲"得众",但也不会反对齐桓公在灭项以外另有可贤之事,与《穀梁》并无实质的差距)。换言之,剖析齐襄公的称贤和灭国,并非从论证

---

① 《公羊》庄四年传:"曷为不言齐灭之?为襄公讳也。《春秋》为贤者讳,何贤乎襄公?复雠也。"参阅《公羊注疏》卷6,页122。

S来展开的。相反,《公羊》对齐襄公的讨论,始终离不开论证S的牢笼。说齐襄公属于"贤者犯了灭国之过可讳"的一例,是莫名其妙的,因为《公羊》认为他的"贤"是因为他的复仇,而他的复仇则是表现在灭纪国一事上。贤齐襄复仇,不啻是贤齐襄灭国。也就是说,贤齐桓是因为灭国以外的理由,而灭项是错误的,需要隐讳;贤齐襄则是因为复仇,而复仇离不开他的灭纪;灭纪既是齐襄称贤的原因,又是需要讳恶的原因。如果贤复仇与讳灭国,不过是字面不同但指涉相同的表述,就必须追问:既然齐襄灭纪因复仇而由恶事变为美事,何须隐讳?这不是掩盖了本该褒扬的美事吗?同样是讳言灭国,齐桓公灭项是说不出口的恶事,而齐襄公灭纪却是说不出口的好事,亦即说了怕做过好事的贤者受累。既然为了复仇而灭国也是可贤,何必害怕直言其事伤害了贤者?复仇宜褒,灭国宜讳,宜褒与宜讳明明是同一件事,结果欲褒而不敢明褒,顾忌重重,不是有些奇怪么?说穿了,论证S之所以认定齐襄公是"犯了灭国之错可讳",无非是藉以寻找他与贤者的共同点,从而推出他是贤者的结论。如上所述,"犯了灭国之错可讳"本是不周延的中词,没有理由因讳灭纪而推断齐襄公为贤者。透过齐桓、齐襄二人的对比,可见论证S不像贤齐桓那样在复仇灭国以外指示贤齐襄的其他凭据(warrants),仅从讳灭纪而贤齐襄,是启人疑团的说法。

3. 退一万步来说,即使暂且接受论证S贤齐襄的结论,仍有一些费解的问题悬而未决。如果说,齐襄公因复仇不仅灭国,而且是灭同姓之国,仅因"犯了灭国之过可讳"一点,而被认定为贤者,那么如何理解私自带着采邑归附齐国的纪季仅因接受复仇的结果(即所谓"服罪")也被誉为贤者呢?同样是进行复仇战争,为何仅有齐襄公一人算是贤者,而鲁庄公臣下和伍子胥不是贤者?为何仅是服罪的纪贤反而与齐襄、齐桓二公同样跻身为贤者,享有比鲁庄公臣下和伍子胥更好的评价呢?什么程度的复仇才能称贤?不清楚,《公羊》始终没有交代。但无论如何,这些疑问的存在,已显示不是凡复仇皆有贤者之誉,客观上印证了论证S的不可取。

4. 以上的疑问,都是源于给予论证S"怀疑的优惠"(benefit of doubt)的结果。也就是说,这些都是因为不怀疑贤齐襄的推论可不可以接受,仅对如何恰当地诠释《公羊》而产生的问题。然而,论证S是否对确?齐襄公是否可贤?是否真的有资格与齐桓公等齐量观?分析到最后,关键还是看经文的证据。庄元年经的"迁"和庄四年经的"大去"都可以像《穀梁》那样按字面意义加以诠释，从而得到完整的解说。像《公羊》那样把"迁"和"大去"读作"取"和"取"的讳辞，同样归结到"为襄公讳"的解释，实是"反向预设的论证"，说殊迂曲，远不如《穀梁》可取。

（八）在四个意义上说，《穀梁》的"贤"是远离于诸如"政治尚贤制"或"儒家之混合政体"对"贤能者"的预设模式：

1.《穀梁》对"贤"的界定，是高度情境性的判断。"得众""通恩""尊君""使贤"四者都是某时某地下的某种具体行动的结果，而这些结果也不能都是通过慎思和通盘计算后的产出（output）。没有证据显示贤者比一般人更有远见。宁愿留在火灾场内的宋伯姬，以及出奔后回国被杀的曹羁，怎么说也不像是看问题偏重长期利益的人。此外，也不能说贤者更有意愿和条件维护稳定和长久的政策。像叔肸那样洁身自爱而又甘居离开政治圈的人，他们的政策思考是否真的倾向于此，恐怕谁也不能打保票。说"贤能者"更有可能"站在长期利益、非选民利益或是弱势群体一边，并且他们也有可能维护稳定和长久的政策"，[①] 充其量仅是现代人对贤者的主观猜测和愿望，有待现实数据的验证，但无论如何，《穀梁》对"贤"的刻画已提醒人们：贤者不必然是突破眼前见闻而拥护长远利益的守卫者。

2.《穀梁》不认为所有贤者都是美德的模范，也没有强调他们必须具备足够的知识能力和社交技能。齐桓公的"信"和宋伯姬固然称道，但卫宣公和纪侯如何"得众"？是否凭借上述的能力？《穀梁》没有交代，更不说曹羁、潞子婴儿、叔仲彭生、公子意恢这些不详事迹的人了。"政治尚贤制"则强调挑选人材时"贤能者"在知识、社交、美德诸方面上都是出类拔萃的佼佼者。[②] 这些都不是《穀梁》界定贤者得到特别强调的条件。

3. 严格地说，《穀梁》的贤者不见得是可以经过严格考核的精英分子，因为传文欣赏的贤者不仅是建功立业的成功人士，还包括各种政治不成功的失败者。从正面的现实成就而论，潞子婴儿国灭被掳、纪侯大去其国、公

[①] 白彤东《主权在民，治权在贤：儒家之混合政体及其优越性》（页20）如此讲述"儒家之混合政体"的"贤能者（meritocrats）"的作用："我们会看到，因为这些贤能者不像被民众投票选举出来的立法者那样为选票所左右，所以他们有可能在短期和长期、选民和非选民、多数和少数之间有利益冲突的时候，站在长期利益、非选民利益或是弱势群体一边，并且他们也有可能维护稳定和长久的政策。"这是从《孟子》引申出来的政治感言，是否真的符合《孟子》，却是颇为可疑。无论如何，透过这段引文，读者应该比较容易感受《穀梁》与现在流行讨论之间的距离。

[②] 贝淡宁：《贤能政治》，页66—89。

弟叔肸贫贱终身、曹羁和公子意恢惨遭杀戮、宋伯姬意外灾卒,他们都算不上是成功的例子。像《公羊》那样夸大祭仲作为国家存亡的枢纽(参照 O_2),本是非政治思考的结果,毫不足取。《穀梁》虽从能力角度审视"贤"的问题,但从来没有认为贤者是政治成功的保证。真要获得政治稳定的成就,没有理由认为他们和类似做法的人可以成为"贤能者"的基本形态和学习模范。那些把"圣贤"包装为可以找到解决"中国问题"的方案的"立法者",不过是有待事实验证的高论,从《穀梁》的视角观察,是不必抱有这样的"期待"。①

4. 即使撇除政治贡献不论,《穀梁》"贤"的观点也不可能转化为考核"贤能者"的量化标准——除非是尝试变换传文原来的语境和涵义。试问,"得众""通恩""尊君""使贤"四者,若被视作衡量现实政治人物的能力的指标,究竟哪一项是最重要的? 若是多于一项,如何权衡? 谁来权衡? 谁来监督其中的操作? 显然,不是一小撮精英分子说了算的事情。现在有人主张"贤能者"可以透过少数精英的评比而得到选拔。② 但这不可能是《穀梁》能够同意的方案;最低限度,那些因"得众"而称贤的人,就不是如此的要求。在传中,没有一个贤者被捧为楷模或需要模仿的对象。③

(九)《穀梁》的"贤"不仅不能作为(或转化为)选拔"贤能者"的清晰标准,而且传中的观点也不可能用作维持以贤者为核心的政体(哪怕是所谓"政治尚贤制",抑或其他声称以任贤为基调的政体设计)的基石,原因有三:

1. 在《穀梁》看来,"贤"的存在不一定是保证政治合法性的有效工具。

---

① 姚中秋《为儒家鼓与呼》(页186)就这样鼓吹"要抱一个对圣贤的期待"云:"一个文明,如果要有生命力,需要运气,运气中最重要的是隔那么若干年(比如五百年),出一个圣人,或者一百年出一个大贤。这是什么含义?——他们是立法者。……中国有几十万教授,就有那么一两个教授有思想,那就是贤人,他们的思考是能够找到解决中国问题的方案的。"

② 这是某些号称"儒家视角"所提出的方案,例如陈祖为认为,参照陆贽模式,建议政府应设置一个由熟悉候选人的高级公务人员,如同事、在公共机关工作的高级雇员或政治新闻记者等等,由他们来评价候选人的公共服务精神、责任感、公平感、是否诚信、是否文明。参阅 Chen, "Political Meritocracy and Meritorious Rule: A Confucian Perspective," p. 46. 另参阅 Chen, *Confucian Perfectionism: A Political Philosophy for Modern Times*, ch. 4.

③ 有何理据能让人可以自我克制地顺从官方所指定的权威楷模是现在鼓吹贤能治国的人备受质疑的一个环节。例如,慈继伟便指出这是欠缺令人满意的答案:"最好的结果将是未获得自我修为支持的表面认同,最坏的结果则将是基于机会主义理由的虚假认同。"参阅 Ci, Jiwei *Moral China in the Age of Reform*, p. 103.

相反,贤而不正的例子,在传中比比皆是(参照 D_4)。卫宣公和齐桓公即位,皆不具有足够的政治合法性;刘卷因协助王猛夺位,也是"不正"的典型例子。纵然"贤"在某些场合上可以是使统治者(例如馀眛)得到肯定和好评的条件,但不见得必能为相关的政体和人增加多少合法性。至于像公弟叔肸这种明知兄长篡夺而又不选择决裂的贤者,他的"通恩"既没有增加鲁宣公执政的合法性,也不构成实质的冲击。

2. "贤"大体上也不涉及掌政者的挑选和政权的易手(参照 G_1)。《穀梁》被界定为贤者的君主,计有卫宣公、齐桓公、馀眛、纪侯、楚昭王、潞子婴儿、刘卷七人,但他们没有一人是因"贤"而登位,也没有因其作为贤者而先在地被认定享有优先的执政资格。也许,有人把"让国"理解为转换政权的理想方式,但《穀梁》不以让国为贤,——尽管传文承认"让"或"辞让"在很多情况下是正确的行为。虽然有些贤者目睹和接受政权的更替,像纪侯和楚昭王都有放弃执政统治的想法,而纪侯和潞子婴儿更是接受丧失君位的结果,但这些都是无奈而残酷的政治现实。一个统治者可以因"贤"而掌握了某些有利于统治的资源,如"得众"的楚昭王就是因为父老的拥护而复国,但大体地说,贤者与君主地位两者之间不是共生或因果的关系。

3. 《穀梁》虽承认"用贵治贱",但这不意味"贤"是维系政体的核心骨干。"贤"与"不肖"之间,主要是谁惩治谁的问题,不是谁有管治的资格。而且,"贤"也不是惟一有"治"的资格的人,而惩治涉及同类行为的比较,自己也有相关过错的人原则上没有资格惩治其他犯这种过错的人(参照 Q_4)。在"贤"以外,还有"贵"可以惩治"贱"。无论如何,"贤"没有超过或取代"贵"的地位。《春秋》描述的是一个周代封建格局还未彻底崩坍的政治环境,在《穀梁》看来,那些试图以"贤"为治理主体的政体设计,都是不相干的。无论死君难抑或死臣难的人(如孔父、仇牧、荀息、公子瑕、箕郑父、庆寅),也不见得是称贤的充足条件或必要条件。"贤"与"忠"在传中不是必然同时存在的。虽然"尊君"是称贤的一个条件,但忠不忠与贤不贤其实是不同的考虑,不能由"尊君"的诉求推论出所有贤者都要无条件地效忠其君。

(十)为了澄清《穀梁》对"贤"的定性,以下将提出三个问题,考察传文对之可能提出的回答:

1. "贤"是一项行动吗?不是。然而,"贤"肯定与行动有关,做了某些行动而符合"得众""通恩""尊君""使贤"四个条件的其中一个,便有可能成为《穀梁》认可的贤者。称贤,是因为某些行动的结果;但具体地说,究竟是什么行动?除了"使贤"以外,"得众""通恩""尊君"三者可以包涵各种各样的实际行动,其中可以是像齐桓公那样长时期地争取诸侯的支持,也可以是像楚昭王那样在流亡途中令人感动的言说。可以肯定的是,这里需要排除的是让国、死难、复仇三项,这些行动都不能确保"得众""通恩""尊君""使贤"的结果,没有理由因《公羊》褒扬的意见而认为《穀梁》也是这样的思路。

2. "贤"是一项美德吗? 不是。贤者有可能做的事情符合某种道德构想,但不能说"贤"是伦理学意义上的美德。"贤"不保证"善",贤者(如卫宣公)可以"恶",不贤者(如鲁隐公)也可以是"善"。贤不贤与善不善,并无必然的关系。应该说,"贤"充其量是一种"品格"(character),泛指一个人的某种行为特征,而非心理或人格的涵义。称某人为贤者,仅是针对贤者的行为而言。齐桓公、卫宣公、纪侯等人究竟是什么性格,《穀梁》未尝交代。"贤"不是人性论意义上的评估性词语,《穀梁》也没有人性论的探讨。

3. "贤"是一项理想性价值吗? 不是。尽管《穀梁》在许多时候肯定贤者的做法,例如宋伯姬、公弟叔肸都是得到褒扬备至,但不能说"贤"是可以推广为所有人都需要学习或模仿的典范。因为"贤"已预设"得众""通恩""尊君""使贤"四个条件,不是人人皆可以随便达到这些条件,但《穀梁》从未将之划为政权人员的衡量标准,或将贤者视作某一种形态的美好政治的必要人选。"贤"不是先在地被预设或被规定指导政治发展的理想性价值。从贤者所出现的情境的多样性,可以知道"贤"未被编列为政治体制内的固定元素,不论从哪一个角度,各种因为现代需要而编造的精英政治构想,不是《穀梁》所能认可或兼容的东西。

结　语

论述至此，就基本呈现了《穀梁》对"贤"的判断。现在，让我们对前文的论点做一个简单归纳：

（一）"贤"是对一个人的评价性描述，而它的着眼点主要是针对其人所做的行为而来。"得众""通恩""尊君""使贤"四个称贤的条件，都是就某些行为而言，不是首先涉及其人心中有何思想或信念。让国、死难、复仇三者也是一些具体的行为，是"行事"而非"空言"的性质。跟其他成熟的政治研究一样，《穀梁》的内容基本上是行动的探讨，只有涉及行动时，才追究到信念的问题。考察齐桓公如何经营多年使诸侯由"疑"而"信"的"得众"表现，跟批判宋襄公伐齐丧、执滕子、围曹等恶行一样，都是属于政治伦理的考察，其中的视线是盯在行动层面而非其他层面上。像宋襄公、齐襄公、鲁隐公、公子友等人之所以不可能是《穀梁》认可的贤者，不是因为他们心中有什么不好的想法，或价值观有什么不好，而是他们的行为不被视为符合贤者的标准。让国、死难、复仇等做法，都是实实在在的政治行为；而"贤"是某些政治行为做得好而获得的判断。一言以蔽之，行为是第一义，其他东西是相对次要的。

（二）正因为《穀梁》的内容基本上是对政治行为的讨论，所以它的讨论重点也只能是政治伦理的问题，而非其他东西。这不是说传文完全不涉及政治心理、政治制度、政治原则的思考。应该说，这些东西都是服务于相关行为的判断和证成。像齐桓公那样团结诸侯，《穀梁》的重点是刻划他如何令诸侯由"疑"而"信"，并且得到"同尊周"的效应，传文未尝从"二伯"或相关制度上剖析其事，完全没有理由认为其中涉及整个政治制度的设定。当然，这样说不意味政治背景的其他因素不重要。像宋缪公的日卒，在《穀梁》看来是"正"，离开了宋国传弟亦算合法的继嗣原则，是难以理解的（这也是解释它如何与"大居正"的观点有所不合）。行为就是行为，《穀梁》和其他诠释经文的传注一样，都是政治伦理的思考，都是面对已发生的事件而作出事后的评述，不像一般法律条件那样对可能出现的行为作出事先的规范。

（三）《穀梁》书中各种政治伦理的内容，决定了它不是制度设计的作品。它反对鲁隐公让国，也没有认可其他让国的做法，读者是不可能从中演绎出禅让制或其他政体选择的安排。此外，贤者也不是能够被纳入在政治体系内的组织成员，有关"贤"与"众"的讨论根本不存在制度性的考虑。"众"的高度自主性和非体制性，与"贤"的多样性和情境性，是息息相关的。贤者可以在各种不同情境中"得众"，其中的重点是他的做法令人接受。这在某程度上涉及服从与不服从的问题，但绝对谈不上是完整的政治秩序安排，因为《穀梁》涉及"权"的讨论，主要是针对某些政治人物的做法是否正确，像祭仲那样废立君主，便是要不得的。要不得，是因为行为错误，没有提及制度的问题。《穀梁》政治伦理的思考是专就行为的对错而论，着眼于相关行为在各自情境中的可允许性，如此而已。

（四）承认《穀梁》书中充斥着各种政治伦理的讨论，蕴涵着它着眼于各种行为的独特性、情境性、互动性和偏倚性。正是某一种独特的偏倚性关系，方能解释相关的政治人物为何愿意对某些自己重视的人作出一些独特的行为。鲁隐公准备传位给其弟的决定，完全是从他个人、父亲和弟弟三者的关系上展开；也就是说，他的让国，只对鲁惠公和鲁桓公有效，其他人是不值得（或他不可能考虑）这样做的。孔父、仇牧、荀息、公子瑕、箕郑父、庆寅六人之死，也是他们与相关的君主或臣子的密切关系所导致的。同样，齐襄公、鲁庄公、伍子胥三人对复仇的做法，也是因为自己与受害亲人的特殊关系。"得众""通恩""尊君""使贤"四者，也离不开贤者与其相关者的互动，尽管其中不一定蕴涵关怀、认同或责任义务等意识。《穀梁》评述各种行为的是非，基本上都是一些"能动者相关"的理由，而非"能动者中立"的规范。

（五）强调《穀梁》谈论的是某些具体的人所做出的政治行为，不蕴涵这些行为完全是由政治人物自我主宰和决定的。政治伦理有别于纯粹的私人伦理，一些符合道德构想的政治行为未必是妥当的，例如鲁隐公让国的决定就是"善"而"不正"，而孔父、仇牧、荀息的死君难仅被《穀梁》视之为"闲"而非"贤"。一个人主观判断的道德构想和思想信念，从来也不是证成其行为的可允许性的充足条件。为了复仇，齐襄公灭绝纪国，伍子胥攻入楚国肆虐而回到"狄道"。他们所带来的各种伤害，都是《穀梁》觉得绝对不能接受的。一些行为是否可被接受,要看具体的行为是否妥当,不仅是当事人感觉如何。公弟叔肸的"通恩"就是"非之""不食"和"不去"三者兼具的结果。同样,宋伯姬留在火场而死,她之所以称贤在于既尽妇人之义,又在死后得到十二国人的共同救灾。《榖梁》不曾片面地歌颂某些政治人物主观的道德构想,而不顾其行为的现实效果。

（六）从"贤"的判断出发,可以看见《榖梁》对政治行为的思考,并非抱着"一个尺度适合全部"(one-size-fits-all)的观点。"贤"与让国、死难、复仇等行为一样,既不是美德,也不是理想性价值。假如仅是观察传中的各种概念,抹掉其事件的独特性,将之化约为各种各样的价值,也许不能让读者得到多少有意义的思想信息。不仅是"贤",传中的各种概念（或其他性质的用词）都是为了解释各种行为而言;而这些行为都是发生在特殊的时间、具体的政治环境中,各有不同的行为情境和互动对象。本书考察的各种人物,无论是贤抑或不贤,都有许许多多的独特性;同样称贤的齐桓公和宋伯姬,便是两个完全不同的行为方式,不可能说他们二人属于相同的人格养成体系的产品。这不是反对归纳和概括,只是认为没有必要把《榖梁》整合为一个同条共贯的价值系统。侈言价值问题,无助于理解《榖梁》的内容。仔细校读传文,审视传注和各种诠释意见的射失,针对具体的政治行为进行具体的说明,老老实实地交代它说了什么,这便够了。

（七）《榖梁》对"贤"的判断,始终是历史性的政治伦理判断。离开了春代时代周礼的实践环境,很多行为的是非得失是难以理解的。天子尊贵而无从宰制一切,诸侯从属而各享自主领域。这对于习惯以庞大帝国支配全局的后人来说,是相对陌生的政治格局。像鲁隐公是否应该让位,祭仲是否应该废立,齐襄公是否应该灭纪,齐桓公是否应该尊周等等,都不见得是后世政治人物必须承受和继续进行的事情。或者说,即使觉得相关做法也有借鉴和参考的意义,也是从相对抽象的意义上比较;其比较的起点实已预设时空环境的大幅变异。这是早期中国思想文献的共同遭遇,不独《榖梁》如此。阅读传文,还是先得各种政治伦理观点的历史性,特别是其在后世的变异性和陌生性。在未搞清楚内容前就断言它对后世有指导作用,是崇拜心理,不保证认识的正确。

（八）假若本书对"贤"的讨论具有足够可靠的论证基础,那在至少提醒人们,无视《榖梁》的观点是不应该的。当然,这不是说《榖梁》是惟一被忽略的文献。早期中国还有一些相当可观的思想资源有待拓展,在不同程度上裨益于政治伦理的思考。今人对贤能政治的探讨没能整合和重新考察这些思想资源,是相当可惜的。

(九)本书的讨论只限于"贤"的判断,远非《穀梁》的全部内容。但仅就本书研究所得,《穀梁》在许多问题上有别于《公羊》,甚至可以说,在"贤"的认识上,二传甚少可通之处。近代以来,许多经学史著作倾向于把二传同列"今文说"之中,这是以学术史的宏观概括取代文献内容的微观分析,严重影响正确的认识。本书在论述中屡次剖析以《公》解《穀》,或以其他作品解读《穀梁》的各种谬误。这些谬误的澄清也说明了一个简单的道理:某些耳濡目染、习以为常的经学史见解,也许还有审视和辨正的空间。

以上,就是本书研究《穀梁》政治伦理的初步结论。

主要参考文献

一、中文部分（按作者姓氏音序）

A

艾兰:《世袭与禅让:古代中国的王朝更替传说》,孙心菲、周言译,北京:北京大学出版社,2002年。

艾兰:《湮没的思想:出土竹简中的禅让传说与理想政制》,蔡雨钱译,北京:商务印书馆,2016年。

B

白彤东:《主权在民,治权在贤:儒家之混合政体及其优越性》,载《文史哲》2013年第3期。

贝淡宁:《从"亚洲价值观"到"贤能政治"》,李扬眉译,载《文史哲》2013年第5期。

贝淡宁:《贤能政治》,吴万伟、宋冰译,北京:中信出版社,2016年。

C

蔡长林:《论崔适与晚清今文学》,彰化:圣环图书股份有限公司,2002年。

蔡沈:《书集传》6卷,钱宗武、钱忠弼整理,南京:凤凰出版社,2010年。

曹峰:《楚地出土文献与先秦思想研究》,台北:台湾书房,2010年。

曹峰:《近年出土黄老思想文献研究》,北京:中国社会科学出版社,2015年。

曹峰:《中国古代"名"的政治思想研究》,上海:上海古籍出版社,2017年。

曹金籀:《春秋钻燧》4卷,载《四库未收书辑刊》第8辑第2册,北京:北京出版社,2000年。

晁补之:《鸡肋集》70卷,载《文渊阁四库全书》第1118册,上海:上海古籍出版社,1987年。

晁福林:《春秋战国史丛考》,苏州:苏州大学出版社,2015年。

晁福林:《天命与彝伦:先秦社会思想探研》,北京:北京师范大学出版社,

2012年。

陈壁生:《经学、制度与生活:〈论语〉"父子相隐"章疏证》,上海:华东师范大学出版社,2009年。

陈淳:《北溪字义》2卷,熊国祯、高流水点校,北京:中华书局,1983年。

陈恩林:《逸斋先秦史论文集》,长春:吉林文史出版社,2010年。

陈傅良:《春秋后传》12卷,载《文渊阁四库全书》第151册。

陈澧:《东塾读书记》25卷(另附录),钟旭元、魏达纯点校,载《陈澧集》第2册,黄国声主编,上海:上海古籍出版社,2008年。

陈立:《白虎通疏证》2册12卷,吴则虞点校,北京:中华书局,1994年。

陈立:《公羊义疏》6册76卷,刘尚慈点校,北京:中华书局,2017年。

陈槃:《不见于春秋大事表之春秋方国稿》,上海:上海古籍出版社,2009年。

陈槃:《春秋大事表列国爵姓及存灭表撰异(三订本)》3册,上海:上海古籍出版社,2009年。

陈启源:《毛诗稽古编》30卷,载《文渊阁四库全书》第85册。

陈深:《读春秋编》12卷,载《文渊阁四库全书》第158册。

陈寿:《三国志》5册65卷,北京:中华书局,1959年。

陈寿祺:《五经异义疏证》3卷,曹建墩点校,上海:上海古籍出版社,2012年。

陈苏镇:《〈春秋〉与"汉道":两汉政治与政治文化研究》,北京:中华书局,2011年。

陈埴:《木钟集》11卷,《文渊阁四库全书》第703册。

陈柱:《公羊学哲学(外一种)》,上海:华东师范大学出版社,2014年。

承载:《春秋穀梁传译注》(简称《译注》),上海:上海古籍出版社,2015年。

程端学:《春秋本义》30卷,载《文渊阁四库全书》第160册。

程端学:《三传辨疑》20卷,载《文渊阁四库全书》第161册。

程颢、程颐:《二程集》2册,王孝鱼点校,北京:中华书局,1981年。

程树德:《论语集释》4册40卷,高流水点校,北京:中华书局,1990年。

程苏东:《从六艺到十三经:以经目演变为中心》,北京:北京大学出版社,2018年。

程颐:《程氏经说》卷4《春秋传》,载《二程集》下册。

崔适:《春秋复始》38卷,载《续修四库丛书》第131册。

崔适:《史记探源》8卷,北京:中华书局,1986年。

崔适:《五经释要》18卷,载《民国时期经学丛书》第4辑第1册,台中:文听阁图书公司,2009年。

崔子方:《崔氏春秋经解》12卷(附录《春秋例要》),载《文渊阁四库全书》第148册。

D

戴震:《戴震全书》6册,杨应芹、诸伟奇主编,合肥:黄山书社,2009年。

邓国光:《经学义理》,上海:上海古籍出版社,2011年。

丁耘:《儒家与启蒙:哲学会通视野下的当前中国思想》,北京:三联书店,2011年。

丁耘:《中道之国:政治·哲学论集》,福州:福建教育出版社,2015年。

杜勇:《〈尚书〉周初八诰研究(增订本)》,北京:中国社会科学出版社,2017年。

杜佑:《通典》5册200卷,王文锦等点校,北京:中华书局,1988年。

F

范常喜:《简帛探微:简帛字词考释与文献新证》,上海:中西书局,2016年。

范祥雍:《战国策笺证》4册33卷,范邦瑾协校,上海:上海古籍出版社,2011年。

范晔:《后汉书》12册90卷(附书志30卷),北京:中华书局,1965年。

方苞:《春秋直解》12卷,载《续修四库丛书》第140册。

方韬:《杜预〈春秋经传集解〉研究》,北京:中国社会科学出版社,2017年。

方孝孺:《逊志斋集》24卷,《文渊阁四库全书》第1235册。

冯友兰:《三松堂全集》14卷,郑州:河南人民出版社,2001年。

G

傅亚庶:《孔丛子校释》7卷,北京:中华书局,1998年。

傅亚庶:《刘子校释》10卷,北京:中华书局,1998年。

干春松:《康有为与儒学的"新世"》,上海:华东师范大学出版社,2015年。

干春松:《贤能政治:儒家政治哲学的一个面向——以〈荀子〉的论述为例》,载《哲学研究》2013年第5期。

干春松:《制度儒学》,上海:上海人民出版社,2006年。

高华平:《楚简文字与先秦思想文化》,北京:中国社会科学出版社,2016年。

高闶:《春秋集注》40卷,载《文渊阁四库全书》第151册。

高士奇：《左传纪事本末》3册53卷，杨伯峻点校，北京：中华书局，2015年。
戈伊斯：《政治中的历史与幻觉》，黎汉基、黄佩璇合译，江苏人民出版社，2017年。
葛志毅：《周代分封制度研究》，哈尔滨：黑龙江人民出版社，1992年。
龚自珍：《龚自珍全集》，上海：上海人民出版社，1975年。
顾祖禹：《读史方舆纪要》12册130卷（附舆图要览），贺次君、施和金点校，北京：中华书局，2005年。
淳于鸿恩：《公羊方言疏笺》1卷，载《四库未收书辑刊》第2辑第10册。
郭庆藩：《庄子集释》3册10卷，王孝鱼点校，北京：中华书局，1961年。

H

郝敬：《春秋直解》15卷，载《续修四库丛书》第136册。
何宁：《淮南子集释》3册21卷，北京：中华书局，1998年。
洪亮吉：《春秋左传诂》2册20卷，李解民点校，北京：中华书局，1987年。
洪咨夔：《洪氏春秋说》30卷，载《文渊阁四库全书》第156册。
侯康：《穀梁礼证》2卷，载《春秋公羊礼疏（外五种）》，黄铭、杨柳青、徐渊点校，上海：上海古籍出版社，2015年。
胡安国：《春秋胡氏传》30卷，钱伟强点校，杭州：浙江古籍出版社，2010年。
胡宏：《胡宏集》，吴仁华点校，北京：中华书局，1987年。
胡居仁：《居业录》8卷，载《文渊阁四库全书》第714册。
胡序：《春秋简融》4卷，载《四库未收书辑刊》第8辑第2册。
黄道周：《坊记集传》2卷，载《文渊阁四库全书》第122册。
黄怀信：《鹖冠子校注》3卷，北京：中华书局，2014年。
黄俊杰：《德川日本〈论语〉诠释史论》，上海：上海古籍出版社，2008年。
黄开国：《清代今文经学的兴起》，成都：巴蜀书社，2008年。
黄铭、曾亦：《中华经典名著全本全注全译丛书·春秋公羊传》（简称《公羊全译》），北京：中华书局，2016年。
黄汝成：《日知录集释（全校本）》3册32卷、附录4卷，黄汝成集释，栾保群、吕宗力校点，上海：上海古籍出版社，2006年。
黄永年：《说狄仁杰的奏毁淫祠》，载史念海主编，《唐史论丛》第6辑，西安：陕西人民出版社，1995年。
黄玉顺：《"贤能政治"将走向何方？——与贝淡宁先生商榷》，载《文史哲》

2017年第5期。

黄震:《黄氏日抄》卷33—97,载《文渊阁四库全书》第708册。

黄仲炎:《春秋通说》13卷,载《文渊阁四库全书》第156册。

惠栋:《春秋左传补注》6卷,载《文渊阁四库全书》第181册。

惠栋:《九经古义》16卷,载《文渊阁四库全书》第191册。

惠士奇:《春秋说》15卷,载《文渊阁四库全书》第178册。

惠士奇:《礼说》14卷,载《文渊阁四库全书》第101册。

J

季本:《春秋私考》36卷、首1卷,载《续修四库丛书》第134册。

家铉翁:《春秋集传详说》30卷,载《文渊阁四库全书》第158册。

贾公彦:《仪礼注疏》3册50卷,王辉整理,上海:上海古籍出版社,2008年。

贾公彦:《周礼注疏》2册42卷,李学勤主编,北京:北京大学出版社,1999年。

简逸光:《噶玛兰治经学记——春秋三传研究论丛》,台北:万卷楼,2015年。

江慎中:《春秋穀梁传条指》,载《国粹学报》(分类合订本),扬州:广陵书社,2006年。

江永:《春秋地理考实》4卷,载《文渊阁四库全书》第181册。

姜海军:《二程经学思想研究》,北京:北京师范大学出版社,2016年。

蒋庆:《公羊学引论:儒家的政治智慧与历史信仰》,福州:福建教育出版社,2014年。

蒋庆:《政治儒学:当代儒家的转向、特质与发展》,福州:福建教育出版社,2014年。

焦循:《春秋左传补疏》5卷,载《春秋左传补疏 春秋左氏传补注》,郭晓东、郝兆宽、陈岘点校,上海:上海古籍出版社,2016年。

焦循:《孟子正义》2册30卷,沈文倬点校,北京:中华书局,1987年。

金景芳:《金景芳全集》10册,吕文郁、舒大刚主编,上海:上海古籍出版社,2015年。

K

康德:《道德底形上学之基础》,李明辉译,台北:联经出版公司,1990年。

康有为:《康有为全集》12集,姜义华、张荣华编校,北京:中国人民大学出版社,2007年。
柯劭忞:《春秋穀梁传注》(简称《传注》)15卷,北京:国立北京大学研究院文史部,1927年。
柯劭忞:《春秋穀梁传注》(简称《传注(刘本)》)15卷,载《山东文献集成》第1辑第4册,济南:山东大学出版社,2006年。
柯小刚:《道学导论(外篇)》,上海:华东师范大学出版社,2010年。
孔广森:《春秋公羊经传通义》12卷(简称《公羊通义》),崔冠华校点,北京:北京大学出版社,2012年。
孔广森:《经学卮言》6卷,杨新勋校注,上海:华东师范大学出版社,2010年。
孔新峰:《贤能政治视野下的"公仆"与"公民"》,载《文史哲》2014年第4期。
孔颖达:《春秋左传正义》3册60卷,李学勤主编,北京:北京大学出版社,1999年。
孔颖达:《礼记正义》3册63卷,李学勤主编,北京:北京大学出版社,1999年。
孔颖达:《毛诗注疏》3册40卷,朱杰人、李慧玲整理,上海:上海古籍出版社,2013年。
孔颖达:《尚书正义》20卷,李学勤主编,北京:北京大学出版社,1999年。
孔颖达:《周易正义》9卷,李学勤主编,北京:北京大学出版社,1999年。

L

黎汉基:《复仇的限制——从〈穀梁传〉的政治观点看》,载《中国哲学史》2017年第1期。
黎汉基:《〈经学通论〉论证:以皮锡瑞〈春秋〉改制思想为讨论起点》,北京:中央编译出版社,待刊。
黎汉基:《权变的论证:以〈春秋〉祭仲废立事件为研究案例》,载《中山大学学报》2012年第5期。
黎汉基:《让国的争议:以〈春秋〉季札叙事为研究案例》,载《现代哲学》2016年第3期。
黎汉基:《儒家的权利观念?——疑难与反思》,载《天府新论》2015年第5期。

黎汉基：《以〈公〉解〈穀〉之谬——近代学术史上一个被忽略的片断》，载《中州学刊》2018年第4期。
黎靖德：《朱子语类》8册140卷，王星贤点校，北京：中华书局，1986年。
黎翔凤：《管子校注》3册24卷，梁运华整理，北京：中华书局，2004年。
李步嘉：《越绝书校释》15卷，北京：中华书局，2013年。
李惇：《群经识小》8卷，载《续修四库丛书》第173册。
李觏：《李觏集》，王国轩点校，北京：中华书局，1981年。
李光地：《榕村语录》30卷，《榕村全书》第6册，陈祖武点校，福州：福州人民出版社，2013年。
李衡眉：《先秦史论集（续）》，济南：齐鲁书社，2003年。
李廉：《春秋会通》24卷，载《文渊阁四库全书》第162册。
李隆献：《复仇观的省察与诠释：先秦两汉魏晋南北朝隋唐编》，台北：台大出版中心，2012年。
李明复：《春秋集义》50卷，载《文渊阁四库全书》第155册。
李明辉：《"实践必然性"与"内在要求"——回应陈瑞麟教授》，载郑宗义、林月惠编：《全球与本土之间的哲学探求：刘述先先生八秩寿庆论文集》，台北：学生书局，2014年。
李明辉：《儒家视野下的政治思想》，台北：台大出版中心，2005年。
李如篪：《东园丛说》3卷，载《文渊阁四库全书》第864册。
李若晖：《久旷大仪：汉代儒学政制研究》，北京：商务印书馆，2018年。
李新霖：《从左传论春秋时代之政治伦理》，台北：文津出版社，1991年。
梁启超：《饮冰室合集》12册，北京：中华书局，1989年。
梁涛：《"亲亲相隐"与二重证据法》，北京：中国人民大学出版社，2017年。
梁涛：《郭店竹简与思孟学派》，北京：中国人民大学出版社，2008年。
梁韦弦：《古史辨伪学者的古史观与史学方法：〈古史辨〉读书笔记》，哈尔滨：黑龙江人民出版社，2014年。
梁玉绳：《史记志疑》3册36卷，北京：中华书局，1981年。
廖平：《廖平全集》16册，舒大刚、杨世文主编，上海：上海古籍出版社，2015年。
廖平：《公羊春秋经传验推补证》11卷，载《廖平全集》第7册。
廖平：《穀梁古义疏》（简称《古义疏》）2册11卷，郜积意点校，北京：中华书局，2012年。

廖平:《穀梁古义疏》11卷,载《廖平全集》第6册。
廖平:《今古学考》2卷,载《廖平全集》第1册。
廖平:《起起穀梁废疾》1卷,载《廖平全集》第9册。
林庆彰:《近十五年来经学史的研究》第6卷第3、4期,1987年。
林义正:《春秋公羊传伦理思维与特质》,台北:台大出版中心,2003年。
凌曙:《春秋公羊问答》2卷,载《春秋公羊礼疏(外五种)》,黄铭、杨柳青、徐渊点校,上海:上海古籍出版社,2015年。
刘宝楠:《论语正义》2册24卷,高流水点校,北京:中华书局,1990年。
刘敞:《春秋权衡》17卷,载《文渊阁四库全书》第147册。
刘敞:《春秋意林》2卷,载《文渊阁四库全书》第147册。
刘敞:《公是集》54卷,《文渊阁四库全书》第1095册。
刘敞:《刘氏春秋传》15卷,载《文渊阁四库全书》第147册。
刘逢禄:《春秋公羊经何氏释例》(简称《何氏释例》)10卷,郑任钊校点,上海:上海古籍出版社,2012年。
刘逢禄:《春秋公羊释例后录》6卷(简称《公羊后录》),载《春秋公羊经何氏释例 春秋公羊释例后录》,曾亦点校,上海:上海古籍出版社,2013年。
刘逢禄:《刘礼部集》11卷,载《续修四库全书》第1501册,上海:上海古籍出版社,1995年。
刘少虎:《经学以自治:王闿运春秋学思想研究》,北京:华夏出版社,2007年。
刘师培:《仪征刘申叔遗书》15册,万仕国点校,扬州:广陵书社,2014年。
刘师培:《中国民约精义》3卷,载《仪征刘申叔遗书》第4册。
刘士毅:《春秋疑义录》2卷,载《四库未收书辑刊》第9辑第1册。
柳兴恩:《穀梁大义述》30卷,载《续修四库丛书》第132册。
柳宗元:《柳宗元集》4册45卷(附外集补遗),北京:中华书局,1979年。
泷川资言:《史记会注考证》14册130卷,北京:新世界出版社,2008年。
卢文弨:《钟山札记》4卷,《续修四库全书》第1149册。
陆粲:《陆子余集》8卷,载《文渊阁四库全书》第1274册。
陆淳:《春秋集传辨疑》10卷,载《文渊阁四库全书》第146册。
陆淳:《春秋集传微旨》3卷,载《文渊阁四库全书》第146册。
陆淳:《春秋集传纂例》10卷,载《文渊阁四库全书》第146册。

吕本中:《春秋集解》30卷,载《文渊阁四库全书》第150册。
吕本中:《童蒙训》3卷,载《文渊阁四库全书》第698册。
吕大圭:《春秋或问》20卷另附《春秋五论》,载《文渊阁四库全书》第
    157册。
吕绍纲:《庚辰存稿》,上海:上海古籍出版社,2000年。
吕文郁:《周代的采邑制度(增订版)》,北京:社会科学文献出版社,2006年。
罗典:《读春秋管见》14卷,载《续修四库丛书》第141册。
罗隐:《两同书》2卷,载《文渊阁四库全书》第849册。

M

马一浮:《马一浮全集》6册,吴光主编,杭州:浙江古籍出版社,2012年。
毛奇龄:《春秋毛氏传》36卷,载《文渊阁四库全书》第176册。
毛奇龄:《论语稽求篇》7卷,载《文渊阁四库全书》第210册。
毛泽东:《毛泽东选集》4册,北京:人民出版社,1991年。
密尔:《论自由》,程崇华译,北京:商务印书馆,1982年。
牟润孙:《注史斋丛稿(增订本)》2册,北京:中华书局,2009年。

N

牛运震:《春秋传》12卷,载《续修四库丛书》第140册。

O

欧阳修、宋祁:《新唐书》20册225卷,北京:中华书局,1975年。
欧阳祯人:《从简帛中挖掘出来的政治哲学》,武汉:武汉大学出版社,
    2010年。
欧阳询:《艺文类聚》卷1—37,载《文渊阁四库全书》第887册。
欧阳修:《文忠集》卷1—95,载《文渊阁四库全书》第1102册。

P

皮尔逊:《时间中的政治:历史、制度与社会分析》,黎汉基、黄佩璇译,南京:
    江苏人民出版社,2014年。
皮日休:《皮子文薮》10卷,萧涤非、郑庆笃整理,上海:上海古籍出版社,
    1981年。
皮锡瑞:《鉴古斋日记评》4卷,载《皮锡瑞全集》第8册。
皮锡瑞:《经学历史》,周予同注释,北京:中华书局,1989年。
皮锡瑞:《经学通论》5卷,周春健校注,北京:华夏出版社,2011年。

皮锡瑞:《皮锡瑞全集》12册,吴仰湘编,北京:中华书局,2015年。

皮锡瑞:《师伏堂春秋讲义》2卷,载《皮锡瑞全集》第8册。

皮锡瑞:《左传浅说》2卷,载《皮锡瑞全集》第5册。

平飞:《经典解释与文化创新:〈公羊传〉"以义解经"探微》,北京:人民出版社,2009年。

浦起龙:《史通通释》20卷,王煦华整理,上海:上海古籍出版社,2009年。

Q

齐召南:《春秋公羊传注疏》28卷《考证》(简称《公羊考证》),载《文渊阁四库全书》第145册。

齐召南:《春秋穀梁传注疏考证》20卷《考证》(简称《穀梁考证》),载《文渊阁四库全书》第145册。

钱大昕:《潜研堂文集》50卷(附诗集10卷、诗续集10卷),载《潜研堂集》2册,吕友仁校点,上海:上海古籍出版社,2009年。

钱穆:《两汉经学今古文平议》,台北:东大图书,1971年。

秦平:《〈春秋穀梁传〉与中国哲学史研究》,北京:中华书局,2012年。

秦平:《〈春秋穀梁传〉政治哲学研究:以秩序为中心的思考》,北京:商务印书馆,2018年。

全祖望:《全祖望集汇校集注》3册,朱铸禹汇校集注,上海:上海古籍出版社,2000年。

R

阮芝生:《从公羊学论〈春秋〉的性质》,北京:华夏出版社,2013年。

S

桑兵:《治学的门径与取法——晚清民国研究的史料与史学》,北京:社会科学文献出版社,2014年。

尚秉和:《周易尚氏学》20卷,北京:中华书局,1980年。

邵宝:《学史》13卷,载《文渊阁四库全书》第688册。

沈棐:《春秋比事》20卷,载《文渊阁四库全书》第153册。

沈钦韩:《春秋左氏传补注》12卷,载《春秋左传补疏 春秋左氏传补注》,郭晓东、郝兆宽、陈岘点校,上海:上海古籍出版社,2016年。

施米特:《政治的概念》,刘宗坤、朱雁冰等译,上海:上海人民出版社,2014年。

石光瑛:《新序校释》3册10卷,北京:中华书局,2001年。

舒大刚:《春秋少数民族分布研究》,台北:文津出版社,1994年。

司马光:《传家集》80卷,载《文渊阁四库全书》第1094册。

司马迁:《史记》10册130卷,北京:中华书局,2014年。

宋洪兵:《循法成德:韩非子真精神的当代诠释》,北京:三联书店,2015年。

苏舆:《春秋繁露义证》17卷,钟哲点校,北京:中华书局,1992年。

苏辙:《苏氏春秋集解》12卷,载《文渊阁四库全书》第148册。

孙复:《春秋尊王发微》12卷,载《文渊阁四库全书》第147册。

孙觉:《春秋经解》13卷,载《文渊阁四库全书》第147册。

孙启治:《中论解诂》,北京:中华书局,2014年。

孙奭:《孟子注疏》14卷,李学勤主编,北京:北京大学出版社,1999年。

孙希旦:《礼记集解》3册61卷,沈啸寰、王星贤点校,北京:中华书局,1989年。

孙绪:《沙溪集》23卷,载《文渊阁四库全书》第1264册。

孙诒让:《墨子校注》2册15卷,孙启治点校,北京:中华书局,2001年。

孙诒让:《周礼正义》14册86卷,王文锦、陈玉霞点校,北京:中华书局,1987年。

T

唐文明:《近忧:文化政治与中国的未来》,上海:华东师范大学出版社,2010年。

唐文治:《十三经提纲》,上海:华东师范大学出版社,2015年。

田余庆:《秦汉魏晋史探微(重订本)》,北京:中华书局,2004年。

童书业:《童书业史籍考证论集》2册,北京:中华书局,2005年。

W

汪绂:《春秋集传》16卷、首1卷、末1卷,载《续修四库丛书》第140册。

汪克宽:《春秋胡传附录纂疏》30卷,载《文渊阁四库全书》第165册。

汪中:《述学校笺》2册,高流水点校,北京:中华书局,1990年。

王崇燕:《穀梁集解纠谬》(简称《纠谬》)12卷,载《山东文献集成》第3辑第6册,济南:山东大学出版社,2009年。

王汎森:《古史辨运动的兴起:一个思想史的分析》,台北:允晨文化,1987年。

王夫之:《船山全书》第5册,长沙:岳麓书社,2010年。

王闿运:《春秋公羊传笺》11卷,载《论语训·春秋公羊传笺》,黄巽斋点校,长沙:岳麓书社,2009年。

王闿运:《穀梁申义》1卷,载《续修四库丛书》第133册。

王雷松:《胡安国〈春秋传〉校释与研究》,北京:北京师范大学出版社,2016年。

王利器:《盐铁论校注(定本)》2册10卷,北京:中华书局,1992年。

王鸣盛:《十七史商榷》100卷,陈文和等校点,南京:凤凰出版社,2008年。

王念孙:《广雅疏证》4册10卷,张靖伟等校点,上海:上海古籍出版社,2016年。

王启敏:《刘向〈新序〉、〈说苑〉研究》,合肥:安徽大学出版社,2011年。

王绍兰:《王氏经说》6卷,载《续修四库丛书》第173册。

王世贞:《弇州四部稿》卷55—116,载《文渊阁四库全书》第1280册。

王树民:《曙庵文史续录》,北京:中华书局,2004年。

王树荣:《续穀梁废疾》3卷,载《民国时期经学丛书》第1辑第44册。

王天然:《〈穀梁〉文献征》,北京:社会科学文献出版社,2014年。

王熙元:《六十年来之穀梁学》,载《六十年来之国学》第1册,程发轫主编,台北:正中书局,1972年。

王先谦:《荀子集解》2册20卷,沈啸寰、王星贤点校,北京:中华书局,1988年。

王先慎:《韩非子集解》20卷,钟哲点校,北京:中华书局,1998年。

王小东:《中国新路:贤能民主制》,载《中央社会主义学院学报》2017年第4期。

王阳明:《王阳明全集(新编本)》6册,吴光等编校,杭州:浙江古籍出版社,2010年。

王引之:《经传释词》10卷,李花蕾点校,上海:上海古籍出版社,2014年。

王引之:《经义述闻》4册32卷,虞思征、马涛、徐炜君校点,上海:上海古籍出版社,2016年。

王照圆:《列女传补注》8卷,虞思征点校,上海:华东师范大学出版社,2012年。

文廷海:《清代春秋穀梁学研究》,成都:巴蜀书社,2007年。

吴澄:《春秋纂言》12卷,载《文渊阁四库全书》第159册。

吴兢:《贞观政要》10卷,上海:上海古籍出版社,1978年。
吴连堂:《清代穀梁学》,高雄:复文图书,1998年。
吴涛:《"术""学"纷争下的西汉〈春秋〉学:以〈穀梁传〉与〈公羊传〉的升降为例》,北京:中国社会科学出版社,2011年。
吴智雄:《穀梁传思想析论》,台北:文津出版社,2000年。
武亿:《群经义证》8卷,载《续修四库丛书》第173册。

X

夏良胜:《中庸衍义》17卷,载《文渊阁四库全书》第715册。
向熹:《汉语避讳研究》,北京:中华书局,2016年。
向宗鲁:《说苑校证》20卷,北京:中华书局,1987年。
萧楚:《春秋辨疑》4卷,载《文渊阁四库全书》第148册。
谢金良:《穀梁传开讲》,上海:华东师范大学出版社,2011年。
谢耀亭:《从出土简帛看思孟学派的内圣外王思想》,北京:科学出版社,2011年。
辛德勇:《旧史舆地文编》,上海:中西书局,2015年。
辛德勇:《历史的空间与空间的历史:中国历史地理与地理学史研究》,北京:北京师范大学出版社,2013年。
辛德勇:《石室滕言》,北京:中华书局,2014年。
邢昺:《尔雅注疏》10卷,王世伟整理,上海:上海古籍出版社,2010年。
邢昺:《论语注疏》20卷,北京:中国致公出版社,2016年。
邢昺:《孝经注疏》9卷,金良年整理,上海:上海古籍出版社,2009年。
熊十力:《熊十力全集》8卷10册,萧萐父主编,武汉:湖北教育出版社,2001年。
徐复观:《两汉思想史》卷2,台北:学生书局,1976年。
徐复观:《两汉思想史》卷3,台北:学生书局,1979年。
徐复观:《中国人性论史(先秦篇)》,台北:台湾商务印书局,1969年。
徐复观:《中国思想史论集》,台北:学生书局,1993年。
徐乾学:《读礼通考(二)》卷38—81,《文渊阁四库全书》第113册。
徐学谟:《春秋亿》6卷,载《文渊阁四库全书》第169册。
徐元诰:《国语集解(修订本)》21卷,王树民、沈长云点校,北京:中华书局,2002年。

徐正英、邹皓:《中华经典名著全本全注全译丛书·春秋穀梁传》(简称《全译》),北京:中华书局,2016年。
徐中舒:《先秦史论稿》,成都:巴蜀书社,1992年。
许桂林:《春秋穀梁传时月日书法释例》(简称《释例》)4卷,载《续经解春秋类汇编》第3册,台北:艺文印书馆,1986年。
许景昭:《禅让、世袭及革命:从春秋战国到西汉中期的君权传承思想研究》,上海:上海古籍出版社,2014年。

Y

许维遹:《吕氏春秋集释》26卷,梁运华整理,北京:中华书局,2009年。
许维遹:《韩诗外传集释》10卷,北京:中华书局,1980年。
严耕望:《怎样学历史:严耕望的治史三书》,沈阳:辽宁教育出版社,2006年。
阎若璩:《尚书古文疏证》8卷(附《古文尚书冤词》),黄怀信、吕翊欣校点,上海:上海古籍出版社,2010年。
杨伯峻:《春秋左传注》4册,北京:中华书局,2000年。
杨伯峻:《孟子译注》,北京:中华书局,2010年。
杨桂生:《论春秋战国时期的贤能政治》,载《东北林业大学学报》第14卷增刊(1986年12月)。
杨国荣:《贤能政治:意义与限度》,载《天津社会科学》2003年第2期。
杨明照:《抱朴子外篇校笺》2册50卷,北京:中华书局,1991年。
杨慎:《升庵集》81卷,《文渊阁四库全书》第1270册。
杨时:《龟山集》42卷,载《文渊阁四库全书》第1125册。
杨树达:《春秋大义述》5卷,上海:上海古籍出版社,2007年。
杨树达:《积微居小学金石论丛》6卷,上海:上海古籍出版社,2007年。
杨永俊:《禅让政治研究》,北京:学苑出版社,2005年。
姚勉:《雪坡集》50卷,载《文渊阁四库全书》第1184册。
姚鼐:《惜抱轩九经说》17卷,载《续修四库丛书》第172册。
姚中秋:《为儒家鼓与呼》,福州:福建教育出版社,2014年。
叶梦得:《春秋穀梁传谳》6卷,载《文渊阁四库全书》第149册。
叶梦得:《春秋考》16卷,载《文渊阁四库全书》第149册。
叶梦得:《春秋左传谳》10卷,载《文渊阁四库全书》第149册。

叶梦得:《叶氏春秋传》20卷,载《文渊阁四库全书》第149册。
叶酉:《春秋究遗》16卷,载《文渊阁四库全书》第181册。
于鬯:《香草校书》3册60卷,北京:中华书局,1984年。
于鬯:《香草续校书》,张华民点校,北京:中华书局,2013年。
余英时:《朱熹的历史世界》2册,北京:三联书店,2004年。
余治平:《董子春秋义法考论》,上海:上海书店出版社,2013年。
俞樾:《古书疑义举例》7卷,马叙伦校录,傅杰导读,上海:上海古籍出版社,2007年。
俞樾:《群经平议》35卷,载《春在堂全书》第1册,南京:凤凰出版社,2010年。
俞樾:《宾萌集》5卷,载《春在堂全书》第3册。

Z

曾亦、郭晓东:《春秋公羊学史》3册,上海:华东师范大学出版社,2017年。
湛若水:《春秋正传》37卷,载《文渊阁四库全书》第167册。
张德胜:《儒家伦理与秩序情结:中国思想的社会学诠释》,台北:巨流图书,1998年。
张端穗:《西汉公羊学研究》,台北:文津出版社,2005年。
张方平:《乐全集》40卷,《文渊阁四库全书》第1104册。
张九成:《孟子传》29卷,载《文渊阁四库全书》第196册。
张洽:《春秋集注》11卷,载《文渊阁四库全书》第156册。
张慰祖:《穀梁大义述补阙》不分卷,载《民国时期经学丛书》第4辑第37册。
张西堂:《穀梁真伪考》,北京:知识产权出版社,2016年。
张应昌:《春秋属辞辨例编》60卷、卷首2卷,载《续修四库丛书》第145—46册。
张自超:《春秋宗朱辨义》12卷,载《文渊阁四库全书》第178册。
章太炎:《章太炎全集》第2—3册,上海:上海古籍出版社,1982—84年。
章太炎:《春秋左传读》,载《章太炎全集》第2册。
赵冰冰:《从贤能政治看中国政治话语表达》,载《红旗文稿》2014年第4期。
赵伯雄:《春秋学史》,济南:山东教育出版社,2004年。

赵汸:《春秋集传》15卷,载《文渊阁四库全书》第164册。
赵汸:《春秋师说》3卷,载《文渊阁四库全书》第164册。
赵汸:《春秋属辞》15卷,载《文渊阁四库全书》第164册。
赵鹏飞:《春秋经筌》16卷,载《文渊阁四库全书》第157册。
赵坦:《春秋异文笺》12卷、附录1卷,载《续修四库丛书》第144册。
赵佑:《读春秋存稿》4卷,载《续修四库丛书》第141册。
赵佑:《四书温故录》11卷,载《续修四库丛书》第166册。
郑杲:《郑东父遗书》6卷,载《丛书集成续编》第198册,台北:新文丰出版公司,1989年。
郑杲:《诸经札记》1卷,载《山东文献集成》第3辑第9册,济南:山东大学出版社,2009年。
郑玉:《春秋阙疑》45卷,载《文渊阁四库全书》第163册。
钟文烝:《春秋穀梁经传补注》(简称《补注》)2册24卷,骈宇骞、郝淑慧点校,北京:中华书局,1996年。
周桂钿:《董学探微》,北京:北京师范大学出版社,2008年。
周何:《春秋穀梁传传授源流考:兼论张西堂〈穀梁真伪考〉》,台北:台湾编译馆,2002年。
周何:《新译春秋穀梁传》(简称《新译》),台北:三民书局,2000年。
周濂:《现代政治的正当性基础》,北京:三联书店,2008年。
周生春:《吴越春秋辑校汇考》10卷,北京:中华书局,2019年。
朱朝瑛:《读春秋略记》12卷,载《文渊阁四库全书》第171册。
朱大韶:《实事求是斋经义》2卷,载《续修四库丛书》第176册。
朱维铮:《中国经学史十讲》,上海:复旦大学出版社,2002年。
朱维铮:《中国史学史讲义稿》,上海:复旦大学出版社,2015年。
朱维铮:《朱维铮史学史论集》,上海:复旦大学出版社,2015年。
朱维铮:《走出中世纪》,上海:上海人民出版社,1987年。
朱熹:《四书章句集注》,北京:中华书局,1983年。
朱熹:《朱子全书(修订本)》27册、外编4册,载朱杰人、严佐之、刘永翔主编,上海:上海古籍出版社、合肥:安徽教育出版社,2010年。
朱彝尊:《经义考(新校)》10册300卷,林庆彰等主编,上海:上海古籍出版社,2010年。

竹添光鸿:《左氏会笺》5 册 30 卷,成都:巴蜀书社,2008 年。

庄存与:《春秋正辞》11 卷、《春秋举例》1 卷、《春秋要指》1 卷,载《春秋正辞 春秋公羊经传通义》,郭晓东、陆建松、邹辉杰点校,上海:上海古籍出版社,2014 年。

卓尔康:《春秋辨义》30 卷,载《文渊阁四库全书》第 170 册。

佐藤将之:《中国古代的"忠"论研究》,台北:台大出版中心,2010 年。

二、英文部分(按作者姓氏音序)

Alford, C. Fred *Narrative, Nature, and the Natural Law: From Aquinas to International Human Rights*, New York: Palgrave Macmillan, 2010.

Alford, C. Fred *Whistleblowers: Broken Lives and Organizational Power*, Ithaca: Cornell University Press, 2001.

Alford, C. Fred *After the Holocaust: The Book of Job, Primo Levi and the Journey to Affliction*, Cambridge: Cambridge University Press, 2009.

Alford, C. Fred *Group Psychology and Political Theory*, New Haven: Yale University Press, 1994.

Archard, David "Dirty Hands and the Complicity of the Democratic Public," *Ethical Theory and Moral Practice*, vol. 16, no. 4 (2013), pp. 777−90.

Bellamy, Richard "Dirty Hands and Clean Gloves: Liberal Ideals and Real Politics," *European Journal of Political Theory*, vol. 9, no. 4 (2010), pp. 412−30.

Bennett, Jane *Vibrant Matter: A Political Ecology of Things*, Durham: Duke University Press, 2010.

Williams, Bernard *Moral Luck: Philosophical Papers 1973 − 1980*, Cambridge: Cambridge University Press, 1985.

Bird, Colin "Status, Identity, and Respect," *Political Theory*, vol. 32, no. 2 (2004), pp. 207−32.

Bohman, James; and Richardson, Henry S. "Liberalism, Deliberative Democracy, and 'Reason that All Can Accept'," *Journal of Political Philosophy*, vol. 17, no. 3 (2014), pp. 253—74.

Brighouse, Harry; and Fleurbaey, Marc "Democracy and Proportionality," *Journal of Political Philosophy*, vol. 18, no. 2 (2010), pp. 137—55.

Chen, Joseph "Political Meritocracy and Meritorious Rule: A Confucian Perspective," *East Asian Challenge for Democracy*, ed. Daniel A. Bell and Chenyang Li, Cambridge: Cambridge University Press, 2013.

Chen, Joseph *Confucian Perfectionism: A Political Philosophy for Modern Times*, Princeton: Princeton University Press, 2014.

Cherniss, Joshua L. "An Ethos of Politics between Realism and Idealism: Max Weber's Enigmatic Political Ethics," *The Journal of Politics*, vol. 78, no. 3 (2016), pp. 705—18.

Ci, Jiwei *Moral China in the Age of Reform*, Cambridge: Cambridge University Press, 2014.

Ci, Jiwei *The Two Faces of Justice*, Cambridge, Mass.: Harvard University Press, 2006.

Cordelli, Chiara "The Institutional Division of Labor and the Egalitarian Obligations of Nonprofits," *Journal of Political Philosophy*, vol. 20, no. 2 (2012), pp. 131—55.

Damer, T. Edward *Attacking Faculty Reasoning*, Belmont: Wadsworth, 1987.

Darwall, Stephen "Two Kinds of Respect," *Ethics*, vol. 88, no. 1 (1977), pp. 36—49.

Darwall, Stephen *Philosophical Ethics*, Boulder: Westview Press, 1998.

David Braybrooke, *Analytical Political Philosophy: From Discourse, Edification*, Toronto: University of Toronto Press, 2006.

Feinberg, Joel "Justice and Personal Desert," *Doing and Deserving: Essays in the Theory of Responsibility*, Princeton: Princeton University Press, 1970, pp. 55—94.

Fitzgerald, Ross "The Ambiguity and Rhetoric of 'Need'," *Human*

Needs and Politics, ed. Ross Fitzgerald, Oxford: Pergamon, 1977, pp. 195—212.

Freud, Anna *The Ego and the Mechanisms of Defense*, trans. Cecil Baines, New York: International Universities Press, 1966.

Galston, William A. *Justice and the Human Good*, Chicago: University of Chicago Press, 1980.

Geuss, Raymond "Realism and the Relativity of Judgement," *International Relations*, vol. 29, no. 1 (2015), pp. 3—22.

Geuss, Raymond *History and Illusion in Politics*, Cambridge: Cambridge University Press, 2001.

Geuss, Raymond *Philosophy and Real Politics*, Princeton: Princeton University Press, 2008.

Geuss, Raymond *Public Goods, Private Goods*, Princeton: Princeton University Press, 2001.

Gray, John "Classical Liberalism, Positional Goods and the Politicisation of Poverty," *Dilemmas of Liberal Democracies*, ed. A. Ellis and K. Kumar, London: Tavistock, 1983.

Griffin, James *Well Being*, Oxford: Clarendon Press, 1986.

Hall, Edward "Political Realism and Fact-Sensitivity," *Res publica*, vol. 19, no. 2 (2013), pp. 173—81.

Hamilton, Lawrence *The Political Philosophy of Needs*, Cambridge: Cambridge University Press, 2003.

Herman, Barbara *Moral Literacy*, Cambridge, Mass.: Harvard University Press, 2007.

Hirschman, Albert O. *Exit, Voice and Loyalty: Responses to Decline in Firms, Organizations, and States*, Cambridge, Mass.: Harvard University Press, 1970.

Holmgren, Margaret R. *Forgiveness and Retribution: Responding to Wrongdoing*, Cambridge: Cambridge University Press, 2012.

Honneth, Axel *The Struggle for Recognition: The Moral Grammar of Social Conflicts*, trans. Joel Anderson, Cambridge: Polity

Press, 1995.

Jollimore, Troy *On Loyalty*, New York: Routledge, 2013.

Keller, Simon "Virtue Ethics is Self-Effacing," *Australasian Journal of Philosophy*, vol. 85, no. 2 (2007), pp. 221—32.

Keller, Simon *Partiality*, Princeton: Princeton University Press, 2013.

Keller, Simon *The Limits of Loyalty*, Cambridge: Cambridge University Press, 2007.

Kenny, Anthony *Action, Emotion and Will*, London: Routledge, 1963.

Korsgaard, Christine M. *Self-constitution: Agency, Identity, and Integrity*, Oxford: Oxford University Press, 2009.

Kraft, Robert *Memory Perceived: Recalling the Holocaust*, Westport, CT: Praeger, 2002.

Lánczi, András *Political Realism and Wisdom*, New York: Palgrave Macmillan, 2015.

Miller, David *On Nationality*, Oxford: Clarendon Press, 1995.

Miller, David *Social Justice*, Oxford: Clarendon Press, 1976.

Nussbaum, Martha C. *Hiding from Humanity: Disgust, Shame and the Law*, Princeton: Princeton University Press, 2004.

Nussbaum, Martha C. and Oldenquist, Andrew "Loyalties," *Journal of Philosophy*, vol. 79, no. 4 (1982), pp. 173—93.

Palmer, Humphrey *Presupposition and Transcendental Inference*, London: Croom Helm Ltd, 1985.

Parrish, John M. *Paradoxes of Political Ethics*, Cambridge: Cambridge University Press, 2007.

Pierson, Paul *Politics in Time: History, Institutions and Social Analysis*, Princeton: Princeton University Press, 2004.

Rawls, John *Political Liberalism*, New York: Columbia University Press, 1993.

Raz, Joseph *The Morality of Freedom*, Oxford: Clarendon, 1986.

Royce, Josiah *The Philosophy of Loyalty*, Nashville: Vanderbilt University Press, 1995.

Sartre, Jean-Paul *Portrait of the Anti-Semite*, trans. Erik de Mauny, London: Secker & Warburg, 1968.

Saward, Michael "The Representative Claim," *Contemporary Political Theory*, vol. 5, no. 3 (2006), pp. 297—318.

Scanlon, Thomas M. *Moral Dimensions: Permissibility, Meaning, Blame*, Cambridge: Harvard University Press, 2008.

Scheffler, Samuel *Boundaries and Allegiances: Problems of Justice and Responsibility in Liberal Thought*, Oxford: Oxford University Press, 2001.

Sen, Amartya *Identity and Violence: The Illusion of Destiny*, New York: W. W. Norton, 2006.

Sen, Amartya *The Idea of Justice*, Cambridge, Mass.: Harvard University Press, 2009.

Skinner Quentin (chair), "Political Philosophy: The View from Cambridge," *Journal of Political Philosophy*, vol. 10, no. 1 (2002), pp. 1—19.

Sleat, Matt "Justice and Legitimacy in Contemporary Liberal Thought: A Critique," *Social Theory and Practice*, vol. 41, no. 2 (2015), pp. 230—52.

Stocker, Michael "How Emotions Reveal Value and Help Cure the Schizophrenia of Modern Ethical Theories," *How Should One Live?* ed. Roger Crisp, Oxford: Clarendon Press, 1996, pp. 173—190.

Uebel, Thomas "But is It Sociology of Knowledge? Wilhelm Jerusalem's 'Sociology of Cognition' in Context," *Studies in East European Thought*, vol. 64, no. 1 (2012), pp. 5—37.

Walton, Douglas *Arguments from Ignorance*, University Park: Pennsylvania State University Press, 1996.

Walton, Douglas *Character Evidence: An Abductive Theory*, Dordrecht: Springer, 2006.

Walzer, Michael "Political Action: The Problems of Dirty Hands," *Philosophy and Public Affairs*, vol. 2, no. 2 (1973), pp. 160—80.

White, Alan R. *Modal Thinking*, Oxford: Blackwell, 1975.

Wiggins, David A. *Needs, Values, Truth: Essays in the Philosophy of Value*, Oxford: Clarendon Press, 1998.

Williams, Bernard *Shame and Necessity*, Berkeley: University of California Press, 1993.

Young, Iris Marion*Inclusion and Democracy*, Oxford: Oxford University Press, 2000.

后 记

这是漫长研究过程的一个小结。

六年来，我为了读懂《穀梁》每一句话、每一个字究竟意味什么、指代什么，一直旁参众说，不仅精读《穀梁》诸种传注，还钻研其他《春秋》类的著作。许多疑点和难点随处浮现，一些翻故纸堆的基础性工作，从语脉和典故的追查，到棘手的考订和辩难，也不得不重新做起。用时之久，费力之巨，远出预期。假如采用讨巧的做法，设定一个不着边际的宏大题目，随便捡些材料任意申述，或袭用和改写某些貌似成论的说法，相信本书的面世必可提前不少时日。无奈自己愚顽鲁钝，思想没有转过弯来，始终相信《穀梁》和其他中国哲学文献一样，都需要致一不懈，深入到文本内部，从各方面推敲和审视不同的观点，方始获得实质性的学术创获。这是我过去研究徐复观多年来积累的亲切体知，改不了也不想改。况且近年参与了三本政治理论新书的翻译和校注，可用的时间不免减少，故本书无法一蹴而就，欲速反缓，数易稿而犹未自信，惟限于结项和其他现实考虑，不得不授之梓人，付刊之际，委实不免诚惶诚恐。

需要感恩的人有许许多多。凡举以往教导我成材的师长和前辈，中山大学政务学院、哲学系和博雅学院的同事，校内帮助我处理各种事务的学生，校外志同道合的朋友，我在广州和香港的家人，在天国上安息的父母，悉心照顾过我的医护人员，还有辛勤奋战的利物浦足球俱乐部，都是支撑我长年笔耕的心灵动力。还有，邓国光教授百忙之中拨冗赐序，"国家社科基金后期资助项目"和"教育部人文社会科学研究基地重大项目《中国特色的治理理论的构建》（项目批准号：16JJD630012）"的资助，为出版事宜劳心劳力的中华书局学术著作室的罗华彤主任、陈乔编辑和其他工作人员，都提供了实质的支持和帮助。人数众多，恕不一一胪列其人其事。在此，容我简单地多说一句：谢谢！

欢迎任何批评意见。只要有助于决滞解蔽的，我都会认真接受思以改进。

2019 年 3 月 6 日初草